著作权法
原理与案例

Copyright Law
Cases and Materials

著作权法
原理与案例

崔国斌 著

图书在版编目(CIP)数据

著作权法：原理与案例/崔国斌著. —北京：北京大学出版社，2014.9
ISBN 978-7-301-24835-5

Ⅰ.①著… Ⅱ.①崔… Ⅲ.①著作权法—高等学校—教材 Ⅳ.①D913

中国版本图书馆 CIP 数据核字(2014)第 217524 号

书　　　　名：	著作权法：原理与案例
著作责任者：	崔国斌　著
责 任 编 辑：	孙战营
标 准 书 号：	ISBN 978-7-301-24835-5/D·3673
出 版 发 行：	北京大学出版社
地　　　　址：	北京市海淀区成府路 205 号　100871
网　　　　址：	http://www.pup.cn
新 浪 微 博：	@北京大学出版社　　@北大出版社法律图书
电 子 信 箱：	law@pup.pku.edu.cn
电　　　　话：	邮购部 62752015　发行部 62750672　编辑部 62752027
	出版部 62754962
印　 刷　 者：	北京宏伟双华印刷有限公司
经　 销　 者：	新华书店
	730 毫米×1020 毫米　16 开本　57.75 印张　1231 千字
	2014 年 9 月第 1 版　2022 年 6 月第 7 次印刷
定　　　　价：	99.00 元

未经许可，不得以任何方式复制或抄袭本书之部分或全部内容。
版权所有，侵权必究
举报电话：010-62752024　电子信箱：fd@pup.pku.edu.cn

说明与致谢

一、说明

本书是纯粹的教科书,一本以深入理解和灵活掌握著作权法原理和学说为核心目标的教科书。本书的结构安排、材料选取、问题设置均以教学为中心。按照著作权法的自然逻辑结构,分成16章。每一章均对特定的核心法律原理做简要介绍,然后围绕其中的核心问题,向学生展示国内外的相关经典案例和前沿学术观点。绝大多数案例和论文片段后面都附有针对性的提问。这些提问大多指向案例中最模糊也最富有争议的地带,努力挑战学生的思考极限,也为任课教师组织教学研讨指明方向。

本书作者相信,学生在琢磨作者为什么会提这些或刁钻或愚蠢的问题,以及如何回答这些问题的过程中,就会渐渐喜欢上这种具有挑战性的阅读体验,并在不知不觉中改变自己的思维习惯,使之更敏锐、更具批判性。学生毕业后,可能会忘记教科书中所写或老师所说的每一句话,却不太可能忘记条件反射式的批判性思维方法。这是本书作者所理解的法学教育所应追求的真正目标。本书努力在著作权法领域实现它。

与本书作者先前出版的《专利法:原理与案例》一书相比,本书的原理介绍部分更为详细,案例更简洁并直接融入正文,不再有单独的案例汇总和提示说明章节。这一体例的改变多少迎合了读者喜欢偷懒的阅读习惯——读者无需花费太多精力就能重组零散的案例材料并获得法律的逻辑体系感。对于那些更喜欢"生猛"材料的读者而言,这可能有过度加工的味道,是精神上的小小"堕落"。对本作者而言,试验一下不同的书写策略,可以获得一种新鲜感。在可预见的将来,上述两本教科书在整体风格接近的情况下,将保持各自的体例。

本书作者在撰写本书时,还是力图达到教学之外的目的——希望它能够成为知识产权专业研究人员的发现问题的指南针。本书针对经典案例或主流观点的质疑和考问,大多都指向版权法研究的薄弱环节。本书作者希望,更多的专业研究人员能够沿着这些问题的指引,获得有益的启示,提供更令人满意的研究答案。在不久的将来,这些后来者的研究就会逐步出现在本教科书的修订版本中。本教科书也将成为中国著作法研究飞速进步的历史见证。

本书以中国著作权法为背景,但并不局限于中国著作权法。本书采用了大量的美国案例材料。隔着语言、制度和技术的三重障碍,准确传达到外国案例或论文的准确观点,常常是作者能力所不及或者时间所不允许的。作者勉强翻译之,难免有错误和疏漏。为了避免误导读者,本书将作者不知如何准确翻译的原文都附在正文当中。同时,作者努力避免翻译人名和引证信息,以方便读者查找原文。

笔者选择案例时考虑最多的是案例的教学与学术意义(或者说讨论空间),而不是案例是否正确地阐述了现行法律。因此,毫不奇怪,本书中很多案例的判决理由或结论存在各种各样的缺陷。读者的阅读态度和思考意愿最终决定这些案例是挑战还是陷阱。笔者希望读者能够勇敢地接受挑战,时刻用质疑和批判的眼光阅读这些案例,从而获得真正独立的思考和判断能力。否则,读者很有可能未蒙其利反受其害——被这些案例误导,错误地理解现行的法律。

本书对全文引用的中文案例的格式略有调整。首先,将案件名称中传统的"谁诉谁"或"谁与谁"的格式替换成"谁 v. 谁",使得案例标题看起来更清楚。书中案例名称并不严格遵守一审原告在前、被告在后的顺序。有些案例实际上是二审上诉人在前(一审可能是被告)、被上诉人在后。其次,对于案例中编辑过的内容,通常有明显的提示。具体地说,绝大部分被删除的内容都以省略号(……)代替;前后文顺序有调整的,以连续星号"＊＊＊＊"提示;本书作者自行添加或改写的内容,以方括号"[ ]"提示。最后,案例材料中所有法律条文均未改动,均为当时生效法律,请读者注意与现行法相区别。

这里,笔者真诚地希望,读者在享受阅读方便的同时,能够体谅笔者的写作和翻译之苦,帮助指出书中的错误。笔者将感激不尽。为了更好地收集读者的反馈意见,并及时向读者提供修订版中的新增内容,笔者将在新浪网上为本书开设博客(blog.sina.com.cn/iplaw),期待着和读者进行互动交流,共同进步。

二、致谢

首先,感谢为本书所节选的作品提供版权授权的下列专家和学者:郑成思教授(社科院法学所知识产权中心)的家人、梁慧星教授(中国社会科学院法学所)、刘春田教授(中国人民大学法学院)、吴汉东教授(中南财经政法大学)、蒋志培教授(原最高人民法院知识产权庭庭长)、陈锦川法官(北京市高级人民法院知识产权庭庭长)、李琛教授(中国人民大学法学院)、王迁教授(华东政法大学)等。他们的专业论述是如此的精彩,让笔者觉得不在书中直接呈现他们的观点是一种罪过。同时,笔者也希望论述者的原创精神能够给读者留下深刻的印象。

其次,要感谢那些通过各种渠道公开案例的法官、律师和当事人。知识产权原始案例的公开,使得无数个体的智慧不再被无情地湮没,对中国知识产权研究的进步作出了无与伦比的贡献。笔者真诚地希望,这样的案例公开,能够更加地及时和充分。

最后,要感谢为本书提供过修改意见的诸多老师、同事和同学。尤其要感谢:郑胜利教授(北京大学法学院)、张广良副教授(中国人民大学法学院)、杨明副教授(北京大学法学院)、何怀文副教授(浙江大学光华法学院)、蒋舸助理教授(清华大学法学院,通读本书并提出无数宝贵意见)及清华大学法学院的连冠、兰潇、邵术恒、吴雨桐等同学。另外,还要感谢北京大学出版社的孙战营、蒋浩等老师,谢谢她(他)们对本书提出诸多重要修改意见。

目 录

第1章 著作权法概述 ·· 1
1 基本认识　1
2 著作权法的基本内容　4
3 著作权的正当性　7
4 中国著作权保护简史　12
5 著作权法与其他法律的重叠　27
6 著作权法适用范围　34

第2章 著作权客体 ·· 37
1 表达形式　37
2 独创性　69
3 "能以有形形式复制"　120

第3章 普通作品 ··· 123
1 作品类型　123
2 文字作品　124
3 口述作品　126
4 音乐作品　127
5 戏剧类作品　128
6 美术作品　134
7 建筑作品　145
8 摄影作品　150
9 影视作品　153
10 图形作品与模型作品　166

第4章 特殊作品 ··· 170
1 实用艺术作品　170
2 计算机软件　190
3 汇编作品　214

4　民间文艺作品　227
　　5　禁止传播的作品　241
　　6　不受保护的"作品"　247

第5章　著作权归属 …………………………………………………… 256
　　1　关于作者的一般规则　256
　　2　合作作品　268
　　3　职务作品　296
　　4　法人作品　311
　　5　委托作品　315
　　6　其他作品　331

第6章　著作人身权 …………………………………………………… 339
　　1　著作人身权概述　339
　　2　发表权　346
　　3　署名权　353
　　4　修改权与保护作品完整权　363
　　5　追续权　378

第7章　著作财产权 …………………………………………………… 380
　　1　著作财产权概述　380
　　2　复制权　381
　　3　发行权　396
　　4　出租权　410
　　5　演绎权　411
　　6　表演权　426
　　7　放映权　431
　　8　广播权　432
　　9　展览权　440
　　10　其他权利　443

第8章　信息网络传播权 ……………………………………………… 447
　　1　信息网络传播权概述　447
　　2　信息网络传播行为的构成要件　455
　　3　信息网络传播权的限制　487

第9章　邻接权 ………………………………………………………… 510
　　1　著作邻接权概述　510
　　2　表演者　513

3　录制者　525
　　4　广播组织　531
　　5　出版者　533

第10章　著作权集体管理　541
　　1　著作权集体管理概述　541
　　2　著作权人的授权性质　545
　　3　许可费标准、收取与争议解决　554
　　4　集体管理组织的延伸管理　557
　　5　集体管理组织的反垄断控制　559

第11章　著作权限制　577
　　1　合理使用　577
　　2　法定许可　628
　　3　强制许可　646
　　4　保护期限　646

第12章　著作权侵权　651
　　1　著作权侵权概述　651
　　2　侵权作品的认定　655
　　3　主观过错：以典型侵权行为为例　685
　　4　侵权抗辩　705
　　5　侵权诉讼　706
　　6　不当得利　717

第13章　间接侵权　720
　　1　间接侵权概述　720
　　2　间接侵权构成要件　723
　　3　帮助侵权　728
　　4　教唆或引诱侵权　743
　　5　美国版权法上的替代责任　744

第14章　网络间接侵权　753
　　1　网络间接侵权概述　753
　　2　网络服务商的过错认定　760
　　3　"通知—删除"规则　771
　　4　帮助侵权之一：网络接入、自动传输与自动缓存　776
　　5　帮助侵权之二：网络存储与发布服务　779
　　6　帮助侵权之三：网络链接　797

    7 帮助侵权之四:搜索引擎　　804
    8 帮助侵权之五:P2P 文件分享服务　　815
    9 教唆侵权　　830
第 15 章　技术措施与权利管理信息 ················· 839
    1 技术措施　　839
    2 权利管理信息　　871
第 16 章　侵权救济 ················· 877
    1 侵权救济概述　　877
    2 禁令救济　　887
    3 损害赔偿　　897
    4 赔礼道歉与精神损害赔偿　　912
    5 民事制裁　　913

第1章
著作权法概述

1 基本认识

1.1 著作权法的立法目的

著作权法是"保护文学、艺术和科学作品作者的著作权以及与著作权有关的权益"的专门法律。① 立法者在《著作权法》第1条中宣示的立法目的大致有两项：保护创作者（传播者）权益；促进作品的创作和传播。

在一般情况下，这两项目标并行不悖。著作权法保护创造者对作品和相关智力成果的独占权，使得创造者能够获得直接或间接的利益回报，实现人格独立和自我发展。对社会而言，著作权保护在短期内限制了公众利用现有作品的自由，但是鼓励更多的作者创作出更多更好的作品，因而符合公众的整体利益。著作权制度本质上是以保护作品独占权换取更多的接触和利用作品的机会。

不过，著作权法上平衡两项目标的制度有一定的模糊性，如果适用不当就可能导致保护创造者权益与促进作品的创作和传播互相矛盾。比如，如果法院不当适用独创性、思想与表达二分、合理使用等标准，对事实或抽象思想提供保护，就会增加创作者获取知识信息的成本，降低他们从事创作的积极性。

1.2 著作权保护的重要性

著作权法对于信息时代的经济和社会生活有着深刻影响。在市场经济环境下，有效的著作权保护，是图书、影视、软件、网络等文化产业生存和发展的基本前提。按照世界知识产权组织和国家版权局的联合研究，中国的版权产业对于国民生产总值的贡献率在2004年是4.9%，2006年达到6.4%，每年都在增加。② 现在，差不多只有制造业、批发和零售业以及农业3个门类在国民生产总值中所占比重高于版权产业。③ 如果美国是一个可靠的对比目标，则中国版权产业将来对国民生产总值的贡献率会达到

---

① 参见《著作权法》（2010）第1条。
② National Copyright Administration of the People's Republic of China（NCAC）& WIPO, The Economic Contribution of Copyright-Based Industries n China, http://www.wipo.int/export/sites/www/copyright/en/performance/pdf/econ_contribution_cr_cn.pdf. 2012年12月1日访问。
③ 王康：《版权产业对GDP贡献率逐步攀升》，载《中国知识产权报》2010年11月26日第9版。

12%甚至更多。①

比枯燥的统计数字更有说服力的可能是每个公民真实的生活体验。在网络时代,著作权法影响所及已经超出很多人的想象:每个学生手头的课本、每个观众眼前的影视节目、每个用户使用的计算机程序、每个网民浏览的网络内容、每个顾客在购物网站的留下的商品或服务评价,甚至手机用户之间传阅的短信,都离不开著作权法关注的目光。著作权法保护、不保护或如何保护这些信息产品,直接影响到每个人获取和利用信息的方式和成本。

著作权法真切地影响每个人的日常生活的同时,也深刻地影响着一个民族的文化未来。虚弱的著作权保护,会导致抄袭和盗版成风。这导致很多文化天才无法单纯依靠版权许可收入过上体面的生活,因而没有足够的创作积极性,甚至被迫远离真正专业的创作。那些坚持创作的专业作者为了从创作成果中获益,也被迫成为市场渠道力量的附庸,而失去大部分的谈判能力。比如,音乐或影视作品的作者在无法有效保护自己版权的情况下,很可能被迫从属于商业网站、歌唱明星、演出公司等市场渠道,否则无法在盗版环境中获益。专业创作者郁闷背后,可能只是业余作者的狂欢,而并非真正的文化繁荣。现在,中国网络中侵权盗版泛滥,著作权人维权成本高昂,已经严重损害了音乐、影视、文学、软件等领域专业创作者的积极性。网络巨头发出"谁创新谁倒霉"的慨叹,电影导演冯小刚以国骂宣泄对盗版的不满,音乐人宋柯高调卖起烤鸭……这在天天呼唤文化软实力的中国,是非常令人震惊的文化图景。要改变现状,寻求更好的文化未来,决策者需要从认真对待著作权开始。

当然,这里并不是说有效的著作权保护对任何企业都是不可或缺的。实际上,有一部分企业并不依靠对版权内容的有效控制获利,而是通过出售含有版权内容的硬件、提供售后服务或广告获利。比如,在网络环境下,像360杀毒软件、金山的 WPS Office 软件、苹果商店里无数的免费应用、开源社区的各种免费软件等,都由著作权人免费对外提供。著作权法保护的强弱,对它们而言,无足轻重。不过,到目前为止,没有迹象表明,这些领域个别企业的创新模式能够全面推广到音乐、电影、图书等领域,而不损害创作者的积极性。其实,即便是在软件行业,也没有理由从法律上强迫所有企业接受免费或开源的业务模式。有效的版权保护,实际上保证软件企业在选择商业模式上有更多的自由——它们可以选择免费或开源模式,也可以选择严格保护的封闭模式。从社会的角度看,让这两种模式共存并竞争,并无损害。

1.3 著作权法上的利益平衡

著作权法不仅很重要,而且很复杂。理论上,著作权法的两大目标——作者的自我实现与公众利益的最大化,相辅相成,互不矛盾。但是,随着著作权保护力度的增

---

① Stephen E. Siwek, Copyright Industries in the U. S.: The 2004 Report, WIPO Creative Industries Series, No. 1, http://www.wipo.int/export/sites/www/ip-development/en/creative_industry/pdf/ecostudy-usa.pdf, 2012年12月1日访问。该报告认为,美国核心版权产业对GDP的贡献5.98%,所有版权相关产业的贡献是11.97%。

加,公众获取作品和后续创作者利用作品的难度都会迅速增加,于是,权利人与公众的利益发生冲突的可能性随之增加。著作权保护达到一定水平之后,继续强化著作权保护给权利人带来的边际收益可能会小于社会为之支付的边际成本。在功利主义的立法者看来,这时候继续强化著作权保护就失去正当性。

如何选择理想的保护水平,是著作权法上永恒的难题。在现实中,作者与公众都是活生生的群体,都会采取各种策略将自己的局部和眼前的利益最大化,于是,著作权法的上述两大目标常常变得难以协调。在很多人看来,著作权法在鼓励无数人创造更多知识、成就财富梦想的同时,也在不断扩大国际与国内社会群体之间的知识鸿沟。比如,版权保护让无数的边缘群体无法得到原本可以低价甚至免费拷贝的教科书、影视剧和计算机程序等知识产品,造成经济学上所谓的"无谓损失"——社会满足这些边缘群体的边际成本几乎为零,却选择让他们两手空空。版权保护可能使得边缘群体与主流社会之间的知识差距在迅速增大,激化了社会矛盾,也削弱了版权保护的道德正当性。不仅如此,强化版权保护也会增加后来者创作新的作品的成本,从而影响整个社会的文学艺术作品的供给。也就是说,过度的版权保护,可能导致版权法鼓励创作的目标无法实现。最后,强化版权保护也会影响普通公众的商业行动和言论自由。比如,为避免版权侵权,无数出版者和网络服务商被迫采取预防措施,无数的公众而被迫放弃自由的表达。

为了减少或平息各种社会群体的不满,著作权法必须制定精细的法律规则,在作者和一般公众之间、作者和投资人之间、原创作者和演绎作者之间,艰难地维持所谓的利益平衡。显然,要做到这一点绝非易事。社会需要经历不断的试错和博弈,才可能达成。更不幸的是,技术进步又常常轻易就打破这一利益平衡关系,上述过程被迫重新开始。

1.4 著作权法上的技术烙印

著作权法的一大特点是它对信息技术进步高度敏感。如我们所知,著作权法本身就是印刷技术进步的产物。印刷技术的进步使得大众书籍消费市场得以形成,从而促进了出版产业的发展,最终使得版权人控制出版发行活动变得有利可图,从而使得版权保护变得有必要。在活字印刷技术之后,信息复制和传输技术的每一次重大进步,都在版权法上留下烙印。比如,著作权法关于作品利用方式的描述就有印刷、复印、拓印、录音、录像、翻录、翻拍、放映、广播、摄制、信息网络传播等[1],差不多涵盖了从古到今所有的信息复制和传输技术。

著作权法对于技术进步的回应,并非简单地在著作权法上增加一个新的列举项目就万事大吉了。很多革命性的技术会彻底破坏版权法在作者和公众之间艰难维系的利益平衡关系。具体地说,技术进步不可避免地要改变公众从事侵权活动的成本和作者阻止或预防侵权活动的成本。比如,在过去的印刷时代,作品的复制成本高昂,能够

---

[1] 《著作权法》(2010)第10条。

从事大规模复制行为的主体相对有限。对于著作权人而言,维护著作权相对简单。进入现代社会,作品复制技术突飞猛进,从事复制行为的成本每天都在下降。对于著作权人而言,潜在的侵权主体随之急剧增加,有效保护版权变得更加困难。公众侵权和权利人维权的成本的相对变化积累到一定程度,就会迫使立法者对版权规则进行全局性的修订。复印、录音、数字化、网络等技术都曾经或者正在发起这样的挑战。以最新的数字网络技术为例。在二十年以前,著作权法上几乎不讨论网络问题。现在,本书为了回应数字网络技术对于著作权法提出的挑战,专门增设三章加以讨论,即第 8 章"信息网络传播权",第 14 章"网络间接侵权"和第 15 章"技术措施与权利管理信息"。这三章已经占到本书 1/5 到 1/4 的内容,足见数字网络技术对于著作权的挑战有多深远。作为著作权法的研习者,我们有机会审视著作权法决策者每一次的应对策略的功过得失。这不仅持续地满足我们的好奇心,也不断地增加我们自己处理复杂问题的法律智慧。

2 著作权法的基本内容

对抽象的智力成果进行保护,著作权法需要遵守产权制度的一般逻辑,从以下方面制定明确的法律规则:保护客体范围、权利取得程序、权利内容、权利限制、权利归属、权利移转、侵权认定以及救济措施等。这里对著作权法中比较重要的部分做简要介绍,以便读者在完全阅读本书之前对著作权法的体系有大致的了解。

2.1 保护客体

著作权法的保护客体分为作品和非作品的邻接权客体两种类型。这一区分,在著作权法上有重要意义。所谓作品,是指"文学、艺术和科学领域内具有独创性并能以某种有形形式复制的智力成果"。[①] 这一定义本身的指导意义有限。要准确理解作品的内涵,需要结合《著作权法》(2010)第 3 条上关于作品的具体列举。该条所列举的作品主要包括文字作品、口述作品、音乐、戏剧、曲艺、舞蹈、杂技艺术、美术、建筑、摄影、电影作品、工程设计图、产品设计图、地图、示意图、模型、计算机软件等作品。

除了作品之外,著作权法还将演员的表演、录音录像制品、出版物版式设计、广播组织的节目信号等纳入保护客体范围,使得演员、录音录像制作者、出版社、广播组织等对其智力成果享有一定的排他性权利。权利人可以控制他人未经许可复制、传播其智力成果或投资结果,从而获得回报。这种权利与狭义的著作权相似,被称作"邻接权"或"相关权"(neighboring rights, related rights)。

在没有特别说明的情况下,本书所称的著作权通常仅仅是指权利人对作品所享有的权利,不包含邻接权。同样,作品也不包含邻接权客体。

2.2 权利内容

在界定保护客体之后,著作权法需要分别定义保护客体之上的著作权和邻接权的

[①] 《著作权法实施条例》(2013)第 2 条。

内容。学理上,著作权被分成精神权利和经济权利。其中,精神权利又称精神权,包括发表权、署名权、修改权和保护作品完整权等四项;经济权利包括复制权、发行权、出租权、展览权、表演权、放映权、广播权、信息网络传播权、摄制权、改编权、翻译权、汇编权,以及"应当由著作权人享有的其他权利"等十三项。① 值得一提的是,中国著作权法分别将精神权利和经济权利称作人身权和财产权。实际上,著作权法的人身权实际上与民法上人身权相差甚远,因此更合理的能够避免误解的称呼应该是精神权。

著作权的权利内容清单总共有十七项,但这并不意味着所有作品都会平等地享有这些权利。实际上,很多作品本质上无法以特定方式利用。比如,美术作品通常不能表演和翻译,也就无所谓表演权和翻译权;美术和摄影之外的作品,通常不享有展览权,等等。

著作权法对于邻接权的内容,没有统一的规定,而是针对具体的邻接权客体分别作出规定。比如,出版者对其版式设计有禁止他人使用的权利②;表演者对其表演享有表明表演者身份、保护表演形象不受歪曲、许可他人从现场直播和公开传送其现场表演、许可他人录音录像、许可他人复制发行录有其表演的录音录像制品、许可他人通过信息网络向公众传播其表演等权利③;录音录像制作者对其制作的录音录像制品享有许可他人复制、发行、出租、通过信息网络向公众传播并获得报酬的权利。④

2.3　权利限制

著作权法上的广义的权利限制制度包含著作权保护期限、合理使用与法定许可制度等。

著作人身权中的署名权、修改权和保护作品完整权的保护不受时间限制。⑤ 普通作品作者的发表权和著作财产权的保护期为作者终身及死后 50 年。⑥ 此外,著作权法对于合作作品、职务作品、法人作品、电影作品、摄影作品等还规定了特殊的保护期。

著作权法上的合理使用,是指法律所规定的"可以不经著作权人许可,不向其支付报酬"而直接使用作品的情形。《著作权法》第 22 条罗列了十二种合理使用的情形,比如:"为个人学习、研究或者欣赏,使用他人已经发表的作品";"为介绍、评论某一作品或者说明某一问题,在作品中适当引用他人已经发表的作品";等等。在合理使用作品时,使用人应当尊重作者的署名权并指明作品名称。法院在审查合理使用抗辩时,通常从下列三个方面来考察其合理性,即该合理使用抗辩是否只是一种特例,是否与作品的正常利用冲突,是否不合理地损害权利人合法利益。

著作权法上的法定许可,是指社会公众无须经过版权人的同意,在支付合理报酬的情况下,依据版权法直接获得的作品使用许可。这实际上是一种变相地强制许可制

---

① 《著作权法》(2010)第 10 条。
② 《著作权法》(2010)第 36 条。
③ 《著作权法》(2010)第 38 条。
④ 《著作权法》(2010)第 42 条。
⑤ 《著作权法》(2010)第 20 条。
⑥ 《著作权法》(2010)第 21 条第 1 款。

度。比如,**报社或期刊**刊登作品之后,"除著作权人声明不得转载、摘编的外,其他报刊可以转载或者作为文摘、资料刊登,但应当按照规定向著作权人支付报酬。"[1] "录音制作者使用他人已经合法录制为录音制品的音乐作品制作录音制品,可以不经著作权人许可,但应当按照规定支付报酬;著作权人声明不许使用的不得使用。"[2] 法定许可与合理使用的差别在于,前者要求使用人支付报酬,而后者则是无偿使用。

2.4 权利归属

著作权归属规则要解决多个主体对同一作品的产生作出智力或物力上的贡献时谁享有著作权的问题。一般原则是著作权归创作完成作品的作者享有。[3] 也就是说,只有对作品的完成作出创造性贡献的人,才能被视为作者,进而享有著作权。依据这一原则,多人共同创作,成为合作作者并共享著作权。

不过,为了满足现实社会的需要,著作权法在一般原则之外还是创设了很多例外,涉及职务作品、委托作品、法人作品、电影作品等。在这些例外中,没有参与创作但是对作品创作提供物质帮助的人,可能获得著作权;参与创作的人,也可能被剥夺部分或全部著作权。比如,"由法人或者其他组织主持,代表法人或者其他组织意志创作,并由法人或者其他组织承担责任的作品,法人或者其他组织视为作者"。[4] 此即所谓"法人作品"的情形,参与创作的个人不再享有任何著作权。再比如,"公民为完成法人或者其他组织工作任务所创作的作品是职务作品",在大多数情况下"著作权由作者享有,但法人或者其他组织有权在其业务范围内优先使用"[5]。这是所谓"职务作品"的情形,自然人作者的权利也受到限制。

著作权法的权利归属规则虽然是非常技术性的规范,却深刻地揭示了一个社会主流的意识形态。因为它所确定的产权分配规则在劳动和资本之间切分蛋糕,直接反映了社会对于经济效率与社会正义的取舍。著作权归属规则能够折射出每一个社会在劳动和资本之间永恒的矛盾心态。

2.5 权利移转

著作权法上的权利移转规则是指著作权的转让、许可、质押和集体管理有关的法律规则。在著作权法之外,一般性的民事法律,比如《民法通则》《物权法》《合同法》等,已经明确了财产权移转的一般性规则。著作权的移转在很大程度上可以参照适用这些规则。但是,毕竟著作权有自身的特殊性,很多时候并不能完全照搬它们。比如,著作权转让和许可的公示方法,既不同于一般的动产(占有),也不同于典型的不动产(登记)。再比如,评价著作权许可的法律效力,也是很难套用一般的民事规则。在著作权法上,立法者需要对一般规则做一些变通。

---

[1] 《著作权法》(2010)第33条第2款。
[2] 《著作权法》(2010)第40条第3款。
[3] 《著作权法》(2010)第11条第1—2款。
[4] 《著作权法》(2010)第11条第3款。
[5] 《著作权法》(2010)第16条第1款。

著作权集体管理是著作权法上的比较特殊的制度,用以解决著作权分散、交易成本高昂所带来的维权困难的问题。在这一制度下,著作权人将自己的权利交由著作权集体管理组织集中行使,以取得经济规模,降低交易成本。著作权法需要确认这一管理模式的合法性,并为集体管理组织独立行使著作权铺平道路。在著作权集体管理组织取得市场支配力量之后,著作权人和社会公众的利益都有可能受到威胁。著作权法因此需要对集体管理组织的设立、决策程序和交易行为进行规范,以维护进行正常的市场秩序,保护相关各方的合法权益。

2.6 侵权与救济

著作权侵权认定规则是指司法机关认定著作权侵权所遵守的基本规则。显然,《民法通则》《侵权责任法》等一般性的民事规则也适用于著作权侵权。著作权法在一般性规则的基础上,作出更具体的规定。其中,比较重要的规则包括直接侵权与间接侵权(共同侵权)区分规则、直接或间接侵权的归责原则、认定抄袭的一般规则、侵权抗辩、侵权诉讼的程序规则等等。整体而言,著作权法上的侵权认定规则目前还不够完善,大量的司法解释扮演着重要角色。

广义的侵权救济是指著作权侵权发生后,著作权法和相关法律为权利人提供的各种救济措施,包括民事、行政和刑事救济措施。著作权法本身是典型的民事法律,关注的更多的是民事侵权的救济措施,譬如责令停止侵害、赔偿损失、赔礼道歉等。

3 著作权的正当性

公众对于著作权保护的正当性的理解,直接影响著作权法保护创作者权益和公共利益两项目标的优先顺序。如果公众将著作权视为创作者基本权利甚至基本人权,则不许可动辄以公共利益为名加以限制或剥夺;如果公众将著作权视为普通的公共政策工具,则著作权随时可能因为公共利益最大化的需要而被牺牲。更具体地说,著作权法对于保护客体的定义、人身权与财产权的区分、权利内容的设置、职务作品的界定、间接侵权责任的设计、侵权救济措施的选择,都会因为立法者指导思想的不同而所有不同。

我们探讨著作权的正当性基础,实际上就是在寻找解剖现实世界中五花八门的著作权观念的基本工具。这些现实的财产权观念,无论多么的花枝招展或蛊惑人心,都不过是经典的正当性理论相互叠加、排列或组合的结果。其中的道理就像丰富多彩的动植物世界背后起决定作用的不过是基因序列中为数不多的碱基对一样。在深入研究每一种典型的财产权正当性理论的内在合理性及其限度,我们能够更好地应对现实中的各种著作权挑战。

3.1 劳动自然权学说

在知识产权领域,将财产权视为人的一种自然权利的劳动学说,具有广泛的影响力。洛克式的劳动自然权学说大致认为:上帝将整个世界赐予人类,每个人对自己的身体继而对自己的劳动享有所有权。当其将劳动添加自然物上,人便获得该物的所有权。这一学说最初所描述的财产客体无非是麦子、果实之类有形财产。但是,在"大脑劳动的产物等同于双手的劳动成果"的观念下,后来的学者则很自然地将它应用于知识产权的合理性论证上,认为劳动者对其付出劳动创造出的智力成果享有当然的支配权。①

洛克的劳动学说并非无条件地承认个人财产权的正当性,相反,它认为个人获得财产权正当性的前提是权利人在公共领域给他人留下的资源足够多而且同样好(there is enough and as good left in common for others)。这大致可以保证,个人在获取财产权时,不会对他人产生负面影响。② 这一限制条件使得劳动学说产生了很大的弹性,为社会因公共利益而限制个人财产权留下机会。这一前提实际上也为公众背离劳动学说提供了各种可能性或借口。世间具有普适性的学说或理论无不如此。

普通作品与技术方案不同,有无穷无尽的可替代性。著作权人对普通作品的控制,通常不会妨碍公众创作新作品和表达的自由。也就是说,著作权保护不会使得公众的处境变糟。依据洛克的劳动学说下,著作权的正当性很容易被人接受。不过,当某一作品在社会上获得巨大的影响力之后,获取和接触该作品,或者针对性地利用该作品表达个人的思想或情感,在一定程度上变得不可或缺。这时候,利用著作权法保护该作品,实际上会对公众的处境发生负面影响。这意味着,洛克劳动学说中保护财产权的前提条件——"给人留下的足够多而且同样好"可能不复存在。这为著作权法限制作者权利、保护言论自由提供依据。③

3.2 人格学说

人格学说将财产权正当性与个人人格联系起来,是洛克财产权学说的最有力的替代物。其中,最有影响的是康德和黑格尔的财产权学说。

康德提出了著作权属于人格权的学说。康德把书的实在物存在形式与书的内容作出了区分。书的实物存在形式上人们享有物权,书的内容是作者向公众说的话——因而作者享有人格权。如果人们在没有得到作者同意的情况下通过翻印把作品公之于众的话,就会侵犯作者的人格权,该出版社就应当向作为作品的'总管'的被侵犯的作者本人支付赔偿。1844 年,约翰·喀什博·布伦奇里(Johann Caspar Bluntschli)进一步发展了该理论,并把'作者权'进一步重构为首先是人格权,其次才是财产权。④

与康德相比,黑格尔的人格学说在知识产权领域更受关注。依据这一学说,"财产权提供了一种独特的或者说恰当的机制,使得个人得以实现自我、表达个性、维护尊严

---

① 崔国斌:《知识产权法官造法批判》,载《中国法学》2006 年第 1 期,第 144—164 页。
② Wendy J. Gordon, A Property Right in Self-Expression: Equality and Individualism in the Natural Law of Intellectual Property, 102 Yale L. J. 1533,1563(1993).
③ 深入的讨论,参考 Wendy J. Gordon, A Property Right in Self-Expression: Equality and Individualism in the Natural Law of Intellectual Property, 102 Yale L. J. 1533(1993)。
④ 〔德〕M. 雷炳德:《著作权法》,张恩民译,法律出版社 2005 年版,第 24 页。

与认同……为了实现适当的自我发展——成为人,个体需要对外部环境中的一些资源进行控制。依据这一人格学说,此类所需的控制通过一系列权利得以完美实现,我们将这些权利称作财产权。""像劳动学说一样,人格学说应用于知识产权时具有直觉性的吸引力:某一思想属于其创造者,因为它是创造者人格或自我的体现。""在知识产权领域,人格学说最理想的应用是解释艺术方面的知识产权。这一论断无论是在理论上,还是欧洲的法律实践中,都是正确的。欧洲法律体系将人格学说视为财产权的基础。当人们试图将人格学说引入美国法时,常常援引欧洲的知识产权法作为论据。"[1]

人格学说对于一般财产权的正当性解释,在著作权法获得了最为自然的延伸:作品中体现了作者的人格利益似乎不容置疑,由作者控制其作品理所当然。在多数学者看来,人格学说还能够有效地解释著作权法区分著作人身权和财产权的合理性——因为作品比其他物理财产以及技术方案更能体现作者的人格利益,因而有必要设置很特别的人身权制度加以保护。

不过,现在越来越多的学者质疑作品中的人格利益属性。代表性的意见认为,在黑格尔的人格学说的框架下,个人为表达个性和实现自我发展而占有或控制财产,包括有形物和无形的作品。在这一框架下,并不存在区别对待作品与有形物的理论基础。因此,在黑格尔看来,人格并非艺术家们获得特别权利的跳板。[2] 也就是说,人格权学说作为一般财产权的理论基础,实际上并不特别支持将部分著作权利益人格权化。国内也有学者支持此类意见。[3] 否认著作人身权的理论基础,将著作权等同于一般财产权,将对于著作权制度的发展产生重要影响。在中国这一原本对著作权法理论基础并未达成一致的国家,制度变化可能更为明显。

3.3 功利主义学说

所谓功利主义财产权学说,主要源于休谟(David Hume)和边沁(Jeremy Bentham)。休谟认为我们所遵循的正义规则来自那些被认为有利于促进人类幸福的一些习俗(Convention)。人们遵守这些规则是为了个人的私利同时自然也有利于公共福利。私人所有权及其规则的基础除了这一实用目的别无其他。休谟之后,边沁更明确地指出,并不存在所谓的自然权,财产权完全是法律的人为创设。具体到知识产权,功利主义认为社会提供知识产权制度的终极原因是为了提供刺激动机,以扩大相应成果的供给,保证社会公众能够获得充分的知识产品。在版权法领域,版权的目的绝不是为了给予作者回报,但法律这样做是为了实现它的最终目标——促使其将创造的天才的产品公诸于世。[4]

功利主义财产权学说与现在很流行的法经济学理论结合,对于著作权具体制度的

---

[1] Justin Hughes, The Philosophy of Intellectual Property, 77 Georgetown L. J. 287, 330—350 (1988).
[2] Peter Drahos, A Philosophy of Intellectual Property, Dartmouth, 1996 at 80.
[3] 比如,杨延超:《精神权利的困境——两大法系版权立法比较分析》,载《现代法学》2007 年第 7 期,第 48 页;李琛:《质疑知识产权之"人格财产一体性"》,载《中国社会科学》2004 年第 2 期,第 71 页。
[4] 崔国斌:《知识产权法官造法批判》,载《中国法学》2006 年第 1 期,第 144—164 页。

解释有很强的说服力。相比之下,劳动学说、人格权学说只能对宏观层面的财产权的合理性提供解释,在微观层面的解释力有限。比如,Breyer 法官指出,将作品视为"个人劳动成果"的说法,并不能说明说明作者应当得到多少报酬;特别是,它不能说明为什么依据现有的版权法获得回报就要比作者在没有版权法或者其他版权制度下所获回报要更公正(just)。① 德国也有版权学者指出,人格权学说过分强调了著作权人格权的意义,"然而对实际生活的考虑却是如此之少,而在通常情况下,对作者与文化经济来说,钱财方面的利益要摆在中心地位。因此基于上述两层意思,对创作人人格的保护的确应摆在次要的位置"②。

3.4 提示说明

3.4.1 拒绝劳动自然权学说

中国的立法者实际上并没有接受劳动自然权学说的指引,因此在司法实践中应该拒绝此类学说的影响。以下是本书作者的一篇论文相关章节的摘录:

> 法院在司法活动中应当对所谓的"劳动者控制劳动成果"法律原则作严格限制的解释。"财产权源自法律的创设,并不源自价值——哪怕这一价值是可以交换的。""一个产品耗费生产者金钱和劳动,他人愿意支付一定的对价来购买,并不能保证它能够获得财产权","从法律上讲,并不能因为竞争者不劳而获,牺牲了对手的利益就是不正当的。"在知识产权法成文法之外,劳动者控制其智力劳动成果这一原则仅仅在非常有限的范围内是正确的:劳动者仅仅对处于保密状态的智力成果享有控制权。一旦劳动者决定对社会公开其劳动成果,比如出版其作品、公布其技术方案、销售特定设计的商品等等,则劳动者就丧失了对此类智力成果的实际控制权。社会可以像利用空气和阳光那样分享此类智力成果。只有依据知识产权法的明确规定,才能对这种自由利用进行限制。英美法的法官在一百多年以前就明确阐述了这一观点。在中国知识产权领域,我们同样有足够的理由拒绝接受大陆法系国家的民法传统,拒绝承认劳动者对其智力成果享有当然的支配权。法院在适用民法通则、不正当竞争法的原则条款时,不能认为"劳动者对其智力劳动成果享有支配权"是中国社会的诚实信用原则、商业道德的内在要求。③

3.4.2 民法和知识产权法的观念冲突

中国知识产权立法者选择功利主义,而司法者执著于自然权观念。中国法院之所以在知识产权法审判活动中倾向于选择自然权学说的默认规则,与中国民法学说在中国的统治地位有着直接的关系。中国在大民法的体制下,将知识产权视为民事权益的一种,习惯了将知识产权客体与普通民事财产客体等同起来的思维模式。而中国的民

---

① Stephen Breyer, The Uneasy Case for Copyright: A Study of Copyright in Books, Photocopies, and Computer Programs, 84 Harv. L. Rev. 281,286 (1970).
② 〔德〕M.雷炳德:《著作权法》,张恩民译,法律出版社 2005 年版,第 25 页。
③ 崔国斌:《知识产权法官造法批判》,载《中国法学》2006 年第 1 期,第 161 页。

法学说和制度直接从欧洲大陆移植过来,有着深厚的自然法传统。自然权学说所体现的是一种个人本位的传统财产法理念。比如,劳动权利说强调的是个人对自己劳动成果的支配权,人格权学说则强调财产权旨在完善个人的人格发展等等。自然权学说并不十分关注财产权对社会公益的影响。正因为如此,有学者指出深受自然权学说影响的"欧洲大陆的知识产权体制更强调保护个人的权利,而不是强调促进公众获得艺术享受的长远利益"。

知识产权客体与传统有形的财产权客体相比,有着巨大的差别。知识产权客体因其无形,而具备了与传统财产权客体显著不同的公共物品属性及无损耗属性。无形的信息资源在同一时间可以由无数人共享,而不减损其使用价值。

与侵占物理财产不同,侵占信息或者其他无形财产通常并不剥夺原始使用者同时使用的机会。在无形的有价值的商业信息上设置独占权利,会妨碍竞争者接触该有价值的信息,从而损害竞争,也堵塞了公众充分利用有价值的思想和创意的渠道。

法院赋予一种无形客体以垄断权时,对社会造成的冲击远远超过法院确认某一种有形财产。正因为如此,知识产权法在社会的演进过程中逐步从个人本位转向社会本位。知识产权法比传统民法更强调维护信息自由,更强调权利限制,更强调个人和社会利益之间的平衡。在知识产权法中,维持公共领域的自由开放,保证社会成员对信息的充分接触和利用,甚至比传统社会中保障个人对有形财产的掌控更为重要。

中国法院接受传统民法学说的指引,更倾向于按照自然权学说的理解来解释知识产权规则。在司法活动将信息产品与有形物类比,忽略信息的公共物品属性,从而很容易对信息产品提供过分的保护。知识产权法和传统民法的冲突,本质上是个人本位的财产观与社会本位的财产观的冲突。现代民法虽然存在着由个人本位向社会本位过渡的趋势,但是在时下的中国显然远远落后于知识产权法的脚步。如前所述,中国的立法者实际上选择了社会本位的功利主义的知识产权观。法院在司法活动中应该像美国法院那样抛弃传统民法领域的自然法的立法思想,努力维护功利主义知识产权观在司法活动中的统治地位。①

3.4.3 著作权制度的替代机制

著作权法并非激励创作的唯一机制。政府资助、奖励制度、社会荣誉、市场领先时间、获取学位等,都可能起到激励创作的作用。

政府在基础研究领域有大量的投入,激励学术人员撰写大量的学术著作。对这些研究人员而言,政府资助的激励作用远超过著作权法所提供的产权激励。在这些非产权的激励机制下,创作者创作完成作品之后,并没有很强的意愿限制作品的流通。如果没有著作权保护,社会公众能够自由地获取和利用这些作品。与著作权机制相比,上述机制导致的消费者无谓损失可能要小很多。同时,在政府资助制度下,竞争对手

---

① 崔国斌:《知识产权法官造法批判》,载《中国法学》2006年第1期,第152—153页。

事先的无序竞争得以避免,可以在很大程度上避免竞争者之间的重复投资。不过,政府资助制度并不能够完全取代著作权制度,前者最大的缺陷是政府必须事先确定谁来从事什么创作,这常常超出政府的能力或者导致政府腐败。

奖励制度能够避免事先选定创作者,但同样要事先决定奖励什么,奖励的幅度等。同时,奖励制度可能引发竞争对手之间的过度投资,造成社会浪费。与政府资助制度一样,奖励制度也很难解决公共资源如何分配才符合社会正义的问题,很多智力成果的获益者注定只是社会上的部分群体,利用公共税收资源来优待部分群体,会引发无尽的关于分配正义的争议。

关于社会荣誉感对于创作者的激励作用,可以从诺贝尔经济学奖获得者 Stiglitz 教授所讲的与中国大陆和台湾有关的两个小故事中得到验证:

> 大约 20 年前(在 1988 年前后),一位中国的出版商写信给我,请我给一本盗版的教科书写序。当时,作为一个学者,我很乐于接受这一建议。对于大部分学者而言,写作不是为了挣钱,而是要影响人们的思想,改变某些智力讨论结果。中国在那个时候正在开始向市场经济转变:如果我的书能够帮助塑造这一转变,增加中国提高十多亿民众的生活水准的可能性,那将是一项巨大的成就。退一步看,即便十多亿中国人中只有1%的人读过我的书,那也远远超出我在美国的读者的数量。当然,我的出版社并不像我那样热衷于通过盗版教科书接触中国读者。
>
> 后来,我在台湾参加一个会议。当时,我知道知识产权在那里并不总是得到严格的保护。会议间隙,我有很短的时间去一家书店。在去书店的路上,我的脑子里一直在想,到达书店时我究竟希望在书店里看到什么。一方面,他们有可能窃取了我的知识产权,即盗印了一本或更多的我的教科书。我们都知道,偷窃是一件很糟糕的事情,侵害知识产权也是一种偷窃,因此也很糟糕。另一方面,他们也有可能并没有盗印我的著作,因而没有侵害我的知识产权,他们只是选择忽视我。当我走进书店后,我得出的结论是,被忽视比财产被盗窃更糟糕。如果他们偷窃了我的知识产权而不是选择忽视我,我会更高兴。结果,在书店里,[我发现,]他们的确偷窃了我的知识产权,我如释重负。①

4 中国著作权保护简史

4.1 中国古代的版权观念

西方版权学界一般认为印刷术的进步催生了版权法。中国毕昇发明活字印刷术,比西方早数百年,而且唐宋以来印刷行业就很繁荣。② 但是,这并没有在中国催生世

---

① Joseph E. Stiglitz, Economic Foundations of Intellectual Property Rights, 57 DUKE L. J. 1693, 1696—1697 (2008).

② 邓建鹏:《宋代的版权问题——兼评郑成思与安守廉之争》,载《环球法律评论》2005 年第 1 期,第 72 页。

界第一部正式的版权法。这是事实,没有争议。不过,对于中国古代有没有实质意义上的版权保护,国内外学者却存在激烈争议。

国内学者在讨论中国古代版权保护时,大多依赖郑成思教授整理的晚清学者叶德辉在其著作《书林清话》中描述的历史事实。以下是郑教授的文字:

> [《书林清话》]中引述了南宋时期刻印的《东都事略》一书有一段牌记云:"眉山程舍人宅刊行,已申上司,不许复板。"它简直可以被看做今天多数国家图书版权页上"版权标记"的前身了……
>
> 《书林清话》中引述的《丛桂毛诗集解》上所载宋代国子监有关禁止翻板的"公据",更值得重视。"公据"中提到:该书刻印者的叔父当年在讲解"毛诗"时,投入了自己大量的精神创作成果,可以说是"平生精力,毕于此书"。刻印者把这个事实当做要求禁止他人翻板的主要理由。这就说明,此时受保护的主体已不限于刻印出版者本人,还延及作者(或作者的合法继承人)。①

基于上述事实,郑成思教授认为,中国自宋代以来就以禁令形式保护刻印者的利益,在一定程度上算是版权保护,尽管这并非成文法意义上通行全国的版权制度。② 美国哈佛大学东亚研究中心的安守廉教授(William Alford)对郑教授的结论提出质疑,认为中国古代对于翻板刻印的控制,更多的是帝国控制思想传播的需要,而不是为了保护版权。因此,不能将这些禁令当做存在版权保护的证据。③

其实,关于中国历史上"禁止翻刻"的性质,一百年前的中国学者就非常清楚地表达了安守廉教授的论点:

> 吾国著作权发达最早(宋元镌本中已有类于禁止翻刻等字样),惟保护思想之意多,保护财产之意少(今日保护著作权之性质本含此两主义)。故向来学者著作,往往以刊刻之资,丐助亲朋。而有力者刊印遗书,几视为慈善事业之一种。正与今日之以发行著作物为营利者为反比例。自译书流行,欢迎者众,因是有翻译之虑。而学堂发达,教科书盛行,保护版权,愈有不可缓之感。④

时至今日,中国学者对于宋代以来通过政府命令禁止翻刻的做法,是否属于制度意义上的版权保护,依然存在争议。有人勉强认同郑成思教授的意见:"尽管宋代以来制止图书盗印的帝国地方檄文及判例证伪了中国古代没有版权这一论辩,但却不能否认版权法的舶来性质……我们不能不承认包括版权法在内的中国知识产权法的最早

---

① 郑成思:《版权法(修订本)》,中国人民大学出版社1997年第2版,第4—5页。
② 同上书,第22页。
③ William P. Alford, To Steal a Book Is an Elegant Offense: Intellectual Property Law in Chinese Civilization, Stanford University Press, 1995.
④ 《陶保霖论著作权法出版法急宜编订颁行》原载商务印书馆主办《教育杂志》第2年(1910年)。全文重印于周林、李明山主编:《中国版权史研究文献》,中国方正出版社1999年版,第82—86页。

立法是在英美日等国列强的敦促下完成的。"①

也有人认为,宋代及后世的地方政府禁止翻刻的做法并没有成为行之有效的制度,因此中国古代似乎没有实质意义上的版权保护:

> 事实上,在目前所见宋代及后世的牌记或印记中标明有"翻刻千里必究"之类用语的书籍也大多都是以学士大夫为读者,拥有更广大读者的各类通俗读物则很少出现刻有此类宣示性用语。同时,这些带有威胁性的牌记或印记仅仅属于民间出版商有限的努力,基本上没有得到国家法律制度与司法途径上普遍性的支持。因此,宋代营利出版商们寻求版权利益的保护不得不完全仰赖于强大的王朝对自身利益的关注,其有关严禁他人嗜利翻版的告示在很大程度上只是一种宣示性的文字,在整个社会大量出现的盗版现象中显得力不从心。②

如果以上描述属实,则否定中国古代存在实质性版权保护的意见就更显得有道理一些。不过,问题并不就此结束。出版行业如此繁荣的古代中国,为什么没有诞生正式的版权法呢?这依然是一个值得深入探究的学术问题。

思考问题:

有学者指出,探究中国古代是否有版权保护时,"首先要对版权一词的含义作出限定,对这种保护所具有的形式进行分析。例如,它究竟是指以保护印刷出版专有权为基础的(古代)版权,还是指以促进作者创造和作者权利为目标的(现代)版权,以及这种保护是否应具有某种(成文法)形式。如果没有限定,就很难在一个相同的标准上,或一个相同的语境下,进行任何有意义的讨论。"③在你看来,一个社会究竟进入什么样的状态,才叫有版权保护呢?

4.2 中国近代的著作权保护历史

4.2.1 《中美通商行船续订条约》(1903年)

中国近代的著作权保护制度的建立,与美国等西方列强的压力有直接的关系。最初,向中国清政府提出版权保护要求的是美国和日本。"对于美方在商约中提出保护版权的要求,当时中国国内反应强烈,尤其是知识阶层坚决反对,其中以管学大臣张百熙的意见最为典型。"④不过,国内也有支持版权保护的声音。比如,严复就上书张百熙,力主保护版权。以下是体现双方立场的历史文献:

---

① 张玉敏、李雨峰:《中国版权史纲》,载《科技与法律》2004年第1期,第42—47页。
② 邓建鹏:《宋代的版权问题——兼评郑成思与安守廉之争》,载《环球法律评论》2005年第1期,第80页。
③ 周林:《中国版权史研究的几条线索》,载周林、李明山主编:《中国版权史研究文献》,中国方正出版社1999年版,第Ⅳ—ⅩⅣ页(序)。
④ 崔志海:《试论1903年〈中美通商行船续订条约〉》,载《近代史研究》2001年第5期。

管学大臣张百熙致前江总督刘坤一电①

周林、李明山主编:《中国版权史研究文献》,中国方正出版社1999年版,第42页

南京制台刘宫保鉴:

闻现议美国商议有索取洋文版权一条,各国必将援请"利益均沾"。如此,则各国书籍,中国译印,种种为难。现在中国振兴教育,研究学问,势必广译东西书,方足以开民智。各国既深望中国维新变法,相期共进文明,今日中国,学堂甫立,才有萌芽,无端一线生机,又被遏绝,何异劝人培养,而先绝咨粮。论各国之有版权会,原系公例,但今日施之中国,殊属无谓。使我国多译数种西书,将来风气大开,则中外商务,自当日进,西书亦日见畅行。不立版权,其益更大。仅此甫见开通,遂生阻滞,久之,将读西书者日见其少。各国虽定版权,究有何益? 我公提倡学务,嘉惠士林,此事所关系匪细。亟望设法维持,速电吕(海寰)盛(宣怀)二大臣,坚持定见,万勿允许,以塞天下之望。幸甚! 祷甚!

(张百)熙

严复:与管学大臣论版权书

周林、李明山主编:《中国版权史研究文献》,
中国方正出版社1999年版,第45—48页

管学尚书大人阁下:

窃闻大学堂前有饬令各省官书局自行刷印教科书目之事,语经误会,以为饬令翻印教科各书,而南洋上海各商埠书坊,遂指此为撤毁版权之据。议将私家译著各书,互相翻印出售,此事于中国学界,所关非尠。因仰托帡幪,奋虑逼亿,窃于版权一事,为执事披沥陈之。

今夫学界之有版权,而东西各国,莫不重其法者,宁无故乎,亦至不得已耳。作不知一书之出,人人得以刻售,于普及之教育为有益而势甚便也。顾著述译纂之业最难,敝精劳神矣,而又非学足以窥其奥者不办。乃至名大家为书,大抵废黜人事,竭二三十年之思索探讨,而后成之。夫人类之精气,不能常耗而无所复也。使耗矣,而夺其所以复之涂,则其势必立竭。版权者,所以复著书者之所前耗也。其优绌丰啬,视其书之功力美恶多少为差。何则? 夫有自然之淘汰故也。是故国无版权之法者,其出书必希,往往而绝。希且绝之害于教育,不待智者而可知矣。又况居今之时,而求开中国之民智,则外国之典册高文所待翻译以输入者何限;藉非区区版权为之摩砺,尚庶几怀铅握椠,争自濯磨,风气得趋以日上。乃夺其版权,徒为书贾之利,则辛苦之事,谁复为

---

① 张百熙(1847—1907年),字冶秋,湖南长沙人。同治十三年进士。1901—1905年任吏部尚书;1901—1903年又以吏部尚书兼管学大臣。此为"辛丑条约"后中方与美日等国谈判版权问题时,张百熙发给刘坤一、张之洞、盛宣怀的电报。原载《政艺丛书》,《皇朝外交政史》卷四,光绪二十八年(1902年)。

之?彼外省官商书坊,狃于目前之利便,争翻刻以毁版权,版权则固毁矣,然恐不出旬月,必至无书之可翻也。议者或谓文字雅道,著译之士,宜以广饷学界为心,而于利无所取,以尽舍己为群之义。此其言甚高,所以责备著译之家,可谓至矣。独惜一偏之义,忘受著译之益者之所以谓报也。夫其国既借新著新译之书,而享先觉先知与夫输入文明之公利矣,则亦何忍没其劳苦,而夺版权之微酬乎?盖天下报施之不平,无逾此者。湘潭王壬父曰:"贤者有益天下,天下实损贤者。"呜呼?何其言之沉痛也。

总之,使中国今日官长郑重版权,责以实力,则风潮方兴,人争自厉。以黄种之聪明才力,复决十年以往,中国学界,必有可观,期以二十年,虽汉文佳著,与西国比肩,非意外也。乃若版权尽毁,或虽未毁,而官为行法,若存若亡,将从此输入无由,民智之开,希望都绝。就令间见小书,而微至完全之作,断其无有。今夫国之强弱贫富,纯视其民之文野愚智为转移,则甚矣版权废兴,非细故也。

伏惟尚书以至诚恻怛之心,疏通知远之识,掌天下之教育,则凡吾民之去昏就明,而中国之脱故为新者,胥执事之措施是赖。窃意版权一事,无损于朝廷之爵位利禄,士所诚求者,不过官为责约而已。则亦何忍而不畀之?其为机甚微,而所收效影响于社会者则甚钜。是用怀不能已,为略陈利害如此,不胜大愿,愿执事有以转移救正之也。自书潦草,无任主臣。

严复顿首上状四月二十三日

思考问题:

管学大臣张百熙反对版权,是担心译书事业受阻,而严复认为不保护版权,将损害译书者的积极性,徒利不良书商;而保护版权将促进中国自己的文艺创新。以中国百年的实践为背景,你觉得谁更有道理?张百熙对于中国未来的预言是否正在变成现实?

1903年,尽管中国国内存在极大的争议,中国还是和美国达成了《中美通商行船续订条约》,在该条约中,中国第一次以法律形式承诺保护版权,在中国版权保护历史上,有重要意义。以下是周林教授关于此次谈判过程的简要介绍:

中美商约谈判自1902年6月27日始,至1903年11月23日止,双方举行了几十次会议,其中涉及版权条款的会议达十二次之多。美方最初的草案是,"凡书籍、地图、印件、镌件者,或译成华文之书籍,系经美国人民所著作,或为美国人民之物业者,由中国政府援照所允保护商标之办法及章程,极力保护十年,以注册之日为始,俾其在中国境内有印售此等书籍、地图、镌件或译本之专利"。

中方代表最初表示反对保护版权,恐怕因此提高书价,使穷一点的人买不起书。在这个问题上,"经过长时间辩论,中国代表没有改变主意"。在以后的会议上,美方坚持认为"这一款可以保护美国人民的权益不致受到侵害……另外还可以使中国得到优秀的作品,因为没有保护的规定,就不能鼓励大家为中国著书或译书了"。我们并不清楚中方是如何改变态度,同意与美方讨论版权问题的。但中方对版权期限、适用地区、保护范围等,也提出自己的主张,并要求对有碍治安的书报作出规定。

最后,经过双方的讨价还价,终于达成协议。该协议将保护范围限制在"专备为中国人民所用之书籍、地图、印件、镌件者,或译成华文之书籍",保护期为十年。协议言明,"不论美国人所著何项书籍地图,可听华人任便自行翻译华文刊印售卖"。并规定凡"有碍中国治安者,不得以此款邀免,应各按律例惩办"。①

1902 年中外通商行船条约谈判代表合影②

4.2.2 《大清著作权律》(1910)

如前所述,自宋代以来,中国地方政府就有发布禁令禁止翻刻的实践。在清代也不例外。有学者指出:

> 1902 年,光绪皇帝敕令保护文澜书局印行、汪甘卿所著的《九通分类总纂》的翻印专有权;1903 年 5 月 26 日江南分巡发布布告对南洋公学译书院译印的 54 种书籍的版权进行保护。布告说:"所有翻译东西图书,考订详明,校印精美,出书既多,用款尤巨,评价出售,海内风行……从前虽经存案,诚恐书贾射利,故智复盟,妄行翻印,贻误非浅。为此,察请批准立案,出示严禁。凡译书院译印官书,均不许多人翻刻,以符奏案,以保版权……嗣后一经查出翻印情弊,即指名呈控,照例从严罚办等情,并粘书目清单到道。"③

在《中美通商行船续订条约》之后,清政府开始认真地考虑版权保护立法。1910

---

① 周林:《中国版权史研究的几条线索》,载周林、李明山主编:《中国版权史研究文献》,中国方正出版社 1999 年版,第 IV—XIV 页(序)。

② "这幅照片是清政府的商约大臣吕海寰(前排左四)和盛宣怀(前排左五)与美国(康格,前排左三)、日本(日置益,前排左六)、英国、法国、德国代表就中外通商行船条约签署谈判时合影。"文字和照片来源:http://www.blawgdog.com/article/BLawg/856.htm,最后访问日期 2014 年 8 月 1 日。

③ 李雨峰:《枪口下的法律——近代中国版权法的产生》,载《北大法律评论》2004 年第 6 卷第 1 辑,第 161 页。

年,《大清著作权律》出台。"这部版权法,从名称上来看,使用了著作权一词,而未用版权一词,似乎是参照了法国、德国等罗马法系国家的版权立法。但从内容来看,仅仅授予作者防止他人翻印或仿制其作品的权利,却是参照了英国、美国等盎格鲁撒克逊法律体系国家的版权立法。"①整个法律分五章,共55条,规定了保护客体的范围、获取权利的程序、保护期限、权利归属、权利内容、权利限制、侵权责任等内容,具备了现代著作权法的体系和结构,在当时应当算是很不错的立法了。

1911年,辛亥革命爆发,清王朝被推翻,这一法律从形式上被废止。不过,这部法律对后来北洋政府在1915年和国民党政府在1928年制定版权法起到了一定的示范作用。② 在北洋政府新的替代立法出台之前,《大清著作权律》在实践中依然被遵照执行。③

大清著作权律(1910)

第一章 通 例

第一条 凡称著作物而专有重制之利益者,曰著作权。称著作物者,文艺、图划、帖本、照片、雕刻、模型皆是。

……

第四条 著作物经注册给照者,受本律保护。

第二章 权利期限
第一节 年 限

第五条 著作权归著作者终身有之;又著作者身故,得由其承继人继续至三十年。

……

第四章 权利限制
第一节 权 限

……

第二十五条 搜集他人著作编成一种著作者,其编成部分之著作权,归编者有之;但出于剽窃割裂者,不在此限。

第二十六条 出资聘人所成之著作,其著作权归出资者有之。

第二十七条 讲义及演说,虽经他人笔述,其著作权仍归讲演者有之,但经讲演人之允许者,不在此限。

……

第三十一条 凡著作不能得著作权者如下:

一、法令约章及文书案牍;

---

① 沈仁干:《我国第一部版权法——〈大清著作权律〉简说》,载《中国出版》1985年第2期,第42页。
② 沈仁干:《我国第一部版权法——〈大清著作权律〉简说》,载《中国出版》1985年第2期,第44页。
③ 李明山:《〈大清著作权律〉是"没有来得及实施"的法律吗?》,载《中国出版》1988年第1期,第55—56页。

二、各种善会宣讲之劝诫文；
三、各种报纸记载政治及时事上之论说新闻；
四、公会之演说。
……

第二节 禁 例

第三十三条 凡既经呈报注册给照之著作,他人不得翻印仿制,及用各种假冒方法,以侵损其著作权。

第三十四条 接受他人著作时,不得就原著加以割裂、改窜及变匿姓名或更换名目发行,但经原主允许者,不在此限。

第三十五条 对于他人著作权期限已满之著作,不得加以割裂、改窜及变匿姓名或更换名目发行。

第三十六条 不得假托他人姓名发行己之著作；但用别号者不在此限。

第三十七条 不得将教科书中设问之题擅作答词发行。
……

第三节 罚 则

第四十条 凡假冒他人之著作,科以四十元以上四百元以下之罚金；知情代为出售者,罚与假冒同。

第四十一条 因假冒而侵损他人之著作权时,除照前条科罚外,应将被损者所失之利益,责令假冒者赔偿,且将印本刻版及专供假冒使用之器具,没收入官。
……

第四十七条 侵损著作权之案,如审明并非有心假冒,应将被告所已得之利,偿还原告,免其科罚。
……

[关于《大清著作权律》的一些关键内容的解读与评论,可以参考韦之:《〈大清著作权律〉关键词辨析》,载《电子知识产权》2010年第11期,第65—67页；李宗辉:《夹缝中的法律移植与传统创造——〈大清著作权律〉述评》,载《西南政法大学学报》2010年第5期,第14—20页。]

4.2.3 北洋政府《著作权法》(1915)

1915年,北洋政府颁布了《北洋政府著作权法》,共45条,比《大清著作权律》还少10条。这一著作权法共有五章,分别是总纲、著作人之权利、著作权之侵害、罚则、附则等。除少数条款有增删、合并外,内容基本抄袭《大清著作权律》。[①]既然不是第一部法律,又没有太多新意,自然没有受到学术界的过多关注。

4.2.4 国民政府《著作权法》(1928)

1927年南京国民政府成立。1928年国民政府就颁布了《中华民国著作权法》及实

---

① 金眉、张中秋:《中国著作权立法史述》,载《论法学评论》1994年第2期,第81页。

施细则。该《著作权法》也分为总纲、著作权之所属及限制、著作权之侵害、罚则、附则五章,共计40条,与北洋政府的《著作权法》体例大致相当。在这一《著作权法》中,中国正式确认保护外国人作品。这一法律至今依然在中国台湾地区施行,不过几经修改,已脱胎换骨。

4.3 中国现代著作权保护历史

4.3.1 新中国的版权末路

1949年,新中国废除了中华民国的法律,包括著作权法。不过,版权意识依然顽强地生存下来。在1950年,政府还是强调出版业要尊重著作权和出版权。不过,随着社会主义改造的逐步深入,版权在新中国逐步萎缩。① 在中国从苏联引入稿酬制度后,作者的著作权主要只剩下获得稿酬的权利。在"文化大革命"期间,甚至获得稿酬的权利也一度被废止。②

以下全文抄录了当年文化部和作协党组的关于废除版税制度的请示报告。这一文件非常生动地展现了20世纪60年代主流思想意识对于版权制度的理解,有望成为中国版权史上的经典文献。

关于废除版税制、彻底改革稿酬制度的请示报告
文化部党组、中国作家协会党组(1960)

周林、李明山主编:《中国版权史研究文献》,
中国方正出版社1999年版,第321—324页

稿酬问题,是关系到作家、艺术家、知识分子的生活方式和世界观的改造的一个重要问题。为了加强知识分子同工农群众的结合,鼓励文艺工作者的创作积极性,同时又尽可能防止产生特殊阶层的危险,目前亟须对我国现行的稿酬制度加以改革。

我国现行的稿酬制度,大体上是抄前苏联的办法。按照这种办法,稿酬除根据作品的字数外,还根据印数定额计算。印数越大,稿费就越多;不断再版,又不断付给稿费。显然这是一种不合理的办法。因为书籍销路的大小,有种种原因,往往并不完全反映作品的价值和质量。这种办法,不符合我国的分配原则,即政治思想教育和物质鼓励相结合而以政治思想教育为主的原则,实质上同资本主义国家的版税制没有什么原则区别,即把作品当成作者的私有财产。一个作家,只要写出了一本比较畅销的书,所得的稿费,就常常足以供他长期使用,甚至他的后人或亲友还可以继承版税。

近几年来,根据中央的指示,我国的稿酬制度虽然经过几次修改,但是由于没有彻底打破资产阶级的版税制度的框子,印数特大的书,仍可以得到巨额稿费。这种过分依靠"物质刺激"的办法,流弊甚大。它不仅不能起鼓励作家刻苦写作,提高作品质量,繁荣文艺创作和学术研究的作用,反而助长了争名逐利,粗制滥造的作风。尤其有

---

① 周林:《中国版权史研究的几条线索》,载周林、李明山主编:《中国版权史研究文献》,中国方正出版社1999年版,第Ⅳ—ⅩⅣ页(序)。
② 韦之:《著作权法原理》,北京大学出版社1998年版,第8页。

害的是它妨碍作家艺术家生活方式和世界观的无产阶级化,妨碍知识分子的劳动化,整风反右以来的许多事实证明,过高的稿酬成了文艺界、知识分子中某些人腐化变质和"一本书主义"等资产阶级思想的物质基础。目前我国完全依靠稿费收入生活的作家和翻译家虽然只是少数(约一百人左右),但是,业余写作的,即一方面在各自的工作岗位上领取国家工资,另一方面由于从事创作而享受这种过高的稿费的作家、艺术家、国家机关干部、资产阶级知识分子以至若干工农知识分子,却数量极大。如果不对现行的稿酬制度进行改革,不但对文艺学术的健康发展不利,对逐步消除资产阶级法权残余首先是脑力劳动和体力劳动的差别,也极为不利,甚至还有形成一种脱离工农群众的特殊阶层的危险。因此,正确地解决稿酬制度具有极大的意义。过去,由于照顾到作家的政治觉悟和传统习惯,我们还只能进行一些次要的改变。现在情况已有很大的变化,许多作家,在工农群众忘我劳动、不计报酬的共产主义风格的影响下,主动提出减低稿酬。我们认为对现行稿酬制度进行根本改革的时机已经成熟了。

为此,根据中央指示的精神,我们建议首先废除版税制,同时对目前一部分完全依靠稿费维持生活的作家一律实行工资制,稿费只作为生活的补助和鼓励创作的一种次要因素。具体办法如下:

(1)废除按印数付酬的版税制度。出版社出版书籍,不论是没有在报纸上发表过的原稿或者是由作者将其在报刊上发表过的作品加以修订编成的集子,一律按照作品的字数和质量付一次稿费,以后重印,不再付酬。至于出版社选编已经发表过的许多人的文章合集,一律不付稿费,但应征作家同意。旧书重印时,一般不再支付稿酬,但如作家有所修订或补充,则应付给相应的稿费。废除印数稿酬后,稿费数目和幅度一般维持原稿酬办法所规定的标准。报刊发表作品,由报社或杂志社付一次稿费;相互转载,不再付酬。

实行新的稿酬制度后,作者出版作品仍有选择出版社的权利和决定作品的修改、停印、绝版的权利。但这种权利在性质上已经根本不同于过去的所谓版权。出版社在接受书稿出版时,应和作者订立出版合同,规定双方的权利与义务。

文化部拟根据上述原则,分别出版物的不同情况,订立新的稿酬办法。

(2)对于专业作者,由国家按照他们原来的行政级别(原来的文艺级别相应地改为行政级别),发给工资,并同国家工作人员一样按照他们的工作成绩提升级别,在福利方面也给予和国家工作人员相同的待遇。他们的作品发表时,仍由报刊或出版社按照改变后的办法付给应得的稿酬。作家协会和出版社应作些为作者所特需需要的福利或服务性工作(如代作者搜集或购置图书资料,在作者写作时给予住房的方便,等等)。对于目前少数尚未担任工作的专业翻译工作者,由国家吸收他们到翻译、研究机构或出版社从事翻译工作,或由出版社聘为特约翻译,参照现有翻译机构(如编译局)的办法,发给工资,不付稿酬;也可按照翻译的数量和质量一次付给稿酬。发给工资者在完成定额以外的业余译作,稿酬仍归本人。

现有专业作家有一部分没有列入编制,在对他们实行工资制时,各地作家协会或文联应当把他们列入一定机构的编制内,由这些机构发给工资,但不一定要他们负担行政职务,让他们能够深入基层,熟悉群众生活,以便进行创作。

以上意见和措施是否妥当,请予请示。如中央同意,请批发省、市、自治区党委和中央各有关部门党组。

上述报告提出了版权制度滋生的一些社会问题,比如"一本书主义",稿费与作品质量背离等。这些问题可能是产权制度与生俱来的副产品。报告内容对于版权学者的特别意义在于,它努力提出版权制度的替代方案,以消除现有制度的弊端。这些替代方案,比如工资制,能解决问题吗?

4.3.2 著作权制度的重建

"文革"结束后,中国重新回到经济社会发展的正常轨道,著作权制度的重建工作终于被提上议事日程。以下是现行著作权法诞生的大事记:

1979年1月,中美签订《中美高能物理协议》。协议约定双方互相保护版权。同年3月,中美开始商谈贸易协定,美方重提版权保护问题。① 这成了中国重建版权制度的重要外在动力。

1979年4月,国家出版局向国务院呈送报告,请求建立版权机构,制定版权法。报告获得批准。②

1984年6月,文化部颁布《图书、期刊版权保护实行条例》,暂时缓解了著作权法立法迟迟不能制定的压力。

1985年1月,文化部颁布《图书期刊版权保护实行条例实施细则》。

1985年7月,国务院批准成立国家版权局。

1986年4月,《民法通则》通过,其中第94条规定:"公民、法人享有著作权(版权),依法有署名、发表、出版、获得报酬等权利"。这一条虽然非常简略,但是的确成为著作权保护的重要法律依据。司法实践中,也有案例确认过这一点。③

1990年9月7日,全国人大常委会通过《中华人民共和国著作权法》。

从著作权法立法建议的提出到法律的最终通过,中国差不多用了11年的时间。与著作权法立法同步进行的专利法,则只用了5年。这期间,中国式的政府机构间的竞争与内耗在一定程度上延缓了版权法立法工作。

4.4 提示说明

4.4.1 世界版权制度的起源

世界公认的第一部正式的版权法法案是1710年的英国安娜法案(the Statute of Anne),正式的全称是《赋予书籍复制件的作者或购买者法定期间内之专有权以鼓励学术之法案》("An Act for the Encouragement of Learning, by vesting the Copies of Printed Books in the Authors or Purchasers of such Copies, during the Times therein mentioned")。④

---

① 沈仁干、钟颖科:《著作权法概论(修订本)》,商务印书馆2003年版,第21页。
② 同上。
③ 胡公石诉文化艺术出版社、李传周案,北京市一中院(1996)一中知初字第9号。
④ 关于安娜法案的详细介绍,可以参考维基百科 http://en.wikipedia.org/wiki/Statute_of_Anne,2013年1月20日访问。法案全文可以参考 http://en.wikisource.org/wiki/Statute_of_Anne,2013年1月20日访问。

在此之前，英国王室为了控制宗教和政治言论的传播，于 1534 年以特许方式将印制书籍的权利交由一个由出版者和销售者组成的公司(The Stationer's Company)垄断。1695 年这一垄断特许令到期。该公司竭力游说英国议会通过上述第一部版权法。该法案维持 Stationer 公司对于已经印制的书籍的垄断权到 1731 年。不过，它第一次确认作者对其作品享有权利，明确宣示这么做是为了鼓励人们从事创作活动。①

安娜法案为作者权利设置了期限。对于已经存在的作品，作者享有的专有权利为 21 年。对于新书，享有两个阶段的保护：第一阶段，作者或权利的受让人享有 14 年的保护，期限从首次出版开始计算。第一阶段期满后，如果作者还活着，则可以获得第二阶段的保护。这时，所有权利回复到作者那里。该法案禁止他人未经许可翻印、进口受保护的书籍。为了获得版权保护，作者应当在出版前前往 Stationer's Company 登记其书籍。②

4.4.2 著作权与版权的概念之争

在现行著作权法立法过程中，曾经发生过新法律究竟应该叫"版权法"还是"著作权法"的争议。代表性的意见分别来自于郑成思教授和刘春田教授。前者主张采用"版权法"，后者则坚持"著作权法"。以下是二位先生的意见摘录：

版权与著作权

郑成思：《作品、著作物与版权》，载《工业产权》1989 年第 3 期，第 12—13 页

"版权"概念应当说最早出自我国。宋代地方政府就颁布过对个别印刷出版人专有的版本"禁止复版"的命令。它与几百年后出现于英国，又通用于世界的"版"(Copy)"权"(right)这个复合词，从形式到内容几乎都是相同的。18 世纪初，资产阶级的第一部版权法由于印刷业的发展而产生的保护图书为载体的作品的复制权。当时，传播作品及借作品营利的主要途径，还只是印刷出版。到了 18 世纪末，在法国大革命"天赋人权"的理论影响下，建立了保护作者权益的制度，才有"作者权法"之称。"作者权"的概念随之被一系列新兴的资产阶级国家所沿用，乃至在整个 19 世纪及 20 世纪一段很长时期内都占有优势。

实际上，早在法国的作者权法产生之前，英国已于 1734 年开始颁布了一系列保护雕刻者、雕塑者权利的法律。从那时起，非文字作品进入版权领域，非印刷出版的复制方式也进入作品的传播领域。所以，许多国家感到"作者权"比起"版权"来，能更确切地表达版权制度保护的对象。不过，进入 20 世纪后，随着新技术的发展，又出现了新的情况。由于摄影与录音设备的广泛使用，表演、戏剧、音乐等作品的演员、演奏者们的"活的形象与声音"可被他人准确地摄录下来，作为营利的标的。这对表演者们的独创性劳动（或称为对作品的活的、直接的传播）无疑是一种掠夺。于是，一种新的应

---

① Marshall Leaffer, Understanding Copyright Law, Second Edition, Matthew Bender & Co., Inc., 1996, at 4.

② Ibid., at 5.

当受保护的主体出现了——表演者。随着无线电技术的发展和应用,更进一步出现了录制品制造者(如"原声带"制造者)、广播组织等新主体。对这些主体的保护,与版权保护是密切相关的(他或它们,都是作品的传播者),但这些主体并不总是(或经常不是)作者,用"作者权"来概括是很难的。在电影、电视业发展起来后,也出现了类似的问题。一部电影或电视作品完成放映之后,可以主张权利的绝不仅仅是剧本作者,导演、布景设计、(在有些国家)主要演员等等,都是权利人。这些人就有关影、视作品享有的权利,也很难用"作者权"来概括。于是,有一部分使用"作者权"概念的国家,在保护这些主体时,选择了另立一部"作者权之相邻权(或曰邻接权)法"的道路。

使用"版权"概念的英美法系国家,并没有感到把表演者、广播组织等主体置于版权法保护下,会有什么语言上的障碍。因为随着新技术的发展,Copy(版)这个词已被赋予更新、更广的涵义。今天,谈起拿一份文件去"拷贝"一下,一般指的并不是去印刷出版,而是用静电复印机复印。计算机软件、音像制品等等的"拷贝",则是指使用计算机、录音机(转录机)等去复制。电影作品的复制及产生的复制品,中文直接称为"拷贝"。这样一来,"版权"实际上成为一切"复制"之"权"的统称。而表演者的权益、广播组织的权益,也正体现在许可或禁止他人复制其表演和节目方面。于是,"版权"倒可以顺理成章地把表演者权、广播组织权等"相邻权"包括进去……

有些大陆法系国家在重新制定版权法时,则遇到了语言上的困难。1985年,法国打算修订原版权法,把保护表演者及保护计算机软件等增加进去。且不说"表演者"未必是"作者",就连计算机软件也是在软件产业的经营者们的要求下,才加以保护的,这种保护的着眼点也不是作者而是企业家。于是,修订后的法国版权法不得不使用了一个很长的名称:"作者权及表演者、音像制品生产者、广播组织权法"。很可惜,这么长的名称中也未能把软件产业的企业家们包括进去。而如果使用"版权法"这个名称,则上述各种主体禁止他人非法复制的一切专有权,就都能被概括进去了。

纵观历史,印刷技术的发展、出版业的出现,使"版权"制度产生,更多的、与出版传播无关的作品要求得到保护,又使优于"版权"的"作者权"概念产生,新技术的发展,则重新使"版权"概念占了优势。不过这种回复的版权优势,并不是原地360度的旋转,即并非使"出版之权"重占上风,而是使版权保护与采用一切新、旧技术进行复制的活动联系起来。

法律的名称

**刘春田:《关于我国著作权立法的若干思考》,
载《中国法学》1989年第9期,第45—46页**

著作权,是指以文学、艺术、科学等作品为客体的民事权利。现代意义上的著作权制度,一般认为起源于英国。在英国,对于学术著作的利用权,最初就是出自皇家的特别授权,范围以专有复制权为限。权利同时授予作者、印刷商和出版商。事实上,作者的权利往往通过印刷商和出版商才能实现。这种依赖关系就形成了以保护出版商的利益为核心的权利,在英文中把这种权利称作 Copyright,本意即复制之权,也就是说,权利是基于复制而产生的,故称版权。

但是,作者才是著作的真正的源泉。如果没有作者的创作,出版商们的专有出版权就成了无米之炊。因此,保护作者的利益,就成为不可回避的问题。于是,1710 年出现了第一部承认作者权利的法律——安娜女王法令。该法令全称为《赋予著作人、稿件购买人于法定期间内专有重制并鼓励学术著作之法案》。法案指出:"印刷人等……常未经著作人、著作权所有人同意,擅自翻印他们的印籍……为防止这种业务行为,并为鼓励学者努力著述有价值书籍……特制定法制……"

安娜法令的出现,使早期出版人本位的特权——版权,发展转变为著作人本位的权利,成为基于著作的完成就产生的权利。由于在立法中确认了以作者为核心的权利,确认印刷出版图书的专有权利首先由作者享有,从而结束了出版商的垄断,这是一个根本的转折,安娜法令使权利从公法领域进入私法领域,特权被民法所调整的可转让的财产权取代了。这一质的转变在著作权法的历史上具有里程碑的作用。

18 世纪末,在德国思想家的推动下,著作权概念有了进一步的发展。他们认为作品是作者人格的反映,在著作权中人格权是首要的,财产权次之。这一思想反映在大陆法系国家的著作权法中(这些国家多称"作者权法"),又是一个进步。它使著作权的概念更加明确,内容更为丰满。至今,著作权已发展成为以作者为核心的,由相互依存的多种人身权利和财产权利相结合的民事权利。

我国版权和著作权的概念之形成和发展过程与西方很相似。据史料记载,版权的萌芽当始于活版印刷之前的雕版时代。据考证:"雕本肇于隋,行于唐,扩于五代,精于宋"。宋代集历代印刷的精华,以毕昇创造活版而实现了印刷术的革命。故宋时就对民间出版的书籍采取了保护措施。但是,近代的版权和著作权概念则主要是受日本的影响。"版权"一词在日本被公认为是由福译谕吉从英文 Copyright 直译过来的。在明治八年(1875 年)的出版条例中,版权还是指官方特许的图书专卖权。但是在明治二十年的版权条例和明治二十六年的版权法中,含义已转变为著作人的专有出版之权了。可见版权的内涵比现在的一些人的解释要窄,而且因为它是从英文 Copyright 直译过来,也就不免和 Copyright 本身一样含混。正如《大英百科全书》所指出的,它"未能指明本身所包含权利的主要受益人"。相反,其他语言中的相应术语,如德语和法语,都指明了受益人,通常可以明确译为"著作人的权利"。在日本,由于"版权"一词被认为是容易引起误解的用语,终于被"著作权"一语取代。"著作权"是由参与制定日本明治三十二年(1899 年)《著作权法》的水野炼太郎博士参考多种西方国家术语创造出来的。该用语在日语中就是指著作人的权利。此后,在日本的法律中再也没有出现"版权"一语。

"版权"一词在我国作为法律用语,最早见之于清光绪二十九年(1903 年)的《中美通商行船续订条约》中。根据当时的官方解释,"……第十一款曰保护版权即中国书籍翻刻必究之意……"与《中日通商行船续约》第五款中所称的"印书之权"相同。在同一年(1903 年),近代思想家严复上书清廷,要求制订法律保护"著、述、译、纂"者的权利。清政府责成沈家本先生负责立法,当时在法律上袭用了日本的著作权一词。1910年(宣统二年)《大清著作权律》颁布。该法在起草中,不仅参考了日本1899年的著作权法,还参考了美国、匈牙利、德国、比利时、西班牙、法国、英国等国家的法律。在此期间,清政府还派观察员出席了1908年在柏林举行的修订《伯尔尼公约》的国际会议。可见,清政府在当年立法时,不仅对世界各国的著作权法律制度有了比较清楚的了解,而且对从版权到著作权概念的历史演变过程也已经有了明确的认识。因而立法中使用"著作权"而放弃"版权"用语的指导思想是十分明确的。我国自《大清著作权律》之后,北洋政府1915年和国民党政府1928年颁布的该法,都称著作权法。新中国的正式法律,也多称著作权。

总之,"版权"和"著作权"是不同历史时期的产物。二者有联系,也有区别。这本是历史上已经解决了的问题,现在当然不宜再将二者混同,特别是把"版权"和"出版权"混同起来。

如我们所知,中国的立法者最终采用了"著作权法"这一名称,并在该法律中明确宣称"本法所称的著作权与版权系同义语"①。关于著作权法名称的争议因此终结,不过引发各方争议的深层次问题并未真正得到解决。比如,著作权法究竟是以保护作者权为中心还是以保护出版者(传播者)为中心?著作权究竟财产权还是人身权?著作权法是否应该区分著作权与邻接权?这些基础的问题即便在今天,依然还是充满着争议。这在后文将逐步呈现。

4.4.3 个人信息的财产属性

知识产权法保护客体范围不断扩张,是一个不争的事实。新增的客体,有的被纳入传统的专利法、版权法或商标法的范畴,有的通过特殊立法加以保护,有的则还停留在争论阶段。比如计算机程序算法、集成电路布图设计、非原创性的数据库、个人数据、生物遗传资源、传统知识、公开形象(publicity)等等。新的客体拓展知识产权法边界的同时,也会触发关于知识产权本质的焦虑。这一点,从个人数据、公开形象、生物遗传资源保护等讨论中有明确体现。

关于个人信息保护立法,学者指出:

> 我国还应当通过修订法律和制定新法等方式,确认个人信息安全的法律地位,规定个人对其信息资料所享有的权利,如知悉资料收集人的身份、收集目的、使用方式、资料转移的可能性、资料保管情况等的知情权,是否将个人资料提供给第三方、提供哪些资料、对资料如何使用的限制等情况的资助控制权,有权查阅、修改个人资料的权利以及资料被非法或不当使用时的赔偿请求权等等,规定收集个人资料的条件,收集的资料内容,资料使用目的的限制,资料传输的限制,对资料储存的要求,资料安全保证措施等事项。此外,还要对当事人权利遭受侵害时的救济途径、资料收集人未按所声明的目的使用信息、不当泄漏资料甚至出售给

---

① 《著作权法》(1991)第51条。

第三方所应当承担的法律责任等予以明确。①

上述论文的作者似乎暗示个人信息是一种"信息产权"。个人信息的财产化,是个人信息保护的必然选择吗?为什么?联系传统民法上的姓名权、肖像权,以及可能的隐私权,你是否会觉得它们和知识产权实际上并没有差别?下面吴汉东教授关于"形象权"的论述,是否验证了这一点?

（商品化）形象权。形象(publicity)是个人或社会组织所拥有各种形象,包括真实人物的形象、表演形象、虚构角色形象、社会组织形象等,这些形象往往与主体自身的姓名（名称）、肖像（形象）、外表（标志）等一般人格因素有关,也与主体创造的角色、人物、作品或活动的名称、标题等特别人格因素相联系。这些人格因素的某些特征,具有"第二次开发利用"的价值。权利人利用自身或虚拟的形象,或他人以合理的对价受让或许可使用该形象,其目的并不局限于该形象的知名度与创造性本身,而在于该形象与特定商品的结合而对消费者带来的良好影响。这种影响能给形象所附载的商品带来广泛的认知度,能给形象的利用者带来一定的经营优势,所以说,这种权利不是人格意义上一般形象权,而是具有财产价值的（商品化）形象权。（商品化）形象权与知识产权关联性极大,但真实形象不是著作权法的保护对象,虚构形象并不符合专利法商标法的保护条件,因此该项权利是一项独立的无形财产权。②

关于个人信息与形象权的进一步讨论,可以参阅:Pamela Samuelson Privacy As Intellectual Property? 52 Stan. L. Rev. 1125(2000); Michael Madow Private Ownership of Public Image: Popular Culture and Publicity Rights 81 Calif. L. Rev. 125(1993)。

5 著作权法与其他法律的重叠

著作权法与专利法（外观设计）、商标法或不正当竞争法的保护,常常会发生交叉重叠和冲突。如何处理这一重叠和冲突,并不能一概而论,需要视具体情况区别对待。

5.1 著作权法与专利法（外观设计）

著作权法与专利法的重叠主要发生在外观设计的保护上。工业产品的外观设计是产品的外形、图案和色彩组合物,可以依据专利法申请外观设计专利。而依据著作权法,这些设计也可能被视为实用艺术品,从而获得著作权保护。

理论上,完全避免著作权法与专利法重叠保护几乎是不可能的,或者说会是荒谬的。比如,有人完成一幅绘画作品,然后将其印制到产品包装袋或者布料上,起美化作用。无论是包装袋还是布料,都可以获得外观设计保护。尽管外观设计表面上保护的

---

① 郑成思、朱谢群:《信息与知识产权》,载《西南科技大学学报(哲社版)》2006年第1期,第5页。
② 吴汉东:《财产的非物质化革命与革命的非物质化财产》,载《中国社会科学》2003年第4期,第132页。

是产品,而非绘画作品本身,但是受保护的核心内容本质上都是该抽象的绘画内容。如果坚持外观设计专利保护排除著作权保护,则会出现这样的局面:包装袋或布料获得外观设计保护,将导致绘画作品无法获得著作权保护。这实际上是说,该绘画作品的著作权人自己或许可他人将该作品应用于外观设计,则会丧失该作品的著作权。质言之,不想耗时费力地寻求保护者,能获得完全的著作权保护;而额外投入时间精力寻求外观设计保护者,反而只能获得为期10年的外观设计保护。如果立法者刻意禁止重叠保护,就会导致这一荒谬结果出现。

部分学者认为,工业品外观设计专利的保护期届满,意味着该工业设计进入公共领域,供公众自由取用,而不应通过替代或重叠保护阻止其进入公共领域。换句话说,外观设计专利保护已经向设计者提供了足够的激励,没有必要在此基础上提供额外的更长时间的著作权保护。从外观设计立法的角度看,这一观点有一定的道理。不过,从著作权法的角度来看,就不再可靠。一项外观设计如果落入著作权法意义上作品的范围,自动获得著作权法保护。著作权法的立法者实际上相信,该作品有权获得有效的著作权保护,或者说该作者值得激励。在此基础上,著作权人或者获得其许可的第三方利用该作品寻求外观设计保护,一般并不会实质性超出著作权原始的保护范围①,就谈不上扩充著作权的保护范围。沿着这一思路,在外观设计保护期满后寻求著作权保护,设计者并不是在对公共领域的设计方案重新主张权利,而是重申自己对于原本就不在公共领域的作品的权利而已。如果法院认为,著作权法保护会给予过度的激励,那合理的选择是依据著作权法上的保护客体排除或原创性审查规则拒绝保护或压缩保护期,而不必以排除重叠保护的名义来否认著作权保护。

实践中,可能有人会将处在公共领域的作品应用到外观设计上以寻求专利保护。这是否会变相地延长著作权的保护或者将公共领域的资源据为己有?答案是否定的。如果单纯将公共领域的作品简单复制到外观设计上,而这一设计理念众所周知,则该设计在纠纷发生后通常不能通过专利局的实质审查(不具备所谓的新颖性或"创造性")。如果利用公共领域的作品这一设计理念本身就很特别,不是一般人能想到的,则原本就应该获得专利法的激励。其中的道理就像设计者可以任意组合公共领域的设计要素以寻求新的设计方案一样。因此,没有必要以排斥重叠保护的名义来禁止他人寻求著作权和外观设计的双重保护。

有人可能有这样的疑问:既然重叠保护并不能实质性拓展著作权的保护范围,在能够获得著作权保护的情况下,为什么还有人愿意申请外观设计专利?在本书作者看来,至少有四方面的原因:其一,著作权法上作品范围、独创性标准不够明确,很多设计者对自己的设计方案是否能够获得著作权法的保护没有信心,而外观设计专利的授权标准相对明确,因此申请外观设计专利以确保万无一失;其二,外观设计专利侵权时,权利人无需证明侵权人存在抄袭行为。在举证要求方面,专利法对权利人要更友好。

---

① 专利法不承认所谓的独立创作例外抗辩。申请外观设计专利减轻了权利人举证证明抄袭的难度。但是,这对于著作权人利益的扩张效果微乎其微,基本上可以忽略。

其三，在某些行业，拥有专利这一事实对于商业宣传非常有利，所以企业愿意申请外观设计专利；其四，部分企业可能出于对法律的误解，以为自己的工业设计无法获得著作权保护，所以申请外观设计专利。显然，这些原因都不能支持立法者作出排除重叠保护的选择。

在中国现行的司法实践中，法院并不认为外观设计专利与著作权的双重保护存在问题。比如，著名的乐高玩具著作权案中，被告可高公司认为，没有证据表明中国法律排斥对实用艺术作品提供著作权和专利权的双重保护，北京高院指出：

> 这一问题应当更符合法律逻辑地理解为现在没有证据表明中国法律对于外国人的实用艺术作品排斥著作权和专利权的双重保护。英特莱格公司就其实用艺术作品虽然申请了中国外观设计专利，但并不妨碍其同时或继续得到著作权法的保护。①

5.2 著作权法与商标法

著作权法与商标法的重叠保护也非常常见。将文字、图形或雕塑作品申请注册商标或者当做未注册商标使用，就可能导致著作权法和商标法（如果是未注册商标，则是反不正当竞争法）的双重保护。

著作权法和商标法的立法目的迥异，这一重叠保护一般并不会损害公共利益，因此无需立法干预。著作权法禁止他人以复制、发行、信息网络传播等方式利用受保护的作品，而商标法仅仅禁止他人将该作品（前提是已经成为注册商标）作为区别商品或服务来源的商标使用。如果他人对该作品的利用，并不会导致消费者误认商品来源，则商标权人无法依据商标法阻止他人对该作品的自由利用。换句话说，商标法规则已经充分保证，作品进入公共领域后被注册成商标，并不能使得该作品重新进入著作权法意义上的私有领域。也正因为如此，著作权法和商标法的双重保护，通常并不需要刻意避免。

嘉宝自然工业股份有限公司 v. 漳州全盈磨料磨具有限公司

福建省高院（2010）闽民终字第 182 号

原告嘉宝公司于 1977 年在台湾地区经由中国砂轮股份有限公司转让受让取得锚牌及相关图案的注册商标。1999 年 9 月 7 日，漳州昆懋砂轮（厂）有限公司经中华人民共和国工商行政管理总局商标局核准注册，取得第 1312170 号"锚及图"注册商标。被告全盈公司于 2000 年 2 月 28 日经漳州昆懋砂轮（厂）有限公司转让受让取得第 1312170 号注册商标专用权。被告全盈公司在其生产的砂轮上使用"锚牌"标贴。

原告嘉宝公司于 2001 年 8 月 16 日向国家工商行政管理总局商标评审委员会提出对被告全盈公司的第 1312170 号"锚及图"商标撤销注册申请。国家工商行政管理

---

① 英特莱格公司 v. 可高（天津）玩具有限公司等，北京高院（2002）高民终字第 279 号。

总局商标评审委员会以第 1312170 号"锚及图"商标的注册未违反现行《商标法》第十三条、第三十条的规定为由,对第 1312170 号"锚及图"商标予以维持……

被告全盈公司的第 1312170 号"锚及图"注册商标中及在其生产的砂轮上使用"锚牌"标贴图案与原告嘉宝公司在台湾地区取得的注册商标中使用的图案一致。原告嘉宝公司以被告全盈公司侵犯原告嘉宝公司的著作权为由向江苏省苏州市中级人民法院提起诉讼……

原审法院认为:原告嘉宝公司所主张的讼争"锚"及相关图案注册商标(台湾地区)是经中国砂轮股份有限公司转让受让取得,注册商标的转让并不当然包含著作权的转让。原告嘉宝公司也未提供其享有"锚"及相关图案著作权的其他证据,且其在庭审中称讼争图案是由金敏窑业厂设计,故原告嘉宝公司主张其对"锚"及相关图案注册商标(台湾地区)中使用的图案享有著作权依据不足,主张被告全盈公司的行为侵犯其著作权缺乏事实依据。

……

原审宣判后,嘉宝公司不服,向本院提起上诉认为:1. 一审法院认为,上诉人在一审中不能提供"锚"相关图案的著作权的依据,且认为注册商标的转让并不当然包含著作权的转让,以此认为上诉人的诉讼依据不足,上诉人认为该项认定不符合法律规定和交易惯例。首先,对于商标权的转让并未排斥商标权所基于的著作权的同时转让上诉人。著作权包含了财产权和人身权。在商标转让中,该商标图案著作权的人身权不发生当然的转让,但是作为商标图案著作权的财产权必然发生转让,否则会导致商标受让人权利的重大缺陷,其商标的使用将构成对在先著作权的侵权。至少,在该转让的商标在商标使用的途径上是如此,因此,一审法院的上述认定不符合著作权法和商标法的精神。其次,在实际商标(特别是带有商标图案)的转让中,该商标图案的著作权的转让是当然的,是交易的惯例,相反如果不转让,反而会通过协议的协议另行明确约定。一审法院对于该基本事实的认定缺乏法律依据,违背交易习惯,基于该项认定的判决依法不能成立。2. 本案的焦点在于被上诉人是否具有侵犯权利的恶意。"锚"及相关图案无论作为著作权还是作为商标,在台湾地区均具有相当的知名度,而被上诉人作为一家投资于大陆的台资企业,其经营的范围和产品与上诉人基本相同,存在着竞争性,不可能不知道该商标及图案是原告的注册商标和依法拥有著作权,其恶意也是非常明显。综上请求二审法院依法改判,支持上诉人的原审诉讼请求。

……

本院认为:

《中华人民共和国著作权法实施条例》第 2 条规定,著作权法所称作品,是指文学、艺术和科学领域内具有独创性并能以某种有形形式复制的智力成果。根据嘉宝公司在本案诉讼中提供的证据,无法证明涉案商标标识中锚及锚链的图案为金敏窑业厂独创的作品。

作品如被合法注册为商标,该商标一旦被转让,商标受让人对该作品在注册商标范围内有合理使用的权利,但因转让取得商标权的受让人并不当然取得相关商标标识所涉作品的著作权,因为根据《中华人民共和国著作权法》第25条和第26条的规定,转让著作权的相关权利,应当订立书面合同,明确双方的权利义务关系,转让合同中著作权人未明确转让的权利,未经著作权人同意,另一方当事人不得行使。本案中,没有证据证明嘉宝公司在台湾地区受让涉案商标时涉及相关商标标识图案的著作权,在未经著作权人同意的情况下,商标权受让方嘉宝公司不得行使相关著作权的有关权利。因此,嘉宝公司有关商标图案的著作财产权必然随商标一起转让的主张,法律依据不足,不予支持。

(吴新民、陈一龙、陈茂和法官)

思考问题:

本案中商标权的转让至少包含有著作权的许可,否则原告无法使用该商标权。这一许可是否本质上必须是独占性的?假设原告获得的著作权,法院应该如何处理此案商标权与著作权的"冲突"?

不过,当一项商品本身是影视作品时,对于作品标题的商标保护或不正当竞争法上的保护,可能会引发争议。前一段时间发生的电影《人在囧途》与《泰囧》的争议就与此有关。依据著作权法,公众在创作作品时可以自由取用公共领域不受保护的元素,比如不受保护的作品标题。但是,由于某些电影作品的名称或标题具有了一定的商标法意义上的显著性,则后来者使用类似的标题会误导消费者。这时候,商标法或不正当竞争法上的考虑应该优先于版权法上公共领域行动自由的关切。

依据反不正当竞争法,在先权利人可能会主张后来者假冒知名商品的名称,构成不正当竞争。知名商品名称的保护实际上是一种未注册商标保护。

5.3 著作权法与反不正当竞争法

未经著作权人许可,在商业活动中利用他人的作品,很可能被视为是违反商业道德的不正当竞争行为。因此,实践中很多人在提起著作权侵权诉讼的同时,也会依据《反不正当竞争法》第2条提出单独的诉讼主张。这实际上是著作权法与反不正当竞争法重叠所致。

权利人在相对明确的著作权法之外,提出相对模糊的不正当竞争的诉讼主张,主要是出于如下两方面的考虑:

其一,权利人对于该作品是否满足著作权法上的客体要件,没有十足信心。比如,如后文所述,一些单纯事实消息类作品,是否具有独创性,不够明确。如果仅仅提出著作权侵权主张,有败诉的风险。因此,权利人选择利用《反不正当竞争法》第2条的原则条款兜底。

其二,权利人可能认为《反不正当竞争法》所提供的救济力度(比如损害赔偿)超过著作权法。

著作权法与反不正当竞争法的重叠保护,更像特别法与一般法的重叠保护,与前述著作权法与专利法(或商标法)的重叠保护不同。在著作权法对特定作品提供保护的时候,法院应当尽量避免利用反不正当竞争法提供重叠保护,否则可能会违背著作权法的立法目的——立法者通过更具体的著作权法规则在权利人和公众之间维持一种利益平衡关系,法院不应该通过使用《反不正当竞争法》上的原则性条款(第2条)来威胁甚至破坏它。

如果著作权法拒绝对某些客体(比如单纯事实消息、不具备独创性的数据库等)提供保护,法院在利用《反不正当竞争法》提供替代保护(而不是重叠)时,也应该非常慎重。法院应首先确认立法者当初将这些客体排除在著作权法保护范围之外不是刻意将它们放在公共领域供公众自由取用,然后再看不给予替代保护是否的确会导致市场失败从而损害公共利益。进一步的讨论,可以参考崔国斌《知识产权法官造法批判》一文。

山东省食品进出口公司等 v. 青岛圣克达诚贸易有限公司

最高人民法院(2009)民申字第 1065 号

[本案涉及员工离职后创设新的公司与原来雇主竞争海带出口等商业机会的行为,是否构成不正当竞争,与版权法没有直接关系。不过,最高人民法院对于《反不正当竞争法》第2条的适用条件的论述,有重要意义。]

……

(三)关于本案的法律适用问题,主要是《反不正当竞争法》第2条作为一般条款的适用条件及其在本案中的具体适用。

第一,关于《反不正当竞争法》第2条能否作为一般条款予以适用。《反不正当竞争法》第二章列举规定了法律制定时市场上常见的和可以明确预见的一些不正当竞争行为类型。同时,《反不正当竞争法》第2条第1款确立了市场交易的基本原则,即经营者应当遵循自愿、平等、公平、诚实信用的原则,遵守公认的商业道德;并在第2款中对不正当竞争作出了定义性规定,即经营者违反《反不正当竞争法》的规定,损害其他经营者的合法权益,扰乱社会经济秩序的行为。由于市场竞争的开放性和激烈性,必然导致市场竞争行为方式的多样性和可变性,《反不正当竞争法》作为管制市场竞争秩序的法律不可能对各种行为方式都作出具体化和预见性的规定。因此,在具体案件中,人民法院可以根据《反不正当竞争法》第2条第1款和第2款的一般规定对那些不属于《反不正当竞争法》第二章列举规定的市场竞争行为予以调整,以保障市场公平竞争。本案被控不正当竞争行为不属于《反不正当竞争法》第二章列举的不正当竞争行为,原告也并未依据该列举式规定主张权利,而是依据该法第2条的原则性规定主张权利,被告亦据此进行答辩,一、二审法院也均据此对本案作出裁判。应当说,本案当事人和原审法院均将《反不正当竞争法》第2条作为本案法律适用的依据,并无不当。

第二,关于《反不正当竞争法》第2条作为一般条款予以适用的基本条件。自由竞争和公平竞争是市场经济的两个基本法则,二者各有侧重,互为平衡。自由竞争将有效地优化市场资源配置、降低价格、提高质量和促进物质进步,从而使全社会受益。但是,自由竞争并非没有限度,过度的自由竞争不仅会造成竞争秩序混乱,还会损害社会公共利益,需要用公平竞争的规则来限制和校正自由竞争,引导经营者通过公平、适当、合法的竞争手段来争夺商业机会,而不得采用违法手段包括不正当竞争手段。因此,虽然人民法院可以适用《反不正当竞争法》的一般条款来维护市场公平竞争,但同时应当注意严格把握适用条件,以避免不适当干预而阻碍市场自由竞争。凡是法律已经通过特别规定作出穷尽性保护的行为方式,不宜再适用《反不正当竞争法》的一般规定予以管制。总体而言,适用《反不正当竞争法》第2条第1款和第2款认定构成不正当竞争应当同时具备以下条件:一是法律对该种竞争行为未作出特别规定;二是其他经营者的合法权益确因该竞争行为而受到了实际损害;三是该种竞争行为因确属违反诚实信用原则和公认的商业道德而具有不正当性或者说可责性,这也是问题的关键和判断的重点。一、二审法院的有关论述,虽不尽全面,但基本正确。

第三,关于适用《反不正当竞争法》一般条款时认定竞争行为正当性的具体考虑。对于竞争行为尤其是不属于《反不正当竞争法》第二章列举规定的行为的正当性,应该以该行为是否违反了诚实信用原则和公认的商业道德作为基本判断标准。诚实信用原则是民法的基本原则,是民事活动最为基本的行为准则,它要求人们在从事民事活动时,讲究信用,恪守诺言,诚实不欺,用善意的方式取得权利和履行义务,在不损害他人利益和社会公共利益的前提下追求自身的利益。在规范市场竞争秩序的反不正当竞争法意义上,诚实信用原则更多的是以公认的商业道德的形式体现出来的。商业道德要按照特定商业领域中市场交易参与者即经济人的伦理标准来加以评判,它既不同于个人品德,也不能等同于一般的社会公德,所体现的是一种商业伦理。经济人追名逐利符合商业道德的基本要求,但不一定合于个人品德的高尚标准;企业勤于慈善和公益合于社会公德,但怠于公益事业也并不违反商业道德。特别是,反不正当竞争法所要求的商业道德必须是公认的商业道德,是指特定商业领域普遍认知和接受的行为标准,具有公认性和一般性。即使在同一商业领域,由于是市场交易活动中的道德准则,公认的商业道德也应当是交易参与者共同和普遍认可的行为标准,不能仅从买方或者卖方、企业或者职工的单方立场来判断是否属于公认的商业道德。具体到个案中的公认的商业道德,应当结合案件具体情形来分析判定。

(邰中林、秦元明、郎贵梅法官)

思考问题:

(1) 最高人民法院认为,"对于竞争行为尤其是不属于《反不正当竞争法》第二章列举规定的行为的正当性,应该以该行为是否违反了诚实信用原则和公认的商业道德作为基本判断标准"。问题是,在知识产权领域,很多新(如果不是全部的话)的保护客体出现时,并无固定的商业道德可以遵循,法院如何应对呢?

(2) 对于法官对《反不正当竞争法》第2条的道德化解读的有力批评,请参考蒋舸:《关于竞争行为正当性评判泛道德化之反思》,载《现代法学》2013年第6期。然后思考,在知识产权领域,如何才能有效避免法官的过度道德化的解读?

6 著作权法适用范围

6.1 中国人的作品

中国的著作权法区别对待中国人和外国人(无国籍人)。对于中国人(中国公民、法人或其他组织)的作品,无论是否发表,都能依据本法获得保护。① 此即所谓的自动保护原则——作品一经产生就自动获得著作权保护,作者无须为此履行任何法律手续。

6.2 外国人的作品

对于外国人或无国籍人的作品,首先看作者所属国或经常居住地国是否同中国签订有协议或共同参加了保护著作权的国际公约。如果已经签订协议或参加公约,则依据本法获得保护。② 这里默认的前提是著作权法已经满足了公约或协议的最低保护要求。如果协议和公约有更高的保护要求,则直接适用该协议和公约的具体规定。在大多数情况下,公约或协议都采用自动保护和国民待遇原则,外国人所获得的保护与中国人依据本法所享有的保护没有本质差别。在少数情况下,公约许可成员国设置一些例外。比如,《伯尔尼公约》第7条第8项就规定了国民待遇的一个例外:成员国为外国作品所提供的保护期限原则上依据成员国国内法,但是在成员国没有特殊立法的情况下,该期限不得超过作品起源国的保护期限。依据这一规定,如果美国作品保护期为作者有生之年加死后70年,而中国仅仅提供有生之年加死后50年。如果中国作品在中国过了保护期,则在美国的保护期也随之中止,而不是依据所谓的国民待遇原则继续延续20年。

如果外国人或无国籍人的所属国或经常居住国没有同中国签订协议,也没有共同参加国际公约,则该外国人或无国籍人的作品在中国一般不受著作权法的保护。著作权法对此设置了两项例外,即在下面两种情况依然可以得到保护:其一,该外国人或无国籍人的作品首先在中国境内出版;其二,首先在中国参加的公约的成员国出版,或者首先在成员国与非成员国同时出版。③

这些例外与著作权法鼓励外国人在本国首先出版作品以繁荣本国文艺的传统有直接关系。依据《伯尔尼公约》第3条,"出版"对应的英文是"published"。公约所谓"published works"是指为满足公众合理需求,经过作者同意,以各种形式制造的复制件。该条明确指出,戏剧、音乐剧、电影或音乐作品的表演、文学作品的公开朗诵、文学艺术作品的有线传输或广播、艺术作品的展览、建筑作品的建造都不是公约意义上的出版。显然,公约仅仅仅限于传统形式的"出版"。在网络时代,公约的规定已经不能

---

① 《著作权法》(2010)第2条第1款。
② 《著作权法》(2010)第2条第2款。
③ 《著作权法》(2010)第2条第3款。

满足现实的需要。不过,由于国籍原则的存在,外国人通常无须依据首次出版来寻求外国保护,所以对这一条款的修改压力相对较小。

上述同时出版,并非严格意义上同时出版。依据《伯尔尼公约》第 3 条第 4 款,只要在作品首次出版后 30 天内在其他国家出版,则视为同时出版。

6.3 著作权法生效之前的作品

现行《著作权法》自 1991 年 6 月 1 日生效。① 对于本法生效之前就已经存在的作品或邻接权客体,"在本法施行之日尚未超过本法规定的保护期的,依照本法予以保护"。② 有意思的是,由于《著作权法》规定作者的精神权利不受期限限制,这导致古往今来的所有作品作者的精神权利依然在本法的保护期内,因此相关的侵犯精神权的行为理论上都可以适用本法。只是能够提起诉讼的主体的资格,则受到诉讼法或一些特别规定的限制。

上述规定只是意味着从 1991 年 6 月 1 日起,如果依据本法该权利还在保护期,则该作品依据本法获得保护。任何发生在本法生效日期之后的侵权行为将适用本法。"本法施行前发生的侵权或者违约行为,依照侵权或者违约行为发生时的有关规定和政策处理。"③ 也就是说,《著作权法》并不对生效前的侵权或违约行为有追溯力。

严泌涓等 v. 红云烟草(集团)有限责任公司

云南省高院(2008)云高民三终字第 30 号

原审原告严泌涓[等]因认为红云集团将其父严浚(已故)设计的"红山茶"烟标的文字、色彩、图案擅自歪曲、篡改,并擅自超地域范围及许可他人使用该烟标销售盈利,侵犯其父就该烟标享有的修改权、保护作品完整权、复制权、发行权及获得报酬权等著作权……

"烟标"即香烟商标,涉案烟标也作香烟外包装使用。本案中,三原审原告主张涉案"红山茶"烟标的产生时间为 1957 年,红云集团主张该烟标产生时间为 1956 年,现具体时间无法查明,但双方均认可公开使用时间为 1957 年。该烟标图案和色彩为红色山茶花、绿叶、白底版,"红山茶"三个文字的字体为行书。红云集团的前身云南纸烟厂于 1959 年获得该烟标注册商标专用权,商标注册证号为第 32834 号。

三原审原告主张侵权的烟标为红底版、黑白两色山茶花为底,花上覆盖银色英文"The Scarlet Camellia","红山茶"三个文字的字体为行书。红云集团的前身昆明卷烟厂于 1998 年 3 月 28 日获得该香烟商标注册商标专用权,商标注册证号为 1163664 号。

……

---

① 《著作权法》(2010)第 61 条。
② 《著作权法》(2010)第 60 条第 1 款。
③ 《著作权法》(2010)第 60 条第 2 款。

针对双方的上诉观点,本院认为:

一、关于本案的法律适用问题。

《中华人民共和国著作权法》第59条第1款规定:"本法规定的著作权人和出版者、表演者、录音录像制作者、广播电台、电视台的权利,在本法施行之日尚未超过本法规定的保护期的,依照本法予以保护。"该条第2款规定:"本法施行前发生的侵权或者违约行为,依照侵权或者违约行为发生时的有关规定和政策处理。"原审法院根据上述第2款之规定,认为本案只能适用行为发生时,即20世纪50年代的有关规定和政策,不适用现行著作权法。本院认为,本案应当适用现行著作权法,具体理由为:

1. 根据《中华人民共和国著作权法》第20条、第21条之规定,著作人身权中的署名权、修改权、保护作品完整权的保护期限不受限制;著作人身权中的发表权及著作财产权的保护期限,如属公民的作品,保护期限为作者终生及其死亡后50年;如属法人或其他组织的作品,保护期限为50年。本案"红山茶"烟标出现于1957年,《著作权法》于1991年6月1日施行,在《著作权法》施行之日,本案著作权尚未超过《著作权法》规定的保护期,根据《著作权法》第59条第1款之规定,该著作权应受著作权法保护。

2. 严泌涓等三上诉人主张的侵权行为发生于1996年,当时《著作权法》已颁布施行,根据《著作权法》第59条第2款之规定,对三上诉人主张的侵权行为应适用著作权法予以保护。

3. 《著作权法》于2001年10月27日做过修改。根据《最高人民法院关于审理著作权民事纠纷案件适用法律若干问题的解释》第31条之规定,在2001年10月27日以后人民法院受理的著作权民事纠纷案件,涉及该日期前发生,持续到该日期后的民事行为的,适用修改后《著作权法》的规定。据此,本案应适用修改后的2001年《著作权法》。

(冉莹、包靖秋、刘维逸法官)

第 2 章
著作权客体

作品是指"文学、艺术和科学领域内具有独创性并能以某种有形形式复制的智力成果"。①《著作权法》第 3 条列举了作品的具体类型,包括文字、口述、音乐、戏剧、曲艺、舞蹈、杂技艺术、美术、建筑、摄影、电影作品、工程设计图、产品设计图、地图、示意图、模型、计算机软件等作品。

依据上述作品的一般定义和具体列举条款,著作权的客体通常应具备下列条件:(1) 是通常意义上的作品,即"文学、艺术和科学领域"的一种表达形式(表现形式)②;(2) 具有独创性;(3) 能以有形形式复制(可复制)。

1 表达形式

著作权保护的客体是作品。按照一般公众的理解,"作品"应该是能够传达一定的思想、情感的表达形式。虽然立法者并未在著作权法上对此进行明确表述,法院依然可以将这理解为"作品"一词的应有之义。毕竟立法者无须将所有常识都写进著作权法条文之中。

作品的定义是否要包含"独创性"这一限制要件,存在争议。部分学者认为,作品只要从外观上看是一种表达形式,就应该是作品。独创性只是作品受法律保护的前提。没有独创性,不应妨碍它被称作作品。从逻辑上讲,这一意见很有道理。公共领域作品的复制件依然可以被称作"作品"。不过,中国著作权法区别对待著作权与邻接权的客体。在大部分情况下,独创性有无似乎是这两类客体的重要区别。因此,在作品定义中强调独创性,还是有一定必要。

学理上,那些不受著作权保护的内容(比如作品所体现的抽象概念、技术方案等)称作思想或抽象思想。于是,判断一项保护客体是否为著作权法意义上的表达(或作品),常常会变成对思想和表达进行二分的过程。

1.1 排除思想的正当性

关于版权法为什么要排除思想,美国著名的 Posner 法官从法经济学的角度给出了

---

① 《著作权法实施条例》(2013)第 2 条。
② 《著作权法》第 3 条明确,作品是指"文学、艺术和自然科学、社会科学、工程技术等作品"。这一规定事实上起到限制著作权保护客体范围的作用。如果一项作品不属于文学、艺术、科学或技术领域的表达形式,则不能依据著作权法获得保护。比如,棋谱、体育比赛本身等。

一些解释：

首先，如果保护第一个作者在作品中所表达的思想，虽然会增加第一个作者的收入，但是会增加后续希望表达类似思想的创作者的表达成本，从而减少了新作品的数量，整体上可能减低社会福利。

其次，所有的作者既是新思想的提供者，也是已有思想的利用者。如果保护表达已经能够为创作者提供一定的合理回报，在"无知之幕"（a veil of ignorance）后面（即没有人知道自己会从保护思想中获得更多或更少利益），则作者们很有可能同意现在的不保护思想的版权规则。

再次，保护思想会导致过度的寻租行为。大家都会努力寻找那些没有多少表达的新思想，以期望将来能够让后来者付费使用。这会浪费大量的资源。在这种情况下，思想的发现会被加速，而思想的传播可能不会被加速。

最后，保护思想会引发很高的制度管理成本。法院将被迫定义每个思想，确定其边界，判断它是否与其他思想重叠，而且还要确定侵权作品中确定是否存在该思想等等。尽管保护思想会导致作品的数量减少，从而使得版权系统的管理和执行成本实际上可能下降。但是，如前所述，作品数量的减少又会损害社会福利。这里假定在最佳状态下，版权保护的作品数量是一定的。①

上述解释只是在一定程度上有说服力，并没有解释全部的疑问。比如，专利法实际上就是对部分作品中所表达的思想（技术方案）提供保护。这表明，版权法不保护思想，部分原因是该制度不适宜保护思想，而不是说思想本身一定不能获得保护。

当然，在法经济学分析之外，从言论自由或表达自由的角度同样能够说明著作权法排斥思想的合理性。有时候，它可能比法经济学分析更容易让人接受，因为它直接诉诸于公众的个人自由和生活体验——公众希望能够自由地表达和传播自己接收、领悟的各种新鲜思想。这已经成为人的基本自由的一部分。

国内有学者从思想和表达区分的困难出发，认为版权法没有必要区分表达和思想，提出"哪里有独创，哪里就有著作权"的说法。也就是说，"当作品中的思想是独创的，那么作者对该思想享有著作权。当其内容或形式具有独创性时，则作者对其内容与形式享有著作权。既然如此，所谓思想、内容和形式的划分也就无关紧要了"②。对照上述关于思想和表达二分合理性的讨论，这一主张似乎没有什么合理性。

1.2 "思想"的基本分类

美国斯坦福大学法学院的 Paul Goldstein 教授将版权法上的作品中所体现的思想大致分为以下几个类别：启发性概念（Animating Concept）、基本创作要素（Building Blocks）和解决方案。所谓启发性概念，通常是作品所表述的一种有价值的市场概念。

---

① William M. Landes and Richard A. Posner, An Economic Analysis of Copyright Law. 18 J. Leg. Stud. 325, 348—349(1989).

② 韦之：《著作权法原理》，北京大学出版社1998年版，第20页。

所谓基本创作要素因作品类型的不同而有所不同。对于文学作品而言,这种不受保护的基本创作要素包括作品的主题、抽象情节、常见角色和布景等,以及少量词语的结合单元(比如普通作品的标题)等。对于图形作品,简单的色彩与构图要素等不受保护。对于音乐作品,其节奏、音符和和声等不受保护。所谓解决方案是指工艺流程、操作方法、技术原理或者科学发现等。①

Goldstein 教授对于思想和表达的区分,提出以下四点认识,极有见地:

其一,思想和表达的区分,仅仅是一个度的问题。正如后文 Nichols 案中 Learned Hand 法官所说的那样,对剧本逐步抽象的过程中,存在一个点,超过此点后就成为思想领域,不再受版权法的保护。

其二,在侵权判断时,法院通常无须判断全部作品中保护的内容和思想的界限,相反,仅仅需要对被抄袭部分是否属于不受保护的思想作出判断。

其三,表达形式要求和独创性要求存在交叉。比如,对于基本的情节、两三个音符、简单的线条等,不受保护,既可能是因为不具备表达性,也可能是因为它们本身不具备独创性。当然,并非所有的思想都不具有独创性。

其四,不同的作品中思想和表达的区分并不相同。比如,文学作品的基本情节、主题和角色要素,视觉艺术作品中的线条、颜色和视角(Perspective)等就可能属于思想的范畴。在不同作品上,思想和表达的区分是一个重要的政策性决定。②

本书参考 Goldstein 教授的分类,将不受著作权保护的客体分成三大类,即基本的表达要素、抽象内容和解决方案。这些分类只是学理上的概括,不具备严格的法律意义。不同类别之间边界依然很模糊,甚至相互重叠。思想和表达的二分具有很强的政策性,任何理论上的分类,都可能因为政策性的考虑而被扭曲。因此,并不奇怪,下文中很多案例看起来并不一定适合它所对应的分类类别。

1.3 基本表达要素

作品中所含有的一些基本的表达要素,比如角色名称、基本线条、基本色彩、单纯事实等,不是一种具体的表达形式,有可能被视为不受保护的思想,从而被排除出著作权法的保护范围。显然,这一思路与后面的独创性判断的思路比较接近。基本的表达因素同样可能被认为过于基础和简单,而不具备独创性。后文对此有进一步的讨论。在大多数场合,利用独创性排除这些基本的表达要素可能更容易被公众理解和接受。

不过,在思想和表达的二分机制下,法院排除基本的表达要素可能有更大的自由度,因为一些即便有独创性的表达要素依然可能被贴上思想的标签加以排除。

---

① Paul Goldstein, Copyright, 2nd Ed. Aspen Law & Business, 1999, at §2.2.2, 2:27—2:28.
② Ibid., at §2.2.2, 2:24—2:26.

冯雏音 v. 江苏三毛集团

上海高院（1997）沪高民终（知）字第 48 号

原审法院认定，冯雏音等 8 原告系被继承人张乐平（1993 年 9 月去世）的配偶和子女。张乐平自 40 年代起至 80 年代，创作大脑袋、圆鼻子、头上仅有三根毛的"三毛"漫画形象。1996 年 2 月，上海市版权处对张乐平创作的美术作品"漫画三毛形象系列"予以登记。

1996 年初，原告发现被告江苏三毛集团公司销售的产品上附有"三毛"漫画形象的产品商标，被告还将"三毛"漫画形象作为被告的企业形象在户外广告、职员名片、报刊、企业内部铭牌上使用。此外，被告于 1995 年 11 月至 1996 年 2 月期间，共向国家工商行政管理局商标局申请 38 类标有"三毛"漫画形象的商标（已核准 31 类）。在此期间，被告共印制标有"三毛"漫画形象的商标 111030 件，现尚有库存 34030 件。当地工商行政管理部门证明，被告目前只在"精纺呢绒"上使用"三毛"牌注册商标。

原告三毛（左）、被告三毛（右）

原审法院认为：大脑袋、圆鼻子、头上长着三根毛的"三毛"漫画形象系已故作家张乐平生前创作，该作品著作权为张乐平所有。张乐平去世后，本案原告作为已故著作权人的继承人，享有在著作权保护期内该作品的使用权和获得报酬的权利，其合法权益应依法保护。被告称其委托当地一美工设计商标，但被告将"三毛"漫画形象作为商标申请注册和企业形象使用，侵犯了原告的著作权。被告应对未经许可使用原告"三毛"漫画形象作品的侵权行为负责，因此，被告所称的其使用的商标已被核准登记注册，使用行为就是合法行为的理由不能成立……

判决后，江苏三毛集团公司不服，向本院提起上诉，其认为：1. 上诉人使用的商标不构成对被上诉人的侵权。"三毛"商标时的创意并非来自张乐平笔下的"三毛"形象，且该商标的著作权归商标设计人，故此产生之法律后果上诉人概不负责。2. "三毛"商标系经商标局核准注册，公告无异议后使用，故上诉人使用该商标的行为是合法的。3. 上诉人不应向被上诉人赔偿损失。理由是：(1) 大脑袋、长着三根毛、圆鼻子的三毛形象并非张乐平笔下的漫画所特有的形象。(2) 商标标识的著作权归商标设计人，与上诉人无涉……

经审理查明，原审法院认定的事实基本属实。被上诉人冯雏音等人的被继承人张乐平系我国颇有名望的漫画家，自 1936 年 3 月出版其漫画集《三毛第一集》起，至 1995 年 10 月再版《三毛流浪记（全集）》止，先后出版（或再版）各类"三毛"漫画集达 33 次之多;其代表作有《三毛从军记》《三毛流浪记》《三毛新事》等。

本院认为:大脑袋、头上长三根毛、鼻子圆圆的小男孩"三毛"漫画形象系张乐平独立创作,并享有著作权,现该权利归其合法继承人即被上诉人享有。上诉人江苏三毛集团公司辩称"三毛"形象为瑞典奥斯卡·雅各布生所创作一节显与事实不符。张乐平创作的"三毛"是我国公众熟悉的漫画形象,上诉人理应知道擅自将该美术作品作为商标在其产品上使用是侵犯他人著作权的行为,现上诉人提出该商标由他人设计,对此产生的法律后果其不负责,于法无据,本院不予支持。本案涉及的是上诉人侵犯被上诉人的在先权利,故上诉人认为其"三毛"商标已注册,属合法使用,不侵犯他人权利,也属无理……驳回上诉,维持原判。

(须建楚、陈子龙、邓思聪法官)

思考问题:

(1) 在上述案件中,法院认为"大脑袋、圆鼻子、头上长着三根毛的'三毛'漫画形象"构成著作权法意义上的作品。如此简单的角色形象(而不是具体而特定的一幅画),是不是可以被视为不受保护的思想呢?被告的"三毛"形象与原告作品的雷同之处,不外乎"大脑袋、圆鼻子和头上三根毛"(甚至只是三根毛),这究竟是思想还是表达?

(2) 有学者在评论另外一起三毛漫画案时①,指出:"当他人描绘制漫画时,将其绘画的对象以大脑袋、头上长着三根头发、圆鼻子的男孩形象表现时,凡是已经知道张乐平创作的'三毛'形象的人,极易在大脑中立即产生这是'三毛'的信息反射,这是张乐平所创作作品的巨大影响力的体现,同时表明该作品的强烈独创性。"②中国社会对该三毛形象的强烈认同,对于判断漫画形象的区别特征属于思想还是表达,有直接的关系吗?我们提起质能方程,总是习惯性地想到它和爱因斯坦的不可分割的联系,我们能说 $E=MC^2$ 是一种具有鲜明个性的著作权法意义上的表达吗?

王晓玲 v. 北京市朝阳区残疾人综合活动中心

北京市朝阳区法院(2006)朝民初字第 18906 号

王晓玲诉称,2004 年 3 月,我作为志愿者在活动中心担任舞蹈老师。其间,我独立创作了《祖国你好》和《锦绣中华》等舞蹈作品,并训练、辅导、指挥残疾演员排练、演出。2004 年 9 月,《锦绣中华》参加北京市舞动北京新秧歌电视大赛获奖。2005 年 3 月,因我要求与活动中心签订聘用合同致使对方将我拒之门外,但我创作的上述两个舞蹈作品仍在一直使用。我认为活动中心未经我许可,擅自将我创作的《祖国你好》和《锦绣中华》改编成新的《祖国你好》参加 2005 年"北京新秧歌"广场舞蹈电视邀请赛(简称广场舞蹈大赛),并参加 2005 年 12 月 22 日中央电视台新闻频道春节大联欢《小崔说事》,侵犯了我对《祖国你好》和《锦绣中华》享有的修改权、署名权和表演权等

---

① 冯雏音等 v. 三秦出版社等案,载陈旭:《上海法院知识产权案例精析》,人民法院出版社 1997 年版,第 36—40 页。

② 费安玲:《著作权法案例教程》,中国政法大学出版社 1999 年版,第 43 页。

著作权……

活动中心辩称,王晓玲确实曾在我中心编排指导了《祖国你好》和《锦绣中华》等舞蹈作品,但这些作品均不是王晓玲独创的,而是借鉴他人舞蹈动作的作品。王晓玲在担任志愿者时完成的工作成果,我中心有权使用。被诉侵权的新的《祖国你好》不是根据王晓玲的《祖国你好》或《锦绣中华》改编的,而是我们聘请另外的指导老师重新编排的,没有抄袭、修改王晓玲的作品。我中心不存在侵权行为,故不同意王晓玲的诉讼请求。

经审理查明,2004年3月至2005年4月,王晓玲在活动中心担任志愿者。其间,王晓玲于2004年3月至9月,为活动中心编排了《祖国你好》秧歌舞。后在《祖国你好》的基础上改编成秧歌舞《锦绣中华》。

2005年9、10月间,活动中心参加2005年广场舞蹈大赛时,表演了《祖国你好》的秧歌舞。2006年,活动中心又在参加2006年中央电视台新闻频道春节大联欢《小崔说事》时表演了《祖国你好》秧歌舞。这两次演出的秧歌舞虽然也名为《祖国你好》(简称新的《祖国你好》),但和王晓玲的《祖国你好》存在不同。

诉讼中,王晓玲提出新的《祖国你好》虽然和她编排的《祖国你好》《锦绣中华》存在不同,但在以下方面是相同的:

1. 都使用"转圈开扇"动作,且当时的队形结构相似,都是四角各小圈转,中间大圈转;
2. 都使用"前捧后展"动作,且当时队形相同,都是八字形中间是三角形;
3. 都使用"十字大甩绸"动作,且演员相同;
4. 都使用"顿步大抖扇"动作;
5. 都使用"8字绕"动作;
6. 都使用"进退步撩绸甩绸、垫步高摆绸"动作,且在该段均采用领舞、伴舞的形式;
7. 都使用"上抖绸围圈"动作;
8. 都使用"垫步前摆绸"动作;
9. 都使用"单腿跳"动作;
10. 都使用"转身造型、抖绸亮相"结束,且队形相似。

经法庭对比,上述相同动作在王晓玲的《祖国你好》或《锦绣中华》中出现的时间前后和时间长短与新的《祖国你好》不同;出现的次数不同;上述相同动作中的4、5、7在新的《祖国你好》中是作为领舞两旁的群舞部分或伴舞部分出现的,而在王晓玲的《祖国你好》或《锦绣中华》中相应的动作出现时都不存在领舞部分;上述相同动作中的6虽然采用了相同的领舞、伴舞形式,但王晓玲的《锦绣中华》中领舞演员是男演员,新的《祖国你好》中的领舞演员是女演员。且双方舞蹈中出现的上述相同动作是秧歌舞所必备的基本构成元素。

……

本院认为,鉴于活动中心对王晓玲曾经在担任志愿者期间编排过秧歌舞《祖国你好》和《锦绣中华》没有异议,因此,本院确认王晓玲对该两个秧歌舞作品享有著作权。关于活动中心提出该两个秧歌舞不是王晓玲独创,而是借鉴他人舞蹈作品的主张,因活动中心没有提交证据证明在王晓玲编排该两个秧歌舞前存在与之相同或实质相似的其他秧歌舞作品,因此本院对活动中心该答辩意见,不予支持。

舞蹈作品是指通过连续的动作、姿势、表情等表现思想情感到作品。作为舞蹈作品而言,其独创性体现在动作本身具有的独创性,以及动作与动作之间的连接上。

活动中心在参加 2005 年广场舞蹈大赛,及参加 2006 年中央电视台新闻频道春节大联欢《小崔说事》时表演的新的《祖国你好》,虽然使用了一些与王晓玲编排的《祖国你好》或《锦绣中华》中相同的舞蹈动作,但这些相同的舞蹈动作属于秧歌舞必备的舞蹈元素,而非王晓玲所独创。而且,这些相同的舞蹈动作在双方舞蹈作品中出现的时间不同,出现的顺序不同,出现时的表现形式也不同(如相同动作中的 4、5、7)。因此,活动中心在新的《祖国你好》中使用与王晓玲编排的《祖国你好》和《锦绣中华》中相同的舞蹈动作,并未侵犯王晓玲的著作权。

(谢甄珂、普翔、刘德恒法官)

思考问题:

一个作品中出现的诸多不受保护的基本的舞蹈元素,依然只是一种思想而非表达吗?本案中,法院强调这些动作出现的顺序和时间不同,为什么这很重要?

1.4 抽象的内容

对于作品中所包含内容的把握,在观念上有一个从具体到抽象的过程。理论上,这一过程中间存在一个关键点,超过该关键点继续抽象所得到的内容,可能被视为是抽象概念或抽象思想等,不再受到著作权法的保护。实际上,这一关键点或临界状态很难把握。著作权法对于抽象程度的容忍,应该是一个政策性取舍的过程。在受保护的具体表达和不受保护的抽象思想之间,并不存在清晰的界限。法院只能根据相关行业的共识自由裁量。

在下面著名的 Nichols 案中,美国法院就揭示了这一抽象过程的本质。

Nichols v. Universal Pictures Corp.
美国联邦第二巡回上诉法院

45 F.2d 119(1930)

Hand 法官:

原告是戏剧"Abie's Irish Rose"的作者,指控被告制作的电影剧"The Cohens and The Kellys"抄袭了她的戏剧。虽然我们假定(而不是认定)被告在一些具体方面使用了原告戏剧的一些内容,我们依然认为被告的戏剧与原告的很不相似,不构成侵权。这里有必要先介绍一下两个戏剧的故事梗概。

"Abie's Irish Rose"呈现的是一个生活在纽约富人区的犹太家庭。独身的父亲是一个商人,唯一的儿子是他的帮手。儿子喜欢勾搭年轻女性。令其父亲讨厌的是,这些女人都不是犹太人。他父亲一直顽固地认为他的儿媳妇应该为正统的犹太人。在戏剧开始时，他的儿子和一个年轻的爱尔兰天主教女生秘密结婚，正考虑让他的新娘给父亲留下好印象，以平息父亲的愤怒。他们隐瞒了新娘的信仰和种族。一开始，他隐瞒了自己的婚姻，将她作为犹太人介绍给父亲，并表示自己对她有兴趣。该女生有点不情愿地接受这一安排。父亲上当了，被女孩冲昏头脑。父亲最终认为他们应该结婚，并且相信只要自己同意，他们就会愿意结婚。父亲请来拉比(rabbi)，准备按照犹太传统办婚礼。

女生的父亲也是独身，住在加州。基于自己的宗教信仰，他讨厌犹太人。他被请到纽约，以为自己的女儿要嫁给一个爱尔兰天主教徒。在牧师的陪同下，他来到了婚礼举办地点。在发现真相之后，两个父亲对于自己的孩子和异教徒结婚非常生气，作出很多很搞笑的举动。牧师和拉比相互很友好，认为二人的婚姻很好。在牧师第三次祝福婚姻时，新娘的父亲被引开。第二幕闭幕时，两个父亲依然很生气，希望以某种方式拆散婚姻。

最后一幕发生在一年以后，年轻的夫妇被各自的父亲抛弃，依靠自己生活。他们生了一对双胞胎，一个男孩一个女孩。他们的父亲知道孩子出生了，除此之外一无所知。在圣诞节，他们都渴望见到自己的孙子(外孙)，各自来到这对夫妇的家里，不期而遇。每个人都给孩子带了礼物。经过一通闹剧后，他们对孙子(外孙)的性别发生争执。在两位老人获知答案后，达成和解。两个孩子分别采用一个祖父的姓氏。落幕时，两个父亲互相表示友好。

"The Cohens and The Kellys"描述了两个家庭，一个犹太人和爱尔兰人，住在纽约比较穷的城区，相互仇视。双方的妻子都健在，一样互相仇视，就像他们的两个小儿子甚至各自的小狗一样。犹太家庭有一个女儿，爱尔兰家庭有一个儿子。犹太父亲从事服装生意。爱尔兰人是警察。戏剧开始时，两个孩子相互爱慕，并秘密结婚。犹太人经济上一直处于困境，忽然从律师那里得知自己继承了姑姥姥的一大笔财富，于是搬到奢华的大房子里。在这里他和他的家庭过着粗俗而阔绰的生活，爱尔兰男孩找到犹太女孩，被愤怒的父亲撵走。然后，犹太人在电话中大骂爱尔兰人，双方都歇斯底里。极度生气之后，犹太人大病一场，决定去佛罗里达休养。这时他女儿告诉了母亲自己结婚的消息。

犹太人回来后，发现自己的女儿生了一个孩子。最初，他怀疑是律师干的，最终了解了真相，对于该婚姻非常不满。他禁止爱尔兰人父亲来看他的孙子。爱尔兰人父亲强行进入犹太人家，二人发生冲突。犹太人父亲将女儿赶出家门。女儿来到丈夫破落的家里。希望和犹太人女儿结婚的律师看到自己的希望破灭，告诉犹太人说他继承的遗产实际上属于该爱尔兰人。律师说，如果犹太人与他分享该遗产，他可以保守秘密。犹太人拒绝了律师的建议，走到爱尔兰人那里说出来真相，交出了财产。随后，二人和解，爱尔兰人要和犹太人一起平均分配该遗产。犹太人对他的孙子有些兴趣，尽管这只是二人和解的一个非常次要的原因。落幕时，二人就合作开办的商业公司的名称发生争论，犹太人坚持他的名字排在第一位。

有一点至关重要,文学财产权的保护不能仅仅限于文本的字面内容,否则剽窃者通过非实质性的改变就可以逃脱责任。但是,只要字面抄袭不再是侵权认定标准,则侵权认定整体上就变得很不确定。以戏剧为例,剽窃者可能删除一个独立的场景,或抄袭部分对话。这时候,问题就变成剽窃者抄袭的部分是否是实质性的(substantial)因而不是对版权作品的合理使用。同样的问题在其他类型版权侵权案件中也会出现。当剽窃者没有直接原封不动地抄袭作品片段(a block in situ),而是抄袭整体的抽象内容,则判断变得更加困难。对于任何作品而言,尤其是戏剧,随着越来越多的事件细节(incident)被剔除,适合描述该作品结构模式(patterns)也越来越抽象。最后,剩下的仅仅是关于戏剧内容的最为概括的陈述。有时候甚至仅仅是作品标题所描述的内容。在这一系列的抽象过程中,有一个临界点,超过它之后抽象内容就不再受到保护,否则剧作家会阻止他人利用他的表达之外的思想。后者是他的财产权所不能覆盖的。过去没有人曾经确定这一边界,将来也不会有人能够这么做。在有些案件中,这一问题①被类比为从版权作品中抽取一部分内容。这一类比并不是很好,因为尽管骨架是身体的一部分,但是它贯穿和支持整个身体。在此类案件中,我们更关注的是表达和表达背后的内容之间的界限。对于戏剧作品,争议的焦点集中在角色和故事情节(sequence of incident),这些是戏剧的关键。

我们并没有在 Dymow v. Bolton 案中说剽窃者不会因为剽窃故事情节(plot)而侵权。我们当时发现,第二个戏剧的情节过于不同,没有侵权。二者所共同具有的最为具体的故事结构模式(pattern)中省略了彼此作品中的太多内容,剩下的内容已经进入了公共领域。因此,我们说仅仅一项情节的局部内容(mere subsection of a plot)不能获得版权保护。但是,我们并不怀疑,两个戏剧在情节上足够接近时会导致侵权。到底要有多一致,则是另外一个问题。我们也没有说同样的规则不适用于独立于情节的角色形象(characters)。如果《第十二夜》(Twelfth Night,莎士比亚的作品)受版权保护,后来者过分接近地模仿 Sir Toby Belch 或 Malvolio(其中的角色),有可能构成侵权。但是,如果他只是将一个角色塑造成总是酗酒而让房东很不满的暴躁武士,或者自负而夸夸其谈的爱上女主人的管家,则并不足以构成侵权。这些不过是莎士比亚戏剧中的"思想",就像爱因斯坦的相对论或《物种起源》中达尔文的进化论一样不能被垄断。这意味着,角色越没有被仔细塑造,则越不可能受版权保护。这是对作者的处罚,因为他使得角色很不鲜明(too indistinctly)。

在本案涉及的两个戏剧中,我们考虑了情节和角色。即便被告真的采用了原告的内容,他也没有超出法律许可的范围。两个故事很是不同。一个是关于宗教狂的故事。主人公坚持自己的孩子不能和异教徒结婚的宗教狂。他的对手跟他的想法一样,是反衬角色。种族的差异只是宗教主题的伴奏。成为祖父母后的骄傲和爱让他们摒弃歧见。另一个故事中则完全没有狂热行为,宗教主题甚至没有出现。的确,双方父母相互敌视,部分原因是种族差异。但是,儿子和一个犹太人结婚并不让爱尔兰家庭

---

① 本书作者注:似乎是指整体上抄袭抽象情节的问题。

感到受到冒犯。婚姻恶化了犹太人已有的敌意,主要是因为他在得知该婚姻时已经很富有。犹太人的诚实和爱尔兰人的大方使得双方和解。双方的孙子与和解无关。两个故事的唯一共同点是犹太父亲和爱尔兰父亲之间的一场争吵、他们孩子之间的婚姻、孙子的出生和和解。

被告从原告那里借用这么多,可能是因为原告的成功似乎证明这是一个持久受欢迎的主题。即便如此,同时假定原告的戏剧完全原创,新颖性对于版权并不必要,原告也不能垄断此类故事背景。虽然原告发现了该矿藏,但是她不能将它据为已有。上面所述的故事主题过于概括和抽象,只是她的思想的一部分。

至于角色形象,原告的理由也不可靠。几乎没有理由相信原告[在创作前]不知道犹太人和爱尔兰人这样的普通的滑稽戏剧角色。被告从她那里借用的并没有超出几十年来一直存在的角色原型。如果版权能够覆盖如此概括的内容,这等于许可她对并非自己独创的内容主张权利。事实上,我们并不需要对原告是否知晓在先内容这类问题作出判决。即便假定原告独自从头构思了这些角色形象,被告依然有权这么做。

两个戏剧中只有四个共同的角色,一对恋人和双方的父母。恋人的形象并不鲜明,与一般舞台角色并无二致。无论从哪里得到启发,任何人都有权将这样的恋人形象放进自己的剧本中。原告的犹太人形象与被告的很是不同。他着魔的是他的宗教,这是他的种族敌意的来源。他为人亲切、热情,充满父爱。这些都不符合被告的犹太人的特征。后者仅有一次对他的女儿展现父爱,对自己的外孙也没有兴趣。他很狡黠、虚荣和庸俗,在经历不幸之后才变得真诚。二者都很怪异、爱挥霍和争吵;二者都喜欢炫耀。但是,这些共同点只是占各自形象的一小部分,并没有超出任何人都可能选择的范围。爱尔兰父亲形象更是没有超出此类范围。原告塑造的仅仅是带有宗教狂热和父亲的自豪感的形象,几乎没有什么特点。这些因素并没有体现在被告的角色中。他虽然去索要孙子,但是这是出于自己被禁止接触孙子的不满,而不是出于对后代的自豪。除此以外,他就是一个很普通的传统滑稽角色。即便不知道该原型,他人也可能塑造这一角色。

我们假定原告的戏剧完全是原创的,这一假定甚至达到了事实上令人难以置信的程度。我们还假设在先戏剧已经揭示部分内容的事实无关紧要,而且作者对此一无所知。尽管如此,我们还是指出,她的版权并不能覆盖戏剧中的所有内容。该内容在一定程度上进入了公共领域。我们必须决定多少内容进入公共领域。我们和所有人一样,知道无论在哪里划这道线,都是很武断的。不过,这并不能成为不划这道线的借口。这几乎是法院在所有案件中都要回答的问题。无论此类先验的难题是什么,我们在本案中无需决定这道线划到哪一边。一个关于爱尔兰人和犹太人的冲突以及他们孩子的婚姻,并不比罗密欧与朱丽叶的故事轮廓(the outline of Romeo and Juliet)更容易得到版权保护。

原告对两个戏剧进行了具体的分析,揭示了一个由共同角色组成的"四边形",列出每一个角色的情感。她将二者之间的一致性作为侵权的证据。但是,她所使用的形容词是如此概括因而对本案的处理毫无用处。以二者所描写的犹太人所共同具有的

"爱"(love)这一特征为例。原告描述父亲与儿子关系密切,儿子是他的希望和欢乐之所在。被告描述的父亲则并非如此。他从头到尾并没有对女儿展现父爱,唯一的一次是他在赶走女儿的心上人后被女儿的伤心所打动。在两个戏剧中,"愤怒"(Anger)分别在不同的场合出现;"焦虑""失望""厌恶"等情绪,也是如此。我们没有必要审查全部的[情感]目录(the catalogue),因为在如此宽泛意义上对比角色情感的异同,不符合侵权认定的要求,不是合适的解决方案。情感与背后的各种原因关系密切。在对比时,应该更直观(ingenuous),像观众一样依赖每个角色印象组合产生的综合感受(the complex of his impressions of each character)。

思考问题:

(1) 逐步抽象以排除思想的方法,适用于所有的作品吗?比如,计算机程序作品适用吗?

(2) "事实上,我们并不需要对原告是否知晓在先内容这类问题作出判决。即便假定原告独自从头构思了这些角色形象,被告依然有权这么做。"也就是说,原告是否独立创作诉争情节或角色形象,并不影响法院的结论。为什么?

(3) 法院说:"我们和所有人一样,知道无论在哪里划这道线,都是很武断的。不过,这并不能成为不划这道线的借口。这几乎是法院在所有案件中都要回答的问题。"法院依据什么原则来划这道线呢?

中国也有区分文学艺术作品中思想和表达的经典案例,下面的判决即是一例。

庄羽 v. 郭敬明

北京市高院(2005)高民终字第 539 号

2002 年 8 月 14 日,庄羽以"许愿的猪"为笔名将小说《圈》在天涯社区网站(网址:http://www.tianyaclub.com)舞文弄墨版发表。

2003 年 2 月,《圈》由中国文联出版社出版,作品署名"庄羽"。《圈》以主人公初晓与现男朋友高源及前男朋友张小北的感情经历为主线,在描写初晓与高源之间的爱情生活及矛盾冲突的同时,描写了初晓与张小北之间的感情纠葛,同时还描写了初晓的朋友李穹与张小北的婚姻生活以及张小北与情人张萌萌的婚外情,高源与张萌萌的两性关系及合作拍戏等……

2003 年 11 月,春风出版社出版了郭敬明的《梦》一书。该书版权页有"郭敬明著、春风文艺出版社出版发行、2003 年 11 月第 1 版、2003 年 11 月第 1 次印刷"等字样。《梦》以主人公林岚与现男朋友陆叙及前男朋友顾小北的感情经历为主线,在描写林岚与陆叙的爱情生活及矛盾冲突的同时,交替描写了林岚与顾小北的感情纠葛,顾小北与现女友姚姗姗的感情经历,林岚、闻婧、微微及火柴之间的友情以及她们和李茉莉的冲突等……

在一审诉讼中,庄羽指控小说《梦》抄袭了《圈》一书具有独创性的构思、故事的主要线索、大部分情节、主要人物特征、作品的语言风格等,甚至还照搬了《圈》的片断以及能够表达作品内容的部分语句等。同时,庄羽就其指控郭敬明侵权的事实分别列表予以明确,包括主要情节侵权事实12处(见附表1);一般情节、语句侵权事实98处(见附表2)及主要人物侵权事实8处(见附表3)。

在二审审理过程中,上诉人庄羽表示放弃关于保护作品《圈》的构思、语言风格以及一审法院未予认定抄袭的一般情节、语句的主张,具体包括:不具有独创性的9处、不相同和不相近似的21处、无相应内容的1处、在主要情节侵权指控中已出现的10处。庄羽二审坚持指控抄袭的内容为:主要侵权事实12处,一般情节、语句侵权事实57处,主要人物的人物关系……

本院认为:

对于郭敬明创作的小说《梦》是否抄袭了庄羽的作品《圈》,首先要结合庄羽的指控对涉案两部作品的部分内容进行对比。

关于"主要情节侵权事实"部分,庄羽对两部作品的相应内容进行的概括个别内容不完全准确:

例如,庄羽认为《圈》中有"高源因与初晓口角,失手将初晓推倒,导致初晓骨折"的情节,《梦》中有"陆叙因为与林岚口角,失手将林岚推下楼梯,导致林岚骨折"的情节(见附表1中第2)。

但在《圈》中的实际描写是:高源一甩胳膊,初晓被吓了一跳,往后一退,踩在可乐瓶上,倒在地上,导致骨折。

在《梦》中的实际描写是:陆叙一甩手,林岚顺势滚下楼梯,导致骨折。可见,两部作品中女主人公骨折都并非因男主人公"推"后所导致,庄羽的概括不尽准确,存在一定的主观色彩。

但从整体而言,附表1中所列的12个主要情节的概括与原作中的描写基本相符。参考附表1的内容,将涉案两部作品中的相应情节进行对比后可以认定,上述12个主要情节明显雷同。

以第一个情节为例,《圈》中描写张小北请初晓为张萌萌帮忙,因最终没有办成,初晓被张小北误认为没有给钱而故意拖着不办,初晓十分郁闷。与之相应,《梦》中的情节发展及结局均与《圈》中相同。本院对郭敬明关于上述情节没有独创性,且情节的表达形式完全不同的主张不予支持。

关于庄羽二审诉讼中坚持指控的57处"一般情节侵权和语句"中,部分内容明显相似,例如:《圈》中有"怕什么来什么,怕什么来什么,真的是怕什么来什么"(见原作第153页,附表2中第60),《梦》中有"怕什么来什么,怕什么来什么,真是怕什么来什么啊!!"(见原作第91页,附表2中第60);部分内容比较相似,例如:《圈》中有"我特了解李穹,她其实是个纸老虎,充其量也就是个塑料的"(见原作第8页,附表2中第31),《梦》中有"像我和闻婧这种看上去特二五八万的,其实也就嘴上贫,绝对纸老虎,撑死一硬塑料的"(见原作第54页,附表2中第31)。郭敬明虽然辩称上述情节、语句是一般文学作品中的常见描写,但未提供充分证据予以证明,本院对其主张不予支持。

小说是典型的叙事性文学体裁,长篇小说又是小说中叙事性最强、叙事最复杂的一种类型。同时,文学创作是一种独立的智力创造过程,更离不开作者独特的生命体验。因此,即使以同一时代为背景,甚至以相同的题材、事件为创作对象,尽管两部作品中也可能出现个别情节和一些语句上的巧合,不同的作者创作的作品也不可能雷同。

本案中,涉案两部作品都是以现实生活中青年人的感情纠葛为题材的长篇小说,从以上本院认定的构成相似的主要情节和一般情节、语句的数量来看,已经远远超出了可以用"巧合"来解释的程度,结合郭敬明在创作《梦》之前已经接触过《圈》的事实,应当可以推定《梦》中的这些情节和语句并非郭敬明独立创作的结果,其来源于庄羽的作品《圈》。

同时,对被控侵权的上述情节和语句是否构成抄袭,应进行整体认定和综合判断。对于一些不是明显相似或者来源于生活中的一些素材,如果分别独立进行对比很难直接得出准确结论,但将这些情节和语句作为整体进行对比就会发现,具体情节和语句的相同或近似是整体抄袭的体现,具体情节和语句的抄袭可以相互之间得到印证。

例如,《圈》中有主人公初晓的一段心理活动:"(高源)一共就那一套一万多块钱的好衣服还想穿出来显摆,有本事你吃饭别往裤子上掉啊"(见原作第79页)。这一情节取自生活中常见的往衣服上掉菜汤的素材,同时加上了往高档服装上掉菜汤的元素,因此使其原创性有所提高。而相应的,在《梦》中,也有主人公林岚的一段心理活动:"我看见他那套几万块的 Armani 心里在笑,有种你等会儿别往上滴菜汤"(见原作第38页)。

显然,如果单独对这一情节和语句进行对比就认为构成剽窃,对被控侵权人是不公平的。但如果在两部作品中相似的情节和语句普遍存在,则应当可以认定被控侵权的情节构成了抄袭。故本院认定《梦》中多处主要情节和数十处一般情节、语句系郭敬明抄袭庄羽《圈》中的相应内容。

在小说创作中,人物需要通过叙事来刻画,叙事又要以人物为中心。无论是人物的特征,还是人物关系,都是通过相关联的故事情节塑造和体现的。单纯的人物特征,如人物的相貌、个性、品质等,或者单纯的人物关系,如恋人关系、母女关系等,都属于公有领域的素材,不属于著作权法保护的对象。

但是一部具有独创性的作品,以其相应的故事情节及语句,赋予了这些"人物"以独特的内涵,则这些人物与故事情节和语句一起成为了著作权法保护的对象。因此,所谓的人物特征、人物关系,以及与之相应的故事情节都不能简单割裂开来,人物和叙事应为有机融合的整体,在判断抄袭时亦应综合进行考虑。

本案中,庄羽在《圈》中塑造了初晓、高源、张小北等众多人物形象,围绕这些人物描写了一个个具体的故事情节,通过这些故事情节表现出了人物的特征和人物关系。例如,在《圈》中,男主人公高源出车祸受伤昏迷,住进医院,女主人公初晓来看望,高源苏醒,两人开玩笑,初晓推了高源脑袋一下,导致高源昏迷。这一情节既将人物的个性表现出来,同时也将二人的恋人关系以独特的方式表现出来。而在《梦》中,在男女主人公之间也有几乎相同的情节,只是结果稍有不同。将两本作品整体上进行对比,《梦》中主要人物及其情节与《圈》中的主要人物及情节存在众多雷同之处,这进一步证明了郭敬明创作的《梦》对庄羽的作品《圈》进行了抄袭。故本院对郭敬明和春风出版社关于《梦》系郭敬明完全独立创作的作品的主张,不予支持。

因此,一审判决认定郭敬明未经许可,在其作品《梦》中剽窃了庄羽作品《圈》中具有独创性的人物关系的内容及部分情节和语句,造成《梦》文与《圈》文整体上构成实质性相似,侵犯了庄羽的著作权,应当承担停止侵害、赔礼道歉、赔偿损失的民事责任是正确的。

(陈锦川、张雪松、焦彦法官)

思考问题:

法院说"从以上本院认定的构成相似的主要情节和一般情节、语句的数量来看,已经远远超出了可以用'巧合'来解释的程度"。而在前文 Nichols 案中,法院认为,被告即使抄袭了情节,也无妨。二者是否可以协调?

在下面的金正科技电子有限公司 v. 摩托罗拉(中国)有限公司案中,原被告作品的相似之处在于,采用了"真金不怕火炼"的文字和烈火考验电子产品的概念。除了在这一概念上二者相同外,在具体的细节上二者并不相同。问题是,如何判断这一概念算是抽象的思想,而不是传达丰富信息的表达呢?

金正科技电子有限公司 v. 摩托罗拉(中国)有限公司①

原告东莞市金正科技电子有限公司委托广州柏信广告有限公司为其金正 VCD 机产品制作电视广告,并约定制作的电视广告著作权归原告所有。该广告的画面主要是熊熊燃烧的烈火,配以伽利略、哥白尼、布鲁诺、李时珍、屈原等人物的头像,金正 VCD 机产品和"真金不怕火炼,金正 VCD"的广告词。广告制作出来后,于 1997 年 6 月开始在中央电视台播出。原告又在《读者》杂志 1998 年第 4 期封底及有关报刊上发布了金正 VCD 机产品广告,这些广告的画面主要是熊熊烈火配以"真金不怕火炼,金正 VCD"的广告语及金正 VCD 产品等。此外,原告还通过户外广告牌、海报、礼品袋等形式印刷、发布了与上述广告画面相近似的广告。

1997 年 12 月,被告摩托罗拉(中国)电子有限公司委托达美高广告(香港)有限公司为其 GP88 无线电对讲机设计制作平面报纸广告,并刊登在《广州日报》1998 年 4 月 20 日和 5 月 18 日的第 19 版和《深圳日报》1998 年 5 月 18 日第 8 版上。该广告的主要画面为对讲机在熊熊燃烧的烈火中燃烧,配以"真金不怕火炼"的广告语及"摩托罗拉 GP88 无线电对讲机"的文字。

东莞市金正科技电子有限公司向广州市中级人民法院起诉称:被告摩托罗拉(中

---

① 《人民法院案例选》2000 年第 2 辑,人民法院出版社 2000 年版。

国)电子有限公司在《广州日报》等报刊上刊登的《摩托罗拉 GP88 无线电对讲机广告》广告语和广告画面与其金正 VCD 机广告如出一辙,无论是广告创意还是表现手法,均抄袭了原告的广告……

被告摩托罗拉(中国)电子有限公司答辩称:原告不是"真金不怕火炼"一语的著作权人。该语作为一个成语,早就被收录于《汉语成语字典》《中华学生字典》《辞海》等各类词典中;该语作为一句广泛流传并使用的俗语,早就进入公有领域,任何人使用该语均不需要经过授权。原告亦不是将"真金不怕火炼"作为广告语和用于广告创意的第一人,早于原告将该语用于广告创意的大有人在。"真金不怕火炼"的广告创意不是著作权法保护的客体,著作权法所保护的是作品的表现形式,并不保护作品的思想、创意等内容本身。

广州市中级人民法院经审理认为:原告在电视、杂志、户外广告牌等为其金正 VCD 产品所作的广告,分别属于电视作品和美术作品,其著作权受我国著作权法保护。我国著作权法只保护作品的表达形式,而不保护作品的思想。将被告刊登在报纸上的摩托罗拉 GP88 无线电对讲机的广告和原告的上述作品相比较,两者在火焰的形状、图案、广告语的字体、排列以及所作广告的产品名称及图案等方面都有较大的区别,两者的表达形式差异较大,因此,被告的广告作品不构成对原告作品的抄袭、剽窃,原告指控被告的作品是抄袭、剽窃其作品的主张缺乏事实和法律依据,原告的诉讼请求本院不予支持……

宣判后,东莞市金正科技电子有限公司不服,向广东省高级人民法院提起上诉称:1. 根据著作权法的规定,认定抄袭并不要求两者完全相同,在对两者进行比较时,应从整体上进行。本案中,上诉人的金正 VCD 产品广告,包括"真金不怕火炼"的广告语、"火焰"画面、"VCD 产品"和"产品说明"四个部分。被上诉人的对讲机产品广告,除产品及其说明外,其主要部分和实质部分的广告语和广告画面,均与上诉人的 VCD 广告相同或相近似,抄袭的范围占整个广告的大部分,足以认定侵权。2. 上诉人的金正 VCD 产品广告不仅有电视、杂志、户外广告的电视作品和美术作品,还包括口述作品和文字作品。被上诉人的对讲机产品广告就是按照上诉人的口述作品和文字作品制作的,侵犯了上诉人的著作权邻接权。3. 根据《反不正当竞争法》和《广告法》的规定,被上诉人的行为构成不正当竞争……

广东省高级人民法院经审理认为:上诉人为其金正 VCD 产品制作的广告分别属于电视作品和美术作品,其著作权受我国著作权法保护。将被上诉人刊登在报纸上的摩托罗拉 GP88 对讲机的广告和上诉人的上述作品相比较,两者在火焰的形状、图案、广告语的字体、排列以及所作的广告的产品名称及图案等方面都有较大的区别,整体画面显然不同。我国著作权法规定只保护作品的表达形式,而不保护作品的思想。双方的作品虽然都表达了"好产品可经受考验"的意思,也都配以火焰和所宣传的商品来表达此意思,但由于二作品画面明显不同,且表达此种思想的通常方式也就是火和物相映,因而尚不足以认定被上诉人的作品构成对上诉人作品的抄袭、剽窃。"真金不怕火炼"一语已是家喻户晓,也不能作为上诉人的作品来保护。上诉人认为被上诉人的对讲机广告属抄袭、剽窃,缺乏依据,其请求判令被上诉人停止使用对讲机广告及赔偿经济损失,公开赔礼道歉,本院不予支持。原审法院判决驳回原告诉讼请求正确,应予维持。

具体作品中所包含的艺术风格,大致能够视为作品抽象到一定程度后的产物。比如,我们一看到图腾柱式的雕塑作品,就会将它和印第安人联系起来。这是因为我们心目中对于图腾柱式作品所共同具备的抽象风格有一定的认知。因此,在见到具体的图腾柱式的作品时,我们总是能够从中找到该抽象特征。问题是,这一风格能够得到著作权法的保护吗? 或者说,印第安人能够禁止外人雕刻让人对其来源发生误解的图腾柱雕塑吗? 答案似乎是否定的。

在书法领域,字体风格是否为著作权法保护客体,也是一个类似的问题。在舒关关 v. 北大方正一案中,当代书法大家舒同之子舒关关就指控北大方正的"舒体"字库侵害舒同的著作权。舒关关宣称,北大方正在没有履行合法手续取得舒同同意的情况下,就聘请他人通过描摹,开发了 1 万余字的舒体字库,自 1992 年起在社会上广泛发行。此后,在其生产销售的方正书版、方正维思、方正飞腾、方正字库等软件产品中,均擅自以"方正舒体""新舒体"等冠名,将舒体字置于其中文、日文等文字处理软件当中。这一案件后来似乎是不了了之。书法的字体是著作权法意义上的思想还是表达? 结合"独创性"一节的北京方正电子电子有限公司诉广州宝洁有限公司案考虑这一问题。

1.5 解决方案

著作权法区分作品和作品所描述的技术方案、商业活动方案、体育锻炼方法等(以下统称解决方案)。作品所描述的解决方案被视为所谓的抽象思想而排除出著作权的保护范围。著作权法排除解决方案,大体上是要划清著作权法和其他法律(比如专利法、反不正当竞争法(商业秘密)等)之间的界限。解决方案可能可以获得专利保护,也可能作为商业秘密获得保护。这些法律有不同于著作权法上的利益平衡机制,能够更好地处理解决方案的保护问题,所以法院要将它们排除出著作权法的保护范围。下面的 Baker v. Selden 案法官的一些论述对于理解版权法的保护作品的目的有着非常重要的意义。① 这是美国版权法上思想与表达或事实与表达二分原则(Idea/Expression or Fact/Expression Dichotomy)的起源。②

1.5.1 技术方案

解决方案中的技术方案,是典型的不能受到著作权法保护的思想。著作权人在作品中描述一种机器设备,并不能因此就获得禁止他人制造和使用该机器设备的权利。

---

① 关于本案的深入分析,可以参考 Pamela Samuelson, Why Copyright Law Excludes Systems and Processes from the Scope of Its Protection, 85 Tex. L. Rev. 1921 (2007)。
② Crag Joyce, William Patry, Marshall Leaffer, Peter Jazi Copyright law (3rd Ed.) Matthew Bender & Co. Inc. 1997, at 96.

比如,在上海华凌建筑工程有限公司 v. 朱佩发案中①,原告主张被告侵害其通风机系列产品的技术图纸的著作权。法院认为:

> 虽然根据被上诉人[一审被告]的收边要求与上诉人对应图纸中零部件的尺寸及角度几乎完全相同的事实,以及被上诉人原系上诉人生产部负责人的事实,可以认定被上诉人收边要求中零部件的尺寸及角度来源于上诉人的产品设计图,但是产品设计图中零部件的尺寸与角度等参数属于产品设计图所包含的思想,不属于思想的表达方式,不受著作权法的保护。产品设计的尺寸与角度等参数可以成为专利、商业秘密的保护对象,但不属于著作权法的保护范围。上诉人不能以其对产品设计图享有著作权为由,垄断产品设计图中零部件的尺寸与角度等参数的使用。因此,被上诉人的收边要求与上诉人对应图纸中零部件的尺寸及角度几乎完全相同并不能证明被上诉人对上诉人的产品设计图进行了复制使用。

美国也有类似的案例。比如,在美国的 Muller v. Triborough Bridge Auth. 案中,原告对一本描述如何建造一种避免交通阻塞的桥梁的书拥有版权,被告在设计、规划、建造、运营过程中使用了这一作品。②被告所利用的技术思想与原告的作品表达之间区别显而易见。

区分表达和技术方案,在有些案件中比较容易,而在另外一些案件中则非常困难。在下面的 Baker v. Selden 案中,区分起来就显得非常困难:"本案中的技术方案与作品表达的关系比较特别,不同于其他类似案件。在其他案件中,所谓的技术方案中的'图表'通常表现为实体形态的木头、金属、石头等。本案中技术方案本身就是对表格的使用,使得观念上的区分更显得困难。"

作品中所描述的内容,并不总是不受保护的思想。比如,如果设计图纸中描绘一座建筑作品,则权利人可以通过著作权阻止他人进行平面到立体的复制——依据图纸建造该建筑物。有兴趣可以参考美国案例 Imperial Home Corp. v. Lamont, 458 F. 2d 895(1972)。进一步的讨论,参考后文"著作财产权"的"复制权"一节。

中国 2001 年修订《著作权法》时,将保护客体延伸到"杂技",一种新的杂技道具玩法,是解决方案还是著作权法的保护客体?

Baker v. Selden
美国最高法院
101 U. S. 99(1879)

Bradley 法官:

1859 年,原告 Charles Selden 获得了"Selden 简化账簿"("Selden's Condensed Ledg-

---

① 上海高院(2004)沪高民三(知)终字第 5 号。
② Muller v. Triborough Bridge Auth., 43 F. Supp. 298 (S. D. N. Y. 1942)。

er, or Book-keeping Simplified")一书的版权。这本书展示并解释了一种特别的记账系统。在1860年和1861年,他又先后获得了该记账系统改进版的版权。原告指控被告Baker侵害其版权。被告则宣称原告并非作者,诉争内容并非合法的版权客体。

诉争作品是解释一种记账系统的介绍材料,书的后面附有一些由平行线和标题组成空白表格。该书具体说明如何实际使用这些记账表格(账本)。这一记账系统与现有的复式记账法(book-keeping by double entry)效果相同,但是借助于账本栏目和标题(columns and headings)的特殊安排,只需要在一页纸上或两页相对的纸上工作。被告使用类似的记账本,但是采用了不同的栏目安排,也采用了不同的标题。如果原告对他在该书中解释的记账系统享有独占权,则很难说被告没有侵害该权利,尽管后者采用的表格有些不同。相反,如果认为该记账系统应该开放任由公众使用,则很难认定被告的行为侵害原告的版权。科学真理或技艺方法是全世界的共同财产(common property),作者有权按照自己的方式描述、解释或使用它们。作为作者,Selden 以独特的方式描绘了他的记账系统。Selden 的书仅仅是一种解释性的作品(explanatory work)。Baker 可能制造和使用了与这一系统实质相同的账本,但是并没有证据证明他侵害了 Selden 的版权。除非 Selden 对其描述的记账系统有独占权,否则 Baker 不会侵害其版权。

原告的证据主要是为了证明 Baker 使用了 Selden 书中所解释的记账方法。因此,问题的关键是,Selden 在获得该书的版权之后,是否获得书中所描述的记账方法或系统的专有使用权。原告认为他获得了此类专有权利,因为没有人能够在使用该记账方法时,不采用和他书中所描述的表格和标题实质相似的表格和标题。换句话说,原告人认为他描述该系统所采用的表格和标题是该书的一部分,受版权保护。没有人可以制作和使用由类似的表格和标题组成的实质相同的记账系统。这是本案真正要解决的问题,即依据版权法,在书中描述一种记账的系统方法后,是否可以对该记账系统方法主张独占性财产权?

毫无疑问,关于记账方法的作品,即便仅仅是在解释一种广为人知的记账方法,也可能成为版权保护的客体。但是,版权仅仅将它作为一本书加以保护。这本书可能解释一种已经存在的系统,或者一种全新的系统。它描述的记账的方法及相关的详细解释,对公众获得实用知识很重要。但是,这本书和它所描述的技艺(art)之间有明确的区别。除了记账方法之外,在其他领域也同样存在这样的区分。比如,记录药品成分和用法、犁具和手表的制作、绘画或染色中的颜料使用、透视画法中的线条利用等技艺的书可以成文版权客体,但是没有人宣称该版权会导致作者对该书所描述的技艺享有独占权。无论它所描述的客体是否具有新颖性,与该书本身的版权效力无关。如果未经官方的新颖性审查就给予该书作者对其描述的技艺的独占性财产权,会让公众觉得意外,是一种欺诈。这是专利的职责,而不是版权。对一项发明、技艺或制造物主张权利,必须通过专利局的审查。只有政府授予的专利才能赋予这样的独占权。

我们可以利用上面提到的客体来说明专利和版权之间的差异。以药物为例。假设特定的混合物对于治疗疾病有重要价值。如果发现者就这一主题撰写并出版一本书，他不会对该药物的制造和销售获得独占权。如果他希望获得此类独占权，他必须就该混合物申请专利。如果愿意，他可以获得该书的版权。但是，版权仅仅保证他对印制和出版该书享有独占权。对于其他所有的发明和发现，同样如此。

一本关于透视画法的书，无论含有多少图表，它的版权也不会导致作者对它所描述的画法（modes of drawing）享有独占权，即便此前没有人知道或利用过这些画法。如果没有申请专利，技艺在描述它的著作出版之后进入公共领域。如果作者利用文字而不是图表描述该记账方法，则毫无疑问他人可以合法地绘制出作者脑海中的表格，然后实际使用该记账方法。在本案中，记账的方法是利用线条和图表而不是文字描述的，这一事实并不妨碍他人在实际使用该方法时复制这些线条和图表。

关于数学科学的著作的版权并不导致作者对他所描述的运算方法享有独占权，以至于阻止其他工程师使用这些运算方法。出版科学或实用技术书籍的目的是要向世界传输有用的知识。如果利用这些知识时不能避免盗版侵权，则这一目的将落空。如果不借用书中描述该技艺的方法和图表（或与之类似的方法和图表）就无法利用该技艺，则该方法和图表就是实施该技艺时所必须利用的附属物，应当供公众自由利用。但是，如果他人不是为了实际使用该方法，而是为出版其他描述这一方法的作品，则并不能自由利用上述书中的描述方法。

当然，这并不意味着上述规则同样适用于著作权中的装饰设计或插图。对于这些装饰性的设计或插图而言，外在形式是作者创作的目的之所在，而科学知识和实用技艺的最终目的在于应用。公众从书本出版中获得的好处正是这些知识和技艺的应用。文学作品和书籍的精髓在于其表达（statement）。只有表达受到版权保护。他人利用传授技艺的书中的相同的表达方法（methods of statement）（文字或图表形式），毫无疑问会侵害该书的版权。

在本案中，我们注意到Selden在书中解释和描述了一种特别的记账方法，并且用平行的线条、空白栏目和合适的标题等说明该方法。现在，虽然没有人有权复制和出版他的全书或其中的实质性部分，但是书的目的就是传授该记账方法，任何人可以使用它所描述的记账方法自身。使用该方法与出版解释该方法的书，完全不同。一本关于记账方法的书的版权，不能使得作者获得制造、销售和使用体现书中所述记账方法的账本的独占权。该方法是否能够获得专利保护，不是本案的问题。它实际上没有获得专利保护，因而公众可以公开而自由地使用它。当然，在使用这一方法时，必然要附带使用书中所描述的账本表格和标题。

原告在本案中的主张看似有道理，是因为受版权保护的书中所描述的记账方法的特殊属性引发了一些误解。描述该方法所采用的图形和表格刚好与利用该技艺时所实际采用的账本表格非常接近。这些图形和表格由账本的平行线和标题构成，与实际使用记账者自己利用铅笔等绘制或文具商印制的账本中的表格类似。而在其他大多数案件中，表格和图形所描述的对象在现实中通过木头、金属、石头或其他有形材料体现。但是，所有情形背后的原则是相同的。在书中描述一种方法，虽然使作者获得版权，但是并不会使作者获得对该方法的独占权。前者（书本）的目标在于解释，后者

(方法)的目标是使用。前者可能获得版权保护,后者如果可以获得保护,只能通过专利保护。

我们的结论是,空白账本不是版权保护的客体。Selden 的书的版权本身并没有赋予他制造和使用书中所设计和描述的账本的独占权。

思考问题:

(1) 如果图形或绘画作品中描绘的是一座建筑、雕塑或机械装置,他人可以自由复制所有这些被描绘的对象吗?

(2) 为什么不能用版权法保护作品所描述的技术方案?那么为什么可以保护小说背后相对抽象的情节呢?

(3) 记账的方法无法获得专利保护,它应该得到其他形式的保护吗?

(4) 法院说:"如果不借用书中描述该技艺的方法和图表(或与之类似的方法和图表)就无法利用该技艺",则版权保护不能延伸到该描述方法或图表。是不是绝大多数计算机软件都有类似问题?

张成轩等 v. 杨文忠

四川省高院(2007)川民终字第 16 号

1959 年 4 月,华阳、双流县卫生工作者协会所编的《中医秘方验方汇编》(第一集)(以下简称《汇编》)前言载明:我县卫生工作者于 1958 年把家传师授及个人临床心得的秘方验方献出,现把它公开出来;第 71 页收集的"正骨敷药方"载明:主治:骨折;药物:川乌、草乌、首乌、白蔹、大黄、生南星、生半夏各五钱、苍术、白芨、麻黄、黄柏各一两、金归连、白芷、薄荷、甘草、刘寄奴、官桂各三钱、北辛四钱;制法:共碾细末;用法:调葱子、醪糟、灰面敷患处,三天换药一次;附注:内服茜草、木通、血通、牛膝、防己、二筋、乳没、血藤、川芎、当归、木瓜、红花、大黄、虎骨、松节、藕节各三钱,二活、甘草、桃仁、土鳖、浙具各二钱,碎补、六汗、杜仲、云苓各四钱,广三七、血竭各一钱,以上共为细末,成人每服五六钱,甜酒服。孕妇忌服、老幼减半。署名为石羊医院张品州。张品州即本案原告陈寅堂之夫、张成轩等七兄妹之父张品舟。

1996 年 3 月由山西科学技术出版社出版,张继祥、曾一林主编,杨天鹏编审的《杨天鹏骨伤科治验心法》(以下简称《杨》)一书第 351 页收集了"接骨散",载明:接骨散(又名枯君散,本院经验方),组成:黄柏、大黄、麻黄、细辛、半夏、金龟连、白芨、白蔹、白芷、川乌、草乌、首乌、甘草、刘寄奴、官桂、薄荷、苍术、南星;功效:活血散淤、消肿定痛;主治:跌打损伤,淤滞作痛,骨折,脱位,软组织损伤诸症;制用法:研细为末,用时以上药末生 2/3 加炒 1/3 调匀,用老葱捣烂冲苴加童便醪糟共加热调敷于患部。第 340 页收集了"生药散",载明:生药散(本院经验方),组成:生川乌、生草乌、生南星、生半夏、白芷、红花、细辛、松节;功效:祛风逐痰、散寒解毒、通络止痛;主治:跌打损伤肿痛、肿瘤局部疼痛,关节痹痛;制用法:用蜂蜜或醋调敷(醋需加热),如出现过敏性皮炎即停用。

[原告指控杨天鹏编审的《杨》书侵害了张品舟对中药配方的著作权,因此提起诉讼。]

张品舟所写"正骨敷药方"是否系著作权法保护的客体,张品舟是否对药方"生药散"享有著作权……著作权法所保护的作品属智力成果,是作者思想情感的表达,且该智力成果是以一定的文字、符号为载体,通过独创性的表达方式,体现作者的个性。可见著作权法保护思想的表达方式,不保护思想本身(包括作品中所反映的原理、程序、操作方法等因素)。本院认为,"正骨敷药方"作为一种中医药方,记载内容反映了治疗骨折的一种技术信息,技术信息应当属于专利、技术秘密保护范畴。该药方本身作为技术信息的表达方式,由药方名、主治、药物、制法、用法、附记等部分组成,其表述形式是中医配方通常的表述方式,不具有独创性;该药方药物组成的表述也是常见中药药名的组合,在表述方式上亦不具有独创性。故"正骨敷药方"虽为张品舟所写,但该方不属于《中华人民共和国著作权法》所保护的客体,上诉人据此主张张品舟享有著作权的上诉理由不能成立,本院不予支持。

(颜桂芝、刘巧英、陈洪法官)

思考问题:

(1) 本案中,原告不是指控被告使用药方侵权,而是出版类似药方侵权。在这一点上,与前述 Selden 案事实不同,这会影响法院的讨论吗?

(2) 臆想的药方有著作权吗?

上海纽福克斯汽车配件有限公司等 v. 上海索雷亚汽车用品有限公司

上海市高院(2006)沪高民三(知)终字第 25 号

[原告纽福克斯配件公司分别设计完成 FB30W20C、DCAC70WB 两款车载电源转换器的印刷线路板元器件位置图,并分别申请了名称为"可将直流电转变为交流电的电源转换器"和"高频逆变开关电源"的实用新型专利。被告员工姜涛、李富启曾系原告纽福克斯配件公司员工。2000 年 11 月离职,现在分别为被告总经理、开发部工程师。]

被告生产销售 70W3210[等]六款车载电源转换器,其中 120W、150W 车载电源转换器中的印刷线路板上的字符层分别与[原告的]175W、300W 产品中的印刷线路板上的字符层完全相同。[于是,原告提出侵权指控。]

原审法院认为,本案的争议焦点是:1. 印刷线路板上的字符层是否受著作权法保护。2. 被告按照印刷线路板上的字符层生产印刷线路板的行为是否属于著作权法规定的复制行为。

关于第一个争议焦点,原审法院认为:

首先,从技术角度分析,印刷线路板是表面制有导体连接线的绝缘板,其作用是在人们完成具有一定功能的电子线路设计之后,通过它把多个电子元器件(集成电路和一些分立的晶体管、电阻、电容等）组合安装并向这些电子元器件提供它们之间需要的导体连接线，以实际形成所设计的电子线路。

制作印刷线路板一般需要两个阶段：一是在图纸上设计完成印刷线路板的布图设计图、元器件位置图；二是按照设计图纸生产印刷线路板实物，该印刷线路板上具有印刷线路和字符层。印刷线路板的元器件位置图是指由电子行业通用的元器件标识、字符组成，标注集成电路、电容、电阻、二极管、三极管等元器件的插接位置，用以指导操作工人插接元器件及进行维护的图纸。印刷线路板上的字符层是体现元器件分布位置的油墨层。印刷线路板布图设计图和元器件位置图是互相对应的关系，一般在印刷线路板布图设计图完成后，再设计元器件位置图。印刷线路板上的印刷线路和字符层也是互相对应的关系，印刷线路的布局、布线决定元器件的摆放位置。

其次，印刷线路板的元器件位置图属于图形作品，受著作权法保护，未经著作权人同意，他人不得对印刷线路板的元器件位置图以出版等形式复制发行。现两原告主张的是印刷线路板上的字符层，并非印刷线路板的元器件位置图。印刷线路板的生产过程是一个复杂工艺流程，字符层是体现元器件分布位置的油墨层，与印刷线路板密不可分，成为印刷线路板的重要组成部分。印刷线路板上的字符层与其背面导电的印刷线路存在互相对应的关系，各种安插在印刷线路板上的元器件正是通过导电的印刷线路实现元器件之间的电路连接，从而完成整块印刷线路板的功能。虽然印刷线路板上的字符层本身不具有导电、传热和绝缘的功能，但是它具有指导操作工人插接元器件及进行维护，从而实现印刷线路板整体功能的作用。因此，印刷线路板上的字符层具有一定的实用功能，已经超出了文学、艺术、科学作品的范畴，不属于著作权法保护的客体。最后，从国际惯例考虑，大多数国家对于印刷线路板上的字符层也不给予著作权法保护，而是从工业产权进行保护，故印刷线路板上的字符层在我国也不应受著作权法保护。

关于第二个争议焦点，原审法院认为：著作权法保护工程设计、产品设计图纸及其说明，仅指以印刷、复印、翻拍等复制形式使用图纸及其说明，不包括按照工程设计、产品设计图纸及其说明进行施工、生产工业产品，后者的使用适用其他有关法律规定。故即使被告按照两原告印刷线路板上的字符层生产印刷线路板的行为，无论通过何种方式，例如印刷方式，也应视为工业产权性质的实施。因此被告按照两原告印刷线路板上的字符层生产印刷线路板的行为不构成著作权法意义上的复制行为。

综上，原审法院认为，两原告主张的印刷线路板上的字符层已经超出了文学、艺术、科学作品的范畴，不属于著作法保护的客体。被告按照两原告印刷线路板上的字符层生产印刷线路板的行为不属于著作权法规定的复制行为……

判决后，上诉人纽福克斯配件公司与上诉人纽福克斯光电公司均不服，共同向本院提起上诉，请求撤销一审判决，依法改判支持两上诉人的原审诉讼请求，本案诉讼费由被上诉人承担。两上诉人的共同上诉理由主要为：第一，一审判决认定事实错误。一审判决将元器件位置图和字符层机械割裂开来不符合事实。字符层表示的是每个元器件的位置和相互关系，就是元器件位置图，只不过是用油墨印刷的。第二，一审判决适用法律不当。1. 一审判决对"印刷线路板上的字符层是否受著作权法保护"的问题作出了错误判断。一审判决混淆了作品本身和作品使用方法的概念,任何受保护的作品都不会因为权利人的使用方式而不被保护;一审判决混淆了著作权客体和载体的概念,元器件位置图是作品,在工业产品中存在,在绝缘板上体现也是作品,应受著作权法保护;一审判决混淆了实用功能和指导作用的概念,本案中系争字符层"指导操作工人插接元器件及进行维护",字符层就是说明书,只不过它是由图形和字符组成的说明书,说明书是作品,应受著作权法保护。2. 一审判决对"被告按照印刷线路板上的字符层生产印刷线路板的行为是否属于著作权法规定的复制"的问题,没有予以充分的论述,混淆了"复制"和"实施"的概念。本案被上诉人的行为并不是"按图施工",而仅仅是将一块绝缘板上的图形移植到另一块绝缘板上,就像复印一样简单。两上诉人诉讼请求中的侵权作品并不是工业产品成品,而是印刷线路板上附着的字符层(元器件位置图)。被上诉人的行为属于著作权法规定的复制。综上,一审判决先是对字符层和元器件位置图的概念认定错误,后又对两个争议焦点分析判断失误,进而作出错误判决,请求撤销一审判决,依法改判。

......

本院认为,根据我国著作权法的规定,工程设计图、产品设计图、地图、示意图等图形作品属于著作权法保护的作品。著作权法意义上对工程设计图、产品设计图的复制,仅指以印刷、复印、翻拍等复制形式使用图纸,而不包括按照工程设计图、产品设计图进行施工、生产工业产品。印刷线路板的元器件位置图属于图形作品,应受著作权法的保护,他人未经著作权人许可,不得复制、发行印刷线路板的元器件位置图。但印刷线路板本身是一种工业产品,不属于著作权法保护的文学、艺术、科学作品的范畴。而字符层是印刷线路板上不可分割的组成部分,字符层本身也具有指导操作工人插接元器件及进行维护的实用功能,因此字符层属于印刷线路板这一工业产品的组成部分,不是著作权法保护的客体。无论字符层是通过何种方式如印刷等在印刷线路板上形成的,形成字符层的过程都属于生产印刷线路板这一工业产品的一个环节。因此,被上诉人在印刷线路板生产过程中形成字符层的行为,是生产工业产品的行为,而不属于著作权法意义上的复制行为。故被上诉人生产系争印刷线路板的行为并不构成著作权侵权。

两上诉人上诉称,一审判决认定事实错误,字符层表示的是每个元器件的位置和相互关系,就是元器件位置图,只不过是用油墨印刷的。本院认为,虽然字符层表示的是每个元器件的位置和相互关系,与元器件位置图具有对应关系,但是字符层属于印刷线路板的组成部分,是工业产品的一部分,字符层与受著作权法保护的元器件位置图具有区别。两上诉人的这一上诉理由无法律依据,本院不予支持。

两上诉人上诉称,一审判决适用法律不当。本院认为,第一,字符层是工业产品印刷线路板的组成部分,字符层与印刷线路板是不可分割的。工业产品印刷线路板并不属于著作权法保护的文学、艺术、科学作品的范畴,作为工业产品印刷线路板组成部分的字符层并不等同于受著作权法保护的元器件位置图,字符层并不是著作权法保护的客体。第二，字符层是印刷线路板这一工业产品的组成部分，无论字符层是通过何种方式如印刷等在印刷线路板上形成的，该形成字符层的过程都属于生产印刷线路板这一工业产品的一个环节。因此，被上诉人在印刷线路板生产过程中形成字符层的行为，是生产工业产品的行为，而不属于著作权法意义上的复制行为。故两上诉人的这一上诉理由无法律依据，本院不予支持。**（张晓都、李澜、马剑峰法官）**

思考问题：

（1）法院认为元器件位置图属于图形作品，而印刷线路板上字符层不是。不过，二者实际上一一对应。法院的推理有逻辑上的漏洞吗？

（2）"被上诉人在印刷线路板生产过程中形成字符层的行为，是生产工业产品的行为，而不属于著作权法意义上的复制行为。"我们能够说，一项行为是生产工业产品的行为，就不能是著作权法上的复制行为吗？

1.5.2 商业活动方案

描述商业活动方案的文字作品本身能够获得版权保护。但是，该作品所描述的商业方案本身，不能获得保护。在下面的胡明方等 v. 曹文志等案中，法院确认了所谓的《北京行动方案》本身作为文本，是著作权法意义上的文字作品，但是对于该活动方案本身却拒绝保护。从表达和解决方案区分的角度，法院的结论值得肯定。

胡明方等 v. 曹文志等

云南省昆明中院（2005）昆民六初字第 64 号

原告胡明方于 2004 年 10 月 9 日创作完成《首届"马帮茶道·瑞贡京城"普洱茶文化北京行总体方案》，该方案系文字作品，于同年 10 月 12 日在云南省版权局进行版权登记，登记号为 23-2004-A-085。后胡明方于 2004 年 10 月 19 日与中新公司签订《关于共同实施"马帮茶道·瑞贡京城"普洱茶文化行系列活动的协议书》，约定两原告共同实施《北京行方案》。随后，两原告于 2005 年 1 月 19 日与"首届'马帮茶道·瑞贡京城'普洱茶文化北京行活动组委会"（两原告均不是该组委会成员）签订授权合作协议书，约定三方授权原告中新公司负责组织实施"北京行活动"，在实施活动过程中，中新公司可以使用其名义或组委会名义。其后，"北京行活动"开始实施。被告曹文志在 2005 年 2 月 7 日之前一直与原告胡明方在同一处所办公，并曾担任"北京行组委会"副秘书长。

……

2005 年 2 月 7 日，"北京行组委会"以被告曹文志擅自离开组委会为由，在报纸上公开申明将其从该组委会除名。2005 年 2 月 5 日被告交流中心与西双版纳州政府正式决定共同举办"马帮贡茶万里行活动"，被告曹文志任该活动项目总监，而且该活动的组委会于 2005 年 3 月 30 日制作了《马帮茶道万里行》文字资料，后该活动也开始实施。

两原告认为被告曹文志利用其与原告胡明方接触及共同工作期间对其作出的"'马帮茶道·瑞贡京城'系列活动策划实施方案"及后来形成的《北京行方案》的了解,与被告交流中心合作组织实施所谓"马帮贡茶万里行"活动,并进行招商经营活动系违反诚实信用原则,对原告的恶意侵权。两原告以两被告组织的活动与原告作出的"'马帮茶道·瑞贡京城'系列活动策划实施方案"及后来形成的《北京行方案》基本相同,已造成商家、消费者、新闻媒体及社会的混淆和误解。两原告以两被告既实施了侵犯两原告著作权的行为又实施了针对"北京行活动"的不正当竞争行为,应承担相应的民事责任为由,诉至本院。

对于本案争议的四个问题,本院分别作如下评述:

……

对于争议的第二个问题:原告胡明方是否有权请求确认"'马帮茶道·瑞贡京城'系列活动策划实施方案"为其智力成果,以及其对《首届"马帮茶道·瑞贡京城"普洱茶文化北京行总体方案》是否享有著作权等合法权益;如有权,其诉讼请求是否能得到支持。

结合诉状和举证意见可知,原告胡明方的该项诉讼请求包含两个方面的内容:一是对《北京行方案》的著作权权属的确认;二是对"'马帮茶道·瑞贡京城'系列活动策划实施方案"权利及权属的确认。

对于第一方面的内容,[法院]认定原告胡明方系《北京行方案》的著作权人,对其主张确认其为该作品的著作权人的诉讼请求依法应予以支持。

对于第二方面的内容,本院认为:首先,原告胡明方此项诉讼请求的基础并非著作权。就著作权而言,"'马帮茶道·瑞贡京城'系列活动策划实施方案"已由《北京行方案》以文字作品的形式予以固定,故以著作权作为该诉讼请求的基础并无必要性;其次,排除了该系列活动实施方案作为著作权的客体,原告并不能证明其对该方案享有何种知识产权或智力成果权,故其主张享有该系列活动实施方案智力成果权的请求没有法律依据,依法不应得到支持。

对于争议的第三个问题:两原告请求确认其对《首届"马帮茶道·瑞贡京城"普洱茶文化北京行总体方案》享有使用实施权,其主张的使用实施权是什么内容,该权利是否属于著作权法保护的权利范畴,两原告此项诉讼请求能否得到支持。

在审理过程中,两原告认为,作为《北京行方案》的合法权利人,其对该作品进行使用实施的活动形成类似于著作权法中赋予著作权人享有的表演权的一种权利,该权利应作为著作权人的专有权利而依据著作权法得到确认。本院认为,作品作为一种人类智力创造的成果,它会因被利用而对利用人产生财产上的权益,所以著作权中的财产权即源自于著作权人对作品进行的利用活动。但是,本案中两原告使用实施的作品《北京行方案》从创作方式上看属于文字作品,进一步从内容上看其属于文字作品中的非文学艺术类作品,这类作品与文学艺术类作品在内容上有很大区别。《中华人民共和国著作权法》第10条第1款第(九)项规定的表演权中的表演活动所指向的作品,应该是内容可供表演的文学艺术类作品,如剧本、舞蹈等,而非文学艺术类作品的内容是不可能进行表演的,因此,此类作品不应成为表演活动所指向的作品,其著作权人不可能实施表演活动,亦不能主张表演权。故,本院认为,两原告使用实施《北京行方案》的活动不属于著作权法中规定的表演活动,两原告不能主张拥有该作品表演权。

另外,两原告主张的使用实施《北京行方案》的权利是否属于《中华人民共和国著作权法》第10条第1款第(十七)项规定的应当由著作权人享有的其他权利,对该主张支持与否应当审查该使用实施活动是否是著作权法上的复制活动,即该使用实施活动是否能够再现该作品的表达。对此,本院认为:虽然作品可以看做是作者进行智力活动投入而产生的智力成果的最终载体,但是,著作权法所保护对象的仅仅是该智力成果的表达而不是该智力成果的构思和思想。本案中,《北京行方案》所记载的关于进行北京行活动的策划方案、组织方法及具体实施步骤的内容可视为作者的智力成果,如果这些智力成果满足一定条件可由其他知识产权制度进行保护(如专利或商业秘密制度),对这些智力成果的再现活动也应由其他知识产权制度进行调整;而对这些策划方案、组织方法及具体实施步骤所进行的独创性的文字表达才是著作权制度保护的范畴,能再现这些文字表达的活动才属于著作权法上的复制活动。

本案中,两原告按照《北京行方案》所记载的进行北京行活动的策划方案、组织方法及具体实施步骤,开展筹集资金、吸收参与者、组织人员、马匹、进行宣传等活动使用实施了该作品,这些活动所再现的作品中的策划方案、组织方法及具体实施步骤的内容属于作品的构思和思想。因此,本院认为,两原告使用实施《北京行方案》再现的是作品中不受著作权法保护的内容,即再现的不是对这些内容的表达方式,而是该作品的构思和思想,故其活动不属于著作权法上的复制活动,依此活动主张权利,不属于《中华人民共和国著作权法》规定的应当由著作权人享有的权利范畴,原告关于请求确认其享有《北京行方案》的使用实施权的诉讼请求,因无法律依据,应予以驳回。

对于争议的第四个问题:两被告的行为是否对两原告的合法权利构成侵犯;如构成,两被告应如何承担责任。

……

两原告认为被告交流中心策划、组织的"万里行活动"侵犯了其合法权利。而从原告提交的《北京行方案》文字作品与被告交流中心制作的《马帮贡茶万里行》文字材料比对来看:一方面,两部文字作品均反映了作者以云南古代马帮贡茶历史为据,结合现代文化发展趋势,产生出以古代方式组织现代马帮驮茶进行长途贩运活动的构思。但是著作权法将作者的构思和思想排除在保护范围之外,因此,被告《马帮贡茶万里行》文字资料的构思与原告作品的构思相似并不导致前者对后者构成侵犯;另一方面,两部文字作品和材料在文字表达上没有相同之处,从内容上看,两部作品除表述云南古代马帮贡茶文化方面有共同之处外,其余包括活动宗旨、活动意义、活动时间、参与单位等方面均完全不同。虽然两部作品在表述云南古代马帮贡茶文化方面有共同之处,但云南古代马帮贡茶文化是公知的历史知识,任何单位及个人均可根据此历史知识开展创作与表达,甚至是一些不可避免的相同的优化表达。因此,本院认为,被告制作的《马帮贡茶万里行》文字材料并没有侵犯原告《北京行方案》文字作品的著作权。

另外，如前所述，两原告对《北京行方案》的使用实施活动并不受著作权法保护，因此，被告按照《马帮贡茶万里行》文字材料实施"万里行活动"并不可能构成对原告合法权益的侵犯。两原告认为两被告应立即停止以"马帮贡茶万里行"等类似的名义进行活动的主张不能得到支持。

此外，两原告认为其"北京行活动"经过宣传、实施，已经成为一个知名商品，两被告实施与此内容相似的"万里行活动"，造成了公众对两个活动的误认，两被告此行为对两原告构成不正当竞争。对此，本院认为：根据《中华人民共和国反不正当竞争法》第1条、第2条的规定，反不正当竞争法维护的是正当竞争环境，制裁的是在商品交换和服务提供领域内的不正当竞争行为，行为主体是提供商品及服务的经营者。本案中涉及的"北京行活动"从其活动宗旨、活动方式和活动内容看该活动并不以提供商品或服务为目的，而是为了弘扬云南普洱茶文化，促进普洱茶产业的发展而举办的一次大型文化活动，该活动涉及的领域并非反不正当竞争法规范的商品交换和服务提供领域。因此，两原告称"北京行活动"系一个商品没有事实及法律依据，其主张被告对其实施不正当竞争行为亦没有事实及法律依据，对此本院不予支持。

（蔺以丹、蔡涛、徐群法官）

思考问题：

（1）法院认为"对这些策划方案、组织方法及具体实施步骤所进行的独创性的文字表达才是著作权制度保护的范畴，能再现这些文字表达的活动才属于著作权法上的复制活动。"这一解释有道理吗？

（2）对比一下，为什么以舞谱或乐谱纪录的音乐作品能够获得保护，即便复制者或表演者不再复制该字面形式的舞谱或乐谱呢？这里的活动方案能不能被视为舞蹈作品，舞台是云南到北京的广阔大地？

（3）被告是否可能侵害原告的商业秘密？

说明：2005年5月1日，首届"'马帮茶道·瑞贡京城'普洱茶文化北京行"的马帮从云南省普洱出发。这一马帮由43位赶马人和120匹骡马组成。2005年10月，这支马帮到达北京。2006年5月间，由99匹骡母组成的"马帮贡茶万里行"的马帮从云南出发，计划行程6000多公里，到达北京。不过，该马帮在温州断粮，赶马人被迫卖马散伙。活动主办最后宣布启动"九九归一再上征程"活动，由一匹骡马驮着贡茶继续北上……①

1.5.3 思维方法

思维方法在专利法上被视为抽象思想而无法获得专利保护。在著作权法上，作品中所描述的思维方法也不应属于可保护的表达。它应当像技术方案一样，供后来的创作者自由利用。当然，如果思维方法或步骤过于具体，则有可能让人觉得它更像具体的表达，而非抽象的思维方法。在下面的案例中，记忆单词的方法就很具体，容易引发争议。

---

① "马帮贡茶万里行"沉浮录，见 http://www.foodsl.com/content/200554，最后访问2014年8月1日。

岳德宇 v. 郑州大学出版社等

北京市西城区法院(2008)西民初字第 1650 号

[原告主编的]《奇思妙想》《三三速记英语词汇》系列丛书及《速记王》[收录了]部分英语单词附带汉字记法,如"branch"的汉字记法为"不(b)燃(ran)的树枝,扔进水池(ch)中","judge"的汉字记法为"大义灭亲的法官,拘(ju)捕有罪的(d)亲哥(ge)","newspaper"的汉字记法为"news 新闻,paper 纸;报道新闻的纸"等。

[被告的]《魔法英语单词短语随身记 高二全》书所[收录的]"branch""judge""newspaper"等 193 个英语单词的汉字记法与《奇思妙想》《三三速记英语词汇》系列丛书及《速记王》对应英语单词的汉字记法完全相同或者基本相同。

[本院认为:]

《奇思妙想》《三三速记英语词汇》系列丛书及《速记王》书所收录的"branch""judge""newspaper"等英语单词的汉字记法的表述是作者的独创性劳动,郑州大学出版社未举证证明此部分英语单词的汉字记法缺乏独创性,本院依据现有证据确认此部分英语单词的汉字记法的表述可以成为著作权法所保护之作品,岳德宇对此部分英语单词的汉字记法的表述享有著作权。原告岳德宇主编的《奇思妙想》《三三速记英语词汇》系列丛书及《速记王》出版时间早于被告郑州大学出版社出版的《随身记》。

郑州大学出版社出版的《随身记》书所收录的"branch""judge""newspaper"等 193 个英语单词的汉字记法与《奇思妙想》《三三速记英语词汇》系列丛书及《速记王》对应英语单词的汉字记法完全相同或者基本相同。其此举并未经此部分英语单词的汉字记法的著作权人岳德宇许可,亦未为岳德宇署名。郑州大学出版社作为专业出版者,在出版《随身记》书过程中未尽合理注意和审查义务,侵犯了岳德宇对此部分英语单词的汉字记法所享有的署名权、复制权以及获得报酬的权利。

(武彧、郭亚军、赵凤玲法官)

思考问题:

在上述案例中,法院没有考虑所谓的表达和思想的二分问题。你觉得如何判断记忆一个单词的方法是著作权法上的解决方案(思想)还是受保护的表达?

1.5.4 体育锻炼方法

中国体育报业总社 v. 广东音像公司

北京市西城区法院(2012)西民初字第 14070 号

国家体育总局于 2010 年 11 月正式启动中华人民共和国第九套广播体操(以下简称第九套广播体操)的创编工作(由群众体育司具体负责)……2011 年 6 月末,第九套广播体操的动作及伴奏音乐创编完成,整套操共分九节,包括预备节、第一节伸展运动、第二节扩胸运动、第三节踢腿运动、第四节体侧运动、第五节体转运动、第六节全身运动、第七节跳跃运动、第八节整理运动。各节动作说明如下：

……

第一节伸展运动(8拍×4)，第一个八拍：1——左脚向侧一步，与肩同宽，同时两臂侧举，掌心向下，头左转90°。2——右脚并于左脚，两腿微屈成半蹲，同时含胸，两臂屈肘竖于胸前，两手握拳，拳心相对，低头45°。3——两腿伸直，同时两臂侧上举，掌心相对，抬头45°。4——两臂经侧（掌心向下）向下还原成站立姿势。5——8同1——4，但出右腿，头向右转做。第二至四个八拍同第一个八拍。

……

经国家体育总局审定批准，《第九套广播体操图解 手册 DVD CD》(以下称授权出版物)由人民体育出版社于2011年8月出版，全套出版物定价70元，包括DVD、CD各一张，《第九套广播体操手册》一本，彩图一张。其中DVD的主要内容为第九套广播体操的演示教学片，包括动作演示、分解动作讲解、背后角度演示、集体演示等四段影像……

被控侵权DVD《第九套广播体操》由广东音像公司出版、豪盛文化公司总经销，内容亦为第九套广播体操的演示教学片，包括全套正面演示、分解动作教学演示(八节)、全套背面演示等十段影像，使用了第九套广播体操的伴奏音乐(带口令)……

根据查明的事实，被控侵权DVD与授权出版物中演示教学片的示范人员不同、影像迥异，并非同一录像制品，但使用了相同的第九套广播体操动作和带口令的伴奏音乐，故本案的关键问题在于第九套广播体操的动作是否属于著作权法意义上的作品以及对伴奏音乐的使用是否构成侵权。

本案争议焦点如下：

一、第九套广播体操的动作是否属于著作权法意义上的作品

对此争议焦点，本院将从构成作品的法定条件以及作品的法定形式两个角度进行分析。首先，作为著作权法意义上作品应当具备以下条件：其一，必须属于文学、艺术和科学技术领域内的智力成果；其二，必须是具有一定有形方式的表达而非单纯的思想；其三，必须具有独创性。因此，第九套广播体操的动作是否属于著作权法意义上的作品，取决于其是否具备上述条件。

《伯尔尼公约》《世界版权公约》等国际公约以及世界上大多数国家的法律都规定著作权法的保护范围限于文学、艺术和科学作品。作为上述公约的缔约国，我国著作权法第一条即开宗明义地指出，著作权法的立法目的是为了保护文学、艺术和科学作品作者的著作权。《中华人民共和国著作权法实施条例》第2条进一步规定，著作权法所称作品，是指文学、艺术和科学领域内具有独创性并能以有形形式复制的智力成果。由此可见，只有文学、艺术和科学领域内的智力成果才可能成为受著作权法保护的作品。而无论是文学、艺术还是科学作品，其本质都是通过某种特定的媒介符号如文字、音乐、舞蹈、图形对人的思想、情感、知识进行交流与表达，从而展现文学艺术的感性之美和科学技术的理性之美。因此，不涉及人的思想感情和知识，不具有文学、艺术、科

学审美意义的创作,无论其独创性有多高,都不属于文学、艺术和科学领域内的成果。广播体操是一种具有健身功能的体育运动,由屈伸、举振、转体、平衡、跳跃等一系列简单肢体动作组成,但与同样包含肢体动作的舞蹈作品不同,其并非通过动作表达思想感情,而是以肢体动作产生的运动刺激来提高机体各关节的灵敏性,增强大肌肉群的力量,促进循环系统、呼吸系统和精神传导系统功能的改善。简而言之,广播体操的动作有强身健体之功用,而无思想情感之表达,既不展现文学艺术之美亦不展现科学之美,故不属于文学、艺术和科学领域内的智力成果。

著作权保护表达,而不保护思想。这既是《与贸易有关的知识产权协议》《世界知识产权组织版权条约》等国际条约的明确规定,也是目前世界各国普遍接受的版权法基本原则。根据该规则,著作权保护不延及同属思想范畴的原理、方法、概念、程序、技术方案和实用功能等。例如某人独创了一道菜肴的烹饪方法,并编写了讲解说明该方法的菜谱,其有权禁止他人复制、发行此菜谱,但却不能禁止他人使用该方法烹制这道菜肴,也无权阻止他人编写以自己的方式描述说明该方法的菜谱或录制演示如何烹制该菜肴的节目,其原因就在于烹饪方法属于思想范畴,不受著作权法保护,但作者以自己特定的方式解释说明该方法而编写的菜谱却是受著作权法保护的表达。广播体操是一种具有特定功能的身体练习活动,包含一系列连续的肢体动作,当这一系列动作按照规定的方式施行时,将产生既定的健身效果。因此,广播体操本质上属于一种健身方法、步骤或程序,而方法、步骤和程序均属于著作权法不保护的思想观念范畴。

基于以上分析,第九套广播体操的动作不符合构成作品法定条件中的二个,故不属于著作权法意义上的作品。

其次,从作品法定形式的角度分析,一般而言,受著作权法保护的作品应当属于某一法定形式或类型。《著作权法》第3条规定作品的法定形式包括:(一)文字作品;(二)口述作品;(三)音乐、戏剧、曲艺、舞蹈、杂技艺术作品;(四)美术、建筑作品;(五)摄影作品;(六)电影作品和以类似摄制电影的方法创作的作品;(七)工程设计图、产品设计图、地图、示意图等图形作品和模型作品;(八)计算机软件;(九)法律、行政法规规定的其他作品。显而易见,第九套广播体操的动作不属于上述任何一种形式。

但是,《著作权法》第14条还规定了汇编作品,即汇编若干作品、作品的片段或者不构成作品的数据或者其他材料,对其内容的选择或者编排体现独创性的作品。组成第九套广播体操的各个动作,如屈伸、转体、跳跃等,均不构成作品,但对这些简单肢体动作进行独创性的选择和编排,创编而成的全套动作作为一个整体是否属于汇编作品呢?本院认为答案是否定的,理由如下:首先必须明确,汇编作品亦是作品。汇编成果要成为汇编作品,其首先必须是著作权法意义上的作品,必须具备作为著作权法意义上作品的三个法定条件,即必须属于文学、艺术和科学技术领域内的智力成果,必须是具有一定有形方式的表达而非单纯的思想以及必须具有独创性,三者缺一不可。对内容的选择、编排体现独创性仅仅满足了三个法定条件之一即对独创性的要求,能否构成作品还取决于另外两个条件是否同时满足。易言之,对于内容的选择或者编排体现独创性的汇编成果,如果其本身不符合构成作品的其他条件,不属于著作权法意义上的作品,就不可能成为汇编作品。收集色彩斑斓、形状各异的石头也可能在选择上体现独创性,但无论把这些石头装进盒子还是放进箱子都不可能产生汇编作品,原因就在于这些选择和编排的结果既不属于文学、艺术和科学领域内的智力成果,也不是对思想之表达,本身就不是著作权法意义上的作品,更不可能成为汇编作品。同理,对于第九套广播体操而言,虽然对于动作的选择和编排均体现了独创性,但基于前文已阐明的理由,作为汇编结果的整套动作不是文学、艺术和科学领域内的智力成果,且本质上属于思想而非表达,不符合构成作品的另外两个法定条件,故不属于著作权法意义上的作品,自然更不可能构成汇编作品。　　**(洪成宇法官,霍艳平、宋民强人民陪审员)**

思考问题:

广播体操是否可以被视为具有健身功能的舞蹈作品?从舞蹈作品的角度看,法院关于汇编作品的分析还有道理吗?

1.6　表达方式有限

著作权法的思想与表达二分原则、独创性要求所共同维护的一项理念是,著作权保护不能限制竞争者寻求替代性表达的自由。这是著作权法与专利法的显著差别之一。在特定的场合,如果表达方式非常有限(极端的时候只有一种),版权法会以思想和表达混同为由,拒绝提供保护。

"混同学说在确定版权法保护范围方面的作用有限。它在判断版权保护是否会导致权利人对某相功能性的外观设计、工艺流程或者事实信息取得独占权方面更有用途。混同学说避免了一系列复杂问题,比如什么是思想而不是表达?什么是功能性的?授予版权对公共利益与自由竞争的影响等等。"[①]有兴趣者,可以进一步阅读 Herbert Rosenthal Jewelry Corp. v. Kalpakian 446 F. 2d 738(1971)案。该案中,法院认为以蜜蜂形状制作的胸针不受版权保护,理由是思想和表达的混同。

当某一表达成为事实上的标准时,即使存在其他替代性的表达,竞争者也没有选择该替代性表达的自由。这时,版权法将拒绝对该表达提供版权保护。比如计算机标准键盘的布局设计。它有无数替代性方案,但是市场能接受的却只有符合该标准的键盘布局。

与混同学说相近的学说是所谓的"场景学说"("Doctrine of Scènes à faire")。它常常被应用于小说、戏剧等虚构作品的案件,用来拒绝对那些由作品背后不受保护的思想(比如基础的情节和角色类型)所决定的典型的情节、角色特征提供保护。[②]比如,电

---

① Donald S. Chisum, Michael A. Jacobs Understanding Intellectual Property Law, Mattew Bender, 1992, at §4C[1][d] 4—29.

② Paul Goldstein, Copyright, 2nd Ed. Aspen Law & Business, 1999, at §2.2.2, 2:25—2:36.

影中对教堂仪式的类似描写①，或者对于特定历史场景的再现②。

取材于相同的历史事实而导致作品中部分内容的雷同，是典型的容易引发争议的案例。在著名的李淑贤 v. 贾英华案中③，原告指控被告创作的《末代皇帝的后半生》一书抄袭《溥仪的后半生》一书，指出两书在主题思想及史实排列顺序上雷同。法院认为被告"创作历史人物传记作品，当需要表现特定历史人物活动的客观真实时，都不可能凭空杜撰，由此造成原、被告所著之书在记述人物、时间、事件等内容时所反映的客观史事和所利用的史料部分相同，不能作为抄袭的依据。"

在下面的吴德铭 v. 谢丽虹案中，法院认为"两剧本在某些细节上相同相似，系源于同一史实或风俗等创作素材。但这种相同相似不是我国著作权法所列举的剽窃、抄袭等侵权行为，不属著作权法保护范围"。这基本上是"场景学说"的思路。作品中特定的某个历史场景的相似，可能不是问题。因为对该场景的表达方式非常有限。但是，如果一个作品选择了多个历史场景，而该选择并没有某种必然的因素所规定，则多个场景的选择和编排本身与特定的场景是两回事了。

吴德铭 v. 谢丽虹

云南省昆明中院(1994)昆民初字第 37 号

原告吴德铭诉称：我于 1989 年 10 月完成 12 集电视连续剧《南疆英豪》(以下简称《南》剧)剧本，并着手筹拍。1991 年初在中国电视艺术委员会工作的谢丽虹、马润生看了《南》剧剧本后，提出与我合作，同时达成口头协议，《南》剧由马润生担任导演，我与谢丽虹共同担任编剧。为此，我向谢丽虹提供了《南》剧本及资料，由谢带回北京进行修改。最近，我获知署名编剧谢丽虹的《吾土·吾神·吾人》(以下简称《吾》剧)，在云南开拍。我认为：《吾》剧与《南》剧在很多地方相同或相近。被告谢丽虹严重侵害了我的合法权益……

经审理查明：1989 年 10 月吴德铭创作完成 12 集电视连续剧剧本《豪侠苗王》，后更名为《南疆英豪》。1991 年初吴德铭委托原云南省话剧团演员刘晓星携《南》剧剧本到北京找到在中国电视艺术委员会办公室担任秘书的马润生，将剧本交给马润生，希望马润生能推荐一家电视台合作拍摄《南》剧……其间马润生将《南》剧剧本拿给在中国电视剧艺术委员会《中国电视》编辑部担任主任的谢丽虹阅看。

1991 年初，谢丽虹专程到云南文山州、麻栗坡一带进行采风活动，同车前去的有马润生、吴德铭等。之后，谢丽虹于 1991 年底在北京创作完成了与《南》剧题材相同的 12 集电视连续剧《吾土·吾神，吾人》，并于 1994 年投入拍摄。

本院即委托中国版权研究会版权鉴定专业委员会对两个剧本进行了鉴定。其鉴

---

① Cain v. Universal Pictures Co., 47 F. Supp. 1013 (S. D. Cal. 1942).
② 在 Alexander v. Haley, 460 F. Supp. 40, 45 (S.D.N.Y. 1978)案中，电影中关于纳粹德国的历史场景(比如高喊"Heil Hitler"，或者唱某些德国歌曲等)的描述类似，也不导致侵权。
③ 司法部法学教材编辑部编：《知识产权法案例评析》，法律出版社 1994 年版，第 2 页。

定意见和结论为:《吾》剧剧本作者在创作前曾经接触过《南》剧剧本,故可以认为《南》剧剧本对《吾》剧剧本从创作题材的选取,主题思想的启发,形成与确立,创作素材的收集,剧本题材的选择等有着不可否认的影响,但上述内容都不属于著作权的保护范围,故不构成对《南》剧著作权的侵犯。《吾》剧和《南》剧是各自以不同的风格和方法表现出来的两个完全不同的艺术作品,两剧本在某些细节上的相似之处,系源于同一史实或风俗等创作素材,二者不存在抄袭、剽窃和模仿;也不存在改编和被改编的关系,故不能认定《吾》剧剧本的作者侵犯了《南》剧剧本的著作权。

原告吴德铭诉讼代理人所在的云南律师事务所也委托了云南省版权局对两个剧本是否相同相似进行了鉴定,其鉴定结论为:"两剧本反映的是同一历史事件,同一主题。两剧本的主要线索、重要情节、重要细节、部分场景、主要人物及性格特征相同或相似"。

本院认为……至于《吾》剧是否存在向《南》剧剽窃、抄袭等侵犯著作权的问题,在本案中有两个鉴定意见,两个鉴定意见并不矛盾,且互相包容。鉴定结论表明两剧本在某些细节上相同相似,系源于同一史实或风俗等创作素材。但这种相同相似不是我国著作权法所列举的剽窃、抄袭等侵权行为,不属著作权法保护范围。故,吴德铭认为谢丽虹剽窃、抄袭其《南》剧剧本的理由不能成立。　　(何家华、李玉梅、杨兴灿法官)

思考问题:

在上述案例的情形下,故事结构、细节等在什么程度上的相似是可以接受的呢? 对所有事实的取舍都是可以相同的吗? 细节上的相同是源于思想上的雷同吗? 法院的分析思路是否有问题呢? 对照后文的"独创性"一节的"纪年表"的案例,你如何总结出可靠地认定抄袭的方法?

2　独创性

独创性至少包括两方面的要求:(1) 独立创作;(2) 创作结果具有最低限度的创造性。但是,版权法上的独创性标准并不要求有实质性的创造性(substantial ingenuity)、艺术美感(aesthetic merit)或者新颖性(novelty)。[①]

2.1　独立创作

独立创作是指创作者独立完成作品,没有抄袭他人的在先作品。如果要求保护的内容抄袭自在先作品,则不能获得保护。禁止抄袭就可以避免竞争对手从他人的劳动中搭便车。独立创作的要求并不妨碍创作者在现有作品的基础上进行再创作,并就再创作的结果获得新的著作权保护。前提是新增加的内容要满足独创性的要求。

"独立创作"只是禁止抄袭,而不是要求作品具有绝对意义上的新颖性。这与专

---

① Donald S. Chisum, Michael A. Jacobs Understanding Intellectual Property Law, Mattew Bender, 1992, at §4C[5], 4—86.

利法上对技术方案的新颖性和创造性要求完全不同。正如美国最高法院指出的那样:"独创性并不意味着新颖性。一部作品即使和其他作品非常相似,也可能具备独创性,只要这种相似是偶合而不是抄袭。"①因此,独立创作的完全相同的作品,只要符合版权法上的其他条件就都可以获得版权法的保护。

著作权法为什么不采用专利法上的新颖性要求,是一个很有意思的理论问题。可能的解释是,不要求有新颖性,可以降低创作者确权的信息成本——只要创作者不抄袭,就能够了解自己的作品会受到著作权保护的可能性。如果著作权法要求新颖性,则很多创作者可能都要检索一番才知道自己的作品是否能够获得著作权保护。现有作品浩如烟海,检索的成本会很高。另外,绝大多数作品充满着个性化的细节,只要没有抄袭,通常不会与现有作品雷同。作品的可替代性很大,即便没有新颖性要求,也不会引发太多的权利冲突。这与技术领域有很大的差别。技术方案的可替代性较低,雷同的可能性较高。如果独立创作就可以免责,则会导致大部分技术方案得不到有效保护,因为权利人很难证明存在抄袭行为。

最高人民法院《关于审理著作权民事纠纷案件具体适用法律若干问题的解释》(2002)第15条中指出:"由不同作者就同一题材创作的作品,作品的表达系独立完成并且有创作性的,应当认定作者各自享有独立著作权。"这里似乎暗示,即便作品的表达相似,也不妨碍各自享有著作权。

虽然著作权法不要求具有新颖性,但是如果创作者参考了在先作品,则法院可以对比诉争作品与在先作品,以判断诉争作品是否有独创性。二者差异越大,诉争作品有独创性的可能性越大。在创作者自己没有承认参考了在先作品的情况下,如果要对比在先作品,则被告需要证明原告的确参考了在先作品,即有合理理由相信原告接触了在先作品。在在先作品和诉争作品都比较复杂,二者高度相似的情况下,证明原告接触过在先作品,并不困难。作品相似这一事实本身常常就能推定接触事实。其中的道理与原告证明被告接触过原告作品的道理是一样的。

顾某 v. 虞某(百合花)②

2000年8月,原告顾某与祁学俊等人共同委托沈桐设计印花布花型图案,并对花型提出了相应的要求。同年10月5日沈桐根据顾某、祁学俊的思路设计完成后被定名为"百合花"的花型图案,该图案为规则线条的底纹加两朵小花交叉相叠,并配以百合花美术体拼音字母。同年9月底,祁学俊委托绍兴县轻纺科技中心有限公司制成"百合花"胶片,并委托绍兴毛纺织总厂(即浙江白鸳集团公司)印制了"百合花"棉布。

2000年11月和12月,被告虞某两次委托浙江白鸳集团公司利用"百合花"版子印制了大量棉印花布……

另查明:王伟于2000年9月初,在他人的花型图案基础上略作改动,完成了名为

---

① Feist Publications, Inc. v. Rural Telephone Service Co., Inc., 499 U.S. 340(1991).
② 孙南申主编:《知识产权典型案例精析》,人民法院出版社2004年版,第166—169页。

"情感"的印花布花型图案（A版、B版），并独立创作完成了C版，同时委托绍兴县轻纺科技中心有限公司制作了"情感"胶片，后又委托绍兴毛纺织总厂印制了"情感"印花布。"情感"的图案为规则线条的底纹加片片叶子。"百合花"与"情感"两图案的底纹在布局、形状、格调等方面基本相同。原告顾某与王伟同在印花布专业市场——志浩市场经营。

一审法院认为：

1. 原告顾某的"百合花"图案不属于著作权法保护的作品……本案中，原告顾某委托他人创作的"百合花"图案的底纹与他人在先图案的底纹在布局、形状、格调等方面基本相同或者说是实质性相似，交叉小花也模仿了他人在先花型图案，即"百合花"与他人在先图案构成实质性相似，因而不具有独创性。由于"百合花"缺乏作品最基本的构成要件，因此不能成为受著作权法保护的作品。

2. 被告虞某使用"百合花"版子印制棉印花布的行为不构成对顾某著作权的侵权。由于"百合花"与在先图案构成实质性相似，并因此而不受著作权法保护，因此，原告顾某不能作为著作权人而主张权利。虽然被告虞某的使用行为可能侵犯他人的著作权，但显然权利人并不是本案原告。原告顾某以被告虞某使用其并不享有著作权的图案，主张被告虞某侵犯其著作权缺乏事实依据和法律依据。

思考问题：

在上述花布案中，法院强调原告作品与在先作品"实质性相似"，因而没有独创性。为什么法院能够将诉争图案与在先图案对比？

段国胜 v. 成都市风雅堂工艺品有限公司等（I）

四川省高院（2010）川民终字第472号

［本案中，原告段国胜主张自己创作的"工艺品（浮雕—财神）"作为雕塑作品受著作权法保护，被告侵害其著作权。］

段国胜为证明其享有涉案作品的著作权，向法院提交了名称为"工艺品（浮雕—财神）"的外观设计专利证书和版权登记证，从该材料中反映，该外观设计专利申请日为2005年12月16日，版权登记时间为2008年10月5日，可以认定该浮雕工艺品形成的时间在2005年12月16日之前已经产生。

……

风雅堂工艺品公司主张涉案作品属于以公众熟知的民俗人物"财神"为创作题材，其人物扮相、造型来源于中国传统民俗文化，属于民间文学艺术作品，不是段国胜独创性的创作，本院认为，著作权法保护的对象不是思想情感本身，而是赋予思想或情感以文学、艺术外观的表达。本案中，风雅堂工艺品公司没有提供证据证明在2005年12月16日之前，民俗人物"财神"已经形成较为固定的造型和表现形式，则本案也就无法比对涉案作品是否为民俗人物"财神"的模仿、抄袭。只有在涉案作品是对民俗人物"财神"的模仿、抄袭，段国胜才不享有涉案作品的著作权。根据最高人民法院《关于民事诉讼证据若干规定》第二条的规定，当事人对自己提出的诉讼请求所依据的事实或者反驳对方诉讼请求所依据的事实有责任提供证据加以证明。没有证据或者证据不足以证明当事人的事实主张的，由负有举证责任的当事人承担不利后果。风雅堂工艺品公司的上述主张因无证据支持，应承担举证不能的责任。

（杨丽、陈洪、刘巧英法官）

段国胜 v. 成都市风雅堂工艺品有限公司等（II）

四川省高院（2010）川民终字第 477 号

段国胜主张其享有著作权的工艺品"孙悟空"浮雕作品是以中国京剧人物形象为题材制作，中国京剧人物形象经世代相传、长期演变，最终形成今天为京剧爱好者所熟知并广为流传较为固定的造型和表现形式，使京剧舞台人物形象与其表现的历史人物形成了固定的对应关系……

独创性是著作权产生的必要条件。独创性要求作品由作者独立完成，排除对他人作品的抄袭、剽窃；作品由作者的创造性智力活动产生，排除对现有作品的简单复制、再现。由于中国京剧人物形象已经形成了较为固定的造型特点，因此，演绎中国京剧人物形象形成的作品，不能仅因独立完成而当然享有著作权，它应当体现制作者独特的艺术思想及个性特征，在继承传统文化元素的基础上进行的独创性的再创作，并具有让相关公众易于区分的显著特征。

本案中，段国胜主张其在创作工艺品"孙悟空"浮雕作品时，仅将1999年出版由赵梦林所著《京剧人物》一书作为其参考资料之一，并认为其利用浮雕形式以及加入自身对人物的理解展现中国京剧人物，是一种独创性的表现，但将其作品与已于1999年出版的赵梦林所著《京剧人物》一书中相应人物对比，二者在人物仪容、着装、姿态、色彩等外观形式及主题思想的表达上并无显著差别，相关公众不能轻易加以区分，不能体现其浮雕作品在表现京剧人物形象方面所具有的独特方法和个性特征。段国胜的工艺品"孙悟空"浮雕作品虽然运用雕刻手法将已固定的人物形象进行载体转化，但人物的姿态、肢体动作、面部表情、衣冠服饰、色彩搭配等要素都没有发生体现自身独有特征的改变和有独创性的再创作。因此，段国胜对工艺品"孙悟空"浮雕作品的制作不具有独创性，不应当享有著作权。段国胜关于其作品是自己独立创作完成，能体现作者个性特征，具有独立的表现形式，具有独创性，应当享有著作权的上诉理由，本院不予支持。

（张兴全、陈洪、刘巧英法官）

思考问题：

对比上述段国胜案（I）和段国胜案（II），前一案件中法院拒绝考虑现有的财神；而后一案件中法院仔细对比诉争作品与在先作品，并否认其独创性。合理性何在？

在段国胜案（II）中，如果原告自己不披露或承认参考过在先的《京剧人物》一书，法院还能采用这一对比方法来否定独创性吗?

值得一提的是,有意见认为,独立创作不应该是作品是否应该受到保护的理由,最低限度的创造性才是。独立创作是权利归属或侵权与否的判断因素。① 有一定道理,值得考虑。

2.2 最低限度的创造性

独创性的另一项要求是作品应当具有最低限度的创造性。这里的创造性是相对创作者所实际参考的现有作品(信息)而言,而不是任何公共领域任意现有作品。后者是专利法上的创造性标准。

最低限度的创造性是一种质的要求,但是并不能准确定义。如果普通公众面对相同的现有作品(信息),都能完成相同的作品,则该作品将被视为不具备最低限度的创造性,即便该创作过程需要大量的人力或物力投入。

著作权法为什么要坚持"最低限度的创造性"这一质的要求呢?为什么不将独创性的标准降低为"独立创作"一项呢?学术界对此并无一致答案。可能的解释有很多种:其一,著作权法希望著作权人只有在作出一定程度的智力贡献之后才获得保护;大部分不满足最低限度创造性要求的作品很容易创作,无须著作权法上的激励机制。② 其二,著作权法通过最低限度创造性要求可以保证基础性的表达要素(数据、事实或思想等)等被保留在公共领域中供人自由利用,从而保证公众的创作或表达自由。③ 其三,这一要求可能是为了保证受保护的作品足够复杂,从而降低了侵权诉讼中法院认定被告抄袭难度。如果作品本身不够复杂,在侵权诉讼中权利人将很难证明作品的雷同是缘于抄袭而不是创作耦合。但是,如果法院掌握的标准过松,则可能导致很多无辜的第三方被判抄袭侵权。其四,偏向人格权学说的学者可能强调作品应该通过所谓的美学形式(an aesthetic step)或其他可感知的形式体现的作者个性。这里作者的个性与最低限度的创造性是一致的。④

在司法实践中,对于普通的具有一定篇幅的文字作品或者比较复杂的绘画作品,法律通常推定其具有独创性,作者并不需要主动证明。只有当这种推定同现实的可靠证据相冲突时,才可能被否定。比如,在后的文字作品在相当长的篇幅里逐句逐字地与在先作品雷同,则在后文字作品系独立创作具有独创性的推定就可能被雷同的事实所否定。⑤

对于那些构成要素比较简单的作品,法院通常会依据一些经验性的规则来否定它的独创性。比如,简短的词句、简单的图案、按照公众所熟知排序方法排列事实信息或

---

① 参见乔丽春:《"独立创作"作为"独创性"内涵的证伪》,载《知识产权》2011年第7期,第35—38页。
② 当然,事情并不总是如此。比如,法律、法规、案例数据库的收集,尽管没有最低限度的创造性,但是依然不是很容易就能创作完成,需要大量的人力物力投入。
③ Douglas Lichtman, Copyright as a Rule of Evidence, 52 Duke L. J. 683,700—702(2003).
④ William F. Patry Copyright Law and Practice Vol. 1 The Bureau of National Affairs, Inc. 1994, at 145.
⑤ Paul Goldstein, Copyright, 2nd Ed. Aspen Law & Business, 1999, at §2.2.1 2:7.

技术数据、以机械的方式复制或转化已有作品（比如数字化、机械录制）、通用表格等功能性作品等,通常不具备独创性。以下通过一些具体的案例来说明。

朱志强 v.（美国）耐克公司等一案中,诉争的是比较简单的图形作品——火柴棍小人形象。原告朱志强创作了网络动画《小小特警》中的"火柴棍小人"形象。① 被告耐克公司 2003 年在其广告中也使用了黑色小棍人形象。② 原告认为被告的小棍人侵害其著作权,提起诉讼。一审法院判决原告胜诉,二审法院驳回其诉讼请求。北京高院认为,黑色小人形象已经进入公有领域,任何人均可以此为基础进行创作。原、被告的作品有相同之处,但相同部分主要存在于已进入公有领域、不应得到著作权法保护的部分。本案中的火柴棍小人形象的构成要素非常有限,法院在认定其独创性时自然会保持高度的警惕。

2.2.1 "额头出汗"原则之否定

无论是在中国还是美国,法院都要求作品具有最低限度的创造性。单纯的人力或物力付出并不一定能够满足这一最低限度的要求。下面的美国最高法院判决的 Feist 案,是世界版权领域的经典案例。在该案中,美国最高法院否定了所谓的"额头出汗原则",明确指出,决定作品是否具备独创性的,不是作者所付出的劳动的量,而是劳动的质。

Feist Publications, Inc. v. Rural Telephone Service Co. , Inc.

美国最高法院
499 U.S. 340(1991)

O'Connor 法官：

本案要求我们澄清电话目录白页（telephone directory white pages）在多大程度上能够获得版权保护。

I

Rural 电话服务公司在堪萨斯州东北地区提供电话服务。该州的法律要求所有电

---

① 朱志强"火柴棍小人"的图片来源于 http://www.people.com.cn/GB/shehui/1061/3089082.html,最后访问 2014 年 8 月 1 日。

② Nike 公司的 Stickman 图片来源于 http://tech.ddvip.com/2008-06/121475543146217.html,最后访问 2014 年 8 月 1 日。

话公司每年都要更新电话目录本。这是电话公司获得垄断牌照的对价。Rural 公司出版典型的电话目录本,有白页和黄页组成。白页部分按照 Rural 用户的姓名的字母顺序排列,含有用户所在的城镇和电话号码信息。黄页部分按照商业用户所在的目录的字母顺序排列并配以各种尺寸的商业广告。Rural 免费向用户发放电话目录本,通过收取黄页上的广告费获利。

Feist 出版公司是专门出版区域电话目录的出版公司。它出版的电话目录覆盖很大的地理区域。本案诉争的 Feist 的目录覆盖 15 个县的 11 个不同的电话服务区,有 46,878 条白页条目。Rural 的电话目录本则大约有 7,700 个条目。Feist 和 Rural 在黄页广告市场上直接竞争。

Rural 是自己所在服务区的唯一电话服务提供商,所以能够很容易获得用户信息。用户申请电话服务时,必须提供姓名和地址信息。Feist 不是一个电话公司,所以缺乏获取用户信息的独立渠道。为得到电话条目信息,Feist 向每一家电话公司付费以获取电话目录信息的使用权。在 11 家电话公司中,只有 Rural 公司拒绝发放许可。这导致 Feist 的电话目录本中出现空白,降低它对广告商的吸引力。

不能得到 Rural 的许可,Feist 只好未经同意直接使用其电话目录信息。Feist 首先将超出其关注范围的数千个条目信息排除,然后雇人对剩下的 4,935 个条目信息进行调查。这些雇员核实了 Rural 的公开的信息,并寻找额外的信息。Feist 的电话目录中包含个人的街道信息,而大部分 Rural 的目录中不包含此类信息。尽管如此,Feist 的 1983 年版的目录的 46,878 条信息中依然有 1,309 条和 Rural 的白页条目信息相同。其中,4 条信息是 Rural 虚构的用来侦测抄袭的条目信息。

Rural 指控 Feist 版权侵权。Rural 认为 Feist 在编制电话目录本时不能使用 Rural 白页中的信息,而应该由雇员挨家挨户去收集电话信息。Feist 认为,这么做在经济上没有可行性,也没有必要,因为它所复制的信息不受版权保护。区法院支持 Rural,认为电话目录受版权保护。上诉法院维持了区法院判决。

II

A

本案涉及两项原则的互动:其一是事实本身(facts)不受版权保护;其二是事实的汇编(compilations of facts)通常可以获得版权保护。这两项原则之间有不可否认的紧张关系。很多汇编产品除了原始数据(raw data)外,没有其他内容。也就是说,全部的事实信息并没有融入任何独创性的书面表达(original written expression)。一个人对此类作品主张版权的基础是什么?常识告诉我们,100 个不可获得版权保护的事实绑在一起时并不会导致它们发生本质的变化。但是,版权法却似乎认为这些单纯的事实汇编落入它的保护范围。

问题的关键在于为什么事实不可获得版权保护。获得版权保护的前提条件是独创性。要获得版权保护,作品对作者而言必须具有独创性。在版权法上,独创性是指作品由作者独立创作(而不是拷贝自其他作品),同时,作品具有最低限度的创造性(creativity)。的确,创造性要求非常低(extremely low),只要一点点就足够。大部分作品很容易就达到这一要求,因为它们含有创造性的火花(creative spark),不论它们是多么的粗糙、简陋或显而易见(crude, humble or obvious)。独创性并不意味着新颖性。一个作品即使和其他作品很相似,只要该相似性是偶合而不是抄袭所致。比如,两个诗人,彼此不知道对方的存在却写出相同的诗歌。任何一个作品都不是新颖的,但是却都是独创性的,因此能够获得版权保护。

独创性是宪法性要求(constitutional requirement)。美国国会制定版权法的授权来源于美国宪法 Article I, § 8, cl. 8。该条授权国会对作者(Authors)的作品(Writings)赋予一定期限的独占权。美国最高法院过去在两个判例(The Trade-Mark Cases, 100 U. S. 82 (1879)和 Burrow-Giles Lithographic Co. v. Sarony, 111 U. S. 53 (1884))中定义了关键术语"Authors"和"Writings"的含义,毫无疑义地指出这些属于要求一定程度的独创性(a degree of originality)。

在 The Trade-Mark Cases 中,在讨论宪法上"Writings"的范围时,最高法院指出,要被称作作者的作品(writings of authors),必须具有独创性。该法院认为独创性要求独立创作加一点创造性。在 Burrow-Giles 案中,法院讨论宪法上的"Authors"的含义,认为作者意味着某些东西的来源者、原创者和制造者。法院同样强调独创性要求中的创造性成分。版权保护限于作者的独创性智力构思。作者应证明存在独创性、智力成果、思想和构思的事实。上述两个判例中法院对于独创性的要求依然是今天的版权保护的基石。

版权法的另一项基本原则是区别对待事实和事实的汇编。没有人对事实主张独创性。因为事实并非源自创作行为。第一个发现并报告特定事实的人,并没有创造该事实。他只是发现它的存在。比如,人口普查员并没有创造(create)人口数字,在某种意义上是从周围的世界中复制了这些数字。因此,人口普查数字并不能获得版权保护,因为这些数字不具备宪法意义上的独创性。同样,科学、历史、传记、新闻性质的事实也没有独创性。它们不能获得版权保护,应该处在公共领域由公众自由利用。

不过,事实的汇编可能具有所谓的独创性。汇编作者决定什么事实可以入选,按照什么顺序编排,如何安排以方便读者使用等。只要这些选择和编排由汇编者独立进行并具有最低限度的创造性,则具备足够的独创性,可以获得版权法的保护。因此,即便一个目录含有绝对无法保护的书面表达,只要它具有独创性的选择或编排,依然可以满足宪法上版权保护的最低要求。

上述保护有一项重要限制。一个作品受版权保护的事实并不意味着该作品的每一要素都可以获得保护。版权保护可以延伸到作品中对作者而言具有独创性的组成部分。因此,如果汇编作者利用一些独创性的文字表达一些事实,他可以对这一书面表达主张版权。其他人可以复制该表达背后的事实,但是不得复制汇编者用于表达这些事实的确切文字。比如,在 Harper & Row 案中,我们指出福特总统不能阻止他人从他的自传中拷贝单纯历史事实,但是能够阻止他人复制它对公众人物的主观描述。当汇编者自己没有增加书面表达,只是让事实本身说话,汇编者的表达性要素就比较模糊。这里唯一能够感知的表达就是汇编者对事实的选择和编排。因此,如果选择或编排是独创性的,作品中的这些因素能够获得版权保护。但是,无论编排形式本身多么有独创性,事实本身都不能因此获得独创性。

这不可避免地导致事实汇编类作品的版权保护很薄弱。在没有有效版权保护的情况下,后来的汇编者可以自由利用他人出版物的事实去创作竞争性作品,前提是竞争性作品不采用相同的选择和编排。

汇编者的劳动成果可以被他人免费使用,看起来很不公平。不过,就像 Brennan 法官所指出的那样,这并非立法者未曾预见的负面后果,相反这体现了版权法的精髓,也是宪法的要求。版权的首要目的不是奖励作者的劳动,而是促进科学和有用技艺的进步。为了实现这一目的,版权确保作者对其独创性表达的权利,但是鼓励其他人自由利用作品中所传达的思想和信息。这一原则被称作思想和表达二分或者事实和表达二分,适用于所有作品。对于事实汇编作品,在缺乏独创性表达的情况下,只有选择和编排可以得到保护,原始事实可以任由他人复制。这一结果说不上不公平或者不幸。这是版权法促进科学和艺术进步的手段。

B

由于1909年版权法的条文不够清楚,有些法院误解了该法律。这些法院发展出一种新的理论用来指导事实汇编类作品的保护——版权保护是对汇编事实这类辛勤劳动的回报。这一理论被称为"额头出汗"或"辛勤收集"原则("sweat of the brow" or "industrious collection")。Jeweler's Circular Publishing Co. 中法院有典型的表述:

书籍的版权并不取决于作者收集的材料是否处在公共领域,是否在语言与思想上体现了文学技巧、独创性、"辛勤劳动"之外的其他东西(言下之意,除了辛勤劳动之外,无需满足其他要求)。走上街头记录每个居民姓名、职业和地址的人,是他所收集的材料的作者。

"额头出汗"理论有很多缺陷,最为明显的是它将汇编作品的版权保护延伸到汇编者的独创性贡献(选择和编排)之外,即事实本身。依据这一理论,唯一的侵权抗辩就是独立创作。后来的汇编者无权从在先作品中摘录一个词语信息,必须从共同的信息源头独立获取该信息以得到相同的结果。"额头出汗"理论违背了版权法的基本原理,即不得对事实或思想谋求版权。

"额头出汗"理论对事实赋予财产利益,宣布后来的作者不能依靠在先作品中的事实以节省时间和精力。版权法拒绝对思想和事实提供版权保护,就是为了避免这样的浪费。在某些情况下,依据反不正当竞争理论,对于此类调查成果(比如事实等)的保护可能是合理的。但是,仅仅依据"额头出汗"就赋予版权,将扭曲基本的版权原则,导致权利人对公共领域材料的垄断,却没有鼓励"作者"(authors)创作"作品"(writings)之类的正当性。

C

1976年版权法中对于"汇编作品"(compilation)的定义是在收集和汇总已有材料或数据的基础上进行选择和编排所得到的在整体上具有独创性的作品。

该法律定义旨在强调事实的汇集本身并不当然可以获得版权保护。它传递的信息是,汇编作品要获得版权保护,需考虑三个方面:(1) 已有材料、事实或数据的收集和汇总;(2) 材料的选择和编排;(3) 通过特定的选择和编排创作完成一个独创性作品。这种三要素的结构清楚地显示了立法目的。

第一个要求仅仅是描述汇编作品通常是什么样的——已有材料、事实和数据的汇总。这并不足以获得版权保护,还有另外两个条件。第二个要求强调在审查汇编作品的独创性时,应该关注材料的选择和编排方式。这是直接落实版权法上的独创性要求。事实本身永远不具有独创性,所以汇编作者只能对其呈现事实的方式主张独创性。

不是所有的选择或编排都会通过审查。上述定义表明,只有选择和编排在整体上具有独创性时才能获得保护。这意味着有些选择或编排方式可以获得保护,有些不可以。

获得版权保护的汇编作品,其受到的保护也是有限的。版权法第103条(b)规定,汇编作品的保护仅仅延及汇编作者所贡献的、与作品中所使用的已有材料相区别的内容,不涵盖已有材料。

依据第103条(b),汇编作者不能利用版权工具阻止他人使用他收集的事实或材料。1909年版权法并不要求每一个后来的汇编者必须从头开始,不能依赖他人的调查结果。相反,已有作品中的事实可以自由拷贝,因为版权仅仅保护那些源于汇编者自身贡献的因素——事实的选择和编排。

III

毫无疑问,Feist 从 Rural 的白页中拷贝了实质数量的事实信息。不过,不是所有的复制都会侵害版权。要证明侵权,有两点必须证明:(1) 有效的版权;(2) 所复制的作品内容具有独创性。第一点不是本文的争点。Feist 显然承认 Rural 的目录整体上受版权保护,因为它有前言、独创性的广告内容等。

这里的问题是,Rural 是否证明了第二点。换句话说,Feist 从 Rural 的目录中拷贝的1,309条姓名、城镇和电话号码信息条目中,有任何对 Rural 来说是独创性的内容吗?显然,原始材料本身不满足独创性的要求。Rural 或许是第一个发现和报告用户姓名、城镇和电话号码信息的人,但是这些信息并不起源于(owe its origin to)Rural。相反,这些信息是不可获得版权保护的事实。它们在 Rural 报告之前就已经存在,如果 Rural 不编制目录,它们也会继续存在下去。独创性要求排除了姓名、地址和电话信息的版权保护,原告并非这些信息的作者。

Rural 实际上承认这些姓名、地址和电话号码信息是事先存在的材料(preexisting material)。第103条(b)已明确指出汇编作品的版权不延及作品中采用的事先存在的材料。

接下来的问题是,Rural 对于不可获得版权保护的材料的选择和编排,是否具有独创性。独创性并非非常严格的标准,它并不要求非常创造性地或以令人吃惊的方式呈现事实。但是,如果选择和编排过于的机械或惯常以至于不需要任何创造性,则没有独创性。独创性的标准很低,但是的确存在。

Rural 的白页对于信息的选择和编排并不满足版权保护的最低宪法要求。在准备白页时,Rural 只是将用户提交的信息按照姓氏的字母顺序排列。最终的产品是非常普通的白页目录,没有一丁点的创造性。Rural 对于条目内容的选择也是显而易见的。它出版每个人申请电话服务时提交的基本信息——姓名、城镇和电话号码。这是一种选择,但是没有最低限度的创造性。Rural 的努力让白页有用,但是并没有投入足够的创造性使之具有独创性。按照字母顺序编排是一项古老的做法,不仅不具备独创性,而且实际上是不可避免的。

由于 Rural 的白页缺乏必要的独创性,Feist 对其条目的使用不构成侵权。版权奖励的是独创性而不是劳作(effort)。就像本院在一个世纪以前所说的那样,"原告在出版本书的过程中付出的辛勤劳作或许值得高度赞扬,但是法律并不想以这种方式给予奖励。"

思考问题:

(1) 版权法上的公共领域是现实的社会空间还是另有所指?比如,一个抽象存在的知识库?电话号码及其他用户信息事先就存在于该公共领域?

(2) 人口普查员是在复制而不是创作数据吗?本案中 Feist 核实电话信息的过程,算是独立收集,还是在抄袭?

(3) 上述案件除了依据美国宪法强调作品应有独创性外,还有提到其他理由吗?

(4) 为什么依据版权理论不能保护实施,但是依据不正当竞争法理论则有可能?这不互相矛盾吗?

Feist 案中认为事实信息存在于公共领域,版权法保护事实,将限制公共领域的自由。在创作者没有进行任何信息收集工作时,原始数据信息处在公共领域。创作者收集原始数据信息,并不将信息从公共领域移除,而是生产新的方便利用的信息源。公共领域的原始信息依然对潜在的收集者开放。任何人完全可以自行收集、公布、使用有关事实,不会受到限制。版权法如果保护事实,受到限制的行为不过是复制他人收集的数据罢了。① 在这一意义上,版权法并不影响现有公共领域的开放和自由。

下面的广西"广播电视节目表"案在中国版权法界非常有名,差不多是中国版的 Feist 案了。它在中国学术界引发广泛的争议。广播电视节目表属于典型的按照惯常方式排列的事实信息,没有太大的创造性。但是,收集、整理这些信息,需要创作者付出相当的劳动。对于这一劳动成果是否应该获得著作权保护,知识产权学者和传统民法学者存在较大的分歧。法院没有按照作品给予保护,但是依然适用了《民法通则》

---

① 类似观点可以参见 Dennis S. Karjala, Misappropriation as a Third Intellectual Property Paradigm, 94 Colum. L. Rev. 2594, 2599(1994). 作者以 Lexis 的案例为例,认为案例本身的确存在于公共领域,即使不给予保护,也不存在所谓市场失败的问题。但是,经过 Lexis 输入、校对的电子化的案例文本不是,如果许可他人随意拷贝编制相同的数据库,则会出现市场失败。作者说莎士比亚的作品也是如此(这一表述很有意义,这大概有点像数据库中原始数据处在公共领域,但是电子化的数据本身不一样)。

上的一般条款给予一定的保护。

广西广播电视报社 v. 广西煤矿工人报社

广西柳州地区中院,1994 年①

合山市人民法院经公开审理,查明:原告的广西广播电视报于1979 年 12 月经有关部门批准创刊,发行于广西境内。之后,原告与中国电视报社签订协议:中国电视报社向原告提供中央电视台节目预告表,由原告在其报纸上刊登或转载,每期付给中国电视报社稿酬80 元。原告根据广西广播电视厅桂发字(1987)35 号文件精神,与广西电视台口头协商将其一周的电视节目预告表由原告刊登,每期付给广西电视台稿酬100 元。被告广西煤矿工人报社未经原告同意,从 1987 年起,每周星期一在其报纸上转载原告报纸中刊登的中央电视台、广西电视台一周电视节目预告表。1988 年 2 月 1 日和 1989 年 5 月 8 日,原告在其报纸上发表声明:未经本报准许,任何报刊不得转载、刊登本报一周电视节目预告,违者依法追究其法律责任。1989 年 9 月 22 日,自治区版权局以桂权字(1989)9 号文《关于广播电视节目预告转载问题的通知》下发后,被告仍继续转载原告的一周电视节目预告表。1990 年 2 月 4 日,原告向自治区版权局提出申诉,要求被告停止侵权、赔礼道歉、赔偿损失。自治区版权局审查认为,被告擅自转载原告一周电视节目预告表,违反有关规定,属侵权行为,于同年 7 月 24 日作出裁定:被告立即停止转载原告的一周电视节目预告表;登报向原告赔礼道歉;补偿给原告经济损失 6360 元。被告拒不执行,继续转载原告的一周电视节目预告表。同年 8 月 27 日,原告在其报纸上和广西电视台公布了自治区版权局的裁定内容。1991 年 8 月 15 日,原告向法院提起诉讼。

合山市人民法院认为,电视节目预告属预告性新闻范围,应视为时事新闻。依照《中华人民共和国著作权法》第 5 条第 2 项的规定,对于时事新闻,无论新闻单位或者个人都不享有著作权,任何人都可以自由使用。原告诉被告侵权无法律依据,不予支持……

第一审宣判后,原告广西广播电视报社不服,向广西柳州地区中级人民法院提出上诉。其理由是:一审判决把电视节目预告表视为时事新闻,不予保护是错误的。上诉人对广播电视节目预告表应享有使用权……

柳州地区中级人民法院审理认为:时事新闻,是指报社、通讯社、广播电台、电视台等新闻机构对最近期间国内外政治事件或社会事件的报道。一周电视节目预告表是电视台为了让观众预先知道在一周内的节目以便供其届时选择收看的预报。因而,电视节目预告表不属《著作权法》第 5 条第 2 项所指的时事新闻。国家新闻出版署 1988 年 3 月 30 日《关于广播电视节目预告转载问题的通知》规定:"各地报纸和以报纸形式

---

① 最高人民法院知识产权审判庭:《最新知识产权司法文件精选(一)》,中国标准出版社 1999 年版,第 569—572 页。

出现的期刊可以转载广播电视报所刊当天和第二天的广播电视节目预告。但不得一次转载或摘登一周(或一周以上的)广播电视节目预告。如需要转载整周的广播电视节目预告,应与有关广播电视报社协商。"被上诉人不经上诉人许可,擅自转载一周电视节目预告表,违反了该通知的规定。上诉人通过与电视台订立协议有偿取得在广西境内以报纸形式向公众传播一周电视节目预告表的使用权,受法律保护。被上诉人的行为已构成对上诉人民事权益的故意侵犯,依照《中华人民共和国民法通则》第106条第2款规定,自应承担民事责任。

思考问题：

节目预告表不属于"社会事件的报道"吗？著作权法有必要采用如此严格的新闻定义吗？节目预告表本质上属于需要产权保护以激励攻击的智力产品吗？这一政策性考虑是否应该影响法院的判决？

依民法保护电视节目预告表的法律根据

梁慧星：《电视节目预告表的法律保护与利益衡量》，
载《法学研究》1995年第2期，第88—89页

民法与《著作权法》是普通法与特别法的关系,在法律适用上应适用的原则是:特别法优先于普通法适用。就民事权利的保护而言,只要特别法有规定的,应先考虑适用特别法保护,在不能获得特别法保护的情形,则应适用普通法保护。前已提及,本案应优先考虑适用《著作权法》保护,在方法论上可采反对解释《著作权法》第4条第2款和第5条。在不能适用《著作权法》保护时,应当适用民法保护。依民法保护电视节目预告表,可以考虑以下三种法律根据。

（一）适用《民法通则》第106条第2款

《民法通则》第106条第2款规定:"公民、法人由于过错侵害国家的、集体的财产,侵害他人财产、人身的,应当承担民事责任。"这里的关键概念是"财产"。此所谓财产,不能解释为财产权。财产一语,在民商立法上屡见不鲜,且学说于各种财产权之外,承认有财产之独立存在。这对于法律解释,诚有相当便利。财产之意义如何,学说尚未一致。依通说,须具有经济价值,须能实现一定目的,须为权利义务之结合。依此说,则电视节目预告表,不论其是否足以成立著作权,因为是电视台通过复杂的专业技术性劳动制作完成的成果,并由原告通过与电视台订立协议方式有偿取得在广西地区以报纸形式向公众传播的使用权,已属于原告的合法财产,应毋庸置疑。该财产受到被告故意侵害,自应依据《民法通则》第106条第2款之规定,使被告承担民事责任。

（二）适用《民法通则》第5条

《民法通则》第5条规定:"公民、法人的合法的民事权益受法律保护,任何组织和个人不得侵犯。"这里的关键概念是"民事权益"。立法者在这里不用"民事权利"概

念,而用"民事权益"概念,其立法者意思显而易见,即民法不仅保护民事权利,尚不足以构成民事权利的合法利益,亦在保护之内。这从穆生秦主编的《民法通则释义》(法律出版社)对本条解释可以证明:"民事权益,指依照民法所享有的一切权利和利益"(第6页)。正如权利可以区分为财产权利与非财产权利一样,利益也可以区分为财产利益与非财产利益。非财产利益受保护的例子,可以举公民的"隐私"(我国民法迄今未规定隐私权)。财产利益受保护的例子,可以举"孳息"。电视节目预告表,不论是否构成著作权,其对于电视台和从电视台有偿取得使用权的广播电视报社,毫无疑问是一种合法利益。此合法利益受到被告故意侵害时,自应使被告承担民事责任。

(三) 适用《民法通则》第4条

《民法通则》第4条规定:"民事活动应当遵循自愿、公平、等价有偿、诚实信用的原则。"此为民事活动应遵循的基本原则。任何人在民事生活领域从事活动包括从事生产经营、进行市场交易、建立买卖关系及提供服务等等,均不得违反。禁止无偿剥夺、巧取强索、一平二调,保护劳动所得和合法所得不受他人侵犯,不仅是民法之基本精神,也是整个法制之精义所在。被告不经原告许可,擅自无偿摘登原告一周电视节目预告表,强取他人劳动所得和合法所得,显然违背民法自愿原则、公平原则和等价有偿原则。有关部门作出规定:"可以转载广播电视报所刊当天和第二天的广播电视节目预告,但不得一次转载或摘登一周或一周以上的广播电视节目预告,如需要转载整周的广播电视节目预告,应与有关广播电视报协商。"此规定充分权衡和照顾到广播电视报与其他报刊各方的利益,并经报业界普遍接受,已形成行业规则,有习惯法上的效力。而被告竟置之不顾,不予遵循,其有背于诚实信用原则,至为明显,依《民法通则》第4条规定,使被告承担民事责任,并非于法无据。

至于《民法通则》第4条属于基本原则,法院能否直接适用基本原则裁判案件,虽学者间有不同见解,但以肯定说为通说。自20世纪以来,各国法院直接引用诚实信用原则裁判新型案件,并创造出一系列崭新的民法规则,即是明证。我国法院自改革开放以来,遇到许多法无明文规定的案件,直接适用诚实信用原则予以裁决,也不乏其例。不仅如此,正在起草中的合同法立法方案采纳学者建议于第一章明文规定,"法院于裁判案件时,如对于该待决案件法律未有规定,或者虽有规定而适用该规定所得结果显然违反社会正义时,可直接适用诚实信用原则"。可以断言,终审法院引用《民法通则》第4条判决被告承担民事责任,不仅所得结果符合社会正义,合于现代民主法制之精神,就是在法学方法论上也并非不当。

民法上更找不到保护电视节目预告表的法律依据

孟勤国:《也论电视节目预告表的法律保护与利益平衡》,
载《法学研究》1996年第2期,第158—159页

梁文以《民法通则》第106条第2款、《民法通则》第5条作为民法保护的依据。其实,梁文仅仅是利用了这两个条文中的两个概念:财产和民事权益。梁文承认财产之

意义如何,学说尚未一致,但依其认为的通说,电视节目预告表在"广西地区以报纸形式向公众传播的使用权"已属原告的合法财产,而民事权益,依其认为的立法意义,包括"不足以构成民事权利的合法利益"。电视节目预告表"毫无疑问是一种合法利益"。这种摘取法律条文中的一两个概念,任意解释,作为理论的依据,似不算严谨。民法是一个有体系、有公理的法律部门,不论财产的含义在学说上是如何的不一致,但财产分为有形财产和无形财产,至今无人异议。电视节目预告表不属于有形财产,而无形财产均系依据法律产生的民事权利及其利益,无论是证券、专利、商标、或作品,其权利渊源不是当事人约定或法官利益衡量,而是立法规定。因此,首先必须找出电视节目预告表在广西地区使用权在法律上的根据,才能进而说这是一种财产,否则易陷入循环证明之境地。至于民事权利包括"不足以构成民事权利的合法利益",当属新说。有人指出,"民事权益,指依照民法所享有的一切权利和利益"。明明白白,依民法所享有,即指依民法而产生,不知梁文为何以穆先生的这一条解释作为论据?权益,权利及其产生的利益。所谓电视节目预告表在广西地区传播的使用权,在民法中是没有的,如前所述,也归不进五大类民事权利之中。

梁文又以《民法通则》第 4 条作为民法保护的法律依据,该条即为著名的诚实信用和公平原则。对诚实信用和公平原则介绍和研究比较全面的,是徐国栋先生的《民法基本原则解释》(中国政法大学出版社 1992 年版),按该书,诚实信用和公平原则有语义说和一般条款说,《民法通则》立法时究竟是从语义说还是一般条款说,至今无立法者出来解释,故梁文在此以一般条款说作为中国民法上已有电视节目预告表保护的法律依据,并要求中国法院直接用于裁判案件中,未免将自己置于立法者的地位。坦率而言,正是因为终审法院援用诚实信用原则判决,煤矿报承担了并不符合社会正义和公平的民事责任,使我深深感到,在目前中国的现有法制环境条件下,诚实信用原则有可能被滥用,从而成为否定整部民法乃至于整个成文法的异化力量,成为法官任意造法,进行司法专横的合法工具。

思考问题:

对比梁教授和孟教授的意见,并结合 Feist 案的判决,你觉得何者更有道理?

2.2.2 独创性高度的差异

国内有学者认为,"虽然英美法系国家的版权法和大陆法系国家的著作权法都规定作品必须具有'独创性',但对'独创性'的要求不同。即使是不再实行'额头流汗'规则的英美法系国家,如美国、加拿大等,对'独创性'中'创'的要求仍然远低于大陆法系国家……在英美法系国家一些被视为作品受保护的客体,在大陆法系国家无法作为作品受到保护,只能受到邻接权的保护。"[①]

不过,这一独创性高度的差异更多的是人为的或观念上的,无法准确量化。在著

---

① 王迁:《著作权法学》,北京大学出版社 2007 年版,第 18—19 页。

作权法区分作品与邻接权客体时,在观念上能够说作品的独创性较高,而邻接权客体则独创性很低甚至可以说没有。不过,二者中间的界限,非常模糊。这也是过去中国普遍认为录像作品与录像制品之间界限无法说清楚的原因所在。在立法者没有区分作品与邻接权客体的领域,即便独创性要求降到很低,也不会引发太大的问题。比如,中国在摄影领域就没有单独划出独创性较低的邻接权客体,也并没有引发实质性的混乱。这反过来也说明,人为区分较高或较低的独创性标准,并非制度本身的内在需要。

2.2.3 独创性与艺术性

著作权法保护作品目的之一是促进文学艺术繁荣,但著作权法并不鼓励法院对作品本身的艺术性进行审查。也就是说,法官不能根据艺术性的高低决定是否给予保护。在 Bleistein v. Donaldson Lithographing Co. 案中①,美国最高法院霍姆斯(Holmes)法官有一段广为引用的评论:

> 除了在一些极其简单明了的情况下,由仅仅受过法律训练的法官来判断绘画作品的价值是非常危险的事情。在极端情况下,这将导致很多天才式的作品无法获得版权保护。这些作品非常的新颖超前,公众只有在理解了这些新的艺术语言后才不会排斥这些作品。这样,戈雅(Goya)的版画(Etchings)和马奈(Manet)的绘画在一开始能够获得版权保护的机会就很小了。那些针对受教育程度少于法官的公众的艺术作品,很有可能被拒绝版权保护。这些作品能够引起公众的兴趣,具有商业价值,宣称这些作品没有美学和教育价值,无疑会显得武断。公众的需求不能被随意藐视。本案的图片未经权利人同意,被随意复制这一事实本身就足以说明图片本身的价值和成功之处。

在 Mitchell Brothers Film Group v. Cinema Adult Theater 案中,美国法院基于霍姆斯法官的上述评论,认为法院也不应该基于个人经验来认定一项作品是淫秽作品,从而拒绝提供版权保护。②关于违法作品的著作权问题,下一章有专门的论述。

思考问题:

法院在考虑某一客体是否是著作权法意义上的作品时,必然分析该作品是否具备最低限度的艺术性,不然无法区分作品与工业产品。有道理吗?

2.2.4 独创性与技术难度

在判断独创性时,法院关注的是作品中表达性要素是否体现了作者的个性,而不

---

① 在该案中,美国联邦法院认为原告绘制的用于广告宣传的 Chromolithographs,不具备版权法上的保护要件,不具备美学上的价值,不受版权保护。最高法院的 Harlan、McKenna 等法官持反对意见,认为依据美国的宪法条款,仅仅用作广告宣传,没有其他用途的作品,对其提供保护并不符合宪法意义上的促进"Useful Arts"。如果一个作品仅仅是用来表示某一客体,离开这一客体,作品本身就不再有内在的价值,那这一作品就没有宪法意义上的有用性。作品只有在和美术(Fine Arts)有着某种联系以后,才具备了内在价值(Intrinsic Value)。Bleistein v. Donaldson Lithographing Co. 188 U. S. 239(1903)。

② Mitchell Brothers Film Group v. Cinema Adult Theater,604 F.2d 852(1979)。

是作品所体现的技术要素是否具有技术难度。完成作品本身的技术难度的高低，与作品的独创性没有直接关系。比如，手工完美地复制一份美术作品，有很大的难度，需要绘制者有高超的绘画技巧。这一技巧甚至备受同行或公众推崇。但是，复制的结果在著作权法上并无意义——著作权法并不希望更多的人创作毫无新意的旧作。同样的，如果作品中的表达性因素不够丰富，即便创作一项作品需要解决复杂的技术性问题，依然不能保证该作品本身具有著作权法意义上的独创性。

比如，在下列沈建平案中，绘制所谓的中药注射剂的配伍表需要解决无数的技术问题。但是，这并不能保证配伍表本身具有独创性。法院在判断独创性时，还是关注表格中非常有限的表达性要素。

沈建平 v. 北京图书大厦有限责任公司

北京高院（2008）高民终字第1039号

中国医药科技出版社于2004年1月出版了《306表》，该表的署名情况如下：主审汤光，主编宗希乙、沈建平。《306表》包括一个三角表、三个方表和提示几部分内容。

在三角表中，三条边上各标注有171个药品名称或者药品名称代码，沈建平、宗希乙将上述药品按照药理作用分为抗感染类药物、作用于中枢神经系统类药物、作用于循环系统类药物、呼吸消化系统类药物、泌尿抗变态反应类、作用于植物神经系统类药物、血液生殖激素及有关药物、调节水电解质酸碱平衡类、解毒抗肿瘤类药物。三角表内存在若干个小方格，方格内标有红色、绿色、黄色、蓝色等颜色的圆点，或者是空白状态。从说明部分可知，绿色圆点代表可配伍，蓝色圆点代表先稀释，红色圆点代表忌配伍，黄色圆点代表单独用，黑色代表不宜配伍（毒性增加），紫色代表不宜配伍（疗效降低），空白代表无资料。对于三角表的使用方法，沈建平、宗希乙称其用函数及其图像中平面直角坐标系的相关原理和彩色数字条形图形，将所选药物逐一按作用分类后，再用数字编码，数、形结合，制作成图。对病人进行治疗时，如遇到需要配伍应用的药物，查询者只需要在平面直角坐标系上根据药物分类找出两药对应的对应点（即上述红色、绿色圆点），即可知道两药的配伍结果。

在方表内，沈建平、宗希乙仍然按照药理作用将三角表未能容纳下的135种药品分为抗感染类药物、作用于中枢神经系统类药物、作用于循环系统类药物、消化泌尿系统及其他药物、抗肿瘤类药物，在各药品名称后亦标注有若干药品代码，这些药品代码使用红色、绿色、蓝色或黄色等色彩以显示相应的药品配伍禁忌关系。在提示部分，编者除解释了各种颜色圆点的含义外，还对表中使用的药品名称的来源、使用方法等内容进行了解释。

……

在本案一审庭审过程中，沈建平、宗希乙认为，《318表》抄袭了《306表》具有独创性的作品标题、交通信号灯形式、信号灯色彩、检索方法和版式设计，而且，《318表》所选择的药品品种和配伍结果也与《306表》存在着大量雷同之处，构成对于《318表》著作权的侵犯。

中国药学会于1963年11月编辑出版的《药学通报》中收录的由汪国芬、江兆麟、王宏图撰写的《常用静脉滴注药物的配伍禁忌(摘要)》一文使用了三角表的形式来表现24种常用静脉滴注药物配伍禁忌，作者在表中以加减号等方式表达了药物之间的配伍结果。山东人民出版社1972年出版的《药局技术操作手册》一书中，作者也以三角表的形式制作了4张《常用注射药物配伍禁忌表》。辽宁人民出版社于1975年11月出版的《常用药物制剂》一书中包含数百种药物的《注射液物理化学配伍禁忌表》使用了三角表的形式。在上海科学技术出版社于1985年6月出版的《临床药学工作手册》中的"常用注射剂的配伍禁忌"一个章节中的表1-1即"常用注射剂配伍禁忌表"使用了方表的形式来体现药物的配伍禁忌关系，表格中分成主配药、禁忌配伍药和禁忌原因几项内容，在禁忌配伍药一栏中也是以数字的形式指代相关的药名……

本案二审审理中，沈建平、宗希乙陈述，其对《306表》和《318表》中的17个药品进行对照，二者配伍雷同的比例为83.29%。

* * * *

[北京市第一中级人民法院认为：]

沈建平、宗希乙明确其《306表》所具有的独创性的体现包括作品名称、三角表和方表的特殊表现形式、红绿灯的表现形式、对药品和配伍结果的选择。

首先，从《306表》的名称即《306种注射剂临床配伍应用检索表》来看，该名称选用的均是极为常用的文字表达方式及常用的医学用语，任何人都无权对此主张独占性的权利或者禁止其他人使用相同或者近似的表达方式。从《306表》所使用的三角表和方表的形式来看，根据现有证据，至少在1963年和1985年已经有人在相同领域为解决相同问题使用了三角表和方表这两种表现形式，仅仅是当时选用的药品数量较少，所以，《306表》中所包含的这两种表现形式并非沈建平、宗希乙所独创，而是已经成为药物配伍领域经常会选用的一种表现形式，沈建平、宗希乙对这两种表的结合使用亦不能被称为具有创造性的智力劳动成果。

对于使用红绿灯的形式来表现配伍结果，虽然目前尚无证据证明这种红绿灯的表现形式已经有其他人早于沈建平、宗希乙将其使用在了相关领域，但选择以类似交通信号灯的形式来表现配伍结果正是借助了其已为公众熟知的色彩和含义，这种表现形式无法体现出作品的个性化特征，亦不能使使用了该种表现方式的作品体现出任何的独创性。

最后，关于《306表》对于药品和配伍结果的选择是否体现了独创性的问题，著作权法并不保护作者在其作品中所反映出的思想和观点，也不保护作者所提出的方法，更不保护作品中反映的事实本身，而只保护作品的表现形式。《306表》中所包含的药品是公有领域中不能被任何人所独占的资源，药品的配伍结果是作者的一种观点，它们都不在著作权法的保护范围之内。所以，关键的问题是看《306表》对于药品和配伍结果的选择是否具有独创性，也就是说，这种选择是否包含了作者的技巧和判断。由于《306表》所选用的药品都是在医学领域十分常见或者常用的药品，如果选择的药品范围过大或者过多都可能降低该表的实用性。而对于配伍结果而言,虽然各方当事人均认可在某些药物的配伍关系上存在一些医学上的争议,但绝大部分药物的配伍关系在医药领域还是存在共识或者相对固定。所以,对于常用药品和药物配伍关系进行选择的范围有限,即能够发挥其主观判断或者体现其创造性劳动的空间很小。虽然不否认《306表》是沈建平、宗希乙大量辛勤工作的成果,但无论是从该表的整体还是二人所声称的具有独创性的各个部分来看,它只是对已经存在的现有资源的一种反映或者叠加,而并非通过智力劳动所创造出的成果。更为重要的是,如果将建立在大量已有资源基础上的《306表》给予垄断性的权利,有可能会阻碍科学研究的进一步发展从而损害公众利益,这有违于我国著作权法的立法宗旨……

沈建平不服一审判决向本院提起上诉……

* * * *

本院认为:

独创性是作品获得著作权法保护的必要条件。所谓作品的独创性,是指作品必须由作者独立创作完成,且创作的作品要具有一定程度的创造性。本案中,沈建平、宗希乙创作的《306表》是作者根据特定的使用目的,在大量的药品中选择常用的药品,并根据公开的研究成果和临床经验,确定这些药品之间的配伍关系,在此基础上,编排形成的一个便于应用的图表。应当说,该表的创作体现了独创性,符合作品的构成要件。因此,沈建平、宗希乙关于《306表》应受著作权法保护的上诉理由本院予以支持,一审法院关于"《306表》本身并不具备独创性,不应当受到著作权法的保护"的认定错误,本院予以纠正。

但是,根据本院查明的事实,三角表和方表的基本形式在《306表》创作之前已经作为表达药品配伍关系的形式存在多年,属于公有领域的常用表达形式,而非沈建平、宗希乙所独创,故应将该部分排除在保护范围之外;将两种图表及提示编排在一起也属于一种非常简单的组合,不具有独创性;而该表中使用彩色圆点表示药品之间的配伍关系,无论是否最早由沈建平、宗希乙使用于药品配伍检索表,都是对公众常用的色彩和图形的运用,亦不具有独创性;同时,药品之间的配伍关系表现的是客观事实,不具有版权性。因此,上述《306表》的构成要素,均不属于著作权法保护的范围。

由于《306表》的独创性体现在对药品的选择以及将选定药品之间的配伍结果进行编排,据此,将《306表》与《318表》进行比较,二者的药品数量相差10余种,对于常用药品的配伍变化表,药品的选择范围相对较小,这种差别应属于比较明显;同时,二者在药品的分类、药品排列的顺序等具体编排上也有显著差别,因此,不能认定《318表》构成对《306表》的抄袭,故沈建平、宗希乙关于被上诉人构成侵权的上诉理由缺乏事实和法律依据,本院不予支持。

(张雪松、李燕蓉、张冬梅法官)

思考问题:

(1)二审法院认为《306表》有独创性,但认为原告所采用的三角形、红绿灯等要素不具有独创性,那《306表》的独创性在哪里?

(2) 法院分割作品中的各项要素并注意分析各项要素的独创性,进而得出整个作品的独创性,这一分析方法可以接受吗?

(3) 出于技术而非美学因素的考虑,对于表中药物的选择,是否能够体现独创性?

在下面的中经网案中,法院在判断作品的独创性时,同样涉及表达性要素与非表达要素的区分问题。

中经网数据有限公司 v. 香港中华网国际网络传讯有限公司

北京高院(2002)高民终字第368号

2000年1月3日,中经网上中经数据项下中经观测栏目载有"中经宏观景气动向""中经宏观经济预警信号"等大量图表。其中有11幅"中经宏观经济预警信号"图表是将工业总产值、企业销售收入等月度经济指标进行分析之后,用按序排列的颜色深浅不一的圆形表示上述月度经济指标过热、趋热、稳定、趋冷、偏冷的含义。其他大量的图表包括"中经景气动向""中经先行合成指数""工业品产销率"等月度指标曲线走势图等。"中经景气动向"等曲线走势图上方均注有加框 CEIdata(中经网数据中心)标志。中经网主页标明"国家信息中心中经网管理中心版权所有",在其主页及中经观测栏目网页上未标注上述内容未经许可不得转载、摘编的声明。

同日,在中华网经济参考项下经济数据栏目内79个网页上载有与中经网上述月度经济指标分析图相同的图表,其中使用"中经宏观经济预警信号"图表10幅,所使用的"中经景气动向"曲线走势图等图表上带有中经网加框 CEIdata 标志。

……

中经网公司主张其对中经网网页中所载"中经宏观经济预警信号"图和"中经景气动向"曲线走势图等图表享有著作权。"中经宏观经济预警信号"图表是其将各项月度经济指标进行分析之后,使用色调不同的圆形按序排列的较为独特的表达方式,直观、明了地表达了对各项月度经济指标的综合分析内容,其表达方式具有一定的独创性,应属我国著作权法所保护的作品。

[一审法院认为]中经网公司中经网网页上所载的大量"中经景气动向"、"中经先行合成指数"曲线走势图等图表是采用通用的曲线表达方式,表明各项经济数据指标的变化,该种表达方式不具有我国著作权法所保护的作品的独创性。

[一审法院认为]中经网公司在中经网主页及中经观测栏目网页上虽未标注所上载内容未经许可不得转载、摘编的声明,但中华网公司在中华网经济数据栏目中使用了中经网公司网页上的"中经宏观经济预警信号"图表10幅,未指明出处,亦未支付相应报酬,这种行为侵犯了中经网公司对上述图表所享有的著作权,构成了中经网公司对该图表所享有的署名权、使用权和获得报酬权的侵害,应当对此承担相应的法律责任。

……

中经网公司不服一审判决,向本院提起上诉。其上诉理由是:……中经网公司所主张的对"中经景气动向""中经先行合成指数"等曲线走势图图表的著作权指的是中经网创作的完整版面以及这些版面的调用系统,原审法院认定这些图表不具有独创性是错误的……

就曲线走势图的独创性问题,中经网公司二审中称,其主要表现在曲线走势图上"点"的位置的安排、曲线走势图的形态以及图表的背景颜色等方面。就"点"的位置的安排而言,在国家统计局的资料上,每年一月份的数据是空缺的,故图表中一月份的"点"的位置均是他们公司人员自己的安排。还因为特殊时期(例如春节前后或特殊气候影响的时期)要对相应的点的位置进行季节调整,故某些特殊时期的点的位置也是中经网公司人员自己的安排。对横纵坐标轴上刻度间距与数据的选择是中经网公司人员自己根据所要表现的图表的内容的不同作出的选择,对曲线走势图的形态有重要影响。为了美观起见,中经网公司人员自己加上了深浅不同的颜色作背景。就上述主张,中经网公司以固定资产投资曲线走势图为例进行了说明,并提供了中经网从国家统计局收集到的1993—2002年关于固定资产投资的原始数据表。

中华网公司对中经网公司所提供的上述证据及材料的真实性不持异议,但认为,差值填补、季节调整纯属制表方法的问题,不是著作权法所保护的对象;本案所涉曲线走势图的独创性程度尚未达到受法律保护的要求;不论如何制作图表,其曲线走向不变;至于颜色的变化,与这类图表的功能是无关的。

……

本院认为,本案双方争议的焦点问题是中经网公司主张著作权的"中经景气动向""中经先行合成指数"等曲线走势图图表是否构成我国《著作权法》所保护的作品,是否具有独创性。中经网公司关于对其创作的"完整版面"著作权的主张与原审诉讼请求的范围是一致的。但其对"版面的调用系统"主张著作权的请求已超出了原审诉讼请求的范围,本院对此不予审理。

中经网网页上所载的"中经景气动向""中经先行合成指数"等图表虽然采用的是常见的曲线走势图的表达方式,但用以表明经济指标变化的图表可以是不特定的多种表达方式,曲线走势图并不是唯一的或有限的表达方式中的一种。原审法院关于本案所争议的曲线走势图图表是采用通用的表达方式因而不具有我国著作权法所保护的作品的独创性的认定有失妥当,本院应予纠正。

独创性是指一部作品是经作者独立创作产生的。一是要求作品具有非抄袭性,并不要求作品具有创作高度;二是要求作品之中必须包含作者的判断。中经网公司主张权利的曲线走势图并不是抄袭他人的,而是独立完成的,对此双方并无争议。双方的争议在于每幅图表中是否包含作者的判断。本院认为,本案只要图表所表达的内容能体现制表人员独自的判断则该图表就具有独创性。本案中,正是因为中经网公司带有主观性的差值填补、季节调整才使图表中某些"点"的位置的安排体现了与其他公司所制作的图表的区别。横纵坐标轴刻度的选择,虽然受制于此类图表的特点,无论何人绘制,曲线走势图的大体走向可能会相似,但是因为坐标轴刻度选择上的主观性,使整个图表的形态会因绘制者不同的判断而呈现出区别。颜色背景的选择,虽与数据无关,但却亦属于绘图者针对其所绘制图表的美感所做的选择。因而本案所争议的曲线走势图图表具有独创性。中华网公司关于差值填补、季节调整纯属制表方法的辩解,以及争议图表的独创性程度尚未达到受法律保护的要求的辩解,缺乏法律依据,本院不予支持。

中经网主页及中经观测栏目网页上虽未标注所上载内容未经许可不得转载、摘编的声明,但中华网公司在其网页上使用了中经网公司网页上的"中经宏观经济预警信号"图表 10 幅,"中经景气动向""中经先行合成指数"等曲线走势图 68 幅,未指明出处,亦未支付相应报酬,该行为侵犯了中经网公司对上述 78 幅图表所享有的署名权、使用权和获得报酬权,中华网公司应对此承担相应的法律责任。 （张鲁民、张冬梅、周翔法官）

思考问题:

在分析独创性时,法院指出"中经网公司带有主观性的差值填补、季节调整才使图表中某些'点'的位置的安排体现了与其他公司所制作的图表的区别"。假设不同公司所选择的点的位置的确会有所不同。这种差异显然是不同公司对技术性问题的认识不同,而不是出于审美的差异,它是否体现了著作权法意义上的独创性? 为什么?

在北京金融城网络有限公司 v. 成都财智软件有限公司案(北京市二中院(2000)二中知初字第 122 号)中,诉争的作品是所谓的外币交易走势图。该交易走势图由原告金融城公司利用自己开发专用软件对建行北京分行提供的外汇交易牌价的即时行情进行处理,然后以曲线图的形式在网上发布。该走势图在金融城网站页面上的显示状态是一幅独立于页面背景内容的图形。在该案中,法院认为:"金融城公司根据银行提供的外汇牌价数据制作的走势图只是一种特殊的服务性产品,尚不构成我国著作权法所保护的作品。"这里法院直接否认走势图本身的作品属性,从而避免对独创性问题作出判断。对比上述案例,何者更有道理?

2.2.5 独创性判断的形式主义与意图主义标准

Ryan Littrell, Toward a Stricter Originality Standard for Copyright Law, 43 B. C. L. Rev. 193, 204—205(2001):

尽管法官在判断独创性时明确排除美学理论,实际上他们并不能摆脱它,因为版权保护的客体本质上富有美感。关于独创性的法理可以大致分成两个类别:形式主义(formalism)与意图主义(intentionalism)。

形式主义学派认为,理解艺术作品的关键在于揭示艺术客体(aesthetic object)对于人的影响。这一方法主张对艺术客体自身进行分析,因为美学体验有其自身的特殊规律,引发美学感受的客体肯定有符合这些规律的外在的形式特质。形式主义分析方法试图通过一种没有偏见、不受情感影响的方法获知一种客观的含义。形式主义的一个明显优点是,它大致符合一个外行对于艺术的理解。不过,形式主义对于外在形式的强调导致很多问题。比如,在艺术画廊展览的小便池的外在特征通常并不会引发"美学感受",但是马塞尔·杜尚(Marcel Duchamp)的"泉"("Fountain"),作为观念艺术品,是 20 世纪最为有名的艺术品。类似的,如果原创作品和复制件在裸眼看来是一样的,在形式主义者看来,难以解释为什么前者是艺术而后者只是假冒品而不是艺术。

相反,对于意图主义者,上述例子并不是问题。这一学派关注创造者的思想(mind)。意图主义要确定作者所试图让作品传达的意思。这一方法避免了上述两件相同作品的例子所揭示的形式主义的矛盾,让作者自己说明作品的主观含义。形式主义与之不同,掩盖了评论者的主观判断。然而,意图主义也留下很多缺憾,首先,它不能解释为什么那些创作者主观上并不是作为艺术品创作的作品可以被视为艺术品(比如,艺术家否认有美学意图,或者美丽的外形被偶然创造出来)。其次,由于很难理解他人的思想和感受,意图主义很容易导致过度的主观主义。最后,当一个人试图创作艺术但是不幸失败时,其创作结果依然可以被称作艺术,这贬低了我们的艺术鉴赏力。

对于法学美学主义者而言,上述两个学派都提供了可行的理解艺术的方法,但是因为各自都有对方所没有的缺陷,因此二者都不能提供一个完全可信的理解艺术的方法。鉴于二者各有优缺点,不同的读者或观众可能在个案中根据需要采用不同的方法。

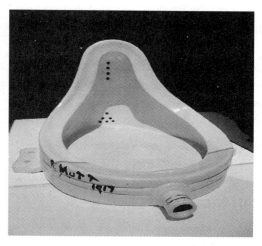

http://en.wikipedia.org/wiki/Fountain_(Duchamp)

依据上面的分析,著作权法上关于工业品与艺术品的区分是不是会失去意义?如果美感实际上是不可避免的考虑因素,那底限在哪里?

2.3 几类特殊作品的独创性

2.3.1 短语类作品

当文字作品的篇幅缩减到仅仅是几个词组甚至是一个单词时,如何判断它是否具有著作权法意义上的独创性就成了非常棘手的问题。比如北岛有一首极短的诗歌《生活》,内容只有一个字——"网"。它是否是具有独创性的作品?通常认为,"短语越短,就越缺乏独创性,就越接近于思想而不是表达。短语越短,可能的替代词语就越少,因此依据思想和表达混同学说(Merger Doctrine)就越不能保护。基于法律原则和先例,此类案件中决定性的问题是:保护并非原告所独创的东西是否妨碍他人利用这些基本的表达要素(Fundamental Building Blocks)。"①

短语类作品要获得保护,应该能够向人传达一定的有价值的信息。在 Exxon Corp. v. Exxon Insurance Consultants((1982)R. P. C. 69)案中,法官在否定 Exxon 这一单词的作品属性时指出:"该词语不具备任何常识意义上的作品的特点。它不传达信息,不提供指示,不能给我带来愉悦;它仅仅是五个字母的人工组合,仅仅可以和其他英语单词一道用来指明原告集团中的某个公司。"

在郭石夫 v. 杭州娃哈哈集团公司(上海市二中院(1998)沪二中知初字第 5 号)中②,原告于 1954 年 11 月创作了歌曲《娃哈哈》,1956 年在全国出版发行的《儿童音乐》刊物上发表。被告自 1989 年"娃哈哈"获准注册起,被告即使用上述商标,同时通过电视、广播、报刊等媒体大量发布以"娃哈哈"为注册商标的产品广告。在判断作品名称"娃哈哈"及歌词"娃哈哈"是否受著作权法保护时,法院认为:

> 我国著作权法第三条、著作权实施条例第二条对著作权法的保护范围及含义作了明确规定,根据这些规定,作品名称不在著作权法的保护之列。由于法律没有明文规定对作品名称予以保护,原告的诉讼主张没有现行法律上的根据,本院不予支持。
>
> 著作权法保护作者的创作成果,保护以一定表现形式反映特定思想内容的作品。为此,在确定著作权法保护对象时,应当首先确定要求保护的作品或作品的一部分是否是作者全部思想或者思想实质部分的独特表现。从语言文字学的角度看,"娃哈哈"是"娃娃笑哈哈"的紧缩句式。"娃哈哈"作为歌曲中的副歌短句、歌词的一个组成部分,其重要性主要在于歌词中起上下句歌词的连接作用,所表现的内涵并不是作者思想的独特表现,也无法认定其反映了作者的全部思想或思想的实质部分。因此,原告以紧缩句"娃哈哈"一词主张其拥有著作权,与我国著作权法的规定不符,本院难以支持。

下面的"五朵金花"案中似乎也持类似观点。你如何评论这一判断作品独创性的方法?作品名称一定不在著作权法的保护之列吗?

赵继康 v. 曲靖卷烟厂

云南高院(2003)云高民三终字第 16 号

原告赵继康诉称:原告(笔名季康)与王公浦(笔名公浦)于 1959 年共同创作了电影文学剧本《五朵金花》。被告曲靖卷烟厂未经二作者同意,擅自将"五朵金花"作为

---

① Paul Goldstein, Copyright, 2nd Ed. Aspen Law & Business, 1999, at § 2.7.3, 2:101.
② 金长荣、吕国强:《知识产权案例精选(1999—2000)》,上海人民出版社 2002 年版,第 67—70 页。

香烟商标使用，利用《五朵金花》的知名度进行牟利。被告的行为严重歪曲了原告和王公浦创作《五朵金花》的原意，侵犯了原告的著作权，并构成不正当竞争行为……

一审法院认为，电影文学剧本《五朵金花》的名称不能单独受我国著作权法保护。原因在于：

1. 著作权法保护的对象是作品，所谓作品，是指文学、艺术和科学领域内，具有独创性并能以某种有形形式复制的智力创造成果；而作为一部著作权法意义上的文学作品，是指用文字表达意见、知识、思想、感情等内容的具有独创性的文学创造成果。就本案而言，电影文学剧本《五朵金花》是一部完整的文学作品，但仅就"五朵金花"四字而言，并不具备一部完整的文学作品应当具备的要素。首先，该词组由一个数量词"五朵"和一个名词"金花"组成，不能独立表达意见、知识、思想、感情等内容；其次，在云南，"金花"作为白族妇女的称谓古已有之，并非原告独创。"五朵金花"这一词组的构成虽然有可能包含作者的思想感情及创作意图，但我国著作权法所保护的是作品的内容，而非作者的思想。因此"五朵金花"这一词组只有与作品内容一起共同构成一部完整的作品，才受我国著作权法保护。

2. "五朵金花"一词并不构成《五朵金花》电影剧本的实质或者核心部分。如果对其单独给予著作权法保护，禁止他人使用"五朵金花"一词，既有悖于社会公平理念，也不利于促进社会文化事业的发展与繁荣。

3. 被告的行为既不损害原告的著作权，也不妨碍原告行使其著作权。无论从我国《著作权法》第10条规定的著作权人的权利，还是从第46条、第47条列举的著作权侵权行为表现形式审查，被告的行为都不损害原告基于剧本《五朵金花》享有的著作权中任何一项人身权或财产权，也不妨碍原告行使其著作权。综上所述，被告使用"五朵金花"四字作为其香烟商标的行为不违反我国著作权法的规定，不构成著作权侵权……

判决宣判后，双方当事人均向本院提出上诉……

我国著作权法对作品名称是否受著作权法保护没有明文规定。本案一审过程中，一审法院就文学作品名称是否受著作权法保护这一问题向国家版权局去函咨询，国家版权局版权管理司于2001年12月25日作出了权司(2001)65号《关于文学作品名称不宜受著作权法保护的答复》。该答复认为作品名称是否受著作权法保护取决于该名称是否具有独创性，如具有独创性则应保护。同时认为对作品名称适用《中华人民共和国反不正当竞争法》调整更为恰当。

……

对此本院认为，根据我国著作权法的规定，著作权法保护的客体是作品。所谓"作品"，根据《中华人民共和国著作权法实施条例》第2条的定义，是指"文学、艺术和科学领域内具有独创性并能以某种有形形式复制的智力成果"。故一部受著作权法保护的作品，除具有独创性外，还要能独立表达意见、知识、思想、感情等内容，使广大受众从中了解一定的讯息，不应当仅是文字的简单相加。如果把是否具有独创性作为判断作品名称是否享有著作权的唯一标准，势必造成作品名称有独立于作品的著作权。即如果该作品名称具有独创性即可享有著作权,则会形成作品名称有一个独立的著作权、正文又有一个著作权,那么基于同一部作品,相同的作者可以享有两个或两个以上的著作权,这既不符合法律逻辑,也不符合法律规定。

就本案而言,《五朵金花》剧本是一部完整的文学作品,"五朵金花"四字仅是该剧本的名称,是该剧本的组成部分,读者只有通过阅读整部作品才能了解作者所表达的思想、情感、个性及创作风格,离开了作品的具体内容,单纯的作品名称"五朵金花",因字数有限,不能囊括作品的独创部分,不具备法律意义上的作品的要素,不具有作品属性,不应受著作权法保护。在著作权法领域,不同作者基于各自的创作可以产生名称相同但形式、内容不同的作品;在不同领域则产生性质不同的权利,不能适用著作权法调整,否则将会妨碍社会公共利益,与著作权法的立法原则和精神不符。综上所述,赵继康主张曲靖卷烟厂用其作品《五朵金花》的名称作为商标使用侵犯其著作权的观点本院不予采纳。

至于赵继康请求本案适用《中华人民共和国反不正当竞争法》保护的问题,虽然国家版权局版权管理司的函认为作品名称应受反不正当竞争法调整,但国家版权局对《中华人民共和国反不正当竞争法》没有解释权。本院认为反不正当竞争法调整的是平等的市场经营主体间在市场竞争中发生的法律关系,目的是保障社会主义市场经济健康发展,鼓励和保护公平竞争,制止不正当竞争行为,保护经营者和消费者的合法权益,而赵继康并非市场经营主体,与曲靖卷烟厂也不存在竞争关系,此行为不属于不正当竞争行为。

(杨惠、孔斌、包靖秋法官)

思考问题:

法院认为,"如果把是否具有独创性作为判断作品名称是否享有著作权的唯一标准,势必造成作品名称有独立于作品的著作权"。这有道理吗?一个作品中不能有两个以上著作权?法院关于原被告是否有竞争关系的意见,有道理吗?

与"娃哈哈""五朵金花"案类似,"万家乐—MACRO"的英文对应组合[1]、楼盘案名"华松·玉兰苑"[2]也被认为不是作品。但是,中国法院在另外一系列案件中确认诸多短语构成著作权法意义上的作品,比如:"横跨冬夏、直抵春秋"[3]"世界风采东

---

[1] 罗耀先 v. 广东万家乐集团公司,广东佛山中院(1999)佛中法知初字第109号、广东省高院(2000)粤法知终字第15号。

[2] 孙浩 v. 建湖县新城华松实业有限公司,江苏省盐城市中院(2010)盐知民初字第5号。法院指出:"涉案楼盘中的'玉兰苑'名称,事实上已成为我国房地产开发领域内楼盘小区的常用名称,一定程度上具有普适性。而且,'玉兰苑'文字本身并非原告首创或臆造,'玉兰苑'作为楼盘小区名称早已有之。即使原告为此命名付出了一定的脑力劳动,也不能体现出原告为涉案楼盘命名的原创性和独特性,不能反映出作品的本质特征。故原告主张的'华松·玉兰苑'名称不是著作权法所保护的作品。"

[3] 俞华 v. 北京古桥电器公司,引自孙建、罗东川:《知识产权名案评析(2)》,中国法制出版社1998年版,第35—38页。

方情"①"看美乐电视,享美乐人生""川人川味,蜀地蜀风""岁岁年年,滋味如一""有空来皇城老妈坐坐,是缘分……"、美术字体"皇城老妈"②、"椭圆形 OLYMPIA"③等。

短语与色彩和图案结合,更容易被视为具有独创性的作品。比如,在安氏企业公司 v. 无锡市海克钨制品有限公司案(江苏省高院(2009)苏民三终字第 0184 号)中,双方争议的焦点之一是下列产品标识(实为商标图案)是否具有独创性。一审法院认为:

> 该产品标识由六个英文字母及图案组成,其中"D、e、x、a、n"五个字母中部有一条白色直线,中间的 P 下端进入下方的长方形,该下端有自右向左向下倾斜的三道直线,代表钻头的三条螺纹,象征着钻头钻孔。英文字母下方的长方形代表水泥块,在长方形中有四个椭圆形,并有一条曲线将四个椭圆形相连,象征作为工程对象的水泥块在钻孔后形成四个空孔,裂纹沿着四个空孔而延伸。上述产品标识并非简单的英文字母组合,而是通过字母含义及图案形象地反映了无声破碎剂产品的钻孔、灌浆、碎裂等工作步骤。故该产品标识为具有独创性并能有形复制的智力成果,应认定为著作权法所称的作品。二审时,二审庭审中,双方当事人对于 Dexpan 产品标识为具有独创性并能有形复制的智力成果,系著作权法所称的作品没有异议。

2.3.2 地图作品

地图作品具有明显的实用性,因而绘制者的创造自由受到地形地貌等现实因素的制约。但是,著作权法能够保护的并非客观存在的地理信息,而是绘制者呈现这些客观信息的个性化表达方式。其中的道理就像很多文字作品都在描述相同的科学原理(比如相对论),但是表述方式各不相同一样。在绘制者没有选择余地的情况下,通常也就不存在所谓的独创性。比如,在刘凯诉包头市达茂联合旗人民政府等侵犯著作权及不正当竞争纠纷案((2008)民申字第 471 号)中,最高人民法院认为:"独立创作完成的地图,如果在整体构图、客观地理要素的选择及表现形式上具有独创性,可构成著

---

① 王定芳 v. 上海东方商厦有限公司,载李永明主编:《知识产权法案例研究》,浙江大学出版社 2002 年版,第 26—28 页。
② 成都市皇城老妈酒店有限公司 v. 北京皇蓉老妈火锅店(著作权),北京高院(2003)高民终字第 114 号。
③ 韩国奥林匹亚工业株式会社 v. 北京奥林匹亚热能设备开发有限责任公司北京高院(2000)高知终字第 10 号。

作权法意义上的作品;行政区划图中关于行政区的整体形状、位置以及各内设辖区的形状和位置等,由于系客观存在,表达方式非常有限,在认定侵权时应不予考虑。"

如果绘制者经过直接测绘然后绘制出地图,则地图的独创性通常是不证自明的。因为地理信息的筛选和呈现有相当的个性空间:实际地理信息非常丰富,地图上能够容纳的信息本身有限,如何利用线条、色彩或图标呈现筛选确定的信息必然要经过复杂的筛选过程,所以结果因人而异。

上海市测绘院 v. 中华地图学社

上海市高院(2003)沪高民三(知)终字第 28 号

原告上海市测绘院于 1999 年 7 月、2002 年 1 月编制了《上海市道路交通图》(市郊交通旅游专版)、《上海市交通图》(公交线路一览版)、《上海市区交通地图》,分别由多家出版社出版。2002 年,被告中华地图学社编制《上海市道路图》(轨道交通版),并由多家出版社出版。

经比对,被告编制的《上海市道路图》(轨道交通版)与原告编制的三幅地图,存在下述相同之处:1. 错误标注相同。如:原告地图中对淞塘新村、彭浦公园的范围线综合、天马大酒店等处的标注错误,在被告地图中出现相同的错误标注。2. 对市区西南区域新村、住宅小区的选取方式相同。原告地图中对市区西南区域众多的新村、住宅小区仅选取了金香新村等 35 处。被告地图中出现相同的选取。3. 对市区西南区域宾馆、饭店的选取方式相同。原告地图中对市区西南区域众多的宾馆、饭店仅选取了天马大酒店、宜宾饭店等 8 家。被告地图中出现相同的选取。4. 对浦东区域绿地、公园的选取方式相同。原告地图中对浦东地区众多的绿地、公园选取了三岔港苗圃、明珠公园等 27 处。被告地图中出现了相同的选取。其中,原告地图中对潍坊公园的标注错误,在被告地图中出现了相同的错误标注。5. 对建成区范围线综合、界限综合、河流线综合的描绘方式相同。

原审法院认为:

一、由于原告是《上海市交通图》(公交线路一览版)、《上海市区交通地图》、《上海市道路交通图》(市郊交通旅游专版)的编制人,上述地图符合著作权法规定的地图作品的条件……

二、被告编制的《上海市道路图》(轨道交通版)部分剽窃了原告编制的《上海市交通图》(公交线路一览版)、《上海市区交通地图》、《上海市道路交通图》(市郊交通旅游专版)独特的描绘方式。理由为:1. 原告的三幅地图均对上海市的地理要素作出了相应的取舍和高度概括,符合专题地图的条件,且与他人编制的"上海市道路交通图"的描绘方式具有显著的区别特征,包含了原告创造性智力劳动。2. 在被告编制的地图中多处出现了包含原告创造性智力劳动的独特的描绘方式。3. 被告不能证明其地图中出现的与原告独创性的描绘方式相同的描绘方式是由被告自身创作或被告参考其他地图后创作的,尤其重要的是,其一,被告从不具备相应的测绘资格,被告也未向本院提交由其测绘的地理底图。其二,被告提交的其所谓的参考地图大部分为国家基本比例尺地形图,这些地形图中相关部分的描绘方式与原告的描绘方式只有部分相似,但不相同。而被告的描绘方式与原告的描绘方式相同,由此证明被告并非采用其所谓参考地图中的描绘方式。此外,被告也没有"合理使用"的情形。4. 被告的行为属于编辑盗版行为。

……

一审判决后,中华地图学社不服,向本院提起上诉,其主要理由为:一、原审法院在诸多事实认定方面存在错误,尤其是对被上诉人上海市测绘院编制的地图中享有的著作权的范围认定不清,致使对被上诉人地图中存在的大量的客观存在的新村、住宅小区、宾馆、绿地等公共信息的非智力劳动成果也不加区别地作为著作权保护的客体予以了保护;二、上诉人中华地图学社虽然在编制系争《上海市道路图》(轨道交通版)中选取了部分与被上诉人相同的公共信息,但在标注方式、手段等不尽相同,而原审法院仅用简单的对比法据此认定上诉人的行为构成侵权,系适用法律错误……

本院认为:

(一)地图作品属于我国《著作权法》第3条规定的一种图形作品,其作者依法享有著作权,并受法律保护。地图的创作主要体现于地图的设计、编绘等方面,尤其是本案所涉的专题地图,其编绘特点主要表现为对地形、河流、居民点、交通线路境界线等要素的合理取舍和高度概括。因此不同的作者,由于他们对地图的整体构思以及立意、测绘图的筛选、地图信息的取舍详略的不同,所编绘的地图差异是显而易见的。这种差异也正反映了作者在表现上述要素时的独创性,体现了作者的创造性的智力劳动成果。本案中,由于上海市测绘院系《上海市交通图》(公交线路一览版)、《上海市区交通地图》、《上海市道路交通图》(市郊交通旅游专版)的编制人,故上海市测绘院作为上述地图作品的作者,依法对上述地图作品享有著作权。上诉人中华地图学社上诉认为,被上诉人的地图作品由于包含了大量的公用信息,不具有独创性,不应受到著作权保护的上诉理由,缺乏相应的法律依据,本院不予支持。

(二)根据本案查证的事实,首先,上诉人中华地图学社编制的系争《上海市道路图》的时间晚于被上诉人的三幅地图的出版时间;其次,经比对,上诉人编制的系争《上海市道路图》中,在对市区西南区域新村、住宅小区的选取方式,对市区西南区域宾馆、饭店的选取方式,对浦东区域绿地、公园的选取方式以及对建成区范围线综合、界限综合、河流线综合等的描绘方式相同,尤其需要指出的是,上诉人的系争《上海市道路图》中还多处出现了与被上诉人的地图中相同的错误标识;再次,上诉人始终未能提供其上述与被上诉人相同的描绘方式是由其自己独立创作产生的充分证据。而按照通常的制图规律,如在完全独立绘制的情况,不同作者对地图信息的分别综合取舍和编绘的特点是不可能一样的,不同作者也是不可能编制出包括错处都一致的地图的,从而证明了上诉人的行为属于《著作权法》第46条所规定的"剽窃他人作品"的侵权行为。故上诉人称其编制系争《上海市道路图》的行为不构成对被上诉人著作权的侵权的上诉理由,缺乏事实与法律依据,本院不予支持。

(澹台仁毅、马剑峰、李澜法官)

思考问题:

在后者创作地图是否必须独立绘制?是否可以直接测量已有地图上的地理信息,然后自行绘制线条、图标等?可联系下文关于美国法的介绍。

在美国早期的案子中,法院遵循所谓"直接测绘(Direct Observation)"的规则,只有地图的绘制者实际考察了实际的地形地貌,不是从其他的地图上获取原始资料时,才具有所谓的独创性。[1] 在后来的 United States v. Hamilton 案中[2],第九巡回法院否定了这一规则,法院认为图表作品并不需要特殊的独创性判断标准。直接观察后的记录,仅仅是衡量创作者技巧和才能的一种措施。法院认为,地图作品并不能赋予作者对描述地域边界和具体位置的颜色、符号、关键标志的独占权。地图的独创性不仅仅表现在对先前未知地理情况的揭示、对比例的修正等,也同样表现在作者的选择、设计和综合上。

如果绘制者没有实地测绘,只是对已有地图信息进行汇编或演绎,则是否具有所谓的独创性,容易引发争议。这时候,地图的绘制者通常是在已有地图所揭示的信息的基础上,增加新的地理要素信息、修改细节的呈现方式等,从而体现自己的个性。理论上,这是有可能使得修改过的地图本身获得著作权法意义上的独创性。但是,这是否可以避免侵害在先的著作权,则需要个案判断。

宁波嘉禾教学仪器有限公司 v. 象山海阳科教仪器有限公司

浙江省高院(2007)浙民三终字第 287 号

[在本案中,原告嘉禾公司指控被告海阳公司通过原告先前的员工余兴志窃取的嘉禾公司的地图数据,以营利为目的生产和销售英文地球仪地图,侵犯了嘉禾公司的著作权。原告嘉禾公司并没有地图测绘资格,也没有实际去测绘地图,而是根据现有的公开的出版物汇编而成。双方争议的焦点之一是,诉争的英文地球仪地图是否享有著作权。]

原审法院认为,地图作为作品的一种形式,受到著作权法的保护。地图中受著作权法保护的成分,应是作者独创的部分,而地图绘制中所表现的确定不变的各种地理要素及惯常使用的成分和通常绘法,因地图作品的特性所决定或因处于公有领域而不受著作权法的保护,而绘制者独创的指示性或艺术性成分则受著作权法保护。

本案嘉禾公司庭审中称其上述英文地球仪地图独创性主要体现在:1. 嘉禾公司

---

[1] Donald S. Chisum, Michael A. Jacobs Understanding Intellectual Property Law, Mattew Bender, 1992, at §4C[5], 4—96. 案例参见 Amsterdam v. Triangle Publications, 93 F. Supp. 79 (E.D. Pa.1950), aff'd on opinion below, 189 F.2d 104 (1951).

[2] United States v. Hamilton, 583 F.2d 448 (1978).

编制的地球仪地图经纬线间距按10度来设计;2. 嘉禾公司地球仪地图政区、地形分开设计;3. 嘉禾公司地球仪地图设计除按国家分色外,还将美国按州分色设计;4. 嘉禾公司政区地图山脉按暗色山影方式设计;5. 嘉禾公司地球仪地图色调由多种颜色设计;6. 嘉禾公司地球仪地图海洋设计了洋流线;7. 嘉禾公司地球仪地图所使用的字体、颜色、经纬线的设计、洋流线的设计等所有标识性的成分及其组合方式。

基于上述理由及著作权法只保护对于思想观念的表述的原则,该院认为,本案嘉禾公司的上述英文地球仪地图其独创性主要体现在其对地理要素的综合取舍、地理要素的表现形式,即嘉禾公司对不同地域的具体颜色处理、画法,对山脉、湖泊、岛屿、城市等地名的地图数据的取舍及这些地图数据的具体表现形式,这些表现形式反映了编制者在表现地理要素时的独创性,应受著作权法的保护……

该院认为,嘉禾公司依法享有上述英文地球仪地图的著作权,海阳公司所取得的上述审图号的英文地球仪地图,与嘉禾公司要求保护的涉案英文地球仪地图特别是对地理要素的综合取舍、地理要素的表现形式,即二者对不同地域的具体颜色处理、画法,对山脉、湖泊、岛屿、城市等地名的地图数据的取舍及这些地图数据的具体表现形式基本一致,而此种一致并非系因地理要素相同所致,显系海阳公司复制嘉禾公司上述英文地球仪地图之结果,海阳公司未经著作权人嘉禾公司的许可,复制、发行嘉禾公司享有著作权的英文地球仪地图,侵犯了嘉禾公司享有的著作权……

[宣判后,双方均不服,向浙江省高院提起上诉。本院认为:]

嘉禾公司明确承认其创作涉案地球仪地图的资料均来源于公开出版物。其只是加以重新组合排列。从嘉禾公司所陈述的地球仪地图编制活动看,其编制内容主要包括两种,一是添加表现地理、地形的基本要素,如将经纬线间距缩短到10度,区分行政区和地形图,增加了海洋洋流线等。这些要素是公开和公知的科学数据,必须与客观事实相符,其具体表达形式是唯一或者有限的几种,并不具有独创性,不受著作权法保护。二是对地图区块颜色和文字字体进行修改。如将美国各州分色设计、山脉按暗色山影体现、使用拉丁文字等,这些要素也是公开和已有的素材,这些表达方式并不是嘉禾公司自己完成的智力成果。地图作为受著作权法保护的一个编制性科学作品,其编制程序是严肃的创作过程,从总体设计编排到分幅设计,需要大量基础测绘资料。嘉禾公司利用各类公开出版的地图,将已有的公开的地图表达素材进行简单的整合,不符合作品独创性要求,也不属于著作权法保护的汇编作品。嘉禾公司主张对涉案地球仪地图享有著作权无法律和事实依据。

（应向健、方双复、陈颖法官）

思考问题:

（1）对比一审和二审法院的意见,你觉得何者更有道理?

（2）二审法院认为,原告在绘制地球仪时,添加了"公开和公知的科学数据,必须与客观事实相符,其具体表达形式是唯一或者有限的几种,并不具有独创性"。假如添加哪些科学数据依然有很大的选择余地,还能说没有独创性吗?问题的关键不在于添加的是否属于科学数据,而在于是否一定要添加该数据,你同意吗?

(3) 对于"地图区块颜色和文字字体"的修改,二审法院认为并非原告自己的智力成果。有道理吗?

(4) 著作权法上对于地图独创性的要求与地图出版管制法律中的要求,有直接联系吗?

2.3.3 汉字字体

近年来,北京方正公司提起的一系列字体作品侵权诉讼案件①,在国内知识产权界引发广泛关注。在这些案件中,方正公司认为,该公司设计的汉字字库中的单字字形设计为著作权法意义上的美术作品,而计算机字库为计算机程序作品,二者均应受到著作权法保护。方正公司主张权利的对象,不仅限于字库软件的非法复制者,而且包括无意中使用个别字体的终端用户。在信息化的今天,有汉字的地方就有字体设计的身影。以方正公司为代表的字体作品著作权主张,几乎要影响每个汉字用户的行动自由——未经字体作品著作权人许可,使用单字字形或字库程序的企业或个人,都有可能被控侵害著作权。这一局面有些出人意料。这究竟是著作权法刻意追求的结果,还是著作权法应该努力避免的噩梦?这在中国还处在激烈的争议之中。

1973 年欧洲一些国家共同缔结了《印刷字体的保护及其国际保存协定》。该协定允许成员国用版权法或者外观设计法保护印刷字体,也允许通过专门立法保护。成员国保证权利人至少享有下列权利:(1) 禁止他人未经许可使用相关字体印制印刷品,(2) 禁止他人进口或销售上述印刷品。保护期为 10 年,可以再续展 5 年。②

北京方正电子电子有限公司 v. 广州宝洁有限公司

北京市海淀区法院 (2008) 海民初字第 27047 号

[方正公司方正倩体字体作为美术作品进行著作权登记。倩体的设计人为方正字体设计师齐立。]齐立对倩体系列的设计理念和字形特征描述为:亲切、幽雅、柔美和华丽,如少女亭亭玉立的倩影,给人以美的享受;字形以扁平硬笔的书写轨迹为基础,笔锋避免尖锐,设计成微小的圆弧,柔润舒畅,方正饱满。

方正公司字库的主要制作过程包括:

1. 由专业设计师设计风格统一的字稿。

2. 扫描输入电脑,经过计算形成高精度点阵字库,给出字库编码。

3. 进行数字化拟合,按照一定的数学算法,自动将扫描后的点阵图形抽成接近原稿的数字化曲线轮廓信息,通过参数调整轮廓点、线、角度和位置。

4. 人工修字,提高单字质量,体现原字稿的特点和韵味;利用造字工具可提高效率,保证质量;强大的拼字、补字功能可有效索引,以造出与字稿风格统一的字。

---

① 北京方正电子有限公司就字体作品侵权先后起诉过山东潍坊文星科技开发有限公司、美国暴雪娱乐公司、家乐福、宝洁公司、北京南宸电子技术有限公司等。参见谯荣德、蒋南顿:《计算机汉字字体著作权保护》,载《中国专利与商标》2009 年第 1 期,第 80 页。

② 郑成思:《版权法(修订版)》,中国人民大学出版社 1997 年第 2 版,第 422 页。

5. 质检,使字形轮廓光滑,结构合理,配合技术规范,提高存储效率和还原速度。
6. 整合成库,配上相应的符号、数字和外文,转换成不同编码和不同格式。
7. 整体测试。
8. 商品化。

方正公司自 2000 年 8 月开始,制作销售兰亭字库软件光盘,收入了包含粗中细三种倩体的 123 款中文字体,销售价格为 168 元。字库光盘包装注明字库可运行于多种系统,并满足用户办公、排版、视频字幕、雕刻、网页设计、平面设计等处理软件对中文字库的要求。光盘中著作权声明针对该"软件产品"及任何副本的著作权,均由方正公司拥有。

光盘中有方正公司对用户的许可协议文件,并非安装时必须点击。其中对于前端 TrueType 字库的授权内容为:最终用户可以在一台计算机上使用该软件,可用于计算机屏幕显示和打印机打印输出。限制内容为:未经方正公司书面许可,该"软件产品"的全部或部分不得被仿制、出借、租赁、网上传输;禁止将字库产品的全部或部分用于再发布用途(包括但不限于电视发布、电影发布、图片发布、网页发布、用于商业目的的印刷品发布等),禁止将本产品字形嵌入到可携式文件中(包括但不限于 PDF 等文件格式),禁止将该产品使用于网络及多用户环境,除非取得各终端机使用权的授权使用协议书。如果用户使用需求超出了本协议的限定,请与方正公司联系以获取相应授权。

[宝洁公司认为,]方正公司登记的是字库软件,提供了全部字库字体打印件,作为整体可以得到保护,但不能对软件生成成果中的单字和符号单独主张权利,按照书法作品保护其中每一个字。同时,宝洁公司强调其没有使用方正公司的上述字库软件。

……

2008 年 5 月 12 日,方正公司……购买宝洁公司生产的洗发水、香皂、卫生巾等 67 款产品,统计后认为上述产品使用包括倩体、少儿体和卡通体共计 372 个字。方正公司最后一次变更诉讼请求后,涉案的产品共计 24 款,均使用倩体"飘柔"二字。

[宝洁公司提交证据证明,美国 NICE 公司是宝洁公司委托的设计公司之一,飘柔系列等涉案产品的包装由该公司设计。该设计公司明确表示使用了方正兰亭字库的正版软件。]对此方正公司表示,NICE 公司购买方正字库,并在设计过程中使用了涉案字体,而许可协议中有对二次使用的限制,其没有授权 NICE 公司再许可权,该公司无权再许可第三方使用,所以宝洁公司也无权使用涉案的字体……

宝洁公司提交了田英章等书法家的字帖,1992 年出版的《现代美术字设计》、1994 年出版的《现代常用美术字绘写与设计》等书籍,并举例说明汉字笔画的相似性,证实方正字库与字帖类似,是特定字的集合,倩体字的笔画特征来自公有领域,而汉字具有特定的规则,笔画、部首的位置关系、间架结构和相对尺寸等早已固定,方正公司对公有领域的基本笔画稍加修饰,按照汉字既有的间架结构进行组合,将技术手段应用到汉字字形上,不具有独创性,不受著作权法的保护。计算机字库字体的突出特点是统一的风格化,通过机器复制实现,同一个艺术特点在另外一个字上有着完全相同的体现,与每一次创作都形成一件新的作品的书法作品完全不同。宝洁公司提交方正公司进行著作权登记的收费标准网页打印件,证实方正公司将整个倩体系列作为一件美术作品进行登记,包含粗中细三种,按整体字库、一部作品交付了费用,因为登记机关从不认为字体系列中的每个单字构成一个独立的美术作品。对于字库作品的复制应是针对整体进行复制,而不能针对单字。著作权法没有把对字库字体的保护延及到单字,限制使用违背了字体使用的根本目的,影响了字库的实用性和流转性。宝洁公司还提交了街头多处使用了方正公司倩体字的店名和招牌,认为方正公司对字体的使用限制增加了社会对于汉字的使用成本,超过了正常的限度,是对汉字的垄断。

对于以上证据,方正公司认为,汉字字形有无限的表达,不同的表达形式不会造成误认,不会影响使用。被社会广泛使用恰恰证明方正字体受到广大消费者的欢迎,与公有领域的字体存有较大差异。其还认为,在创作字库产品的过程中,修饰、组合和选择就是一种创造性劳动,笔画构造、间架构造是汉字的内容,可以再创造,可以具有独创性。单字是方正公司创作的,字库是由一个个字组成的,每个字都构成一个独立的美术作品,和多个字一样,都应受到保护。宝洁公司并未在公有领域范围内举出和倩体相同或相似的字。宝洁公司是商业公司,不是消费者,其将涉案字体用于商业使用,应获得许可并支付报酬。

庭审中,方正公司认可登记时交付的材料是打印出的全部字体稿件,具体登记的内容以软件为载体,以字形为主体,每一个字都是独立的美术作品,其字库软件也已作为软件作品另行登记。宝洁公司表示,北京市高级人民法院的生效判决表明软件和内容是同一作品,方正公司分别以软件和美术作品两种形式进行登记,并将整个字库作为一个美术作品进行登记交费,现又称其中每一个字都是单独的作品,每种字体体现为2万个作品,没有道理。

……

方正公司表示,汉字的要素是笔画、粗细、结构,具体到倩体,笔画以马克笔为基础,起笔、转折融入柔和的元素,粗细上采取横细、竖粗风格。其认为涉案字体虽然是计算机用字体,但也是一种书法作品。宝洁公司表示,字库字体和被称为书法的字是不同的,前者是按照一定规则制作设定出来的,整体风格要保持一致;后者的风格随意多变,每次书写都不可能完全相同。

关于字库中的单字是否具有独创性的问题,宝洁公司提出,请方正公司描述佳洁士的"士"字通过黑体和粗倩体展示时,有何区别。方正公司表示,黑体横竖一样粗,倩体是横的细,竖的粗,独创性就体现在此。

关于字库中的每个单字能否独立构成著作权法意义上的美术作品,法庭询问方正公司如下问题:

1. 如果字库中的每个单字都享有美术作品著作权,是否允许他人在此单字的基础上再次进行演绎?方正公司表示不允许。

2. 如果他人临摹单字书写后进行商业化使用,是否认定侵权?方正公司表示如果两者构成实质性相似,即为侵权。

3. 方正字库中的单字,与字库中其他的字相比,独创性体现在哪里?方正公司表示,整体风格是统一的,在个别字上会有所不同。

4. 倩体分粗中细三种,同一个字用三种方式表达,各自的独创性如何体现?方正公司表示,只有笔画的粗细不同,但可以形成三个独立的作品。

5. 若写"一"字,其粗细程度在细倩、中倩中间,是否构成新的作品?方正公司给予肯定的回答,并表示粗细上有变化,结构上也可能发生变化。

6. "法"字中的"去"和单独的"去"字,字形有无区别,各自的独创性体现在何处?方正公司表示,字形一致,但角度有变化。

……

本院认为,方正公司自行研制的倩体计算机字体及对应的字库软件是具有一定独创性的文字数字化表现形式的集合。方正公司从齐立处取得其设计的倩体字体的权利,综合具有独创性的汉字风格和笔形特点等因素,通过设计字稿、扫描、数字化拟合、人工修字、整合成库、对设计的字稿设定坐标数据和指令程序等处理方式和步骤,形成由统一风格和笔形规范构成的具有一定独创性的整体字库内容,作为字库软件光盘销售时亦以公司名义署名。方正公司对此投入了智力创作,使具有审美意义的字体集合具有一定的独创性,符合我国著作权法规定的美术作品的特征,应受到著作权法保护。方正公司对倩体字库字体内容享有著作权。

方正公司公证进行的购买行为以及所作的鉴定结论可以证明,宝洁公司在涉案的 24 款产品中,使用了方正兰亭字库中的倩体字"飘柔"作为产品标识。方正公司认为上述二字为两个独立的在公有领域字体基础上的演绎作品,其享有美术作品的著作权,宝洁公司对上述二字的使用构成侵权。

此前,在方正公司与潍坊文星科技发展有限公司等单位之间发生的著作权侵权诉讼中,已经发生法律效力的判决,对方正公司字库权利予以保护,均是涉及对方正字库中一种或多种字体整体使用的情形(如其他字库生产厂家直接复制使用其字库软件的字形、数据坐标和指令程序;如照排软件生产厂家直接将字库软件输入其印刷软件程序一并销售),未涉及针对字库中单字的使用行为的性质认定。

我国著作权法中所称的美术作品,是指绘画、书法、雕塑等以线条、色彩或者其他方式构成的有审美意义的平面或者立体的造型艺术作品。与其他作品不同,美术作品要求作品本身具有审美意义,其功能价值在于传递视觉感受。在现实生活中,美术作品通常指绘画、雕塑等作品;在东方国家,书法也成为美术作品保护的对象。

在上述几种美术作品中,绘画、雕塑的审美功能性较强,原创性和选择度较大,比如针对同一处景色,通过绘画展现,可以有多种表达的选择,不同作者的作品之间差异较大。但对于写法受到一定局限的汉字来说,情况有所不同。

汉字由结构和笔画构成,是具有实用价值的工具,其主要的功能为传情达意,视觉审美意义是其次要功能。每个字的结构和笔画本身是固定的,不能进行再创造或者改变,否则会成为通常意义上的"错字"。将汉字作为著作权法意义上的美术作品进行保护，必须要求在完全相同的笔画和结构的基础上，其字体的形态具有一定的独创性。所谓独创性，包括原创和增加要素进行演绎两种情形，对于原创作品的独创性，无需过高要求，但在已有的汉字基础上增加要素，进行演绎，改变已有形态，此种方式的独创性要求不能过低，必须形成鲜明独特的风格，能明显区别于其他字体，否则以对于一般作品所谓的"实质性相似"的标准进行考量和认定侵权，对于基本结构和笔画相同的汉字来说，保护范围过宽。

就汉字而言，其作用主要在于作为沟通符号的实用性和功能性。因结构和笔画不可改变，单字所体现的风格有其局限性，故单字能够形成区别于其他字体的独特风格较为困难。因字库字体需要整体风格的协调统一，其中单字的独特风格更受到较大限制，与书法家单独书写的极具个人风格的单字书法作品，无法相提并论，也不同于经过单独设计的风格极为特殊的单字。但当单字的集合作为字库整体使用时，整套汉字风格协调统一，其显著性和识别性可与其他字库字体产生较大区别，较易达到版权法意义上的独创性高度。对于此种字库作品，他人针对字库字体整体性复制使用，尤其是与软件的复制或嵌入相配合的使用行为，可以认定侵权成立。但将其中的每一个单字都确认具有独创性，享有美术作品的著作权，依据不足。

从庭审中宝洁公司的举例，以及方正公司回答法庭询问的内容亦可以看出，将字库中的单字作为独立的美术作品进行保护，存在诸多无法解释的矛盾之处，也使判断标准难以确定。如对于同一个倩体字，粗中细三者之间的差别并不足以达到三者都具有独创性，成为三个美术作品的程度；对于简单的单字，与其他字体中同一单字在字体意义上并无明显区别；同一字体中的不同单字之间风格统一，认定每个单字构成具有独创性的作品，导致其相互否定独创性；对字库中的某一单字稍作改变，即认为形成新的美术作品，而某些临摹或书写的字体与字库中的单字相近，又认为构成实质性相似，其间界限模糊，难以判断。

庭审中宝洁公司曾举例说明已经存在的模仿魏碑制作的魏碑字库字体，如他人使用相近字体即认为构成侵权，难以辨别其中的单字演绎自字库字体还是现实中的字体，也构成对经典字体的垄断。

因此，无论达到何种审美意义的高度，字库字体始终带有工业产品的属性，是执行既定设计规则的结果，受到保护的应当是其整体性的独特风格和数字化表现形式。对于字库字体，受到约束的使用方式应当是整体性的使用和相同的数据描述，其中的单字无法上升到美术作品的高度。从社会对于汉字使用的效果来讲，如果认定字库中的每一个单字构成美术作品，使用的单字与某个稍有特点的字库中的单字相近，就可能因为实质性相似构成侵权，必然影响汉字作为语言符号的功能性，使社会公众无从选择，难以判断和承受自己行为的后果，也对汉字这一文化符号的正常使用和发展构成障碍，不符合著作权法保护作品独创性的初衷。

基于以上原因，本院认为，方正倩体字库字体具有一定的独创性，符合我国著作权法规定的美术作品的要求，可以进行整体性保护；但对于字库中的单字，不能作为美术作品给予权利保护。方正公司以侵犯倩体字库中"飘柔"二字的美术作品著作权为由,要求认定最终用户宝洁公司的使用行为侵权,没有法律依据,其以此为基础,对宝洁公司和家乐福公司提出的全部诉讼请求,本院不予支持。**(王宏丞、杨德嘉、曹丽法官)**

说明:本案二审时,北京一中院维持原判,但是并没有对单个字体是否可以获得著作权保护作出正面评价,而是引述了默示许可等新的理由。① 在后文"普通作品"一章"美术作品"一节摘录了最高人民法院在"北京北大方正电子有限公司 v. 暴雪娱乐股份有限公司等(最高人民法院(2010)民三终字第 6 号)"中的判决。该案中,最高人民法院与本书作者后面所述论文的意见一致,认为计算机显示的汉字设计的独创性要个案分析。

与上述海淀区人民法院的案例形成对比的是,在北京北大方正电子有限公司诉潍坊文星科技开发有限公司案中,北京一中院认为:"该字库中的字型是方正公司独立创作完成的文字的数字化表现形式,是由线条构成的具有审美意义的平面造型艺术作品,属于我国著作权法规定的美术作品,受我国著作权法的保护。同时,由各个文字的坐标数据和指令构成的字库可以被计算机执行,属于我国《计算机软件保护条例》规定的计算机软件,受该条例的保护。因此,方正公司作为方正兰亭 V4.0 字库的作者,对字库中的每个文字的字型以及由这些文字的数据坐标和指令程序构成的字库软件享有著作权。"②北京高院二审支持这一结论。③ 在北京北大方正电子有限公司 v. 暴雪娱乐股份有限公司案中,北京高院再次表达了类似的观点:"字型设计是指由专业字体设计师依字体创意的风格、笔形特点和结构特点,在相应的正方格内书写或描绘的清晰、光滑、视觉效果良好的字体设计稿。每款字库的字型必须采用统一的风格及笔形规范进行处理。因此,字库中每个字型的制作体现出作者的独创性。"④

在评论字体设计的独创性时,北京高院法官陈锦川指出:"在判断字型的创作是否有独创性时,还应注意排除涉案字型是执行国家标准的结果的情况。计算机用印刷字型确实存在国家标准,但该标准为推荐标准,且意在统一汉字字型风格,仅起指导作用。各个字库、字模的生产者可以在此基础上进行改动,以使字型更加完美或体现个性。各个字库制作厂家可以在参照国家推荐标准的基础上,基于市场的需要制作出体现其个性的字库,通常情况下,各字库制作者字库中的字型也不重合。因此,国家标准并没有对文字的字型进行限定,涉案字型并非执行国家标准的结果。"⑤

本书作者曾经专门就"汉字字体作品的独创性与保护模式选择"问题撰写论文。以下是该论文相关部分的摘录:

---

① 北京北大方正电子有限公司诉广州宝洁有限公司,北京市一中院(2011)一中民终字第 5969 号。
② 北京市一中院(2003)一中民初字第 4414 号。
③ 北京市高院(2005)高民终字第 443 号。
④ 北京市高院(2007)高民初字第 1108 号。
⑤ 陈锦川:《2005 年北京市高级人民法院著作权案例要点及评析》,载《中国版权》2006 年第 5 期,第 29—35 页。

汉字单字字形与字库字体的独创性

崔国斌:《单字字体和字库软件可能受著作权法保护》,载《法学》2011 年第 7 期

……

二、单字字形设计的独创性

著作权法要求作品具有独创性。这通常意味着作品应当具有最低限度的创造性或者能够体现作者的个性。在实践层面,最低限度的创造性与体现作者个性标准,并没有实质性的差异。作品独创性的判断,既是一个法律问题,也是一个事实问题。在进行此类判断时,法院必须考虑作品的具体细节,并结合法律传统、相关行业习惯和产业政策。笼统地讨论某一类作品是否具有独创性,没有太大的意义。

字体作品中最基础的单元是字库的单字字形设计。单字字形设计,最接近著作权法意义上的书法作品。因此,讨论单字字形的独创性,需要从书法作品的独创性开始。在中国,书法作品作为美术作品得到著作权保护,并没有争议。在司法实践中,法院也多次确认书法作品具有独创性。不仅如此,对于一些由单个文字构成的书法作品,法院也同样确认其独创性。比如猴形的单个"寿"字,单个汉字"道",等等。由此看来,纯粹美术意义上的单字书法,在中国法上被当做有独创性的美术作品,并无法律障碍。不过,这并不意味着所有的个性书法的单字都会具有独创性。书法家所书写的"一、二、三"之类的简单单字,很可能无法体现书法家的个性化风格,不具独创性。

中国法院在单字书法上所作的判决并不具有普遍的约束力,但是多少反映出法院对于此类作品独创性问题的一般认识,有一定的参考意义。同时,著作权法上所谓最低限度的创造性要求,实际上很低。法院认为部分单字书法具有独创性,的确是可以理解的。

既然法院认为部分单字书法可以具有独创性,那么印刷字库或电脑字库中的单字字形设计是否有可能成为具有独创性的美术作品呢?北京市的三级法院给出了不同的答案。在北京北大方正电子有限公司诉潍坊文星科技开发有限公司案中,北京市一中院直接确认单个字体受版权法保护(自然具有独创性):"该字库中的字型是方正公司独立创作完成的文字的数字化表现形式,是由线条构成的具有审美意义的平面造型艺术作品,属于我国著作权法规定的美术作品,受我国著作权法的保护……方正公司作为方正兰亭 V4.0 字库的作者,对字库中的每个文字的字型以及由这些文字的数据坐标和指令程序构成的字库软件享有著作权。"在二审判决中,北京高院同样认为单个字体为受保护作品。另外,北京一中院在北京中易中标电子信息技术有限公司诉微软公司案中,也确认单字字体构成美术作品。

与北京一中院和高院几乎毫无保留地承认字库单个字体的美术作品属性相比,北京市海淀法院在北京方正电子电子有限公司诉广州宝洁有限公司则走向另一端,否认字库字体成为美术作品的可能性:"无论达到何种审美意义的高度,字库字体始终带有工业产品的属性,是执行既定设计规则的结果,受到保护的应当是其整体性的独特风

格和数字化表现形式。对于字库字体,受到约束的使用方式应当是整体性的使用和相同的数据描述,其中的单字无法上升到美术作品的高度。"

其实,在法院已经习惯了按照美术作品对个性化书法单字的独创性进行审查的背景下,法院无条件地肯定或否认字库单字字形的作品属性,都不再是合理的选择。遗憾的是,北京高院、一中院和海淀法院在其判决意见中似乎分别走了这两个极端。

判断电脑字库中单字字形是否具有独创性,我们应当区别对待不同类型的电脑字库和同一电脑字库中的不同单字。如果电脑字库中的单字为书法家极具个性的书法作品的数字化复制,并没有融入太多的实用性的考虑,则法院完全否定此类字库中单字字形设计的独创性,会直接导致不同法院判决之间的相互冲突,是不合适的。

北京海淀法院在否定单字字形的独创性时,提到字体风格对单字字形设计的限制,从而影响单字字形的独创性:"因字库字体需要整体风格的协调统一,其中单字的独特风格更受到较大限制,与书法家单独书写的极具个人风格的单字书法作品,无法相提并论,也不同于经过单独设计的风格极为特殊的单字。"这一分析并不可靠。如果该单字所要遵守的"风格"本身就具有很多的个性化特征,比如每个字看起来都像一个花瓶,则该风格本身实际上会增加单字字形的独创性,而不是相反。

有人或许会引述美国否定字母字形独创性的例子来质疑单字字形的独创性。准确地说,美国在字体问题上的态度,对于中国的参考意义要打折扣。中文的字符实际上比拉丁字母要复杂很多,"汉字的书写工具和书写习惯使得中文字体的艺术成分远远高于西文字体,而这种艺术成分给计算机汉字字体注入了大量的独立性和原创性劳动,汉字字体的设计周期、设计难度等,大大超过西文及其他常用语种文字"。因此,拉丁字母的设计不具备独创性,并不意味着中文字符的设计也同样没有独创性。尤其是,如前所述,著作权法上的独创性要求实际上很低。很难说,一个复杂汉字的单字书法中所体现的个性,会比一幅简单的图画要少。在中国,书法作为一门独立的艺术,大行其道。而在西方,书法并没有受到如此程度的推崇。这一反差也说明,汉字书法为书写者发挥个性提供了更大的艺术空间。另外,即便是美国,如果字体上有纯装饰性的图案,也还是有可能会导致字体被视为美术作品而得到保护。

当然,大部分电脑字库更多地追求字体的实用性(方便印刷、便于读者辨认等),努力接近传统的已经进入公有领域的字体(比如宋体、隶书、楷体等)。这导致字体中所体现的个性化特征不够突出,或者观念上无法将字形的美学设计与字形的功能性特征分离开来。法院否定此类字库中每个单字字形的独创性,不仅可以接受,甚至是必须的。在实用性导致独创性不够鲜明的情况下,给予著作权法保护,会过度增加社会的成本。

首先,此类作品的独创性不够鲜明,必然导致著作权的权利边界不够清楚。竞争对手和社会公众无法准确地预知著作权的保护范围,很容易在无意之中陷入侵权状态。海淀法院在宝洁案中就表达了这一关切:"从社会对于汉字使用的效果来讲,如果认定字库中的每一个单字构成美术作品,使用的单字与某个稍有特点的字库中的单字相近,就可能因为实质性相似构成侵权,必然影响汉字作为语言符号的功能性,使社会公众无从选择,难以判断和承受自己行为的后果,也对汉字这一文化符号的正常使用和发展构成障碍,不符合著作权法保护作品独创性的初衷。"从诉讼的角度看,在独创性可有可无时,认定字体之间存在抄袭关系也非常困难,认定结果有很大的不确定性。

其次,计算机程序字库的兼容性是软件提供商采用何种字库时的重要考虑因素。这导致字库的市场推广过程中具有很大的网络效应。某一字库的使用者越多,后来者选择该字库的可能性也随之增加。字库业者的竞争自由和公众的选择自由,都会受到网络效应的抑制。在这种情况下,著作权法保护独创性不高的字库的上述负面效应,将会被进一步放大。

最后,国际上的经验似乎表明,拒绝对具有实用性的单字字形设计提供版权保护,并没有出现字库行业停滞不前的后果。1978年,美国法院明确否定字库字形的独创性。美国学者的研究表明,直到现在,也并没有迹象表明字库产品的供给受到明显的负面影响——字库依然很多,很便宜;而同期保护字形的欧洲,并没有在这一方面比美国表现更出众。类似地,日本最高法院也否定了汉字印刷字形的独创性。然而,国内字库行业似乎依然认为,日本字库业要比中国健康、繁荣。

因此,在单字字形的独创性处于"有无"之间的模糊地带时,法院应该尽可能将宝押在没有独创性一边。对于那些与经典印刷字体比较接近的字体而言,法院更应如此。因为此类字形具有很强的实用性、应用范围很广,法院错误地给予版权保护的后果,比错误地剥夺版权保护的后果,要严重得多。

在讨论实用性单字字形的独创性时,我们不能无限制地提高字形图形识别的"精度",将字形、笔画和结构上的任何细微差别,都说成是创作者个性化的表达。单从技术角度来讲,只要我们将评估尺度精确到毫米、微米甚至纳米级别,任何风格的单字字形设计的选择余地都是无穷无尽的。简单的一横或者一竖,单单长度变化就是无穷的。不进行数字化的精确复制,要写出一模一样的横或竖,是不可能的。但是,法院并不能因为任何单字字形设计都有无限可能的选择,就简单地每个单字字形具有独创性。这一"高精度"标准,实际上会导致著作权法的独创性审查失去意义,使得任何简单的图形作品都能获得版权保护。更不幸的是,在侵权判断中,法院通常采用普通观众的标准,来判断两个作品之间是否实质性相似。独创性判断中的"高精度"标准,与侵权判断中的普通消费者标准,并不一致。这会导致版权授权泛滥,权利边界模糊不清,社会成本会因此急剧上升。为了避免这一后果,法院应当拒绝过度提高独创性的评估精度,避免通过放大镜甚至显微镜来看待单个的字体设计,进而盲目强调单字字形笔画或结构的细微差别。

三、字库字体的独创性:量变到质变?

单字字形的独创性与整个字库字体的独创性之间的关系,是字体作品著作权保护的另一基础问题,需要专门讨论。单字字形给人的直观印象是比较简单,很难获得独创性。而整个字库中,单字数量成百上千,甚至上万。这是否意味着,字库字体作为一个整体,更容易获得著作权法上的保护呢?

在宝洁案中,海淀法院给出了肯定的答案。该法院认为,单字字形没有独创性,但是字库全部字体作为一个整体,是所谓的美术作品,具有独创性。与该法院立场一致,国内有知识产权学者明确否定单字字形具有独创性,却支持字库字形整体(成套字体)具有著作权法上的独创性。"就其中[汉字]单字来讲,很难说有版权法上的独创性高度。但是制成字体,会使整套汉字具有同一性,会产生显著性和识别力,达到版权法上的独创性高度。"

区别对待单字字形与整个字库的独创性,在著作权法上有重要意义。这意味着,竞争对手或终端用户复制单字字形不侵权,复制整个字库中的大部分或全部字形,则会侵害著作权。这一区分能够帮助法院实现政策性目标——排除像宝洁之类的字体终端用户侵权的可能性,降低社会成本。不过,这一政策性区分是否符合版权法自身的内在逻辑,则存在很大的疑问。

在面对这一疑问时,我们首先分析含有全部单字字形的字库作品(字库程序除外)在著作权法上的定性。为了讨论方便,我们可以将字库中的字形设计部分想象成传统的装订成册的字帖。该字帖每页含有一个单字字符的图形设计,总计成千上万页。当然,这样的超级字帖只存在于想象中。在实际的程序字库中,并不存在一个汇集了所有这些字形的图形文件,甚至连单个的图形文件都不存在。单字的字形信息以数字代码的形式纪录在字库程序的文件中。这一数字化的代码文件与字体图形是两个不同的事物。代码文件中不直接包含程序运行时用户界面上图像复制件。不过,计算机程序在调用这些数据之后,会在显示器或打印纸输出特定字形。字库字形整体已经处在所谓的可复制状态。在观念上,将它与字库程序区别开来,作为相互独立的作品对待,并没有法律上的障碍。对此,下一节有进一步的讨论。

字库字形整体上是否具有独创性,大致可以转化成下面的问题:在单字字形不具独创性的情况下,上述抽象的超级字帖整体上具有独创性吗?答案应该是否定的。"超级字帖"的设计者所做的贡献,可以分成两部分:其一,遵照国家标准,或者参考大众的使用习惯,选择和编排了成百上千个需要纳入字库中的单字;其二,为每一个单字设计具体的字形。显然,"超级字帖"的设计者在第一步(选择和编排)中并没有自由选择的余地。客观而言,这一选择和编排过程甚至比单个字形的设计更缺乏独创性。而法院有否定了第二步骤中存在独创性的可能性。因此,海淀法院区分单字字形与整个字库字体,否认单字字形的独创性却承认字库字形整体的独创性,不符合著作权法的逻辑,是错误的。

上述推理的逻辑,可以从美国版权法的实践中得到印证。在美国版权法下,单个的字符(glyph)设计不能得到版权保护。因而,涵盖一整套字符在内的整体字符设计也无法得到版权保护。在美国,如果竞争对手将字库中每一单字字形打印出来再扫描进电脑,然后独立进行数字化拟合,得到字形完全相同的字库,并不侵害该字库的著作权。沿着相同的逻辑,字体终端用户使用字体(而不是字库软件)的行为也不会侵害著作权。比如,终端用户打印了一篇很长的文章,涵盖了字库中的全部单字字形设计,用户也没有侵权的风险。当然,用户使用盗版字库程序,是否侵害程序本身的著作权,则是另外一个问题,参见下文的讨论。如果我们接受上述海淀法院的逻辑,则终端用户的打印长篇文档的行为仍然有侵权的危险,因为用户可能复制了字库中全部或者大部分字形设计。

有人或许会产生这样的疑问:普通书法作品(比如一个条幅)很容易获得独创性。而字库字形整体比普通书法作品的字数多得多,为什么依然没有独创性呢?其实,普通书法作品的单字字形、文字的选择、单字之间的呼应等,都可能体现书写者的独创性。而在字库字形设计上,设计者就不太可能在这些方面作出个性化的贡献。其中的道理就像后人编鲁迅选集可能有独创性,而编鲁迅全集却没有独创性一样。不仅如此,字库作品整体上并不能被视为由诸多局部细节(单字字形)共同组成的一个平面美术作品。正如日本法院在"设计装饰文字字体案"中所指出的那样,"就本件文字组合(各一组)客观观察,为组成文书体之实用目的,各组合均按照英文字序、各种记号、数字之顺序[排]列",这些排列形态的组合并不能与绘画或雕刻等美术著作物等同。字库中单字之间的呼应关系,与一幅书法或图画作品中局部线条之间的呼应关系截然不同。因此,单个不具备独创性的字形简单排列在一起,多起来之后也不会产生质变,因而不会使得字库字形整体上获得独创性。

2.3.4 古籍点校本

古籍点校是对古籍标注标点符号、分段并修正文字错误。点校的目标是让现代读者尽可能准确地理解古文的真实含义。由于年代久远,版本错误众多,古籍点校的结果常常因人而异,因而具有所谓的独创性。相反,如果大多数人点校的结果都是一致的,即便点校的过程很困难,结果依然没有独创性,因为点校者实际上并没有个性化选择的空间,表达方式有限。

中华书局 v. 汉王科技股份有限公司

北京市海淀区法院(2010)海民初字第 9788 号

经审理查明,二十四史为中国古代纪传体通史,其系统完整地记录了清代以前各朝代的历史,共计3249卷。《清史稿》由民国初年设立的清史馆编写,按照历代正史的体例,分纪、志、表、传四部分共536卷,完稿时间为1927年。旧版二十四史版本较多,文字不划分段落,没有现代汉语所使用的标点符号,且因各种原因在文字上有错讹疏漏。

1958年4月,文化部决定以中华书局为主要出版我国古籍的出版社,出版方针和计划受古籍整理出版规划小组指导,中华书局为该小组的办事机构,根据时任国家主席的毛泽东同志指示,对二十四史展开全面系统的整理。此后,中华书局组织全国近百余位文史专家集中到中华书局工作,并由中华书局提供资料、场地和住宿,支付参与古籍整理工作人员的工资。中华书局主持制定了关于新式标点、分段、校勘的方法和体例,参与整理的人员均统一依照执行。在此基础上,中华书局组织专家对二十四史进行点校,改正错字、填补遗字、修改注释、加注标点、划分段落并撰写校勘记,至1978年整理工作全部完成。点校本二十四史由中华书局陆续出版,之后又对其进行了修订、再版,对发现的点校失误进行更正。中华本成书分为繁体竖排版和简体横排版两种,前者自1959年开始陆续出版,后者于2000年1月出版,共计63册,两种版本均采用每卷正文后附校勘记的编排方式。《清史稿》为繁体版,1977年8月出版,共48册。二十四史和《清史稿》的字数共计55 799千字。

2005年8月9日,北京市高级人民法院审理(2005)高民终字第422号天津市索易数据技术有限公司上诉一案时,确认中华本系对相关古籍进行整理而完成,凝聚了古籍整理人员的创造性劳动,构成著作权法意义上的法人作品,应受著作权法保护……

2009年10月21日,中华书局委托北京市中信公证处,在北京市海淀区中关村大街11号E世界数码广场汉王公司授权的销售商北京金汉铭科技发展中心,购买四种型号的汉王电子书,均有国学本二十四史的内容,其中国学版D20型号的价格为2280元……

国学公司成立于2002年,主营业务为古籍数字化研究开发、古籍整理出版、国学电子出版物研制、软件开发和相关网站建设等,2009年3月在三板市场挂牌。国学公司依托于首都师范大学中文系的班底,与国内多所大学和研究机构有合作关系,参与《儒藏》《中华大典》等大型古籍的整理工作,研制开发《中国古代文学史电子史料库》《中国历代诗歌数据库》《宋会要辑稿》《段注说文解字》等古籍全文检索软件。其完成的《国学宝典》是全国最大的专业古籍全文检索数据库,收入从先秦至晚清两千多年传世古籍原典4000多种,总字数近10亿字,收入的文献均由该公司自己录入、校对、整理。在《国学宝典》的基础上,开发多种档次的系列电子产品,其中"国学经典文库系列"包括《国学备览》《唐诗备览》等多种系列。国学网是国学公司的专业网站,免费向公众提供古籍内容查阅等服务。

……

关于国学本是否构成对中华本的侵权,中华书局表示,其对古籍进行整理,划分标点,分段和校勘,与国学本的对比采用了三种方式,每种挑选十处举例说明。一是"我用你也用",即中华本使用的标点,国学本也使用;二是"我改你也改",即认为古籍中脱字、错字的地方,在中华本中进行了修正,并在校勘中做了记载,国学本也采用了相同的做法;三是"我错你也错",即中华本点校存在错误的情况,被某些专家指出,国学本也发生同样错误。中华书局认为,综合以上三种情况的举例说明,可以看出双方版本的一致性。

在中华书局对上述对比情形举例的过程中,尹小林作为汉王公司的委托代理人,对国学本内容的古本来源一一给予说明,并提出以下意见:

1. 对古文进行点校分段,绝大部分内容的一致应属正常,中华书局的第一种方式在此并不适用。

2. 中华书局提出的多处中华本改正的地方,国学公司系直接参照古本内容使用,并非照抄中华本(其表示中华书局选择的底本并非最佳,这样才能表现出其点校时发现错误的高明之处)。

3. 所谓错,只是个别学者对中华本提出的个人意见,也是探讨性的学术意见,不能说就是中华本的错误,国学本的使用也属正常,这个情况区别于一般作品中认定的你错我也错的情形。

4. 国学公司的点校工作系选择武英殿本做底本,以四库全书和中华点校本做参考。在古籍点校工作中,参考好的版本是惯例,是必然,已经公认是对的没有必要更正。中华书局不过是占了先机。中华本已经成为业内主流意见,后人都采用其方式,背道而驰有悖学术的发展。

中华书局认可国学本与中华本存在不同之处,但认为参考即为使用,未经许可使用即为侵权。

第二次开庭时,中华书局补充提交了《三国志》卷46《吴书》(一)中的部分内容进行了比对,举例说明其在针对各种史书底本不同的内容,将其认为正确和错误的字均写出,错的用圆括弧,正确的用方括弧标出。国学公司对正确的未加括弧,对错误用黑括弧标注。中华书局认为上述标注的方式和内容相同,只是更换了具体形式。

汉王公司表示,此种做法是古籍点校工作的常用做法,目的是尽最大可能维持古书的原貌,对任何改正都要求有说明和出处。国学本使用的字就是古书中原有的字,且使用了不同的符号。

汉王公司提交了国学公司在点校过程中形成的五大纸箱稿件,稿件的用纸黄旧,随意抽取可以看到多人多处修改评点笔迹。汉王公司表示,带来的内容并非全部,国学公司处尚有四十箱,可随时查阅,可以证实国学公司进行点校时所做的大量工作,并非抄袭中华本。

中华书局认可上述材料,但表示从材料看出,国学公司点校的基础不是完全没有标点和分段的古文,而是已经点校过的版本,不能证明其自身进行了自始至终的点校。汉王公司表示,最初的古文版本系先由学校内古文专业的学生或研究生使用电脑进行前期标点,打印后由多名专家对照原本和参考版本逐一点校,不断修改。汉王公司认为,上述大量的材料和修改的内容证明国学公司在国学本的点校过程中参考了多位专家的意见,做了大量的工作。

中华书局不认可国学公司请学生参与点校的陈述,但认可国学公司做了大量工作,同时认为上述工作均是在中华本基础上进行的。

汉王公司表示,国学公司做的是标点本,只是给古文加标点,没有校勘记;中华书局的点校本与此不同,其享有权利的是校勘记,这在行业内是有区分的。中华书局表示不了解是否存在这种区分。

汉王公司进行了部分版本的对比,以证明国学本和中华本的不同,如其中部分中华本有错误的地方,国学本因最初即选择了正确的版本,故没有发生错误。尹小林在庭审时出示其给中华本内容挑出的多处错误。

中华书局认可上述错误,表示中华本繁体版中错误很多,简体本错误更多。其认可国学本确实参考使用了其他版本,但国学本系在中华本的基础上进行点校,与中华本构成实质性相似。汉王公司表示,点校本的内容整体即基本相同,参考不能认为是实质性相似……

本院认为,二十四史和《清史稿》是对中国古代历朝正史的记载,未经点校前的版本最晚完成于1927年,均已超过著作权法规定的权利保护期限。中华书局在新中国成立后主持点校整理工作形成的中华本系对相关古籍进行整理而完成的法人作品,凝聚了古籍整理人员的创造性劳动,并非简单的技巧性劳动,构成著作权法意义上的作品,应受著作权法保护……

从现有证据可以看出,国学公司成立近十年,在国内古籍整理和数字化出版行业有相当地位,有深厚的学术背景,该公司创始人和负责人尹小林是业内专家。本案涉及的国学本二十四史在国学公司自2005年开始出版陆续发行的《国学宝典》《国学备览》等电子出版物中均有收入。古籍整理和出版行业规模有限,中华书局作为业内最大的出版机构,对国学公司及其出版物的内容应当有所了解。此外,全国古籍整理出版规划领导小组是国家针对古籍整理出版行业设立的权威指导机构,其办公室设置在中华书局编制下,在其编制的对古籍整理出版行业进行总结和指导的情况简报,以及出版的对新中国成立以来业内成就的总结性图书中,该办公室的负责人,中华书局的法定代表人、业内专家,以及曾参与中华本二十四史的编审人员等,都曾在其中评述业内成就的总结性文章中,对上述国学公司的出版物及所做的工作予以肯定,故中华书局现在以不了解其内容为名,否认其早已接触过国学本二十四史的内容,与事实不符。

……

此前多个法院包括本院,均曾对中华书局点校本二十四史的权利予以确认,并判决使用者侵权成立,给予赔偿,但均与本案情况有所不同。上述判决中针对的使用情况均为整体复制使用,使用者及参与或未参与诉讼的内容提供者,均非古文整理和出版业内机构,没有证据证实其实际进行过点校及整理的工作,大部还直接使用了中华本最具特色的校勘记。中华书局在本案中认可中华本与国学本存在不同之处,也认可中华本存在诸多疏漏,只是反复强调参考即为使用,使用即为侵权。

本案因国学公司未能参与诉讼,对国学本内容是否构成侵权不作认定。从行业特点来说,古文点校的工作非常特殊,点校本身包含对古文的断句、加标点、修正错误等内容,对文章的主体内容不能私自增改,稍有改变必须说明原因和注明出处;而加标点和断句又必须遵循一般语言表达的规律,所以点校的结果总体应基本一致,只在细微处存在区别,否则会产生理解歧义。对于一般性的文字作品,表达的内容基本一致或者达到一定比例,尤其含有明显的你错我也错的抄袭点,就可以认定侵权成立,但对于点校本,对比较为困难,不能使用通常的比例标准。中华书局采用的三种方法基本源于对一般性文字作品的对比,但对于古文点校作品,汉王公司根据行业特点提出的多项反驳意见亦有其合理之处。

此外,古文点校本等对古籍进行整理的成果,尤其是主流成果,后人必然参照学习,这是后代学人的必然选择,也是文化传承和发展的必然趋势。在汉王公司提出证据,证明国学公司对国学本的内容做了大量工作的情况下,中华书局一再强调参考即为使用,即为侵权的意见,值得商榷。中华书局作为我国最大、最权威的古籍整理和出版的机构,应当对行业的规制和发展起到积极的引领和表率作用,中华本二十四史是新中国成立后由国家指定,由中华书局集中组织全国文史专家完成的工作,其自身亦认为是权威范本,不应禁止他人的学习和参考。参考本身如果被直接认定侵权,是对文化传承和发展的阻断。点校本著作权的认定不同于其他任何作品,如非直接复制,需要严格把握侵权行为的认定标准。**(王宏丞、杨德嘉法官,文龙人民陪审员)**

思考问题:

点校者的专业水平越高,点校结果越可能成为公认版本,而这可能意味着该版本的著作权法意义上的独创性越低。这符合著作权法的逻辑吗?

法院的判决是否意味着,点校本的著作权人可能只能对自己那些并不获得公认或并不可靠的点校结果主张著作权?那些经过点校者艰苦论证而获得公认的点校结果需要保护吗?

法院说"参考好的版本是惯例",这在著作权法上有特殊意义吗?如果可以参考在先版本,而不幸又总认为在先者是正确的,那后来者怎么办?只能放弃手头的点校工作吗?

古籍"标点"等著作权
国家版权局版权管理司关于古籍"标点"等著作权问题的答复

(权司〔1999〕第45号)

一、原告在他人已校点的作品版本基础上进行再次标点,是否属于《中华人民共和国著作权法实施条例》中所列的对古籍作品的标点行为?

《著作权法》第12条规定:"改编、翻译、注释、整理已有作品而产生的作品,其著作权由改编、翻译、注释、整理人享有,但行使著作权时,不得侵犯原作品的著作权。"《著作权法实施条例》第5条第(12)项规定:"整理,指对内容零散、层次不清的已有文字作品或材料进行条理化、系统化的加工,如古籍的校点、补遗等。"

根据上述规定,我们认为,对内容完整的古籍作品进行校点,如果在原作的基础上产生了演绎作品,即新的作品,则校点者仅就新的演绎部分享有著作权。如果对内容完整的古籍作品的"校点",仅仅为标点,则不属于著作权意义上的独创性劳动,不产生新的演绎作品。由此可见,在古籍的校点和整理方面,并非所有的智力劳动都受著作权法保护。特别是在校点与标点之间,区分创造性和非创造性的界线不是很清晰的。实践中因校点而产生新作品的情况实不多见。相反,过分强调校点的创造性,反倒会误导为纯标点也受著作权保护。这也是1999年国家版权局新制定并颁布的《出版文字作品报酬规定》不同于1990年的《书籍稿酬暂行规定》,没有将标点考虑为受著作权保护的客体,也没有专门为标点规定报酬标准的原因。

二、根据《中华人民共和国著作权法实施条例》第5条第(12)项的规定,对古籍作品的标点是否也属于该项中所列的整理范围?原告对其所标点的作品是否属于《著作权法》第12条规定中所列的整理他人作品而产生的演绎作品?原告对此作品是否享有著作权?

如上所述,对古籍作品的标点是否属于《著作权法》及实施条例规定的整理范围,取决于标点的行为是否属于创作作品的行为。总之,应当将单纯的标点与有创造性的校点行为加以区分。

此外,对内容完整的古籍作品的标点,虽然不产生新的作品,但仍然有标点者大量的智力劳动投入。按照《民法通则》的公平和等价有偿原则,利用他人的智力劳动,至少应当支付相应的对价。

……

附件:××省××市××区人民法院的来函

国家版权局:

我省有一家专业古籍出版社,在我国著作权法正式施行之前,即已在整理出版×××名人著作的同时,编辑出版了一些古典名著的普及读本,如《红楼梦》《水浒全传》《三国演义》《西游记》和《三言》《二拍》等。这些读本大多是在当时已有专家学者校勘整理并出版了校注本的情况下,由社内或社外人员进行标点加工后编辑出版的。对于社外人员的标点加工,该社当时已按稿酬形式支付过劳务费,并在这类书的扉页和版权页上印了"×××著""×××前言""××标点"。时至今日,当时的个别"标点"者竟以著作权人的身份要求出版社支付重印稿酬,并以侵犯著作权相要挟,向该社高额索赔。为此,我们认真学习了著作权法,认为法律条文中关于古籍整理的内容并没有"标点"这个概念,因此也认为这种"标点"者,并不享有什么著作权,出版社在支付劳务费之后,也就不存在再支付著作权使用费的问题。

思考问题:

点校者自己的点校版本,什么时候才会有独创性?

在以色列的 Kimron v. Shanks 案(著名的死海诗卷(Dead Sea Scroll)案)中,以色列最高法院认为原告对考古发现的 2000 多年前的残破文稿("Rulings Pertaining to the Torah")进行拼凑、整理、补缺后所得的文稿,具有独创性,受到版权法的保护。法院指出:

经过这一整理过程,收藏的残片变成完整的文本,有了具体的内容和含义。这一过程包括数个创造步骤:根据碎片的物理特征进行拼接,在卷本中放置那些能够匹配的孤立碎片,解读拼接后碎片上的文字,填补碎片中缺失的文字。这一过程中的每一阶段都需要一定程度的原创性和创造性,但是无需孤立地看待每一阶段。在本案中,各个阶段的工作交织在一起,相互依赖,相互影响。对于文本的解读在一定程度上决定着孤立碎片的安置,这一安置又影响文本可能的意思、文本的解释以及文字空白的填补工作。不同阶段的工作不应被相互分开,而应该被视为一项工作。一旦将这些阶段视为一个整体,就能毫无疑问地揭示这一过程的原创性和创造性。Qimron 的工作并非预先就能知道结果的技术性或机械性工作。他赋予了古籍碎片以新的灵魂,将碎片变成活的文本。这并不仅仅是"额头出汗"意义上的人力投入。该成果是 Qimron 的知识、技能、想象力的结晶。创作的过程中,他利用自己的裁量作出了各种各样的选择。①

在上述案件中,有人可能会问:Qimron 发表其整理的诗卷文本时,宣称自己的文本最接近当初的原始文本,至少他自己是如此相信的。这是否意味着他实际上是在宣称自己制作了原作的复制件?而在诉讼中,他有竭力宣称自己实际上并不确信自己整理的结果和原件一致。他的立场是不是互相矛盾?这对法院的判决结果有影响吗?

2.3.5 临摹作品

在中国著作权法上,临摹过去被视为复制的一种类型。比如,《著作权法》(1991)第 52 条规定:"本法所称的复制,指以印刷、复印、临摹、拓印、录音、录像、翻录、翻拍等方式将作品制作一份或者多份的行为。"《著作权法》(2001)修改了这一规定,删除了"临摹"一项。这一修改旨在避免临摹总是被视为复制,而是许可法院根据具体事实自由裁量。在最高人民法院《关于范曾诉盛林虎姓名权纠纷案的复函》((1989)民他字第 55 号)中,最高人民法院指出:"盛林虎临摹范曾绘画作品是一种复制行为"。

在考虑临摹、仿制之类作品的独创性时,究竟需要是基于原作和仿制作品之间的差异大小来判断是否存在独创性,还是依据创作或者复制的过程的复杂程度来决定是否具有独创性?抑或将二者结合起来考虑?临摹技巧越高,临摹的作品越像,越没有独创性,你觉得这其中存在矛盾吗?与此有关的另外一个问题是:天气预报的信息产品的产生过程需要经过复杂的智力劳动,它属于著作权法意义上的作品吗?

在某市文物馆 v. 某出版社案中②,书法家刘一杰对北宋书法作品《诗赋》的临摹。刘受文物馆委托,临摹该作品。出版社同文物馆约定,出版该临摹作品。出版后,出版社拒不支付报酬(1 万元),文物馆起诉。出版社认为临摹为著作权法意义上的复制行为,并非创作行为。文物馆不享有著作权,也就没有获得著作财产权的依据,出版社出版发行《张公诗赋》是合理使用的行为,不必向市文物局支付报酬。

刘一杰则认为"临摹过程中,进行了大量创作性的劳动,将原作进行了放大:在忠实于原作的形神、笔锋的基础之上,增加了原作之中的一些不足之处如败笔等以及因年代久远而出现的不清楚的字加以修饰、润笔,使之总体上更加完美、统一。同时,刘一杰说明书法的临摹不同于原样照印,照抄,它本身就是一个再加工、再创造的过程"。

法院没有接受这一观点,认为临摹没有独创性:"虽然刘一杰对原作根据需要进行了放大、润色、修整,但这只是为了保证原作的艺术效果,并没有进行独创,因而这种临摹仅是著作权法中规定的复制行为的一种。"

在美国 Alfred Bell & Co. v. Catalda Fine Arts 案中,Frank 法官关于模仿创作的独创性问题指出,"即使前后绘画作品之间的实质性差别是无意中造成,版权也依然有效。复制者视力不好、肌肉组织缺陷、或者受雷声影响,可能导致模仿作品出现明显的

---

① Kimron v. Shanks, Civil Appeal Nos. 2790/93, 2811/93 (Israel S. Ct. 2000) (the Dead Sea Scrolls). 判决书以 Hebrew 出版,非官方的英文翻译件由 Michael Birnhack(Faculty of Law, Haifa University,michaelb@research.haifa.ac.il)提供,http://lawatch.haifa.ac.il/heb/month/dead_sea.htm,最后访问 2007 年 1 月 1 日。

② 杨金琪编著:《最新知识产权案例精粹与处理指南》,法律出版社 1996 年版,第 619—620 页。

偏差。即使如此无意情形导致的偏差,'作者'依然可以接受它,并寻求版权保护。"①

在 Alva Studios, Inc. v. Winninger, 177 F. Supp. 265 (S. D. N. Y. 1959)中,法庭认为原告对 Rodin 的"上帝之手 (Hand of God)"的缩小一半(从 37 英寸到 18.5 英寸)的仿制工作具有独创性,在复制大幅作品的缩小尺寸的时候需要高超的技巧和独创性。不仅如此,法院指出,仿制作品和原作之间在处理基座的后侧方面存在差异。原作后部是开放的,仿制的后部是闭合的。这一差别与极其高超的缩小尺寸的雕塑技巧一起具有创造性的。

在 Meshwerks v. Toyota Motor Sales USA, 528 F. 3d 1258 (2008)案中,原告接受第三方委托为被告设计的汽车创作了数字化的网格模型。数字化模型带来的好处是可以任意改变角度和添加装饰元素,非常方便广告宣传。原告在创作该模型之前,需要对三维的汽车进行比较准确的测量,然后利用软件将测量的数据转化为网格模型。在自动转化的基础之上,再作大量的人工修饰,使得该二维呈现的网格模型能够准确地描绘汽车的外形特征。附图左边是原告创作的未加装饰的网格模型,右边是在该网格模型之上增加装饰因素后呈现的汽车图片。双方争议的焦点是,未加装饰的网格模型是否可以获得版权保护。法院承认,创作该网格模型需要付出大量的时间和精力,并且需要高超的技巧,但是法院强调评估作品独创性,关注的是最终的作品,而不是创作的过程。创作过程中的大量富有技巧的甚至是创造性的劳动并不能保证创作的结果可以获得版权保护。在本案中,最终的结果只是被告汽车的未加装饰的图片,其外观并没有含有原告的独创性。法院拒绝了原告的版权保护主张。

思考问题:

在上述案例中,美国法院并没有完全否认数字模型在其他情形下具有独创性的可能性。你觉得在什么时候它可能具有独创性呢?数字建模与照相的过程十分相似,二者的独创性问题解决思路应该相似?

2001 年,故宫博物院和一鼎轩公司共同合作对故宫馆藏古书画进行仿真印制。后来,它们发现有人复制其仿真复制品,因而提出侵权诉讼。这一复制过程非常复杂,

---

① Alfred Bell & Co. v. Catalda Fine Arts, 191 F.2d 99, 105((2d Cir. 1951).

以下是故宫博物院法律处处长对于这一复制过程的描述:

> 制作这些古书画仿真作品的过程纷繁复杂,体现在各个环节中。
>
> 制作仿真品的第一步,古书画专家要从故宫众多馆藏书画中选定作品,根据各历史阶段的书画家的水平及群众的喜闻乐见精心挑选100幅古书画作品。
>
> 制作仿真品的第二步要将古书画作品拍成反转片,由故宫博物院专门拍摄文物的专家进行拍摄。这一过程必须用特定的文物摄影技术、场所、温度、湿度、光线、设备等,画面不变形的效果不是一般人和设备能做到的。
>
> 制作仿真品的第三步则是将拍摄到的反转片转换成数据输入电脑,由专家进行论证和研究得出色调调色的具体方案。有的古书画由于年代久远,出现了色彩脱落等现象,专家要根据自身的研究经验对其进行修复。
>
> 制作仿真品的第四步是在电脑中进行图样处理。经过培训的人员通过专用软件,制作出小样。然后经过专家进行详尽的比对,合格后进入输出过程,印制到经过处理的宣纸和绢上。作品印制到宣纸和绢上并不代表制作过程结束,最后还要经过专家的审核。只有达到一定艺术水准的作品才能被盖上合格的印章,也只有盖上印章的作品才能向市场推广。①

上述古书画的复制过程很复杂,超出很多人的想象。这对于复制结果的独创性是否有影响?为什么?

关于临摹与独创性的问题,可以参考郑成思:《临摹、独创性与版权保护》,载《法学研究》1996年第02期,第77—82页;金渝林:《论作品的独创性》,载《法学院》1995年第04期,第51—60页(后文完全否定临摹的独创性)。

2.4 没有独创性的"作品"的保护

美国最高法院在 International News Service v. Associated Press (248 U.S. 215,(1918))案中,认为虽然实时新闻消息不受版权保护,但是存在竞争关系的通讯社之间并不能亦步亦趋地抄袭并发布对手采集的实时消息。这是所谓非法盗用学说(Misappropriation Doctrine)经典案例。在美国版权法领域,这一学说被严格限制在所谓的实时消息领域,并不能对普通的数据库类作品保护提供帮助。对此可以参见 National Basketball Association v. Motorala, Inc., 105 F.3d 841(1997)。因此,对于大多数没有独创性的"作品"而言,依然无法在美国获得有效的保护。

中国法院对于没有独创性的汇编作品,拒绝给予著作权保护。比如前文的"广西广播电视报社"案、"中国拟建和在建项目库"案②。在后一案件中,二审法院认为:

> 原告自行采集、编辑的"中国拟建和在建项目库",将投资额在1000万元的全

---

① 吴冰玲:《仿"仿真作品"算不算侵权》,载《检察日报》2008年11月25日第四版,http://newspaper.jcrb.com/html/2008-11/25/content_5701.htm,最后访问2014年8月1日。

② 本案号称是中国第一个电子数据库侵权案。参见李永明主编:《知识产权案例研究》,浙江大学出版社2002年版,第217—219页。

国拟建和在建的项目,按照项目名称、建设单位、建设地点、投资总额、建设期限、建设阶段、建设内容、责任人的类别予以汇编,并以电子数据形式存储和发布,在本质上应属于电子数据库,其发布的项目是经过国家存在的项目,属于公知的信息,其采用将项目信息按照项目名称、建设单位、建设地点、投资总额、建设期限、建设项目的常用划分方法,故该项目库的内容及体例,都不是原告独创的,不具备著作权法对作品独创性的要求。因而不能受到著作权法的保护。

但是,在拒绝提供著作权保护的同时,中国法院又倾向于接受对民法或者不正当竞争法原则条款进行拓宽解释的方法,为没有独创性的"作品"提供保护。如前面的"广西广播电视报社"案、后文的"北京阳光数据公司 v. 上海霸才数据信息有限公司"案等。① 后一案涉及股市实时信息。"特殊作品"一章有此案例,并对"无独创性数据的保护"有进一步的讨论(该章第 3.4 节)。

对比中国和美国的不同策略,你如何评论中国法院的上述做法?参考本书作者在一篇论文中的评论:

"知识产权法官造法批判"论文片断

(崔国斌,原载《中国法学》2006 年第 1 期)

版权法存在这样的一项基本原则:版权保护不延及事实和思想。版权法确立这一原则,有着非常明确的立法目标:单纯的事实和思想的自由交流对于现代社会有着重要的意义,不能为个人所垄断。否则后来创造者的自由将受到严重的限制。对社会公众而言,这就是法律赋予一种自由拷贝的权利。"原始事实可以随意拷贝……这正是版权法促进科学进步的手段。"因此,版权法拒绝对思想和事实提供保护,并非有意将这些内容的保护留给其他法律(比如中国法院所理解的民法或者不正当竞争法的原则条款),而是因为版权法认为基于既定的社会公共政策,这些客体本来就不应该获得法律的保护。正如美国最高法院法官在 Feist 案中所说的那样,拒绝对此类客体提供保护好像不公平,但这不是成文法的未曾遇见的负面结果,相反,正是版权精髓的体现,是宪法的要求。

……

中国司法和理论界,关于不正当竞争法和知识产权法的关系有着一种非常流行的观点:"在法律的适用上,知识产权法的规定优于不正当竞争法,它们之间是特别法和普通法的关系。"在这种观念指引下,如果权利人在知识产权法上无法获得救济,那么法院依然可以利用不正当竞争法的兜底适用来提供替代保护。关于不正当竞争法兜底适用的观点,虽不能说完全错误,但是它客观上为法官的肆意造法提供了理论上的借口:在成文法中找不到法官期待的答案,法官常常不认真思考找不到答案的真正原因,就会选择原则条款进行造法。于是,那些违背知识产权立法目的的判决就不可避

---

① 孙建、罗东川:《知识产权名案评析(2)》,中国法制出版社 1998 年版,第 262 页。

免地出现了。因此,要避免法官肆意造法,必须要求法官正确理解知识产权法的立法政策,从制度上明确知识产权法和不正当竞争法原则条款之间的关系,消除模糊的兜底论的借口。以下就分两种具体的情况加以说明。

如果特定的部门法对某一类客体提供保护,只要某一客体具备了该类客体的形式要件,则所有与该客体有关的利益的保护,均独占性地适用该特定的部门法。因为此类客体既然具备了成文法的保护客体的形式要件,就已经落入成文法的视野。成文法必然要对与此类客体有关的各类利益的保护与否作出了政策上的取舍。在没有其他明确的例外规定时,无论知识产权部门法对此类利益的保护作出肯定或者否定的结论,法院均应接受这一结论,不得在部门法之外进行新的造法尝试。比如,前文提到没有独创性的数据库、未注册商标、未采取保密的非专利技术等等,都分别具备了版权法、商标法、专利法所保护作品、商标和技术等保护对象的形式要件,这时就应当维护各个部门法对各自客体的独占适用。这样,即使这些具备形式要件的客体最终无法满足法律上的其他实质性的要件(比如独创性、登记注册等)从而无法获得保护,法院也不能再利用不正当竞争法的原则条款为这些客体提供所谓的兜底保护。比如,在"上海东方网"案例中,法院在版权法之外,将所谓的抄袭网页样式的行为认定为不正当竞争显然是错误的。

对于那些知识产权法本身提供保护的客体,知识产权法的独占适用的原则则禁止法官利用不正当竞争法的原则条款在这些客体之上创设新的保护权能。如果现有的知识产权法已经为某些客体提供了保护,那就意味着立法者已经在现有的法律框架下确立了一种利益平衡关系。法院应当充分尊重立法者的选择,坚持在现有知识产权法的制度框架下依法裁判。这时候,法院不应该擅自在不正当竞争法原则条款的名义下,在现有知识产权法的授权之外,创设新的权能,打破立法者确立的利益平衡关系。

思考问题:

上述摘录给人的印象是(部分批评者也如此认为),本书作者反对法院在任何时候适用法律的原则性条款提供替代性的知识产权保护,实际上并非如此。该文后半部很清楚地指出,在原告证明会存在市场失败的情况下,法院可以适用法律的原则条款提供替代性的产权保护。特此说明。

结合广西电视节目表案、梁慧星"电视节目预告表的法律保护与利益衡量"一文及上述论文片断,你是否觉得传统民法与知识产权法的权利观存在冲突?

3 "能以有形形式复制"

作品成为著作权法保护客体的另一要件是它必须"能以某种有形形式复制"。学理上将这一要件称作"可复制"或"可固定"要件。在通常情形下,这一要件都不会对著作权人构成挑战,因为一件作品只要被固定在纸张、胶片、磁盘等有形材质上,就已经被固定下来。权利人无需超出这一范围去证明"可固定"要件。

中国著作权法只是要求作品处于可复制或可固定的状态,而不要求作品实际上已经被固定。比如,口头演讲、实况直播的视频之类的作品,如果事实上没有被复制,并不妨碍它们获得著作权法的保护。某些特别的作品,比如电影作品和计算机软件,其定义中就含有已经固定的要求——"电影作品和以类似摄制电影的方法创作的作品,是指摄制在一定介质上,由一系列有伴音或者无伴音的画面组成,并且借助适当装置放映或者以其他方式传播的作品"。① 因此,尚未固定的活的表演就不是著作权法意义上的电影作品。《计算机软件保护条例》(2013)第4条规定:"受本条例保护的软件必须由开发者独立开发,并已固定在某种有形物体上。"

虽然在多数情况下,可复制或可固定并不是问题,在作品的记录形式超出传统载体范围时,该作品是否处在著作权法上的"可复制"或"可固定"状态,则可能引发争议。举例说明:如果要对绘画、建筑、雕塑等作品主张著作权,权利人以文字对此类作品进行详细的描述,而不是直观地以线条、色彩或立体结构来呈现作品,是否满足所谓"可复制"的要求?鲜有学者直接讨论过这一问题,不过间接涉及这一问题的意见还是能够看到。比如郑成思教授在论述内容与形式的二分问题时,指出:

> 可以说绘画与文字是两种完全不同的表达形式。画一幅"山瀑无声玉虹悬"的北国冬景,再加上几枝梅花,绝不至于被视为侵犯了"已是悬崖百丈冰,犹有花枝俏"诗句的版权。但是,若以连环画的形式去反映文字小说(例如《钟鼓楼》)的内容,则在中外都会无例外地被视为侵犯了该小说的"改编权"。在这一例中,侵权人究竟使用了小说的形式还是内容,真是个难以一语说清的问题了。②

上面的例子中引发的问题是,为什么文字形式描绘的绘画,不能达到版权法意义上的可复制的程度,从而能够使得该绘画获得版权保护呢?

另外,可复制并不排除复制有一定难度但是技术上依然可行的情形。比如,有法院指出,网页加密并不妨碍网页在法律上"可复制":"涉案照片和公司简介均可通过印刷、复制等方式制造多份,具有可复制性。被告辩称原告主张享有权利的网页是进行了加密的,被告不可能进入该网站并对网站中的网页内容予以复制,及该网页不具有可复制性。本院认为,原告网站是否加密与涉案作品是否具有复制性,不是同一概念,原告的网站是否加密,是涉及被告能否从原告网站上取得涉案作品,并不影响其网站上作品的可复制性。"③

在有些国家,比如美国,要求作品必须以有形形式被固定后,才能获得版权法的保

---

① 《著作权法实施条例》第4条。
② 郑成思:《版权法(修订版)》,中国人民大学出版社1997年第2版,第42页。
③ 深圳市宏天视电子有限公司 v. 广州市维视电子有限公司案,广州中院(2004)穗中法民三知初字第167号。

护。① 而且,这一固定必须是作者自己或经过作者授权的固定。② 也就是说,第三方未经许可的固定并不能满足法律对固定的要求。这实际上导致口述作品或现场表演,如果没有事先固定在载体上,也没有直播形式被同步固定,则无法直接得到版权保护(有些州可能提供州法或普通法上的保护)。因此,固定在美国版权法上有重要意义,是判断作者是否可以获得联邦版权法保护的一项决定性因素。

美国法之所以对固定有如此要求,是因为美国宪法要求版权保护的对象是"作者的作品"("writings of authors")。③ 严格按照字面解释,这要求作者首先必须实际拥有作品(writings),而且是源于作者自己。第三方固定的作品,被认为并非源于作者。因此,国内有些学者认为美国法单纯是因为举证困难而要求权利人必须固定其作品,未必符合事实。

---

① 17 U.S.C. §102.

② 17 U.S.C. §101: A work is "fixed" in a tangible medium of expression when its embodiment in a copy or phonorecord, by or under the authority of the author, is sufficiently permanent or stable to permit it to be perceived, reproduced, or otherwise communicated for a period of more than transitory duration. A work consisting of sounds, images, or both, that are being transmitted, is "fixed" for purposes of this title if a fixation of the work is being made simultaneously with its transmission.

③ Jane C. Ginsburg & Robert A. Gorman, Copyright Law, Foundation Press, 2012, at 22.

第 3 章
普通作品

1 作品类型

《著作权法》(2010)第 3 条：

"本法所称的作品,包括以下列形式创作的文学、艺术和自然科学、社会科学、工程技术等作品：

（一）文字作品；

（二）口述作品；

（三）音乐、戏剧、曲艺、舞蹈、杂技艺术作品；

（四）美术、建筑作品；

（五）摄影作品；

（六）电影作品和以类似摄制电影的方法创作的作品；

（七）工程设计图、产品设计图、地图、示意图等图形作品和模型作品；

（八）计算机软件；

（九）法律、行政法规规定的其他作品。"

《著作权法》第 3 条大致说明了著作权客体(作品)的范围——"文学、艺术和自然科学、社会科学、工程技术等作品"。立法者对于文学艺术和科学领域的强调以及作品本身的字面含义,可以起到限制作品范围的作用。实践中,不属于文学、艺术、科学和技术领域的表达形式,虽不多见,但的确存在。比如,足球比赛之类的体育活动、围棋比赛棋谱等。前者比较接近著作权法意义上的舞蹈作品或舞台表演,后者则类似文字作品或图形作品。但是,它们可能并非立法者所意图保护的客体。法院可以以它们没有落入文学、艺术或科学技术的范围为由拒绝保护。

"作品"一词的通常含义进一步限制了著作权的客体范围。比如,工程技术或自然科学知识,就会因为不是通常意义上的作品,而被排除出著作权法的保护范围。不过,无论是文学、艺术和科学技术还是作品的概念,含义都很宽泛。这导致它们在准确定义作品范围方面的作用有限。为了增加操作性,立法者在《著作权法》第 3 条中进一步列举了常见作品类型,比如文字作品、口述作品、音乐作品、戏剧作品、舞蹈作品、美术作品、电影作品,等等。一般情况下,只有落入这些具体类别中,法院才会承认它是受保护的客体。

著作权法参考公众的日常习惯来罗列上述作品类别,并没有严格排除部分类别交叉重叠的可能性。比如,计算机软件、剧本、舞谱就可能也被视为文字作品;图形作品和美术作品之间的界限可能很模糊;模型作品也可能是雕塑作品等等。在著作权法没有对不同类别的作品设立不同的保护规则(具体体现在客体范围、权利归属、权利内容、保护期限等方面)时,严格区分作品类别没有太大意义。比如,在大多数情况下没有必要严格区分文字作品与口头作品。相反,在保护规则有差异时,区分正确的作品类型,有重要意义。比如,电影作品、摄影作品与美术作品等有不同的保护期,文字作品和计算机程序作品的权利内容不同,分清楚作品类别就显得很重要。将来,立法者可以在本条进一步明确:在不引发条文冲突的情况下,一项作品可以整体上或者部分属于上述两个或多个类别。

为了保持制度弹性,立法者在具体列举作品类型后增加了一个兜底性的规定,即"法律、行政法规规定的其他作品"。从《著作权法》第 3 条的逻辑结构看,立法者似乎赋予了国务院通过行政法规确认新作品类型的自由,却没有将同样的自由给予法院。[①] 该条明确将作品限制在它所罗列的"下列形式"的范围内,因此法院在个案中将版权保护范围延伸到"下列形式"之外,就可能失去法律依据。当然,第 3 条所罗列的各类具体作品形式(比如文字作品、音乐作品、舞蹈作品等等)实际已经给予法院足够的裁量空间。如果法院认为有必要,可以将各种新型的作品塞入上述目录中。

2　文字作品

所谓文字作品,是指"小说、诗歌、散文、论文等以文字形式表现的作品"[②]。文字作品应该是著作权法上最古老的保护客体了。除了上述罗列的类型,还存在大量的其他类型的文字作品,比如以文字形式出现的产品说明书、新闻报道、合同文本、谜语等。

这里的文字包括中外各类语言文字,甚至包含二进制的机器代码。一项作品是否为文字作品,关键不是看该作品的载体是否为传统的有形载体(比如纸张),而是要看其最终是否以文字形式向用户展现信息。文字作品即便是以数字化形式存储在电子介质上,依然是文字作品。比如,在榕树下案中,被告认为"网络上传输的数字化作品**并非**是我国**著作权法**明文规定的保护客体"。被告应该是指该数字化作品并非著作权法意义上的"文字作品"。法院指出,"数字化技术使作品传播形式发生改变,但不改变作品本身。作者的作品于网上登载,其作品本身没有发生变化,只是承载作品的载体由纸张书籍变成了网络。因此,网上使用作品仍应由**著作权法**予以调整和保护。被告辩称网上数字化作品**并非**是我国**著作权法**明文规定的保护客体,下载使用网上作品

---

① 李明德、许超:《著作权法》,法律出版社 2003 年版,第 43 页。
② 《著作权法实施条例》(2002)第 4 条。

不必获得授权没有法律依据。"①

如前文所述,文字作品与计算机软件做所享有的著作权内容不完全相同。比如,软件的著作权人享有出租权,而普通文字作品就没有此类权利;《计算机软件保护条例》对计算机软件著作权有特别的限制性规定。因此,在某些情况下区分普通文字作品与计算机软件还是必要的。某些软件产品中含有相对独立的文本内容。比如,电子词典软件中的词条数据库内容、软件程序中的文档内容、程序运行后的屏显文字等,可能是独立的文字作品。

文字作品是否一定要像普通文字作品那样表达一定的字面含义呢?现有的司法案例给出了肯定的答案。在胡公石案中,原告创作的书法字汇作品,属于书法作品并无争议。但是,对于该字汇是否应该归类为文字作品,法院指出:"若认为其为文字作品,但《字汇》的核心部分的例字与例字之间的组合无任何实在意义,以左旁人字为例,《字汇》所选择的例字为:'仃、仆、仇、仁、仍、化、仟、仞、仕……'。假如我们将这些例字组合在一起,即'仃仆仇仁仍化仟仞仕……',这些例字的组合不能向人们传递任何信息,或表达任何含义,不能构成一个句子或者多个句子。而文字作品的主要特征是其由若干具有相互联系的单句或复句组成的,每一句子或者句子的组合能够表达一定的情感或内容。《字汇》不具备上述特征,故其不为文字作品。"②不过,文字本身不可避免地带有某种含义,同时,作者所创作的"常用汉字的汇集"本身不是一个可接受的含义吗?这些不足以使得该字汇被视为文字作品吗?当然,该字汇是否具有独创性,是另外一个问题。

在司法实践中,很多法院直接适用《著作权法实施条例》第2条关于作品的一般性规定来确认一种作品是《著作权法》上受保护的作品,而不关注它是否落入了《著作权法》所罗列的作品类型。这实际上使得《著作权法》第3条对法院的限制可能被架空。比如,在深圳市蔚科电子科技开发有限公司 v. 深圳市宇音电子有限公司著作权纠纷案(广东省深圳市南山区法院(2004)深南法民二初字第301号)中,法院就采用这一策略:"根据我国《中华人民共和国著作权法实施条例》第2条,著作权法所称作品,是指文学、艺术和科学领域内具有独创性并能以某种有形形式复制的智力成果。本案中小天使 WSM-100 型、WSM-200 型节拍器说明书为原告配合相应产品使用而制作,主要以文字为表现形式,并配合视图的使用,说明节拍器的按键及主要功能、技术规格等内容,其思想内容明确,体现了作者的独特风格,同时,该智力成果可以通过有形形式进行复制,因此,本院认为,小天使 WSM-100 型、WSM-200 型节拍器说明书符合我国著作权法作品的构成要件,属于受著作权法保护的作品。"在教育考试服务中心 v. 北京海淀区新东方学校(北京市高院(2003)高民终字第1393号)案中,法院也有类似思路:"《著作权法实施条例》第2条规定,著作权法所称作品,指文学、艺术和科学领

---

① 上海榕树下计算机有限公司 v. 中国社会出版社,北京市第一中级人民法院(2000)一中知初字第156号。

② 张广良:《知识产权实务及案例探析》,法律出版社1999年版,第157页。

域内,具有独创性并能以某种有形形式复制的智力创作成果。TOEFL 试题分为听力、语法、阅读和写作四个部分,由 ETS 主持开发设计,就设计、创作过程来看,每一道考题均需多人经历多个步骤并且付出创造性劳动才能完成,具有独创性,属于我国著作权法意义上的作品,应受我国法律保护。由此汇编而成的整套试题也应受到我国法律保护。"这些案例中,法院更为理想的做法应该是,依据《著作权法》第 3 条确认作品属于所谓的文字作品的类型,然后再依据《著作权法实施条例》第 2 条确认其应该得到保护。

3 口述作品

口述作品是指"即兴的演说、授课、法庭辩论等以口头语言形式表现的作品"。①

由于口述作品被限制在"口头语言形式表现"的范围内,这实际上使得它在大部分情形下与文字作品有一一对应关系。一旦口述作品被书面纪录后,区分它是口述作品还是文字作品就没有太大的必要。换句话说,"口头形式"只不过是一种传播媒介,传播的内容本质上可以按照文字作品来对待。

现在用于固定或纪录作品的方式已经远远超出单纯的书面文字纪录的限制。口述作品可以直接被录音录像记录下来,载体可以是传统的唱片、磁带,也可以是数字时代的纪录形式。比如,在北京东大正保科技有限公司 v.孙玮洁案②和下面的罗永浩 v.北京硅谷动力电子商务有限公司案中,口头作品就以分别 MP3 数字化录音或视频形式被固定下来。

罗永浩诉北京硅谷动力电子商务有限公司

北京市海淀区法院(2006)海民初字第 9749 号

原告罗永浩是北京新东方学校教师,在该校讲授英语相关课程,具有较高知名度……2005 年 1 月 21 日起,硅谷动力公司在该网站不同栏目上载了载有罗永浩讲课内容的 MP3 格式录音文件和 flash 文件,登载时注明"老罗语录""新东方老罗语录""新东方老罗 2005 新语录集"等字样,且对上述文件进行了介绍:"罗永浩,北京新东方的英语教师,以讲课生动活泼且令人爆笑不止闻名,很多经典段子都是课堂上同学们自己录下来的。"上述文件总长度为:50 段录音文件(3 小时 19 分)、1 段 flash 文件(4 分钟)……

本院认为:口述作品是指即兴的演说、授课、法庭辩论等以口头语言形式表现的作品,教师讲课内容是口述作品的一种,依法受我国著作权法的保护。罗永浩作为北京新东方学校的英语教师,他向学生讲授的内容虽是以相关的大纲、教材为基础,但具体的授课内容系罗永浩独立构思并口头创作而成,这也是罗永浩的讲课内容受到欢迎的原因。故本院认定罗永浩的授课内容具有独创性,符合著作权法规定的作品要件,因而全部内容均构成口述作品。

(卢正新、陈坚法官,黄一丁人民陪审员)

---

① 《著作权法实施条例》(2002)第 4 条。
② 山东省青岛中院(2010)青民三初字第 105 号。

当口述作品以录音或录像形式固定下来后,记录该口述作品的录音或录像,可能成为著作权法意义上的录音、录像制品或作品。另外,口述者也可能被视为表演者,对其表演享有邻接权保护。进一步的讨论参见后文"邻接权"一章。

中国著作权法仅仅要求作品可以被复制,而不要求它实际上被复制或固定。因此,即使口头作品未被复制,依然受到保护。如前所述,在美国,版权法要求作品必须由作者自己或经过作者授权的以有形形式被固定后,才能获得版权法的保护。[①] 这实际上导致首次发表的未被固定的口述作品无法直接得到联邦版权保护。这一规则与中国法有明显差别。

4　音乐作品

音乐作品是指"歌曲、交响乐等能够演唱或者演奏的带词或者不带词的作品"[②]。显然,中国法并不区别对待乐曲和歌词。这可能导致歌词既可以按照音乐作品也可以按照文字作品获得保护。在大多数情况下,这种重叠保护没有什么问题,因为著作权为两类作品提供大致相当的保护。不过,由于著作权法规定了所谓的制作录音制品的法定许可[③],歌词作为"音乐作品",要受到该条款的约束,而一般的文字作品则没有。在这一意义上,区分音乐作品和文字作品,有一定的意义。

理论上,更好的做法应该是像英国法那样,区别对待乐曲和歌词。音乐作品仅限于乐曲,歌词则按照文字作品寻求保护。[④]这一区分体现了乐曲和歌词之间的本质差异。在词、曲作者分离的情况下,有利于清晰地规定两类作品的权属。在中国法下,如何处理词、曲作者之间的关系,还是一个比较复杂的问题,需要根据个案的情形具体分析。在词、曲开始都不存在的情况下,词、曲作者可能可以基于合意而合作创作音乐作品。在词或曲已经存在的情况下,另一方后来加入谱曲或填词,则后来者可能是演绎作品(歌曲)的独立作者,但是要尊重在先的词、曲的独立的著作权。区分合作作品与演绎作品,影响到著作权的行使和保护,有法律意义。

音乐作品常常以简谱或五线谱等乐谱形式被记录下来,但是,并不局限于这种媒介形式。音乐作品应该是抽象状态存在能够被人感知的带词或不带词的乐曲,至于它以什么形式被记录(乐谱、录音、录像等),是一个无关的问题。如果将音乐作品局限于所谓乐谱形式存在的书面作品,在某些情况下会出现解释困难。比如,作曲者直接通过录音形式固定其音乐,而没有记谱。如果他人未经许可复制或表演该音乐,究竟在侵害什么权利,解释起来就很困难。

中国著作权法将音乐作品限制在词曲的范围内,客观的结果是,录音制品制作者

---

① 17 U.S.C. §102.
② 《著作权法实施条例》(2002)第 4 条。
③ 《著作权法》(2010)第 40 条第 3 款:"录音制作者使用他人已经合法录制为录音制品的音乐作品制作录音制品,可以不经著作权人许可,但应当按照规定支付报酬;著作权人声明不许使用的不得使用。"
④ The Copyright, Designs and Patents Act 1988, Section 3 (1)(d):"musical work" means a work consisting of music, exclusive of any words or action intended to be sung, spoken or performed with the music.

在编曲、混音、录制等方面的贡献被排除出著作权的客体范围。如后文所述,录制者的贡献可以通过邻接权加以保护。不过,录音制作者对自己录音制品所享有的权利,仅仅限于"许可他人复制、发行、出租、通过信息网络向公众传播并获得报酬的权利"①,与普通著作权有较大差异。

5 戏剧类作品

戏剧类作品包括戏剧、曲艺、舞蹈、杂技作品等。其中,戏剧作品是指"话剧、歌剧、地方戏等供舞台演出的作品";曲艺作品是指"相声、快书、大鼓、评书等以说唱为主要形式表演的作品";舞蹈作品是指"通过连续的动作、姿势、表情等表现思想情感的作品";杂技作品是指"杂技、魔术、马戏等通过形体动作和技巧表现的作品"。②

5.1 戏剧作品

戏剧与音乐、曲艺、舞蹈和杂技等作品一样,也有何谓作品"文本"的问题,究竟是剧本、书面乐谱、舞谱等,还是舞台上活的表演形态。从一开始,这就存在争议。郑成思教授认为:"戏剧作品也不是指'一台戏',而仅指有关的剧本。"③"戏剧作品是指由对话、旁白、音乐、配词等等构成的剧本,而不是指在舞台上呈现出来的表演……中国《著作权法实施条例》所说的'供舞台演出的作品',正是这样的含义。"④对于剧本之外的其他艺术成本则分别归入音乐、美术作品或者通过邻接权加以保护。⑤ 相反的意见认为:"戏剧作品一般是通过剧本加以体现。不同的演出班子可以在不同的时间和地点演出这些剧本,但无论演出多少次,被演出的戏剧作品始终只有一部……但是,戏剧作品并不能与写出的剧本划等号,因为有些戏剧不需要甚至不能够通过剧本来加以表现。"⑥

在固定舞台表演艺术的录音、摄影或录像技术出现之前,剧本大概是最大限度地传达戏剧作品内容的媒介。将戏剧作品与剧本对应起来,是一种不得已的选择。现在,记录舞台表演的录音或录像已经很常见,继续将戏剧作品限制在剧本范围内,显得不合时宜。戏剧作品可能从产生之日就没有剧本存在。不过,脱离剧本之后,法院在面对舞台表演的录像时,依然需要区分哪些是戏剧作品的保护内容,哪些是导演、演员、化妆师、舞美师、灯光师等所作出的无法依据戏剧作品得到保护的贡献。从这里也可以看出,一台活的舞台表演背后有很多人作出贡献,但著作权法实际上可能只是选择其中一部分人——剧作家、演员、美术师等加以保护。

在下面的陈民洪 v. 彭万廷等案中,法院就在努力理清戏剧作品的剧作家与后来

---

① 《著作权法》(2010)第42条。
② 《著作权法实施条例》(2002)第4条。
③ 郑成思:《版权法(修订版)》,中国人民大学出版社1997年第2版,第95页。
④ 李明德、许超:《著作权法》,法律出版社2003年版,第37页。
⑤ 费安玲:《作品的概述》,载司法部和国家版权局:《中华人民共和国著作权法讲析》,中国国际广播出版社1991年版,第157页。
⑥ 王迁:《著作权法学》,北京大学出版社2007年版,第51—52页。

的表演者的各自贡献。

陈民洪 v. 彭万廷等

湖北省高院(1999)鄂民终字第44号

上诉人陈民洪于1991年3月创作出反映土家族民情风俗的《土家情》舞剧剧本。长阳土家族自治县文化局将此创作列为该县文化工作计划的内容。同年8月,陈民洪完成了创作第二稿,并定名为《土里巴人》,1992年5月该作品由该县歌舞团首次公演……

1993年5月,被上诉人宜昌市文化局将《土里巴人》剧本调到被上诉人宜昌市歌舞剧团。同年10月,被上诉人宜昌市文化局、宜昌市歌舞剧团聘请被上诉人门文元为总编导,并由上诉人陈民洪修改完善该剧本。陈民洪在门文元、施兆淮、付正道、蓝东等人提出一些修改性意见后,先后几易其稿,最后于1994年3月28日定稿。有关专业人员为该剧进行了作曲及音乐、舞美设计,该剧由宜昌市歌舞剧团公开上演。宜昌市歌舞剧团在宜昌市、湖北省和第五届中国艺术节上演出该剧获得成功。文化部为此颁发了"文华大奖",上诉人陈民洪获得湖北省文化厅颁发的《土里巴人》编剧特等奖及宜昌市文化局颁发的创作特等奖……

1995年元月,被上诉人门文元接受被上诉人宜昌市歌舞剧团的委托,为《土里巴人》在中央电视台1995年春节联欢晚会上演出,按照晚会的时间安排对该剧进行浓缩、改编时,将"抹黑"改为"抹红"(剧本原作,土家族男女青年恋爱时,女青年手上抹满锅烟黑灰将小伙子抹成大黑花脸,小伙子又反过来抹到对方脸上)。

1994年底,被上诉人宜昌市文化局、宜昌青旅印制了介绍土家风情、宣传宜昌的95年台历,该台历引用了部分《土里巴人》剧本的歌词和剧情简介,虽署名编剧为陈民洪,但未经上诉人陈民洪的同意。该台历印制后发送给了会议代表及来宾。

1996年5月,被上诉人宜昌市歌舞剧团应邀赴香港演出,在演出节目单及宣传册上均未署编剧陈民洪之名。

同时查明:被上诉人宜昌市歌舞剧团演出《土里巴人》剧164场,其中营业性的演出42场,门票收入173730.8元,未向陈民洪支付报酬。

原审判决认为,原告在单位的工作职责虽不是从事创作,但原告按照上级单位部署的创作任务,所创作出的《土里巴人》剧本应为职务作品。我国著作权法将职务作品的著作权归属划分为作者个人享有和单位享有[两种类型],因该作品不具备《中华人民共和国著作权法》第16条第2款规定的情形,故该剧本的著作权应归原告享有。《土里巴人》剧本由上级部门为社会公益性演出需要,调到宜昌市使用,宜昌市歌舞剧团对该作品的作曲、音乐、舞美设计等内容进行了再创作,形成《土里巴人》舞蹈剧,宜昌市歌舞剧团享有对其改编作品的演绎权……

[原告陈民洪不服,提起上诉。二审法院指出:]

陈民洪认为,《土里巴人》系戏剧作品类中的舞剧作品,他主张的是《土里巴人》的剧本即文字作品的权利。《土里巴人》剧本有可上演性,宜昌市歌舞剧团上演《土里巴人》构成对其文字作品的使用。从其上演的情况看,无论是主要人物,还是情节发展,均是对《土里巴人》剧本的展现,显然它并非单纯的以舞蹈动作展现的舞蹈作品,而是戏剧作品中的舞剧作品。

宜昌市歌舞剧团等认为,《土里巴人》是舞蹈作品,而不是戏剧作品。舞蹈是一种凭借人体有组织、有规律的运动来表达情感的艺术,综合了音乐、诗歌、戏剧、绘画杂技等手段而成为独立的艺术形态,按其本质是人体动作的艺术。舞蹈有三个基本要素:一是舞蹈表情;二是舞蹈节奏;三是舞蹈构图。这三要素的互相结合、互相作用,并综合音乐、诗歌、戏剧、绘画、杂技等手段形成舞蹈艺术独特的表现形式。宜昌市歌舞剧团上演的《土里巴人》是以舞蹈为其主要内容,无戏剧中的独白、对白等以台词为主要表现手法的特征,其艺术表现形式,正好与舞蹈艺术特征相吻合。我国《著作权法实施条例》第4条规定:"舞蹈作品,指通过连续的动作、姿势、表情表现的作品。"据此,陈民洪执笔的《土里巴人》文字提示稿中的主要内容并不是舞蹈动作的设计编排,而是一种环境提示和歌词、不能构成舞蹈作品。

本院认为,戏剧作品是指话剧、歌剧、地方戏曲等供舞台演出的作品。舞蹈作品是指通过连续的动作、姿势、表情表现的作品。无论是戏剧作品还是舞蹈作品,都不是指舞台上的表演。戏剧作品指的是戏剧剧本。而一台戏的形成,除剧本外,还有音乐、美术、服装、道具等。表演者享有表演者权,其他作者分别对音乐、美术等享有著作权。舞蹈作品指的是舞蹈的动作设计,它是通过文字图形以及其他形式将其固定下来。

《土里巴人》是戏剧作品中的舞剧作品,虽然它也是以舞蹈为表现形式的戏剧,但又不同于一般的舞蹈,一般的舞蹈主要是给人以美的享受和艺术效果,而舞剧除了上述效果外,还能感受到作者对人生、事业的看法,体现作者的性格和写作风格,有人物和简单的情节等,《土里巴人》具有舞剧的上述基本特征。1999年,中宣部、文化部、广电总局、新闻出版署、中国文联、中国作协等部门组织编选的《新中国舞台影视艺术精品选》中,《土里巴人》亦作为舞剧类优秀剧目入选。据此,《土里巴人》是舞剧作品。

[本院认为,以下证据充分证明《土里巴人》是陈民洪个人作品,其著作权归陈民洪享有。对《土里巴人》文字作品(剧本)的著作权与对该剧本进行表演形成权利的关系的认定:]

陈民洪认为,《土里巴人》文字作品与使用文字作品所形成的表演作品是两个不同的概念,后者属于著作权中邻接权的范畴,其主张权利的对象是《土里巴人》文字作品的著作权,而与使用作品后形成的表演作品(舞台作品)非同一对象,宜昌市歌舞剧团等将二者故意混淆。

宜昌市歌舞剧团等认为,《土里巴人》系舞蹈作品,不存在独立的文字作品。

本院认为,《土里巴人》的著作权属陈民洪所有,宜昌市歌舞剧团通过动作编排、服装、道具、设计、音乐、作曲等再创作形成的舞台节目《土里巴人》,它对《土里巴人》享有的只是表演者权,这是一种邻接权,并非一种新的独立的著作权。

著作权人享有对其作品的表演权,他可以自己去行使表演权,也可以授予他人行使表演权。当他自己行使时,他既享有表演权,又享有表演者权,当授权他人行使时,则作者享有表演权,表演者享有表演者权。表演者在表演作品时,不得侵犯著作权人的其他权利。如修改权、改编权、录制权等。宜昌市歌舞剧团通过舞台动作编排、服装、音乐的设计和再创作表演的《土里巴人》,是其获得著作权人陈民洪对其表演权的一种转让许可,同时宜昌市歌舞剧团又享有表演者权。但表演者权不是一种独立的完整的著作权,是《土里巴人》著作权的邻接权。原审法院据此认定宜昌市歌舞剧团对《土里巴人》有演绎权不当。

(梅咏明、李振汉、李小菊法官)

思考问题:

(1) 被告强调诉争作品为舞蹈作品而不是戏剧作品,这对被告有什么意义? 被告试图证明原告对舞蹈作品没有作出贡献吗?

(2) 假设原告发表了剧本,被告觉得直接作为舞台表演的剧本不合适,需要修改。修改后,可能形成独立的剧本,也可能直接体现在舞台表演之中。修改后的舞台表演,不是新的舞蹈作品吗,或者说,没有体现了新的舞蹈作品吗?

(3) 有没有可能同时存在戏剧作品和舞蹈作品两种类型?

在下面的田鸣鸣 v. 浙江音像出版社案中,法院确认戏剧作品是以剧本形式表现的作品;整个表演并非著作权法意义上的戏剧作品。

田鸣鸣 v. 浙江音像出版社

浙江省杭州市法院(2004)杭民三初字第 58 号

[原告田鸣鸣的母亲陈曼系《何文秀》等多部越剧剧本的作者。被告音像出版社出版、发行,由茅威涛等主演的《何文秀》(越剧小百花精品荟萃)VCD。其中唱词与田鸣鸣持有的《何文秀》越剧剧本底稿一致。本案争议焦点是涉案的《何文秀》越剧剧本是否是文字作品,同时戏剧作品是否应包括一整台戏,其中舞美、灯光等工作人员所进行的创作是否也应保护。]

[本院认为,]我国《著作权法》将戏剧作品单列于文字作品外,而所谓戏剧作品是指以剧本等形式表现的作品,因此,不能以作品中包含文字就概而论之为文字作品;同时,戏剧作品主要是为表演所用,因此,也不能因未将剧本复制、发行,而是将剧本用于演出就不认定为未使用戏剧作品⋯⋯

戏剧作品与电影作品或以类似摄制电影方法创作的作品的一个很大不同在于,电影等作品在创作时是将演员的表演记录在胶片等载体上,是固定的;而戏剧作品中演员的表演是即时、流动的,未记录于任何物质载体上,演出完成后演出的过程便不复存在,即使以后的演出未改变上一场演出的任何一个程式,仍是上一场演出的重复,而不等同于上一场演出。由于戏剧作品的上述特征,法律未将其作为一个整体加以保护,而是对剧本作者、演员等的权利采取不同的方式分别予以保护,即赋予剧本作者以著作权、赋予演员以禁止他人未经许可将其表演录音录像等行为的禁止权以及一项非独立的与著作权人等共享的授权他人对其表演进行录音录像等的许可权。而对于舞美、灯光等工作人员所进行的创作,《著作权法》未对其赋予著作权法意义上的权利,因此,不受《著作权法》的保护。

(张政、王江桥、张莉军法官)

思考问题:

(1) 上述案例中,法院似乎并不认为戏剧作品是文字作品,因为法院说,"不能以作品中包含文字就概而论之为文字作品"。将剧本视为能够表演的文字作品有什么问题吗?

(2) 法院认为,著作权法罗列的作品类型相互并列,不能重叠,有道理吗?

(3) 被告的出版行为侵害了原告的复制权和发行权吗? 必要时,参考后文关于复制权和发行权的讨论。

戏剧作品如果以剧本形式呈现,实际上与文字作品不可避免地重叠在一起。那著作权法为什么将二者区分开来呢? 有学者认为:"这主要是从它们各自的最终创作目的之不同来考虑的。文字作品主要是为人们阅读而创作的,而戏剧、舞蹈作品则是为演出而创作的。虽然剧本也可以成为阅读物,但它的最终目的仍是为演出而用;一部剧本的成功与否也最终要由演出效果来验证,即主要听众的意见,而不是剧本读者的意见。"① 上述解释有一定道理,但说服力有限,因为作品的最终使用目的上差异与版权法上的区分并无直接关系。正如我们所知,文字作品的使用目的千差万别,这并不影响它们被列入同一类。立法者实际上并无刻意区分戏剧作品与文字作品的必要,更多的是照顾普通公众的认知习惯,让公众很容易明白戏剧作品也受版权法保护。

5.2 杂技作品

杂技作品是指"杂技、魔术、马戏等通过形体动作和技巧表现的作品"。② 按照著作权法上作品的一般含义,只有杂技、魔术或马戏表演整体能够被视为一种舞台表演、表达一定的情感时,才能够被视为所谓的艺术作品而获得保护。杂技表演中一些基本的表达要素、技术方法等,属于著作权法意义上"思想"的范畴,不能获得保护。因此,演员顶碗、荡秋千、走钢丝等基本概念或基本技术并不能为最先的杂技设计者所垄断。不过,对这些基本概念进行具体化,设计很多个性化的细节,则接近具体的舞蹈,能够传达复杂的情感,应该受到保护。从这一意义上讲,杂技艺术作品实际上应该获得类似舞蹈作品的保护。

既然杂技作品本质上类似于舞蹈(或音乐)作品,自然就会有学者认为单独罗列杂技艺术作品是多余的:"杂技、魔术和马戏等活动唯一与作品有关的只可能是其中具有美感的艺术活动,如背景音乐和穿插其中的舞蹈等。但是,由于具有独创性的音乐和舞蹈本身就是受我国《著作权法》保护的作品,再单独设立'杂技艺术作品'不仅是

---

① 郑成思:《版权法(修订版)》,中国人民大学出版社1997年第2版,第97页。
② 《著作权法实施条例》(2002)第4条。

多余的,也极容易使人误认为单纯表现身体技巧的活动也是受《著作权法》保护的作品。因此,对'杂技艺术作品'的规定实无必要。"①

上述批评意见有一定道理,不过如果立法者不明确规定杂技艺术作品可以获得保护,大概很少人会认为杂技艺术作品整体上可以被视为舞蹈作品或音乐作品而获得保护。现有的规定大概是立法者两害相权取其轻的结果。立法者对于保护客体的罗列,更多的是照顾了公众的日常习惯,而并非遵循严格的逻辑分类以保证各个类别之间相互不重叠。在杂技艺术作品上不避重叠,也未尝不可。只要著作权法坚持只保护"作品表达"而不保护思想,则不会出现杂技技巧本身被垄断的问题。

另外,上述批评意见还认为,对杂技演员提供表演者权保护,就足以保护他们的利益,而无需将杂技、魔术和马戏界定为作品。②这一意见比较牵强。我们所见的很多震撼人心的杂技艺术作品的创作,大概并不比舞蹈作品更容易。为了防止竞争对手编排**表演整体**上相同或类似的杂技节目,仅仅保护表演者的表演是不够的,其中的道理就像不能仅仅依靠保护舞蹈演员来保护舞蹈作品一样。另外,中国著作权法要求演员是表演作品的人。不承认杂技艺术作品,对承认杂技演员是"演员"存在法律障碍。

长沙动物园 v. 当代商报社

湖南省长沙市中院(2003)长中民三初字第90号

被告当代商报社于2003年1月29日在其发行的《当代商报》头版刊发"长沙海底世界欲建中南地区最大海豚表演馆""6海豚同台钻火圈"的标题新闻,并配发了长沙动物园海豚馆海豚表演的照片……在照片中可以看出"长沙海豚馆"字样。该照片系从长沙动物园海豚馆拍摄所得。长沙动物园见报后,即与当代商报社联系[原告认为,被告行为构成对该园海豚表演作品的著作权、表演者权的侵害]。

另查明:当代商报社在2003年1月29日使用的两幅海豚表演照片,均由该报摄影记者王益群在原告海豚馆拍摄,并存放于其工作电脑中的个人文件夹内,供报社必要时使用。至庭审之日,长沙海豚馆也没有设立禁止拍照的标识……

[关于长沙动物园对海豚表演是否享有著作权和表演者权,]原告认为,在长沙动物园的海豚表演具有独创性并体现了原告的个性特征,节目体现了原告独特训练方法和技巧,是原告思想感情的外在表现,也是原告脑力劳动的结晶。在原告处进行的海豚表演在表现形式上也有自己的特点,如使用的呼啦圈比其他海豚馆的小,训练方法也有差异。故长沙动物园对其海豚表演享有著作权。长沙动物园指导整个海豚表演,为海豚表演承担义务,是法律意义上的表演者,故同时享有表演者的权利。两被告则认为:原告的海豚表演与其他海豚馆进行的海豚表演无论在表演形式还是难度上,均无突破,没有创新性。原告对海豚不享有所有权,参加演出的驯养人员、主持人也不是

---

① 王迁:《著作权法学》,北京大学出版社2007年版,第55页。
② 同上。

原告职工,因此原告不是该杂技作品的表演者,不享有表演者的权利。被告当代商报社还认为,即使原告享有表演者权,著作权法也没有限制他人对表演者的表演进行拍照,因此原告无权依据著作权法就当代商报社使用自己记者拍摄的新闻照片主张表演者权。

[本院认为:]

关于原告对海豚表演是否享有著作权和表演者权的问题。我国将杂技艺术作品纳入著作权法保护的范畴。杂技艺术作品是指杂技、魔术、马戏等通过形体动作和技巧表现的作品。作为著作权法意义上之杂技艺术作品,应包含人或人与动物具有创造性的节目编排、表演节奏、艺术造型等基本要素,因此,并非任一杂技、魔术或马戏等节目均能构成著作权法的保护对象,只有在具备独创艺术性的前提下,才构成著作权法上的作品。从这个意义而言,对杂技艺术作品的保护,从实质上说,是对该作品中通过形体和技巧表现出来的艺术成分的保护。本案中,驯养员通过种种方式驯养海豚,但驯养员只是作为表演的指挥者参与节目,通过各种暗示方法指挥海豚进行不同的表演,驯养员本身并未向观众展示与众不同的艺术造型或以其他方式体现其独特的艺术性。即使因对海豚训练方法的差异,海豚的表演动作可能存在不同的难度,但单纯的技巧和难度,不属于著作权法保护的范围。海豚所作出的"表演",实质上是因驯养员的训练而产生的条件反射,是驯养员训练思维的一种机械性、生理性反应工具,海豚不具有法律上的人格意义,既不是表演者,也不能构成著作权的权利主体。在实际表演中,诉争的海豚表演并未通过表演造型或编排,展现出独创的艺术性,因此该节目不属于著作权法上的杂技艺术作品,其表演形式不受著作权法保护。表演者权是著作权的邻接权,法律明确规定了邻接权的保护范围。被告当代商报社对海豚表演节目拍摄照片的行为,并不属于著作权法列明的侵权行为,故原告长沙动物园主张对其海豚表演享有著作权、表演者权的辩论意见,不予采纳。

(王良国、杨凤云、余晖法官)

思考问题:

(1)法院认为驯养员本身并没有展示什么造型。这一事实影响海豚表演整体上构成杂技艺术作品吗?

(2)海豚的表演不是驯养员的表演吗?我们能说舞台上刀枪剑戟自己在表演吗?为什么可以说海豚自己在表演?

6 美术作品

美术作品是指"绘画、书法、雕塑等以线条、色彩或者其他方式构成的有审美意义的平面或者立体的造型艺术作品"[①]。简单地说,美术作品是有审美意义上的造型艺术。立法者罗列了绘画、书法和雕塑等几项,并非穷尽列举。剪纸、刺绣、织锦等,都可

[①] 《著作权法实施条例》(2013)第4条。

能产生这里所说的美术作品。

在进行独创性审查时,著作权法排斥对具体作品的艺术美感的高低进行实质审查,但是在客体审查环节,著作权法需要将大部分纯工业产品排除出保护范围之外。因此,著作权法对于保护客体实际上依然有最低限度的质的要求,即该客体本质上必须具有审美意义或审美目的。至于创作者很好或很糟地实现了这一目的,则在所不问。当然,如前所述,具有审美意义究竟是形式主义,还是意图主义,并无定论。

6.1 书法作品

书法是指文字的书写艺术。书法作品,是比较有中国特色的一类美术作品。在实务中,常常引发争议的是书法作品的独创性问题。一般而言,含有较多文字的个性书法作品会被认为具有独创性。单个或少数几个字组成的书法作品,也有被确认为具有独创性的案例。比如,"道"①"猴寿"②"天下粮仓"③"重庆奇火锅"④等书法作品都被确认为具有独创性。当然,普遍地确认单个字的书法具有独创性,有可能过分降低了独创性的标准,使得社会公众动辄面对版权侵权指控。在前一章关于计算机字体的案例已经充分说明了这一点。

北京北大方正电子有限公司 v. 暴雪娱乐股份有限公司等

最高人民法院(2010)民三终字第 6 号

[北大方正公司诉称:被告]在网络游戏《魔兽世界》客户端中,未经北大方正公司许可,擅自复制、安装了北大方正公司享有著作权的方正兰亭字库中的方正北魏楷书、方正剪纸等 5 款方正字体。在网络游戏《魔兽世界》运行的过程中,各种游戏界面的中文文字分别使用了上述 5 款方正字体。四被告的行为侵犯了北大方正公司对上述 5 款方正字体的复制权、发行权和获得报酬权等权利……2009 年 10 月 8 日,北大方正公司将其诉讼请求变更为:暴雪公司、九城互动公司[等]连带赔偿北大方正公司经济损失人民币 4.08 亿元……

一审法院经审理查明……暴雪公司、九城互动公司、第九城市公司对网络游戏《魔兽世界》中使用了涉案 5 款字体以及标有 GBK 的各款字体包含 21,000 个汉字,标有 GB 的字体包含 7000 个汉字无异议……

一审法院经审理认为……字库是为了使计算机等具有信息处理能力的装置显示、打印字符而收集并按照一定规则组织存放在存储设备中的坐标数据和函数算法等信

---

① 关东升 v. 道琼斯公司,北京一中院(2003)一中民初字第 2944 号。
② 任新昌 v. 李孝本,陕西省西安市中院(2007)西民四初字第 213 号。
③ 都本基 v. 作家出版社,北京市朝阳区法院(2003)朝民初字第 19137 号。本案中,法院甚至认为"由于原作'天下粮仓'四字间散落的墨迹具有代表'血泪'和'粮食'的独特含义,而作家出版社所使用的'天下粮仓'四字删除了这些墨迹,使得原作所要表达的思想不能得到完整的体现,破坏了原作的完整性,故作家出版社还侵犯了都本基对其作品享有的保护作品完整权"。
④ 王帮清 v. 余勇等,重庆市高院(2003)渝高法民终字第 166 号。

息的集合。字库中的坐标数据和函数算法是对字型笔画所进行的客观描述;在运行时,通过特定软件的调用、解释,这些坐标数据和函数算法被还原为可以识别的字型。字库中对数据坐标和函数算法的描述并非计算机程序所指的指令,并且字库只能通过特定软件对其进行调用,本身并不能运行并产生某种结果,因此,字库不属于《计算机软件保护条例》所规定的程序,也不是程序的文档。北大方正公司关于涉案的方正兰亭字库属于计算机软件,应受《中华人民共和国著作权法》(简称著作权法)保护的主张不能成立。即便字库属于计算机程序,但是,其运行结果即产生字型,其与相应的字型是一一对应的,是同一客体的两种表达,在著作权法上应作为一个作品给予保护。故北大方正公司关于暴雪公司、九城互动公司、第九城市公司、情文图书公司侵犯涉案5款方正兰亭字库计算机软件著作权的主张不予支持。

《中华人民共和国著作权法实施条例》(简称著作权法实施条例)第四条第(八)项规定,美术作品是指绘画、书法、雕塑等以线条、色彩或者其他方式构成的有审美意义的平面或者立体的造型艺术作品。字库的制作通常经过字体设计、扫描、数字化拟和、人工修字、质检、整合成库等步骤,其中,字型设计是指由专业字体设计师依字体创意的风格、笔形特点和结构特点,在相应的正方格内书写或描绘的清晰、光滑、视觉效果良好的字体设计稿。每款字库的字体必须采用统一的风格及笔形规范进行处理。因此,字库中每个字体的制作体现出作者的独创性。涉案方正兰亭字库中的每款字体的字型是由线条构成的具有一定审美意义的书法艺术,符合著作权法规定的美术作品的条件,属于受著作权法及其实施条例保护的美术作品……

第九城市公司在网络游戏《魔兽世界》客户端软件和相关补丁程序中使用涉案方正兰亭字库的5款字体并向消费者进行销售的行为,侵犯了北大方正公司对涉案方正兰亭字库中的字体的美术作品著作权中的复制权、发行权和获得报酬权……

本院经审理查明,一审法院查明的事实基本属实,予以确认。

在本院审理过程中,北大方正公司向本院提交了《计算机字库的开发生产过程》《为什么说计算机字库是软件》等文件。根据前述文件及北大方正公司的陈述意见,本院查明,诉争北大方正兰亭字库的制作通常经过字型设计(字稿创作)、扫描、数值拟合、人工修字、拼字、质检、符号库搭配、使用 Truetype 指令,编码成 Truetype 字库、测试等步骤。其中字型设计是选定字体创意稿后,依字型创意的汉字风格、笔形特点和结构特点,由专业人员在计算机上直接设计成字稿或在纸介质上设计成字稿。扫描是指将纸介质上的设计字稿通过扫描仪扫成高精度点阵图形,输入电脑做成底纹,并按底纹在相关软件上画成三次曲线字,规范制作后,按照编码字符国家标准 GB1300.1-1993 给出字符编码。拟合是将扫描后的数字化图像初步转换为该字的输出显示程序,即按照一定的数学算法,将扫描后的数字化图像抽取轮廓,并通过参数控制来调整轮廓的点、线、角度和位置(随着计算机做字技术的发展,字型设计师也可以直接使用计算机软件进行字体设计,不需要扫描、拟合过程)。拟合过程之后是修字,该步骤是由人工借助专业造字工具辅助对拟合好的字进行修改,使之达到印刷字库的要求。拼字是根据字体由部件组成的特点,先行设计和制作部件,再以部件为基础,拼合出其他字的方法。具体而言，北大方正公司在制作字库时，通常只让设计师设计常用的几百字，之后由其制作人员，在把握原创风格的基础上，按照印刷字的组字规律，将原创的部件衍生成一套完整的印刷字库。质检环节是对成品字进行检查，把控整套字库的同一性。符号库搭配是指将西文符号按照中文字的风格、大小和粗细来设计，使其在字库中搭配使用效果能够和谐统一。整款印刷字库字形设计完成后，软件开发人员使用Truetype指令，将设计好的字型用特定的数学函数描述其字体轮廓外形并用相应的控制指令对字型进行相应的精细调整后编码成Truetype字库。该字库中一般包含构成字形轮廓动态构建指令集、字形轮廓动态调整指令集等。其中构成字形轮廓动态构建指令集的主要功能是选取字型中的点并以特定方式连线构成汉字的字形轮廓；字形轮廓动态调整指令集的功能主要是为了实现汉字在不同环境（如不同分辨率下）的完整及美观，在程序设定的条件下对汉字的字型轮廓进行动态调整，以便在各种分辨率的情况下均能够清晰的显示每一个汉字。诉争的5款字型均采用以上基本相同的方法制作完成。

......

本院认为：

（一）关于本案诉争的方正兰亭字库是否是著作权法意义上的作品的问题

根据《著作权法实施条例》第2条的规定，著作权法意义上的作品是指文学、艺术和科学领域内具有独创性并能以某种有形形式复制的智力成果。本案中，诉争的字库由方正兰亭字库V5.0版中的方正北魏楷体GBK、方正细黑-GBK、方正剪纸GBK，方正兰亭字库V3.0版中的方正隶变GBK，方正兰亭字库V1.0版中的方正隶变GB字体共5款字体组成。根据北大方正公司陈述的字库制作过程，其字库中相关字体是在字型原稿的基础上，由其制作人员在把握原创风格的基础上，按照印刷字的组字规律，将原创的部件衍生成一套完整的印刷字库后，再进行人工调整后使用Truetype指令，将设计好的字型用特定的数学函数描述其字体轮廓外形并用相应的控制指令对字型进行相应的精细调整后，编码成Truetype字库。根据其字库制作过程，由于印刷字库中的字体字型是由字型原稿经数字化处理后和由人工或计算机根据字型原稿的风格结合汉字组合规律拼合而成，其字库中的每个汉字的字型与其字形原稿并不具有一一对应关系，亦不是字型原稿的数字化，且在数量上也远远多于其字型原稿。印刷字库经编码形成计算机字库后，其组成部分的每个汉字不再以汉字字型图像的形式存在，而是以相应的坐标数据和相应的函数算法存在。在输出时经特定的指令及软件调用、解释后，还原为相应的字型图像。

根据《计算机软件保护条例》第2条之规定，计算机软件是指计算机程序及有关文档。该《条例》第3条第（一）项规定，计算机程序是指为了得到某种结果而可以由计算机等具有信息处理能力的装置执行的代码化指令序列，或者可以被自动转换成代码化指令序列的符号指令序列或者符号化语句序列。本案中，诉争字库中的字体文件的功能是支持相关字体字型的显示和输出，其内容是字型轮廓构建指令及相关数据与字型轮廓动态调整数据指令代码的结合，其经特定软件调用后产生运行结果，属于计算机系统软件的一种,应当认定其是为了得到可在计算机及相关电子设备的输出装置中显示相关字体字型而制作的由计算机执行的代码化指令序列,因此其属于《计算机软件保护条例》第三条第(一)项规定的计算机程序,属于著作权法意义上的作品。鉴此,本院认为,一审法院以"字库中对数据坐标和函数算法的描述并非计算机程序所指的指令,并且字库只能通过特定软件对其进行调用,本身并不能运行并产生某种结果"为由,认定诉争字库不属于计算机软件保护条例所规定的程序,缺乏事实和法律依据,应予以纠正……

关于诉争方正兰亭字库是否是著作权法意义上的美术作品的问题。《著作权法实施条例》第4条第(八)项规定,美术作品是指绘画、书法、雕塑等以线条、色彩或者其他方式构成的有审美意义的平面或者立体的造型艺术作品。本案中,诉争方正兰亭字库由方正北魏楷体GBK、方正细黑-GBK、方正剪纸GBK、方正兰亭字库V3.0版中的方正隶变GBK,方正兰亭字库V1.0版中的方正隶变GB字体(字库)组成。每款字体(字库)均使用相关特定的数字函数,描述常用的5000余汉字字体轮廓外形,并用相应的控制指令及对相关字体字型进行相应的精细调整,因此每款字体(字库)均由上述指令及相关数据构成,并非由线条、色彩或其他方式构成的有审美意义的平面或者立体的造型艺术作品,因此其不属于著作权法意义上的美术作品。此外,根据诉争相关字体(字库)的制作过程,字库制作过程中的印刷字库与经编码完成的计算机字库及该字库经相关计算机软件调用运行后产生的字体属于不同的客体,且由于汉字本身构造及其表现形式受到一定限制等特点,经相关计算机软件调用运行后产生的字体是否具有著作权法意义上的独创性,需要进行具体分析后尚能判定。一审法院以字库的字型均采用统一的风格及笔形规范进行处理,而认定字库中的每个字型的制作体现出作者的独创性而成为著作权法意义上的作品,是将北大方正公司制作计算机字库过程中的印刷字库与最终完成计算机字库及该字库运行后产生的字体混为一体,且对该字库经计算机程序调用运行后产生的汉字是否具有独创性没有进行分析判定,进而影响了其对诉争字库(字型)性质的认定,导致认定事实、适用法律均有错误,本院予以纠正。
……

(三)关于暴雪公司、第九城市公司在其网络游戏《魔兽世界》运行中,其游戏界面中使用5款方正字体是否侵犯了北大方正公司的相关权利的问题

根据一审法院及本院查明的事实,网络游戏《魔兽世界》中使用了涉案5款字体以及标有GBK的各款字体包含21000个汉字,标有GB的字体包含7000个汉字。由于前述汉字均属诉争方正兰亭字库经相关计算机软件调用后产生,判断暴雪公司、第九城市公司在其游戏运行中使用上述字体是否侵犯北大方正公司相应权利的前提是诉争字库经计算机软件调用后产生的汉字是否属于著作权法意义上的作品。本院在第一焦点部分已经分析由于汉字本身构造及其表现形式受到一定限制等特点,其经相关计算机软件调用后产生的单个字是否具有著作权法意义上的独创性,需要进行具体分析后尚能判定。但鉴于汉字具有表达思想、传递信息的功能,由于暴雪公司、第九城市公司在其游戏运行中使用上述汉字是对其表达思想、传递信息等功能的使用,无论

前述汉字是否属于著作权法意义上的美术作品,其均不能禁止他人正当使用汉字来表达一定思想,传达一定的信息的权利。因此,本院认为,暴雪公司、第九城市公司在其游戏运行中使用上述字体相关汉字并不侵犯北大方正公司的相关权利。

(于晓白、骆电、王艳芳法官)

思考问题:

(1) 北京高院和最高人民法院在字库是否为美术作品这一问题上明显不一致,何者更有道理?

(2) 最高人民法院强调计算机程序运行后在屏幕上显示的汉字是否具有独创性,需要个案考虑。最高人民法院会认为该显示出的汉字是美术作品吗?

(3) 数字化的图片与数字化的字库程序,有什么实质性的差别吗?为什么前者依然是美术作品,而后者在最高法院看来却变成了计算机程序?

在下面的"猴寿"案中,我们再一次看到,法院在面对表达要素比较简单的书法或绘画作品时,判断其是否具有独创性,是非常困难的一件事情。

任新昌 v. 李孝本

陕西省西安市中院(2007)西民四初字第 213 号

1991 年 9 月陕西人民出版社出版发行了《山海丹——任新昌书》,该书的封面刊登了任新昌写的"猴寿"……"猴寿"由一个草书"寿"字和猴形象图案构成,通过草书"寿"字的书写,将猴的形象图案从猴头、猴额、猴眼、猴嘴、猴脖、猴胸、猴背、猴腰、猴臀、猴尾、鲜桃进行了描述。

2007 年 4 月任新昌发现域名为"中元书画"和 www.lizhongyuan.com 在互联网上的相关网页对"太极猴寿"进行介绍……同期,任新昌在陕西书画院购买了李孝本书写的一幅"太极猴寿"。该"太极猴寿"也是由一个草书"寿"字和猴形图案构成。李孝本称其"太极猴寿"于 2002 年完成,2004 年在陕西电视台春节晚会上发表。

[任新昌认为李孝本侵犯了其发表在《山海丹——任新昌书》[等书刊]上的"猴寿"作品的著作权。]

一、关于任新昌是否享有争诉之"猴寿"著作权的问题

……

《中华人民共和国著作权法实施条例》第 4 条第 1 款第(八)项规定:美术作品是指绘画、书法、雕塑等以线条、色彩或者其他方式构成的有审美意义的平面或者立体的造型艺术作品。由此规定说明,无论是绘画作品,还是书法作品,均归属于我国著作权所规定的美术作品。《现代汉语词典》对绘画、书法和书画的解释分别为:绘画是指造型艺术的一种,用色彩、线条把实在或想象中的物体形象描绘在纸、布或其他底子上;从使用的工具和材料来分、有油画、水彩画、墨笔画、木炭画等;书法是指文字的书写艺术,特指用毛笔写汉字的艺术;书画是指作为艺术作品供人欣赏的书法和绘画。即绘

画作品强调的是造型艺术作品,书法作品专指书写汉字的艺术,书画包括了书法和绘画两种艺术品。

根据本院查明的事实,争诉之"猴寿"采用书法与绘画相融合的创作方法,以书写汉字的形式,将猴形象的描绘在纸上、以生动、变化、抒情、美感的表现手法将"寿"字阴阳结合、刚柔相济,一笔挥就、线条流畅,既有"寿"字,又有"猴"型,字中有画,画中显字,应属于字画结合的艺术作品。换言之,"猴寿"是作者直接借助文字的素材,利用猴的造型,进行的艺术再创作,它的完成体现了作者独特的创作意图、创作构思、创作方法、创作风格和创作形式。凝聚了作者智力劳动,反映了特定的艺术形式,具有独创性、表达性、可复制性,属于美术作品中的一种创作形式,符合作品的构成要件,应受著作权法保护……

四、关于李孝本是否侵犯"猴寿"作品的著作权的问题
……

根据本院查明的事实,任新昌的"猴寿"与李孝本的"太极猴寿"均采用了书法与绘画想融合的方法,以书写汉字"寿"的形式,将猴的形象描绘在纸上,既有"寿"字,又有"猴"型。字中有画,画中显字,属于字画结合的艺术载体;二者在字型上相似,均为草书;猴的艺术造型如猴头、猴额、猴眼、猴嘴、猴脖、猴胸、猴背、猴腰、猴臀、鲜桃等部位相似,区别在于二者尾巴的收笔走向不同,任新昌"猴寿"的尾巴多是顺时向呈半圆形,李孝本"太极猴寿"的尾巴先顺时向呈半圆形后回转一勾收笔;从任新昌与李孝本所处的环境和个人爱好判断,任新昌与李孝本均生活在陕西西安,同为书画爱好者;从作品公开发表的时间来看,任新昌发表"猴寿"的时间是1991年9月,作品发表后通过报刊进行了广泛传播,而李孝本发表"太极猴寿"的时间是在2004年陕西电视台猴年春节晚会上,即任新昌发表"猴寿"的时间在李孝本"太极猴寿"之前;同时李孝本认可任新昌购买的"太极猴寿"是其所写;加之本院要求任新昌、李孝本当庭书写"猴寿",任新昌按照法庭调查程序,即刻写出了"猴寿",而李孝本以此与本案事实无关,拒绝

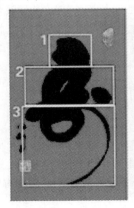 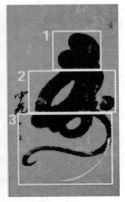

原被告作品对比图

图片来源:http://bbs.hsw.cn/thread-466278-1-1.html。

书写。由此事实可以证明,李孝本在完成"太极猴寿"之前有机会接触过任新昌的作品,同时李孝本的"太极猴寿"实质上采用了任新昌"猴寿"作品相同的表现形式,与任新昌作品主要特征构成实质性相似,符合剽窃行为的构成要件。因此李孝本的行为,已侵犯了任新昌"猴寿"作品的复制权和发行权。 **(姚建军、文艳、张熠法官)**

思考问题:

在本案中,法院是如何确认被告是在临摹、抄袭原告的作品,而不是独立创作呢?作品本身相对简单,是否增加了认定抄袭的难度?

书法作品与绘画作品之间的界线有时候非常模糊。如果书法作品中文字造型被适度夸张,就与普通绘画中的线条无异,因而有可能被视为绘画作品。上述"猴寿"案就是很好的例子。当然,著作权法并没有区别对待书法和绘画这两类作品,严格区分并无现实意义。

一件作品成为书法作品,并不妨碍它的内容成为文字作品。他人打印书法作品的诗歌文字,可能侵害该文字作品的著作权(复制权),却不侵害书法作品著作权。书法作品这一双重属性在一些特殊场合会引发意想不到的争议。比如,在著名的杨绛书信拍卖案中,如果书信原件被当做书法作品,则原件持有者享有所谓的展览权。依据中国著作权法,这一权利甚至有可能对抗著作权人发表权(如后文所述,中国法不是很明确)。如果书信原件仅仅被视为文字作品,则无所谓展览权问题,原件持有者对抗著作权人发表权的可能性大大降低。

6.2 雕塑作品

雕塑作品通常被视为一种立体的造型艺术品,常见的表现手法是圆雕、浮雕和透雕(镂空)等。雕刻的对象一般是岩石、金属、竹木等有固定形态的材料。比较有影响的意见认为,雕塑是"以各种可塑的或可雕可刻的材料,制作出各种具有实在体积的形象。"[①]这似乎暗示,雕塑作品必须是具有实在体积的物品。通过绘画或设计图纸展现的虚拟雕塑,似乎不符合这一标准。如果他人按照绘画或图纸制作雕塑,按照上述意见的逻辑,则法院可能认为该行为并不侵害雕塑作品的著作权,而是以平面到立体的方式复制绘画或图形作品,即侵害该平面作品的著作权。本书倾向于认为,对于雕塑作品,不应强调其必须是具体的物品,如果以能够被感知(复制)的抽象形象存在,也可以作为雕塑作品加以保护。其中的道理就像雕塑作品原作被毁,并不影响该作品的著作权继续受到法律保护一样。

超出传统的雕塑材料形式,非常规的造型艺术是否依然会被视为雕塑作品,则存在疑问。在下面的刘金迷案中,有一个很有意思的问题:理发师设计的发型,算是著作权法意义上的雕塑吗?

---

① 胡康生主编:《中华人民共和国著作权法释义》,法律出版社 2002 年版,第 17 页。

刘金迷 v. 北京菲瑞佳商贸有限公司都市丽缘美容院

北京市海淀区(2005)海民初字第8065号

[刘金迷创意和设计出一款新发型后,聘请模特朱静、化妆师梁孝鸣和摄影师朱自力等人就涉案发型拍摄了一幅图片。后来刘金迷和摄影师之间就图片使用和著作权法归属发生争议。]

刘金迷称其创意和设计的涉案发型属于著作权法保护的美术作品当中的雕塑作品,并由此主张对涉案发型享有署名权,对此本院认为,刘金迷主张的发型设计系由一系列的技巧和步骤构成,对技巧和步骤的模仿和使用著作权法无权予以制止,故其并非著作权法保护的客体。而就技巧和步骤所形成的具体结果,即发型本身,可以被喻为雕塑,但其造型的固定性显然不同于雕塑;加诸于人体本身的发型因适用于人体,在形状、长短、直发或卷发等选择取舍上,均须依人体自然规律之要求,造型并未超出公有领域;且发型与人体本身的契合及手工劳动的特性,均使得其传播限于模仿而无法实现完全的复制;故以手工技巧之劳动对人体发型所作剪裁形成的线条与造型,本身并不属于著作权法意义上的作品。

但对发型设计所作的绘图、描述或摄影之图片可依著作权法获得保护,而其操作之现场亦可视为表演而获得保护,但刘金迷依据涉案图片主张所载涉案发型之著作权,本院概难支持。刘金迷主张之署名并非著作权法意义之署名,任何人对自己付出之劳动均有表明身份的权利,依公平诚信的原则,他人不得假冒,故刘金迷本可依反不正当竞争法予以制止本案所涉之行为,但其拒绝提出该项主张,本院对此不再作出处理。

(马秀荣、陈坚法官,刘虎人民陪审员)

黄家乐 v. 广东世界图书出版有限公司

广东省广州中院(2004)穗中法民三知初字第253号

原告黄家乐系广州市盆景艺术专业人士,专门从事盆景的创作、销售……黄家乐创作的盆景有较高的艺术水平,而且有较高的商业价值。黄家乐创作的榕树盆景、相思树盆景、曾经在第五届全国花卉博览会……等多项比赛中获得金奖、银奖、铜奖、优秀奖等奖项。其创作的榕树水旱盆景《南国水乡》曾荣获第三届粤、穗、港、澳、台盆景博览会金奖,九里香盆景《九里飘香》曾在1999年粤、穗、港、澳、台及日本盆景艺术汇展中,荣获大会最高奖项——特别佳作奖。黄家乐通过对大自然的细心观察,创作出雷鸣闪电技法,并得到同行的认可。

2003年9月被告广东世界图书出版公司出版了《岭南盆景一本通》一书……该书中[有相当数量的照片]均系对原告艺萃苑内的盆景所拍摄的盆景摄影作品……

本案争议焦点:
一、盆景是否为我国著作权法保护的对象?
原告认为,我国《著作权法》第1条立法原意在于保护文学艺术和科学作品的著作权。盆景比较接近著作权法中所称的美术作品,从概念分析,美术作品包括了盆景,盆景应当受我国法律的保护。

根据法庭询问,原告还就下列问题作出如下陈述:

从创作的手法而言,盆景是再现大自然的景画,岭南派盆景与岭南派画景是相同的,但创作的手法完全不同。完成本案涉案盆景作品中的其中一个作品都起码要经过一二十年时间,必须有功底雄厚的人才。盆景艺术在国内外都具有很大的影响力,岭南派盆景艺术有两个分类,老一辈是模仿鹿脚和鸡脚,原告独创了雷鸣闪电技法,气势磅礴,突破了前人的艺术成就。

从盆景的栽培方法来看,完成一个盆景作品要具备以下条件:一、要有一个自然界的环境,即环境生态;二、要懂得病虫害的防治;三、要有美术的构图和构思;四、要遵循植物生长学的原理。

从盆景的选材与是否能被复制的问题来看,要有懂得栽培盆景的人才能做得到,原告是这方面的专家,原告可以做到,但被告绝对不可能做到。关于创作盆景的材料,广东最早有四大名树,榆树、福建茶、雀梅、九里香,后来发展到一些杂木类,如相思树等,甚至无名的树木也可以制作盆景,前提是这些树的树头必须有制作盆景的价值。

从盆景的形成周期和生长周期来看,按照盆景的大小,小的需要3到5年,大的需要15年左右,庞大的需要超过20年;因为在盆景的栽培过程中,砍断缺口后是什么也看不到的。本案涉案盆景均要15至20年才能完成。至于盆景的生长时间,要看是否懂得养护,如果懂得养护,盆景生长100年都不会死。

从盆景成形后的外观形态而言,一盆盆景成型后,基本上不会再长大,一般很长时间都不会变。至于其外观形态的维持,关键要看是否懂得养护,如果不懂得养护,好的盆景会变成坏的盆景,懂得养护的,坏的盆景会变成好的盆景。

从盆景作品的创作者来看,本案涉案盆景作品均由原告完成。盆景栽培的美学是常人想象不到的,是运动于无形之中,其他的人是看不到的,经过原告20多年的剪裁,显现出来的就是被控侵权摄影作品中显示的效果,如果没有原告的栽培,摄影者不可能拍摄到这样的照片。

从盆景的艺术创造性方面,盆景的艺术创造性是源于自然而胜于自然的大自然景观微缩,是以小见大,不是内行的人是无法做到的。原告是雷鸣闪电技法的创始人,其和一般种植的植物完全不同,盆景艺术有很高的审美价值。

被告对上述原告陈述的意见为:

被告方认为盆景不能成为我国著作权法保护的对象。

关于盆景的栽培方法的问题,被告认为其不是栽培盆景的人员,不清楚如何栽培盆景,但栽培盆景不是原告的独创,这也印证了盆景不是著作权法所保护的对象。原告方陈述盆景制作要利用植物栽培学原理,这是科学的原理,不是原告方的独创,杀虫害也不具有独创性,剪枝、加工等是一种利用,也不具有独创性,这种栽培和普通植物的栽培也是大同小异的,例如,广州市内一些比较好看的树木花草也是经过细心栽培的。

关于盆景的选材与是否能被复制的问题,被告认为关于盆景的选材,原告有两种说法,一种是认为只要看到树具有一定的形状就可以做盆景,另一种说法是可以用不同的树来做盆景,这种说法也恰好印证了盆景不具有独创性。本案也不存在复制盆景的问题,因为盆景是不可能被复制的。

关于盆景的形成周期和生长周期的问题,被告认为盆景植物作为一个作品,是无法界定盆景的完成日期的,因为盆景会一天天生长,一天天发生变化。要认定盆景的完成时间和创作者是一件非常困难的事。

关于盆景成形后的外观形态的问题,被告认为作为盆景栽培者,不让盆景长出树干叶子是不可能的,长不长树叶,在哪个地方长不是人所能控制的,只是生长之后由栽培者进行修改。植物盆景和我们通常看到的所有植物盆栽并没有本质的区别,两者同样具有观赏价值,作为盆景,它的创作手法也是浇水、施肥、杀虫等,和普通的植物栽培完全一样。

关于盆景作品的创作者的问题,被告认为据其了解,首先盆景是应该由特定人或不特定人来完成的,这中间经过多少人之手不好确认的,原告方也陈述过盆景需要经过杀虫浇水的问题,被告方认为盆景的栽培过程并不是一个人独立完成的,根本无法界定盆景的作者是谁。

关于盆景的艺术创造性的问题,被告认为涉案盆景不是著作权法所保护的对象。从《著作权法实施条例》第2条规定的定义来看,著作权法保护的作品属文学艺术和科学领域,盆景虽然有艺术性,但其是一种植物,植物不属于文学艺术也不属科学领域;盆景是一种植物,植物的种类、形态都是天生的,并不是个人独创的,现在的盆景只不过是利用了植物的某些形状进行加工,这和著作权法所保护的对象是不同的,盆景并不符合著作权法规定的保护对象定义。从著作权法所保护的权利来看,被告方认为盆景不是著作权法保护的对象,因为盆景的所有者不能拥有著作权法规定的人身权方面的基本权利,如不能拥有保护作品完整权等,盆景的枝叶不断被修剪,盆景本身就不完整,如何去保护其完整性。

……

本院认为,问题一,盆景能否作为我国著作权法保护的对象?

盆景是中华传统艺术的一种,具有独创性,应当归入美术作品一类予以保护。本案涉及的盆景分为三类,一类为尚在艺萃苑内且已经装盆的盆景,第二类为在艺萃苑内尚未装盆的树胚,第三类为未存放在艺萃苑且原告称已经出售的盆景。对于尚在艺萃苑内的已装盆的盆景应当视为已经完成的作品,受到著作权法的保护。对于尚在艺萃苑内未装盆的盆景,虽属尚未完成,但在创作过程中已经体现出一定的美学价值,具有一定的独创性,也应视为作品,受著作权法的保护。其中第79页的松树盆景原告称其是8年前从朋友处买回来的,创作盆景的材料可为树胚亦可为小苗,原告在创作过程中对其进行了长期的创造性的智力劳动,该松树盆景应当视为是原告创作完成的盆景作品。对于原告所称由其创作完成但是已经出售不在艺萃苑内的盆景,由于原告未能举证证明其陈述是否真实,未能证明盆景的归属亦未能证明这些盆景由谁创作,本院不予确认这部分盆景作品的著作权归属原告。　　　　**(李胜、谢平、张立鹤法官)**

思考问题:

(1) 法院并没有明确盆景属于何种美术作品,可以视为雕塑作品吗?盆景会自然生长,这是影响它被视为作品的因素吗?

(2) 整体而言,盆景行业需要赋予盆景以独占权吗?同行业的抄袭很严重吗?

7　建筑作品

建筑作品是指"以建筑物或者构筑物形式表现的有审美意义的作品"①。从这一定义看,建筑作品是指立体形式表现的建筑物,而不是指建筑图纸(设计图、施工图或效果图等)。参与当时立法的学者也明确指出:"保护建筑物的设计,不是保护建筑结构的图纸,而是主要保护其设计的外观,如大屋顶,或宽屋檐,或火柴盒式等,并不管你是钢筋水泥结构,还是砖石土木结构。"②建筑图纸应该按照图形作品或美术作品获得保护。《著作权法》最初并没有规定建筑作品,实践中将之视为美术作品加以保护。

区别对待建筑图纸和建筑物本身引发一个问题:如果有人按照建筑图纸建造建筑物,侵害什么权利?有意见认为,基于建筑图纸的著作权可以阻止他人依据图纸建造建筑物,即平面到立体的复制应当禁止。③ 这也差不多是知识产权界的主流意见。不过,本书倾向于将建筑作品与描绘该建筑作品的图纸的著作权分开,依据图纸建造房屋,构成对该建筑作品的著作权的侵害,而不是侵害图纸作为图形作品或美术作品的著作权。这样,法律分析的思路显得更加的清晰。毕竟,著作权法关于建筑作品的定义也只是要求它以"建筑物或者构筑物形式表现",而没有要求必须以实物形式存在。

保时捷股份公司 v. 北京泰赫雅特汽车销售服务有限公司

北京高院(2008)高民终字第325号

[2003年12月,北京百得利汽车进出口有限公司投资兴建的北京保时捷中心在北京经济技术开发区开业。保时捷公司对位于北京经济技术开发区的北京保时捷中心主张建筑作品著作权。]该建筑物外部具有如下特征:1. 该建筑正面呈圆弧形,分为上下两个部分,上半部由长方形建筑材料对齐而成,下半部为玻璃外墙。2. 该建筑物入口部分及其上方由玻璃构成,位于建筑物正面中央位置;入口部分上方向建筑物内部缩进,延伸直至建筑物顶部;建筑物入口及其上方将建筑物正面分成左右两部分,左侧上方有"PORSCHE"字样,右侧上方有"百得利"字样。3. 该建筑物的后面和右侧面

---

①　《著作权法实施条例》(2013)第4条。

②　江平:《著作权立法的意义》,载司法部和国家版权局:《中华人民共和国著作权法讲析》,中国国际广播出版社1991年版,第12页。

③　郑成思:《版权法(修订版)》,中国人民大学出版社1997年第2版,第119页。

为工作区部分,呈长方形,其外墙由深色材料构成,该材料呈横向带状。4. 建筑物展厅部分为银灰色,工作区部分为深灰色。

[泰赫雅特公司于2005年6月21日成立。它装修后的营业场所的建筑外观与保时捷中心建筑特征类似,引发纠纷。]

经一审法院勘验,泰赫雅特公司位于北京市金港汽车公园的泰赫雅特中心建筑外观基本具备保时捷公司主张权利的北京保时捷中心建筑作品的特征1、2、3,其与北京保时捷中心的外部特征区别在于:建筑物整体下方有约一米高的高台;建筑物左侧弧形下方并非玻璃外墙,且该区域有较大空间,便于汽车停放,建筑物左右两侧均加有栏杆;建筑物的左侧面为工作区部分,与北京保时捷中心展厅与工作区相比呈反向布局;建筑物左侧上方有"泰赫雅特"字样,右侧上方有"TECHART"字样;建筑物展厅部分为灰黑色,工作区部分为银灰色……

[北京市第二中级人民法院认为,北京保时捷中心建筑作品具有独特的外观和造型,富有美感,具有独创性,属于我国著作权法所保护的建筑作品。被告]建造和使用的泰赫雅特中心建筑侵犯了保时捷公司对涉案北京保时捷中心建筑作品所享有的专有使用权,保时捷公司请求法院判令泰赫雅特公司承担停止侵权、赔偿经济损失的法律责任的主张,理由正当,应予支持……泰赫雅特公司应对泰赫雅特中心予以改建,使该建筑不再具有与上述主要特征组合相同或近似的外观造型……

泰赫雅特公司不服一审判决,[提起上诉,理由是:]一审判决认定"虽然各地保时捷中心的建筑不完全相同,但其总体风格和特征基本一致",并将所谓"建筑作品抽象的风格和特征"混同为"建筑作品的著作权",将所谓的"建筑作品抽象的风格和特征"加以保护,存在严重错误……

本院认为:……

根据我国《著作权法》的相关规定,建筑作品是指以建筑物或者构筑物形式表现的有审美意义的作品。我国著作权法对于建筑作品所保护的,应当指该建筑作品在外观、造型、装饰设计上包含的独创成分。未经建筑作品著作权人许可复制其作品的,是侵犯著作权的行为,应当承担相应的民事责任。

根据本院查明的事实,泰赫雅特中心建筑与保时捷中心建筑在外观上的相同之处在于:1. 二者在建筑物的正面均采用圆弧形设计,上半部由长方形建筑材料对齐而成,下半部为玻璃外墙;2. 二者在建筑物的入口处将建筑物分为左右两部分,入口部分及上方由玻璃构成;3. 长方形工作区与展厅部分相连,使用横向带状深色材料。本院认为,上述第3点相同之处涉及的工作区部分的设计属于汽车4S店工作区的必然存在的设计,其外部呈现的横向带状及颜色,与所用建筑材料有关,并非保时捷中心建筑的独创性成分,应当排除在著作权法保护之外。

泰赫雅特公司主张第1点和第2点相同之处系基于建筑物的橱窗展示功能和节能采光功能限定的特征,不构成该建筑的独创性成分,缺乏事实依据,本院不予采信。泰赫雅特公司主张泰赫雅特中心建筑下方有一个高台、建筑物左右两侧均加有栏杆、其弧形结构的圆弧度不同,两个建筑根本不相同也不近似。但是,就两个建筑的整体而言,如果舍去上述第 1 点和第 2 点,整个建筑也将失去根本,因此,可以认定上述第 1 点和第 2 点构成两个建筑的主要或实质部分。在此前提下,虽然泰赫雅特中心建筑下方多出一个高台、建筑物左右两侧均加有栏杆,但是并不能否定二者实质上的近似。因此,泰赫雅特公司的泰赫雅特中心建筑侵犯了保时捷公司对保时捷中心建筑享有的著作权。[维持原判。]

(张雪松、张冬梅、李燕蓉法官)

照片来源 http://news.xinhuanet.com/auto/2003-12/09/content_1219893.htm。

国家体育场 v. 熊猫烟花集团等

北京市第一中级人民法院(2009)一中民初字第 4476 号

原告国家体育场公司诉称:北京 2008 年奥林匹克运动会主会场国家体育场(又称"鸟巢")于 2008 年 6 月 27 日竣工验收,原告是该建筑作品的著作权人。此外,原告还是《国家体育场夜景图》图形作品和《国家体育场模型》模型作品的著作权人。2008 年 12 月以来,原告发现,市场上开始出现由第一被告监制,第二被告生产,第三被告销售的"盛放鸟巢"烟花产品。上述烟花产品模仿了"鸟巢"的独特艺术特征,剽窃了原告的创作智慧,[侵害原告的著作权]。

[被告浏阳熊猫公司辩称:]"盛放鸟巢"烟花是工业产品,不是著作权法意义上的作品,不存在对国家体育场建筑作品、图形作品、模型作品的剽窃或复制……

本院经审理查明:

……

在开庭审理过程中,原告坚持认为夜景图、模型作品和建筑作品属于同一作品的不同表现形式,并且明确表示其在本案中仅主张建筑作品著作权。

国家体育场(见附图1)呈现出以下特点:(1) 整体造型。东西方向窄而高,南北方向长而低,其外形呈立体马鞍型。(2) 长宽比例。南北长 333 米,东西宽 296 米,长宽比例为 1∶0.88。(3) 钢架结构。外观为看似随意的钢桁架交织围绕内部田径足球场。(4) 色调线条搭配。在夜间灯光的映衬下,国家体育场的钢架呈现出灰蓝色,看台背板呈现出红色,灰蓝色钢架在外笼罩红色看台。(5) 火炬。东北侧顶部设置了突起用于点燃奥林匹克圣火的火炬。(6)照明。国家体育场的照明装置,安装在顶部上下弦之间的立面上,以使灯光照向田径场内。(7)田径场。国家体育场内部为绿色足球场、红色外围跑道……

二、原告指控被告侵犯原告著作权的行为的有关事实

[被告的"盛放鸟巢"烟花产品]呈现出以下特点:(1)整体造型。呈立体马鞍型,窄的两个对边高,长的两个对边低。(2)长宽比例。长40厘米,宽33.5厘米,长宽比例为1:0.84。(3)钢架结构。外部招纸绘制了与国家体育场看似随意的钢桁架相近似的线条,其弯曲的角度和弧度、交织的频度均与国家体育场的外观相似。(4)色调线条搭配。外在色彩,采用灰蓝色线条交织覆盖红色体身的搭配设计。(5)火炬。"盛放鸟巢"在顶部一侧安放了烟花的点火点。(6)照明。"盛放鸟巢"在顶部上下弦之间的立面上绘制了灯光照明的图案。(7)田径场。"盛放鸟巢"在内部设置了绿色足球场、红色外围跑道图案……

本院认为:

虽然原告在起诉状中主张其亦享有《国家体育场夜景图》图形作品和《国家体育场模型》模型作品的著作权,但由于在本案开庭审理过程中,原告明确表示其在本案中仅主张国家体育场建筑作品著作权,因此,本案的争议焦点即在于原告是否享有国家体育场建筑作品著作权,各被告是否侵犯了原告主张的这一建筑作品的著作权,并在此基础上确定各被告是否应当以及如何承担相应的民事责任。

一、原告是否享有国家体育场建筑作品著作权

……

建筑物或者构筑物能够作为作品受到保护,是因为它们具有独立于其实用功能的艺术美感,反映了建筑设计师独特的建筑美学观点与创造力,缺乏独创性或者没有任何艺术美感的建筑物或者构筑物并不是建筑作品。本案中,原告主张其对北京2008年奥林匹克运动会主会场国家体育场享有建筑作品的著作权。从形式上看,国家体育场属于《著作权法实施条例》所指的建筑物,与此同时,其所采用的钢桁架交织围绕碗状建筑外观形象,空间结构科学简洁,建筑和结构完整统一,设计新颖,结构独特,具备了《著作权法实施条例》所要求的独立于该建筑物实用功能之外的艺术美感,体现出相当水准的独创性,因此,可以认定国家体育场属于《著作权法实施条例》所指称的建筑作品。

[法院进而认定原告对国家体育场这一建筑作品享有著作财产权。]

二、"盛放鸟巢"烟花产品的制造和销售行为是否属于侵犯原告所享有的建筑作品著作权的行为

根据《著作权法》第46条第1款第(五)项、第47条第1款第(一)项的规定,未经著作权人许可,剽窃、复制、发行其作品的,属于侵犯著作权的行为。

原告主张"盛放鸟巢"烟花产品模仿了国家体育场建筑作品的独特艺术特征,剽窃了原告的创作智慧,已构成对原告著作权的严重侵害。对此,本院认为,对建筑作品著作权的保护,主要是对建筑作品所体现出的独立于其实用功能之外的艺术美感的保

护,因此,在没有合理使用等合法依据的情况下,未经建筑作品著作权人许可,以剽窃、复制、发行等方式对建筑作品所体现出的艺术美感加以不当使用、损害著作权人合法权益的行为,构成对建筑作品著作权的侵犯。

"盛放鸟巢"烟花产品外形呈椭圆形,中部镂空,且在整体造型、长宽比例、钢架结构、色调线条搭配、火炬等方面采用了与国家体育场外观相同或者近似的设计,较为全面地体现出国家体育场建筑作品所采用的钢桁架交织围绕碗状结构的独创性特征,构成了对国家体育场建筑作品的高度模仿,系对国家体育场建筑作品独创性智力成果的再现,与国家体育场构成实质性相似。对"盛放鸟巢"烟花产品的制造和销售,构成对国家体育场建筑作品的复制和发行。

《著作权法》第10条第1款第(十四)项规定:"改编权,即改变作品,创作出具有独创性的新作品的权利。"从上述规定可知,改编权是改变作品以创作出具有独创性的新作品的权利。而本案中,被告熊猫集团公司和被告浏阳熊猫公司制造"盛放鸟巢"烟花产品的行为,并不是通过对国家体育场这一建筑作品的改变而创作出具有独创性的新的作品的行为,因此,原告主张被告侵犯其改编权的主张不能成立。

如上所述,对建筑作品著作权的保护,主要是对建筑作品所体现出的独立于其实用功能之外的艺术美感的保护,只要未经权利人许可,对建筑作品所体现出的艺术美感加以不当使用,即构成对建筑作品著作权的侵犯,而不论此种使用是使用在著作权法意义上的作品中,还是工业产品中,亦即不受所使用载体的限制。因此,被告浏阳熊猫公司辩称"盛放鸟巢"烟花产品是工业产品,不是著作权法意义上的作品,不存在对国家体育场建筑作品的剽窃或复制的抗辩主张缺乏法律依据,不能成立,本院不予支持。

被告浏阳熊猫公司主张,《著作权法》第22条第1款第(十)项规定,"对设置或者陈列在室外公共场所的艺术作品进行临摹、绘画、摄影、录像",属于对作品的合理使用,"盛放鸟巢"烟花产品是对国家体育场建筑作品的合理使用,不构成侵权。对此,本院认为,虽然《著作权法》第22条第1款第(十)项规定了合理使用的一种特定情形,但是首先,《著作权法》的该项规定明确将这种合理使用限定在"临摹、绘画、摄影、录像"四种方式内,而不包括这四种方式之外的其他使用方式,本案被告对国家体育场设计的使用明显不属于上述使用方式。其次,合理使用制度的目的主要是保护公共利益,被告将原告建筑作品应用于烟花产品上,纯粹是基于商业目的,若将该行为视为合理使用亦不符合合理使用的立法目的。再次,在判断是否构成合理使用时,需要考虑该使用方式是否会影响到作品的价值或者潜在市场,亦即是否会影响权利人对该作品的正常使用。作品的正常使用,是指在一般情况下人们可能合理地预期到的作者利用其作品的各种方式,包括作者所预期的现实存在的作品使用方式和未来可能出现的作品使用方式。将建筑设计应用到其他产品上属于可以预见的使用方式,被告的行为直接影响到原告对其作品的二次商业化利用,会不合理地损害原告的利益。因此,本案被告对国家体育场建筑作品的使用行为,不属于《著作权法》第22条第1款第(十)

项规定的合理使用的情形,被告浏阳熊猫公司的该项辩解主张不能成立。

（姜颖、芮松艳、周丽婷法官）

附图1　国家体育场照片

附图2　"盛放鸟巢"烟花产品照片

思考问题：

（1）原告为什么会坚持认为"夜景图、模型作品和建筑作品属于同一作品的不同表现形式"？有道理吗？

（2）可以说,保护建筑作品的立法初衷是避免他人未经许可建造相同的建筑,从而保护著作权人在建筑市场上的利益吗？在本案中,被告并没有建造相同或类似的房屋,这是否可以说,它没有损害著作权人的预期的市场利益？

（3）联系著作权法关于室外艺术品合理使用的规定的立法精神,并参考后文"权利限制"一章的诸多案例,你是否因此改变对法院意见的态度？

8　摄影作品

摄影作品是指"借助器械在感光材料或者其他介质上记录客观物体形象的艺术作品"[①]。从表现形式看,摄影作品与美术作品中绘画作品非常接近。不过,著作权法

---

① 《著作权法实施条例》第4条。

对摄影作品和美术作品的保护略有差别。摄影作品作者的发表权保护期要短于美术作品。① 另外,著作权法对美术作品原件的所有人的展览权有特殊规定②,而对摄影作品则没有规定。除此之外,《著作权法》对于摄影作品和美术作品的保护并无太大差别。

摄影作品是借助于照相机等器材拍摄完成的。创作过程有时候显得很简单,不过是"按一下快门"而已,因此容易引发原创性方面的争议。比如,有意见认为标准的证件照、普通大众的风景点留影等就不具备所谓的独创性。不过,著作权法上的原创性要求很低,拍摄者在距离、光线、时机、焦距、角度、色彩、取景范围等一系列因素上自由选择通常足以保证拍摄结果满足著作权法意义上的原创性。

当然,有时候拍摄的对象或场景广为人知,甚至一成不变,不同人拍摄的结果可能大同小异。这时候,每个拍摄者的作品都可以获得独立的著作权保护。不过,著作权并不能帮助他阻止别人拍摄该人所共知的相同场景。在这种情况下,拍摄场景的选择已经不具备著作权法意义上的独创性。相反,如果拍摄的场景是个性化安排或选择的结果,则该拍摄者可以阻止后来者布置类似的场景拍摄类似内容的作品。在这一意义上,后来的拍摄者与绘画作品的抄袭者没有本质差别。关于摄影作品保护内容的进一步讨论,请参考"著作权侵权"一章的非常有意思的"薛华克 v. 燕娅娅"案。

Gross v. Seligman

212 F. 930 (2nd Cir. ,1914)

Lacombe 法官:

本案中,艺术家 Rochlitz 让裸体模特摆好姿势拍摄了一张照片,命名"Grace of Youth"。他将照片的全部著作权转让给了原告。两年后,该艺术家又让同一个模特摆出相同的姿势拍了一张照片,唯一的例外是该年轻女性现在面带微笑,嘴里叼着一个樱桃。被告出版了这一照片。

这并非利用同一年轻女性拍摄两张照片的简单案例。

在"Grace of Youth"照片完成之后,一个显著的艺术构思形成,就像绘画一样被永久固定下来。在 Oscar Wilde Case 中,最高法院指出,利用照相机制作的图片可以获得版权保护,就像利用画笔在画布上绘制图片可以获得版权保护一样。如果利用颜料在画布上绘制的图画(连同版权)被出售,同一艺术家事后利用相同的模特重新绘制相同的图画,只是在细节上有些差别,则会侵害购买者的权利。

当然,在第一个版权作品完成之后,其他艺术家完全可以利用相同的模特构思自己版本的"Grace of Youth",并且可以利用颜料或相机将它永久固定。如果出于巧合,模特的姿势、背景、灯光、阴影等与先前的照片惊人相似;同时,该年轻女性都是作品中

---

① 依据《著作权法》(2010)第 21 条,美术作品发表权从一般作品的规定(作者终生加死后 50 年),而摄影作品发表权的保护期限为 50 年。

② 《著作权法》(2010)第 18 条:"美术等作品原件所有权的转移,不视为作品著作权的转移,但美术作品原件的展览权由原件所有人享有。"

显著特征,这时候可能难以区分新旧两个作品。这时,新照片依然不侵害旧照片的版权,因为它不是真正意义上旧照片的复制品。最初创作的艺术家如果只是简单记录了已有模特的面容和体型,而没有添加更多的自己想象的内容,则自然要承担后人创作类似但不侵权的作品的风险。

不过,在我们看来,本案中并非利用相同的模特创作新的照片。艺术家的身份和作品之间的相似之处(模特姿势、灯光、阴影等)表明第一幅照片被用于复制第二幅照片。在制造第二幅照片时,艺术家是否实际将第一幅照片摆在自己的眼前以安排第二幅照片中模特的姿势、灯光和阴影等,或者,艺术家脑海中的关于第一幅作品的印象是否如此鲜明以至于他不需要物理参考,对我们判决此案并不重要。重要的是,艺术家创作的受版权保护的照片被用于复制原作而不是创作新的作品。

在艺术家眼里,毫无疑问,这两张照片之间有不同之处。照片的背景不同,一张照片中模特很安静,另一张中模特面带微笑。而且,两张照片中模特年龄相差两岁,身体轮廓也有一些细微差别。但是,两张照片的相同点要多过不同点。对于没有同时拥有两张照片的普通购买者而言,后者是对前者的复制。两张照片上的区别只是艺术家为了争辩说二者有所不同才可以引入的。

思考问题:

(1) 这里照片的保护范围与绘画作品的保护范围没有差别?模特的姿势算是谁的智力贡献呢?

(2) 对比后文"著作权侵权"一章的"薛华克 v. 燕娅娅"案,你觉得两个法院的判决可以相互协调吗?如果不能,何者更有道理?

(3) 法院说,"其他艺术家完全可以利用相同的模特构思自己版本的'Grace of Youth'"。特定面容或体型模特的选择,一定不能体现摄影者的独创性吗?

有意见认为,中国著作权法应当区别对待独创性较高的摄影作品和独创性很低的普通照片,将后者交由邻接权保护:

> 对自然风景、社会事件和表演活动进行机械录制的结果只能被认定为"制品"而非"作品"。如果依据相同的标准,日常生活中对相同自然风景、社会事件和表演活动进行随意抓拍而形成的照片也不应构成"作品"。但是,由于我国《著作权法》并没有对无独创性的照片规定一项邻接权,如果不将这类照片作为"作品"加以保护,它们实际上将无法受到任何法律保护……对此,较为理想的解决方案是在我国《著作权法》中增加邻接权的种类,如对无独创性照片和数据库的邻接权。这样不仅可以使相关无独创性的劳动成果名正言顺地受到保护,更可以维系独创性的统一性,避免法院为了保护独创性程度低的劳动成果而在司法实践中降低独创性标准。[①]

---

① 王迁:《著作权法学》,北京大学出版社 2007 年版,第 195 页。

在著作权法上增加新的目录,能够增加理论上的和谐感,问题是,它也会增加制度的管理成本。增加邻接权目录后,从此所有的案件中,法院都要努力在摄影作品和普通照片之间人为划线。如果这一区分实际上并不能够带来更多的社会收益,可能就是多余的。《著作权法修订草案送审稿》(2013)(以下简称《送审稿》)中取消所谓录像作品与录像制品之间的二分,在一定程度上就揭示了制度上过度细分的失败之处。在摄影作品领域,我们或许无须再做此类尝试。至少到目前为止,没有证据表明,法院对于照片的"独创性"要求过低或过高,引发显著的社会问题。

9 影视作品

影视作品在著作权法上有更专门的表述,即所谓"电影作品和以类似摄制电影的方法创作的作品"。《著作权法实施条例》有进一步的定义,即"摄制在一定介质上,由一系列有伴音或者无伴音的画面组成,并且借助适当装置放映或者以其他方式传播的作品"。①显然,影视作品是指制作完成的影音内容,而非拍摄之前的剧本等文字作品。

9.1 "摄制在一定介质上"

《著作权法实施条例》的定义要求影视作品需要被"摄制在一定介质上"。如果对"摄制"进行比较窄的解释,则可能仅仅涵盖通过所谓"摄制"完成的电影与电视作品等。相反,如果对"摄制"做宽泛的解释,则可能涵盖其他技术方式制作的影视作品,包括人工绘制的电脑动画、程序运行产生的动态画面等。司法实践中,法院持开放态度。比如,有法院指出:"三维动画片是借助计算机技术来制作的动画片,其人物、动作、场景等是用专门的三维动画制作软件制作的,动画片的摄制是利用计算机软件虚拟的摄像机完成拍摄并最终通过专业软件制作完成。因此,三维动画片是我国《著作权法》第3条第(六)项规定的'以类似摄制电影的方法创作的作品'"。②

北京华夏金马文化传播有限公司 v. 武汉乐迪熊音乐娱乐有限公司

湖北省武汉市中级人民法院(2009)武知初字第 38 号

被告辩称除《狼爱上羊》外,其余 6 部作品均不是采用胶片拍摄,故不构成"类似电影作品"。本院认为,不可否认,胶片拍摄是创作电影、电视剧作品的传统创作方法和表达方式,但是,电影作品从制作方法上讲是一个复杂的技术过程,这一过程随着技术条件的改变而改变。通常的电影作品在表现方法上确系采用胶片拍摄方式获取影像信息,并用胶片进行固定。但现实生活中,电影制作技术不断发展,出现了一些与传统电影作品不同但也被称为电影或类似电影的作品,如动漫影视作品等。这些作品采用电脑软件设计制作,并可以采用电影胶片、录像带、闪存盘、激光视盘、电脑硬盘等介质进行固定,通过影院影音系统或者电脑的播放软件进行播放。前述《著作权法实施

---

① 《著作权法实施条例》第 4 条。
② 重庆帝华广告传媒有限公司 v. 四川美术学院等,重庆市高院(2012)渝高法民终字第 00115 号。

条例》将电影作品的制作方法和固定方法规定为"摄制在一定介质上",所谓"摄制"并非仅有拍摄这一传统方法,所谓"介质"也非特指电影胶片这一介质。因此,是否是胶片拍摄和胶片固定不是判断某一作品是否属于电影作品或类似电影作品的唯一依据,因为"摄制"和"一定介质"的法律涵义仅是对电影作品、类似电影作品的制作方法和固定方法的抽象和概括,并非排除涉案作品中以 Flash 软件制作、保存在数据光盘中的制作方法和固定方式。故被告这一抗辩理由,本院不予支持。

(许继学、陈峰、彭露露法官)

《著作权法实施条例》的定义还要求作品被摄制在"一定介质上"。这已经超出了著作权法对于一般作品的要求。一般作品仅仅被要求处于可复制或可感知的状态,而不要求它已经被记录在一定介质上,否则口头作品就不会被列入受保护作品的范围。严格说来,"摄制在一定介质上"这一要求对某些现场直播的电视节目构成挑战。这些直播节目可能仅仅以数据流的形式短暂存在,而没有被永久摄制在一定介质上,是否符合《著作权法实施条例》上影视作品的定义,则存在一定的疑问。

从法律解释的角度看,《著作权法实施条例》的定义可能背离了《著作权法》的立法本意。《著作权法》第3条显然将所有"以类似摄制电影的方法创作"的作品都归入电影作品的类别。也就是说,"类似摄制"的方式都可以视为"摄制"。就《著作权法》立法目的而言,没有理由要将影视作品限制在传统的"摄制"方式制作的范围内,也没有必要要求作品一定被"摄制在一定介质上"。"著作权法第三次修改的征求意见稿"(第2稿)采用了所谓"视听作品"的概念,放弃了对"摄制在一定介质上"上限制。依据该建议稿,所谓视听作品,是指"由一系列有伴音或者无伴音的画面组成,并且借助技术设备向公众传播的作品"。① 这应当是明显的进步,值得肯定。

无论是依据现有《著作权法》还是修改建议稿,影视作品可以无伴音,但是必须有一系列画面。这实际上将单纯的无画面的录音作品排除在外。如果需要保护录音,则要根据录音内容所属的作品类别去寻求保护,比如文字作品、音乐作品、戏剧作品等。在录音不构成作品时,还可以作为录音制品寻求邻接权保护。

9.2 影视作品 v. 录像制品

录像制品"是指电影作品和以类似摄制电影的方法创作的作品以外的任何有伴音或者无伴音的连续相关形象、图像的录制品"。著作权法只对录像制品提供有限的邻接权保护,与影视作品享有的完整的著作权保护有明显的区别,因此区分作品类型有重要的法律意义。不过,遗憾的是,著作权法对于"录像制品"的定义完全依赖于影视作品的定义,不具独立性,并没有准确地揭示影视作品与录像制品之间的界限。学理上,著作权法应当根据独创性的高低(或者说有无)区分影视作品和录像制品。那些独创性很低的录像制品,不被视为作品。比如,在野生动物身上架设一台摄像机随意拍摄周围的世界,广布街头巷尾的监控摄像机拍摄结果等,就可能被认为是不具备

---

① 《送审稿》(2013)第5条。

独创性的录像制品而不是"影视作品"。

在操作层面上,准确掌握独创性的尺度,并非易事,于是争议难以避免。在2005年前后,音乐电视(MTV)的著作权属性引发广泛关注。这里的核心争议就是MTV究竟是著作权法上的影视作品还是所谓的录像制品。2005年,最高人民法院公开了《关于审理涉及音乐电视著作权民事纠纷案件适用法律若干问题的解释(征求意见稿)》。这一征求意见稿至今也没有成为正式的司法解释。在该征求意见稿第1条中,最高法院持二分立场:"以音乐为题材,通过类似摄制电影的方法制作的,具有独创性的音乐电视,属于著作权法第三条第(六)项规定的作品。对音乐现场表演进行机械录制等不具有独创性的录像制品,不适用本解释。"最高人民法院在这一意见中确认,独创性是区分影视作品与录像制品的标准。

最高人民法院认为,对"音乐现场表演进行机械录制等不具有独创性的录像制品"不属于著作权法意义上的影视作品。但是,如果被录制的内容本身具有足够的独创性,应该能够获得独立的著作权保护。比如,作为音乐作品或戏剧作品等寻求保护。这时,所谓的录像制品不过是这些受保护作品的一个复制件。即便作为录像制品,没有独创性,也不妨碍其中所记录的音乐或戏剧作品的著作权保护。

现在,MTV可以成为著作权法意义上的影视作品,已经成为各地法院的基本共识。以下是一些法院的典型的意见:

> 每段MTV音像短片均由不同的分镜头组成,分镜头绝大多数是为制作短片而拍摄,就分镜头层面来说,这些分镜头都是在短片导演与摄影师和人物的合作下完成,具有一定的独创性,分镜头画面的多维、多重制作体现了分镜头画面制作者和导演对分镜头画面的创意,就短片整体层面而言,不同分镜头之间的组合以及分镜头与人物有声演唱内容的组合也体现了导演的独特创意。[1]

> 本案中,涉案《你爱我爱不起》一首音乐电视是以演唱歌曲内容为特定主题,借助电影的手段向观众展现出节奏、色彩、造型等视觉形象,是视听艺术完美结合的艺术表现形式,凝聚了导演、演员、摄影、剪辑、服装、灯光、合成等创造性劳动,画面内容能够从不同观众的欣赏角度诠释音乐,并且固定在一定载体上能够借助放映装置放映,原审法院认定该作品已经构成了以类似摄制电影制作的方法创作的作品正确,本院予以确认。[2]

不过,在个别案件中,也的确有法院认为MTV内容过于简单和机械,而拒绝承认它是著作权法意义上的影视作品。

---

[1] 环球唱片有限公司 v. 温州市利玛视听演唱有限公司,温州市中级人民法院(2005)温民三初字第54号。

[2] 成都好乐迪音乐娱乐有限责任公司 v. 华纳唱片有限公司,四川高院(2005)川民终字第426号。

中国音乐著作权协会 v. 珠海市至尊娱乐有限公司

广东高院(2011)粤高法民三终字第470号

原告诉称,被告在其经营的卡拉OK经营场所公开使用卡拉OK点歌播放系统营业性播放原告管理的音乐作品《红旗飘飘》《快乐老家》……等十五首歌曲。被告行为已构成侵权……

[一审法院庭审中对封存光盘中进行播放,]相关播放画面显示:《红旗飘飘》《快乐老家》《思念》《常回家看看》《父老乡亲》《祝你平安》《纤夫的爱》《爱情鸟》《十五的月亮》均是相关歌手现场演唱录像画面,并根据卡拉OK点唱的需要配上歌词字幕;《女人是老虎》《大哥你好吗》由乐曲及与音乐作品本身风格无关的人物连续画面组成,并根据卡拉OK点唱的需要配上歌词字幕;《同桌的你》《少年壮志不言愁》《移情别恋》《阿莲》由乐曲及带有相关情节的连续画面组成,画面与音乐作品本身的风格能够协调一致。庭审中,原告明确主张被告的行为侵犯了上述词曲作者的表演权。

[一审法院认为:]

本案中,原告主张的权利为词曲作者对涉案十五首音乐作品的"表演权"。《中华人民共和国著作权法》第10条第1款第(九)项规定,表演权,即公开表演作品,以及用各种手段公开播送作品的表演的权利。

原告提交的公证封存的光盘显示,被告在其经营的卡拉OK歌舞厅提供点播播放的歌曲《同桌的你》《少年壮志不言愁》《移情别恋》《阿莲》画面是歌曲声音与相关画面有机结合的一种艺术表现形式,是制作者或导演根据音乐或歌曲作品的内容,创作的具有一定情节画面并有演员(演唱者)表演的作品,属于《中华人民共和国著作权法》第3条第(六)项规定的"以类似摄制电影的方法创作的作品",即MTV音乐电视作品。

而《中华人民共和国著作权法》第15条规定:"电影作品和以类似摄制电影的方法创作的作品的著作权由制片者享有,但编剧、导演、摄影、作词、作曲等作者享有署名权,并有权按照与制片者签订的合同获得报酬。电影作品和以类似摄制电影的方法创作的作品中的剧本、音乐等可以单独使用的作品的作者有权单独行使其著作权。"据此,被告提供点播播放的《同桌的你》《少年壮志不言愁》《移情别恋》《阿莲》MTV作品的相关著作权应由MTV的制片人享有,词曲作者不能就该四首MTV作品来主张词曲作者的"公开表演权",只能在被告另行"单独使用"其词曲作品时才能行使其著作权。故原告音著协要求被告就提供点播播放该四首MTV作品承担侵权民事责任的诉请,一审法院不予支持。

但被告提供点播播放的《女人是老虎》《大哥你好吗》这两首歌曲画面属于对与音乐作品本身风格无关的人物、风景连续画面或者对相关演唱者现场表演的机械录制,并根据卡拉OK点唱的需要配上音乐歌词作为字幕。因为上述画面录像只是对客观存在的声音、影像进行机械录制或者简单的复制,并未体现著作权法对作品"独创性"要求,属于《中华人民共和国著作权法实施条例》第 5 条第(三)项规定的"录像制品"。

被告作为卡拉 OK 经营者,以营利为目的,在其营业场所内通过卡拉 OK 伴奏系统及放映设备,通过"录像制品"这一载体向不特定的消费者公开播送《红旗飘飘》《快乐老家》《思念》《常回家看看》《父老乡亲》《祝你平安》《纤夫的爱》《爱情鸟》《十五的月亮》《女人是老虎》《大哥你好吗》等十一音乐作品,行使了著作权人所享有的公开表演权。由于被告的行为未经词曲作者或其授权的集体管理组织的授权,也未支付报酬,侵犯了上述十一首音乐作品的词曲作者的公开表演权,应承担相应的民事责任。鉴于本案原告主张的是财产性权利而非人身权利,故被告无须承担公开赔礼道歉的民事责任,但应承担停止侵权、赔偿损失的民事责任。

……

中国音乐著作权协会不服原审判决向广东省高级人民法院提起上诉,请求:1. 改判被上诉人珠海市至尊娱乐有限公司立即停止侵害《同桌的你》《少年壮志不言愁》《移情别恋》《阿莲》音乐作品著作权的行为,并在其经营的点歌库中删除侵权作品……

事实与理由:一、根据历史沿革,音乐电视(MTV)的性质属于带辅助画面的音乐,根本不属于影视作品范畴。二、一审判决认定涉案音乐电视(MTV)相关著作权归制片者所有,没有任何证据支持。三、经上诉人针对涉案音乐电视(MTV)制作过程向涉案词曲作者进行逐一核实,均未授权他人制作音乐电视(MTV)。四、如果播放设备只播放音乐而没有画面,此时音乐词曲的机械表演权依然存在。如果说此时音乐词曲表演权就不存在了,那么就意味着中国在未经修改《著作权法》的前提下,就直接可以赋予录音制品表演权了,这是非常荒谬的。五、音乐电视(MTV)的制作过程中,词曲作者与唱片公司之间的关系是许可和被许可关系,而不是权利替代关系。六、2007 年之前,中国大陆只有上诉人有权针对卡拉 OK 业者收取著作表演权使用费。2004 年以来,一些音乐电视(MTV)被司法认定为"以类似摄制电影的方法创作的作品"之后,催生了中国音像著作权集体管理协会。现两家著作权集体管理组织联合对国内卡拉 OK 行业的版权收费业务,纯属为了缴费方便,属于平行的收费业务代理关系,不是信托关系,更不是后者替代前者关系。七、法国、西班牙、比利时、美国等许多国家都规定,电影作品和以类似摄制电影的方法创作的作品中使用的音乐作品的著作权人都有权利除从制片者获得摄制时支付的一次性报酬外,这些音乐作品的作者还有权从其他领域的此类作品传播使用中另行获取报酬。

[二审法院查明:]《同桌的你》片头显示内容为:"主唱:老狼;作曲、作词:高晓松;编曲:张衡宁;OP:KINNS MUUSICLTD.;director:van lai;cameraman:tan lai"歌手演唱时,穿插有女演员在田野、教室等场景中漫步和思念等配合表演。《少年壮志不言愁》片头显示内容为:"作词:林汝为;作曲:雷蕾;演唱:刘欢"。歌手演唱时,背景是武警战士列队、走正步、练武、摩托行进、开会等长镜头和特写镜头。《移情别恋》片头显示

内容为:"词、曲、演唱:郭峰"。歌手在室内、野外、摩天大楼下以不同姿势进行演唱,有女演员的简单配合表演。《阿莲》片头显示内容为:"词曲:小曾;演唱:戴军"。主要是歌手在楼顶、旧屋前、屋内等不同场景中,以不同姿势演唱的镜头……

二审审理的主要焦点是:被上诉人珠海市至尊娱乐有限公司在经营场所播放《同桌的你》《少年壮志不言愁》《移情别恋》《阿莲》四首歌曲,是否构成侵权。

《中华人民共和国著作权法》第10条第1款第(九)项规定,著作权包括表演权,即公开表演作品,以及用各种手段公开播送作品的表演的权利。第47条第(一)项规定,未经著作权人许可,表演其作品的,应当承担停止侵害、赔偿损失等民事责任。据此,如果被上诉人珠海市至尊娱乐有限公司未经过歌曲作品的词曲作者同意,在经营场所播放歌曲,则构成侵害作品表演权,应当承担相应的民事责任。但同时,该法第15条第1款规定,电影作品和以类似摄制电影的方法创作的作品的著作权由制片者享有,作词、作曲等作者享有署名权,并有权按照与制片者签订的合同获得报酬。据此,如果被上诉人珠海市至尊娱乐有限公司在经营场所播放的歌曲是电影作品和以类似摄制电影的方法创作的作品,则应当由制片者作为著作权人主张权利。因此审理本案的关键,是确定涉案的四首音乐电视(MTV)是否构成电影作品和以类似摄制电影的方法创作的作品。

根据二审查明的事实,二审法院认为涉案四首音乐电视(MTV)不属于电影作品和以类似摄制电影的方法创作的作品,而应当属于录音录像制品,理由如下:

一、涉案四首音乐电视(MTV)不符合电影作品和以类似摄制电影的方法创作的作品的独创性要求。鉴于电影作品和以类似摄制电影的方法创作的作品属于复合作品,由不同种类的作品结合而成,其对独创性要求较高,一般可以从下列几个方面判断:

1. 体现电影制片者或电影导演鲜明个性化的创作特征;
2. 在摄制技术上以分镜头剧本为蓝本,采用蒙太奇等剪辑手法;
3. 包括演员、剧本、摄影、剪辑、服装设计、配乐、插曲、灯光、化妆、美工等多部门合作的综合性艺术;
4. 投资成本较大。涉案四首音乐电视(MTV)在拍摄歌手演唱过程中,只是采取了镜头拉伸、片段剪辑、机位改变、场景移换等摄制方式的变化,虽然在个别歌曲中有武警战士或群众演员的参与表演,但是尚达不到电影作品和以类似摄制电影的方法创作的作品的独创性要求。

二、认定音乐电视(MTV)是否为电影作品和以类似摄制电影的方法创作的作品时要严格掌握标准。从拍摄目的看,供演唱为目的而录制的音乐电视(MTV)中,起主要作用的是音乐旋律和歌词,画面只起到辅助作用。而电影作品和以类似摄制电影的方法创作的作品中,观众欣赏作品主要是由画面构成的视觉作品,而音乐歌曲一般占比重较小,只起辅助作用。根据录音制品(指任何对表演的声音和其他声音的录制品)和录像制品(指电影作品和以类似摄制电影的方法创作的作品以外的任何有伴音或者无伴音的连续相关形象、图像的录制品)的定义,音乐电视(MTV)如果具备下列特征的，一般应认定为录音录像制品：

1. 没有故事情节、没有导演和制片者的个性化创作，主要是对歌星演唱及群众演员配合表演的再现；
2. 拍摄目的主要用于卡拉 OK 演唱而非影院、电视台放映；
3. 歌词、歌曲在其中起主导作用，词曲作者的贡献占主要部分；
4. 投资成本较小。涉案四首音乐电视（MTV）符合录音录像制品的特征。

……

涉案四首音乐电视（MTV）的拍摄成果应认定为录音录像制品，著作权应当由词曲作者享有。珠海市至尊娱乐有限公司未经著作权人许可，表演其作品，应当承担停止侵害、赔偿损失等民事责任。一审法院认定涉案四首音乐电视（MTV）是以类似摄制电影的方法创作的作品，相关著作权应由音乐电视（MTV）的制片者享有，属于适用法律错误，二审法院予以纠正。

思考问题：

（1）一审和二审法院都认为，音乐电视是否为电影作品，对原告是否能够主张表演权有决定性影响。这一认识的逻辑前提是什么？

（2）假如卡拉 OK 场所使用盗版的 MTV，法院还有必要区分该 MTV 是电影还是录像制品吗？

（3）音乐著作权协会似乎担心 MTV 被认定为电影作品后，会导致它无法收取音乐作品的使用许可费。因为在它看来，电影作品的著作权属于制片人，与协会没有关系。假设 MTV 的制片人经过音乐作品著作权人的许可制作了 MTV，并对外发行。卡拉 OK 场所的播放是否需要经过音乐作品著作权人的许可？如果 MTV 制片人没有经过音乐著作权人许可，制作 MTV 呢？

王迁教授认为："将作为一个整体的 MV 认定为电影作品，并规定由制作者独享著作权，不仅使法律规则与基本的生活常识严重脱节，而且会导致那些作为 MV 价值主要来源的音乐作品作者无法从卡拉 OK 厅的播放行为中获得报酬。试想，如果某唱片公司仅以极小的投资拍摄出了具有最低创造性的画面，并利用他人的音乐作品合成 MV，就可以要求卡拉 OK 厅就每一次播放行为支付报酬。而音乐作品的作者除了在授权该唱片公司使用其音乐作品时能够获得一次性报酬之外，就无法向卡拉 OK 厅收取任何许可费，这样的结果恐怕是有失公平的。"[①]下面的案例也涉及 MTV 与音乐作品著作权的协调问题。

---

① 王迁：《著作权法学》，北京大学出版社 2007 年版，第 169 页。

香港华纳唱片有限公司 v. 重庆台庆房地产综合开发有限公司

重庆市高级人民法院(2005)渝高法民终字第112号

本案涉及对音乐电视(MTV)的法律性质的认识问题。从作品表现形式上看,音乐电视是音乐作品和录像作品的有机组合。音乐作品是指能够演唱或演奏的带词或不带词的旋律。录像作品是指摄制在一定物质上的能够借助适当装置放映的画面,在著作权法上将其归类于以类似摄制电影的方法创作的作品。音乐作品和录像作品是不同的作品表现形式,二者虽然有机地结合在一个音乐电视里,但分别凝结了不同创作者的智力活动,应该分别受到著作权法的保护。华纳公司在本案中所主张的正是三首音乐电视中录像部分的著作权。上诉人[(原审被告)]认为已经向中国音乐著作权协会交纳音乐作品的机械表演许可费,因此可以不经权利人许可无偿使用音乐电视作品中的录像作品的认识是不恰当的。中国音乐著作权协会根据词曲作者的授权对音乐作品进行管理,并不涉及录像作品制作人对自己享有著作权的录像作品的权利。

在理解音乐电视的概念的时候应该特别注意到的是,要构成受著作权法保护的音乐电视,其中的画面部分,也即录像部分应该具有一定的独创性,凝结足够的智力创作活动,以达到著作权法所保护的"作品"的高度。将现场表演或景物机械录制下来,或者将音乐与画面机械组合形成的不具有独创性的录像制品,不视为以类似摄制电影的方法创作的作品,不享有著作权和著作权中的放映权,只能享有录像制品制作者的权利。

本案的三首音乐电视以演唱的歌曲内容为特定主题,画面连续,有布景、道具、灯光和其他效果,由演唱者和其他演员表演,有动作和表情,有一定情节发展,凝结了编剧、导演、演员、剪辑和其他效果工作人员的智力活动,有创作的痕迹,画面内容能够从不同观众的欣赏角度诠释音乐,并且固定在一定载体上能够借助放映装置放映,本院认为已经构成了以类似摄制电影的方法创作的作品,应该受到著作权法保护。本院希望上述说明能够回答上诉人的一个疑惑,即我们并不"单纯以MTV的制作方式认定MTV是电影类作品",而是必须对每首MTV进行画面与内容的分析,以区分一首MTV是否构成以类似摄制电影的方法创作的作品……

上诉人还认为即使MTV是电影类作品,那么它和电影一样,一经销售就不能进行二次收费,而且上诉人使用的MTV都是从正规渠道购入,已经支付了相应费用。本院认为这里涉及对著作权权利穷竭的正确理解的问题。著作权的权利穷竭仅指销售的权利穷竭,也即作品的复制件一旦出售,权利人不能就该复制件的再次销售享有权利。但是权利穷竭并不及于复制权、放映权等其他财产权利,上诉人如果要在私人场所之外的公共场所放映权利人的作品,并从中获得经济利益,应该取得权利人许可,并支付报酬。所谓电影"一经销售就不能进行二次收费"是因为电影拷贝的发行价格里面已经包含了向公众放映所应收取的费用。因此上诉人的该项上诉理由不能成立。

(张勤、李佳、黑小兵法官)

思考问题：

（1）对照上述王迁教授的意见与本案判决，何者更有道理？

（2）如果音乐作品著作权人已经授权他人摄制 MTV 作品，是否意味着他已经授权后续第三方对 MTV 作品的公开表演行为？

9.3 影视作品中的角色形象

影视作品中的角色形象常常有独立的商业利用价值。比如，在下面案例中，动画中的角色形象可以用于商业推广活动以吸引儿童的注意力。著作权人自然希望对这些角色形象的商业化利用进行控制。在角色形象本身足够鲜明，具有著作权法意义上的独创性时，就可能作为单独的作品而获得保护。不过，在角色形象不具备独创性，但依然有很大的市场号召力时，著作权法就无法帮助著作权人控制该角色形象的商业化利用了。比如，过于简单的漫画形象、单纯的角色名称等。知识产权界有部分学者主张参考美国法上的形象权（right of publicity）制度，在著作权法之外建立独立的形象权保护制度，为作品中的角色形象提供保护。理论上，这大致是一种介于著作权和商标权之间的保护机制，或者说是一种混合的制度。这一主张的最大障碍是，著作权法和商标法似乎为著作权人提供了充分的激励机制，为什么还要提供更多的补充性保护？

广东原创动力文化传播有限公司 v. 群光实业（武汉）有限公司

湖北省武汉市中院（2010）武知初字第 66 号

原告当庭明确表示，被告的行为侵犯了原告对该动画片中喜羊羊等卡通形象享有的权利，因此本案纠纷不涉及被告行为是否侵犯以动画片《喜羊羊与灰太狼》为客体的著作权，而仅涉及原告对该动画片中的喜羊羊等卡通形象是否享有权利以及享有何种权利等问题。我国法律并未对卡通人物等的形象权作出专门规定，原告也未明确形象权包含的内容。鉴于原告以其享有相关作品的著作权为权利基础，并且诉讼请求也包括要求被告停止侵犯著作权的行为，因此本院仅就原告对该动画片中相关卡通形象是否享有著作权以及被告实施的行为是否侵犯著作权进行审查。

我国法律并未对形象权作出规定，但并不排除对卡通形象的著作权进行保护。然而，动画片中的喜羊羊、灰太狼等主要角色的形象（包括相貌、服饰及对应的角色名称），除在动画片中由于动画技术的处理使具体面部表情、动作姿态有一定变化外，均与原告在本案中主张权利的美术作品中的具体图案及作品名称一一对应并基本相同。鉴于原告同时是相关美术作品和动画片的著作权人，并且美术作品的创作完成时间在动画片创作完成时间之前，结合动画片创作的一般规律，本院认为：动画片《喜羊羊与灰太狼》中的喜羊羊、灰太狼等角色的美术原形来源于涉案美术作品；动画片展现出的角色形象是在上述美术作品基础上，根据动画片剧情的需要，利用一定动画技术处理后的结果。从动画片中喜羊羊等角色的任何静态画面分析，其相貌、身体、服饰等区别于其他角色形象的显著性标志特征与美术作品中显示的特征并无实质区别，因此对美术作品采取的动画技术处理行为,属于对美术作品的使用,基于上述作品使用行为并不产生新的美术作品和新的著作权。原告在涉案 7 副美术作品之外另行主张对动画片《喜羊羊与灰太狼》中卡通形象的著作权,与原告依据相关美术作品主张的著作权属同一权利,故原告的上述请求实质上是在同一案件中重复主张权利。本院对于原告重复主张权利的诉讼请求,不予支持。

综上,被告在宣传和实施"群光 6 周年 欢乐喜洋洋"系列活动中,未经原告许可,分别以复制、发行、展览、信息网络传播的方式,使用了原告享有著作权的名称为喜羊羊、美羊羊、懒羊羊、沸羊羊、灰太狼、红灰狼共计 6 副美术作品,侵犯了原告对上述美术作品享有的复制权、发行权、展览权和信息网络传播权。

(孙文清、李培民、彭露露法官)

思考问题:

将影视作品中的角色形象作为单独的美术作品对待,是否会有权利归属、保护期方面的问题?

上海世纪华创文化形象管理有限公司 v. 湖北新一佳超市有限公司

湖北省高院[2012]鄂民三终字第 23 号

一审经审理查明,1996 年 4 月 7 日,日本圆谷制作完成《迪迦奥特曼(1—52 集)》系列影视作品,于 1996 年 9 月 7 日在日本首次公映。该片塑造了一个角色"迪迦奥特曼",主要特征为:头部头盔形,眼睛突起呈椭圆形,两眼中间延至头顶部有突出物,两耳呈长方形,无眉、无发……2009 年 2 月 13 日,日本圆谷签署著作权授权证明,将《迪迦奥特曼(1—52 集)》系列影视作品及其形象在中华人民共和国大陆地区(不含港、澳、台地区)复制权、发行权、出租权、商品化权等权利及上述权利的再许可独占性的权利授予上海华创,授权期限自 2007 年 2 月 1 日至 2012 年 1 月 31 日……

2010 年 7 月 8 日,上海华创发现湖北新一佳武汉青年路店公开销售的被控侵权商品涉嫌侵犯其"迪迦奥特曼"角色形象著作权……[上海华创委托代理人黄晟到湖北新一佳武汉青年路店,以普通消费者身份购买了包括本案被控侵权的"百变超人"玩具在内的商品。]经一审庭审对比,被控侵权的"百变超人"玩具外包装背面显示 7 位人偶图像,上海华创认为居中人偶图像与"迪迦奥特曼"角色形象主体特征相似……

根据当事人的诉辩主张,本案的争议焦点为:上海华创是否享有影视作品《迪迦奥特曼》中"迪迦奥特曼"角色形象的著作权。

本院认为,《迪迦奥特曼》系列影视作品由日本圆谷创作完成,日本圆谷是该影视作品的制片者,享有该影视作品的著作权。日本圆谷将影视作品在中国大陆地区的相关著作权授予上海华创,上海华创即享有该影视作品的复制权、发行权等相关权利。本案中,上海华创主张新一佳超市销售的被控侵权商品使用了其享有著作权的"迪迦奥特曼"角色形象,上海华创是否享有影视作品《迪迦奥特曼》中"迪迦奥特曼"角色形象的著作权是判定新一佳超市是否构成侵权的前提。对此，上海华创认为，依据我国《著作权法》第15条第2款的规定，"迪迦奥特曼"角色形象可从影视作品中截取，属影视作品中可分割使用的作品，上海华创既享有《迪迦奥特曼》系列影视作品的著作权，也享有"迪迦奥特曼"角色形象的著作权；新一佳超市认为，"迪迦奥特曼"角色形象属美术作品，其权利应由美术作品的著作权人享有。故，双方的争议应包括三个方面：

1. 影视作品《迪迦奥特曼》中的"迪迦奥特曼"角色形象能否构成一个单独的作品，是否属于我国《著作权法》第15条第2款规定的"可以单独使用的"作品。《中华人民共和国著作权法实施条例》第2条规定："著作权法所称作品，是指文学、艺术和科学领域内具有独创性并能以某种有形形式复制的智力成果。"显然，构成"作品"必须具备三个条件：一是作品必须是人类的智力成果；二是作品必须是能够被他人客观感知的外在表达；三是外在表达必须具有独创性。"迪迦奥特曼"的作者在创作"迪迦奥特曼"这一虚拟人物形象时既借鉴了真人的体格形态，又创作出真人所不具有的特点，特别是头部、眼部、脸部、鼻部、耳部等部位，采取虚拟夸张的创作手法，塑造出一个如机器金刚般的人物形象。虽然"迪迦奥特曼"可能是在"奥特曼"基础上进行的再创作，但"迪迦奥特曼"与原奥特曼之间还是存在着可以被客观识别、并非太过细微的差异，例如头盔的形状、人物胸前的圆形蓝色图案、全身分布的红色蓝色相间的条纹等，这些差异部分仍然符合独创性的要求，并能被客观感知。"迪迦奥特曼"角色形象符合我国《著作权法》意义上的"作品"。

《中华人民共和国著作权法》第15条第2款规定："电影作品和以类似摄制电影的方法创作的作品中的剧本、音乐等可以单独使用的作品的作者有权单独行使其著作权。"虽然我国《著作权法》第15条第2款仅明确了"剧本""音乐"两种可以单独使用的作品，但影视作品创作的过程，实际上也是影视作品塑造角色的过程，一个著名的角色可以独立于特定的作品而活在公众的想象中。角色形象与运用该角色形象推动情节发展的影视作品属于部分与整体的关系，二者在客观表现形态上可产生分离。并且，在市场经济时代，这些角色形象往往被商业化使用，产生丰厚的经济收益。本案中的"迪迦奥特曼"角色形象因其外部特征和性格内涵，深受儿童喜爱，被控侵权商品正是利用儿童对"迪迦奥特曼"这一角色的好感，将"迪迦奥特曼"角色形象复制在其商品上，意图引起消费者潜在的购买或消费的欲望。因此，"迪迦奥特曼"影视角色形象构成一个独立于影视作品、"可以单独使用的"作品。

2. 影视作品《迪迦奥特曼》的著作权人是否当然地享有"迪迦奥特曼"角色形象的著作权。《中华人民共和国著作权法》第15条规定："电影作品和以类似摄制电影方法创作的作品的著作权由制片者享有，但编剧、导演、摄影、作词、作曲等作者享有署名权，并有权按照与制片者签订的合同获得报酬。电影作品和以类似摄制电影的方法创作的作品中的剧本、音乐等可以单独使用的作品的作者有权单独行使其著作权。"我国《著作权法》将电影作品的整体著作权赋予制片者，也就是说，当电影作品作为一个整体被使用时，只能由电影作品的著作权人制片者去行使权利。参与电影创作的人在这种情况下无权行使权利。同时,《著作权法》又承认编剧、导演、摄影和词曲作者等是电影作品的合作作者,可以对电影作品享有署名权,而且编剧和词曲作者可以单独对各自创作的部分行使著作权。如当出版社希望出版电影剧本,唱片公司希望将电影插曲由其聘用的歌星演唱,制成录音制品发行时,应当经过编剧和词曲作者的许可,而非经过电影制片者许可。因为这是对电影剧本和电影音乐的单独使用,并非对电影作品的整体利用。本案中,"迪迦奥特曼"角色形象构成一个独立于影视作品的单独作品,其作者就有权单独行使著作权,不能简单地或当然地推定这个单独的作品的著作权由影视作品的著作权人享有。换言之,被控侵权商品将"迪迦奥特曼"角色形象复制在其商品上,是对影视作品中可单独使用的作品的单独使用,而非对影视作品的整体使用。上海华创取得的是影视作品的著作权,不能仅仅依据其享有的影视作品著作权就来对影视作品中的角色形象主张权利,就像影视作品的制片者无权对影视作品中的剧本、音乐等可单独使用的作品在其被单独使用时主张权利一样。上海华创主张"迪迦奥特曼"角色形象属《迪迦奥特曼》影视作品中可单独使用的作品,符合法律规定,本院予以支持,但认为"迪迦奥特曼"角色形象的著作权当然地由其享有,无法律依据,本院不予支持。

3. "迪迦奥特曼"角色形象属于哪种作品类型,权利归属是否属于上海华创。新一佳超市主张属于美术作品,其著作权由美术作品的权利人享有。关于美术作品,《中华人民共和国著作权法实施条例》第4条对《中华人民共和国著作权法》第3条规定的美术作品的含义进行了解释,即美术作品是指绘画、书法、雕塑等以线条、色彩或者其他方式构成的有审美意义的平面或者立体的造型艺术作品。单就"迪迦奥特曼"角色形象的外部特征而言,如前所述,作者采取虚拟夸张的创作手法,在头部、眼部、脸部、鼻部、耳部等部位,塑造出一个如机器金刚般的人物形象,"迪迦奥特曼"角色形象本质上属于利用线条、图案、色彩等表现方法形成的具有人物造型艺术的美术作品。虽然"迪迦奥特曼"角色形象在影片的不同背景、不同情节下展现出不同的形态和神态,但其每一部分的特征始终未变,始终是头盔形的头部,突起呈椭圆形的眼睛,长方形的两耳、全身布满红色、蓝色相间的条纹等。新一佳超市销售的被控侵权商品上的图案尽管从单幅来看,找不到和影视作品中"迪迦奥特曼"一模一样的形象,但被控侵权商品上的图案实际上是将"迪迦奥特曼"的各个特征进行了一些简单的重新安排和组合,并未改变"迪迦奥特曼"的基本特征。被控侵权商品实际使用了"迪迦奥特曼"这一美术作品。

但从"迪迦奥特曼"角色形象的内涵来看,《迪迦奥特曼》影视作品赋予"迪迦奥特曼"角色形象英勇无畏、维护和平的性格内涵,这也是消费者主要是儿童对复制了"迪迦奥特曼"的商品产生好感的主要原因。被控侵权商品本质上是既使用了"迪迦奥特曼"的外部形象特征,又利用了"迪迦奥特曼"的性格内涵。"迪迦奥特曼"的外部形象特征和性格内涵构成了一个完整的角色形象作品。但《中华人民共和国著作权法》第3条仅规定了包括文字作品、口述作品、美术作品等在内的九种文学、艺术和自然科学、社会科学、工程技术等作品,我国《著作权法》并未规定角色形象作品这一作品类型。从知识产权的国际制度来看,《保护文学艺术作品伯尔尼公约》和《世界版权公约》等都没有要求对独立于作品的角色形象给予保护。因此,"迪迦奥特曼"作为角色形象作品不能得到我国《著作权法》保护,而只能作为美术作品予以保护。

美术作品的著作权由美术作品的作者享有。《迪迦奥特曼》系列影视作品的著作权人日本圆谷在使用"迪迦奥特曼"美术作品进行电影拍摄时,是否就该美术作品的权属与美术作品的作者进行过约定,或作何约定,上海华创未举证证明。并且,即使"迪迦奥特曼"美术作品的作者授权日本圆谷使用该美术作品拍摄《迪迦奥特曼》系列影视作品,也不能就此排除"迪迦奥特曼"美术作品的作者享有的其他权利。因此,本院只能认定"迪迦奥特曼"角色形象的著作权由"迪迦奥特曼"美术作品的著作权人享有。上海华创必须举证证明自己取得"迪迦奥特曼"美术作品的著作权人的授权,而非依据影视作品著作权人的授权即来主张权利。上海华创一审中提交的证据3、4、7分别为《迪迦奥特曼》影视片的引进版本、影视作品权利人的身份证明以及将影视作品许可给上海华创使用的合同等证据,未提交"迪迦奥特曼"角色形象美术作品著作权人的身份、权利归属等证据。依照《最高人民法院关于民事诉讼证据的若干规定》第2条:"当事人对自己提出的诉讼请求所依据的事实或者反驳对方诉讼请求所依据的事实有责任提供证据加以证明。没有证据或者证据不足以证明当事人的事实主张的,由负有举证责任的当事人承担不利后果"的规定,上海华创应承担举证不能的法律后果。

并且,即使认定上海华创取得"迪迦奥特曼"美术作品著作权人的授权,能以此主张权利,根据《中华人民共和国著作权法》第52条规定:"……复制品的发行者或者电影作品或者以类似摄制电影的方法创作的作品、计算机软件、录音录像制品的复制品的出租者不能证明其发行、出租的复制品有合法来源的,应当承担法律责任",新一佳超市等销售商作为复制品的发行者,其注意义务也应主要体现在商品的质量、商品的来源以及商品的商标等方面,要求销售商对其销售的成千上万种商品上的每一图案、文字给予是否侵犯著作权的审查义务,系对销售商规定了太高的注意义务。新一佳超市提供了专柜经营合同、经销商的企业登记信息、经销商出具的销售发票、商品清单等,能够证明其销售被控侵权商品有合法来源,尽到了合理注意义务,所以,新一佳超市不应承担赔偿责任。因此,即使认定上海华创有权就"迪迦奥特曼"角色形象主张权利,新一佳超市也不应承担赔偿责任。[驳回上诉,维持原判。]

(徐翠、童海超、秦小双法官)

思考问题:

(1)法院认为"不能简单地或当然地推定这个单独的[角色形象]作品的著作权由影视作品的著作权人享有"。为什么不推定在影视作品上署名的著作权人享有权利,然后要求被告否认呢?

(2)法院似乎认为,美术作品的著作权保护不足以保护角色形象的全部商业价值。你认为有必要在此基础上提供额外的保护吗?

10 图形作品与模型作品

著作权法上的图形作品是指"工程设计图、产品设计图、地图、示意图等图形作品"。①《著作权法实施条例》第4条进一步明确,图形作品是"为施工、生产绘制的工程设计图、产品设计图,以及反映地理现象、说明事物原理或者结构的地图、示意图等作品"。而模型作品"是指为展示、试验或者观测等用途,根据物体的形状和结构,按照一定比例制成的立体作品"。

10.1 图形作品

图形作品与美术作品相类似,但是二者所获得著作权保护有一定差别。美术作品和摄影作品有所谓的展览权和放映权,而图形作品的作者似乎并不享有此类权利。②呈现技术性客体的图形作品通常并不具有展览或放映价值,不提供此类保护,可以理解。既然保护内容有差异,区分图形作品和美术作品就有一定的法律意义。

从条文字面意思看,图形作品具有明显的实用性,有别于主要出于审美目的而为的美术作品。③当然,实用与审美的界限注定是模糊的。比如,描绘工业产品的静物油画,介绍雕塑作品而绘制的示意图等。我们很难判断此类作品究竟应该是美术作品还是图形作品。但无论如何,此类作品的版权保护都不能延伸到其中的技术性因素。后者应该由专利法、反不正当竞争法等法律来保护。④

图形作品与它所描绘的对象之间的关系,也经常引发争论。比如,图形作品所描绘的可能是一个飞机模型。在这种情况下,该图形作品与飞机模型究竟是同一作品的不同形态,还是两个不同的作品,难免争议。理论上,图形作品所描述的对象可以是一个独立于图形作品而存在的立体作品(比如雕塑作品或建筑作品等),前提是后者也要满足所谓的独创性等法定要求。其中的道理就像建筑作品与建筑作品的照片可以是两个相互独立的作品一样。复制图形作品所描绘的对象,既可能侵害图形作品的著作权,也可能侵害该立体作品的著作权。因为图形作品与立体作品可能共享一些艺术性的表达因素,而复制者可能复制了该共有因素。关于此类平面到立体或立体到平面的讨论,请参考后文"著作权财产权"一章。

---

① 《著作权法实施条例》(2002)第4条。
② 《著作权法》第10条:"(八)展览权,即公开陈列美术作品、摄影作品的原件或者复制件的权利;……(十)放映权,即通过放映机、幻灯机等技术设备公开再现美术、摄影、电影和以类似摄制电影的方法创作的作品等的权利。"
③ 《著作权法实施条例》(2002)第4条:美术作品,是指绘画、书法、雕塑等以线条、色彩或者其他方式构成的有审美意义的平面或者立体的造型艺术作品。
④ 《著作权法》(1991)第7条曾经规定:"科学技术作品中应由专利法、技术合同法等法律保护的,适用专利法、技术合同法等法律的规定。"立法者原本希望借此排除工程设计图纸之类的作品中的技术性因素。后来,因这一条的表述容易引发歧义,而被删除。

叶庆球 v. 珠海市香洲船舶修造厂

广东省高院(1996)粤知终字第 21 号

1991 年 4 月 28 日,船东杜喜书面聘请叶庆球绘图设计两艘钢质渔船。香洲船厂负责建造。香洲船厂根据船东提供的由叶庆球绘制的总布置图及线型图指派工程技术人员与叶庆球一起按船东的具体要求设计了"顺利 1 号"和"顺利 2 号"船的总布置图和线型图,上述两设计图的署名为叶庆球。但两图描绘、审核、修改、校对以及该船其他全部图纸都是香洲船厂组织技术人员所为……

1992 年 5 月,"顺利 1 号"和"顺利 2 号"两艘渔轮完工并交船东使用。香港船东使用后认为该船性能良好。

1995 年 12 月 5 日,香港船东与香洲船厂签订造船合同,欲再造两艘相同的渔轮。根据船东的要求,香洲船厂以"顺利 1 号"和"顺利 2 号"的全套"VGX8159"图纸作母型进行设计,制作一套"VZXZ813"图纸,已报送中华人民共和国广东渔船检验局审批。该"VZXZ813"图纸的总布置图和线型图的设计人一栏分别由陈世军、江涌签名,梁智川参与审核和签名。

1996 年 3 月,叶庆球向珠海市中级人民法院起诉香洲船厂、梁智川、陈世军、江涌侵犯其著作权。

本案二审法院认为:"至于'VGX8159'的总布置图和线型图著作权的归属,应由叶庆球与香港船东另行理妥。船东使用该图纸再订造两艘渔船是否应向叶庆球支付费用,也属另一法律关系,叶庆球可另行起诉,本案均不予处理。"(本案后来最高人民法院裁定再审①,结果不得而知。)

思考问题:

假定本案原告享有原始设计图纸的著作权,依据图纸建造渔船的行为构成对原告著作权的侵害吗?

在司法实践中,法院常常并不刻意区分图形作品与它所描绘的对象。依据图形作品复制它所描绘的对象,可能被视为从平面到立体的复制,侵害图形作品的著作权。以下的两个案例就说明了这一点。

北京金色宝藏文化传播有限公司 v. 吉祥屋装饰(北京)有限公司

北京市二中院(2007)二中民终字第 17945 号

……

本院认为:为施工、生产绘制的工程设计图、产品示意图属于受著作权法保护的图

---

① 最高人民法院(1997)知监字第 48 号。

形作品。本案中,《"金色宝藏"品牌管理系统手册》中的连锁店店面装修设计图,可用于室内装修,故属于工程设计图,应当受到著作权法的保护。吉祥屋公司提出该设计图不属于著作权法保护范畴的上诉主张,缺乏法律依据,本院不予支持。

……

金色宝藏公司依据该设计图完成了其店面装修,吉祥屋公司的店面设计中含有与金色宝藏公司店面设计中相同的玄关、货柜连接部分使用了相同的上圆下长的设计图形及相同的神台设计,该部分与金色宝藏公司拥有著作权的设计图中的相关内容相一致。据此可以认定,吉祥屋公司的店面装修设计使用了金色宝藏公司享有著作权的设计图中的独创部分,该使用行为未经金色宝藏公司许可,未支付报酬,对金色宝藏公司享有的著作权构成侵害。 （刘薇、梁立君、冯刚法官）

吉林市通田汽车销售有限公司 v. 北京派恩世纪展览展示有限公司

北京市二中院(2004)二中民终字第11216号

本案涉及的车展展位效果图是派恩世纪公司按照通田公司的设计要求对已有素材进行选择、安排,运用独特的设计构思及创作技巧创作而成的具有独创性及可复制性的图案,属于我国著作权法规定的能为建设施工提供依据的图形作品的范畴,派恩世纪公司对该图形作品依法享有著作权,他人未经许可不得依据该图形作品搭建展台。

通田公司参展的展位在整体外观、结构、具体表现方式上与派恩世纪公司设计的展位效果图相同,只在局部细节上有变化。虽然车展展位为立体结构,但从直观视觉效果看,依然能够判断出其是对展位效果图的再现,因此可以确认通田公司的车展展位使用了派恩世纪公司设计的展位效果图。 （刘薇、梁立君、宋光法官）

在大多数情况下,图形作品的独创性并不是一个问题。因为无论描绘对象是技术产品还是艺术作品,描绘着都有足够的自由创作的空间——线条、色彩、比例、角度、光影、背景等等,都可以自由选择。但是,在极端情况下,描绘对象的技术性可能使得描绘者可能没有自由发挥的空间,这时候该图形作品的独创性就会受到质疑。具体可以参考前文"版权客体要件"一章的"上海纽福克斯汽车配件有限公司 v. 上海索雷亚汽车用品有限公司"案(上海市高级人民法院(2006)沪高民三(知)终字第25号)。

10.2 模型作品

模型作品"是指为展示、试验或者观测等用途,根据物体的形状和结构,按照一定比例制成的立体作品"。[①] 这一定义受到学者批评:如果严格按照物体的形状和结构按比例缩小,则不过是在做该物体的复制件,不具备著作权法意义上的独创性。相反,只有在缩小的过程中,创作者没有严格按照比例关系,加入个人的自由选择,才可能有

[①] 《著作权法实施条例》(2002)第4条。

独创性。这时模型成为原作的演绎作品。① 这一批评意见的自然结论是,无论制作模型的过程是否有独创性,都无须在著作权法上单独规定模型作品这一类别。它要么不受保护,是原作的复制件;要么是原作的演绎作品。后者可以按照原作所在的作品类别获得保护。

上述批评意见大体是正确的。不过,法律条文中的"按照一定比例"存在灵活解释的空间。按照公众的一般理解,立法者似乎并不严格要求模型的制作者对每一个细节都按照相同比例,只要大致而言有大小的对比就可以。因此,制作者对不同部件采用不同比例,应该还是符合模型作品的定义。也就是说,创作者表达个性的空间依然存在。不仅如此,在制作模型的过程中,制作者对于模型色彩、图案的选择,可能有一定的任意性,与绘画或雕塑作品的创作过程类似。比如,制作飞机模型时,制作者可能对飞机部件选择不同的颜色,机身选择个性化的涂装等等。这样,飞机本身作为工业品不受版权保护,但飞机模型可能具有独创性而受到版权保护。

上述学者举汽车模型的例子来说明模型作品与它所对应的实物之间的关系:"如果将[基于空气动力学原理设计的流线型的]小汽车制成汽车模型,它就不再具有任何使用功能了。因为它既然不能再被开动,用于高速行驶,则其流线型设计所具有的降低阻力、稳定车身的技术实用功能就不复存在了。消费者之所以愿意购买该汽车模型,也仅仅是觉得其外形美观而已。这样,机车模型就具有了可以与汽车原本具有的实用性功能相分离的美感,可以成为著作权法意义上的作品而受到保护。"②这一意见与前文"按比例缩小"不具备独创性的结论,是否能够协调呢?

接下来的问题是,具有独创性的模型作品,是否可以按照已有的作品类别(分类目录)获得保护?答案应该也是肯定的。比如,工业产品缩小后制成富有美感的模型(前提当然是加入个性成分而非简单按比例缩小)后,通常可以按照雕塑之类的美术作品对待或玩具之类的实用艺术品对待。只是在普通大众眼里,这可能会引发一些混乱——很多人可能难以理解为什么一个富有美感的飞机模型要按照雕塑作品来对待?在著作权法上直接规定模型作品,大概是为了迎合普通大众的认知习惯,尽管从专业的角度是多余的。我们在前文关于"杂技艺术作品"上已经进行了类似的讨论。很多时候,著作权法要牺牲专业的分类逻辑而去迎合大众的认知习惯,在作品的分类上如此,在著作权内容的设置上也是如此。

---

① 王迁:《"模型作品"定义重构》,载《华东政法大学学报》2011年第3期。
② 王迁:《著作权法学》,北京大学出版社2007年版,第66页。

第 4 章
特殊作品

所谓特殊作品,并非法定术语,而是一种理论概括,具体指实用艺术品、计算机软件、汇编作品、违法作品、官方文件等比较特殊的客体。这些作品有着各自的特殊属性,从不同的角度对著作权制度构成挑战。比如,实用艺术作品与计算机软件涉及作品中功能性与艺术性的区分,引发无数争议;汇编作品是对已有作品、作品片段或数据信息等的选择或编排,如何判断其独创性或保护范围并非易事;民间文学艺术作品保护看似简单,实际上涉及著作权法上个人主义与集体主义作者观的根本对立、公共领域的自由开放等重大议题;违法作品则涉及出版管制与版权保护的关系,引发版权本质属性的讨论。通过对这些特殊客体的介绍和评论,本章将加深读者对著作权法基本原理的理解。

1 实用艺术作品

1.1 法律依据

中国《著作权法》没有提供"实用艺术品"的定义,也没有对实用艺术品的保护作出专门的规定。之所以如此,是因为立法者认为:区分实用艺术作品与纯艺术作品的难度太大;著作权法保护实用艺术作品会影响外观设计专利保护制度的发展等。[①] 因此,只有实用艺术品本身符合《著作权法》第 3 条所述各项作品的一般定义时,才能够获得著作权保护。比如,"服装作品"被当做著作权意义上的"美术作品"保护(参见后面"胡三三案")。"儿童玩具"可能被视为著作权法上的"雕塑作品"。

最新的《送审稿》(2013)则填补了上述缺陷,直接规定了"实用艺术品"。它是指"玩具、家具、饰品等具有实用功能并有审美意义的平面或者立体的造型艺术品"[②]。这里并没有对"审美意义"作出进一步的要求,比如,是否可以与实用功能分离、是否必须主要为审美目的等。在具体案件中,法院依然享有很大的自由裁量权。

对于外国著作权人,在中国寻求保护实用艺术品,有更直接的法律依据。国务院1992 年发布的《实施国际著作权条约的规定》第 6 条规定:"对外国实用艺术作品的保

[①] 胡康生主编:《中华人民共和国著作权法释义》,法律出版社 2002 年版,第 18 页。
[②] 《送审稿》(2013)第 5 条第 2 款第 9 项。

护期,为自该作品完成起25年。美术作品(包括动画形象设计)用于工业制品的,不适用前款规定。"立法者显然试图区别对待实用作品与一般作品。不过,由于国内法通过作品类型的扩充解释将保护延伸到实用艺术作品,这实际上使得外国人可以基于国民待遇原则获得高于公约最低要求的保护。后面反复出现的乐高玩具案就说明了这一点。不过,过去国内立法、司法机构似乎没有充分关注这一问题。

《实施国际著作权条约的规定》的上述规定旨在落实《伯尔尼公约》的要求。该《公约》第2条列举的作品类型中包括实用美术作品(works of applied art)。公约对于何谓"Applied Art"并没有进一步的定义,而是将这一任务交给成员国国内法,并许可成员国自行决定保护的模式,比如版权法、外观设计法模式等。但是,如果不提供特殊的保护模式,则要求成员国提供版权保护。①

1.2 实用性和艺术性的区分

版权不保护功能性要素是版权法上的基本原则。保护功能性要素是专利法的任务。专利法上有严格的权利要求公示、实质审查制度,有更严格的侵权对比规则,更适宜处理功能性要素的保护问题。版权法通过功能性例外实现版权法与专利法的合理分工。

对于实用艺术品,版权仅仅保护其艺术性要素。如何区分实用性和艺术性,则是一个非常复杂的问题。中国法上没有明确规则,或许我们可以参考美国法上的一些做法。美国法采用有两种不同的区分标准,即物理上可分(Physical Separability)与观念上可分(Conceptual Separability)。满足其中之一,就能够作为作品获得版权保护。

所谓物理可分,是指实用艺术品中的图片、雕塑等美学部分能够与实用产品的功能性部分从物理上独立分开。这样,美学部分无须依赖功能性部分就可以成为独立的作品而受到版权法的保护。② 比如,路灯上的鹰形雕塑。③显然,这类案例比较容易处理。不过,国内有意见似乎认为,当实用性与艺术性能够分离时,该作品可能就不属于实用艺术品,而是普通的艺术作品——"印有图案的壁纸则不属于实用艺术品,因为壁纸的图案与纸分离后并不影响壁纸的实用性。这也是实用艺术作品同纯美术作品的区别所在"④。

---

① 因此,该《公约》第2条第7款规定"考虑到本公约第7条第4款的规定,本联盟成员国得以立法规定涉及实用美术作品及工业设计和模型的法律的适用范围,并规定此类作品,设计和模型的保护条件。在起源国单独作为设计和模型受到保护的作品,在本联盟其他成员国可能只得到该国为设计和模型所提供的专门保护。但如在该国并不给予这类专门保护,则这些作品将作为艺术品得到保护"。
② Paul Goldstein Copyright Second Edition, ASPEN Law & Business, 1999, §2.5.3, 2:64
③ Ted Arnold Ltd. v. Silvercraft Co., 259 F. Supp. 733 (S.D.N.Y. 1966).
④ 胡康生主编:《中华人民共和国著作权法释义》,法律出版社2002年版,第17页。

溧阳市一壶春茶业有限公司 v. 周丽等

江苏省高院（2006）苏民三终字第 0064 号

［一壶春公司组织工作人员设计"精品新芽"茶叶包装，该茶叶包装以绿茶的本色——绿色作为包装的底色，突出茶叶清新淡雅、质朴自然的风格，选用"云淡风轻"和"叶脉"图案作为茶叶包装的背景，中心图案分别选用了"新芽"和"茶窗"两幅摄影作品，以烘托、呼应茶之主题，并配以茶诗营造自然清新的氛围。］

［被告］周丽认为涉案包装属于一种外观设计，并非美术作品。对此，本院认为，虽然涉案茶叶包装设计的图案不是采用传统的绘画手段完成，但其运用电子创作等方式，将摄影作品及一些公共图库中的图案、色彩、线条、文字等素材创造性地进行组合，整个画面突出了清新淡雅、质朴自然的茶之风格这一主题，富有审美意义，符合我国著作权法规定的美术作品构成要件。

（王成龙、袁滔、施国伟法官）

思考问题：

包装盒表面的平面图案与包装盒是明显可以进行物理区分的。真正的问题是，包装盒属于著作权法意义上的实用艺术品吗？抑或只是美术作品的载体而已？

所谓观念上可分，则难以准确定义。很多物品整体上为了实用目的而设计，但是外形轮廓、装饰色彩等有很大的个性选择的空间。在一个物品上，艺术性与实用性特征融为一体，不能独立分离。比如，雕刻精美的花瓶的艺术性和实用性就可能无法分离。① 要从观念上二分，完全是一个度的问题。② 实际上，美无处不在，任何工业品的外观都或多或少有一些美学上的考虑。在确定是否可分时，可能要考虑如下问题："（1）该物品的主要功能是实用性的还是艺术性的；（2）该物品的艺术性的一面是否是主要的；（3）该物品是否可以作为艺术品进行销售"。③ 不过，这些要素中任何一项都不是决定性的，需要法院综合判断。也不是所有法院都会同意这一判断方法。在下面的 Pivot 案中，法院比较清楚地说明了这一领域存在的争议。

Pivot Point Int'l, Inc. v. Charlene Prods., Inc.

327 F. 3d 913（7th Cir. 2004）

I. 背　景

Pivot Point 公司制作和销售用于学习发型设计的道具和工具。20 世纪 80 年代中

---

① 胡康生主编：《中华人民共和国著作权法释义》，法律出版社 2002 年版，第 17 页。
② Robert C. Denicola, Applied Art and Industrial Design: A Suggested Approach to Copyright in Useful Articles, 67 Minn. L. Rev. 707, 741(1983).
③ Donald Chisum & Michael A. Jacobs, Understanding Intellectual Property Law, Matthew Bender, 2004, §4C[3][c] 4—72. 可以对照异议法官 Jon O. Newman 在 Carol Barnhart Inc. v. Economy Cover Corp. 773 F. 2d. 411 (2d. Cir. 1985)中提出的建议。

期,它委托一个德国艺术家制作时尚女性模特头像雕塑(取名 Mara)。Pivot Point 并没有对该雕塑提出任何限制要求(言下之意,该艺术家完全是将它当做艺术雕塑来做)。后来,Pivot Point 的制造商根据该雕塑的蜡模制作了 PVC 材质的头像。雕像头部用头发覆盖。Pivot Point 就雕像申请了版权注册。该雕像光头,没有化妆。

Mara 模特雕塑的销售取得巨大的成功。1989 年,Pivot Point 发现被告销售名叫"Liza"模特头像,与 Mara 极为相似。于是,提出版权侵权指控。

Ⅱ. 分 析

……

B. 可版权性

本案的中心问题是,Mara 模特头像是否可以获得版权保护。法院假定这一头像雕塑具有实用性,然后集中讨论其艺术性是否能够与实用性分离。

依据 17 U.S.C. § 101,只有实用物品(useful article)的设计融入了可以与物品实用方面分开的可识别且能够独立存在(*that can be identified separately from, and are capable of existing independently of, the utilitarian aspects of the article*)的图形或雕塑特征时,该实用物品才在这一范围内被视为图形或雕塑作品。上述文字是 1976 年法案增加的,旨在区分那些能够获得版权保护的实用艺术作品与那些不能获得保护的工业设计成果。虽然国会的目标很明显,但是法院对该条文的适用则很困难。的确,就像一位学者所指出的那样,"版权法在很多地方要划分界线,不过没有线比可保护的图形及雕塑作品与不可保护的工业设计之间的那道线更难划。"(Paul Goldstein, 1 *Copyright* § 2.5.3, at 2:56 (2d ed. 2004))

国会的立法者并非突然之间才意识到这一语言在法律适用上的困难。国会采用的不是普遍适用的界限分明的规则语言。相反,国会在上述条文中只是提供了原则性的政策指引,然后由版权局和法院根据个案情况加以适用。

虽然法律条文没有提供明确的答案,我们依然相信法律语言还是为我们提供了重要的指引。因此,我们首先回到第 101 条,更仔细地阅读该法律条文。法院相信,该条分别采用"可以[与实用方面]分开的可识别的"("*can be identified separately from*")与"能够独立存在"("*are capable of existing independently of*")是在描述一个单一而完整的判断实用性与艺术性是否足够分开的标准。

当然,判断对象是否具有"可以[与实用方面]分开的可识别的"特征的一个方法,也是最直观的方法,就是看体现艺术特征的部分是否能够从物理上与工业设计分割开来。当争议对象是三维物品时,依据"物理上的可分属性"无疑能够帮助确定诉争的艺术部分能够从工业设计中分离。但是,如 Denicola 教授指出的那样,当诉争的对象是二维物品时,这一方法就没有多少用武之地。由于上述条款肯定要适用于二维物品,因此很明显,物理分离测试法不应该是判断版权属性的唯一测试法。

"观念上的可分性"(conceptual separability)已经成为另外一项被广为接受的判断实用客体可版权性的方法。问题不在于是否接受这一方法,而是在于如何应用。就像

Pivot Point 所指出的那样,不同的法院和学者分别指出下列用来判断"观念上可分性"的方法:

(1) 艺术特征是主要的,功能性特征是次要的,*Kieselstein-Cord*, 632 F. 2d at 993;

(2) 仅仅因为该实用物品的美学特质(aesthetic qualities),相当一部分群体就愿意购买它,Melville B. Nimmer & David Nimmer, 1 *Nimmer on Copyright* § 2.08[B][3], at 2—101 (2004);

(3) 该物品在旁观者的脑海中激发了一个概念(concept),而该概念不同于物品实用功能所引发的概念,*Carol Barnhart*, 773 F. 2d at 422 (Newman, J., dissenting);

(4) 该物品的艺术设计没有受到功能性考虑的显著影响,see *Brandir Int'l*, 834 F. 2d at 1145;

(5) 该艺术特征独自能够被视为传统意义上的艺术品,没有该艺术特征,该物品同样有用,Goldstein, 1 *Copyright* § 2.5.3, at 2:67;

(6) 该艺术特征不是实用性的,see William F. Patry, 1 *Copyright Law & Practice* 285 (1994).

Pivot Point 认为,"观念上的可分性"测试应该反映著作权法关注的焦点,即艺术性,而不是适销性(marketability)、设计过程或实用性。在 Pivot Point 看来,核心的问题是,该物品是否是艺术作品。它进一步指出:

"当一件艺术作品被融入一件实用艺术品或者艺术品被用于意想不到的用途后,'观念上的可分性'依然存在,因为独立的艺术概念和实用性共存于该物品中。如果独立的艺术概念(independent concept of art)不存在,仅仅因为实用性中融入了装饰性的因素导致该实用物品具有了所谓的美感(aesthetically pleasing),则'观念上的可分性'并不存在,这时所谓的艺术特征实际上是实用性的。不过,如果这些实用性的艺术装饰达到了成为艺术品的程度,则'观念上的可分性'或许存在。"

在 Pivot Point 看来,这一测试法还有额外好处,它符合现在绝大多数所谓"观念上的可分性"的定义。

Charlene 则支持区法院所采取的 Goldstein 教授的测试法,即如果融入了实用物品中的图形或雕塑特征单独存在时能够成为传统意义上的艺术品,而且,即便没有该艺术特征,该实用物品同样有用,则存在所谓的"观念上的可分性"。Charlene 认为,这一方法体现了 *Carol Barnhart Inc. v. Economy Cover Corp.*,773 F. 2d 411 (2d Cir. 1985)案中多数派意见。

本院认为双方的意见都有缺陷。Pivot Point 的方法必然要求法官对艺术努力(artistic endeavors)进行质量评估,而这并不是适合法官的工作。而对于 Charlene 的测试法,我们认为如果单独适用,离所谓的物理可分性标准过于接近,会将国会保护那些可以与实用设计分离的艺术作品的立法意图限制在过窄的范围内。

接下来,法院回顾了这一领域判例法的发展历程。

a.

联邦第二巡回上诉法院在 *Kieselstein-Cord v. Accessories by Pearl, Inc.*, 632 F. 2d 989 (2d Cir. 1980) 中首次遇到"观念上的可分性"这一问题。该案原告珠宝设计者 Kieselstein-Cord 受艺术作品启发,设计了一条镶嵌珠宝的皮带扣,并获得版权注册。被告 Pearl 公司抄袭了该设计,对外出售更便宜的皮带扣。Pearl 认为,该皮带扣不能获得版权保护,因为它们是实用物品,并没有与实用方面分开的可识别的而且可独立存在的图形或雕塑特征。法院并不同意。虽然法院并没有说明评估"观念上可分性"的具体方法,但是它主要关注该物品的首要和次要因素,指出:"我们看到上诉人的腰带扣中有观念上可分离的雕塑要素,有很多带皮带扣的使用人将它当做身体局部的装饰品。Vaquero 和 Winchester 的皮带扣主要的审美功能与辅助的实用功能可以从观念上分离。"

b.

在 *Carol Barnhart Inc. v. Economy Cover Corp.*, 773 F. 2d 411 (2d Cir. 1985) 案中,联邦第二巡回上诉法院再次遇到"观念上可分性"问题。在该案中,Carol Barnhart 是零售展示工具的提供商,制造了四种用来展示 T 恤和夹克的人体躯干模型(没有头和四肢),并申请了版权登记。竞争对手 Economy Cover 抄袭了这些设计。法院认为这些模型不能获得版权保护。法院指出:

"虽然版权保护不断延伸到具有实用功能的物品,但是,国会明确拒绝对那些美学或艺术特征无法与实用物品分离并被识别的实用艺术品或工业设计提供版权保护。即便这些作品可能从美学上让人满意或者有价值,也不能获得版权保护。

应用这些法律原则,我们相信,Barnhart 模型的美学和艺术特征不能与模型作为实用物品的用途相分离,不能获得版权保护。Barnhart 强调,这些模型可被视为雕塑模型,除了展示衣服外,还可以用于其他目的,比如着服装作为道具或标志牌使用。虽然这或许表明这些模型在美学上让人满意并且有价值,但是这不足以表明,模型具有可以从物理上或观念上与实用功能(展示服装)相分离的美学或艺术特征。相反,该模型所具有的在美学上令人愉悦的特征,即使综合起来,也无法被视为是可以独立于实用功能而存在的艺术特征。"

法院否认 Kieselstein-Cord 对本案有约束力。多数意见指出,Kieselstein-Cord 的皮带扣的表面装饰在任何方面都没有受到实用功能的限制。这些艺术或美学特征被添加或者叠加到具有实用功能的皮带扣上。

或许,关于"观念上可分性"的最为理论化也最为深入的讨论是 Newman 法官在 Carol Barnhart 案的异议意见。他指出:

实用物品的设计特征要从观念上与实用特征区分开来,则该物品在旁观者的脑海中激发出一个不同于物品实用功能所引发的概念(concept)。这一测试法关注的是旁观者头脑中合理感知的内容……我认为,如果设计在普通观察者的脑海中产生两个不同的概念,而且这两个概念并不必然被同时想到,则存在所谓的观念上的可分性。以博物馆里展示的按照一定美学设计的椅子为例。普通观察者在任何时候看到它,预计都会觉得它是把椅子。除此之外,他也可能想到艺术作品的概念,但是如果后一概念在观察者大脑中与实用功能的概念同时产生,则并不存在所谓的观念上的可分性。这一测试并不是看观察者有没有意识到对象是一把椅子,而是看在观察者脑海中功能性概念能否被其他概念所替代。至少对于普通观察者而言,看到最为艺术化设计的椅子时,脑子里也不会发生这种概念替代。在观看其他客体时,如果对象的实用性功能没有被察觉,则可能出现此类概念替代。有时候,即便实用功能通过观察能够被感知,但是如果辅以解释,实用功能的概念能被独立的非功能性概念所替代,则也会出现所谓的概念替代。这一独立的非功能性概念通常是艺术作品(work of art)的概念。

c.

在 Brandir International, Inc. v. Cascade Pacific Lumber Co., 834 F. 2d 1142 (2d Cir. 1987)案中,联邦第二巡回上诉法院第三次遇到观念上可分性问题。在该案中,艺术家 David Levine 创作了一个由互相交织在一起的钢筋组成的雕塑。他的骑车的朋友发现他的雕塑修改后可以作为自行车车架(bicycle rack)使用。Levine 和 Brandir 公司一道对雕塑进行修改,制造出一个可以使用和销售的自行车车架。很快,Cascade 公司开始销售类似的产品。为此,Brandir 对自己的产品寻求版权保护。版权局拒绝了它的版权登记申请,认为该车架并不含有任何能够独立于实用物品形状而存在的可以被视为图形或雕塑作品的特征。

在该案中,法院对于 Denicola 在 Applied Art and Industrial Design:A Suggested Approach to Copyright in Useful Articles, [67 Minn. L. Rev. 707 (1983)]一文中主张的判断方法推崇备至。在 Denicola 教授看来,可版权性的法定限制规则旨在辨别那些形式和外观体现了艺术家不受限制的想法(unconstrained perspective)的[艺术性]要素特征。这些特征并非工业设计的结果。在判断可版权性时,应该考虑相关作品与工业设计的过程。他指出,工业设计的主要特征是它受到非美学的、实用性考虑的影响,因此可版权性最终取决于该作品在多大程度上表现为未受功能性考虑影响的艺术表达。如果用所谓的"观念上的可分性"之类的语言来描述,Denicola 的测试法就是:如果设计要素反映了美学和功能性的双重考虑(或者说两种考虑混同),则不能说该作品的艺术性与功能性要素在观念上可分。相反,如果能够确认设计要素体现了设计者独立于功能性限定的艺术判断,则存在观念上的可分性。

在该案中,法院认为 Denicola 的方法是判断观念上可分性的最佳方法。首先,它能够协调在先的 Kieselstein-Cord 和 Brandir 案。其次,它强调设计过程中功能性关切的影响,可能可以减轻现有分析方法对非写实艺术(nonrepresentational art 或抽象艺术)的歧视。

该案中法院依据 Denicola 教授的分析方法发现该车架不能获得版权保护。法院指出,如果 Brandir 仅仅是将现有的雕塑用作自行车车架,无论将艺术品用于实用目的还是商业化利用,都不会导致该艺术品失去版权保护。但是,与原先的雕塑相比,最终的 Ribbon Rack(诉争车架)融入了很多功能性的修改,本质上已经成为工业设计产品。

在创作诉争车架的过程中,设计者明显修改了最初的美学因素,以实现和增加实用功能。增加的设计特征包括:加宽上部回环节省空间的开放设计、使得垂直的杆更直以方便车架安装、保证能够适应各种自行车的设计、特殊钢管的选用等。这些特征组合在一起造就了安全、可靠和无须维护的自行车停车系统。

虽然诉争车架可能具有让人喜欢的美学特点,但它依然是工业设计的产品。在车架上,形式和功能不可避免地交融在一起,最终设计上的美学选择和功能考虑不相上下。因此,诉争车架上并没有与实用方面相分离的能够独立存在艺术性要素。

……

e.

联邦第二巡回上诉法院的最后一个相关判例是 Mattel, Inc. v. Goldberger Doll Manufacturing Co.,365 F.3d 133 (2d Cir. 2004)。该案中,被告拷贝 Mattel 公司的芭比娃娃的面部特征。法院拒绝了区法院所谓芭比娃娃面部的特定表达特征不受版权保护的说法。虽然法院没有提及"观念上的可分性",但是其推理仍然有指导意义:

"标准或普通特征不受保护的说法不符合版权法。作品无须特别的新颖或不同寻常,就能够获得版权保护。它只需由作者独立创作,并拥有最低限度的创造性。有无数的方法制作向上翘的鼻子、弓形的嘴唇和大眼睛。即使记录表明,很多玩偶有上翘的鼻子、弓形的嘴唇和大眼睛,这也不意味着这些玩偶都不能获得版权保护(假定每个都是独立制作的而不是相互拷贝)。"

"Mattel 对具有上翘的鼻子、弓形嘴唇和大眼睛的玩偶面貌享有版权,并不会阻止竞争对手制造具有上翘的鼻子、弓形嘴唇和大眼睛的玩偶,只要竞争对手没有抄袭 Mattel 的特定化的表达。'上翘的鼻子、弓形嘴唇和大眼睛'是体现一类玩偶面容特征的'思想',不属于 Mattel,而是处在公共领域。"

C. 具体应用

在 Kieselstein-Cord 案中,第二巡回上诉法院在区分艺术表达和工业设计时,关注的是该物品现在的用途,即"首要的装饰方面"v."次要的实用功能方面"。

在 *Carol Barnhart* 案中,第二巡回上诉法院离所谓的"设计过程导向"的方法更近:"Kieselstein-Cord 的皮带扣与 Barnhart 模型的差别在于,皮带扣的装饰表面在任何方面都没有受到实用功能的限制。因此,这些艺术或美学特征可以被视为[由设计者]添加或者叠加到具有实用功能的皮带扣上。独特的艺术设计对于实现实用功能而言,完全是不必要的。而在 Barnhart 案中,被宣称具有美学或艺术性的特征是真人尺寸的胸部、肩膀,这些特征与展示衣物的实用性特征不可避免地交融在一起。人体躯干模型,要实现实用功能,必须具有一定尺寸的胸部和肩膀,而对于一个皮带扣而言,无须任何像 Kieselstein-Cord 案的特殊装饰也能实现令人满意的功能。"

因此,人体躯干模型的创作者受功能性考虑(比如如何能够展示服装)的驱使,这导致设计成果无法获得版权保护。

这一"设计过程导向"的判断观念上可分性的方法,在 Brandir 案中体现得更充分。

法院指出:"在 Kieselstein-Cord 案中,皮带扣的艺术特征完全是出于美学上的选择,与皮带扣的功能无关,而在 Barnhart 案中,人体躯干的显著特征——准确的解剖学设计、衬衫和衣领的雕塑等——明显受到功能性考虑的影响。尽管人体躯干模型有艺术特征,但是很明显,设计者融入这些特征是为了实现该模型作为模特道具的实用功能。"

另外,Brandir 案的法律意见与 Newman 法官在 Carol Barnhart 案异议意见中表达的理论进路一致。即,"如果设计结果在普通观察者的脑海中产生两个不同的概念,而且这两个概念并不必然被同时想到,则存在所谓的观念上的可分性。"当一个产品以最终形式(final form)出现时,主要出于功能性或实用性的(predominantly functional or utilitarian considerations)考虑,则必然使得观察者很难同时想到两个概念——艺术品和实用物品。在此类情形下,Brandir 案说明了观念上可分性背后的主导法律原则——工业设计过程的影响,提供了更为可行的司法判断方法。当诉争客体最终形态上的美学选择和功能考虑不相上下时,形式和功能就不可避免地交融在一起,客体的艺术方面与实用方面在版权法意义上就不能相互分离。

因此,如果客体的艺术方面能够在观念上独立于它的实用功能而存在,则具有观念上的独立性(Carol Barnhart,773 F.2d at 418)。这一独立性的有无,取决于设计要素是否体现了设计者的艺术判断,而没有受到功能性考虑的影响。(Brandir,834 F.2d at 1145)。如果答案是肯定的,则存在观念上的独立性。相反,如果实用物品的设计上,美学选择和功能考虑不相上下,则实用性和美学特征无法从观念上分离。

将上述方法应用于本案 Mara 的模特头像,我们的结论是,它受到版权保护。毫无疑问,独立于 Mara 的特殊面部特征,他人很容易就能构思一张不同的人脸雕塑,来实现其作为发型设计或化妆模特道具的功能。

Mara 之所以能够被视为独立于它作为发型展示或化妆训练的功能,是以为它是艺术家 Heerlein 的判断的成果。当 Passage(Pivot Point 的代表)接触 Heerlein 讨论创作 Mara 雕塑时,并没有提供给 Heerlein 具体的模式或尺寸信息。没有迹象表明,Heerlein 的艺术判断受到了功能性考虑的限制。比如,Passage 并没有要求雕像的眼睛必须具有一定的宽度以符合标准的眼睫毛的尺寸、眉毛必须具有一定的角度以方便化妆、雕塑整体上不能超出一定尺寸以符合 Pivot Point 的已有包装要求等。如果这些考虑被提出来,则可能妨碍认定 Mara 是单纯的艺术创作的成果。相反,Heerlein 有完全的自由来按照他自认为合适的方式来创作。因此,本案的情形与第二巡回上诉法院在 Carol Barnhart 案中所遇到的情形不同,Barnhart 模型中某些特征是准确的解剖学设计,衬衫与领口的塑形完全是出于功能性考虑。另外,与仅仅用在商店展示服装的无头、无手臂、无后背的人体躯干不同,Mara 头像中的创意部分就是要被看见和欣赏。因此,Mara 是不受功能性影响的创作过程的产物,它的雕塑特征能够与实用性方面分离并且能够独立存在,应该得到版权保护。

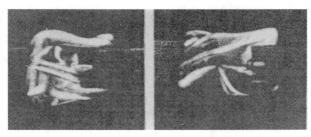

***Kieselstein-Cord* 案 Winchester 和 Vaquero 的皮带扣**①

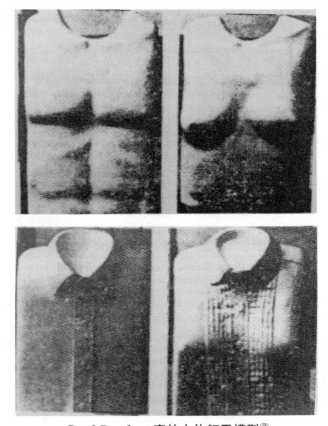

***Carol Barnhart* 案的人体躯干模型**②

---

① 图片来源：Alfred C. Yen & Joseph P. Liu, Copyright Law: Essential Cases and Materials, Second Edition, West, 2011, at 104.
② 图片来源：Alfred C. Yen & Joseph P. Liu, Copyright Law: Essential Cases and Materials, Second Edition, West, 2011, at 107—108.

Brandir 案诉争自行车停靠车架

本案(Pivot Point)诉争的模特头像雕塑

思考问题：

（1）法院认为，"Pivot Point 的方法必然要求法官评判艺术努力（artistic endeavors）的质量，而这并不是法官胜任的工作。而对于 Charlene 的测试法，我们认为如果单独适用，离所谓的物理可分性标准过于接近，会将国会保护那些可以与实用设计分离的艺术品的立法意图限制在过窄的范围内。"进一步的理由何在？

（2）在 Carol Barnhart 中，为什么不是说躯干雕塑的独创性不够，而是强调雕塑本身的艺术性与实用性不能从观念上分离？假如一个人拿出与该案相同的石膏雕塑来，法院会如何处理？

（3）在 Brandir 案中，是否有上述与第 2 项类似的问题？

（4）能不能对所有的实用艺术品都进行逆向思考，将它看成是某件艺术品（不论有无独创性）与单纯工业品的结合，然后看该观念上的艺术品是否具有独创性？你觉得本案的法院会同意这一方法吗？法院会认为，这"离所谓的物理可分性标准过于接近"吗？

1.3 实用艺术作品的保护期限

《伯尔尼公约》第7条第4款规定"本联盟成员国有权以法律规定摄影作品及作为艺术品加以保护的实用美术作品的保护期限;但这一期限不应少于自该作品完成时算起25年"。TRIPs协议吸收了《伯尔尼公约》的上述条款,并在第26(3)条规定,成员国可以选择特殊保护或者版权保护等机制,最低的保护期限为10年。

综合《伯尔尼公约》和TRIPs,WTO的成员国对实用艺术品的保护依然有相当的选择自由。如果采用专门的外观设计保护,最低期限可以是10年;如果提供版权保护,则最低期限是25年。① 中国专利法已经对外观设计提供10年的保护,因此中国的《实施国际著作权条约的规定》对外国实用艺术的保护,并非必要。如果真如学者所言,2001年后《著作权法》直接将实用艺术品作为该法第3条的普通作品对待②,则中国对实用艺术品的保护进一步超出国际公约的最低要求。

《送审稿》(2013)规定,实用艺术作品的财产权保护期限为25年,自作品首次发表开始计算。但是,如果作品创作完成后25年内未发表,则不再受保护。同样的规则适用于实用艺术品的发表权——保护期为25年,如果创作完成后25年内未发表,则不再受保护。③ 这大致是与上述《伯尔尼公约》的最低要求保持一致。

著作权法区别对待美术作品与实用艺术品的保护期,可能引发作品分类上的争议。比如,如果一个雕塑从一开始就被添加到实用物品上,物理可分。该雕塑的保护期是按照美术作品对待还是按照实用艺术品对待?本书倾向于认为,对于那些艺术部分与实用部分物理可分的物品,其艺术部分如果构成独立的作品,应该按照普通美术作品对待,享有较长的保护期;艺术部分与实用部分整体则享有较短的保护期。不然,很难理解,同样的美术作品为什么首次被用于产品就导致保护期被缩短。对于那些无法从物理上区分,即只能在观念上区分的实用艺术品,则整体上适用特殊的较短保护期。

1.4 版权与外观设计专利

本书第一章有一节专门讨论著作权法与专利法(尤其是外观设计保护法)之间的关系。这两个法律最容易发生重叠的领域就是实用艺术品的保护。理论上,二者发生重叠时,权利人可能不寻求专利保护,而直接依赖版权保护——"版权法保护是自动产生的,一旦提供这种保护,绝大多数外观设计所有人将感到没有必要费力去申请专利,外观设计专利制度将形同虚设;而如果外观设计所有人大都求助于版权保护,则本来以保护文化领域中的创作成果的版权法的重心将会转移。"④ 不过,在实践中,可能并不如此简单。很多实用艺术品游走在独创性的边缘地带,能否符合著作权法的客体要求,能否证明存在抄袭行为也有很大的不确定性。为了避免这一不确定性,很多人依然会寻求外观设计专利保护。

---

① Uma Suthersanen, Design Law in Europe, London Sweet & Maxwell, 2000, at 440.
② 李明德、许超:《著作权法》,法律出版社2003年版,第48—49页。
③ 《送审稿》(2013)第29条第3款。
④ 郑成思:《版权法(修订本)》,中国人民大学出版社1997年第2版,第66页。

Mazer v. Stein

347 U. S. 201(1954)

Reed 法官:

本案涉及被请求人(respondents)对玻璃陶瓷舞者雕塑的版权效力问题。争议围绕的事实是,尽管这一雕塑被当做艺术作品(works of arts)保护,但是实际上它和电线、插座和灯罩连在一起作为台灯的基座。

被请求人销售和制造电台灯。被请求人之一利用传统的粘土模型技术创作了人体形状的雕塑作品模型。然后,基于这一模型制作了用于生产的模具。生产出来的雕像在未添加任何台灯组件的情况下,被提交到版权局作为艺术作品登记,并获得登记证书。在登记之前,雕像和台灯组件就已经组合在一起整体出售。

本案的一审法院否定了该作品的版权性,而上诉法院则推翻了一审法院的决定,认为版权有效。该法院认为,对于制造物形式出现的艺术作品的后续利用,不会影响权利人利用它对该艺术作品所享有的版权组织他人侵权。

请求人在申请调卷令时,提出如下问题:如果版权申请人利用雕像的主要目的是制作台灯灯座并将之付诸实施,则该雕像能够受到美国版权法的保护吗?这本质上等于问:电灯的制造者能够对灯座主张版权吗?

第一个问题准确地描述了诉争的问题。第二个问题则不合理地拓宽了本案的争议。本案所要回答的不是制造者是否能够就灯座注册版权,而是艺术家是否能够对将要用作灯座的艺术作品寻求版权保护?

……

为了回答这一问题,有必要回顾一下历史上版权范围的发展变化,从而明确国会进行版权立法的目的。1790 年,第一届国会对已经印刷的地图、图表、书籍等提供保护。后来,图样设计(designing)、木刻和蚀刻画被加入。1831 年乐谱、1856 年剧本、1865 年照片和底片先后获得保护。

1870 年的版权法所定义的版权客体包括:"……任何书籍、地图、图表、剧本、乐谱、木刻、剪裁样式(cut)、版画、照片或底片、绘画、石版画、雕像、意图作为艺术作品(works of the fine arts)的模型(models)和设计(designs)。"加着重号的部分是先前已经受保护的三维艺术作品。1909 年,国会再一次增加了版权保护的范围。该法案第 4 条规定:本法所保护的作品包括作者的任何作品(writings)。

1870 年法案将"艺术作品"(fine-arts)条款删除,对于本案有重要意义。此后,版权法上对纯美学作品与实用艺术作品之间的文字区分不复存在。

在 1909 年法案之前,依据 1870 年和 1874 年法案,版权局在实践中许可与诉争客体特点相同的物品作为艺术作品注册。在政府的条例中,并没有提到那些具有实用目的的艺术作品。1949 年颁布的现行条例 37 CFR § 202.8 规定:"艺术作品(G 类)——(a)概述。除了绘画、雕塑等艺术作品外,本类也包含各类工艺艺术作品

(works of artistic craftsmanship),比如艺术珠宝、搪瓷、玻璃器皿、挂毯等,但是[版权保护]仅仅涉及其外在形式而不涉及其机械或实用性方面。"从这一历史看,我们的版权局一直持续地许可类似本案雕像的作品获得注册。

......

很明显,国会意图将版权的保护范围延伸到传统艺术作品之外。当时积极参与版权法修改的国会图书馆馆长 Herbert Putnam 在参众两院委员会的联合会议上指出:"'艺术作品'(works of arts)这一术语是刻意选择的,它比现有法律中的'美术作品'(works of the fine arts)的范围要宽,是因为有些客体,比如,没有落入外观设计专利范围的应用设计,可能也可以获得版权法的保护。"

前后一致的法案、1909年的立法史和版权局的实践都表明,国会有意利用"艺术作品"(works of arts)和"艺术作品的复制品"等术语涵盖这些雕像。个人对于美的感受变化多端,并不能够得出一个狭窄或严格的艺术的概念。作为一个标准,这并不比现有条例 37 CFR § 202.8 的表述(列举出那些与艺术相关的物品)更好。作者思想的有形表达必须是原创性的。无论这些表达是在一丝不苟地描绘特定模型还是思维景象,或者是通过现代派的形状或色彩传达某种含义,都是可以获得版权保护的。很多案件已经确认了版权法的保护范围。

诉争的雕像可以获得版权保护,这一结论就足以解决本案的问题,即雕像意图当做灯座使用是否妨碍它获得版权注册或导致其版权注册被无效。这仅仅依赖于法律解释。国会可以保护作者的任何已经出版的作品。

但是,请求人宣称,国会制定了外观设计专利法,这应该被解释为国会拒绝保护体现在制造物中的艺术物品。他们认为,历史上版权局是所谓的文化瑰宝的保存机构,而专利局是工业技术领域先进成果的保存机构。

外观专利需要通过审查来保护公众。请求人指出,如果外观设计的设计者不能满足外观设计专利法上的新颖性要求,则他人可以自由拷贝该设计。请求人提交了很多雕像外观设计专利,其中一些与诉争的雕像差别很小。请求人敦促,专利和版权立法之间的重叠将使得创作者可以在专利和版权间进行选择,这种重叠不应被允许。我们假定,请求人认为对于工业用途的雕像如果要提供保护,则只能通过专利法进行。

我们已经指出诉争的雕像可以获得版权保护,因此我们不需要决定它们是否可以获得专利保护。我们认为,该雕像无论是否适合作为台灯获得专利保护,都不妨碍它作为艺术作品获得版权保护。版权法或其他法律并没有说,因为一件东西可以获得专利保护,就不能获得版权保护。我们不应作出这样的判决。

与专利不同,版权并不赋予版权人对作品所披露的技艺的独占权。版权仅保护该思想的表达,而不是思想本身……被请求人不得阻止他人将人形雕像用于台灯,他只是能够阻止别人复制他的雕像或用于其他物品上。37 CFR § 202.8 说得很清楚,艺术品受保护的是其形式,而不是它们的机械或实用性的方面。我们发现,版权法上没有规则表明:预期或实际应用于工业领域这一事实,会妨碍原本能够获得版权保护的作品获得版权注册或导致已有版权注册无效。我们并不想将这类限制读入版权法。

我们也不认为,在公开制造物之后,将其部件作为艺术作品注册,是一种滥用版权的行为。这与先注册雕像再用于工业品的做法,并无不同。

思考问题:

(1) 法院一开始概括本案诉争的问题时,为什么会认为所谓的"第二个问题"不合理地拓宽了本案的争议?

(2) 为什么考虑雕像是否应该获得版权保护时,无须考虑它是否可以获得专利保护?

英特莱格公司 v. 可高(天津)玩具有限公司

北京市高院(2002)高民终字第 279 号

丹麦乐高公司制造的玩具积木产品于 1992 年由宝隆洋行作为批发商首次进入中国大陆市场销售……1999 年 9 月 15 日英特莱格公司向北京市第一中级人民法院提起民事诉讼,状告可高公司侵犯其 56 件乐高玩具积木块实用艺术作品的著作权。

……

可高公司曾于 1996 年就其制造的部分玩具积木块申请了中国外观设计专利,专利号分别为 96308347.3、96308410.0、96308408.9、96308416.X、96308360.0,英特莱格公司曾请求中国专利局撤销上述外观设计专利,中国专利局经审查维持上述专利权有效……

本院认为,本案二审审理中双方争议的焦点在于英特莱公司主张权利的 53 种乐高玩具积木块能否作为实用艺术作品在中国受到法律保护以及受到保护的范围和程度如何。依据《伯尔尼公约》及中国政府于 1992 年 9 月 25 日制定并颁布的《实施国际著作权条约的规定》,起源于《伯尔尼公约》成员国国民的实用艺术作品在中国自该作品完成起 25 年内受中国法律保护。实用艺术作品是指具有实用性、艺术性并符合作品构成要件的智力创作成果。依据上述规定,实用艺术作品一般应当具有实用性、艺术性、独创性及可复制性的特征。实用性是指该物品有无实用价值,而不是单纯地仅具有观赏、收藏价值。艺术性则要求该物品具有一定的艺术创作程度,这种创作程度至少应使一般公众足以将其看做艺术品。英特莱格公司主张权利 53 种玩具积木块中,一审法院认定其中的 3(PUPLO 板)、补 13(屋顶 4×4)、补 24(旋转木马)没有达到应有的艺术创作程度,不应被认定为实用艺术作品,另 50 件则具备了实用性、艺术性、独创性和可复制性,应当被认定为实用艺术作品,本案对此不持异议。

可高公司认为,没有证明中国法律对实用艺术作品提供著作权和专利权的双重保护,本院认为这一问题应当更符合法律逻辑地理解为现在没有证据表明中国法律对于外国人的实用艺术作品排斥著作权和专利权的双重保护。英特莱格公司就其实用艺术作品虽然申请了中国外观设计专利,但并不妨碍其同时或继续得到著作权法的保护。可高公司关于英特莱格公司的玩具组件已申请外观设计专利,不应再受著作权法保护的主张,本院不予采信。

一审法院认定可高公司产品与英特莱格公司的玩具积木块8、9、11[等]实质上不相近似,不构成侵权并无不当。可高公司的产品确有抄袭之嫌,但同时也应看到英特莱格公司的上述玩具积木块艺术创作程度确实不是很高,与典型的实用艺术作品在艺术创作程度上尚有一定差距,一审法院出于平衡利益关系的考虑,作出上述认定是合理的,本院予以支持。

(刘继祥、魏湘玲、李荣法官)

思考问题:

(1)法院要求实用艺术品应该具有所谓的艺术性,即"要求该物品具有一定的艺术创作程度,这种创作程度至少应使一般公众足以将其看做艺术品"。就本案而言,公众将诉争物品当做"玩具",就满足要求了吗?如果不是,著作权法上有所谓的艺术品的标准吗?我们需要鼓励法官作出艺术性判断吗?

(2)在讨论独创性时,主流的意见似乎认为法官无须进行艺术性的判断。这里的立场是否与之相矛盾?为什么?

(3)如果参考美国法上的所谓物理或观念上可分这一标准,儿童玩具如何能够符合这一要求?以微缩的帽子、椅子等为例说明。

在英特莱格案中,一个核心问题就是我国对实用艺术品是否提供版权与专利的双重保护。法院显然认为中国实行双重保护。诚如此,如何看待专利法保护外观设计专门立法的必要性呢?这里有必要说明的是,中国的专利法立法在前,版权法在后,这一时间顺序是否使得这一问题变得更复杂?

1.5 典型实用艺术作品

1.5.1 玩具作品

英特—宜家系统有限公司 v. 台州市中天塑业有限公司

上海市二中院(2008)沪二中民五(知)初字第187号
最高人民法院案例公报案例(2010年第7期)

本案的主要争议焦点为:玛莫特(Mammut)儿童椅和儿童凳是否属于受我国著作权法保护的实用艺术作品。

原告认为,玛莫特儿童椅和儿童凳具有较高的艺术性,本身又属于家具,具有实用性,属于受我国法律保护的实用艺术作品。被告认为,上述儿童椅和儿童凳在设计上根本达不到艺术创作高度,与国内外的其他椅子没有什么区别,更多是考虑家具实用功能方面的要求,因此不构成实用艺术作品。

本院认为,实用艺术作品是指具有实用性、艺术性并符合作品构成要件的智力创作成果,即实用艺术作品应当具有实用性、艺术性、独创性和可复制性。根据我国著作权法的相关规定,实用艺术作品归属于美术作品范畴而受到著作权法的保护。美术作品,是指绘画、书法、雕塑等以线条、色彩或者其他方式构成的有审美意义的平面或者立体的造型艺术作品。因此，实用艺术作品的艺术性必须满足美术作品对于作品艺术性的最低要求，才能够获得著作权法的保护。

本案系争的玛莫特儿童椅由椅背、椅垫和椅腿三个部分组成，椅背是由一块梯形的实木和三根矩形木条组成，其中上部的梯形实木占据了整个椅背近1/2的空间，椅垫是一般椅凳的基本结构，椅腿是由四根立椎体组成，呈上窄、下宽的形状。玛莫特儿童凳由凳面和凳腿两部分组成，凳面是上下均等的圆形实体，形状与一般的儿童凳无异，凳腿是四根纺锤状棒体。

本院认为，本案系争的玛莫特儿童椅和儿童凳的设计要点主要体现在造型线条上，但从整体上看其与普通的儿童椅和儿童凳在外形上的区别不大，属于造型设计较为简单的儿童椅和儿童凳，在艺术性方面没有满足构成美术作品的最低要求，因此不属于美术作品范畴中的实用艺术作品，不受我国著作权法保护。因而，被告的上述行为不构成对原告著作权的侵犯。(**李国泉、胡宓、徐忠法官**)(说明：本案判决后，双方并未上诉。)

思考问题：

著作权法对美术作品的艺术性有最低要求吗？如果有，是什么呢？

欧可宝贝有限公司 v. 慈溪市佳宝儿童用品有限公司

北京市二中院(2008)二中民初字第12293号

本案争议的焦点问题是原告欧可宝贝公司的涉案 Spidy 小兔坐便器、Ducka 小鸭坐便器垫及 Buddy 小熊沐浴躺椅是否为我国著作权法所保护的作品……

我国著作权法规定，外国人、无国籍人的作品根据其作者所属国或者经常居住地国同中国签订的协议或者共同参加的国际条约享有的著作权，受本法保护。鉴于中国与意大利同为《保护文学和艺术作品伯尔尼公约》的成员国，因此原告欧可宝贝公司享有的著作权应受我国著作权法保护。

根据我国著作权法的相关规定，美术作品是指绘画、书法、雕塑等以线条、色彩或者其他方式构成的有审美意义的平面或者立体的造型艺术作品。涉案 Spidy 小兔坐便器、Ducka 小鸭坐便器垫及 Buddy 小熊沐浴躺椅,将动物形象与儿童使用的坐便器、坐便器垫和沐浴躺椅相结合,造型独特,具有审美意义和艺术性、独创性和可复制性,符合我国著作权法规定的作品的构成要件,应当受到我国著作权法的保护。被告佳宝公司主张我国著作权法没有保护实用艺术作品的相关规定,上述三个作品中的动物形象属于儿童用品中的惯常设计,不具有独创性亦不具有艺术性,不应受到我国著作权法的保护,依据不足,本院不予采纳。

(张晓津、张剑、樊静馨法官)

http://boshiwa365.cn/product/productdetail/8008577007820.html

思考问题:

上述案例中的这些玩具,属于美学部分与实用部分物理可分的实用艺术品吗? 是什么原因让本案法院得出与前述椅子案不同的结论呢?

1.5.2 服装作品

不同国家对于服装的版权保护的态度不尽相同。比如,美国法院将服装视为实用物品,严格限制其获得版权保护。① 除非服装版型(Patterns for Clothes)主要用来对服装的外表进行装饰,否则无法获得版权保护。有法院认为版型设计的目的就是要指导剪裁服装布料,本质上是实用性和功能性的。② 在 Whimsicality 案中,法院明确指出:"长久以来,我们一直认为,服装作为实用物品,不能获得版权保护。虽然实用物品中的图片、雕塑因素如果能够从物理上或观念上与该物品分开,则可以获得版权保护,但是,服装很难通过这一测试。因为服装的装饰因素刚好体现了服装内在的装饰功能。"③

中国著作权法没有明确服装是否是著作权法意义上的美术作品,在《送审稿》中,立法者也没有将服装作为实用艺术品加以罗列。从零星的司法实践看,法院对于日常服装的著作权法保护持排斥态度,即便不直接否定服装的版权客体属性,也会对原创性或艺术性提出很高的要求。比如,在华斯实业集团肃宁华斯裘革制品有限公司 v.

---

① Donald Chisum & Michael A. Jacobs, Understanding Intellectual Property Law, Matthew Bender, 2004, §4C[3][d] 4—74.
② Beverly Hills Design Studio (N.Y.) Inc. v. Morris, 13 U.S.P.Q. 2d 1889, (S.D.N.Y. 1989).
③ Whimsicality, Inc. v. Rubie's Costume Co., Inc., 891 F.2d 452,455 (2d. Cir. 1989).

无锡梦燕制衣有限公司等中,法院指出:"该[诉争服装的]构思的表现方式是在普通夹克服装样式的基础上利用整张动物皮毛上的天然花色,采用蕾丝花边做成大方格装饰、领口和袖口采用毛皮装饰、采用一字领和燕子领等。从实用艺术品作品所要求的艺术性来看,该两款服装仅是利用了服装设计中的一些惯常元素进行的组合,这种组合并未构成华斯公司所独创的艺术表达形式,因此,华斯公司所设计的 HS-65、HS-12A 两款服装的成衣只是实用品,不能作为实用艺术品作品受到我国著作权法的保护。"①

胡三三 v. 裘海索(服装)

北京市高级人民法院(2001)高知终字第 18 号

经本院审理查明,胡三三于 1998 年 11 月至 12 月,在中国美术学院(杭州)染织服装系进修期间为完成其所选修的"立体剪裁"课的作业,设计完成了白坯试样布立体剪裁原形条纹状盘带式拼缝小胸衣。该紧身小胸衣采用了斜裁、打条、缠绕与立体牡丹花造型相结合的表现手法。颜色为白色,结构为拼缝而成的条状进行缠绕,下摆突出点缀有几朵立体牡丹花,整体造型以女性胸部曲线为依托,外部轮廓富有变化。在该小胸衣的基础上,胡三三还设计完成了一系列款式独特的小胸衣,同时使用了夸张的中国结的表现手法。胡三三在学院的拍摄室对其条纹紧身小胸衣等作业进行拍照时,裘海索曾目睹了胡三三设计完成的小胸衣(裘海索与胡三三在杭州的中国美术学院原本为师生关系)。

1999 年 3、4 月间,胡三三在其设计的小胸衣的基础上又设计完成了三套连衣裙装,进一步采用中国结、牡丹花、对丝绸面料进行 45 度斜裁、打条、盘绕、立体剪裁手工缝制,色彩渐变加反差对比等工艺和组合形式来表现其立体的服装造型。

上述裙装参加了 1999 年 4 月在绍兴举办的"99 中国轻纺城纺织品博览会——2000 年春夏时装发布会"。裘海索也目睹过上述裙装。1999 年 7 月,裘海索设计完成了 8 套系列服装。该系列服装使用的主要设计元素为牡丹花,主要的服饰手段为手绘、条纹拼缝、中国结等。该系列服装突出的一套是由外衣、紧身小胸衣、长裙、装饰颈链组成。其面料为真丝、整体色彩基调为蓝绿色,其中外衣和紧身小胸衣的结构均为条纹盘绕,采用 45 度斜裁拼缝而成。条纹之间的色彩为蓝绿色渐变并有反差,长裙的图案为手绘牡丹花,装饰颈链为中国结。该系列服装以"春天的故事"为主题参加了第九届全国首届艺术设计展,并获得服装金奖。1999 年 12 月,上述服装在中国美术馆进行了展览。裘海索设计的服装作品获奖后,胡三三即以裘海索抄袭自己的服装设计为由向文化部、中国美协、第九届全国首届艺术设计展组委会等单位投诉。根据文化部、中国美协、第九届全国首届艺术设计展组委会的指示,中国美术学院于 1999 年 9 月 16 日委托浙江工程学院(原浙江丝绸工学院)的服装专家仝小凡、赵伟国老师对双方的

---

① 华斯实业集团肃宁华斯裘革制品有限公司 v. 无锡梦燕制衣有限公司等,河北省高院(2007)冀民三终字第 16 号。

服装进行了审定。全小凡、赵伟国所作的专家审定意见认为:就创意而言,裘海索、胡三三作品二者之间其整体的表情是不相同的,但在工艺手段上我们不能确定裘海索是从其本身日常收集的服装资料中加以借鉴的,还是裘海索从胡三三作品中得到了启发。但工艺手法的借鉴和创作思想的模仿是根本不相同的两回事,即使在服装的创作过程中所采用工艺手段类同,也不构成作品的剽窃。因此,裘海索的作品并不构成对胡三三作品的抄袭。

1999年9月17日,中国美术学院专门召开学术委员会会议讨论全小凡、赵伟国所做的审定意见。到会有19位专家,最终以16人赞同,3人弃权的表决结果决定同意校外专家全小凡、赵伟国的审定意见。

……

本院认为,以线条、色彩或其他方式构成的有审美意义的平面或者立体的造型艺术品属于我国著作权法所保护的美术作品范畴。

本案胡三三及裘海索利用造型、色彩、面料、工艺等设计元素各自独立设计的服装,从其艺术造型、结构及色彩等外在形态来看,均具有较强的艺术性和独创性,表现出了集实用性与艺术性、中西方文化相交融的现代美感,属于受我国著作权保护的实用美术作品。

受我国著作权法所保护的服装艺术作品应当是由色彩、图案、造型、搭配组合及修饰而成的整体表现形式。通过对胡三三、裘海索各自所设计的服装作品进行对比,虽然双方在设计服装作品时均使用了条纹盘绕、色彩渐变与突变、中国结、牡丹花及拼缝等已被服装设计界使用的创作元素和工艺手段,但是胡三三设计的条纹状盘带式小胸衣作品系独立的一件,整体色彩为白色,立体牡丹花的造型是通过用白坯试样布制作的打散的牡丹花经过盘绕而表现出来的。而裘海索设计的涉案服装作品则由外套、胸衣、裙子、装饰颈链组成,整体色彩基调为蓝绿色的真丝套装,其中长裙上的牡丹花图案为手工绘制。双方设计的服装作品整体表现形式不同,带给欣赏者的感观不同,各自所表达情感亦不相同,因此不存在后者对前者的抄袭。现胡三三称美术专业上的创意概念也可以用来指具体化了的美术表现手法、方式,裘海索抄袭了其作品中的各种具体表达方式,不属合理借鉴与启发,而是构成了对其著作权侵害的诉讼主张,理由不充分,本院不予支持。

服装艺术作品固然有其特殊的创作规律,对服装艺术作品艺术性的判断,本领域的专家通常情况下当然比普通欣赏者更加专业。但是,对服装艺术作品艺术性的判断标准绝对不能等同于法律上判断服装艺术作品是否侵权的标准。本案胡三三将服装作品艺术性的判断标准混同于法律上判断著作权是否遭受侵害的判断标准,进而得出一审法院将本应由专家进行鉴别判断工作交给了普通欣赏者显然是错误的结论,没有法律依据。

(程永顺、胡平、张雪松法官)

思考问题:

服装的装饰功能所对应的要素,究竟是实用性的,还是美学性的?

2　计算机软件

在现有著作权法下,计算机软件是指计算机程序及其有关文档。① "计算机程序,是指为了得到某种结果而可以由计算机等具有信息处理能力的装置执行的代码化指令序列,或者可以被自动转换成代码化指令序列的符号化指令序列或者符号化语句序列。"② 而"文档,是指用来描述程序的内容、组成、设计、功能规格、开发情况、测试结果及使用方法的文字资料和图表等,如程序设计说明书、流程图、用户手册等"③。依据上述定义,计算机软件中所附带的数据文件似乎不应该被视为著作权法意义上的计算机程序。不过,也有意见认为,计算机程序包含"有关数据"。④

如前文所述,著作权法为不同类型的作品,设置了不同的保护水平。比如,计算机软件有所谓的出租权,而文字作品则没有;计算机程序依据《计算机软件保护条例》获得特殊保护,而文字作品则没有等等。因此,区分作品类型有时候有重要的法律意义。当初,中国著作权法立法者并没有将计算机软件列入文字作品的类别,而是与之并列。这表明立法者将计算机软件作为不同于文字作品的特殊作品对待。可是,计算机程序文档与典型的文字作品没有什么差别,是否应该获得特殊的保护,令人怀疑。著作权法第三次修改时,《送审稿》(2013)将计算机软件修改为"计算机程序",排除了计算机程序文档。后者将按照一般的文字作品加以保护。不过,这一问题并未完全解决。计算机程序中并非单纯的代码指令,经常还会包含文字、图片、声音、视频等文件。究竟是按照计算机程序还是按照传统的文字作品、美术作品、视听作品等来保护这些内容,依然还会引发争议。

中国关于计算机软件著作权保护的立法比较特别。一方面,《著作权法》(2010)第3条将计算机软件作为版权的保护客体加以列举,这意味着著作权法的大部分条款也适用于计算机软件。另一方面,立法者又授权国务院制定专门的《计算机软件保护条例》。⑤ 这种双重立法结构导致人们对软件在《条例》之外是否还能依据著作权法一般规则获得更多的保护产生疑问。比如,《条例》第8条将软件著作权的内容归纳为九项:发表权、署名权、修改权、复制权、发行权、出租权、信息网络传播权、翻译权和其他权利。这一列举与著作权法所列举的权利内容有些出入,这是否意味着软件一般不享有《条例》未列举的权利?比如,"保护作品完整权""改编权""汇编权"等等。当然,软件作品性质特殊,不享有所谓的"表演权""放映权"或"广播权"可能是不言而喻的。不过,如果程序文档也被考虑在内,则答案并不十分明确。

---

　①　《计算机软件保护条例》(2013)第2条。
　②　《计算机软件保护条例》(2013)第3条。
　③　《计算机软件保护条例》(2013)第3条。
　④　胡康生主编:《中华人民共和国著作权法释义》,法律出版社2002年版,第20页。
　⑤　《著作权法》(2010)第59条。

2.1 计算机程序保护模式选择

计算机程序刚刚出现时,世界各国对计算机程序的保护立场存在分歧。美国1964年就开始接受计算机程序的版权登记。① 菲律宾则是第一个在成文版权法中确认对计算机程序进行保护的国家(1972年11月)。② 美国国会1974年成立 The National Commission on New Technological Uses of Copyrighted Works(CONTU)对计算机程序的保护问题展开研究。1980年,在 CONTU 报告(1978)的影响下,美国修订版权法明确对计算机程序的版权保护。③ 日本、欧洲当时存在不同的意见,希望单独立法来保护计算机程序。但是,在美国的主导下,它们也纷纷将计算机程序纳入版权法的保护范围。

计算机程序的功能性给版权法带来很大的不确定性。"由于计算机程序纯粹是功能性作品,无论如何仔细去定义计算机程序可受版权法保护的范围,也不可避免地导致权利人能够对计算机程序的某些功能性要素进行垄断——比如程序流程、方法、系统、概念、原则等。"④这一点在后面的一系列案件中将被充分展现。Apple 案是美国第一代计算机程序版权保护的案例,确认了版权法对计算机程序的保护。而 Altai 案则是第二代案例,法院努力揭示版权保护计算机程序的范围。

在一篇著名的版权论文中,Breyer 教授(后来成为最高法院法官)反对计算机程序版权保护的观点很有代表性。他认为,计算机程序的开发本身需要大量的成本而复制成本很低这一事实本身并不能够证明版权保护的必要性。⑤ 他提出了几点质疑:

其一,很多(尽管不是全部)系统软件(system software)现在和将来依然会由硬件制造者开发,然后和硬件一道销售。很多程序只能和特定品牌的机器一道工作。这降低了复制者单独出售软件营利的可能性。

其二,大部分应用软件(application program)都针对单个用户的需要而作出设计。因此,复制这些软件不太可能会影响它们的开发。

其三,应用软件通常也是和其他的版权材料一道打包出售,而不是单独出售。出售者还承诺提供更新和其他售后服务。因此,软件的购买者不仅仅是购买软件,而且购买相应的服务。复制者如果和原始开发者竞争,则需要获得类似的专业技能。复制者获得这些技能之前,市场上的领先时间已经能够为原始开发者提供回报。

其四,将大规模用户结合起来的计算机系统已经出现,这使得用户之间的协调变得很容易。在没有版权保护的情况下,这些用户可以自发通过合同和软件开

---

① Donald Chisum & Michael A. Jacobs, Understanding Intellectual Property Law, Matthew Bender, 2004, at §4C[2]a 4—40.
② 应明:《计算机软件的版权保护》,北京大学出版社1991年版,第22页。
③ Donald Chisum & Michael A. Jacobs, Understanding Intellectual Property Law, Matthew Bender, 2004, at §4C[2] b 4—41.
④ Paul Goldstein, Copyright Second Edition, ASPEN Law & Business, 1999, at §2.15.2 2:190.
⑤ Stephen Breyer, The Uneasy Case For Copyright: A Study of Copyright in. Books, Photocopies, and Computer Programs, 84 Harv. L. Rev. 281,344(1970).

发者约定软件开发事宜,而无需通过版权保护来提供激励。

另外,他还提到版权保护使得计算机用户复制软件前要征求权利人同意,增加了交易的成本。法院认定软件之间是否存在抄袭,有很大的难度。竞争对手为避免侵权而重新编写程序代码,造成无谓的浪费。像 IBM 之类的企业可能控制太多的软件等。①

四十多年来,计算机程序领域已经发生的翻天覆地的变化。Breyer 当年的论断在今天看来,似乎已经不再有说服力。不过,即便在计算机软件行业发展前景不明的当年,上述理由能够成为反对版权保护的有效理由吗?比如,软件开发者无须依靠单独销售软件营利,这一事实在多大程度上与是否应提供版权保护有关吗?

2.2 程序究竟是机器部件还是文本

计算机程序具备了文字作品的外在形式。但是,无论是源代码程序还是目标代码程序,最主要的目的都是操作计算机实现特定的技术目的。"程序+磁盘"已经成了计算机系统内部最为核心的部件,也就是说程序是计算机的一个部件。现在,信息技术领域已经普遍接受了软件与硬件可以自由替换的观念。正因为如此,有学者说计算机程序是文本形式的机器。②

Apple Computers, Inc. v. Franklin Computer Corp.

714 F. 2d. 1240 (3d. Cir. 1983), cert. Dismissed, 464 U.S. 1033(1984)

Sloviter 法官:

……

苹果公司是计算机行业的领导者之一,制造和销售个人电脑及相关设备,比如外置磁盘、计算机程序(软件)等。苹果成功的一项副产品是第三方开发了大量的可以在 Apple II 上运行的计算机程序。

Franklin 是一个很小的计算机制造商,销售 ACE100 个人电脑。ACE100 被设计成与苹果兼容(Apple Compatible),这样在 Apple II 上使用的外围设备和软件都可以在 ACE100 上使用。为了实现这一兼容目的,Frankin 拷贝了苹果公司的操作系统。苹果公司因此提起诉讼,指控 Franklin 公司侵权。Franklin 并不否认拷贝了苹果公司的程序,但是针对版权侵权指控 Franklin 公司提出抗辩,认为诉争程序并非版权保护客体。

Franklin 公司指出,编写自己的操作系统程序并不可行。不过,苹果公司认为,独立撰写操作系统程序,也能够实现与在 Apple II 操作系统上运行的第三方应用程序

---

① Stephen Breyer, The Uneasy Case For Copyright: A Study of Copyright in. Books, Photocopies, and Computer Programs, 84 Harv. L. Rev. 281,344—345(1970).

② Pamela Samuelson et al. A Manifesto Concerning the Legal Protection of Computer Programs, 94 Colum. L. Rev. 2308 (1994).

兼容。

……

IV. 讨　　论

A. 以目标代码形式呈现的计算机程序的可版权性

区法院的一些陈述认为,目标代码与源代码形式表达的计算机程序不同,前者可能不是合适的版权保护客体。我们认为这一意见没有法律基础。

1976年,经过认真研究,国会通过新的法案以替代1909年的法案。依据1976年法案,一项作品要获得保护,必须满足两项条件,首先它必须具有原创性,其次必须固定在有形的表达媒介上(17 U. S. C. § 102(a))。

该法案定义的作品(works of authorship)包括文字作品(literary works),具体是指影音作品(audiovisual works)之外的以文字、数字或其他口头(verbal)或数字符号表达的作品,可以记录在任何物质媒介(material objects)上,比如书籍、期刊、手稿、唱片(phonorecord)、胶片(film)、磁带、磁盘、卡片等(17 U. S. C. § 101)。

虽然第102(a)条没有明确将计算机程序列为作品,但是立法史表明计算机程序当初被视为文字作品。See H. R. Rep. No. 1476, 94th Cong., 2d Sess. 54, reprinted in 1976 U. S. Code Cong. & Ad. News 5659, 5667("文字作品……包括……计算机程序")。国会设立了"新技术应用委员会"(Commission on New Technological Uses ("CONTU"))研究包括版权作品的计算机应用等问题。CONTU的最终报告建议版权法明确将具有独创性的计算机程序列为版权保护客体。

CONTU建议了两项相关的修改:其一,放弃现在的第117条(the status quo provision),代之以限制计算机程序的独占权的条款,以确保计算机程序复制件的合法持有人能够按照自己的目的使用和修改该程序。其二,在第101条增加计算机程序的定义。国会接受了这两项建议。1980年修正法案中增加了计算机程序的定义:计算机程序是直接或间接用于计算机以实现某种结果的一系列陈述或指令(a statements or instructions)(17 U. S. C. § 101)。我们在 Williams Electronics, Inc. v. Artic International, Inc. 案中指出,1980年的修正案明确计算机程序可以获得版权保护。

区法院在本案中质疑,版权是否仅限于供人类读者(human reader)阅读的作品,不包括供专家通过显微镜耐心解读的作品。将"是否能够获得版权保护"与"作品是否具有向个人沟通的功能(communicative function)"联系起来的意见,源自早期的 White-Smith Music Publishing Co. v. Apollo Co. (1908)案。该案中法院认为钢琴卷轴(piano roll)不是 musical composition 的复制件,因为除了很少的专家外,其他人不能够直接感知。不过,1976年法案的文本和立法史清楚地表明,White-Smith案所做的区分已经被放弃。

依据版权法,版权可以延伸到以任何有形的表达形式(tangible means of expression)呈现的作品上,只要通过该表达形式作品能够直接或者借助于机器设备间接地被感知、复制或交流(17 U. S. C. § 102(a))。根据版权法关于计算机程序的定义,以目标码呈现的计算机程序是合适的版权保护客体。

在 Williams 案中,被告也争辩说版权作品必须能够为人类所识别,必须能够被视为人类之间沟通的媒介。我们拒绝了这一主张,这里重复一下我们的意见:"版权法自身文字已经对被告的主张作出了[否定的]回应。"

区法院还对目标码形式的计算机程序是否能够被归类为"文字作品"存在疑问。文字作品并不仅仅限于海明威"丧钟为谁而鸣"之类的作品。第 101 条所说的文字作品不经包括文字形式的表达,而且包括数字或者其他字符或标记等,因此拓宽了常见的文字作品的范围。计算机程序无论是目标代码还是源代码,都是文字作品。未经许可,都不得复制。

……

C. 计算机操作系统程序的可版权性

Franklin 公司认为,计算机操作系统程序与应用程序不同,不论以何种语言或媒介形式被固定,都不是合适的版权保护客体。Franklin 公司认为自己主张的基础是版权法第 102(b)条的明确规定和 Baker v. Selden 案确定的原则。

在 Franklin 公司看来,Baker 案表明:首先,使用系统本身并不侵害描述该系统的作品的版权。其次,版权并不能延伸到纯粹的实用性作品(utilitarian works)。最后,版权法不能被用来获得并维持某一思想的垄断。

版权法第 102(b)条在 1976 年被接受。该条规定:"在任何情况下对于原创性作品的版权保护都不得延伸到思想、程序(procedure)、流程(process)、系统(system)、操作方法、概念、原则或发现,而不论它在该作品中以何种形式被描述、解释或体现。"显然,第 102(b)条实际上将 Baker v. Selden 案的规则法律化。

接下来,我们讨论 Franklin 的两个论点:

1. 流程、系统或操作方法

Franklin 认为操作系统程序要么是流程、系统或者操作方法,因此不能获得版权保护。Franklin 正确地指出,第 102(b)条和 Baker v. Selden 案实际上是对版权法和专利法的保护客体进行区分,前者保护发明(discoveries),后者保护对于此类发明的描述。不过,在本案中,Franklin 错误地应用了上述区分原则。苹果公司并不对"指令计算机如何实现运算功能"的方法步骤主张版权,而只是对指令本身主张版权。该方法如果能够获得保护,将要依据专利法。这并非本案解决的问题。

Franklin 将操作系统程序视为所谓的"方法"或"流程",这与它承认应用程序是合适的版权客体的意见互相矛盾。这两类程序都是在告诉计算机做一些事情。在第 102(b)条意义上,二者并没有区别——无论是这些指令是告诉计算机帮人准备所得税报表(应用程序的任务),还是将高等语言程序从源代码翻译成二进制的目标码(操作系统程序的任务)。

操作系统程序中的指令可以被用来启动计算机。这些指令与操作手册中以普通英语形式描述的操作复杂机器的指令(instructions)并没有本质的不同。版权仅保护指令本身,所以保护操作系统程序的指令并不比保护操作手册中的指令更容易牵涉到不受保护的"流程"(process)。因此，没有理由对操作系统程序提供比应用程序更少的版权保护。

区法院之所以接受了 Franklin 的意见，是因为法院错误地强调了程序指令的物理特征(physical characteristics)。实际上，媒介(medium)并非信息(message)本身。操作系统程序能够被刻录在只读存储器(ROM)上，这一事实并不导致程序本身成为机器或机器的一部分(或等同物)。不仅如此，如 Franklin 的证人所言，操作系统并不需要被永久地存储在只读存储器中，它也可以被存储在其他媒介中，比如磁盘或磁带。计算机可以很容易将这些媒介中的指令读入计算机的临时内存中。实际上，本案诉争的部分操作系统程序就存储在磁盘上。如 CONTU 报告所言，"计算机程序不应该被视为机器的部件，就像录像带或唱片不应被视为播放设备的部件一样。计算机程序的文字最终可以被用来实现一个流程，这并不影响它们的可版权性。"

Franklin 还争辩说，操作系统程序是纯粹的实用作品，苹果试图阻止他人使用该操作系统内含的技术，因此该程序不应获得版权保护。这一理由源自 Baker v. Selden 案法院的论断(dictum)：

"出版科学或实用艺术书籍的目的是要向世界传输有用的知识。如果利用这些知识时不能避免盗版侵权，则这一目的将落空。如果不借用书中描述该技艺的方法和图表(或与之类似的方法和图表)就无法利用该技艺，则该方法和图表就是实施该技艺时所必须利用的附属物，应当供公众自由利用。但是，如果他人不是为了实际使用该方法，而是为出版其他描述这一方法的作品，则并不能自由利用上述书中的描述方法。"

虽然对上述文字的字面解释可以用来支持 Franklin 的意见——如果版权作品被用于实用目的则导致该作品的可版权性被排除，但是最高法院已经拒绝了这一解释。在 Mazer v. Stein 案中，法院指出："我们不认为下列说法有任何版权法依据：原本可以获得版权保护的物品(article)的预期用途或它的产业应用会妨碍它获得版权注册或导致注册被撤销。我们并没有将这一限制读入版权法。"CONTU 的多数意见也拒绝接受一些法院对 Baker v. Selden 所做的宽泛解读，指出"计算机程序的文字最终被用来实施一项流程，这并不应以任何方式影响它们的版权性。""过去和现在的版权实践表明，作品被用作何种用途，并不影响它获得版权保护。""描述某一游戏或机器系统的操作方法的书面规则的版权属性并不会受到'这些规则指导那些游戏玩家或系统操作者行为'这一事实的影响。"就像我们先前提到的那样，我们可以说国会接受了 CONTU 报告的意见，认为国会几乎逐字逐句地将多数意见的建议写成了法律。

或许，拒绝 Franklin 意见的最有说服力的理由是，版权法上关于计算机程序的定义并没有区别对待应用程序和操作系统程序。

2. 思想与表达的二分

Franklin 的另一项挑战操作系统程序的版权属性的理由是思想与表达之间的界限划分。

思想和表达的二分原则现在明确地体现在版权法第102(b)条中。该条排除了任何思想的可版权性。该条款并非要扩大或压缩版权保护的范围,而是在重申版权法上表达和思想的二分规则并未改变。立法史显示,第102(b)条旨在说明程序员所采用的表达是计算机程序中可以获得版权保护的因素,而程序中所体现的实际流程或方法则不在版权法的保护之列。

很多试图在思想和表达之间划线的法院,都发现这么做很难。在操作系统程序这一背景下,我们相信这一界线应该具有实际的操作性,应该维持专利法和版权法中所体现的竞争与保护之间的平衡关系。我们支持 Dymow v. Bolton 案中法院的下列意见:"专利仅仅保护那些将创造性想法付诸实践的方式(means),而版权法保护思想的表达方式(means of expressing an idea)。我们大致可以如此概括:如果相同的思想能够以多种完全不同的方式表达,则可能获得多种版权保护,而互不侵权。"

我们接受上面的意见,关注[程序]思想是否能够以多种形式表达。如果能够创作其他程序来实现与苹果操作系统程序相同的功能,则苹果程序是思想的表达,可以获得版权保护。本质上,这与判断思想与表达是否混同(merged)的方法并无不同。所谓思想和表达的混同是指没有或只有非常有限的方式表达特定思想。

区法院并没有认定苹果的操作系统程序是否是表达该程序思想的唯一方式。虽然 Franklin 承认,至少有些程序可以重写,但是我们并不相信在这一问题上现有记录已经足够清楚以至于可以在上诉阶段作出判断。因此,如果这一问题被发回重审,下面的法院可以作出必要的调查。

Franklin 宣称,无论该程序是否能够重写,要使自己的计算机操作系统能够运行大部分与苹果兼容的软件,可选的安排操作系统的方法有限。这一意见与思想和表达的二分或混同无关。与表达混同以至于不能获得版权保护的思想,是表达的对象(the subject of the expression)。比如,操作系统程序中的一个思想是如何将源代码翻译成目标代码。如果表达这一思想的其他方法实际上并未受到限制,则没有所谓的思想和表达的混同(merger)。Franklin 可能希望与那些专门为苹果系统开发的应用程序实现完全兼容,但是这是商业和竞争目标(a commercial and competitive objective),这并非思考"特定思想和表达是否混同"的形而上学问题时要考虑的因素。

思考问题:

(1) 法院说,"计算机程序不应该被视为机器的部件,就像录像带或唱片不应被视为播放设备的部件一样。"这一类比有道理吗?

(2) 法院说,"计算机程序的文字最终被用来实施一项流程,这并不应以任何方式影响它们的版权性。"这对于讨论计算机程序从一开始是否是作品,有帮助吗?要知道,本案讨论的不是计算机程序被用于实用目的后是否依然还是作品。

(3) Apple 案中法院说作品的应用目的(The Intended Use)在判断该作品是否受版权法保护方面,没有作用。诚如此,如何确定维纳斯塑像与机械水龙头中何者可以获得版权法的保护? 不考虑用途,又如何知道哪些部分是出于功能,哪些是处于美学考虑?

（4）法院在最后一段分析"思想和表达的混同"时,不考虑商业上的可行性,是否有道理?

（5）在 White-Smith Music Publishing Co. v. Apollo Co. 案中①,美国最高法院认为记录有音乐的钢琴卷轴(Piano Roll)是机器部件,不能成为版权法上的保护客体。在这一判决之后,美国国会很快修订了版权法,确认像钢琴卷轴、唱片等机器可读的音乐作品受版权法保护,从而否定了美国最高法院的上述判决。Apple 案提到该案,原告试图说明既然钢琴卷轴作为机器的一部分,能够为版权保护,那么计算机程序也不例外。不过,问题是:带有钢琴卷轴的机器最终目的是向人传输该卷轴中记录的作品信息,而计算机程序并不如此。它不是为了最终向人传输程序所记录的信息,而是为了某种功能性的目的。这一差别在版权法上没有意义吗? 带有程序的磁盘和带有音乐的光盘在版权法上没有差别吗?

2.3 程序思想与表达的区分

美国联邦法院在 Whelan Associates, Inc. v. Jaslow Dental Laboratory, Inc. 案②中对计算机程序版权保护的范围进行了探讨,认为计算机程序的版权保护可以延及程序的"结构、序列和组织"("Structure, Sequence, and Organization")。Whelan 案法官从 Baker v. Selden 案出发,引用该案的下列论述:"如果不借用书中描述该技艺的方法和图表(或与之类似的方法和图表)就无法利用该技艺,则该方法和图表就是实施该技艺时所必须利用的附属物,应当供公众自由利用。"

Whelan 法官从中引出下列结论:"如果有多种方法实现期待的目的,则具体选择的方法并非实现该目的所必需的方法,因而它是表达,而不是思想。"③将这一结论应用到计算机程序上,自然得到后面的结论:"这里的思想是有效地组织牙科实验室(假定这与有效组织其他类型的实验室或企业所面对的问题不同)。因为这一思想可以通过很多种程序结构表达,所以结构本身并非思想的附属物。"④

Whelan 案实际上将一个程序的总的功能定义为思想,而将实现这一功能的可能的程序序列和结构视为受保护的表达,只要这一序列和结果并非实现该功能的唯一途径。⑤ Altai 案明确拒绝了 Whelan 案所确定的区分思想和表达的原则,认为这一方法会得出一个程序只有一个总的思想的结论,从而导致受版权保护的表达的范围过宽,转而采用了所谓的"抽象—过滤—对比"的方法。现在,它已经成为计算机版权保护领域非常有影响力的区分思想和表达的方法,在全世界范围内有着广泛的影响力。

---

① White-Smith Music Publishing Co. v. Apollo Co., 209 U.S. 1 (1908).
② Whelan Associates, Inc. v. Jaslow Dental Laboratory, Inc., 797 F.2d 1222(1986).
③ Ibid.
④ Ibid.
⑤ Donald Chisum & Michael A. Jacobs, Understanding Intellectual Property Law, Matthew Bender, 2004, at §4C[2][d] 4—52.

Computer Associations International, Inc. v. Altai, Inc.

982 F.2d. 693(2nd Circuit, 1992).

Walker 法官：

［Computer Associates（CA）研发并销售一种叫做 CA-SCHEDULER 的计算程序，用于控制计算机执行任务的顺序。CA-SCHEDULER 内有一个模块程序，被称作 ADAPTER。它能够翻译 CA-SCHEDULER 的语言，使得后者能够安装在各种不同的操作系统上实现兼容。Altai 提供一种竞争性的任务规划程序 ZEKE，并希望它能向 CA-SCHEDULER 一样，在不同的操作系统上运行。Altai 雇佣了一个从 CA 离职的员工，开发所谓的 OSCAR3.4 程序（与 ADAPTER 程序功能类似）。该员工将 ADAPTER 的 30% 的源代码拷贝到 OSCAR3.4 程序中。这一做法被法院认定侵权。随后，Altai 重新让数个没有为 OSCAR 项目工作的新程序员按照程序功能要求，重新编写代码以替代旧的 OSCAR3.4。区法院认为新的软件 OSCAR3.5 不侵权，CA 上诉。本案争议的焦点是，新的软件是否侵害 CA 的计算机程序的著作权。］

A. 计算机程序中非文字因素的版权保护

CA 指出，尽管 Altai 重写了 OSCAR 的代码，该程序依然与 ADAPTER 程序的结构实质相似。程序结构（a program's structure）包括非文字的内容，包括整体流程图（general flow charts）以及更具体的模块之间的关系、参数清单、宏指令等组织结构。此外，CA 还指出，OSCAR 3.5 所罗列的来自操作系统的任务清单（the list of services）与 ADAPTER 的相同。我们必须判断，上述计算机程序的要素是否或在多大程度上受版权法保护。

……

虽然计算机程序并没有出现在版权法文字作品的清单中，但是立法史毫无疑义地表明国会将它视为文字作品。从这一前提出发，三段论的推理显得很有力量：如果文字作品的非文字内容（non-literal structures）受版权保护；同时，如立法机构告诉我们的那样，计算机程序是文字作品，则计算机程序的非文字结构（non-literal structures）也应受版权法保护。不过，这一结论并没有终止我们的分析。我们必须决定在多大程度上将版权保护延伸到计算机程序的非文字结构。

1）思想与表达的二分

版权不保护思想，只保护思想的表达，这是版权法上的基本原则……在思想和表达之间划线，是非常困难的事情。Learned Hand 法官指出，没有人曾经也没有人可以划出该界限。30 年后，他的论断依然正确。显然，没有原则能够告诉我们什么时候模仿者超出拷贝思想的范围而借用了它的表达。任何判断都不可避免的是个案的特别判断。

计算机程序的实用性使得区分思想与其表达的任务更加困难。为了描述计算过程和抽象思想，计算机程序内容中混合了创造性和技术性的表达。与实用性作品不同,纯粹创造性作品(creative compositions)中各种表达花样(variations of expression)并不指向实际应用(practical application)。比如,关于矮胖子之死的故事显然是创造性作品,与方法流程导向的炒鸡蛋的菜谱相比,有着不同的创作目的。因此,与艺术作品相比,计算机程序离版权法第102(b)条所说的不受保护的思想的边界更接近。

接下来,法院具体分析了 Baker v. Selden 案确立的基本原则,进而认为账本和计算机程序都是一系列陈述或指令,能够产生一定的结果,因而大体上可以类比。在前一案例中,该方法流程最终由人来实施,而在本案中则是通过电子装置实施。在任一案件中,方法流程本身都无法获得保护。但是,Baker 案走得更远。法院指出,如果在利用作品所描述的思想、系统或流程时,必然要附带利用到作品的某些方面的内容,则这些内容无法获得版权保护。因此,Selden 的记账表格不能获得版权保护,因为采用他所描述的记账法必然要用到这些表格。基于这一理由,我们认为计算机程序实现其功能所必要的附带因素,同样不能获得版权保护。

Baker 案提供了合理的分析基础,但是并没有进一步说明如何区分思想和表达,更具体地是如何区分可保护的表达与利用作品背后思想所必须采用的附带表达因素。在计算机软件领域,第三巡回庭在 Whealn 案中的判决是目前为止最为认真的尝试。

Whelan 案中法院面对的问题与本案的问题大致相同,被告被控抄袭原告牙科实验室管理程序的结构等非文字内容,用于开发竞争性软件版本。为了判断是否存在侵权,法院必须判断哪些程序要素是思想,哪些是表达。为了区别两者,该法院确立了下面的概念性方法:

"划分思想和表达的界线时,可以参考诉争作品所要实现的目的。换句话说,实用作品的目的或功能是该作品的思想,任何并非实现该目的或功能所必需的东西,是该思想的表达……如果有很多种方式实现期待的目的,则该特定的方式不是实现该目的所必需的,是表达而不是思想。"

到目前为止,各个法院对 Whelan 规则的反应不一,有的接受它的推理,有的拒绝。在学术界,Whelan 规则更不受待见。人们普遍认为该案中区分思想和表达的标准过于宽泛。比如,版权领域的权威学者 Nimmer 指出:"Whelan 分析的关键缺陷是,它假定任何计算机程序背后只有一个'思想';一旦一个可分离的思想被确定后,其余的所有东西都是表达。"(3 Nimmer § 13.03[F], at 13-62.34)。批评意见关注的不是程序的最终目的,而是程序结构设计的现实。如我们所知,计算机程序的最终功能或目的是由各个子程序互动的综合结果。每个子程序依然是一个程序,因此可以说它又是自己的"思想"。Whelan 将程序整体的目的等同于程序思想,这一概括描述不够充分。

2) 计算机程序结构的实质性相似测试法:抽象—过滤—比较(Abstraction-Filtration-Comparison)

我们认为,Whelan 区分计算机程序中思想和表达的方法过于形而上,没有充分考虑一些实际因素。对这一问题的满意答案不能通过求助于哲学上先验的第一原则来获得。如下所述,法院如果采取三步分析法来区分思想和表达,会更明智。当然,法院也承认计算机技术进步很快,将来的技术可能导致严格适用三步法不再合理,因而需要适当修正。

依据这一方法确定实质相似时,法院首先将被侵害的计算机程序按照它的组成结构分解;然后,审查每一组成部分,分清楚程序内在的思想、利用思想所必需的附带表达、取自公共领域的因素,然后法院能够将搜有的不受保护的材料排除;经过这一剔除过程,剩下的是一个创造性表达的程序核心或者数个核心(kernels),法院的最后步骤是将这些材料与被控侵权程序的结构相互比较。比较的结果将决定程序的受保护因素是否与被控侵权程序实质相似以至于可以确认侵权成立。以下作进一步阐述。

第一步:抽象

法院认为,Learned Hand 法官在 Nichols 案中所采用的判断实质性相似的理论框架值得借鉴。在 Nichols 案中,法院采用所谓的抽象测试法(the abstraction test)来区分思想和表达:

"对于任何作品而言……随着越来越多的事件细节(incident)被剔除,适合描述该作品结构模式(patterns)也越来越抽象。最后,剩下的仅仅是关于戏剧内容的最为概括的陈述。有时候甚至仅仅是作品标题所描述的内容。在这一系列的抽象过程中,有一个临界点,超过它之后抽象内容就不再受到保护,否则剧作家会阻止他人利用他的表达之外的思想。后者是他的财产权所不能覆盖的。"

虽然抽象测试法最初用于文字作品,比如小说和剧本,它也同样适用于计算机程序。与 Whelan 案的方法不同,抽象测试法暗示任何给定作品可能有很多思想和表达混合而成。

应用于计算机程序时,抽象测试法是分析实质性相似的第一步。最初,法院应该像通过反向工程分析理论上的飞机设计一样,分解被侵害程序的结构,分离出各个抽象层次的组成部分。这一过程从代码开始,到程序的最终功能描述结束。在这一过程中,需要重新确定设计者每一步设计思路,只是与设计者当初设计程序的方向相反。

在最低抽象层面上,计算机程序整体上被视为模块化的一系列单个指令。在较高抽象层面上,上述最低抽象层面上的模块中的指令在观念上可能被这些模块的功能所替代。在更高抽象层面上,更高抽象层面上的模块功能在观念上替代较高抽象层面的模块。直至最后,只剩下程序的最终功能(ultimate function)……在任一选定的抽象层面上,程序都有自己的结构。在较低抽象层面上,程序的结构可能相当复杂,在最高层面,它很普通(trivial)。

第二步:过滤(Filtration)

一旦程序的抽象层级被确定,实质性相似判断就从抽象转向具体。Nimmer 教授建议,我们支持,采用持续的过滤法将可保护的表达从不受保护的材料中分离出来。依据这一方法,在每个抽象层面审查程序的结构部件,判断在该抽象层面该结构部件是否思想,是否是出于效率考虑从而是思想的必要的附带要素,是否是程序自身之外的因素的要求,是否是源自公共领域不受保护的表达等。一个程序的结构可能体现上述全部或部分因素,也可能完全没有。每个案子都需要对具体实施进行调查。

严格说来,这里的过滤过程起到定义原告版权保护范围的作用。通过这一方法,最终留下可以获得版权保护的核心内容。

(a) 效率所要求的因素

依据 Baker v. Selden 案,如果利用思想是所必需利用的附带表达因素,则不受版权保护。这是混同学说(the doctrine of merger)的基石。这一学说背后的基本原则是,如果只有一种方式来表达某一思想,则该思想和表达不可分割,版权法不禁止对该表达的拷贝。在这种情况下,表达和思想本身混在一起了。为了避免版权人对思想获得垄断权,此类表达不能获得版权保护。

CONTU 报告确认混同学说可以适用于计算机程序。该报告指出:

"如果只有有限的方式表达某一思想,则拷贝该语言表达并不侵权。在计算机软件领域,当具体的计算机指令,即便先前受版权保护,变成实现某一任务的唯一和必要方式时,后来者对该指令的使用不构成侵权。"

另外,考虑到程序员通常要以最有效的方式满足用户的需求,对计算机程序适用混同理论就变得尤为迫切。在计算机程序设计领域,所谓的效率就是要以最简洁的逻辑证据或最简练的数学计算。因此,程序模块越有效,就越接近体现在程序结构中的[不受保护的]思想或方法。

理论上讲,程序员可能有多种方式实现某些程序功能,即以多种方式表达子程序中的思想,但是效率上的考虑可能使得实际的选择只有一种或两种。当然,并非所有的程序结构都是由效率因素决定的。在决定混同学说是否使用时,法院必须调查程序中特定的模块是否是为了有效实现程序方法所必需的。如果答案是肯定的,则程序员所选择的程序模块的表达与它们背后的思想混同,不受保护。

将程序的结构效率(structural economy)与混同学说联系起来的另一理由是程序本身的功能性和软件市场的竞争。追求效率是整个行业的目标。如果只有有限的方式来实现某一程序任务,则很有可能独立工作的多个程序员设计相同的程序方法。在这种情况下,并没有侵害版权,[因为没有抄袭行为。]在实质相似分析过程中,具有类似的富有效率的程序结构本身并不是抄袭行为存在的证明。

(b) 外部原因决定的因素(Elements Dictated By External Factors)

我们曾经说过,在撰写特定历史题材或虚构主题的作品时,如果不采用任何通用或标准的文学素材(standard literary devices)几乎是不可能的,则此类表达不受版权保护。比如,在 Hoehling 案中,侵权诉讼涉及数个与 Hindenberg 灾难有关的作品。在该案中,作品中有类似的在酒会上德国人高喊"Heil Hitler"或高唱某些德国歌曲的场景。这并不导致法院认定版权侵权,因为这些场景对于描绘纳粹德国的生活而言是必不可少的或者至少是标准的做法。

Nimmer 教授指出,在很多情形下,不采用一些标准的技巧是无法写出在特定计算环境下实现特定功能的计算机程序的。计算机程序员的设计自由常常要受到外部因素的限制,比如:(1)特定程序将要运行的计算机的技术规格;(2)与其他程序的兼容性要求;(3)计算机制造者的设计标准;(4)所服务的行业的需求;(5)计算机行业普遍接受的编程做法。

(c) 取自公共领域的要素

与不受保护的场景(scenes a faire)类似,公共领域的材料供大家自由取用,不能为某一个作者所独占。我们没有理由在计算机程序领域为这一规则设置例外。

第三步:比较

在实质性相似测试过程中,第三步也是最后一步是比较。在法院剔除被侵害程序中所有的不受保护的"思想"、受效率或外部因素限制的表达、来自公共领域的表达以后,剩下的就是受保护的核心内容。从作品的版权价值的角度看,这是真正的金块。这时,法院的实质性相似判断的关注焦点是被告是否拷贝了这些受保护的表达,同时评估被拷贝的部分在原告整个程序中的相对重要性。

3)政策性考虑

CA和其他一些法庭之友意见认为,我们所采用的上述方法会对将来的计算机程序研究和开发产生不利影响。在他们看来,如果程序员不能对他们的作品获得较宽的版权保护,他们将不会投入大量的时间、精力和金钱去设计和改进程序结构。他们的说法有点道理,但并不完全正确。版权法并不是要简单地给予勤奋的人以垄断权,而是要通过奖励艺术创造并许可自由利用不受保护的思想和方法来促进公共福利。

在这一方面,我们的结论源于 Stewart 大法官所阐述的版权法适应新环境时采用的基本原则。在 Twentieth Century Music Corp. v. Aiken 案中,他指出:"对于版权人法定权利范围的限制,就像宪法对版权期限的限制一样,体现了公共利益中一些竞争性主张之间的平衡:创造性的作品要被鼓励和奖励,但是私人动机必须最终为促进公众对文学、音乐和其他艺术作品的广泛获取服务。"

> "我们版权法的直接效果是为作者的创造性劳动提供合理回报。但是,它的最终目标是为了普遍的大众福利而激励艺术创新。当技术进步导致版权法的条文模棱两可时,版权法应该依照上述基本目的解释。"

最近,最高法院在 Feist 案中重申版权的首要目标不是奖励作者的劳动。虽然 Feist 主要是涉及纯时事类汇编作品的可版权性,它背后的原则同样适用于计算机程序作品。Feist 终结了版权法上的额头出汗原则。这一原则的正当性基础是,版权是对作者在汇编事实过程中付出的艰苦努力进行奖励。最高法院拒绝了这一原则,指出它违背了版权法上的公理——没有人可以对事实或思想寻求版权保护。

我们并不相信,我们今天所采用的测试法会像原告和部分法庭之友所预言的那样,给计算机程序行业带来负面后果。相反,这一领域认真的研究者对 Whelan 案所导致的对计算机程序的宽泛保护持严厉的批评态度,认为它使得先到者垄断实现特定程序任务的基础性程序技巧。

的确,计算机程序中非文字的程序结构的版权保护的确切边界并不十分清楚。我们相信将来随着更多的案子被审理,各种限制的定义会变得更清楚。版权法在阻止公众接触计算机源代码和目标代码背后的理论间隙方面,是相对较弱的障碍,这是因为计算机程序虽然是一种文字表达,但是也是更大的计算方法中具有高度功能性或实用性的组成部分。

一般而言,我们认为版权注册不加区别地适用于所有客体,并不适宜应对高度活跃的计算机科学技术的挑战。这一领域的很多司法判决都是法院为解决局部问题而作出的尝试。有评论者认为专利注册有新颖性和创造性要求,可能更适宜处理此类技术的知识产权保护。进一步的立法研究将有利于这一问题的最终解决。

现在,国会明确指出计算机程序是可以获得版权保护的文字作品。我们当然要遵守这一规则,但是这么做的同时,我们不能损害版权法整体的一致性(overall integrity)。虽然基于激励动机的一些观点从纯粹政策角度看,有一定的吸引力,但是它们会侵蚀版权法的一些基本原则。如果我们建议的测试法导致版权保护的范围被压缩(我们也预计会有这一效果),这也是遵守国会立法意图和版权法保护计算机程序时确立已久的基本原则的结果。

Altai 所确立的"抽象—过滤—比较"(Abstraction-Filtration-Comparison)方法,在后来的案件中得到发展。在 Gates Rubber Co. v. Bando Chemical Industries, Ltd. 案中,法院认为计算机程序可以进行六个层次的抽象:(1)主要目的(Main Purpose);(2)程序结构或框架(Program Structure or Architecture);(3)模块(Modules);(4)算法和数据结构;(5)源代码;(6)目标代码。①法院认为程序的主要目的、主要功能是不受保护的思想。模块的基本功能和目的绝大多数是不受保护的思想。而源代码、目标码则是程序的文字部分,则几乎全部是受保护的表达,除非受到所谓的混同学说或常见场景学说的限制。②

Altai 案法官像 Whelan 案法官一样,将 Baker v. Selden 案作为本案方法的正当性基础。但是,二者的结论却相差甚远。两案中法官对 Baker 案的解读的最大差异在哪里?

依据 Baker 案,法官认为假若为了实施作品中所表述的技术方案,就不可避免地要利用到该表达时,则该表达不受保护。假若计算机程序指令序列对应着具体的操作计算机的步骤,而该操作计算机的步骤就是 Baker 意义上的技术方案,按照该具体步骤操作计算机,不可避免地要利用到该计算机程序指令(即使不完全一样,也会大致相同)。于是,结论就变成该计算机程序不受保护了。你如何看待这一问题? Altai 案法官认为 Whelan 案将导致计算机程序的表达的范围过于宽泛,然而依据"抽象—过滤—比较"的方法能完全制止这种过宽解释的趋势吗?

在 Apple 案中,法院认为通过其他的非抄袭的操作系统程序实现操作系统的基本功能的可能性存在,则不存在思想和表达的混同问题(不过,该案中法院认为这一问题

---

① Gates Rubber Co. v. Bando Chemical Industries, Ltd. , 9 F. 3d 823,835 (10th Cir. 1993).
② Gates Rubber Co. v. Bando Chemical Industries, Ltd. , 9 F. 3d 823,836 (10th Cir. 1993).

并不清楚)。法院认为,被告追求自己生产的计算机与苹果机器完全兼容的商业目标并非法院在考虑"思想和表达是否混同"时要考虑的因素。假设,本案的事实进一步明确:苹果计算机成了真正的市场标准,其他机器必须与之完全兼容,才能够正常销售;而且,实现 100% 兼容的方法就是要拷贝苹果的操作系统。这时,APPLE 的操作系统还能通过思想与表达混同学说的检验吗? 在 Altai 案中,法院认为与外界程序(操作系统)兼容,导致程序必须采用特定的表达方案,则该方案不受著作权法保护。法院在这两个案件中立场有出入吗?

2.4 程序命令菜单与用户界面

Lotus Development Corporation v. Borland International, Inc.

49 F.3d 807(1st Circuit, 1995)

Stahl 法官:

本上诉案要求我们决定计算机菜单命令结构(computer menu command hierarchy)是否是可受版权保护的客体。更具体地说,我们必须决定原告 Lotus Developmnent Corporation 的计算机表格程序 Lotus-1-2-3 是否被被告 Borland International, Inc. 所侵害。被告将 Lotus 1-2-3 程序的菜单命令结构复制到自己的计算机表格程序 Quattro 和 Quattro Pro 中。

I. 背景

Lotus 1-2-3 是一项表格程序,可以帮助用户在电脑上实现电子记账功能。用户通过一系列菜单命令操作和控制该程序,比如"Copy""Print"和"Quit"等。用户通过屏幕上的高亮显示(highlighting)或输入首字母的方式选择这些命令。Lotus 1-2-3 总共有 469 项命令,分布在 50 多个菜单和子菜单上。

Lotus 1-2-3 像其他程序一样,许可用户编写"宏"(macros)命令。通过编写"宏",用户可以将一系列的命令组合在一起成为一个单个的宏按键。这样,在表格中多个部分执行该一系列命令时,用户每次点击宏按键就可以让计算机自动执行该宏所对应的一系列命令,而不需要每次重复输入上述多项命令本身。因此,Lotus 1-2-3 宏缩短了操作程序的时间。

Borland 于 1987 年首次发行第一个 Quattro 程序。Borland 的目标是研发一个比现有程序(包括 Lotus 1-2-3 在内)更先进的表格程序。

区法院发现,Borland 在 Quattro 和 Quattro Pro 中完全拷贝了 Lotus 1-2-3 的菜单目录(menu tree)。不过,Borland 并没有拷贝 Lotus 的任何程序代码。它只是拷贝了文字和 Lotus 的菜单命令结构。Borland 引入 Lotus 的菜单命令结构使其程序与 Lotus 兼容,这样熟悉 Lotus 1-2-3 的用户可以转用 Borland 的程序,而不用学习任何新的命令或重新编写他们的 Lotus 宏命令。

在 Quattro 和 Quattro Pro 的第 1.0 版本中,Borland 向用户提供一种替代性用户界面,即"Lotus 模拟界面"。启动这一模拟界面后,Borland 的用户就会在其显示器上看到 Lotus 的菜单命令，通过这一界面，用户可以和 Quattro 或 Quattro Pro 互动，就像使用 Lotus 1-2-3 一样，尽管屏幕显示有些许不同，同时很多 Borland 的命令都是 Lotus 所没有的。Borland 许可用户选择采用 Borland 的菜单命令或者 Lotus1-2-3 的命令结构。

一审法院认为菜单结构整体上受版权保护。Borland 的行为侵权[一审程序几经反复，这里不再一一介绍]。本上诉案中仅仅涉及 Borland 复制 Lotus 菜单命令结构的行为。

II. 讨论

Borland 认为，Lotus 的菜单命令结构不能获得版权保护，因为它是一种被 17 U.S.C. § 102(b) 所排除的不受保护的系统、操作方法、流程或程序等。

……

Borland 认为，最高法院在 100 多年前在 Baker v. Selden 案中就已经为本案设定标准。在该案中，最高法院指出 Selden 在教科书中解释了一种新的记账方法。他对教科书的版权并不赋予他对该记账系统的独占性使用权。Borland 辩称："Baker 案的事实甚至双方的争论与本案相同。唯一的不同是，Selden 的系统的用户界面是通过纸和笔而不是计算机实现的。"

为了证明 Baker 案和本案都涉及记账系统，Borland 甚至向本院提供了视频录像，说明 Selden 的纸质表格可以如何演变成计算机屏幕从而变成 Lotus 1-2-3。

我们并不认为 Baker 案与本案像 Borland 所宣称的那样一致。当然，Lotus 1-2-3 是计算机表格，横线和纵线组成的网格当然与账簿和其他纸面表格相似。不过，这些网格并非本案诉争问题。与 Selden 案不同，Lotus 并不对它记账系统主张垄断权。相反，本案涉及 Lotus 对它操作计算机的命令的独占权。因此，本案与 Baker 案并不相同。

……

D. Lotus 的菜单命令结构：一种操作方法

我们认为 Lotus 的菜单命令结构是一种操作方法（method of operation），所以无需考虑它是否也是一种系统、流程等。

我们认为，第 102(b) 条所说的操作方法是指一个人操作物件的方式，该物件可以是汽车、食物处理器或计算机等。因此，描述如何操作物件的文本并不能将版权保护延伸到该操作方法本身。其他人可以自由利用该方法，并使用自己的语言来描述它。类似的，如果被利用的是一项新的操作方法，其他人依然可以自由地利用或描述该方法。

Lotus 的菜单命令结构是不受版权保护的"操作方法"。该菜单命令结构向用户提供了控制和操作 Lotus 1-2-3 的方法。如果用户希望拷贝材料，他们使用"Copy"命令。如果用户希望打印材料，他们使用"Print"命令。用户必须使用命令术语告诉计算机做什么。没有菜单命令结构，用户将无法接触、控制或利用 Lotus1-2-3 的功能。

Lotus 的菜单命令结构并不仅仅是向用户解释和呈现 Lotus 1-2-3 的功能，而且作为操作和控制程序的方法在起作用。Lotus 的菜单命令结构与 Lotus 的长提示符（long prompts）不同，后者并非操作程序所必需的；用户可以操作 Lotus 1-2-3，即便没有长提示符。该菜单命令结构也不同于 Lotus 的屏幕显示,用户在操作 Lotus 1-2-3 时不需要使用屏幕显示的任何表达性因素,因为屏幕的外观与用户如何控制程序没有太大关系。屏幕显示并非 Lotus 1-2-3 的操作方法的一部分。菜单命令结构也不同于背后的程序代码。程序代码是程序运行时所必需的,但是代码并不局限于具体形式。换句话说,为了具备相同的功能,Borland 并不需要拷贝 Lotus 的程序代码(实际上它也没有);但是,为了让用户按照实质相同的方式操作该程序,Borland 不得不复制 Lotus 的菜单命令结构。因此,Lotus 1-2-3 的代码不是不受保护的"操作方法"。

区法院认为,Lotus 的菜单命令结构含有命令术语的具体选择和安排,是操作计算机程序的思想的一种表达。在这种表达中,程序命令按照一定的层次被编排在菜单和子菜单中。依据区法院的逻辑,Lotus 对于命令术语的按层次编排并不阻止其竞争对手也按层次编排操作计算机的命令术语。但是,竞争对手不能使用 Lotus 所采用的具体命令术语和编排。区法院实际上将 Lotus 1-2-3 的操作方法限制在相对抽象的层面上。

我们承认,Lotus 的开发者在选择和编排 Lotus 的命令术语时有一些表达性的选择(expressive choices),但是我们认为该表达不能获得版权保护,因为它是 Lotus 1-2-3 的操作方法的一部分。我们并不认为操作方法仅仅限于抽象的方法;相反,它们是用户操作某些物件的方法。如果具体文字对于操作物件是必要的,则它们就是"操作方法"(method of operation)的一部分,因而不受保护。无论这些文字被突出显示、被输入或口头表达,结论依然不受影响。毫无疑问,[随着技术的进步],计算机很快就能够被口头文字所控制。

Lotus 原本可以将 Lotus 的菜单命令结构设计成不同的样子,这一事实与该菜单命令结构是否是"操作方法"并无实质联系。换句话说,我们关注的不是 Lotus 菜单命令结构是否含有任何表达,相反,我们关注它是否是"操作方法"。总之,用户利用 Lotus 菜单命令结构操作 Lotus 1-2-3,整个 Lotus 的菜单命令结构对于操作 Lotus 1-2-3 都是不可或缺的,我们不再调查该操作方法是否可以采用不同的设计。关于如何给命令术语命名、如何排列它们的表达性选择(expressive choices),并不能将不受版权保护的菜单命令结构转变成版权保护客体。

我们关于操作方法并不局限于抽象方法的结论可以从 Baker v. Selden 案中获得支持。在该案中,最高法院指出,科学知识和实用技艺的最终目的在于应用。公众从书本出版中获得的好处正是这些知识和技艺的应用……在书中描述一种方法,虽然使作者获得版权,但是并不会使作者获得对该方法的独占权。前者(书本)的目标在于解释,后者(方法)的目标是使用。前者可能获得版权保护,后者如果可以获得保护,只能通过专利保护。

Lotus 撰写菜单命令结构是为了人们能够学习和利用它。因此,它落入 Baker 案和版权法第 102(b)条所确定的禁止版权保护的客体范围。

在很多方面,Lotus 的菜单命令结构很像录像机上的控制按钮。录像机使得人们可以观看和录制录像。使用者在操作录像机时要按一系列按钮,这些按钮上贴着"录制、播放、倒退、快进、暂停、终止/弹出"。这些按钮经过编排，并被贴上标签，这并没有让他们成为文字作品，也没有让它成为操作录像机的抽象的"操作方法"的一种表达。相反，这些按钮本身是操作录像机的方法（method of operating the VCR）。

当 Lotus 1-2-3 的用户选择一项命令时，他实际上相当于在按一个按钮。选中"Print"键或输入字母"P"，与按下录像机上的"播放"键相当。

就像一个人不能操作没有按键的录像机一样，没有菜单命令结构就不可能操作 Lotus 1-2-3。因此，Lotus 的命令术语并非录像机按钮上的标签，而是按钮本身。录像机按钮上的标签通过提示按钮的功能，仅仅是让操作录像机变得更容易，而 Lotus 的菜单命令对于操作 Lotus 1-2-3，则不可或缺。没有这些菜单命令，将无法按下 Lotus 的按钮，就像无法使用没有标示按键的录像机一样。虽然 Lotus 可能可以设计出命令术语仅仅是标签的用户界面，但是它并没有这么做。Lotus 1-2-3 的运行依赖于用户对组成菜单命令结构的命令术语的准确使用。

有人可能会争辩说，操作录像机的按钮与操作计算机程序的命令不能类比，因为录像机本身不受版权保护，而计算机程序受保护。录像机不能获得版权保护的原因是它没有落入法定的作品类别。与它最为接近的是所谓的雕塑作品。不过，雕塑作品要受到"实用物品例外"（useful-article exception）的限制，只有图形或雕塑特征能够与实用特征分离时才能获得保护。所谓的实用物品是具有内在实用功能的物品，并非仅仅具有描绘物品外形或传递信息的物品。无论录像机的部件的编排中有何种表达，它都不能与录像机本身相分离。因此，普通的录像机不能获得版权保护。

与录像机不同，计算机程序是可以获得保护的文字作品。因此，有人可能会说，操作程序的"按钮"与操作录像机的按钮不同，因为它们不受所谓的"实用物品"例外的限制。对这一意见的回应是，即便没有所谓的"实用物品"例外，录像机的按键编排也不能获得版权保护，因为这些按键是不受保护的"操作方法"。类似地，计算机程序"按钮"也是不受保护的操作方法。

如果考虑到程序的兼容性，Lotus 菜单命令结构是操作方法这一结论就变得更清楚。依据 Lotus 的理论，如果用户使用数个不同的计算机程序，他必须学会每个程序的操作方法。比如，如果用户想要打印材料，该用户不得不学多种操作计算机打印的方法。我们认为这很荒谬。操作某一计算机程序的方法很多，利用按照一定层次编排的命令术语去操作计算机程序的方法可能更多。这并不意味着某一被实际选定的操作方法就可以获得版权保护。它依然只是操作计算机程序的方法，本身不能获得版权保护。

接下来考虑用户利用 Lotus 的菜单命令结构来编写宏命令（marcos）的情形。依据区法院的判决，如果用户在 Lotus 1-2-3 中编写宏命令缩短一些操作的时间，则该用户不能在其他程序中利用相同的操作来缩短操作时间。相反，用户不得不利用其他程序的菜单命令结构重新编写自己的宏命令。虽然上述宏命令明显是用户自己的工作成果，结论依然如此。我们认为，迫使用户用不同的方法实现相同的计算机操作的做法，违背国会在版权法第102(b)条排除"操作方法"版权属性的指示。程序可以让用户以多种不同的方式编写宏命令,并不能改变这样的事实:一旦编写完成,宏命令就可以让用户执行一项自动的操作。由于 Lotus 的菜单命令结构是 Lotus 1-2-3 的宏命令的基础,因此该菜单命令结构是一种"操作方法"。

当表达成为"操作方法"中的一部分时不能获得版权保护,我们认为这一结论并不违背最高法院在 Feist 案中确立的规则。在 Feist 案中,最高法院指出,"版权的首要目的不是奖励作者的劳动,而是促进科学和有用技艺的进步。为了实现这一目的,版权确保作者对其原创性表达的权利,但是鼓励其他人自由利用作品中所传达的思想和信息。"

我们并不认为最高法院关于"版权保护作者的原创性表达"的说法意味着所有的表达必然可以获得版权保护。虽然获得版权保护需要表达具有原创性,但是这并不意味着原创性一项是充分条件。法院还必须判断该原创性表达是否落入了第102(b)条所设置的例外目录,比如是否是一种"操作方法"。

我们注意到,在大多数情形下,人们无须将自己的表达建立在他人的表达之上,因为人们无需拷贝第一个作者的表达就可以传递表达背后的思想。不过,在操作方法背景下,"建设"(building)需要利用已经存在的完全一样的操作方法,否则"建设"就要伴随着"拆解"(dismantling)。并非仅仅是原始的开发者有权在他们创作的操作方法上"建设",其他人也可以。因此,Borland 可以在 Lotus 设计的操作方法上建设,可以使用 Lotus 的菜单命令结构来建设。

在 Lotus 案中,法院拒绝对程序菜单提供保护。法院认为程序菜单对应的是一个具体实现某一目的的操作方法。即使这一操作方法是具体的,存在其他替代性的方法,版权法也不能对其提供保护,以免妨碍他人自由利用该操作方法。得出这一结论时,法院同样追溯到 Baker v. Selden 案的所谓版权不得限制他人自由利用作品所表述的方法的结论。法院否定了区法院的结论,认为版权法意义上的操作方法,不仅仅是程序背后的抽象的方法,也包括具体的对应菜单按钮的操作方法。

依据 Lotus 案的逻辑,是否可以进一步引申:程序指令对应着具体的操作方法,而采用该具体的操作方法将导致程序指令实质相似(如果不是逐字逐句的相同的话),则不构成抄袭?这是否意味着计算机程序的版权保护已经被逐步压缩到程序文字层面,进一步抽象(保护文字背后的内容)就非常困难了?

北京久其软件股份有限公司 v. 上海天臣计算机软件有限公司

上海市高院(2005)沪高民三(知)终字第38号

《久其软件》系根据财政部会计决算报表编制工作要求而设计的一套报表管理软件,主要实现企业财务数据的录入、装入、汇总、审核、打印、传出等功能。

说明：附图摘自原告软件的用户手册，并不一定为本案诉争的界面截图。

2004年5月，久其公司以天臣公司《天臣软件》抄袭《久其软件》用户界面，侵犯了久其公司《久其软件》用户界面著作权为由，向原审法院提起诉讼。

庭审中，久其公司将《久其软件》用户界面与天臣公司《天臣软件》的用户界面进行了分页对比。经比对，久其公司与天臣公司软件的用户界面均系图形用户界面，即用户通过控制图形化的功能（而不是输入命令）与程序进行通信。图形用户界面一般由菜单栏、对话框、窗口、滚动条等要素组成。就用户界面具体内容而言，久其公司与天臣公司软件的用户界面在以下几个方面相同或相似：

1. 部分菜单相似。如久其公司与天臣公司软件"汇总菜单"的命令名称基本相同，命令之间的排序相似。

2. 部分按钮名称基本相同。如《久其软件》"单位选择"界面中的"按列表查看""全选"等按钮，在《天臣软件》相应界面中，具有相同功能的按钮使用了与久其公司基本相同的名称。

3. 部分用户界面中的信息栏目名称基本相同。如久其公司与天臣公司软件中"［FMDM］封面代码"界面、"资产负债表—数据审核"界面中的"封面表"栏目名称、"资产负债表"栏目名称基本相同。

4. 按钮功能的文字说明基本相同。如《久其软件》对"数据来源标志"的功能说明为："数据来源标志用来标志数据的来源，一般在数据装入时，将装入的同一批数据设置为相同的值，且常用地区代码表示，如用'BJ'表示北京地区的数据，数据来源标志最长4位"。《天臣软件》对"数据来源标志"的说明仅将"如用'BJ'表示北京地区"改为"如用'SH'表示上海地区"，其余文字均相同。

5. 部分表示特定报表的图标相同。如久其公司与天臣公司软件用户界面中对"单户表""境外企业表"等报表均使用了相同的图标。

6. 部分用户界面布局相似。在久其公司与天臣公司软件相对应的部分界面中，组成软件用户界面的各要素（包括组成图形用户界面的各要素、菜单、按钮、按钮功能文字说明、图标、信息栏目等）的排列组合相似。

另查明，久其公司《久其软件》的源程序、目标程序与天臣公司《天臣软件》的源程序、目标程序均不相同。

原审法院认为……虽然久其公司对《久其软件》用户界面的设计付出了一定的劳动,但该软件的用户界面并不符合作品独创性的要求,不受我国著作权法保护……判决后,久其公司不服,向本院提起上诉……本院经审理查明,原审法院认定的事实属实。

本院认为,我国著作权法所称作品,是指文学、艺术和科学领域内,具有独创性并能以某种有形形式复制的智力创作成果。著作权法保护的是具有独创性的表达,并不保护思想、工艺、操作方法或数学概念。用户界面是计算机程序在计算机屏幕上的显示和输出,是用户与计算机之间交流的平台,具有较强的实用性。用户界面的实用性要求用户界面的设计必须根据用户的具体需求,并尽可能借鉴已有用户界面的共同要素,以符合用户的使用习惯。

通过对上诉人《久其软件》用户界面的分析,本院认为上诉人《久其软件》用户界面不符合作品独创性的要求,不受我国著作权法的保护。理由如下:

第一,《久其软件》用户界面的各构成要素本身并不受著作权法的保护。上诉人《久其软件》用户界面中,菜单命令的名称与按钮的名称属于对操作方法的简单描述,不具有独创性,不受著作权法保护;组成图形用户界面的菜单栏、对话框、窗口、滚动条等要素是图形用户界面通用的要素,不具有独创性,不受著作权法保护;有关按钮功能的文字说明是对按钮功能的简单解释,表达方式有限,不受著作权法保护;表示特定报表的图标仅仅是一种简单的标记,不具有独创性,不受著作权法保护。

第二,从《久其软件》用户界面的整体来看,《久其软件》用户界面各构成要素的选择、编排、布局,仅仅是一种简单的排列组合,并无明显区别于一般图形用户界面的独特之处,不具有独创性,不受著作权法保护。

第三,上诉人的《久其软件》与被上诉人的《天臣软件》均属于财务报表管理软件,两者的功能相似,用户需求亦相似,而软件的用户界面是按照用户需求进行设计的,并要求尽可能地方便用户使用,这必然导致两个软件的用户界面具有一定的相似性。不能仅因为《天臣软件》用户界面与《久其软件》用户界面具有相似性,就认定被上诉人构成侵权。上诉人并不能禁止他人在设计软件用户界面时使用属于公有领域的表达,否则会违背著作权法鼓励作品的创作和传播的立法目的,从而损害公众的利益。

上诉人认为,原审法院在著作权法规定之外,提出"根据具体组成予以具体分析"的标准,没有法律依据,一审判决适用法律不当。本院认为,原审法院的上述表述是强调要以本案上诉人《久其软件》用户界面的具体情况为依据来认定事实和适用法律。原审法院在本案事实的基础上,依照我国著作权法的规定,对系争计算机软件用户界面是否构成作品,进行了具体分析和判断。原审法院适用法律并无不当,上诉人的这一上诉理由不能成立,本院不予支持。

上诉人认为,《久其软件》用户界面作为整体具有独创性,应受著作权法保护,被上诉人《天臣软件》的用户界面几乎与上诉人《久其软件》用户界面全部相同,原审法院未将《久其软件》用户界面作为一个整体进行认定和保护,属于认定事实错误。本院认为,原审法院除具体分析《久其软件》用户界面的各个要素以外,还分析了《久其软件》用户界面各构成要素的整体布局,原审法院据此作出的认定并无不当。从整体来看,《久其软件》用户界面上各要素的选择、编排、布局,也仅是一种简单的排列组合,并无明显区别于一般图形用户界面的独特之处,不具有独创性。本院已在上文详细阐述,上诉人《久其软件》用户界面不符合我国著作权法关于作品独创性的要求,不受我国著作权法保护。

(朱丹、马剑峰、王静法官)

思考问题:

(1) 上文判决书中加着重号的部分所描述的"按钮功能"说明文字,是否属于普通的文字作品,因而具有独创性?

(2) 对诉争的作品进行整体比对时,如何考虑二者在很多不受保护的细节上相同或相似这一事实? 可以忽略这些细节,单纯对比整体框架吗?

深圳市普联技术有限公司 v. 深圳市吉祥腾达科技有限公司

广东高院(2005)粤高法民三终字第92号

本案中,普联公司提起本案诉讼主张保护的系TL—R460路由器用户界面的著作权。用户界面一般也称操作界面,是计算机程序在计算机屏幕上的现实与输出,是用户与计算机之间的平台。用户通过界面操作有关计算机程序,用户界面则向用户显示程序运用的结果。用户界面一般由视窗、图标、菜单和其他在计算机屏幕上所弹出的图像和视觉布置组成。用户界面具体组成予以客观分析。

一审审理期间,原审法院对双方当事人路由器用户界面进行了对比,双方当事人对双方路由器用户界面存在的相同、不同之处没有异议,本院予以确认。分析双方路由器用户界面,左上角位置均显示各自的产品标志,上方均为各自的广告语,左侧均为功能菜单和按钮。用户界面中的功能菜单与按钮,均表明了相应的功能,是用户操作路由器程序的方法,菜单中命令的名称及按钮的名称均是操作方法的一部分,这些操作方法具有纯粹的实用性。我国著作权保护的是具有独创性的表达,并不保护思想、工艺、操作方法或数学概念,因此,上述操作方法不受著作权法保护。至于执行用户界面有关命令显示的对话框、窗口等要素,均是路由器程序设计者在设计用户界面时共同使用的要素,这些要素不具有独创性,也不获得著作权法保护。

另外,从用户界面的整体来看,TE—R460路由器用户界面各构成要素的选择、编排、布局,仅仅是一种简单的排列组合,并无明显区别于一般路由器用户界面的独特之处,但是,由于两者的功能相似,用户需求亦相似,而路由器软件的用户界面是按照用户要求需求进行设计的,并要求尽可能地符合用户的使用习惯,方便用户使用,为用户所接受,这必然要求路由器软件设计者需要借鉴已有用户的情况。因此,原审判决仅因为双方用户界面具有相同或相似性,就简单地认定吉祥腾达公司构成侵权是不恰当的。同时,普联公司也无权禁止他人在设计软件用户界面时使用属于公有领域的表达,否则会违背著作权法鼓励作品的创作和传播的立法目的,从而损害公众的利益。

原审期间,吉祥腾达公司主张被控侵权的路由器用户界面内容的表现形式有限,但由于吉祥腾达公司没有提供证据证明同行业其他操作界面与普联公司的相同,因此,原审法院对吉祥腾达公司的主张未予采纳。本院认为,本案中涉及表达方式是否有限的相关事实属于软件行业众所周知的事实,无须当事人举证,法院可以对此作出认定。

根据以上分析,本院认为普联公司主张权利的 TL—R460 路由器用户界面不符合我国著作权法关于作品独创性的要求,不受我国著作权法的保护,普联公司关于吉祥腾达公司、张亚波构成侵权的主张不能成立。 （王恒、欧丽华、孙明飞法官）

思考问题:

本案提出一个很有意思的问题,用户界面表现方式有限与独创性缺陷是什么关系? 有可能不具有独创性,但表达方式不"有限"吗?

2.5 程序运行结果与屏幕显示

计算机程序运行结果与程序文本常常不存在一一对应关系,因此计算机程序作为文字作品保护,有时候并不能够完全保护程序的运行结果中的创新内容。比如,程序运行过程中会显示具有原创性的文字、图形、动画、影音等。在翁正文 v. 福州外星电脑科技有限公司(最高人民法院(2000)知终字第 4 号)案中,"被上诉人在二审中提出其游戏软件既属于计算机软件,又应当作为影音视听作品,受著作权法保护"。最高法院承认"计算机软件与视听作品属于不同种类的作品,受著作权法保护的客体和内容均不相同"。不过,由于程序原因,法院并没有回答程序运行的显示结果是否属可以作为独立的视听作品保护这一问题。

本书认为,计算机程序的运行结果已经处于可以感知或可以复制的状态,如果本身符合其他类别作品构成要件,应该能够作为其他类别的作品加以保护。正因为如此,美国法院通常认为,计算机屏幕显示因为内容的不同,可以作为文字作品、图片、绘画或者影视作品加以保护。尽管屏幕显示或输出结果与计算机程序有着密切的联系,但是在著作权法上它们是独立的保护客体。① 正如法官在 CA 案中所言,如果计算机视听显示(audiovisual display)能够作为视听作品保护,则无论产生它的计算机程序是否受到保护,都不会影响计算机视听显示的作品地位。

如果由于技术效率或者用户习惯的限制,屏幕显示的实际可供选择的结果唯一,则该屏幕显示不能得到版权保护。②

2.6 应用编程接口(API)

应用编程接口(Application Programming Interface)通常是指操作系统成程序与应

---

① Paul Goldstein, Copyright Second Edition, ASPEN Law & Business, 1999, §2.15.3, at 2;200.

② See Manufacturers Technologies, Inc. v. Cams, Inc., 706. F. Supp. 984(D. Conn. 1989); Apple Computer, Inc. v. Microsoft Corp., 799 F. Supp. 1006 (N.D. Cal. 1992).

用程序之间的调用接口,是一些事先定义的函数。通过这一接口,应用程序可以实现与操作系统之间的通讯,而无需直接访问操作系统的程序代码。开发者也无须考虑操作系统接口背后的具体程序的工作原理。

图片来源:百度百科词条 API。

在 Oracle America, Inc. v. Google Inc. ,872 F. Supp. 2d 974,977—978（2012）中,Google 的安卓（Android）系统采用了与 Java API 类似的应用编程接口。为了实现安卓系统与那些基于 Java API 开发的应用程序程序实现兼容,Google 采用了与 Java API 相同的分类、文件命名和"declaration or header line of code"。这样第三方基于 Java 平台开发的应用程序在安卓平台运行时就可以以同样方式调用 Google 自己开发的接口程序而无需重新调整自己的程序。

Sun 公司的 Java 平台的 API 按照多级目录分类,分别是"Package、Class 和 Method"。对此,法院有形象的描述：

API 就像一个图书馆,每个包裹（package）就像图书馆内的一个书架,而每个类别（class）就像书架上的一本书。每个方法（method）就像书中的某一章,说明如何做某件事情。走到正确的书架,选择正确的书本,打开书本翻到你要的章节。在 Packages 层面,Java 和 Android 的图书馆的组织方式相同（相同的 packages、class 和 method 名称）,但是 Android 的所有"章节"虽然与 Java API 解决相同问题、具有相同的功能,但是都是重新编写的程序。由于每一个 Method 和 Class 要实现完全相同的功能,因此说明该接口程序的"申明"（或者说"header"）行的代码（declaration line of code）必须与 Java API 的相应代码相同。

在 Oracle 案中,法院认为 Google 所复制的接口程序的分类、命名和代码,是为了实现具体的程序操作方法,不论多具体,依然属于操作方法的一部分,因此不受版权保护。法院显然受到 Lotus 案规则的影响。这与 Apple 案中法院的立场有很大差别。这一案件目前尚在上诉程序中,最终的结果值得期待。

Oracle 案一审法院对于 API 的立场是否应该是版权法唯一正确的选择,尚有争论的空间。如前所述,如果将法院的逻辑发挥到极致,将导致计算机程序的版权保护被限制在非常有限的文字层面。

在承认计算机程序的版权保护可以适当延伸到程序结构等非文字内容的前提下,API 程序的分类、命名和部分代码似乎可以获得版权保护。不过,当 API 在市场上成为实际标准之后,可能导致竞争对手别无选择。这时候版权可能要受到限制。这一限制可能是版权法上的表达方式有限学说的限制,也可能是版权法之外的竞争法上的限制(为了实现兼容,被视为必要设备(Essential facility))。版权法上的限制导致其不再受版权保护,而竞争法上的限制,可能并不直接否定版权本身的存在。不同的国家,在这一问题上的策略应该差别很大。整体而言,欧洲更愿意因为兼容目的而否定版权的排他性,而美国对所谓的必要设施理论持怀疑态度。

3 汇编作品

我国《著作权法》(2010)第14条规定:"汇编若干作品、作品的片段或者不构成作品的数据或者其他材料,对其内容的选择或者编排体现独创性的作品,为汇编作品,其著作权由汇编人享有,但行使著作权时,不得侵犯原作品的著作权。"

3.1 汇编的对象

在1991年《著作权法》中,汇编作品被称作"编辑作品"。但是,当时《著作权法》没有明确定义"编辑作品"。依据当时的《著作权法实施条例》(1991)第4条,编辑是指"根据特定要求选择若干作品或者作品的片断汇集编排成为一部作品"。这一定义将汇编(编辑)的对象限定为作品或作品的片段,有一定的局限性。当汇编的对象是不具备独创性或不构成作品的数据材料时,比如,单纯的科学数据或事实消息等,则会出现适用困难。

2001年《著作权法》修改时,立法者修正了这一不足——汇编作品汇编的对象延伸到"若干作品、作品的片段或者不构成作品的数据或者其他材料"。这样,相当一部分数据本身不具备独创性但选择或编排具有独创性的数据库,可以被纳入汇编作品的范围。当然,对于那些选择和编排没有独创性的数据库,依然无法在汇编作品的名义下获得保护。

汇编对象(作品、数据或材料)与汇编作品可以同为汇编者所有。在下面的案件中,法院就确认这一点。在汇编者为自然人且汇编对象为汇编者所有的情况下,区分汇编对象和汇编作品、区分汇编作品和普通作品(文字、美术或其他作品)的意义不大,因为这一区分不影响自然人能够获得的著作权保护的内容。当然,如果是法人作品或职务作品,则区分汇编对象和汇编作品具有一定的法律意义。此类作品的保护期限与首次发表的时间有关[①],如果汇编对象发表在先、汇编作品发表在后,则二者的保护期限不同。

3.2 汇编作品的独创性

汇编作品是相对已有作品或数据材料而言。创作者的贡献不在于已有作品或数据材料本身,而是对这些内容的"选择或编排"。如果创作者仅仅是按照惯常标准进

---

① 《著作权法》(2010)第21条第2款:"法人或者其他组织的作品、著作权(署名权除外)由法人或者其他组织享有的职务作品,其发表权、本法第10条第1款第(五)项至第(十七)项规定的权利的保护期为50年,截止于作品首次发表后第50年的12月31日,但作品自创作完成后50年内未发表的,本法不再保护。"

行选择或编排,则不具备独创性。比如,单纯按照事实状态汇编而不加选择的各种法律法规大全、电话号码大全、图书目录大全等,在商业经营中随机收集的用户信息等都无所谓选择,通常不具备独创性。再比如,按照姓名笔画或字母排列、按照时间、地点顺序编排的表格或数据库等,也不具有独创性。本书第二章对作品独创性也有充分讨论,尤其是美国最高法院的 Feist 案与数据库的版权保护直接相关。

海南经天信息有限公司 v. 上海徐溪商务咨询有限公司

上海高院(2004)沪高民三(知)终字第 122 号

[原告对名称为《中国大法规数据库管理查询系统(简称:中国大法规数据库)V1.0》,登记了软件著作权。被告徐溪公司在其经营的"专家论案"网站(http://www.law999.net/)的"法规检索"栏目中,复制了上述法规数据。]原告认为两被告的行为侵犯了原告对《中国大法规数据库》(以下简称《数据库》)享有的著作权……

经查,原告《数据库》的一级分类划分为"法律和有关问题的决定、行政法规、部门规章、地方性法规、司法解释、判例、国际条约与惯例库、合同范本库、中国法规英文文本库、最新法规库、我的法规库、中共中央政策部分"等 12 类;被告徐溪公司网站上的数据库一级分类分为"全国人大、国务院、国务院部委、地方性法规、司法解释、国际条约、合同范本、中央文件、案例"等 9 类。

在数据库二级分类方面,原告《数据库》将部门规章划分为"计划投资、科学技术"等 35 类,将地方性法规按省级行政区划划分为 33 类(包括香港、澳门),上述各类均有不同代码分别对应。被告徐溪公司网站上的数据库将"国务院部委"划分为"国家计委、科学技术"等 35 类,各类名称与原告相应部分略有不同但内容基本相同,排列顺序、分类代码亦对应相同(均为 3003—3039,其中 3013、3021 缺失);地方性法规按省级行政区划划分为 32 类(不含澳门),排列顺序、分类代码与原告完全相同(均为 4001 至 4034,其中 4019 和 4024 缺失)。被告徐溪公司网站上的数据库与原告《数据库》的相应内容还存在下列相同或近似之处:1.法规标题字段的省略方式;2."颁布单位"字段的截取和省略方式;3.法规内容中使用的编辑格式和编排体例;4.法规内容中使用的某种特殊的编辑方法;5.编辑中的错误和乱码;6.数据库中的法规记录的顺序和数量标志等等。

一审庭审中,被告徐溪公司确认其网站数据库中有约 7 万条法规数据系从原告《数据库》中获得;"专家论案"网站由该公司独家经营,汇锦所仅提供法律方面的咨询服务。原告确认被告徐溪公司网站上的"法规检索"所使用的查询软件与原告《数据库》的查询软件是不同的。

原审法院认为,原、被告的争议首先在于原告的《数据库》能否作为汇编作品受到著作权保护。《中华人民共和国著作权法》第 14 条规定:"汇编若干作品、作品的片段或者不构成作品的数据或者其他材料,对其内容的选择或者编排体现独创性的作品,为汇编作品,其著作权由汇编人享有。"原告《数据库》所汇编的内容为法律、法规和其他规范性文件等,如果原告对这些内容进行了有独创性的选择或者编排,那么经过选择或者编排后所形成的作品作为一个整体可以作为汇编作品获得著作权法保护。

原告《数据库》中,第一,按照规范性文件的制定机关及效力等级(法律渊源)进行分类,并按照效力等级由高到低的排列是法律规范通常的汇编排列方法,并非原告所独创,故原告将《数据库》按法律、行政法规、部门规章、司法解释、地方性法规、国际条约等进行一级分类不具有独创性,此种分类方法不能作为原告请求保护的依据。

第二,国务院各部委的规章一般按照国务院组成部门、国务院直属机构等的机构设置进行分类,原告《数据库》对这部分的二级分类是以机构设置为基础,将其中某些类似机构适当归并而形成35类(如第12类"金融证券"中还包括外汇管理方面的规章,将海关与商检方面的规章合并编成第32类,等等),原告还使用代码3003—3039与上述35个二级分类相对应,故原告开发的《数据库》中对部委规章的编排方式、分类编码等具有一定的独创性。

第三,原告《数据库》将地方性法规按照省级行政区划(含特别行政区)划分为33类,这是由我国现有的行政区划状况决定的,并非原告独创。在编排方面,原告虽未按照传统的大区划分和排列,但亦未能说明其采用现有排列方式的独创性所在,故原告《数据库》的地方性法规二级分类不具有独创性,不能作为其请求保护的依据。

第四,原告《数据库》的确对某些超长的法规题目进行了必要且有效的缩略,其并非采用简单的保留前若干字节等方式,而是有选择地作出保留及省略,如《关于发布〈煤炭企业职工基本养老保险基金财务制度〉〈……会计核算办法〉〈……社会保险经办机构财务管理办法〉和〈……经办机构经费会计核算办法〉……》,该法规的标题中有4处省略,这显然是经过原告出于一定编排目的(如方便查询等)考虑而确定的,因此,原告对法规标题的缩略方式也具有其独创性。

第五,原告《数据库》确实存在根据法规颁布单位的性质将已撤销的单位颁布的法规归入合适的分类的做法,关于这种做法的独创性在前述部委规章二级分类中已经述及。

第六,原告《数据库》中的某些具体内容的特殊的编辑方法,均属法规内容上的特征,因法规内容不属于著作权法保护的范围,也不能体现原告在编排上的独创性,故不能作为原告请求保护的依据。综上所述,原告的《数据库》在部委规章二级分类、法规标题缩略等方面具有一定独创性的编排,该作品是受著作权法保护的汇编作品,原告作为在《数据库》上署名的法人,可以作为《数据库》的汇编人享有相应的著作权。

法庭比对的结果显示,被告徐溪公司使用的数据库的一、二级分类、排列顺序、编码方法及法规标题缩略方式等均与原告《数据库》基本一致,甚至原告《数据库》二级分类中缺失的编码在被告徐溪公司的数据库中也同样缺失。被告徐溪公司也未能提供充分的证据证明其网站上所使用的法规数据库是其独立汇编并体现一定的独创性。因此,可以认定被告徐溪公司"专家论案"网站上使用的法规数据库系复制原告《数据库》而产生。被告徐溪公司未经原告许可,擅自复制其享有著作权的《数据库》,并且通过徐溪公司经营的网站发布在互联网上加以传播,其行为侵害了原告的著作权,被告徐溪公司对此应当承担停止侵害、赔礼道歉和赔偿损失等民事责任。

[原审法院判决被告著作权侵权成立。]

上诉人诉称：法规标题缩略的相同不能证明被上诉人对整个数据库享有汇编作品著作权。法规标题缩略不属于对法规进行选择和编排的范畴，与整个数据库是否具备汇编作品著作权没有必然因果关系，原审判决以上诉人在法规标题缩略上与被上诉人相同，就认定上诉人构成对被上诉人整个数据库的侵权，缺乏逻辑。上诉人从被上诉人处获取的仅是有限数据，而不是整个数据库。

本院认为：标题缩略方式是对法规进行编排的一种方式。被上诉人采用有选择地作出保留及省略的方法，对某些较长字数的法规题目进行了必要的缩略，确实具有一定的独创性。该编排的独创性并不受其构成部分本身权利属性的影响。这种独创性是被上诉人该数据库汇编作品独创性的一个组成部分，两者具有紧密的联系。该方面的独创性与其他方面的独创性又共同体现了该数据库整体的独创性。上诉人将该数据库汇编作品构成部分的独创性与其整体的独创性割裂开来的辩称，显然不能成立。上诉人擅自复制了被上诉人在标题缩略等方面具有一定独创性的该数据库汇编作品，构成侵权。原审判决认为上诉人的该行为侵害了被上诉人的著作权，应承担相应的民事责任，并无不当。

（朱丹、于金龙、王静法官）

思考问题：

（1）被告复制法律法规数据的行为本身是否侵害著作权？有必要禁止吗？

（2）如果被告单纯抄袭数据的分类和编排结构，而不直接抄袭其中的法律法规数据，侵害著作权吗？

（3）缩略一个法律法规的标题具有独创性吗？缩略多个呢？

上海汉涛信息咨询有限公司 v. 爱帮聚信（北京）科技有限公司

北京市海淀区法院（2008）海民初字第 16204 号

原告上海汉涛信息咨询有限公司诉称，大众点评网（网址为 www.dianping.com）系我公司经营的网站。2007 年底，我公司发现被告未经我公司许可，在其经营的爱帮网（网址为 www.aibang.com）擅自发布来源于大众点评网有关港丽餐厅来福士店等 132 家餐厅的点评内容，在每段文字下注明来源于大众点评网，侵权字数共计 370 万字。我方发函要求被告立即删除侵权内容。被告承认从大众点评网抓取信息，但以系搜索引擎类技术服务、已经提供网站链接为由拒绝删除信息。我公司诉至法院请求判令被告：1. 立即删除来源于大众点评网的侵权内容……

被告爱帮聚信（北京）科技有限公司辩称，大众点评网收集的网友对餐馆的点评是消费者的主观感受，点评内容相同或者类似，重复性高，不具有独创性，不享有著作权。爱帮网是专业的生活类信息搜索网站，提供新一代垂直搜索引擎技术服务，从互联网自动抓取信息，进行分析、索引，整个过程自动完成，只提供链接和搜索结果的摘要,并且标注来源网站的链接地址,用户需了解全部详细信息时,可点击上述链接地址访问来源网站。上述方式符合相关规定,我公司无法单独将某个网站的内容从搜索结果中删除,被搜索网站如果不希望被搜索到网站内容,可以按照业内通用的技术规则,通过技术手段进行禁止限制。我公司对搜索内容只提供相应内容摘要,不是全部内容。原告发给我公司的通知函不符合《信息网络传播权保护条例》规定的要求,没有提供要求删除或断开的链接作品的名称或网址,而是要求删除与大众点评网相关的所有内容,上述要求我公司无法实现。此外,爱帮网使用大众点评网的内容均注明了出处,原告要求我公司致歉没有依据。故请求法院依法驳回原告的诉讼请求。

经审理查明,原告于2004年1月取得增值电信业务经营许可证,2005年6月注册域名 dianping.com,建立大众点评网,鼓励网友对美食、购物、休闲、娱乐等生活服务类商户进行点评,对点评结果进行编辑整理,网友可以通过其网站搜索不同地区的相关商户,并了解其他网友的点评内容。

被告经营的爱帮网的网址为 www.aibang.com,在其网站简介上说明其为国内最大的生活搜索引擎,最大、最全的生活信息网上平台,为网友提供生活信息查询,并获取其他用户的评价和体验。

2007年11月27日,被告针对原告此前的信函回复,表示收到原告于同年11月22日发送的信函,针对原告称爱帮网存在大量文字内容未经许可,擅自使用的情况,被告表示,其作为专业的生活搜索网站,从网络抓取商业信息,不进行篡改和加工,在其网站展示,并标注了来源网站的链接,其展现和组织方式与传统的搜索引擎类似,不存在侵权问题。

2008年4月3日,原告委托上海市东方公证处进行公证。首先输入网址 www.dianping.com,进入大众点评网,打开该网站的网友注册协议。协议明确大众点评网所提供的各项服务的所有权和运作权归属原告,用户必须同意以下条款并完成注册程序,才能成为该网站正式会员并使用网站提供的各项服务。条款内容强调会员在网站发表的合法言论、文章和图片的版权归原作者和网站。最后注明网站发布的所有内容,未经许可,不得转载。在网站所附的版权说明中,亦明确任何会员的言论、文章和图片一经在该网站发表,该作品的版权除署名权等人身权利,均无偿转归大众点评网独有,任何其他个人或者单位未经网站的正式授权许可不得使用,包括复制、发行、信息网络传播、改编、翻译、汇编等方式使用上述作品并获得报酬的财产权利,以及许可他人以上述方式使用并获得报酬的权利。

随后,公证人员输入网址 www.aibang.com,进入爱帮网页面,在搜索栏输入"港丽餐厅",搜索到多家港丽餐厅连锁店的列表,点击排列第一位的"港丽餐厅来福士店",出现在页面首部的为该餐厅的基本情况介绍,下方为网友点评,页面显示网站针对该餐厅的点评共计297条,当页点评共计15条。其中首部的餐厅介绍包括餐厅电话和地址、网友评定的就餐平均价格、停车位状况和服务项目的评定、餐厅简介等项目。

其中的餐厅简介内容为:

"'新旺茶餐厅升级版',东西都挺'精致'的,品种比'新旺'多,价钱'比新旺贵',蜂蜜厚多士'久仰'大名,'面包融合了蜂蜜',放在嘴里'很诱人',酱烧茄子'肥肥的茄肉拌着甜甜的酱汁十分入味'。店主力求上进,常推出'新品',环境感觉'小了点',饭点儿时人那叫一个'多'啊,排队'1小时'都别介意。"

以上简介中的内容与排列形式均直接照搬了大众点评网的内容与形式,很多词汇和语句使用引号标注,均系大众点评网总结自网友点评中的原词原句。爱帮网在上述餐厅介绍内容的右下方注明:"来源:http://dianping.com",其中网址部分为虚写,可以点击进入来源网页。

当页15条网友点评内容文字最后有删节号,但都基本包含了原评点内容的主要部分。在每条点评内容的右下方亦均注明:"来源:www.dianping.com",其中网址为虚写,点击可以进入来源网页。

例如用户Honey-fel的点评:

"昨天正好去和平影都看大灌篮,11点多的票子,看完直冲港丽拿了号。到2点才吃的饭,饿慌了,随便点了一大串。

蜂蜜厚多士,上面加了冰激凌,最外面那层脆脆的甜甜的,很好吃,很香,里面的则是柔软得很。嘿嘿!好吃!不愧是热门菜肴哦!

酱烧茄子,我很喜欢吃,甜甜的口感,香香的外皮,还有那么一小块肉肉,哈哈!下次去还是要点。

菠萝包要了两种口味的,一个奶油的,还有个鹅肝酱的……"

用户肉豆蔻酸的点评:

"环境有点拥挤,尤其是人多的时候,感觉有点压抑。超级喜欢吃他家的盐焗手撕鸡,鸡丝很嫩,而且非常入味,又不是太咸。其他的菜就没什么特别的印象了。毕竟类似的餐馆很多,炒饭之类也无特色。

推荐菜:手撕鸡

标签:休闲、朋友聚餐、下午茶、可停车

交通停车:有地下……"

自第2页开始,每页最上端仍为与首页上方的餐厅介绍相同的内容,下方为15条点评内容,大部分均来自大众点评网,第2页有12条,第3页有14条,第4页有6条,第5页有8条,第6页有2条,第7页有4条,第8页有15条,第9页有12条,第10页有14条。后面页数的情形基本类似。双方针对公证的爱帮网中港丽餐厅来福士店的内容,认可其中55%的内容来自大众点评网。

……

本院认为,本案中涉及两个焦点问题,一是对大众点评网中的餐馆介绍和网友点评内容的性质如何认定,二是被告经营的爱帮网对上述内容的搜索使用行为是否构成侵权。

一、大众点评网中针对餐馆的介绍和点评内容整体构成汇编作品,原告作为网站的经营者,对上述内容享有著作权。

关于餐馆介绍和网友点评的内容,被告认为餐馆介绍是客观存在的基本情况,网友的点评是消费者的主观感受,点评内容相同或者类似,重复性高,不具有独创性,不享有著作权。

大众点评网的经营方式是鼓励网友对美食、购物、休闲、娱乐等生活服务类商户进行点评,本案涉及的针对餐馆的介绍和点评系其主要内容。在被告提交的公证书中,通过百度搜索某餐馆,大众点评网的内容在搜索结果中排列第一位,与百度自身相关联的百度地图搜索都排列其后,上述结果能够说明大众点评网的经营规模已经在相关生活信息服务类型网站中名列前茅,具有较大影响力。该网站通过对发帖积极的网友赠送餐券、增加积分、提高会员级别等方式进行鼓励,使网友点评提供的信息达到相当数量,该网站在此基础上对点评信息进行编辑整理,使网友可以通过网站整理的材料了解餐馆的经营地址、消费水平、联系方式等基本信息,并通过众多网友的点评了解商户的经营特色和服务质量。与传统的网站自身调查餐馆情况,自身撰写介绍文字的模式相比,上述方式最大程度地利用了网站与网友之间的互动机制,方式新颖,信息量大且相对客观,大众点评网影响力的形成源于其较早使用上述方式经营,拥有众多会员,并集合了庞大数量的点评内容。会员人数和点评集合的数量是否达到一定规模,是评价此类网站的标准。

本案涉及的大众点评网中针对餐馆的内容主要由两部分组成,一是排列首部的情况介绍,二是排列下方的数条网友点评。其中情况介绍是大众点评网的工作人员在网友点评的基础上,通过系统规整形成;对餐馆的点评是该网站的基础内容。点评的特点要求网友用自己的方式表达直接感受。虽然针对一个餐馆的多个点评内容中不可避免地存在对菜品、感受等内容的重复,但即便针对同一款菜品产生相同的感受,因表达方式和能力不同,每个网友的点评内容还是各有特点,具有一定的独创性;且在此类点评网站上,如果众多已经尝试过的网友针对同一种菜品发表的点评意见基本一致,更加说明评价内容可信程度高,使在网站搜寻餐馆的网友获得更加深刻的了解。因此,在此类运行模式的网站上,重复并不影响对每条点评内容具有一定的独创性的认定。

虽然大众点评网在用户注册时明确成为网站会员,必须同意其在网站发表的内容的版权除人身权外的财产权利均属该网站独家所有,但实际上网站并不能禁止同一网友将相同的点评内容再上传到其他相同类型的网站,以向更多受众表达自己对于餐馆的感受。大众点评网只是通过注册协议获得了点评内容的使用权。该网站所作的工作是汇集点评内容,分类规整,参考网友点评内容,针对每一家餐馆在首部尽量详细地介绍基本情况,并在下方提供所有的点评内容。上述内容的组成部分包括客观存在的餐馆基本情况,也包括网友具有一定独创性的点评。网站通过收集、选择和编排,将上述内容汇集整理成为一个整体信息。上述针对每一个餐馆的整体信息符合我国《著作权法》中规定的汇编作品的特点,原告作为大众点评网的经营者,对上述汇编作品享有著作权。因点评网友已经在注册过程中许可大众点评网任意使用点评内容,原告对于上述汇编作品可以自行使用或者许可他人使用,不必再经网友同意。原告亦曾尝试将上述网站内容编辑成册,发送网友,以扩大该网站的影响……

(王宏丞、卢正新、王克楠法官)

说明:北京市一中院二审((2009)一中民终字第5031号)推翻了一审法院的结论,认为:"大众点评网对于网友点评文字系按照时间顺序排列,排列方式是常见的排列方式,并不具有独创性。同时,本案现有证据亦无法看出被上诉人对于用户点评的内容进行了选择。故本院认为,本案证据无法证明被上诉人对于餐馆的介绍及网友点评进行了独创性的内容选择或编排,大众点评网中餐馆的介绍及网友点评文字整体上不构成汇编作品。"在上海汉涛信息咨询有限公司 v. 爱帮聚信(北京)科技有限公司著作权侵权纠纷案(北京市海淀区法院(2010)海民初字第4253号)中,原告改变了诉讼策略,先获得网络用户的点评作品的独占性授权,然后再起诉爱帮网。法院支持了原告的诉讼主张。另外,大众点评网还依据《反不正当竞争法》提起诉讼,也获得法院支持。具体案例参见下一节。

思考问题:

(1)原告通过网站自动地接受和编排用户提交的信息,是因为自动,所以没有独创性吗?审查独创性,要看创作的过程吗?能够仅仅关注作品本身吗?

(2)假若原告委派工作人员简单删节和过滤有限的用户评议,是否会导致整个数据库具备独创性?

(3)网站通过点击合同或其他格式协议要求网络用户授予网络服务商独占性的权利,是否具有法律效力?这里有没有公共政策的考虑?

3.3 汇编作品的保护范围

《中国学术期刊(光盘版)》电子杂志社 v. 赵萍萍

(2006)沪一中民五(知)终第字16号

原审法院审理查明,学术杂志社自1999年起编辑涉案的《中国优秀博硕士学位论文全文数据库》的电子杂志……此杂志通过"中国知网"www.cnki.net 以 CAJ 格式出版发行,通过包库、镜像站点和发行阅读卡(包括面额较大的机构卡和面额较小的个人卡)的方式向用户提供该数据库的检索和全文内容服务。题录摘要和论文全文是《中国优秀博硕士学位论文全文数据库》的主要组成部分。其中,题录摘要部分设置有中英文题名、中英文的论文摘要、作者、作者的学校、专业、学位年度、论文级别、网络出版时间等条目。题录摘要供免费检索、阅看;论文全文供付费下载,下载论文的费用为每页 0.28 元。

赵萍萍登记设立"蜂朝网"www.steelbee.net、www.51lunwen.com,在网站公布了供

检索的论文题录摘要并出售论文。"蜂朝网"网站上的题录摘要也是供检索和阅看的,包括每篇论文的中英文题名、中英文摘要、作者、论文价格等条目。这些条目的顺序排列与学术杂志社的顺序排列不同,但"蜂朝网"网站上题录摘要中的中英文题名、中英文的论文摘要系从学术杂志社数据库中供免费检索的题录摘要页面复制而来。根据对学术杂志社所作的公证页面统计,经公证下载的"蜂朝网"网站上的题录摘要中,有 10,149 篇题录摘要中的中英文题名和论文摘要是从学术杂志社数据库中供免费检索的题录摘要页面复制而来,每篇约 400 字,共计 406 万字左右。

2005 年 7 月 29 日,学术杂志社委托人员在公证人员见证下,通过 e-mail 向"蜂朝网"网站以每篇 200 元的价格购买了博士论文 1 篇、以每篇 150 元的价格购买了硕士论文 4 篇,"蜂朝网"网站在收到汇款后通过 e-mail 告知购买者取得论文全文的路径,购买者即可按照该路径取得论文全文。学术杂志社购买的上述 5 篇论文共计 626 页,平均每篇 125 页。赵萍萍确认其在网站上出售论文的价格是硕士论文每篇 150 元左右、博士论文每篇 200—250 元。

……

原审法院确认赵萍萍陈述的先购买再出售的事实成立,学术杂志社关于"蜂朝网"网站存在论文全文数据库的主张不予采信。

[原审法院认为,赵萍萍只是从学术杂志社处付费下载论文全文后再向他人出售,而论文本身的著作权是属于论文作者本人的,学术杂志社没有证据表明赵萍萍另有一个论文全文的数据库这么一个编辑作品存在。因此,学术杂志社认为赵萍萍出售论文的行为侵犯了学术杂志社对论文全文部分作为编辑作品的著作权的主张,缺乏依据,原审法院不予支持。但是,原审法院认为,赵萍萍在网站上将学术杂志社的汇编作品中的主要内容复制后,编入自己的题录摘要数据库,放在自己的网站上供人免费检索、阅看,侵犯了学术杂志社作为汇编作品著作权人的权利。]

[判决后,学术杂志社不服,提起上诉。]

本院认为,依据原审原告学术杂志社提供的证据能够认定涉讼《中国优秀博硕士学位论文全文数据库》是在对内容的选择和编排方面具有一定独创性的汇编作品,学术杂志社对其享有著作权。被上诉人虽在二审审理过程中坚持其一审时就已提出的有关论文作者授权方面的质疑,并就原审法院确定的赔偿数额持有异议,但被上诉人在一审判决后未对此提起上诉,且亦未能提供充分的证据予以证明。因此,根据上诉人要求撤销原审判决的若干理由与被上诉人的辩称意见,本案目前的主要争议焦点在于:被上诉人出售使用 CAJ 数据格式论文的行为是否侵犯了上诉人在本案中所主张的著作权和版式设计专用权。

上诉人认为,被上诉人只有合理使用从上诉人处购得之论文的权利,若通过网络再行销售则属于侵犯上诉人对涉讼汇编作品享有之著作权的行为。

本院认为,题录摘要部分和论文全文部分均系《中国优秀博硕士学位论文全文数据库》的组成部分,分别属于指南性数据库和源数据库,并且原审法院已确认该两个组成部分本身也是汇编作品,故著作权应由上诉人所享有。但是,需要强调的是,上诉人对于涉讼数据库所享有的是整体性著作权,而不延及该数据库中某一篇论文单独受到侵权时的著作权主张问题。

本案中,就指南性数据库所查明的事实是:被上诉人的"蜂朝网"网站上题录摘要中的中英文题名、中英文论文摘要直接来源于上诉人数据库中供免费检索的题录摘要页面;就源数据库所查明的事实是:被上诉人对外出售给他人的论文购于上诉人处,目前尚没有证据证明"蜂朝网"网站上另存有与上诉人论文全文部分相同的论文全文数据库。该两节事实所涉行为的不同之处在于:"蜂朝网"网站上供他人查阅所需论文的主要基本信息是以擅自复制方式获得的,复制并在其后通过网络传播的对象都牵涉到上诉人享有汇编作品著作权的题录摘要数据库中的主要内容,这也正是原审法院认定此节事实构成侵权的理由之所在;而被上诉人出售给他人的论文则是以付费下载的方式取得的,从获利角度来看,被上诉人每售出一篇论文,上诉人亦同时获得一笔因他人需要阅读或下载论文而产生的收益,被上诉人自上诉人论文全文数据库中合法取得某篇论文后所实施的转售行为则应当只牵涉该篇论文作为可单独使用作品的著作权问题,故上诉人以收录有某篇论文的数据库汇编作品著作权人的身份主张他人对该篇论文的使用行为构成侵权尚缺乏作者明确授权或者相应的法律依据。

上诉人还指出,若只看构成数据库之单篇论文的独立性,汇编作品的权利则被架空,任何人都可随意利用汇编作品的任何部分。

本院认为,首先,著作权法在有关汇编作品的条款中特别强调了"原作品的著作权",这不仅意味着就单篇论文使用方式或者许可使用形式的决定权在于论文作者,而且意味着针对单篇论文侵权行为的禁止权也应当由论文作者所享有。上诉人实际上是忽视了汇编作品著作权行使的整体性问题。其次,对于原作者有权单独行使著作权的强调并不会导致汇编作品的任何部分被随意利用,这其中只是涉及由谁来主张权利的问题。另一方面就本案的处理情况而言,被上诉人在履行了有关停止侵犯上诉人对题录摘要数据库所享有的汇编作品著作权的行为的判决内容之后,读者将无法获知"蜂朝网"网站所能够提供资料的基本信息,故起到了阻止被上诉人出售上诉人数据库中论文的实际效果。综上分析,原审法院对于原审原告就论文全文数据库所主张之著作权未受到侵犯的认定并无不当。

(黎淑兰、沈强、刘静法官)

思考问题:

(1) 有证据证明,中国知网的学位论文库具有汇编作品的独创性吗?

(2) "题录摘要"数据库的内容可能都由论文作者提供,期刊网的独创性体现在哪里?

(3) 如果上述数据库均无独创性,期刊网如何才能保护自己的权益?被告的行为对期刊网的利益有损害吗?

3.4 无独创性的数据库的保护

汇编作品要获得著作权保护,必须具备最低限度的独创性。可是,现在人们所接触的大量数据库均缺乏独创性,比如法律法规数据库、互联网事实信息资源、股市实时信息、电话号码簿、交通时刻表、商品报价单、电视节目表等。这些数据库对事实信息的选择往往简单地追求大而全,无所谓独特性,其编排也常常是依据社会公众所熟悉的序列(如字母、笔画、时间、职业、部门分类序列等)或者行业内习惯采用的有利于编程和检索的通用方式进行。这样产生的数据库无法获得著作权法的保护。的确有一些数据库的数据选择和编排具备著作权法上的独创性,但是,著作权法的保护仅仅限于该数据的选择和编排,不能延及数据和事实本身。于是,无论数据库本身是否具备独创性,著作权法都无法协助数据库的开发者阻止他人抄袭数据库中的不具独创性的数据内容。

在网络时代,各种信息数据库的需求激增。数据库开发和利用已经形成了一个庞大的产业。无数企业投入大量的人力物力去收集、整理并按照一定形式组织编排基础数据材料,最终以适当的方式向社会提供。在很多情况下,如果数据库中的基础数据无法得到有效保护,数据库的开发者从一开始可能就不愿意去收集这些数据。为了鼓励开发者积极从事这一使整个社会受益的工作,我们有可能需要建立一种法律保护机制,让全社会尤其是开发者的竞争对手尊重其投资成果,保证开发者能够收回开发数据库所需的投资成本并有所盈利。

欧盟数据库指令

郑胜利、崔国斌:《数据库保护的立法现状与基础理论》,
载《北大知识产权评论》2002 年第 1 卷,第 93—95 页

……

欧盟 1988 年欧盟的绿皮书(The 1988 Green Book on Copyright and Technological Challenge)中第一次提到协调欧洲数据库保护的重要性,后来受到各国的积极响应。1996 年 3 月,欧盟通过了数据库保护指令(The European Directive on the Legal Protection of Database),要求各成员国(15 个)必须在 1998 年 1 月 1 日之前完善国内立法,达到指令的要求。欧洲议会与欧盟理事会认为,各成员国之间关于数据库的法律保护存在较大的差异,如成文法与案例法的选择、数据库保护的条件、保护范围等存在差异,因此有必要通过指令进行协调……

欧洲在当初的立法建议中,只是将该指令限于电子数据库(Electronic Database),后来认为仅仅依据载体的不同而对数据库采用不同的法律保护不可行,于是放弃该适用范围限制。指令中的数据库包括以文本、声音、图像、数字、事实、数据等形式体现的文学艺术音乐等方面的编辑产品。同时,指令将单独的录音、音像、摄影、文学、音乐作品等排除在数据库的范围之外。根据指令,CD 盘收录一些音乐表演的录音并不构成该指令所说的数据库。一方面,它不符合汇编作品受版权保护的条件;另一方面,它也不能满足特殊保护的实质投资标准。此外,计算机程序也不在指令的保护范围之内。

欧洲在指令中采用双重的保护体制,即版权保护和特殊保护两种形式并存。

(1) 版权保护。指令认为,数据库要获得版权保护,必须具备版权法的独创性。除了独创性以外,其他因素不得用来衡量数据库获得版权保护的可能性,比如不得适用所谓的"美学"或"质量"尺度(Aesthetic or Qualitative Criteria),也不得适用所谓的"额头出汗"原则。有学者认为,指令所要求的独创性标准高于英国和荷兰版权法的标准,但是低于欧洲大陆其他国家著作权法的要求。指令具体采用了类似传统著作权法的立法模式,对数据库制作过程中作者在选择和编排数据过程中所表现的独创性成果进行保护。它明确规定了数据库权利人的一系列的排他性的权利,并规定了几种权利限制的情形。指令认为,版权保护包括对数据库的结构(The Structure of Database)的保护,但是该版权保护不能延及数据库的材料内容本身——如果选取了数据库中数据作了另外编排,并不体现与原作者相同的独创性,则不视为指令上的著作权侵权行为。

(2) 特殊保护。欧盟的特殊保护模式比较接近北欧国家的"编目规则"(Nordic Countries'Catalogue Rule),只要数据库的制作者在数据库的收集、确认过程中作了实质性投入(Substantial investment),便可以获得某种权利来制止别人对该数据库进行摘录和再利用。此种保护不受该数据库是否已经受著作权法保护等情况的影响。这项立法实质上为数据库的制作者创设一种特殊的知识产权(A Sui Generis Intellectual Property),对数据库的内容提供特殊保护,防止非法摘录和再利用。指令通过规定合法使用者的权利与义务来具体界定数据库权利人的权利范围,同时也像版权模式那样,规定了权利限制的几种例外情形。指令的对数据库特殊保护的保护期为15年,自数据库完成当年1月份开始计算。对于公众可以获得的数据库,则保护期从公众第一次获得该数据库的当年1月开始计算。当制作者利用新一轮投资对数据库作量上或质上的实质改变(Substantial Change)时,则新的保护期自改变时重新计算。对于救济方式,指令只是要求各国政府向权利人提供合适的救济,并没有作过多的规定。

对于那些没有独创性的数据库,中国缺乏像"欧洲数据库指令"那样的专门立法。实践中,利用《反不正当竞争法》第2条第1款的原则条款——"经营者在市场交易中,应当遵循自愿、平等、公平、诚实信用的原则,遵守公认的商业道德"——为不具独创性的数据库提供保护,已经成为司法普遍接受的做法。具体地说,竞争对手未经许可,实质性地抄袭他人的数据库数据内容,很有可能被视为违反诚实信用原则和公认的商业道德。下面是一些典型的案例。

北京阳光数据公司 v. 上海霸才数据信息有限公司案

北京市高院(1997)高知终字第66号

1995年至1996年阳光公司为向用户有偿发送"SIC实时金融"信息,与国内十余家商品交易所、证券交易所签订了行情信息的采集、转发合同……

1995年8月16日阳光公司与霸才公司签订合同,许可霸才公司在使用SIC实时金融信息数据分析格式的基础上开发并销售分析软件,同时约定霸才公司不得利用数据分析式做分析软件之外的其他用途,不得以任何方式转发SIC实时金融信息[1996年4月28日,通过第三方的转告,阳光公司发现霸才公司向第三方转发SIC实时金融信息,侵害其合法权益]。

本院认为,SIC实时金融信息作为一种新型的电子信息产品应属电子数据库,在本质上是特定金融数据的汇编,这种汇编在数据的编排和选择上并无著作权法所要求的独创性,不构成著作权法意义上的作品,不能受到著作权法的保护。但阳光公司作为特定金融数据的汇编者,对数据的收集、编排,即SIC实时金融信息电子数据库的开发制作付出了投资,承担了投资风险。该电子数据库的经济价值在于其数据信息的即时性,阳光公司正是通过向公众实时传输该电子数据库的全部或部分而获取收益,阳光公司对于该电子数据库的投资及由此而产生的正当利益应当受到法律保护……

霸才公司未经阳光公司许可,于1995年11月至1996年6月通过阳光公司在上海的客户易利公司获取了SIC实时金融信息电子数据库中上交所、深交所、天交所的行情数据,并为商业目的向其客户有偿即时传输。其行为违反了经营者在市场交易中应当遵守的诚实信用原则和公认的商业道德,损害了阳光公司的合法权益,已构成同行业间的不正当竞争……[法院判决的实体法依据是《中华人民共和国反不正当竞争法》第2条第1款。]

(魏湘玲、刘继祥、刘薇法官)

上海汉涛信息咨询有限公司 v. 爱帮聚信(北京)科技有限公司

北京市一中院(2011)一中民终字第7512号

汉涛公司原审诉称:我公司是大众点评网的网站所有者和经营者。大众点评网(www.dianping.com)的商户介绍和用户点评已经成为中国消费者选择相关商家和服务的重要参考资料,并为我公司取得了良好的社会效益和经济效益。爱帮科技公司和爱帮信息公司是爱帮网(www.aibang.com)的经营者。爱帮网与大众点评网在受众人群、盈利模式、经营范围、客户群落等方面完全重合,构成同业竞争。爱帮科技公司通过爱帮网长期大量复制大众点评网站内容的"搭便车"行为,获取不当的浏览量和竞争优势……请求判令爱帮科技公司立即停止不正当竞争行为。

[本案被告行为的具体细节,可以参考前文第3.2.2节的大众的点评网案例。]

[一审法院认为,]对于大众点评网的商户简介和用户点评,爱帮科技公司未付出劳动、未支出成本、未作出贡献,却直接利用技术手段在爱帮网上展示,并以此获取商业利益,属于反不正当竞争法理论中典型的"不劳而获"和"搭便车"的行为。爱帮科技公司的这一经营模式违反公平原则和诚实信用原则,违反公认的商业道德,构成不正当竞争……

爱帮网使用的源于大众点评网的内容中,商户简介和大众点评网完全一致,用户点评和大众点评网也没有实质性区别。通过爱帮网,用户可直接获取商户简介的全部内容和用户点评的绝大部分内容,基本实现获取信息的目的。虽然爱帮网注有"在大众点评发表"字样和链接标识,但爱帮网已对全部商户简介内容和绝大部分点评内容进行了充分展示,网络用户一般不会再选择点击大众点评链接标识。因此,爱帮版的商户简介和用户点评已经构成对大众点评网相应内容的实质性替代,必将不合理的损害汉涛公司的商业利益。

爱帮网对商户简介的展示是原文展示,不可能属于摘要。爱帮网对用户点评的展示,除将个别词汇、短语、单句替换为"…"外并无其他改动,甚至连错别字和特殊标点符号都保持原样,也不属于摘要。因此,爱帮科技公司辩称其只是技术性的"摘要",不合常理。

汉涛公司曾发函要求爱帮科技公司停止使用大众点评网的商户简介和用户点评,并明确要求爱帮科技公司提供拒绝搜索的技术信息和方案,但爱帮科技公司至今未提供此类技术信息或方案,足见其具有持续使用的主观故意。

[原审法院依照《反不正当竞争法》第2条第1款、第9条、第20条之规定,判定被告的行为构成不正当竞争。二审法院以基本相同的理由维持原判。]

(姜庶伟、张岚岚、李轶萌法官)

思考问题:

本案中,大众点评网获得的用户点评等数据信息组合在一起,构成一个数据库。竞争对手爱帮网通过所谓垂直搜索的方式对这些数据的利用,是否与典型的复制数据库信息的行为是否相同?为什么?

不过,以不正当竞争法原则条款保护不具独创性的数据库,相对具体的特殊立法而言,有明显的缺陷——原则条款中没有具体的权利限制规则,比如,保护期限、各种合理使用制度、强制许可制度、客体排除制度等。在具体案件中,严重依赖法官的自由裁量权来实现利益平衡关系,有很大的不确定性。将来,理想的做法是参考欧洲"数据库指令",制定详细的数据库特殊保护规则,摆脱对反不正当竞争法原则条款的依赖。本书第一章对于著作权法与反不正当竞争法之间的关系,已经深入讨论。本书的基本立场是,原告应当证明存在市场失败的风险,然后法院才能适用反不正当竞争法的原则条款。否则,法院的裁量权将过于宽泛,以至于威胁到著作权法及其他相关法律所确定的公共政策目标。

4 民间文艺作品

中国著作权法对于民间文学艺术作品(简称民间文艺作品)并没有明确的定义。立法者当初所理解的民间文学是指那些以口头形式世代相传的文学作品(如故事、传说、寓言、叙事诗、神话等)、舞蹈、音乐作品、手工或以其他方式制作的造型艺术品、装饰品、建筑艺术风格等等。[①] 在世界范围内,世界知识产权组织和联合国教科文卫组

[①] 江平:《著作权立法的意义》,载司法部和国家版权局:《中华人民共和国著作权法讲析》,中国国际广播出版社1991年版,第15页。

织联合制定的关于民间文学表达形式的《示范法》中的宽泛定义有代表性。该《示范法》第2条规定：

> 民间文学艺术表达（expressions of folklore）是某一社区或个人发展和传承的，具备传统艺术遗产（traditional artistic heritage）的典型特征，体现该社区对于传统艺术的期待的产品（productions），特别是：(1) 口头的表达，比如民间传说、民间诗歌、谜语等；(2) 音乐表达，比如民歌、器乐等；(3) 行为艺术，比如民间舞蹈、戏曲和仪式等；(4) 有形的表达形式，比如绘画、雕刻、陶瓷等民俗产品，音乐器械和建筑形式等。①

在很多学者看来，民间文学与作家文学相比，有自身的特点，即所谓"集体创作、集体修改、口头流传、变异性大"等。②这也成为著作权法将它与普通作家文学作品区别开来的理论基础。不过，在实践中，这些特点很难落实为操作性的法律规则。比如，民间文学的"口头流传"特性，实际上导致"集体创作、集体修改"在法律程序中难以证明。这也导致民间文学艺术作品常常与作者不明的个人作品难以区分。在后文所述的赫哲族民歌案中，就存在这样的问题。

当初的立法者对于民间文学所带来的诸多难题，并无清晰答案。于是，选择暂时回避，希望国务院在专门的条例中解决上述难题——《著作权法》第6条规定："民间文学艺术作品的著作权保护办法由国务院另行规定。"除此之外，没有更具体的法律规则。因此，民间文艺作品的保护客体的范围、权利归属、保护期限、权利限制等等，都是一片空白，法院有很大的裁量权。

> 民间文学艺术的著作权保护是中国著作权法上的老大难问题。1990年《著作权法》就要求国务院另行制定民间文学艺术作品的保护条例。[二]十多年过去了，所谓的条例依旧不见踪影。同期，中国学者的研究一直在持续，但思路变化甚微，代表性的主张一直是强调民间文学的集体性，主张集体或国家所有，提供无期限保护等等。放眼世界，同样有很多人为这一问题着迷。从20世纪六七十年代，"民间文学"进入部分国家版权法以来，各国在世界知识产权组织（WIPO）的框架下进行了十[几]轮的讨论。相对WIPO的与联合国教科文组织（UNESCO）在1982年提出的《保护民间文学艺术表达、防止不正当利用及其他损害性行为国内示范法》，这十[几]轮的讨论并没有带来什么实质性的进步。上述《示范法》至少为四十多个国家（主要在非洲）所采用，可是在WIPO的论坛上几乎看不到这些国家展示出任何值得称道的经验。在可预见的将来，WIPO的讨论还会继续在原地打转。③

---

① UNESCO & WIPO, Article 2 of Model Provisions for National Laws on the Protection of Expressions of Folklore Against Illicit Exploitation and Other Prejudicial Actions, 1986.
② 郑成思：《版权法（修订版）》，中国人民大学出版社1997年第2版，第126页。
③ 崔国斌：《否弃集体作者观：民间文艺版权难题的终结》，载《法制与社会发展》2005年第5期，第67页。

4.1 民间文学艺术作品保护的困境

在中国著作权法制定过程中,立法者认为保护民间文学艺术主要是为了防止外国人无偿使用本国的民间艺术。代表性的意见:"过去我们不懂用法律保护民间文学的时候,许多外国人,还有我们的海外同胞,提上一台录音机,一架录像机,就把福建的地方戏,云南的少数民族歌舞录下来,到海外去赚钱,而给这些表演者的报酬是几桶饼干,最多给两台录音机。现在我们懂了,不能无偿向你提供民间文学,要保护我们民族的文化遗产,要保护表演者的权益了。"① 现在,依然有很多学者认为,民间文艺作品是中国重要的传统文化资源,是对抗西方知识产权霸权的有力武器。学者们在这一领域投入了大量的研究精力,试图为民间文艺作品的著作权保护指明方向。但是,到目前为止,令人满意的研究结果并不多见。国务院也多次尝试完成著作权法所赋予的制定单行条例的任务,也都以失败告终。2014 年,国家版权局卷土重来,公开了民间文学艺术著作权保护条例征求意见稿。

下面的赫哲族民歌案是这一领域最为著名的代表案例,充分体现了民间文艺作品保护所处的艰难处境。

黑龙江省饶河县四排赫哲族乡人民政府 v. 郭颂

北京高院(2003)高民终字第 246 号

赫哲族是一个世代生息繁衍在我国东北地区的少数民族。《想情郎》是一首流传在乌苏里江流域赫哲族中最具代表性的民间曲调,该曲为只有四句曲调的箫曲,现已无法考证该曲调的最初形成时间和创作人,第一次被记录下来是 20 世纪 50 年代末。1962 年,郭颂、汪云才、胡小石到乌苏里江流域的赫哲族聚居区进行采风,收集到了包括《想情郎》等在内的赫哲族民间曲调。在此基础上,郭颂、汪云才、胡小石共同创作完成了《乌苏里船歌》音乐作品。

中国音乐著作权协会对其的鉴定结论为:"1.《乌苏里船歌》的主部即中部主题曲调与《想情郎》《狩猎的哥哥回来了》的曲调基本相同,《乌苏里船歌》的引子及尾声为创作;2.《乌苏里船歌》是在《想情郎》《狩猎的哥哥回来了》原主题曲调的基础上改编完成的,应属改编或编曲,而不是作曲。"1963 年,该音乐作品首次在中央人民广播电台进行了录制。在中央人民广播电台的录制记录上载明:"录制:(19)63 年 12 月 28 日;名称:《乌苏里船歌》;时间:3 分 20 秒;作者:东北赫哲族民歌;演播:黑龙江歌舞团郭颂;伴奏:武汉歌舞剧院乐队。"1964 年 10 月,百花文艺出版社出版的《红色的歌》第 6 期刊载了歌曲《乌苏里船歌》,在署名时注明为赫哲族民歌,汪云才、郭颂编曲。

1999 年 11 月 12 日,中央电视台与南宁市人民政府共同主办了"南宁国际民歌艺术节"开幕式晚会。在郭颂演唱完《乌苏里船歌》后,中央电视台节目主持人说:"刚才

---

① 沈仁干:《著作权立法情况介绍》,载司法部和国家版权局:《中华人民共和国著作权法讲析》,中国国际广播出版社 1991 年版,第 49 页。

郭颂老师演唱的《乌苏里船歌》明明是一首创作歌曲,但我们一直以为它是赫哲族人的传统民歌。"南宁国际民歌艺术节组委会将此次开幕式晚会录制成 VCD 光盘,中央电视台共复制 8000 套作为礼品赠送。原告没有证据证明主办者进行了商业销售。

另查明,北辰购物中心销售的刊载《乌苏里船歌》音乐作品的各类出版物上,署名方式均为"作曲:汪云才、郭颂",其中包括郭颂演唱的民歌专集录音带《世纪中华歌坛名人百集珍藏版·郭颂》、郭颂向法院提交的《(歌声中的 20 世纪)——一百年中国歌曲精选》及 1979 年以来刊登《乌苏里船歌》的部分刊物,署名方式也均为:"作曲:汪云才、郭颂"。

北京市第二中级人民法院认为:

本案争议的焦点问题是:(1)原告赫哲族乡政府是否有权以自己的名义提起对赫哲族民间音乐作品保护的诉讼?(2)《乌苏里船歌》音乐作品的曲调是否根据赫哲族民间曲调改编?

关于原告赫哲族乡政府是否有权以自己的名义提起对赫哲族民间音乐作品保护的诉讼问题。民间文学艺术是指某一区域内的群体在长期生产、生活中,直接创作并广泛流传的、反映该区域群体的历史渊源、生活习俗、生产方式、心理特征、宗教信仰且不断演绎的民间文化表现形式的总称。由于民间文学艺术具有创作主体不确定和表达形式在传承中不断演绎的特点,因此,民间文学艺术作品的权利归属具有特殊性。一方面它进入公有领域,另一方面它又与某一区域内的群体有无法分割的历史和心理联系。赫哲族世代传承的民间曲调,是赫哲族民间文学艺术的组成部分,也是赫哲族群体共同创作和每一个成员享有的精神文化财富。它不归属于赫哲族的某一成员,但又与每一个赫哲族成员的权益有关。因此,该民族中的每一个群体、每一个成员都有维护本民族民间文学艺术不受侵害的权利。原告作为依照宪法和法律在少数民族聚居区内设立的乡级地方国家政权,既是赫哲族部分群体的政治代表,也是赫哲族部分群体公共利益的代表。在赫哲族民间文学艺术可能受到侵害时,鉴于权利主体状态的特殊性,为维护本区域内赫哲族公众的利益,原告以自己的名义提起诉讼,符合宪法和法律确立的民族区域自治法律制度,且不违反法律的禁止性规定。被告关于原告不具有诉讼主体资格的抗辩主张,不予采纳。

关于《乌苏里船歌》音乐作品的曲调是否是根据赫哲族民间曲调改编的问题。《乌苏里船歌》音乐作品是郭颂等人在赫哲族世代流传的民间曲调的基础上,运用现代音乐创作手法再度创作完成的。郭颂作为该作品的合作作者之一,享有《乌苏里船歌》音乐作品的著作权。但是其在《乌苏里船歌》创作中吸收了《想情郎》等最具代表性的赫哲族传统民间曲调。被告郭颂也并不否认在创作《乌苏里船歌》主曲调时使用了部分《想情郎》曲调,中国音乐著作权协会所作鉴定结论也表明该音乐作品主部即中部主题曲调与《想情郎》《狩猎的哥哥回来了》的曲调基本相同。因此,应认定《乌苏里船歌》主曲调是郭颂等人在赫哲族民间音乐曲调《想情郎》的基础上,进行了艺术再创作,改编完成的作品。郭颂、中央电视台关于《乌苏里船歌》属原创作品的主张,不予采纳。

以《想情郎》为代表,世代在赫哲族中流传的民间音乐曲调,属于赫哲族传统的民间文学艺术作品。民间文学艺术作品的著作权受法律保护。对于民间文学艺术保护,在禁止歪曲和商业滥用的前提下,鼓励对其进行合理开发及利用,使其发扬光大,不断传承发展。但是利用民间文学艺术作品进行再创作,应当说明所创作的新作品的出处。这是我国民法通则中的公平原则和著作权法中保护民间文学艺术作品的法律原则的具体体现和最低要求。1990年《中华人民共和国著作权法》第12条规定:"改编、翻译、注释、整理已有作品而产生的作品,其著作权由改编、翻译、注释、整理人享有,但行使著作权时,不得侵犯原作品的著作权。"因此,郭颂等人在使用音乐作品《乌苏里船歌》时,应客观地注明该歌曲曲调是源于赫哲族传统民间曲调改编的作品。

郭颂在"南宁国际民歌艺术节"开幕式晚会的演出中对主持人意为《乌苏里船歌》系郭颂原创作品的失当的"更正性说明"未做解释,同时对相关出版物中所标注的不当署名方式予以认可,其行为是有过错的。在中央电视台主办的"南宁国际民歌艺术节"开幕式晚会上,主持人发表的陈述与事实不符,中央电视台作为演出组织者,对其工作人员就未经核实的问题,过于轻率地发表议论的不当行为,应采取适当的方式消除影响。被告北辰购物中心销售了载有未注明改编出处的《乌苏里船歌》音乐作品的出版物,应停止销售行为。但北辰购物中心能够提供涉案出版物的合法来源,主观上没有过错,不应承担赔偿责任。鉴于民间文学艺术作品具有其特殊性,且原告未举证证明被告的行为造成其经济损失,故原告依据我国著作权法的规定,请求法院判令郭颂、中央电视台、北辰购物中心承担公开赔礼道歉、赔偿经济损失和精神损失的主张,缺乏事实根据和法律依据,不予支持,但应根据案件的具体情况消除影响,还应承担原告因诉讼而支出的合理费用。

……

北京市高级人民法院认为:

世代在赫哲族中流传、以《想情郎》为代表的音乐曲调,属于民间文学艺术作品,应当受到法律保护。涉案的赫哲族民间文学艺术作品是赫哲族成员共同创作并拥有的精神文化财富。它不归属于赫哲族某一成员,但又与每一个赫哲族成员的权益有关。该民族中的任何群体、任何成员都有维护本民族民间文学艺术作品不受侵害的权利。赫哲族乡政府是依据我国宪法和法律的规定在少数民族聚居区内设立的乡级地方国家政权,可以作为赫哲族部分群体公共利益的代表。故在符合我国宪法规定的基本原则、不违反法律禁止性规定的前提下,赫哲族乡政府为维护本区域内的赫哲族公众的权益,可以以自己的名义对侵犯赫哲族民间文学艺术作品合法权益的行为提起诉讼。郭颂、中央电视台关于赫哲族乡政府不具备原告诉讼主体资格的上诉理由不能成立。

因本案一审中赫哲族乡政府将诉讼请求变更为确认《乌苏里船歌》乐曲属于改编作品,且郭颂也对此进行了答辩,故一审法院根据当事人变更的诉讼请求对《乌苏里船歌》乐曲是否属于改编作品进行了审理,符合法律规定。一审法院判决未明确赫哲族乡政府当庭变更了诉讼请求一节,有不妥之处,但并不属于上诉人郭颂、中央电视台所称的"判非所诉"。

……

著作权法所指的改编,是指在原有作品的基础上,通过改变作品的表现形式或者用途,创作出具有独创性的新作品。改编作为一种再创作,应主要是利用了已有作品中的独创部分。对音乐作品的改编而言,改编作品应是使用了原音乐作品的基本内容或重要内容,应对原作的旋律作了创造性修改,却又没有使原有旋律消失。

在本案中,根据鉴定人关于《乌苏里船歌》的中部乐曲的主题曲调与《想情郎》和《狩猎的哥哥回来了》的曲调基本相同的鉴定结论,以及《乌苏里船歌》的乐曲中部与《想情郎》和《狩猎的哥哥回来了》相比又有不同之处和创新之处的事实,《乌苏里船歌》的乐曲中部应系根据《想情郎》和《狩猎的哥哥回来了》的基本曲调改编而成。《乌苏里船歌》乐曲的中部是展示歌词的部分,且在整首乐曲中反复三次,虽然《乌苏里船歌》的首部和尾部均为新创作的内容,且达到了极高的艺术水平,但就《乌苏里船歌》乐曲整体而言,如果舍去中间部分,整首乐曲也将失去根本,因此可以认定《乌苏里船歌》的中部乐曲系整首乐曲的主要部分。在《乌苏里船歌》的乐曲中部系改编而成、中部又构成整首乐曲的主部的情况下,《乌苏里船歌》的整首乐曲应为改编作品。郭颂关于《乌苏里船歌》与《想情郎》、《狩猎的哥哥回来了》的乐曲存在不同之处和创新之处且在表达上已发生了质的变化的上诉理由,并不能否定《乌苏里船歌》的乐曲基本保留了赫哲族民歌基本曲调的事实,郭颂在上诉中认为中国音乐著作权协会所做的鉴定与事实不符关于《乌苏里船歌》全曲不应认定为改编作品的上诉理由不能成立,不予支持。

中央电视台主持人的陈述虽然已经表明《乌苏里船歌》系根据赫哲族音乐元素创作的歌曲,但主持人陈述的本意仍为《乌苏里船歌》系郭颂原创与事实不符。中央电视台对其工作人员所发表的与事实不符的评论,应当采取适当的方式消除影响,原审法院判决中央电视台在《法制日报》上发表更正声明并无不当。

(陈锦川、张冬梅、周翔法官)

思考问题:

(1) 法院承认,"现已无法考证该曲调(想情郎)的最初形成时间和创作人"。那法院又如何认定诉争作品是集体(群体)创作的民间文学艺术作品,而不是作者不明的个人作品?法院的说法有道理吗?

(2) 两审法院均认为,"任何成员都有维护本民族民间文学艺术作品不受侵害的权利"。这一权利的法律依据是什么呢?

(3) 一个作品在某一地区流传,或者说,被该地区普遍接受,就导致该地区的人民对该作品享有某种权利?法律出于什么样的公共政策,要支持这一主张?

4.2 否弃集体作者观

本书对于民间文艺作品的著作权保护持否定态度,认为立法者应将《著作权法》第6条关于民间文学保护的条款删除,将民间文学作品视为普通作品,适用著作权法的现有规则。必要时,可以将一小部分民间文学作品视为"作者不明"的作品(依然是普通作品)。在这一点上,民间文学作品与现代坊间流行的匿名短信作品并无实质差别。立法者可以借机完善中国法上"作者不明"作品的保护规则,但不要以保护民间文学的名义。本文期待着这一方案将终结困扰世界多年的民间文学版权难题。以下是本书作者的论文摘录。

崔国斌:《否弃集体作者观:民间文艺版权难题的终结》

载《法制与社会发展》2005年第5期,第67—78页。

……

三、集体性的虚构

民间文学领域的研究人员大多认为集体性是民间文学的主要特征之一。民间文学版权保护的支持者为了避免版权法将民间文学和作家文学同等对待,愉快地接受了文艺学者的这一观点。不仅如此,研究人员将所谓的集体性进一步发挥,虚构出所谓的集体作者身份,并强调通过集体产权维护所谓的集体创新机制的重要性。

(一)民间文学的集体性

民间文学作品一般都是由最初的一位或者数位创作完成,然后以口头形式对外流传。口头流传同书面流传相比,具有很大的变异性。每一个传承人都会自觉或者不自觉加入自己的个性因素。作品流传越久,其中所融入的不同时空的个体的贡献就越多。不仅如此,民间文学的传承人还会因应社会公众的需求,对作品进行选择性的修改,从而使得作品进一步反映出社会集体的审美需求。在面对最终的书面文本之前,研究人员更习惯于将民间文学口头流传的历史看做一个连续的创作过程,甚至认为这一创作的过程永远也不会结束。民间文学作品即使被记录、固定,那也不过是一个不断变幻的历史过程的瞬间留影罢了。作为对照的作家文学,则通常被认为是作家个人或者有限的个人联合在很短的时间里创作完成的。在该特定作品的形成过程中,社会群体的参与的形式和程度,似乎与民间文学的形成过程有明显的差别。

然而,民间文学的流传过程同作家文学的创作和流传过程的差异,在法律上并没有实质意义。特定民间文学艺术作品最初的创作,并不以集体创作为特征,自发的特定人群集合在一起进行"七嘴八舌"式的创作的可能性微乎其微。此后漫长的流传过程中,大多数创作和修改行为,都应该是由一个个单独的主体陆续承担的。民间文学在流传的过程中,版本不断得到更新,只是更新之后原来的版本难以考证。所谓民间文学的集体性,充其量不过是指最终版本上集合了历史上诸多无名主体的智力贡献,汇聚了纵向的集体智慧。然而,这并不能成为法律区分民间文学和作家文学的关键因素。因为正是在这一意义上,相当一部分的作家文学也同样可以说是集体智慧的结晶。作家文学在流传过程中,也不断地被后人改变,衍生出新的版本。特定的作家文学的最近版本中,可能同样包含着无数先人的智慧。比如,中国传统的"梁祝""孟姜女""白蛇传"等故事,从最早的记录到现在,可考的书面流传的历史均已经超过千年。

现代以这些故事为题材的作家文学依然是车载斗量,无一不是在前人已有作品的基础上演绎而来,也是不计其数的在先的个体集体智慧的结晶。按照民间文学集体作者观的思路,此类作家文学也是几千年"集体创作"的结果。如果一定要说不同,大概只是作家文学在流传过程中,不同历史时期的旧版本常常得以保存下来,而民间文学通常没有。其实,这一点甚至都不是绝对的。作家文学不同历史时期的旧版本有时候也遭受物理毁灭,就像民间文学中间的口头版本被人遗忘一样,后世也就失去了对作家文学不同版本进行比较的机会。因此,单从集体参与创作和流传的角度看,我们几乎没有理由要求版权法区别对待所谓的民间文学与作家文学。在著作权法看来,最新版本的作家文学作品与最新版本的民间文学作品,都可能是凝聚着无数前人贡献的"集体性"的作品。著作权法试图利用所谓的"集体性"将民间文学与作家文学(个人作品)区别对待,从逻辑上或技术上是行不通的。现有主张区别对待的各类学说,在这一问题上都无法经受住真正的拷问。法官依据这些似是而非的学说来判断一项作品究竟是民间文学还是个人作品,与抓阄或掷骰子的方法并无本质不同。

(二) 集体作者的虚构

民间文学所谓的集体性满足了文化民族主义者对于所谓文化共同体的虚构。法律学者在这一基础上,借鉴现代知识产权的产权模式,继续了所谓民间文学集体作者的虚构。民间文学作品中既然包含着流传过程中众多参与者的智慧,虽然这些单独的参与者无法确定,但是他们通常都有一个共同的民族身份。于是集体就自然取代无从考证的个人,成为民间文学作品前赴后继的创作活动的虚拟的组织者,最终也就成为这些作品的"作者"和版权人。这一取代的过程是如此自然,以至于无须考虑当初的参与者们究竟有没有为集体而创作的主观愿望,也无须考虑真正的创造者占整个集体群体的比例。实际上,特定民间文学艺术作品的创造者和传承人的数量同传统社区的人口相比,常常是微不足道的。

版权法上的确承认横向的共同创作的特殊地位,确认共同参与者的共同作者地位或者拟制出一个集体的作者,比如法人作者。确认合作作者的核心的原则是这些主体在创作过程中有共同创作的合意并作出实质性的贡献。对于没有共同合意的纵向先后的演绎,法律只承认各自的独立的贡献,对其贡献的部分(演绎后的作品)确认其作者身份。法律并不像对待横向合作创作那样,承认纵向演绎者的共同作者身份,也没有拟制出一个集体组织作为共同的作者。版权法承认后续演绎者独立的版权,同时又要求演绎者在使用演绎作品时,应当尊重在先作品的版权。版权法采用这一权利归属模式,既肯定了在先创作者的历史贡献,又突出个体贡献。如果版权法将不同时期参与演绎创作的人均视为合作作者,随着时间的推移,最新版本作品上的权利人将无限制地增多,版权保护制度终将失去操作性。

民间文学集体作者不仅否认了版权法上区分合作作品与演绎作品的理论体系,确认纵向的参与为法律意义上的共同创作,而且将纵向参与者所在的文化群体拟制为作者。这一策略虽然消除了前文所述权利人无限膨胀的后果,却完全忽略了民间文学作品流传过程中一个个活生生的传承人个体的感受。文化人类学者已经指出,在传统的社会中,那些艺术创作人员的技艺、个性特征同样为该社会所认同,并非外来社会所想象的集体创作。"在传统艺术社区里,个人艺术家的创造性实际上被其社会成员所广泛认同,甚至是声名远播。""所谓这些作品是集体创作的产物、作者是无名的观点,实际上是西方社会的一种虚构。"我国的民间文学领域的专业研究人员对藏族史诗《格萨尔》的传承人的评价也验证了这一点:"在《格萨尔》的流传过程中,那些才华出众的民间说唱艺人,起着巨大的作用。他们是史诗最直接的创作者、继承者和传播者,是真正的人民艺术家,是最优秀、最受群众欢迎的人民诗人……若没有他们的非凡才智和辛勤劳动,这部伟大的史诗将会湮没在历史的长河中,藏族人民、蒙古族人民乃至整个中华民族,将失去一份宝贵的文化珍品。"

传统社区实际上存在着与现代知识产权制度接近的个人主义的产权习惯。研究澳大利亚的 Yolngu 部落艺术的人类学家也指出,依据部落习惯法,对于绘画和其他神圣艺术品内容所具有的权利与绘画的所有权是互相分开的。在部落内部,创作美术作品的权利以及对外揭示作品含义的权利,在部落成员之间进行分配,可能是部分人拥有其中的一种,而另外一些人拥有另外一些权利;但是,并不能说部落本身作为一个整体拥有这些权利。

在诸多民间文学艺术版权案件中,来自传统社区的个体艺术家实际上都强调自己是自己说唱或者创作的作品的著作权人。比如前面提到的《玛纳斯》案、白秀娥剪纸案、澳大利亚的 Yumbulul 案等。这些案例生动地说明,参与民间文学创作和流传的个人的主体性在传统社区内部也不能被忽略。很多学者所主张的集体作者说在大多数场合不过是一种强加给传统社会的虚构,忽略了传统社会内部的真切而复杂的现实。当然,本文也不认为单纯的个人主义作者观一定能够适用于所有传统社区。在实际纠纷中,法律还可能需要考虑引入传统社区的习惯法来决定真正的权利归属。在权利归属方面,著作权法并不一定要排斥传统社区习惯法的适用。

(三)集体创新机制

部分学者支持对民间文学提供集体版权保护的一个重要理由是民间文学是在集体创新体制下产生并得以维系的。将传统社区视为集体作者,提供版权保护,将起到激励传统社区维持这一集体创新机制,从而促进传统文化的健康发展的作用。其中的道理,大约与现代知识产权制度能够激励个人创新一致。

所谓集体创新机制的说法并没有多少说服力。首先,绝大多数社区并不存在有意识地以追求集体利益为目标的民间文学集体创新组织。个人在不同历史时期参与民间文学的创作和流传更多是为了个人兴趣和私利,而不是为了谋求集体产权保护。在这种背景下,我们如何能够以产权做诱饵,使得子虚乌有的集体创新机制更有效。其次,即使真的存在所谓的集体创新机制,法律为激励文化创新,也仅仅需要从法律上确认将来产生的新的民间文学艺术作品可以获得版权保护就足够了。对于已经产生的民间文学艺术作品,是否提供保护,并不影响所谓集体创新机制将来的运作绩效。

现代民间文学日渐势微,有着深刻的社会原因。研究藏族民间文学的学者敏锐地指出:"一方面随着异质多元民俗文化半政治半宗教社会结构的形成,原始文化沃土上生长繁衍的民间文学的基础有所动摇和改变,民间文学产生及流传受严峻的挑战,特别是七世纪文字创制后,作家文学开始出现,个体创作一定程度上代替了集体创作;由于异质文化、异语言的传入,使具有浓厚民族特色的民间文学越来越失去生存空间,因为民间文学逐渐丧失了其原有的众多功能。无疑,随着社会的发展,私有制观念的增强,人类个性的提倡,人们集体审美观向个体审美观的大转移,民间文学及其集体性必然走向衰落。"从这位研究人员的观察中我们可以看出,导致传统社会的"集体创作机制"(如果存在的话)瓦解的一个主要原因是私有制观念的急剧膨胀。传统社区大量的艺术家已经逐渐习惯于利用现代知识产权制度来保护个人的创作成果。这样,传统文化创新过程中起到关键作用的活跃分子实际上已经从所谓的"集体创作机制"中被剥离出来。这一剥离行为最终导致所谓集体创作机制的瓦解。全球化进程中,绝大部分传统社区都会逐步接受这种不可逆转的私有化趋势。提供集体的知识产权保护并不能减缓、阻止传统文化的集体创新机制的瓦解。我们不排除某些规模较小的传统社区可以基于传统信仰或者现实需要,对其成员进行有效组织维持一种公司式的集体创新模式。但是,绝大多数传统文化社区毕竟不是一个以技术创新为生存基础的商业实体(公司),它不可能像商业机构约束雇员那样来管理社区成员。

……

六、版权难题的终结

版权法在抛弃所谓的集体作者观之后,将民间文学艺术作品视同普通的个人作品,版权难题将迎刃而解。接下来,本文结合中外的司法实践,对民间文学版权保护操作层面的几个问题进行分析。具体包括:如何区分受保护的与不受保护的民间文学作品;如何确定作者或者权利人;是否需要提供代位救济等。

(一)是否进入公共领域?

虽然,大多数的研究人员都认为民间文学流传久远,大多超出著作权法上的保护期限。但是,在依靠证据说话的具体案件中,认定特定民间文学作品是否进入公共领域并不如此简单。如我们所知,大部分民间文学以口头形式流传,即使文艺专业研究人员凭借零星的历史记录能够证明类似版本的作品可能古已有之,我们也不能确切知道最近版本的最早的出现日期。按照民间文学领域通行的观点,民间文学在其流传过程中会不断发生变异。在缺乏有效对比版本的情况下,版权法不能推定传承人口头表演或者整理者记录固定的特定版本的民间文学作品已经进入公共领域。相反,我们应当推定该版本是最新产生的作品,并推定该版本的最早固定日期为该作品的创作完成日期。这里所说的固定,是指以书写、录音、拍摄等形式记录民间文学作品的行为。在缺乏有形记录载体的情况下,如果多人共同背诵,日后能够提供相同的背诵结果,则该背诵者的最初背诵的日期应该推定为最早的固定日期。当然,推定毕竟不同于事实真实。如果有相反的证据(比如传承人自己的证词)证明特定版本已经流传久远,则可以否定这一推定。

上述推定符合版权法的基本法理。我们可以从中外的著名版权侵权案例中得到验证:在 Dead Sea Scrolls、剪纸等案中,法院通常推定带有传统文化特征的作品为新的原创作品,除非被告一方能够证明该作品古已有之。也就是说,版权法只有在民间文学作品的特定版本具体内容明确、诞生日期可靠并超出版权保护期的情况下,才能认定该作品进入公共领域。实践中,有很多个人作品在流传一段时间之后被公众视为民间文学艺术作品的例子。这些事实从侧面说明,仅仅依据道听途说的常识将一个流传久远的作品推定为公共领域的民间文学作品是非常不可靠的。

(二)作者身份的法律推定

民间文学如果依据上述规则没有超过版权法确定的保护期,则应当进一步推定最新版本的传承人为作者。所谓的传承人包括故事的讲述者、美术作品的创作者等。如前所述,如果社会无法证明传承人所传承的民间文学作品系复制自某一在先版本,则不能否定传承人的原创性贡献。换句话说,在没有相反证据的情况下,应当认定传承人为作者。当然,这里推定传承人为作者,并不意味着该民间文学作品的全部内容、每一个细节都来源于传承人从无到有的独创。相反,只要对作品的表达部分作出实质性的智力贡献,传承人就可以被视为作者。究竟是原创作者还是演绎作者,要视社会提供反证的情况而定。另外,如果传统社区在民间文学作品领域存在确定产权归属的习惯法,则不排除该习惯法的适用。对此,后文不再展开讨论。

版权法对传承人作者身份的推定,符合民间文学领域的一般认识——传承人通常都会对民间文学艺术作出自己的独特贡献。文艺学者反复强调民间文学的变异性,实际上就是在肯定传承人在这一过程中的原创性贡献:民间文学在每一个时代都会融入特定群体或者个人的新的创造,也就形成新作品。"土著社会的故事讲述人并不仅仅是将祖先创造好的故事,原封不动地向后代转述,相反,他们要根据自己所处的社会的时代特点,对这些故事的内容、语言表述方式等做相应的调整,以满足现实社会的要求。因此,他们的智慧也就自然融入这些传统故事、知识之中了"。国内研究《格萨尔》的学者非常详尽地表述了形形色色的说唱家的参与《格萨尔》传作的例子,为上述法律推定提供了鲜活的支持案例。

中国版权法处理作者不明的作品的保护问题时,也采用了类似的策略——将作品的持有人视为著作权人。民间文学即使被视为作者不明的作品,著作权法将传承人推定为著作权人,也合乎法理,何况传承人本来就既有可能对民间文学的流传作出过原创性的贡献。

在中国的司法实践中,有部分法院实际上就是按照上述原则,拒绝将传承人完成的作品认定为民间文学,而是按照普通的个人作品加以保护。比如,在前面提到的剪纸、京剧脸谱案件中,法院都推定制作剪纸和脸谱作品的人是作者,将证明该作品为公共领域的民间文学艺术作品的责任推给原告一方。但是,中国也有法院选择了错误的方向。在《玛纳斯》案中,原告用四年零四个月时间演唱的总计八部、23万行的《玛纳斯》。法院却否定了史诗口述者要求确认自己作者身份的诉讼请求。法院强调《玛纳斯》是民间文学,却没有指出作为对比的在先版本的民间文学作品是什么。法院将举证责任倒置,抹杀了口述作者的重要贡献。本案中法院的观点不是孤立的。在民间文学艺术界相当一部分人对传承人的角色持有偏见,在没有充分证据的情况下将传承人口述的特定版本的作品视为远古流传至今的民间文学作品,否定传承人的原创性贡献。

在推定传承人为作者的规则下,如果社会公众举证不能,传承人可能对并非自己原创的作品享有版权。不过,我们不能为了避免这种理论上的可能性,而采用相反的规则——推定传承人没有作出创造性贡献。这一相反的推定,将会带来更大的不公。在没有在先版本的情况下,作品本身就是传承人原创性贡献的证明。要求传承人证明哪些部分属自己独创,是非常可笑的。《玛纳斯》案已经让我们看到了相反规则的武断推测的后果有多严重。为了避免这种抹杀天才的悲剧重演,著作权法应当推定传承人是作者,将推翻这一推定的责任交给被告。

在民间文学的案例中,通常还涉及所谓记录整理者的著作权法定位问题。记录整理,言下之意就是对传承人的口述、表演等作书面记录整理。民间文学艺术领域的研究人员对记录整理者是否应该对采风中记录和整理的作品享有著作权,存在争论。问题的关键在于记录整理者在这一过程中是否改变了民间文学艺术的原有表达形式使其具备了新的原创性。如果答案是肯定的——尽管在专业人士看来记录整理者可能并不是一个称职的采风者,则记录整理后的作品可能是记录者在传承人口述作品之上的演绎作品或合作作品。需要强调的是,传承人在接触记录整理者之前就已经掌握了完整的口头作品,理当对该口头作品享有完整的著作权。因此,整理者如果要使用其整理的作品(不论是演绎作品或者合作作品),应当尊重在先的传承人基于口述作品所享有的著作权。当然,如果有证据证明记录整理者仅仅是将口头语言转化为书面文字,没有改变作品的表现形式,则该记录整理者只是在对传承人的口头作品进行复制,不应被视为所记录固定作品的演绎作者或合作作者。

(三)代位的法律依据

依据中国著作权法,民间文学作品的精神权是没有保护期限的。如果有人损害民间文学作品的精神权,则会出现这样的疑问:是否应许可第三方代位行使著作权?在著名的赫哲族民歌案中,法院就遇到这样的难题。民间文学的流传地区的地方政府和当地的文化研究机构出面,维护作品上的精神权。这一案件当时在国内引发广泛的争议。

该案中原告所提交的证据不过是证明该民歌极有可能源自该民族成员的创作,在该地区广为流传,并没有足够证据证明该作品是所谓的"集体创作"的民间文学艺术作品。法院明确指出"《想情郎》是一首流传在乌苏里江流域赫哲族中最具代表性的民间曲调,该曲为只有四句曲调的萧曲,现已无法考证该曲调的最初形成时间和创作人,第一次被记录下来是20世纪50年代末。"因此,即使法院在当时的法律环境下愿意将民间文学作为一种特别类型提供特殊保护,本案中的《想情郎》也应该首先推定为作者不明的个人音乐作品,而不是著作权法第六条意义上的民间文学艺术作品。佚名作者的作品在著作权法上,应该等同于普通个人作品。除了有明确规定之外,作者及其继承人之外的群体,并不能基于该作品对任何第三方主张权利。代表赫哲族群体的主体如果无法证明该作品是集体创作的结果,则赫哲族作为一个整体,并不能对其中佚名作者的个人创作成果享有法律上的权利。该作品被赫哲族广为接受并加以传承,并不当然地获得对该作品的法定的支配权利。其中的道理就像《西游记》等四大名著为汉族普遍接受并流传,但汉族无法取得《西游记》等作品被歪曲案件中的诉讼主体地位一样。在赫哲族案中,法院确认原告主体资格的结论没有法律依据。

面对侵害公共领域作品(包括部分民间文学作品)的精神权的案例,法律又不承认相关社会主体的诉讼主体资格,究竟如何处理呢?本文认为必要时可以[扩充]《著作权法》第47条的规定①,追究侵权者的行政责任。以民间文学为例,如果侵权者损害民间文学艺术作品的著作精神权,擅自将广为流传的民间文学艺术作品列为自己的作品,导致公众的文化记忆混乱从而可能损害社会公共利益,这时行政机构可以追究相应的行政责任。当然,本文简单地接受了作者精神权保护立法的正当性,不对精神权保护制度可能演化成变相的私人或者政府文化审查制度的可能性作进一步的讨论。侵权者如果损害的仅仅是著作财产权,则受损害的仅仅是不明作者个人的财产利益,不会损害社会的公共利益,著作权行政主管部门无权追究其行政责任。

4.3　基于民间文学艺术的演绎作品

只要在先的民间文艺作品的版本能够确定,无论将它视为作者不明的个人作品还是公共领域的作品,后来者的搜集和整理行为的法律定性就变得比较简单——如果后来者在搜集或整理过程中作出自己的独创性贡献,则可以获得独立的著作权保护,如果后来者没有独创性贡献,那就是在复制在先的民间文学艺术作品。在中国的司法实践中,很多法院都采用这一策略来处理民间文艺作品演绎作品的权属问题。比如,下面的梁祝案和财神案就是两例。

刘耕源 v. 扬州扬子江音像有限公司

江苏省高院(2009)苏民三终字第0196号

[刘南薇改编了传统越剧剧目《梁山伯与祝英台》,并于1951年发表于《人民文学》第二期第五卷。2005年,扬子江音像公司出版发行了越剧《梁山伯与祝英台》VCD影碟……经比对,1951年《人民文学》第二期第五卷中刊登的《梁山伯与祝英台》越剧剧本与扬子江音像公司使用的剧本有70%以上的内容相同。原告认为,扬子江音像公司的行为不仅侵犯了刘南薇的署名权,也损害了其享有的复制、发行及获得报酬权。一审法院认定扬子江音像公司侵权。一审判决后,扬子江音像公司不服,提起上诉。]

扬子江音像公司上诉称:1. 刘南薇不享有涉案越剧剧本的著作权。刘耕源、刘朝晖仅依据1951年《人民文学》上的越剧剧本上注有南薇改编,来证明刘南薇享有涉案越剧剧本的著作权,证据不足。梁祝系国家级非物质文化遗产的民间文学艺术作品,从人物到故事情节皆非刘南薇所创作改编……

---

① 论文原文认为,依据该条的权利管理信息保护条款就可以达到目的。经清华大学法学院刘天然同学提醒,本书作者意识到立法拓宽行政维权的范围也是合理的选择。特此说明。

刘耕源、刘朝晖当庭答辩称:1.扬子江音像公司将梁祝故事、梁祝越剧与涉案的梁祝越剧剧本相混淆。将梁祝故事作为民间文学国家非物质文化遗产与梁祝越剧剧本作为著作权法保护的客体混淆……

本院认为:

一、刘南薇是涉案越剧剧本的著作权人。

我国《著作权法》第十一条第四款规定:如无相反证明,在作品上署名的公民、法人或其他组织为作者。

扬子江音像公司上诉主张刘南薇不是涉案越剧剧本的著作权人。理由是:梁祝传说系国家级非物质文化遗产的民间文学艺术作品。对此,本院认为,首先,本案涉及的《梁山伯与祝英台》越剧剧本虽然有多个版本,但最早的版本为《人民文学》于1951年所刊登,其署名的改编者为"南薇"即刘南薇。其次,扬子江音像公司虽然还主张有更早的梁祝越剧剧本存在,但没有提交证据证明,本院不能采信。再次,虽然上海文艺出版社出版的《梁山伯与祝英台》越剧剧本的单行本注明该剧本由袁雪芬、范瑞娟口述,徐进等改编,但因该越剧剧本发行时间为1979年3月,远在1951年《人民文学》刊登涉案越剧剧本之后,扬子江音像公司据此否认刘南薇系涉案越剧剧本的著作权人缺乏法律依据。最后,刘南薇作为涉案《梁山伯与祝英台》越剧剧本的改编者,仅是对这一改编作品享有著作权。因此,作为国家级非物质文化遗产的梁祝传说,与刘南薇享有著作权的改编作品《梁山伯与祝英台》越剧剧本并非同一概念,不能以此否认刘南薇是涉案《梁山伯与祝英台》越剧剧本的著作权人。综上,在没有相反证据推翻的情况下,能够认定刘南薇是涉案越剧剧本的改编者。刘耕源、刘朝晖二审提交的相关越剧剧本的唱词选刊,也能对此予以佐证。因此,扬子江音像公司关于刘南薇不是涉案越剧剧本著作权人的上诉理由缺乏事实和法律依据,本院不予支持。

(袁滔、王天红、张长琦法官)

段国胜 v. 成都市风雅堂工艺品有限公司

四川省高院(2010)川民终字第472号

风雅堂工艺品公司主张涉案作品属于以公众熟知的民俗人物"财神"为创作题材,其人物扮相、造型来源于中国传统民俗文化,属于民间文学艺术作品,不是段国胜独创性地创作,本院认为,著作权法保护的对象不是思想情感本身,而是赋予思想或情感以文学、艺术外观的表达。本案中,风雅堂工艺品公司没有提供证据证明在2005年12月16日之前,民俗人物"财神"已经形成较为固定的造型和表现形式,则本案也就无法比对涉案作品是否为民俗人物"财神"的模仿、抄袭。只有在涉案作品是对民俗人物"财神"的模仿、抄袭,段国胜才不享有涉案作品的著作权。根据最高人民法院《关于民事诉讼证据若干规定》第2条的规定,当事人对自己提出的诉讼请求所依据的事实或者反驳对方诉讼请求所依据的事实有责任提供证据加以证明。没有证据或者证据不足以证明当事人的事实主张的,由负有举证责任的当事人承担不利后果。风雅堂工艺品公司的上述主张因无证据支持,应承担举证不能的责任。

(杨丽、陈洪、刘巧英法官)

思考问题：

对比前面的赫哲族民歌案与这里的两个案例，有没有可能按照后者的思路来处理前者？

类似的案子还有麦从贵 v. 云南音像出版社案。[①] 该案中，法官认为，"流传于武定县的山歌，其歌词和曲调随时都在变化，录音磁带《武定山歌》上的歌词和曲调，可能与当地流传的山歌在某些章节上有相同或相似之处，但麦从贵、胡光祝二人经过搜集、整理、配器和演唱，以艺术加工的方式将没有任何载体的、零散的山歌，用录音磁带这种载体固定下来，这一过程中是注入了智慧劳动的。"法院依据《著作权法》第 12 条，确认原告对该《武定山歌》所享有的著作权。

5 禁止传播的作品

禁止传播的作品是指依法禁止出版或传播的作品。在 2010 年之前，《著作权法》第 4 条规定："依法禁止出版、传播的作品，不受本法保护。著作权人行使著作权，不得违反宪法和法律，不得损害公共利益。"《信息网络传播权保护条例》(2013) 第 3 条也重申了类似的立场，并将范围延伸到依法禁止提供的"作品、表演、录音录像制品"等。

2007 年 9 月，美国在 WTO 对中国著作权法上的上述违反作品条款提出挑战，认为它违反了《伯尔尼公约》。2009 年，WTO 争端解决机构裁决中国败诉。2010 年，中国专门修改《著作权法》，删除上述引发争议的"依法禁止出版、传播的作品，不受本法保护"的内容。关于本案，下文有进一步的讨论。

现在，虽然限制上述作品获得保护的条款不复存在。但是，了解中国在这一领域的历史案件，对于我们加深对著作权法的理解，至关重要。不仅如此，那些依法禁止出版或传播作品被侵权后，权利人如何寻求救济，依然是现实的问题。中国法院的做法不尽相同，值得进一步关注。

5.1 禁止传播的作品的著作权争议

"依法禁止出版或传播的作品"的范围很广，边界模糊。我们大致可以将含有《出版管理条例》(2011) 第 25 条所述内容的出版物视为著作权法所说的违法作品。该条规定，任何出版物不得含有下列内容：

（一）反对宪法确定的基本原则的；
（二）危害国家统一、主权和领土完整的；
（三）泄露国家秘密、危害国家安全或者损害国家荣誉和利益的；
（四）煽动民族仇恨、民族歧视，破坏民族团结，或者侵害民族风俗、习惯的；
（五）宣扬邪教、迷信的；
（六）扰乱社会秩序，破坏社会稳定的；

[①] 云南昆明中院（2002）昆民六终字第 2 号。

（七）宣扬淫秽、赌博、暴力或者教唆犯罪的；
（八）侮辱或者诽谤他人，侵害他人合法权益的；
（九）危害社会公德或者民族优秀文化传统的；
（十）有法律、行政法规和国家规定禁止的其他内容的。

过去的《著作权法》(1991、2001)第4条规定的字面意思很明确，内容违法的作品不受《著作权法》保护。但是，对于此条的合理性，在立法之初就存在争议。①

国内支持不保护的理由主要是：文艺创作应坚持正确政治方向；民事权利应当合法；避免著作权法与其他法律的冲突。② 从立法政策的角度看，排除违法作品的版权保护，也是可以理解的。因为立法者原本期望通过著作权保护鼓励对社会有益的作品的创作，如果作品内容本身依法禁止传播，则没有著作权保护之必要。

反对不保护的理由主要是：对违禁作品的管制是新闻出版法而非著作权法的任务；作品内容违法需要经过公众评价，法律武断地作出规定，会导致部分未发表作品权利状态不明；作品内容是否违法，会随时间发生变化；不提供保护，反而会促进传播等。③ 另外，不保护违法作品，还会遇到这样的难题：如果他人删除了违禁作品中的违法内容后出版发行剩下的部分，如何处理？法律可能陷入前后矛盾的境地。

如果严格执行《著作权法》(1991、2001)第4条，许可处理知识产权案件的法官在个案中依据《出版管理条例》第25条的模糊标准判断一项作品究竟是否应当"禁止出版或传播"，则很多处在灰色地带但是对社会有益的作品的版权都会受到出版审查制度的威胁。著名电影导演冯小刚关于电影审查制度对创作者的影响的评论，发人深省："我们电影之所以拍不好看、电影人很沉重，这是因为我们要面对很多部门的电影审查。你知道一个电影审查有多少部门构成？有党、政、共青团、妇、工会、民委、教育部、外交部、公安部、总政三十多个部门组成，一个电影必须得三十个部门谁都没意见才能通过。"④ 显然，在电影导演看来，过度的出版审查在很大程度上会抵消著作权法激励创作的功能。

从版权的本质属性来看，它更多的是一种禁止他人以复制、发行、信息网络传输等方式传播作品的消极权利。赋予创作者著作权只是意味着作者能阻止他人利用其作品，至于作者自己是否可以出版其作品，则要看出版管制方面的专门法律。法院无需依据著作权法对作品的合法性进行审查。如果一定要进行合法性审查，将审查工作留给负责执行出版法规的专门机构，更符合社会的分工原则。

5.2 中美《关于著作权法》第4条的WTO争议

《伯尔尼公约》第5条第1款规定："根据本公约得到保护作品的作者，在除作品

---

① 司法部和国家版权局：《中华人民共和国著作权法讲析》，中国国际广播出版社1991年版，第7页。
② 韦之：《著作权法原理》，北京大学出版社1998年版，第30—31页。
③ 同上。
④ 冯小刚：《梦想没有电影电影审查》，载 http://ent.sina.com.cn/m/c/2013-12-19/02594063796.shtml，最后访问2014年8月1日。

起源国外的本联盟各成员国,就其作品享受该国法律现今给予或今后将给予其国民的权利,以及本公约特别授予的权利。"《伯尔尼公约》第 5 条第 2 款要求成员国不得为权利的获得和行使设置形式要件(formality)。《伯尔尼公约》第 17 条的确许可成员国因政治或公共秩序等原因对特定类型的作品在其国内的出版、发行等作出限制①,但它并没有授权成员国剥夺那些不符合该国政治口味的作品的著作权。因此,依据《伯尔尼公约》,作品内容违反法律规定,并不能成为剥夺版权的理由。而《伯尔尼公约》的相关条款实际上被 TRIPs 援引适用,否定违法作品的版权也直接违反 TRIPs。

中国在 WTO 败诉之后,选择对《著作权法》第 4 条进行修改,删除了"依法禁止出版、传播的作品,不受本法保护"的条款,代之以"国家对作品的出版、传播依法进行监督管理"。其实,《民法通则》(1986)第 142 条第 2 款规定:"中华人民共和国缔结或者参加的国际条约同中华人民共和国的民事法律有不同规定的,适用国际条约的规定,但中华人民共和国声明保留的条款除外。"也就是说,不修改第 4 条,并不妨碍外国人依据 TRIPs 或《伯尔尼公约》对所谓的违法作品寻求保护。有学者早就指出:"外国人的违禁作品同中国人的作品不同,它们在我国仍享有著作权,《著作权法》第 4 条第 1 款不适用于外国作品。"②因为外国作品适用于国际公约,而无须适用国内法的排除规则。这意味着,中国只需要在司法或行政执法过程中放弃已有的排斥违法作品的做法,或者声明这一点,就不再违反 TRIPs 或《伯尔尼公约》。

5.3 抄袭或未经授权演绎等侵权作品

广义上的演绎作品包括翻译、汇编作品等。如果演绎作品侵害在先作品的著作权,该演绎作品本身是否享有著作权,是一个存在争议的问题。中国《著作权法》除了第 4 条的模糊规定外,并没有其他更明确的规定。实践中对这一问题存在争议。

美国著作权法第 103(a)条规定:"第 102 条所述的版权客体包括汇编和演绎作品,但是,对于利用已有材料(preexisting material)的作品的版权保护,不能延伸到作品中任何含有非法材料的部分。"

美国国会报告(House Report No. 94-1476)对此条有进一步的说明:"该法案阻止侵权者利用版权保护从非法行为中获利。不过,它依然保护那些没有利用已有材料的作品部分。因此,未经许可翻译一部小说,完全不能获得版权保护。但是,一本诗集的著作权人依然可以对侵害整本诗集著作权的人提起诉讼,即便被控侵权者证明诗集中有一首诗歌的出版未经授权。依据上述条款,只要对已有作品的使用不违法,则依然可以获得版权保护,即便没有征得该作品版权人的许可。比如,未经许可复制某一作品,依据合理使用学说或者可适用的外国法可能是合法的,则含有该作品的作品可以获得版权保护。"

---

① 《伯尔尼公约》第 17 条:"本公约的规定绝不妨碍本联盟每一成员国政府以立法或行政程序行使允许、监督或禁止任何作品或其制品的发行、演出或展出的权利,如果有关当局认为有必要对这些作品行使这种权利的话。"

② 韦之:《著作权法原理》,北京大学出版社 1998 年版,第 185 页。

Paul Goldstein 教授对美国国会报告中所举的汇编诗集的例子有进一步的解释。他指出,假若一个汇编者在其小说集中,非法复制了一个小说,则第103条(a)并不会损害该汇编作品的著作权。因为该汇编作品所体现的是汇编者对小说的选择和编排,而该小说并非该选择和编排本身的一部分。①按照这一分析,即使小说集中所有的或者实质部分的诗歌未经授权,汇编者也应该享有该汇编作品的著作权。

在李中南 v. 北京燕山出版社一案中②,法院认为未经许可翻译他人作品的翻译者并不享有该翻译作品的著作权。但是,法院又从普通的民法原则出发,给予翻译者劳动补偿。这与美国法上的立场不尽相同。

在福升化工厂案中,法院认为原告的作品中有部分存在抄袭,不具备中国著作权法意义上的"合法性",因此从整体上都无法获得著作权的保护。

福升化工厂 v. 三环全元化肥有限公司③

天津市高院,1999

福升厂用"活力素"做底料配制并生产一种"多元素混合肥"的产品。福升厂为宣传该产品,制作了标题为"福升牌全元肥料年年伴您好收成"的宣传广告。该广告主要用来宣传什么是福升牌全元化肥、产品的使用方法和企业获奖情况。在该广告标题下印有"国家专利号90106014.3ZL"字样,并配有两幅拍有全元化肥包装袋的照片。该宣传广告所介绍的什么是全元肥料,以及我国农业生产施肥现状及造成的不良后果,全元肥料的原理,使用全元肥料的益处内容,与案外人天津市绿州全元肥料公司于1993年刊登在山东省科技馆编辑的《致富向导》的创刊号,以及山东省农村应用技术函授大学编辑的第5、6期《工作动态》中介绍全元肥料的文字内容相同。1998年7月5日,福升厂发现三环公司向天津市东丽区农业生产资料公司销售化肥过程中,随货赠送若干份"三环牌全元肥料年年伴您好收成"的宣传广告,此广告与福升厂的宣传广告相比较,除更换两幅照片,文字上将"福升"改为"三环"等不同之处外,其余部分文字和编排组合形式相同。

[福升厂以侵犯著作权为由,状告三环公司。三环公司辩称,福升厂的广告非其创作,抄袭了山东省《致富向导》和《工作动态》刊物的部分内容,所以不具有主张权利的主体资格。并且,福升厂的广告属于著作权法禁止出版、传播的作品,不应受法律保护。]

天津市第二中级人民法院经审理认为:根据我国《著作权法》的规定,作品指文

---

① "Since the copyrighted 'work' embodies no more than the compiler's selection and arrangement of stories, there will be no 'part of the work' in which the offending story has been used unlawfully." Paul Goldstein Copyright Second Edition, ASPEN Law & Business, 1999, §2.16.1, 2:209.
② 北京西城区法院(1997)西民初字第3264号,北京一中院(1998)一中知终字第48号。
③ 本案例载于最高人民法院中国应用法学研究所编:《人民法院案例选》2000年第3辑,人民法院出版社2001年版,第264页。

学、艺术和科学领域内,具有独创性并能以某种有形形式复制的智力创作成果。福升厂制作的广告宣传材料,符合我国著作权法作品的要件,具有独创性,构成作品。而三环公司的广告,不论从形式上还是内容上均与福升厂的广告基本相同,三环公司的行为构成了对福升厂著作权的侵犯。但福升厂广告中的产品介绍部分,因其文字内容与山东省《致富向导》和《工作动态》刊载内容一致,对此部分不予保护。

[天津市高级人民法院认为:]

福升厂据以主张权利的"福升牌全元肥料年年伴您好收成"广告作品,是根据特定的宣传目的,将文字、照片、图表进行编排组合,形成具有宣传效果的广告,突出介绍了全元肥特性、使用方法和企业状况。我国《著作权法》所保护的作品既要具有独创性,还应当具有合法性。

福升厂宣传广告中介绍"全元肥料特性"的文字内容是该广告的主要组成部分,该部分文字抄袭于《致富向导》和《工作动态》。福升厂未经他人同意,使用他人宣传资料的行为是抄袭行为,因抄袭使其丧失作品的独创性。同时该广告不具备《著作权法》中规定的编辑作品特征。福升厂广告应作一个独立作品适用法律,不能将抄袭部分同整个作品分割,对其余部分加以保护。福升厂冒充专利的违法行为,在受到专利管理机关查处后,在其宣告广告中仍冒充专利产品,并进行"福升牌高效多元复混肥(全元肥)是国家专利产品"的虚假宣传,误导公众,其宣传内容亦不具有合法性。因此,福升厂主张权利的广告作品不是《著作权法》所保护的作品,福升厂不享有著作权,其诉讼请求不予支持。而三环公司的广告无论是编排组合形式,还是文字内容,均抄袭了福升厂的宣传广告,并且向公众散发,扰乱了正常的竞争秩序。为维护社会经济秩序,双方均应立即停止使用各自涉讼的广告,并共同负担案件受理费。综上,一审法院判决认定事实基本清楚,但适用法律不当。

思考问题:

上述案件中,原告能否从一开始就只对自己独立创作的部分主张权利?这时候,法院可以审查诉争范围之外的部分是否合法吗?

在新的《著作权法》(2010)中,违法作品不受保护条款不复存在。这导致抄袭或未经授权演绎作品是否可以获得版权保护,有一定的不确定性。从理论上讲,只要作品中体现了作者的独创性,该体现独创性的部分就应该获得著作权法的保护。至于作者自己能否主动出版或使用其作品,则应该是另外一个问题。

5.4 其他曾经的"违法作品"案件

5.4.1 从业资格限制

在商业经营中提供作品的行为,常常会受市场准入或管理方面的行政法规的限制。比如,从事建筑方案的设计工作需要具有建筑设计的从业资质。在创作者没有获得设计资质的情况下,创作建筑作品,应该获得版权保护,没有什么争议。缺少建筑设计资质的设计师所创作的建筑作品,并非著作权法上所说的依法禁止出版和传播的作品。

不过,过去有法院发现,如果确认第三方未经许可使用上述建筑作品的行为侵害著作权,自然的逻辑结论是第三方应该赔偿损失。这一结果导致没有设计资质的创作者事实上会从其设计活动中获得商业利益。这似乎与没有设计资质者不得从事设计业务并从中牟利的法律要求相互矛盾。在北京建业工程设计院 v. 建设部建设研究院等(北京市二中院(1996)二中知初字第71号)案中,法官试图利用民法的公平原则来解决这样的难题。法院确认建业院对其设计完成的百盛大厦二期工程的建筑方案、初步设计方案等享有著作权。但是,"由于其不具备设计资质,不能以著作权人的身份进入设计市场,故建业院设计完成的作品经审查被用于百盛大厦二期工程进行施工时,其不能对此主张著作权,而只能凭借其付出的劳动创作获取一定的劳动报酬"。对此,有法官解释说:"其因劳动所获得的报酬,也基于公平原则,而不是著作权。"①

5.4.2 出版管制

中国对音像出版实行所谓的行政许可制度。这一行政管制在著作权法上引发与上述从业资格限制类似的问题,即未获得许可在中国出版发行的影视作品是否能够获得正常的版权保护。依据旧《著作权法》第4条,这些影视作品可能被视为属于"依法禁止出版或传播的作品"。第三方的出版或传播行为被判侵权后,是否应该给予著作权人损害赔偿? 这一问题同样会引发争议。

过去,中国法院在很多案例中,认为这类作品无法获得正常的著作权保护。比如,在广东中凯文化发展有限公司 v. 白银市广播电影电视局等(甘肃省高院(2010)甘民三终字第00009号)案中,甘肃高院指出:"本案所涉三部影视作品中,除《红蝎子》为国内合作拍摄的电影,且已按规定取得了云南省广电局颁发的《国产电视剧发行许可证》外,《宫S》《非常感谢》均为韩国影视作品,没有证据表明权利人已取得了国家文化行政部门的进口许可,以及已到海关办理相关手续。因此,上诉人虽然已取得著作权人的授权,但违反了音像制品、电影的进口许可制度,其电视剧《宫S》《非常感谢》的信息网络传播权在中国内地不能合法行使。"

在广东中凯文化发展有限公司 v. 重庆市高新技术产业开发区水木年华网吧等案,重庆高院也持类似态度,明确指出:中凯公司无法证明涉案作品获得了我国的行政审批,无权从事与涉案作品信息网络传播权有关的商业活动及获得报酬,因此不能获得经济损失的赔偿。水木年华网吧应当承担的赔偿金额中扣除合理费用后,还有1000元因中凯公司无权收取,应当以不当得利予以收缴,上缴国库。②这应该代表过去相当一部分法院的判决思路。

不过,最高人民法院再审审理了上述水木年华网吧案,明确指出:"虽然涉案作品被批准进口的日期为2007年10月9日,但是著作权人维护自己的合法权益并不以获得进口行政审批为条件。"法院判决被告"赔偿中凯公司制止侵权的合理费用1000

---

① 北京高院知识产权庭:《北京知识产权审判案例研究》,法律出版社2000年版,第108页。
② 重庆高院(2009)渝高法民终字第62号。

元,加判赔偿中凯公司经济损失 1000 元"①。最高人民法院的判决有重要意义,应该在更大范围内产生影响。

香港华纳唱片有限公司 v. 重庆台庆房地产综合开发有限公司

重庆市高院(2005)渝高法民终字第 112 号

本院要提醒上诉人注意的是音乐电视作品和电影作品的著作权都自作品创作完成之日起即产生,作品的产生不以行政部门的审批为前提,本案被上诉人华纳公司制作的光盘未在中国内地公开发行并不意味着华纳公司不享有该光盘中音乐电视作品的著作权。华纳公司的法人注册地在中国香港,中国香港和中国内地均为《与贸易有关的知识产权协议》的成员。参照《中华人民共和国著作权法》第 2 条第 2 款的规定,华纳公司对该光盘中音乐电视作品享有的著作权受《中华人民共和国著作权法》的保护。

5.4.3 剥夺政治权利

在周丰一等 v. 中国广播出版社案中②,被告提出所谓"周作人曾因汉奸行为被剥夺政治权利因而不享有著作权"的抗辩。中国宪法规定的公民政治权利有言论、出版、集会、结社的自由。周作人被法律剥夺了政治权利,也就意味着他无法出版个人作品或通过作品发表言论。周的作品事实上成为过去《著作权法》第 4 条意义上的依法禁止传播的作品。但是,在该案中,法院并未接受被告的抗辩,最终认定版权侵权。

6 不受保护的"作品"

《著作权法》(2010)第 5 条明确排除了下列客体获得版权保护的可能性:

(一)法律、法规,国家机关的决议、决定、命令和其他具有立法、行政、司法性质的文件,及其官方正式译文;
(二)时事新闻;
(三)历法、通用数表、通用表格和公式。

显然,排除上述客体的原因并不相同。法律文件作为一个文本,通常不存在所谓的独创性方面的缺陷。拒绝提供著作权保护,完全是出于公共政策的需要:一方面,无须著作权法提供为这些文件的"创作"提供额外的激励机制;另一方面,为这些法律文件的自由传播消除法律障碍,符合社会的整体利益。

著作权法对于时事新闻、历法与通用数表等客体的排除,则很大程度上是因为这些客体有明显的独创性缺陷或不属于著作权意义上的表达,原本就不应该获得著作权

---

① 广东中凯文化发展有限公司 v. 重庆市高新技术产业开发区水木年华网吧等,最高人民法院(2010)民提字第 39 号。
② 北京市西城区法院(1995)民初字第 74 号;北京一中院(1996)一中知终字第 8 号。载孙健、罗东川:《知识产权名案评析(2)》,中国法制出版社 1998 年版,第 53—60 页。

保护。

6.1 法律文件

法律文件中,"法律、法规,国家机关的决议、决定、命令"的含义相对明确,其范围比较清楚。除此之外,"其他具有立法、行政、司法性质的文件"的具体范围,相对模糊。在下面的案件中,技术标准文本本身、专利说明书等是否属于不受保护的法律文件,就存在激烈争议。

6.1.1 技术标准文本

中国建筑工业出版社与北京万方数据股份有限公司

北京市二中院(2009)二中民终字第20803号

2005年,建设部批准《公共建筑节能设计标准》为行业标准,编号为GB50189-2005,其中第4.1.2、4.2.2、4.2.4、4.2.6、5.1.1、5.4.2(1、2、3、5、6)、5.4.3、5.4.5、5.4.8、5.4.9条为强制性条文。由建设部标准定额研究所组织建工出版社出版发行。建工出版社据此出版了《公共建筑节能设计标准》单行本。

万方公司将建工出版社出版的该标准单行本扫描录入其制作的《中国标准全文数据库》,并提供给北工大、北京交大、同济大学在各自学校局域网内供用户浏览、下载。万方公司未就此征得许可,也未支付费用……

另查,1999年8月26日,建设部办公厅给国家新闻出版署图书司《关于中国建筑工业出版社和中国计划出版社享有工程建设国家标准与有关行业标准专有出版权的函》中明确:"由我部主管的工程建设国家标准、行业标准和经济定额等,其出版和发行工作我部均分别委托中国建筑工业出版社和中国计划出版社,两社的分工为:建设部系统的工程建设国家标准和行业标准,以及有关的经济定额等由中国建筑工业出版社出版发行;国务院其他部门的工程建设国家标准、全国统一基础定额,安装定额和项目评价方法和参数等由中国计划出版社出版发行。"诉讼中,建工出版社还提交了一份住房和城乡建设部出具的《关于我部标准定额出版发行工作职责的说明》,主要内容如下:依据国家和我部有关规定,由我部批准发布的标准和定额的著作权属我部所有,由我部授权出版标准定额的出版单位享有专有出版权。标准定额研究所负责标准定额出版发行管理工作,具体是指我部将标准、定额的著作权专有授权标准定额研究所,由该所负责标准、定额的复制、汇编、网络传播以及出版发行等工作,标准定额研究所有权根据工作需要授权他人对相关标准进行复制、汇编、出版和网络传播。

2007年9月18日,建设部标准定额研究所出具授权书,载明:"附件中所列标准(以下简称'该系列标准')均由建工出版社专有出版,且本单位专有授权许可建工出版社对该系列标准进行复制、汇编和网络传播。任何单位或个人,以任何形式复制该系列标准的任何部分,或将该系列标准通过网络进行传播,或汇编该系列标准,均必须事先征得建工出版社的书面同意。对于该系列标准被侵权后的维权工作,均由建工出版社负责,且建工出版社有权以自己的名义对侵权单位或个人提起诉讼。"该授权书附件中的标准包括涉案标准。

1996年,建设部组织制定并印发了《工程建设标准编写规定》和《工程建设标准出版印刷规定》。在这两个规定中,对于工程建设标准的文本格式、标准的排列格式、幅图尺寸、字号、字体、封面和扉页格式等均进行了规范。

……

原审法院认为:

国家标准分为强制性标准和推荐性标准。其中推荐性标准和强制性标准中的推荐性条文,属于自愿采用的技术内容,并不具有法规性质。而且,推荐性标准和强制性标准中的推荐性条文在制定过程中需要付出创造性劳动,具有创造性智力成果的属性。因此,推荐性标准和强制性标准中的推荐性条文符合作品的条件,属于著作权法保护的范围。

建工出版社根据建设部和建设部标准定额研究所的授权,对该标准享有专有出版权,以及专有的复制、汇编、信息网络传播的权利。根据《建设部关于发布行业标准〈公共建筑节能设计标准〉的公告》的规定,本案所涉《公共建筑节能设计标准》中只有专门列明的条文是强制性条文,其余条款均是推荐性条文,均属著作权法保护的范围。因此,建工出版社对该标准中的推荐性条文享有的专有著作权权利应当受到法律保护,任何人未经建工出版社许可不得复制、出版、汇编和通过信息网络传播该标准。

现万方公司未经许可,也未支付报酬,而将建工出版社出版的该标准扫描录入其制作的《中国标准全文数据库》,侵犯了建工出版社对该标准中的推荐性条文享有的专有的复制、汇编的权利,应当就此承担停止侵权,赔偿损失的责任。鉴于现有证据不能证明万方公司实施了出版和通过信息网络传播涉案标准的行为,故建工出版社关于万方公司侵犯其专有出版权、专有的信息网络传播权的行为,原审法院不予支持。

另外,涉案标准中的强制性条文,虽然是具有法规性质的技术性规范,建工出版社所获得的专有的出版权利,也非著作权法意义上的专有出版权,但建工出版社对此享有出版经营权利的独占许可,排除了其他出版单位的出版资格。万方公司将该标准扫描录入其制作的《中国标准全文数据库》的行为,在客观上仍然损害了建工出版社基于出版经营资格的独占而获得经济收益的权利。同时,由于涉案标准中既包括推荐性条文,又包括强制性条文,两部分内容结合构成一个完整的标准文本。因此,万方公司不仅应当停止使用涉案标准中的推荐性条文,亦应停止使用涉案标准中的强制性条文,并就其未经许可使用强制性条文承担相应的赔偿责任……

就建工出版社所主张的版式设计权,原审法院认为,因建设部已经对工程建设标准的编写和出版作出了具体规范,其中包括对于所出版标准的文本格式、标准的排列格式、幅图尺寸、字号、字体、封面和扉页格式等内容的规定。任何出版单位出版工程建设标准,均应依据该规范。因此,建工出版社不应对涉案标准单行本中文本格式、标准的排列格式、幅图尺寸、字号、字体、封面和扉页格式等版式设计内容享有版式设计权,其据此提出的主张,原审法院不予支持……

上诉人建工出版社不服原审判决,向本院提出上诉……

本院认为:涉案标准中部分技术内容为强制性条文,为条文强制形式的强制性标准,是具有法规性质的技术性规范,由建设部依法发布并监督实施。为保证标准的正确发布实施,建设部依职权将强制性标准的出版权授予建工出版社,这既是一种出版资格的确认,排除了其他出版单位的出版资格;同时也应认定是出版经营权利的独占许可。万方公司未经建工出版社许可,亦未支付报酬,将涉案标准扫描录入其制作的《中国标准全文数据库》的行为,客观上损害了建工出版社的民事权益,应当承担停止侵害、赔偿损失的民事责任……驳回上诉,维持原判。　　（刘薇、周晓冰、韩羽枫法官）

国家版权局版权管理司关于标准著作权纠纷给最高人民法院的答复

国家版权局版权管理司(权司[1999]50号)

……

一、标准的性质

关于标准的性质,我们同意你庭[(知识产权庭)]的意见:强制性标准是具有法规性质的技术性规范,推荐性标准不属于法规性质的技术性规范,属于著作权法保护的范围。

二、标准著作权的归属

根据来函中 A 出版社提供的情况,本案诉争图书涉及的标准均由国家技术监督局组织制定,包括提出计划、批准起草计划、组织起草工作、组织专家论证、征求意见、审定草案、审查批准报批稿、正式发布实施、实施监督检查等。制定标准的费用也由国家技术监督局支付。根据著作权法及实施条例关于法人作品规定的精神,从谁投资谁受益的原则出发,如果 A 出版社的上述介绍属实,应认为上述标准中受著作权保护的部分的著作权属于国家技术监督局。

三、著作权与行政特许

正如你庭认为的,标准由国家指定的出版部门出版,"是一种经营资格的确认,排除了其他出版单位的出版资格。"我们理解,这种出版资格是一种类似特许性质的行政权,是权力,而不是著作权性质的民事权利。出版社基于这种行政特许开展出版业务并取得经济利益,并不等于说,出版社的经济利益来自于行政权。带给出版社经济利益的是出版社从作者取得的出版权,即著作权中的财产权的一部分。国家授予出版社行政特许是为了国家便于领导、监督出版事业,并不是让出版社将行政特许直接转化为经济利益。这是我国的特有情况,严格地说,是由计划经济向市场经济转变过程中不可缺少的制度。如果不是这样,就等于承认,权力转化为金钱是合法的,卖书号是受法律保护的。这样的结论显然是荒唐的。行政权产生的基础必然是行政法,例如出版管理条例,而不是著作权法一类的民事法律。行政法的执法部门也不同于著作权法的执法部门,两者是有区别的。

思考问题:

(1) 对比法院判决和版权局的意见,二者可以相互协调吗?

（2）著作权法在决定法律文件是否享有著作权时，为什么不区别对待强制性的法律规范和授权性的法律规范呢？如果这一区分不合理，那上述法院的意见又如何能合理化？

6.1.2 专利说明书

除了技术标准文本之外，还有一类很特别的技术文件容易引发版权保护的争议，即所谓的专利申请文件，尤其是专利说明书。郑成思教授认为："如果申请案在公开之前即被驳回，则其中的专利说明书仍享有版权；如果撰写人是发明人，则发明人系版权人；如果撰写人系代理人，则代理人为版权人；如果共同写出该说明书，则二者为合作作者，共享版权。专利说明书一旦公布，即进入公有领域，亦即丧失版权……当然，对个人使用已公开的专利说明书是否应该加什么限制，例如，能否由个人收集说明书中富有美感的设计图，出版类似美术画册的出版物以营利，尚可通过其他法规予以明确。"[①]

专利申请文件一经专利局受理，就从私人文件转变成官方文件，并没有法律上的障碍。其中的道理就像立法过程中的专家建议稿变成正式的法律文本之后，就不再享有版权一样。从专利法鼓励信息公开和传播的角度看，上述规则也有利于专利文献的自由传播。从专利申请人的主观动机看，是否给予版权保护的确不会对此类作品的产生有实质性的影响。不过，著作权法是否有必要完全剥夺申请人对专利申请文件的版权，尚有讨论的空间。或许，在保证社会合理利用专利文献的同时，许可申请人对专利申请文件享有最低限度的版权（比如署名权），也是可能的替代方案。

李宪奎 v. 杨志银

广东省高院（2003）粤高法民三终字第 62 号

原审法院经审理查明，本案原告李宪奎请求保护的著作权为李宪奎拥有的 ZL97112023.4 号"建筑物基坑边坡支护的施工方法"发明专利权的"权利要求书"及"说明书"……李宪奎的专利说明书由文字和图形两部分组成，其中图形有两幅，图 1 为本发明的建筑物基坑边坡支护的施工方法的透视图，图 2 为表示上述方法的开挖步骤的示意图。李宪奎认为杨志银侵犯了其请求保护的专利说明书附图 1。

杨志银和程良奎编著了《喷射混凝土与土钉墙》一书，该书由中国建筑工业出版社出版、发行，发行时间为 1998 年 10 月，发行数量为 3500 册，定价为 26 元……原告指控该书的第二篇"土钉墙技术"第一章"概述"第一节"土钉墙发展"（该书第 349—350 页）"（1）为了防止地下水位降低，引起建筑物及管道的沉降，出现了一种制水型土钉墙（图 2-1-4a），这种土钉墙施工前先做止水帷幕，然后分层开挖施工土钉和喷射混凝土面层。止水帷幕常采用互搭接的单排或双排深层搅拌桩、高压旋喷（摆喷）桩和控制压力注浆技术。这样就使土钉墙在不做降水的情况下得到应用"文字内容，剽窃了

[①] 郑成思：《版权法（修订版）》，中国人民大学出版社 1997 年第 2 版，第 119 页。

李宪奎专利"说明书"的第1页倒数第4行"上述水泥土地下连续墙是采用搅拌法、旋喷法、高压注浆法或者压密注浆法进行"文字内容。李宪奎指控该书的第340页"土钉墙与其他支护的结合形式（图2-1-4）"的（a）、（b）、（c）图，（a）止水型土钉墙；（b）土钉墙与预应力锚杆相结合；（c）超前竖向型桩土钉墙。剽窃了原告专利"说明书"附图1。杨志银承认涉嫌侵权作品的部分为其个人独立完成的著述，但坚持其行为不构成剽窃原告作品。主要理由是，杨志银作品发表时间早于李宪奎的专利申请日；杨志银的作品与李宪奎的专利文献没有相似之处；专利文献的特点决定了杨志银不可能侵犯李宪奎的著作权；杨志银创作不是生产经营目的，而是学术研究……

原审法院认为……关于李宪奎在本案请求保护作品是否受著作权法保护问题。专利权利要求书及说明书是国家知识产权局授予专利权人专利权保护的内容，是专利文献，属于行政性质的文件。但它不仅是我国《著作权法》第5条规定的行政性质的文件，它还有作品的特征，这表现在它是由李宪奎个人创作完成，在专利申请日之前就已经存在，专利文献只是对李宪奎作品公开的一种表现形式，如果他人以著作权法的剽窃手段，以商业形式使用李宪奎作品，李宪奎的作品就属于著作权法意义上的作品，应受著作权法保护……李宪奎不服该判决，向本院提起上诉……

本院认为：1. 关于本案是否构成文字与图形剽窃之著作权侵权问题。经对比，被上诉人杨志银在《喷射混凝土与土钉墙》一书第349页关于土钉墙的描述"止水帷幕常采用相互搭接的单排或双排深层搅拌桩、高压旋喷（摆喷）桩和控制压力注浆技术"与上诉人李宪奎的ZL97112023.4专利说明书中的相关内容"在上述方法中，上述水泥土地下连续墙是采用搅拌法，旋喷法，高压注浆法形成的。"两者都是关于"土钉墙"施工技术方法的表述，在文字表达方面具有一定的相似性；杨志银的"土钉墙与其他支护的结合形式"图形与李宪奎的ZL97112023.4专利说明书附图也具有一定的相似性。但是，应予指出的是，专利说明书及附图的作用是用于解释权利要求，公众通过阅读说明书及附图进而理解发明创造、实施发明创造、传授发明创造，由于杨志银是在介绍我国发展土钉墙技术上的一些独特的成就时出现上述的文字及图形表述，而李宪奎的ZL97112023.4施工方法发明专利属于我国土钉墙技术的独特成就的一个组成部分，因此，杨志银在本案争议作品中所作的上述文字、术语及图形表达，不构成剽窃李宪奎的作品。2. 关于李宪奎上诉提出，由于杨志银在《喷射混凝土与土钉墙》一书中介绍土钉墙技术施工方法未标明出处，致使李宪奎所持有的专利技术被人误解为公开的不受保护的技术，许多人买了《喷射混凝土与土钉墙》后便按图施工，以致目前建筑市场上对李宪奎的专利侵权屡屡发生，给李宪奎带来了巨大的经济损失和精神损失问题，本院认为，如果有人误把李宪奎的ZL97112023.4发明专利当成公知技术，但只要李宪奎的该发明专利仍然合法有效，就依法受我国《专利法》保护。任何人未经专利权人许可，擅自使用该专利方法，则构成专利侵权。李宪奎可以通过专利侵权诉讼来制止专利侵权行为的发生……驳回上诉，维持原判。**（林广海、欧修平、黄伟明法官）**

思考问题：

（1）二审法院含糊其辞，似乎暗示原告还享有专利说明书的著作权，但被告的行为不构成剽窃。这与一审意见有出入。何者更有道理？

（2）联系本案,你认为上述郑成思教授的意见符合版权法的逻辑吗？承认版权依然存在,然后做适当限制,是否是更好的替代方案？

（3）有报道说,北京市丰台区人民法院知识产权庭受理一起要求确认专利说明书著作权的案件。该案中,专利申请人对他人在专利申请文件中抄袭其申请文件的行为提起诉讼。你觉得应该如何处理？

6.1.3　法律文件的官方译本

法律文件的官方正式译文也不在保护之列。这并不妨碍法律文件的私人译文获得版权保护。比如,很多律师事务所或学术机构会翻译中国的法律文本以对外交流。这些译文所享受的保护与普通的文字作品并无二致。

6.2　时事新闻

"时事新闻,是指通过报纸、期刊、广播电台、电视台等媒体报道的单纯事实消息。"①一般认为,单纯事实消息原本就因为缺乏独创性而无法获得版权保护。如果创作者在报道单纯事实消息的同时,融入了个人的主观意见,则可能成为普通作品而获得保护。

依据最高人民法院 2002 年的司法解释,"通过大众传播媒介传播的单纯事实消息属于《著作权法》第 5 条第（二）项规定的时事新闻。传播报道他人采编的时事新闻,应当注明出处。"②这一解释在著作权法之外为单纯事实消息提供了最低限度的保护——即使用者需要说明原始来源。

北京慧聪建设信息咨询有限公司 v. 北京东星视讯科技有限公司

北京市一中院(2010)一中民终字第 10328 号

2009 年 4 月 9 日,北京东星视讯科技有限公司(简称东星公司)摄影师杨丽华接受东星公司的工作任务,在首都机场拍摄了艺人陈冠希抵达机场的照片,并将其中的 28 张照片上传至互联网(网址为 www.tungstar.com.cn)。[对外发表是,题目为《陈冠希神秘现身北京机场"潮人范儿"心情不错摆弄手机》,标注时间为 2009 年 4 月 9 日。]

2009 年 4 月 10 日,东星公司委托北京市方圆公证处对慧聪公司网站使用涉案照片的情况进行公证:登录 www.hc360.com,该网站使用了东星公司摄影师杨丽华拍摄的 28 张照片中的 12 张照片,使用时没有为东星公司署名。该组照片的题目为《陈冠希好心情现身北京 一改落魄家居形象》,标注的时间为 2009 年 4 月 10 日。

[原审法院认为被告未经许可使用他人摄影作品,侵害著作权。]

上诉人慧聪公司不服原审判决,向本院提起上诉称……根据《著作权法》第 5 条的规定,涉案照片属于时事新闻,不应受《著作权法》的保护。《信息网络传播权保护条例》第 6 条也规定,通过信息网络提供他人作品,属于为报道时事新闻,在向公众提

---

① 《著作权法实施条例》(2001)第 5 条。
② 《最高人民法院关于审理著作权民事纠纷案件具体适用法律若干问题的解释》(2002)第 16 条。

供的作品中不可避免地再现或者引用已经发表的作品的,可以不经著作权人许可,不向其支付报酬……

本院认为:

本案中被控侵权行为发生于 2010 年 4 月 1 日之前,故本案应适用 2001 年 10 月 27 日起施行的《著作权法》。

根据《著作权法》第 5 条第(二)项的规定,该法不适用于时事新闻。根据《中华人民共和国著作权法实施条例》第 5 条第(一)项的规定,时事新闻是指通过报纸、期刊、广播电台、电视台等媒体报道的单纯事实消息。单纯事实消息不受《著作权法》的保护,一方面系因为单纯的事实消息仅仅表达了客观事实,不表达作者的思想和感情,通常不具备成为作品的条件,另一方面系为了促进时事新闻的传播,使公众能尽快知悉近期发生的相关事实。而就摄影作品而言,即使其内容系反映时事,通常亦体现了拍摄者对于拍摄时机、角度、构图等的选择,具有作品的独创性,而且使用照片亦非传播时事性消息或相关事实所必需。因此,涉案的关于陈冠希抵京的照片不属于《著作权法》第 5 条第(二)项所称的时事新闻。涉案照片属于《著作权法》所称的作品,应受到《著作权法》的保护。

(赵静、严哲、周丽婷法官)

思考问题:

(1)单纯事实消息只可能是文字信息吗?

(2)记录某一重大政治或社会生活瞬间的新闻照片,可能成为著作权意义上的"单纯事实消息"吗?《著作权法》有机制保证此类照片的自由流通吗?

6.3 历法与通用数表

"历法、通用数表、通用表格和公式"中,比较常见的例子是日历、九九乘法表、通用的数学表格、元素周期表、对数表等。如果创作者在这些表格中加入个性化的内容或装饰因素,则整体上依然可能获得著作权保护。比如,在下面的辞海编辑委员会 v. 王同亿案中,体现编写者个性选择的中国历史纪年表就被认为是受保护的客体,而不是所谓的"历法"表格。

辞海编辑委员会 v. 王同亿

北京一中院(1995)一中知初字第 63 号

《纪年表》不属于《中华人民共和国著作权法》第 5 条第 3 项中所说的"历法",它表达的内容和使用功能与历法有区别。它不是单一的时间表,还包括作者对历史数据的选择、考证,有针对不同使用者的便于检索的标记和独特的编排方式。《简表》不属于《中华人民共和国著作权法》第 5 条第 3 项中的"数表",它按照国家承认的时间顺序对我国少数民族进行统计,有自己考证的结果,有独特的编排方式。所以,《纪年表》和《简表》是受我国著作权法保护的作品。

关于《纪年表》和《简表》的独创性。《纪年表》和《简表》的内容是对客观事实的描述。它的基本数据来自历史、事实,是客观的记录,没有版权性。它的基本形式也是较为固定的,各类纪年表均包括公元纪年、干支纪年、各时期王朝建年号、改年号等。各类少数民族简表也必须尊重少数民族存在的事实情况,这种客观描述不可避免地会有许多雷同之处。但是,不同时期的纪年表、不同的编者、不同的出发点及用途,以及如何设定栏目使读者更方便、快捷、科学地使用历史数据,都使纪年表的具体表现形式又不尽相同。这类作品的独创性表现在如何考证、选取和表现客观数据,形式能使读者更科学、准确、合理使用的专用表格。换句话说,享有著作权是最终形成的"表",而不是表中的"数据"。

王同亿列举了约30件前人资料作为证据,说明《纪年表》数据取自他人作品,或者说《纪年表》的每一数据都能从上述资料中找到。这恰恰说明了方诗铭要在大量的现有资料基础之上,整理、加工、考证出按自己的编排方式编辑的《纪年表》,而不是仅仅参阅了一两个资料。他的原创性反映在对大量历史资料的编辑、整理、考证上。即使与荣孟源表相比,也表现出多处差异性,反映出作者的独创性劳动。

尽管《简表》的编制需要的创造性劳动较少,基本数据取自客观事实或公有领域,但它在编排方式上仍有许多可选方案,如民族的排列可按人口数、分布地区、汉字笔画、国家承认先后、英文字头等,根据编者的目的、读者的研究兴趣,这类表格的编排,能够表现出差异性,不是只有唯一表达形式的"事实作品"。本案方诗铭的《简表》有独特的编排方式,有自己的考证的结果,是作者独立完成的作品,符合著作权法中规定的作品应具有原创性的条件。 **(罗东川、马来客法官,张平人民陪审员)**

说明:北京高院二审维持原判,参见北京高院(1997)高知终字第21号判决书。

第 5 章
著作权归属

1 关于作者的一般规则

参与作品创作过程的主体大致可以分成智力和资本两类投入者。著作权法深受浪漫主义或个人主义作者观的影响,在面对智力投入与资本投入相互竞争的局面时,将智力提供者放在优先的位置上。因此,著作权归属的一般原则是作者享有著作权。①合作作者共同享有合作作品的著作权。② 著作权法通过对"作者"身份的限制,能够将某些未对作品创作作出智力贡献的人,甚至那些作出某种智力贡献但不符合著作权法要求的人,排除出权利人的范围。这是一个高度体现立法政策的判断过程。

在一般原则之外,著作权法也会考虑资本提供方的需求,对权利归属作一些例外规定。比如,著作权法确定法人作品、职务作品、委托作品、电影作品等著作权的归属规则时,就不单纯以谁对作品作出智力贡献作为分配依据。相反,这些特殊规则考虑了作品创作过程中资本投入的因素,使得出资人能够对作品有更大的控制权,从而保护投资方的积极性。因此,著作权法承认:在某些情况下,法人或其他组织可以被"视为作者";雇主可以直接获得雇员作品的部分著作权;电影制片人而不是导演享有电影作品的著作权;等等。在权利归属方面设置诸多例外之后,"作者享有著作权"的一般规则常常显得黯淡无光。

1.1 何谓作者?

所谓作者是指创作作品的自然人。③这里所谓的创作,"是指直接产生文学、艺术和科学作品的智力活动。""为他人创作进行组织工作,提供咨询意见、物质条件,或者进行其他辅助工作,均不视为创作。"④有意思的是,立法者并没有明确提供不受版权法保护的抽象思想,是否属于著作权法意义上的创作活动。这为合作作者的身份确认留下难题。进一步的讨论,参见后文"合作作品"一节。

---

① 《著作权法》(2010)第 11 条第 1 款:"著作权属于作者,本法另有规定的除外。"
② 《著作权法》(2010)第 13 条第 1 款。
③ 《著作权法》(2010)第 11 条第 2 款:"创作作品的公民是作者。"这里的公民,实际上是指自然人。《著作权法修改草案征求意见稿》已经修正。
④ 《著作权法实施条例》(2013)第 3 条。

晏泳 v. 永城市文物旅游管理局等

河南省高院(2006)豫法民三终字第 7 号

永城市芒砀山景区名胜古迹众多。相传汉高祖刘邦在芒砀山斩蛇起义,明隆庆五年(1571)曾在此处立"汉高断蛇之处"碑以示纪念。因原碑时代久远,风雨剥蚀,碑文模糊,碑体断裂,不便观赏。1982 年,为恢复历史名胜古迹,原商丘地区行政公署、永城县人民政府拨专款重修"汉高断蛇之处"碑。在原芒山公社的统一安排和部署下,……晏鸿钧比照原碑的外形,按郑效治所书碑文,利用人工打锻、磨面的方法,刻制龟座及碑体,重刻"汉高断蛇之处"碑后,晏鸿钧获得报酬 800 元。由于该碑立在十字路口,1984 年间,经过往车辆灯光照射,在石碑上发现人像显影,人像似拔剑斩蛇,形象生动。1992 年,文物管理部门将"汉高断蛇之处"碑围起展览收费。

[原告诉称,该碑出现人像系晏鸿钧精湛的石雕技术,采用人工锻刻、打磨所致,故该石碑著作权应由晏鸿钧享有。]

[法院认为:]从晏泳提供的证据看不能证明"汉高断蛇之处"碑出现的人像轮廓就是晏鸿钧事先构思创作,并通过人工打锻、磨面的技法而形成或表现出来的,不具有独创性的特点;也无证据证明该石碑完成后,晏鸿钧以一定方式表示上述现象与其有意识的创作有关;且该石碑显像的人像轮廓不具有以某种有形形式复制的特点。故晏泳以其人像轮廓作为晏鸿钧创作作品的理由亦不能成立。

(傅印杰、王永伟、谷彩霞法官)

思考问题:

(1) 创作过程需要是有意识的吗?作者在创作作品时,需要事先对作品内容有明确的概念,并"有意识"地呈现该概念吗?

(2) 原告需要证明"人像轮廓晏鸿钧事先构思创作"的吗?

(3) 慧眼独具,发现自然界的奇石(比如有特定的花纹),是在创作雕塑作品的吗?如上述案例所示,雕刻或打磨石头后,石头呈现特殊效果,是创作吗?

原则上,作者只能是自然人,并无争议。不过,在极端情况下,法人或非法人组织也可能被视为"作者"。《著作权法》第 11 条第 3 款规定:"由法人或者其他组织主持,代表法人或者其他组织意志创作,并由法人或者其他组织承担责任的作品,法人或者其他组织视为作者。"关于法人作品的进一步讨论,参见下文"法人作品与职务作品"一节。在本书中,没有特别说明的情况下,作者均指自然人作者。

机器和动物的创作行为

作者是自然人,也就意味着电脑、机器和动物都不可能成为法律意义上的作者。

不过,在人工智能高度发达的今天,如何解释比比皆是的机器主导的"创作"行为则是很大的问题。比如,Google 和金山词霸都提供所谓的在线翻译服务。对特定文本的翻译结果,是否是著作权法意义上的演绎作品?如果是,软件服务提供者与网络用户,谁是作者?再比如,有些软件系统能够根据用户的要求进行作曲和演奏,那谁是作者或表演者?

经过特别训练的大象、大猩猩等动物创作的"作品"的现象也很常见。参考下列两幅关于大象绘画的照片,其中一幅是大象完成的"作品"。①该作品能够受到著作权法的保护吗?训练动物"创作"的驯兽师应该被视为"作者"吗?将摄像机固定在鲸鱼身上自动拍得视频,谁是"作者"?著作权法可以将无生命的法人或组织拟制为作者,是否也可以将动物拟制为作者?

中国人的著作权在作品创作完成后自动产生。② 因此,在实体法上,作者无须履行任何手续,就自动成为作品的著作权人。不过,在程序法上,创作者在主张著作权时,常常还要举证证明自己是作者,进而向第三方主张著作权。

1.2 著作权法上的作者观

个人主义与结构主义作者观

崔国斌:《否弃集体作者观:民间文艺版权难题的终结》,
《法制与社会发展》2005年第5期,第69—78页

(一)个人主义作者观

西方的社会历史学家和法学家几乎一致认为"作者"的社会定位在社会发展过程中经历了从普通工匠到"创新精神的化身"乃至天才的演变过程。最初,作者与普通的工匠并没有地位上的区别。但是,从18世纪开始,个人主义的作者观逐步取得统治地位。在文学批评领域,这种作者观强调个人在知识创新中的所表现出来的天才式的贡献。"作者"不但在理论上而且在实践上处于核心地位,文学文本是作者对个人情

---

① 图片分别来源于 http://webpic.chinareviewnews.com/upload/201311/19/102875007.jpg; http://webpic.chinareviewnews.com/upload/201311/19/102875009.jpg,最后访问2014年8月1日。
② 《著作权法》(2010)第2条第1款规定:"中国公民、法人或者其他组织的作品,不论是否发表,依照本法享有著作权。"外国人的作品依据公约,也是自动保护。但是,如果外国人并非成员国国民,则需要首先在中国出版,才可能获得保护。参见《著作权法》(2010)第2条第2—3款。

感自我揭示与自我建构的结果。著作权法接受浪漫主义作者观之后,强调自我和个人价值。著作权法一方面确立了精神权保护,强化对作者所赋予作品的价值的保护。另一方面,著作权法刻意矮化其他为特定作者的创作提供辅助性帮助的群体的地位。社会的注意力从群体的合作转向个体的创造。于是,"原创性"成为判断著作权存在与否的关键,新的作者观也就自然地成为一种意识形态。

民间文学集体作者观的支持者认为,这种个人主义作者观强调个人在知识创新中的所表现出来的天才式的贡献,导致现代著作权法排斥传统文化领域的集体作者观,拒绝承认以社会为单位的集体创新机制的存在。在集体创新体制下,个人作者的贡献无法识别,无法判断谁是智力成果的真正作者,因而法律拒绝对此类作品提供保护。于是,诸多学者认为"西方财产观中的文化偏见"被揭示出来。很快,这些学者找到了现代文艺批论的理论武器,对个人主义的作者观发动攻击。

(二) 结构主义的作者观

在很多研究人员眼中,批判个人作者观的最有力的理论武器来源于结构主义文学批评理论。1969年福柯在其开创性的著作《什么是作者?》("What is author?")中指出,理解现代"作者"思想的关键在于审视社会历史背景。作者作为一种新的社会建构方面的发明,并没有反映现实的文本创作实践。福柯认为,因为作者而获得所有权的规则并不是源于自然法,而是社会自行创立的用来分配作品所有权的一种人为规则。福柯着重强调对一个人之所以具备所谓的"作者"的气质的历史形成过程进行考察。在这一过程中,个人也就成为所谓的作者气质附载的客体,在所谓"作者"的名义下,很多社会的知识得以内在化。皮埃尔·布迪厄(Pierre Bourdieu)利用所谓的"习惯"(habitus)的概念来表达和福柯的关于个人"气质"(ethos)形成过程的描述相同的思想。在他看来,所谓的个人的美学上的经历,实际上是社会历史的产物。

借助于现代文艺理论,学者们怀疑,现代著作权法关于作者的狭隘定义,是一种法律上的暴虐工具,压制、消除了"他者"的存在意义和阐释方法。在结构主义郑重宣布"作者"已经死亡之后,学者们则期待着版权法学家来为"作者"签署死亡证明。知识产权法对于个人创造性贡献的推崇,被认为是源于一种虚假的意念,因为个人创造力的来源同社会历史背景有着千丝万缕的联系,并不能截然地将作品归功于作者个人。如果一个作品的产生,更多地取决于社会与历史的因素,而不是个人的因素,则著作权法将垄断权赋予作者个人的做法就是不"合法"的。司法实践对于所谓的"作者推理模式"(author-reasoning)的依赖,只不过是用来消除模糊点,克服现实世界的复杂性。

不仅如此,学者们还担心以个人为中心的权利归属规则可能还不符合现代社会越来越凸现的集体创新模式的要求。比如,电影、计算机程序等智力密集型的作品大多是社会高度分工协作的集体产物。对这些作品难以按照传统的个人主义作者观,一一确定每个人的作者身份,并提供产权保护。因此,有人指出,个人主义的作者观过去对促进知识产品的供给起到了预期的作用,但是对未来这一市场的健康发展,可能会起到阻碍作用。这一令人振奋的结论被广泛引入民间文学著作权保护的研究中。学者们试图说明,现行的法律强调个体的创造性贡献,忽略了文化发展过程中集体合作的重要性。因此,著作权法应当放弃所谓的个人主义作者观,确认传统文化所赖以生存的集体创新机制的存在,承认社区、民族、国家等成为法律上的"集体作者",进而确认集体对民间文学艺术作品所享有的知识产权。

(三) 对结构主义理论的误用

将现代文学和哲学理论应用到传统的甚至原始的民间文学著作权保护领域,本身就是一件激动人心的事情。结构主义作者观为人们重新评价现有著作权制度提供了一个非常独特的视角。它提醒人们重新去思考著作权法上"作者"、"原创性"等概念的内涵,重新审视知识产权制度是否符合现代文化发展规律等。但是,借用结构主义对个人主义作者观的批判结论,将民间文学无法获得有效保护的原因归咎于这种作者观的论点,则依旧缺乏说服力。

在文学批评领域,或许在过去相当长的时间里,"作者"就意味着一切,作品的所有荣耀都集于作者一身。但是在著作权法领域,"作者"并没有成为作品中全部内容的主宰者,也没有获得作品的绝对支配权。著作权法有一系列制度限制作者对其作品内容的支配,比如著作权保护不延及思想、合理使用的限制、保护期的限制、法人作者制度、职务作品制度、委托创作制度等等。这些制度背后的基本理念就是作品并非作者绝对的创作物,作品中包含社会集体现时的或历史的贡献,因而作者在享有特权的同时也需要承担相应的社会义务。著作权法确定谁是作者,谁是权利人,并不因此将作品作视为作者单独完成并绝对支配的私人物品。文学艺术领域的个人主义或者浪漫主义作者观从一开始就没有演化成著作权法上绝对的"作者"崇拜。由此看来,结构主义更像是在解释和印证著作权法过去的制度安排,而不是在否定之。

在知识产权领域,作者的概念现在依然处在不断地变化之中,它随着社会在公众信息自由与个人所有权之间的不断妥协,而不断得到修正。这些变化和修正已经使得"作者"在知识产权法中的地位和作用逐步被"权利人"的概念所替代,与"作者"有关的创作活动在决定权利归属的过程中已经不再像想象的那么重要了。

现代著作权法上的"个人主义"作者观并没有妨碍著作权法建立起适应现代社会需求的集体创新模式。的确,随着社会经济的发展,文化艺术作品的创作越来越依赖有组织的社会分工。著作权法为了适应现代社会组织者与投资者控制集体创新模式的需要,许可当事人之间可以就著作权和专利权的归属问题进行约定,为当事人根据集体创新机制的需要约定权利归属提供了机会。此外,著作权法还专门对法人作品、电影作品、职务作品、计算机程序作品等问题进行了专门的规定。这些规定以各种名义对于传统的作者的概念进行了修正甚至否定,成果的归属已经与所谓的个人主义或浪漫主义的作者身份相脱节。著作权法利用"权利人"的概念从制度上将"作者"逐步架空。从维护集体创新体制的角度看,保持作者个人的创作积极性已经让位于维护社会集团在文化产品上投资的积极性。著作权法中并不存在臆想的个人主义的严重缺陷,相反,甚至有人怀疑现代著作权法是否有效保护了作者的个人利益。

近几十年来科学技术迅猛发展,大型跨国公司所组织的创新活动已经超越国境的限制。知识产权法并没有在确定作者身份、权利归属等问题上出现激烈的矛盾冲突,也没有证据表明现有著作权法阻碍大规模技术创新。民间文学集体作者观的支持者没有看清这一事实,一味地对所谓的"个人主义"作者观进行抨击,不过是在无的放矢。

1.3 作品署名的推定作用

创作者要证明自己创作作品的过程,并非易事。但是,著作权人要指控他人侵害著作权,又必须举证证明自己是诉争作品的作者或著作权人。如果法院对于证明标准的掌握过于严厉,则可能加重著作权人的负担,损害其维权的积极性。为此,《著作权法》第 11 条第 4 款作出了一项重要的推定:"如无相反证明,在作品上署名的公民、法人或者其他组织为作者。"大多数作品在首次发表时,都有作者署名。因此,这一推定大大减轻了多数作者证明自己作者身份的举证责任。

所谓"在作品上署名",按照字面意思,作者要在作品原件或复制件上署名。不过,实践中并没有要求署名必须严格地落在诉争作品的原件或复制件上。当诉争作品是更大范围的作品的一部分时,在该更大范围的作品上署名,常常就能够让人有合理的理由相信,诉争作品是该作者作品的一部分。比如,用户在网页上表明自己的用户名,就可以被视为是在网页中呈现的照片上署名。①

"无相反证明",是指在被告没有提供相反证据的情况下,法院就会推定在作品上署名的人为法律意义上的作者或著作权人。② 如果对方要推翻这一法律推定,可能的相反证据包括:证明作品另有所属的证人证言、发表在先的作品上的不同署名等。当然,相反证据的证明力达到何种程度才足以推翻作品上署名的推定效力,只能由法院在个案中根据证据规则进行判断。

华盖创意(北京)图像技术有限公司 v. 中国外运重庆有限公司

最高人民法院(2010)民提字第 199 号

华盖公司是美国 Getty Images,Inc(以下简称 Getty 公司)在中国的授权代表。Getty 公司授权华盖公司在中国境内展示、销售和许可他人使用其拥有著作权的图像资料,并以其自身名义在中国境内就任何第三方对 Getty 公司的知识产权的侵犯和未经

---

① 在李静 v. 北京大场面眼镜连锁服务有限公司(北京市海淀区法院(2007)海民初字第 27416 号)案中,法院指出:"涉案摄影作品上虽未署名'李静',但注明李静在相关网站中的用户名 silence2072000 和 sunglasses8017 亦足以建立起上述作品与李静之间的联系,应视为是李静的署名。况且,李静此前已经以著作权人的身份向他人主张过权利,而本案中并无相反证据证明另有著作权人。"

② 比如,在成都好乐迪音乐娱乐有限责任公司与华纳唱片有限公司著作权侵权纠纷案(四川高院(2005)川民终字第 426 号)中,法院就遇到这样的情形:在公证处封存的涉案光盘中,涉案 3 首 MTV 画面的左上角均有华纳公司的标记。法院指出:"原审法院当庭对华纳公司提交的《爱是……炫耀》光盘及四川省公证处封存记录涉案光盘进行了播放,涉案 3 首 MTV 画面的左上角均有华纳公司的标记,且华纳公司提交的《爱是……炫耀》光盘的彩封背页有其署名,并标有版权标记,国际唱片业协会亚洲区办事处亚洲区总监饶锐强出具的声明书及所附 IFPI 亚洲区办事处的证明文件也载明,华纳公司音乐录影作品(MV)之光盘,即专辑名称为《爱是……炫耀》作版权登记之用,已充分证明华纳公司为《爱是……炫耀》光盘中《你爱我爱不起》MTV 作品的著作权人。"

授权使用 Getty 公司拥有著作权的图像的行为采取任何形式的法律行为。

华盖公司提起诉讼称,重庆外运公司未经授权在其 2006 年制作的企业宣传画册中使用了 Getty 公司享有著作权的一张图片(以下简称涉案图片),请求判令重庆外运公司停止使用涉案图片、赔偿其经济损失,并提交了 2009 年 3 月 23 日在 Getty 公司互联网网站公证取证的涉案图片等作为证据。

重庆市第一中级人民法院一审认为,华盖公司提交的公证书仅能证明 Getty 公司在公证时享有涉案图片的著作权,但未能证明 Getty 公司在涉案宣传画册形成之前就拥有涉案图片的著作权,遂判决驳回了华盖公司的诉讼请求。华盖公司提起上诉,并提交了涉案图片上传时间的公证书等新证据。

重庆市高级人民法院二审认为,公证书所记载的图片上传时间来源于华盖公司自有的网站管理后台,该公司有能力对其进行修改,不应予以采信;现有证据不能确定涉案图片的上传时间,华盖公司未能证明 Getty 公司在宣传画册形成之前就拥有涉案图片的著作权,遂判决驳回上诉,维持一审判决。华盖公司不服二审判决,向最高人民法院申请再审。

最高人民法院再审认为:

本案中,Getty 公司虽未参加诉讼,但其是否享有涉案图片的著作权,直接关系其对华盖公司的授权行为是否存在瑕疵,以及对华盖公司的主张能否予以支持的问题,故应对此进行必要的审查,并结合双方当事人提供的证据综合分析判断。首先,Getty 公司系美国知名的专业图片提供商,涉案图片上有"Getty Images○R"的水印,即 Getty 公司的署名,并标注了"本网站所有图片均由 Getty 公司授权发布,侵权必究"等字样,根据著作权法的规定,如无相反证明,应认定在作品上的署名者为作者,并享有著作权。

本案中,Getty 公司出具的授权书已经美国公证机构公证,及我国驻美国旧金山总领事馆认证,对此证据效力应予采信。依据该授权书,华盖公司作为 Getty 公司在中国的授权代表,有权在中国境内展示、销售和许可他人使用 Getty 公司拥有著作权的图片,并有权在中国境内以华盖公司名义就任何侵权行为提起诉讼。

其次,关于涉案图片何时公开发表的问题。鉴于本案中重庆外运公司使用的涉案图片与 Getty 公司享有著作权的图片完全相同,但重庆外运公司既未提交证据证明涉案图片的著作权不属于 Getty 公司,亦未能证明其对涉案作品的使用有合法依据,据此,可以推定涉案图片在重庆外运公司 2006 年使用之前已经公开发表,至于涉案图片发表的具体时间已不重要。

一审法院将华盖公司 2009 年 3 月 23 日申请公证机构公证的时间,作为 Getty 公司享有著作权的时间,缺乏法律依据。

二审法院以"现有证据不能证明 Getty 公司在 2006 年前对涉案图片享有著作权"为由,认定华盖公司不能依据 Getty 公司的授权,享有相关著作权及提起本案诉讼的权利,亦法律依据不足。

根据华盖公司在一审、二审及申请再审过程中提供的相关证据,可以认定华盖公司已经取得 Getty 公司合法授权,其据此主张权利,依法应予支持。重庆外运公司未经许可,擅自使用涉案图片,并用于企业宣传推广,侵犯了华盖公司依法享有的复制权和发行权,应当承担停止侵害、赔偿损失的民事责任。重庆外运公司以其只是企业宣传册的使用者,不是制作者,没有侵权的故意,不构成侵权抗辩的理由不能成立。对于企业宣传画册制作者的责任,重庆外运公司可以依据其与该制作者签订的合同,另案解决。

思考问题:

(1) 利用作品署名推定作者身份时,原告是否有义务证明自己署名的作品实际上在侵权作品之前发表?

(2) 在本案中,被告能够证明自己在 2006 年就使用,而原告无法证明。这一事实不影响著作权法上作者推定的结果吗?

(3) 推定作者身份与推定抄袭,是否存在很大差异? 本案中,原告如何证明被告是在抄袭自己的作品,而不是反过来呢?

过去,出版社的纸质出版物占据了主导地位,出版物上的署名和出版时间具有一定的可信度,因此作品上署名就具有较强的推定效力。在网络时代,大量作品首先在网上发表。虽然发表时也有署名,也会标注上传时间,但是由于电子证据本身的可靠程度较低,证明力相对较弱。在实务中,被告通过证人证言宣称自己是作者,则法官可能就会对原告的网络作品署名的推定效力产生怀疑。

实务中经常会遇到作者在作品上署笔名或假名的情形。在网络环境下,这尤为普遍。最高人民法院案例公报中公布的陈卫华 v. 成都电脑商情报社案(1999 年第 5 期)为如何证明作品的权利归属,提供了启示:

> 个人主页"3D 芝麻街"版主与该主页上《细说 MAYA》一文的署名均为"无方"。虽然当前个人主页的设立与使用并无明确的法律规定,但在一般情况下个人主页密码的修改、内容的添加和删改工作只能由个人主页的注册人完成。陈卫华作为专业人员,能够修改该个人主页的密码、上载文件、删改文件,电脑商情报社据此已认可陈卫华即为"无方",亦未提出相反的证据证明特殊情况的存在,故陈卫华应为"无方",《戏说 MAYA》一文的著作权归陈卫华所有。

1.4 著作权登记及其效力

在中国,著作权自动获得保护,著作权登记并非著作权保护的前提。因此,《著作权法》和《著作权法实施条例》中均没有著作权登记的规定。自愿的著作权登记能够帮助权利人缓解诉讼中证明著作权权属的压力。

国家版权局 1994 年发布《作品自愿登记试行办法》,明确指出:"作品不论是否登记,作者或其他著作权人依法取得的著作权不受影响。"[1]《办法》规定"各省、自治区、直辖市版权局负责本辖区的作者或其他著作权人的作品登记工作"。[2]从1995年起,版权局下属的中国版权保护中心开始接受全国范围内的著作权人自愿进行的著作权登记。[3] 因此,现在省市一级的版权局和中国版权保护中心都可以从事版权登记业务,但受理的著作权人的地域范围有差异。登记机构在接受登记申请时,并不对作品内容进行实质审查。

以下是中国版权保护中心对于申请作品著作权登记所应提交的材料的要求:

(1) 按要求填写完整的作品著作权登记申请表;
(2) 申请人的身份证明;
(3) 权利归属证明;
(4) 作品的样本(可以提交纸介质或者电子介质作品样本);
(5) 作品说明书(请从创作意图、创作过程、独创性三方面写,并作者签字);
(6) 委托他人代为申请时,代理人应提交申请人的授权书;
(7) 代理人的身份证明。[4]

对于计算机软件的版权登记,《计算机软件著作权登记办法》(2002)有更具体的规定。"国家版权局认定中国版权保护中心为软件登记机构"。[5]这似乎排除了地方省局接受软件作品的登记权力。《办法》要求,"程序和文档的鉴别材料应当由源程序和任何一种文档前、后各连续30页组成。整个程序和文档不到60页的,应当提交整个源程序和文档。除特定情况外,程序每页不少于50行,文档每页不少于30行。"[6]"软件著作权登记时,申请人可以申请将源程序、文档或者样品进行封存。除申请人或者司法机关外,任何人不得启封。"[7]过去,计算机软件版权登记是通过行政或司法维权的前提条件,后来被最高人民法院的司法解释否定[8],从而回复到现在自愿登记的状态。[9]

---

[1] 《作品自愿登记试行办法》(1994)第2条。
[2] 《作品自愿登记试行办法》(1994)第3条。
[3] 中国版权保护中心网站地址为 http://www.ccopyright.com.cn/cpcc/index.jsp,最后访问日期2014年8月1日。
[4] 中国版权保护中心 作品著作权登记指南 http://www.ccopyright.com.cn/cpcc/bqdj.jsp?fck&columnid=731,最后访问日期2014年8月1日。
[5] 《计算机软件著作权登记办法》(2013)第6条第2款。
[6] 《计算机软件著作权登记办法》(2013)第10条。
[7] 《计算机软件著作权登记办法》(2013)第13条。
[8] 最高人民法院在《关于深入贯彻执行〈中华人民共和国著作权法〉几个问题的通知》(1993)中指出:"凡当事人以计算机软件著作权纠纷提起诉讼的,经审查符合《中华人民共和国民事诉讼法》第108条规定,无论其软件是否经过有关部门登记,人民法院均应予以受理。"
[9] 《计算机软件保护条例》(1991)第24条规定:"向软件登记管理机构办理软件著作权的登记,是根据本条例提出软件权纠纷行政处理或者诉讼的前提。软件登记管理机构发放的登记证明文件,是软件著作权有效或者登记申请文件中所述事实确实的初步证明。"不过,2001年《条例》修改时,这一强制要求被放弃。该《条例》(2001)第7条第1款规定:"软件著作权人可以向国务院著作权行政管理部门认定的软件登记机构办理登记。软件登记机构发放的登记证明文件是登记事项的初步证明。"

与作品上的署名类似,著作权登记只是起到推定著作权归属的作用。准确地说,它所能证明的不过是:在登记之时,申请人拥有登记的作品复制件这一事实。著作权登记本身并不具备物权登记的对抗效力或公信力。其他人只要能够证明他在该登记之前已经拥有该作品,就足以推翻该著作权登记证书的推定效力。如果作品通过正常出版途径出版,则专门办理版权登记的意义不大。如果著作权人不准备通过正常途径公开出版作品,则选择著作权登记获得初步证据,还是有一定意义。登记本身并不必然导致作品的公开发表。

在坤联(厦门)照相器材有限公司 v. 深圳市宝安区公明八航五金塑胶厂等(最高人民法院(2010)民申字第281号),最高人民法院认为:

> 根据国家版权局1994年发布的《作品自愿登记试行办法》第1条规定,作品登记的主要目的是维护作者或其他著作权人和作品使用者的合法权益,有助于解决因著作权归属造成的纠纷,并为解决著作权纠纷提供初步证据。可见,进行登记的主要作用在于证明权利的归属。虽然该试行办法规定有"作品登记应实行计算机数据库管理,并对公众开放"的内容,但对登记机构能否向公众提供相关登记的作品未作规定。原审法院结合本案的具体情况,认为作品登记不是著作权法意义上的发表[是正确的]。

思考问题:

为什么著作权法不赋予作品登记更强的效力,比如,像不动产登记那样具有公示公信的效力?

1.5 证明作者身份的其他方式

作者身份是一项普通的事实。原告对这一事实的证明,遵守一般的证据规则。在原告提供相关证据达到合理可信的程度后,法院就可以推定其作者身份,转而要求被告提供反证。换句话说,在作品上署名,并非认定作者身份的必要证据。最高人民法院《关于审理著作权民事纠纷案件具体适用法律若干问题的解释》第7条第1款规定:"当事人提供的涉及著作权的底稿、原件、合法出版物、著作权登记证书、认证机构出具的证明、取得权利的合同等,可以作为证据。"

显然,最高人民法院的司法解释中的列举也非穷举。在司法实践中,还有很多证明作者身份的方法。比如,事后再现作品的能力,就可能成为认定作品归属的证据。有新闻报道说,两个画家对绘画作品的权属发生争议,结果法院要求双方当事人当庭作画,作为证据封存,然后提交鉴定。①下面的两个案例,则提供了另外的证明思路。

---

① 现代快报:《两画家争作品版权,法官出招来法庭现画》,载 http://collection.sina.com.cn/cqyw/20130907/0832126525.shtml,最后访问2014年8月1日。

何庆晨 v. 泰山风景名胜区管理委员会

济南市中院(2002)济民三初字第 126 号

原告何庆晨诉称其父何厚民在泰安终生从事摄影专业,生前以泰山风光为主题创作了多幅摄影作品,给后人留下了难得的珍贵史料。其中 20 世纪初的"汉柏连理"、20 世纪 20 年代的"坤楼近景"、20 世纪 40 年代末的南天门、20 世纪 50 年代初的泰山全景的历史价值、文物价值和艺术价值尤为重要。几幅作品的价值集中体现在史料性和纪实性,老照片都是"活标本"、艺术品,因而具有较高的经济价值。该四幅老照片真实记录了泰山自 20 世纪初至 50 年代自然风光、社会风貌及时代变迁过程,使后人温故而知新。该四幅照片的著作权人系其父何厚民,何厚民已于 1981 年 9 月 16 日逝世,该四幅照片的原版(黑白底版)及原版洗印的黑白照片现由其保存并由其继承所有。

被告泰山管委会 2001 年 9 月编辑、出版、销售《百年泰山》一书时未经其许可,亦未支付报酬即擅自使用了上述四幅珍贵老照片,分别编印在该书的 P31、P133、P139、P154……

被告泰山管委会辩称,一、原告何庆晨始终不能证明其父对四张照片享有著作权。《著作权法》第 11 条规定:"如无相反证明,在作品上署名的公民、法人或者其他组织为作者",何庆晨并没有举出署有其父何厚民名字的作品,仅依该四幅照片的黑白底片及该底片洗印的黑白照片现由其保存为据,推出该四幅照片的作者是其父何厚民,既缺乏法律依据,又不符合逻辑,因为照片底片是可以复制并且在民间自由流转的,我们能在较短的时间内从社会上征集到这些照片即可说明这一点。何庆晨所持有的四幅照片之一"汉柏连理"最早发表在 1915 年上海商务印书馆出版的《中国名胜 第六种 泰山》一书,其编纂者是黄炎培和庄俞,并没有摄影人是何厚民的说法,而据方志记载泰安最早的由何氏创办的翠景照相馆始创于 1926 年,何庆晨手中怎么会有"汉柏连理"的底片呢?进一步说明,何庆晨持有该照片的底片不能作为其父是原始摄影者的证据。

……

济南市中级人民法院认为……

本案所涉四幅老照片均属于摄影作品,其著作权自作品完成创作之日起即产生。最高人民法院《关于审理著作权民事纠纷案件具体适用法律若干问题的解释》第 7 条第 1 款规定:当事人提供的涉及著作权的底稿、原件、合法出版物、著作权登记证书、认证机构出具的证明、取得权利的合同等,可以作为证据。

本案何庆晨举出的上述四幅作品拍摄的时间较早,该四幅作品的玻璃版底片和当时年代所使用的摄像器材及材料相符合,再加之何厚民生前一直从事摄影工作,同时亦不能以现在的法律和对著作权保护的意识来衡量当时的行为和观念,故本院认为何庆晨所举出的上述四幅照片的玻璃版底片应视为是证明谁是作者的原始凭证,据此可以认定何厚民是本案所涉四幅作品的著作权人。

被告提供证据来证明本案所涉四幅照片是泰安市博物馆馆藏照片,在馆藏照片中并没有记载作者名称,以此作为何厚民不是著作权人的相反证据。本院认为,馆藏作品中没有记载作者姓名并不意味着没有作者,也不能导致著作权人著作权的丧失,更不能成为被告随便使用作品的理由,且馆藏作品只能为陈列或保存版本的需要而复制,不能作印刷出版使用。综上,泰山管委会所提供的相反证据不充分,其辩护理由不能成立,本院不予支持。

(刘德宏、林洁华、陈清霞法官)

思考问题:

本案中,影响法院判决的因素除了最高人民法院司法解释第7条第1款所罗列的"底稿"或"原件"外,还有其他一些甚至更重要的事实。具体是哪些?

华熔 v. 天府早报社

四川省高院(2008)川民终字第735号

2007年4月27日,华熔在成都杜甫草堂拍摄了数张骑师骑马表演跨栏的照片,其中编号为_MG_7853.CR2的数码照片即为本案诉争照片。天府早报社在其2007年9月30日出版的《天府早报》第21版刊登了《骑纯血马悠游草堂》一文,该文以"早报讯"的形式介绍了成都杜甫草堂将在国庆节黄金周期间推出的系列活动,并在介绍盆景艺术展和马球对抗赛的同时,作为配图使用了本案诉争照片。天府早报社刊登该照片未署名,也未向华熔支付报酬。为此,华熔以天府早报社未经其许可,刊登其照片的行为,侵犯其对该照片享有的著作权为由,向法院提起诉讼……

本院认为,二审中,双方当事人争议的焦点为:

一、华熔是否享有诉争摄影作品的著作权。根据最高人民法院《关于审理著作权民事纠纷案件具体适用法律若干问题的解释》第7条的规定,当事人提供的涉及著作权的底稿、原件、合法出版物、著作权登记证书、认证机构出具的证明、取得权利的合同等,可以作为证据。在作品或者制品上署名的自然人、法人或者其他组织视为著作权、与著作权有关权益的权利人,但有相反证明的除外。

本案中,华熔为证明其享有诉争摄影作品的著作权,向法院提供了储存该作品的光盘,从光盘记载的内容看,显示了包括诉争摄影作品在内的六幅照片,该照片为同一场地拍摄,拍摄角度及作为拍摄对象的马、骑师相同,拍摄时间不同但动作连贯,均反映骑师骑马表演跨栏的动作,也与华熔为拍摄诉争摄影作品所作的陈述意见相互吻合,该院采信该证据并无不当。另外,华熔在二审提供的"和境山庄马术俱乐部"网站中刊登诉争摄影作品,明确记载该作品的拍摄人为华熔。故在天府早报社没有相反证据的情况下,可以确定华熔为诉争摄影作品的作者,并依法享有著作权,其合法权益应受到法律保护。

天府早报社提出华熔不是诉争摄影作品的作者的问题。根据最高人民法院《关于民事诉讼证据的若干规定》第2条的规定,当事人对自己提出的诉讼请求所依据的事实或者反驳对方诉讼请求所依据的事实有责任提供证据加以证明。没有证据或者证据不足以证明当事人主张的,由负有举证责任的当事人承担不利后果。本案中,天府早报社虽对华熔为证明其为诉争摄影作品的作者,向法院提供的光盘内容的真实性提出异议,但未提供充分的证据,也未提出合理的理由推翻该证据,应承担举证不能的法律后果,故天府早报社的该项主张因无证据而不能成立,本院不予支持。

(颜桂芝、刘巧英、陈洪法官)

2 合作作品

《著作权法》(2001)第13条:

> 两人以上合作创作的作品,著作权由合作作者共同享有。没有参加创作的人,不能成为合作作者。
>
> 合作作品可以分割使用的,作者对各自创作的部分可以单独享有著作权,但行使著作权时不得侵犯合作作品整体的著作权。

2.1 合作者的认定

依据《著作权法》第13条,合作创作是创作者成为合作作者的基本要求。至于何谓"合作创作",则没有进一步的定义。一般认为,合作作品的成立至少要满足两个前提条件,即合作意图和合作事实。① 所谓合作意图,是指创作者在从事创作时,存在有创作合作作品成为合作作者的意图。所谓合作事实,则要求创作者必须实际参与创作,作出实质性贡献,否则不能成为合作作者。在实际案件中,最常见的争议情形是双方均对作品作出实质性贡献但没有成为合作作者的合意,或者是,双方有成为合作作者的合意,但是一方没有对作品作出实质性贡献。

2.1.1 合作意图

合作意图要件要求各方具有成为合作作者的意图。如果没有合作意图,即便两个创作者的创作成果在一个作品中融合在一起,二者也不能成为合作作者。比如,现代人修改古代作品形成新的作品。新作品中虽然融合了古今作者的贡献,但并非合作作品。新的作品实际上是所谓的改编或演绎作品。现代作者是该演绎作品的唯一作者。这一例子也表明,合作合意的有无,对于区分合作作品和演绎作品,至关重要。区分这两类作品也很重要,因为二者在权利归属和保护期上都有明显的差别。

2.1.1.1 合作意图的内容

合作意图的内容至少应包含两方面,首先是共同完成一个作品,其次是要成为合作作者。二者缺一不可。共同完成一个作品,这是最低限度的要求,否则就无所谓合作作品了。不过,在有些案件中,这的确会成为问题。比如,国内先前发生过鲁迅和许广平之间的往来书信合集《两地书》是否构成应构成合作作品的争议。之所以发生争

---

① 韦之:《著作权法原理》,北京大学出版社1998年版,第42页。

议,是因为是独立作品还是合作作品,直接影响到其中鲁迅创作的作品的保护期限。鲁迅的继承人认为二人的书信为合作作品,而出版社则认为是相互独立的作品。其实,双方在写信时,大概不太可能会意图创作一个作品,更别说是否意图成为合作作者了。

有时候,各方的确有共同完成某一作品的意图,但是并不一定期望一方成为合作作者。比如,出版社或杂志社的编辑,常常和作者一道修改完善作品,但是双方并无成为共同作者的意愿。类似的,大学里的一些研究助手在为研究人员提供研究素材甚至是原创性表达时,并未期待或被期待成为合作作者。将编辑—作者、研究人员—助理关系同合作关系区别开来的关键是,前一关系中各方缺乏成为合作作者的意图。[1]

王滢等 v. 李淑贤(李文达案)

北京市高院(1995)高知终字第 18 号

本案系李淑贤诉李文达侵犯《我的前半生》著作权纠纷,在北京市中级人民法院一审诉讼过程中,李文达于 1993 年 11 月 5 日去世,李文达之妻王滢,李文达之子李金西、李金河、李海愿意继承诉讼。一审法院准许上述四人作为当事人参加诉讼。

北京市中级人民法院判决认定,《我的前半生》一书是爱新觉罗·溥仪的自传体作品,在该书的写作出版过程中,李文达根据组织的指派,曾帮助溥仪修改出书,李文达在该书的成书过程中付出了辛勤的劳动,但李文达与溥仪之间不存在共同创作该书的合作关系。因此应认定溥仪为《我的前半生》一书的作者,并享有该书的著作权。关于李淑贤要求李文达停止侵权、赔礼道歉一节,因李文达并非直接侵害了该书的著作权,故不支持李淑贤的这一请求,关于该书出版后的稿酬分配问题,因双方未提出异议,该院不予处理。故判决:《我的前半生》一书的著作权归溥仪个人享有;驳回李淑贤其他诉讼请求。

上诉人王滢等不服一审判决,向本院提出上诉,理由是:一审判决判定《我的前半生》一书的著作权归溥仪个人享有与事实相互矛盾;李文达与溥仪之间不存在委托与被委托的关系,故李文达作为该书的创作者,理应享有著作权;如该书属于职务作品,也应属于个人职务作品,李文达拥有著作权,若是法人职务作品,李文达也拥有署名权等一些权利;该书有人物心理和环境的描写和刻画,还塑造了虚构人物,因此该书应为溥仪的"自传体文学作品"或"文学传记",李淑贤服从一审判决。

经本院审理查明:溥仪在东北抚顺战犯管理所时,由其口述,其弟溥杰执笔,写了一份题为《我的前半生》的自传体悔罪材料。1960 年,群众出版社将此材料少量印刷成册,供参阅。有关领导阅后即要求有关部门派人帮助整理该材料并予出版。有关部门及群众出版社在征得了溥仪的同意后,指定当时在群众出版社工作的李文达与溥仪一起对该材料进行整理、修改。在有关领导的安排下,李文达于 1960 年七八月到抚顺

---

[1] Alice Childress v. Clarice Taylor, 945 F.2d 500,507(1991).

战犯管理所及溥仪生活过的地方实地调查,澄清了一些讹误的历史事实。1961年8月15日,群众出版社的几位编委召开《我的前半生》修改情况汇报会。李文达汇报了修改计划和该书应反映的主题思想。最后会议对该书的主题、叙述的形式、对溥仪思想性格的反映、强调内容的真实性等方面提出了重要的意见。此后溥仪与李文达开始在新的主题思想指导下重新撰写,经二人密切配合,1962年初完成了初稿,后二人在广泛征求领导和清史专家意见的基础上又几次修改。1964年,该书正式出版,书名仍为《我的前半生》,署名:溥仪。

本院认为:《我的前半生》一书从修改到出版的整个过程都是在有关部门的组织下进行的,李文达是由组织指派帮助溥仪修改出书,故李文达与溥仪不存在合作创作的事实。《我的前半生》一书既是由溥仪署名,又是溥仪以第一人称叙述亲身经历为内容的自传体文学作品;该书的形式及内容均与溥仪个人身份联系在一起,它反映了溥仪思想改造的过程和成果,体现了溥仪的个人意志;该书的舆论评价和社会责任也由其个人承担;因此,根据该书写作的具体背景和有关情况,溥仪应是《我的前半生》一书的唯一作者。溥仪去世后,该作品的使用权和获得报酬权,其合法继承人有权继承。综上,上诉人王滢等人的上诉请求不能成立,本院不予支持。原审判决处理结果正确,应予维持。

(张鲁民、陈锦川、刘继祥法官)

附件:案件背后版权局与各级法院的意见

[原最高法院知识产权庭庭长蒋志培法官撰写了一份非常详实的案例分析,仔细说明了当时主要权威部门对于本案的意见。摘录如下:]①

北京市高级人民法院的请示意见:

北京市高级人民法院经审判委员会研究的意见是:拟确认《我的前半生》一书的著作权为溥仪、李文达共同享有,即该书为溥仪、李文达合作的作品。其理由是:

(一)《民法通则》规定,公民享有著作权,而著作权属于作者。我国现行的《图书、期刊版权保护试行条例》第4条规定,作者是指直接创作作品的人。文化部在该条例的实施细则中解释"直接创作作品"指通过自己的独立构思,运用自己的技巧和方法直接创作反映自己个性与特点的作品。从《我的前半生》一书的成书过程可以看出,该书之所以不同于原"灰皮本",就是因为李文达通过独立构思,决定舍弃"灰皮本""另起炉灶",重新确定贯穿全书的中心和主题,创作一部新的作品。而这一构思通过与溥仪的共同研究、分析,不断修改、完善,最后得以确立,并通过李文达与溥仪的共同创作而完成。李文达对该书的构思与创作,既非接受出版社的委托,也非接受溥仪的委托。因此,李文达与溥仪都属于直接创作作品的人,都是作者,都应享有该作品的著作权。

---

① 蒋志培:《〈我的前半生〉著作权纠纷案》,载中国知识产权司法保护网,http://www.chinaiprlaw.cn/show_News.asp?id=1126&key=%CE%D2%B5%C4%C7%B0%B0%EB%C9%FA,最后访问2014年8月1日。

(二)《我的前半生》出版时,李文达未署名,如果认定李文达放弃了署名的权利,但这并不意味着李文达放弃了对该书的著作权。《图书期刊版权保护试行条例》第5条第1款规定,作者可以以本名、化名或以不署名的方式发表作品。因此,李文达未署名并不等于他不是作者。1965年外文出版社决定对外翻译出版《我的前半生》,即是李文达根据外出版社对外发行的要求,对全书进行修改。这说明李文达对该书享有只有作者才享有的"修改已发表的作品"的权利。

(三)《我的前半生》出版后,群众出版社正式行文,将李文达作为该书作者之一对待,并给付一半稿酬,公安部、中宣部、全国政协等的有关部门均同意群众出版社这一意见。溥仪生前未对此提出过任何异议。在溥仪去世20余年后,提出与溥仪原意相悖的主张,默示溥仪本人的态度是不妥当的。

(四)《我的前半生》系文学性传记,而非一般的自传。如果说自传的著作权应由其本人享有,那么文学性质传记则是任何人都可以创作的,当然在创作之前应当得到被创作人的同意,在与其无约定,也非共同创作的情况下,该文学性传记作品的著作权,理所当然应有创作者所有。

国家版权局等有关部门和有关专家对处理此案的意见:

1991年1月31日国家版权局致函最高人民法院,阐述了他们对处理此案的意见,即坚持原确认《我的前半生》一书为合作作品的决定。

其主要理由是:(一)经对比该书与当事人提供的手稿,认为该书基本上为李文达撰写,溥仪帮助修改的。严格地说,李文达应是主要作者,但是鉴于该书出版后的政治影响,只能以溥仪一人署名。(二)从该书创作的事实看,早在1964年该书出版时,群众出版社在给公安部的请示报告中就写明"溥仪是名义作者",而此事另有"实际执笔者"。公安部领导也同意这一意见。这就表明李文达的工作单位在国家版权局作出处理意见之前,对此书的实际作者就早有定论。

全国人大法工委有关同志倾向该书是溥仪、李文达共同创作的合作作品。主要理由是创作是著作权产生的唯一来源。在当时法律政策具体规定不清的情况下,这条法理应该坚持。另外,从事实看,该书不符合职务作品及委托作品的特征。

社会科学院法学所有关研究人员认为,该书应系李与溥仪的合作作品;李文达的作者身份应当确认。但该书的著作权的归属是另外一个问题。该书著作权应属溥仪与国家共有,而不是溥仪与李文达共有。这样解决问题可以减少连锁反应,否则"毛选"等大量相同情况,日后均争起著作权来,后果不堪设想。

最高人民法院的批复意见:

最高人民法院民庭接到北京市高级人民法院的请示后,除征求有关主管机关、专家学者等意见外,组成合议庭对此案进行了审查。经过对全案证据材料等的审查,合议庭认为本案应当认定以下四个基本事实

1. 创作《我的前半生》是上级领导交办的一项具体任务。溥仪的《我的前半生》灰皮本印出后,中央和各级领导十分重视,不少领导作过指示。公安部及群众出版社领导就此进行过研究。因此,由溥仪写出自己的过去和新生,将"灰皮本"修改创作为

公开出版的作品,既符合溥仪经过改造后的心愿,又是当时各级领导同志明确交代的任务。可以说从决定帮助溥仪写书的人选,到该书的组织修改创作,直到正式出版,都是在有关部门领导把关和具体安排下完成任务的过程。溥仪是完成任务的执行者,出版社也是完成任务的执行者。李文达则是出版社具体完成任务的执行人。当时并不存在先是李文达完成出版社的任务,进行修改"灰皮本"的工作,后则是李文达另起炉灶与溥仪两人另外自行创作一部新作品的事实。

2. 群众出版社接受任务的性质是帮助溥仪修改书稿。由于各级领导的意图是让溥仪写出自己的过去和新生,以反映党的改造政策。因此,溥仪接受的任务是写好《我的前半生》,能公开出版发行;群众出版社接受的任务是帮助修改、创作该书,达到能够出版的程度,以及公开出版该书稿;李文达则是出版社完成这一任务的主要具体执行者。出版社与溥仪之间,溥仪与李文达之间,在共同努力完成领导交给任务的基础上,确实达成了一种默契。但是这种默契不是合作创作的默契,而是帮助溥仪创作、出版该书的默契。溥仪与出版社、李文达之间已经形成了帮助溥仪修改、创作和出版《我的前半生》一书的法律事实。所以在完成任务后,溥仪十分感激李文达,写下了"四载精勤如一日,挥毫助我书完成;为党事业为人民,赎罪立功爱新生"的条幅。李文达也欣然接受了这一条幅。在溥仪的意思表示中,显而易见不是与出版社或李文达合作写书,而是在出版社和李文达的帮助下,努力写出书来,为党和人民赎罪立功。溥仪写书的过程也同时是他进一步改造自己、提高觉悟的过程。《我的前半生》一书出版署溥仪姓名,就是上述事实及这种成书实际状况的体现。

3. 《我的前半生》一书是一部由溥仪一人署名,以溥仪第一人称叙述,代表溥仪个人意志的自传体文学作品。《我的前半生》一书的成书形式具有几个明显的特点:(1) 通篇以溥仪第一人称叙述;(2) 以自传体形式叙述描写了中国末代皇帝溥仪的前半生经历;(3) 全书体现了溥仪经过改造后的思想认识和个人意志,领导及其他人的意志是通过溥仪的个人意志表达体现出来的;(4)《我的前半生》书稿由溥仪审阅同意,并由其一人署名。上述特点使该书这种描写特定人物生平的自传体文学作品与其他文学作品具有明显的区别。

4. 李文达在《我的前半生》一书的创作中,做了大量的创作性工作,是该书的执笔者。在《我的前半生》成书过程中,李文达为完成任务,充分发挥类主观能动作用,对该书的构思、深化主题、材料安排、具体撰写、校改等各方面做了大量工作,付出了很大劳动。他的工作得到了溥仪的称赞,也受到了领导的肯定。这是李文达具有该书执笔者身份及应当获得经济报酬的根据。

合议庭经过认真评议,形成两种处理意见:

第一种意见认为,《我的前半生》是李文达与溥仪合作作品,他们都应享有著作权。主要理由是:1. 李文达不是简单地记录、整理溥仪的口述材料,而是直接参与了该书的创作,因此他是作者之一;2. 李文达与溥仪创作该书的过程已形成合作创作的事实,故该书是合作作品,二人均享有著作权;3. 著作权法保护的对象是作品的形式,不保护作品的思想。作品不论以什么口气、什么人称写的,不影响著作权的归属。李文达用文学形式表达出溥仪的想法,李就享有该书的著作权。

第二种意见认为,《我的前半生》一书的著作权应属溥仪所有,其死亡后,财产等权利可由李淑贤继承。李文达是该书的执笔者,不享有著作权,但可以分得适当的经济报酬。主要理由是:1. 整个创作、出书过程是上级领导交给群众出版社和李文达帮助溥仪创作、出版《我的前半生》的过程。溥仪与群众出版社或李文达之间未构成合作创作该书的事实和默契,而形成了群众出版社和李文达帮助溥仪创作、出版该书的默契和事实。在这种默契和事实基础上形成的溥仪署名的自传体作品,著作权应属溥仪享有。2.《我的前半生》完全以第一人称描写作者本人的经历、思想,与其他作品创作不同,有其特殊性。执笔者即使有创作设想,想自由发挥,也要经过特定人的同意。其创作天地很有限。从承担社会责任的角度看,也是署名者特定的个人。3. 从社会影响和稳定既存的民事关系角度出发,凡这类自传体作品(特别涉及知名人士、特殊人物的自传作品)署名本人,有无书面约定是与他人合作创作的,不论参与创作的人或班子作了何种工作,均应认定为署名者即自传的特定个人为著作权人。参加创作的人员可区别情况适当分得经济报酬。

1991年5月31日最高人民法院民庭庭务会研究了本案,与会法官一致同意认定《我的前半生》一书的著作权应归溥仪个人享有,该书不属合作作品;同意合议庭对该案的第二种处理意见。

庭务会认为,1.《我的前半生》一书不同于一般的文学作品,它是在特定历史环境下产生的一部特殊作品。领导交办,由群众出版社及其委派的工作人员李文达帮助溥仪修改创作该书,构成了《我的前半生》一书成书的基本事实。根据该事实,溥仪的作者身份和对该书享有的著作权依法应受到保护,而不能无视事实,将帮助修改创作的人员当做作者,与溥仪分享著作权。也在这一事实基础上,承认李文达的劳动,保护其合法权益。2.《我的前半生》一书是由溥仪署名,以第一人称阐述其亲身经历为内容的一部自传体作品。这部作品在形式及内容上均与溥仪个人身份联系极其紧密。它反映了溥仪思想改造的过程和成果,体现了溥仪的个人意志。该书出版后的舆论评价和社会责任,也只能针对溥仪,并且由溥仪个人承担。对这类作品,如果没有明确地约定,不宜认定为与他人合作作品,而应当认定未署名的特定个人为作者的个人作品。3. 对《我的前半生》著作权纠纷案的处理要考虑到社会影响和社会效果。领导人、社会知名人士等特殊人物的自传体文学作品,由他人或写作班子参与创作的为数不少。自传体文学作品以外的其他形式作品,由他人参与创作的也很多。这些作品往往对社会具有较大的影响,有的则具有重大影响。如果《我的前半生》著作权纠纷案肯定帮助修改创作的人员享有著作权,就可能引起连锁反应,已稳定的民事关系就会引起动荡,影响坏,后果不堪设想。对今后由他人或者写作班子参与个人自传创作的,提倡对著作权归属事先约定。如无约定均以署名的作者为著作权人,参与创作人员要求确认为合作作品的不予支持。鉴于此案关系重大,对本案的处理意见又有分歧,建议召开专家座谈会就此案处理进行论证,并提交审判委员会研究决定。

1991年10月16日最高人民法院审判委员会召开第五百二十次会议讨论了该案。

会议认为,《我的前半生》一书的著作权应属溥仪所享有。李文达根据群众出版社组织上的指派帮助完成了该书的修改,付出了辛勤的劳动,应属职务行为,不应分享该书著作权。

1991年11月27日最高人民法院批复北京市高级人民法院称,你院京高法(1990)185号"关于《我的前半生》著作权纠纷处理意见的请示"收悉。经我院审判委员会讨论认为,《我的前半生》一书是溥仪的自传体作品,在该书的写作出版过程中,李文达根据组织指派,曾帮助溥仪修改出书,并付出了辛勤的劳动。但在当时的历史条件下,李文达与溥仪之间不存在共同创作该书的合作关系。因此,根据本案的具体情况,以认定溥仪为《我的前半生》一书的作者并享有该书的著作权为宜。

……

[原最高法院知识产权庭庭长蒋志培法官对本案的评论:]

本案是我国发生较早、影响最大的著作权纠纷案件,被称为"天字第一号"著作权纠纷大案。此案从起诉到终审判决历时近10年,惊动了从地方法院到最高审判机关等三级法院,并得到了最高人民法院两届首席大法官的关注……10年的诉讼,一方当事人去世了,一方当事人也风烛残年,但终于打出了对我国知识产权保护司法保护颇有意义的几条司法原则……

刘春田教授在本案判决前的评论:"一个付出很艰苦劳动的作家,仅因为没有署名,就被剥夺作者的资格权,如果这种要求被法律认可,就无疑是著作权法制的一个失败。"①

思考问题:

(1) 本案中,李文达与溥仪当初的合作的意图究竟是什么? 共同创作一个作品,没有疑义。接下来,合意的内容是:共同成为作者吗? 共同成为作者,但李不署名吗? 共同成为署名作者吗? 共同拥有著作权吗? 回答这些问题,对于确定是否为合作作者,重要吗?

(2) 确认是否为合作作者身份与李文达是否受上级指派参与创作这一事实有关系吗?

(3) 是否为合作作者与著作权的最终归属,在多大程度上是相关的?

(4) 你觉得为什么社会科学院法学所的专家会认为:"该书的著作权的归属是另外一个问题。该书著作权应属溥仪与国家共有,而不是溥仪与李文达共有"?

(5) 请再读一遍溥仪对李文达贡献的描述——"四载精勤如一日,挥毫助我书完成;为党事业为人民,赎罪立功爱新生"。"助我书完成",表明溥仪预期自己独自成为作者的心态? 如果溥仪和李文达的内心真意存在出入,如何处理?

---

① 刘春田:《著作权保护的原则》,载司法部和国家版权局:《中华人民共和国著作权法讲析》,中国国际广播出版社1991年版,第101页。

刘国础 v. 叶毓山

四川省高院(1990)川法民上字第 7 号
最高人民法院公报案例(1991 年第 1 期)

1981 年夏天,共青团重庆市委[等]决定,在全市少先队员中发起以集资修建《歌乐山烈士群雕》(以下简称《群雕》)的活动,并决定聘请被告叶毓山为创作设计人……1981 年 11 月 25 日,在重庆市各界代表参加的"歌乐山烈士群雕奠基典礼"仪式上,叶毓山展示了创作的 30 公分高的《群雕》初稿,并就创作构思的主题思想、创作过程作了说明,获得与会者的赞同。同时,展示了原告刘国础根据有关领导指示为说明《群雕》所处位置而制作的烈士墓模型。1982 年 3、4 月间,叶毓山在《群雕》初稿基础上,又制作了一座 48 公分高的 2 稿。

随后,叶毓山与刘国础根据初稿、二稿基本形态的要求,指导木工制作了《群雕》放大稿(又称定稿)骨架。这时,刘国础作为《群雕》工程办公室的工作人员,在叶毓山的指导下,参加了《群雕》泥塑放大制作和其他一些工作。叶毓山的学生余志强、郭选昌、何力平也曾对泥塑初形进行艺术造型。泥塑放大制作过程中,叶毓山经常到现场进行指导和刻画修改,并对有关方面提出的合理化建议予以采纳。对刘国础提出的一些建议,叶毓山认为符合自己创作意图和表现手法的,亦予采纳。

1983 年初,高 2.12 米的烈士群雕放大稿完成后,经分割成 400 余块,由叶毓山等人分别按 1:4 的比例放大制作成泥塑,翻成石膏,交由工人用花岗石进行 1:1 石刻制作。1986 年 11 月 27 日,《群雕》正式落成。

在此之前的 1984 年 5 月,全国首届城市雕塑设计方案展览会在北京举行,重庆市选送了叶毓山创作的《群雕》放大稿的缩小稿。刘国础等人设计制作的《烈士墓沙盘》也参加了展览。展览结束后,叶毓山创作的《群雕》获得纪念铜牌。刘国础制作的《烈士墓沙盘》不属评选范围,没有颁发纪念铜牌……

[原告刘国础诉称:一、原告与被告叶毓山共同创作的《歌乐山烈士群雕》放大稿(又称定稿),叶毓山以个人名义参展;二、全国首届城市雕塑设计方案展览会为《歌乐山烈士群雕》和原告与他人创作设计的《烈士墓沙盘》颁发的纪念铜牌,被告据为己有。被告侵害了原告的著作权。]

重庆市中级人民法院认为:双方当事人讼争的《群雕》是建造倡议单位聘请被告叶毓山创作并在叶毓山参加和指导下制作完成的,依照《中华人民共和国民法通则》第 94 条的规定,其著作权属叶毓山享有。原告刘国础在《群雕》制作过程中提过一些建议,按叶毓山创作稿做过一些具体工作,不能因此认定其为《群雕》的共同创作人。关于纪念铜牌问题,全国首届城市雕塑展览会只评选城市雕塑设计方案;沙盘模型只起环境效果和附件的作用,不属评选范围。《群雕》作为雕塑作品获得的纪念铜牌,应归叶毓山个人享有……

一审宣判后,原告刘国础不服,向四川省高级人民法院提出上诉……

四川省高级人民法院审理认为：

《群雕》是建造倡议单位聘请委托被上诉人叶毓山设计创作，并由叶毓山独立创作了《群雕》初稿，该作品著作权应为叶毓山享有。上诉人刘国础上诉称其制作的《烈士墓沙盘》与《群雕》初稿结合起来成为一个完整的设计方案，因而《群雕》创作设计中存在合作分工关系的理由，缺乏事实根据，上诉理由不能成立。《群雕》放大稿是在叶毓山亲自参加和指导下完成的，刘国础参与了放大制作，做了一些工作，通过口头或实际刻画制作提过建议，但最终是否采纳认可，取决于叶毓山，《群雕》放大稿与初稿相比较，在主题思想、整体结构、基本形态、表现手法等方面是一致的，没有实质的改变。出现的一些变化也是在叶毓山的指导、参加和认可下完成的，是在初稿基础上的修改完善，不存在建造倡议单位委托刘国础参加《群雕》创作的事实。刘国础与叶毓山之间也没有合作创作的口头或书面约定。因此，刘国础以实际参与制作的放大稿较初稿有变化，从而应享有著作权的主张不能成立，不能认定其为《群雕》的共同创作人。

全国首届城市雕塑设计方案展览会评委会评选作品只评雕塑作品，不评选沙盘模型，《群雕》作为雕塑作品所获得的纪念铜牌应归作者叶毓山享有。刘国础诉叶毓山侵害其沙盘模型署名权，叶毓山明确表示对沙盘模型的设计署名权并无争议，且该诉的诉讼主体还涉及其他创作人，原审法院认定不属本案审理范围是正确的。

（张建魁、韩晋成、吕瑶法官）

附件：

最高人民法院关于刘国础诉叶毓山著作权一案的复函

（1989）民他字第 56 号

一、歌乐山烈士群雕，是倡议单位聘请叶毓山个人创作并由叶亲自参加和指导下制作完成的。刘国础仅在参加群雕制作过程中提过一些建议，与叶毓山又没有合作创作的约定，不能认定是群雕的共同创作人。

二、全国城市雕塑设计方案展览会只评选雕塑作品，不评选环境沙盘模型。因此，群雕作为雕塑作品所获得的纪念铜牌，只能归其作者叶毓山享有。

三、沙盘模型应由谁署名问题，与叶毓山无关，不属于本案审理的范围，可告知原告，如有争议，应另行起诉。

思考问题：

（1）本案中，叶毓山设计雕塑，刘国础设计沙盘模型，法院强调二者是可以相互分离的。为什么这很重要？假如观念上认为不可分离，会影响判决结果吗？

（2）像刘国础那样提供修改建议的一方，在本案中是否有值得法律保护的利益？如果有，如何保护？

翟小菲 v. 程尉东①

北京高院(1998)高知终字第 15 号

1992年,翟小菲与程尉东合意拍摄一部反映中国空姐工作与生活的多集电视连续剧,由程尉东任编剧,翟小菲为导演,浙江电视剧制作部门承拍。浙江有关部门同意并立项后,特与中国国际航空公司(以下简称国航)联系,让翟小菲、程尉东和主要演员3人,于1993年3月开始共同到国航去体验生活、创作剧作。在这期间,翟小菲作为该剧导演将其构思的一些剧情提供给程尉东,如:其中的一段为"飞机在高空飞行中突遇强烈垂直气流产生剧烈颠簸,乘务员童真为保护旅客的安全而受伤住院"。另一段为"乘务员林秋妹在值乘服务时被一名法国男乘客调戏,几位空姐在法国的街头又遇该男子并将其痛打一顿"。翟小菲将这两场戏详细地讲述给国航乘务部的乘务员们听,征求他们的意见。上述两场戏均系翟小菲在对国航的同志进行采访后汲取素材、独立编撰的。同年11月底到12月中旬,由程尉东执笔写出了20集电视剧《中国空姐》的故事梗概,并报主管部门审查。1994年6月,又在此故事梗概的基础上,吸收了各方面的意见,由程尉东在浙江最终执笔完成了16集电视文学剧本《中国空姐》的写作。同年7月,此电视剧投入拍摄。

1995年三四月间,程尉东个人署名出版发行了《中国空姐》电视剧文学本(发行1300册,每册18.80元)。程尉东承认其个人得稿酬1万余元。在该电视剧文学本的第1集开场戏(书中的第1—12页)及第9集(书中的第297—303页)中收录了上述由翟小菲提供的"空中事故"及"空姐被乘客调戏"的两场戏。程尉东在庭审中及给法院的信件中也承认翟小菲确曾向其口述过该剧中的一些情节,乃至细节。

* * *

原告翟小菲起诉称:我于1990年萌发拍摄一部反映现代中国女性的长篇电视连续剧《中国空姐》。1992年我与被告程尉东相识,在共同改编制作另一部电视剧过程中,我向程尉东讲述了自己的想法,程尉东当即表示愿意担任该剧编剧。之后,我与程尉东经长达11个月的深入采访,体验生活,收集素材,合作完成了剧本基础创作,并于1994年5月合作完成了《中国空姐》的剧本。后发现,程尉东未经我同意擅自将合作作品独自出版,程尉东的行为已构成侵权。

* * *

北京市第二中级人民法院认为,著作权归创作作品的人。两个以上的人共同创作的作品是合作作品,不论每个人的创作成果在作品中有多少被采用,都是该作品的作者,都应享有该作品的著作权。将合作作品当做个人作品发表的行为是对合作作者权利的侵害。翟小菲和程尉东作为电视剧《中国空姐》的导演和编剧,与其他主创人到

---

① 案例来源于刘薇:《电视剧文学本〈中国空姐〉著作权纠纷案》,载《电子知识产权》1999年第3期,第9—10页;程永顺主编:《知识产权审判案例要览》,法律出版社1999年版,第287—290页。

民航部门体验生活、创作剧本,是他们在拍摄电视剧前共同一致的前期创作活动,并不受拍摄电视剧(二度创作)时不同分工、不同职责的限制,以此分工为理由确认文学剧本的权利归属是不能成立的。

著作权归属的唯一法律标准是参加创作并付出创造性的智力劳动。从该文学剧本的创作过程和内容来看,证据表明,剧本的创作方式是,首先将每个人的独立构思和收集的各种素材集合在一起,共同讨论,将讨论的内容记录下来后,由程尉东具体执笔写出故事梗概,再经共同讨论、细化内容后,由程尉东执笔最后完成文学剧本。这种方式完成的文学剧本中不仅有程尉东个人创造性的智力劳动,还有翟小菲的创造性的智力劳动成果。这些创造性的智力劳动成果融合在一起,形成不可分割的合作作品,翟小菲是当然的合作作者之一。

* * *

[程尉东不服一审判决,向北京市高级人民法院提起上诉,其上诉理由之一是:上诉人与被上诉人是以编剧、导演的身份体验生活的,不能说是二人一起创作剧本。上诉人提交了故事梗概手稿、文学本手稿,上面没有被上诉人一个字,如何能证明被上诉人参与了创作,是《中国空姐》文学本的合作作者呢?]

北京市高级人民法院认为,合作作品是指两人以上共同创作完成的作品。确认合作作品的主要根据是作者实际参加了创作并有创作的合意。本案中翟小菲与程尉东意思表示一致,达成共识合作拍摄《中国空姐》电视剧,并一起到国航去体验生活,其目的就是搜集素材、创作剧本。在此期间翟小菲虽然司职该剧导演,但其与程尉东一起讨论过该剧剧情的创作,并为程尉东提供过一些较细致的剧本情节。程尉东本人也不否认在其构思剧本的过程中,翟小菲经常与之探讨拍摄电视剧的某些艺术设想,从而也印证了翟小菲作为该剧的主创人员为剧本的创作作出了一定的贡献。翟小菲口述的这些情节虽然是从民航的真实生活中采访来的,但是经过了翟小菲的艺术加工,其中加入了其智力劳动的成果,已超出了"素材"的范畴而构成了著作权法意义上的文学创作,因此翟小菲应为《中国空姐》剧本的合作作者。

思考问题:

(1) 一审法院宣称,"著作权归属的唯一法律标准是参加创作并付出创造性的智力劳动"。你同意吗?

(2) 本案原审被告和原告的编剧和导演身份,对于本案结论有没有影响?

(3) 这里原审原告有证据证明被告主观上有合作创作的意愿吗?

(4) 如果不能确认为合作作者,那原告的贡献应该如何保护?被告有权出版该剧本吗?为什么?

(5) 对比刘国础案,你如何协调两个法院的结论?

2.1.1.2 合作意图的形成时间

合作意图应当在各方创作作品之时存在。也就是说,各方将自己的贡献融入合作作品、成为合作作者的意图,应当在创作之时就已经存在。①当然,各方在创作之前就已经达成合意,就更加符合这一要求了。如果创作(或创作结束)之时,并无此类意图,则意味着他并无意愿与别人分享创作成果上的权益。按照默认规则,在没有合同约定的情况下,创作者自动获得独立的版权保护。在其完成作品之后,即使他同意别人对该作品进行利用或修改,修改后的作品也不能被认定为合作作品,而应该视为演绎作品。不过,在实践中,如果双方均未提出异议,法院将没有机会审理这一问题。在 Weissmann v. Freeman 案中,两合作作者在创作完成合作作品后,其中一个作者在后来的作品中利用了先前的合作作品。法院认为这一事实并不能导致后来的这一作品也被确认为合作作品。②

张绍蓁 v. 任义伯③

1989 年 8 月,都江堰市文管局向四川雕塑艺术院等单位发出征集李冰父子雕像作品的通知。四川雕塑艺术院接到通知后即发动本院艺术工作人员参加创作。张绍蓁和任义伯在同年 9 月下旬各自完成初稿作品(任稿编 3 号,张稿编 4 号)。张绍蓁的 4 号作品李冰父子头部朝向一致,躯干呈正侧变化;人物位置:李二郎置李冰左侧;人物重心:李冰偏于左脚,李二郎偏右前脚;四肢动态:李冰右臂前挥,两肘舒展,左手置腰带左侧,李二郎左手叉腰,右手握锤柄扛至右肩,下肢呈跨步;衣纹:李冰宽袍大袖,开阔舒展,李二郎着长披衫;基座:右高左低,呈山体造型。任义伯的 3 号作品人物头、颈、躯干朝向一致;人物位置:李二郎置李冰右侧;人物重心:李冰偏于右脚,李二郎偏左前脚;四肢动态:李冰右臂在前,左臂在后,右手握竹筒,袍服下摆,李二郎左臂在前,右臂拖后,下肢呈前曲半蹲式,系围巾,无长披衫,倒拖锤于身后。同年 9 月 28 日,都江堰市文管局有关人员看了该两作品后,认为未达到要求,告知四川雕塑艺术院负责同志郭长荣。郭长荣为保证本院作品能中标,同时鉴于张绍蓁 4 号作品气魄宏大,构图、布局较有气势,任义伯 3 号作品表现手法较为细腻,就决定由任义伯在张绍蓁的初稿基础上进行再创作。10 月初,郭长荣将以上意见告诉了张、任二人,对此,任义伯未提出异议;张虽最初不同意,后经做工作,也表示同意由任义伯修改其作品。经任义伯修改再创作的李冰父子雕塑像作品编为 2 号,经都江堰市文管局选定送北京审定入选。被采用的 2 号李冰父子像作品,除李冰右臂稍高,左臂背于身后,李二郎右手放置右腿上握竹筒,衣纹表面平整方正,取消了工具锤,以水平飘动的长披衫代替了锤等外,其余与张绍蓁 4 号作品在构图、布局、动势和精神气质等实质性方面均相似。该作品经放大制作竣工后,只署名任义伯。为此,双方发生纠纷。张绍蓁向成都市中级人民法院提起诉讼,诉称:争议雕塑作品李冰父子像,是当时主持四川雕塑院工作的郭长

---

① Paul Goldstein Copyright Second Edition, ASPEN Law & Business, 1999, §4.2.1 4:7; Alice Childress v. Clarice Taylor, 945 F.2d 500, 507(1991).

② Weissmann v. Freeman, 868 F.2d 1313(2d Cir.), cert. Denied, 493 U.S. 883(1983).

③ 引自最高人民法院中国应用法学研究所编:《人民法院案例选》(1995 年第四辑),人民法院出版社 1995 年版。

荣指定任义伯在其初稿上进行再创作而成的,应为双方合作作品,不应由任义伯一人署名。

任义伯辩称:李冰父子像的创作征稿是以个人创作方式进行的,郭长荣要被告同原告合作,但原告不同意,原、被告双方没有合作的协议。现落成于都江堰市的雕塑作品李冰父子像,无论是小稿、定稿、泥塑放大均是被告独立完成,原告没有参与任何工作,没有合作的事实。因此,李冰父子像是个人创作作品,只应当署被告一人名字,被告没有侵犯原告的著作权。

在审理中,成都市中级人民法院征询了有关雕塑专家的意见,他们认为:从作品本身来看,经任义伯再创作的作品与张绍蓁的初稿没有根本区别。任义伯对当时主管领导要其在张绍蓁初稿上进行再创作未提出异议,这应视为按组织的意见进行再创作。

成都市中级人民法院经审理认为:张绍蓁与任义伯根据都江堰市文管局的要求各自完成了李冰父子像的初稿。但由于双方之初稿未达到要求,省雕院当时的主要负责人郭长荣从维持省雕院的声誉、保证该院作品能入选出发,指定任义伯在张绍蓁初稿(4号作品)基础上进行再创作。对这一指定,任未提出异议,张也表示服从组织决定。据此,可以认定任义伯、张绍蓁已同意合作创作。同时,经任义伯再创作后定稿的李冰父子像(2号作品),与张绍蓁所创作的李冰父子像初稿在整体结构、基本形态、表现手法等实质性方面均相似,仅局部略有不同。争议作品同时含有双方的创作行为,应视为张绍蓁与任义伯的合作作品。张绍蓁提出2号作品系原、被告双方合作作品,任义伯只署自己一人名字侵犯了张绍蓁著作权理由成立,应予支持。任义伯坚持2号作品均为自己一人创作无证据证明,与事实不符,不予支持。鉴于双方都有独立的初稿和定稿创作仅为任义伯一人完成的实际情况,可分初稿设计和定稿创作两个阶段表述,初稿设计为任义伯、张绍蓁;定稿创作为任义伯。根据《中华人民共和国著作权法》第13条第1款之规定,成都市中级人民法院于1993年2月12日作出如下判决:

一、现坐落在都江堰市的雕塑作品李冰父子像为任义伯、张绍蓁合作创作的作品;

二、李冰父子像作者署名顺序:初稿设计任义伯、张绍蓁;定稿创作任义伯。鉴于双方均系省雕院职工,在李冰父子像基座上变更署名事宜,委托省雕塑艺术院于判决生效后2个月内组织实施。费用按任义伯、张绍蓁对该作品所得稿酬比例承担。

一审判决后,被告任义伯不服,向四川省高级人民法院提起上诉,诉称:现争议的李冰父子雕像作品是其在接到郭长荣指定之前已开始创作,而且郭长荣是要其与张绍蓁合作搞一件作品,并非要其修改张绍蓁的作品。原判将上诉人、被上诉人的初稿作品视为采用作品之初稿,以采用作品与张绍蓁作品有相似之处推论采用作品是修改张初稿作品而产生的合作作品,以所谓"组织决定"作为合作合意是认定事实不清,适用法律不当。请求撤销原判,确认采用作品为其个人创作的作品。

张绍蓁则认为原判认定事实清楚,适用法律正确,表示服从一审判决。

四川省高级人民法院查明的事实与一审相同,认为:当事人双方对采用的争议作品的创作,事前没有书面合作协议。但该作品系双方各自创作了作品之后,单位负责人郭长荣为保证该院作品入选,决定由任义伯在张绍蓁的 4 号作品基础上进行再创作。该决定是否形成创作中的合意,取决于任义伯是否接受。任义伯对此未提出异议,张绍蓁亦同意由任义伯修改再创作,应认为双方事实上已默认同意合作创作。采用作品即 2 号作品与张绍蓁的 4 号作品在整体结构、基本形态、表现手法等实质方面均相似,仅局部略有不同,应认为采用作品同时含有双方的创作行为。据此,争议作品应为任义伯、张绍蓁的合作作品,著作权应归二人共同享有。任义伯称原判仅凭采用作品与张绍蓁 4 号作品有某些相似,以组织决定为合意等推论采用作品是修改张绍蓁 4 号作品而产生的合作作品,缺乏证据,其上诉理由不能成立。原判认定争议作品为任义伯、张绍蓁合作作品是正确的,应予维持。鉴于张绍蓁创作的 4 号作品系个人独立完成,任义伯在 4 号作品基础上进行再创作,独立完成了采用作品,作品的创作过程具有连贯性和阶段性,分别视为初稿和定稿为妥当,其作品署名亦应以相关作者分别确认,故原审判决采用作品初稿署名任义伯、张绍蓁不当,应予变更。根据《中华人民共和国民事诉讼法》第 153 条第 1 款第(二)项之规定,四川省高级人民法院于 1994 年 4 月 7 日作出如下判决:

一、维持成都市中级人民法院民事判决第一项,即:现坐落在都江堰市的雕塑作品李冰父子像为任义伯、张绍蓁合作创作的作品;

二、变更成都市中级人民法院民事判决第二项为:李冰父子像作品署名初稿张绍蓁、定稿创作任义伯。鉴于双方均系省雕塑艺术院职工,在李冰父子像基座上变更署名事宜,委托省雕塑艺术院在判决生效后 2 个月内组织实施。费用按任义伯、张绍蓁对该作品所得稿酬比例分担。

思考问题:

(1)在本案中,张绍蓁在创作完成初稿时以及之后一段时间,并没有想到将来要和他人合作,或者许可他人修改自己的作品。事后,经领导做工作,他同意被告修改其作品。法院认为双方同意被告修改这一事实证明双方之间存在合作合意。你如何看来中国法院的判决结论?

(2)原告的初稿是一个完成的作品吗?这一点对法院后续的结论很重要吗?

在美国,一度也有案例背离传统的要求创作者在创作之时有合作创作意图的认定标准,认为即使原作者在创作自己的作品部分时,没有想到自己的贡献将成为合作作品中的一部分,也不妨碍其后来成为合作作者。在 Shapiro, Bernstein & Co. 案中,一作曲者创作完成一首歌的乐曲,4 年后该歌的受让人安排他人创作了歌词。法院认为包含该词曲的音乐作品为合作作品。① 这一判例并没有得到后来法院判决的积极响应,立法者也对其持保留态度。②

---

① Shapiro, Bernstein & Co. v. Jerry Vogel Music Co., 221 F. 2d 569 (2d Cir.), modified on reh'g, 223 F. 2d 252 (2d Cir. 1955).

② Paul Goldstein Copyright Second Edition, ASPEN Law & Business, 1999, §4.2.1 4:10.

2.1.1.3 直接的合作合意

关于合作意图的一个复杂问题是合作者之间是否应该相互直接达成合作的合意。很多人会认为，这是不言而喻的事情，因为在绝大多数案件中，合作者都通过直接的交流达成合作的合意，因此不是问题。不过，在一些特别的案件中，合作者的确意图创作和他人合作创作特定作品，但是可能自己先创作完成自己的部分，然后直接或通过第三方寻找合作作者。后来的合作者接受这一合作安排后，未必直接和最初的作者形成合意，就创作完成作品。在这种情况下，是否应该认定合作作品？

上海说唱脚本《八鸡宴》的署名权纠纷中就涉及这一问题。在该案中，黄鸣琰和盛荣华合意创作《八鸡宴》。不过，在创作过程中，盛荣华请其老师黄永生进行了大量的独创性修改，直至定稿。但黄鸣琰主张他并不知道黄永生在为该脚本修改创作，因此认为黄永生不能成为该脚本的合作作者。黄永生也不能证明黄鸣琰知道其在为该脚本修改创作。上海虹口区法院认为，黄鸣琰和盛荣华合写属实，而黄永生系合作作者一节，依据尚缺。①本案中，黄鸣琰和黄永生双方可能都意图在创作合作作品，但是双方对合作对象发生认识上的错误（都以为只是在和盛荣华合作），相互之间并未形成直接的合意。如果强调合作合意，的确很难认定黄永生、黄鸣琰和盛荣华是该脚本的合作作者。但如果不认定黄永生为合作作者，又如何保护他的权益？有意见认为，本案中双方都有合作创作的意思，尽管不知道对方的存在，此类"间接合意"满足著作权法对合作作品的要求。② 有道理吗？

不过，在下面的 Edward 案中，美国法院也要面对合作者相互直接并没有直接达成合意是否影响合作作品认定的问题。在该案中，所谓的合作双方并没有在创作开始之前先形成合意。先创作一方在创作自己的作品部分（歌词）时，只是在主观上意识到自己是在创作一个需要某个后来者进一步补充的作品，期待着该后来者进一步完成该作品（作曲）。在法院看来，后来者即使和最初的作者互不相识，也并不妨碍其成为合作者。这一 20 世纪上半叶的判决，是否依然为有效法律，存在疑问。不过，它的确揭示出一个非常有意思的问题。

Edward B. Marks Music Co. v. Jerry Vogel Music Co., Inc.

140 F. 2d 266(2nd Cir., 1944)

Hand 法官：

1893 年，Edward B. Marks 创作了一首歌的歌词，叫做"十二月和五月"，然后转让给了出版商 Harding。Harding 在告知 Marks 的情况下，联系了 Loraine 为该歌词作曲。1893 年 11 月 9 日，Harding 出版了该歌曲。数年后，Marks 和 Loraine 才见面，因此从未一起工作。Marks 希望有人为该歌词谱曲；而 Loraine 明白，他在为特定的歌词谱曲。

---

① 朱妙春：《朱妙春律师知识产权名案精选》，上海三联书店 2009 年版，第 258—259 页。
② 同上书，第 262 页。

1920 年 11 月 11 日，在版权过期前，Marks 申请续展该歌曲的版权，并获得了版权证书。续展后的版权被转让给本案原告。Loraine 从未申请续展版权，但是，于 1940 年 7 月 20 日将他对该歌曲的所有权利转让给被告。

　　法院认为，早期案例法对于合作创作（Joint Authorship）的最早定义是"共同劳动以完成共同的创作（common design）"；"通过协议创作片段，将它作为共同原创设计的一部分"。依据这一定义，合作作者是否协同工作（work in concert），甚至是否知道彼此，并不会导致不同结果。只要他们意图将自己的贡献作为补充部分体现在单一作品中，就足够了。本案符合这种情形。Marks 为一首歌创作歌词；Loraine 也是为那首歌创作乐曲。的确，他们知道他们各自的部分可以被单独使用——歌词作为诗歌，旋律作为音乐。但是，这并非他们的目的。词和曲是要在一起被欣赏和表演。这与汇编作品（composite work）的组成部分不同，后者每一部分被分开使用，只是它们被绑在一起时才成为一个整体。

　　接下来，法院还分析了歌曲作品的特点，指出歌曲中词和曲对于歌曲流行的贡献，不可分开。许可词作者阻止曲作者或者许可曲作者阻止词作者，都会导致对方被剥夺了自己最有价值的贡献，而只留下无用的空壳。

　　如果第一部分（词）的作者从一开始就将它当做独立作品而不是作为共同作品而创作，则该作者保留了禁止出版该合作作品的权利。无论第二部分（曲）的作者为该第一部分作品的流行作出多大贡献，也无法改变这一局面。但是，本案中不是这种情形。双方都计划创作一个不可分割的作品。除非他们事先有合同约定，否则他们各自的利益像无缝的织物一样不可避免地交织在一起。

思考问题：

　　（1）从本案分析看，最终作品中不同人的贡献是否可以分开这一事实，对于法院判断是为合作作品，似乎有相当的影响。如果可以轻易分开，法院可能会容易选择各自独立行使权利的解决方案。如果不可分开，意味着要相互妥协，否则作品无法实现价值。不过，为什么要选择合作作品的方式妥协，而不是其他方式呢？事实上，很多演绎作品（比如翻译作品）也难以有效区分其中原作者和演绎者的贡献。这并不导致演绎作品被视为合作作品或采用类似模式分享权益。

　　（2）本案中歌词先被作为作品转让这一事实，不影响合作合意的成立吗？假如该歌词先被发表了，会对本案的结论有影响吗？

　　最后，简要说明一下合作作品的著作权争议案件中合作意图存在的举证责任的分配。未参与作品署名因而未被推定为作者的一方，如果要主张自己是合作作者，则应当证明存在合作合意。他不仅仅要证明自己当时有合作创作的意愿，而且要证明被告当时接受了合作的安排。表达合作意图的形式可以是书面或口头的协议，也可以是事实上的接受。

2.1.2 合作事实:实质性贡献

合作者的合作事实,通常要求合作作者参与创作,对作品作出直接的、实质性的贡献。①这意味着,合作者的贡献应满足一定的质和量的要求。正如美国法院所说:"虽然一个合作作者的贡献并不一定要等于其他作者的贡献,但是如果作者不是直接和明显的合作(immediately and obviously collaborating),合作者的贡献必须在质和量两个方面都是'显著'(significant)的"。②美国权威学者也支持这一观点。③其中的道理在于,合作作者共享对合作作品的著作权。在没有合同约定的情况下,一方没有作出实质性贡献,就可以分享合作作品,对于其他合作者而言,是不公平的。

与此相对照,中国最高人民法院的《关于贯彻执行〈民法通则〉若干问题的意见》第134条规定:"二人以上按照约定共同创作作品的,不论个人创作成果在作品中被采用多少,应当认定该作品为共同创作。"在有合同约定的情况下,最高法院似乎降低了实质性贡献的要求。这是否意味着,即便约定的合作者完全没有对作品作出贡献,也可以基于合同而成为合作作者呢?答案似乎是否定的。《著作权法》第13条第1款明确规定"没有参加创作的人,不能成为合作作者。""所谓'参加创作'是指对作品的思想观点、表达形式付出了创造性的智力劳动,或者构思策划,或者执笔操作,如果没有对作品付出创造性的劳动,就不能成为合作作者。"④也就是说,如果对作品本身没有作出贡献,仅仅是形式上参与创作过程,并不是这里所谓的"参加创作"。"立法规定[没有参加创作的人]不得成为合作者,体现了法律的态度,强调它的导向作用,既规范了人们的行为,也影响人民的意识。"⑤下面的摄影案,也说明了这一点。

隋有禄 v. 王文波等

北京市二中院(2005)二中民终字第15257号

我国著作权法规定,除法律特别规定外,创作作品的公民是作者,著作权属于作者。所谓创作是指直接产生文学、艺术和科学作品的智力活动。就摄影作品而言,拍摄地点、拍摄对象、拍摄角度、光线明暗等的选择是拍摄者智力活动的体现,故实际完成拍摄操作的人才是摄影作品的作者。我国著作权法同时规定:没有参加作品创作的人,不能成为合作作者;为他人创作进行组织工作,提供咨询意见、物质条件或者进行其他辅助工作,均不视为创作。

现双方均确认涉案摄影作品是隋有禄登临水塔顶部完成拍摄的,王文波及其所称的案外人均未登临水塔顶参与拍摄。虽然王文波提出涉案摄影作品为其与隋有禄及

---

① 韦之:《著作权法原理》,北京大学出版社1998年版,第42页。
② Eckert v. Hurley Chicago Co., 638 F. Supp. 699, 704 (N.D. Ill. 1986).
③ Paul Goldstein Copyright Second Edition, ASPEN Law & Business, 1999, §4.2.1 4:10.
④ 胡康生主编:《中华人民共和国著作权法释义》,法律出版社2002年版,第75页。
⑤ 刘春田:《著作权保护的原则》,载司法部和国家版权局:《中华人民共和国著作权法讲析》,中国国际广播出版社1991年版,第102页。

案外人共同构思创意,其应为该摄影作品的合作作者并享有著作权,但在该摄影作品的拍摄过程中,王文波仅提供了胶卷及联系进入拍摄地点,其并未达到实际的拍摄点(水塔顶部)实施拍摄行为,该摄影作品中并未包含王文波的智力活动,即王文波没有参加该摄影作品的创作。虽然在隋有禄和王文波所签协议中将涉案摄影作品表述为"共同拍摄",但因王文波没有参加该摄影作品的创作,其不能成为该摄影作品的作者,故协议中表述的"共同拍摄"并不能支持王文波关于其为该摄影作品作者(包括合作作者)的主张。

(刘薇、宋光、梁立君法官)

  合作作者对作品所做的贡献是否应该是版权法意义上的表达(Copyrightable Expression),是一个充满争议的问题。中国的立法者在这一问题上保持沉默。《著作权法实施条例》规定,所谓创作,"是指直接产生文学、艺术和科学作品的智力活动。""为他人创作进行组织工作,提供咨询意见、物质条件,或者进行其他辅助工作,均不视为创作。"[1]如前所述,立法者并没有明确提供不受版权法保护的抽象思想,是否属于著作权法意义上的创作活动。国内有意见认为:"基于'思想无版权'的基本原理,思想和创意无论多么有价值都不受著作权法的保护,提供思想和创意的人也不是作者。"[2]

  美国法上,多数意见认为,依据版权法上的基本原则,不受版权保护的内容应该处在版权法上所谓的公共领域,创作者可以自由取用,无须与该非版权内容的提供者分享作品所带来的利益。[3]强调合作者的贡献部分应该属于版权法保护的表达,可以有效地限制那些为作品的创作提供粗略思想、方案核准、规格参数设置的人对作品提出权利主张。[4]上述理由在 Childress v. Taylor 案[5]以及下文的 Erickson 案中有清楚的说明。当然,事情并非铁板一块,也有权威学者提出相反的意见。[6] 这在 Erickson 案中也有充分的介绍。

---

[1] 《著作权法实施条例》(2013)第 3 条。
[2] 王迁:《著作权法学》,北京大学出版社 2007 年版,第 149 页。
[3] Paul Goldstein Copyright Second Edition, ASPEN Law & Business, 1999, §4.2.1 4:13. Goldstein 还指出,《美国版权法》第 101 条要求合作的必须是作者(author),这就暗示其贡献应当是能够获得版权保护的,否则就不能称作作者了。
[4] 比如 Aitken, Hazen, Hoffman, Miller, P. C. v. Empire Constr. Co. ,1 542 F. Supp. 252, 218 U. S. P. Q. 409(D. Neb. 1982)法院认为为建筑作品提供思想、指导修改、在各个阶段进行核准的客户,并非建筑作品的合作作者。在 Whelan Assocs., Inc. v. Jaslow Dental Lab., Inc., 609 F. Supp. 1307 183 U. S. P. Q. 1013 (E. D. Pa. 1985), aff'd, 797 F. 2d 122, 230 U. S. P. Q. 1013 (3d Cir 1986)案中,法院认为公司官员对计算机程序的设计提供思想、帮助设计屏幕图像显示的语言和格式,并不能成为合作作者。因为这是设计者所期待的从任何计算机用户那里所获得的与其需求有关的基本信息。
[5] Alice Childress v. Clarice Taylor, 945 F. 2d 500(1991)。
[6] 1 Nimmer on copyright §6.07.

Erickson v. Trinity Theatre, Inc.

13 F. 3d 1061(1994)

Ripple 法官:

Ⅰ 背 景

A. 事实

Erickson 女士是被告 Trinity 剧院的创始人之一。从 1981 年到 1991 年,她以各种角色为 Trinity 服务:剧作家、艺术指导、女演员、导演、业务经理和董事会成员。本案与 Erickson 女士作为剧作家的角色有关。

本案的权属争议涉及三个剧本:Much Ado About Shakespeare ("Much Ado"),The Theatre Time Machine ("Time Machine")和 Prairie Voices:Tales from Illinois ("Prairie Voices")。

Much Ado 是莎士比亚和其他同时代作家的戏剧场景和诗歌的汇编,由 Erickson 在 1988 年编制。Michael Osborne 是 Trinity 的演员,他作证说该作品中很多内容是在排练过程中加入的。Osborne 指出,剧本中有两部分来自于他的建议:关于麦克白的一段过渡文字(passage)和该喜剧的介绍。Osborne 进而指出,对于文字的编辑大致是根据大家的共识。在没有办法达成共识的情况下,Erickson 做最后的决定。按照他的理解,当初作品是为 Trinity 而不是为 Erickson 个人创作的。Erickson 并没有对 Osborne 所描述的创作过程提出异议,但是对它的定性不同。在她看来,在这一过程中,演员事实上为她的剧本提供修改建议。

Time Machine 是一个基于公共领域的印度安人的民间传说的五幕剧。Erickson 于 1988 年对该剧进行了版权登记。她说自己从 1977 年开始创作该剧。1984 年,她和另外两个演员 Paddy Lynn 和 Will Clinger 开始制作该剧(与 Trinity 无关)。Erickson 宣称她独立完成了戏剧场景,但是证据显示,上述演员也参与了戏剧情节和即兴场景的创作。Lynn 女士描述,即兴创作的过程在剧院进行,没有脚本。不过,演员们从一个想法和大致结构出发去创作一个戏剧。Lynn 将即兴场景的创作过程描述为一种合作努力。不过,她承认,Erickson 拿走排练中全部笔记,将它们编入剧本中。而且,剧本中所有内容都经过 Erickson 的核准。最初,Erickson 在剧本上的署名为她和 Lynn。Lynn 也因剧本上演而获得稿酬。Erickson 拒绝承认她曾经意图将 Lynn 视为合作作者。她承认,Lynn 曾经在公开材料中被列为作者,但是不承认自己批准这样署名。后来,署名被修改。Erickson 认为,这只是修改了一开始的错误。

1990 年,Erickson 创作了 Prairie Voices 剧本。她是将它作为 Trinity 的制品创作的。一开始,她意图发起一场合作活动,每个演员为给剧本贡献一个故事。不过,结果没有一个演员写过脚本,剧本完全是 Erickson 提供的故事。就像 Time Machine 一样,Erickson 和数个演员一起进行即兴创作。虽然宣称自己独自撰写了剧本,但是 Erickson 承认,演员们为对话提供了思想(ideas for the dialogue)。另外一个演员 Ruth Ann

Weyna 作证,剧本的写作过程有数个演员参加。但是,她承认,Erickson 控制着最终可以写进剧本的内容。

1987 年,Trinity 开始向 Erickson 支付戏剧上演的许可费。在 1988 年的 Trinity 和她的许可协议中,她被列为 Much Ado 和 Time Machine 的剧作家,有权获得戏剧上演的许可费。Trinity 同时约定,它还会为 Prairie Voices 的上演而向 Erickson 支付许可费,虽然该剧本并没有明确被该许可协议涵盖。1990 年,Trinity 停止支付许可费。

Erickson1991 年 1 月离开 Trinity。1991 年 4 月 3 日,她对 Trinity 提出版权侵权指控,请求法院发放临时禁令救济。

……

[依据美国版权法,合作作者是合作作品的共同版权人。每个作者都有独立权利去使用或许可他人使用该作品。不过,他有义务和其他共有人分享收益。本案中,宣称和 Erickson 合作的演员们都许可 Trinity 使用诉争的三个剧本。因此,这里的诉争焦点就是这些演员是否为合作作者。]

II 分 析

……

B. 合作作品(Joint Work)

现在,我们回到诉争作品内容是否为合作作品这一问题上。对于合作作品,即使合作作者的贡献有差别,他们依然对作品享有不可分割的权益。17 U.S.C. § 201。每个作者作为共同所有人,有权使用或许可他人使用合作作品,前提是与其他人分享收益。因此,即使一个人的贡献对象较小,只要被赋予合作作者身份,则获得相当的权益。

在判断诉争作品是否属于合作作品时,我们的出发点是版权法的文本。第 101 条定义的"合作作品"是"两个或更多作者,在有意(with the intention)将各自贡献融入一个完整作品成为其中不可分离或相互依存的部分的情况下,创作的作品。"(a work prepared by two or more authors with the intention that their contributions be merged into inseparable or interdependent parts of a unitary whole. 17 U.S.C. § 101.)

1.

版权法和它的立法史都没有定义"不可分离"或"相互依存"。立法史报告中关于不可分离的部分的例子是两个作者对单个小说或两个画家对一幅作品的共同贡献;相互依存的部分的例子是歌曲中的歌词和乐曲。除了这些例子,这些报告中并没有澄清判断合作作者的标准。实际上,报告的下列陈述增加了问题的模糊性:

"如果作者相互合作(collaborated with each other),或者每个作者在创作自己的部分时,知道或意图将它作为一个作品的不可分离或相互依存的部分融入其他作者的贡献,则该作品为合作作品。这里的关键(touchstone)是,在创作时,将该部分融入一个整体的意愿(intention)。"House Report at 120。

版权法明确要求关注合作的意愿。不过,上述立法报告的表述中的第一句的逗号前的部分好像与法律文本相矛盾,关注合作(collaboration),而没有提到创作合作作品的意愿。

这一模糊性给本案的分析带来问题。在本案中,各方在一定程度上相互合作,但是对于是否有创作合作作品的相互意愿(mutual intent)则存在争议。为了消除这一模糊性,从一开始我们相信有一点很重要:法律本身要求有创作合作作品的意愿(intent)。因此,仅仅依靠合作本身(如 Trinity 所建议的那样)与明确的立法目的(statutory mandate)不一致。在这一问题上,我们同意第二巡回法院的 Newman 法官在 Childress 案中的分析意见。他指出,仅仅基于立法史所确立的片面标准(disjunctive standard)不符合法律的字面含义:"该段文字似乎在表述两个相互替代的标准——一个关注合作行为,另一个关注各方的意愿。但是,很难想象,如果没有伴随双方将他们的贡献融入单一整体的必要意愿,双方的行为能构成有意义的'合作'(collaboration)。判例法按照字面意思解释法律文本,所以对所有的合作作品都要求有合作意愿。" Childress, 945 F. 2d at 505—06.

与第二巡回法院一样,我们相信法律文字明确要求每个作者意图将他们各自的贡献融入单一整体。仅仅关注各方同时投入的事实,并不满足各方意图将自己的贡献融入统一的作品的法定要求。此外,"合作事实本身"标准(the "collaboration alone" standard)会损害版权法"促进科学和有用艺术进"(U.S. CONST. art. I, § 8, cl. 8.)的立法目标。如果接受这一标准,则很少有作者会在版权登记之前将他的作品交给同行评议。那些寻求版权保护的作者将不会让同行帮助完善其作品,因为这要冒失去单独作者身份的风险。因此,我们不能接受 Trinity 所谓"合作事实本身"测试法与版权法的文字和目的相一致的意见。

2.

即使两个或更多的人相互合作并有意愿创作单一作品,也只有合作者能够被视为"作者"时,该合作结果才能被视为"合作作品"。法院采用过两种测试法来评估宣称合作作者身份的作者的贡献:Nimmer 教授的"微不足道"测试法(de minimis test)和 Goldstein 的可版权客体测试法(copyrightable subject matter ("copyrightability") test)。这两种测试法有一个根本的不同:前者仅仅要求共同努力的组合结果可受版权保护,而后者则要求每个作者的贡献都可以受到版权保护(copyrightable)。我们分别对这两种测试法进行评估。

在评估过程中,我们关注上述测试法如何促进版权法的首要目标。该目标不是要奖励作者的劳动,而是要"促进科学和有用艺术进"。版权法实现这一目标的方式是确保作者对原创表达的权利,同时也鼓励他人自由利用作品所传达的思想和信息进行自己的创作。正因为如此,版权法第102条(b)排除对思想的保护。

最高法院对此项排除有简练的解释:"出版科学或有用艺术方面的书籍是为了向世界传播它所含有的有用的知识。如果利用这一知识时无法避免盗版责任,则这一目标将会落空。"(Feist Publications, 499 U. S. at 350, 111 S. Ct. at 1290.)

除了促进版权法的首要目标外,我们还必须考虑该测试法如何更好地实现管理和司法效率的目标。在判断过程中,我们必须采用一个足够清晰能够使得各方能够预测他们对一个作品的贡献是否会获得版权保护的标准。符合这一目标的标准将帮助贡献者避免事后出现关于作者身份的纠纷;在他们可能无法获得版权法保护时,利用合同保护自己。

a. Nimmer 教授的"微不足道"标准(de minimis standard)

Nimmer 教授认为,要成为合作作者,每个作者的贡献应该超出所谓"微不足道"的程度。"微不足道"标准要求合作作者的贡献超出"一个单词或一行文字"(a word or line)的程度。Nimmer 教授将他的"微不足道"标准与"可版权"标准区分开来。他举例说,如果两个作者合作,其中一人仅仅贡献了不受版权保护的情节思想(plot ideas),另一人将这些思想植入一个完整的文学表达,则两个作者应该被视为该结果作品的合作作者。

这一意见并未得到法院判决的支持,原因可能是 Nimmer 的方法存在几方面的缺陷。首先,这一测试法与版权法的预设前提不一致:思想和概念本身并不应该获得保护。因为创作过程必然导致现有概念被演绎成新的形式,对于思想的自由交流的任何限制都会在一定程度上妨碍创新。限制作者利用作品中存在的思想(existing ideas),就像"接受他人建议会威胁到作者对版权的唯一所有人身份"的威胁一样,会阻碍创新。其次,对思想作出贡献是一个十分模糊的概念。Nimmer 教授除了说要超出了一个单词或一行文字的程度,并没有向法院或当事人提供任何指导意见以说明"什么时候对于作品的贡献达到合作作者的程度"。

Nimmer 教授的方法在处理实际案例时实用性很低。作出很少贡献的人(minor contributors)很少会冒昧地主张作者身份。在这些简单的案件中,双方关于作者身份的意愿很可能很明显,无须在形式上判断双方各自的贡献来确定意愿。在更复杂的情形下,像本案,即兴创作的过程毫无疑问地向首要作者提供了有价值的见解,这一测试法并没有告诉我们如何评估各自的贡献以区分谁是作者,谁是批评或建议者。基于这些理由,我们和大多数法院一样,不能接受 Nimmer 的测试法。

b. Goldstein 教授的可版权性测试法(copyrightability test)

Goldstein 教授的可版权客体测试法为大多数法院所接受。在他看来,除非合作者的贡献属于原创性的表达,单独可以作为版权的保护客体,该合作贡献才会导致合作作品,合作者才会获得共有权利。而且,在作品创作时,各方必须意图成为合作作者。Goldstein 教授和采用这一测试法的法院在论述这一测试法的合理性时,强调第 101 条和第 302 条(b)采用了"作者"一词①,这表明每个合作者的贡献必须是依据第 102 条(a)可受版权保护的作品。

我们同意,版权法的文本支持采用"可版权"要求。第 101 条对合作作品的定义是"由两个或以上作者创作的作品"。要成为作者,必须提供比指示或思想(direction or

---

① Section 101 states: "A 'joint work' is a work prepared by two or more <u>authors</u>...." 17 U.S.C. § 101. Section 302(b), which governs the duration of a copyright, begins as follows: "In the case of a joint work prepared by two or more <u>authors</u>...." 17 U.S.C. § 302(b).

ideas)更多的东西。作者是"实际创作作品的人,即将思想转化成有权获得版权保护的固定和有形的表达"。Community for Creative Non-Violence v. Reid, 490 U.S. 730, 737(1989)。关于"固定(fixation)"的要求,第101条规定:"当作品由作者或经由作者授权,呈现在一个复制件或录音制品中,足够持久或稳定(permanent or stable)以至于可以在比瞬间更长的期间里(a period of more than transitory duration)被感知、复制或以其他方式交流,则该作品被固定在有形的表达媒介上。"(17 U.S.C. § 101.)

可版权客体测试法并没有遭遇Nimmer教授的"微不足道"测试法所遇到的难题。"可版权性"测试法许可自由地交换思想,有利于促进科学和艺术领域的创新,同时以一种协调而可预见的方式保护作者权利。它将不受版权法保护的思想之类的贡献排除在外。这一测试法也使得相关方能够预测他们对作品的贡献是否使得他们有权按照合作作者获得版权保护。相比臆测某一贡献是否超出"微不足道"的范围的不确定性,依据一个作者的贡献的可版权性,相对而言能够得到相对确定答案。可版权性测试标准使得合作者能够避免事后的作者身份争议,如果他们不能享有版权法赋予的合作作品的作者的利益,他们可以利用合同来保护自己。

我们同意Childress法院的意见,即可版权性测试法在版权法和合同法之间维持了一种适当的平衡。第201条(b)许可任何人和他人通过合同约定作品创作事宜,并赋予雇主以作者身份。不能获得版权保护的思想的提供者也可以通过合同来保护她的获得补偿的权利。第201条(d)规定,组成版权的任何独占性权利都可以通过合同转让。因此,任何对作品创作作出贡献的人,作为赞助人(patron)、雇主或者思想的提供者,都有机会通过合同分享作品所产生的收益。

c. 应用

接下来,我们依据可版权性测试法审查Trinity的合作作者主张。如前所述,Trinity必须清除两道障碍才能主张诉争的剧本为合作作品。首先,它必须证明各方在创作作品时意图成为合作作者。其次,Trinity必须证明,它对作品的贡献是可以独立获得版权保护的。

显然,至少有两项作品,Much Ado和Prairie Voices,Trinity不能清除第一项障碍。Much Ado是基于一个在Trinity的演员参与完善之前Erickson已经大致完成的作品。Michael Osborne建议Erickson接受一段关于麦克白的文字和关于剧本介绍,这一事实并不使得该演员成为合作作者。他承认,他的贡献是否被接受,或者它们会被放在何处,完全由Erickson自己决定。而且,无论是Erickson还是Trinity都没有想过任何一个演员会成为Much Ado的合作作者。这一点从许可协议中得到验证。同样的,对于Prairie Voices,Erickson提供了戏剧的基础故事,她决定哪一个演员的建议可以被植入剧本。那些演员也不认为自己将和Erickson一道成为合作作者,也没有证据表明Erickson认为演员为成为合作作者。因为Trinity不能证明与Much Ado或Prairie Voices有关的必要意图,所以演员不能被视为合作作者而获得版权保护。

Time Machine的问题更复杂。Paddy Lynn作证,其中至少有两个场景是通过合作过程创作的。Lynn女士认为其中的对话是她和Erickson的。而且,有证据表明,Erickson 当时意图创作合作作品,因为她一开始在剧本上署上了 Lynn 和自己的名字。因此,Trinity 有证据证明围绕 Time Machine 存在共同创作的必要意愿。在 Childress 案中,第二巡回法院特别指出,演员名单或致谢内容可以作为证明合作意图的证据。这里,有证据证明 Lynn 被视为 Time Machine 的作者。

为了证明剧本为合作作品,Trinity 还必须证明演员们对 Erickson 作品的贡献可以独立获得版权保护。对于上述任何作品,Trinity 都没有满足这一要求。整体上,演员们并不能指出他们对 Erickson 作品的具体贡献。即使 Michael Osborne 这么做了,他所确定的贡献并不能够独立获得版权保护。思想、细微的修改(refinements)和修改建议本身,不是版权保护的客体。因此,Trinity 不能证明满足可版权性测试的上述两项要素,因此它的主张得不到支持。

思考问题:

(1) 法院显然认为,判断一个合作者的贡献是否"微不足道",比是否可以获得版权保护更难?道理何在?

(2) 要求合作者作出了可版权的贡献,就意味着不需要判断他的贡献是否是实质性的吗?比如,两人约定合写一本书,结果一人贡献了几乎全部的文字,而另一人仅仅贡献了一小段文字(假定满足了著作权上的独创性的最低要求)。前者有可能否认后者的合作作者地位吗?

(3) 赋予那些仅仅提供思想的合作作者地位,会导致版权保护延伸到思想吗?

(4) 如果合同机制始终可以发挥作用,是不是承认或否认思想提供者的合作作者身份,实际效果是一样的,因为双方总是可以通过合同排除。从这一意义上讲,承认思想提供者合作作者地位可能更有道理,因为一般人并不知道版权法上还有如此特殊的规则。因此,如果合同约定,双方默认的规则更可能是承认作者地位。你同意吗?

(5) 对于合作作品的法律规则,当事人可以用合同规则排除吗?为什么?

如上述案例所述,美国多数法院要求合作者的贡献必须是提供了可版权的内容,重要理由就是版权保护不延及思想,以及版权法对"作者"一词的使用。Newman 法官在 Alice Childress v. Clariee Taylor 案中尖锐地指出这些理由的缺陷(他最终还是选择了多数法院的结论,但理由是防止"合作者"随便提出合作作品主张被分享他人的劳动成果,同时"合作者"有合同机制保护自己的利益①):

> 如果关注的焦点仅仅是版权法的"保护原创性作品的创作"这一目标,则很难理解为什么所有合作作者都必须贡献可版权的内容。一个人将不可版权的思想和可版权的表达结合在一起,创作出一个可版权的作品。不能因为作品的思想和表达来源于两个不同的人,而认为该作品的价值会更低。实际上,有这样的可能性:一个熟练的作家并不创作任何重要的作品,直到有一天有人向他提供一个

---

① Alice Childress v. Clariee Taylor, 945 F. 2d 500,507(1991).

思想。

基于法律文义的理由也不能让人信服。版权法并没有说每个人的贡献都必须是可以获得版权保护的,"作者"的说法并不必然要求有可版权的贡献(copyrightable contribution)。版权法并没有定义"作者"的概念,似乎仅仅是一般意义上的原创者(originator)。一个不可版权的想法的"作者",依然是作者,尽管法律拒绝对他的创造性贡献给予财产权保护。版权局长的宪法说也存在问题。并没有人认为,版权法赋予雇主以作者地位(authorship status)的做法违反了宪法,尽管雇主实际上只是展现了挑选雇员的技能,而不是自己创作了可版权的表达。①

2.1.3 作品不可分割

"大多数国家的版权法中,都明文规定只有各作者的创作成果在一部作品中无法分割,该作品才能成为'合作作品'。"②比如,日本、美国等。中国《著作权法》第13条第2款关于合作作品,则规定"合作作品可以分割使用的,作者对各自创作的部分可以单独享有著作权,但行使著作权时不得侵犯合作作品整体的著作权"。由此可见,中国法上并不强调合作作品的不可分割性。

2.2 合作作品著作权的行使

中国《著作权法》第13条第2款规定,如果合作作品可以分割,则各作者可以单独行使其创作部分的著作权,但是不得损害整体的著作权。

至于何谓"可以分割",著作权并没有提供明确定义。如果单个作者对于合作作品的贡献能够分离出来使用,而不包含其他作者的原创性贡献,则应该属于可以分割的情形。比如,合作创作的音乐作品中的词曲,如果分别由不同人相对独立的完成,则可能可以分开。合作撰写的文字作品中相对独立的章节,可能也可以分开。当然,具体案件中还要法官具体分析。有时候,即便合作作者独立撰写小说的不同章节,如果这些章节采用了共同的情节和人物特征,则这些章节未必能够被分割出来单独使用。因为该章节中所体现的情节或人物特征等可能并非撰写该章节作者自己的贡献。

合作作者单独使用自己创作的部分,在大多数情况下都不会损害合作作品的整体的著作权。在极端的情况下,合作作者将自己创作部分的使用,可能会损害整体作品的完整权。比如,整体作品如果是一项严肃作品,将其中部分用于不严肃的场合,可能会降低公众对该整体作品评价,从而损害其他合作作者的声誉。

2.2.1 合作作品的整体使用规则

合作作者对于合作作品整体的使用,著作权法并没有进一步的规定。《著作权实施条例》第9条有补充性规定:"合作作品**不可以分割使用**的,其著作权由各合作作者

---

① Alice Childress v. Clariee Taylor, 945 F. 2d 500,506(1991).
② 郑成思:《版权法(修订本)》,中国人民大学出版社1997年第2版,第294页。"例如,德国现行版权法1993年修订文本第8条、英国1988年版权法第10条、法国《知识产权法》版权篇(1994年修订文本)第113-3条、美国版权法第101条、日本1992年著作权法第2条第12款、马来西亚版权法第3条等等,均是如此。"

共同享有,通过协商一致行使;不能协商一致,又无正当理由的,任何一方不得阻止他方行使除转让以外的其他权利,但是所得收益应当合理分配给所有合作作者。"

依据上述规定,大致有如下几点理解:

(1) 合作作者可以通过合同约定合作作品的著作权的行使;而且,约定显然应该优先于法律的默认规则。具体地说,如果各方明确约定,合作作品的著作权必须各方一致同意才能行使,则任何一方不能单独行使该著作权,否则构成违约或侵权。如果违反约定授权第三方使用,则构成教唆或引诱侵权。在极端的情况下,即便各方约定一致同意才能行使,法院或许可以支持一方在协商未果后单独行使。法院可能会强调:在特殊的交易情况下,当初合同各方相信相对方在合理条件下会遵守诚实信用原则同意某些使用行为,只是没有将这些落实到合同条款中。换句话说,在极特殊的情况下,合作作者的拒绝可能被认为违反诚实信用原则。不过,这类解释会引发很大争议,法院不应该轻易选择这条路。

(2) 在没有合同约定的情况下,如果对外转让著作权,应当协商一致。这里的转让,应当是指所有权转让,不包含一般的许可。当然,立法者究竟是指所有权的完整转让,还是共有权益的转让,并不清楚。

(3) 合作作者向第三方发放许可时,原则上应事先和其他合作作者协商,取得其他合作作者的一致同意。这一协商的程序安排使得合作作者能够对作品的使用有事先的决定权(比如审核被许可人的信用、排除被许可人与某些合作作者共谋等),因而具有法律意义。如果其他合作作者无正当理由拒绝,则合作者则可以径自发放许可,但要与其他合作作者共享许可所得。《条例》没有进一步明确合作作者在何种情形下算是有正当的拒绝理由。或许,作品涉及个人隐私、商业秘密、名誉等,被许可人与部分合作串谋损害其他合作作者利益等,算是合适的拒绝理由。

在其他合作作者有正当理由拒绝的情况下,某个合作依然自行使用或对外许可使用,则该合作作者要承担直接侵权责任或共同侵权责任(教唆或引诱)。在没有正当拒绝理由的情况下,事先协商的意义在于可以免除合作作者的侵权责任,而不论协商能否达成一致。这时候,所谓的协商义务,实际上相当于一种告知义务。

(4) 除了不得转让之外,合作作者在协商未果的情况下自行使用作品,还应当受到何种限制,并不十分清楚。在协商未果后,复制、发行、广播、表演合作作品等,似乎没有问题。但是,如果合作作者将该作品据为己有,排除其他人的署名,则会侵害他人的对合作作品所享有的署名权。①合理的推断可能是,协商未果时,合作者依然不能侵害其他合作作者对合作作品所享有的著作人身权。

(5) 合作作者自己使用作品所得收益,也在分配之列。《条例》没有明确这一点,可能还是有些争议。不过,《送审稿》(2013)第17条第3款明确规定,合作者自己使用的收益也应向其他合作作者分配。

---

① 比如,最高人民法院在《关于胡由之、郑乃章诉刘桢、卢碧亮著作权纠纷案的复函》(1992年4月13日)中指出,合作作者修改合作作品,将其他人名字去掉后发表的,侵害了其他合作作者的著作权。

王逸馥 v. 邓加荣等①

北京一中院(1997)一中知终字第 8 号

王逸馥与邓加荣合作创作了《储安平你在哪里》一文,并发表在《炎黄春秋》杂志上,署名逸馥、邓加(二人笔名)。其后,邓加荣与北京十月文艺出版社签订了图书出版合同,出版邓某的个人作品集《寻找储安平》一书。该书收录了邓加荣的十几篇文章,其中包括王逸馥与邓加荣合写的《储安平你在哪里》一文,书中该文章名称改为《寻找储安平》,文章末尾注明"本文系与王逸馥合写"。该书出版后,王逸馥诉称:邓加荣在从未征询原告意见的情况下,在其个人作品集中,擅自收入了与原告的合作作品《寻找储安平》,并将该合作作品修改后的篇名作为个人专著之书名。被告的行为侵害了原告对作品享有的著作权。

被告辩称,将《寻找储安平》一文收入个人专集事先已经征得原告同意,并注明该文系与原告合写,且已将稿酬寄给原告,并未侵犯原告著作权……

二审法院认为:根据《著作权法实施条例》第 11 条的规定:"合作作品不可分割的,合作作者对著作权的行使如果不能协商一致,任何一方无正当理由不得阻止他方行使",邓加荣应当征询王逸馥的意见,就是否许可其使用进行协商。邓加荣称其与王逸馥进行过协商,对此邓加荣应负有举证责任。根据邓提供的证言,不足以证明双方进行过协商这一事实,对此邓加荣应承担责任。邓加荣在未经王逸馥许可且未与其协商的情况下,将双方的合作作品收入个人专集的行为,侵犯了原告对该作品享有的使用权和获得报酬权。原、被告的合作作品发表时名称为《储安平你在哪里》,被告未与原告协商,在作品集中擅自修改了文章的名称,侵犯了原告对合作作品享有的作品修改权。

思考问题:

假如被告事先和原告协商过,但未达成一致,则被告的行为还会侵权吗?

2.2.2 合作作品部分作者的诉讼请求权

陈锦川对著作权法几项具体制度的修改建议

http://www.chinaiprlaw.cn/file/2011112421941.html

实践中的问题是,对于侵犯合作作品著作权的行为,部分作者能否行使请求权。

对于不可分割使用的合作作品的著作权被侵权、作者之一提起诉讼的,审判实践中一般是由法院通知其他作者参加诉讼;如果通知的作者明确表示放弃实体权利,可以不作为原告。这一做法在我国民事诉讼法律中明确的依据。但由于合作作品创作

---

① 本案例载费安玲编著:《著作权法案例教程》,中国政法大学出版社 1999 年版,第 86—91 页。

本身的特点,如作者之间仅为创作某部作品临时组成,一旦创作完成即各奔东西,有的作品合作作者众多等,故经常会遇到只有一个或部分作者起诉的情况,由此产生了部分作者提起诉讼是否适格的问题。

"无法分割的合作作品之著作权,适用财产共同共有原则,由合作作者共同共有。"根据共同共有的相关原理,共同共有人的权利,及于共有物的全部,共同共有人对共有物平等地享有所有权。各共有人对于外部的侵害,可以为共有人全体的利益独立行使物上请求权和债上请求权。因此,作为著作权的共同共有人,当然也可以独立行使类似物上请求权的著作权请求权,相应的,在诉讼法上,也应可以为全体共有人的利益单独提起诉讼。但是基于我国《民事诉讼法》关于共同诉讼制度的要求,《著作权法》对此没有明确规定,不同法院在具体操作上差异很大,亟须统一。由著作权法针对合作作品著作权的特殊情况作出具体规定,是必要的。《德国著作权法》第 8 条(2)规定:"对于侵犯共同著作权的行为,任何合作作者都有权行使侵权行为所产生的各项请求权"。值得借鉴。

对于可以分割使用的合作作品而言,此问题更为严重。审判实践中一种常见的做法是:各个合作作者只能主张自己创作的那部分的著作权,对其他作者创作的部分的著作权则无权主张。主要理由是:在可分割使用的合作作品中,作者对各自创作的部分单独享有著作权,因此其中一个或者部分作者自然不能行使其他作者的著作权。

在作品的著作权由合作作者共同享有这一点上,法律似乎并不区分可以分割使用的合作作品和不可分割使用的合作作品。既然著作权由各位作者共同享有,各个作者即应能根据其共同享有的权利主张作品整体的著作权,包括他没有参与创作的那部分作品的著作权。另外,如果各个合作作者只能主张自己创作的那部分的著作权,那么可以分割使用的合作作品与单独由几个作者创作的作品有什么区别呢？如果这样,法律就没有必要将两个或两个以上的作者创作的可以分割使用的作品确定为合作作品的一种类型了。但由于法律缺乏进一步的规定,基于条文本身的意思,得出不同结论也是必然的。应当对是否把可分割的作品作为合作作品的一种、如何协调作者之间的关系、权利的行使进行深入的研究。

《送审稿》(2013)第 17 条第 4 款规定:"他人侵犯合作作品著作权的,任何合作作者可以以自己的名义提起诉讼,但其所获得的赔偿应当合理分配给所有合作作者。"如果这一款获得通过,在一定可以澄清上述意见中所说的问题。不过这一条文依然很简单,还有问题没有回答。比如,其他合作作者是否可以通过发放许可的方式豁免第三方的侵权责任,以及上文提到的可分割的合作作品的问题。

2.2.3　合作开发软件著作权的行使

对于合作开发软件的著作权行使,《计算机软件保护条例》(2013)第 10 条也基本沿用了《著作权实施条例》中的规定:"由两个以上的自然人、法人或者其他组织合作开发的软件,其著作权的归属由合作开发者签订书面合同约定。无书面合同或者合同未作明确约定,合作开发的软件可以分割使用的,开发者对各自开发的部分可以单独享有著作权;但是,行使著作权时,不得扩展到合作开发的软件整体的著作权。合作开发的软件不能分割使用的,其著作权由各合作开发者共同享有,通过协商一致行使;不能协商一致,又无正当理由的,任何一方不得阻止他方行使除转让权以外的其他权利,但是所得收益应当合理分配给所有合作开发者。"

实践中,合作作者与第三方进行幕后交易,其他合作作者要进行控制并不容易。比如,合作作者与第三方采用所谓的"版权许可+技术服务"的模式,在合同中将版权许可费约定得很低,而降技术服务或业务咨询费用也约定得很高。这时候,其他合作者就很难证明前述交易故意损害他们的利益。

值得一提的是,合作一方对作品进行功能性使用,是否落入此条界定的范围,还存在疑问——依据中国著作权法或者《计算机软件保护条例》,对合法持有的作品复制件或者软件的功能性使用并非版权法控制的行为。

2.2.4 美国法上合作作品的版权行使

在美国法上,合作作品的合作作者在没有合同约定的情况下,平等地共享该著作权。任何一方可以自行使用该作品,也可以许可他人使用该作品,但是要向其他合作作者分配所得收益。[①]美国先前法院适用不动产法律规则,认为合作作品权利人自行使用作品时无须向其他作者支付部分收益。但是,近期的法院为了避免共有权利人之间对作品的恶性使用,倾向于认为合作作者与其他作者之间存在推定信托(Constructive Trust)关系,要求每一个合作作者自行使用作品获益时应当向其他作者支付收益。[②]学者认为,在合作一方以非常不合理的价格使用作品时,其他合作作者应该能够寻求救济。[③]

在美国法上,合作作者一方向第三方发放许可,如果被许可人违约,则只需向该合作作者一方承担违约责任。但是,如果许可协议规定,违约将构成侵权,则被许可人要同时向各合作作者承担侵权责任。[④]

3 职务作品

《著作权法》(2001)第16条规定:

> 公民为完成法人或者其他组织工作任务所创作的作品是职务作品,除本条第二款的规定以外,著作权由作者享有,但法人或者其他组织有权在其业务范围内优先使用。作品完成两年内,未经单位同意,作者不得许可第三人以与单位使用的相同方式使用该作品。
>
> 有下列情形之一的职务作品,作者享有署名权,著作权的其他权利由法人或者其他组织享有,法人或者其他组织可以给予作者奖励:

[①] 17 U.S.C. § 201.
[②] Paul Goldstein Copyright Second Edition, ASPEN Law & Business, 1999, §4.2.2 4:22.
[③] Ibid., §4.2.2 4:24.
[④] Ibid., §4.2.2 4:21.

（一）主要是利用法人或者其他组织的物质技术条件创作，并由法人或者其他组织承担责任的工程设计图、产品设计图、地图、计算机软件等职务作品；

（二）法律、行政法规规定或者合同约定著作权由法人或者其他组织享有的职务作品。

《著作权法》关于职务作品和法人作品的规定，是当年《著作权法》立法争议的焦点问题。"现在的写法，是各方妥协的产物，大家都不尽满意，但也只能如此了。"①

3.1 两类职务作品

从《著作权法》第 16 条的规定中可以看出，根据作者所享有权利的多少，可以将职务作品分成两种类型，普通职务作品（第 1 款）和特殊职务作品（第 2 款）。普通职务作品在符合一定条件之后，被视为特殊职务作品，作者的权利被进一步压缩。

普通职务作品是指"公民为完成法人或者其他组织工作任务所创作的作品"。作者几乎保留了全部的著作权，单位只是获得了业务范围内的优先使用权。从条文的字面意思看，所谓的优先使用权，应该是指在作品完成之后的两年内②，如果单位在其业务范围内使用该作品，则该使用权是排他性的。至于作者自己是否可以以相同方式使用，则不得而知。两年期满后，作者应该可以自行许可第三人以相同方式使用该作品。在两年的期限内，即便单位不使用该作品，作者应该也不能授权他人按照与单位业务范围内的使用方式相同的方式使用该作品。否则，两年的期限设置等于迫使单位在作品完成后立即使用该作品，该优先权因此会失去意义。《著作权法实施条例》第 12 条第 1 款的补充规定应该为这一结论提供支持："职务作品完成两年内，经单位同意，作者许可第三人以与单位使用的相同方式使用作品所获报酬，由作者与单位按约定的比例分配。"

特殊职务作品是指在普通职务作品的基础上，进一步满足第 16 条第 2 款的条件的有限类别的作品——"主要是利用法人或者其他组织的物质技术条件创作，并由法人或者其他组织承担责任的工程设计图、产品设计图、地图、计算机软件等职务作品"。所谓的"物质技术条件"，是指"该法人或者该组织为公民完成创作专门提供的资金、设备或者资料。"③

对于特殊职务作品，作者实际上只享有署名权，单位享有其他全部权利。有意思的是，这些作品都是一些技术类的作品，创作者不享有所谓的保护作品完整权、修改权等精神权利，也不会有太大的负面后果。至于作者是否能够获得奖励，则取决于单位的态度。立法者使用"可以"一词，并没有将奖励创作者设定为单位的强制义务。

《著作权法》第 16 条第 2 款还许可当事人将普通职务作品**约定**成为特殊职务作

---

① 沈仁干：《著作权立法情况介绍》，载司法部和国家版权局：《中华人民共和国著作权法讲析》，中国国际广播出版社 1991 年版，第 52 页。

② 《著作权法实施条例》（2002）第 12 条第 2 款："作品完成两年的期限，自作者向单位交付作品之日起计算。"

③ 《著作权法实施条例》（2002）第 11 条第 2 款。

品。这意味着雇员和雇主之间的合同约定在判断一项作品是普通职务作品还是特殊职务作品上,可能有着非常重要的作用。在下面的姚洪军案中,两级法院显然都忽略了合同约定的内容。

姚洪军 v. 北京德琦知识产权代理有限公司

北京高院(2009)高民终字第 2867 号

2006 年 8 月至 2006 年年底,姚洪军在德琦公司工作。2006 年 8 月 24 日,姚洪军与德琦公司签订《专有资料保密协议》,该协议第 3 条"著作权"约定"员工同意,在其受聘于公司期间,因工作(例如撰写文件,答复审查意见,翻译文件、书稿、文章,撰写用于发表的文章等)而产生的著作权权利全部归公司所有,公司拥有全部的处置权"。

[2006 年,德琦公司接受格里高里·A. 斯图伯斯的委托创作《世界软件专利》一书的中国部分。德琦公司安排姚洪军创作完成了该书中国部分的第四章和第七章,并向姚洪军支付报酬。]

2007 年 11 月,《世界软件专利》(《Software Patents Worldwide》)一书由克鲁维尔国际法律出版公司(Kluwer Law International)出版……该书封面署名的主编为格里高里·A. 斯图伯斯(Gregory A. Stobbs)。该书中国部分的署名作者为"宋津成、杜少辉、南希·L. 菲克斯"。[书中没有原告姚洪军的署名。]

2008 年 3 月 1 日,姚洪军发送电子邮件给宋津成,[就署名问题提出交涉,]主要内容为"……我承认公司为这项写作任务曾经支付过我工资,但这不影响我的署名权。您不许我在这个作品上署名,势必造成公众对于作者是谁的误解……作者人身权只属于作者。我国《著作权法》第 16 条明确规定了作者在职务作品中的署名权……"

2008 年 3 月 4 日,杜少辉向姚洪军发送电子邮件,主要内容为"《世界软件专利》一书由格里高里·A. 斯图伯斯先生主持编写,该书的中文部分是由我公司根据格里高里·A. 斯图伯斯先生的要求撰稿,该部分将作为《世界软件专利》一书的一章以我公司名义发表。该书中国部分的架构、纲目、基本内容等均由我公司根据格里高里·A. 斯图伯斯先生的要求确定的,反映的是公司意志。因此该书中国部分属于法人作品,其著作权全部由我公司单独享有,任何参与其中的个人均不享有任何权利。尽管您曾于 2006 年 8 月至 2006 年 12 月任职我公司法务人员,并搜集、整理了专利立法史、司法体系等事实资料,但此后的筛选、改写以及全部的英文翻译、校对等大量实质性工作,均在您离职后由我公司完成。您对该书中文部分内容实际上无任何创造性的智力投入。"

[在一审庭审过程中,姚洪军称其创作的部分字数共约 33 914 字。另外姚洪军称德琦公司、宋志强、杜少辉侵犯了其发表权、署名权、修改权、保护作品完整权、复制权、发行权、翻译权、汇编权。]

本院认为:

[本院认定姚洪军为系争章节中文稿的作者。]

根据《著作权法》第 16 条的规定,公民为完成法人或者其他组织工作任务所创作的作品是职务作品,除本条第 2 款规定的以外,著作权由作者享有,但法人或者其他组织有权在其业务范围内优先使用。本案中,姚洪军在创作系争章节时为德琦公司的职员。其间,德琦公司接受格里高里·A. 斯图伯斯的委托创作《世界软件专利》一书的中国部分,姚洪军又接受德琦公司的安排创作完成了该书中国部分的第四章和第七章,且德琦公司曾经为姚洪军创作该书支付过报酬。

通过上述事实可以认定,姚洪军创作系争章节是为完成德琦公司交给的工作任务,其创作成果的性质应属职务作品。

姚洪军虽主张三次提交相关章节的时间都是在晚上十点以后,都是非工作时间,但是否利用工作时间进行创作,并非认定是否构成职务作品的必要条件。同时,结合姚洪军提交书稿时所发送电子邮件的内容,亦可认定该作品与其本职工作的联系及对该项工作任务的了解,因此,姚洪军有关该作品属于个人作品的主张缺乏事实依据,本院不予支持。

根据上述分析,姚洪军创作完成的系争章节属于《著作权法》第 16 条第 1 款所规定的职务作品,德琦公司有权在业务范围内优先使用。基于该作品的性质,并综合考虑《世界软件专利》一书的创作和出版过程,可以认定姚洪军明知德琦公司将会对系争章节中文稿发表、适当修改、编辑、翻译并出版,同时该出版行为并未超出德琦公司的业务范围,因此姚洪军有关德琦公司侵犯其发表权、修改权、复制权、发行权、翻译权的主张缺乏事实依据。

……

关于是否侵犯署名权一节,本院认为,姚洪军系《世界软件专利》中国部分第四章和第七章的作者,其有权在公开出版的该书中署名。因此,德琦公司未在《世界软件专利》一书中为姚洪军署名已构成对姚洪军署名权的侵犯,应当承担赔礼道歉的民事责任;同时,考虑到宋志强、杜少辉在该书中署名且在主持编写、出版该书工作中所负职责,二人应知未为姚洪军署名的情况发生,故二人亦构成对姚洪军署名权的侵犯,一审法院认定二人侵犯姚洪军署名权正确。

根据《著作权法》第 11 条第 3 款规定,由法人或者其他组织主持,代表法人或者其他组织意志创作,并由法人或者其他组织承担责任的作品,法人或者其他组织视为作者。本案中,《世界软件专利》一书中国部分虽然是由德琦公司主持完成,并在编排、结构上由德琦公司确定,但在具体内容上仍体现的是创作者个人的创作思想及表达方式,并未体现德琦公司的法人意志,且从该书的署名情况看,也无法证明该作品由德琦公司承担责任。因此,德琦公司、宋志强、杜少辉关于系争章节为法人作品的主张缺乏事实依据,本院不予支持。

(张雪松、李燕蓉、张冬梅法官)

思考问题:

(1) 仔细阅读双方的合同约定,看诉争作品究竟是一般职务作品还是特殊职务作品?

(2) 本案中,姚洪军所在的公司(被告)接受斯图伯斯的委托创作作品。这一委托关系是否妨碍认定原告创作的作品为职务作品?

(3) 如何在原告、被告公司、第三方(斯图伯斯)之间合理地分配著作权?

3.2 雇佣关系

理论上,认定职务作品,通常要求创作者和雇佣单位之间存在雇佣关系或劳动合同关系。否则,职务作品将难以和独立合同关系中的委托创作或合作创作作品有效区分。但是,中国《著作权法》第16条并没有明确这一点。国家版权局曾经在一份答复法院的文件中,指出:"作品的作者同单位之间必须是一种职务性的上下级关系,即劳动法或者类似劳动法(例如国家公务员同国家机关或者事业单位之间的)法律关系。"[①]不过,在司法实践中,有法院将独立合同关系下产生的作品认定为职务作品。下面的罗胜利 v. 湖南电视台案,就是一例。

罗胜利 v. 湖南电视台等

湖南省高院(2001)湘高经二终字第11号

1997年下半年,上诉人罗胜利在观看了湖南电视台制作的"快乐大本营"节目后,打电话给该节目的制片人兼总导演汪炳文,建议以摄影的形式将该节目保存起来,并要求去拍摄。汪接受了该建议,并询问罗胜利要多少报酬?罗胜利表示不要报酬,只要为其"每场节目提供一个彩卷、冲洗费和一个前排座位。"后双方商定每场拍摄一卷,向电视台提供三十五张左右的彩色照片。电视台每场给罗胜利报销胶卷、冲洗费68元。

"快乐大本营"每周制作、播出一次,从1997年11月16日至1998年12月5日,罗胜利参加了每期"快乐大本营"的现场拍照,共65期,即从第18期到第76期。罗胜利交给电视台照片2千多张,底片仍由其保管。电视台每期给罗胜利报销68元(有时加洗,则按实际加洗数报销),礼品一份。1998年4月17日,电视台给罗胜利500元作酬劳。

1998年11月18日,罗胜利交给汪炳文书信一封,主要内容:为拍出更好的照片,自己购买了相机、镜头等近万元的摄影器材;电视台所给的每场68元及劳务费都已用于购买胶卷、冲洗照片、闪光灯电池和交通费等。其朋友在电视台其他节目组每场摄影的劳务费为150元至200元。要求电视台以后按每场120元(包括胶卷和冲洗费)付给其劳务费。此后,电视台按每期200元付给罗胜利劳务费,持续了三期后,电视台便将罗胜利辞退。

另查明:1998年11月20日,湖南电视台与海南出版社签订了"出版合同"一份,约定共同出版一本介绍"快乐大本营"节目的书籍。由"快乐大本营"节目组撰稿,海

[①] 国家版权局版权管理司《关于〈快乐大本营〉一案给××市××区人民法院的答复》,权司[1999]73号。

南出版社出版并发行……1999年3月,《走进"快乐大本营"》一书出版发行。该书署名"快乐大本营"节目组编撰,主要内容是介绍"快乐大本营"节目组的主持人、编导及其他台前幕后的工作者,众嘉宾的一些趣闻逸事等。书中采用了大量的照片,其中有罗胜利拍摄的照片114幅,对书中所有摄影者均未署名。该书印刷数为20万册,定价18元。

原审法院审理认为,本案讼争的114幅摄影作品系法人作品,著作权归湖南电视台。罗胜利不享有诉争作品的著作权,因而其诉讼请示不能成立。罗胜利在聘用期间为"快乐大本营"所拍底片归电视台所有,故电视台的反诉请示成立……

罗胜利不服上述民事判决,向本院提出上诉称:"1. 一审法院认定上诉人创作的摄影作品是法人作品缺乏依据;2. 上诉人不是湖南电视台的雇佣工作人员,电视台支付给我的费用是辛苦费,而不是劳务费"。

……

本院认为:上诉人罗胜利与被上诉人湖南电视台通过口头约定,达成了由电视台提供胶卷、场地,罗胜利自愿来"快乐大本营"剧组拍照协议。在协议履行一段时间后,双方又达成由电视台每场提供200元劳务费的补充协议。罗胜利根据约定,利用"快乐大本营"提供的剧场灯光、舞美等摄影背景及电视台编导组织的表演节目等前提条件,拍摄出来的摄影作品,内容是否合法,能否发表均应由湖南电视台承担责任。上述作品符合《中华人民共和国著作权法》第16条第2款规定,属于职务作品,著作权应由湖南电视台享有。但是,摄影作品具有相对独立性,并不能等同于"快乐大本营"的表演节目,罗胜利在拍摄上述作品时并非完全代表湖南电视台的意志创作,且摄影作品所具有的艺术性、创造性由罗胜利创作。故罗胜利应享有署名权……罗胜利称:"上诉人创作摄影作品不应认定是法人作品"的上诉理由部分成立,本院予以采纳。上诉人罗胜利主动提出的"快乐大本营"剧组承担摄影工作,电视台和罗胜利之间达成的协议和补充协议是双方真实意思表示,内容无违法之处,且已实际履行。罗胜利上诉提出其不是湖南电视台雇佣工作人员,电视台支付的是辛苦费,而不是劳务费,因本案为著作权侵权纠纷而非追索劳务费的纠纷,其理由不能成立。

(敖完全、徐湘波、王春平法官)

附件:版权局的意见

[关于本案,一审法院曾经请求国家版权局提供咨询意见。版权法局的答复意见中含有下列内容:]

《著作权法》第17条规定:"受委托创作的作品,著作权的归属由委托人和受托人通过合同约定。合同未作明确约定或者没有订立合同的,著作权属于受托人。"从你院提供的案情看,原、被告之间没有签订过书面形式的合同,也未就本案诉争的作品的著作权归属有过明确约定。因此,应认为本案诉争的作品的著作权属于原告所有。

但是,委托作品也说明双方本是合同关系,况且,原告不经被告的许可,是不能拍摄到本案诉争的作品的,被告还为原告负担了胶卷和冲洗费用,并支付过一定数额的劳务费等。从民法的公平原则和等价有偿原则出发,原、被告都不得只享有权利,不承担义务,或者只承担义务,不享有权利。被告尽管不享有本案诉争作品的著作权,但是,从其支付过胶卷费和劳务费等事实来看,被告也应享有相应的权利。被告享有的权利取决于其经营范围。如果被告出版本案诉争的作品同被告宣传其制作的电视节目有直接的联系,则应推定被告有权利这样做,但应向原告支付相应的报酬。①

思考问题:

(1) 对比法院和版权局的意见,何者更合理?
(2) 法院适用了《著作权法》第16条第2款,显然认为这是基于"合同约定"的"特殊的职务作品"。本案有合同约定吗?
(3) 如果有合同约定,为什么还要适用法律的默示规则?这里有矛盾吗?

3.3 工作任务

认定职务作品的另一要件是,创作者必须是完成所谓"工作任务"而创作作品。所谓工作任务,是指"公民在该法人或者该组织中应当履行的职责"②。这一表述依然不够具体,法院有很大的裁量空间。本书倾向于认为,所谓创作者的职责内容,应不仅仅包涵进行创作的任务,而且还应包涵雇主意图利用该作品著作权的要求。后者应该根据行业的习惯来决定。有些时候,雇主要求雇员创作或发表作品,但并非为了获取雇员作品的使用权,而只是意图通过创作和发表行为本身来维持或考核雇员的工作能力。比如,大学要求教师发表学术论文,却并无意获得该论文著作权。在这种情况下,法院或许可以否定此类作品的职务作品属性。

在下面的高丽娅案中,虽然并不直接涉及著作权问题,但对于理解何谓工作任务,有重要的意义。

高丽娅 v. 重庆市南岸区四公里小学

重庆市一中院(2005)渝一中民初字第603号

1990年1月,原告高丽娅调入被告四公里小学从事小学语文教学工作。根据被告四公里小学的管理规定,从事教学工作的教师必须在课前备课,编写教案,并在每学期期末向学校上交教案备学校检查。从1990年至2002年,原告高丽娅每学期均按被告四公里小学安排编写和上交教案,先后交给被告四公里小学教案本48册。在原告高丽娅提出要求返还教案本后,被告四公里小学曾返还给原告高丽娅教案本4册,包括1999—2000学年度下学期小学语文第8册备课本1册,2000—2001学年度上学期小学语文第9册备课本1册,2000—2001学年度下学期小学语文第10册备课本2册,其余

---

① 国家版权局版权管理司《关于〈快乐大本营〉一案给××市××区人民法院的答复》,权司[1999]73号。
② 《著作权法实施条例》(2002)第11条第1款。

44册记载原告高丽娅教案的孤本已经被被告四公里小学以销毁或者变卖等方式处理，现下落不明。

被告四公里小学返还给原告高丽娅的4册教案本是格式备课本，包括课题、课型、几课时完成、教学要求、教学重点、教学难点、教具准备、教学过程、作业设计、板书设计、课后记等栏目。其中，教学要求、教学重点、教学难点等属于教学大纲和教学资料中的内容。

2002年5月30日，原告高丽娅向重庆市南岸区人民法院起诉，要求被告四公里小学归还44册教案本或赔偿损失。[原告认为，教案是原告独立完成的智力成果，是原告心血和智慧的结晶，其形式和内容均符合《著作权法》对作品的要求，原告应对其享有著作权。被告未经原告许可，私自处分教案原稿，致使原告著作权的所有权能均无法实现，严重侵犯了原告合法权益。]2003年10月24日，该院以原告高丽娅不享有教案本所有权为由判决驳回高丽娅的诉讼请求。原告高丽娅不服，上诉至本院。2004年3月29日，本院判决驳回上诉，维持原判。2004年11月25日，重庆市人民检察院提出抗诉，本院决定再审，并于2005年5月23日判决维持本院二审民事判决……

基于双方当事人的法庭辩论，本院对双方当事人有争议的法律问题评定如下：

一、关于涉案的教案是否属于作品的问题。

（一）关于4册教案本所载教案是否属于作品的问题。

根据《中华人民共和国著作权法实施条例》第2条的规定，著作权法所称作品，是指文学、艺术和科学领域内，具有独创性并能以某种有形形式复制的智力成果。作品的"独创性"不同于被告所说的"创造性"，而是指作品系作者独立创作，而不是剽窃他人作品。虽然被告四公里小学返还给原告高丽娅的4册教案本所载教案只是小学语文教案，但是教学过程等栏目中记载的内容主要是原告高丽娅独立创作，被告也未就该内容系抄袭这一反驳事实主张提供证据加以证明，故教学过程等栏目中记载的内容具有独创性，应当属于著作权法上所称的作品。

（二）关于44册教案本所载教案是否属于作品的问题。

就该主张而言，虽然本来应该由原告高丽娅举证，但是被告四公里小学已经以销毁或者变卖等方式处理了记载原告高丽娅教案的唯一载体44册教案本，从而使原告高丽娅由于被告四公里小学的过错行为而无法举证，且原告高丽娅主张的事实发生的盖然性很高，即教案一般都具有独创性。依照《最高人民法院关于民事诉讼证据的若干规定》第75条的规定，有证据证明一方当事人持有证据无正当理由拒不提供，如果对方当事人主张该证据的内容不利于证据持有人，可以推定该主张成立。本案中，原告高丽娅不能举证证明其教案是否具有独创性，原因在于被告持有且未提交原告证明主张得以成立的直接证据，应推定原告的证明主张成立，即涉案的44册教案本所载教案具有独创性，属于著作权法上所称的作品。

二、关于涉案教案作品著作权的归属问题。

根据《中华人民共和国著作权法》第16条第1款的规定，公民为完成法人或者其他组织工作任务所创作的作品是职务作品。涉案的教案作品是原告高丽娅为完成被告重庆市南岸区四公里小学校的教学工作任务而编写的,应当属于职务作品……

首先,涉案的教案不属于法律、行政法规规定或者合同约定著作权由被告享有的职务作品;其次,虽然原告创作涉案的教案职务作品利用了被告一定的物质技术条件(如空白教案本等),但并不是主要地利用了被告的物质技术条件,而且涉案的教案职务作品也不是由被告承担著作权法律责任。因此,涉案的教案作品应当属于《中华人民共和国著作权法》第16条第1款规定的一般职务作品,著作权由作者原告高丽娅享有,但被告四公里小学有权在其业务范围内优先使用。

三、关于是否侵犯著作权以及责任承担的问题。

根据前述生效判决,被告享有教案作品载体的所有权;而根据前述认定,原告应当享有教案作品的著作权。根据《中华人民共和国民法通则》第4条的规定,民事活动应当遵循诚实信用的原则,双方在行使各自的权利时都不得损害对方的权利。一般情况下,所有权人对作品载体的处分只会导致作品载体本身灭失,并不会导致作品也随之灭失,从而不会侵犯作品的著作权。但是,在知道或者应当知道教案本是记载原告教案作品唯一载体的情况下,被告作为所有权人对作品唯一载体的处分不仅会导致作品载体本身灭失,也会导致作品随之灭失,原告享有的教案作品著作权将无法实现,从而侵犯了原告享有的教案作品著作权。

虽然被告辩称其已尽到了通知原告取回教案等义务,但是没有充分的证据予以证明。因此,被告的抗辩不能成立,本院不予支持。根据《中华人民共和国著作权法》第46条第(十一)项的规定,被告依法应当承担停止侵害、赔偿损失等民事责任。

（王小林、杨光明、赵志强法官）

思考问题:

（1）原告的创作任务究竟是否具有著作权法意义上的"工作任务"性质呢?这和报社记者的采写新闻稿件的工作任务一样吗?

（2）小学教师写作教案和大学教师写作论文,是否应该在著作权法上区别对待?

（3）被告学校丢失教案,影响原告著作权的行使吗?可对比后文著作人身权一章的手稿丢失案件。

3.4 非职务作品的合同约定

中国《著作权法》并没有明确限制雇主和雇员之间对作品的归属作出合同约定。于是就有了这样的疑问:雇主和雇员事先签署协议,自行定义职务作品的范围,将某些本来并非职务作品的作品列入职务作品的范围。这时候,这一约定是否有效?

要回答上述问题,必须明确职务作品立法的目的。如果立法者出于对创作者的保护,仅仅许可法定类别的作品被当做职务作品,则上述约定似乎违反这一立法目的。相反,如果立法者只是试图明确默示的职务作品的范围,避免不必要的纠纷,并无给予创作者特殊保护的意思,则似乎没有必要宣布上述约定无效。

以下是国内比较有代表性的意见：

"著作权法对职务作品权利的归属作了明确而又刚性的规定，也就是说，只能按照著作权法上述规定确定权利的归属，别无其他。那么是否可以在即使存在上述规定的情况下也允许创作者与单位之间就权利的分配进行另外的约定呢？

现代法治的发展，尊重契约自由原则已成为一种趋势，只要合同是双方当事人之间的意愿，合同的约定也不损害公众和社会利益，合同的效力应该得到承认。承认单位和作者之间可以约定权属，可以充分调动创作的积极性，也可以给单位和个人之间提供更多的选择。我国专利法在这方面已有所突破。现行专利法允许单位和发明人或者设计人通过合同，对申请专利的权利和专利权的归属作出约定的。著作权法似可借鉴这项制度。"①

著作权法在委托作品的归属上，给予当事人充分的自由。这是否意味着在职务作品归属上，立法者也会采取相同的立场？为什么？

3.5 美国法上的雇佣作品

美国《版权法》第101条规定，雇佣作品（Work Made for Hire）包括两类：（1）雇员在其雇佣范围内完成的作品；（2）特别定制或者委托创作的经双方书面形式确认视为雇佣作品的几类特殊作品（比如，集体作品（collective works）、电影或其他影音作品、翻译作品、补充性作品（supplementary work）、汇编作品、教材、试题、试题答案、地图册等）。

对于雇佣作品，雇主或请求创作该作品的人（Other person for whom the work was prepared）视为作者。在雇佣作品定义第（2）款规定的范围外，美国法院并不许可当事人通过模糊而宽泛的合同条款将原本不属于雇佣作品的作品确定为雇佣作品，因为是否为雇佣作品影响到作品的保护期限、中止合同的能力等。②至于第（2）款的协议是否应当在作品创作之前签署，尚存在一定的争议。不过，肯定的观点应该处于上风。③

在考察是否存在所谓雇佣关系时，美国法院在是否要求雇主实际行使了监督和控制雇员的创作活动方面，存在分歧。相当一部分法院认为客户拥有监督和控制创作者的权利就足以确认雇佣关系存在。而另外一些法院则要求其实际上行使了这些权利。Goldstein教授倾向于前者。④如下文所述，Reid案中法院认为应该综合多项因素来判断雇佣方与创作方的关系，具体包括：所需要的技巧、创作所需工具的来源、工作的地点、双方关系持续的时间、雇佣方是否有权分配额外的任务、创作者对工作时间的决定权、支付报酬的方式、被雇佣方雇佣助手及向其支付报酬的方式、作品是否为雇佣方日

---

① 陈锦川：《对著作权法几项具体制度的修改建议》，载 http://www.chinaiprlaw.cn/file/20111124 21941.html，最后访问 2014 年 8 月 1 日。
② Paul Goldstein Copyright Second Edition, ASPEN Law & Business, 1999, §4.3.2 4:45 美国《版权法》Sect. 203 规定，在 1978 年授权后的授权协议执行 35 年以后，作者及其继承人有权在随后的 5 年内随时中止合同。
③ Paul Goldstein Copyright Second Edition, ASPEN Law & Business, 1999, §4.3.2, 4:48.
④ Ibid., §4.3.2, 4:38.

常生意的一部分、雇佣方是否处于经营中、雇员所享有的福利、雇员的税务处理等。①

美国关于雇佣作品与中国著作权法上的职务作品的概念大致相当,但是关于作品归属的规定,则二者相差甚远。美国关于雇佣作品归属的规定倒是非常接近中国法上关于法人作品著作权归属的规定。

在美国法上,区分雇佣作品和独立合同作品是一个核心问题。以下的 Reid 案就是这一方面的著名案例。

Community for Creative Non-Violence v. Reid
490 U. S. 730(1989)

Marshall 法官：

在本案中,一个艺术家和雇用他制作雕塑的组织竞争该雕塑作品的著作权。为了解决这一纠纷,我们必须解释 1976 年《版权法》第 101 条和第 201 条(b)的"雇佣作品"(work made for hire)条款,特别是第 101 条关于雇佣作品的定义——"雇员在雇佣范围内准备的作品"。

I

请求人 Community for Creative Non-Violence (CCNV)是一个非营利组织,旨在消除美国的流浪现象。1985 年秋天,CCNV 决定参加每年一度在华盛顿举行的圣诞游行,资助一项旨在展示无家可归者的悲惨生活。区法院指出：

"Snyder 和 CCNV 的同事构思了要展示的内容：一个体现现代圣诞场景的雕塑,以蜷缩在街道边蒸汽格栅(steam grate)上的两个成人和一个婴儿的当代无家可归者形象代替传统的耶稣家庭成员(Holy Family)。该家庭是黑人家庭(华盛顿的绝大多数无家可归者为黑人)；该人物形象与真人一般大小,蒸汽格栅在平台基座上,通过特效装置可以释放蒸汽。他们还为该作品取了一个题目——'第三世界的美国'。基座上附上文字说明：'酒店里还是没有地方'"。

Snyder 联系了雕塑家 Reid。他同意雕塑该三个人物形象。CCNV 同意制造该蒸汽格栅和雕像平台。Reid 建议作品用青铜材料,整个成本大约 10 万美元,大概要 6—8 个月制作。Snyder 拒绝这一建议,因为 CCNV 没有足够的经费,同时该雕塑必须在 12 月 12 日参加游行。Reid 然后建议,用一种叫做"Design Cast 62"的合成材料,这符合 CCNV 的预算和时间要求,也可以染成青铜颜色。CCNV 同意这一建议。双方同意,项目成本不超过 1.5 万美元,不包括 Reid 的服务费用。他同意免费帮忙。双方没有签署书面合同,也没有提及版权问题。

Reid 收到 3000 美元的预付款后,他开始制作各种姿势的人物草图。根据 Snyder 的请求,Reid 将一份草图送给 CCNV,草图描绘的是类似孤儿院场景下的一个家庭：妈妈坐着,怀抱婴儿。父亲站在她后面,弯向她的肩膀,触到孩子的脚。Reid 说,Snyder

---

① Community for Creative Non-Violence v. Reid, 490 U. S. 730, 751—752(1989).

索要草图为雕塑募款。Snyder 说,这也是为了获得他的批准。Reid 要找一个黑人家庭当做雕塑的模特。根据 Snyder 的建议,Reid 访问了一个住在 CCNV 的华盛顿庇护所里的家庭,但是发现只有他们新生的孩子是一个合适的模特。当 Reid 在华盛顿时,Snyder 带他去看住在街上的无家可归者。Snyder 指出,为了暖和身子,他们倾向于斜躺在蒸汽格栅上,而不是坐或站在上面。从那以后,Reid 的草图中只有斜躺着的形象。

在 1985 年的整个 11 月和 12 月的头两周,Reid 只为制作该雕塑而工作,并且不时有一些利用 CCNY 预付的钱雇用的助手来帮忙。在有些时候,CCNV 成员拜访 Reid 以检查工作进度,并协调 CCNV 制作底座的工作。CCNV 拒绝 Reid 的利用行李箱或购物袋装该家庭个人物品的建议,坚持用购物车。Reid 和 CCNV 人员从来没有讨论过版权问题。

1985 年 12 月 24 日,Reid 交付了完成的雕塑。CCNV 将该雕塑和它自己准备的蒸汽格栅和底座组合在一起,并放置在离游行地点很近的地方展示。Snyder 支付给 Reid 最后的 1.5 万美元。该雕像持续展览了一个月。1986 年 1 月底,CCNV 人员将它送回到 Reid 的工作室,进行修补。几周后,Snyder 开始计划将该雕像带到其他数个城市为无家可归者募款。Reid 拒绝了,说该雕像材料不够结实,不能经受住那么长的行程的考验。他催促 CCNV 将它做成青铜雕像,成本是 3.5 万美元,或者制作一个模板,成本是 5000 美元。Snyder 不愿意再在这一项目上花钱。

1986 年 3 月,Snyder 要求 Reid 归还雕像。Reid 拒绝。他然后以自己的名字对该作品进行版权登记。Snyder 作为 CCNV 的受托人,也提出了竞争性的版权登记。然后,Snyder 和 CCNV 提起本案诉讼,要求归还雕塑,并判决版权归属。

区法院认为诉争雕塑为第 101 条意义上的雇佣作品,Snyder 作为 CCNV 的受托人,享有雕塑的版权。上诉法院推翻了一审判决,发回重审。上诉法院认为,该作品并非雇佣作品,Reid 拥有该作品版权。最高法院维持了上诉法院的判决。

II

A

1976 年版权法规定,版权所有权一开始归作者享有。17 U.S.C. §201(a). 一般而言,作者是实际创作作品的人。也就是说,将一个想法(idea)固定成有形表达(tangible expression)的人有权获得版权保护。§102. 但是,该法为雇佣作品创设了一个非常重要的例外。如果作品是雇佣作品,除非有相反的书面约定,则雇主或作品为之创作的其他人,被视为是作者并拥有版权。§201(b). 一项作品被归入雇佣作品,不仅决定了它的原始版权的归属,而且决定了版权的期限§302(c)、所有人的续期的权利§304(a)、终止权(termination right)§203(a)、进口某些带有版权内容的产品的权利§601(b)(1)等。因此,对于自由撰稿人(包括艺术家、作家、摄影师、设计者、作曲者、程序员等),和出版、广告、音乐和其他委托他人创作作品的行业而言,雇佣作品制度具有重要影响。

美国《版权法》第 101 条规定,雇佣作品(Work Made for Hire)包括两类:

"(1) 雇员在雇佣范围内完成的作品;

(2) 特别定制或者委托创作,并且经双方书面形式明确确认视为雇佣作品的作品,比如,作为集体作品(collective works)一部分的作品、作为电影或其他影音作品一部分的作品、翻译作品、补充性作品(supplementary work)、汇编作品、教材、试题、试题答案、地图册。"

请求人并不主张雕塑构成第101条(2)意义上的作品。很明显,它并不是。雕塑并没有落入上述9个特别定制或委托的类别。双方之间也没有书面约定规定该作品为雇佣作品。

本案中决定性的问题是该作品是否是第101条(1)的"在雇佣范围内完成的作品"。版权法并没有定义这些术语。在缺乏法律指导的情况下,出现四种解释:

第一种意见认为,只要雇佣方保留产品的控制权利,则该作品就是[第101条(1)下的]雇员创作的作品。请求人持这种观点。

第二种密切相关的意见认为,当雇佣方实际控制了特定作品的创作过程时,该作品就是第101条(1)下的由雇员创作的作品。这是第2巡回上诉法院创设的方法,被第4和第7巡回法院所接受。请求人也持这一意见。

第三种意见认为,第101条(1)所规定的"雇员"一词,具有普通法(代理法)下的含义。这一意见获得第5巡回法院和本案上诉法院的支持。

最后,被请求人和无数的法庭之友意见认为,"雇佣"仅仅是指"正式的有薪水"的雇员("formal, salaried" employees)。第9巡回上诉法院最近接受这一观点。

我们解释法律的起点总是法律文本。版权法并没有定义"雇员"(employee)和"雇佣范围"(scope of employment)。不过,在国会使用在普通法下已经获得确定含义的术语时,除非法律本身有相反的规定,法院应当推定国会在该法律中采用该确定的含义。这是一项被普遍接受的解释规则。过去,当国会使用"雇员"一词而未加定义时,我们指出国会是在描述普通法代理学说中的传统的主仆关系。版权法上的雇佣作品条款没有任何内容显示国会在使用"雇员"和"雇佣"之类的词语时,是在指传统的雇员和雇主关系之外的任何其他东西。相反,第101条(1)中的"雇佣范围"一词在代理法中被广泛使用。这表明国会在版权法中也意图采用代理法中的含义……因此,我们同意上诉法院的意见,应该按照一般普通法代理规则(general common law of agency)来理解版权法上的"雇员"一词。

上诉人所建议的任何一种判断方法与版权法上的文本不一致。"[雇主是否]有权控制产品"的判断法,仅仅关注雇佣方和产品之间的关系,与《版权法》第101条(1)冲突,后者主要关注的是雇员和雇主之间的关系。"有权控制产品"测试法也会扭曲后续第101条(2)的含义。第101条规定了作品被视为雇佣作品的两种方式:其一是,雇员创作的作品;其二是,特别定制或委托的落入9个规定类别并且有书面约定的作品。"有权控制产品"判断法忽略了这两种方式,将任何接受雇佣方监督和控制的"特别定制或委托"的作品都变成了第101条(1)下的雇佣作品。因为特别定制或委托创作作品的一方本来就有权在对方接受委托直到委托结束时,对目标产品的特征提出要求,因此"有权控制产品"判断法意味着很多依据第 101 条(2)被视为雇佣作品的很多作品,依据第 101 条(1)的规定,已经被视为雇佣作品。请求人的解释很难与第 101 条(2)对 9 类被视为雇佣作品的特别定制或委托的作品(比如,集体作品(collective works)的一部分,电影作品的一部分,以及试题答案)的列举相协调。这些作品有一个共同特征,即它们通常是在出版社和制片人的要求和指导创作,并由它们承担风险。因此,依据请求人所谓"有权控制产品"判断法,这些类型的作品将被视为雇员创作的作品(works by an employee)。[这使得第 101 条第(1)款和第(2)款的内容重叠。]

第 2 巡回上诉法院所提出的实际控制判断法,放在第 101 条的文本和结构下,只是比上述判断法的表现稍好一点。依据这一测试,控制和监督特定作品创作的独立合同方(independent contractors)被视为第 101 条(1)下的"雇员"。因此,依据第 101 条(1),是否为雇佣作品,取决于雇佣方(hiring party①)对于产品的实际控制,而不是有权去控制(right to control)。依据实际控制测试法,当一方委托创作但没有实际控制时,该作品落入第 101 条(2)款的 9 个类别之一(而不是依据第 101 条(1)),成为雇佣作品。但是,依据法律的文本,我们并不能读出有实际控制的要求。第 101 条明确地界定了雇员创作作品和委托作品(commissioned works)的界限。虽然基于版权政策上的原因其他区分方法也可能有合理性,但是法律本身并不支持进一步区分委托方(hiring party)实际控制和监督的委托作品(commissioned works)和那些没有实际控制和监督的委托作品。

因此,我们认为《版权法》第 101 条的文本和结构并不支持所谓的有权控制产品或实际控制产品测试法。该条的结构表明,雇佣作品通过两种互相排斥的途径(mutually exclusive)产生,其一是通过雇员,其二是通过独立合同方。法律解释的普通原理表明,应当参考代理法(agency law)来解释特定的受雇或受委托方(hired party)的分类。

……

最后,请求人对于雇佣作品条款的解释会损害国会修改 1976 年版权法提高版权全书的可预见性和确定性的最高立法目标。在版权市场上,当事人在谈判时预期其中一方将拥有最终完成的作品的版权。因为有这一预期,所以双方在一开始就能就相关的合同条款达成一致,比如作品的价款、复制权的归属等。

请求人所支持的实际控制测试法则妨碍当事人作出此类规划。因为该测试的结论最终依赖雇佣方(hiring party)是否密切监督创作过程,这样,当事人直到作品创作后期(如果不是直到创作完成之时)才知道,该作品是否最终落入第 101 条(1)所述的雇佣作品类别。因此,依据请求人的方法,当事人不得不事先预测雇佣方是否会有足够的控制从而成为雇佣作品。如果他们猜错了,则他们对"雇佣作品"或作品转让的依赖可能使得他们获得他们原本并未有通过谈判谋求的版权利益。对雇佣作品条款

---

① 本书作者注:这里的 hiring party 差不多是中文雇佣方和委托方的统称。因此无论翻译成雇佣方还是委托方,都会引起误解。

的这种理解,明显扭曲了国会确保事先规划的确定性的立法目标。而且,请求人的解释给那些没有能够从第101条(2)规定范围之外的独立合同方那里获得完全的版权转让的雇佣方留下余地,使得他们可以在作品完成若干年后单方面地获得雇佣作品权利,只要他们指导或监督了该作品的创作,而作为雇佣方(hiring party)很容易满足此类标准。

总之,我们必须拒绝请求人的主张。基于委托方(hiring party)有权控制或实际控制作品的事实,将委托作品转变成雇员作品(a work by an employee),与版权法上的雇佣作品条款的文本、结构和立法历史不一致。在依据版权法判断一项作品是否为雇佣作品时,法院首先应该依据关于代理的普通法原则确定该作品是由雇员还是有独立合同方创作的。然后,法院适用第101条的相关条款。

B

我们接着将第101条应用于本案 Reid 的作品"第三世界美国"。在依据普通法的一般代理规则判断被雇佣方是否为雇员时,我们考虑雇佣方是否有权控制作品的完成方式和手段。此类调查应该考虑的因素包括但不限于:创作所需要的技巧、创作所需工具的来源、工作的地点、双方关系持续的时间、雇佣方是否有权分配额外的任务、创作者对工作时间的决定权、支付报酬的方式、被雇佣方雇佣助手及向其支付报酬的方式、作品是否为雇佣方日常生意的一部分、雇佣方是否处于经营中、雇员所享有的各种福利、雇员的税务处理等。其中的任何一个因素都不是决定性的。

具体分析本案中的上述因素,我们同意上诉法院的意见,即 Reid 不是 CCNV 的雇员,而是一个独立合同方。的确,CCNV 为 Reid 的工作提供了足够的指导,以确保他制作的雕塑符合要求。但是,委托方(hiring party)对产品细节的控制程度并非决定性的。其他因素都不利于认定存在雇佣关系。Reid 是一个雕塑家,有熟练的职业技能。Reid 有自己的工具,他在自己的位于巴尔的摩的工作室工作,这使得 CCNV 不可能从华盛顿监督他每天的活动。Reid 受雇的时间不超过两个月,这是相对较短的一段时间。在此期间及以后,CCNV 无权给 Reid 额外的工作。除了要在截止日之前完成雕塑外,Reid 有绝对的自由去决定什么时候工作、工作多久。CCNV 支付给 Reid 1 万 5 千美元,这是补偿独立合同方的一种常见方法——在具体工作结束后一次支付。Reid 可以完全自主地雇佣助手并支付酬劳。创作雕塑并非 CCNV 的常规业务。实际上,CCNV 根本就不是一个营业机构。最后,CCNV 并不支付工资(payroll)或社会保险税,不提供任何雇员福利,也不缴纳失业保险或工人补偿基金。

因为 Reid 是一个独立合同方,因此该作品是否为雇佣作品(a work for hire)取决于它是否符合第101条(2)的规定。请求人自己承认,它并不符合。因此,依据版权法的雇佣作品条款,CCNV 并非该作品的作者。不过,在重审过程中,如果区法院认为 CCNV 和 Reid 在创作作品时有意将各自的贡献融在一起成为一个统一作品的不可以分离或不可独立的部分,则 CCNV 可能成为该雕塑作品的合作作者。在这种情况下,CCNV 和 Reid 可以成为作品版权的共有人。

思考问题：

（1）美国《版权法》第 101 条（2）所规定，该 9 类作品被视为雇佣作品的前提是有合同约定在先。这是否意味着其他类别的作品，如果不符合第 101 条（1）的规定，不能通过合同约定为雇佣作品？

（2）美国法上判断是否为雇员的考虑因素，对中国法认定劳动合同关系的存在，有参考价值吗？

（3）联合后文，考虑美国法上的雇佣作品制度与中国法下职务作品、法人作品的异同，及可能的制度改进方向。

4　法人作品

我国《著作权法》第 11 条第 3 款规定"由法人或者其他组织主持，代表法人或者其他组织意志创作，并由法人或者其他组织承担责任的作品，法人或者其他组织**视为作者**。"习惯上，我们将此类作品称作法人作品。非法人的其他组织的作品实际上也涵盖在内。所谓的其他组织（先前称作非法人单位），是指像大学院系、教研室、课题组、非法人性质的社会团体与协会、法人下属的部门等。①《著作权法》对其他组织缺乏明确定义，可能模糊法人作品与合作作品之间的界线。立法者之所以将非法人单位也视为作者，是为了发挥法人内部分创作者的积极性——"作品以非法人单位名义发表，这个小单位就可以享有作者的全部权利。以法人名义发表的话，非法人单位就可能只部分地享有作品带来的人身权与财产权，这样不利于调动创作积极性。"②

法人作品的著作权完全归法人所有，作品的实际创作者甚至连署名权都没有。这应该是著作权法在权利归属问题上最为偏向资本一方的制度安排。有意见认为，"中国著作权法关于法人作品的规定借鉴自美国版权法，而传统大陆法系著作权法是绝对不会承认不能动手进行实际创作的法人或其他组织能够成为'作者'"③。著作权法之所以要背离大陆法系国家的以自然人作者为中心的传统，应该是出于产业政策上的考虑：在这些作品的创作过程中，法人组织的投入的资本和人员较多，创作活动的组织协调难度较大。如果法律默认的规则不符合投资人的预期，法人组织会过度依赖合同，从而大大提高了企业运营的成本和管理失误导致的法律风险。因此，著作权法选择了对投资人而言更为有利的默认规则，完全剥夺了自然人成为作者的可能性，从而降低企业的管理成本，保护投资者的积极性。

当然，值得一提的是，立法者只是将法人"视为"作者，而没有直接规定法人"是"

---

① 《著作权法实施条例》（1991）第 9 条第 2 款曾经规定"法人必须符合民法通则规定的条件。不具备法人条件，经核准登记的社会团体、经济组织或者组成法人的各个相对独立的部门，为非法人单位"。后来，这一条被删除。

② 沈仁干：《著作权立法情况介绍》，载司法部和国家版权局：《中华人民共和国著作权法讲析》，中国国际广播出版社 1991 年版，第 47 页。

③　王迁：《著作权法学》，北京大学出版社 2007 年版，第 2 页。

作者。"这里的'视为',从立法技术上讲,是指法人[本质上]不是作者,为了某种需要把它'看做'是作者。"①

4.1 法人作者的争议

在中国,关于法人应不应该被视为作者的争议,一直存在。以下是一些代表性意见的摘录:

> 创作作品是一个艰苦的脑力劳动过程,是一种思维的过程,是一种生理活动。只有自然人才具备这种生理机能。而法人没有生理机能,不具备思维能力,无法创作作品,不能成为作者。这是著作权法起草和讨论过程中多数同志的意见。②

> 有的意见认为,作品既然是一种智力创作行为,而只有自然人才具备智慧和思维能力,所以只有自然人才能从事创作,只有自然人才能成为作者。法人或者其他组织本身没有思想,无法从事创作产生作品,他们持有的作品是经自然人创作出来而转移给法人或者其他组织的。[相反]的意见认为,有的作品是在法人或者其他组织的主持下创作的,体现了法人或者其他组织的意志,并不是执笔者的个人意志,并由该法人或者组织承担作品的责任,如某机关的年终工作总结报告、某计算机公司研制的程序软件等。特别是有些作品的创作,需要投入大量人力、物力和财力,个人一般不能完成这项任务。而且从法律角度讲,法人作为法律拟制的人,同自然人一样,具有民事权利能力和民事行为能力,所以能够成为作者。③

> 从生理上讲,作者只能是公民,如果说法人能创作,那是笑话;但从法理上讲,法人就可以有意志,就可以有作品,成为作者。④

法人作品既然是著作权法为实现复杂政策目标而进行的法律上的拟制,对它的合理性的讨论应该集中在这些政策目标和利益分配机制的正当性上。形而下地争论所谓法人能不能像自然人作者那样思考与创作,并不能获得更多的认识和更好的答案。道理很简单,民法上关于公司或法人是否应该具有权利能力和行为能力的争议,至少有数百年,至今不休。没有理由相信,在法人作品问题上沿着同样的思路能获得更好的结果。

---

① 刘春田:《著作权保护的原则》,载司法部和国家版权局:《中华人民共和国著作权法讲析》,中国国际广播出版社 1991 年版,第 104 页。
② 沈仁干:《著作权立法情况介绍》,载司法部和国家版权局:《中华人民共和国著作权法讲析》,中国国际广播出版社 1991 年版,第 45—46 页。
③ 胡康生主编:《中华人民共和国著作权法释义》,法律出版社 2002 年版,第 70 页。
④ 张佩霖:《著作权的归属》,载司法部和国家版权局:《中华人民共和国著作权法讲析》,中国国际广播出版社 1991 年版,第 125 页。

4.2 法人作品的认定

北京高院:关于对法人作品的认定[①]

对法人作品的认定应当注意两点:

第一,著作权法立法的本意是对法人作品作严格解释,著作权法首先就是要保护作者的利益,以鼓励他们创作更多的有利于社会发展的作品,因此对法人是不是作品的作者、作品是否属于法人作品应限制在一定的范围之内,不宜扩大解释;

第二,著作权法为法人作品设置了众多的条件,说明对法人作品的立法采取了谨慎的态度,根据著作权法立法的本意,法人作品应属于较少的情况,对法人作品应作严格的解释。

还需要注意的是,对法人作品的构成要件应作严格限定。

首先,"由单位主持创作",应是由代表单位的人员负责组织该项创作,从创作的提出、立意、人员、日程的安排、物质技术条件的提供、创作的进程、完成等各个方面都由单位负责主持,而并非只是简单地提出任务,布置工作。

其次,所谓代表单位的意志,是指创作思想及表达方式均须代表、体现单位的意志。如果某一作品完全或者主要地体现了单位的意志,个人创作者自由思维的空间不大的,可认定为代表了单位的意志;但个人在单位提供或者要求的条件下,可以自由发挥创造力、抒发其思想,对作品的结构安排、情节处理、材料取舍、思想表达等可以由个人意志所决定的,则不能认定为体现了单位的意志。单位仅仅提出创作作品的任务本身,以及创作者个人根据单位提出的原则性要求去创作,都不能认为是"体现了单位的意志"。

再次,作品产生的责任由单位承担,是指作品产生的责任必须也只能由单位承担,个人实际上承担不了作品产生的责任。最后,认定是否属于法人作品,还可以看该作品是否必须由法人署名,而不能由个人署名。如果客观上可以由实际创作者署名,则可以不认定为法人作品,只有实际创作者署名发表不能达到预期创作目的的和实现预期社会意义的作品,才应视为法人作品。

我国《著作权法》第 11 条用词宽泛,法院有很大的解释空间。这可能导致自然人为法人创作作品时,稍有不慎就可能被法人剥夺掉自己对作品的控制权,变成单纯的劳务提供者。在具体的案例中,最突出的问题是,法院并不刻意区分单位与个人之间的雇佣关系与独立合同关系。因此,即使创作人员并非企业的具有劳动合同关系的雇员,也不妨碍法院认定其创作的作品为法人作品。比如,后文的杨松云案即是一例。本书倾向于认为,认定法人作品的前提应该是参与创作的自然人与法人之间有劳动合同关系。否则,法院应该按照合同约定(合作或委托)来确定作品的归属。

[①] 北京市高级人民法院知识产权庭:《2009 年知识产权审判新发展》,载 http://www.chinaiprlaw.cn/file/20101027117783.html,最后访问 2014 年 8 月 1 日。

《著作权法》关于法人作品的规定，显然影响到中国法院对于作者概念的理解。法院将"谁组织创作""作品体现谁的意志""谁为作品负责"等因素作为确定著作权归属的重要依据，并将这一策略延伸到自然人之间的著作权权属纠纷上。比如，在前文的李淑贤 v. 李文达案的最终的判决意见、最高人民法院2002年司法解释中关于传记作品归属的规定①，都体现了这一思路。本书认为，所谓的"组织""意志""责任"等要素，不过是用来说明，在特定的情况下法人的投资利益远甚于自然人的创作利益，从而著作权法有必要偏向前者以提供更强保护，或者说，有必要剥夺原本按照法律逻辑应该被视为作者的自然人的权利。因此，"组织""意志""责任"这些要素无论是单独还是整体，都应该从产业政策层面的角度来解读，而不是从所谓"作者"的法律逻辑来解读，否则会过度扭曲著作权法上认定作者身份的一般规则。因为谁来组织、体现谁的意志、谁为作品负责，与著作权法在确定作者身份时原本要关心的"谁为作品作出创造性贡献（原创性表达）"，并没有直接关系。

另外，在作者身份认定环节，引入法人意志因素，可能产生巨大模糊性或任意性：

"意志"是一种"决定达到某种目的而产生的心理状态"，而"意志"的表达可以十分抽象、笼统。如果不加以严格限制，任何法人在作品创作方面的指示都可以成为"法人意志"。根据参与立法者的解释，"法人作品"的"创作思想及表达方式须代表、体现法人或其他组织的意志"，而"法人或其他组织的意志一般是通过领导机构和法定代表人依法或者依章程执行职务而体现出来的"。这意味着只要作品遵循了法人的领导机构或法定代表人对创作思想和表达形式定下的"大方向"或"调子"，该作品就"体现了法人的意志"。②

在具体的案件中，完全消除法人意志因素的模糊性，是不可能的。为了降低它的负面影响，有必要强调其他要素的重要性，比如法人与自然人之间应当存在劳动合同关系、法人组织创作过程、法人为作品承担责任、相关行业的习惯等。这些因素综合起来应该让人有合理理由相信，自然人作者在特定背景下，主观上原本会接受法人作品的产权安排，而不是一场意外。

4.3　法人作品与特殊职务作品

法人作品与前文所说的职务作品之间的界限，是长期困扰中国法院的一个问题。从法人作品到职务作品的过渡，并不存在明显的拐点。尤其是，作者仅享有署名权的那一类"特殊职务作品"与法人作品的区别非常模糊。有意见认为，法人作品制度借鉴自英美，职务作品制度借鉴自大陆法系国家。这两种制度本质上互不兼容，难以协调。结果，"无法在'特殊职务作品'和'法人作品'之间划出一道清晰的界线"。在该意见看来，"我国《著作权法》同时规定'法人作品'和'特殊职务作品'不但会造成作品定性上的困难，而且实无必要。因为立法者通过规定'法人作品'想要解决的问题

---

① 《最高人民法院关于审理著作权民事纠纷案件具体适用法律若干问题的解释》(2002)第13—14条。
② 王迁：《论"法人作品"规定的重构》，载《法学论坛》2007年第6期，第35页。

完全可以以完善'职务作品'的规定加以解决。"①

不仅如此,上述意见的作者还提出一个问题:有些作品形式上同时符合法人作品和特殊职务作品的构成要件,从而导致法院"无法给出令人信服的答案"。②不过,在本书看来,一个作品同时符合这类作品的构成要件,并不一定存在矛盾。比如,任何作品其实都符合"一般作品"和"法人作品"的形式条件,但我们并不认为著作权法上关于它们的权利归属规则存在矛盾。必要时,可以将法人作品视为更为特殊一类的"职务作品",有关它的权属规则优先于"特殊职务作品"的权利归属规则的适用。其中的道理就像"普通职务作品"达到一定条件后,就被视为"特殊职务作品"一样。当然,在思考上述问题是,读者应该清楚,在没有特别约定的情况下,现行法上的"特殊职务作品"仅限于有限的几种技术性的作品类型,而立法者对法人作品的类型没有严格的限制。也就是说,法人作品并非"特殊职务作品"中的一个子类别。

要不要设立单独的法人作品类别,或者说,要不要区分法人作品与"特殊职务作品",关键在于有没有必要将作品分成"法人享有一切权利"(法人作品)、"法人享有除署名权以外的一切权利"(特殊职务作品)、"法人除了有限的优先使用权外不享有任何权利"(普通职务作品)和"法人不享有任何权利"(非职务作品)等类型,从而许可法人和自然人以多种方式切分著作权蛋糕。从这一意义上讲,大概不能说法人作品与职务作品制度是"两种本身互不兼容的机制"。当然,如果坚持所谓的自然人作者对创作活动享有不可剥夺的自然权利,甚至是"天赋人权",则法人作品甚至职务作品的权属安排的合理性,都有可议之处。所幸的是,如本书第一章所说,并没有证据表明,中国立法者在借鉴欧洲大陆国家的版权制度时,一并将自然权利说作为立法者的指导思想并将它贯彻到每一个制度环节。

像任何法律制度设计一样,细分的目录越多,意味着选择越多,立法者可以精细因而也更公平地切割和分配著作权权益。但是,随着而来的代价是,相邻目录之间的差别越来越微妙,选择目录的操作成本会随之增加。法院和当事人可能要花费大量的时间和精力弄清楚某一作品究竟属于更细分的目录中的哪一类。在进行成本和收益权衡之后,立法者如果发现维持四种作品类型过于复杂,可以删除或重组其中的某些选择,也可以考虑赋予当事人更多的合同自由,从而减轻被动适用法律的压力。

5 委托作品

《著作权法》(2001)第17条规定:"受委托创作的作品,著作权的归属由委托人和受托人通过合同约定。合同未作明确约定或者没有订立合同的,著作权属于受托人。"显然,委托作品的著作权归属,合同约定优先,立法者并无干预的意愿。

5.1 创作之前委托

著作权法关于委托作品的规定,暗含的一项前提是,在作者创作相关作品之前,已

---

① 王迁:《著作权法学》,北京大学出版社2007年版,第153页。
② 王迁:《论"法人作品"规定的重构》,载《法学论坛》2007年第6期,第32页。

经存在所谓的委托合同。如果在委托合同生效之前，作品已经存在，则关于该作品的归属适用著作权法上作者享有著作权的一般规则，即作者享有完整的著作权。在这种情形下，事后出现的所谓的"委托创作合同"，本质上是一种著作权转让合同。如果该合同约定不清楚，似乎不应该依据《著作权法》第17条关于委托作品的规定来确认权属，而是应该依据著作权转让合同的一般规则来解释或补充合同内容。

刘毅 v. 广西壮族自治区南宁卷烟厂等

广西高院（2005）桂民三终字第3号

[2002年8月22日，南宁卷烟厂与真龙广告公司约定，前者委托后者代理"拾万元诚征广告用语"活动，征集"真龙"香烟广告语。按照南宁卷烟厂委托，真龙广告公司于2002年9月13—19日在多家报纸上刊登"拾万元诚征'礼品真龙'广告用语"启事。广告指出，真龙广告公司将聘请有关专家，在应征用语评选出二十句入围，并进行奖励。"所有来稿概不退还，入围作品的使用权、所有权归南宁真龙伟业广告有限公司所有。评选结果10月初在《广西政法报》等媒体上公布。"]

刘毅于2002年9月29日将自己创作的12条应征广告语寄给真龙广告公司，其中第3条应征广告语的内容是"天高几许？问真龙"。在应征函件中，刘毅对真龙广告公司在媒体上刊登的征集广告语启事没有提出异议或声明保留应征广告语的著作权。刘毅仅要求真龙广告公司收妥应征广告语并注明作者，将作品提供给评委会挑选。

……

经读者投票评选及专家评定，真龙广告公司于2002年12月23日在公布了全部入围获奖作品及作者名单，刘毅创作的"天高几许？问真龙"获得入围奖，列于"品位篇"。该公告载明，"凡获奖入围作品作者（20名），见本公告后，请将本人身份证及有关证明带上，于12月26日下午三时前往南宁夏威夷国际大酒店参加颁奖盛典"。但刘毅称其未见到上述媒体上的获奖公告，因此，亦未前去参加颁奖典礼和领取奖品、奖金及获奖证书。

征集广告语活动结束后，南宁卷烟厂按照其与真龙广告公司的约定，将刘毅获奖作品"天高几许？问真龙"中的问号删掉，修改为"天高几许问真龙"，使用于其生产的"真龙"香烟的包装、广告、烟卡、公园门票、车票等，并以此展开对"真龙"香烟的促销宣传……

刘毅见状即认为南宁卷烟厂和真龙广告公司未依广告内容支付奖金，且未与其签订著作权使用许可合同或转让合同就修改其作品，大量复制发表其作品，侵犯了其著作权，在与真龙广告公司交涉无果的情况下，遂向桂林市中级人民法院起诉。

* * *

一审判决认为……

1. 被告真龙广告公司刊登的征集广告语启事是要约邀请而非要约，该启事中关于"入围作品的所有权、使用权归真龙伟业广告公司所属"的声明属于该要约邀请的一部分……但该征集启事和声明并非对所有应征者产生约束作用,而只是对应征入围并接受奖励者产生约束作用,即应征入围又接受奖励者应当将其入围广告语作品的专有使用权授予征集者真龙广告公司。依照《著作权法》的规定和要约邀请的法律特征,真龙广告公司必须在原告作品入围后,与原告另行签订作品许可使用或转让合同。因此,原告作品的入围,并不当然产生二被告取得该作品著作权的法律后果,该作品的著作权仍属于原告刘毅。

2. 二被告以征集启事已对著作权归属作出声明,原告一经应征,即与真龙广告公司形成委托创作合同关系作为抗辩理由不能成立。所谓委托创作合同,是作者与委托人之间,为完成委托人指定的内容和形式的作品而签订的合同,其主要特征是:首先,委托作品的创作,是先有委托人与作者之间基于相互信任关系而签订的委托创作合同,作者接受委托人的委托并按照委托合同约定创作作品,作品的内容和形式都要按照委托合同的约定,作者不能根据自己的意志决定作品的内容和表现形式。其次,《著作权法》第17条规定,委托创作作品的著作权归属如有约定,则依约定,否则属于受托人。

依照《著作权法》关于委托创作的一般原理,委托人应当是要约人而非要约邀请人,受托人是承诺人而非要约人。委托创作合同双方当事人是确定的,合同应当直接规定双方的具体权利和义务,并明确著作权的归属。但真龙广告公司发布的征集启事不能替代委托创作合同。被告真龙广告公司受南宁卷烟厂委托,通过新闻媒体向社会征集广告用语,其征集行为仅是以一定的条件引诱不特定的对象与之建立联系,对符合条件者,再与之成立具体的法律关系的要约邀请。原告的应征行为才是要约,即以其应征作品投稿,由征集者确定是否入选,如果入选,征集者真龙广告公司才可能与原告另行约定委托创作作品的著作权归属问题。本案原告刘毅,并未与二被告签订委托创作合同,而是按照自己的意志,根据自己的学识、修养、社会阅历以及对"真龙"香烟品牌的认识独立创作出本案的涉讼作品,原告与二被告之间不存在委托创作合同关系。因此,二被告的抗辩理由不成立。

3. 关于二被告的行为是否构成侵权的问题。广告语"天高几许?问真龙"的著作权属于原告刘毅,而真龙广告公司未依法与刘毅签订任何著作权使用许可合同或著作权转让合同,即擅自将刘毅的入围作品许可南宁卷烟厂使用,真龙广告公司的行为违反了著作权法的规定,侵害了刘毅的著作权。

[一审法院认为侵权成立,判决被告停止侵权,赔礼道歉,并赔偿刘毅经济损失480000元。]宣判后,南宁卷烟厂和真龙广告公司均不服,向本院提起上诉……其理由主要是:

一、广告语"天高几许问真龙"是委托作品,双方对该委托作品著作、使用权有明确约定,著作权属于南宁卷烟厂。南宁卷烟厂通过真龙广告公司,与刘毅签订委托创作合同,征集启事是要约,刘毅在投稿行为中并未对征集启事作任何变更或补充,构成承诺,合同自真龙广告公司收到刘毅的投稿信时即已成立生效。征集启事约定"所有来稿概不退还,入围作品的使用权、所有权归真龙广告公司所属",这明确约定了委托作品著作权属于真龙广告公司。一审判决认定讼争作品著作权属刘毅是错误的。
……

*　　*　　*　　*

本院认为：

一、讼争作品"天高几许？问真龙"系委托作品，该作品的著作人身权由被上诉人刘毅享有，该作品的著作财产权按照约定由上诉人真龙广告公司享有。

上诉人真龙广告公司在《南国早报》《八桂都市报》《广西政法报》等媒体上刊登的征集广告语启事符合要约的构成要件，依法应认定为委托创作合同的要约。《中华人民共和国合同法》第14条规定："要约是希望和他人订立合同的意思表示，该意思表示应当符合下列规定：(一) 内容具体确定；(二) 表明经受要约人承诺，要约人即受该意思表示约束。"真龙广告公司在媒体上刊登的征集广告语启事作出了希望和他人订立委托创作合同的意思表示。首先，该意思表示明确了委托人的名称和住所，即位于南宁市国际大酒店501室的真龙广告公司。虽然真龙广告公司是受南宁卷烟厂的委托而向社会征集"礼品真龙"香烟广告语，但由于真龙广告公司不是以南宁卷烟厂的名义，而是以自己的名义委托不特定的人创作广告语作品，且约定委托创作作品的所有权和使用权属于真龙广告公司，故在委托创作合同中系委托人。其次，该意思表示明确了合同标的委托作品的内容和字数，即广告语的内容是宣传"礼品真龙"香烟的高品位、高品质、低危害的品牌形象，字数最长不超过十字。再次，该意思表示明确了合同价款即奖金的数额和奖品情况。最后，该意思表示明确了合同履行期限、地点和方式，即广告语的投稿日期是自2002年9月14日起至同年9月30日止，广告语投递给南宁市国际大酒店501室真龙广告公司。关于合同标的数量和质量条款，征集启事约定只有经评选进入前二十句的广告语，真龙广告公司才受上述意思表示的约束。该条款表明，征集广告语启事是一个附生效条件的要约，只有条件成就，要约才生效。

《中华人民共和国民法通则》第54条、第62条规定，民事法律行为是公民或者法人设立、变更、终止民事权利和民事义务的合法行为。民事法律行为可以附条件，附条件的民事法律行为在符合所附条件时生效。民事法律行为所附之条件必须是特定的事实，且具备下列特征：未来性、可能性、不确定性及合法性，即作为条件的事实应当是当事人进行法律行为时尚未发生的事实，且是有可能发生的事实，发生与否尚不能肯定的事实，还必须是合法的事实。真龙广告公司在征集广告语启事中约定，应征用语评选出二十句入围，只有入围者才能获得相应的奖金及奖品。如上所述，该约定既是对委托创作合同标的数量及质量条款的约定，亦是委托创作合同要约生效所附的延缓条件，因为作者应征投稿后，作品是否被评为前二十名，具有可能性、不确定性，且为当事人进行法律行为时尚未发生的事实，具有未来性，当事人约定只有进入前二十名才与之缔结合同，该约定没有违反法律的规定，具有合法性。被上诉人认为，如果认定征集广告语启事是要约，则没有入围的作品的作者享有何种合同权利没有明确，该观点就是没有认识到该征集广告语启事是一个附生效条件的要约，没有入围的作品，系所附的生效条件没有成就，合同没有成立，当然就没有合同权利可言。

被上诉人认为,合同的要约应该向特定的人发出,而本案征集广告语启事是向不特定的人发出,故一审判决认定征集广告语启事是要约邀请而不是要约是正确的。被上诉人的上述观点不当。要约是否必须向特定的人发出,虽然《合同法》没有作出明确规定,但从《中华人民共和国合同法》第15条第2款之规定"商业广告的内容符合要约规定的,视为要约"来看,要约是可以向不特定的人发出的,因为商业广告本身就是向不特定的人发出。向不特定的人发出要约,是要约人在市场竞争中择优选择合同对象以使效益最大化的一种方式。要约人愿意向不特定的人发出要约,并且自愿承担由此产生的后果,法律是允许的。综上,某些广告如果具备要约的构成要件,则可认定为要约。本案真龙广告公司征集广告语启事具备要约的构成要件,且附有生效条件,应认定为附生效条件的要约,一审判决认定为要约邀请不当,应予纠正。

刘毅按照征集广告语启事的要求创作了涉案作品"天高几许?问真龙"后,于2002年9月29日将作品寄给真龙广告公司,在应征函件中,刘毅对征集广告语启事的条款没有提出异议,应认定为承诺。但委托创作合同并不是在2002年9月29日就成立并生效。如前所述,征集广告语启事是一个附生效条件的要约,只有所附的条件成就,即应征作品被评选进入前二十名之后,委托创作合同才成立并生效。真龙广告公司于2002年12月23日在媒体上刊登进入前二十名的获奖作品名单,因此,本案委托创作合同于2002年12月23日成立并生效,上诉人认为合同于2002年9月29日成立并生效的观点并不妥。

《中华人民共和国著作权法》第17条规定,受委托创作的作品,著作权的归属由委托人和受托人通过合同约定。合同未作明确约定或者没有订立合同的,著作权属于受托人。真龙广告公司在2002年9月13日发布的征集广告语启事对应征作品的著作权归属并没有作出约定,次日之后发布的征集广告语启事第5条补充声明"所有来稿概不退还,入围作品的使用权、所有权归南宁真龙伟业广告有限公司所属"。如前所述,征集广告语启事是要约,要约到达受要约人时生效,本案征集广告语启事于2002年9月13日发布,应认定为于当日到达受要约人。要约的存续期间自2002年9月13日起至同年9月30日止。在2002年9月14日刊登的征集广告语启事中,真龙广告公司对第5条作了修改,应认定为对13日要约的撤销,并发出新要约。我国《合同法》第19条规定,"要约人确定了承诺期限"的要约不得撤销,立法精神在于保护受要约人的信赖利益,但本案刘毅并没有在2002年9月14日投稿,而是迟至2002年9月29日才投稿,因此,在要约到达刘毅后的第二天,真龙广告公司的撤销要约通知就到达,刘毅并无信赖利益,真龙广告公司仍然可以撤销要约,同时发出新要约。换言之,2002年9月14日刊登的征集广告语启事第5条补充声明"所有来稿概不退还,入围作品的使用权、所有权归南宁真龙伟业广告有限公司所属"是要约的内容之一,在刘毅投稿时没有提出异议的情况下,对刘毅具有约束力。

"入围作品的使用权、所有权归南宁真龙伟业广告有限公司所属"该约定是否具有法律效力,如何把握其内涵,是各方当事人争执的主要问题之一。1990年《中华人民共和国著作权法》第10条规定,著作权包括著作人身权和著作财产权两大类,其中,著作人身权包括发表权、署名权、修改权和保护作品完整权;著作财产权在第(五)项表述为"使用权和获得报酬权,即以复制、表演、播放、展览、发行、摄制电影、电视、录像或者改编、翻译、注释、编辑等方式使用作品的权利;以及许可他人以上述方式使用作品,并由此获得报酬的权利"。2001年修正的《中华人民共和国著作权法》第10条对著作人身权的内容没有作任何修改,但对著作财产权的规定作了修改,使之具体化,包括复制权、发行权、出租权等十二项内容。从上述有关规定来看,著作财产权就是指著作权人自己使用或者授权他人以一定方式使用作品而获取物质利益的权利。可见,作品的使用权是著作财产权的内容之一,是指以复制、发行、出租、展览、表演、放映、广播、信息网络传播、摄制、改编、翻译、汇编等方式使用作品的权利。真龙广告公司在征集广告语启事中约定"入围作品的使用权归南宁真龙伟业广告有限公司所属",应该认定为对入围作品著作财产权中的使用作品的权利归属作出明确约定,该约定没有违反法律的规定,具有法律效力,因此,涉案委托作品"天高几许?问真龙"的使用权属于委托人真龙广告公司所有。作品的使用权是获得报酬权的基础,使用权的转让实际上就意味着获得报酬权也随之转让,换言之,著作财产权属于委托人真龙广告公司所有。所有权是物权范畴,"作品的所有权"具体内涵不明确,根据我国《著作权法》第17条之规定,应认定为合同未作明确约定。综上,涉案委托作品"天高几许?问真龙"著作权中的著作财产权按合同约定属于委托人真龙广告公司所有,著作人身权因委托合同没有作出明确约定,应属于受托人刘毅所有。一审判决认定涉案作品的著作权属于刘毅所有并不全面,应予纠正;上诉人上诉称涉案作品的著作权属于南宁卷烟厂所有亦不当,本院不予支持。

二、上诉人南宁卷烟厂、真龙广告公司的行为没有侵犯被上诉人刘毅对涉案作品的著作权,不应当承担侵权民事责任。

南宁卷烟厂委托真龙广告公司向社会征集"真龙"香烟广告语,以使用于南宁卷烟厂生产的"真龙"香烟的广告宣传及广告品制作等相关领域。由于真龙广告公司未尽谨慎注意义务,在履行其与南宁卷烟厂签订的《"拾万元诚征广告用语"活动合同书》过程中,刊登征集广告语启事时没有写明"入围作品的著作权属于南宁卷烟厂所有",而是载明"入围作品的使用权、所有权归南宁真龙伟业广告有限公司所属",也没有将入围作品的奖金和奖品及时寄给作者,从而引起本案纠争,真龙广告公司履约有瑕疵,但本案是侵权之诉,而不是违约之诉。如上所述,涉案委托作品"天高几许?问真龙"著作权中的著作财产权属于委托人真龙广告公司所有,著作人身权属于受托人刘毅所有。故刘毅指控南宁卷烟厂及真龙广告公司侵犯其复制权、发行权、广播权和摄制权四项著作财产权的理由不能成立,一审判决认定构成侵权不当,应予纠正。

……

不管涉案委托作品的著作权是否属于受托人刘毅,南宁卷烟厂、真龙广告公司在委托创作的特定目的范围内使用该涉案作品行为不构成侵权,因为,根据最高人民法院法释[2002]31号《关于审理著作权民事纠纷案件具体适用法律若干问题的解释》第12条之规定,尽管委托作品著作权属于受托人,委托人在约定的使用范围内仍然享有使用作品的权利;双方没有约定使用作品范围的,委托人可以在委托创作的特定目的范围内免费使用该作品。真龙广告公司应将奖金500元人民币及价值400元人民币的一条真龙礼品香烟支付给刘毅,但因刘毅没有就此提出诉讼请求,故不属于本案的审理范围。

(周冕、韦晓云、廖冰冰法官)

思考问题:

(1) 在上面的刘毅案中,关于作者和被告之间是否存在委托创作合同,就存在很大的争议。一审法院和二审法院之间作出相反的结论。你觉得何者更有道理?

(2) 作品产生之前,原被告之间有没有委托合同关系?

(3) 不认定成立委托合同,按照一般合同或无名合同处理,是不是更顺理成章?

5.2 约定不明时委托方的使用权

《著作权法》(2001) 第17条规定"合同未作明确约定或者没有订立合同的",著作权归受托方。这里的著作权应该是指作品的所有权。这一规定似乎限制了法院利用默示约定将著作权判归委托方的可能性。不过,它没有明确在约定不明的情况下,委托人是否有权使用作品。最高人民法院在司法解释中弥补了这一缺陷,指出:"双方没有约定使用作品范围的,委托人可以在委托创作的特定目的范围内免费使用该作品"①。即便没有这一司法解释,此类免费使用权实际上应当被视为委托合同中的默示内容,否则很难理解,委托人为什么要委托别人创作。

王敏 v. 六面体服装贸易(上海)有限公司

上海一中院(2007)沪一中民五(知)初字第149号

2006年10月28日、10月29日,原告应被告要求拍摄了107幅照片,但双方未就拍摄事宜订立书面合同。在107幅照片中有部分为包和饰品的照片,有部分为服装的照片,还有部分为两名模特身着不同服饰,在不同场景所拍摄的照片。被告将该107幅照片用于其发行的"Private Color's"品牌服饰商品的邮购广告杂志及店堂灯箱广告中。[原告认为,被告的上述使用作品的行为是侵害其著作权。]

庭审中,原、被告确认被告已支付原告费用人民币17,600元,但双方对该笔费用的性质存有争议,原告称该笔费用系前期制作费,而被告则称该笔费用为原告的全部劳务报酬(包括委托原告转付的模特劳务费2,000元、化妆师劳务费1,000元)。原告在庭审中称,被告委托原告是为了邮购广告杂志的制作和排版设计。

本院认为……从涉案照片拍摄的内容来看,这些照片的创作意图是为了推广宣传被告经营的服饰商品,从原告在起诉状以及庭审中的陈述也可以印证,原告在接受委托时知道拍摄这些照片的目的是为了宣传被告的服饰商品,被告在向原告支付相关费用后,将涉案照片用于宣传其经营的"Private Color's"品牌服饰商品,该种使用方式应

---

① 《最高人民法院关于审理著作权民事纠纷案件适用法律若干问题的解释》(2002)第12条。

视为在委托创作的特定目的范围内使用,无需取得原告的再许可或另行支付使用费。

(刘洪、章立萍、徐燕华法官)

委托人在使用委托创作的作品时,除了应符合委托创作的目的外,还应当尊重受托人的著作人身权。比如,在中国最高人民法院案例公报中公布的第一个著作权案例(张义潜 v.临潼县华清池管理处,1989 年第 4 期)中,委托方委托原告创作完成壁画作品,但后来未经许可,将最终完工的壁画上原告的署名铲除。陕西高院认为该行为不当。

最高人民法院在《关于审理著作权民事纠纷案件具体适用法律若干问题的解释》(2002)中对两类特殊情形下的委托作品的权利归属作出了不同于著作权法委托作品归属的规定:

> 第 13 条　除著作权法第十一条第三款规定的情形外①,由他人执笔,本人审阅定稿并以本人名义发表的报告、讲话等作品,著作权归报告人或者讲话人享有。著作权人可以支付执笔人适当的报酬。

> 第 14 条　当事人合意以特定人物经历为题材完成的自传体作品,当事人对著作权权属有约定的,依其约定;没有约定的,著作权归该特定人物享有,执笔人或整理人对作品完成付出劳动的,著作权人可以向其支付适当的报酬。

实际上,早在 1988 年,最高人民法院就已经对"领导讲话"类作品的权利归属作出解释:

> 《汉语大词典》主编罗竹风,在中国语言学会成立大会上关于介绍《汉语大词典》编纂工作进展情况的发言稿,虽然是由《汉语大词典》编纂处工作人员金文明等四人分头执笔起草,但他们在起草时应明确是为罗竹风个人发言作准备的;罗竹风也是以主编身份组织、主持拟定发言提纲,并自行修改定稿,嗣后以其个人名义在大会上作发言。因此,罗竹风的发言稿不属于共同创作,其著作权(版权)应归罗竹风个人所有。罗竹风同意在其他刊物署名刊载发言稿全文,不构成侵害他人著作权。对金文明等人在执笔起草发言稿中付出的劳动,罗竹风在获得稿酬后,可给予适当的劳务报酬。②

最高人民法院上述司法解释第 13 条和第 14 条解释所涉及的情形,通常都是合作或委托创作的情形。在约定不明(或者说"未作明确约定")的情况下,著作权法对于权利归属有明确的规定——属于受托人。理论上讲,最高人民法院可能的辩解是,当事人之间可能存在所谓的"默示的约定",将著作权归属于委托方。但是,这样的解释将导致"默示约定"成为"明确约定"的一种类型,明显违反该条文的字面意思,也很容易使得立法者在《著作权法》第 17 条中所展现的保护创作者的立法目的落空。在本书看来,司法解释的合理策略应该是,尊重立法者确立的著作权所有权归属规则,但是赋

---

① 该款规定的是法人作品的权利归属。
② 最高人民法院《关于由别人代为起草而以个人名义发表的会议讲话作品其著作权(版权)应归个人所有的批复》(1988 年 6 月 9 日)。

予委托人实质性的使用权。

5.3 著作人身权的归属

我国《著作权法》第 17 条关于委托作品权属的规定中,并没有使用作者这一概念,因而也就没有明确著作权在委托者和创作者之间分配的法律性质。秉承欧洲大陆个人作者观的学者,倾向于认为,创作者是原始的著作权人。所谓的委托合同,不过是部分著作权依据合同从创作者一方转移到受托人一方的协议。依据人身权不可转让的规则,委托人并不能依据合同约定,取得著作人身权。在下面的上海玄霆案中,法院显然持这一立场。①

有意见认为:"委托人享有署名权,与署名权应由作者享有的基本原则不符。而且,这种解释会导致学生出资雇用他人为'枪手'为自己撰写毕业论文的行为合法化,应当是不足取的。"②其实,署名权是否可以转让,与学生雇用枪手是否合法,不是一个问题。即便署名权可以转让,立法者依然可以制定特殊的教育法规要求学生自己写论文。在现实世界里,领导们可以让秘书写报告,学生不能让别人写作业,并行不悖。

不过,《著作权法》第 17 条存在相反解释的可能性。即,在作品创作之前的委托合同的约定可以起到改变著作权原始归属的作用,因而可以与普通的作品转让合同区别开来。在司法实践中,的确有法院认为创作者在委托合同中放弃署名权的约定并不违背著作权法。进一步讨论,参见著作精神权一章。

在中国社会并没有完全接受欧洲大陆的个人作者观的情况下,类似委托作品中精神权归属之类的疑问或不确定性,不可能很快消除。这一不确定性还会延伸到委托作品的财产权的保护保护期上——著作权原始归属于法人还是自然人,对于作品的保护期有重要的影响。这一点在"权利限制"一章也有讨论。

5.4 委托作品与法人或职务作品的区别

杨松云 v. 日喀则地区行署修建灵塔办公室

(1998)藏法民终字第 2 号

经审理查明:被上诉人组织修建的第十世班禅灵塔内,需铸一尊班禅大师的银头像。1992 年 5 月,上诉人从灵塔办驾驶员处得知该情况后,来到被上诉人处要求承担此项任务。由于上诉人从未见过班禅大师的尊容,故双方口头约定,先让上诉人依照班禅大师的照片试塑班禅大师的泥头像。上诉人在试塑过程中,被上诉人给其提供了班禅大师的照片五张和物质上的帮助,并依班禅大师的五官特征先后多次提出修改意见。当初双方的口头约定中未提到该作品的著作权归属及费用的支付问题。上诉人试塑大师头像成功后,被上诉人准备与上诉人协商签订铸造银头像的合同时,上诉人提出 26 万元的使用费,因开价过高未能达成协议。后经双方多次协商,于 1993 年 1

---

① 上海玄霆娱乐信息科技有限公司 v. 王钟等,上海市一中院(2011)沪一中民五(知)终字第 136 号。
② 王迁:《著作权法学》,北京大学出版社 2007 年版,第 157 页。

月 15 日签订了《研制班禅大师塑像》合同。其主要内容是:(1) 上诉人在已塑出的大师头像的基础上,按从头顶到腮骨高 27 公分复制第二个泥头像,技术效果不低于现已塑出来的头像。(2) 塑好第二个头像后造好银头像的内外模型并参与铸造工作。以上两项工程总造价为 7000 元,验收合格后付奖金 3000 元。现双方对合同无争议,合同已全部履行。上诉人为享有著作权和追索使用费于 1995 年 1 月起诉到法院。

* * * *

原审法院[西藏日喀则地区中级人民法院(1995)日中民初字第 07 号]认为:原告杨松云在试塑第十世班禅大师头像过程中,付出了一定智力劳动,起了一定的作用。但塑造第十世班禅头像是由被告方主持的。在试塑过程中,被告为原告提供了班禅大师的各种照片等资料,物资上也给予了帮助。并根据班禅大师的五官特点先后提出了六次修改意见,原告按照被告提出的修改意见,进行了修改。原告是按照被告意志进行构思创作的。作品所要表达的思想、观点和内容都反映被告的意志,该作品的责任由被告全部承担,加之该作品涉及宗教领袖,是一种特定的人身性质的作品,因此,其著作权归被告享有,而不是原告享有。原告在庭审过程中提出被告方赔偿从 1992 年 9 月至 1995 年 8 月的经济损失费 5 万元的诉讼请求。因原、被告在意思表示一致的基础上签订了酬劳合同,并经国家公证机关进行了公证,双方当事人对签订的合同无争议,此合同已全部履行完毕。故该 5 万元的诉讼请求不予支持。

一审宣判后,杨松云不服,向本院提起上诉称:上诉人对自己塑造的大师头像作品享有著作权。根据《著作权法实施条例》第 2 条之规定,著作权法所称的作品是指文学、艺术和科学领域内,具有独创性并能以某种有形形式复制的智力创作成果。上诉人创作的作品属美术作品类中的塑像作品,即以线条构成的有审美意义的立体的造型艺术作品,它不仅具有独创性,而且具有观赏性,是一种十分特殊的智力创作作品。上诉人在创作作品时,每一根线条、每一种色彩、每一块质料无不带着其智力创作的痕迹。故该作品并不是谁主持、提供资料(相片)、物资帮助及提出修改意见就可以创作出来的。根据《著作权法实施条例》第 3 条规定:"著作权法所称的创作,指直接产生文学、艺术作品的智力活动,为他人创作进行组织工作,提供咨询意见、物质条件或者进行其他辅助活动,均不视为创作。"被上诉人在上诉人创作大师头像作品过程中虽然提供过资料(相片)生活上的物资帮助,并对上诉人已塑造好的作品提出过修改意见,但根据上述法律规定,被上诉人的这些行为,并不属于智力创作。因此该作品既不是被上诉人创作的,也不是合作作品,更不是职务作品。另本案作品属于委托作品,根据《著作权法》第 17 条规定:"受委托的作品,著作权归属由委托人和受委托人通过合同约定,合同未作明确约定或者没有订立合同的,著作权属于受托人"。在本案中,无论是被上诉人第一次口头委托上诉人试塑大师头像时,还是后来签订合同要求上诉人复制第二个泥头像,并铸造银头像时,均未对著作权的归属问题作任何约定,因此,根据《著作权法》第 11 条、第 17 条规定,上诉人对受委托创作的第一个大师泥头像和复制(实为再创作)的第二个泥头像及根据第二个泥头像所造的银头像内外模型、模具和亲自铸造的银头像作品,均享有著作权,并受著作权法的保护。故请求上级法院依法改判,确认本案作品的著作权归上诉人所有,因被上诉人使用上诉人的作品,应依法支付使用报酬,并赔偿上诉人在上诉期间的经济损失。

被上诉人答辩称:第十世班禅大师头像是第十世班禅大师灵塔的一个组成部分并在该灵塔设计图纸中就塑像的标准、尺寸予以规范,因此塑像内容应客观地体现灵塔本身所具有的思想和宗教精神。杨松云在塑制大师头像过程中,完全是在灵塔办的主持下进行并且遵循了灵塔办的意志和要求,实际上杨松云是不可能也没有权利独立于灵塔办的意志而对大师头像进行所谓的"构思、创作"。所谓构思、创作必须是独立于他人而进行的一种创作性的智力活动。事实证明,杨松云的工作是一种受制于灵塔办,是严格反映灵塔办思想意志的劳务性工作,这项工作的责任承担者责无旁贷地属灵塔办。故根据《著作权法》第11条之规定,大师头像的著作权完全归属于灵塔办。

* * *

本院认为:本案争议的标的物为"银头像"一审法院认定为泥头像有误,应予纠正,根据《中华人民共和国著作权法》第11条第3款的规定,该"银头像"应视为法人作品,其所有权及著作权均应归灵塔办享有。上诉人上诉理由不成立。鉴于上诉人在试塑第十世班禅大师泥头像过程中付出了一定智力劳动,被上诉人应一次性给上诉人杨松云适当经济补偿。[法院部分维持部分撤销了一审法院的判决,确认第十世班禅大师"银头像"的著作权归日喀则地区行署修建灵塔办公室享有,并判决要求被上诉人一次性付给上诉人经济补偿10000元。] **(罗少华、尼玛扎西、旺珍法官)**

附件一:

最高人民法院答复最高人民法院关于对西藏自治区高级人民法院审理杨松云与日喀则地区行署修建灵塔办公室著作权纠纷上诉案请示的答复

(1998)法知字第39号

西藏自治区高级人民法院:

你院藏高法(1996)2号《关于审理上诉人杨松云与被上诉人日喀则地区行署修建灵塔办公室著作权纠纷案的有关问题的请示》收悉,经本院审判委员会研究,答复如下:

原则同意你院审判委员会关于处理本案的第一种意见,即本案争议的标的物应为"银头像";根据《著作权法》第11条第3款的规定,该"银头像"应视为法人作品,其所有权及著作权均应归灵塔办享有。因此,原则上应当维持本案一审判决。

鉴于本案有一定政治影响,又涉及民族团结,杨松云为制作班禅大师塑像付出了劳动,如能调解解决本案最好;关于是否给付杨松云适当经济补偿,请你院综合考虑本案的实际情况自行决定。

请你院将本案情况连同本院的答复意见向自治区党委汇报,取得党委的领导和支持,以便妥善处理好本案。

附件二：

最高人民法院驳回再审申请通知书

(2002)民三监字第 1 号

杨松云：

你因与日喀则地区行署修建灵塔办公室(以下简称灵塔办)著作权纠纷一案，对西藏自治区高级人民法院(1998)藏法民终字第2号民事判决不服，以原审和二审认定的"由被告主持、按被告意志创作、由被告承担一切责任""争议的标的物为银头像"等事实及适用法律有错误等理由，向本院申请再审。

本院经审查认为：十世班禅大师头像的制作行为，是为修建大师灵塔所作工作的组成部分，该项工作由灵塔办统筹负责。在大师头像的制作过程中，灵塔办根据修建灵塔的需要，提出头像的标准、尺寸等规范，对头像所展现的思想、宗教精神提出了具体的要求和意见，并对最后所使用的头像进行确认。包括头像在内的整体灵塔，其法律责任也由灵塔办负责。在灵塔中使用大师头像，其如何制作、最终确认等行为只能是灵塔办意志的体现，而不是你个人意志的体现。根据《中华人民共和国著作权法》的规定，原审判决认定班禅大师头像的著作权归灵塔办享有并无错误。此外，你所付出的劳务活动已经根据合同取得了相应的报酬，二审判决从公平原则出发，又增加了对你的经济补偿。综上，原审判决事实清楚，适用法律正确，判决结果公平合理，望你息讼服判。

思考问题：

（1）西藏高级人民法院认为杨松云"与灵塔办之间，是雇佣劳务关系"，结合 Reid 案评论西藏法院的结论？

（2）中国法院在确定谁是作者时，强调所谓的"意志论"。比如最高法院在驳回再审申请通知书中指出"在灵塔中使用大师头像，其如何制作、最终确认等行为只能是灵塔办意志的体现，而不是你个人意志的体现"。结合前文 Erickson 案美国法院的意见，思考所谓的意志与著作权法意义上的思想和表达有什么关系？

（3）从委托作品的思路，法院实际上是不是能更顺利地实现预定的政策目标？

5.5 委托创作协议的履行

上海玄霆娱乐信息科技有限公司 v. 王钟等

上海市一中院(2011)沪一中民五(知)终字第136号

玄霆公司是国内原创文学门户网站"起点中文网"的运营商。2006年起，王钟以"梦入神机"的笔名先后在玄霆公司网站上发表了《佛本是道》《黑山老妖》等多部作品，并与玄霆公司签订多份协议，将相关作品的信息网络传播权等著作权独家授权或转让给玄霆公司。在此期间,玄霆公司向王钟陆续支付了共计人民币200余万元的稿酬。

[2010年1月18日,玄霆公司(甲方)与王钟(乙方)签订《白金作者作品协议》一份。王钟同意并确认将自本协议生效之日起4年内所创作的所有作品("协议作品")在全球范围内的信息网络传播权及协议作品电子形式的汇编权、改编权、复制权、发行权等全部永久转让于甲方。]

同日,玄霆公司(甲方)与王钟(乙方)还签订了《委托创作协议》一份。该协议3.2.1条约定乙方作为专属作者,双方均同意乙方受甲方委托创作的协议作品(即甲方委托乙方所创作的作品),作品著作权以及相关的一切衍生权利完全排他性的归属于甲方,甲方享有的著作权的内容包括但不限于《中华人民共和国著作权法》第10条所列的各种著作权人身权和财产权。该协议1.1.7条明确"专属作者"是指在协议期间内未经甲方书面许可,乙方不得以真实姓名、笔名或其他姓名、名称等任何名义,将乙方在协议期间内创作的包括协议作品在内的各类作品交于或许可第三方发表、使用或开发,或者为第三方创作各类作品……4.2.1条约定,乙方最迟将于2011年1月25日开始向甲方交稿,并承诺每月25日前向甲方交稿,每月交稿量不少于十万字。5.1.1条约定,乙方报酬根据乙方创作的协议作品字数进行结算,甲方支付乙方报酬的费用标准为税前330元/千字。5.2.1约定,甲方将于本协议签字生效之日起30个工作日内,向乙方支付预付款人民币10万元整(预付款可充抵稿费)……

2010年2月10日,玄霆公司依约向王钟预付了10万元创作资金。

2010年6月18日,王钟(乙方)与[本案第三人]幻想公司(甲方)签订《劳动合同书》一份,约定王钟在幻想公司处担任游戏策划部门总监一职,合同期限5年,月薪5,000元。合同还约定,乙方按照甲方要求创作的职务作品著作权归公司所有,因创作职务作品所产生的任何第三方纠纷均由甲方负责处理。乙方的岗位职责为:乙方按公司要求进行职务作品创作;乙方创作的职务作品每月更新字数不得少于10万字,不得高于35万字;每部职务作品字数应多于200万字;乙方创作的职务作品在纵横中文网正式发布30万字后,站内成绩不得低于点击榜前10名;乙方创作的职务作品应为原创,且不侵犯其他人知识产权;除基本工资外,公司将根据乙方工作成绩给予一定的奖励,但如乙方违背或未达到上述岗位职责,公司将按比例减少奖励金。双方同时签订了《知识产权归属及保密协议》一份。

2010年7月18日,王钟以"梦入神机"的笔名开始在纵横中文网(www.zongheng.com)上发表作品《永生》。至2011年3月3日止,该作品的发表字数为1,792,144字,且目前仍在连载中。

玄霆公司起诉请求判令:1.王钟继续履行《白金作者作品协议》及《委托创作协议》,停止在其他网站(包含且不限于纵横中文网www.zongheng.com)发布其创作作品的行为;2.王钟承担违约金101万元;3.确认王钟创作的《永生》著作权归玄霆公司所有。

原审法院认为:本案主要争议焦点在于:1.《白金作者作品协议》是否应当被撤

销;2.《委托创作协议》是否应当解除;3.《永生》著作权的归属;4. 违约金的处理。

对于第一个争议焦点,原审法院认为,《白金作者作品协议》不存在显失公平,不应被撤销,理由如下:首先,我国《合同法》规定的显失公平的客观要件是双方当事人的权利义务严重不对等,经济利益显著不平衡。利益不均衡表现为价款与标的物价值过于悬殊,责任承担、风险承担显然不合理等,它是以利益能够依一定的价格、收费标准等加以确定为前提的,对于那些特定物、特殊的服务等,因很难计算其实际价值,一般也不适用显失公平制度。而本案中的作品实际就是《著作权法》所称的在文学领域内具有独创性并能以某种有形形式复制的智力创作成果,亦不适用显失公平制度。其次,我国《合同法》规定,当事人采用书面形式订立合同的,自双方当事人签字或盖章时合同成立。依法成立的合同,自成立时生效。涉案协议是玄霆公司和王钟两个平等主体之间自愿签订的合同,是双方真实意思表示。从其内容来看,合同条款对于双方权利义务均作了明确约定,王钟通过创作作品取得报酬,并借助玄霆公司的网络平台提升知名度、吸引读者,而玄霆公司则通过行使转让或授权得到的著作权获取相应的经济利益。协议对于双方来讲是互惠互利的,亦符合合同法的平等自愿互利的原则,因此,《白金作者作品协议》不存在显失公平的情形,不符合《合同法》规定的撤销条件。依法成立的合同,受法律保护,对当事人具有法律约束力,当事人应当按照约定履行自己的义务。同时该协议尚在履行期间内,故原审法院支持玄霆公司诉请,确认其与王钟双方应当继续履行本案讼争的《白金作者作品协议》。

对于第二个争议焦点,原审法院认为,《委托创作协议》合法有效,应当继续履行。理由如下:王钟提出解除的依据是《合同法》第410条的规定即"委托人或者受托人可以随时解除委托合同",但本案系著作权合同纠纷,文学作品的委托创作协议不同于《合同法》中委托合同,《合同法》中的委托合同是指委托人和受托人约定,由受托人处理委托人事务的合同,其合同目的是为他人处理事务,委托合同订立后,受托人在委托的权限内所实施的行为,等同于委托人自己的行为。而委托创作协议的文学作品必须依赖于作者的创造性智力劳动,即使委托人有思想、观点的要求,也只是受托人创作的限定范围,并不能取代受托人的智力创造。因此两者在性质、内容及法律适用上显然是不同的,本案并不适用《合同法》第410条的规定。此外,本案讼争的委托创作协议中虽然对于协议作品未确定名称,但由于文学作品创作的特殊性及其必须依附于作者智力创作的特点,作品名称在协议签订时未予确定,亦符合常理。且协议并未限定作品的创意、思想等,亦明确了王钟最迟开始交稿的时间为签约之日起一年后,并由玄霆公司向王钟先预付了10万元的创作款,可见玄霆公司已给予王钟足够的时间进行大纲甚至作品的构思与创作。故该协议不符合法定解除的条件,且玄霆公司亦不同意解除,而协议尚在履行期内,故原审法院采信玄霆公司的观点,本案讼争的《委托创作协议》应当继续履行。

鉴于玄霆公司、王钟需继续履行《白金作者作品协议》和《委托创作协议》,而协议中明确王钟作为专属作者,在协议期间只为玄霆公司创作作品,此为王钟履行讼争协议所必须遵守的义务之一,现玄霆公司在审理中亦明确除了玄霆公司网站以外,王钟仅在纵横中文网上发表了《永生》这一部作品,且一直处于连载中,故对于王钟的这一侵权行为应予以判决停止。

对于第三个争议焦点,原审法院认为,《永生》著作权属于玄霆公司。理由如下:本案中王钟和幻想公司均称《永生》是王钟作为幻想公司员工而创作的职务作品,并提供了劳动关系存在的相应证据,但王钟与幻想公司之间劳动关系是否存在,并不是判断《永生》是否属于职务作品的唯一依据。《永生》是否属于职务作品还是应当从作品的创作过程、体现形式等作品本身特点来加以判断。现从王钟、幻想公司对于《永生》创作过程的陈述来看,该作品的主创人还是王钟,其他人员只是一般的辅助人员。王钟主要是在老家进行创作,大纲也是由王钟完成,发表亦是以王钟笔名发表。幻想公司所说王钟系进行游戏脚本的创作,但实际呈现在网站上的还是小说。作为普通读者而言,看到的还是王钟创作的网络小说。故《永生》应当属于王钟的作品,而从其创作时间来看,是在玄霆公司、王钟约定的创作时间内,所以《永生》的著作权属于玄霆公司。

对于第四个争议焦点,原审法院认为,王钟已构成违约,应当承担支付违约金责任。理由如下:根据《白金作者作品协议》第3.2.1条、《委托创作协议》第3.2.2条的规定,王钟未经玄霆公司许可不得在协议期间擅自为第三方创作作品。而本案中,王钟置其与玄霆公司签订的两份协议不顾,在幻想公司网站上公开发表其创作的文学作品,无论是从法理上,还是情理上,王钟违约的故意明显,应当承担相应的违约责任。而违约金作为合同的一部分,兼有补偿性质和惩罚性质,但主要以补偿性为主,且不应超过玄霆公司实际损失。虽然双方在协议中约定了违约金的计算依据及方法,但本案中玄霆公司对其实际损失并未举证,从实际来看,王钟在幻想公司网站发布小说,对于玄霆公司来讲损失的是点击率,而点击率转化成经济损失并无相关标准。再者,双方还要继续履行合同,故违约金可适当予以调低……

判决后,上诉人王钟不服,向本院提起上诉……

本院认为:依法成立的合同,对双方均具有拘束力,守约方有权请求违约方承担继续履行、支付违约金、赔偿损失等违约责任。但债务的标的不适于强制履行的,守约方无权请求违约方继续履行。

本案中,玄霆公司与王钟于2010年1月18日先后签订了两份合同,即《白金作者作品协议》《委托创作协议》。该两份合同在内容上既有相同部分,也有不同部分。据合同双方当事人庭审时的陈述,该两份合同虽然签署时间为同一日,但实际上《委托创作协议》在后签订,因此,可将《委托创作协议》视为《白金作者作品协议》的修改、补充和具体化。合同当事人之间的权利义务关系应当根据两份合同所规定的条款来确定,如果约定存在矛盾或不一致,则应以《委托创作协议》为准。该两份合同系双方当事人真实意思表示,内容并不违反法律的强制性规定,双方均应依约履行合同义务。合同履行过程中,王钟通过声明和行为明确表示不再履行合同义务,构成合同义务的违反,依法应当承担相应的违约责任。

玄霆公司请求判令王钟继续履行《白金作者作品协议》及《委托创作协议》,停止在其他网站（包含且不限于纵横中文网 www.zongheng.com）发布其创作作品的行为，并确认王钟创作的《永生》著作权归玄霆公司所有，性质上属于请求王钟承担继续履行合同义务的违约责任。本院注意到，在委托创作协议中，双方约定王钟为玄霆公司的"专属作者"，只能创作"协议作品"，不得为他人创作作品或者将作品交于第三方发表，在协议期间以外创作的作品还应当由玄霆公司享有优先受让权，并且规定了王钟交稿时间和字数，等等。这些义务，涉及王钟的创作自由，具有人身属性，在性质上并不适于强制履行，并且如果强制王钟不得创作协议作品以外的作品，也不符合著作权法鼓励创作的立法目的。在王钟违约时，玄霆公司不得请求王钟继续履行，只能请求王钟支付违约金或者赔偿损失。但是，对于已经创作出的作品的权利归属，并不属于不能强制履行的义务，玄霆公司主张依据合同享有《永生》著作权于法有据。因此，玄霆公司请求继续履行合同将涉及对王钟创作行为的强制，本院难予支持，但其主张享有《永生》著作权的请求于法有据，本院应予支持。当然，王钟仍可以就所创作作品《永生》另行主张稿酬和报酬。同时，由于前述合同义务在性质上不适于强制履行，合同目的因王钟的违约行为不能实现，故而王钟请求解除合同本院可予支持，但王钟应当承担支付违约金等违约责任。

玄霆公司请求判令王钟支付违约金101万元，其依据在于《白金作者作品协议》第7.2.2条之约定。该约定对应的违约行为包括将作品权利转让给他人等根本违约行为，因此可以视为替代履行利益的违约赔偿，在玄霆公司同时主张继续履行的情况下，本不应予以支持。但是，在合同义务不适于继续履行的情况下，玄霆公司依据该条款主张违约金于法有据。鉴于《永生》著作权应判归玄霆公司所有，可以视为合同部分履行利益已经实现，故而本院应相应调减违约金至60万元予以支持。

对于上诉人王钟关于《白金作者作品协议》内容显失公平，应予撤销的请求，原审法院已经充分阐明了不予支持的理由，本院不再赘述……

两上诉人还分别主张《永生》应属于上诉人王钟在上诉人幻想公司工作期间的职务作品，或者还有他人参加了该作品的创作，本院认为，根据原审原、被告所签订协议，《永生》创作完成后，财产权利即归玄霆公司所有，而《永生》是否还有他人参与创作并无充分证据加以证实，故本院对该等上诉主张亦应予以驳回。

（刘军华、胡瑜、陆凤玉法官）

思考问题：

（1）二审法院认为委托创作协议无法强制履行，有道理吗？签署合同的作者没有正当理由可以请求法院解除委托创作合同吗？

（2）为促使受托人履行合同，法院可以禁止他为第三方创作吗？为什么？

（3）在本案中，委托创作协议与雇佣劳动合同同时存在，如何确定一项作品是委托作品还是职务作品？

5.6 委托作品的保护期

委托作品的保护期与委托作品的归属有直接的关系。如果委托作品著作权归法人或其他组织,则按照法人作品的确定保护期限。如果合同约定,作品归属于自然人,则按照自然人作品确定保护期限。[①] 显然,沿着这一思路,委托作品的权利归属与著作权转让规则有本质的差别。后者并不会导致作品的保护期发生变化。

6 其他作品

6.1 演绎作品

所谓演绎作品,是一种学理上的概括。它大致是指以现有作品为基础,对其进行改编、翻译、注释、整理以后,所得到的新的作品。《著作权法》第12条规定了演绎作品的著作权的归属:"改编、翻译、注释、整理已有作品而产生的作品,其著作权由改编、翻译、注释、整理人享有,但行使著作权时,不得侵害原作品的著作权。"这一规定并没有罗列完所有的演绎形态,不过它所确立的权利归属原则应该普遍适用于所有以在先作品为基础的演绎作品。因此,本书认为,将文字作品拍摄成电影之类的行为,也是广义上的演绎行为。

演绎作品的著作权由演绎者独自享有。演绎者可以单独决定是否许可他人使用其演绎作品。但是,他人在使用该演绎作品时,还需要尊重原作的著作权,即获得额外的著作权许可。在实践中,如果演绎者没有披露作品的演绎性质,导致他人陷入侵权状态,则演绎者很可能被认定为共同侵权人(教唆侵权)。如果原作不受著作权法保护,或者著作权保护过期,则演绎者将可以自由地行使其著作权。

演绎者如果没有经过原作著作权人的许可,对作品进行演绎,是否会获得演绎作品的著作权,在中国法上似乎没有明确的答案。如果将著作权视为单纯的消极权利,则似乎没有理由否认演绎者享有演绎作品的著作权。这时,演绎者也只是能够阻止他人利用其演绎作品,而对他人利用原作,不会产生负面影响。在中国立法者修改了《著作权法》第4条排除对非法作品的著作权保护限制之后,这一结论似乎更可靠。进一步的讨论,可以参考前文"特殊作品"一章的"禁止传播的作品"一节。

当然,演绎者享有演绎作品的著作权,并不意味着演绎行为就一定是合法的。《著作权法》第46条所列举的侵权行为中,包括"未经著作权人许可……以改编、翻译、注释等方式使用作品的"行为(该条后面有附加了一个限制"本法另有规定的除外")。如果以将来营利为目的,单纯的演绎行为,即便没有公开使用该作品(包括复制、发行等等),很可能不属于所谓的"合理使用行为"。与它最为接近的是所谓的"个人学习、研究或欣赏"为目的的合理使用行为。不过,后者显然不能涵盖此类演绎行为。

在行使演绎作品的著作权时经常会会遇到这样的问题:演绎行为经过原作著作权人授权之后,演绎者或第三方对演绎作品使用,是否会或者在多大程度上依然受到原作著作权的限制? 在原始授权约定不明的情况下,这一问题将更加突出。比如,授权演绎,是否就意味着授权自由使用(出版、发行、表演等)演绎作品? 演绎者是否可以

[①] 胡康生主编:《中华人民共和国著作权法释义》,法律出版社2002年版,第96—97页。

自行授权他人对演绎后的作品进行再行演绎？这些问题在现行中国《著作权法》上没有明确答案。出现纠纷后，法院只能根据交易背景进行个案判断。

演绎作品与原作之间的依附关系，还会受到作品保护期的影响。由于各种原因（作者身份、寿命等不同），二者的保护期并不一致。在原作进入公共领域后，演绎作品的保护就几乎等同于独立作品了。但是，倒过来，如果演绎作品保护期届满，而原作保护期未满，则演绎作品是否可以自由利用就存在一定的不确定性。对此，后文"著作权限制"一章，关于"作品的保护期"部分有专门的讨论。这里从略。

6.2 电影作品

电影作品的著作权归属规则完全是一项政策性的选择。大多数电影作品的创作是一项系统工程，涉及大量的资本和人力投入，是导演、摄影、演员、特技、美工、灯光、布景、音乐等共同努力的结果。这一点从每部电影片尾冗长的字幕上就能够看得一清二楚。在没有明确合同约定的情况下，要求立法者根据所有参与这一过程的创作者和投资者的贡献大小和性质，来确定默认的分享著作权的规则，是非常困难的。即便有了这样的规则，在具体个案中，让法院一一确定动辄数百人的各自贡献，几乎是不可能的。此外，许可数百人各自都能对最终的电影作品行使某种程度的控制权，将鼓励这些人在电影产生之后发动策略性的诉讼，浪费大量的司法资源，也会威胁投资人的积极性。

当初立法时，电影作品的著作权归属争议很大，基本上有三种意见：第一种意见认为著作权应该属于制片厂，这是著作权法立法前中国的普遍实践；第二种意见认为应该归属于导演；第三种意见则认为应该归主要创作人员，即导演、编剧、音乐作者、摄影、演员和舞美等共有。① 为了避免过度分割电影作品的著作权，避免投资人因事前协议中的微小失误而威胁到电影著作权的归属，立法者选择了一种对投资方，通常也是制片人最为有利的默认规则。即中国《著作权法》第15条的规定：

> 电影作品和以类似摄制电影的方法创作的作品的著作权由制片者享有，但编剧、导演、摄影、作词、作曲等作者享有署名权，并有权按照与制片者签订的合同获得报酬。
>
> 电影作品和以类似摄制电影的方法创作的作品中的剧本、音乐等可以单独使用的作品的作者有权单独行使其著作权。

依据上述规定，除了编剧、导演、摄影、词曲作者享有署名权以外，其他所有参与电影创作的主体，通常无法分享电影的著作权，即便这些人在电影制作过程中作出了独创性或者不可替代的贡献。这些人至少包括服装、道具、美术、灯光、摄像、音响、后期制作等方面的工作人员。《著作权法》甚至没有明确保证这些人具有署名的权利。在实践中，如果法院愿意，或许可以根据电影行业的惯例，对"编剧、导演、摄影、作词、作

---

① 张佩霖：《著作权的归属》，载司法部和国家版权局：《中华人民共和国著作权法讲析》，中国国际广播出版社1991年版，第137页。

曲等作者享有署名权"中的"等"字作较宽的解释,使之能够涵盖上述更多的主体。即便如此,法院所能提供的救济方式不应妨碍制片人正常利用其电影,否则可能违背立法目的。如果这些人觉得自己的贡献没有得到尊重,应该事先与制片人通过合同保护自己的权益。

6.2.1 演员的权利

电影作品中最引人关注的一类群体是演员。《著作权法》第 15 条没有明确规定演员对电影所享有的权利。不过,《著作权法》第 38 条第 1 款专门对表演者的权利有专门的规定:

> 表演者对其表演享有下列权利:
> (一)表明表演者身份;
> (二)保护表演形象不受歪曲;
> (三)许可他人从现场直播和公开传送其现场表演,并获得报酬;
> (四)许可他人录音录像,并获得报酬;
> (五)许可他人复制、发行录有其表演的录音录像制品,并获得报酬;
> (六)许可他人通过信息网络向公众传播其表演,并获得报酬。

这一规定是否或者如何适用于电影作品,不是很明确。理论上,至少有两种思路:其一,电影演员视为普通的表演者,享有完整的表演者权。电影的制片人为了不受限制地使用电影作品,需要和电影演员签署合同,获得充分的授权或权利转让。其二,电影演员完全不享有表演者权,演员们需要通过与制片人签署合同以保障自己的权益。这一规则显然对制片人有利,也符合立法者给予制片人特殊保护的立法目的。

如果承认演员就电影作品中的表演享有充分的表演者权,则可能会使得演员轻易就能够阻止电影作品的后续利用,损害制片人的利益。而这本来是立法者原本打算消除的障碍。如果考虑到电影涉及的演员众多的事实,制片人受到的威胁就更加真切。另外,著作权法的立法者并没有让那些对电影作出同样或者更重要贡献的导演、编剧获得对电影作品的控制权。因此,很难理解,为什么要赋予数量众多的演员基于表演者权来控制后续电影作品的利用。最后,从表演者权立法的字面意思看,只是赋予表演者对所谓"录音录像制品"的复制发行的控制权,似乎不涵盖电影作品。这也就意味着,一项作品是电影还是录像制品,直接影响到其中演员的权利。在后文邻接权一节,有进一步的讨论,可以参考。

在下面的吴美丽等诉上海电影制片厂等案中,法院认为电影作品中演员不享有表演者权:

吴美丽等 v. 上海电影制片厂等①

上海市黄浦区法院(1998)

影片《三毛学生意》是20世纪50年代由上海电影制片厂拍摄、文彬彬等主演的一部电影作品。文彬彬于1972年1月死亡。原告吴美丽系文彬彬之妻,原告文佳明、文佳颖、文佳凤系文彬彬之子女。

1997年7月,上海电影制片厂所属东方影视发行有限责任公司与广州俏佳人文化传播有限公司签订协议,由上海电影制片厂将其摄制的包括《三毛学生意》在内的50部电影作品在中华人民共和国境内(不包括港、澳、台地区)的VCD小影碟制品的独家出版制作及发行权,授权给广州俏佳人文化传播有限公司,授权期限为4年。上海电影制片厂对此出具了授权书。此后,上述影片VCD小影碟制品即由北京北影录音录像公司予以出版发行,由广州俏佳人文化传播有限公司负责总经销。

1997年底,原告在市场上发现《三毛学生意》VCD制品,即与被告联系,要求支付文彬彬的表演报酬,被拒绝。原告即向上海市黄浦区人民法院提起诉讼,称:按照我国《著作权法》第39条的规定,被许可复制发行的录音录像制作者应当按规定向表演者支付报酬。由于VCD与电影载体不同、制作程序不同、表现形式不同,就发生向电影作品中的表演者支付报酬的问题。上海电影制片厂许可广州俏佳人文化传播有限公司使用电影《三毛学生意》,已收取5万元的许可费,但不能对抗表演者应取得的报酬。要求三被告支付文彬彬表演报酬5万元。

被告北京北影录音录像公司答辩称:本公司与俏佳人公司订有协议,由俏佳人公司负责购买节目版权并制成VCD小影碟,由我公司负责出版。《三毛学生意》是由俏佳人公司所购并经上海电影制片厂合法授权,符合法律规定。请求驳回原告的诉讼请求。

被告广州俏佳人文化传播有限公司答辩称:根据我国著作权法的规定,电影作品的著作权由制片者享有。我公司将电影《三毛学生意》制成音像制品,经过上海电影制片厂合法授权,符合我国著作权法的规定。我国著作权法录像制品的概念中并不包括电影。请求驳回原告的诉讼请求。

被告上海电影制片厂答辩称:我厂对《三毛学生意》一片依法享有著作权,有权将其许可给任意第三方使用。电影作品的其他载体(包括VCD)另行支付表演者报酬,不符合我国法律规定。电影作品是将众多作者和表演者及其他创作活动凝结在一起的复杂集合体,他们的创作不可分割地融进了同一表现形式中。根据我国《著作权法》第15条的规定,电影作品的导演、编剧、摄影等享有署名权,著作权的其他权利由制片者享有。表演者在电影作品中已经依法享有署名权,不享有电影作品的其他权利。原告的诉讼请求没有法律上的依据,应予驳回。

---

① 本案情介绍源于杨洪逵写的案例介绍,来源于北大法宝(chinalawinfo.com)同名案例。

黄浦区人民法院经审理认为：原告援用我国《著作权法》第 39 条规定作为其主张权利的依据。

该条规定："录音录像制作者对其制作的录音录像制品，享有许可他人复制发行并获得报酬的权利(第 1 款)。被许可复制发行的录音录像制作者还应当按照规定向著作权人和表演者支付报酬(第 2 款)"。本案是否适用该规定，应明确下列问题：(1) 录音录像制作者与制片者的区别。录音录像制作者为作品的传播者，属邻接权主体范畴；制片者为作品的权利人，属著作权的主体范畴。上海电影制片厂为电影作品《三毛学生意》的制片者。(2) 录音录像制品与电影作品的区别。录音录像制品属邻接权客体；电影作品是著作权的客体。《三毛学生意》属电影作品。

上海电影制片厂是电影作品《三毛学生意》的制片者，享有该电影作品的著作权。其许可他人使用该作品，是对其著作权的行使，符合我国《著作权法》的规定。依《著作权法》第三十九条的规定，被许可复制发行的录音录像制作者应向表演者支付报酬，但不能据此推出电影作品制片者许可他人使用电影作品而产生表演者权。该条规定仅限于录音录像制品的范围，不能扩大到电影作品。

电影胶片与 VCD 光盘是作品的不同载体，VCD《三毛学生意》只是电影作品《三毛学生意》不同形式的复制，并不改变电影作品《三毛学生意》的权利性质。VCD《三毛学生意》是电影作品《三毛学生意》著作权人行使权利的结果。

综上所述，由于电影作品制片者承担了制片的市场风险，市场变动而产生的新利益应由制片者享有。电影作品的表演者在取得片酬后，市场风险与其无涉，表演者不应再分享制片者的市场利益。故原告要求三被告支付文彬彬作为电影作品《三毛学生意》中的表演者在该作品以 VCD 形式制作后的表演报酬，于法无据，不予支持。

思考问题：

(1) 为什么立法者区别表演者对录音录像制品和电影作品的控制权？

(2) 如果第三方制作盗版的 VCD 盘，表演者是否可以主张权利？第三方仅仅制作含有演员表演的录音带呢？

(3) 对于电影作品中演员的权利有没有可能采用这样的一种立法思路：表演者原本对电影作品享有普通表演者的各种控制权，但演员参与拍摄电影就授予了制片人利用其表演的许可。制片人后续使用电影作品的行为，不再受到表演者的控制。但是，演员可以制止第三方未经授权使用电影作品复制件？

6.2.2　剧本等著作权

我国《著作权法》第 15 条第 2 款规定："电影作品和以类似摄制电影的方法创作的作品中的剧本、音乐等可以单独使用的作品的作者有权单独行使其著作权。"

剧本作为独立作品享有独立的著作权。如前所述，电影作品理论上是剧本的演绎作品。制片人在制作电影作品之前，要经过剧本著作权人的授权，是毫无疑问的。剧本著作权人一旦授权演绎之后，对该演绎的结果——电影作品的控制权就非常有限了。制片人或第三方以通常方式使用电影作品(复制、发行、播放、信息网络传播等),就不再受到剧本著作权人的控制。

傅清莲等 v. 长春电影制片厂等①

福建省高院(2002)

福州市中级人民法院经审理查明,1960年,被告长春电影制片厂将莆仙戏《团圆之后》拍摄成电影,由于历史原因,电影未署编剧姓名。1998年7月10日,长春电影制片厂授权俏佳人文化传播有限公司出版包括讼争的《团圆之后》等53部影片VCD,之后被告俏佳人公司根据长春电影制片厂提供的影片母带制作并总经销《电影宝库——团圆之后》VCD影碟,由被告广州音像出版社出版发行。1999年原告在福州购买该《电影宝库团圆之后》VCD影碟后,发现未署编剧陈仁鉴姓名,遂诉至法院。[原告还要求被告向其支付报酬。]

福州市中级人民法院经审理认为,陈仁鉴系电影《团圆之后》剧作者事实清楚,其著作权应依法受到保护。原告作为已故著作权人陈仁鉴的继承人,依法享有著作权保护期内该作品的使用权和获得报酬的权利,但被告长春电影制片厂没有在电影《团圆之后》署名陈仁鉴,是基于当时特定历史,并非主观故意,原告要求被告赔礼道歉于法无据……被告长春电影制片厂许可他人使用陈仁鉴编剧的电影《团圆之后》制作VCD影碟,应向著作权人支付报酬,原告诉请法院判令被告停止侵权,支付报酬,本院予以支持。

[双方均不服,提出上诉。]

傅清莲等七人辩称,(1)其诉请法律保护的,是陈仁鉴作为传统戏曲莆仙戏的舞台艺术片电影《团圆之后》被复制为VCD影碟的编剧署名权以及由此而产生的相应的其他一系列著作权权益,而不是电影《团圆之后》的著作权权益。电影《团圆之后》是一部莆仙戏舞台艺术片,无论是戏剧内容,还是表现形式,仍然属于莆仙戏的范畴。而《团圆之后》剧本,正是陈仁鉴的代表作。长春电影制片厂的上诉,混淆了电影《团圆之后》著作权与电影《团圆之后》编剧著作权的内涵和外延……

二审法院经审理查明,(1)莆仙戏《团圆之后》剧本是陈仁鉴根据莆仙戏的传统剧目改编而成,并发表于多家公开发行的刊物和书籍。(2)在原审判决后,广州音像出版社出版发行、广州俏佳人文化传播有限公司总经销的VCD《电影宝库——团圆之后》的包装上标明"编剧:陈仁鉴"。对此各方当事人均无异议。

二审法院经审理认为,根据本案现有证据证实,莆仙戏《团圆之后》剧本著作权属陈仁鉴,该著作权受法律保护。根据《著作权法》(1990年)第15条、国务院颁布的《电影管理条例》(1996年)第16条等相关规定,长春电影制片厂1960年根据莆仙戏《团

---

① 最高人民法院中国应用法学研究所编:《人民法院案例选》(2004年商事知识产权专辑),人民法院出版社2005年版,第558—568页。

圆之后》改编拍摄成电影后,长春电影制片厂作为制片人即取得了《团圆之后》电影作品的著作权。陈仁鉴作为莆仙戏《团圆之后》剧本著作权人,根据《著作权法》(1990年)的规定,在电影作品《团圆之后》中享有署名权。在原电影作品《团圆之后》中未署陈仁鉴的名字是因当时历史原因所致,长春电影制片厂对此不应承担责任。1998年长春电影制片厂将《团圆之后》等影片许可给广州俏佳人文化传播有限公司等制作的是电影VCD,在广州音像出版社出版发行、广州俏佳人文化传播有限公司总经销的《团圆之后》电影VCD中未署陈仁鉴的名字,在陈仁鉴继承人主张权利后仍未署名,侵犯了陈仁鉴在电影《团圆之后》VCD的署名权,长春电影制片厂、广州影像出版社、广州俏佳人文化传播有限公司应根据《音像制品管理条例》的相关规定,在发行《团圆之后》电影VCD时以适当的方式署上陈仁鉴的名字。因此,陈仁鉴继承人对此诉之有理,原审法院对有关署名权的判决正确。但原审法院未要求长春电影制片厂共同承担侵犯署名权不妥,应予纠正。

将电影作品制作成VCD(数码激光视盘)是对同一电影作品在不同载体上的复制行为,就是《著作权法》(1990年)和《著作权法实施条例》(1991年)第5条第(一)项所指的"复制"。电影VCD是电影作品的复制品。复制是电影作品著作权人使用作品的主要方式之一。因为不是原始录制品,所以电影VCD不是《著作权法》(1990年)和《著作权法实施条例》(1991年)中所称的"录像制品"。原审法院在判决适用法律时引用《著作权法》(1990年)的第37条第2款和第39条第2款,将电影VCD等同于"录像制品",是适用法律错误。

1998年长春电影制片厂将《团圆之后》等影片许可广州俏佳人文化传播有限公司制作电影VCD,是电影作品著作权人对电影作品的复制使用,并未侵犯陈仁鉴剧本著作权。原审法院认为长春电影制片厂将电影《团圆之后》许可给他人制作VCD是对陈仁鉴著作权中的财产权利的侵犯,因此适用《著作权法》(1999年)相关规定判决长春电影制片厂承担赔偿责任,对此本院认为没有法律依据。长春电影制片厂对此上诉有理,本院予以支持。傅清莲等人认为编剧在电影作品中仍享有获得报酬权的抗辩意见,没有法律依据。本院不予采纳。

思考问题:

(1)电影作品的著作权归属与剧本的著作权归属遵守不同的规则,二者之间可能发生冲突。《著作权法》是如何解决可能的冲突的?

(2)与前一案例附加问题类似,如果第三方未经许可复制发行本案诉争的VCD影碟,原告能基于剧本著作权追究该第三方侵权责任吗?

电影作品的著作权人如果许可他人对电影重新演绎(比如重新剪辑、重新配色等),是否会损害剧本作者的演绎权,则还是一个疑问。类似的问题在电影中的音乐作品上也会出现。比如,制片人是否可以许可他人将电影中配乐单独录制成唱片发行?这一使用方式可能脱离了电影作品的通常使用背景,超出了当初音乐作品或剧本作品著作权人授权制片人使用作品的范围,因此第三人应该就该使用行为得到音乐或剧本作品的著作权人的重新授权。

6.3 无主作品

所谓无主作品,是指那些依然在著作权法保护期,但是著作权人去世或解散,无人继承或继受的作品。比如,2007年,溥仪的作品《我的前半生》就差点被宣告为无主作品。当时,群众出版社以该书的著作权人李淑贤去世并且没有其他继承人为由,要求宣告该作品为无主财产。后来,溥仪的侄女出面指出李已经通过遗嘱指定她继承该著作权。这一无主财产宣告程序随即终止。

《著作权法》(2010)第19条规定:

著作权属于公民的,公民死亡后,其本法第十条第一款第(五)项至第(十七)项规定的权利在本法规定的保护期内,依照继承法的规定转移。

著作权属于法人或者其他组织的,法人或者其他组织变更、终止后,其本法第十条第一款第(五)项至第(十七)项规定的权利在本法规定的保护期内,由承受其权利义务的法人或者其他组织享有;没有承受其权利义务的法人或者其他组织的,由国家享有。

依据继承法,"无人继承又无人受遗赠的遗产,归国家所有……"①而遗产包括"公民的著作权、专利权中的财产权利"。② 同样,依据上述《著作权法》第19条第2款,法人的无人继受作品,最终也有国家所有。因此,如果私人的著作权在中国无人继受,变成无主作品,将属于国家所有。

不过,对于真正的无主作品是否应该规定属于国家所有,在学术界存在争议。有相当一部分学者认为,作品一旦无主之后,应该进入公共领域。政府控制著作权,并不能实现有意义的公共政策目标。"政府文件都没有著作权,为什么要国有著作权呢?"(韦之教授语)。将来修改《著作权法》或《继承法》时,应该区别对待著作权和其他财产权。无人继受的著作权并不会对社会造成直接的财富损失,可以适用不同于有形财产的规则。

---

① 《中华人民共和国继承法》(1985)第28条。
② 《中华人民共和国继承法》(1985)第3条。

第 6 章

著作人身权

1 著作人身权概述

著作权法将著作权人所享有的专有权利分成两部分,即人身权(精神权)和财产权(经济权利)。人身权包括下列四项权利,即发表权、署名权、修改权和保护作品完整权。而财产权则是指复制权、发行权、改编权、摄制权、信息网络传播权等十多项权利。

人身权与财产权的区分有重要法律意义,因为二者在保护期限、是否可以转让等方面有明显的差别。比如,"作者的署名权、修改权、保护作品完整权的保护期不受限制"①,而自然人作品的发表权和财产权的保护期为"作者终生及其死亡后五十年"。② 依据民法一般原理,人身权通常不能转让③,也不能继承④。上述第 10 条第 2 款和第 3 款明确指出,著作权人可以转让或许可他人行使财产权,却没有提及著作人身权。这里隐含的意思应该是著作人身权的转让和许可受到限制。

不过,著作财产权某些内容与人身权区分,只是一个度的问题。比如,改编权与修改权的界线就非常模糊。许可他人改编作品,通常也意味着许可其修改作品。如后文所述,美国法上,著作权人对于改编权(制作演绎作品)的控制,在一定程度上也能够达到中国修改权所要到达的目标。

1.1 著作人身权法律属性的争议

作品与作者之间联系中含有作者的精神利益或人格利益。这是部分著作权内容被视为人身权的基础。可是,作品中究竟体现了作者的哪些人格利益,以及究竟应如何保护这些任何利益,并无统一的答案。不同的国家基于不同的文化传统,对此可能有完全不同的理解。即便在普遍承认著作人身权的大陆法系国家,不同国家所理解的人身权的内容也差别较大。而在英美法系,尤其是美国,仅对特殊情形作品(绘图、雕

---

① 《著作权法》(2010)第 20 条。
② 《著作权法》(2010)第 21 条。
③ 胡康生主编:《中华人民共和国著作权法释义》,法律出版社 2002 年版,第 41 页。
④ 同上书,第 45 页。《著作权法》(2010)第 19 条规定,著作财产权可以继承,而没有规定人身权可以。

塑与摄影作品等)提供有限的精神权保护。

当然,单纯从民法的角度看,著作权中的人身权与一般民法意义上的人格权有明显的差异。前者所要保护的并非一般人格的必要部分,而更像是一种身份权。在本书看来,著作人身权更像是立法者基于公共政策作出的限制转让的"财产权",而不是保护一般人格利益的人身权。这里的公共政策可能是保护交易中处于弱势地位的作者,也可能是维持公众集体的文化记忆等。给相关的权利贴上"人身权"的标签,可能只是使得法律推理简单化的一种"贴标签"的策略。

著作人格权的式微命运

李琛:《质疑知识产权之"人格财产一体性"》,
载《中国社会科学》2004 年第 2 期,第 76—77 页

在著作人格权制度中,隐含了下列假定:
(1) 发表权之假定:作品是思想或情感的外化,作者有权决定是否与公众交流其思想或情感,控制作品的发表是人格利益。
(2) 署名权之假定:作品体现人格,因此不得切断作者与作品的关联,作者与作品的客观联系应当得到尊重。
(3) 保持作品完整权之假定:作品反映了作者的人格,作品应当与作者的思想、情感保持一致,破坏作品的完整性即破坏了人格的完整。

任何假定都是危险的,因为我们无法保证假定的可靠性。建立在假定之上的著作人格权制度至少面临两重冲突:

第一,前提假定与一般社会观念的冲突。

"作品体现人格"是特定历史时期的作品观,在法律上无法确证。择取 19 世纪的作品观作为假定前提、设计出一个制度,社会观念变动不居,而法律制度必须相对稳定,危机自在其中。

"美学人格——作为美学教育的历史性产品——不能成为作者法律人格的起源、基础或归宿。"细作思忖,上述假定前提皆有可疑之处:

以发表权论,由于作品与人格的关联是不确定的,"发表作品即损害人格"的论断难以确证。除了直接反映个人观点与情感的作品之外,作品与人格的关联是或然的。譬如计算机软件、地图、工程设计图等作品被他人擅自公开,依一般社会观念,认为作者的人格受损未免太过牵强。版权体系认为,擅自发表他人作品就是对他人作品的非法利用,是侵犯财产权的行为,没有必要单设发表权。如果作品果真涉及个人情感或隐私,则适用人格权的一般规则。这是一种不作预设、个案认定的思路,能够避免假想失败的尴尬。

以署名权论,任何劳动者与其劳动产品之间的联系都是客观的,为何唯独作者与作品的联系不能割断、作者资格成为人格利益?商标权的利益来源于商品与生产者之间的联系,即商品出处,如同署名表明作品的出处。商标权是典型的财产权,为何商品

与生产者的联系是财产利益,而作品与作者的联系是人格利益? 在中国著作权法中,一面规定署名权是著作人格权,一面规定"法人可视为作者"。法人成为作者之际,实际创作人与作品的关联被切断,说明这种关联并不具有专属性,法人作品的规定与署名权中隐含的假定不能相容。英国虽然在《伯尔尼公约》的影响下规定了署名权,却允许署名权的放弃,可见"作者与作品之关联属人格要素"的假设远非普适的社会观念。

以保持作品完整权论,"作品完整性关及人格完整性"的论断与现代美学观念相去甚远。首先,我们不知道作品体现何种人格,亦不知作品如何改动才与作者的人格保持一致。曹雪芹自云:"谁解其中味?"作者之味既不可解,公众除了各解各的味,又能如何? 如果作者可倚人格为据统治文本的解读,就会出现中山信弘先生所述的情形:"甚至保护到了艺术家等的'心情'或者说是'偏好'。现实中的情况是,如果作者主张同一性保持权,就意味着对方进行了'违反意思'的生命力"。其次,如果第三人改动作品之时读者已经知晓作品的原貌(作品早已发表)、公众明知改动非作者本人所为,作品的改动在客观上也没有影响作者的声誉,此时"改动作品必然损害人格"的假定也和一般社会观念不符。试举文坛一例:王蒙先生戏将李商隐的《锦瑟》拆散重组,用原诗的 56 个词重组成新的诗、对联、长短句,甚至组装《锦瑟》《无题》,得出"相见时难别亦难,一弦一柱思华年。身无彩凤双飞翼,蜡炬成灰泪始干。"这显然是对李诗的"篡改",但任何理性的公众都会认为这只是文本的解构,与李商隐之人格无涉,甚至感激王蒙先生以独特的解读方式揭示了文本的魅力,"这是人类的智力活动、情感运动的难以抗拒的魅力"。务实、平和的版权体系不作假想,对作品完整性的保护采取客观标准,只禁止有损作者声誉的改动,在制度设计上更胜一筹。

第二,前提假定与市场规则的冲突。

形成于 19 世纪的著作人格权理论,以个体创作为模型。在现代社会,创作的集团化趋势增强,并且对资本的依赖增强。这些集体创作的作品与人格联系淡漠,但财产利益重大。为了实现利益的平衡,有效地推进作品的市场化,应当由投资者取得著作权。如果假定作品与作者的关联不能割断,必然导致权利的相互制约,既影响文化投资者的信心,也不利于作品的有效传播,并有损公共利益,因此有学者认为著作人格权是"对自由市场运作的不合理的法律干预"。在应对市场规则方面,版权体系体现出明显的优越性。

版权体系没有预设作者与作品的关联不可割断,可根据现实需求将非创作人视为作者。作者权体系为传统所缚,常常在赋予非创作人以财产利益的同时,处心积虑地安置作者的人格权。在录制技术产生之后,录音制品与广播节目需要得到保护,作者权体系认为这些对象不能体现人格、且利益主体多为法人,为维护理论体系的完整性,只好在著作权之外另设邻接权以安置,版权体系则轻松地将录音、广播节目纳入作品的范畴。如今,视听作品、计算机软件、大型数据库的市场价值突显,出于市场交易的需要,著作权归属制作人或雇主较为合理。版权体系可以直接规定雇主或制作人是作者,作者权体系因为预设在先,不敢自食其言地规定作者的人格权消灭,只好规定视听作品、雇佣作品、计算机软件等作品的著作人格权受到严格的限制,立法技术极为烦琐。中国著作权制度兼采两大体系,一面规定著作人格权,一面规定视听作品、部分职务作品的作者仅享有署名权,导致署名权以外的人格权下落不明之怪现状。

综上所述,"作品体现人格"的观念成为作者权体系的历史负累,处处作茧自缚。平心而论,著作权制度的功德在于促进了作品的商品化,使创作成为一种谋生手段,法律根本无力保障作品真的体现人格……若法律制度固守"作品体现人格"这一暧昧的历史论断,阻碍了现实的权利交易,实为舍本逐末。在法律意义上,我们只能断言"对作品的不当使用可能损害人格",不能断定作品必然与人格相关。单设著作人格权的缺陷,就在于假定前提不可靠。

思考问题:

是否可以说,"不当使用作品可能损害人格"足以支持设立人身权,因为一一识别哪些使用侵害、哪些不侵害,徒耗社会成本?

有没有可能,将财产权利转化成人身权,不过是立法者基于父爱主义的考虑,对弱势的作者提供了一种更强的保护——让部分著作权变成不可剥夺的权利?如前所述,"人身权"只是一个标签而已?

1.2 各国著作人身权保护现状

版权法上的人身权的概念来自大陆法系,代表性的国家为法国和德国,其他西欧国家也支持这一权利及其变化形态。法国将著作权视为一种自然权利,源于法国大革命时代的人权观念。在大革命以前,著作权也不过是皇家的授权的结果,通常授予印刷者。大革命以后,这种皇家特权的概念被摒弃,著作人身权伴随着个人主义的哲学思想应运而生。① 法国认为著作人身权是永久的,不可转让的。德国的著作权法则深受黑格尔哲学的影响,认为作品是作者人格的自然延伸。因此,如果某种作品使用方式影响到作者的人格利益,则应当禁止。德国给予人身权和财产权以相同的保护期。②

目前保护人身权的国家对人身权的保护范围并没有达成完全一致的意见。世界范围内,人身权通常包含以下内容:其一,发表权,即作者决定将作品公之于众的权利;其二,署名权,即作者决定是否和如何表明作者身份的权利;其三,修改权与保持作品完整权;其四,收回权,即作者基于合理理由收回已经进入流通环节的作品的权利;其五,追续权,即作者及其继承人分享某些作品原件转售时增值价款的权利。中国著作权法目前所确认的人身权内容包括前三项,而没有收回权和追续权。对于收回权,当

---

① 学者在中世纪以前的历史中也能够找到精神权的影子,不过那时候仅仅限于对于文本抄袭的禁止,直到18世纪,现在的著作权的概念才真正成型。Jeffrey M. Dine, Authors' Moral Rights in Non-European Nations: International Agreements, Economics, Mannu Bhandari, and the Dead Sea Scrolls, 16 Mich. J. Int'l L. 545.

② W. R. Cornish Intellectual Property: Patents, Copyrights, Trade Marks and Allied Rights, Sweet & Maxwell, 1999, at 444.

初的确有人建议立法作出规定,立法者并未采纳。追续权则出现在中国最新的立法建议稿中。

中国过去关于收回权立法的代表性意见认为:

> 收回权只在少数国家的版权法中有规定,即使这些国家,也对作者行使收回权有一定的限制,如有正当理由等。我们没有规定,也有一定道理。一是现代传播技术的发展,使作品在短时间内可以在一国之内或国际上传播,以作者个人单薄之力,无法收回作品。二是作者收回作品,除应交回出版社的基本稿酬外,还应支付印刷复制品的零售价总额。这对我国大部分依靠工资过活的作家,经济上难以承担。三是国家对依法禁止传播、出版作品的收回,是行使一种行政权力,而不是作者的收回的民事权利。四是规定收回权,而不加限制,可能使有的作者为所欲为,滥行收回权,而与整个社会公众不利,因此没有必要规定。①

英美法系对人身权的保护持谨慎的态度。美国除了在 1990 年美国通过的"视觉艺术家权利法案"(The Visual Artists Rights Act of 1990)中对一些绘图、雕塑与摄影作品作者的署名权和保护作品完整权给予保护外,版权法对其他作品的作者不提供精神权保护。②但是美国法院支持作者对于未发表的作品享有绝对的控制权,不论该作品是多么有新闻价值,或者对潜在的学者的研究项目多么重要。③ 一般认为,经济激励机制是美国版权法的基础。④ 美国版权法旨在保护作者的经济利益,而不是人格利益。当然,人格利益和经济利益的界限并非泾渭分明⑤。

英国和美国稍有不同。在 1988 年以前,英国可以利用普通法中关于诋毁(Defamation)、假冒(Passing Off)、欺诈(Injurious Falsehood)、普通经济损害(General Economic Torts)等来寻求类似著作人身权侵权行为的救济。比如英国法院曾经确认报纸连载作品的过程中进行删节,侵害作者在公众眼中的声誉。英国 1988 ACT 确认了基于伯尔尼公约所应承担的义务,规定了几类精神权:署名权、保护作品完整权、禁止虚假署名权、私人照片和电影作品中的隐私权等。这些权利不可转让,但是死后可以转移。⑥

---

① 江平:《著作权立法的意义》,载司法部和国家版权局:《中华人民共和国著作权法讲析》,中国国际广播出版社 1991 年版,第 18 页。

② Donald S. Chisum & Michael A. Jacobs, Understanding Intellectual Property Law, Matthew Bender & Co., Inc. 1992, §4E[6][a] at 4—142. 美国传统上并不单独保护精神权(Moral Rights)。作者拥有独占性版权,可以通过合同条款来保证其署名权和作品完整权,但是如果作者在转让的时候没有附加此类条款,则会失去此类控制能力。在版权以外,作者可以通过各种州和联邦法上的理论来保护精神权。

③ Peter Jaszi, Toward a Theory of Copyright: the Metamorphose of "Authorship", 1991 Duke L. J. 455 (1991).

④ Gilliam v. American Broadcasting Co. Inc., 538 F. 2d 14 (1976).

⑤ 精神权尽管是为了保证作者和作品之间的正确的精神联系,但是一旦确立,就不可避免地被用来制止别人对作品的某些不当的盈利性使用。因此,精神权和所谓的财产权之间并没有明确的界限。W. R. Cornish Intellectual Property: Patents, Copyrights, Trade Marks and Allied Rights, Sweet & Maxwell, 1999, at 445.

⑥ W. R. Cornish Intellectual Property: Patents, Copyrights, Trade Marks and Allied Rights, Sweet & Maxwell, 1999, at 446.

国际社会在著作人身权保护的协调方面作过努力,但是成就有限。《保护文学艺术作品伯尔尼公约》(1971年修订本)第6bis条规定了作者的署名权和保护作品完整权,并许可成员国将这些权利的期限限制在财产权的保护期内,甚至更短(作者死后就不再保护)。① 公约并没有对署名权和保护作品完整权作更为详细的规定,而是交给成员国自行决定。《与贸易有关的知识产权协议》(TRIPs)则直截了当地排除了《伯尔尼公约》第6bis条的适用,也就是说成员国并没有义务提供人身权保护。② TRIPs协议显然是在知识产权领域最有影响力的国际协议。从这一协议对精神权保护的态度中我们可以看出国际社会对于精神权保护依旧存在很大的分歧。

1.3 法人的著作人身权

著作权法上规定了多种法人原始取得著作权的情形,比如,法人作品(法人视为作者)、职务作品、委托作品(约定法人取得著作权)等。在这些情形下,法人是否享有著作精神权,在中国法上没有明确的答案。北京市高级人民法院指出,对于"法人或者其他组织以著作人身权或者表演者人身权受到侵害为由,起诉请求赔偿精神损害的,不予受理"③。

理论界对法人的著作人身权存在争议。主流意见似乎也认为法人不应享有著作精神权。④ 代表性的意见认为:

> 将法人或其他组织视为作者,并不表明法人或者其他组织可以享有精神权利。从自然人创作作品的基本事实来看,只有自然人才可以享有精神权利。法人或者其他组织不是自然人,不可能像自然人那样创作作品,因而也不可能享有精神权利。所以,即使是在法人或者其他组织视为作者的情况下,即是在著作权归属于雇主或者委托者的情况下,享有精神权利的仍然是创作了作品的自然人。那种认为法人可以享有精神权利的说法,显然忽视了只有自然人才可以创作作品的基本事实。⑤

---

① 《保护文学艺术作品伯尔尼公约》(1971年修订本)第6bis条规定:"一、不受作者财产权的影响,甚至在上述财产权转让之后,作者仍保有主张对其作品的作者身份的权利,并享有反对对上述作品进行任何歪曲或割裂或有损于作者声誉的其他损害的权利。二、根据前款给予作者的权利,在其死后至少应保留到财产权期满为止,并由向之提出保护要求的国家本国法所授权的人或机构行使。但在批准或加入本条约时其法律未包括保证作者死后继续承认之权利的各国,有权规定这些权利中某些权利在作者死后无效。三、为保障本条所承认的权利而采取的补救方法由向之提出保护要求的国家的法律规定。"

② 《与贸易有关的知识产权协议》(TRIPs)第9条规定:"1. 缔约方应遵守伯尔尼公约(1971)第1—21条及其附录。然而,缔约方按照本协议对于该公约第6bis条所规定地权利或者由此导致地权利将不负有权利和义务。"

③ 《北京市高级人民法院关于确定著作权侵权损害赔偿责任的指导意见》(2005)第21条。

④ 郑成思:《版权法(修订版)》,中国人民大学出版社1997年第2版,第36—37页。郑教授认为,作品不能反映法人的个性;法人享有所谓的商号权和商标权,容易与署名权相混淆;剥夺自然人的精神权不利于调动自然人的创作积极性;法人法律状态不稳定,会带来难题。这些理由同样可以用来反对自然人成为作者。

⑤ 李明德、许超:《著作权法》,法律出版社2009年第2版,第136—137页。

上述理由实际上可以直接用来否定《著作权法》第11条（法人作品）的合理性。问题是，立法者已经明确选择无视上述理由，将法人"视为"作者。因此，反对者需要更多的理由来说明：为什么就不能"视为"法人享有精神权？实际上，将法人作品的精神权归于自然人，与法人视为作者的条文字面意思有直接的冲突。

此外，著作权法对于法人作品保护期的规定中，丝毫没有暗示，自然人作者在保护期内或保护期外还对法人作品享有任何控制权。因此，上述反对法人享有精神权的意见可能过度解释了现有的法律条文。

1.4 人身权的"转让""继承"与放弃

著作人身权所要保护的是作品和作者之间的人身联系。按照人身权自身的逻辑，它们不能转让，也不能继承。著作权法的立法者当初是非常清楚这一点的，以至于当时著作权法通篇没有讲转让一词。① 将一项权利贴上人身权的标签，在一定程度上增强了作者在具体交易中的谈判地位，属于一种法律上的父权主义的安排。在人身权理论的遮蔽下，公众可能忽略了这一安排整体上对于作者长远利益的真实影响。

在作者死亡之后，著作人身权在法律上的状态，令人费解。按照一般的民法理论，民事权利主体消失后，该主体的权利不复存在。此所谓"皮之不存，毛将焉附"。主流的民法理论认为，对于死者人格权的保护，与其说是保护死者的权利，还不如说是在保护死者近亲属避免受到精神损害的权利。在著作人身权方面，我们也只能采用类似的解释方法。只是它在著作权领域的说服力要大大弱于它在传统人格权领域的说服力，因为不尊重去世作者的"著作人身权"，给作者近亲属带来的精神损害的可能性通常远远低于不尊重去世作者的"普通人身权"带来损害的可能性。

所幸的是，理论上的困惑并没有变成操作上的难题。在作者去世之后，继承人实际上能够毫无障碍地"保护"或者"行使"作者的人身权，尽管法律不承认继承人是所谓的人身权的继受人。法学理论与社会现实严重脱节，莫此为甚。以下是《著作权法实施条例》（2002）的具体规定：

> 第15条 作者死亡后，其著作权中的署名权、修改权和保护作品完整权由作者的继承人或者受遗赠人保护。
>
> 著作权无人继承又无人受遗赠的，其署名权、修改权和保护作品完整权由著作权行政管理部门保护。
>
> 第17条 作者生前未发表的作品，如果作者未明确表示不发表，作者死亡后50年内，其发表权可由继承人或者受遗赠人行使；没有继承人又无人受遗赠的，由作品原件的所有人行使。

实践中，另一引发关切的问题是，委托作品所对应的著作人身权的归属。对于那些认为委托合同可以决定作品著作权原始归属的人而言，这或许不是问题，因为可以

---

① 江平：《著作权立法的意义》，载司法部和国家版权局：《中华人民共和国著作权法讲析》，中国国际广播出版社1991年版，第8页。

假装这里不存在人身权转让的事实。相反,如果不承认委托合同能够改变作品的原始归属,强调受托人先享有原始著作权,然后再依据委托合同向委托人转让著作权,则会遇到上述人身权禁止转让的难题。在严会生 v. 于京旭案中[1],北京一中院和高院意见一致,均认为委托创作协议中约定创作者不享有编剧署名权,并没有什么不妥。法院认为委托创作的人身权不可转让的说法没有法律依据。在这些判决中,看不出法院究竟是否将委托合同作为决定作品著作权原始归属的依据。

著作人身权的"放弃"与"转让"和"继承"一样,充满理论上的争议。上述委托创作案例似乎代表着主流意见——在适当场合下,法院会承认权利放弃的合理性。郑成思教授指出,完全不许可放弃,会导致一些不公平的结果:"某作者尚不出名时,为能出书而拉上一位未从事创作的名人在作品上署名,待成名后又指责该名人署名为非法。如果版权法一概否认精神权利可以放弃,则这位作者后来的指责就合法了。而他原先的部分放弃署名权,实际上为自己捞到了好处,后又能'依法'否认自己曾放弃的事实。这对于该名人来讲是不公的。"[2]不过,刘春田教授似乎并不认为此类结果对名人不公——"不论作者当时让非作者署名是出于什么动机,当时的心理状况是否光明,或是想基于出版,或讨好巴结上司的不正常心态,都不能否认作品是创作人一人创作的事实……如果在司法实践中,造成这样一种结果,即真正的作者的权益得不到保护,而那些自己不创作,却在别人作品上署名的人反倒扬眉吐气,照样以作者自居,这违背了著作权法制的第一位的原则。"[3]从这两位权威学者的对立中,我们能够感受到社会在基本原则问题上的分歧有多严重。

2 发表权

中国著作权法上的发表权,是指"决定作品是否公之于众的权利"。[4] 作品的发表直接影响作者的社会评价。发表权使得作者能够阻止他人公开发表作者出于各种原因不愿意公开的作品。

依据《最高人民法院关于审理著作权民事纠纷案件适用法律若干问题的解释》(2002)第9条,所谓"公之于众"是指"著作权人自行或者经著作权人许可将作品向不特定的人公开,但不以公众知晓为构成要件"。公开的途径可以是出版、表演、广播、信息网络传播等各种公开形式。公开的结果是不特定的社会公众如果愿意,就能够获知该作品。如上述司法解释所言,究竟有多少人实际了解该作品并不重要。重要的是,该作品处在公众能够获知的状态。在操作层面,如果作品已经为相当数量的公众所了解,则常常是作品已经处于公开状态的有力证据。

---

[1] 李永明主编:《知识产权案例研究》,浙江大学出版社2002年版,第635—637页。
[2] 郑成思:《版权法(修订版)》,中国人民大学出版社1997年第2版,第281页。
[3] 刘春田:《著作权立法的意义》,载司法部和国家版权局:《中华人民共和国著作权法讲析》,中国国际广播出版社1991年版,第102页。
[4] 《著作权法》(2010)第10条。

都本基 v. 作家出版社

北京市朝阳区法院(2003)朝民初字第 19137 号

2001 年 9 月,《天下粮仓》剧组约请都本基为该剧题写片名。该月中下旬,都本基将创作完成的"天下粮仓"四字的书法作品交给剧组。该作品各字间散落很多墨迹,代表血泪和粮食。同年 9 月 27 日,《天下粮仓》剧组付给都本基稿酬 1000 元和装裱费 500 元。后剧组将该作品中的墨迹去掉后作为电视剧片头,保留了原作上都本基的署名。该剧于 2001 年 12 月 24 日召开新闻发布会,"天下粮仓"四字的片头题字在会上展示。2002 年 1 月 7 日,该剧正式播出。

2002 年 1 月,作家出版社出版《天下粮仓》一书。在出书前的 2001 年 11 月,作家出版社从《天下粮仓》剧组取得了该剧片名题字,删掉都本基署名后,用于该书封面和封底。该书共印刷 2 次,总计印数 8 万册,单价 29 元。作家出版社使用该作品未经都本基许可。2002 年 11 月 8 日,作家出版社曾向都本基汇款 1940 元,但被都本基退回。

……

发表权是决定作品是否公之于众的权利。根据最高人民法院的司法解释,发表权中的"公之于众",是指著作权人自行或者经著作权人许可将作品向不特定的人公开,但不以公众知晓为构成条件。本案中,都本基接受《天下粮仓》剧组委托创作了涉案作品,并于 2001 年 9 月中下旬将作品交给剧组,故都本基知道且认可该作品将用于电视剧片头,并随剧一同播出。因此都本基交付作品时,涉案作品即已处于向不特定人公开的状态。由于都本基交付作品的行为,不仅表达了其向不特定公众公开作品的意愿,更是一种公开作品的行为,故该行为即为行使发表权的行为。根据发表权"一次用尽"的原则,作品一经发表,作者的发表权即丧失。涉案图书出版于都本基交付作品之后,也就是在都本基行使发表权之后,因此并未侵犯都本基对该作品享有的发表权。但该书在使用涉案作品时,并未以合理的方式表明都本基的作者身份,故侵犯了都本基对该作品享有的署名权。

(李有光、谢甄珂、党淑平法官)

思考问题:

"公之于众"的确不要求作品事实上处于公知状态。但是,法院认为"都本基交付作品时,涉案作品即处于向不特定人公开的状态",是否走得太远?向一个不负保密义务的人提交作品,就可以说该作品已经发表吗?

发表权本质上只能行使一次。如果作者自己或者委托他人已将作品公之于众,则第三方再次将作品公之于众的行为,不再侵害发表权。当然,著作权人可以基于所谓的复制权、发行权、广播权等阻止第三方未经许可的传播作品的行为。换句话说,著作财产权与发表权一样,也能够起到阻止他人向公众公开或提供作品。在大多数侵害发表权的案例中,侵权者实际上同时侵害复制权、广播权等财产性权利。因此,并不奇怪,有些国家实际上并不承认存在独立的发表权,《伯尔尼公约》也没有单独的发表权一项。① 有学者指出:"事实上,作者为了行使自己的发表权,必须决定是否以某种方式利用自己的作品,或者必须决定首先行使自己的哪一项经济权利。例如作品完成之后,作者无论是行使出版权(复制权或发行权),还是行使表演权或展览权,将自己的作品公之于众,本身又都是在行使精神权利中的发表权。与经济权利截然分开的发表权是不存在的。可以说,著作权法中有多少种经济权利,作者就有多少种行使发表权的方式。"② 正因为如此,在《著作权法》第三次修改时,有人建议删除发表权。③

如果无法将发表权与财产权利截然分开,则《著作权法》单独规定发表权的意义的确很小。不过,在有些情况下,发表权有单独存在的必要,因为有些作品的著作财产权并不能完全控制所有的作品公开行为。比如,文字作品的复制件一旦脱离了作者的实际控制并且没有合同约束的情况下,作者就不再能够限制该复制件的持有人向公众展览该复制件。这实际上让公众能够了解该内容。在这种情况下,现有的著作财产权并不能控制此类公开行为。因此,单独设立所谓的发表权,或许可以填补这一漏洞。当然,如果立法者愿意,将展览权延伸到文字作品或所有作品,则发表权独立存在的必要性进一步被压缩。

值得一提的是,《著作权法》(2010)第18条规定:"美术等作品原件所有权的转移,不视为作品著作权的转移,但美术品原件的展览权由原件所有人享有。"这一规定中没有提及发表权。有学者认为,转让未发表的美术作品原件的行为,就推定作者同意受让人发表该作品。④ 按照这一思路,公开展览应该是著作权法上的"公之于众"或者说"发表"了。《送审稿》(2013)第22条第3款作出一项新的规定:"作者将未发表的美术或者摄影作品的原件转让他人,受让人展览该原件不构成对作者发表权的侵犯。"这实际上承认原件受让人一并获得了发表权。

发表权本质上是阻止他人未经许可将作品公之于众的权利。在学理上,著作权是一种消极权利,旨在禁止他人对特定作品为一定行为(比如署名、复制等)的权利。发表权似乎也不例外。不过,在中国的司法实践中,法院远未就著作权的属性(积极或消极)达成一致。在下文的高垒 v. 中国戏剧出版社案和谢丽君 v. 慈溪中兴网络信息广告有限公司案中,法院的意见就说明了这一点。在高垒案中,法院认为被告丢失手稿导致权利无法行使,所以认定侵害包括发表权在内的一系列权利。如果将发表权等视为一种消极的权利,法院这一结论就难以理解。在谢丽君案中,法院似乎持不同的立场,认为他人没有必要为作者行使发表作品创造积极的条件。对比高垒案和谢丽君案,你觉得这两个法院的判决能够互相协调吗?

---

① 郑成思:《版权法(修订版)》,中国人民大学出版社1997年第2版,第138页。
② 李明德、许超:《著作权法》,法律出版社2003年版,第75页。
③ 李明德、管育鹰、唐广良:《〈著作权法〉专家建议稿说明》,法律出版社2012年版,第62页。
④ 陶鑫良、单晓光主编:《知识产权法纵论》,知识产权出版社2004年版,第128页。

高垒 v. 戏剧出版社

北京市海淀区法院(2004)海民初字第19271号

2004年2月,高垒与戏剧出版社发行部主任付春接洽,商谈将自己所写的《大话日本动漫史》投给戏剧出版社,由该社出版发行。付春要求高垒将稿件拿来由出版社审阅,高垒遂于2004年2月初将《大话日本动漫史》(上部)(以下简称动漫史上部)手写稿在电脑上录入,并将载有动漫史上部的软盘交给付春,付春未给高垒打收条。动漫史上部的字数为12万字左右。后高垒又与戏剧出版社社长助理刘冉联系,刘冉让高垒对稿件进行整理,压缩和修改个别章节,并提出要《大话日本动漫史》(下部)(以下简称动漫史下部)稿件的要求。2004年2月19日,高垒在戏剧出版社内将动漫史下部稿件交给刘冉,刘冉为高垒出具收条1张,写明:"收到《大话日本动漫史》下。"2004年5、6月份间,刘冉告知高垒稿件丢失……

庭审中,戏剧出版社出示了动漫史上部的电子版,并表示可以将其拷贝给高垒。双方当事人均认可丢失的仅为动漫史下部稿件,高垒交付戏剧出版社的动漫史上部是电子版,但对于高垒交付戏剧出版社的动漫史下部是手写稿件还是电子版稿件,双方各执一词。高垒称动漫史下部为手写稿件,自己处没有备份,且称付春和刘冉都知道该情况。高垒在刘冉的要求下打印动漫史上部并交软盘,但因刘冉要动漫史下部的时间太紧,高垒来不及录入电脑,就交给刘冉唯一的手稿,并让刘冉打了收条。戏剧出版社称丢失动漫史下部并非唯一手稿,高垒交付的动漫史上部和下部均为电子版。庭审中,高垒向法院出示了动漫史上部的手写稿件,经法庭现场勘验,该手稿为钢笔手写。戏剧出版社对动漫史上部手稿的真实性没有异议。对于书稿的字数,高垒称动漫史上部的字数为12万字左右,动漫史下部因为是写作重点,字数为21万字,但戏剧出版社认为动漫史上部字数为12万字左右,动漫史下部字数为95000字左右。双方当事人均未对此提交相应的证据加以证明。

[本院认为,]关于高垒交付动漫史下部是唯一的手写稿件还是电子版,双方当事人各执一词。本院认为,高垒将动漫史上部电子版交给付春时,未要求付春出具收条,而将动漫史下部稿件交付刘冉时,特别要求刘冉出具了收条。根据生活常识,对于电子版或者复印件,一般大家认为还有其他备份而不必出具收条,但对于唯一的手写稿件,当事人出于慎重的考虑,一般会要求收取者出具收条。同时,高垒向法庭出示了动漫史上部的手写稿件,其关于在出版社要求下交付动漫史上部电子版,但因时间紧没有来得及录入就交了动漫史下部手写稿件的说法,具有一定合理性。戏剧出版社应承担证明高垒交付的动漫史下部稿件为电子版的举证责任,但其未向本院提供充分的证据加以证明。综合以上方面的考虑,本院认为,高垒向刘冉交付的动漫史下部系手稿而非电子版,而且刘冉知道该手稿是唯一的、没有备份的,才给高垒出具了收条。

关于动漫史下部的字数,双方亦各执一词,但均未向本院提供相关的证据加以证明。本院考虑动漫史上部和下部是按照时间顺序写的,每部差不多描述一半时间段的日本动漫发展史,以及实践中一本书的上部和下部字数基本相同的情况,认定动漫史下部字数为 12 万字。

在出版关系中,为了保证出版活动的顺利进行,作者在转移其依法享有的著作权中的作品复制权的同时,有时需要将书稿暂时转移给出版社。书稿作为作品的物质载体,除非作者明确表示放弃其原件所有权,作者仍是作品书稿的所有权人。1992 年 9 月 13 日新闻出版署、国家档案局发布的《出版社书稿档案管理办法》第 2 条规定,书稿档案是图书编辑出版过程的历史记录,是国家档案的组成部分。第 5 条规定,书稿档案的立卷归档文件、材料包括"著(译、画)作原稿或复制件(原稿退还作者后应有原稿退还签收单)"。第 9 条规定,作品出版以后原稿(手迹)归作者所有,除双方合同约定外,一般原稿保存二三年后,退还作者,并办理清退手续。原稿退还签收单应归档。可见出版社应负有妥善保管作者原稿的义务,且由于原稿灭失可能导致相关书稿不能出版,这一义务事关重大。虽然高垒与戏剧出版社尚未签订书面的出版合同,但基于诚实信用原则的要求,戏剧出版社仍负有妥善保管高垒交付的原稿的义务。

戏剧出版社未尽妥善保管义务,致使高垒的动漫史下部手写稿件原稿在出版前被刘冉丢失,高垒作品所依附的物质载体部分灭失。由于著作权的客体——作品是具有独创性并能以某种有形形式复制的智力创作成果,故著作权的成立和行使在作品出版前,完全有赖于作品的有形存在。若作品在出版前原稿灭失,就会使得本来可以依法享有并使用的著作权不复存在或在实现方面遭遇较大的困难。戏剧出版社丢失书稿的行为,不仅侵犯了高垒对原稿的财产所有权,也侵犯了高垒本来有可能顺利实现,并给其带来收益的著作权,包括发表权、署名权等人身权以及使用权和获得报酬权等财产权,戏剧出版社对此应承担相应的责任。戏剧出版社同意退还动漫上部电子版,高垒表示同意,本院对此不持异议。因戏剧出版社的行为侵害了高垒的发表权、署名权等著作人身权,故对高垒要求戏剧出版社赔礼道歉的诉讼请求,本院予以支持。高垒要求戏剧出版社赔偿经济损失 25 万元和精神损失 5 万元,没有提供充分的事实和法律依据。本院考虑戏剧出版社丢失动漫史下部稿件的字数、该丢失稿件重新写作的可能性和难易程度、该种书籍的稿酬标准以及出版发行的前景,并考虑高垒补救该稿件今后出版的较大可能性,将高垒的经济损失酌定为 19200 元。对于高垒的精神损失,考虑戏剧出版社丢失书稿行为的性质、其后不断拖延的情节以及对高垒造成的精神痛苦的程度,本院酌定为 3000 元。

(宋鱼水、李颖、涂强法官)

谢丽君 v. 慈溪中兴网络信息广告有限公司

浙江省慈溪市法院(2007)慈民二初字第 1005 号

原告在被告所开设的慈溪论坛注册用户"美好"并多次发帖。由于所发的帖子经常被删除甚至被禁言,原告于是重新注册,用户名也从"美好"注册为"美好"后加 N 个"1"。原告注册"美好 11111"后,所发帖子又被删除,根据原告陈述,其中一篇名为《论理篇:法和道德》的帖子主要阐述法与道德的关系,另一篇名为《看山东卫视天下故事之婚姻内外(上)(下)两集》的帖子则提供了山东卫视所播放的节目的链接。2007年8月3日,关注慈溪版版主徐若木发出标题为"只要我当版主,所有美好帖一律删除,不给予任何理由"的帖子,用户名"美好11111"也被禁言……

  本院认为,要判断本案被告的行为是否侵害原告的发表权和信息网络传播权,首先须界定法律对作品发表权、信息网络传播权的保护范围。根据《著作权法》第10条第1款第(一)项的规定,所谓发表权是指"决定作品是否公之于众的权利"。按照法学理论将权利归为支配权、请求权、形成权和抗辩权的分类方式,知识产权是一种支配权,即权利人可直接支配其客体,并具有排他性的权利,只是知识产权的客体并非物权客体那样均有形物,而是无形的精神产品。据此,著作权中的发表权就是权利人对作品的支配权。

  支配权的效力包括积极效力和排他效力两个层面,积极效力是直接对权利客体采取积极行为的权利,排他效力是指对于权利客体,可排斥他人行为的消极性权利。发表权作为一种支配权同样具有这两方面的效力,权利人既有权决定作品发表与否,发表于何时、何处,以及以何种方式发表,也有权排斥他人擅自发表其作品的行为。而权利人虽然有权决定作品发表与否,但不能由此推出权利人有权要求他人发表自己的作品。因为就支配权的积极效力而言,支配权人固然可以不经他人协助直接行使对物的权利,但这种积极效力涉及的仅是人与物的关系,并不能改变人与人之间的法律关系。详言之,权利人支配的客体是外部世界中的有形物或无形物,故支配行为本身并不能改变权利人与他人之间的法律关系。即使法律关系发生了变动,也一定不是基于支配权人的单方意思,而是其与他人之间的协议,比如货物的所有权人出卖货物需要与买方达成买卖协议。就支配权的消极效力而言,支配权人有权排斥他人对物的使用、处分等行为,但无权要求他人协助自己实现对物的支配意图,比如强迫他人购买自己的货物,否则,支配权人无异于可以强加自己的意思于他人,这显然违背了《民法通则》第3条和第4条关于当事人在民事活动中的地位平等,以及民事活动应当遵循自愿、公平、等价有偿、诚实信用的原则。所以,就发表权的权利范围而言,应限于支配作品和排除他人利用作品的权利,而不包括要求他人为作品的发表积极作为的权利。

  在本案中,被告针对原告的删帖和禁言行为,实质上是拒绝为原告提供网络信息存储空间的行为。原告虽然对自己的作品享有发表权,但这种权利是原告对自身作品享有的权利,无权要求他人为作品的发表积极作为,换言之,被告不负有向原告提供网络信息存储空间的法定义务,而且,被告删帖和禁言的原因是原告的帖子不符版块主题且重复发帖,其行为不违反论坛的相关规则。由于要求他人提供网络空间不属于发表权的权利范围,故被告对原告进行删帖和禁言的行为并未侵犯原告的发表权。

(方波波、史久瑜、虞卡娜法官)

  在游戏米果网络科技(上海)有限公司 v. 赖介婷等案(上海市二中院(2007)沪二中民五(知)初字第82号)中,法院正确地处理了一个同样涉及著作权权利属性的案件,对于理解手稿丢失行为在著作权法上的意义有很大帮助:

[原告是一家从事网络游戏开发的公司,聘用6名被告从事软件开发。后发生纠纷,6名被告离职。]原告主张被告罗金海拒绝工作交接并删除其工作电脑中的"RT-EngineV1"软件源代码和相关文档以及六名被告利用"木马"程序攻击原告的服务器并删除服务器中的数据,均不构成法律规定的侵犯软件著作权的行为,故原告以六名被告实施了上述行为为由,要求六名被告承担侵犯原告"RT-EngineV1"软件著作权的侵权责任,缺乏法律依据,本院不予支持。

关于手稿丢失行为,最高人民法院在《关于审理著作权民事纠纷案件具体适用法律若干问题的解释》(2002)第23条规定,"出版者将著作权人交付出版的作品丢失、毁损致使出版合同不能履行的,依据著作权法第五十三条①、民法通则第一百一十七条②以及合同法第一百二十二条③的规定追究出版者的民事责任。"最高人民法院暗示权利人可以追究出版社违约责任,也可以主张侵权责任。不过,如果是侵权责任,应该是侵害手稿的物权,而不是著作权。在差不多同期的沈金钊 v. 上海远东出版社案中,最高人民法院有更具体的解释:"书稿是作品的载体,不完全等同于作品本身。书稿本身被损害,也不完全等同于该作品的著作权受到侵害。书稿的丢失,对权利人在证明著作权的享有、行使著作权等方面固然产生一定的不利影响,但一般不构成著作权法规定的侵犯著作权的行为。上海远东出版社在履行出版合同过程中将你的书稿丢失,造成履约不能,应当承担违约责任;其将书稿丢失,亦侵犯了你作为特殊物'书稿'的所有权,应当承担一定的民事责任。因此,原审判决认定出版社丢失书稿损害了你的合法权益,并根据合同约定以及你在创作作品中所付出的劳动、作品类型、市场需求等综合因素,依法所作的由上海远东出版社赔偿你一定数额经济损失的判决是合理的。"④

重庆高院《关于确定知识产权侵权损害赔偿数额若干问题的指导意见》(2007)关于手稿丢失的损害赔偿问题有如下指导规则:

第27条 因丢失作品原件而引发的纠纷,权利人以财产所有权被侵犯提起诉讼的,除应赔偿权利人的直接财产损失外,还应当将权利人因著作权无法行使而可能受到的损失计算在赔偿范围内,并适当考虑权利人所受到的精神损害。

第28条 "权利人因著作权无法行使而可能遭受的损失"可以综合考虑下列因素,比照权利人正常行使著作权时可能获得的利益进行计算:

(1) 作品所反映的内容能否再现、再现的难度;
(2) 权利人为创作作品所付出的智力劳动和作品的独创性;

---

① 《著作权法》(2010)第54条:当事人不履行合同义务或者履行合同义务不符合约定条件的,应当依照《中华人民共和国民法通则》《中华人民共和国合同法》等有关法律规定承担民事责任。

② 《民法通则》(1986)第117条:侵占国家的、集体的财产或者他人财产的,应当返还财产,不能返还财产的,应当折价赔偿。损坏国家的、集体的财产或者他人财产的,应当恢复原状或者折价赔偿。受害人因此遭受其他重大损失的,侵权人并应当赔偿损失。

③ 《合同法》(1999)第122条:因当事人一方的违约行为,侵害对方人身、财产权益的,受损害方有权选择依照本法要求其承担违约责任或者依照其他法律要求其承担侵权责任。

④ 沈金钊 v. 上海远东出版社,最高法院(2000)知监字第37号驳回再审申请通知书。

(3) 作者在相关创作领域的成就和地位；
(4) 作者同类作品的使用付费情况等。

重庆高院所阐述的损害计算规则究竟是手稿物权损害赔偿规则还是知识产权损害赔偿规则？法院需要将这一问题梳理清楚吗？

尽管发表权被视为人身权，著作权法在保护期上还是将它和其他人身权区别开来。"作者的署名权、修改权、保护作品完整权的保护期不受限制。"①而发表权和著作财产权的保护期限一致：自然人作品的发表权保护期为"作者终生及其死亡后50年，截止于作者死亡后第50年的12月31日"。职务作品、电影作品、摄影作品等，保护期50年，截止于作品首次发表后第50年的12月31日。如果该作品自创作完成后50年内未发表的，不再保护。②

3 署名权

依据《著作权法》(2010)第10条第1款第(二)项，"署名权，即表明作者身份，在作品上署名的权利"。按照学理上的解释，署名权包括是否署名和如何署名两方面的内容。作者可以在自己的作品上署真名，也可以署假名、笔名，或者不署名。

3.1 "在作品上署名"

从《著作权法》第10条的条文看，署名权是否仅限于"在作品上署名"的权利？或者说，在不涉及作品本身的场合，是否也会侵犯署名权呢？在下面的江碧波 v. 四川美术学院案中，就涉及这一问题。但是，法院并没有正面回答。在吴嘉振 v. 温州晚报社案中③，法院认为报社在刊发原告的城市雕塑《绿》的照片时，将《绿》作品的著作权人报道成朱湘君及其老师，侵害了原告对其作品享有的署名权。

江碧波 v. 四川美术学院

重庆市一中院(2001)渝一中民初字第342号

[2000年10月21日，四川美术学院召开建院60周年庆祝大会，院长罗中立在会上发表了题为《改革创新、继往开来、同心同德、再创辉煌》的讲话，在谈到该院建院60年来的成果时罗中立称"雕塑作品覆盖全国，代表作有叶毓山等创作的《歌乐山烈士纪念碑》及壁画……"。原告江碧波诉称，院长罗中立主持的公开演讲严重侵害了原告的《歌乐山烈士群雕》著作人身权。一方面篡改了原告作品的名称，误称"歌乐山烈士纪念碑"；另一方面侵害了原告艺术作的作者身份权。]

被告四川美术学院召开建校60周年校庆时，院长罗中立在讲话中谈到该校60年来的作品成果时称："雕塑制品覆盖全国，代表作有叶毓山等创作的'歌乐山烈士纪念

---

① 《著作权法》(2010)第20条。
② 《著作权法》(2010)第21条。
③ 童兆洪主编：《知识产权判案评述》，人民法院出版社2003年版，第272—281页。

碑'及壁画'歌乐忠魂'、重庆长江大桥组雕'春、夏、秋、冬'……"等,在这里叶毓山只是创作了优秀作品的一位代表人物,"歌乐山烈士纪念碑""歌乐忠魂"等也只是优秀作品的代表,且罗中立提到的代表作叶毓山也并非全部都参加了创作。罗中立在讲话中叶毓山后加上了"等"字,故本院认为罗中立的这一段讲话是包含了叶毓山、江碧波以及创作"春、夏、秋、冬""红军长征纪念碑""吉祥彩练""峡江百年情思"等作品的所有作者。被告的行为以及由被告供稿的"风华六十载、锐意谱新章"一文,并未侵犯原告江碧波在其作品上署名的权利。

(段理华、黄虹、张仁辉法官)

对照下面的两个案例中法院的意见:

"彭万廷、刘君励曾发表文章称《土里巴人》是宜昌市歌舞剧团创作的。陈民洪认为彭、刘二人的行为歪曲了事实,侵害了其名誉权。彭万廷、刘君励认为,其所写文章属新闻评论,不构成侵权。本院认为,彭万廷、刘君励的行为不构成侵权。其一,从彭、刘二人发表文章整体上看,并未对陈民洪的名誉故意毁损或进行严重失实地评论。其二,该文章中称'由宜昌市歌舞剧团创作的《土里巴人》'依据的是文化部颁发的文华大奖证书中的用语。二人并无侵权的故意或过失。其三,从整篇文章的内容看,主要是对宜昌市歌舞剧团的表演进行的评论,称'宜昌市歌舞剧团创作的《土里巴人》'是指宜昌市歌舞团对该剧的表演。尽管这种用语并不恰当,但不构成对著作权人名誉权的侵犯。"[1]

"安置在北京皇城根遗址公园的城市雕塑《金石图》没有设置作者署名,公众只有通过各种媒体对作品图片的刊载及相关报道才有可能了解到作品的创作者。被告仲马在向《北京晚报》提供雕塑作品图片时,有意删除另一作者的署名,误导公众认为《金石图》是其独立创作的作品,这将对胡彦林产生负面影响。被告仲马的上述行为严重侵害了胡彦林对作品享有的署名权。"[2]

思考问题:

上述各项判决是否可以相互协调?究竟是依据署名权还是名誉权来处理此类案件?

3.2 署名方式

在署名权争议案例中,参与创作的数位作者可能会对作品上署名顺序发生争议。比如,贡献大的作者可能要求署名时排在前面,或者以比较醒目的方式署名。依据《著作权法》第10条,所谓"署名权,即表明作者身份,在作品上署名的权利"。条文字面没有直接确认署名顺序上的利益受到署名权的保护。

---

[1] 陈民洪 v. 彭万廷、刘君励,湖北省高院(1999)鄂民终字第44号。
[2] 胡彦林 v. 北京日报报业集团等,北京市二中院(2006)二中民初字第8234号。

周桓 v. 董维贤及湖南文艺出版社①

1984年董维贤与湖南文艺出版社商定,拟编辑出版一套反映著名戏剧表演艺术家生平的《艺海春秋丛书》,由董维贤担任主编,负责组织作者撰写并审稿。1985年8月,经董维贤安排,周桓与张岚方(叶盛兰的亲授弟子)合作撰写京剧表演艺术家叶盛兰传记,由张岚方口述叶盛兰的生平事迹,提供部分写作资料,周桓执笔写作。

1986年底,湖南文艺出版社在刊登《叶盛兰》一书的新书预告时,按原稿上的作者顺序列为:周桓、张岚方。但在该书正式出版前,董维贤未与周、张二人协商,即通知湖南文艺出版社将作者顺序更改为:张岚方、周桓。1987年4月,该书经湖南文艺出版社正式出版发行,作者署名顺序为:张岚方、周桓。

为此,周桓于1987年7月以董维贤擅自更改作者署名顺序,侵害其著作权为理由,向北京市东城区人民法院提起诉讼……董维贤辩称:《叶盛兰》一书,主要是靠叶盛兰亲授弟子张岚方提供的叶盛兰的生平事迹编写的,张岚方本应是该书的第一作者,故不同意周桓的诉讼请求。经调解,双方于1987年10月达成协议,停止《叶盛兰》一书的发行。此后,湖南文艺出版社在不知该调解协议的情况下继续发行《叶盛兰》一书,故周桓于1988年7月持原诉请求再行起诉。原审法院依审判监督程序对此案提起再审,并追加湖南文艺出版社为共同被告,追加张岚方为第三人。湖南文艺出版社辩称:董维贤系《叶盛兰》一书的主编,有关作者的署名顺序由董维贤决定,出版社不承担任何责任。

北京市东城区人民法院经再审认为,董维贤擅自更改《叶盛兰》一书的作者署名顺序,已构成对周桓著作权的侵害。《叶盛兰》一书虽由周桓、张岚方合著,但该书由周桓独立构思,并直接创作,周桓的工作是主要的,周桓理应为第一作者。董维贤擅自改变署名顺序,其行为侵害了周桓的著作权。对此,董维贤应承担主要责任;湖南文艺出版社出版发行该书前,未直接征询作者意见,以张岚方、周桓的顺序署名,出版发行了该书,其做法亦欠妥当,应当承担相应的责任……判决后,董维贤不服,仍持原诉意见,上诉于北京市中级人民法院。

北京市中级人民法院经审理认为:公民的著作权受法律保护。《叶盛兰》一书系周桓、张岚方之合著作品,双方均享有署名权。董维贤在未征求作者意见的情况下,擅自通知湖南文艺出版社更改作者署名顺序的做法,是不妥的,应予批评。但周桓认为董维贤的行为已侵犯其著作权,要求董维贤承担侵权的民事责任,缺乏法律根据,本院不予支持。

思考问题:

一审和二审法院对署名顺序是否受法院干预,有不同的态度。法院事实上很难知道究竟谁应该署名第一。这一事实本身是否意味着法院应避免介入纠纷?如果法院

---

① 程永顺:《知识产权裁判文集(第一卷)》,科学出版社2003年版,第110—111页。

拒绝提供救济,当事人会采取什么措施保护自己的合法权益?

最高人民法院《关于审理著作权民事纠纷案件具体适用法律若干问题的解释》(2002)第11条:"因作品署名顺序发生的纠纷,人民法院按照下列原则处理:有约定的按约定确定署名顺序;没有约定的,可以按照创作作品付出的劳动、作品排列、作者姓氏笔划等确定署名顺序。"在署名顺序问题上,法院进行干预,有一定的难度,尤其是在按照创作贡献大小排序时。法院必须具体比较各方的贡献大小,同时还可能要考虑该领域的署名习惯,比如资深者可能署名优先、宏观组织者可能优先等等,然后确定排名顺序。显然,这里有很大的不确定性。不过,考虑到相关领域对于排名顺序的强调,必要的司法干预可能是可以接受的。这时,可以将"表明作者身份"理解为含有"表明作者顺序"的内容,从而为司法救济铺平道路。

杨倩 v. 刘晓宏等

上海市高院(2009)沪高民三(知)终字第131号

[原告杨倩和被告刘晓宏合意翻译《随机边界分析》一书,出版时署名"刘晓宏、杨倩/译"。原告对署名顺序提出异议。原审被告刘晓宏及其学生完成了译稿第一稿(译稿一)。原告杨倩对第一稿进行了修改,完成译稿二。]鉴定结论认为:1. 译稿二对译稿一进行了修改,并统一了全稿的专业术语和行文风格,实质性修改比例约为53%,非实质性修改比例约为22%,译稿二和译稿一对应内容基本一致的部分约为25%(上述实质性修改包括:对专业术语的修改、意思完全不同的本质性修改、对漏译的补译。上述非实质性修改包括:文字的润色、意思相同但表述不同、标点符号的修改);2. 清样稿对译稿二在翻译的层面上没有实质性改动……

[一审法院认为,]本案中,虽然原告对被告在涉案翻译作品上确定的署名顺序有异议,但事实上被告已将原告的真实姓名客观地署在了涉案翻译作品上,表明了原告系涉案翻译作品的作者之一的身份。鉴于被告已将原告的真实姓名署在涉案翻译作品上,因此,被告的行为没有侵犯原告对涉案翻译作品所享有的署名权……[但是,法院认为署名顺序没有反映双方贡献,予以调整。]被告确定的"刘晓宏、杨倩/译"的署名顺序,不符合"按照创作作品付出的劳动"确定署名顺序的原则。由于原、被告双方对涉案翻译作品的作者署名顺序没有约定,因此,法院将"按照创作作品付出的劳动"确定署名顺序的原则,确定原、被告双方在涉案翻译作品中的作者署名顺序为:原告在先,被告在后。[二审法院]驳回上诉,维持原判。 **(钱光文、于金龙、李澜法官)**

思考问题:

署名顺序纠纷,究竟是不是署名权侵权纠纷?从上述鉴定结论看,你觉得有办法判断谁的贡献最大吗?数字本身能说明问题?

张旭龙 v. 人民美术出版社

北京市高院(2003)高民终字第 1006 号

张旭龙系专业人像摄影师,其曾为案外人模特汤加丽拍摄了 20 余组人体艺术照片,并拥有上述摄影作品的著作权。2002 年 7 月 9 日,张旭龙为汤加丽出具了一份《授权书》,内容是:"我授权将我与汤加丽合作拍摄的照片用于她个人写真集的出版、发行及展览。"

……

2002 年 9 月,人民美术出版社出版、发行了《汤加丽写真》一书。该书收录了汤加丽的个人简介,陈醉作的序,汤加丽撰写的文章——《美丽的女人无处不在》以及 144 幅摄影图片,其中张旭龙享有著作权的摄影图片 136 幅(三幅系重复使用)……图书在版编目(CIP)数据和版权页均显示"汤加丽著",封面内侧折页标明摄影为张旭龙,封底内侧折页载有摄影者张旭龙的简介……

本院认为:汇编若干作品、作品的片段或者不构成作品的数据或者其他材料,对其内容的选择或者编排体现独创性的作品,为汇编作品,其著作权由汇编人享有,但行使著作权时,不得侵犯原作品的著作权。汤加丽经张旭龙授权在其汇编作品《汤加丽写真》一书使用了张旭龙摄影并享有著作权的 136 幅摄影作品(重复使用三幅),该书的著作权由汤加丽享有,故汤加丽依法享有署名权。

《汤加丽写真》一书已在封面内侧折页标明摄影为张旭龙,且在封底内侧折页载有摄影者张旭龙的简介,张旭龙作为《汤加丽写真》一书摄影作者的身份已得到体现。虽然汤加丽在《汤加丽写真》一书中以"汤加丽著"署名未明示其汇编人的身份,但原审法院据此认定人民美术出版社侵犯了张旭龙的署名权,并判令其承担民事责任是错误的,本院在此予以纠正。

(陈锦川、胡平、张冬梅法官)

思考问题:

法院究竟应如何判断特定的署名方式是否合适?

3.3 假冒署名

在中国著作权法上,署名权不仅仅保证作者可以在自己的作品上自由署名,而且作者可以阻止他人在第三方的作品上假冒作者的署名。《著作权法》(2010)第 48 条规定了一系列侵权行为,其中第 8 项是"制作、出售假冒他人署名的作品"的行为。① 将假冒署名问题视为著作权法署名权问题,理论上有较大的争议。下面的吴冠中诉上海朵云轩案就反映了这一争议。最高人民法院在答复意见中认为被告实施了当时 1990 年《著作权法》第 46 条第(7)项"制作、出售假冒他人署名的美术作品的"行为,构成对吴冠中著作权的侵害。

---

① 在《著作权法》2001 年修订之前,该项仅限于假冒他人署名的美术作品。

吴冠中 v. 上海朵云轩

上海市高院(1995)沪高民终(知)字第 48 号

原审法院查明:上海朵云轩和香港永成古玩拍卖有限公司两被告事先约定,拟于 1993 年秋季在香港联合主办"近代中国书画拍卖会",在印制成的《图录》中有编号第 231 号署名吴冠中的载有"炮打司令部"字样的《毛泽东肖像》画一幅。吴冠中获悉后,认为此画不是其所画,是假冒其署名的伪作,便委托他人制止。两被告认为该画他人不可能作伪。同年 10 月 27 日,两被告联合主办的拍卖会在香港如期举行,该作品以 52.8 万港币拍卖成交。原审法院认为:被告上海朵云轩、香港永成古玩拍卖有限公司不听劝阻,执意联合拍卖假冒吴冠中署名的美术作品《毛泽东肖像》的行为,违反了我国《著作权法》的有关规定,共同严重侵犯原告吴冠中的著作权,造成其物质和精神损害,应承担停止侵害、消除影响、公开赔礼道歉、赔偿损失的连带民事责任……

[上海朵云轩不服,提出上诉。]

1994 年 6 月 5 日,中华人民共和国公安部根据吴冠中所在单位中央工艺美术学院的要求,对《图录》中《毛泽东肖像》一画的署名字迹是否吴冠中亲笔所写作出"刑事科学鉴定书",结论为"送检的上海朵云轩与香港永成古玩拍卖有限公司联合拍卖目录中第 231 号署名吴冠中的《毛泽东肖像》画上书写'吴冠中画于工艺美院一九六六(重复字)年'字迹,不是吴冠中亲笔所写"。

……

本院认为:公民的署名权受到法律保护,同时,法律禁止制作、出售假冒他人署名的美术作品。根据现有证据证明,本案系争的《毛泽东肖像》画,落款非吴冠中署名。是一幅假冒吴冠中署名的美术作品。"朵云轩"与"香港永成"在依协议联合主办的拍卖活动中公开拍卖了假冒吴冠中亲笔署名的美术作品,共同构成了对吴冠中著作权的侵害。因侵权行为人之一"朵云轩"在大陆;拍卖行为包括书画征集、编印发行《图录》、拍卖清账等系列行为,载有系争作品的《图录》部分流入上海,上海系本案侵权行为地之一。因此,对于本案适用中华人民共和国有关法律是完全正确的。"朵云轩""香港永成"有关辩称"本案应适用香港法律"是没有根据的。另外,"朵云轩"、"香港永成"不听有关方面劝阻,执意拍卖属于严重的侵权行为,应当按照《中华人民共和国著作权法》及有关法律的规定,承担停止侵害、赔礼道歉、消除影响及赔偿损失的民事责任。一审法院对本案事实认定清楚,法律适用正确。但鉴于系争作品是由"香港永成"直接接受委托,"朵云轩"曾数次转达有关方面及作者的意见等事实,"香港永成"对本案的侵权行为负有主要责任,"朵云轩"系拍卖联合主办单位之一,也应有责任,并相互承担连带责任。

(吕国强、陈子龙、邓思聪法官)

附：

最高人民法院关于吴冠中诉上海朵云轩、香港永成古玩拍卖有权公司著作权纠纷案的函(1995年7月6日)

上海市高级人民法院：

你院1995年3月27日关于吴冠中诉上海朵云轩、香港永成古玩拍卖有限公司著作权纠纷案的请示报告收悉。经研究，我们认为：上海朵云轩、香港永成古玩拍卖有限公司不听劝阻，执意拍卖假冒他人署名美术作品的行为，属于严重的侵权行为，应当按照《中华人民共和国著作权法》第46条第(七)项及其他有关法律规定予以严肃处理……

夏丽君法官在评论此案时指出：

> 制作、销售、假冒他人署名的美术作品，既侵害了《民法通则》所保护的姓名权，也违背了《著作权法》的规定，属于法学理论中法条竞合的情况，这种情况，受害者可以选择对自己有利的一种诉因提起诉讼。本案中，吴冠中以两被告侵犯其著作权为由，向法院提起诉讼，人民法院应予以支持。此外，日本等世界上一些国家对此种假冒名家署名的美术作品行为，也是以侵犯著作权处理，对受害者的权利利用著作权法加以保护。从我国《著作权法》的立法意图来看，是以特别法的形式，加大了对美术作品的市场管理合对画家姓名权的保护，加大了对制作、销售假冒他人署名的美术作品行为的打击力度。①

在下面的王跃文案中，同样有假冒署名的问题。假冒者将自己的姓名改成与知名作家相同的姓名，然后在假冒者自己"创作"的作品上署上该姓名，从而引起混淆。法院支持了原告的不正当竞争的请求，却否认了著作权侵权主张。

王跃文 v. 叶国军、王跃文等

湖南省长沙中院(2004)长中民三初字第221号
最高人民法院公报案例(2005年第10期)

原告王跃文系国家一级作家，以官场小说见长，在全国范围内享有较高知名度，其1999年创作的代表作《国画》更是被"中华读书网"称为十大经典反腐小说。

2004年6月，原告王跃文在被告叶国军经营的叶洋书社处购买了长篇小说《国风》，封面标注作者为"王跃文"。在封三下方(浓墨书写的国风二字的下部)以小字体标明作者简介"王跃文，男，38岁，河北遵化人氏，职业作家，发表作品近百万字，小说因触及敏感问题在全国引起较大争议"。该书定价25元，由华龄出版社出版，由中元公司负责发行事宜。该书发行商给书商配发了《国风》大幅广告宣传彩页，彩页用黑

---

① 最高人民法院民事审判第三庭：《最高人民法院知识产权判例评解》，知识产权出版社2001年版，第402页。

色字体写明"王跃文最新长篇小说""《国画》之后看《国风》""华龄出版社隆重推出""风行全国的第一畅销小说"。

另查明,被告王跃文原名王立山,2004年改名为王跃文。在《国风》一书出版前,未发表任何文字作品……

庭审中,各方当事人争议的焦点集中在以下两方面:

焦点一,本案各被告的行为是否构成对原告的不正当竞争。原告王跃文认为,其作为职业作家,以创作小说作为主要生活来源,属于市场主体;各被告的行为已构成对原告的不正当竞争;各被告则认为,被告王跃文以本名创作小说,且标明了系"河北遵化人氏",原告王跃文不是《反不正当竞争法》界定的经营者范畴,各被告的行为不构成不正当竞争。

关于焦点一,本院认为各被告是否构成对原告的不正当竞争,涉及两方面:

第一,作家是否属于《反不正当竞争法》调整的主体。

我国现行《反不正当竞争法》规定:"经营者是指从事商品经营或者营利性服务(以下所称商品包括服务)的法人、其他经济组织和个人。"对于该法条的理解,应结合该法的立法目的进行。该法第1条开宗明义"为保障社会主义市场经济健康发展,鼓励和保护公平竞争,制止不正当竞争行为,保护经营者和消费者的合法权益,制定本法"。因此,现行法律并未将经营者的范畴限定在传统意义上的商品经营者或营利性服务提供者上,《反不正当竞争法》的立法目的在于维护竞争秩序,即存在竞争的商业化市场都是该法调整范畴。现阶段,我国除了传统的商品流通市场外,还形成了文化市场、技术市场等新兴市场。在这些市场关系中,竞争仍是市场自我调整的基本方式,这些市场主体的行为符合市场经营的一般条件,应当适用《反不正当竞争法》调整其竞争关系。对作家这一创作群体而言,未进入流通领域的作品尚不是商品。商品是用于交换的劳动产品,作家通过出售作品的出版发行权等途径而换取交换价值,这种交换就是对其作品的经营,此时的作品即商品,作家的经济利益产生于在这种交换之中。作为文化市场的商品经营者,作家符合《反不正当竞争法》对竞争主体的要求。

本案中,原告王跃文是职业作家,以创作并发表作品为其获取经济收益的主要方式;被告王跃文亦自陈是作家;被告华龄出版社是专业出版机构,以经营图书等文化产品为主业;被告叶国军是经营图书销售的个体工商户;被告中元公司是图书《国风》的发行人。上述主体在文化市场中,能以自己的行为影响文化市场的竞争结果,属于《反不正当竞争法》调整的主体,各被告关于原告不是经营者,不属于《反不正当竞争法》调整的辩论意见,不予采信。

第二,各被告的行为是否构成对原告的不正当竞争。

消费者面临作品的选择时,作品的题材和作者是其要考虑的主要因素。作为文化市场的经营者,作家通过署名的方式使自己的名字传播,并使之成为消费者选择作品的标识之一,这种标识作用可以指引其作出消费选择。作家署名的这种标识功能,使其具备被他人借鉴、仿冒、攀附或淡化的可能性,故其有权要求禁止他人实施上述不正当竞争的行为。

本案中,原告王跃文创作了以《国画》为代表作的系列官场题材小说并在作品上以本名署名。该署名直接指向原告本人,明示作品的提供者身份;该署名在新作品上,能使人产生与原告创作的《国画》等优秀作品相关的联想;同样,原告由于其先前的创作行为而享有盛誉,其署名作品也因此较为容易被消费者接受,有益于提高新作品的市场认同度。原告王跃文姓名的商业标识作用,应予认可。

因此,本院对各被告的行为定性如下:

……

对于被告王跃文:在没有发表过作品的情况下,其在自书简介中,作出自己"已发表作品近百万字,并触及敏感问题,在全国引起较大争议"的虚假宣传,与其改名行为相联系,使人产生其作品与原告王跃文相关之联想,借鉴原告已具有的市场号召力,使消费者在两个王跃文之间产生混淆。

对于被告中元公司:该司明知被告王跃文与原告不存在任何关系,而在其制作的广告宣传资料中突出使用王跃文名字,并使用"《国画》之后看《国风》""风行全国的第一畅销小说"等词句,使人将"王跃文""《国风》""畅销小说"等关键词与原告及畅销小说《国画》联系起来,由此混淆作品的来源。

对于被告华龄出版社:该社作为专业出版机构,应当对稿件进行审查,即对出版行为的授权、稿件来源、作者身份以及出版物等内容履行全面合理的审慎义务。本案中,该社在明知被告王跃文与原告同名的情况下,未对被告王跃文书写的自我介绍材料的内容予以审查,导致具有虚假信息并能引人误解的内容发表,使本应成为消费者甄别不同作者的"作者简介"信息未起到应有作用;该社虽将发行《国风》一书的有关事项委托中元公司办理,但该社未对发行工作进行必要的监督,使标有该社名称的宣传资料流入市场,该社对客观上造成的混淆具有主观过错,应承担相应的责任。

因此,被告王跃文、中元公司、华龄出版社的行为违反诚实信用原则,构成对原告的不正当竞争,其不构成不正当竞争的意见,不予采信。

焦点二,各被告的行为是否侵犯了原告的著作权。原告王跃文认为,被告王跃文文化程度较低,且从事煤炭生意,不具备创作长篇小说的能力,因此《国风》不是被告王跃文本人创作,而是被告王跃文恶意将其本名"王立山"更改为王跃文,并与其他被告共同实施的假冒原告署名的行为,构成对著作权署名权的侵害。被告王跃文、中元公司、华龄出版社认为被告王跃文为中元公司的签约作家,有在自己的《国风》作品上署名的合法权利,其行为均不构成侵犯原告著作权的行为。被告叶国军认为自己经营《国风》的行为,符合法律规定,不构成侵权。

本院认为,被告王跃文虽然在原告王跃文成名后改名为王跃文,但其改名行为并不违反法律规定,被告王跃文依法享有自己的姓名权,但公民在行使自己权利时,不得侵害他人的合法权利,故其使用姓名的方式不得与他人在特定领域已具有的标识作用相冲突。虽然被告王跃文、中元公司及华龄出版社共同构成对原告署名在文化市场已具有的标识利益的侵犯,但该侵权并不必然构成著作权法意义上的假冒。公民从事的职业与文化背景并不影响其独立创作作品,原告又不能举证证明各被告假冒的事实,故本院采信各被告关于其行为不构成著作权侵权的辩论意见。

(丁建平、余晖、杨凤云法官)

思考问题:

(1) 本案与吴冠中案的明显差别是,假冒者自己更改了姓名,从表面上看,作品上的署名是假冒者的"合法姓名"。这一差别就应导致《著作权法》(2001)第47条第8项不适用吗?

(2) 是否侵害他人姓名权,与侵权人自己叫什么名字,有关系吗?

(3) 依据《民法通则》,可以使用自己的姓名,而依据《反不正当竞争法》却不能。这没有矛盾吗?

对于制售假冒署名作品的条款,韦之教授有如下评论:"假冒他人署名的实质不在于冒用他人的姓名,而在于通过冒用他人姓名(通常还同时仿制他人作品题材、风格)来达到混淆原作的目的。因而这种行为侵害的客体不仅仅是作者的姓名本身,而且在一定程度上直接指向作者的特定作品,或者某个作者的作者整体,其后果既损毁了作者的声誉也危及了其作品的市场价值。故著作权法中作此规定也未尝不可。类似的条款在各国著作权法中并非罕见。"[1]郑成思教授也支持在版权法上作出规定:"由于作品均是精神创作成果,假冒名作家之名发表低劣作品,会给该作家声誉造成损害,这是典型的侵犯精神权利。如果版权法连这种行为都不加控制,那么对精神权利的保护就显得太不完整了。"[2]

其实,在《民法通则》和《侵权责任法》等法律上已经对姓名权作出规定的情况下,在著作权法上重复规定禁止假冒署名,并无必要。支持著作权法作出规定的意见大多强调假冒他人署名本质上是侵害或借用作者声誉,与普通的侵害姓名权有差异。其实,侵害姓名权的行为千差万别,如果每一次都要透过现象看本质,则不可避免地导致民事权利"类型"的无谓膨胀。比如,盗用姓名办理信用卡、入学、看电影、乘车、结婚等等,都分别指向受害人的不同利益。法律上并不需要放弃现有的姓名权规则而去创设新型的权利。在假冒署名的情形下,同样可以坚持按照侵害姓名权处理,立法者没有必要卷入无休无止的权利膨胀运动中。

最后,值得一提的是,在世界范围内,各国对于假冒他人在作品上署名的规制方法也不尽相同。比如,澳大利亚、新西兰、英国在版权法上有直接的规定;而另外一些国家则认为这是民法或商标法调整的范围。[3]

3.4 合理例外

在作品上署名,在有些时候并不符合公众的习惯。《著作权法实施条例》第19条规定:"使用他人作品的,应当指明作者姓名、作品名称;但是,当事人另有约定或者由

---

[1] 韦之:《著作权法原理》,北京大学出版社1998年版,第147页。
[2] 郑成思:《版权法(修订版)》,中国人民大学出版社1997年第2版,第143页。
[3] 同上书,第142—143页。

于作品使用方式的特性无法指明的除外。"比如，在前文提到的北京方正电子电子有限公司诉广州宝洁有限公司（北京市海淀区法院（2008）海民初字第 27047 号）案中，方正公司指控宝洁公司使用其字体是没有署名，侵犯其署名权。"法庭询问对于使用的字体来源，应在产品上如何署名，方正公司表示，可以在产品的海报和大包装上为方正公司署名。宝洁公司表示，要求用户在包装上为字体权利人署名不合理，也难以实现。"类似地，如果报纸、电视广告、网站等使用了方正公司的字体，还要署名，可能更不具备操作性了。

在刘毅 v. 广西壮族自治区南宁卷烟厂等（广西高院（2005）桂民三终字第 3 号）中，被告南宁卷烟厂征集香烟的公告语，原告刘毅以"天高几许？问真龙"应征，最终被采用。后来，双方发生纠纷，争议之一是被告在香烟广告中，没有署原告的名字。法院认为：

> 南宁卷烟厂和真龙广告公司没有侵犯刘毅对涉案作品的署名权。署名权是表明作者身份，在作品上署名的权利。真龙广告公司在媒体上公布入围获奖作品的名单时，注明了"天高几许？问真龙"的作者是桂林日报要闻部刘毅，已表明了刘毅的作者身份，没有侵犯其署名权。南宁卷烟厂使用该作品制作"真龙"香烟宣传广告时虽然没有署上刘毅的名字，但委托创作合同已约定，入围作品将由南宁卷烟厂使用于其生产的"真龙"香烟广告宣传及广告品制作等领域，而根据商业惯例，上述使用一般均不署作者之名，南宁卷烟厂在委托创作的特定目的范围内使用该作品，这种使用方式应视为已取得刘毅的默许，故南宁卷烟厂也没有侵犯刘毅的署名权。

4 修改权与保护作品完整权

4.1 修改权概述

修改权是指作者所享有的"修改或者授权他人修改作品的权利"。作者自己有权修改作品，是天经地义的事情。不过，这并不意味着他人有积极义务为作者修改作品创作条件。比如，作者对自己已出版的作品不满意，进行了修改，这时候作者应该不能基于所谓的修改权要求出版社停止发行已经制作完成的复制件。当然，再版时，在不违背当初合同目的的情况下，出版社应该还是要尊重作者的修改权。

修改权更重要的是作者授权他人修改作品的权利。换句话说，他人未经授权，不得对作品进行修改。显然，这里的关键词是"修改"。对作品的任何细节的修改，都是修改权意义上的"修改"吗？《著作权法》（2010）第 34 条第 2 款规定"报社、期刊社可以对作品作文字性修改、删节。对内容的修改，应当经作者许可"。这一规定表明，文字作品的"文字性修改或删节"并非修改权意义上的修改；对内容的修改，才算是修改权意义上的"修改"。当然，内容的修改是一个度的问题。具体案件中，必然要参考相关行业的习惯来确定哪些修改是文字性的，哪些是内容性的。

有意见认为："既然我国《著作权法》已经明确规定了保护作品完整权和改编权，

同时报刊社和出版社又有对来稿作品进行适当文字性修改的权利,创设修改权没有现实意义,是不必要的。建议在下次修订《著作权法》时予以删除。"[1]本书对这一意见持谨慎保留态度。首先,著作权法上改编权的定义不够明确,是否能够涵盖绝大多数修改行为,有很大疑问。具体讨论参见后文著作财产权一章。其次,报刊和出版社的文字修改特权更像是对修改权的个别限制,而不是普遍的取消修改权。普通公众并无此类特权,同时很多非文字作品(比如绘画、雕塑、建筑等等)不受此类特权限制。再次,保护作品完整权仅限于一些过度的修改,不能涵盖大部分修改行为。最后,修改权有重要的人身属性,不能简单以改编权替代。

在《送审稿》中,立法者从形式上删除了"修改权",但是实际上将修改权的内容并入了"保护作品完整权"——第13条规定:"保护作品完整权,即允许他人修改作品以及禁止歪曲、篡改作品的权利"。这一形式上的修改并没有解决任何问题,可以想见,在将来的司法实践中,法院依然要独立地解释何谓"修改作品"、何谓"歪曲篡改"。不仅如此,还会给版权许可实践带来难题:如果你要授权别人修改你的作品,但又不想他破坏作品完整性,你应该就什么权利对他发放许可呢?许可其行使部分"保护作品完整权"(修改)吗?

修改权应该仅仅能够控制那些以作者名义进行的修改行为,如果修改不是以作者的名义进行的,则不应受到修改权的控制。换句话说,如果修改者已经在修改后的作品上说明原作或修改后作品之间的关系,则作者只能以保护作品完整权或改编权等权利来限制该修改行为。这样能够比较清楚地界定修改权与改编权或其他演绎权之间的界限,否则很难理解演绎权有期限而修改权居然永远没有期限。

在实务中,单独主张修改权的案例很少见。大部分争议都是由于作者授权他人修改作品,但是对修改后的结果不满引起的。作者通常都主张对作品的修改导致作品被歪曲、篡改,从而侵害"保护作品完整权"。这样,大部分与修改权有关的争议,实际上是保护作品完整权的争议。有鉴于此,本书将修改权和保护作品完整权放在一起讨论。

4.2 保护作品完整权概述

保护作品完整权是指保护作品不受歪曲、篡改的权利。在大多数情况下,歪曲篡改作品都是修改作品导致的。因此,修改权通常就能够帮助作者阻止他人的歪曲、篡改行为。有学者认为:"狭义的修改权与保护作品完整权具有相同的含义,不过是一项权利的两个方面。也就是说,从正面讲,作者有权修改自己的作品,或者可以授权他人修改自己的作品。从反面讲,作者有权禁止他人篡改、歪曲、割裂自己的作品。无论是自己修改还是禁止他人修改,目的都是维护作品的完整性,维护体现在作品中的作者

---

[1] 王迁:《著作权法学》,北京大学出版社2007年版,第79页。

和思想、情感、精神和人格。"①

本书部分同意上述观点,即修改权和保护作品完整权在很多时候是互相重叠的。不过,二者似乎并不总是具有相同含义。在涉及作品的修改时,修改权控制的范围似乎更广,除了单纯的文字性修改外,所有的内容方面的修改都受到修改权的限制,不论该修改是否达到歪曲、篡改的程度。尽管法律没有明确规定,学理上一般认为对作品的修改只有达到足以损害作者声誉的时候,才会被称作歪曲、篡改,进而侵害"保护作品完整权"。

实务中,作者基于修改权授权他人修改作品时,常常并没有对修改的标准做仔细约定。如果修改后的结果出乎作者的意料(达到歪曲篡改的程度),作者可能会基于保护作品完整权拒绝该修改后作品的出版。从这一意义上讲,保护作品完整权使得作者在授权别人修改时,依然保留了修改方向上的一定程度的控制权。如果没有所谓的保护作品完整权,作者在著作权法上就很难找到直接的法律依据。作者可能只能依靠合同或者民法上的一般原则寻求救济了。有人可能会认为,将修改权定位为限制在不能歪曲篡改的范围内,就能解决这一问题。这实际上只是形式上将修改权和保护作品完整权合在一起,而不是以修改权吸收保护作品完整权。

4.3 作者和作品之间的联系

学理上,侵害保护作品完整权的前提是,歪曲或篡改行为对作者的声誉产生负面影响。② 如果不考虑修改或使用行为对作者声誉的影响,就很难把握何谓歪曲或篡改了。同时,如果一项经过授权的修改或使用行为没有对作者的声誉产生负面影响,则法律干预的正当性也就不存在。不过,在中国的著作权法上并不能直接读出这一前提。它给人的印象是强调"作品不受歪曲、篡改",而忽略了作品和作者之间的关系。

如果侵害保护作品完整权的前提是对作者的声誉有负面影响的可能性,则自然的推理是,社会公众应该能够将被歪曲、篡改的作品和作者联系起来,否则无法使得作者的声誉受损。这种联系在大多数情况下需要依靠作品上的署名来确立。也就是说,如果作品上没有署上作者的名字,即便对作品的修改和使用达到了所谓"歪曲或篡改"的程度(如果署名的话),通常也不会侵害保护作品完整权。

在下面的林奕 v. 中国新闻社案和何光民 v. 广西合诚房地产开发有限公司案中,被告都没有在作品上署上作者的名字,但是法院都认为保护作品完整权受到侵害。你觉得这两个判决都有道理吗?二者可以相互区别开来吗?

---

① 李明德、许超:《著作权法》,法律出版社 2003 年版,第 79 页。这里所谓的狭义修改权,是指不包含所谓"收回作品权"的修改权。郑成思教授也认为修改权和保护作品完整权是一个事物的两个方面。参见郑成思:《版权法(修订版)》,中国人民大学出版社 1997 年第 2 版,第 147 页。

② 李明德、许超:《著作权法》,法律出版社 2003 年版,第 79 页。

林奕 v. 中国新闻社

北京市高院

1995年3月,林奕拍摄了反映海关人员缉私风采的彩色摄影作品《跳帮》,作品画面为海关缉私警察跳跃走私船船帮实施缉私行动的情景。同年10月,该摄影作品人选浙江省台州市椒江摄影工作者协会举办的国庆摄影展览,并公开展出。后该幅作品在《走向二十一世纪的中国海关》大型画册中刊登,作品下方配有"用忠贞和正义锻造的利箭射向罪恶,使走私分子胆战心惊。图为海关海上缉私队员在'跳帮'"的文字,画册摄影者集体署名中有林奕的署名。

2000年10月7日,中国新闻社从《走向二十一世纪的中国海关》画册中,复制了林奕的上述作品,用于其编辑出版的第21期《中国新闻周刊》封面,并在照片画面中自上而下配写了"私破海关、腐败重创中国海关大门、危机中年、地盗战、娱乐圈是个什么圈"等文章标题,在照片右上方印制了一个反转倒置的中国海关关徽图案。中国新闻社将载有林奕作品的第21期《中国新闻周刊》封面与该刊物其他期刊封面组合设计,制作《中国新闻周刊》的征订广告宣传页画面,在2000年《中国新闻周刊》第22期B版21面"履历"栏目、2000年第23期A版第5页征订广告页、2001年征订广告单页和中文双月刊《商之旅》第14期第82页《中国新闻周刊》征订广告页上使用。

林奕诉称:中国新闻社未经其准许,连续擅自盗用、歪曲、篡改我的摄影作品,并以营利为目的,将前述21号总封套作为首幅,复制成征订广告宣传品广为散发。中国新闻社实施前述行为后,我受到了社会各界人士、单位领导、同事的严厉指责,他们认为我是故意投稿,恶意损毁海关形象,由此对我造成的影响至今不能消除,我的工作、生活、精神受到巨大损害。中国新闻社的行为侵犯了我的著作权,也侵犯了我的名誉权……

北京市高级人民法院经审理认为:林奕作为该摄影作品的作者,其依法享有彩色摄影作品《跳帮》的著作权。中国新闻社未经林奕许可,在其编辑出版的刊物封面上,擅自使用林奕的摄影作品,未给作者林奕署名;在明知作品的主题反映的是海关人员的英勇无畏精神的情况下,为达到自己的使用目的,却在刊物封面上配印与作品主题相反的图案和文字,突出了海关腐败的内容,这种使用严重歪曲、篡改了林奕的创作本意,而且,该刊物封面多次在其刊物广告页上刊登。中国新闻社的行为侵犯了林奕对作品所享有的署名权、保护作品完整权、使用权以及获得报酬的权利,中国新闻社理应承担侵权责任,停止侵权,向林奕公开赔礼道歉,赔偿损失。林奕关于原审判决未对中国新闻社使用林奕作品用于广告宣传。获取经济利益予以认定的上诉理由,缺乏事实依据,本院不予支持。

关于林奕请求名誉权损害赔偿一节,本院认为,中国新闻社故意对林奕作品歪曲、篡改,擅自在其公开出版物上刊登被歪曲、篡改的作品,且以广告宣传品的形式广为传播,其行为明显具有贬损他人名誉的违法性,其所传播的内容已为相关公众所知悉,足以造成相关公众对林奕社会评价的降低,致其名誉利益受损。中国新闻社应当承担侵害名誉权的相应责任。但林奕未提交证据证明其精神损害的严重后果,故其所提名誉权赔偿的上诉请求本院不予支持。林奕所受名誉权损害,可以连同其作品人身权所受到的损害以中国新闻社向其公开致歉、消除影响的方式一并予以补救。中国新闻社关于不构成侵犯名誉权的上诉理由,本院不予支持。

何光民 v. 广西合诚房地产开发有限公司

广西高院(2004)桂民三终字第 26 号

何光民是中国艺术摄影学会、广西摄影家协会会员,并享有"中国优秀摄影家"荣誉称号。何光民于2002年10月拍摄了两幅体现邕宁仙葫灵龟山秀美风光的照片《仙葫灵龟山》,其中一幅发表在《风光旖旎新邕宁》邮册上,另一幅未曾发表。

合诚公司是房地产项目"丽水湾别墅"的开发商,为给其房地产项目作宣传,合诚公司通过仙葫管委会的陆光强,并经何光民许可,取得了何光民上述两幅《仙葫灵龟山》照片,合诚公司为此支付给何光民照片使用费500元,何光民于2002年12月28日出具了收条。此后合诚公司将何光民的两幅《仙葫灵龟山》照片用于其"丽水湾别墅"的商业宣传,在其对外散发的宣传资料上,在2003年4月15日、2003年4月18日、2003年4月21日、2003年4月24日《南国早报》的广告版上,在南宁市第二中学、邕宁仙葫管委会旁的广告牌上,都曾使用过何光民的两幅照片,以展现其"丽水湾别墅"所处的自然环境很优美。

合诚公司在使用何光民的照片过程中,均未署何光民的姓名,并对何光民的照片作了部分删减,其中在2003年4月21日《南国早报》的广告上和在南宁市第二中学、邕宁仙葫开发区管委会附近的大型户外广告牌上作了较大的删减,删减部分分别达到整幅照片的近1/2和1/3,已不能体现灵龟山被邕江环绕的美丽景象;在其他的广告宣传中则作了少量的删减,并用电脑合成技术作了图案处理,但仍能较完整的表现何光民的摄影作品。何光民看到合诚公司使用其摄影作品所作的广告后,认为合诚公司未经其许可使用其摄影作品,侵犯了其著作权,遂诉至法院。

[本院认为:]

如前分析,合诚公司侵犯了何光民的署名权,一审法院也认定合诚公司侵犯了何光民的保护作品完整权。合诚公司在2003年4月21日《南国早报》的广告上和在南宁市第二中学、邕宁仙葫开发区管委会附近的大型户外广告牌上对何光民的摄影作品作了较大的删减,删减部分分别达到整幅照片的近1/2和1/3,已不能体现灵龟山被邕江环绕的美丽景象,因此在这些广告上,合诚公司对何光民的摄影作品的使用已经损害该作品的完整性,侵犯了原何光民的作品完整权,因此合诚公司的侵权行为给何光民的著作人身权,即署名权和保护作品完整权造成了损害,根据《著作权》第46条、第48条的规定,合诚公司应当向何光民赔礼道歉,并合理地赔偿其经济损失以及为制止侵权行为而支付的费用。

(林立、周冕、廖冰冰法官)

4.4 对作品的歪曲或篡改

侵害保护作品完整权的前提是要使用或修改作品。如果仅仅是对作品进行评论，即便是严厉的批评大大降低了作者的声誉，也没有侵害保护作品完整权的问题。此类批评可能涉及文艺评论、言论自由与名誉权保护的问题，与保护作品完整权没有关系。将著作权法延伸到这一领域，会违背不同法律之间的分工；同时，著作权法上也缺乏处理这些问题的基本规则。

在下面的江碧波诉四川美术学院案中，被告单位的负责人并没有使用雕塑作品，但是在公开讲话中错误地使用了雕塑作品的名称，因而被指控侵害该雕塑作品的完整权。在这种情况下，作品的标题和作品本身是什么关系呢？错误地使用标题，有可能侵害保护作品完整权吗？

江碧波 v. 四川美术学院

重庆市一中院(2001)渝一中民初字第 342 号

[基本事实参见前文署名权部分。]

关于被告是否侵犯了原告的保护作品完整权的问题。保护作品完整权是指作品的作者拥有保护作品不受歪曲，篡改的权利，其中包括作品的完整性，也包括作品标题的完整件、歪曲是指改变事物的真相或内容；篡改是指用作伪的手段对作品进行改动或曲解。歪曲和篡改不同于一般的修改，这种行为不仅指其结果是歪曲，篡改了作品本身，而且直接影响作者在公众中的人格形象，损害作者的声誉。我国的著作权法保护的是作者在其作品上所表现的思想内容，作品的标题要成为《中华人民共和国著作权法》中所保护的对象，必须具有作品的独创性。本案原告认为其作品名称是"歌乐山烈士群雕"，在该名称中"歌乐山"系地名，"烈士"是指作品所表现的人物群体，"群雕"是指作品的表现方式，故该名称不具有作品的独创性，不属于作品范畴，不受著作权法的保护。被告四川美术学院院长罗中立的讲话《当代美术家》60 周年校庆专辑，校报以及由被告供稿的由《中国教育报》发表的"风华六十载、锐意谱新章"一文中，均将原作的作品称为"歌乐山烈士纪念碑"。罗中立的讲话是在总结四川美术学院建院60 年来作品成果时谈到有叶毓山教授等创作了一些代表作，其主观上无歪曲、篡改原告的作品名称以达到损害作者名誉的故意，在客观方面，听众和读者不会对罗中立所谈到的歌乐山烈士纪念碑产生作品和作者方面的误认。本案系争的作品上没有名称，重庆市中级人民法院(1993)478 号民事调解书中将江碧波和叶毓山共同创作的雕塑作品表述为"歌乐山烈士群雕"，但在江碧波和叶毓山作为编委的 1984 年第 1 期《当代美术家》杂志、《叶毓山雕塑选》《世界雕塑全集》《中国城市雕塑》中，对本案系争的雕塑作品均以"歌乐山烈士纪念碑"命名，原告未曾提出过异议，也未对作品命名问题发表过声明，故应认定原告对其作品名称以"歌乐山烈士纪念碑"命名予以过认可。由于"歌乐山烈士群雕"这一作品名称不具有作品的独创性，故不受著作权法的保护，被告将原告的作品称为"歌乐山烈士纪念碑"的行为，不构成对原告保护作品完整权的

侵犯,也未损害原告作为作者的声誉。 **(段理华、黄虹、张仁辉法官)**

歪曲或篡改作品,是否应该包含完全损毁作品原件或复制件的行为? 在下面的蔡迪安 v. 湖北晴川饭店案中,法院就面对这一问题(不过,当事人并没有明确这一点,而是指控该行为为所谓的"《著作权法》(2001)第 46 条第(十一)项规定的'其他的侵犯著作权益行为'")。

蔡迪安 v. 湖北晴川饭店

湖北高院(2003)鄂民三终字第 18 号

原审认定,1982 年 4 月 15 日,晴川饭店工程指挥部与湖北省美术院签订"晴川饭店"室内艺术作品协议书一份。涉及《赤壁之战》壁画的内容包括:餐厅壁画内容为《三国故事》(丙烯)面积 54 平方公尺,由蔡迪安等四人创作;自合同签订之日起,壁画在三个月内提出初稿,初稿经审定修改合格后半年内完成正稿,壁画上墙时间,由晴川饭店工程指挥部通知作者,作者在接到通知后四个月内完成作品,壁画创作稿酬,参照国务院文化部(79)733 号文件精神,共计 9180 元;作品的创作需双方共同协商决定等等。湖北省美术院接受委托后,将壁画作品的创作事项交由协议明确确定的蔡迪安等四人来完成。在创作中,协议中的壁画原名《三国故事》,后更改为《赤壁之战》。1983 年 5 月,在晴川饭店的装修过程中,《赤壁之战》开始上墙制作,1983 年 8 月完成作品制作。《赤壁之战》壁画作品原件,长 17.2 m、高 3.2 m,制作在 7 块九夹板上,并用钢钉固定在晴川饭店二楼宴会厅的墙壁上。晴川饭店工程指挥部支付了合同价款。《赤壁之战》壁画完成后,蔡迪安等曾对《赤壁之战》壁画进行拍照,用摄影作品的形式记载了《赤壁之战》壁画的艺术表现形式,以此向国内美术专业公开出版物投稿刊登,并在国内一些壁画作品展览中参展获奖,其壁画作品作者署名均为蔡迪安等。1995 年 8 月,晴川饭店与外商合资成立了晴川公司,晴川饭店将部分评估资产作为出资,移交给晴川公司,其中包括《赤壁之战》壁画。1997 年 6—7 月份,晴川公司对饭店进行整体翻修的过程中,《赤壁之战》壁画被拆毁。

原审认为……《赤壁之战》壁画美术作品的著作权应归蔡迪安等四作者享有。蔡迪安等创作完成《赤壁之战》壁画后,将作品原件交付给委托人,委托人原晴川饭店工程指挥部支付了合同对价,取得了该作品的所有权。晴川公司合资组建后,《赤壁之战》壁画作品原件作为晴川饭店出资的资产,转移给晴川公司的这一事实,晴川公司与晴川饭店并无异议,《赤壁之战》壁画作品原件财产所有权应归晴川公司享有……关于晴川公司拆毁《赤壁之战》壁画作品原件,是否侵犯了蔡迪安等对《赤壁之战》壁画所享有的著作权的问题,根据《著作权法》第 18 条规定,美术作品原件财产所有权与该作品的著作权是可分离的两种不同的权利,并且将著作权范畴的展览权法定为作品原件所有人享有。蔡迪安等享有《赤壁之战》壁画美术作品的著作权,晴川公司对美术作品原件拥有所有权和展览权,晴川公司有权在《中华人民共和国民法通则》(以下称《民法通则》)第 71 条规定的占有、使用、收益和处分的权利范围内行使权利。其拆毁美术作品原件行为,是对自己的有形财产处分,并未涉及《著作权法》第10条规定的著作权权利范围,也不在《著作权法》第46条规定的关于侵犯著作权行为之列。因此,晴川公司损毁属于自己财产的美术作品原件,不属于侵犯著作权行为。著作权属于智力成果权,其权利形态具有无形性。作为特定表现形式的壁画美术作品,其著作权实施的范围受到自身形式的限制。当美术作品原件所有权转移后,某些要利用作品原件才能行使的部分著作权实际穷竭,著作权人所享有的权利,主要体现在自我保护其权利的一面,即禁止他人行使其著作权的权利,包括《赤壁之战》壁画美术作品原件所有人。在此情况下,著作权人是无法利用作品原件实施其权利的,除非经原件所有人同意。因此,蔡迪安等对其主张需要利用作品原件才能行使著作权的部分权利,在作品原件转移后,已实际穷竭,该美术作品原件的拆毁不是上述部分权利丧失的原因。但站在珍惜艺术品的角度上,晴川公司在装修时,对《赤壁之战》壁画美术作品可以完好珍藏,也可以转让或与作者协商处理,但这并非晴川公司必须遵守的法定义务,双方对此也无合同约定。故蔡迪安等认为晴川公司毁画应负有告知义务,且因晴川公司拆毁作品原件导致其无法行使其著作权等理由不能成立。晴川公司拆毁《赤壁之战》壁画美术作品原件的行为,不构成对蔡迪安等著作权的侵害……

蔡迪安、伍振权、田少鹏不服,向本院提出上诉称:原审的"穷竭论"缺乏法律依据……原审认定被上诉人的毁画行为不属于侵犯著作权的行为定性错误,原审未有充分理由说明晴川公司的毁画行为不在《著作权法》第46条第(十一)项规定的"其他的侵犯著作权益行为"之列。被上诉人毁画应负有告知和与上诉人协商的义务却未履行,应负相应法律责任……

本院认为……《赤壁之战》壁画作品的著作权应归蔡迪安等四作者享有……壁画作品原件财产所有权应归晴川公司享有。

根据《著作权法》第18条规定,一件美术作品原件所有权的转移,不视为作品著作权的转移,但美术作品原件的展览权由原件所有人享有。根据本案查明的事实表明,蔡迪安等人在创作完成壁画、交付给原晴川饭店指挥部时,并未就著作权的归属作出约定。如上所述,在该壁画的著作权属于蔡迪安等人的情况下,晴川公司取得了壁画原件的所有权及展览该原件的展览权,其如何行使或是否行使上述两项权利既无合同约定,也无相关的法律规定,只要晴川公司不违反《民法通则》第6条、第7条、第71条和《著作权法》第18条的相关规定,作为美术作品原件的所有人,在法律规定的范围之内全面行使其上述支配美术作品原件的权利时,就应享有排除他人干涉、不受限制的权利。反过来,蔡迪安等四名著作权人行使那些需要依靠作品原件才能行使的部分著作权等权利,在作品原件转移后,必须受到作品原件所有人是否同意及其如何行使所有权和展览权的严格限制,只有原件所有人的同意其可以通过作品原件行使相关权利时,其相关著作权才能得以实现,如复制权等。晴川饭店指挥部委托湖北美术院创作《赤壁之战》的目的是因为该壁画是一件美术作品,将该壁画放在二楼宴会大厅内,与当时厅内物件样式的和摆设风格相结合,可以起到弘扬中国悠久的古老文化,增强晴川饭店的文化底蕴,较好地美化二楼宴会大厅,以及更好地促进晴川饭店经营效益等作用。这应是当时原晴川饭店指挥部要取得该壁画原件所有权并支付合同对价的真实意思表示。后经多次法人变更,最后该壁画所有权等转移至晴川公司。晴川公司作为一个中外合资公司,为了生产经营的需要,要对整个大楼包括二楼宴会大厅进行风格、格调等装修改造。因该壁画与改造后的二楼宴会大厅风格不符,如不调整、更新,将会影响二楼宴会大厅的经营使用和整体效果,因此晴川公司拆毁了该壁画。在晴川饭店指挥部委托湖北美术院创作《赤壁之战》时,双方并未就将来如果要拆卸该画时是否要履行告知的义务进行约定,我国《著作权法》对壁画等美术作品也均以一般受保护作品看待,并未对壁画作品的拆毁、更换等问题作出特殊保护规定,同时也无其他相关法律对此义务加以特殊规定;在此情况下,不应认定晴川公司拆毁壁画的行为是未尽妥善保管义务、侵害蔡迪安等人著作权的行为。况且从1983年该壁画制作完毕到1997年被拆毁的前后近十四年的时间里,蔡迪安等因该壁画多次获奖,作为该壁画的著作权人应认识到该壁画的重要艺术价值和对与该壁画相关的著作权进行自我保护的重要意义,其可以通过同原件所有人进行接触与告知,以提高作品原件所有人对《赤壁之战》壁画美术作品艺术价值的认知程度,或对该壁画的拆卸与损毁等保护问题达成一致,从而使作品原件所有人主动积极地在其拆卸该壁画时履行告知义务,或采取相关的维护与保存措施,最终起到保护壁画、避免该壁画出现损毁状况。但从本院所查明的事实来看,蔡迪安等从未就上述事项与该壁画原件所有人进行过接触,亦未就相关告知义务等事项进行协商;而该壁画的所有权人晴川公司对该壁画的认识,也只是将该壁画当做曾经装饰、美化饭店经营、促进该饭店经营效益的一件普通作品,一件已折旧完毕的普通物品,而将其拆卸下来后未加以妥善保管,最终导致该壁画的损毁。因此,晴川公司与蔡迪安等之间既无合同约定,更无法律规定晴川公司拆毁《赤壁之战》壁画原件前必须履行告知或协商的义务。晴川公司拆毁的是属于自己财产的美术作品原件,是对自己合法拥有的财产行使处分权,该行为不属于《著作权法》第46条规定的关于侵犯著作权行为之列,该行为不应属于侵犯著作权行为……驳回上诉,维持原判。

(裴绚、王俊毅、宋哲法官)

思考问题:

(1)整体而言,作者比他人更了解作品的价值。如果他希望所有权人在拆毁作品前通知他,则他应该在合同中声明这一点,而不应该由所有权人去找作者询问。你觉得这样的制度安排合理吗?

(2)为了应对上述案件所提出的挑战,《送审稿》(2013)第22条第4款作了如下的规定:"陈列于公共场所的美术作品的原件为该作品的唯一载体的,原件所有人对其进行拆除、损毁等事实处分前,应当在合理的期限内通知作者,作者可以通过回购、复制等方式保护其著作权,当事人另有约定的除外。"为什么默认的规则不是"没有约定就可以随便拆除"?

都本基 v. 作家出版社

北京市二中院(2003)二中民终字第 10610 号

[案情介绍参见前一节同名案例。]

经比对,都本基原作"天下粮仓"四字间散落了一些墨迹,都本基称该墨迹是在创作过程中自然形成的,代表了"血泪和粮食"的含义。作家出版社在图书封面上所使用的书法作品是不包括上述墨迹的作品,与原作相比进行了改动,应当认定上诉人作家出版社侵犯了都本基所享有的修改权。保护作品完整权,是指保护作品不受歪曲、篡改的权利。著作权人有权保护其作品的完整性,保护其作品不被他人丑化,不被他人作违背其思想的删除、增添或者其他损害性的变动。作家出版社所使用的作品虽然与都本基创作的涉案作品在墨迹上有所区别,但并非对作品主要内容的改动,并未产生歪曲、篡改涉案作品的客观后果,未破坏涉案作品的完整性,原审法院认定上诉人侵犯了都本基对涉案作品所享有的保护作品完整权不妥,本院予以纠正。

(邵明艳、张晓津、何暄法官)

张旭龙 v. 人民美术出版社

北京市高院(2003)高民终字第 1006 号

图书出版者经作者许可,可以对作品修改、删节。人民美术出版社出版、发行《汤加丽写真》时,明知张旭龙系涉案 136 幅作品的摄影者及著作权人,但其未经张旭龙同意,对张旭龙享有著作权的 39 幅摄影作品的部分人体、背景或道具进行裁剪,超出了其为了版式整齐美观而进行边缘性裁切的限度,损害了张旭龙对其作品的构思和艺术追求,破坏了上述作品的构图和视觉效果,侵犯了张旭龙对上述作品的保护作品完整权。原审法院以该种使用方式未对上述作品作实质性改动,并未歪曲和篡改上述作品的主要内容为理由,驳回张旭龙保护作品完整权的诉讼请求不妥。

(陈锦川、胡平、张冬梅法官)

不过,有些时候即便没有对作品进行修改,依然可能会被认为是对作品的歪曲。比如,将作品置于特殊的背景下,可能扭曲公众对它的理解,从而损害作者的声誉。比如,在前文的林奕 v. 中国新闻社一案中(假定署名不是问题),同样的摄影作品被用在不同的背景下,可能会被人朝着不同的方向解读,进而会和作者个人的政治立场、价值取向联系在一起,给作者的名誉带来影响。

国内有报道说,北京国际饭店会议中心在卫生间悬挂国画大师的作品的侵权复制件。该国画大师的继承人认为这是对作品的莫大侮辱,要求饭店道歉。① 该案中,法院认为,被告通过合法渠道购买了该复制件,主观上没有侵权过错,因而并不侵害该作

---

① 王彬:《国画大师画作挂饭店厕所 子女称系侮辱要求道歉》,载《北京晨报》2012 年 4 月 22 日 http://news.sina.com.cn/s/2012-04-22/010024309151.shtml,最后访问 2014 年 8 月 1 日。

品的著作权。法院似乎不认为这里有侵害"保护作品完整权"的可能性,没有深入讨论,的确是一个遗憾。

4.5　认定歪曲篡改的主体

作品是否被歪曲或篡改,在不同人眼里差异很大。比如,假设《可兰经》是一部受版权保护的作品,则东西方对于演绎作品何时构成歪曲或篡改,理解上会有巨大的差异。那究竟应该以谁的认识为判断标准呢?

有意见认为,保护作品完整权是一项由作者行使的权利,什么样的情形构成了对作品的歪曲、篡改和割裂,也由作者判定。但如果真的任由作者掌握歪曲、篡改和割裂的标准,必然出现某些作者滥用权利,提起一些琐碎而干扰他人的诉讼。所以,《伯尔尼公约》和很多国家的著作权法都规定,他人对作品的歪曲、篡改和割裂,必须达到有损作者声誉的程度。①

本书同意上述意见的后半段,但对于判断主体的标准持保留意见。判断作品是否受到歪曲或篡改,应该有客观标准,即一般社会公众的认识标准,而不应该是作者自身的主观标准。正如上述意见所言,任由作者生杀予夺,是不可想象的。在跨文化的交流中更是如此。不过国家的公众对于作品修改是否会损害作者声誉的理解,有很大的差异。在没有合同约束的情况下,公众只需要按照自己所在社会的正常合理人标准行事,而无须揣测作者个人的内心想法。只有这样,著作权法才能保持其可预见性和可操作性。

4.6　许可修改与保护作品完整权

著作权许可他人修改其作品,通常依然保留有保护作品完整权。如果修改不当,达到损害作者声誉的程度,修改者的行为既可能违反版权许可合同,也可能侵犯保护作品完整权。

沈家和 v. 北京出版社

北京市一中院(2000)一中知初字第 196 号

1999 年 11 月 25 日,原告沈家和与被告北京出版社签订图书出版合同,约定:1. 沈家和将《正阳门外》中《坤伶》《戏神》《闺梦》3 卷的中文本专有使用权授予北京出版社……4. 北京出版社尊重沈家和确定的署名方式。为达到出版要求,经沈家和同意并授权北京出版社对上述作品进行必要的修改、删节,最后定稿由沈家和签字认可。北京出版社如需更动上述作品的名称、标题、增加、删节图表、前言、后记、序言,应征得沈家和书面同意……

合同签订后,原告沈家和如期向被告北京出版社交稿,并依合同审校了一次书稿校样。北京出版社未将出版前的最后定稿交付沈家和进行书面确认,且没有在合同约定的时间内出版。后经双方口头协商,沈家和同意北京出版社继续履行该出版合同,

---

① 李明德、许超:《著作权法》,法律出版社 2003 年版,第 79 页。

2000年6月30日,被告北京出版社出版发行了《坤伶》《戏神》《闺梦》3本书各8000册……

2000年7月,原告沈家和看到出版样书后发现,被告北京出版社未经其同意,对《闺梦》《坤伶》《戏神》进行了修改和删减,而且出现许多文字、语言、标点符号等方面的差错,遂向北京出版社反映。同年8月,北京出版社向沈家和道歉,并承诺对库存的《闺梦》不再销售,集中销毁,校改再版时保证质量。嗣后,沈家和于2000年8月至2001年4月,分别在北京市花市新华书店、南京市新华书店、北京春季书市上购得未加修正的《闺梦》。截止到2000年10月18日,被告北京出版社库存《坤伶》一书5263册、《戏神》一书5345册、《闺梦》一书7620册。

经当庭质证,《闺梦》一书共有文字、语言、标点符号等方面的差错179处。《坤伶》一书存在的错字、漏字及标点符号错误有12处,被告北京出版社根据《现代汉语词典》进行修改的有9处,双方理解不同的问题有3处。《戏神》一书存在差错12处,北京出版社根据《现代汉语词典》进行修改的有6处,双方理解不同及北京出版社根据读者阅读习惯进行修改的有7处。

在审理中,原告沈家和对其主张赔偿的律师费,未提供证据;沈家和还主张双方曾口头约定对上述3本书的修改应以《北京土语辞典》为依据,但也未提供证据。被告北京出版社表示可以停止销售并销毁现库存的《闺梦》一书,修改后重印8000册,并为《坤伶》《戏神》两本书印发刊误表。

[北京市第一中级人民法院认为:]

原告沈家和与被告北京出版社于1999年11月25日签订的《闺梦》《戏神》《坤伶》3本书的图书出版合同,是有效合同。《中华人民共和国著作权法》第10条第(三)、(四)项规定,作者的著作权包括修改权,即修改或者授权他人修改作品的权利;保护作品完整权,即保护作品不受歪曲、篡改的权利。根据合同约定,为使作品达到出版要求,沈家和同意北京出版社对3本书进行必要的修改、删节。这表明,沈家和通过签订合同,已经将自己作品的修改权授予北京出版社,即北京出版社有权根据出版的需要,对沈家和的作品进行必要的修改和删节,但最终定稿应由沈家和签字认可。实际履行中,北京出版社并未按照约定将3本书的定稿交付沈家和书面认可,以致3本书出版发行后,使沈家和认为其对作品享有的修改权和保护作品完整权受到侵犯,这正是引发本案纠纷的主要原因。《著作权法》[1990]第71条规定:"当事人不履行合同义务或者履行合同义务不符合约定条件的,应当依照民法通则有关规定承担民事责任。"《中华人民共和国民法通则》第111条规定:"当事人一方不履行合同义务或者履行合同义务不符合约定条件的,另一方有权要求履行或者采取补救措施,并有权要求赔偿损失。"第112条第1款规定:"当事人一方违反合同的赔偿责任,应当相当于另一方因此所受到的损失。"北京出版社违反了合同的约定,应当根据其违约行为给各本书造成的不同后果,承担相应的违约责任。

《闺梦》一书有大量错误,存在图书质量问题,属于不合格产品,双方当事人对此不持异议。如果被告北京出版社在出版该书前,能够按照合同的约定将该书定稿交原告沈家和确认,则有可能防止这些问题发生。因此,该书存在的问题,与北京出版社的违约行为有一定联系。双方当事人签订的合同中,对图书出版质量未作约定,故应参照国家标准或者行业标准执行。新闻出版署1997年发布的《图书质量管理规定》中规定,图书中差错率超过万分之一的,为不合格。现北京出版社承诺停止销售并销毁库存的《闺梦》一书,并在修改后重印8000册,应予准许……

《闺梦》一书存在着严重质量问题,该书在社会上公开发行后,必然使作为该书作者的原告沈家和的社会评价有所降低,声誉受到影响。故被告北京出版社出版发行有严重质量问题的《闺梦》一书,不仅构成违约,同时侵害了沈家和所享有的保护作品完整权。北京出版社除应承担相应的违约责任外,亦应承担公开赔礼道歉的侵权责任。对北京出版社出版发行《闺梦》一书是否给沈家和造成严重的精神损害后果,沈家和没有举出充分的证据证明,故沈家和所提由北京出版社赔偿其精神损失6万元的请求,不予支持。沈家和请求北京出版社负担其因诉讼支出的律师费,也未提供相关证据,对此不予支持。

原告沈家和指出,《坤伶》《戏神》两书中存在着若干处意思表示相悖的差错。对沈家和指出的这些地方,除了由被告北京出版社根据《现代汉语词典》、读者阅读习惯进行修改的以外,其他错字、漏字及标点符号错误等现象,应认定为差错。据此计算出的差错率,均未超过《图书质量管理规定》允许的万分之一,故《坤伶》《戏神》两书不属于不合格产品,无需重印,但北京出版社应为上述两书印发勘误表。对沈家和关于重印《坤伶》《戏神》两书各2000册并再向其支付稿酬的请求,不予支持。

原告沈家和提出解除双方图书出版合同,但是至双方发生纠纷时止,合同中约定的解除情形或者法律规定的解除合同情形均未出现,故对沈家和的这一诉讼请求,依法不予支持。

小说的风格体现在小说表现的内容、历史背景,作者描述的手法和他的整体文风中,并不唯一体现在小说的遣词用字上。被告北京出版社根据合同的授权,以《现代汉语词典》为依据,对《闺梦》《戏神》《坤伶》3本书的部分文字进行修改,没有改变原告沈家和所主张的京味小说风格。上述3本书中存在的差错,也不足以导致小说风格的变化。故沈家和认为北京出版社的修改改变了其作品的京味风格、侵犯了其享有的保护作品完整权和修改权,理由不能成立。沈家和虽主张双方曾口头约定对上述作品的修改以《北京土语词典》为依据,但北京出版社不予认可,沈家和又不能提供相应的证据,故对该主张不予支持。

综上,北京市第一中级人民法院于2001年5月9日判决:

一、被告北京出版社自判决生效后立即停止销售《闺梦》一书,并于判决生效后30日内销毁库存的该书,修改后重印8000册;

二、被告北京出版社自判决生效后30日内,在《新闻出版报》上就《闺梦》一书的侵权行为向原告沈家和公开赔礼道歉,道歉内容需经法院审核。逾期不执行,法院将公布判决主要内容,费用由北京出版社负担;

三、被告北京出版社自判决生效后30日内,为《坤伶》《戏神》两书印发勘误表……

（刘海旗、李燕蓉、孙苏理法官）

说明：本案上诉后，北京高级人民法院驳回上诉，维持原判。

张五常 v. 社会科学文献出版社

（2002）粤高法民三终字第 95 号

［本案中，出版社对张五常的作品部分内容进行了修改，有单纯的文字修正，也有为"政治正确"而做的修正。］

花千树公司与上诉人社会科学文献出版社于 2001 年 2 月 8 日签订了《图书出版合同》，合同约定甲方花千树公司授予乙方社会科学文献出版社在中国内地以图书形式出版发行被上诉人张五常作品《随意集》中文简体版的专有使用权。合同第 3 条约定"乙方负责确定根据本合同出版发行的作品不得违背中国法律和社会公共利益。经乙方审定后之内容倘引起法律问题，责任一概由乙方承担。"第 10 条约定"乙方如需更动上述作品的名称，对作品进行修改、删节、增加图表及前言、后记，应征得甲方同意，并经甲方书面认可。"第 12 条约定"上述作品的最后校样可由甲方审校。甲方应在收齐最后稿样 15 日内完成审校，签字后把最后稿样退还乙方。甲方未按期审校，乙方可自行审校，并按计划付印……"第 21 条和第 23 条还分别约定"……本合同未尽事宜由双方另行商定，未能达成一致的，以出版界通行惯例为准"……

一审开庭时，社会科学文献出版社称其已将《随意集》修改稿邮寄给花千树公司的叶海旋，花千树公司于 15 日内没有作出答复，因此，应视为花千树公司对修改部分已经表示确认。叶海旋则主张，虽然花千树公司已看过《随意集》修改稿，但已明确表示不同意修改的部分，这有双方的传真为证。

社会科学文献出版社与花千树公司签订的《图书出版合同》对合同第 3 条与第 10 条发生冲突时如何处理没有作出明确约定，根据诚实信用原则及合同目的来解释，因认定社会科学文献出版社有权将其认为违背中国法律和社会公共利益的《随意集》的相关内容修改或删节，这是其履行合同义务所必须；社会科学文献出版社对作品的上述改动是按照作品的性质及其使用目的和状况所做的不得已的改动，这种改动无损张五常作为《随意集》作者之声誉和人格利益，并未侵犯张五常对其作品《随意集》的修改权及保持作品完整权。根据《协议书》第（二）、（三）条之约定，张五常将《随意集》的独有出版许可权授予花千树公司并承担保证作品不违反著作权法及出版法之责任，花千树公司在《图书出版合同》中要求社会科学文献出版社负责审定《随意集》内容不得违背中国法律和社会公共利益，因此，可以推定张五常已授权社会科学文献出版社在中国大陆出版发行《随意集》时有权修改、删除其认为违背中国法律和社会公共利益的部分。一审判决认定社会科学文献出版社将《随意集》中其认为违背中国法律和社会公共利益的部分内容修改、删除的行为构成侵权不当，应予纠正。

另外，社会科学文献出版社对原作品的极个别的编辑加工，如原书第 96—97 页第

16—17 行为"领导人",现书第 167 页第 19—20 行改为"权威人士",是符合出版界的编辑惯例及合同第 21 条之约定,以此认定社会科学文献出版社的行为侵犯了张五常的著作权理由不充分。因此,社会科学文献出版社关于其行为没有侵犯张五常对其作品《随意集》的修改权和保持作品完整权的上诉理由成立,本院予以采纳。

(林广海、周冕、欧修平法官)

4.7　保护作品完整权与演绎权

中国民法长期受欧洲大陆传统的影响,因此知识产权法一并接受欧洲大陆的精神权保护制度,并不奇怪。但是,中国立法者似乎并没有认真考虑精神权保护对公众利用公共领域作品的可能影响就给予作者以永久的精神权保护。"人身权利与财产权利的关系事实上十分密切,两者往往很难区别开来,并可以互相转化。"① 比如,中国法上将改编作品的权利,视为一种财产权。② 有意见努力区分修改与改变:修改作品与改编作品不同。这里讲的修改,是对作品内容作局部的变更以及文字、用语的修正。改编是指在不改变作品基本内容的情况下,将作品由一种类型改变成另外一种类型(如将小说改编成电影剧本),或者不改变原作品类型而改变其题材(如将科学专著改写成科普读物)。③ 这一区分并不能改变改编实际上也在一定程度上"修改"作品的事实。"改编"意味着背离原作,这在一定程度上影响观众对原作的理解。如果"保护作品完整权"被肆意扩展,则很容易被用来钳制他人对处于公共领域的作品的自由利用了。

在法国,法院曾经以保护作品完整权的名义禁止对黑白电影(*Asphalt Jungle*)着色、禁止女性上演荒诞派作家萨缪尔·贝克特因(Beckett)的作品《等待戈多》(*Waiting for Godot*)。但是,中国上海的一家关于女性版的《等待戈多》的海报称:《等待戈多》这出戏巴黎首演至今,已经半个世纪。世上很少有戏能够像它,忠实地被人反复搬演而又肆意地被改头换面。其实,对于不同时代的观众,《等待戈多》这出戏给予他们的仅是它的剧名,其余概不重要。对于这部戏,所谓忠实于原著,原版照搬,既是愚蠢的,也是不可操作的。原作太长,加上它特有的近乎恶意的重复性,成了挑战观众耐心的极端作品的典范。因此,历来成功的搬演,多采取袭用其概念,舍弃其内容的改编做法。④

比较著作权法上的保护作品完整权观念和现代乃至后现代的作品观,你觉得著作权法上的观念落后和保守吗?著作权法有没有可能在保护作品完整权和尊重现代乃至后现代的作品观之间寻求到一种平衡?几年前,中国对所谓"红色经典"进行改编,

---

① 韦之:《著作权法原理》,北京大学出版社 1998 年版,第 56—57 页。
② 《著作权法》第 10 条第(十四)规定:"改编权,即改变作品,创作出具有独创性的新作品的权利"。
③ 胡康生主编:《中华人民共和国著作权法释义》,法律出版社 2002 年版,第 44 页。
④ http://www.brainyencyclopedia.com/encyclopedia/l/li/list_of_leading_legal_cases_in_copyright_law.html. 最后访问 2003 年 1 月 1 日。

引发争议①,你如何看待这一问题?

在美国 Gilliam v. American Broadcasting Companies, Inc., 538 F. 2d 14(1976)案中,美国法院就利用著作权人所享有的财产性权利——制作演绎作品的权利来实现类似保护作品完整权的目标。从中,我们能够看出,保护作品完整权和演绎权之间的密切联系。

4.8 保护作品完整权侵权的限制

保护作品完整权对作者是一种权利,对社会而言,可能是对创作自由或表达自由的一种限制。古榕 v. 上海永乐公司案就生动地说明了这一点。1999年4月上海永乐公司投资550万元开拍《孔乙己》一片,古榕担任编剧、导演和制片主任,同年10月古榕完成了影片的前期制作和后期剪辑。上海永乐公司后来认为影片时间超长拒绝审查,致使影片的后期制作陷入停滞而无法出品。后来,上海永乐公司请吴贻弓为影片的后期导演,对影片的内容和长度进行了大量删改。古榕导演认为删改后的影片完全背离了古榕编剧的主旨,背离了自己影片的整体艺术风格,破坏了影片的完整性。古榕认为,上海永乐公司和吴贻弓共同侵犯了自己剧本的著作权和保护作品完整权,于2001年7月向法院提出诉讼。案情的后续进展不得而知。② 这一案件表明,如果过度支持保护作品完整权,后来者的创作自由或投资都可能受到威胁。

此外,公共秩序或公共道德上的关切也可能导致保护作品完整权受到限制。比如,在张旭龙 v. 新浪网案中,新浪网在其报道中对原告拍摄的汤加丽人体照片的敏感部分进行马赛克处理。原告却为这一做法损害了作品的完整性,提起诉讼。③ 这一案件也不了了之。不过,如果判决结案,法院很有可能认为,在普通网络新闻站点传播某些裸体图片,损害出版法下的公共秩序。被告为此适当修改诉争图片,是可以接受的。因此,法院可能并不支持原告的保护作品完整权的主张。

5 追续权

现行《著作权法》并没有关于追续权的规定。在《送审稿》(2013)中,立法者首次引入这一权利。该法案第14条规定:"美术、摄影作品的原件或者文字、音乐作品的手稿首次转让后,作者或者其继承人、受遗赠人对原件或者手稿的所有人通过拍卖方式转售该原件或者手稿所获得的增值部分,享有分享收益的权利,该权利专属于作者或者其继承人、受遗赠人。其保护方法由国务院另行规定。"依据《送审稿》(2013)第29条第6款,上述追续权的保护期限与自然人的发表权和著作权财产权的保护期限一致,即"作者终生及其死亡后50年;如果是合作作品,其保护期计算以最后死亡的作者

---

① http://medianet.qianlong.com/7692/2004/05/24/33@2068213.htm. 最后访问2014年8月1日。
② 相关报道见张鹏:《〈孔乙己〉惹得两位名导打官司》,载 http://heritage.tom.com/Archive/2001/8/22-73127.html,最后访问2003年1月1日。
③ 摄影师开打马赛克官司:《张旭龙起诉新浪侵权》,载 http://it.sohu.com/98/19/article206231998.shtml,最后访问2014年8月1日。

为准"。建议中的追续权制度引发很大的社会争议,现在还很难说它是最终是否能够顺利成为法律。

这一立法建议的初衷很明确,希望美术或摄影作品的作者能够分享作品原件的价值增值。在很多支持者看来,这一安排是公平的,因为作者的持续努力是作品增值的内在原因,所以应该让作者获得合理回报。不过,艺术品的投资者则会强调艺术品投资的市场风险。追续权制度可能损害投资者的积极性,最终不一定符合最大多数的作者的利益,尽管这一制度会使得部分作者获得更多的回报。另外,还有意见认为,追续权可能会损害中国艺术品拍卖行业的国际竞争力。艺术品所有人可能会选择去美国或其他没有追续权制度的国家,从而降低交易成本。①

国际上,最重要的关于追续权的立法,应该是欧洲议会和欧洲理事会2001年通过的《关于艺术品原作的作者的追续权的2001/84/EC指令》。以下是关于该指令的简要介绍:

> 2001年欧盟议会通过了追续权指令。按照指令,享有追续权的主体是作者及继承人,客体是平面和造型艺术原件(明确排除了作家和艺术家手稿);适用的场合是有艺术市场专业中介参与的场合;规定了最低限额3000欧元,也就是说,转售价格高于3000欧元的艺术品必须向原艺术家或其继承人支付一定的收益;计算基础是每次转售的税后价格,而不是艺术品的增值部分;规定了追续权的义务主体;支付的比率,按不同阶段递减(4%—0.25%),但作者每次获得的最高收入不超过12500欧元;指令为成员国规定了选择性例外,转售者3年内销售,且价格不超过1万欧元可以不适用追续权。为保证追续权的实现,指令还规定了权利主体的信息获得权与集体管理制度。由于指令对欧盟成员是强制性的,现在所有的成员国都以不同形式规定了追续权,即使当时最抵制该制度的英国,也通过了专门的条例落实该制度。②

---

① 李雨峰:《我国设立追续权制度的必要性》,载《中国版权》2012年第6期,第9页。
② 同上书,第10页。

第7章

著作财产权

1 著作财产权概述

著作权法是根据作品利用行为的各种类型,来具体列举著作财产权的权利内容,而不是笼统地赋予权利人对作品的绝对而抽象的控制权。《著作权法》(2010)第10条第1款规定的著作财产权包括复制权、发行权、出租权、展览权、表演权、放映权、广播权、信息网络传播权、摄制权、改编权、翻译权、汇编权等12项。除此之外,还有一项兜底性的条款,即所谓"应当由著作权人享有的其他权利"。将这些权利加起来,有13项之多。与《著作权法》的做法相对的是《物权法》对所有权内容的概括:"占有、使用、收益和处分的权利"。① 所有权的四种权能差不多覆盖了所有可能的物的利用行为。

《著作权法》上详细列举各项权能的策略,有其优点,即著作权的具体权能众多,内容非常具体,容易理解。实务中,单个的作品利用者常常只以某一权能所覆盖的单一方式利用作品,而无须取得对作品的完全或决定的支配权。比如,出版社可能只想得到复制发行权,而不关心表演、演绎之类的权利。网络服务商只关心信息网络传播权,而不关心传统的复制和发行权。《著作权法》列举和定义具体的权能,等于为当事人提供了更具体、更细分的菜单,方便他们根据自己的需要作出选择。当事人无须花费太大的精力去定义交易的内容,节省了交易成本。

《著作权法》详细列举各项权能的缺点是,清单上的目录很多,实践中如何选择合适的目录常常会引发无谓的争议。另外,在新技术导致新的利用方式出现,也会使得现有的列举很僵化而无法应对新形势。立法者只好增加了"应当由著作权人享有的其他权利"这一兜底条款,许可法官根据实际需要增设新的权利内容。

对于《著作权法》所罗列的13项财产权,也不是所有的作品都一定能够享有。比如,绘画作品就没有所谓的摄制权、翻译权、表演权;文字作品没有所谓的出租权、展览权等。一项作品究竟享有哪些权利,要依据作品的具体类型才能得出结论。

本章将分别对上述所有类型的著作财产权进行讨论。唯一的例外是信息网络传播权。鉴于网络时代这一权利具有日益突出的重要性,本书在下一章专门对它进行讨

---

① 《物权法》(2007)第39条。

论。为了体例上的协调,本书对上述财产权进行适当分类,将摄制权、改编权、翻译权和汇编权统称为演绎权。同时,根据权利的受关注程度和复杂程度,调整讨论的顺序。具体地说,接下来讨论的顺序为:复制权、发行权、演绎权(摄制权、改编权、翻译权和汇编权)、表演权、放映权、广播权、出租权、展览权。

国内有些学者将表演权、放映权、广播权和信息网络传播权等进一步概括为传播权或公开传播权,或者将发行权、出租权并入复制权。此类概括可能损害读者对于复制权、广播权或信息网络传播权的理解,引发新的误解,因此本书没有采纳类似的概括策略。

2 复制权

所谓复制权,是指将作品制作一份或者多份的权利。它是著作权人最为基础的一项权利。著作权法上列举的典型的复制方式包括印刷、复印、拓印、录音、录像、翻拍等。[①] 这显然不是一种穷尽式的列举。手抄、雕刻(复制雕塑)、数字化等也都属于普遍接受的复制方式。

最为经典的复制方式应该是作品载体物理形态不变的同态复制。比如,纸介质到纸介质、胶片到胶片、石头到石头、磁盘到磁盘等。除此之外,作品载体物理形态发生变化时,依然有可能被认为是复制。比如,对于纸介质的作品进行录像或翻拍,所得到的复制件纪录形式就不再是纸介质,而是胶片或磁带;对于口头作品或舞台表演进行录音或录像,也会形成原本并不存在的物理复制件;将文字作品、音乐作品制作成录音等也被视为复制。这些新的物理形式的拷贝,经过特定的技术还原,给受众所带来的内容与该原始媒介的物理形式所提供的内容基本上是一一对应的。所谓技术还原,是指借助于必要的技术手段将特定的物理载体所记录的信息转化为人能够直接感知的作品内容。比如,借助于磁带播放机,可以将磁带还原成直观的图画或音乐;借助于电脑可以将数字复制件还原成可读的文字或图画等等。这一还原的过程在技术上将或许很简单,也或许很复杂,但最终会还原成公众所习惯的媒介形式。

2.1 复制的构成要素

从法律适用的角度看,准确定义复制行为,对于权利人和公众准确理解著作权的边界有着重要意义。当然,在实务中,有时候准确定义复制显得不是很重要。比如,被控侵权的作品中涵盖了著作权人作品中受保护的内容这一事实,可能毫无争议。这时,对于那些只是希望获得胜诉结果的著作权人而言,仔细区分侵权行为是侵害复制权还是其他权利,必要性可能不大。中国《著作权法》第47条在罗列侵权类型时,使用了"剽窃他人作品"这一说法。这实际上使得,法院在很多时候无须确定一项行为究竟是复制还是演绎,直接贴上"剽窃"的标签就可以了(对此,著作权侵权一章有进一步讨论)。不过,一旦双方对行为是否构成侵权发生争议,则确认该被控侵权行为是否

[①] 《著作权法》(2010)第10条第1款第5项。

落入法律定义的范围,就至关重要。法院不再能够简单地贴上标签了事。

著作权法对于复制行为的定义比较简略,从中很难发掘出复制行为的基本要件。在立法者作出正式的确认之前,我们更多的是做一些理论上的探讨。这些探讨的结论与法律实践可能有较大的出入,需要不断修正。理论上,复制行为的要素大致有如下几点:

其一,复制行为所得的复制件应能够**基本呈现原件所能呈现的内容**。之所以说是基本呈现,是因为对那些转化载体形式的复制而言,完全一致地呈现原作或替代原则,有时候是不可能的。即便是载体形式不变的复制(比如油画的复制),也可能无法完全呈现原作的精微之处。如果载体形式本身有很大的变化,比如从文字、乐谱到录音录像,必然会导致呈现内容发生一定变化。著作权法出于操作性的需要,忽略这些变化。因此,著作权法强调,复制件呈现的方式,如前所述,并不需要与原件保持一致。只要通过技术还原手段,能够呈现原件所能呈现的内容就可以了。

其二,复制件所能呈现的原件中的内容**与新增表达内容能有效区别开来**。如果"复制者"或第三方将原作的内容与新增的内容混合在一起,无法有效区别开来,则新的复制件实际上是一种演绎结果,而不是单纯的复制结果。强调复制件中不能有新增的表达内容,是为了保证著作权法在定义复制权时,尽可能与其他场合对复制行为的定义保持一致。比如,在判断一项作品是否有独创性时,单纯的复制行为不会使得复制结果具有独创性,而演绎行为则会。这里的复制与演绎的区别,关键是后来的作品中是否增加了独创性的表达内容。

需要强调,从理论上完全区分复制和演绎,或许是不可能的任务。很多典型的宏观上的演绎行为中,实际上包含着微观上的复制行为。比如,摄制、改编、汇编都可能复制原作中受保护的片段(试想一下,电影中大段的台词字幕,被修改的油画中的局部)。单从保护该片段的角度看,该演绎作品实际上侵害该作品片段所享有的复制权。一项行为究竟是复制还是演绎,显然取决于诉争原作范围的界定。原作的范围越大,认定为演绎的可能性就大;反之亦然。

其三,**复制件应具有相对的稳定性**。该复制件应独立于原件而存在,使得公众基于该复制件再现原作成为可能。这一要求能够将复制行为与一些临时或瞬时的再现或播放行为区别开来。比如,在荧幕、电视屏幕、电脑屏幕、广播中持续播放电影画面或声音这一行为本身,就没有得到一个相对稳定的复制件,因而不是复制,尽管技术上讲,在每一个瞬间这些屏幕或耳机中存在作品瞬间或部分的"复制件"。不过,在计算机内存或屏幕上持续而稳定的再现作品,即便随时因为人的下一步操作而消失,它依然可能是这里所说的具有一定稳定性的复制件。当然,何谓相对稳定性,是一个政策性判断的过程,法院应该考虑行业的习惯和技术本身的特点,综合判断。在下面关于临时复制一节将有更深入的讨论。

王一辉等职务侵占案

上海市第一中级人民法院(2007)沪一中刑终字第285号

被告人王一辉原系盛大公司游戏项目管理中心运维部副经理,主要负责对服务器、游戏软件进行维护和游戏环境内容的更新等。2004年8月底,被告人王一辉与被告人金珂通过网上聊天,预谋利用王一辉在盛大公司工作,有条件接触"热血传奇"游戏软件数据库的便利,复制游戏武器装备予以销售。2004年9月起,被告人王一辉、金珂开始实施上述行为。由金珂首先在"热血传奇"游戏中建立人物角色,然后将游戏角色的相关信息通过聊天记录发送给王一辉,王一辉在盛大公司内利用公司的电脑进入游戏系统,同时打开"热血传奇"服务器6000端口,通过增加、修改数据库Mir.DB文件中的数据,在金珂创建的游戏人物身上增加或修改游戏"武器"及"装备"。然后由金珂将游戏人物身上的武器及装备通过www.5173.com网站或私下交易出售给游戏玩家⋯⋯

上海公信扬知识产权司法鉴定所对被告人发送的软件数据包进行鉴定,测试结论表明:通过手动修改数据库文件和软件修改数据库文件这两种方式都可导致玩家在游戏中的级别、"武器""装备"等属性值完全发生变化。2006年7月21日,该司法鉴定所又根据上海市公安局浦东分局的委托,出具了补充说明,内容为:网络游戏软件分为客户端和服务器端两部分,在服务器端软件中包含有游戏数据库文件和玩家数据库文件,前者包括物品"武器"及"装备"、魔法技能、动物怪物三个数据库,后者用于存储与玩家有关的武器装备、级别的信息,这两个数据库都是由游戏作者设计的。本案中的软件修改者修改了某一玩家数据库中的数据,并没有修改游戏软件作者设计并编写的软件,也不会引起该游戏软件中的其他部分的改变,但是可以对玩家运行该游戏软件的结果产生重大变化,改变或增加玩家的"武器装备"级别。

⋯⋯

公诉机关认为被告人修改数据生成、销售游戏"武器"及"装备"的行为属于复制、发行计算机软件的行为,因此三被告人构成侵犯著作权罪。

法院认为,三被告人的行为不符合侵犯计算机软件著作权罪的构成要件,我国《刑法》第217条第1款第(一)项规定的侵犯著作权的情形指:"未经著作权人许可,复制、发行其文字作品、音乐、电影、电视、录像作品,计算机软件及其他作品的。"复制、发行是构成侵犯著作权罪的两个行为要件。本案中三被告人实施的行为是修改游戏软件数据库中的数据的行为,而修改数据后产生的"武器"及"装备"是软件运行后产生的结果,并不是软件本身。根据《计算机软件保护条例》第6条的规定,对软件著作权的保护不延及开发软件所用的处理过程、操作方法等,故本案涉及的游戏中的"武器"及"装备"不属于计算机软件著作权的保护范围。三被告人通过修改数据而复制武器及装备不构成复制计算机软件,因此对三被告人的行为不应以侵犯计算机软件著作权罪论处。公诉机关指控三被告人犯侵犯著作权罪的罪名不成立。[法院认为,三被告人的行为构成职务侵占罪。二审法院驳回上诉,维持原判。]

思考问题：

法院所说的"复制武器"中的"复制"有著作权法上的意义吗？

游戏玩家原本没有特定的武器道具，经过被告人的帮助，获得了该武器道具。假如该武器道具是一个图形作品，这里有著作权法意义上的复制行为存在吗？

崔亚斌 v. 江苏省互联网新闻中心与等侵犯著作权纠纷上诉案

江苏省高院(2007)苏民三终字第 0106 号

互联网中心上传《黑道》mp3 音频文件构成对崔亚斌著作权的侵权……新疆人民出版社与常桦签订了图书出版合同，并出版了《黑道》一书，全书 17.5 万字，有约 11 万字抄袭于崔亚斌享有著作权的作品《黑枭》和《黑枭末日》。据此，该院认为《黑道》系侵权书籍，新疆人民出版社应承担相应的侵权责任。

本案中，上诉人互联网中心在"中国江苏网"上传的是《黑道》mp3 音频文件，其来源于侵权书籍《黑道》一书。而上诉人互联网中心在制作音频文件及上传时，未尽合理的审查义务，将侵权作品重新制作，并在网上传播，其行为亦构成对崔亚斌著作权的侵权［（一审法院认为侵害信息网络传播权）］。上诉人互联网中心关于《黑道》mp3 音频文件与崔亚斌"刘涌一案纪实文学作品"书稿是两回事，其不构成对崔亚斌著作权侵权的上诉理由于法无据，本院不予支持。［驳回上诉，维持原判。］

（张婷婷、徐美芬、曹美娟法官）

思考问题：

互联网中心是否侵害原告对《黑枭》或《黑枭末日》的复制权？

2.2 临时复制

临时复制是著作权法进入数字时代才真正被关注的问题。它主要是指在数字或网络环境下，在作品的浏览或传输过程中所发生的短暂的存储行为。比如，用户浏览网页时，会在自己的电脑屏幕上临时形成一份作品的复制件。在用户退出相关网页或关闭计算机之后，该复制件将被清除（取决于技术上的默认设置）。再比如，作品在互联网传输过程中，网络服务商为增加网络传输速度、减轻服务器负担，可能对第三方网站内容进行缓存。这些存储行为通常被称作临时复制。

"计算机输入权"①

如果某科学院或某部委，买一本书，然后输入计算机，各个终端需要使用，看哪页，直接在屏幕上显示即可。不需要花钱，保存方便，免于打扫，节省空间……告人家侵

---

① 郑成思：《著作权的概念及沿革》，载司法部和国家版权局：《中华人民共和国著作权法讲析》，中国国际广播出版社 1991 年版，第 91 页。

权,人家在屏幕仅显示一下,又没有复印下来,侵犯你什么权？但是,总感觉这是作者应有的一种权利,现在有些国家称它为：计算机输入权,意指只要使用者将作品输入计算机,无论使用者是否将作品调用,是否在终端上显示,都应向作者支付使用费……随着技术发展与计算机应用与普及,这项权利迟早会被提出并得到法律确认。

思考问题：

这种计算机输入权与复制权的差异在哪？在屏幕上显示与输入计算机是两项独立行为吗？

临时复制之所以引发争论,并非复制本身的数字形态,而是复制本身的临时性。很多人认为,临时复制所形成的复制件不具备相对的稳定性,没有独立的经济利用价值,因此不是著作权法上的复制行为,不受著作权人的控制。其实,临时复制是否有经济价值,并不像想象的那样简单。能够使得浏览成为可能,本身就具有经济价值。不然,很难理解那么多网站限制公众浏览网页。阅读下面的 MAI Systems Corp. 案例,看看临时复制是如何实现价值的。

Cartoon Network LP, LLLP v. CSC Holdings, Inc.

536 F. 3d 121(2008)

John M. Walker 法官：

……

背景

2006 年 3 月,Cablevision 作为有线电视系统的营运者,发布了它的"远程存储数字视频录制系统"(RS-DVR)。该系统许可用户通过 Cablevision 维护的中央硬盘驱动器远程存储有线电视节目。RS-DVR 的用户可以通过家庭电视机回放录制的节目,这一过程仅仅需要一个遥控器和一个安装有 RS-DVR 程序的标准的机顶盒。Cablevision 告知它的内容提供商(包括原告)它提供 RS-DVR 的计划,但是没有从它们那里寻求运营或出售 RS-DVR 系统的版权许可。

原告拥有诸多影视节目的版权。它们指控 Cablevision 运营 RS-DVR 系统的行为直接侵害了它们的独占权——复制权和公开表演权。本案中,原告仅仅主张直接侵权而不主张间接侵权,而被告放弃了任何合理使用的抗辩。

纽约南区区法院判决原告胜诉,阻止 Cablevision 未经内容提供商许可运营 RS-DVR 系统。

I. RS-DVR 系统的操作

Cablevision 将很多电视频道的内容汇聚成单一的数据流。通常,这一数据经处理后被实时传送给 Cablevision 的顾客。因此,如果"卡通网络"(Cartoon Network)的节目是周一晚上 8 点播出,"卡通网络"在这一时间将节目数据传送给 Cablevision 和其他有线电视公司,有线电视公司立即向预定其节目的顾客转播该节目数据。在 RS-DVR 系统下,这一单一的数据流被分成两道。第一道数据像以往一样被立即传输给顾客。第二道数据流进一种叫"宽带媒体路由器"(Broadband Media Router,BMR),经过缓冲(buffer)、重调格式然后送到所谓的"Arroyo 服务器"。该服务器有两个数据缓冲器(data buffers)和一些大容量的硬盘。整个数据流移入第一个缓冲器(首要输入缓冲器,primary ingest buffer)后,服务自动查询看是否有顾客想录制其中的节目。如果有顾客已经请求录制特征的节目,该节目数据就会从第一个缓冲器流入第二个缓冲器,然后被存储在分配给用户的硬盘空间上。新的数据流入首要输入缓冲器时,它们会覆盖相应数量的已经在缓冲器中的数据。在任何时候,首要输入缓冲器保留每个频道的节目数据的时间都不超过 0.1 秒。因此,每隔 0.1 秒,停留在这一缓冲器上的数据就会被擦去和替代。在任何时候,BMR 中的数据缓冲器保留节目数据的时间都不超过1.2 秒。虽然在操作 RS-DVR 系统的过程中,在其他环节会有数据缓冲,但是,只有BMR 缓冲器和首要输入缓冲器是未经单个用户的请求而被使用的。(言下之意,是Cablevision 主动使用这些缓冲器复制数据。)

RS-DVR 不是一件单一的装置,而是一个复杂的系统,需要很多计算机和有线网络进行很多操作,需要人员每周 7 天、每天 24 小时维护设备。对于顾客而言,在 RS-DVR 上录制和回放的方法与标准的置顶数字录像机没有差别。顾客使用一个遥控,就能够事先从屏幕指南上事先选定需要录制的节目,或者在观看节目时按下录制按钮进行录制。不过,顾客不能录制先前已经放过的节目(即错过了就无法录制)。回放时,顾客从一个屏幕上显示的一个先前已经录制的节目的清单中选择要回放的节目。这时,顾客不是从遥控向机顶盒发送信号,而是从遥控通过有线网络向 Cablevision 的中央设备 Arroyo 服务器发送信号。RS-DVR 用户只能播放那些他们事先要求录制的节目。

Cablevision 对于能够录制的内容有一定程度的控制:顾客只能录制 Cablevision 所提供的频道的内容。Cablevision 也能够修改系统以限制顾客可以获得频道数目。

II. 区法院的决定

原告成功地说服区法院,Cablevision 所要采纳的系统从三个方面直接侵害它们的版权。首先,在首要输入缓冲器和其他数据缓冲器中短暂存储数据,Cablevision 会制作受保护作品的复制件,因此直接侵害原告的复制权。其次,在 Arroyo 服务器的硬盘上复制节目(用于回放的复制件),Cablevision 再次直接侵害复制权。最后,应用户的回放要求,从 Arroyo 服务器向用户传输数据的行为,直接侵害了原告的公开表演权(right of public performance)。区法院同意上述三项主张。

对于缓冲数据,区法院拒绝了被告的如下抗辩:1)该数据并没有被固定(fixed),所以不是版权法意义上的复制件;2)任何缓冲的复制都微不足道,因为缓冲器仅仅存储很小一部分数据,保留很短的时间。区法院指出,缓冲的整体效果是要去复制 Cablevision 的整个节目,这样的复制不能说是微不足道的……

讨论

......

I. 缓冲数据

这里的问题是,缓冲组成特定作品的数据,是否是在制作该作品的复制件,从而侵害了版权人的复制权。

版权法所定义的"复制件"(copies)是指以"任何方法固定作品、从而使得该作品可以被复制的物体"。版权法还规定,如果呈现作品的物体(embodiment)足够持久(sufficiently permanent)或稳定,使得它可以在一段时间而不是瞬间(transitory duration)被复制,则作品[在版权法意义上]"被固定在有形的表达媒介上"。我们认为,上述文字提出了两项相关但相互区别的要求:首先,该作品必须体现在一定媒介上,即被放置在某一媒介上因而可以被感知、复制("呈现要求",the embodiment requirement);其次,它必须呈现一段时间,而不是瞬间("持续要求",the duration requirement)。除非满足上述两项要求,否则作品就没有被"固定"(fixed)在缓冲器中。结果,缓冲数据并非该数据所对应的原作品的复制件。

区法院错误地将其分析主要局限在"呈现要求"上。结果,法院认为,只要缓冲数据能够被复制,就意味着该作品被呈现于缓冲器中,进而作品被固定在缓冲器中,形成一个复制件。在这一分析过程中,法院依据从 MAI Systems Corp. v. Peak Computer Inc., 991 F. 2d 511 (9th Cir. 1993) 开始的一系列案例,同时依靠美国版权局 2001 年关于"数字化千年法案"(DMCA)的报告。该报告指出,除非被呈现的内容转瞬即逝(fleetly)以至于不能被拷贝,否则该呈现内容(embodiment)就已经被"固定"(fixed)。

区法院对于 MAI 之类案例的依赖是错误的。通常,这些案例只是认为诉争的复制件被固定,而没有考虑所谓的"持续要求"。这并不意味着"持续要求"并不存在。实际上,这一要求在 MAI 及随后的案例中并不是诉争问题。因此,这些案例并没有指出,如果一项作品只是在媒介中瞬间呈现,是否算是固定在该媒介上,因而是一份复制件(copy)?什么是比"瞬间"(transitory duration)更长的期间?

在 MAI 案中,[原告制造和出售计算机。该计算机使用原告开发的操作系统软件。原告在软件许可协议中,只许可用户自己运行该软件,而不许可第三方使用该软件。原告通过这一限制,意图控制计算机的售后服务。后来,原告的员工跳槽到被告公司工作,带走原告的部分客户的计算机修理业务。]被告 Peak Computer, Inc. 对原告出售的计算机进行维护和修理。为了修理客户的计算机,Peak 的雇员不得不运行该计算机并执行该计算机的系统程序。[原告认为,被告的行为不在软件许可范围之内,所以修理计算机时的临时复制行为侵害其著作权。]该案中的问题是,向计算机的只读存储器载入程序,修理员是否因此制造了版权法第 101 条意义上的复制件。问题的关键是,计算机程序在 RAM 中的呈现是否是第 101 条意义上的固定。第九巡回法院认为,"MAI 指出,Peak 将程序载入 RAM 之后,能够查看系统的报错日志,诊断计算机中的问题所在。这已经充分证明 RAM 中的呈现已经足够持久或稳定,使得它可以在超出瞬间的[更长的]期间里被感知、复制或以其他方式交流。"

MAI案法院提到"瞬间"一词,但是没有讨论分析。法院提到,被告积极争辩说,RAM中呈现的程序并非一份复制件,但是没有具体说明被告的理由。这一省略表明,双方并没有对"瞬时"这一术语的重要性进行争辩。因此,法院也没有机会讨论它。这并不奇怪,因为在这些案件中,程序在RAM中呈现的时间至少有数分钟。

MAI及其后续案例认为,将程序载入计算机的RAM中可以导致对该程序的复制。但是,我们并不认为MAI的结论是将程序载入RAM永远会导致复制。否则,版权法中的"瞬间"(transitory duration)一词的存在就失去意义。我们并不认为兄弟法院会直接忽略这一法定术语而不加以讨论。MAI案的双方当事人似乎认为该"持续"要求已经被满足。

版权局2001年关于DMCA的报告并没有明确说法律定义中的"固定"并不含有所谓的"持续要求"。在版权局看来,只要作品在任何长度的时间段内在媒介上处于可拷贝的状态,则满足了上述"呈现"要求和"持续"要求。这一解释实际上完全忽略了版权法上的"瞬时"(transitory duration)一词。

我们假定,版权局的意见只有在具有说服力(power to persuade)时,才得到司法的尊重。版权局的解释没有说明,如果国会希望法院忽略上述术语,为什么国会还在定义中采用该术语,因此我们没有被版权局的意见说服。

总之,没有案例法或者其他权威意见让我们相信版权法关于"固定"(fixed)的定义不需要同时满足"呈现"和"持续"两项要求。接下来,我们讨论本案中缓冲数据是否满足上述两项要求。

Cablevision并没有对"版权作品在缓冲器中呈现"这一事实认真提出质疑。BMR缓冲器中的数据被调整格式,然后传输到RS-DVR系统的其他部件中。如果用户请求录制节目,首要输入缓冲器中的数据可以被复制到Arroyo服务器的硬盘上。因此,呈现在任一缓冲器中的作品都是"足够持久或稳定,可以被钢制、复制"(像在首要输入缓冲器中)或者"以其他方式被交流"(就像在BMR缓冲器中)(17 U.S.C. § 101)。如果更长一点的作品的一秒钟的片段被单独放在缓冲器中,则结果可能不同。这时候,合理的说法可能是,只有作品的极短片段而不是"一个作品"被呈现在缓冲器中。可是,这里整个作品的每一秒都呈现在缓冲器中,一次呈现一秒长的片段。我们认为,该作品被呈现在该缓冲器中。

这种呈现持续了"比瞬间更长的时间"(for a period of more than transitory duration)?没有任何一节数据在缓冲器中存续的时间超过短暂的1.2秒。这与MAI案不同。MAI案中,诉争的数据一直呈现在计算机的只读存储器中,直到用户关掉计算机。本案中,每一节数据在处理之后,都很快地被自动覆盖。虽然我们的分析必然是针对具体的事实,其他在本案中没有出现的因素可能会显著影响我们关于"持续要求"的结论,但是本案的事实明显显示,呈现在缓冲器中的作品只持续短暂时间,因而不满足所谓的"持续要求"(duration requirement)。

原告争辩说并非只是瞬间持续,因为该数据存续的时间足够长,使得Cablevision可以从中知道复制件。如前所述,这一推理忽略了版权法上关于的持续要求的文字。

我们不接受。本案中，RS-DVR 系统中的缓冲行为并没有制造版权法意义上的复制件。这一结论导致我们无须继续考虑复制行为是否微不足道。在这一点上，我们没有表达意见。

……

思考问题：

（1）本案法院对于作品数据在缓冲器中存续的时间有要求，问题在于在 1.2 秒到数分钟（MAI 案）之间，哪里是质变的界限？为什么认定复制有时长的要求（"比瞬间更长"）？承认是复制，但通过合理使用排除，是不是更合理的策略？

（2）复制件存在的时长是否对区分复制和播放之类的行为有帮助？

在网络时代，很多软件公司提供网络版的软件，用户上网后临时下载软件，无需永久安装就可以使用该软件。离线后，该软件消失。比如，Google 提供的 Google Office 在线办公软件服务。我们能说，这些浏览和下载都是临时的，所以没有经济价值吗？

也有人从另外的角度强调临时复制与永久复制的差别，摘录如下：

> 复制行为应当是在人的意志控制之下自觉的、有意识的、复制作品的行为。对于传统的复制行为而言，复制人对其行为的目的和后果都是非常清楚的……
>
> 与之截然不同的是：内存和缓存中作品复制件的形成，均不以"浏览"者的意志为转移。在"浏览"作品的过程中，虽然在内存和缓存中形成了作品的复制件，但这种现象既非行为人追求的目的，也非行为人所能控制……
>
> "浏览"行为与读者通过望远镜阅读放在远处的作品，或通过放大器观看微缩片没有任何区别，都是为了阅读和欣赏作品，而非为了复制作品并利用作品复制件。[①]

你觉得上述观点有道理吗？一项行为是否构成复制，为何会和人的主观状态有关？浏览行为不受用户控制？浏览真的和通过望远镜观看有可比性？

从技术的角度强调临时复制与永久复制的区别，说服力有限。以网页浏览为例，网络用户的确在自己的电脑中形成一个包括全部网页内容的复制件。只要用户愿意，可以保留该浏览窗口，该复制件可以长时间保留在电脑上。即便要关闭电源，用户依然可以选择休眠模式保证下次开机时照样能够浏览该复制件。该复制件也使得进一步的永久复制成为轻而易举的事情。因此，可以说，这一复制件已经具备了相对的稳定性，能够满足用户浏览作品的需要。该复制件能够存续的时间长短，完全取决于用户的主观意愿，这和永久复制并无本质差别。它之所以被称作临时复制，只是刚好大部分用户选择让该复制件临时存在，仅此而已。

更重要的是，著作权法是否要干预此类临时复制行为，实际上是一个政策性的判断过程。著作权法承认临时复制是一种复制，然后将合法性问题交由合理使用或者默

[①] 王迁：《网络版权法》，中国人民大学出版社 2008 年版，第 15—16 页。

示许可等学说来处理似乎更合理一些。这样,一方面可以保持复制概念在技术上的一致性;同时,也能根据各类临时复制的具体情形,具体调整著作权法的应对策略。在复制的认定环节,过多地引入政策性判断,会人为扭曲著作权法下的制度分工,损害制度的确定性。

现在,在国际范围内,承认临时复制是著作权法上复制行为但同时受到合理使用等制度约束的意见似乎占主导地位。①中国当初制定《信息网路传播权保护条例》时,对这一问题也有讨论。很多人担心,承认临时复制可能会导致版权人的利益过度扩张,在国际贸易中不符合中国的产业政策。立法者最终并未达成一致意见,于是《条例》选择回避这一问题,并没有为临时复制提供一揽子的解决方案。不过,该《条例》第21条还是明确服务器代理缓存行为在一定范围是不承担赔偿责任:

> 网络服务提供者为提高网络传输效率,自动存储从其他网络服务提供者获得的作品、表演、录音录像制品,根据技术安排自动向服务对象提供,并具备下列条件的,不承担赔偿责任:
> (一)未改变自动存储的作品、表演、录音录像制品;
> (二)不影响提供作品、表演、录音录像制品的原网络服务提供者掌握服务对象获取该作品、表演、录音录像制品的情况;
> (三)在原网络服务提供者修改、删除或者屏蔽该作品、表演、录音录像制品时,根据技术安排自动予以修改、删除或者屏蔽。

从这一规则中,我们实际上也能看出,临时复制是否侵权,不是简单的黑白问题。在认定是否构成复制环节,引入具体的价值判断是很不可靠的。可以预见,将来著作权法大约也只能逐步明确哪些临时复制行为侵权,哪些不侵权,而不太可能一揽子地解决这一问题。毕竟,临时复制的情形千差万别。

2.3 平面到立体复制

著作权法上的复制是否包括从平面到立体或者从立体到平面的复制,在中国《著作权法》上并没有明确的规定。国内学者在这一问题上意见分歧。

有意见认为《伯尔尼公约》第9条关于复制权的定义,包括"以任何方式和采取任何形式复制",因而包含从平面到立体的复制。②更有意见认为,如果不限制从平面到立体的复制,"我国对美术作品的保护力度将大大削弱,对建筑作品的保护则几乎完全成了一句空话。这不但不符合著作权法基本原理,也是与我国所承担的国际义务相违背。"③这一意见担心,如果不承认平面到立体构成复制,则以图纸形式呈现的雕塑、建筑作品无法得到保护——"如果不制止按照平面建筑设计图来建造三维建筑作品

---

① 〔德〕约格·莱茵伯特、西尔克·冯·莱温斯基:《WIPO因特网条约评注》,万勇、相靖译,中国人民大学出版社2008年版,第59页。
② 韦之:《著作权法原理》,北京大学出版社1998年版,第186页。
③ 王迁:《著作权法学》,北京大学出版社2007年版,第92页。

的行为,那么对建筑作品的著作权保护就无法实现。"①其实,替代的选择是利用"立体到立体"的复制来解决这一问题。按照图纸建造建筑物实际上是对想象中的立体建筑物进行"立体到立体"的复制。这一解决思路并不违反著作权法的基本原理。进一步的讨论,参见前文"普通作品"一章"建筑作品"一节。

中国1991年《著作权法》第52条规定:"按照工程设计、产品设计图纸及其说明进行施工、生产工业品,不属于本法所称的复制"。这一规定原本的意思是要排除那些本来就不受保护的客体(工程设计方案、工业产品等),后来却常常被当做《著作权法》排除从平面到立体的复制的证据。2001年《著作权法》删除了这一规定。这一删除动作,让很多支持"平面到立体的复制是著作权法上的复制"的学者相信,中国著作权法上的复制包括从平面到立体的复制。②不过,人大法工委的著作中则认为中国著作权法上的复制属于所谓的狭义复制,即依据设计图纸制作建筑或雕塑等立体作品不属于复制。③

在司法实践中,法院的确判决了很多此类侵权案件,通常认为从平面到立体的复制构成著作权法意义上的复制。

南京现代雕塑中心 v. 南京时代雕塑艺术有限公司等

江苏省南京市中院(2003)宁民三初字第30号

1999年5月1日原告南京现代雕塑中心,在《中国花卉报》上刊登了一组雕塑作品的电脑效果图,其中有名称为"希望之光"(编号M5)的雕塑作品。[2001年7月29日被告南京时代雕塑公司向昆山市周庄建设管理所出售名为"科技之光"的不锈钢雕塑。雕塑被安装在昆山高科技产业园内。原告指控被告出售的雕塑侵犯原告"希望之光"雕塑电脑效果的著作权。]

本院认为,根据本案认定的事实,被告南京时代雕塑公司制作并销售"科技之光"雕塑的时间,是在原告刊登"希望之光"雕塑电脑效果图之后,被告南京时代雕塑公司虽认为"科技之光"雕塑是其独立创作,但其并没有提供相应证据支持其抗辩主张,对被告南京时代雕塑公司的此项辩论意见,本院不予采纳。仅就平面而言,"希望之光"雕塑电脑效果图和"科技之光"照片中反映的雕塑特征,两者没有明显的区别,对此被告南京时代雕塑公司也不否认。被告南京时代雕塑公司制作并安装在被告昆山高科技产业园内雕塑"科技之光",是一件立体雕塑作品,与原告提交的雕塑作品"希望之光"的平面效果图相比较而言,虽在表现形式上有所不同。但本案争议的雕塑作品在雕塑作品的分类上属现代雕塑,此类雕塑的造型特点是以抽象、夸张的几何图形连接而成,并没有细部神态和表情的刻画。根据现代雕塑作品的艺术创作规律,设计人员创作的雕塑作品从最初的构思到形成平面效果图,是雕塑作品创作的主要阶段。就本

---

① 王迁:《著作权法学》,北京大学出版社2007年版,第91页。
② 李明德、许超:《著作权法》,法律出版社2009年第2版,第71页。
③ 胡康生主编:《中华人民共和国著作权法释义》,法律出版社2002年版,第46页。

案而言雕塑作品"希望之光"的平面电脑效果图中,已能清楚地反映出雕塑的主要特征,相对于从事雕塑创作和制作的从业人员,根据其所掌握的技能,依平面电脑效果图制作立体的雕塑作品并不需要进行再创作,而仅仅是对平面雕塑效果图的复制行为。因此,本院认定被告南京时代雕塑公司制作并销售雕塑作品"科技之光"的行为,是对原告主张著作权的雕塑作品"希望之光"电脑效果图的复制行为,侵犯了原告对该雕塑作品依法享有的著作权。原告要求其停止侵权并承担赔偿责任和公开赔礼道歉的诉讼请求,本院予以支持。

(**刘红兵、程堂发、卢山法官**)

思考问题:

法院认为被告复制了效果图,但侵害了雕塑作品著作权。为什么不是侵害效果图本身作为图形作品的著作权?

在复旦开圆文化信息(上海)有限公司 v. 上海联家超市有限公司案((2006)沪二中民五(知)初字第240号)中,法院也同样认定平面卡通形象制造成立体的储钱罐侵害复制权。再比如,腾讯公司QQ企鹅形象著作权侵权案中,法院认为被告康福尔公司生产的涉案两款加湿器的外观造型是对腾讯公司涉案作品的使用,这种使用形式属于从平面到立体的复制,从而构成对腾讯公司著作权的侵犯。①

现在,3D打印技术突飞猛进。可以想见,在不久的将来,由此引发的平面到立体的复制的案件会随之增加。著作权法所赋予的平面到立体的复制权将变得更加重要。

2.4 立体到平面的复制

对于立体到平面的复制,有学者则认为它并不被中国法所禁止。② 这一观察并不可靠。依据中国《著作权法》第22条第1款第(十)项,"对设置或陈列在室外公共场所的艺术品进行临摹、绘画、摄影和录像",属于所谓的合理使用。这一规定似乎表明,对与艺术品(比如雕塑)的摄影,原本要受到复制权的限制。只是因为该艺术作品处在公共场所,所以复制权受到限制而已。

在下面的于耀中案中,法院就认定立体到平面的复制,侵害著作权:

于耀中 v. 北京成象影视制作公司

北京市高院(1997)高知终字第32号

本院经审理查明:于耀中系美术作品《支柱》的作者,其作品完成后,曾在科艺中心展厅展览。1994年底,《东》剧组为拍摄需要到科艺中心联系借用部分美术作品作剧中道具,科艺中心表示同意,并允许剧组人员将所挑选的十余件美术作品(其中包括《支柱》)作为《东》剧道具使用。1995年夏,《东》剧组将上述借用作品退还科艺中心,

---

① 佛山市康福尔电器有限公司与深圳市腾讯计算机系统有限公司侵犯著作权纠纷案,北京市二中院(2008)二中民终字第19112号。
② 李明德、许超:《著作权法》,法律出版社2009年第2版,第71页。

并给付科艺中心作品管理费人民币 1000 元。《东》剧组在拍摄过程中,根据剧情发展需要选用《支柱》作为演绎剧中男、女主角爱情故事的道具多次使用,同时为剧情拍摄需要,复制了一件石膏的陶艺品《支柱》,作为不能破坏的原件陶艺品《支柱》的替代品。该复制品在《东》剧摄制完成后已毁损。《东》剧中涉及使用作品《支柱》的镜头前后出现近 80 次。《东》剧摄制完成后,已在全国 47 家电视台播放。原审法院庭审期间,于耀中放弃追究科艺中心的侵权责任。

* * * *

北京市第二中级人民法院判决认定,于耀中创作完成的作品《支柱》是受我国著作权法保护的美术作品。于耀中作为美术作品《支柱》的作者系该作品的著作权人……《东》剧组为摄制该剧向中央工艺美术学院科技艺术开发中心(以下简称科艺中心)借用《支柱》作道具使用的行为,以及科艺中心出借《支柱》的行为,均未取得《支柱》作者于耀中的许可,已构成对于耀中作品《支柱》著作权的侵害,应各自承担相应的侵权责任。《东》剧制片者在未合法取得作品《支柱》使用权的情况下,擅自将该作品复制、播放且未署名,其行为已构成对于耀中作品《支柱》著作权(署名权、使用权和获得报酬权)的侵害,成象公司、音像出版社、两面针公司、南京电视台、南京艺术馆作为《东》剧的共同制片者除承担上述侵权责任并赔偿经济损失外,还应支付于耀中使用作品《支柱》的使用费。

……

成象公司与音像出版社所持《东》剧组对作品《支柱》的使用不是我国著作权法意义的使用之观点,由于缺乏相应的法律依据,该院不予采纳……北京市第二中级人民法院依照《中华人民共和国著作权法》第 2 条、第 3 条第(四)项、第 9 条、第 10 条、第 35 条、第 45 条第(五)、(六)、(八)项及《中华人民共和国著作权法实施条例》第 5 条第(一)、(三)、(七)项之规定,判决:一、成象公司、音像出版社、两面针公司、南京电视台、南京艺术馆在《中国电视报》上就侵害《支柱》著作权(署名权、使用权)一事,向于耀中公开赔礼道歉;二、成象公司、音像出版社、两面针公司、南京电视台、南京艺术馆须向购买《东》剧录像带及播放权的单位或个人具函,说明作为道具使用的《支柱》的作者情况,并在尚未销售的录像带上加贴"本剧拍摄采用了于耀中的美术作品《支柱》"文字说明……

成象公司[等]不服一审判决,提出上诉。成象公司的上诉理由是:一、上诉人对《支柱》只是作为道具使用,是物的使用。不是著作权的使用,不存在侵权问题……

* * * *

本院认为,本案涉及的美术作品《支柱》系由于耀中独立创作完成的,于耀中作为该美术作品的作者,依法对美术作品《支柱》享有著作权。成象公司、音像出版社、两面针公司、南京电视台、南京艺术馆作为《东》剧的共同制片者系该剧的著作权人。《东》剧组为摄制该剧向科艺中心借用《支柱》作道具使用的行为,以及科艺中心出借《支柱》的行为,均未取得《支柱》作者于耀中的许可。《东》剧制片者在未合法取得作品《支柱》使用权的情况下,将该作品作为剧中演绎男、女主角爱情故事的道具多次使用,并将该作品播放,且未署作者姓名,其行为已构成对于耀中对其作品《支柱》所享有的署名权,使用权和获得报酬权的侵害,应依法承担侵权责任……《东》剧组为表现剧情而复制的《支柱》不是以营利为目的,不应认定为侵权复制。原审法院对此认定有误,应予纠正。

(魏湘玲、刘继祥、刘薇法官)

除了上述案件之外,中国法院在一系列案件中确认立体到平面的复制构成著作权法上的复制。比如,在范英海等 v. 北京市京沪不锈钢制品厂案中,法院指出:"除法律另有规定外,未经许可对立体美术作品以平面形式加以使用,构成了对该立体美术作品作者享有的复制权的侵犯。本案被告在其网站和产品宣传册中使用了涉案剽窃作品的行为,应视为是一种以平面的方式商业性使用原告雕塑作品《韵》的行为,侵犯了原告对雕塑作品《韵》所享有的署名权、复制权和信息网络传播权的侵犯。"①

2.5 复制的量

对作品进行复制,无论是一份还是多份,都可能侵害复制权。这从《著作权法》的第 10 条的条文看,是非常清楚的。不过,在某些特殊情况下,某些少量复制行为可能对权利人的市场利益的影响微乎其微,从而被视为合理使用。在司法实践中,法院可能自觉或不自觉地忽略少量的复制行为。下面的案例就是一例。

黄法木 v. 黄声香

浙江省高院(2008)浙民 3 终字第 66 号

原判认定:黄法木于 1988 年 9 月设计完成了"影月"作品,该作品由"影月"文字及图形构成,整个作品主要表现为一个大圆圈,在圆圈的左边弧线上有"影月"二字,圆圈内有一石塔,整个圆圈下面又有一横直线,直线下有一虚线三角形,代表湖中的倒影……

2006 年 3 月 22 日,黄声香委托义乌市蓝海商标代理有限公司代理申请"影月"为注册商标,核准使用的商品种类为 30 类。在代理协议中,黄声香提供的商标图形与黄法木"影月"作品图形表现一致。同时,黄声香申请注册影月及图形文字为商标的相关情况在中国商标网也可予以查询。

2007 年 6 月 25 日,黄法木以黄声香擅自将"影月"图形用于商标注册申请,侵犯了黄法木"影月"图形的署名权、复制权,损害了黄法木的合法权益为由,[提起诉讼。]

[原审法院经审理认为:]

黄法木认为黄声香侵权,具体是侵犯了其涉案作品的署名权与复制权,其理由是黄声香向商标代理公司申请办理注册商标时,复制并提交了黄法木的影月图形作品,同时,认为黄声香以申请人身份提交商标代理公司影月图形侵犯了黄法木的署名权。从本案审理情况看,黄法木认为黄声香侵犯其复制权、署名权的具体证据是原审法院从商标代理公司调取的委托代理协议,在该份黄声香与商标代理公司签订的代理协议

---

① 北京市第二中级人民法院(2002)二中民初字第 8042 号。

上,虽然在委托商标所贴图样一栏显示了涉案作品,但据此并不能得出黄声香对涉案作品进行了多次复制的结论,且从现有证据看,该复制现还未用于商业用途,并未对黄法木的作品造成损害……

本院经审理查明,影月牌商标原核准使用的商品为42类,在续展注册时根据国际分类,核准使用的商品种类为第30类。黄声香当庭陈述,其申请注册"影月及图"为商标时所提供的商标图形是从黄法木的"影月"图文作品复制而来的。黄声香的商标注册申请尚未经核准。本院二审所查明的其他事实与原判认定一致。

本院认为:黄法木系"影月"图文作品的著作权人,其合法权益受法律保护。本案中,黄声香申请注册商标时虽然使用了黄法木的作品,但注册商标是依申请而启动的行政行为,黄声香的申请行为在法律性质上属于启动行政程序的行为,纯粹为启动行政程序而使用他人作品的行为,不同于通常的商业使用,不属于民法意义上的使用行为。由此所产生的争议不属于民事诉讼的范围。最高人民法院在(2005)民三监字第2号函中曾指出:"在商标授权程序中,当事人仅因他人申请注册商标时使用其作品而主张保护著作权的,应通过商标法规定的异议等救济程序解决。"故黄法木可通过商标法规定的异议等救济程序保护其著作权。原审法院受理此案不当,应予纠正。[法院裁定撤销原判,驳回起诉]。

(应向健、方双复、陈颖法官)

思考问题:

(1) 本案中,没有侵害复制权吗?法院对于复制权侵权与商标争议的重叠问题的意见,有道理吗?

(2) 对比下面的案例,北京高院和浙江高院的意见显然不一致。何者更有道理?

韩国奥林匹亚工业株式会社 v. 北京奥林匹亚热能设备开发有限责任公司

北京高院(2000)高知终字第10号

北京奥林匹亚责任公司明知"椭圆形 OLYMPIA"为韩国奥林匹亚会社使用在其奥林匹亚牌锅炉产品上的商标图案,仍委托他人设计相同图案,并未经许可将其作为商标申请注册,目的是要在生产、经营中作为商标使用;其在取得商标注册权后,又要求韩国奥林匹亚会社设在中国的企业不得再使用其商标,其行为已构成对韩国奥林匹亚会社著作权的侵犯。基于商标图案无法署名,精神权利有限的特点,此种行为不宜认定为构成抄袭,而应认定为非法复制。北京奥林匹亚责任公司依法应承担停止侵害的责任。一审判决没有采纳北京奥林匹亚责任公司在申请商标注册前即接触过韩国奥林匹亚会社商标图案的证据,认定韩国奥林匹亚会社与北京奥林匹亚责任公司无法律关系、侵权责任应由王宾承担是错误的,应予纠正。

(陈锦川、刘继祥、刘辉法官)

3 发行权

3.1 发行的构成要素

发行权是指以出售或者赠与方式向公众提供作品的原件或者复制件的权利。①发行权使得著作权人能够控制复制以外的流通环节。这样,即便著作权人无法在复制环节制止侵害复制权的行为,依然可以在流通环节阻止那些没有从事复制行为的销售商对外转让侵权复制件。在实践中,发行经常和出版联系在一起,被称作"出版发行"。依据《著作权法实施条例》(1991)第 4 条(现已删除),所谓出版是指"将作品编辑加工后,经过复制向公众发行"。《著作权法》第 58 条则明确指出,出版是"指作品的复制、发行"。现在,主流学者在描述著作权内容时,不再使用"出版"一词。

发行的构成要素主要是以下三个方面:

首先,作为提供对象的作品原件或者复制件,通常要求在物理上是有形的,比如书本、磁盘、青铜雕塑等。这一限制使得发行行为与信息网络传输、表演、播放等行为相区别。

其次,"提供"方式明确限于"出售或者赠与",要求向公众转移该原件或复制件的物理载体的所有权。而信息网络传输、出租、出借等行为则不能满足这一要求,因为这些行为通常并不导致有形载体所有权的转移。1991 年《著作权法》刚出台时,没有明确定义发行的范围,就有意见认为出租出借也属于发行。② 2001 年立法者对发行的行为进行明确限制,消除了这一不确定性。

最后,发行的对象必须是"公众"。即只有向不特定的社会公众提供作品的原件或复制件,才构成发行。如果获得原件或复制件的人,仅限于私人范围,比如提供者的家庭成员与私人朋友,则提供作品的行为不构成发行。另外,商业环境下,复制件制作者接受委托,制作复制件后向特定客户移交该作品复制件的行为,也可能不被视为"发行"。③

接下来的问题是,为什么发行权字面上蕴含着宽泛解释的可能性,实际上却受到上述限制的严格约束?原因可能很简单。著作权法从一开始就没有赋予著作权人一般性的或全面的控制权,而是选择性地让权利人控制部分利用作品的行为,表演、广播、出租等。为了避免对某一行为做过于宽泛解释,从而使得作者获得过多的控制权,著作权法就必须仔细定义每一项权利内容,包括发行权,从而将著作权的控制权限制在有限的范围内。

在进入数字时代之前,最可能与发行混淆的是出租行为。如果一国著作权法有意让著作权人全面控制出租行为,就无须强调发行中的复制件所有权的移转问题。相反,如果要排除著作权人对出租行为的控制,则自然要求发行过程中复制件所有权必

---

① 《著作权法》(2010)第 10 条第 1 款第(六)项。

② 许超:《著作权人及著作权的内容》,载司法部和国家版权局:《中华人民共和国著作权法讲析》,中国国际广播出版社 1991 年版,第 190 页。

③ 杨林 v. 国家邮政局等 北京一中院(2005)一中民初字第 1674 号:"中国集邮总公司将署其名的邮折销售给委托其印制的用户的行为不是发行行为。"

须发生转移。当然,从立法技术的角度看,这并非唯一选择。立法者甚至可以承认出租是发行的一种,但是将其列入合理使用。中国立法者选择只让部分作品(电影作品和计算机软件)著作权人享有出租权,这也导致著作权法并不能简单地将出租权并入发行权。于是,《著作权法》在定义发行权时,对于有形载体所有权转移的强调,就不可避免了。

进入数字时代以后,信息网络传输又成为新的容易与发行混淆的行为。信息网络传输通常也使得接收者获得作品的复制件。但是,这里并没有发生有形复制件所有权的转移。除非对发行权进行扩充解释,否则它无法涵盖信息网络传输行为。中国立法者最终选择在发行权之外单独创设所谓的信息网络传输权,从而保持发行权的历史定位不变。关于中国法下发行与信息网络传播的差别,在后文"信息网络传播权"一章,有进一步讨论。

3.2 演绎作品的发行

从发行权定义的字面含义看,发行权只是对于作品原件或复制件的控制。如果侵权人所提供不是作品原件或复制件,而是未经许可而演绎的作品复制件,则著作权人是否能够直接以发行权的名义阻止该发行行为呢?著作权法上不能直接找到答案。司法实践中,法院似乎并不认为这存在法律障碍。比如,在庄羽 v. 郭敬明等案(北京市高院(2005)高民终字第 539 号),郭敬明被判抄袭原告作品的故事情节,侵害著作权。法院同时判决出版郭作品的出版社侵权,责令停止出版发行该书。这里,法院显然认为出版社侵害了原告的发行权,尽管出版社并非直接出版发行原告的作品本身。当然,也存在一种矫情的解释,即法院认为只侵害了被抄袭片断作品的发行权。

3.3 发行权的穷竭

在著作权人或者获其授权的被许可人出售作品原件或复制件之后,该原件或复制件的受让人后续的发行行为就不再受著作权发行权的限制。此即所谓的版权穷竭学说。发行权穷竭起始于作品原件或复制件的首次销售,因此该学说又被称作首次销售学说(First Sale Doctrine)。"[权利穷竭]这一原则,严格地讲,仅仅适用于经济权利中的发行权。""实行这一原则的主要目的,在于鼓励商品的自由流通,防止版权中的专有性质产生妨碍商品流通的结果。"①

理论上,版权穷竭原则在中国被普遍接受。②不过,在中国《著作权法》上并没有明确的权利穷竭条款。因此,这里关于版权穷竭的讨论,更多是理论上的介绍。

版权穷竭原则适用的前提是作品复制件已经被著作权人或其授权者对外出售,所有权发生转移。在实践中,容易发生争议的是,复制件的控制权发生转移,但是所有权是否转移不是很清楚的情形。比如,软件使用许可过程中,对于软件载体是否已经转移,就可能存在争议。软件公司为了避免权利穷竭,可能会在许可协议中声明,保留自

---

① 郑成思:《版权法(修订本)》,中国人民大学出版社 1997 年第 2 版,第 257 页。
② 李明德、许超:《著作权法》,法律出版社 2009 年第 2 版,第 73 页。

已对软件载体的所有权。在软件公司看来,软件的购买者只是获得了软件载体和软件本身的使用权,并未获得载体比如光盘的所有权。因此,不存在作品有形复制件被出售,也就没有权利穷竭的问题。因而,软件复制件的持有人不能向公众转让该复制件。

版权法上除了发行权涉及作品的有形载体的使用外,出租权、展览权、改编权和保护作品完整权也可能涉及对该有形载体的利用。这些权利通常不受权利穷竭规则的影响。①

深圳市大族激光科技股份有限公司 v. 温州市嘉泰激光科技有限公司

浙江省温州市中院(2005)温民三初字第24号

原告大族公司诉称,其系中国最大的工业激光器生产和销售商并自行开发了激光打标机软件 HAN'S LASER Marking System 2000 for Win95/98 V2000。该软件是激光打标机的核心控制部分,它通过接口卡控制打标机中的扫描振镜和Q开关等部件,从而将输入的文字和图形转换成激光束的轨迹,标记于物体上。嘉泰公司未经许可擅自将该软件复制并安装在其制造、销售的激光打标机中,严重侵犯其计算机软件著作权……

被告嘉泰公司辩称,其合法取得了两套大族公司生产的激光打标机及激光打标机软件,其仅将该激光打标机软件安装在自行生产的激光打标机后连同该软件的解密装置一并转让给正泰公司,而没有像大族公司所说的那样进行复制、传播,也没有擅自对软件的名称、内容进行改动,因此没有侵犯大族公司的著作权。

……

2000年柳昌星从大族公司处购买了两台均包含1.0版软件的激光打标机,每套软件均附带软件狗。2004年柳昌星将该两台激光打标机包括1.0版软件及软件狗转让给嘉泰公司,并移交了装箱单、保修单、控制软件使用手册、雕刻机使用手册等文件。后,嘉泰公司将其生产的两台激光打标机销售给正泰终端公司,打标机上安装的软件为2000版软件,配备的软件狗为大族公司的软件狗。

另,据大族公司在庭审中陈述,其2000版软件开发出来后,免费向客户提供升级服务。

本院认为,根据《计算机软件保护条例》第8条规定,软件著作权人享有发表权、署名权、修改权、复制权、发行权、出租权、信息网络传播权、翻译权等权利。大族公司向柳昌星等以出售的方式提供1.0版软件复制件,就是一种发行行为。嘉泰公司向正泰终端公司出售安装有2000版软件的激光打标机,也属于发行软件行为。根据《中华人

---

① 《著作权法》第10条第1款第(八)项规定,美术作品和摄影作品的著作权人享有对原件或复制件的"公开陈列"的权利。因此,对于此类作品而言,权利穷竭也不能保证后续的复制件的持有人展览该复制件的权利。不过,依据《著作权法》第18条规定,"美术等作品原件所有权的转移,不视为作品著作权的转移,但美术品原件的展览权由原件所有人享有"。作品复制件的所有人依然可以展览该复制件,不过法律依据不是权利穷竭,而是特别例外。这里的"美术等作品"是否包含上述"摄影作品",则是一个疑问。

民共和国著作权法》第 52 条、《计算机软件保护条例》第 28 条规定,软件发行者只有在不能证明其发行的复制品有合法来源时承担法律责任,换句话说计算机软件的复制品经合法发行后,复制品的所有人可以再次转让发行,著作权人无权予以制止,也就是说,就合法发行的软件复制品而言著作权人发行权的权利已经用尽。著作权人发行权权利用尽原则就一般作品来说,人们比较容易理解,但对计算机软件这一特殊作品而言,由于软件开发商营销方式的多样性,并非所有的软件合法复制品均存在发行权用尽——如软件开发商对特定客户以使用许可协议方式约定使用主体和使用范围的条件下提供的合法复制品就不存在发行权用尽。

本案中,大族公司向柳昌星销售 1.0 版软件复制品时没有书面约定该软件复制品不得转让,软件安装过程中的出现软件许可证协议中也没有规定软件使用的禁止事项,相反大族公司对其出售的每套软件复制品均配备一枚软件狗,能有效地控制了软件的使用范围,应当解释为大族公司仅对每套软件复制品的使用范围作出限制——即一套软件复制品只能在一台激光打标机中安装使用。另外,正如大族公司所举的三份发票证明,其所销售的这三套软件均单独开具销售发票,且每套售价高达 80000 元,具有高而独立的财产价值。综合上述大族公司销售软件的情况,即使如大族公司所称其软件产品均与其激光打标机一起捆绑销售(姑且不论这种捆绑销售是否违反反不正当竞争法)而没有在市场上单独销售,但是如果同样要求每套软件复制品的使用权利与被捆绑销售的激光打标机的报废一起"捆绑"消亡,尚缺乏合法理由,故大族公司销售的这些软件复制品适用权利用尽原则,合法复制品的所有人可以转让这些复制品。因此,嘉泰公司在合法取得 1.0 版软件复制品及代表软件复制品合法使用权利的软件狗之后,根据《计算机软件保护条例》第 16 条第(一)项规定,有权根据使用的需要把该 1.0 版软件装入计算机等具有信息处理能力的装置内,也有权再次予以销售。现问题是,嘉泰公司将 2000 版软件而不是其取得合法复制品的 1.0 版软件安装在其激光打标机上销售给正泰终端公司,其行为是否侵犯大族公司 2000 版软件的著作权?

2000 版软件与 1.0 版软件相比在功能上有所增加,相应地在程序和文档上其表达形式与 1.0 版软件有所不同,具有著作权法意义上的独创性,因此 2000 版软件相对于 1.0 版软件具有独立的著作权。一般而言,旧版软件合法复制品所有人不能安装、复制备份具有独立著作权的新版软件,计算机软件开发商没有义务为旧版用户提供新版软件的升级服务。但是,本案中大族公司免费向其旧版软件用户提供新版软件升级服务的行为属于售后服务行为,而售后服务属于合同的附属义务,相应地,大族公司的旧版软件的用户享有将其旧版软件升级为新版软件的合同上的权利。因此,嘉泰公司作为 1.0 版软件合法复制品的所有人也享有升级软件的权利,大族公司如果要免除其合同义务而剥夺嘉泰公司这种软件升级权利,应当提供符合法律规定的理由。现大族公司仅以嘉泰公司是其激光打标机业务上的竞争对手为由而欲剥夺嘉泰公司如其他 1.0 版软件用户所享有的升级权利则理由不足,且其行为将造成对嘉泰公司的歧视而使嘉泰公司处于不利地位,违反《中华人民共和国合同法》第 5 条、第 6 条及《中华人民共和国民法通则》第 4 条规定的公平原则和诚实信用原则。综上,嘉泰公司作为

1.0 版软件合法复制品所有人有权升级安装使用 2000 版软件,嘉泰公司将涉案软件与合法取得的软件狗配套使用,不存在超过范围商业使用计算机软件行为

(周虹、高兴兵、石圣科法官)

思考问题:

发行权的穷竭是否可以通过合同排除?为什么?

3.3.1 发行权的国际穷竭

与专利权国际穷竭引发的争议相比,版权的国际穷竭在国内并没有引发什么争论。[①] 中国长期存在的外版图书进口的实践并未受到立法干预。这一事实表明,决策者支持版权国际穷竭的规则。

很多人认为,中国之所以接受发行权的国际穷竭,是因为版权法上没有类似专利法上的"进口权";从而公众相信,版权人并没有权利阻止外版图书的进口。上述解释虽然为很多学者接受,但并不可靠。因为广义上的发行权是很容易被解释为涵盖销售或进口的内容。[②] 比如,美国最高法院在 Quality King Distributors, Inc. v. L'Anza Research International, Inc. (523 U. S. 135(1998)) 中有下列说法:

> 无论是从进口商还是版权人的角度看,"进口行为并非版权法第 106 条所述的销售或转移占有行为"的说法没有说服力。严格说来,进口商当然可以将商品从一个国家运到另一国家,而不丧失控制权。但是,在典型的商业交易中,承运人商品交由他人占有并转让所有权……因此,按照通常的解释,一个人有权"出售或其他方式转移占有"(to sell or otherwise dispose of the possession)某一产品,当然包括将它运到他国某一个人的权利。

本书认为,版权与专利权在权利穷竭问题上所面对的法律框架并没有实质性的差别。我们并不能简单地因为版权法上没有"进口权"的概念,就认为版权法本质上并不能在进口环节阻止作品复制件进入中国。如果进口的作品复制件为侵权复制件,版权人应该可以基于发行权阻止其进口。我们能够进口正版图书,如其是说版权人没有进口权,还不如说是决策者有意选择版权的国际穷竭。

3.3.2 美国法上的版权穷竭

美国《版权法》第 109 条(a)规定了权利穷竭条款:"尽管有第 106 条第(3)项的规定,依据本法合法制造(lawfully made under this title)的特定复制件或录音制品的所有人,或者经该**所有人**授权的其他任何人,无须经过版权持有人的授权,有权出售以其他

[①] 有意思的是,郑成思教授过去认为向中国进口和出口在美国合法发行的图书,会侵害美国版权人在中国享有的发行权。这应该不代表主流的意见。郑成思:《版权法(修订版)》,中国人民大学出版社 1997 年第 2 版,第 225 页。

[②] 比如,美国版权法第 602(a)条就规定,未经授权进口作品的复制件侵害发行权(the distribution right)。尽管美国法上的发行权与中国法上的范围并不完全一致,这还是说明发行权的解释有相当的空间的。

方式处理它对该复制件或录音制品的占有权。"

从字面上看,要适用第 109 条(a)的权利穷竭的前提是该复制件必须是依据美国《版权法》合法制造。所谓依据美国法制造,过去通常被理解为在美国境内制造。① 不过,在下面的 Kirtsaeng 案中,美国最高法院移除了这一限制,而拥抱国际穷竭规则。

第 109 条(a)强调合法制造,却没有明确复制件经著作权人许可出售之后才导致著作权穷竭。Nimmer on Copyright 认为,第 109 条(a)的字面意思相当的明确,存在着宽泛解释的可能性,即只要合法拥有某一作品复制件的所有权,就可以不受版权人的约束自由处分该复制件。这甚至包括经许可制造复制件,但未经授权出售的情形。② 该书认为,现在法院倾向于接受上述字面解释。③

有意见认为,第 109 条(a)所要求的合法制造("Lawfully made")并不必然要求该制造过程经过著作权人的许可。如果制造过程符合著作权法上合理使用或其他法定例外的规定,则同样也视为是合法制造的。④ 这一解释符合第 109 条(a)的字面意思。不过,这一解释的合理性有疑问。为合理使用目的制造复制件,通常并不意味着后续的购买者也同样是基于同样的合理使用目的。让著作权人失去对该复制件的流通控制,似乎没有正当性。

如果出售者并非作品复制件的合法持有者(比如,该复制件是他偷来的),则出售行为并不导致版权穷竭。因为,依据第 109 条,在出售时,出售者应当是该复制件的所有者。在这种情况下,版权人可以利用发行权制止该作品复制件的流通。⑤

Kirtsaeng v. John Wiley & Sons, Inc.

133 S. Ct. 1351(2013)

Breyer 法官:

第 109 条(a)规定了首次销售原则,内容如下:

上诉人所依赖的首次销售原则体现在 17 U.S.C. §109(a)中。该条指出:"尽管有第 106 条(3)的规定(该条授予权利人独占性的发行权),特定的依据本法合法制作(lawfully made under this title)的作品复制件或唱片的所有人,或者经过前述所有人授权的任何人,有权未经版权人的授权,出售或以其他方式转移对该复制件或录音制品

---

① 美国最高法院的 GINSBURG 法官在 Quality King Distributors, Inc. v. L'Anza Research International, Inc. 523 U. S. 135(1961)案中引用 Party 的观点(W. Patry, Copyright Law and Practice 166—170 (1997 Supp.)),认为:"The words 'lawfully made under this title' in the 'first sale' provision, 17 U. S. C. §109(a), must mean 'lawfully made in the United States'"。在 Omega S. A. v. Costco Wholesale Corp. 541 F. 3d 982 (2008)案中,法院也强调这一点。类似观点参见 Nimmer on Copyright, §8.11[B][6], at 8—161(2009)。

② Nimmer on Copyright, §8.11[B][3][c], at 8—157(2009).

③ Nimmer on Copyright, §8.11[B][4], at 8—158(2009). 该书引述的案例是 Bourne v. Walt Disney Co., 68 F. 3d 621, 632(2d Cir. 1995); Denbicare U. S. A. Inc., v. Toys R Us, Inc., 84 F.3d 1143(1996).

④ Task Force, Report of the Working Group on Intellectual Property Rights ("White Paper"), 93 (1995) available at http://www.uspto.gov/web/offices/com/doc/ipnii/.

⑤ Nimmer on Copyright, §8.12[B], at 8—159(2009).

的占有(possession)。"

本案的问题是,在外国出版并经过版权人许可出售的作品复制件是否可以被带到美国然后对外出售?首次销售原则依然适用吗?

《版权法》第602条(a)(1)规定:"未依据本法经版权人授权,向美国进口在美国境外获得(acquired)的作品,是侵害第106条规定的独占性发行权的侵权行为。"这一条款清楚规定,未经许可进口作品复制件侵害发行权。第106条受到各种各样的限制,包括首次销售原则。问题是,第602条(a)(1)是否也受到这一原则限制?

在 Quality King Distributors, Inc. v. L'anza Research Int'l, Inc., 523 U.S. 135 (1998)中,我们指出,第602条(a)(1)援引了第106条(3)中的发行权,这也导致对发行权的限制条款,特别是第109条的首次销售原则,也被引入。因此,在国外购买的复制件的人可以自由进口该复制件到美国并自由处理,就好像他在美国购买了该复制件一样。

但是,在 Quality King 案中,该复制件虽然在国外购买,但是最初是在美国制造的(被送到国外然后出售)。本案与 Quality King 相似,但是有一重要事实不同。诉争的复制件是在国外制造的。这一事实之所以重要,是因为第109条(a)说,首次销售原则适用于"依据本法合法制造的特定复制件或录音制品"(a particular copy or phonorecord lawfully made under this title)。我们必须决定,"依据本法合法制造"的要求是否导致本案与 Quality King 案不同。

在本案中,我们认为首次销售原则适用于在国外合法制造的版权作品的复制件。

I

A

John Wiley & Sons, Inc. 出版教科书。Wiley 通常对这些教科书享有版权。它常常将自己教科书的外国版权授权给全资子公司 Wiley Asia。Wiley Asia 在亚洲出版的版本通常明确要求该书籍只能在美国之外的特定国家或地区销售。

比如,在 J. Walker 的《基础物理》一书中,Wiley Aisa 的亚洲版本有如下声明:"Copyright 2008 John Wiley & Sons (Asia) Pte Ltd. 所有权利均保留。本书仅仅被授权在欧洲、亚洲、非洲和中东销售,不得被出口到上述地域意外的地方。未经出版者的授权,从这些地区向其他地区出口或进口此书是违法行为,损害出版者的权利……"

请求人 Supap Kirtsaeng 是泰国人,在美国学习时将在泰国出版并低价出售的英文的教科书运到美国出售。

B

2008年,Wiley 对 Kirtsaeng 提起版权侵权诉讼。Kirtsaeng 回应说,该教科书是"合法制造"(lawfully made)的,也是他合法获得。因此,首次销售原则许可他转售或处置该书而无需经过作者的再次许可。

区法院认为,Kirtsaeng 不能主张首次销售原则,因为该原则不适用于在外国制造的产品(即使经过版权人的许可)。随后,陪审团认定 Kirtsaeng 故意侵害 Wiley 的美国版权,裁定支付60万美元的法定赔偿(每本书75000元)。上诉法院支持了区法院的意见,但有法官提出异议意见。

II

我们必须决定,"依据本法合法制造"这一短语是否从地域上限制了第109条(a)款首次销售原则适用范围。第2巡回法院、第9巡回法院和总检察官都认为这一短语施加了地域限制。第2巡回法院认为,这一短语将首次销售原则限制在那些"美国版权法(the Copyright Act)是法律"的地域上制造的特定复制件,即在美国国内制造的复制件,而不是在外国制造的复制件。第9巡回法院认为,首次销售原则适用于两类复制件:(1) 在美国合法制造的复制件;(2) 在国外合法制造但是在美国首次出售时经过著作权人的许可的复制件。

依据上述地域限制的解释,首次销售原则不适用于诉争的 Wiley Asia 的教科书。尽管美国版权人许可在国外制作复制件,他人在零售店、网上或者图书馆购买了此类书籍的复制件后,未经进一步许可,不能[在美国]转售或以其他方式处理该复制件。

可是,Kirtsaeng 认为,"依据本法合法制造"施加了一个"非地域性的限制"。他说,该短语意味着"依据"或者"符合"版权法制造(made "in accordance with" or "in compliance with" the Copyright Act)。只要复制件的制造满足了美国版权法的要求,首次销售原则就应该适用。具体地说,如果国外制造的复制件经过版权人的许可,就像本案一样,则首次销售原则适用。

我们认为,综合考虑第109条(a)的语言、背景和首次销售原则的普通法历史,非地域限制的解释更有道理。我们怀疑国会会利用地域限制解释来威胁普通的学术、艺术、商业或消费者的活动。因此,我们认为 Kirtsaeng 的非地域限制更好地解释了版权法。

A

第109条(a)的语言偏向 Kirtsaeng 的非地域限制解释,即"lawfully made under this title"意味着 made "in accordance with" or "in compliance with" the Copyright Act。该条没有提到任何关于地域的文字。"under"一词意味着"in accordance with"。非地域的解释使得这五个英文单词有不同目的。头两个单词"lawfully made"是为了区分那些合法制造的复制件和非法制造的复制件。后三个单词"under the title",设定了"合法"的标准(the standard of lawfulness)。因此,非地域性的解读很简单,促进了版权法的传统目标(打击盗版),也使得每个词语有语义上的合理性(linguistic sense)。

地域性解释带来语义上的难题。它导致"lawfully"一词几乎没有语义上的工作可做。(一本书怎样才是依据本法非法制造?)它向法律条文中引入了地域限制,而条文字面上并没有明确提到这一点。这导致的问题远比想象的复杂。

要读入地域限制,Wiley 必须首先强调"under"一词。的确,Wiley 将"under the title"理解成"在[美国]版权法适用的地方符合[美国]版权法"("in conformance with the Copyright Act where the Copyright Act is applicable")。然后,Wiley 必须走第二步,即美国版权法仅仅在美国适用(applicable)。

问题是，无论是"under"还是该短语中的其他单词，都没有"where"的意思。"under"可能意味着"subject to"，但是它并没有统一而一致的含义。

更严重的问题是，第2步将地域限制读入"applicable"一词所导致的不确定性和复杂性。[美国]版权法在哪里适用？该法律并不直接保护美国版权人使之免受境外盗版侵害。但是，这一事实并不意味着该法律不适用于在国外制造的复制件。在日常英语中，一个人可以说，一项将关税强加给任何在尼泊尔生长的杜鹃花的法律，适用于所有尼泊尔的杜鹃花。类似地，我们可以说美国版权法适用于所有的盗版复制件，包括那些在海外印制的复制件。的确，版权法本身已经明确，外国印制的盗版复制件受本法约束（subject to）。§602（a）（2）。

这一日常的语义用法的合理性在版权法第104条得到支持。该条指出，依据本法受保护的作品包括未出版的作品（无论作者的国籍或居住地在哪里）和在将近180个与美国签署版权条约的国家首次出版的作品。因此，日常英语许可我们说，美国版权法适用于爱尔兰人的手稿和首次在日本录制的芭蕾舞表演等。

第9巡回法院的地域解释导致更大的语义难题。如前所述，第9巡回法院认为，首次销售原则适用于两类复制件：（1）在美国合法制造的复制件；（2）在国外合法制造但是在美国首次出售时经过著作权人的许可的复制件。

我们能理解为什么第9巡回法院认为需要增加第2类复制件。如我们后文所述，不增加这一类别，版权人就可以阻止在国内再次出售（转售）在日本制造的游戏盘、德国制造的电影、中国制造的服装（设计版权），即使版权人已经许可过外国制造、进口和国内的首次销售行为。像Wiley一样的出版商将可以在外国印制图书，许可进口到美国并出售，但是禁止学生在校园书店中出售他们用过的教科书。我们认为没有办法协调"lawfully made under this title"这一短语与这一"半地域/半非地域"的解释。从英语文字看，这五个英文单词要么涵盖外国合法制造的复制件，要么不涵盖。

总之，我们相信地域限制解释制造的语义问题比它解决的更多。"简洁和一致性"（simplicity and coherence）方面的考虑，使得单纯语义的平衡偏向Kirtsaeng的非地域限制解释一边。

B

法律条文的历史和当前的法律条文背景都表明国会在制定现在的第109条（a）时，并没有考虑地域问题。第109条（a）的前身是1909年《版权法》的第41条："本法并不禁止、阻止或限制转让任何合法获得占有的版权作品的复制件。"该条文并没有提到地域问题。从条文对比看，国会并没有试图引入地域性限制。

过去版本的语言涵盖那些并非复制件所有人而只是合法获得的复制件的占有者的主体。现在的版本仅仅涵盖合法制造的复制件的所有人。这一修改将什么人排除在外？谁可能合法获得版权作品的拷贝但是却不拥有该拷贝的所有权？答案之一是电影院的所有人，他们经常租用电影拷贝，而不是该拷贝的所有人。现在的版本将他们排除在首次销售原则的适用范围之外。

上述立法目标完美地解释了现在版本的新表述，包括诉争的五个单词组成的短语。第109条(a)明确复制件的租赁人不会获得首次销售原则的保护,只有复制件的所有人才能获得保护,前提是该复制件是合法制造的,而不是盗版的。

现有版权法的其他条款也支持非地域性解释。比如,早期的法律限制进口在美国境外制造的复制件("制造条款")。后来,此类条款逐步消失,法律开始平等对待在美国和国外制造的复制件。这一平等对待原则很难与首次销售原则的地域性解释相互协调。后者使得美国版权人获得(可能是一个外国人)对外国复制件(不包括在美国制造的复制件)在美国的发行渠道(销售、转售、赠送或其他发行方式)的永久控制。很难相信,国会在寻求此类不平等对待时没有作任何解释,而在另外的相关条款(即前面的"制造条款")中选择了完全相反的政策目标(即平等对待)。

最后,我们通常假定,"依据本法合法制造"在不同但相关的部分出现时,具有相同的含义。但是,这么做会出现一些很意外的结果。比如:

第109条(c)规定,尽管版权人有展览版权作品的独占权,但是"依据本法合法制造"的特定拷贝的所有权人可以公开展览该拷贝,而无需再次经过版权人授权。如果依据地域限制解释上述"依据本法合法制造",则意味着在加拿大、欧洲或亚洲购买的版权作品的人,未经版权人的授权,不能在美国展览这些作品。

类似的问题同样出现在第109条(c)、第110条(1)等。另外,第106条规定了"owner of a copyright under this title"所享有的基本的独占性权利。"under this title"三个单词不支持地域性解释。

C

法律解释的经典规则偏向非地域性解释。当成文法涉及先前普通法所涵盖的问题,我们应假定国会意图保留普通法的实质。

首次销售原则是普通法规则,有清晰的历史脉络。普通法有拒绝对动产的转让进行限制的传统,强调财产的购买者在再次出售或以其他方式处分财产时应该相互竞争。美国法通常也认为自由竞争,包括再次出售的自由,对消费者有利。许可版权人限制动产的转售或其他处分行为,同样有违普通法传统。

在很难追踪、很容易流动的商品上设置的限制,很难执行。首次销售原则使得法院免于这一管理负担(administrative burden)。它避免了原本难以避免的选择性执法。因此,毫不奇怪,至少一个世纪以来,首次销售原则在美国版权法上一直扮演重要角色。

普通法并没有地域区分。在最高法院首次适用首次销售原则的 Bobbs-Merrill 案中,或者在版权法第109条(a)的前身条款中,也没有地域区分。

D

图书馆协会、旧书商、技术公司、消费产品零售商、博物馆等从多个方面指出,地域限制不利于实现宪法所设定的"促进科学和有用艺术"的版权立法目的。

美国图书馆协会说,图使馆收藏了至少2亿册境外出版的图书。还有很多图书虽然是在美国出版,但是是在境外印刷的,因为境外成本较低。地域限制解释可能要求图书馆在这些图书流通(或以其他方式发行)之前要获得许可(或者,至少增加的显著的不确定性)。

美国图书馆协会问,这些图书馆如何为发行这些图书而获得许可?比如,它们如何发现那些数十年前撰写的图书的版权人?它们可能并不知道这些著作权人现在的地址。即便能偶然发现该地址,发现和联系版权人以及谈判的成本可能很高。所有图书馆要停止流通、发行或展览它们收藏的在境外印刷的图书?

旧书商们告诉我们,几个世纪以来,它们就假定首次销售原则适用于境外出版的图书。按照所谓的地域限制解释,则现在在巴黎莎士比亚公司为美国朋友购买外国旧书的游客可能发现她违反了版权法。旧书商们不知道外国版权人如何看待读者出售旧小说的行为,但是它们相信地域限制解释会损害很大一部分旧书生意。

技术公司们告诉我们,汽车、微波炉、计算器、手机、平板电脑和个人计算机都带有版权软件或包装材料。很多产品都是经过美国版权人同意在境外制造,然后出售和进口到美国。地域限制将阻碍这些产品(比如带有版权软件的汽车)在未经版权人同意的情况下在美国销售。

零售商们告诉我们,2011年大约有2.3万亿美元的外国商品被进口到美国。美国的零售商在国外购买这些产品。这些产品中很多带有受版权保护的包装材料、商业标志、标签、产品说明书等等。而在美国出售的更传统一些的版权作品,比如图书、音乐唱片、电影和杂志的价值超过2200亿美元。地域限制解释将使得其中很多产品(如果不是全部的话)受到诉讼威胁的负面影响。

艺术博物馆的主任们在要求我们考虑对外国作品的展览问题。地域限制解释给博物馆带来类似的难题。

这些例子表明,为什么普通法上的首次销售原则对于保护交易自由是非常重要的,也帮助解释为什么美国版权法一直适用这一原则。

Wiley并不否认地域限制解释可能会带来可怕的后果,不过它认为这些例子是人为想象的。它指出,联邦法院在30年前就接受了地域限制解释,但是上述问题并没有出现。因此,所谓的威胁只是理论上的,而非真实的。

我们并不这么乐观。实际上,过去的司法判决并没有确定采用地域性解释,不同的巡回法院的立场并不一致。大量的市场主体(如上所述)依赖首次销售原则,并假定没有地域限制。本院如果接受地域限制解释,将带来剧烈变化。这一结果是不能忍受的。

最后,损害之所以有限,是因为版权人到目前为止并不愿意积极主张地域性的转售控制权。如果我们明确法律规则对版权人有利,则版权人可能作出不同的决定(转而积极主张权利)。无论如何,期待他人不实际执行才能工作的版权法,不是好的版权法。这样的法律会导致不确定性,会引发选择性执法。如果普遍得不到执行,会导致版权法自身不再受到尊重。

因此,我们认为,申请人和它的朋友们所描述的实际问题足够严重、普遍,很有可能发生,特别是在外国商品在美国越来越重要的背景下。结论是,版权的实际后果、法律条款的语言、背景和法律解释规则等都偏向于反对对第109条(a)的地域限制解释。

III

Wiley 接下来认为,先前最高法院的 Quality King 案以及版权法的立法史均支持地域性解释。[法院进行了反驳,这里从略。]

Wiley 还指出,非区域性解释将使得出版商和其他版权人很难(如果不是不可能的话)分割国内和国外市场。我们同意。出版社可能发现,它很难在不同区域的市场上对相同的图书索要不同的价格。但是,我们不认为这些事实对于 Wiley 的立场有利,因为我们发现版权法并没有表明出版者被特别赋予此类权利。宪法和先例也都没有表明,版权法应该保证版权人分割市场的权利。

相反,国会通过首次销售条款限制了版权人分割国内市场的能力。这一限制与反垄断法上限制市场分割的一般规则一致。版权人是否应该有权利分割国际市场,是国会决定的事项。我们在这里努力判断国会已经作出的决定,并没有走得更远。

最后,Wiley 和其他异议者认为,我们的决定导致美国的版权法变成一种史无前例的"国际穷竭"制度。但是,他们并没有证明 1976 年国会的立法意图。

思考问题:

(1) 联系美国法院对法律条文的语义学解释,看看依据中国法,如何解释版权的国际穷竭问题?

(2) 法院强调普通法的传统是强调物的自由流通和利用,而且普通法没有地域限制。问题是,就像法院所承认的那样,版权法在很多方面背离了普通法原则,为什么在国际穷竭上刚好就没有背离呢?

(3) 仔细考虑图书馆协会、旧书商、技术公司、消费产品零售商、博物馆等主张国际穷竭的理由,看看有没有相反的理由或解决它们顾虑的替代方案?

3.4 刑法上的"复制发行"

中国《刑法》(1997)第 217 条规定:

以营利为目的,有下列侵犯著作权情形之一,违法所得数额较大或者有其他严重情节的,处三年以下有期徒刑或者拘役,并处或者单处罚金;违法所得数额巨大或者有其他特别严重情节的,处三年以上七年以下有期徒刑,并处罚金:(一)未经著作权人许可,复制发行其文字作品、音乐、电影、电视、录像作品、计算机软件及其他作品的;(二)出版他人享有专有出版权的图书的;(三)未经录音录像制作者许可,复制发行其制作的录音录像的;(四)制作、出售假冒他人署名的美术作品的。

最高人民法院、最高人民检察院《关于办理侵犯知识产权刑事案件具体应用法律若干问题的解释》(2004)第 11 条第 3 款规定:

通过信息网络向公众传播他人文字作品、音乐、电影、电视、录像作品、计算机软件及其他作品的行为,应当视为刑法第二百一十七条规定的"复制发行"。

最高人民法院对于刑法中的"复制发行"的解释与公众对于《著作权法》上"复制发行"的理解有巨大差异。请对比一下两派意见,觉得何者更有道理?

刑法司法解释中"复制发行"

崔国斌:《P2P软件背后的版权责任认定——台湾飞行网案评析》,
载《月旦民商法》(台湾)2006年第11期,第133—147页

自1994年人大常委会通过《关于惩治侵犯著作权的犯罪的决定》开始,著作权才被纳入刑事保护范围。1997年中国《刑法》第217条正式规定了著作权侵权的刑事责任。① 依据该规定,受追究的行为主要限于复制发行和出版行为,而且必须是以营利为目的,违法所得数额较大或者有其他严重情节。1998年最高人民法院司法解释称所谓"数额较大"个人所得须超过5万元人民币或单位所得超过20万人民币。② 2004年最高法院和最高检察院出台司法新的解释,降低刑事责任门槛到违法所得数额3万元。③2004年的最高法院的司法解释还将网络传输行为视为传统的复制发行行为,从而将刑法保护范围延伸到所谓的信息网络传输。④

最高法院通过司法解释将信息网络传输权纳入到复制发行权的范围,为追究网络侵权行为人的刑事责任寻找所谓的法律依据。然而,这一司法解释的合理性存在疑问。对于信息网络传输权的侵权行为,《刑法》中并没有具体的规定。因此,"对这种在线盗版侵犯他人信息网络传播权的犯罪行为缺乏追究刑事责任的法律根据"。⑤ 最高法院的解释违背了《著作权法》的立法本意,也违背最高法院先前的立场。现行《著作权法》明确区分复制、发行和信息网络传输三类行为,即表示它们之间是不同的。2000年最高法院案例公报公布了张承志诉世纪互联通讯技术有限公司侵犯著作权纠纷案,等于首肯了下级法院所谓传统的复制、发行权无法涵盖网络传输行为的观点。⑥ 在这种背景下,最高法院在重要的刑事司法解释中重新将网络传输行为解释为复制发行,出人意料。

当然,在刑事责任延伸到网络传输行为,并非中国大陆所独有。在前述香港地区

---

① 《刑法》(1997)第217条。
② 最高人民法院《关于审理非法出版物刑事案件具体应用法律若干问题的解释》(1998)第2条。
③ 最高人民法院、最高人民检察院《关于办理侵犯知识产权刑事案件具体应用法律若干问题的解释》(2004)第5条。
④ 最高人民法院、最高人民检察院《关于办理侵犯知识产权刑事案件具体应用法律若干问题的解释》(2004)第11条第2款。
⑤ 陈兴良:《知识产权刑事司法解释之法理分析》,载《人民司法》2005年第1期,第12—14页。
⑥ 《最高人民法院公报》2000年第1期,第28页。本案针对的是普通的侵害信息网络传输权的行为,但是当时大陆的《著作权法》并没有规定此类权利,法院扩充解释传统的复制发行权,而是采用"开创性"地解释法条中的"等"字,认为"网络传输权"是著作权的一项新权能。这一案例一度被认为是中国知识产权法领域的经典案例,备受国内学者的好评。不过,本书作者对此案适用法律的方法持批评态度。

的 BT 案中,也同样认为利用 BT 传输盗版电影的行为属于发行(Distribution)①。美国法院也将此类网络传输行为解释为发行。② 不过,这些立法和判例法背景与大陆法院作出上述解释时的背景并不相同,没有可比性。

徐楚风、姜海宇侵犯著作权案

上海市浦东新区法院(2008)浦刑初字第 990 号

上海市浦东新区人民检察院指控,2006 年 7 月,被告人徐楚风、姜海宇得知英特儿营养乳品有限公司(以下简称英特儿公司)需购买"Windows XP"等 7 种微软公司的软件。经预谋后,购买了微软公司价值人民币 78591 元的"Windows XP"软件,并据此取得了微软公司的开放式许可协议。两被告人在未经著作权人微软公司的许可下,擅自在该份开放式许可协议上添加了微软"Office 2003 win32 ChnSimp OLPNL""SQL Svr Standard Edtn 2005 win32 ChnSimp OLPNL 15 Clt"等 6 种软件,通过案外人转手销售给英特儿公司,共非法获利人民币 294409 元。其中徐楚风分得 150000 元,姜海宇分得 144409 元。2007 年 12 月,姜海宇被公安机关抓获。两天后,徐楚风至公安机关投案自首。随后,两人向公安机关退缴了全部违法所得。2008 年 5 月,上海市浦东新区人民检察院以侵犯著作权罪对两人提起公诉。

[本案中,被告人仅实施了在许可协议上添加微软"Office 2003 win32 ChnSimp OLP NL"等 6 种软件并提供非法安装序列号的行为,并没有直接复制这些软件或将复制件提供给英特儿公司。]

上海市浦东新区人民法院经审理认为,被告人徐楚风、姜海宇以营利为目的,未经著作权人许可,复制发行其计算机软件,违法所得数额巨大,其行为均已构成侵犯著作权罪。

(倪红霞、冯祥、董怡娴法官)

本案是 2008 年中国知识产权司法保护十大案件之一。冯祥法官和徐飞法官在分析本案时指出:

对于被告人是否实施了复制行为,有观点认为,被告人仅在许可协议中添加了 6 种软件的名称并提供了所需的安装序列号,并未向英特儿公司提供安装载体,也未提供安装服务,相关软件的复制行为由英特儿营养乳品有限公司完成,本案被告人并未实施未经授权软件的复制行为,因此不构成侵犯著作权罪。对此,我们认为,上述计算机软件的复制行为形式上是英特儿公司完成的,但实质上,其实施安装的软件产品编号及所需序列号均系被告人提供,且只是因为英特儿公司以前购买过该些软件,有安装介质,具备自行安装的条件,被告人因此无须再提供软件复制件,所以,上述复制行为应当视为由被告人完成。

---

① HKSAR v. Chan Nai Ming, Para. 29—34(2005). 法院认为 BT 的种子提供者的网络传输行为系香港 Copyright Ordinance 上 Section 118(1)(f)所说的"distributes"。
② Playboy Enters., Inc. v. Frena, 839 F. Supp. 1552, 1556 (1993)

对被告人是否实施了发行行为,我们认为,对于计算机软件来说,其发行和销售实际上就是软件著作权人允许他人对软件进行安装并使用的许可行为,这主要体现为复制权、发行权等权利的许可使用。同时,软件作为数字产品,具有复制便捷的特点,判断许多软件是否系正版,即是否合法授权,常常以是否取得了代表著作权人许可的安装序列号(也称为"安装型注册码")为标准。因而,具有合法的安装序列号通常是有权复制发行的标志,而复制件即安装介质的提供与否,意义并不大。实践中,软件使用方利用以前合法取得的介质或通过网上下载等方式自行完成安装,是比较常见的现象。因此,向他人提供虚假的授权文件并非法安装序列号,使他人得以复制、使用软件的,应当属于未经著作权人许可的复制发行行为。①

思考问题:

结合上述案例,你觉得法官的分析有道理吗?从法律上区分"提供复制件"与"提供序列号"的行为意义不大吗?

4 出租权

出租权是指"有偿许可他人临时使用电影作品和以类似摄制电影的方法创作的作品、计算机软件的权利,计算机软件不是出租的主要标的的除外"。② 1991年的《著作权法实施条例》第5条第5项,实际上将出租视为发行行为的一种加以规定。当时出租权涵盖所有的作品类型。2001年修订《著作权法》时,将出租视为一项单独的权利,但是享有此类的权利的作品仅仅限于电影作品和计算机软件作品。这是大致符合TRIPs第11条的最低要求。

《著作权法》之所以要控制出租行为,是因为一旦"以租代买"变得很普遍以后,著作权人的利益就可能受到实质性影响。同时,出租很容易导致私人复制,增加权利人打击盗版的难度。

在中国,享有出租权的作品,仅限于电影作品(含类似电影的作品)和计算机软件。③ 不同的国家,享有出租权的作品类别并不相同。比如,在美国版权法上,在公开发行权(public distribution)的框架下,作品和录音唱片的权利人可以控制出租作品复制件的行为。但是,由于这一权利要受到所谓首次销售原则的限制。④ 因此,权利人实际上是无法控制大部分合法出售的复制件的出租。不过,版权法上特别作出例外规定,赋予计算机软件、录音唱片(phonorecord)的著作人以更强的出租权保护——他们可以禁止复制件的购买者为商业目的对外出租该复制件(非营利图书馆或非营利的教育机构以非营利目的对外出租不受限制⑤)。因此,此类作品复制件的出售,并不意

---

① 材料来源北大法律信息网(Chinalawinfo.com)司法案例库中同名案例。
② 《著作权法》(2010)第10条第1款第(七)项。
③ 依据《著作权法》(2010)第42条,录音制品(并非作品)的录制者也享有出租权。具体参见下文邻接权一章。
④ 17 U.S.C. §109(a)。
⑤ 17 U.S.C. §109(b)(1)(A)。

味着出租权利的穷竭。在美国,电影作品不享有类似的出租权,因此电影录像带的持有人可以自由对外出租录像带。美国电影行业试图改变这一法律,但是没有成功。这里可能的解释是,唱片和计算机程序出租容易导致复制,而录像带则可能性较低。① 在新技术面前,这一争论已经没有太大的道理了。

中国《著作权法》还要求出租行为应该"有偿许可他人",从而将私人之间的无偿出借行为排除在出租权的控制范围之外。而所谓"临时使用"的限制,确保存在有形作品载体的出租行为,而不是复制件的转让或永久出借(实际与转让无异)。这是将出租权和其他类型的权利,比如发行权、信息网络传输权区别开来的主要特征。

计算机程序的出租权,还有一项重要的例外。即,如果"计算机软件不是出租的主要标的",则该标的物的出租不受软件的出租权的限制。现在,计算机程序几乎无处不在,很多广泛用于出租的产品和机器(比如,汽车、家电等等)中都内含计算机程序。而此类产品的出租,通常并不威胁到著作权人的商业利益。因此,没有理由让软件著作权人给此类出租业务带来新的不确定性。

对于软件的单纯的接触使用权的出租,比如云计算时代"软件即服务"模式下(SaaS 模式,Software-as-a-Service)的软件服务②,是否属于著作权法意义上的"出租",存在一些争论。如果许可将 SaaS 方式解释为出租,则很容易模糊出租权和信息网络传播权的界限。中国法定义出租权时,并没有强调物理复制件本身的占有移转。这无疑会留下解释的空间,有不确定性。

5 演绎权

5.1 演绎权概述

演绎权,是指对作品进行演绎创作出新作品的权利。演绎权并不是中国《著作权法》所确认的一种概括性的权利,只是一种学理上的概括。具体而言,演绎行为包括改编、翻译、摄制(电影)或汇编等。演绎行为利用了作品中受保护的内容,但是与一般意义上的复制不同,演绎后的作品中增加了新的内容,从而整体上使得演绎作品与原作有了实质性的差异。不过,如前所述,演绎和复制的界线有时候比较模糊,对受保护作品范围的界定,直接影响这一界线的划分。

中国《著作权法》没有采用抽象的演绎的概念,而是以列举的方式来定义演绎权的范围,即只有改编权、翻译权、摄制权和汇编权等四种。理论上存在这样的可能性:行为人利用了作品中的受保护内容创作了新的作品,但是,该行为却无法归入改编、翻译、摄制和汇编这四个目录。比如,《著作权法》第 12 条规定了演绎作品权利归属:

---

① Nimmer on Copyright,§8.12[B][7][a],at 8—164.4(2009).

② "SaaS 提供商为企业搭建信息化所需要的所有网络基础设施及软件、硬件运作平台,并负责所有前期的实施、后期的维护等一系列服务,企业无需购买软硬件、建设机房、招聘 IT 人员,即可通过互联网使用信息系统。"更多介绍,参见百度百科"SaaS"词条,http://baike.baidu.com/view/369107.htm,最后访问 2014 年 8 月 1 日。

"改编、翻译、注释、整理已有作品而产生的作品,其著作权由改编、翻译、注释、整理人享有,但行使著作权时不得侵犯原作品的著作权。"立法者似乎暗示,这里的注释、整理行为与一般意义上的改编就有差别。如果法院认为作者应该对此类演绎行为进行控制,则可能会选择扩展解释改编权的方式达到目的。毕竟,从字面上看,在这四类演绎权中,改编权是最有扩展空间的一项权利。当然,本书并不认为,一定要将"注释""整理"或其他类似行为解释为演绎行为。著作权人利用复制权可能就足以制止注释或整理行为,因为注释或整理的前提就是要适量复制受保护的作品。侵权者在复制之后增加新的内容,并不妨碍法院认定他侵害复制权。

与中国法不同,美国版权法规定了一个宽泛的演绎权——"制作基于版权作品的演绎作品"(to prepare derivative works based upon the copyrighted work)的权利。[①] 对于"演绎作品",则提供了一个非常宽泛的定义。[②]在具体的案件中,法院无须局限于具体的演绎方式,就可以认定一项作品是否是版权法上的演绎作品。判断的关键是该演绎作品是否是一项新的具有独创性的作品。

5.2 改编权

所谓改编权,是指"改变作品,创作出具有独创性的新作品的权利"。[③] 这一定义要求改编者必须创作出相对原作而言具有"独创性"的新作品。改编是"在不改变作品基本内容的情况下将作品由一种类型改变成另外一种类型"[④]。比如,文字、音乐、舞蹈等作品的改编,通常还是会产生相同类型的作品。不过,著作权法上的关于"改编权"的定义,具有很大的弹性空间,甚至可以涵盖超越媒介形式的改变。比如,摄制电影的行为,也是对剧本作品的改编。[⑤]

5.2.1 改编权与修改权、保护作品完整权

改编权与修改权和保护作品完整权所针对的都是改变作品的行为。大致上,修改权的限制范围应该是最宽泛的,甚至包括简单的细节修改。保护作品完整权则仅仅以损害作者声誉的方式对作品进行歪曲和篡改。除此之外,任何程度的修改和改编,都不会侵害这一权利。

改编行为,通常都不可避免地要对作品进行修改;改编过度,还会破坏作品的完整性。从这一意义上讲,改编权与修改权、保护作品完整权在有些情况下会不可避免地重叠。在下面的案子中,法院就考虑过具有改编权的当事人损害保护作品完整权和修改权的可能性。法院的意见有道理吗?

---

① 17 U.S.C. §106(2).

② 17 U.S.C. §101. A "derivative work" is a work based upon one or more preexisting works, such as a translation, musical arrangement, dramatization, fictionalization, motion picture version, sound recording, art reproduction, abridgment, condensation, or any other form in which a work may be recast, transformed, or adapted. A work consisting of editorial revisions, annotations, elaborations, or other modifications, which, as a whole, represent an original work of authorship, is a "derivative work". 本条文翻译内容见本节后文的 Mirage Editions 案。

③ 《著作权法》(2010)第10条第1款第(十四)项。

④ 胡康生主编:《中华人民共和国著作权法释义》,法律出版社2002年版,第72页。

⑤ 李明德、许超:《著作权法》,法律出版社2009年第2版,第79页。

樊祥达 v. 上海电视台等

(1996)沪二中民初(知)字第 28 号

[本案中,原告樊祥达将自己的小说《上海人在东京》的改编权授予上海电视台电视剧制作中心。电视台后来指派张弘、富敏将小说改编成同名电视剧剧本。1995 年 3 月 25 日至 6 月 4 日,《上》剧完成拍摄、制作,1996 年初正式公开播映。]

1995 年 12 月,原告致函"电视台",并抄送有关单位,内容为:"《上》剧本"第十六集《情人旅馆》将小说中的女主人公"白洁"改写为一个以自己的贞操换取"保人"的低贱的女人,是任意篡改原告小说的行为,原告对此表示抗议。

"《上》剧"播放后,原告认为,小说"《上》"的主题思想是:一个东京客,一页悲惨史,一掬辛酸泪,一本血泪作。而张弘、富敏认为,"《上》剧"的主题思想是:一群海外的游子,一个曲折的故事,一断缠绵的恋情,一页拼搏的历史。原告据此认为,"《上》剧"对原告小说的主要人物、主要情节、主要内容和主题思想作了重大改变。

张弘、富敏及"电视台"并不否认对原告小说"《上》"的主要人物、主要情节,主要内容、主题思想作了重大改变,但均认为,所有重大改变,都是遵循电影艺术创造的规律和特点所作的必要改动,并未篡改和歪曲原著。

另查明,"《上》剧"在日本拍摄时,原告于 1995 年 5 月 15 日赴日本参加拍摄工作,剧组于 5 月 17 日将定稿后的"《上》剧本"交给了原告。期间,原告观看了两处的现场拍摄……庭审中,原、被告都表示,原告收到的定稿后的"《上》剧本"与公开投入播映的"《上》剧"的内容基本一致。

本院认为……

依照法律规定,改编是指在原有作品的基础上,通过改变作品的形式或用途,创作出具有独刨性的新作品;改编已有作品,其著作权由改编人享有,但行使著作权时,不得侵犯原作品的著作权。改编后的"《上》剧本"及"《上》剧"以原告的小说"《上》"为基础,部分删减了小说的人物、情节和内容,大量扩充了主要人物、主要情节、主要内容及主题思想,对小说进行了重大改变。依照法律规定,原告理应享有维护其作品不受歪曲、篡改的权利。

但是,由于原告与"电视台"在签订改编合同时对于将小说改编为电视剧的改编范围及程度并无约定,且原告未能举证证明各被告对小说"《上》"的改编已经达到了歪曲、篡改的程度,故原告诉称被告"电视台"及张弘、富敏歪曲、篡改其作品依据尚不充分。况且,在"电视台"拍摄"《上》剧"之前以及拍摄期间,原告应当知道"电视台"、张弘、富敏对小说"《上》"作了重大改变而在长达半年之久未提出异议,原告直至"电视台"等有关当事人投入大量资金完成"《上》剧"拍摄及公开播映之后才向"电视台"提出异议,根据利益公平的原则,结合本案"《上》剧"创作过程的具体情况,对原告所提出的异议不应予以支持。据此,原告诉称"电视台"、张弘、富敏侵害其作品完整权,依据不足,本院不予支持。

关于原告诉称被告"电视台"、张弘、富敏的改编行为同时侵犯其作品修改权一节，鉴于《上》剧并非对原告小说仅作观点、内容和文字的增删或修饰，而是对原告的小说作形式及用途的改变而形成的具有独创性的新作品，各被告所实施的系改编行为而并非修改行为，故原告的起诉与法律规定不符，本院不予支持。

（杨钧、薛春荣、陈默法官）

思考问题：

改编权与修改权的界限在哪里？独创性在区分标准中扮演角色？

由于著作权法为这些权利设置了不同的保护期，权利重叠引发新的问题。依据著作权法，改编权是一种著作财产权，有明确的保护期限；而修改权与保护作品完整权则不受保护期限限制（《著作权法》第20条）。因此，在作品保护期满之后，公众可以自由改编作品，但是却不能"修改"作品。这一结论似乎很荒谬。为了避免这一荒谬结论，如前所述，本书倾向于认为，在保护期满后，改编者在改编后的作品上正确署名（区分原作作者和改编作者）后，就不会侵害修改权。

在下面的案子中，法院认为诉争的修改作品的行为，侵害了保护作品完整权，但是没有侵害改编权，理由是该修改行为没有导致"作品形式的改变"。法院显然认为，作品形式的改变是侵害改编权的前提。你觉得有道理吗？另外，何谓"作品形式的改变"？从小说到剧本，算是"作品形式的改变"，从长篇小说到短篇小说，就不是吗？

任梦璋等 v. 河南省集邮公司等

北京市二中院（2003）二中民终字第05256号

[1953年11月，人民美术出版社出版了任率英创作的《白蛇传》年画四张，每张包括作品四幅，计16幅美术作品。2000年6月，人民美术出版社又出版了《白蛇传》连环画册，包括上述16幅作品。任梦璋等七人是任英的继承人。]

河南省集邮公司于2001年出版了《白蛇传邮票专题册》，该专题册使用[上述]《白蛇传》连环画册所载美术作品作为该专题册的盒套和封面，除底色与收藏卡底色不同外，所使用的美术作品与之相同；该专题册还使用《白蛇传》连环画册16幅作品中的第1幅作品和第13幅作品作为该专题册前言页的底衬，使用时对该两幅作品作了虚化和消色处理；使用第2、3、7、8、11、12、14、16幅作品作为该专题册的内图使用，使用时将原作品方形结构图中的主要部分截取为椭圆形结构；使用第12幅作品作为"白蛇传纪念张"页的底衬，使用时除作椭圆形处理外，还在其中心主要部分覆盖了纪念邮票图案9枚，该9枚纪念邮票图案除使用内图所使用的8幅作品外，还使用了第9幅作品……

本案审理的焦点问题是被上诉人河南省集邮公司出版发行涉案专题册的行为是否侵犯了任率英对《白蛇传》连环画作品所享有的保护作品完整权和改编权……

保护作品完整权，是指保护作品不受歪曲、篡改的权利。著作权人有权保护其作品的完整性,保护其作品不被他人丑化,不被他人作违背其思想的删除、增添或者其他损害性的变动。被上诉人河南省集邮公司在纪念邮票页上使用第 12 幅作品时,遮盖了该作品的中心部分,对该作品的主要内容做了改动,此种作品使用方式是对该作品的割裂性使用,破坏了该作品的完整性,侵犯了任率英所享有的保护作品完整权,上诉人作为其继承人有权请求予以保护。上诉人有关河南省集邮公司使用该作品的行为侵犯了任率英所享有的保护作品完整权的上诉理由成立,本院予以支持。

河南省集邮公司虽在使用第 2、3、7、8、11、12、14、16 幅作品时,对作品进行了椭圆形处理,在使用第 1 幅和第 13 幅作品时,对该两幅作品进行了消色和虚化处理,但由于该种使用方式未对上述作品作实质性改动,并未歪曲和篡改上述作品的主要内容,因此并未破坏上述作品的完整性,未侵犯任率英所享有的保护作品完整权。上诉人主张被上诉人使用上述作品的行为侵犯了任率英享有的保护作品完整权,依据不足,本院不予支持……

改编权,是指改变作品,创作出具有独创性的新作品的权利。本案中被告河南省集邮公司使用涉案作品的行为并非对作品形式的改变,不是对原作的改编行为,未侵犯其改编权。

(邵明艳、张晓津、何暄法官)

改编(演绎)权扩张到一定程度,很容易和保护作品完整权发生重合。下述 Mirage 案如果发生在中国法,是否又可能依据所谓的"保护作品完整权"而获得救济呢?

Mirage Editions, Inc. v. Albuquerque A. R. T. Co.

856 F. 2d 1341(1988)

Brunetti 法官:

Patrick Nagel 是一个艺术家,他的作品出现在很多媒体上。1984 年,他去世。他的遗孀 Jennifer Dumas 拥有 Nagel 作品的版权。Mirage 是 Nagel 作品的独家出版商,也对他的很多作品拥有版权。除此之外,没有第三方拥有 Nagel 作品的版权。被上诉人 Alfred Van Der Marck Editions, Inc. 是一本纪念 Nagel 的纪念册("NAGEL: The Art of Patrick Nagel")的出版者。该书经过 Dumas 和 Mirage 授权,汇编了一些艺术作品和个人评论。

从 1984 年开始,上诉人的主要业务就是:(1) 购买含有高质量艺术作品插图的图册;(2) 将每个单独的图片粘到方形的黑塑料板上,在图片周围留一圈窄的黑边。(3) 将带有图片的塑料板粘到方形的白瓷砖上;(4) 在图片、黑塑料板和瓷砖表面覆盖一层透明塑料膜;(5) 在零售市场上出售上述带有艺术作品的瓷砖。

Mirage, Dumas 和 Van Der Marck 指控上诉人侵害 Nagel 的艺术作品以及该纪念册的版权。区法院责令上诉人停止从该纪念册中取下单个图片来制造和出售上述艺术品。区法院认为,上诉人所制作的艺术品构成 Nagel 作品的演绎作品。上诉人辩称,这里并没有侵害版权,因为(1) 该瓷砖并非演绎作品,(2) 首次销售原则也排除侵权认定。

美国版权法(1976)17 U. S. C. §101 定义的演绎作品是:"基于一个或多个在先

作品而产生的作品,比如,通过翻译、音乐编排、话剧改编、虚构、摄制电影、录音、艺术复制(art reproduction)、删节、压缩或其他方式对一个作品进行重塑、转变或改编的方式所得的作品。由编辑修改、注解、说明或其他修改组成的作品,如果整体上具有原创性,则属于演绎作品。"

对于演绎权的保护延伸到未经授权的复制之外,包括制作其他版本、表演或展览作品的权利。Melvin Nimmer 教授在他的专著中写道:"只有作品中含有未经许可取自在先作品中的内容因而被视为侵权作品时,该作品才被视为演绎作品。"1 Nimmer on Copyright §3.01(1986)。

这里,上诉人所做的明显是在为 Nagel 艺术作品制作另外的版本,这相当于制作演绎作品。它未经纪念册版权人的许可,借用和装裱(borrowing and mounting)单个的版权图片,侵害了该作品的版权。

上诉人所谓"既然它没有从事艺术复制(art production),所以它的瓷砖不是演绎作品"的说法,对本案问题并非决定性的。上诉人忽略了法律条文后半段"或其他方式将一个作品重新改造、转变或改编所得作品"。版权法的立法史表明,国会认为,侵害演绎权时,侵权作品中必须以某种形式植入部分版权作品。"重新改造、转变或改编"的说法看起来包括简单的"艺术复制"之外的其他替代方式。将单个图片从图册中移出,放到瓷砖上,上诉人或许并没有实施复制行为。但是,我们认为,上诉人将图片用于瓷砖制作工程,肯定是重塑或转变(recast or transform)了该单个图片。

上诉人所依赖的首次销售原则体现在 17 U.S.C. §109(a) 中。该条指出:"尽管由第 106 条(3)的规定(关于发行权等),特定的依据本法合法制作的作品复制件或唱片的所有人,或者经过前述所有人授权的任何人,有权未经版权人的授权,出售或以其他方式转移对该复制件或唱片的占有(possession)。"

我们认为,依据首次销售原则,上诉人可以购买 Nagel 图册,然后转让该图册的所有权。但是,该转让权仅仅限于上诉人所购买的特定图册,而不包括其他东西。仅仅向上诉人出售图册,版权人并没有向其转让制作演绎作品的独占权。演绎权依然属于版权人,并未因出售图册行为而受影响。如前所述,上诉人制作瓷砖的行为产生演绎作品,因此侵害了被上述人的版权。

5.2.2 改编部分的相对量

对于改编权的侵害,通常要以整个作品为参考对象。如果只是抄袭作品的受保护的局部内容,通常不会侵害改编权,而是会侵害复制权。不过,改编作品与零星抄袭原作的部分内容,并没有明确的法律界限,只能由法院自由裁量决定。下面的"激情燃烧的岁月"案提出了这些问题。

北京九歌泰来影视文化有限公司 v. 中国人民解放军总政治部话剧团

北京市高院(2004)高民终字第 221 号

[邓一光是 1996 年发表在《当代》杂志上的长篇小说《我是太阳》的作者。2001 年九歌泰来公司获得邓的授权,将小说改编成剧本,并拍摄成电视剧。1998 年 2 月,石钟

山创作的中篇小说《父亲进城》初次发表在《湖南文学》杂志上。2002年9月,作者又出版《激情燃烧的岁月》一书。2002年,总政话剧团、长安影视公司、沈阳军区话剧团联合录制电视剧《激情燃烧的岁月》,片头标明根据《父亲进城》改编,编剧陈枰。]

[九歌泰来公司主张《激情燃烧的岁月》与《我是太阳》相比,存在以下相同:故事梗概相同;人物塑造与关系设置相同;在情节、细节及对白方面,九歌泰来公司列举了97处相同之处。因此,被告侵害了原告受让所得的改编权和摄制权。]

……

本院认为,摄制权,即以摄制电影或者以类似摄制电影的方法将作品固定在载体上的权利。要摄制电影、电视、录像作品而行使对作为文字作品的小说所享有的摄制权,必须有权将该小说改编成相应的剧本。本案中九歌泰来公司指控总政话剧团、长安影视公司、沈阳军区话剧团联合制作的电视剧《激情燃烧的岁月》抄袭了小说《我是太阳》中的97处内容,实际上是改编自《我是太阳》,因而侵犯了九歌泰来公司从著作权人受让获得的改编权和摄制权。即九歌泰来公司指控侵犯其摄制权的理由是因为侵犯了其改编权,且指控侵犯上述两项权利系基于同样的事实。因此,判断被控侵权作品电视剧《激情燃烧的岁月》是否构成对九歌泰来公司享有的《我是太阳》的改编权的侵犯,是判断是否构成对该作品摄制权侵犯的前提。

著作权法上的改编,是指在原有作品的基础上,通过改变作品的表现形式或者用途,创作出具有独创性的新作品。改编作为一种再创作,应主要是利用了原有作品的基本内容;如果离开了原有作品的基本内容,改编作品本身将无法构成作品。因此,被控侵权作品是否构成对原有作品改编权的侵犯,应当取决于其是否使用了原有作品的基本内容;而且所使用的基本内容必须是受著作权法保护的具有独创性的表达或表达方式。

下面具体分析九歌泰来公司指控《激情燃烧的岁月》抄袭《我是太阳》的97处内容是否构成独创性的表达以及是否构成《我是太阳》的基本内容。

97处中的第1处为故事背景,第2处为故事整体框架,第4处两部作品男主人公的性格,其余94处基本上属于情节、细节及对白范畴。

……

关于情节、细节及对白方面的94处。一审判决曾经将这94处划分为三种情况。第一种情况涉及的44处经对比,《激情燃烧的岁月》的有关表达与《我是太阳》基本相同或相似,因《我是太阳》一书创作及公开发表在先,在对方当事人没有举出相反证据证明其独创的情况下,应认定《激情燃烧的岁月》使用了《我是太阳》的44处内容。经查,这44处主要涉及有关情节,包括男主人公的身份,男、女主人公均系经组织介绍而成亲,男、女主人公夫妻关系上存在争执至吵闹等,其他多为细节方面的。第二种情况涉及的19处经对比,也基本上属于相同或相似之处。虽然其中所描述的或为众所周知的历史事件,或为生活中常见的情节或语言,但作为体现在整部作品之中的诸多表达或表达形式的总和,无疑具备著作权法意义上的独创性。因而应当认定《激情燃烧的岁月》亦使用了《我是太阳》的上述19处内容。经查,上述19处内容所涉及的也是情节和细节方面的。第三种情况涉及的 31 处经对比,具体的表达完全不同。但是,综合考虑上述第一和第二种情况所涉及的 63 处相同或相似之处,应当认定《激情燃烧的岁月》所使用的《我是太阳》的有关内容,不能构成《我是太阳》的基本内容,因而《激情燃烧的岁月》不构成对《我是太阳》的改编,不构成对九歌泰来公司所享有的改编权的侵犯。

(刘继祥、魏湘玲、张冬梅法官)

5.2.3 改编作品的独创性

从《著作权法》关于改编权的定义看,判断是否侵害改编权的一项要点是,改编行为是否导致具有独创性的新作品产生。如前所述,这里强调独创性,应该是为了尽可能地将改编权与复制权或其他权利区别开来,尽管完全的区分在某些情形下或许是不可能的任务。

在《著作权法》存在修改权的情况下,改编作品的独创性要求的重要性要打一些折扣。因为改编行为即便没有侵害复制权或改编权,依然可能侵害修改权。

唐懋宽 v. 烟台网络公司等

山东高院(2002)鲁民三终字第 9 号

唐懋宽自 20 世纪 60 年代开始潜心研究中文信息输入编码,80 年代完成了"中文声数编码"的编著……1993 年唐懋宽开发声数编码 DOS 版软件,创作完成与软件配套的声数编码《用户手册》一本及宣传单一份。

[1999 年,烟台网络公司宣称研制成功"报捷汉语输入法"软件。]该报捷软件文档部分关于输入法使用说明中,抄袭了唐懋宽声数编码《用户手册》中的第 10 页至第 23 页大部分内容,字词库数据亦剽窃唐懋宽字(词)码表的劳动成果。唐懋宽由于疏忽而编写的错误之处,如"弄权"正确输入应为 NWQP,唐懋宽因疏忽而编写为 NWQK,报捷软件同样照抄,另水密桃(SMT)应为水蜜桃,补尝基金(BCJJ)应为补偿基金等。唐懋宽为子女名字设定的自定义词同样出现在烟台网络公司报捷软件词库中……

对于烟台网络公司对唐懋宽字(词)码表著作权的具体侵权形式,原审法院认定为复制权侵权,本院认为应构成演绎权侵权。具体理由如下:

……

复制与演绎是两种不同的作品使用方式,两者的区别在于:复制是对原作品的再现,结果体现为以某种方式将作品制成一份或多份;演绎是在原作品的基础上增加了知识性或创造性的再创作内容,结果体现为在原作品基础上派生出新作品,但新作品没有离开原作的基本思想内容,仅在此基础上增加了再创作的智力成果。复制与演绎作为作品使用方式上的区别,也就是复制权与演绎权在行使中表现出的主要区别。改编是重要的演绎形式之一。改编一词源于外文著作权术语,它在著作权法中的含义包含"改编""加工""改制"等,其实质意义为在原有作品的基础上,通过改变作品的表现形式或用途,创作出新作品。改编作品中既应包含有原作的内容,又有在原作的基础上再创作的智力成果。对原作的改编是原作著作权人的重要权能,非著作权人未征得原作品著作权人的许可而从事改编活动,其行为即构成对原作品著作权人改编权的侵犯。

本案中,唐懋宽独立创作了中文声数编码字(词)码表,其中包括其由于疏忽而编写的错误之处,同时唐懋宽还为其子女名字设定了自定义词。被控侵权产品报捷软件中同样出现了上述由于疏忽而编写的错误之处和唐懋宽为其子女名字设定的自定义词。据此,可以认定烟台网络公司以中文声数编码字(词)码表为蓝本,利用字(词)码表的编码,开发相应程序加以支持,制成报捷软件,使用户可以直接使用唐懋宽编制的代码进行汉字处理,达到中文声数编码的目的。报捷软件是在唐懋宽字(词)码表原作品基础上进行的知识性再创作,凝结了软件开发者的再创作成果。但,这不同于抄袭,也不是数字化复制,其再创作的行为决定了烟台网络公司对原作品使用方式是演绎而非复制。同时,烟台网络公司对原作品使用方式是演绎中的改编使用。由于烟台网络公司在唐懋宽字(词)码表基础上进行再创作制成软件,其有改编活动并有改编作品产生,但事先没有得到原作品著作权人的许可,这一行为侵犯了唐懋宽对中文声数编码字(词)码表文字作品的改编权。

另,本院认为,烟台网络公司对唐懋宽中文声数编码《用户手册》的著作权构成复制权侵权……经对比审查,报捷软件文档部分关于输入法使用说明与唐懋宽中文声数编码《用户手册》中第 10 页至第 23 页大部分内容雷同……本案中报捷软件产生于唐懋宽中文声数编码《用户手册》之后,而且其文档部分关于输入法使用说明与中文声数编码《用户手册》中的第 10 页至第 23 页大部分内容雷同,二者虽载体不同但对思想的表现形式相同,足以认定为抄袭。故,烟台网络公司抄袭唐懋宽的中文声数编码《用户手册》,侵犯了唐懋宽对中文声数编码《用户手册》的复制权。

(戚军、戴磊、徐清霜法官)

思考问题:

法院认定的两类侵权行为(侵害改编权和复制权),能够有效区分吗?

在美国法上,没有所谓大陆法系的人身权意义上的修改权。这意味着对作品作出修改、但修改不具独创性时,可能只能用复制权而不是演绎权来控制。这时候法院可能强调修改后的作品(或作品局部)与原作没有实质性的差别。不过,如果行为人直接在合法获得的复制件上修改作品,则上述策略就不再有效:行为人修改了作品,却没有侵害复制权。只要修改不具备独创性,则不违法。如果修改具有了独创性,则可能被解释为是演绎而侵害演绎权。比如,在下面的 Lee A. R. T. Company 案中,法院就采用这一策略。不过,这一策略导致的结果,有些时候让人难以理解:没有独创性的修改,不侵权;有独创性的修改却侵权。合理性何在?

Lee v. A. R. T. Company

125 F. 3d 580(1997)

Easterbrook 法官：

Annie Lee 创作了一些艺术作品。A. R. T. 公司购买了部分作品（note cards 和 lithographs，礼品卡片和平版画图片），然后如前一案例所述，将该卡片或图片作品粘到瓷砖上并覆盖以透明的环氧树脂薄膜，最终对外出售该瓷砖作品。Lee 认为该瓷砖构成演绎作品，因此未经版权人许可，不得制作。Lee 依据的案例之一就是前面提到的 Mirage Editions, Inc. v. Albuquerque A. R. T. Co., 856 F. 2d 1341 (9th Cir. 1988) 案。

现在，有人可能认为这是一个很简单有关首次销售原则的案例。A. R. T. 合法购买了诉争作品，然后将它粘到瓷砖上，再对外出售。因为艺术家从最初的交易价款中获得他在艺术作品中所作贡献的回报，因此将该改造后的作品作为演绎作品加以保护的经济正当性并不存在。[控制]包含或消耗原作合法复制件的替代作品（alteration），[对于版权人而言]，缺乏经济价值。一个作品会多次换手，这正是版权法第 109 条 (a) 首次销售原则所许可的。因此，上述行为在法律上也没有什么重要意义。

不过，第 106 条 (2) 创设了单独的"制作演绎作品"的独占权。Lee 认为，将该图片粘到瓷砖上的行为是在制作演绎作品，因此 A. R. T. 违反了版权法，即便它将最终完成的作品扔进马里亚纳海沟也不例外。我们首先看在瓷砖上粘卡片是否是"演绎作品"。[演绎作品的定义，参见前面的案例。]

区法院认为，A. R. T. 在瓷砖上粘 Lee 作品所得到的并非独创性作品，因为这与利用相框展示作品或者将奖章放在天鹅绒做的盒子中没有什么差别。尽管外框的选择影响油画传递的印象，很多艺术家对外框提出具体要求，没有人相信博物馆在改变油画作品的外框时会违反著作权法第 106 条 (2)。Munoz 和 Mirage Editions 案承认，加框或其他传统的装裱或展示艺术作品的手法并不损害作者的制作演绎作品的独占权。但是，第 9 巡回法院认为，A. R. T. 所做的，构成了演绎作品，因为环氧树脂将图片作品和瓷砖连在一起。我们的区法院认为这一区别并没有什么意义，我们同意。如果改变艺术作品的展示方式会产生演绎作品，如果 Lee 关于"制作"（prepared）含义的理解是正确的，则该演绎作品是在粘贴（mounting）时制作的；后来发生了什么不再重要，因为侵害版权法第 106 条 (2) 的行为已经发生。如果加框过程不产生演绎作品，则在瓷砖上粘贴图片就不产生演绎作品。

Lee 对于区法院的"A. R. T. 的粘贴方法不产生演绎作品，因为对作品的改变从整体上并不具备足够的独创性"的结论提出了有力的反驳意见。Lee 认为，对于作品的外观的改变，即使太琐碎（trivial）以至于无法获得独立的版权，依然可能侵害第 106 条 (2) 所规定的独占权。区法院依据演绎作品定义中第 2 句中的"独创性"（original）一词，认为对于演绎作品而言，独创性是至关重要的。这一理解得到司法判例和权威学者（比如 Nimmer）的支持。而 Lee 则指出，在演绎作品的定义的第一句中，并没有提到独创性,因此 Lee 坚持认为,即便对作品的该改变是一种机械性的改变,依然可能是演绎性的(derivative)。这一意见也得到一些案例和权威学者(比如 Paul Goldstein)的支持。

所幸的是,我们不需要选边站。假设演绎定义中的第一句包含一系列非独创性的演绎作品,Lee 要胜诉,就必须证明 A.R.T. 对作品的改变方式属于第一句所提到的方式之一。该瓷砖并非"艺术复制"(art reproduction),因为 A.R.T. 购买、粘贴了 Lee 的原作。于是,Lee 只能依据剩下的部分,即"其他对一个作品进行重塑、转变或改编的方式"(any other form in which a work may be recast, transformed, or adapted)。这些都不适合 Lee 的行为。该图片被粘在瓷片上,但是在这一过程中它并没有被改变。它依然描绘它本来要描绘的内容。See William F. Patry, Copyright Law and Practice 823—24 (1994) (不同意 Mirage Editions 的结论)。

如果粘贴作品是一种转变(transformation),则改变油画的外框或照片的背板同样会产生演绎作品。如果 Lee 对于演绎作品定义中第一句的解释是正确的,则对作品的任何改变,无论多么轻微,都需要作者的同意。

在庭审过程中,我们提出下面的问题:如果记事卡(note cards,应该是本案诉争的瓷砖产品之一)的购买者在记事卡上增加一个笔记,将它用作杯垫,将它居中切开,或者在上面盖上收集者的印章,会有什么问题? Lee 的律师回答说,这些改变是在制作演绎作品,但是实施上,艺术家不会起诉。按照 Lee 的解释,演绎作品的定义会导致艺术收藏家和游客都变成罪犯,无法让人接受,尽管 Lee 慷慨地说她不会发动民事诉讼。

如果 Lee 和第 9 巡回法院关于演绎作品的意见是对的,则美国实际上通过一个后门创设了一个非常宽泛的作者精神权(moral rights)。利用这一权利,艺术家可以阻止对其作品的任何修改。欧洲版本的精神权也没有走这么远。过去(直到最近),美国一直不支持任何精神权。删除作品中伤风败俗的内容都是可以的,只有修改产生的新作品与原作很不相同以至于侵害第 106 条(2)规定的权利。1990 年的"视觉艺术家权利法案"(The Visual Artists Rights Act)将联邦法律朝着精神权的方向移动,但是这一新法律的基本原则并不能为 Lee 的主张提供帮助。第 106 条 A(a)(3)(A) 赋予艺术家"阻止任何损害其名誉或声誉的故意歪曲、篡改或以其他方式修改作品的行为"。在庭审过程中,Lee 的律师放弃主张销售该作品的行为损害其的名誉或声誉。而且,该法第 106 条 A 仅仅适用于"视觉艺术作品",而"视觉艺术作品"仅仅限于单件作品(unique work,比如油画、雕塑作品等)或印数少于 200 由作者签名并连续编号的作品等(关于"视觉艺术作品"的详细定义,参见版权法第 101 条 A)。Lee 的礼品卡或平版画图片并不属于这里所定义的"视觉艺术作品",因此她不能主张第 106 条 A 的权利,即使 A.R.T. 使用她的作品制作俗气产品的行为损害她的声誉。在"视觉艺术家权利法案"故意不提供保护的情况下,没有理由利用版权法第 106 条(2)提供保护。因此,我们拒绝接受 Munoz 和 Mirage Editions 案的结论。

思考问题：

（1）在 Mirage 案中，法院认为工艺品制作商将买来的图片印刷物拆散，分别装裱制作成工艺品出售的行为是一种作品的演绎方式，应当由作者控制，而被告则认为这不构成复制，按照权利穷竭理论，不应承担法律责任。法院认为所谓的首次销售（First Sale）原则仅仅是指购买者对购买拷贝的整体的处分权不受版权人的影响，但是不能对书本内部的单幅作品进行演绎出售。而在 Lee 案中，法院的立场似乎有些变化，二者存在矛盾吗？

（2）普通意义上的演绎，通常都是在原来的作品表现形式之外，另行演绎，也就是说原作品保留不变。从这一意义上讲，演绎作品通常都和原作独立存在，直接同原作品市场构成一定的取代或竞争关系，但是本案却没有。这一区别是否应该对法院的认定产生影响？

（3）书画的购买者对该画进行装裱是否侵害所谓的著作权人的演绎权？

（4）在中国法上，如何处理上述案件？中国和美国法上的策略，何者更合理？

5.3 摄制权

摄制权是指"以摄制电影或者以类似摄制电影的方法将作品固定在载体上的权利"。① 换句话说，它是指将作品拍摄成电影或类似电影的作品的权利。摄制权也被称作制片权。这里所说的电影，如前所述，《著作权法实施条例》第 4 条有进一步的解释："电影作品和以类似摄制电影的方法创作的作品，是指摄制在一定介质上，由一系列有伴音或者无伴音的画面组成，并且借助适当装置放映或者以其他方式传播的作品"。这里的关键词显然是"摄制""一系列……画面"。进一步的讨论可以参考前文"普通作品"一章"电影作品"一节。

拍摄电影作品的行为是否侵害摄制权，关键在于电影作品中是否含有诉争作品中受保护的内容。从这一意义上讲，将摄制权视为一种特殊的改编权，基本上没有什么问题。

究竟哪些作品享有所谓的摄制权，《著作权法》上并没有明确的答案。小说、剧本之类的文字作品是最为典型的享有摄制权的作品。至于其他类型的作品，则可能存在争议。比如，在电影中呈现音乐、美术、舞蹈等作品，是否是将该作品摄制成电影，存在疑问。②

现在的司法案例确认，MTV 之类的作品可以被视为电影作品，但是，这依然没有回答音乐作品是否享有摄制权。现有案例显示，在电影中呈现美术作品，法院常常按照侵害复制权的思路处理，比如前文提到的于耀中 v. 北京成象影视制作公司的案例。

---

① 《著作权法》（2010）第 10 条第 1 款第（十三）项。

② 胡康生认为："公约和我国著作权法的规定都只明确了电影类作品，但并不仅仅将小说拍成电影片、电视剧等，未经许可将一部乐曲作为电影的音乐，未经许可将美术或摄影作品摄入电影、电视等也构成侵犯摄制权。"胡康生主编：《中华人民共和国著作权法释义》，法律出版社 2002 年版，第 59 页。

当然,法院究竟是按照摄制权,还是按照复制权,都不妨碍权利人获得有效的救济。

与摄制非常接近的是所谓的录制(录音)。《著作权法》并没有为音乐作品规定单独的所谓录制权,而是将此类录制行为并入复制权控制的范围。但是,《著作权法》又为录音制品的制作者提供邻接权保护。这实际上承认,录制行为又并非简单的复制行为,而是一种介于简单复制与独创性创造之间的一种创作行为。类似的问题也同样出现在出版者的"复制"行为上。出版者对作品的使用,被认为是复制,但是出版者对于版式设计又享有邻接权的保护。

董国瑛 v. 上海谢晋中路影视有限公司等

上海市一中院(2002)沪一中民五(知)初第字 144 号

[董竹君是自撰传记作品《我的一个世纪》作者。原告是董竹君的继承人。海润公司从中路公司那里受让依据该传记独家拍摄电视连续剧的权利。海润公司等完成 31 集电视剧《世纪人生》的拍摄。2000 年 11 月 8 日,海润公司与大恒出版社签订了《音像节目版权有偿转让合同》,向大恒出版社独家转让由甲方拥有版权的音像节目《世纪人生 31 集》的光盘版权。所谓光盘版权包括:VCD、DVCD、SVCD、DVD 等以光盘为媒体的版权(音乐除外)。]

[原告对大恒出版社出版电视剧 VCD 提出异议,认为超出了原始授权的范围。原告认为,]董竹君许可原恒通公司使用《我的一个世纪》范围仅限于"电视节目"这一形式,而将改编、摄制而成的电视连续剧《世纪人生》交由他人以光盘方式出版、发行已将使用《我的一个世纪》的形式变为"录像制品",这表明超越了合同的许可使用范围,被告中路公司及有关出版、发行单位显已构成侵权。

[本院认为,本案的主要争议焦点在于,涉讼 VCD《世纪人生》的出版、发行是否构成对《我的一个世纪》作品所涉著作权的侵害。]

从不同作品的权利归属来看,《中华人民共和国著作权法》第 15 条已对电影作品和以类似摄制电影的方法创作的作品之著作权归属问题作出了明确的规定。恒通公司在与《我的一个世纪》作者商洽并获得相应改编及拍摄许可的情况下,与其他公司合作摄制了电视连续剧《世纪人生》,拍摄完成后的电视连续剧就是著作权法所界定的"以类似摄制电影的方法创作的作品",其著作权应当由制片者享有……

从将"以类似摄制电影的方法创作的作品"制作成 VCD 的行为性质来看,电视连续剧通常以某种物质载体加以固定,胶片、录像带等是一些较为传统的载体,VCD 则属于数字化载体的一种,故将电视连续剧作品制作成 VCD 从本质上讲是作品载体的转换,这一过程并不产生新的作品权利,只是对同一电视连续剧作品在不同介质上的复制,且该复制权及向公众提供包括 VCD 在内的复制件的权利即发行权均应由电视连续剧作品的著作权人行使……被告大恒出版社出版、发行涉讼《世纪人生》VCD 是经过合法许可的……

针对原告委托代理人在 2001 年 11 月 22 日的律师函中所提到的关于"录像制品"

的问题,本院认为,《中华人民共和国著作权法实施条例》第5条中对"录像制品"所作的定义是指电影作品和以类似摄制电影的方法创作的作品以外的任何有伴音或者无伴音的连续相关形象、图像的录制品,因此,电视连续剧作品的各种载体包括录像带、VCD等均非著作权法意义上的"录像制品",故原告律师在致谢晋的函中提出的所谓以光盘方式出版、发行涉讼电视连续剧已将使用《我的一个世纪》的形式变为"录像制品"这一观点不能成立。

综上所述,经《我的一个世纪》作者许可后改编并摄制而成的电视连续剧《世纪人生》已成为一个独立的作品,该作品的整体著作权由制片者行使。董竹君与恒通公司的《合同书》所涉拍摄权确实是针对电视连续剧的,但并不意味着拍摄而成的电视连续剧只能作为"电视节目"在电视台播映,将其制作成VCD销售也是电视连续剧作品著作权人实现其著作财产权的一种方式。作为《我的一个世纪》文字作品的著作权人或者与该著作权有关的权利人,除了可以对署名权及相关合同约定之报酬主张权利外,无权再限制电视连续剧作品的具体使用方式,故以VCD方式出版、发行电视连续剧《世纪人生》并不存在超越与原著作者所签合同的许可方式和范围问题,四原告认为《世纪人生》VCD的出版和发行构成对《我的一个世纪》文字作品著作权的侵犯缺乏法律依据,本院对四原告基于侵权所提出的各项诉讼请求不予支持。

(朱丹、王静、马剑峰法官)

思考问题:

作品的使用人获得摄制权授权后,意味着他能以哪些方式使用摄制的成果?如果有合同约束,后续利用摄制结果的第三方要接受这一合同约束吗?

5.4 翻译权

翻译权是指"将作品从一种语言文字转换成另一种语言文字的权利"[①]。显然,享有翻译权的作品通常都是含有文字内容的作品,比如小说、歌词、剧本、计算机程序等。这里的翻译应该是体现翻译者独创性劳动的演绎活动,而不是机械的转化。因此,翻译者通常都对其翻译后的成果享有独立的著作权。如果翻译的过程没有独创性劳动,而是机械的转化,则可能不是著作权法上的翻译,而是复制。比如,利用通用的编译工具将计算程序源代码由计算机程序编译成目标代码、将简谱记录的音乐作品转化五线谱等,就可能是复制。这时,行为人所侵害的是作品的复制权,而不是翻译权。

不过,简单地宣布计算机程序自动的翻译结果就一定是侵害复制权而不是翻译权,可能也是不可靠的。现在,像Google等公司提供网络页面的自动翻译工具或服务。用户使用该服务翻译作品的行为就有可能侵害作品的翻译权,尽管该翻译是自动进行的,没有翻译者的独创性劳动。这一翻译过程显然不像是在复制。参见前文"著作权归属"一章关于人工智能创作的问题。建议进一步阅读:Erik Ketzan, Rebuilding Babel: Copyright

---

[①] 《著作权法》(2010)第10条第1款第(十五)项。

and the Future of Online Machine Translation, 9 Tul. J. Tech. & Intell. Prop. 205 (2007)。

5.5 汇编权

汇编权是指"将作品或者作品的片段通过选择或者编排,汇集成新作品的权利"。① 这一定义要求汇编的结果必须是具有独创性的新作品,否则不构成汇编。关于这一权利的比较权威的解释认为:"汇编并不改变作品本身,只是为一定目的将作品汇集。汇集成'新作品'的含义是在选择或编排上体现独创性,在整体上成为新作品,而不是指所编的原作品是新作品。所编原作可能是在汇编作品中才第一次发表的,也可能在汇编作品之前已经发表过。作品集、报纸、期刊等都属于汇编而成的作品。"②

从著作权立法技术的角度看,立法者在设置著作权的权能时,只需要将所要保护的作品想象成最小的不可分割的单元,赋予权利人该作品单元的控制权,就可以阻止他人汇编这些单元作品。从这一意义上讲,汇编权的确是多余的。因此,有学者认为"在《著作权法》中的'复制权'完全可以控制汇集作品行为的情况下,规定'汇编权'只不过使同一种行为多受到了一项专有权利的控制,其必要性是值得强烈质疑的"③。在《著作权法》修改的《征求意见稿》中,汇编权的内容已经被删除,值得肯定。

不过,当初立法者应该是明知存在复制权和汇编权这样的重叠,依然选择单独规定汇编权。胡康生先生指出:

> 汇编权是演绎权的一种,汇编作品之所以成为受保护的作品在于其选择与编排上的创造性劳动。但是,简单的汇编与复制无异。因此,未经许可将他人作品进行简单地汇集是侵犯复制权还是侵犯汇编权还是需要讨论的。一般说来,在著作权法规定了汇编权的国家,认定侵犯汇编权是理所当然的事情;在没有明确规定汇编权的国家,就会认定侵犯了复制权……未经许可将他人作品进行汇编,如果付出了明显的创造性劳动是侵犯复制权还是侵犯汇编权呢?一般说来,是侵犯汇编权,但有的国家仍然会认为是侵犯复制权。然而,如果付出了明显的创造性劳动,与简单地将作品汇编可能有不同的法律后果。付出创造性劳动的汇编作品会被认为是新作品,未经许可当然构成侵权。但是,如果他人对汇编作品侵权,就有可能不仅侵犯原作品的著作权,也侵犯了汇编者的著作权。因此,未经许可汇编他人作品属于侵权,但认定侵犯复制权或者汇编权的法律后果是不一样的。④

从上述意见中,大致可以看出,立法者是从整个汇编结果的角度来看问题,认为汇编作品整体上可能并非对著作权人单个作品或作品部分的复制。这一过程中甚至有独创性的劳动。因此,不能简单地将汇编行为视为复制。这一解释可能符合普通公众对于作品和复制的理解思路。不过,更专业的批评意见则更多地从汇编作品的组成部

---

① 《著作权法》(2010)第 10 条第 1 款第(十六)项。
② 胡康生主编:《中华人民共和国著作权法释义》,法律出版社 2002 年版,第 60 页。
③ 王迁:《论我国〈著作权法〉中"汇编权"的重构》,载《法学论坛》2008 年第 6 期,第 38 页。
④ 胡康生主编:《中华人民共和国著作权法释义》,法律出版社 2002 年版,第 61 页。

分着眼,强调局部的复制行为。其实,著作权法在复制权之外创设改编权(至少是那些需要局部复制原作的改编),也会引发类似的争议。

汇编权,顾名思义,是对多个作品或作品片段的汇集。如果诉争的标的仅仅涉及一个作品或作品片段的复制,则不涉及汇编权。在覃绍殷 v. 荣宝拍卖有限公司(北京市一中院(2003)一中民初字第12064号)案中,法院指出:"《著作权法》第10条第1款第(十六)项规定:汇编权是指将作品或者作品的片段通过选择或者编排,汇集成新作品的权利。被告在拍卖图录中仅收录了原告一幅享有著作权的作品,并没有侵犯原告享有的汇编权。"

6 表演权

表演权是指"公开表演作品,以及用各种手段公开播送作品的表演的权利"①。学理上,将表演分成现场表演和机械表演。

《著作权法》没有对"公开"做具体的定义。一般认为,应当对公众即不特定的群体公开。比如,大型的文艺演出,对社会公众开放,属于典型的公开演出。商业营业场所播放"作品的表演"(比如音乐作品的录音、电影(相对剧本作品而言))的行为,属于典型的公开机械表演行为。这里听众的绝对人数不是决定性,重要的是听众是不特定的群体。如果表演仅仅局限于很小圈子,比如家庭成员、私人聚会的参加者等,则不受《著作权法》约束。后文讨论的放映权、广播权、展览权等,均涉及"公开"要求,标准类似,不再一一讨论。

《著作权法》没有明确哪些作品享有表演权。现实中,文学、音乐、舞蹈、戏剧等作品,享有表演权,似乎并无疑问。美术、电影等作品,本质上可能是无法进行现场表演的,因而无所谓表演权。在舞台上或其他公开场所展示这些作品,则可能受到其他权利(比如放映权)的约束。

机械表演权与信息网络传播权、广播权、放映权的界限比较模糊,更多地要依据习惯而不是逻辑来区分。通过网络、电视、无线或有线电台向公众传输"作品的表演",被列入下面所说的信息网络传播权、广播权等类别。电影院的播放行为则归入"放映权"。对于普通公众,可能很难理解,为什么电影院播放电影作品就是"放映",而播放音乐磁带,就是"机械表演"。这也多少反映出著作权法自身存在的问题:随着技术不断进步,补丁式的立法对整个法律逻辑上的完整性的破坏,日益明显。由于表演权范围具有很大模糊性,在实务中,表演权转让或许可合同中对于权利范围的定义就显得非常重要。

6.1 现场表演权

所谓现场表演,是指演员通过语言、动作、表情、道具、乐器等现场再现作品的过程。比如,朗诵文字作品、演奏音乐、演唱歌曲、表演舞蹈,都是典型的表演行为。此类表演也被称作"活的表演"或者"舞台表演"。表演权使得著作权人能够禁止他人公开

---

① 《著作权法》(2010)第10条第1款第(九)项。

表演自己的作品。《著作权法》第37条第1款明确规定:"使用他人作品演出,表演者(演员、演出单位)应当取得著作权人许可,并支付报酬。演出组织者组织演出,由该组织者取得著作权人许可,并支付报酬。"只有在免费表演时,即"免费表演已经发表的作品,该表演未向公众收取费用,也未向表演者支付报酬",才无须取得授权。① 下面的案例,是一起典型的侵害表演权的案例。

中国音乐著作权协会 v. 陕西天星文化艺术传播有限公司等

陕西省西安市中院(2006)西民四初字第018号

2004年11月19日"大地飞歌—群星西安演唱会"在陕西省西安市北郊城运村体育馆举行,演唱会上宋祖英演唱了《长大后我就成了你》《爱我中华》《好日子》《辣妹子》《大地飞歌》,李玲玉演唱了《天竺少女》《美人吟》,艾尔肯演唱了《花儿为什么这样红》等歌曲……本案音著协起诉认为本场演唱会中涉及其行使表演许可权的共有8首歌曲……

[法院认为],《中华人民共和国著作权法》第36条第1款规定:使用他人作品演出,表演者(演员、演出单位)应当取得著作权人许可,并支付报酬。演出组织者组织演出,由该组织者取得著作权人许可,并支付报酬……天星公司和演出公司作为本次演唱会的演出组织者,未经许可,以商业营利为目的,擅自演出上述音乐作品,根据《中华人民共和国著作权法》第46条第1款第(七)项"使用他人作品,应当支付报酬而未支付的,应当根据情况,承担停止侵害、消除影响、赔礼道歉、赔偿损失等民事责任"之规定,其行为侵犯了音乐著作权人对作品享有的使用权和获得报酬权。

(孙海龙、姚建军、张桂春法官)

思考问题:

本案法院认定演出的组织者是侵害表演权的行为人。表演者在这一法律推理中扮演什么角色?可以结合后文关于"表演者权"部分的讨论。

6.2 机械表演权

所谓机械表演是指"用各种手段公开播送**作品的表演**"的行为。② 与此对应的表演权也被称作"机械表演权"。这一权利是《著作权法》2001年修订时新增的权利,在此之前,表演权仅限于现场表演权。根据定义,机械表演只有在演员对作品进行现场表演后,才能通过"各种手段公开播送"。如果通过某种手段公开播送作品本身,而不是"作品的表演",则没有落入到表演权的范围。比如,公开放映电影,可能会侵害演员所表演的剧本作品或音乐作品的"表演权",但是并不侵害电影作品本身的著作权。之所以作出这一区分,大概是中国的立法者考虑到公众的习惯,选择单独创设放映权

---

① 《著作权法》(2010)第22条第1款第9项。
② 《著作权法》第10条。

来制止此类公开播放作品的行为。

如下文所述,在《送审稿》(2013)中,放映权被取消,并入表演权中。《送审稿》(2013)中表演权的机械表演权部分的表述有所变化,变成"通过技术设备向公众传播作品或者作品的表演的权利"。这里增加了向公众传播"作品"的内容,使得放映电影、幻灯片等行为可以顺利纳入到表演权的字面含义中。不过,这一修改带来新的问题,即通过网络传输作品,从表面上也可能落入上述新的表演权的定义的范围。这时候,可能要强调表演权的非互动性,观众没有办法在自己选择的时间和地点获取这些作品。

现行《著作权法》并没有明确"公开播送"的"各种手段"的范围。一般认为,通过音响设备或录像机公开播放"作品的表演",属于这里所说机械表演。比如,酒店、娱乐场所现场播放录音磁带、MP3 音乐作品等,算是典型的机械表演。[①] 通过网络非互动地对外公开播放"作品的表演",很可能也落入这里所说的利用某种手段公开播放。不过,如果只是通过网络对外非互动地公开播放作品,而非"作品的表演",依然被排除在现行的表演权之外。要制止此类行为,要利用所谓的"其他权利"选项。

在中国,大量的侵害表演权的案件是音乐著作权协会起诉全国各地的卡拉 OK 歌厅。在这些案件中,法院通常认为,歌厅播放 MTV 作品的行为,侵害了音乐作品著作权人的机械表演权。不过,MTV 作品通常又被视为电影作品。歌厅的播放行为实际上也会侵害 MTV 作品权利人的放映权。MTV 著作权人如果已经取得了音乐作品著作权人的许可摄制该 MTV 作品,则歌厅播放该 MTV 是否依然侵害机械表演权,则存在疑问。在下面的案例中,法院给出了肯定的答案。

中国音乐著作权协会 v. 厦门水晶之约投资管理有限公司

福建省高院(2010)闽民终字第 360 号

[音乐著作权集体管理组织分别获得了《走四方》《牧羊曲》《十五的月亮》《弯弯的月亮》《大海啊,故乡》等歌曲的词曲作者的授权,对相关作品的公开表演权、广播权和录制发行权等进行管理。被告后埭溪分店 KTV 包提供上述歌曲的点唱服务。]

[原审法院认为,]被告后埭溪分店系自助 KTV 经营者,向消费者提供的主要是词、曲的点播服务,而非提供音乐电视作品的背景、人物及故事情节等观赏服务。被告提供涉案曲目的点播服务未经过词曲作者或其授权的集体管理组织的授权,也未支付报酬,侵犯了词曲作者的公开表演权,应立即停止侵权并赔偿损失。被告辩称其提供的是以类似电影方法制作的作品的播放,即便侵权也是侵犯放映权,放映权的权利人是制片人而非原告,没有法律依据不予采信……

[原审法院宣判后,水晶之约向本院提起上诉.主要事实和理由:]

……

---

① 比如,在中国音乐著作权协会 v. 新一佳超市有限公司案(深圳中院(2011)深中法知民终字第 62—65 号)中,法院认定,新一佳公司未经音著协或相关作品作者同意,擅自在营业场所内借助技术设备公开表演涉案音乐作品,侵害相关作品之表演权。

二、原审认定上诉人侵犯了被上诉人管理的权利依据不足。

（一）涉案经营场所使用 MTV 的行为不属于公开表演，不属于音著协获得的管理权利。音著协获得的管理权利包括"公开表演权、广播权和录制发行权"三项，并且音著协无论在一审中起诉状还是庭审中都明确上诉人侵犯的是涉案音乐作品的公开表演权。然而，KTV 经营场所播放的是音乐电视作品，不同于音乐作品，不应视为公开表演，故并未侵犯音著协管理的权利。我国的《著作权法》最早是在 1990 年 9 月通过，1991 年 6 月 1 日实施的，2001 年 10 月修改。音著协的合同签订于 1993 年，因此合同中相关著作权确切含义应该按 1991 年《著作权法》来理解确定。然而，1991 年《著作权法》规定的表演权仅是舞台表演权，不包括机械表演权。据当时的著作权法实施条例第 5 条："表演，指演奏乐曲、上演剧本、朗诵诗词等直接或者借助技术设备以声音、表情、动作公开再现作品。"其中的借助技术设备，是指舞台表演时所借助的技术设备，而不是机械表演的技术设备。2001 年修订的《著作权法》才增加了作者的机械表演权和放映权，第 10 条规定"表演权，即公开表演作品，以及用各种手段公开传播作品的表演的权利。"显然本案卡拉 OK 经营场所播放涉案音乐电视作品的 MTV 的行为不属于音著协获得的管理的"公开表演权"范畴。

（二）即便构成侵权，侵犯的只能是著作权人的放映权。

三、原审认定音著协有权就音乐作品著作权向上诉人主张权利并不妥当。

（一）类似电影的方法创作的作品的著作权法定转移给制片者。我国《著作权法》第 15 条规定：电影作品和以类似摄制电影的方法创作的作品的著作权由制片者享有，但编剧、导演、摄影、作词、作曲等作者享有署名权，并有权按照与制片者签订的合同获得报酬。电视作品和以类似电影的方法创作的作品中的剧本、音乐等可以单独使用的作品的作者有权单独行使其著作权。可见电影作品及以类似摄制电影方法创作的作品（以下统称"电影作品"），著作权法定转让给了制片人，也就是说作者在电影作品中只享有署名权，其他权利内容都由制片人统一行使，作者不能在他人放映电影时在行使自己单独的著作权，而只能授权他人摄制电影等视听作品时向制片人收取著作权使用费或报酬。并且《著作权》第 15 条的"单独使用"规定与该条前款的著作权法定转移规定并不矛盾，在"单独使用"音乐或剧本的时候，如单独出版音乐或剧本的时候，作者仍可"单独行使"其著作权，但是这并不意味着音乐作品或者说剧本作者可以在电影放映的时候和电影制片人一起行使各自的著作权，也绝不是说因为放映一部电影作品，播放者既要支付电影作品使用费，还要支付音乐作品使用费，甚至剧本使用费。

（二）音著协无权绕开制片者就音乐作品著作权向上诉人主张权利。本案的 MTV 音乐电视作品，系以类似摄制电影的方法创作的作品，其著作权由制片者享有。卡拉 OK 经营者播放 MTV 属于以类似电影方法创作的作品，根据著作权法定转移的规定，音著协根本无权就卡拉 OK 经营者播放 MTV 主张音乐作品的著作权。综上所述，被上诉人音著协无权就本案讼争的 5 部 MTV 音乐电视作品提起著作权侵权之诉。

[音著协答辩认为：]

……

4. 本案上诉人侵犯了是被上诉人的公开表演权而非放映权，因为上诉人在其经营场所播放的涉案音乐作品系以单纯录音录像的方式形成的，而非电影或以类似摄制电影方式形成的音乐电视作品。因此上诉人侵犯的是公开表演权。

5. 上诉人认为涉案音乐作品系电影或以类似摄制电影方式形成的音乐电视作品，却无法提供涉案作品的制片人。

6. 上诉人对涉案音乐作品不具有合法的来源，上诉人与案外人漳州惠之声智能科技有限公司签订的《星网视易 KTV 点播娱乐系统购销合同》中约定的是，惠之声对系统软件版权作出声明，但并未声明其对系统软件中的曲目享有著作权。因此上诉人对涉案音乐作品来源不具有合法性。

[本院认为：]

音著协通过合同方式取得了涉案音乐作品词曲作者的授权，其授权范围为公开表演权、广播权及录制发行权，该授权在无相反证据证明其已经失效或音著协已经将相关权利转让或独家许可给他人的情形下应视为有效。在合同有效期间，音著协可以根据合同约定管理上述权利，并以自己的名义许可使用作品、收取使用费、提起诉讼等。

随着《中华人民共和国著作权法》不断发展完善，我国对著作权人权利的保护日益完善。本案音著协与涉案歌曲的作者签订合同的时间虽大部分早于 2001 年 10 月，但在《中华人民共和国著作权法》修改后，法律赋予表演权新的内涵，不仅包括"公开表演作品"还包括"以各种手段公开播送作品的表演"，本案涉案作者与其他作者同样享有法律赋予的权利。本案上诉人正是通过点唱系统向消费者提供自娱性演唱服务，其行为属于以机械手段公开播送作品的表演，已构成对著作权人表演权的侵犯。且本案涉嫌侵权的行为发生于 2009 年 4 月，故本案应适用 2001 年 10 月修改之后的《中华人民共和国著作权法》。综上，上诉人水晶之约认为本案音著协与涉案作者签订的《音乐著作权转让合同》中"表演权"不包括机械表演权，缺乏法律依据，本院不予采纳。

水晶之约主张涉案五首音乐电视作品著作权系"以类似摄制电影方式制作的影视作品"，其著作权依法应属于五部音乐电视作品的制片人，但既未充分举证证明，也无法提供具体制片人的名称。即使本案五首音乐电视作品确属"以类似摄制电影方式制作的影视作品"，根据《中华人民共和国著作权法》第十五条第二款规定：电影作品和以类似摄制电影的方法创作的作品中的剧本、音乐等可以单独使用的作品的作者有权单独行使其著作权。综上，上诉人水晶之约该项主张缺乏相应的事实和法律依据，本院不予采纳……驳回上诉，维持原判。

（叶毅华、蔡伟、杨扬法官）

思考问题：

假若该 MTV 作品的制作经过词曲著作权合法授权，则本案的结论还会如此吗？播放 MTV 的行为，有没有可能同时侵害表演权和放映权？

7 放映权

放映权,即"通过放映机、幻灯机等技术设备公开再现美术、摄影、电影和以类似摄制电影的方法创作的作品等的权利"。① 这一权利旨在保证权利人能够控制电影播放和幻灯展示之类的行为。在 2001 年《著作权法》修改过程中,放映权曾经被列入表演权(机械表演)中。后来终因"放映电影作品等不是表演作品,也不是播送作品的表演",而被单独列出。②因此,在《著作权法》现有条文下,下列意见的可靠性可能存在疑问:"严格来说,放映权属于机械表演权,即通过放映机、幻灯机等设备来表演美术、摄影和电影作品。"③对于剧本或音乐作品而言,放映电影的行为,落入机械表演权的范围。但是,对于电影的制片人而言,放映电影应不受所谓机械表演权控制。因为电影作品本身无法被表演,自然无法再播放该电影作品的表演。

由于定义中对作品范围和播放的技术设备有明确的限制,这一权利实际覆盖的范围可能十分有限。享有放映权的作品,仅仅限于美术、摄影和电影类作品。如果一项作品被认定为录音录像制品,而不是电影作品,则不享有放映权。如前所述,在大量的 MTV 案中,诉争的焦点问题都与此相关。当然,立法者在列举的作品类型后面加了一个"等"字,法院有可能对该范围做拓宽解释,以涵盖一些当初意想不到的作品类型(在法院不愿对电影、美术或摄影作品做拓宽解释时)。比如,介于电影和美术作品之间的数字多媒体作品(比如,Flash 作品等)。

放映所使用的设备应该是"放映机、幻灯机"等类似设备。因此,通过无线电视台、互联网等播放作品,就不是放映权控制的范围,而是受广播权或信息网络传播权约束。不过,随着技术的进步,数字化作品取代了先前的电影胶片和有形幻灯片,放映美术、摄影或电影作品可能不再需要使用放映机和幻灯机了。这时候,对放映权做变通解释可能就不可避免了。比如,中国法院在大量 MTV 的案子中,确认在卡拉 OK 歌厅通过数字点唱系统在电视或电脑屏幕上播放 MTV 作品,侵害该作品的放映权。④ 这一数字化的点播系统与传统的电影放映机或幻灯机已经没有什么技术上的共同点了。

将放映权延伸到数字点播系统,将使得这一权利的内容与信息网络传播权的界限变得模糊起来。如我们所知,很多卡拉 OK 歌厅或网吧的点播系统就是通过内部网络实现的。一旦将网络用户范围拓展到不特定的公众,点播过程中用户端电脑先临时下载音乐文件然后再播放,则歌厅或网吧这一行为具有明显的互动性,与一般的信息网

---

① 《著作权法》(2010)第 10 条第 1 款第(十)项。
② 胡康生主编:《中华人民共和国著作权法释义》,法律出版社 2002 年版,第 53 页。
③ 李明德、许超:《著作权法》,法律出版社 2009 年第 2 版,第 83 页。
④ 比如,北京华夏金马文化传播有限公司诉武汉乐迪熊音乐娱乐有限公司侵犯作品放映权纠纷案,湖北省武汉市中院(2009)武知初字第 38 号;成都喀萩莎实业有限公司与中音传播(深圳)有限公司侵犯作权纠纷上诉案,四川省高院(2010)川民终字第 213 号;广州湖天宾馆与北京天语同声信息技术有限公司侵犯著作财产权纠纷上诉案,广东省广州市中院(2010)穗中法民三终字第 123 号;环球唱片有限公司诉温州市利玛视听演唱有限公司放映权纠纷一案,温州市中院(2005)温民三初字第 54 号。

络传输行为没有本质差别。如后文所述,已经有很多法院认定网吧内部的电影点播行为侵害电影作品的信息网络传输权。可以想见,随着放映手段的网络化,信息网络传输权将逐步取代放映权。到那时,放映权是否仅仅局限于有限的作品就不再显得重要,因为更多的作品可以通过信息网络传播权得到保护。

在最新的《送审稿》(2013)中,放映权不复存在,又重新被并入表演权中的机械表演部分。即,"通过技术设备向公众传播作品或者作品的表演的权利"。① 这一修改建议减少了著作权权利内容对于技术设备的依赖,值得肯定。

8　广播权

8.1　广播权的内容

广播权是指"以无线方式公开广播或者传播作品,以有线传播或者转播的方式向公众传播广播的作品,以及通过扩音器或者其他传送符号、声音、图像的类似工具向公众传播广播的作品的权利"。② 这里的作品应该涵盖文字作品、戏剧作品、音乐作品、视听作品、美术作品等。③

《著作权法》上关于广播权的定义,大概是所有权利内容定义中最为复杂的一项了。中国《著作权法》之所以作出如此规定,主要是为了和《伯尔尼公约》保持一致。④《著作权法》上大概没有别的条款能够更直接地揭示中国的立法者过去在国内立法过程中是如何抄袭过时的国际公约的。相信读者细阅读广播权的条文,大有"活人让尿憋死"的痛苦。在二十年前,知识产权学术研究刚刚起步,立法者别无选择是可以理解的。今天,依然坚持这些过时的立法条款,就不能原谅了。

在立法者彻底修订广播权条文之前,本书还是努力从以下三个层次来解读广播权的内容:

首先,广播权控制的最典型的广播行为是以电台或电视台(以下简称电台)的无线方式广播作品。有了此项权利,著作权人可以禁止电台和电视台通过无线方式播放其作品。直接以有线方式广播作品,不受这项权利限制。

其次,广播权控制的第二类行为是与上述第一类广播行为相关联的次级传播行为。电台以无线方式广播作品(即所谓的"广播的作品")的同时或之后,以有线方式传播或转播该"广播的作品"的行为,也受广播权的限制。

最后,广播权控制的第三类行为同样是与第一类广播行为相关联的次级或再次级

---

① 《送审稿》(2013)第13条第3款第(五)项。
② 《著作权法》(2010)第10条第1款第(十一)项。
③ 郑成思:《版权法(修订版)》中国人民大学出版社1997年版,第199页。
④ 胡康生主编:《中华人民共和国著作权法释义》,法律出版社2002年版,第53页。《伯尔尼公约》第11条之二第1款规定:"文学艺术作品的作者享有下列专有权利:(1) 授权广播其作品或以任何其他无线传送符号、声音或图像的方法向公众传播其作品;(2) 授权由原广播组织以外的另一机构通过有线传播或转播的方式向公众传播广播的作品;(3) 授权通过扩音器或其他任何传送符号、声音或图像的类似工具向公众传播广播的作品。"

的传播行为。即,以扩音器或者类似的工具向公众传播"广播的作品"。

为了讨论方便,这里将广播权的上述三项内容所控制的行为分别称作**无线广播、有线转播、公开播放广播**。

8.2 无线广播

电台或电视台的无线广播(第一类广播行为)公众比较熟悉,其性质和范围比较容易理解。这里的无线方式,包括无线发射台和卫星发射无线信号的传输行为。

不过,立法者为什么要将播放方式限制在"无线"的范围内呢?尤其是,立法者在规范有线转播(第二类广播行为)时,实际上考虑到有线方式广播的可能性。中国的立法者可能过于盲目地与《伯尔尼公约》保持一致,而没有考虑技术进步带来的新变化。在《伯尔尼公约》第11条之二出台时,有线电视、信息网络之类的广播形式还没有进入立法者的视野。《公约》没有考虑这一情形,是可以理解的。现在,越来越多的电台和电视台的节目进入有线网络,有的甚至仅仅通过有线网络传播,给《著作权法》带来新的挑战。这一漏洞生动地反映了《著作权法》按照传播技术不同而设置不同权利的立法模式的弊端。

对于电台或电视台直接通过有线网络或互联网络广播作品,著作权人并不能通过下面所说的有线转播权进行控制。因为有线转播权仅仅限于控制对无线广播的作品(节目)进行有线转播的行为,不适用于直接透过有线网络或互联网络的广播行为。由于有线的广播行为不具备信息网络传输的交互性,用户只能在指定的时间被动接收,因此也不能由信息网络传输权控制。在司法实践中,法院可能通过解释所谓"其他权利",为著作权人的控制权寻找依据。这在本章最后一节和后面的信息网络传输权一章有更具体的讨论。

8.3 有线转播

有线转播是指"以有线传播或者转播的方式向公众传播广播的作品"。尽管"有线传播或者转播"的表述方式不够让人满意,让人怀疑"转播"是否也必须是有线方式。比较权威的意见认为无论是传播或转播,都是有线方式。[①] 这也就是意味着在接收到无线广播之后,再以无线方式转播,并不受到这里的有线转播权的控制。不过,这种无线转播的方式,应该落入到前文所说的"无线广播"权的控制范围。

在无线信号覆盖有限的情况下,有线传播或转播能够毫无限制地扩大广播的受众范围。如我们所知,无线信号通常只能覆盖一个城市,而有线网络却能覆盖全国甚至全世界。对于有线转播的限制,使得著作权人能够区别对待无线广播的受众和有线转播的受众,根据实际需要控制广播权授权的受众的范围。

在没有特别约定的情况下,获得笼统的广播权的许可之后,无线广播的行为人对自己的无线广播节目进行有线转播时,应该不再需要经过著作权人的再次授权,因为有线转播不过是广播权的内容之一。《伯尔尼公约》第11条之二则明确,有线转播权

---

① 胡康生主编:《中华人民共和国著作权法释义》,法律出版社2002年版,第54页。

旨在限制广播组织之外的第三方的有线转播行为。该规定似乎也暗示，已经获得无线广播授权的广播组织自己进行有线转播时，可能不受著作权人的控制。不过，该广播组织还是要受到它和著作权人之间的许可合同约定范围的限制。

需要强调的是，有线广播权的权利人是著作权人，而不是广播组织。在广播组织自己不是著作权人的情况下，广播组织控制他人对自己的广播信号的有线或无线转播的权利，在后文邻接权一章讨论。这种控制权并非这里所说的广播权。

8.4 公开播放广播

公开播放广播，如前所述，"是指通过扩音器或者其他传送符号、声音、图像的类似工具向公众传播广播的作品"。最为常见的是在公共场所通过扩音器、收音机、电视机等播放无线广播节目。

既然著作权人都许可无线播放了，为什么还要控制他人在公众播放该无线广播节目呢？立法者可能认为，无线广播默认的接收群体仅仅限于私人。而公开播放广播的行为，可能扩大了该广播的受众范围。著作权人和广播组织都可能有动机去控制无线广播的受众范围。不过，中国社会对于此类控制权的接受度可能依然很低。很少人会认为，在公开的营业场所播放电台或电视台的无线广播节目会有著作权法上的问题。中国音乐著作权协会高调收取营业场所播放背景音乐的版权许可费，可能会逐渐改变公众的认识。

同样，由于这一权利是建立在初始的无线广播的基础之上，它并不能控制他人公开播放那些通过有线方式传播的节目。同时，这一权利也不能用于控制直接用扩音器之类工具公开播放作品的行为。这应该是表演权或放映权的地盘。

北京央视公众资讯有限公司 v. 武汉多普达通讯有限公司

北京市海淀区法院(2004)海民初字第15905号

原告央视公众公司诉称，2003年3月7日，我公司与中央电视台总编室签订了《中央电视台电视节目在电信领域中的专有使用权合同》，中央电视台将其所属各频道、各栏目的电视节目在电信领域的排他性专有使用权独家授予我公司，并承诺不再将该专有使用权授予任何第三方。2004年，多普达公司在其生产的"多普达535"型手机中设置链接，将中央电视台CCTV-新闻、CCTV-4、CCTV-9三个频道的节目在手机中播放，同时该公司在其网站(www.dopod.com)上使用中央电视台"新闻联播"栏目的画面、声音等进行产品功能演示，并利用报纸、网络等多种媒体擅自使用"新闻联播"的品牌和标识对该款手机进行宣传……

被告多普达公司辩称，我公司自行研制了"多普达535"型手机，其中内置浏览器，可由用户输入网址接入网络，为方便用户，我公司在网站上链接了中央电视台的网页，用户的手机可以通过该链接收看中央电视台的节目，我公司只是提供了链接服务，未从中收取费用。节目内容均来自中视网站而不是原告网站，不能认为是对原告权利的侵害。我公司对原告与中央电视台之间合同的真实性有异议，且原告仅是排他性专有使用权人，在中央电视台未表示不起诉的情况下，原告不能独立提起诉讼，不具有诉讼主体资格，故请求法院驳回原告的诉讼请求……

经审理，本院对案件事实确认如下：

……

多普达 dopod 535 手机由多普达公司研制生产，具有实时收看中央电视台节目的功能。该款手机的桌面提供了网络电视功能的入口，桌面名称为 dopod 默认方案，在 dopod 方案首页选择网络电视功能后，进行相应设置，就可以观看网络电视。2004 年 6 月 1 日，案外人汪海天使用多普达 dopod535 手机（号码为 13910026941），在页面上显示"网络电视""CCTV-新闻""CCTV-4""CCTV-9"的链接选项，分别进入，可以看到相关选项下与中央电视台相关节目对应的实时节目动态画面及声音，在画面的左上角均分别显示有"CCTV-新闻""CCTV-4""CCTV-9"的台标。

同日，案外人汪海天登陆多普达公司网站（http://www.dopod.com），首页显示多普达 535 手机的介绍图片，图片中手机显示"新闻联播"标志，广告语为"随时随地看电视"。在首页上点击"dopod 535"，再点击"多普达 535 功能演示"，在显示的页面上依次点击"电视、娱乐中心""随身网络电视"，可看到实时播出的中央电视台"新闻联播"节目。

2004 年 10 月 19 日，案外人刘瑞使用多普达 dopod535 手机（号码为 13811309245），可收看"CCTV-新闻"节目，画面左上角显示"CCVT-新闻"的台标，显示地址为"http://www.dopod.com/tv/tv_list.htm"。登录互联网，键入网址"http://www.dopod.com/tv/tv_list.htm"，进入的网页上显示"CCTV-新闻""CCTV-4""CCTV-9"等链接。点击"CCTV-新闻"，可以收看"CCTV-新闻"节目。删除地址栏"http://www.dopod.com/tv/tv_list.htm"中的"/tv/tv_list.htm"，可进入多普达公司网站（http://www.dopod.com）……

本院认为……

多普达公司未经央视公众公司许可，以营利为目的，在其生产的多普达 dopod 535 手机中，并在其网站上为销售此款手机转播中央电视台节目，侵犯了央视公众公司在电信领域对中央电视台节目的专有使用权，多普达公司应承担停止侵权、赔偿损失、赔礼道歉等责任。该公司以善意链接为由辩称否认侵权，证据不足，本院不予采信。[法院引述的法律条文含《著作权法》第 10 条第 1 款第（十一）项（广播权）、第 47 条第（五）项（未经许可，播放或者复制广播、电视）等。]

（李东涛、李颖法官，人民陪审员庞奎玉）

思考问题：

（1）本案中如果被告所谓只是提供链接的说法属实，并且链接指向央视网站，法院的结论依然如此吗？普通网络链接通常并不会导致著作权侵权，即便是深度链接或者说加框链接。涉及广播电视节目，结论会有不同吗？

（2）从本案看，广播权与信息网络传播权是否有重叠的可能？

央视国际网络有限公司 v. 百度公司

北京市一中院(2013)一中民终字第 3142 号

《春晚》由中央电视台编排、制作,并于 2012 年 1 月 22 日晚播出。由中国国际电视总公司出版发行的《春晚》光盘片尾载有"中央电视台"。诉讼中,央视公司主张现场演出的《春晚》系汇编作品。百度公司对此予以认可。

2009 年 4 月 20 日,中央电视台出具《授权书》,声明将其拍摄、制作或者广播的,享有著作权或与著作权有关的权利,或者获得相关授权的,其所有电视频道及其所含之全部电视节目……授权央视公司在全世界范围内进行交易的独家代理。

2012 年 1 月 22 日,上海市静安公证处根据央视公司的申请,对互联网上浏览网页和在线播放视频的过程及内容进行证据保全。打开 IE 浏览器,在地址栏中输入"www.baidu.com",在打开的页面搜索栏中输入"春晚",点击"百度一下",显示的第一项搜索结果为"2012 年中央电视台春节联欢晚会爱奇艺",第二项搜索结果显示"春晚 百度视频",第三项搜索结果显示"百度应用 我的应用",其下为《春晚》视频播放图标,右侧显示"2012 年央视春节联欢晚会 直播"、"简介:中国中央电视台春节联欢晚会,通常简称为央视春晚,或直接称为'春晚',是中国中央电视台在每年农历除夕晚上……详细>>""立刻播放""来自搜狐视频",点击"立刻播放"按键,可以在线播放《春晚》,在播放的画面顶部显示"搜狐视频>2012 年央视春节联欢晚会直播",其下显示"CCTV1 综合",画面右上角显示"搜狐视频直播"。

诉讼中,央视公司称百度公司的涉案侵权行为为未经央视公司许可,擅自将《春晚》在百度搜索网站上播放,在搜索结果页面下直接提供直播画面。百度公司认可其为 www.baidu.com 网站和百度应用开放平台的经营者,但称 www.baidu.com 网站仅提供搜索服务,并未提供中央电视台《春晚》节目的转播,涉案搜索结果来自百度应用开放平台的注册用户搜狐公司服务器;百度应用开放平台仅向相关注册用户和网络用户提供开放式应用技术对接通道,注册用户的任何应用、资源均可通过百度应用开放平台实现与网络用户的需求进行对接,百度公司并不向网络用户提供内容,亦不对注册用户著作权人身份进行审查;在百度应用开放平台同步播放《春晚》视频是搜狐公司实施的,是搜狐公司通过向百度应用开放平台提交相关的应用并经网络用户点击后实现同步转播的,视频播放主体仍是搜狐公司,百度公司只是提供了搜狐公司所提交的《春晚》应用视频画面在百度应用开放平台显示的技术接口服务,百度公司并没有实施在互联网上同步转播中央电视台播放的《春晚》的行为。搜狐公司认可其系百度应用开放平台的注册用户,并认可其通过百度应用开放平台提供了《春晚》在线直播,但称其并没有许可百度公司在 www.baidu.com 网站上播放《春晚》。

2012 年 1 月 21 日,央视公司授予飞狐信息技术(天津)有限公司(简称飞狐公司)在飞狐公司的关联公司拥有并运营的互联网视频播放技术平台(即搜狐网 www.sohu.com)上以直播和点播的方式传播《春晚》的权利。诉讼中,双方对于飞狐公司的关联公司即为搜狐公司,搜狐网 www.sohu.com 由搜狐公司拥有并运营的事实不持异议。

[原审法院认为:]

[中央电视台作为《春晚》的汇编人,对其汇编的作品《春晚》享有著作权。]

央视公司称其在本案中主张的权利系我国《著作权法》第 10 条第 1 款第(十七)项规定的应当由著作权人享有的其他权利,即中央电视台出具的《授权书》中关于授权其通过信息网络向公众广播《春晚》的权利。对此,本院认为,中央电视台出具授权书将其拍摄、制作或者广播的,享有著作权或与著作权有关的权利,或者获得相关授权的,其所有电视频道及其所含之全部电视节目包括但不限于春节联欢晚会等节目,通过信息网络向公众传播、广播(包括但不限于实时转播或延时转播)、提供之权利,授权央视公司作为在全世界范围内进行交易的独家代理。根据我国《著作权法》第 10 条第 1 款第(十一)项的规定,广播权是指以无线方式公开广播或者传播作品,以有线传播或者转播的方式向公众传播广播的作品,以及通过扩音器或者其他传送符号、声音图像的类似工具向公众传播广播的作品的权利。由此可知,《授权书》中关于授权央视公司通过信息网络向公众广播《春晚》的权利系广播权中以有线传播或者转播的方式向公众传播广播的作品的权利。央视公司主张其通过信息网络向公众广播《春晚》的权利属于我国《著作权法》第 10 条第 1 款第(十七)项规定的应当由著作权人享有的其他权利,无法律依据,法院不予支持。

央视公司称百度公司的侵权行为为未经央视公司许可,擅自将《春晚》在百度搜索网站上播放,在搜索结果页面下直接提供直播画面。结合央视公司的公证书可知,"百度一下"搜索结果显示"百度应用",而《春晚》视频播放图标旁边显示"来自搜狐视频",且《春晚》播放的画面顶部显示"搜狐视频 > 2012 年央视春节联欢晚会直播",画面右上角显示"搜狐视频直播",搜狐公司亦认可其通过百度应用开放平台提供了《春晚》的在线直播,故百度公司"百度一下"搜索结果中播放的《春晚》系由搜狐公司提供,并非通过接收无线广播信号而在线播放,故百度公司通过"百度一下"在搜索结果中直接播放搜狐视频《春晚》的行为并未侵犯央视公司对《春晚》享有的广播权。央视公司主张百度公司侵犯其著作权的诉讼请求,无事实和法律依据,法院不予支持。

[本院认为,本案涉及以下焦点:]

……

二、上诉人央视公司是否有权禁止他人对《春晚》进行网络实时转播。

本案中,虽然上诉人央视公司在起诉状及上诉状中均主张被控侵权行为为"网络在线直播行为",但由其具体表述可以看出,其所指控的行为实质上是被上诉人百度公司对中央电视台传播的《春晚》进行的"网络实时转播行为",鉴于上述两种行为具有不同的行为特征,上诉人央视公司将其称为"网络在线直播行为"系表述有误,故本院将以上诉人央视公司的真实意思表示为准,将"网络在线直播行为"变更为"网络实时转播行为"。

本案中,上诉人央视公司主张其有权依据《著作权法》禁止被上诉人百度公司实施对《春晚》进行网络实时转播的行为。上诉人该主张的成立应符合如下要件:涉案

《春晚》构成受《著作权法》保护的作品;对《春晚》的网络实时转播行为属于《著作权法》第10条中相应著作权权项所调整的行为;上诉人央视公司对《春晚》享有著作权中的上述权项。鉴于双方当事人对于涉案《春晚》构成汇编作品并无异议,故本院现仅对另两要件予以评述。

(一)网络实时转播行为是否属于《著作权法》第10条中相关权项的调整范围。

因《著作权法》法中与网络传播有关的权项为第10条第1款第(十一)项广播权、第(十二)项信息网络传播权以及第(十七)项兜底权利,故本院现针对被控侵权网络实时转播行为是否属于上述权项调整的行为予以评述。

对于网络实时转播行为是否属于信息网络传播权调整的行为,本院认为,《著作权法》第10条第1款第(十二)项规定,信息网络传播权是指"以有线或者无线方式向公众提供作品,使公众可以在其个人选定的时间和地点获得作品的权利"。由该规定可知,适用信息网络传播权调整的传播行为应具有交互式特点。鉴于网络实时转播行为不具有交互式特点,网络用户不能按照其所选定的时间或地点获得该转播内容,故其不属于信息网络传播权的调整范围。

对于网络实时转播行为是否属于广播权所控制的行为,本院认为,《著作权法》第10条第1款第(十一)项规定,广播权是指"以无线方式公开广播或者传播作品,以有线传播或者转播的方式向公众传播广播的作品,以及通过扩音器或者其他传送符号、声音、图像的类似工具向公众传播广播的作品的权利"。由该规定可知,广播权调整三种行为:无线广播行为、有线转播行为以及公开播放广播的行为。其中"无线广播"为初始广播行为,后两种行为均是在接收到无线信号后对无线广播的转播。因就现有传播方式而言,广播电台、电视台及卫星广播组织的广播行为通常采用的是无线方式,故作为初始广播行为的"无线广播"通常指的是广播电台、电视台及卫星广播组织的广播行为。对于后续的转播行为而言,亦通常只有对于广播电台、电视台及卫星广播组织的广播进行转播的行为,才属于广播权的调整范围。将上述分析适用于本案,本院认为,对于本案所涉网络实时转播行为而言,因其所转播内容的初始传播方式既可能采用"无线"方式(即来源于广播电台、电视台或卫星广播组织),亦可能采用"有线"方式(如来源于其他网站),故依据上述分析可知,如其初始传播采用的是"无线"方式,则其属于广播权的调整范围,但如采用的是"有线"方式,则不属于广播权的调整范围。

鉴于初始传播采用"有线"方式的网络实时转播行为无法采用广播权与信息网络传播权调整,故该行为是否属于《著作权法》第10条第1款第(十七)项控制的行为是本案中应予探讨的问题。

鉴于权利法定为著作权设定的基本原则,故对于这一兜底性权利条款的适用应采用严格的标准,否则将会对权利法定的原则造成不当影响。通常而言,只有在对相关行为不予禁止将明显有失公平的情况下,才可以适用该条款。具体到初始传播采用"有线"方式的网络实时转播行为,因其与初始传播采用"无线"方式的网络实时转播行为相比,差别仅在于采用的技术手段有所不同。而原则上,著作权具体权项的设置与划分应以行为本身的特点为确定依据,而非该行为所采用的具体技术手段,我国《著作权法》中对广播权采用的以技术手段作为划分依据的做法系立法缺陷所致。据此，如果仅因该网络实时转播行为的初始传播行为采用的是"有线"方式，而非广播权中所规定的"无线"方式，从而认定此种网络实时转播行为不属于著作权的调整范围，将意味着完全相同的两个传播行为将仅因其采用的技术手段有所不同，而对侵权与否得出不同结论，这一结果显然有失公平。为尽量弥补"广播权"的立法缺陷，本院认为，对于初始传播采用"有线"方式的网络实时转播行为应适用《著作权法》第 10 条第 1 款第（十七）项调整。

综上可知，对于网络实时转播行为而言，如果其所转播内容的初始传播行为采用的是"无线"方式，应适用《著作权法》第 10 条第 1 款第（十一）项的广播权予以调整。如其采用的是"有线"方式，则应适用《著作权法》第 10 条第 1 款第（十七）项的兜底条款予以调整。

……

四、涉案《春晚》网络实时转播行为是否构成对上诉人央视公司著作权的侵犯，是否应承担赔偿责任。

本案中，上诉人央视公司虽仅主张被上诉人百度公司的网络实时转播行为构成对《著作权法》第 10 条第 1 款第（十七）项兜底权利的侵犯，但本院认为，上诉人的这一表述并不意味着其仅仅认为初始传播采用"有线"方式的网络实时转播行为构成侵权，而放弃对于初始传播采用"无线"方式的《春晚》网络实时转播行为主张权利。原因在于无论在上诉人的起诉状中还是上诉状中，上诉人央视公司所指控的侵权行为均为百度网站中对《春晚》的网络实时转播行为，而并未对该实时转播行为的初始传播方式予以限定，由此可知，上诉人央视公司的真实意思为无论初始传播采用的是"无线"方式或是"有线"方式，其对《春晚》的网络实时转播行为均构成对其著作权的侵犯。其之所以主张其法律依据为《著作权法》第 10 条第 1 款第（十七）项，系基于对于法律理解错误导致。考虑到《著作权法》中权利体系的设置较为复杂，对其保护范围的理解容易产生分歧，故在上诉人央视公司存在理解错误的情况下，应以其真实意思表示为准，而不能仅依据《著作权法》第 10 条第 1 款第（十七）项进行审理。

鉴于本院已认定上诉人央视公司可以依据《著作权法》第 10 条第 1 款第（十一）项有关广播权的规定，以及第（十七）项有关兜底权利的规定分别禁止他人以"无线"方式及"有线"方式实施对《春晚》的网络实时转播行为，故在被上诉人百度公司并未举证证明其已经过上诉人央视公司许可的情况下，其在百度网站上提供的《春晚》在线实时转播行为，如该转播内容的初始传播方式采用的是无线方式，则构成对上诉人央视公司所享有的广播权的侵犯，如其初始传播方式采用的是有线方式，则构成对上诉人央视公司所享有的兜底性权利的侵犯。

本案中，鉴于百度网站"春晚"搜索页面的相关搜索结果中，以及该搜索结果的播放界面中均有搜狐视频的标识，故在无相反证据的情况下，本院合理认定被上诉人百度公司提供网络实时转播的《春晚》数据流来源于搜狐网站，即其截取了搜狐网站的相应数据流并在其服务器上进行转播。鉴于搜狐网站与上诉人央视公司签订的合同中明确约定,搜狐网站中提供的《春晚》来源于央视公司提供的信号源,而电视节目的信号通常采用的是无线方式,故在无相反证据的情况下,本院合理认定搜狐网站实施的《春晚》网络实时转播的"初始传播"为中央电视台的"无线广播"行为。鉴于被上诉人百度公司提供网络实时转播的《春晚》数据流来源于搜狐网站,故其实施的网络实时转播行为的"初始传播"亦为中央电视台的"无线广播",鉴于对初始传播为"无线广播"的转播行为属于广播权的调整范围,故在被上诉人百度公司无证据证明其已获得著作权人许可的情况下,其实施的上述网络实时转播行为构成对上诉人央视公司广播权的侵犯……

(芮松艳、殷悦、袁伟法官)

思考问题:

(1) 二审法院为什么要将"网络在线直播行为"变更为"网络实时转播行为",这对于后面认定被侵犯的权利类型有什么影响?

(2) 假设央视录制的晚会节目数据信号同时通过无线和网络对外传输,法院有必要查证搜狐所采用的数据源于无线广播还是网络传输吗?

8.5 广播权的限制

《著作权法》对著作权人的广播权有比较严厉的限制。该法第 43 条第 2 款规定:"广播电台、电视台播放他人已发表的作品,可以不经著作权人许可,但应当支付报酬。"理论上,这一广播权的限制被视为法定许可的一种类型。不过,这里,权利受到限制的作品不包含电影作品、类似电影的作品和录像制品。①

《著作权法》第 44 条将类似的法定许可延伸到邻接权客体——已经出版的录音制品:"广播电台、电视台播放已经出版的录音制品,可以不经著作权人许可,但应当支付报酬。当事人另有约定的除外。具体办法由国务院规定。"2009 年,国务院依据这一规定出台了《广播电台电视台播放录音制品支付报酬暂行办法》。

对比第 43 条和第 44 条,很容易发现,前者并未授权国务院制定广播组织依据法定许可使用作品的稿酬支付标准。这也就导致,现在录音制品的著作权人索要报酬,有了相对明确的报酬标准;而音乐作品,依然没有。

9 展览权

展览权是指"公开陈列美术作品、摄影作品的原件或者复制件的权利"。② 在德国法上,展览权甚至仅限于未经发表的作品,如果已经发表,则不再有展览权。中国法显然没有接受这一思路,而是将展览权设计成一种独立的权利。也就是说,在作品发表之后,权利人依然享有所谓的展览权。③

---

① 《著作权法》(2010)第 46 条。
② 《著作权法》(2010)第 10 条第 1 款第(八)项。
③ 许超:《著作权人及著作权的内容》,载司法部和国家版权局:《中华人民共和国著作权法讲析》,中国国际广播出版社 1991 年版,第 189 页。

张林英等 v. 上海广元艺术工艺品有限公司等

北京市高级人民法院(2002)高民终字第 728 号
最高人民法院公报案例(2003 年第 6 期)

1953 年 9 月 27 日的《人民日报》上刊登了油画《开国大典》,署名为董希文,该画原作现保存于革命博物馆。董希文于 1973 年 1 月 8 日去世,张林英是董希文之妻,董沙贝、董沙雷、董一沙是董希文之子女。上海广元公司与革命博物馆于 1999 年 7 月 19 日签订了合作协议书,双方约定:革命博物馆作为监制发行单位负责提供作品《开国大典》原作底版,授权上海广元公司制作纯金画……

上海广元公司制作的《开国大典》金箔画中每一幅都附有"收藏证书","收藏证书"上印有落款为革命博物馆的监制证书,并印有"革命博物馆和上海广元公司联合发行《开国大典》缩版纯金箔画……"北京工美集团于 1999 年销售了涉案的《开国大典》金箔画,现已停止销售。

北京市第二中级人民法院判决认为:……革命博物馆收藏油画《开国大典》原作,其作为作品原作物权的所有者,依照法律规定仅享有原作的展览权,著作权的其他权利归著作权人享有。未经著作权人的许可,革命博物馆无权以著作权人的身份授权他人使用其收藏的作品。革命博物馆在明知法律规定的情况下,以营利为目的,擅自许可上海广元公司将油画《开国大典》制作成金箔画并参与发行,该行为侵害了张林英、董沙贝、董沙雷、董一沙所享有的著作权中的使用权及获得报酬权,应承担停止侵权、消除影响、公开赔礼道歉及赔偿损失的责任……

本院认为……革命博物馆与上海广元公司在未经著作权人许可的情况下,双方订立合作协议,上海广元公司依照协议并根据革命博物馆提供的《开国大典》油画底片,制作、发行了《开国大典》金箔画。革命博物馆与上海广元公司的上述行为共同侵犯了《开国大典》油画著作权人张林英、董沙贝、董沙雷、董一沙的所享有的作品使用权和获得报酬权。

(陈锦川、何马根、张冬梅法官)

《著作权法》对于美术作品的展览权有特别的规定:"美术等作品原件所有权的转移,不视为作品著作权的转移,但美术作品原件的展览权由原件所有人享有。"[①]在美术作品的展览权与发表权分离的情况下,可能发生冲突——公开展览原件构成著作权法意义上的发表,因此美术作品的著作权人可能基于发表权而阻止原件的所有人对外公开展览原件。这时候究竟是发表权优先还是展览权优先,在《著作权法》上找不到明确答案。理论上,存在两种不同的解释:

其一,发表权优先,因为《著作权法》强调原件所有权的转移,"不视为作品著作权的转移",因此发表权依然只能由作者行使。只有在作者行使完发表权后,原件持有人才能对外公开展览该作品。当然,这一意见并不排斥在某些特殊情况下,如果有足

[①] 《著作权法》(2010)第 18 条。

够理由相信著作权人在转移美术作品原件时已经预知或许可受让人将发表该作品,则原件持有人可以公开展览该作品,即便该展览意味着首次发表。

其二,展览权优先,因为立法者明确指出"美术作品原件的展览权由原件所有人享有",而且没有设置任何限制条件。

在《送审稿》(2013)中,立法者作出澄清,规定"美术、摄影作品原件的所有人可以展览原件";"作者将未发表的美术或者摄影作品的原件转让给他人,受让人展览该原件不构成对作者发表权的侵犯"。① 这一澄清具有积极意义,值得肯定。从利益平衡的角度看,也是可以接受的。作者在对外转让作品原件之前,可以自主决定是否让他人控制作品发表的机会。在艺术收藏市场上,有普遍的原件(真品)崇拜。美术作品原件常常有巨大的公开展览价值。如果默认的法律规则是著作权人控制原件的展览权,对于原件所有人而言不够公平,尤其是在他支付高额的价款之后。

思考问题:

"通过投影、闭路电视、网络等展示实物",能够直接归入展览权吗?在电影中展示美术作品的复制件,过去很多是通过复制权(甚至是立体到平面的复制)来解决。这有可能纳入展览权范围吗?

广东原创动力文化传播有限公司 v. 群光实业(武汉)有限公司

湖北省武汉市中院(2010)武知初字第66号

[案件事实参见前文"普通作品"一章同一案例。]

被告安排人员利用服装道具装扮成与原告美术作品美羊羊、喜羊羊、灰太狼的相貌、服饰等显著性标志特征相似的拟人化动物形象,在其经营场所走动或摆出一定造型,并与现场人群交流互动。上述服装道具的组合与原告美术作品美羊羊、喜羊羊、灰太狼在视觉上无明显差异,系原告上述美术作品的立体复制件;制造上述服装道具属于将原告平面美术作品以立体方式复制的行为。被告已提交证据证明上述服装道具系由案外人昆腾公司提供,即在上述服装道具上复制原告美术作品并非被告所为,因此被告安排人员利用服装道具装扮成相关动物形象的行为并未侵犯原告复制权。原告主张被告这一行为侵犯了其美术作品的表演权。

著作权法规定的表演权是"公开表演作品,以及用各种手段公开播送作品的表演的权利"。上述定义表明,表演权包括可用于"表演"的作品和可为人感知的"表演"方式,并且可用于"表演"的作品和可为人感知的"表演"方式之间必然存在特定的对应关系。对作品著作权人而言,表演权体现为许可或禁止表演者以特定表演方式再现作品的权利。就表演方式而言,表演应是一种创造性活动。正是通过这种创造性活动,使公众以另外一种感知方式感受到作品的思想表达。如文字、音乐、戏剧、舞蹈等作

---

① 《送审稿》(2013)第22条第2、3款。

品,通过声音、动作或其组合等方式对上述类型的作品进行表演,使上述作品从文稿、曲谱、剧本等原有表现形式转变为声音、动作或其组合的表现形式,并进而使公众以更为直接的方式感知。然而,美术作品的通常表现形式及作品内容均是通过视觉被直接感知的。虽然在视觉感知美术作品之外,公众同样可通过对于美术作品的文字描述、或者以其他艺术手段表现美术作品思想内容的方式,间接获取对美术作品的了解,但这些视觉直接感知之外的其他方式,均不是对原美术作品的感知,而是对新产生的文字等其他类型作品的感知。因此美术作品通常很难以公众普遍认可的"表演"方式被公众直接感知或欣赏。本案中,虽然被告将原告美术作品的立体复制件动作化,但对公众而言,公众感知的仍旧是美术作品的线条、图案,作品本身并未得到上述感知方式以外的其他形式的再现。基于上述理由,对于原告指控被告在宣传和实施"群光 6 周年 欢乐喜洋洋"系列活动中侵犯其美术作品表演权的指控,本院不予支持。

从本质上看,被告这一行为仍是对原告美术作品的展示。这种展示没有得到著作权人许可,因此是否侵犯其展览权,需结合著作权法关于展览权的定义分析。著作权法规定的展览权是"公开陈列美术作品、摄影作品的原件或者复制件的权利"。从上述定义可知,与展览权有关的作品仅限于美术作品和摄影作品两类,凡将上述两类作品以现场展示、使不特定公众有机会直接欣赏的行为,均属于展览权的内容。由于美术作品通常具备的视觉美感,因此被人以视觉方式感知、欣赏是其主要的艺术功能,而美术作品在公开场所向不特定公众开放使公众有机会得以欣赏自然成为美术作品著作权的一项主要权能。法律意义上的展览权实现方式,最为典型的虽为商业性展览机构或专门性展览机构的展览行为,但并不仅限于以上两种方式,更与到场观览者的实际人数、观览者的真实目的无关,因此凡符合"公开陈列美术作品、摄影作品的原件或者复制件"这一法律要件的行为,均应归为展览作品的行为。

被告安排人员在其经营场所利用服装道具装扮成相关动物形象,客观上已使原告相关美术作品的立体复制件在公共场所内向不特定的消费者进行展示,使上述消费者有机会对美术作品的实物现场感知。虽然到被告经营场所的公众一般为消费者或潜在消费者,而非以欣赏美术作品为目的的参观、欣赏者,但上述因素并未阻却相关公众在被告处现场感知原告美术作品的实际效果或客观条件。因此,被告的上述行为,与商业展览机构的行为本质上并无不同。被告的行为使原告美术作品美羊羊、喜羊羊、灰太狼的立体复制件向不特定公众展示,虽属于非典型的公开陈列美术作品的行为,但仍侵犯了原告对以上美术作品享有的展览权。 **(孙文清、李培民、彭露露法官)**

10 其他权利

《著作权法》(2001)第 10 条第 1 款规定的最后一项著作财产权是"应当由著作权人享有的其他权利"。如前所述,立法者认为,作品的使用方式层出不穷,无法罗列完全所有可能的使用方式。这是一项兜底性的规定,使得法官能够根据具体案件的需要,创设或承认一种新型的权利。

关于"其他权利"的解释[1]

本项规定"应当由著作权人享有的其他权利"至少包括如下各项：

1. 注释权。本条虽未明文规定注释权，但以后若干条款都涉及作者的注释权。注释权即作者注释其作品的权利，可以自己注释，也可以授权他人注释。修改前的著作权法明文列举了注释权，修改后的著作权法没有列举。原因是，相对于作者的其他权利，此权利用途较少。需要注释才可理解其义的受著作权保护的现代作品并不是很多的，因此，修改后的著作权法没有列举此项权利。

2. 整理权。整理权即作者整理其作品的权利。作者可以自己整理，也可以授权他人整理。修改前的《著作权法》第10条第1款第（五）项虽没有列举整理权，但不少条款都规定了作者整理权的问题，因此，是一项法律明确承认的作者的权利。修改后的著作权法对此权采取了与修改前的著作权法同样的处理方式，没有列举，但不少条款都规定了整理的问题……

3. 以有线方式直接公开广播或者传播作品的权利。本条第1款第（十一）项"广播权"的定义中，已经包括了部分以有线方式间接传播作品（即传送广播的作品）的权利，这里讲的是作者直接以有线方式传送其作品的权利。

"广播权"的定义严格遵守了《伯尔尼公约》第11条之二第1款的规定，直接广播作品只有无线的方式，有线的方式的传播作品虽然公约该款也有规定，但限于传播"广播的作品"，直接以有线的方式传播作品该款规定并不包括……

还有一点需要明确，有线播放正如无线播放一样，不能仅仅认为是电台、电视台的播放。有线播放还包括宾馆、饭店的闭路电视播放以及住宅区内各单元用电缆系统传送节目等等。

4. 制作录音制品的权利。制作录音制品的权利，是指作者将其作品制作成录音制品的权利。一般只适用音乐作品作者。这里主要指制作唱片，如歌曲磁带、CD等。虽然各国规定的方式可能不同，均认为这是音乐作品作者的一项权利。……

我国《著作权法》规定了"复制"的定义，其中有"录音"一项。但是，我国复制的概念与公约及许多国家复制的概念不同。我国著作权法的复制中的录音是狭义的机械复制，如将作者的演讲等口述作品录音等。将音乐作品制作唱片包括录音磁带、CD等，首先要对作品进行适合表演或者演奏的改写、配器等，还要请演员表演或者演奏，再进行制作，复制、发行唱片，是个复杂的过程，与摄制电影、录像等相仿。但著作权法中规定的"摄制权"只涉及拍电影类作品以及制作录像制品的权利，不包括制作录音制品。

5. 按照设计图建造作品的权利。这里所说的"作品"指受著作权法保护的建筑物以及雕塑，"设计图"指建筑、雕塑的设计图等。对建筑、雕塑设计图的保护不仅仅指未经许可禁止印刷、出版，还包括根据设计图建造著作权法保护的建筑物、雕塑等作

---

[1] 胡康生主编：《中华人民共和国著作权法释义》，法律出版社2002年版，第62—63页。

品。《伯尔尼公约》明文规定保护建筑物及建筑设计图,按照公约"复制"的概念,按照建筑设计图进行施工属于复制,如未经许可属于侵犯著作权的行为……

我国《著作权法》中复制的概念是狭义的,不包括按照建筑图施工。因此,按照设计图进行施工建造建筑、雕塑等作品的权利放在第10条第1款第(十七)项这一兜底条款中。

其实,上述各项权利中,除了有线广播外,差不多都可以为广义的复制权所覆盖。因此,即便不利用"其他权利",法院也能有效地处理这些问题。要求法院尽可能地利用已有的权利类别来处理纠纷,可以有效地限制法院的裁量权,避免法院随意创设新权利而架空立法政策。

在下面的案件中,网络定时播放行为不属于现有的任何一项具体权利所限制的行为,但又明显损害著作权人的市场利益。法院就选择利用上述兜底条款,确认著作权人有所谓的"其他权利"以制止此类行为。在前文的央视国家网络有限公司 v. 百度公司案中,法院实际上也探讨了利用"其他权利"控制直接的在线直播行为的可能性。

上海观视文化传播有限公司等 v. 上海聚力传媒技术有限公司

上海市浦东新区法院(2008)浦民三(知)初字第483号

原告上海观视文化传播有限公司诉称,其对电视剧《上门女婿》享有版权,被告未经许可在其经营的网站 www.pplive.com 上提供该电视剧的网络直播服务。被告的行为严重侵犯了原告的权益……

2008年10月13日,上海天闻律师事务所向上海市静安公证处申请证据保全公证……进行了如下操作:……返回"PPLive 网络电视—最流畅在线电影、电视剧观看软件"页面,点击"客户端下载",进行"PPLive1.9"软件的下载、安装并运行。返回"PPLive 网络电视—最流畅在线电影、电视剧观看软件"页面,有电影、电视剧、TV 直播等频道,点击"电视剧",显示"电视剧分类",该项下有"按电视剧类型"、"按电视剧国家/地区"、"按电视剧年代"的分类。在"电视剧分类"项下的搜索栏输入"上门女婿",点击"搜索"。出现"节目列表",在"节目列表"下有电视剧《上门女婿》的简介,点击"播放影片",开始播放,播放中用"Camtasia Recorder"软件对部分播放内容进行录制。鼠标右击"频道(1616)"项下的"上门女婿(黄河99道湾)",显示《上门女婿》的节目预告,包括每一集的播放时间。点击"更多详细节目预告",有"今天的节目预告"、"明天的节目预告"、"后天的节目预告",其中包括涉案电视剧每一集的播放时间,播放形式为轮播……

本院认为:原告对涉案电视剧《上门女婿》享有信息网络传播权……江苏省广播电视总台与原告上海观视文化传播有限公司(在被授权时间和地域范围内)共同拥有对涉案电视剧在网络上定时在线播放的权利。

被告在其网站上设置了"电影"、"电视剧"等分类,方便用户寻找其需要观看的影视作品。同时被告在其网站上设定了影视作品的播放时间,通过PPLIVE视频播放软件,直接向公众提供涉案电视剧的在线定时播放,损害了原告作为权利人的合法利益,应当承担侵权的民事责任。[法院的判决根据《中华人民共和国著作权法》第10条第1款第(十七)项、第46条第(十一)项、第48条、《最高人民法院关于审理著作权民事纠纷案件适用法律若干问题的解释》第25条第1款、第2款、第26条第1款之规定。]

(倪红霞法官、沈卉,孙国瑛人民陪审员)

思考问题:

　　《著作权法》并没有赋予权利人对作品的抽象的无所不在的控制权。许可法官适用"其他权利"条款,如何能够保证法官不超出立法者的意图任意创设新的著作权内容?

第8章

信息网络传播权

1 信息网络传播权概述

互联网给著作权人带来的机遇和挑战大概超过了著作权法诞生以来出现的其他任何一项传播技术。一方面，互联网大大降低了著作权人传播作品的成本，使得作品能够抵达更多的受众，增加了著作权人的商业机会；另一方面，互联网也大大提高了每个社会个体传播和分享作品的能力，使得著作权人控制或阻止作品传播的能力大大下降。为了应对网络的挑战，《著作权法》主要从两个环节着手：其一，在著作财产权中专门设置所谓的"信息网络传播权"，规范网络环境中的作品传输行为；其二，完善网络服务商共同侵权（间接侵权）责任规则，使得网络服务商能够与著作权人合作，共同应对网络侵权行为。

1.1 信息网络传播权定义

信息网络传播权是指"以有线或者无线方式向公众提供作品，使公众可以在其个人选定的时间和地点获得作品的权利。"[①]这一定义直接参考了1996年通过的《世界知识产权组织版权公约》（WCT）第8条关于信息网络传播的规定。

上述定义并没有明确何谓"信息网络"。最高人民法院的司法解释填补了这一空白——"信息网络，包括以计算机、电视机、固定电话机、移动电话机等电子设备为终端的计算机互联网、广播电视网、固定通信网、移动通信网等信息网络，以及向公众开放的局域网络。"[②]显然，信息网络的范围实际上大大超出我们日常意义上的计算机互联网的范围。任何能够供公众远程**自主地（或者说交互式地）**获取所需信息的网络系统，差不多都是著作权法意义上的信息网络。这里之所以强调网络的交互式或用户的自主性，是为了将信息网络与传统的无线（或有线）电台与收音机（扩音器）之间构成的单向的网络区别开来。在后一网络中传播作品，受所谓的广播权约束。

信息网络传播权使得著作权人能够阻止他人未经许可将作品置于信息网络（互联网）中，使之处于公众可自由获取的状态。依据最高人民法院的司法解释，一项行为

[①] 《著作权法》(2001)第10条第1款第(十)项。
[②] 最高人民法院《关于审理侵害信息网络传播权民事纠纷案件适用法律若干问题的规定》(2012)第2条。

要构成信息网络传输行为,至少应当满足如下条件:

(1) 行为人将作品以"上传到网络服务器、设置共享文件或者利用文件分享软件等方式"置于信息网络中。

(2) 该作品所在网络必须对公众开放,公众能够"下载、浏览或者其他方式获得"该作品。

(3) 公众能够在"个人选定的时间和地点"按照前述方式获取作品。[①]

这里强调的是将作品处于可访问状态,至于公众是否实际浏览或下载该作品,对于行为人的行为是否构成信息网络传播行为,毫无关系。[②] 同时,行为人在服务器中复制作品的行为是否经过授权,与行为人的网络传播行为的合法性也没有必然联系。

上述信息网络传播行为的构成要件,还有进一步明确的空间。比如,确定"谁是行为人"的标准(谁在实施信息网络传播行为);公众的范围;公众选定的时间和地点的范围;公众获取作品的方式(不可复制的浏览、获得永久复制件等)。在后文中将进一步讨论。

1.2 信息网络传播权与复制权

信息网络传播权与复制权的差别

王迁:《网络环境中版权直接侵权的认定》,
载《东方法学》2009年第2期,第17—18页

[有意见认为,"信息网络传播权"与"复制权"具有相同的控制范围,侵犯"信息网络传播权"的行为必然会侵犯"复制权",因此前者没有必要单独存在。]

笔者认为,这一观点混淆了"复制权"与"信息网络传播权"之间的界限。将作品上传到服务器确实是复制行为,因为上传行为会导致在远端服务器的硬盘中形成作品的永久复制件。我国法院也曾认定未经许可上传他人作品侵犯"复制权"。如早在2000年判决的"《大学生》杂志社诉京讯公司、李翔案"中,被告李翔未经许可将《大学生》杂志的内容上传到网站中。法院认定:"将他人作品上载的行为亦属于对他人作品的复制",从而构成对原告"复制权"的侵权。但是,"复制权"与"信息网络传播权"仍然存在重大区别。"复制权"控制的复制行为是一种一次性、不可持续的行为,而"信息网络传播权"控制的则是一种使公众得以获得作品的持续性状态,仅规定"复制权"不足以在网络环境中保护权利人的利益。

[①] 最高人民法院《关于审理侵害信息网络传播权民事纠纷案件适用法律若干问题的规定》(2012)第3条第2款。北京市高级人民法院《关于审理涉及网络环境下著作权纠纷案件若干问题的指导意见(一)(试行)》(2010)第2条也有类似规定。

[②] 北京市高级人民法院《关于审理涉及网络环境下著作权纠纷案件若干问题的指导意见(一)(试行)》(2010)第2条第2款:"将作品、表演、录音录像制品上传至或以其他方式置于向公众开放的网络服务器中,使作品、表演、录音录像制品处于公众可以在选定的时间和地点下载、浏览或以其他方式在线获得,即构成信息网络传播行为,无须当事人举证证明实际进行过下载、浏览或以其他方式在线获得的事实。"

首先,如果仅有"复制权"而没有"信息网络传播权",则当权利人发现网站经营者未经许可上传作品,导致作品在网络中传播时,并不能据此起诉被告"停止侵权"。因为复制行为是一次性的、不可持续的行为。上传完毕之后,复制行为就自然实施完毕,权利人不可能享有"停止侵权"的救济。而"信息网络传播权"针对的是持续性地使公众得以获得作品的传播状态。上传完成之后,只要被上传的作品保留在向公众开放的服务器中,该作品就一直处于能够为公众获得的被传播状态。权利人对这种持续性的、未经许可传播的状态才享有"停止侵权"的救济。

其次,如果仅有"复制权"而没有"信息网络传播权",则当权利人要求未经许可上传者赔偿其损失时,法院只能按照涉案作品一份复制件的价值来计算赔偿金额。因为单纯侵犯"复制权"的结果只是侵权复制件的产生,权利人的损失也只能按侵权复制件的数量和价值来计算。而未经许可将作品上传至开放的服务器导致的损害后果,实际上是由作品处于能够为公众所获得的状态(也即处于持续性的被传播状态)造成的,远大于单纯复制作品造成的损害后果。例如,未经许可将一部电影上传至一个视频分享网站进行公开传播,虽然只形成了一份侵权复制件,但却会导致无数人的反复下载或欣赏,仅以制作一份侵权复制件衡量损害后果,对权利人而言显然是不公平的。只有在规定了"信息网络传播权"的情况下,才可能根据传播范围和传播持续的时间(即作品在向公众开放的服务器中停留的时间)等因素综合计算侵权人应当向权利人支付的损害赔偿数额。

思考问题:

(1)被告侵害复制权时,法院能不能要求被告销毁或删除侵权复制件?这一要求属于"停止侵权"的救济吗?

(2)法院在计算侵害复制权的损失时,只能按照份数计算损害赔偿的数额,没有其他替代性的方法吗?复制的目的是为了造成更大的伤害,该伤害能不能归结为复制行为造成的损害?

1.3 信息网络传播权与广播权

在规定信息网络传播权之前,《著作权法》上就已经存在广播权。所谓广播权是指"以无线方式公开广播或者传播作品,以有线传播或者转播的方式向公众传播广播的作品,以及通过扩音器或者其他传送符号、声音、图像的类似工具向公众传播广播的作品的权利。"①广播权所要控制的广播行为中最为典型的是无线电台和无线电视台的广播行为。除此之外,下列对"广播的作品"进一步传播的行为,也被纳入广播权的控制范围:以有线方式传播或转播电台和电视台节目的行为;通过扩音器和其他类似影音传输手段所进行的传播行为等。关于广播权的详细讨论,请参考前一章"著作财产权"的"广播权"一节。

---

① 《著作权法》(2010)第10条第1款第(十一)项。

电台和电视台的典型无线广播行为与信息网络传输权的区别比较明显。① 前者对于作品的传播具有实时性,按照广播者设定的时间通过电台或电视台提供信息流,公众错过该时间安排后就不再能够完整地获取该作品的内容,有明显的被动性。后者(信息网络传播)在传播媒介和公众的自主性方面与广播行为有明显差别。信息网络传输通过互联网进行;公众可以自主决定该作品的时间和地点,具有很大的自主性。

现在,越来越多的电台和电视台开设网站,在互联网上传播其广播节目。当传输的节目是"无线广播"节目的复制件,则依然能够为广播权所覆盖。如果通过网络传输的节目并非"无线广播"节目的复制件,而是直接或者说首先通过网络对外传播,则这类传输行为已经超出广播权的范围,落入信息网络传播权或所谓"其他权利"的范围。

落入所谓"其他权利"的情形是,电台或电视台网站首先通过网络对外发布节目,但是对用户能够获取作品的方式进行了各种各样的限制。比如,通过网络实时传输,错过该时间点后就不再能够获取该节目。这种介于非典型广播和非典型信息网络传播之间的行为,只能并入兜底条款所说的"其他权利"的控制范围。正因为如此,北京高院的《关于审理涉及网络环境下著作权纠纷案件若干问题的指导意见(一)》(以下简称《指导意见》)认为:"网络服务提供者通过信息网络按照事先安排的时间表向公众提供作品的在线播放的,不构成信息网络传播行为,应适用著作权法第十条第一款第(十七)项进行调整。"

1.4 信息网络传播权与发行权

"发行权,即以出售或者赠与方式向公众提供作品的原件或者复制件的权利"。② 这是著作权法上和复制权一样古老的权利内容了。正是因为古老,发行权的解释受到传统的约束。发行行为中所提供的原件或复制件,通常被视为是作品有形的或物理的复制件。比如,书店出售书本、光盘、磁带等复制件的行为,就是典型的发行行为。而网络传播行为,表面上并不依赖于所谓物理复制件的转移,因此很容易和传统的发行行为区别开来。

如果揭开网络传播行为的技术面纱,我们会得到进一步的认识。从技术的角度讲,公众之所以能够在自己的电脑或类似终端获取或感知该作品,实际上还是获得了临时或永久的复制件。该复制件的物理载体是公众所控制的电脑硬件,作品内容源自对服务器端的内容的复制。对这一复制行为的解释,存在多种可能性。

一种理论认为:服务器在接收访问请求之后,根据服务器上存储的作品内容,复制一份电子版的作品文件,然后"传输"给用户。忽略传输行为本身的技术属性,简单地认为用户所获得的电子版作品复制件,就是网络服务器的提供的那份文件。同时,忽略电子版的作品文件与传统意义上的作品原件或复制件在技术上的差别。这样,你就会发现,通过网络传播作品的行为,与传统的发行行为差别不是很大。影响深远的

---

① 对于非典型广播行为的讨论,参考前一章"广播权"一节。
② 《著作权法》(2010)第 10 条第 1 款第(六)项。

1995 年美国 NII 报告就建议将网络传输行为纳入到传统发行权的范围,最终为美国法所接受。

NII 报告关于网络传输的讨论

The US Information Infrastructure Task Force, Intellectual Property
and the National Information Infrastructure: The Report of the
Working Group on Intellectual Property Rights,
http://www.uspto.gov/web/offices/com/doc/ipnii/,1995

版权法(The Copyright Act)赋予版权人向公共发行(distribute 或分发)版权作品复制件或录制件(phonorecords)的独占性权利。依据现行法律,传输行为(transmission)是否构成对作品复制件的发行(distribution)并不清楚。不过,在高速的通讯网络中,将作品复制件从一个地点传输到另一地点是可能的。比如,可以将一个计算机程序从一台计算机上传输到另外十台计算机上。在传输结束后,原始的拷贝依然保留在传输的计算机中,而其他计算机的存储器中则存留了一个拷贝。传输行为实质上导致十个作品拷贝的发行(distribution)。不过,依据现行法,发行权的范围有一定的不确定性,并受到挑战。因此,工作组建议修订版权法,明确承认通过传输行为能够向公众发行作品复制件,这类传输行为落入了著作权人的发行权的范围。

上述修改建议并没有创设一种新的权利。它只是在技术发之后明确确认发行权可以通过网络传输的方式行使,就像复制、公开表演和展示权会随着技术进步而增加新的行使方式一样。

有人认为,现有的发行权(right of distribution)已经涵盖通过网络传输作品复制件的行为,因此没有必要修改。的确,版权法第 106 条(3)款所确立的发行权能够被解释为涵盖网络传输行为。至少在一个案子中法院是这么做的。网络传输被认为是一种发行的手段。工作组同意这一意见,认为它符合发行权的立法目的。

还有人建议说,即便发行权不能涵盖网络传输行为,也没有必要修改法律,因为这一行为将涉及复制权,后者可以为版权人提供保护。不过,侵权行为侵害的权利超过一项这一事实,并不意味着也不应该意味着只有一种权利能适用。每一项独占权都相互区别,能够独立转让。不同的主体可能侵害不同的权利,或者就不同的权利获得许可。不同主体可能拥有不同权利。传输作品的复制件可能同时构成复制和发行,因此不能说传输行为仅仅涉及一项权利。的确,那些仅仅获得复制作品许可的被许可人不得通过网络传输作品。

任何一项权利被侵害,就会被认定侵权:比如,利用打印机制作复制件而没有销售,或者零售者销售复制件而没有参与复制都会侵权。

显然,并非所有的传输作品复制件的行为都落入了版权人的发行权的范围。而且,即便一项传输行为落入发行权的范围,也并不一定违法。首先,该发行必须是针对公众的发行。关于发表(publication)的判例对于解释何谓向公众发行,有一定的指导意义。如果一项发行行为不构成作品的发表(a publication of the work),则该行为可能超出发行权的范围。因此,一个人通过私人的 Email 邮件向另外一个人传输版权作品,并不构成向公众发行。其次,所有针对发行权的权利限制、侵权抗辩等继续适用。比如,复制和传输作品复制件的行为可能构成合理使用。

有些人认为,现有法律文本并不涵盖通过网络传输进行的发行。他们认为上述修改建议在扩张版权人权利时并没有相应地限制这些权利。不过,传输作品复制件的行为明显牵涉到复制权,说上述关于发行权的修改建议会将版权人的权利延伸到先前不受保护的领域,会引人误解。即便上述修改建议真的扩展了发行权,也不意味着该权利限制没有随之扩展。对于传统的发行权的限制同样适用于那些网络传输行为。

没有理由区别对待通过网络传输向公众发行复制件的行为与其他传统方式发行复制件的行为。通过网络传输获得的复制件与通过柜台或者邮寄渠道获得的复制件一样实在。

在公开表演权(the public performance right)创设之处,它只涵盖活人的表演。当版权作品可以通过其他方式,即广播、电视网络传输(cable transmissions),公开表演时,法律为此作出了澄清。同样的,发行权也经历同样的过程。网络传输是一种发行的手段,就像它可以成为表演的一种手段一样。上述意见分歧表明,有必从法律上澄清上述问题以增加确定性。如果等待诉讼来更准确地定义上述权利,由此引发的成本和风险会延缓国家信息基础设施的应用。

另一种理论可能进一步强调网络传播行为的技术细节。比如,服务器在接收访问请求之后,是公众通过整个网络在复制,而不是服务器的控制者在主动复制;公众所获得的复制件,也非服务器所直接提供的那份复制件,而公众在自己的电脑中自行完成的复制件;公众所获得的复制件的硬件并非源于服务器的控制者;等等。在公众获得临时或永久复制件的过程中,服务器端的控制者只是为这一复制行为提供了一定的帮助——使得作品在网络中处于可获取或可复制状态。因此,网络传播行为与传统的发行行为有显著的差别。

中国的立法者或多或少接受了第二种理论解释,选择将发行权限制在传统领域,单独设立信息网络传播权。这一选择的好处是使得权利的内容更明确,更有针对性,避免司法解释中的不确定性。负面后果是,著作权法在背离"技术中立"原则的方向上,又迈出了一大步,在法律上制造出更多的技术性的"鸽子笼",人为地增加了法律选择和适用的难度。

在《著作权法》上,中国立法者创设了信息网络传播权,但是在刑事领域,最高人民法院却作出了不同的选择。最高人民法院、最高人民检察院《关于办理侵犯知识产权刑事案件具体应用法律若干问题的解释》(2004)第 11 条第 2 款规定:"通过信息网络向公众传播他人文字作品、音乐、电影、电视、录像作品、计算机软件及其他作品的行为,应当视为刑法第二百一十七条规定的'复制发行'"。在前一章中的"发行权"一节,本书已经对此司法解释的合理性提出过质疑,这里从略。

1.5 信息网络传播权立法前的司法实践

《著作权法》在2001年修改时,才第一次引入信息网络传播权。在此之前,中国的互联网实践已经有了一定的发展。实践中已经出现很多通过互联网侵犯著作权的案例,并引发过法律适用的争议。当时《著作权法》(1991)第10条第5项并没有像今天的著作权法这样罗列十多种权利类型。它所规定的著作财产权的内容包括"以复制、表演、播放、展览、发行、摄制电影、电视、录像或者改编、翻译、注释、编辑等方式使用作品的权利"。在下面的"王蒙 v. 世纪互联通讯技术有限公司"案中,法院就尝试着解释其中的"等"字,将著作权的内容延伸到信息网络传播行为。2000年,最高人民法院通过司法解释指出,作品通过网络向公众传播,属于《著作权法》第10条规定的使用作品的方式。①

王蒙 v. 世纪互联通讯技术有限公司

(1999)海知初字第57号

经审理查明,《坚硬的稀粥》是原告王蒙创作的文学作品。1989年发表在《中国作家》第2期上。1998年4月,被告成立"灵波小组",并在其网站上建立了"小说一族"栏目,栏目所涉及的文学作品内容由"灵波小组"成员从其他网站上下载后存储在其计算机系统内并通过WWW服务器在国际互联网上传播。联网主机用户只要通过拨号上网方式进入被告的网址 http://www.bol.com.cn/ 主页后,点击页面中"小说一族"栏目,进入"书香远飘"页面,在该页面中点击"当代中国"页面后,点击原告的作品《坚硬的稀粥》,即可浏览或下载该作品的内容。在被告网站上所刊载的原告的作品《坚硬的稀粥》有王蒙的署名,作品内容完整。作品《坚硬的稀粥》字数24427……

本院认为,王蒙是文学作品《坚硬的稀粥》的著作权人。根据著作权法的规定,著作权人对其创作的文学、艺术和科学作品在法律规定的期限内,依法享有专有权。这种专有权体现在作品的著作权人对其作品享有支配的权利,其有权使用自己的作品和许可他人以任何方式和形式使用自己的作品。除法律规定外,任何单位和个人未经作品的著作权人许可,公开使用他人的作品,就构成对他人著作权的侵害。科学技术的发展,必然引起作品载体形式、使用方式和传播手段的变化,但这种变化并不影响作者对其作品享有的专有权利。

随着国际互联网和社会信息化的发展,数字化信息在网上传播,使信息资源得到了充分的利用和共享,对人类的进步和发展起到非常重要的作用。作品的数字化是依靠计算机把一定形式的文字、数值、图像、声音等表现的信息输入计算机系统并转换成二进制数字编码的技术。这种转换行为本身并不具有著作权法意义上的独创性。一部作品经过数字化转换,以数字化方式使用,只是作品载体形式和使用手段的变化,并没有产生新的作品。作品的著作权人对其创作的作品仍享有著作权。因此,在国际互联网环境中,原告作为其作品的著作权人,享有著作权法规定的对其作品的使用权和

---

① 最高人民法院在《关于审理涉及计算机网络著作权纠纷案件适用法律若干问题的解释》(2000)第2条第3款。

获得报酬权。

我国《著作权法》第10条第1款第五项所明确的作品使用方式中,并没有穷尽使用作品的其他方式存在的可能。随着科学技术的发展,新的作品载体的出现,作品的使用范围得到了扩张。因此,应当认定作品在国际互联网上传播是使用作品的一种方式。作品的著作权人有权决定其作品是否在国际互联网上进行传播使用。除依法律规定外,非著作权人对著作权人的作品在国际互联网上传播时,应当尊重著作权人享有的对其作品的专有使用权,取得作品著作权人的许可,否则无权对他人作品进行任何方式的传播使用。作品在国际互联网上进行传播,与著作权法意义上对作品的出版、发行、公开表演、播放等传播方式虽然有不同之处,但本质上都是为实现作品向社会公众的传播使用,使观众或听众了解到作品的内容。作品传播方式的不同,并不影响著作权人对其作品传播的控制权利。因此,被告作为网络内容提供服务商,其在国际互联网上对原告的作品进行传播,是一种未经著作权人许可的侵权行为。

繁荣文学艺术和促进科学技术的发展,与保护创作者对其创作作品享有的合法权利是密不可分的。对知识产权进行司法保护,目的是为了知识的创新和传播。因此,既要考虑对知识产权权利人合法权益的保护,又要考虑社会对文学、艺术和科学知识传播的广泛需求,以利于准确衡平双方的权益冲突。就本案而言,虽然在国际互联网的其他网站上亦有涉及本案原告的作品传播,但这与被告的行为是否构成侵权无关,同时,被告作为国际互联网内容提供服务商,其丰富网站内容的目的是吸引用户访问其网站内容的经营行为,在经营活动中是否盈利,只是衡量其经营业绩的标准之一,并不影响被告侵权行为的成立。因此,被告未经原告许可,将原告的作品在其计算机系统上进行存储并上载到国际互联网上的行为,侵害了原告对其作品享有的使用权和获得报酬权,被告应停止侵权行为,并在其国际互联网的网站上向原告公开致歉,以消除影响……

(杨柏勇、李东涛法官,孟均平人民陪审员)

本书作者在一篇论文中对这一案件的法律适用有下列评论:

> 在前面提到的王蒙案中,法院对著作权法中的"等"字进行扩张性的解释,从中创设出一种新的权利,即后来所说的"信息网络传播权"。法院关于设立此类权利的必要性的解释也许有一定道理,但这并不意味着法院可以违背立法精神径自创设此类权利。否则,法院完全可以依据同样的逻辑将著作权的权利内容扩展到所谓的出租权、进口权、作品形象的商业化权、作品标题的控制权等等。这样一来,著作权法通过一系列精细的制度安排所建立起来的利益平衡关系就可能被法院轻易打破。在王蒙案件中,当时著作权法赋予著作权人的"复制权""发行权"两类权利就可能为权利人提供有效救济。退一步,当事人还可以选择所谓的共同侵权规则来追究网络内容提供商的责任。在这种背景下,法院依然拒绝适用现有的规则,执意创设新的权利,更加缺乏正当性。[①]

时过境迁,现在你觉得上述评论有道理吗?

---

① 崔国斌:《知识产权法官造法批判》,载《中国法学》2006年第1期,第156页。

1.6 邻接权客体的信息网络传播

著作权法区别对待著作权和邻接权。严格说来,"信息网络传播权"仅仅适用于作品,而不适用于非作品的邻接权(相关权)客体。不过,著作权法的确许可部分邻接权权利人控制公众通过信息网络传播表演①、录音录像制品②等邻接权客体。

对于图书或期刊的版式设计,《著作权法》(2010)第 36 条第 1 款只是规定"出版者有权许可或者禁止他人使用其出版的图书、期刊的版式设计"。权利人是否能够控制信息网络传输行为,没有明确,因而存在疑问。在后文将会提到的北京大学出版社诉深圳市腾讯计算机系统有限公司案中,法院认为就认为出版者对于版式设计不享有所谓的控制信息网络传播的权利。

著作权法对于广播电台和电视台的节目信号是否享有"信息网络传播权"③也保持沉默。《著作权法》(2010)第 45 条仅仅规定了电台和电视台有权禁止转播、录制或复制其节目。不过,这一规定并没有遗留多大的法律空白。一方面,如果电台和电视台的节目构成著作权法上的作品,自然能够获得信息网络传播权的保护;另一方面,对于那些不构成作品但是可能构成《著作权法》第 42 条意义上的录音录像制品的节目而言,也同样能够获得"信息网络传播权"的保护。二者综合起来,不能获得信息网络传播权保护的节目几乎没有了。

2 信息网络传播行为的构成要件

如前所述,依据最高人民法院的司法解释,在认定信息网络传输行为时,需要考虑的关键因素包括:"信息网络"的范围、传输行为人的范围、公众能否在个人选定的时间和地点获得作品等。以下逐一加以讨论。

2.1 "信息网络"的范围:局域网问题

依据信息网络传输权的定义,作品所存储的信息网络应当是向不特定的社会公众开放的网络。这里容易引发争议的是公司或单位的局域网。局域网的访问可能受到多重限制,比如,访问者可能仅仅限于单位内部员工或者经特别许可的外部人员;访问者能够接入网络的地点也可能受到限制。这些限制都可能导致一般公众无法访问该网络;或者即便能访问,也可能无法在其选定的地点访问。此类网络可能并非信息网络传播权意义上的开放网络。

不过,从立法目的的角度看,严格要求网络对不特定公众开放,似乎没有太大的意义。局域网的用户达到一定规模后,开放与否,都会对著作权人的利益造成实质性影响。比如,一个大学内部的局域网,用户成千上万,而且用户每年都会更新。通过该局

---

① 《著作权法》(2010)第 38 条。
② 《著作权法》(2010)第 42 条。
③ 之所以打上引号,是因为这里只是借用作品的信息网络传播权这一术语,立法者并没有明确称之为信息网络传播权。

域网传播作品,可能导致大量的侵权复制件产生。除了单纯的政策性考虑外,没有理由将此类局域网排除在外。因此,毫不奇怪,在周大新 v. 北京世纪超星信息技术发展有限责任公司、对外经济贸易大学案(北京海淀法院(2008)海民初字第 15898 号)中,法院认为通过对外经济贸易大学内部的局域网传播属于著作权法意义上的信息网络传播。在下文提到的广东中凯文化发展有限公司 v. 华中师范大学案(武汉中院(2010)武知初字第 159 号)中,法院也认为大学内部的局域网属于著作权法意义上的信息网络。

不过,海淀区人民法院在彭浩 v. 北京万方数据股份有限公司案(北京海淀法院(2008)海民初字第 9975 号)对于局域网的定性又稍有不同,似乎暗示局域网需要对一般公众开放:

> 虽万方公司已通过技术措施限制学位论文数据库用户仅可在内部局域网的 IP 范围内使用该数据库,但仍不排除公众通过学位论文数据库用户内部局域网获得相关论文之可能性,万方公司对相关论文传播范围之限制并未达到使得公众不能在其个人选定的时间和地点获得相关论文之程度,故学位论文数据库并不同于传统图书馆,万方公司对相关论文的商业性使用不属于著作权法所规定的图书馆合理使用作品之范畴。

在司法实践中,如果局域网内的上网终端(个人计算机)向公众开放,则被视为著作权法意义上的信息网络。① 比如,在北京网尚文化传播有限公司 v. 南宁市一网通网吧案(南宁中院,2009)中②,用户通过该网吧局域网影视点播系统播放被告收集存储的电视剧。法院认定对公众开放的网吧的局域网属于著作权法意义上的信息网络。因此,被告的行为侵害原告的信息网络传播权。类似的网吧局域网的案子在国内非常比比皆是。③

现在,网络用户控制的仅仅对私人开放的网络空间以各种形式存在。比如,各类网站提供的私人相册、社交网络的文件存储与分享服务等。这些网络空间的封闭和开放之间没有截然的界限。这一空间的分享行为,是否属于著作权法意义上的信息网络传输,有一定的不确定性,只能依靠法院的自由裁量。

2.2 "置于信息网络"中

2.2.1 "置于信息网络"的直接行为人

一项行为是否是信息网络传输行为与谁是该行为的主体,是两个独立的问题。在判断信息网络传输行为的构成要件,并不一定要清楚谁是行为人。不过,本书认为,在

---

① 北京市高级人民法院《关于审理涉及网络环境下著作权纠纷案件若干问题的指导意见(一)(试行)》(2010)第 9 条。
② http://www.110.com/panli/panli_9204019.html. 最后访问 2014 年 8 月 1 日。
③ 比如,广东中凯文化发展有限公司诉山东中鲁时空数字技术传播有限公司案,山东省青岛中院(2009)青民三初字第 84 号;广东中凯文化发展有限公司诉广州市白云区清水居网络咖啡厅案,广州白云区法院(2007)云法民三初字第 64 号。

讨论行为的具体构成要件时,明确行为主体,可以更好地理解著作权法的逻辑结构。

信息网络传播权受到侵害的事实基础是作品在网络上处于可获取状态。这一事实的认定相对简单。要确定究竟是谁直接导致这一状态,则并不容易。因为将一项作品置于网络空间使之处于公众可自由获取的状态,是一个复杂的技术过程。这一过程有很多环节,会牵涉很多主体。对这些主体进行筛选,既有事实上的判断,也有法律上的政策权衡。

北京三面向版权代理有限公司 v. 中国电信股份有限公司江西分公司

江西省高院(2009)赣民三终字第 38 号

本院认为,诉讼过程中三面向公司对九江电信出示 IDC 主机托管业务照片证明亿恩科技的服务器放在九江电信的机架上真实性没有异议;九江电信出示与亿恩科技签订的机架租用合同、亿恩科技的付款凭证等事实表明,九江电信为亿恩科技提供机架租用业务,已将 IP 218.95.37.143 分配给亿恩科技,九江电信既未向 www.bookdown.com.cn 网站出租或免费提供磁盘空间或利用磁盘空间开辟信息交流平台,也未向 www.bookdown.com.cn 网站有偿或免费提供存储服务、存储服务对象的作品等具有存储形式的服务,因此九江电信不是《信息网络传播权保护条例》所指的为服务对象提供信息存储空间的网络服务提供者,未在 www.bookdown.com.cn 网站标示为网络服务提供者不成为九江电信担责或免责的法律要件。三面向公司主张九江电信为服务对象提供信息空间证据不足,可认定九江电信有相反证据足以推翻 2008 年 11 月 18 日复函中九江电信为服务对象提供信息存储空间的内容。

常见的与一项作品的信息网络传播有关的主体可能包括:用于上传的作品复制件的提供者、上传作品至网站(网络空间)的主体(以下称作品上传者)、网站表见的经营者、网站的实际运营者、网站的推广者(链接网站、搜索引擎等)、网络服务器的所有者、基础电讯服务的提供商等等。在实际操作中,这些主体的分工可能进一步细分,从而使得事实上参与信息网路传输的主体进一步增多。当然,很多时候上传者和网站的经营者也可能合二为一。比如,网站的经营者可能让其雇员向其网络空间上传作品。

在各个主体之间没有意思联络的情况下,通常认为直接将作品上传至信息网络的上传者是直接事实信息网络传播行为的主体。比如,北京高院的意见认为:"网络服务提供者的行为是否构成信息网络传播行为,通常应以传播的作品、表演、录音录像制品是否由网络服务提供者上传或以其他方式置于向公众开放的网络服务器上为标准。"[①]

除了作品上传者之外,其他主体只是共同维护了开放的网络环境。特定作品在该网络上处于可获取状态,并非出于这些主体具体的主观意愿。只有这些主体存在主观

---

① 北京市高级人民法院《关于审理涉及网络环境下著作权纠纷案件若干问题的指导意见(一)(试行)》(2010)第 4 条第 1 款。

过错的情况下,才可能被认为与上传者一道,共同从事了信息网络传播行为,要承担共同侵权责任(或者间接侵权责任)。对此,后面的"网络间接侵权"一章将有深入讨论。

中国音乐著作权协会 v. 网易公司、移动通信公司

北京二中院(2002)二中民初字第 03119 号
最高人民法院公报案例(2003 年第 5 期)

被告网易公司在其开办的 163 网站中,设有"网易短信中心"推荐服务项目,其中的"铃声传情"栏目收录了众多音乐作品,用户可选择其中的作品为移动电话的振铃下载使用。网易公司将《血染的风采》收录该栏目的民歌曲目时,未经苏越本人或者音乐著作权协会的许可,亦未支付任何报酬。

网易公司的上述服务是通过移动通信部门提供的专用设备和技术条件进行的。移动电话用户在 163 网站中选择该服务时,首先要通过电信部门的互联网登录 163 网站,在网站的相关网页上选择所需歌曲,然后由网易公司的服务器将该歌曲编辑成二进制编码,通过互联网发送至移动通信部门的移动短信平台,并由移动短信平台发送至移动电话用户。全国各地的移动电话用户,都须通过本地区的移动通信部门实施上述下载过程。在 163 网站的页面上,有公众对每一音乐作品的点击次数的统计显示,该数字即为全国各地的移动电话用户通过移动通信部门试听或下载该音乐作品的次数。

2001 年 11 月 21 日,网易公司与移动通信公司签订了合作协议。双方约定:移动通信公司代网易公司收取用户下载歌曲的费用,网易公司向移动通信公司支付 15% 的服务费,双方以移动通信公司计费系统出账的当月应收信息费的全部金额为准。此外,移动通信公司在为网易公司提供传输音乐信息服务时,另向网易公司按每条 0.05 元收取不均衡通信费。

根据现有技术条件,移动通信公司提供传输音乐信息服务时,无法对所传输的音乐信息进行识别、记录和编辑等处理,亦无法将某一特定的音乐信息单独予以剔除、过滤。有关的信息在通过自动化设备进行接收、传输的过程中,无法进行人工控制。

网易公司向移动电话用户提供下载每首歌曲服务的收费标准为:普通质量的铃声 1 元,高保真质量的铃声 2 元。截至 2001 年 11 月 28 日,在 163 网站对歌曲《血染的风采》显示的点击次数为 15091 次……

北京市第二中级人民法院认为:

根据当事人的举证情况,应认定苏越为歌曲《血染的风采》的曲作者。苏越与音乐著作权协会签订的著作权委托管理合同合法有效,双方办理的有关登记手续亦真实有效。网易公司对苏越与音乐著作权协会之间办理的登记手续虽然提出了质疑,但未能提供证据支持其主张,故不予采信。音乐著作权协会依据苏越的授权及有关的法律规定,作为原告提起本案诉讼,对于其诉讼主体资格,应予确认。

根据《中华人民共和国著作权法》(以下简称著作权法)第 10 条第 1 款第(十二)项的规定,著作权人享有作品的信息网络传播权,即通过互联网或其他有线或者无线

的信息传输网络向公众提供作品的权利,未经许可,将他人的作品上网传播、供人使用的行为构成对著作权人的信息网络传播权的侵害。网易公司未经许可,将音乐作品《血染的风采》直接收录进163网站的栏目中公开展示,并有偿向移动电话用户提供下载使用服务的行为,构成了对著作权人信息网络传播权的侵犯,应承担停止侵害、赔偿损失的民事责任。但音乐著作权协会未能证明网易公司的行为侵犯了著作权人苏越的人身权利,给苏越本人或者作品带来了不良影响,因此,对音乐著作权协会要求网易公司向苏越和音乐著作权协会赔礼道歉的诉讼请求,不予支持。对于网易公司侵权行为的赔偿问题,由于音乐著作权协会主张的赔偿数额没有法律依据,故应根据网易公司对涉案作品使用的方式、实际获利数额等因素予以酌定。

原告音乐著作权协会要求移动通信公司承担侵权责任,应证明移动通信公司是以直接发布的形式将涉案侵权的作品在网络上进行传播,或者对接受及传播的信息负有审查义务却疏于审查,或者在权利人告知其传输了侵权信息后,能够停止该侵权信息的传送而不作为。在本案中,移动通信公司为网易公司提供网络信息传送的服务是技术性的和被动的,具体就是为接收网易公司发送的信息及向移动电话用户发送该信息提供基础性的技术连接服务,实现从移动电话到互联网或者从互联网到移动电话的双向沟通。在提供该项网络信息的连接服务时,移动通信公司所接收的信息是由网易公司发布的,移动通信公司在接收和发送信息过程中,所传送的信息始终处于二进制编码状态,移动通信公司无法对其传送的信息内容进行遴选,也无法对其中的某一信息单独予以删除,且移动通信公司在向移动通信的客户和网络公司提供传送服务时,对具体的传送信息内容并不负有审查的责任,实际上亦无法进行审查,故在主观上对侵权结果的发生,不存在法律上的过错,要求其承担共同侵权责任,缺乏法律依据。从本案的实际情况看,判决侵权信息的提供者网易公司停止发布侵权信息,即足以制止侵权行为的继续。如再判决仅仅是提供了基础技术性服务的移动通信公司共同承担侵权责任,对社会公众利益和网络技术的应用与发展都是无益的。移动通信公司提供基础设备服务而收取费用的行为,不能作为要求其承担侵权责任的理由。因此,移动通信公司的行为不构成对歌曲《血染的风采》著作权的侵害。

(邵明艳、何暄、张晓津法官)

在下列周大新案和王葆玹案中,法院努力区分世纪超星公司和大学在实施信息网络传播行为方面所扮演的角色。法院认为大学不是侵权作品的上传者,有道理吗?

周大新 v. 北京世纪超星信息技术发展有限责任公司等

北京海淀法院(2008)海民初字第15898号

[周大新是书名为《战》的作品的著作权人。]

世纪超星系超星数字图书馆之开发者和经营者,超星数字图书馆收录有《战》书电子版。外经贸大学系超星数字图书馆用户之一,世纪超星将超星数字图书馆安装于外经贸大学服务器,外经贸大学可以在其内部局域网提供浏览或者下载超星数字图书馆内容之服务,但外经贸大学并不能对超星数字图书馆内容进行控制、维护、增删或者更改。世纪超星向其用户外经贸大学提供的超星数字图书馆采取先试用后收费模式,但外经贸大学内部局域网用户浏览或者下载超星数字图书馆内容之时无须向该校支付费用。

案外人北京超星数图信息技术有限公司(以下简称超星数图)系超星数字图书馆之市场运营者,世纪超星向外经贸大学提供的超星数字图书馆即为通过超星数图所提供。超星数图曾于2006年9月20日向外经贸大学图书馆出具承诺书,称外经贸大学仅负责超星数字图书馆项目所需的硬件设备、网络环境及反馈使用者提出的相关信息,而并不具体参与超星数字图书馆运营;超星数图负责组织超星数字图书馆相关数据及书目信息的上传、修改、维护,保证超星数字图书馆的正常运行;超星数字图书馆内容已经经过相关权利人之授权,如外经贸大学因使用超星数字图书馆引发任何著作权侵权纠纷,超星数图承诺承担全部法律责任等……

世纪超星称其已于收到本案起诉书之后将《战》书从超星数字图书馆删除,且世纪超星、外经贸大学均称世纪超星已赴外经贸大学删除该校服务器所载超星数字图书馆中的《战》书。周大新称其对此未予核实,并坚持其要求世纪超星、外经贸大学立即停止侵权之诉讼请求。

[本院认为:]

世纪超星作为超星数字图书馆之开发者和经营者应对该数据库承担法律责任。世纪超星将《战》书电子版收录入超星数字图书馆,且向其用户提供限内部局域网的浏览或者下载《战》书之服务,其此举已涉及信息网络传播《战》书并应经周大新之许可。世纪超星并未举证证明其将《战》书收录入超星数字图书馆并进行信息网络传播已经周大新之许可,故本院认为世纪超星之行为已侵犯了周大新对《战》书所享有的信息网络传播权……

外经贸大学作为超星数字图书馆用户,其并不能对超星数字图书馆内容进行控制、维护、增删或者更改,且其仅在内部局域网提供浏览或者下载超星数字图书馆内容之服务,且其并未通过超星数字图书馆直接获得经济利益。本院综合考虑外经贸大学对超星数字图书馆的使用方式和范围,认为外经贸大学向周大新承担之责任应仅限于协助世纪超星删除该校服务器所载超星数字图书馆中的《战》书。周大新要求外经贸大学承担赔偿经济损失以及诉讼合理支出费用之侵权责任,本院不予支持。

(陈坚法官)

王葆玹 v. 山东体育学院

济南市中院(2007)济民三初字第294号

[原告王葆玹系《老庄学新探》《今古文经学新论》两本图书的著作权人。]

山东体育学院通过与北京超星公司签订协议使用北京超星公司提供的"超星数字图书馆",在其学校的网站上为"超星数字图书馆"软件系统提供存储空间,以镜像的方式向其用户提供阅读、下载"超星数字图书馆"所提供图书信息的服务,成为北京超星公司"超星数字图书馆"的用户,但"超星数字图书馆"的上传、修改及维护均由北京超星公司实施。山东体育学院在其网站上未经原告许可传播了原告所享有著作权的《老庄学新探》《今古文经学新论》,侵犯了原告的信息网络传播权,依法应承担相应的民事责任。原告要求判令被告停止侵权的诉讼请求合法,本院予以支持。

但由于涉案图书的上传、修改、更新等管理工作系由北京超星公司具体实施,山东体育学院无法控制,且"超星数字图书馆"所收录图书的数量巨大,山东体育学院无法对其所收录图书是否获得著作权人授权进行一一核对,山东体育学院对"超星数字图书馆"的内容是否侵犯原告著作权并不知晓,不存在侵权故意,主观上不存在过错;原告王葆玹也未有证据显示其在发现侵权行为后向被告山东体育学院提出过警告,山东体育学院缺少承担赔偿责任的要件,因此,被告山东体育学院不应承担赔偿责任。

(刘学宽、李宏军、陈清霞法官)

思考问题:

(1)如果将大学图书馆的行为大致可以分成两部分,其一,是不慎购买了侵权作品的复制件,其二,是通过内部局域网向读者传输作品,这会不会导致后续的法律分析变得更容易?

(2)此类案件中,判决大学承担直接侵权责任,会损害任何公共政策目标吗?

李承鹏 v. 苹果公司等

北京市二中院(2012)二中民初字第2236号

[李承鹏是《李可乐抗拆记》一书的作者。他在电脑下载安装了苹果公司的 iTunes 软件后,]在 iTunes 软件上方的搜索栏中输入"李承鹏",可以查找到名为"李可乐抗拆记(简繁)"的应用程序。在该页面中,左上方显示"App Store > 图书 > zilla",其下方显示涉案应用程序的图标及相关信息,包含:"类别:图书","发布日期:2011 年 01 月 30 日","版本:1.0","开发商:ying feng ou © 2011. zilla. inc",右侧应用程序截图显示为涉案图书封面。

[李承鹏同样证明,在 iPod touch 终端上通过 App Store 也可以下载安装上述名为"李可乐抗拆记"的应用程序,价格是 $0.99。]

李承鹏为证明 App Store 是有本案被告苹果公司所经营,提交了(2012)京长安内经证字第 17774 号公证书,其中公证截屏了百度百科对于 App Store 的描述,具体包括:"App Store 是一个由苹果公司为 iPhone 和 iPod Touch、iPad 以及 Mac 创建的服务,允许用户从 iTunes Store 或 mac app store 浏览和下载一些为了 iPhone SDK 或 mac 开发的应用程序。"……"苹果在线商店 App Store 年收入近 24 亿美元。根据调研机构 AdMob 的最新报告,每位 iPhone(iPhone 玩家论坛)用户从苹果 App Store 在线商店平均每月下载 10.2 个应用程序,iPod Touch 用户平均每人每月下载的则更多,达到 18.4

个。苹果从 App Store 中每月平均收益近 2 亿美元。""App Store 的产业链简单明晰,共涉及三个主体,即苹果公司、开发者、用户,此外还包括第三方支付公司,但只是作为收费渠道,不是产业链的主要参与者。""App Store 建立了用户、开发者、苹果公司三方共赢的商业模式,各自在产业链中的角色与职责表现如下:苹果公司:掌握 App Store 的开发与管理权,是平台的主要掌控者。其主要职责包括四点:一是提供平台和开发工具包;二是负责应用的营销工作;三是负责进行收费,再按月结算给开发者。此外,苹果公司经常会公开一些数据分析资料,帮助开发者了解用户最近的需求点,并提供指导性的意见,指导开发者进行应用程序定价、调价或是免费。开发者:应用软件的上传者。其主要的职责包括三点:一是负责应用程序的开发;二是自主运营平台上自有产品或应用,如自由定价或自主调整价格等。用户:应用程序的体验者。用户只需要注册登录 App Store 并捆绑信用卡即可下载应用程序。AppStore 为用户提供了更多的实用程序,良好的用户体验及方便的购买流程。"

另查,苹果公司在其官方网站上(www.apple.com)发布的《App Store 审核指南》中记载:

1.1 作为一个应用商城的应用开发者,你要受你和"APPLE"之间的该计划许可协议、用户界面规约和其他许可或者合同的条款的规约。

8.5 使用受保护的第三方资料(商标、版权、商业秘密,其他的专利内容)时需要一个文件式的权利证明书,此证明书必须按要求提供。

11.11"通常你的应用越贵,我们就会审核的更彻底"。

11.12"提供订阅的 APP 应用程序必须使用 IPA,如同前述《开发者计划许可协议》中规定的一样,'APPLE'将和开发者按照 3 比 7 的比例分享此类商品的订阅收入"。

《App Store 审核指南》下方标注有"© APPLE,2011"等字样。

……

APP STORE 中供用户购买的应用程序有两种来源,一是苹果公司自行开发、二是第三方应用程序开发商开发。第三方应用程序开发商要开发应用程序并在 APP STORE 销售,首先须在苹果公司官方网站(Apple.com)注册开发商账号并与苹果公司签订《已注册的 APPLE 开发商协议》,取得开发商注册账号。随后须在苹果公司的官方网站同意并签署《iOS 开发商计划许可协议(包括附表1)》,并填写含有信用卡账号、电子邮箱地址、申请人签名等内容的《订购表格》,并将其传真至:苹果公司在美国的指定传真电话,经过苹果公司从开发商信用卡中扣款 99 美元并须经开发商在线同意并签署《iOS 开发商计划许可协议(附录2)》,方可获得在 App store 发布收费应用程序的资格。并通过 iTunes Connect 上传和设定应用程序的发布情况。

《已注册的 Apple 开发商协议》抬头处标有"Apple inc."字样,《已注册的 Apple 开发商协议》中记载:"以下是阁下与 Apple Inc.('Apple')之间的法律约定,规定了阁下参与成为已注册的 Apple 开发商应当遵守的条款。"

……

苹果公司提交了艾通思公司出具的声明,声明内容包括:艾通思公司是一家位于卢森堡的公司,其知晓李承鹏和苹果公司之间的未决诉讼,并为此发表声明。程序商店由艾通思公司运营,在中国,程序商店中的绝大多数内容是由发布人开发的第三方应用程序。发布人可以选择对应用程序的内容收取费用,也可以免费提供。发布人收取费用时,艾通思公司则作为其代管人收取费用,并保留相当于最终用户支付费用的30%作为艾通思公司的标准佣金,剩余的70%返还发布人。艾通思公司在中国接受美元付款时,付款信息为"ITUNES-USD LUXEMBOURG LUX.(艾通思—美元 卢森堡—卢森堡法郎)"。在苹果公司将本案相关投诉转告艾通思公司之前,艾通思公司从未收到任何关于争议应用程序"李可乐抗拆记(简繁)"的侵权投诉通知。基于以上证据,苹果公司主张其并非 App Store 的运营者。

艾通思公司认可上述声明内容,并提交与苹果公司相同的证据证明相关事实,并同意被告苹果公司的全部答辩意见、质证意见及代理意见。艾通思公司注册成立于卢森堡大公国,系苹果公司的全资子公司,注册资本为 12 500 欧元。

第三人欧迎丰是涉案应用程序的开发者,提供了《苹果应用开发程序订购表格》、《iOS 开发商计划许可协议》、涉案应用程序收款账号对账单及网络银行账单截屏,用以证明其就涉案应用程序的获利仅为一百美金左右。

* * *

[面对原告的侵权指控,各方答辩如下:]

被告苹果公司答辩称:苹果公司是一家经营硬件为主的美国企业,其产品主要为 Iphone、Ipad 等多媒体通讯设备,涉案的应用程序商店(App Store)并非由其经营,而是由其关联公司即注册成立于卢森堡大公国的艾通思公司(ITunes S. A. R. L)经营和管理,涉案被控侵权行为并非由其实施,也并不存在帮助侵权的情况,苹果公司不是本案的适格被告,原告要求其承担侵权责任无事实和法律依据。且应用程序商店(App Store)的经营者在收到有效通知后,在合理的时间内删除了涉案程序,涉案应用程序商店的经营者作为仅提供信息存储空间的网络服务提供者,在本案中并没有主观过错,不构成与侵权应用程序开发人的共同侵权行为。因此,请求法院驳回原告的诉讼请求。

第三人艾通思公司称:艾通思公司是成立于卢森堡大公国,独立于苹果公司的企业法人。中国应用程序商店的运营者为艾通思公司而不是苹果公司。因此,本案的处理结果与艾通思公司存在法律上的利害关系,艾通思公司需要参加诉讼向法院说明开发人上传涉案应用程序、并委托艾通思公司向最终用户收取费用等相关情况。应用程序商店的运营模式为:开发商将其独立开发的应用程序上传至应用程序商店并提供给最终用户,最终用户通过应用程序商店浏览开发商发布的信息,并下载其需要的应用程序。在这个过程中,应用程序商店向开发商提供信息存储服务,并受其委托向最终用户收取费用,在扣除标准佣金后将全部收益转交给开发商。鉴于涉案应用程序由开发商独立开发、自行上传,艾通思公司没有参与直接侵权行为,与开发人之间没有主观上的共同故意,也没有客观上的共同侵权行为,因此艾通思公司不应当承担直接侵权责任。艾通思公司虽然会对应用程序进行审查,但是该审核是对应用程序技术兼容性及是否存在淫秽内容等方面的审核。因此,艾通思公司不知道也不可能知道涉案应用程序存在侵权内容,因此不应当承担共同侵权责任。

第三人欧迎丰称,欧迎丰是涉案应用程序的开发者,该应用程序中的文字内容是其从网络上自由下载的,并未获得过授权。涉案应用程序被购买下载的次数非常少,作为应用程序的开发者获利只有一百美金左右,原告的赔偿请求过高,故不同意原告的诉讼请求。

* * *

本院认为,双方当事人在本案中争议的焦点问题主要包括以下几方面:

……

第二、关于涉案被控侵权应用程序是否侵权的问题

根据我国相关法律规定,权利人享有的信息网络传播权受《著作权法》和《信息网络传播权保护条例》保护。除法律、行政法规另有规定的外,任何组织或者个人将他人的作品通过信息网络向公众提供,应当取得权利人许可,并支付报酬。

根据本案查明的事实,运行从网址为"http:// www.apple.com.cn"的网站上下载并安装的 ITUNES 软件后,能够进入"ITUNES STORE"下设的"APP STORE"中,可以购买并下载涉案应用程序。根据现有证据能够证明该涉案应用程序系欧迎丰直接开发,欧迎丰亦认可其开发的涉案应用程序中的文字内容是从网络上下载的,并未获得授权,经比对,涉案应用程序中与涉案作品相同的字数为 114 千字。故涉案应用程序应为侵害原告涉案作品信息网络传播权的侵权应用程序。

第三、关于在现有 App store 的运营模式下,苹果公司是否为 App store 的经营者的问题

……

尽管苹果公司提出其全资子公司艾通思公司为"App Store"实际经营者的抗辩主张,但相关证据仅证明艾通思公司参与了"App Store"运营中的部分工作,同时综合考虑在 App Store 的商业模式中,被告苹果公司为 ITUNES 程序的开发者并提供该程序的免费下载,"App Store"的运行界面上标注有苹果公司版权所有或保留所有权利等字样,"App Store"中所有应用程序均为苹果公司自行开发或由与其签订《已注册的 APPLE 开发商协议》和《iOS 开发商计划许可协议(包括附表1)》《iOS 开发商计划许可协议(附录2)》的开发商进行开发的事实,以及根据协议约定苹果公司在 App Store 运营中承担包括协议内容、政策的修改,应用程序的审核、分销和撤销等重要职责的重要职责,可以确认苹果公司为"App Store"的经营者,作为 App store 的平台运营商,应当对 App store 所提供的网络平台服务承担相应的法律责任。综上所述,苹果公司提出的涉案应用程序商店(App Store)并非由其经营的抗辩主张本院不予采纳。

第四、关于被告苹果公司作为"App Store"的经营者,其行为性质如何认定以及是否应当承担相应法律责任的问题

被告苹果公司经营的"App Store"中提供了涉案应用程序的收费下载。根据《已注册的 APPLE 开发商协议》和《iOS 开发商计划许可协议》记载,"App Store"中供用户购买的应用程序有两种来源,一是苹果公司自行开发、二是第三方开发商开发。第三方开发商要开发应用程序并在"App Store"销售须进行注册并与苹果公司签订《已注册的 APPLE 开发商协议》和《iOS 开发商计划许可协议》。本案中,苹果公司提供了涉案应用程序开发者的信息,欧迎丰亦认可其为涉案应用程序的开发者,结合现有证据,在无相反证据的情况下,能够确认欧迎丰系涉案应用的开发者,故本案涉案应用程序为第三方开发商所开发。

苹果公司作为综合性的网络服务平台 App store 的运营者,是否应当对其签约许可开发应用程序的第三方开发商,通过 App store 为用户提供涉案应用程序的下载行为承担相应的法律责任,需要综合考虑以下因素:

首先,苹果公司作为 App store 的运营者,其对网络服务平台的控制力和管理能力。

苹果 iOS 操作系统,作为一个兼容性较差的相对封闭的操作系统,苹果公司通过包括《已注册的 APPLE 开发商协议》和《iOS 开发商计划许可协议》等一系的协议的签署,基本控制了该平台上应用程序开发的方向和标准。根据《已注册的 APPLE 开发商协议》和《iOS 开发商计划许可协议》记载的内容,苹果公司不但收费许可相关开发商使用苹果公司的软件编写、测试可运行在 iOS 环境下的应用程序,为开发商提供相关作业系统、文档资料、软件(源代码和目标代码)、应用程序、示范代码、模拟器、工具、应用程序库存、API、数据等内容和服务,还要求开发商开发的所有应用必须向苹果公司提交并由苹果公司选择分销并同意苹果公司酌情独自决定是否同意分销。在确定是否分销时,苹果公司采取了近乎具有绝对控制力的协议条款,例如:"6.2 Apple 选择分销,阁下理解并同意,Apple 可独自酌情:a) 确定阁下的应用程序不符合当时有效的全部或任何部分文档资料或计划要求;b) 以任何理由拒绝分销阁下的应用程序,即使阁下的应用程序符合文档资料或计划的要求";"8. 撤销 阁下理解并同意,Apple 可随时终止分销阁下的获许可应用程序、获许可应用信息,或撤销任何阁下的应用程序的数字证书。"故而,苹果公司对于可以在 App Store 上发布的应用程序采取了符合其自身政策需求的选择与挑选,而无需受到第三方应用开发者的限制,苹果公司作为 App store 的运营者,根据其自身规划的商业模式和运营政策及协议条款,对 App store 网络服务平台具有很强的控制力和管理能力。

其次,苹果公司作为 App store 的运营者,其通过 App store 获取利益和承担义务的对等性和一致性。

与信息存储空间网络服务提供商及众多其他网路服务提供商不同的是,苹果公司所运营的 App store,是一个以收费下载为主的网络服务平台,并且在与第三方开发商的协议中,约定了 3/7 分成的固定比例直接收益。根据百度百科的记载:"调研机构 AdMob 的最新报告,每位 iPhone 用户从苹果 App Store 在线商店平均每月下载 10.2 个应用程序,iPod Touch 用户平均每人每月下载的则更多,达到 18.4 个。苹果从 App

Store 中每月平均收益近 2 亿美元。"尽管该报告的准确性有待进一步证明,苹果公司也未针对 App Store 的运营收益情况举证说明,但在无相反证据的情况下,可以合理推断,苹果公司从 App store 的运营中获取了可观的直接经济利益。

综合以上因素,苹果公司作为综合性的网络服务平台 App store 的运营者,对 App store 网络服务平台具有很强的控制力和管理能力,其通过 App store 网络服务平台对第三方开发商上传的应用程序加以商业上的筛选和分销,并通过收费下载业务获取了可观的直接经济利益,故对于 App store 网络服务平台提供下载的应用程序,应负有较高的注意义务。在本案中,苹果公司未适当的履行其注意义务,故对于涉案应用程序的侵权,应承担相应的法律责任。

第五、关于被告苹果公司应承担何种法律责任的问题

被告苹果公司在其经营的"App store"上提供了涉案侵权应用程序,供网络用户付费后下载,构成了对原告涉案作品信息网络传播权的侵害。根据相关法律规定,侵犯著作权或者与著作权有关的权利的,侵权人应当按照权利人的实际损失给予赔偿;赔偿数额还应当包括权利人为制止侵权行为所支付的合理开支。本案原告李承鹏请求法院判令被告苹果公司承担停止侵权并赔偿经济损失的法律责任,理由正当,本院予以支持。[法院引述的条文包括《著作权法》第 10 条第 1 款第(十二)项、第 48 条第(一)项、第 49 条,《信息网络传播权保护条例》第 2 条等。]

(冯刚、韩羽枫、王二环法官)

思考问题:

(1) 从法院的分析思路和引用的法律条文看,法院似乎认为苹果公司作为 App Store 的运营者直接侵害了原告的信息网络传播权,而不是为第三方侵害网络传播权的行为提供帮助。作为侵权应用程序的开发者,在本案中应该承担什么责任?为什么不是它直接承担侵害信息网络传播权的责任呢?

(2) 本案中,在法律意义上,谁将诉争的应用程序"置于信息网络中"?苹果公司与应用程序的开发者之间的关系,能够类比出版社和投稿者之间的关系吗?为什么?

盛大文学有限公司 v. 百度公司

上海市卢湾区法院(2010)卢民三(知)初字第 61 号

原告诉称,原告作为中国网络文学领域的领导者,是原创文学门户网站"盛大文学"的运营商。《斗破苍穹》《凡人修仙传》《近身保镖》《卡徒》《天王》5 部小说(以下称涉讼作品)系某推出的著名网络小说,拥有庞大的读者群。截至 2010 年 1 月 12 日,小说《斗破苍穹》在盛大文学上的总点击数为 46142620 次,在被告百度公司所运营的百度网"十大小说风云榜"位列首位;小说《凡人修仙传》在盛大文学上的总点击数为 36907562 次,在被告百度公司所运营的百度网"十大小说风云榜"位列第 2 位……原告对涉讼作品享有包括复制权、改编权、信息网络传播权在内的所

有著作权……

被告百度公司还在其二级域名"wap.baidu.com"通过设立"最热榜单"和"精品推荐"栏目的形式对涉讼作品进行推荐,并在其网站上完整复制了涉讼作品,使得公众无须到第三方网站,更无须到原告网站即可阅读或下载涉讼作品的完整内容,完全替代了作品的合法来源,构成对涉讼作品著作权的直接侵犯……

被告百度公司辩称……

3. 百度公司提供的 WAP 服务不构成侵权,WAP 是一项全球性网络通信协议,WAP 将构成网页文档的超文本标记语言转换为无线标记语言,使之对应的因特网信息能够在手机上等无线终端得以显示。WAP 搜索结果均系融合了 WEB 和 WAP 两类网页资源,目前绝大多数移动终端的浏览器只能支持浏览 WAP 格式页面,不能直接浏览 WEB 网页,对于搜索结果中的 WEB 网页,必须进行格式转换为 WAP 网页,在手机浏览器上浏览,百度的技术转码服务是为实现此目的、服务于 WAP 搜索的附属产品。WAP 并未存储第三方网页的内容,WAP 搜索功能的实现分为两部分,即网页搜索:与百度搜索(百度)提供的服务一致,即当用户提交了对关键词的检索请求后,搜索引擎按用户的请求,在索引数据库中依照技术规则,把和用户指令有关的检索数据组织起来,生成临时链接提供给用户;手机适配:将搜索结果通过技术转码服务,适配为手机页面并返回给用户的过程。适配过程为:用户请求百度转码服务→转码服务解析 URL 获得第三方 WEB 网页链接地址→转码服务请求第三方 WEB 网页→转码服务将 WEB 网页转换为 WAP 网页→转码服务将 WAP 网页返回给用户的移动终端浏览器→用户查看到 WAP 网页。从上述过程可以看出,整个过程全部为根据用户指令实时操作,百度 WAP 没有也不可能在无法预知用户指令的情况下预先存储海量的第三方网站内容。同时,鉴于通用浏览器系根据地址栏的 URL 发起浏览请求,如果不采取任何技术手段,浏览器就会直接向第三方站点发起浏览请求,收到的 WEB 页面就无法在一般手机展示。为完成手机适配的需要,则必须采用代理方式。即,浏览器地址栏的 URL 的开头的域名为百度的域名,而真正目标网站的网址则变成了一个 URL 参数(就是地址栏后半部分的 URL)。如果任意修改后半部分 URL,即可进入相应的第三方网站。可见,URL 以"百度"开头只是百度公司为完成手机适配采取的必要技术手段,并未复制和存储第三方网页的内容。因此,原告基于涉嫌侵权的网页 URL 以"百度"开头从而指控某某公司复制和存储第三方网页的主张不能成立。百度 WAP 的技术转码服务不涉及对网页内容的编辑和修改,故百度公司不构成直接侵权。另外,原告从未针对百度公司 WAP 搜索发送过任何通知,本案中某某公司收到原告证据后,已及时断开侵权链接,尽到注意义务,也不应承担间接侵权责任……

对此原告认为,wap.baidu.com 是百度公司的二级域名,其对应的是百度无线频道,网页上有最热榜单和精品推荐,证明其在明知的情况下对涉讼作品主动传播,作品具体内容复制在百度服务器上,用户可在百度服务器上直接阅读,构成直接侵权。

本院经审理查明:

……

2010年9月7日至9月10日,原告[公证了百度]公司无线频道的传播状况,主要操作步骤为:打开360安全浏览器,在地址栏中输入某某进入页面,点击该页面中"小说"进入其小说频道首页,可以看到百度公司在其小说频道的首页设立了"最热榜"和"精品推荐",涉讼作品位列其中。点击该页面[精品推荐]项下的"[都市]某某(柳某)",可以进入该小说的搜索结果,点击其中的某一搜索结果,可以看到关于该作品的所有目录,地址栏中的网址显示该页面位于百度的下级页面,在该目录页左下角有"原网页"选项。点击目录中的章节,可以看到该章节的具体内容,地址栏中的网址同样显示该页面位于百度的下级页面,在该目录页左下角有"原网页"选项。点击小说频道首页的[最热榜]项下的"1.[玄幻]某某",可以进入该小说的搜索结果,点击其中的某一搜索结果,可以看到关于该作品的所有目录,地址栏中的网址显示该页面位于百度的下级页面,在该目录页左下角有"原网页"选项。点击目录中的章节,可以看到该章节的具体内容,地址栏中的网址同样显示该页面位于百度的下级页面,在该目录页左下角有"原网页"选项。点击小说内容页面,查看页面属性,可以发现该属性同样显示页面属于百度的下级页面。

2010年10月25日,原告[再次公证]百度公司无线频道的传播状况,主要操作步骤为:打开360安全浏览器,在地址栏中输入某某进入页面,点击该页面中"小说"进入其小说频道首页,可以看到某某公司在其小说频道的首页设立了"最热榜"和"精品推荐"。依次输入涉讼5部作品的名称点击搜索,可以进入该小说的搜索结果,点击其中的某一搜索结果,可以看到关于该作品的所有目录,地址栏中的网址显示该页面位于某某的下级页面,在该目录页左下角有"原网页"选项。点击目录中的章节,可以看到该章节的具体内容,地址栏中的网址同样显示该页面位于百度的下级页面,在该目录页左下角有"原网页"选项。点击"原网页",可以进入该页内容所对应的原网页,可以发现在原网页中有"百度推广"投放的广告,有原网页所属网站的名称、标识及该网站的其他栏目的列表,而这些信息在盛大文学相对应的页面中都不存在,且两个相对应的页面排版不同。

本院认为,本案争议焦点在于:

......

四、百度公司是否构成直接侵权。

被告百度公司辩称,百度wap搜索是对web页面进行技术转码,不涉及任何对第三方网页内容的编辑、修改、存储,百度wap系提供无线搜索服务,并非直接在线提供作品,不构成直接侵权。

本院认为,在正常情形下,搜索引擎的使用是帮助互联网用户在海量信息中迅速查询定位其所需要的信息,向用户提供来源网站的信息索引和网络地址链接方式,引导用户到第三方网站浏览搜索内容,而不是替代第三方网站直接向用户提供内容。本案原告公证取证是从电脑通过互联网连接进入百度,不是用手机浏览无线频道的内容,公证显示在百度页面有对涉讼作品的推荐、对搜索结果进行编辑、修改;被告百度公司在WAP频道搜索结果及点击阅读功能向用户提供涉讼作品的全部内容,无论是点击阅读页面的地址栏,还是每一个网页的打印结果,地址显示均属于百度公司的服务器,显示页面也都有"百度"及"荐:手机上网必备,尽在新版掌上百度!"的字样,通过页面属性查询,可以看到该页面显示其主数据内容存储于百度网站服务器的事实,百度公司还在每页最下端显示"原网页",证明其确认该网页不是原网页,而是原网页之外的一个复制页,而该复制页的内容明显有所删减和重新编排,并非应访问用户的要求自动形成。被告百度公司所称的格式转换,就技术而言,WEB 网页内容需复制在百度服务器内存或硬盘上才能处理转换成 WAP 网页。百度公司以 WAP 搜索方式提供涉讼作品内容的行为使用户无须访问第三方网站即可完整获得内容,其已超出了提供搜索引擎服务的正常范围,不属于法律规定的免责情形,因此,可以认定百度公司直接、完整地将涉讼作品放置在其服务器上,由用户以点击小说搜索方式向用户提供涉讼作品,该行为属于复制和上载作品的行为,并通过网络进行传播,构成直接侵权。

(顾文凯、王维佳、许浩法官)

思考问题:

(1)假如百度公司所描述的技术过程完全属实,还能说是百度"直接、完整地将涉讼作品放置在其服务器上",然后"由用户以点击小说搜索方式向用户提供涉讼作品"吗?

(2)依据百度的描述,是谁将诉争的作品"置于信息网络中"?百度、盛大文学抑或 WAP 网络用户?属于谁的网路服务器中?百度还是盛大文学?

(3)原告公证内容以及法院最终的判决,都强调相关页面在浏览器中显示为百度页面(浏览器地址栏显示百度网址)。这为什么很重要?是决定性的吗?

在确认信息网络传播的直接行为人时,强调上传行为,有很强的政策性。这一标准使得开放网络的运营商可以避免著作权直接侵权责任的风险,因而在很大程度上降低了网络服务提供商审查侵权行为的积极性。相应地,著作权在网络空间中受到侵害的可能性大大增加。侵权发生后,上传者责任承担能力有限,而且还常常无从查找。更有无良网络服务商冒充匿名的个人用户上传作品,为网站积累人气,却又避免承担著作权侵权责任。在中国现有的法治环境下,现有的法律规则实际上导致大量的著作权人在为商业网站的成功提供巨额补贴。

2.2.2 服务器标准 v. 用户感知标准

标准的网络传输行为是网络服务商将作品上传到自己的服务器上,然后通过自己的服务器向用户传输该作品。但是,有些网络服务商并不直接将他人作品上传到自己的服务器上,而是在自己的网页中设置深度链接指向第三方网站的版权作品。用户在访问网络服务商的网页时,通常并不会知晓自己所获得的作品实际上来源第三方网站。比如,很多提供 MP3 或视频搜索服务的网站,在自己页面的设置了在线播放功能。用户选择在线播放时,该播放器会直接从第三方站点获取相关文件。用户常常为认为是该搜索服务提供商在直接传播该版权内容。在这种情况下,网络服务提供商的行为是否构成"信息网络传播行为",存在一些争议。

关于服务器标准,下面的评论可供参考:

> 对于应以"服务器标准"认定网络传播行,发达国家[(美国、澳大利亚、德国、西班牙和挪威)]的司法实践已存在共识。承认"用户感知标准"就意味着权利人享有一项"设置深层链接权",只要他人未经许可设置链接,即使被链接的作品在被链网站中经过许可而合法传播,设链者仍然构成"直接侵权",这对搜索技术的发展将是致命的。这是发达国家司法实践不采"用户感知标准"的政策原因。我国法院也在以往许多判例中采用了"服务器标准",完全没有必要背离多数国家的做法另行采用"用户感知标准"。①

在确定作品的上传者时,公众或网络用户的感知作品上传人与实际的上传人可能有很大的差别。在网页上,网站利用一些超级链接可以轻松调用其他站点的内容,而普通用户可能没有察觉到。北京高院的《指导意见》认为:"原告主张网络服务提供者所提供服务的形式使用户误认为系网络服务提供者传播作品、表演、录音录像制品,但网络服务提供者能够提供证据证明其提供的仅是自动接入、自动传输、信息存储空间、搜索、链接、P2P(点对点)等服务的,不应认为网络服务提供者的行为构成信息网络传播行为。"②在下面的北京慈文影视制作有限公司案、正东唱片有限公司案中,法院实际上面对的就是这一问题。

北京慈文影视制作有限公司 v. 中国网络通信集团公司海南省分公司

最高法院(2009)民提字第17号
最高人民法院公报案例(2010年第5期)

2005年12月16日,一审原告慈文公司起诉至海口市中级人民法院称,慈文公司拥有电影《七剑》的著作权,海南网通公司在其经营的网站www.hai169.com上向公众提供该电影的在线播放服务,其行为侵犯了慈文公司的著作权……海南网通公司辩称,海南网通公司没有未经许可传播涉案电影的行为,播放涉案电影的网站是http://221.11.132.112,海南网通公司提供的仅是链接服务,且在慈文公司起诉后已断开链接,不应承担侵权责任。

海口市中级人民法院一审查明,慈文公司拥有电影《七剑》在大陆地区的著作权。慈文公司提交[的]第4758号公证书显示:2005年9月19日,进入海南网通公司的网站www.hai169.com,点击首页上的"影视频道",进入"影视天地"(IP地址221.11.132.112),在"搜索"栏中输入"七剑",依次点击"搜索""详情介绍""在线观看A面""在线观看B面"可以看到有关该电影的介绍及整部电影作品。点击"在线观看A面"

---

① 王迁:《发达国家网络版权司法保护的现状与趋势》,载《法律适用》2009年第12期,第59页。
② 北京市高院《关于审理涉及网络环境下著作权纠纷案件若干问题的指导意见(一)(试行)》(2010)第4条第2款。

后出现的画面中显示：北京慈文影视制作有限公司、宝蓝电影制作公司、华映电影有限公司联合出品……

海口市中级人民法院一审认为，从技术角度分析，海南网通公司网站仅是通过链接功能引导慈文公司到达了信息来源的网站。海南网通公司没有将《七剑》作品存储在自己的服务器上向社会公众提供在线播放服务，现有证据也不能证明登载《七剑》作品的网页系海南网通公司开设。海南网通公司的链接行为，不侵犯慈文公司的著作权。且其在受到侵权指控后已及时断开了链接，避免了侵权结果的扩大，因此，海南网通公司对于播放侵犯慈文公司著作权的作品不应承担侵权的民事责任……

海南省高级人民法院二审认为，本案证据表明，海南网通公司是提供链接服务的网络服务提供者。虽然登载《七剑》电影作品的页面的IP地址属于海南网通公司所拥有，但仅能证明该IP用户是海南网通公司2万多个用户中的1个，不能由此推断该网页属海南网通公司所开设，更不能认定海南网通公司是提供内容服务的网络服务提供者，而由其承担侵权责任。网络服务提供者无法对于数量巨大、内容庞杂的众多网站使用者的具体情况和信息内容逐一进行审查，也无义务对其合法性进行认定。慈文公司称海南网通公司与涉嫌侵权网站属共同侵权，应承担连带责任的理由，无事实和法律依据，不予采纳。海南省高级人民法院判决：驳回上诉，维持原判。

慈文公司申请再审称：一、原两审法院认定事实不清。具体播放影片的"影视天地"是海南网通公司网站的一个二级频道，其无普通意义上的域名，只有IP地址，该IP地址处于海南网通公司管理的IP地址段范围内，海南网通公司应提供该IP地址实际使用者的信息，但其拒绝提供。且一审海南网通公司应诉后，www.hai169.com及其"影视天地"网站均无法正常查看，证明海南网通公司对"影视天地"网站有控制的能力，海南网通公司提交的证据不能证明该网络传播行为是其链接的第三方网站实施的。二、原两审法院适用法律错误。海南网通公司在本案中并非简单的网络服务提供商，而应是内容提供商，不应适用有关"避风港"的规定……

海南网通公司辩称：原两审法院认定事实清楚，适用法律正确。涉嫌侵权的网站是http://221.11.132.112，海南网通公司的网站只是提供了与该网站的链接。虽然该IP地址属于海南网通公司管理的IP地址范围，但不能因此得出该侵权网站由海南网通公司开设经营的结论。在本案中，海南网通公司只提供了由自己的网站到涉嫌侵权网站的链接服务，是网络服务提供商，而非内容提供商。涉嫌侵权的IP用户是海南网通公司24480个用户之一，海南网通公司无法对数量巨大的众多网站逐一进行审查，且在得知被链接网站涉嫌侵权后，已及时采取措施断开链接，故不应承担责任。请求维持原审判决。

本院再审确认原审法院认定事实属实。

本院再审认为，慈文公司拥有电影《七剑》在大陆地区的著作权，依法应受到保护。他人未经许可通过信息网络向公众传播该电影作品的，应承担相应的法律责任。本案中，慈文公司提交的公证书显示，通过互联网进入海南网通公司的网站，点击其首页上的"影视频道"，即可在进入的页面上进行操作观看电影《七剑》。进入的网页上虽然有"影视天地"的名称，但该网页上没有显示任何对应的域名或者网站名称等信息可以表明该网页属于第三方所有。该网页的 IP 地址亦不能证明该网页另属其他主体所有，故从慈文公司及其他社会公众的角度，播放《七剑》电影的网页至少从表面上属于海南网通公司。海南网通公司如欲证明该网页仅是其链接的第三方网站，其不应为该网页上的侵权行为承担责任，应提交相应的证据。因该网页的 IP 地址位于海南网通公司管理的地址段范围内，海南网通公司能够提供该证据，而包括慈文公司在内的社会公众均无法获得。在海南网通公司未提供相关证据的情况下，其关于仅提供链接服务的抗辩不能得到支持，其应对该网页上播放慈文公司享有著作权的电影作品的侵权行为承担相应的法律责任。即使该网页确属第三方主体所有或实际经营，因该"影视频道"与海南网通公司网站"主页""新闻频道""文学频道"等并列，海南网通公司将该网页内容作为其内容频道向公众提供，且从其在原审中提交公证书显示被诉后即变更了该"影视频道"内容来看，该选择完全是海南网通公司自主进行的，因此，此种行为与仅提供指向第三方网站的普通链接不同，海南网通公司对该频道上的内容亦有一定程度的审核义务，其至少应对该网站的实际所有者或经营者的主体资质进行一定的审核。本案中海南网通公司至今称其并不知晓该网页的实际经营主体，其未尽到最低程度的注意义务，对该网页上出现的侵权行为亦应承担连带责任。综上，原审法院对海南网通公司仅提供链接服务、得知侵权后断开链接即不承担侵权责任的认定不当，本院予以纠正。海南网通公司应对侵犯慈文公司信息网络传播权的行为承担停止侵权、赔偿损失等民事责任。

（于晓白、殷少平、夏君丽法官）

思考问题：

最高人民法院所坚持的举证责任标准是不是实际上等于采用了"用户感知标准"，而不再是"服务器标准"？

正东唱片有限公司 v. 北京百度网讯科技有限公司

北京一中院（2005）一中民初字第 7978 号

[本案诉争的标的是录音制品，而非普通作品。但关于信息网络传播行为的定性，与一般作品并无二致。特此说明。]

一、关于原告享有涉案歌曲录音制作者权的有关事实

原告提交了其录制的陈慧琳演唱的：《不如跳舞》《记事本》……等 47 首歌曲的光盘。[原告提供证据证明，它是上述录音制品的著作权人。]

原告提交的第 07818 号公证书，该公证书记载了 2005 年 6 月 8 日北京市天为律师事务所作为申请人申请证据保全的过程。进入 www.baidu.com 后，点击 mp3，在"歌手列表"中点击"陈慧琳"，页面设歌曲名、试听、歌词、铃声、大小、格式、下载速度等显示项目及相关内容。点击"试听"项目，显示百度 MP3 试听的页面。如：点击陈慧琳演唱的《不如跳舞》的试听，歌曲出处显示为：http://www.www.na-crystal.com/yaya/swf/

dance.mp3。点击《记事本》的试听,歌曲出处显示为:http://www.ftt.net.cn/mp3/008.mp3。并在该页面中提示"如果您无法试听歌曲,请先安装 Realone 软件:立即下载,或参见帮助……此歌曲版权可能受保护"。点击"目标另存为"完成歌曲下载。

在属性提示框地址项中显示"http://mp3.baidu.com/m?ct……"。依次点击涉案歌曲,除歌曲出处的显示来自不同的网站外,该页面中提示是相同的……

原告提交了第 09406 号公证书,该公证书记载了 2005 年 7 月 27 日,被告对其页面进行修改的情况。将本公证书与第 07818 号公证书比较,被告修改了以下三处的提示信息:一是将试听提示框中,"百度 MP3 试听"改为"MP3 试听";二是在属性提示框中,修改了 http://mp3.baidu.com/m? 的显示方式;三是将提示"如果您无法试听歌曲,请先安装 Realone 软件:立即下载,或参见帮助……此歌曲版权可能受保护",改为"如果您无法试听歌曲,请先安装 Realone 软件"。

原告提交的第 09409 号、第 09491 号公证书,该公证书记载了 2005 年 8 月 17 日、8 月 29 日北京市天为律师事务所作为申请人申请证据保全的过程。原告通过"试听"和属性提示框中显示的地址,进入相应的网站,证明相应的网站不存在音乐栏目,且相应的数字音乐文档非经被告网站链接无法向公众传播。原告提交的第 09439 号公证书,是针对被告"试听"页面的地址解析。

被告在其网页声明:"……著作权人和/或依法可以行使著作权的权利人发现在百度生成的链接所指向的第三方网页的内容侵犯其著作权时,权利人应事先向百度发出权利通知,百度将采取措施移除相关内容或屏蔽相关链接……"

本院认为:

……

三、被告提供 MP3 搜索引擎服务的行为,是否侵犯了原告的信息网络传播权,该问题系本案的争议焦点。围绕该争议焦点,在本案中,需要解决以下几个基本问题:(一)对涉嫌侵权的行为,被告是否存在主观过错;(二)在被告提供的搜索引擎服务系统中设置"试听"和"下载"的功能,是否侵犯了原告的信息网络传播权;(三)目前,对搜索引擎可能发生的侵权行为的处理;(四)我国著作权法对破坏技术措施行为的法律责任的规定。

(一)对涉嫌侵权行为,被告是否存在主观过错。

首先,搜索引擎服务技术是近几年来互联网发展中出现的一项新技术,其服务宗旨是帮助互联网用户在浩如烟海的信息中迅速地定位并显示其所需要的信息。伴随搜索引擎服务技术的发展,针对不同类型的数据格式文件提供专业性的搜索服务亦应运而生。被告提供的 MP3 搜索引擎服务是以互联网中的音频数据格式文件为搜索对象的,其搜索范围遍及整个互联网空间中未被禁链的每个网络站点。

其次,从搜索引擎服务网站与上载作品网站之间的关系看,搜索引擎服务与上载作品网站之间能否建立链接关系,取决于网站是否上载了音频数据格式文件及该网站是否未被禁链这两个主要因素。第一,从搜索的内容看,其来源于上载音频数据格式文件的网站,并受控于上载作品的网站。搜索引擎对搜索内容的合法性不具有预见性、识别性、控制性。第二,如果被链接网站没有建立禁链的协议,对搜索引擎服务系统而言,意味着对该网站可以互联互通、信息共享。因此,被告提供 MP3 搜索引擎服务并没有侵犯他人信息网络传播权的主观过错。

(二)在被告提供的搜索引擎服务系统中设置"试听"和"下载"的功能,是否侵犯了原告的信息网络传播权。

被告的搜索引擎服务是针对音频数据格式文件,该格式的文件不同于一般的通过人的视觉即能够感知的文字作品,其只有通过人的听觉才能感知到搜索的结果。搜索引擎服务系统应当提供其让人感知搜索结果的功能。如果搜索结果不能被感知,查询者无法对搜索结果进行判断,则将失去对该类型格式文件搜索的意义。"试听"功能即是被告展现其音频数据格式文件搜索结果一种方式。从该角度讲,被告搜索引擎服务的"试听"功能是为感知音频数据格式文件而设计的,该功能应当视为搜索引擎服务的组成部分。该类型格式文件的搜索引擎服务与其他类型的搜索引擎服务比较,"试听"功能应属于对搜索结果的显示或展现,其目的在于使查询者能够作出识别和判断。

关于"下载"一节,"下载"是发生在用户与上载作品网站之间的一种交互行为。虽然,在"下载"的提示框中显示了"来自 baidu.com"的内容,但该显示内容是否构成对原告信息网络传播权的侵犯,应当审查显示内容的本质所在。该显示内容是重定向技术导致的显示结果,下载的涉案歌曲并非来自 baidu.com 的网站。仅由"下载"提示框中的显示即认定涉案歌曲来自 baidu.com 网站,从而认定被告侵犯了原告信息网络传播权,与事实不符。

从本质上看,"试听"和"下载"的作品并非来自被告网站,而是来自未被禁链的即开放的第三方的网络服务器,"试听"和"下载"再现着第三方网站上载的作品,其传播行为发生在用户与上载作品网站二者之间。目前,在对搜索引擎的商业模式和功能设置没有明确规范和限定并且原告不能证明被告对其链接的作品可能侵犯他人权利系明知或应知的情况下,将可能构成侵犯原告信息网络传播权的被链接网站的上载行为和网络用户下载复制行为的法律责任由没有识别和判断能力的搜索引擎服务商承担,缺乏法律依据。

(三)目前,对搜索引擎服务可能发生的侵权行为的处理。第一,告知网站禁止被搜索引擎收录的方法,如:网站可以通过创建 robots.txt 文件,声明该网站中不想被访问的部分,可以不被搜索引擎收录,或收录指定的内容。第二,如果权利人认为搜索引擎服务所涉及的录音制品侵犯了其信息网络传播权,可以向搜索引擎服务提供商提交书面通知,要求其断开与该制品的链接,通知中应当明确告知侵权网站的网址。搜索引擎服务提供商接到权利人的通知后,应当立即断开与该制品的链接。虽然,网络环境下权利人维权的难度加大、成本提高,但是,原告仍应采取积极有效的措施,维护其合法的权利,不仅可以通过搜索引擎服务及时发现侵权,同时还可以依据法律规定及时制止侵权。在本案诉讼中,原告未尽到通知义务。

(四)通常情况下,搜索引擎只能针对未被禁链的网站。由于互联网具有资源共享、互联互通的基本特征,权利人为了保护信息网络传播权,可以采取相应的技术措施。在搜索引擎对其搜索结果无法预见和控制的情况下,法律在鼓励和保护技术发展的同时,亦要求权利人采取技术措施,以保护其信息网络传播权。从客观上讲,在搜索引擎技术发展的同时,保护信息网络传播权的技术措施亦得到了相应的发展和完善。由于科学技术的进步和发展及社会文化的需求,与传统的作品传播方式相比较,网络环境下作品传播与权利人保护之间,形成了一对新的矛盾和新的利益关系。对此,我国著作权法及司法解释对破坏技术措施的行为作出了明确的规定。权利人为了保护信息网络传播权,可以采取保护著作权或者与著作权有关权利的技术措施。故意避开或者破坏权利人为保护作品采取的技术措施,应当承担停止侵权、消除影响、赔礼道歉、赔偿损失等民事责任。最高人民法院《关于审理涉及计算机网络著作权纠纷案件适用法律若干问题的解释》中也作出了明确的规定,为权利人在权利受到侵害时提供了救济的方法和手段。

四、几个需要澄清的问题。

(一)原告以在属性提示框地址项中显示"http://mp3.baidu.com/m? ct……",即认为涉案歌曲系存放在被告服务器中或与被告网站有某种联系,因此被告的行为构成侵权,此理解有误。审查该显示的本质所在,MP3 试听界面系被告设计,该显示地址是被告 MP3 试听界面的存放地址,但是该显示地址不是涉案侵权歌曲存放的地址,两地址之间没有必然关联性,因此,不能证明上载或下载涉案歌曲的网站即被告的网站。原告基于被告 MP3 试听界面的存放地址的显示内容,即推断被告网站上载或下载了涉案歌曲,构成了对其信息网络传播权的侵犯,与事实不符,本院不予支持。

(二)原告提交的第 09439 号公证书,是针对被告 MP3 试听地址的解析,同理,不能证明涉嫌侵权作品的上传和下载存放的地址,对该地址的解析,亦不能证明被告实施了对原告信息网络传播权的侵犯。

(三)原告通过查询音乐作品数字文档的方式,证明被链接的网站不存在音乐栏目,证明非经被告网站链接无法向公众传播。对于原告提出的该问题,可以从以下几个方面来看,一是,在网站上载音乐作品与网站是否建立音乐栏目之间没有必然的对应关系。网站不因上载了音频数据格式文件,就一定建立相应的音乐栏目,也不因网站没有建立音乐栏目,而否定该网站上载了音频数据格式文件的作品。对网络用户而言,只是一个方便程度的问题。不能得出没有建立音乐栏目,即不能在网上传播,其理解和认识是错误的。二是,通过被告的搜索引擎服务找到被上载的音频数据格式文件,正是搜索引擎的便捷之处,除非被禁链和限制的网站。但是得不出只有通过被告的搜索引擎才能传播涉案歌曲的结论。退而言之,在互联网环境下,即使没有被告的搜索引擎服务,只要网站上载了涉案歌曲,其网络传播即是客观存在的,只是便捷的程度问题。在本案中,原告还提出了诸多类似的问题,但是,所涉证据均不能证明被告实施了侵犯其信息网络传播权的行为。

综上所述,搜索引擎的出现和发展是互联网发展的必然,搜索引擎服务商与权利人之间关系是互联网环境下形成的一种新的利益关系。在本案纠纷中,虽然存在诸多需要进一步研究和探讨的问题,其中亦包括被告现有的搜索引擎服务系统也存在诸多需要调整和完善的地方,但是,原告指控被告侵犯其信息网络传播权的主张,缺乏法律依据,本院不予支持。依据《中华人民共和国著作权法》第10条第1款第(十二)项、最高人民法院《关于审理涉及计算机网络著作权纠纷案件适用法律若干问题的解释》第8条第1款之规定,判决如下:驳回原告正东唱片有限公司的诉讼请求。

(刘勇、仪军、芮松艳法官)

思考问题:

(1) 对比本案和前面最高人民法院的慈文影视案,二者在确认"谁将诉争作品(录音制品)置于网络中"时,标准是否一致?

(2) 著作权法有无必要坚持所谓的服务器标准,而无视普通用户的直观感受?这对于网络行业有何种影响?这里面隐含着什么样的政策性考虑?

上海激动网络股份有限公司 v. 武汉市广播影视局等

湖北省武汉市中院(2012)鄂武汉中知初字第00003号

[原告对本案诉争电视剧《老大的幸福》享有独占性的信息网络传播权授权。]

2011年9月23日,原告在公证处对相关的网络证据予以保全。邓欢的操作过程包括以下步骤:在地址栏输入www.whbc.com.cn进入该网址的网站主页;点击页面上方"黄鹤TV武汉网络电视"标志,显示www.whtv.com.cn的网站主页,网页底部显示了"鄂ICP备05022490"等信息;通过页面左侧"我要看"区域显示"云视频"影片剧照列表、分类和搜索框;在搜索框内输入片名"老大的幸福"后点击搜索,显示搜索结果;点击片名,显示"老大的幸福"文字简介和各集列表;点击该剧的第1集、第16集和第41集,显示内嵌式在线播放页面。涉案作品所处页面最顶端显示有IE浏览器图标以及"云视频-Windows Internet Explorer"文字,紧邻其下的地址栏中显示的地址前半部分为http://www.whtv.com.cn/whtv2011_yuntv/。涉案作品的播放器页面左上角有中文"新浪视频"、英文"Sina"的文字及一图标,右上角另有一图标,上述两处图标的主要特征与被告武汉网络电视提交的证据2新浪云视频项目合作宣传资料中使用的图标及证据6李艳玲名片中使用的图标相同。播放器页面之上还固定保留有"黄鹤TV武汉网络电视"、"武汉会客厅"等网站或栏目标志。

本案诉讼期间,在主页地址为www.whtv.com.cn的网站中,通过与公证取证时相同的步骤已无法获取及播放电视剧《老大的幸福》。

2010年3月18日,上海激动公司(合同乙方)与北京新浪公司(合同甲方)就电视剧《老大的幸福》的著作权授权事宜签订《影视作品授权使用合同》。该合同第3.1款约定:在甲方完全支付合作金额的前提下,乙方向甲方提供自身拥有合法版权的节目供甲方在其自身经营或运营平台(包括但不限于www.sina.com.cn网站及其下属子页面)的基础上,授予甲方基于互联网的非独家的信息网络传播权。合同第4.1款约定:

甲方只能在其自身宽带应用平台上使用,不得在其他应用平台使用或以其他方式使用或将本协议约定的内容转授权给第三方,否则甲方承担全部法律责任及违约责任。合同第4.2款约定:甲方负责将乙方提供的视频节目资源并入甲方的网络系统中供网络用户消费。该合同约定:甲方使用授权作品的期限为2年,自2010年3月18日起至2012年3月17日止。

2011年1月14日,北京新浪公司出具《新浪视频播放授权书》,授权北京若博佰思公司对"新浪云视频"项目进行推广和服务,授权期限自2010年12月1日起至2012年1月31日止。

北京若博佰思公司员工李艳玲自2011年起负责"新浪云视频"项目向媒体推广的工作,并将武汉广电局作为媒体合作伙伴。项目推广期间,李艳玲曾向武汉广电局员工钱颖通过QQ发送过《新浪视频播放授权书》《新浪云视频项目合作》PPT、《新浪云视频代码汇总及代码放置方法》的电子文件。

根据《新浪云视频项目合作》PPT、《新浪云视频代码汇总及代码放置方法》等项目推广资料,涉案的"新浪云视频"技术具有以下特点:1."新浪云视频"依托视频点播和流媒体技术,是在云端实现视频内容与受众的多点接入、分配匹配的海量版权视频联播平台;2."新浪云视频"合作是以播放页(播放器代码嵌入合作伙伴最终页)为基础,按视频头条、视频榜和整频道等形式模块进行云视频内容输出,合作媒体获取模块代码后可放在主页、频道页,或新开设二级域名,以整频道形式建立新视频频道;3.无新浪外链,不分流合作媒体流量;4.合作网站无需安装播放器,无需带宽和技术,可自定义页面风格;5."新浪云视频"可通过将视频头条嵌入合作媒体主页或其他页面、将视频榜单嵌入合作媒体主页或其他页面、将整版视频频道内容嵌入合作媒体二级域名下、将播放页嵌入合作媒体终端页内等4种方式实现;6.合作媒体需借助"云视频"代码及其放置方法实现"新浪云视频"功能。

李艳玲于2011年11月15日通过QQ聊天方式给钱颖发送两条信息。在第一条聊天记录中,李艳玲告知钱颖:"目前影视版权市场非常混乱,新浪网对内容本身近期进行梳理,对此新浪云视频联盟内媒体也因此受到影响,整顿期间先暂停新浪云视频的在线运营,停止所有新浪云视频内容的在线访问与播放输出。整顿之后具体上线时间另行通知"。在第二条聊天记录中,李艳玲告知钱颖:"新浪网和新浪云视频都是新浪服务器,肯定有影响,最近一切正常,可能过段时间会整顿,怕因此合作内容显示不出来,如果出现这个问题,可以安排其他内容替换,别影响网站的日常运营,因媒体太多先集体通知一下"。

......

本案争议焦点:被告武汉广电局登记备案、被告武汉网络电视实际经营的网站(主页地址www.whtv.com.cn)播放电视剧《老大的幸福》是否侵犯了原告上海激动公司的信息网络传播权。

本院认为:

......

《中华人民共和国著作权法》第10条第1款第(十二)项规定:"信息网络传播权,即以有线或者无线方式向公众提供作品,使公众可以在其个人选定的时间和地点获得作品的权利"。根据法律规定的精神,受信息网络传播权直接控制的信息网络传播行为,应当是指将作品、表演、录音录像制品上传至或以其他方式将其置于向公众开放的网络服务器中,使公众可以在选定的时间和地点获得作品、表演、录音录像制品的行为。在互联网中采用搜索、链接等技术手段获取已被上传或置于开放性网络服务器的作品的行为,虽然客观上有利于公众通过网络获得作品,加速作品在网络上的传播,但该行为本身并非直接的信息网络传播行为,而只可能是对于已实施的信息网络传播行为的帮助行为。判断搜索、链接等行为是否构成帮助侵权,除了判断上述行为是否存在过错,还需判断被搜索或链接网站的直接传播行为的合法性。如果上述帮助行为是通过搜索、链接已被合法上传至互联网或置于开放性网络服务器的作品的方式实现,则该帮助行为并无不当,属合法行为。

本案中,需要首先对被告涉案网站的播放行为性质进行判断,即:究竟是在自己的服务器上传涉案作品的行为,还是搜索、链接等行为。这需要结合被告与北京新浪公司是否存在合作关系来判断。其次,需要对北京新浪公司的上传行为及与被告的合作关系是否具有合法性进行判断。

一、关于被告涉案网站播放涉案作品的行为性质

原告上海激动公司根据(2011)鄂洪兴内证字第5021号《公证书》中播放电视剧《老大的幸福》所处页面的地址栏信息,认为与该地址栏信息对应的被告涉案网站侵犯其对涉案作品的信息网络传播权。

本院认为,公众登陆涉案网站获得涉案作品的播放与涉案网站向互联网上传涉案作品是两个不同法律性质的行为。从技术角度看,通过涉案网站可观看涉案作品并不当然等同于涉案网站对公众开放的网络服务器中放置了涉案作品。(2011)鄂洪兴内证字第5021号《公证书》所证明的事实是,在公证书记载的时间、地点和网络环境中,公众可以在涉案网站上观看涉案作品。原告上海激动公司对上述事实的证明,不能完全代替对涉案网站是否实施了上传涉案作品的行为或者在其对公众开放的网络服务器中放置了涉案作品等事实的证明。

武汉网络电视证据新浪视频播放授权书、钱颖与李艳玲的QQ聊天记录、北京若博佰思公司出具的证明等显示,北京新浪公司负责向合作网站提供互联网云视频视听服务,以内容输出方式在合作媒体网站以点播或直播方式免费播放,节目内容的版权归北京新浪公司所有。上述证据的证明内容,在原告上海激动公司的证据(2011)鄂洪兴内证字第5021号《公证书》中得到了部分印证。(2011)鄂洪兴内证字第5021号《公证书》显示播放涉案作品时,播放器的界面显示有中文"新浪视频"、英文"Sina"及与新浪云视频项目合作宣传资料中近似的图标。上述文字及图标,均直接指向北京新浪公司及其推广的"新浪云视频"项目,是北京新浪公司在互联网上传播涉案作品时保留的权利标志。由于通过搜索或链接等技术手段完全可以实现在网站地址无变化的情形下直接从其他网站获取作品的技术效果,因此与北京新浪公司及"新浪云视

频"项目相关的上述权利标志亦表明,本案不能排除以下可能性,即:涉案网站播放的涉案作品,系从北京新浪公司的网络服务器中直接调取并播放的结果。易言之,通过"新浪云视频"技术的运用,涉案网站虽播放涉案作品但其网络服务器不贮存该作品的可能性同样存在。

武汉网络电视证据《新浪云视频项目合作》PPT 显示,将播放器代码嵌入合作网站终端页,形成播放页播放器模块,用户观看点击所有视频内容后统一跳到合作网站播放页上,合作网站的广告等自身内容仍予保留;"新浪云视频"项目的合作网站无需安装播放器,无需带宽和技术,可自定义页面风格。(2011)鄂洪兴内证字第 5021 号《公证书》显示播放涉案作品时,涉案网站中的主页地址未发生跳转,页面中设置的"黄鹤TV 武汉网络电视""武汉会客厅"等原有栏目名称、版式设计均未发生变化。公证书中记载的上述特征与被告武汉网络电视的证据记载的技术效果一致。因此,涉案网站播放涉案作品系运用"新浪云视频"技术的事实,得到了进一步的印证。

武汉网络电视证据钱颖与李艳玲的 QQ 聊天记录显示,北京新浪公司的代理公司员工李艳玲曾表示"新浪网对内容本身近期进行梳理,对此新浪云视频联盟内媒体也因此受到影响,整顿期间先暂停新浪云视频的在线运营,停止所有新浪云视频内容的在线访问与播放输出,整顿之后具体上线时间另行通知";李艳玲另表示"新浪网和新浪云视频都是新浪服务器,肯定有影响,最近一切正常,可能过段时间会整顿,怕因此合作内容显示不出来,如果出现这个问题,可以安排其他内容替换,别影响网站的日常运营"。该员工的以上表述证明:新浪网、新浪云视频的作品内容服务均由北京新浪公司的服务器提供;北京新浪公司在技术上控制着新浪云视频的在线运营、"新浪云视频"内容的在线访问及播放输出;如果北京新浪公司的网络服务器进入整顿期间,新浪云视频的在线运营、"新浪云视频"内容的在线访问及播放输出等势必不能正常实现,合作媒体网站上将无法显示相关作品内容。因此,该员工的以上表述进一步证明了涉案网站和北京新浪公司在实施"新浪云视频"技术过程中的具体作用,即:北京新浪公司为涉案作品提供了向公众开放的贮存服务器;涉案网站播放涉案作品时是直接从该服务器中调取该作品;如北京新浪公司贮存作品的网络服务器出现故障或停止所有新浪云视频内容的在线访问与播放输出,则涉案网站将无法继续获取并播放作品。该员工的以上表述,否定了涉案网站自行上传或在对公众开放的网络服务器中贮存涉案作品的可能性,因为如果涉案网站在其网络服务器中已贮存(不含因播放需要产生的临时性复制)涉案作品或自行实施了其他上传行为,则涉案网站根本不会受到北京新浪公司网络服务器工作状态调整的影响。

武汉网络电视证据《新浪云视频项目合作》PPT、云视频代码放置方法等显示,合作媒体网站需借助"云视频"代码及其放置方法实现"新浪云视频"功能。"云视频"代码及其放置方法显然是一种调整和控制通过"新浪云视频"技术获取相关作品播放结果的技术措施,涉案网站对"云视频"代码及其放置方法的依赖,同样印证了涉案网站传播涉案作品时必须受制于北京新浪公司的事实,进而排除了涉案网站自行上传或在网络服务器中自行贮存涉案作品的可能。

综上，被告武汉网络电视提交的若干证据形成了完整的证据链，足以证明：涉案网站提供涉案作品在线播放服务时的作品来源、使用的技术手段及实现的技术效果、与作品提供方的合作过程；被告网站并未在自己的服务器上贮存涉案作品，而是通过与北京新浪公司的网站形成一种新型链接，实现播放涉案作品的目的。

二、关于被告网站与北京新浪公司合作行为的合法性

根据北京新浪公司与上海激动公司的合同，北京新浪公司取得电视剧《老大的幸福》一定期限的信息网络传播权后，有权将该作品上传至互联网或以其他方式将其置于向公众开放的网络服务器中。北京新浪公司的上传行为一旦完成，必然导致公众通过互联网在选定的时间和地点获得该作品的可能性存在。合同约定的信息网络传播权是"非独家"的，是在其"自身经营或运营平台"的基础上实现的，并且"自身经营或运营平台""包括但不限于www.sina.com.cn网站及其下属子页面"。结合互联网的技术特点，可对合同约定的上述内容作出以下解释：1."非独家"的法律后果是指北京新浪公司并不因该合同享有禁止第三方将电视剧《老大的幸福》向互联网上传或置于向公众开放的网络服务器的权利，禁止第三方的权利仍由上海激动公司保留并享有；2."自身经营或运营平台"是一个开放性的概念，既包括北京新浪公司主办的网站（主页地址www.sina.com.cn）以及该网站的下属子页面，同时又不排除北京新浪公司参与经营或有合作关系的其他主体的网站。

根据法律规定和合同约定，北京新浪公司有权将电视剧《老大的幸福》通过包括但不限于主页地址为www.sina.com.cn网站的服务器上传至互联网。上海激动公司在合同有效期内，既无权禁止北京新浪公司将电视剧《老大的幸福》上传至互联网或放置于向公众开放的网络服务器，也无权禁止北京新浪公司为方便第三方获取已被北京新浪公司事先上传至互联网或放置于向公众开放的网络服务器的该作品自愿提供搜索、链接等技术服务，更无权禁止第三方以搜索、链接等手段自行获取北京新浪公司已上传至互联网或放置于向公众开放的网络服务器的该作品。

北京新浪公司经上海激动公司许可取得涉案作品信息网络传播权后，其向被告涉案网站提供"新浪云视频"服务的行为，本质上仍属在自己服务器上传作品的行为，该行为并非北京新浪公司将其享有"非独家"的信息网络传播权向涉案网站再行许可的行为。因此，北京新浪公司通过特定的技术手段，使自己服务器贮存的作品在涉案网站上播放的行为，并不违反与上海激动公司的合同约定。上述合同还约定北京新浪公司不得在其他应用平台使用或以其他方式使用或将本协议约定的内容转授权给第三方，但由于上述约定中的"使用"一语并非严格的法律概念，因此结合信息网络传播权的法定含义和相关立法精神，合同中的"使用"应解释为将作品上传或置于向公众开放的网络服务器的行为，而不应解释为为满足上网用户感知、观赏需要提供作品播放的行为。北京新浪公司向被告涉案网站提供"新浪云视频"服务的行为，既未侵犯上海激动公司的信息网络传播权，也未违反双方之间的合同约定。涉案网站利用"新浪云视频"技术及相关代码获取并播放已被北京新浪公司上传至互联网的涉案作品，是其自愿接受"新浪云视频"服务的行为，该行为同样也未侵犯上海激动公司对涉案作

品的信息网络传播权。原告上海激动公司的诉讼请求缺乏事实根据和法律依据,本院不予支持。

(许继学、李培民、彭露露法官)

思考问题:

(1) 本案差不多将服务器标准发展到登峰造极的程度。在著作权人和用户看来,被告武汉网络电视利用云视频的链接技术实现的播放行为与被告自己直接上传与播放行为几乎没有差别。这有没有损害著作权人的利益?

(2) 本案有没有影响到你对服务器标准的信心?为什么?

(3) 从著作权许可合同的角度看,新浪网的行为有没有超出著作权许可的范围?是不是技术上,新浪可以让更多的网站实现网络播放,即便新浪网拿到的只是非独占许可,而且不能对外发放分许可?

2.2.3 网络服务商的举证责任

实践中,很多网络服务商为避免承担侵害信息网络传播权的直接责任,而冒充用户或第三方上传侵权作品。比如,海淀区人民法院有法官指出:"许多网站在影片旁边注明了上传者的网名和联系方式,但显然不是真实的,就是网站也无法据此证实上传者的名称、联系人等,甚至为此有原被告互相指责是对方人员上传的涉案影片。所以,在诉讼中,由于证据不足,法院一般无法认定涉案影片的真正上传者,相关侵权行为引发的责任往往只能由网站来承担。"①北京高院的法官同样对网络环境的盗版有清醒的认识:"不可否认,目前我国的盗版还比较严重,不尊重他人著作权、肆意实施侵犯他人著作权的现象比较普遍。有的网络服务提供者采用的商业模式有意或者无意地参与到侵权之中,甚至以提供技术服务之名行内容服务之实,以逃避责任追究。"②

为了避免网络服务商打着用户上传的旗号逃避直接侵权责任,北京高院在《指导意见》中明确了侵权诉讼中服务商的举证责任:"网络服务提供者主张其仅为被诉侵权的作品、表演、录音录像制品提供了信息存储空间、搜索、链接、P2P(点对点)等服务的,应举证证明。网络服务提供者不能提供证据证明被诉侵权的作品、表演、录音录像制品系由他人提供并置于向公众开放的网络服务器中的,可以推定该服务提供者实施了信息网络传播行为。"③

显然,如果法院对网络服务提供者的证明责任提出很高要求,比如要求它们提供直接上传者的真实身份、联系方法等,则可能导致很多网络服务商无法完成举证责任,从而被迫承担直接侵权责任。相反,如果法院仅仅要求网络服务商提供名义上的名称、网址等,则可能使得网络服务商能够轻易达成举证责任,摆脱直接侵权责任。在具

---

① 王宏丞、曹丽萍、李东涛:《论视频分享网站侵权案件中的焦点问题》,载《电子知识产权》2009 年第 4 期,第 14 页。

② 陈锦川:《网络服务提供者过错认定的研究》,载《知识产权》2011 年第 2 期,第 92 页。

③ 北京市高级人民法院《关于审理涉及网络环境下著作权纠纷案件若干问题的指导意见(一)(试行)》(2010)第 8 条。

体的案件中,法院对举证责任的分配,实际上是对服务器标准或用户感知标准的取舍。

母碧芳 v. 南京迪文数码科技有限公司

江苏南京中院(2006)宁民三初字第77号

原告母碧芳系涉讼作品《惑之年》的作者,依法享有该作品的著作权。被告迪文公司未经著作权人许可,擅自通过信息网络向公众传播该作品并加以整理、分类、介绍,从而在客观上增加其网站信息量,增加点击率,以达到商业营利目的,已经侵犯了原告的著作权中信息网络传播权,应承担停止侵害、赔偿损失等民事侵权责任。

被告迪文公司为主张其不构成侵权,提出的证据为网页资料一组,以证明名为"huozinian"的txt文件系网友上传,并由高级网友审核,与被告无关;被告已经采取了保护著作权的措施,且在收到诉状后删除了该作品,因而不构成侵权。本院认为,1. 被告未提交用户"benniao"及审核者系网友的实际身份根据,故其主张的涉讼侵权作品系网友上传、高级网友审核事实依据不足;2. 即便被告提供的网页资料能够证明名为涉讼侵权作品系网友"benniao"上传,并由高级网友经被告授权审核,但在该用户"我上传的文件"页面文件状态栏中"审核失败"与"审核通过"的显示及被告能将该文件从 www.splife.com 网站上删除的事实,证明该文件能否在 www.splife.com 网站上公开发布、以何种方式发布应处于被告控制之下,被告迪文公司有能力对用户在其服务器上上传文件的合法性尽到合理注意的义务,现迪文公司疏于履行该责任,应承担相应侵权责任……综上,被告迪文公司的抗辩缺乏事实和法律依据,本院不予支持。

(姚兵兵、夏雷、徐新法官)

乐视网信息技术(北京)股份有限公司 v. 北京暴风网际科技有限公司

北京市石景山区法院(2010)石民初字第03753号

原告乐视网起诉称:我公司享有电影《走着瞧》的专有独占信息网络传播权,暴风公司未经授权在其经营的暴风影音网站(www.baofeng.com)上,提供"暴风影音"软件的下载安装,并通过该软件向公众提供《走着瞧》的在线播放服务,侵害了我公司的合法权益……

被告暴风公司答辩称:……我公司已通过对案外影片《飘》的播放过程进行公证的方式,证明了"暴风影音"软件在线播放影视剧时提供的是搜索链接服务。而在《走着瞧》的播放过程中,播放界面下方显示出了清晰的URL地址,该地址已显示该影片来源于土豆网,而且土豆网上确实存有该影片,因此根据《信息网络传播权保护条例》的相关规定,我公司不应承担赔偿责任。请求法院驳回原告的诉讼请求。

经审理查明:

……

2009年11月25日,乐视网申请北京市东方公证处就涉案影片的播放情况进行证据保全公证,其公证主要过程为:打开浏览器,在地址栏输入 http://www.baofeng.com,

打开"暴风影音 2009 下载—暴风影音万能播放器—暴风影音播放器免费下载-baofeng.com"网站首页,下载并安装运行了"暴风影音 2009"播放器软件,在下载过程中浏览了该网站的相关页面;在"暴风盒子"界面中搜索并播放涉案影片的部分内容,在播放过程中,播放界面的左上角显示有"土豆网"或"tudou.com"等标志,播放界面下方的黑色长横条处显示"播放 http://www.tudou.com/programs/view/qKsHSD1dpeQ/";用"屏幕录像专家 v7.5"软件对上述过程进行录像;卸载"暴风影音 2009"播放器软件……

暴风公司于 2009 年 12 月 15 日申请北京市方圆公证处进行证据保全公证,公证内容主要是证明其在播放涉案影片过程中提供的是搜索链接服务,链接内容来自土豆网,其"暴风影音"软件中已无涉案影片。该公证过程主要如下:

打开 IE 浏览器,在地址栏中输入"www.baofeng.com",进入"暴风影音"网站首页,下载"storm2009-1224.exe"文件,运行该文件,在计算机中安装"暴风影音"软件。启动该软件,在首页页面点击"搜索",进入搜索页面,在搜索栏中输入"飘",显示共搜到 338 个结果,其中排列在前面的搜索结果均为视频文件,均显示"来源:tudou.com"。将鼠标置于倒数第五个结果下面的"来源:tudou.com",显示网址为"http//www.tudou.com/playlist/id/667335"。点击第五个搜索结果旁边的"查看专辑内容",显示电视剧《飘》的相关剧集"乱世佳人 A1、乱世佳人 A2、乱世佳人 A3、乱世佳人 B1、乱世佳人 B2、乱世佳人 B4"等内容,点击其中的"乱世佳人 A2""乱世佳人 B2"进行播放,均可正常播放。在"飘—搜索结果"页面上点击搜索结果中的"tudou.com",进入"飘—视频豆单合集—土豆网"页面,在该页面上分别点击视频"乱世佳人 A2""乱世佳人 B2"进行播放,均可正常播放。暴风公司称上述过程可证明其在播放涉案影片过程中提供的系搜索链接服务。

返回到"暴风影音"首页面,在搜索栏中输入"走着瞧",搜索结果显示"抱歉,由于相关法律的限制,我们无法向你提供完整的搜索结果"。暴风公司称上述过程可证明其网站上已无涉案涉案影片的链接……

本院认为……暴风公司是否侵犯了乐视网的信息网络传播权,在本案中主要取决于暴风公司在播放涉案影片过程中提供的是否为直接的信息网络传播行为。暴风公司辩称其已通过案外影片《飘》的播放过程证明"暴风影音"软件在线播放影视剧时提供的系搜索链接行为,涉案影片在播放过程中显示的 URL 地址表明涉案影片来源于第三方网站,根据《信息网络传播权保护条例》的相关规定,暴风公司不应承担赔偿责任。本院认为,暴风公司的论证只有在播放界面上显示的 URL 地址确系真实的前提下或"暴风影音"软件仅具搜索链接功能的情况下方可成立。根据民事诉讼证据规则的相关规定,暴风公司应就涉案影片播放界面上的 URL 地址是否真实予以举证,但却未予举证,应由其承担不利后果。"暴风影音"软件除提供搜索链接服务外,还可进行本地播放,暴风公司在播放《飘》的过程中提供了搜索链接服务,并不必然得出其在涉案影片的播放过程中提供的亦是搜索链接服务的结论,两者缺乏一一对应关系。综上所述,暴风公司对其辩论意见未能提供有力证据加以证明,应承担相应的不利后果,本院据此认定暴风公司在本案中的行为系直接的信息网络传播行为,侵犯了原告的合法权益,应承担赔偿损失的法律责任。

（张鹏、宋旭东、刘岭法官）

马晓贵 v. 上海众源网络有限公司

上海市一中院(2011)沪一中民五(知)终字第 138 号

[法院确认,马晓贵是曲剧《杨宗英下山》录像制品的著作权人。]上海众源网络有限公司是 PPS 网络电视(www.pps.tv 网站)的经营者。

2009 年 6 月 29 日,经马晓贵申请,商丘市睢阳公证处对马晓贵代理人刘玉芝从互联网上浏览网页和播放涉案曲剧的过程及内容作了证据保全公证。当日在公证处内,刘玉芝在互联网上作了如下操作:进入 www.pps.tv 页面,在"搜索"栏内输入"曲剧杨宗英下山"进行搜索,显示有 1—8 集的 8 个搜索结果。每个搜索结果右侧均列有视频时长、清晰度、大小等。观看人次自 206 次至 522 次不等。点击该 8 个搜索链接,弹出页面进行视频的播放,播放内容上方标注"优酷"字样;播放过程中,网页显示地址为"http://so.pps.tv/player? id=……";播放框外左方设有"影片列表推荐视频"栏;播放框外右方设有其他商业广告;播放框内上方标有"google 提供的广告"。在播放中使用了"屏幕录像专家"软件对播放内容进行了录制,并制作了现场记录。

原审法院认为:……马晓贵提供了在互联网上浏览网页和播放涉案曲剧的公证书,能够证明众源公司网站提供了涉案曲剧供用户在线点播的事实。虽然在播放中出现了"优酷"的标识,但即便众源公司只是像其宣称的仅仅提供搜索引擎网络服务,其也有别于一般的搜索引擎网络服务。一般的搜索引擎网络服务,用户在点击特定的搜索结果后,就离开了设链者的网站,直接进入被链网站,用户的浏览器会清楚地显示地址的变化。而在众源公司网站上搜索到涉案曲剧点击进行在线播放时,并非直接进入所对应的第三方网站,众源公司将第三方网站的播放框和内容嵌入自己的网页中,使得网络用户在搜索和在线观看时,地址栏显示仍然处于众源公司网站中,始终没有离开众源公司网站的网络环境,搜索的结果亦是局限在视频范围内,明显经过了众源公司的编辑和整理。在线播放的过程中,播放框所处网页上存在商业广告,为众源公司牟取商业利益。众源公司作为一家提供在线播放视频作品服务的网站,应当熟知相关的商业规则,故主观上具有过错。客观上,众源公司将马晓贵拥有信息网络传播权的涉案录像制品内容通过网络技术手段直接提供给网络用户,对马晓贵的合法权益造成了损害,依法应承担停止侵权、赔偿损失的民事责任。
……

本院另查明,涉案录像制品播放框下方标有"视频来源:优酷网""视频地址:http://v.youku.com/v_show/……"以及"视频时长""文件大小""观看人数"等信息。众源公司主张上述信息系从其他网站搜索时主动抓取。
……

关于争议焦点二，众源公司认为其提供的是搜索服务，并非在其服务器上播放涉案录像制品，故不能认定为侵犯信息网络传播权的行为。众源公司作为专门经营影视作品的网站，不可能想到有人通过其网站观看戏曲，且从未收到过权利人的通知，故其对侵权事实不明知、不应知。对此，本院认为，根据马晓贵提供的公证书内容显示，通过众源公司网站的搜索框输入关键字搜索涉案录像制品，点击搜索结果即可观看涉案录像制品，相关网页的网址均是与众源公司网站首页相关的网址，因此，从马晓贵及其他社会公众的角度，播放涉案录像制品的网页至少从表面上属于众源公司。众源公司主张其提供的是搜索链接服务，应当提供相应的证据。虽然播放框内显示有"优酷"字样，但并不足以证明涉案录像制品来源于第三方网站。播放框下设置了视频来源、视频地址等栏目，属于众源公司对其网页内容的编排，众源公司虽主张具体信息来源于网络自动抓取，但对此并未提供相应证据，因此本院对该信息的客观真实性难以确定。在众源公司未提供相关证据的情况下，其关于仅提供链接服务的主张不能得到支持。原审据此认定众源公司未经许可，将涉案录像制品通过网络技术手段直接提供给网络用户的行为侵犯了马晓贵对涉案录像制品享有的信息网络传播权并无不当。即使如众源公司宣称的其仅仅提供了搜索链接服务，其行为也与仅提供指向第三方网站的普通链接不同。首先，从搜索涉案录像制品到点击播放，均未脱离众源公司网站的网络环境。其次，众源公司将搜索结果局限在视频范围内，对内容的来源进行了人为的编辑和整理。再次，作为专门经营影视视频的网站，众源公司应当了解视频内容存在较大的侵权风险，却又未尽合理的注意义务。最后，众源公司在播放框所处网页设置商业广告，从中谋取商业利益。因此，众源公司在主观上存在过错，亦应承担侵权的民事责任。综上，众源公司的上述上诉理由缺乏事实和法律依据，本院不予支持。

（郑军欢、徐燕华、汤丽莉法官）

思考问题：

对比上述各个案例，你觉得法院所掌握的证明责任标准一致吗？

2.3 "个人选定的时间和地点"

信息网络传输行为要使得网络用户能够在"个人选定的时间和地点"获得版权作品。也就是说，用户能够自主决定获取作品的时间和地点，而不是被动地接受作品的传播或播放。数字电视网络播放电视剧节目，只要用户不是在自主选定的时间和地点自由获取该电视节目，则依然是传统的广播行为，而不是"信息网络传输行为"。比如，在国家广播电影电视总局卫星频道节目制作中心 v. 上海文广互动电视有限公司（北京市海淀法院（2010）海民初字第11642号）案中，法院指出："上海文广公司经营的都市剧场频道，按照节目单向[数字]电视用户播放了涉案电影，与传统的模拟电视向电视用户提供电影播放的形式上是一致的，公众并不能依其个人选定的时间和地点观看涉案电影。即，被告上海文广公司播放涉案电影的行为不属于信息网络传播行为的范畴。"

在互联网上传播作品时,如果不是任由用户自主选定的时间和地点获取,则也可能存在类似的问题。在"著作财产权"一章提到的上海观视文化传播有限公司 v. 上海聚力传媒技术有限公司案中(上海市浦东新区法院(2008)浦民三(知)初字第 483 号),被告视频网站通过网络发布所谓的节目预告,然后定时播放(或者说网络直播)该节目视频。网络用户通过被告提供的客户端 PPLive 软件在指定的时间收看该视频。原告的电视剧被被告按照上述方式多次轮播,因此提出侵权诉讼。法院认为,原告对涉案电视剧享有所谓的"**在网络上定时在线播放的权利**",并依据《著作权法》第 10 条第 1 款第(十七)项的规定作出判决。也就是说,法院认为通过网络定时播放是所谓的"应当由著作权人享有的其他权利",而不是所谓的信息网络传播权。

在安乐影片有限公司诉北京时越网络技术有限公司案中,法院得出类似的结论:"被告时越网络公司作为涉案网站'悠视网'(域名为:uusee.com)的经营者,在该网站上向公众提供涉案影片《霍元甲》的定时在线播放服务和定时录制服务,使网络用户可以在该网站确定的时间和用户选定的计算机终端上观看和下载涉案影片《霍元甲》。被告时越网络公司的上述行为侵犯了原告安乐影片公司对该影片享有的著作权中的通过有线和无线方式按照事先安排之时间表向公众传播、提供作品的定时在线播放、下载、传播的权利,依法应当承担停止侵害、赔偿损失的民事责任。"①法院引述的法律条文也是上述"其他权利"条款。

2.4 "获得作品"

信息网络传播的结果是用户能够通过信息网络"获得作品"。这里的获得,并不一定要求用户获得作品的永久复制件。甚至,连临时复制件都不是必要的。中国《著作权法》关于信息网络传播权的定义,参考了《世界知识产权组织版权条约》(WCT)第 8 条的规定。② 该条也只是要求公众能够在自己选定的时间接触(access)作品,而不是要求公众能够获得一个临时或永久的复制件。因此,国内学者一般认为中国《著作权法》上的要求也是如此。

中国的司法实践普遍接受上述意见。比如,在环球唱片有限公司 v. 上海森蓝电脑网络有限公司案(上海高院(2005)沪高民三(知)终字第 16 号)中,法院指出:"根据我国《著作权法》规定,侵犯信息网络传播权的行为,并不要求公众可以下载作品,只要公众可以在其个人选定的时间和地点收听录音制品,不论其是否可以下载歌曲,即可视为一种获得该录音制品的方式,因此森蓝公司向公众提供了系争六首歌曲的在线视听服务,已侵犯了环球公司作为六首系争歌曲的录音制品制作权人的信息网络传播权。"在陈少华 v. 中国音乐著作权协会等案(湖北省武汉中院(2007)武知初字第 179

---

① 北京市二中院(2008)二中民初字第 10396 号。北京高院二审维持本判决。
② WCT Article 8 Right of Communication to the Public: Without prejudice to the provisions of Articles 11 (1)(ii), 11*bis* (1)(i) and (ii), 11*ter* (1)(ii), 14 (1)(ii) and 14*bis* (1) of the Berne Convention, authors of literary and artistic works shall enjoy the exclusive right of authorizing any communication to the public of their works, by wire or wireless means, including the making available to the public of their works in such a way that members of the public may access these works from a place and at a time individually chosen by them.

号)中,法院同样确认:"音著协在其网站上提供歌曲在线试听,使在线访客可以在任何时间、任何地点在线收听到涉案歌曲。根据《著作权法》的规定,侵犯信息网络传播权的行为,并没有将公众是否可以下载作品作为侵权构成要件。"从这些案例看,公众只要能够观看、收听或其他拉类似方式感知到作品就可以,而无须获得永久或临时的作品复制件。

确认在线播放符合信息网络传播"获得作品"的要求,并不会模糊信息网络传播权与广播权的界限。二者区别的界限不在于传播是否导致用户获得作品的复制件,而在于是否是用户能够在自由选定的时间接触该作品。

3 信息网络传播权的限制

信息网络传播权的限制,与一般的著作权限制的基本逻辑是一样的。关于著作权限制的一般原理,尤其是合理使用,参考后面"著作权限制"一章中"合理使用"一节的讨论。为了避免重复,这里不对普遍意义上的合理使用制度进行讨论,而是专门讨论著作权法或相关法律法规专门针对信息网络传播权所做的限制性安排。在这些专门的限制之外,信息网络传播权依然会受到一般性的合理使用制度的限制。

3.1 合理使用

中国《著作权法》上没有一般性的合理使用的条款。《著作权法》(2010)第22条具体罗列了12种构成合理使用的"使用作品"情形。这一条款在著作权法进入网络时代之前就已经存在,在著作权法引入信息网络传播权之后,这些合理使用依然适用于信息网络传播权,在大部分情形下,是不言而喻的。《信息网络传播权保护条例》第6条所规定的八种情形,大致属于此类情形:

> 通过信息网络提供他人作品,属于下列情形的,可以不经著作权人许可,不向其支付报酬:
>
> (一)为介绍、评论某一作品或者说明某一问题,在向公众提供的作品中适当引用已经发表的作品;
>
> (二)为报道时事新闻,在向公众提供的作品中不可避免地再现或者引用已经发表的作品;
>
> (三)为学校课堂教学或者科学研究,向少数教学、科研人员提供少量已经发表的作品;
>
> (四)国家机关为执行公务,在合理范围内向公众提供已经发表的作品;
>
> (五)将中国公民、法人或者其他组织已经发表的、以汉语言文字创作的作品翻译成的少数民族语言文字作品,向中国境内少数民族提供;
>
> (六)不以营利为目的,以盲人能够感知的独特方式向盲人提供已经发表的文字作品;
>
> (七)向公众提供在信息网络上已经发表的关于政治、经济问题的时事性文章;
>
> (八)向公众提供在公众集会上发表的讲话。

不过,《著作权法》第22条所罗列的另外一些情形,本质上不适宜扩展到信息网络传播权。比如,所谓第(一)项"为个人学习、研究或者欣赏,使用他人已经发表的作品",本来就是备受争议的条款,在网络环境下没有理由相信,出于上述个人目的,需要通过信息网络向公众传播受保护作品。同样,第(八)项"免费表演已经发表的作品,该表演未向公众收取费用,也未向表演者支付报酬";第(九)项"图书馆、档案馆、纪念馆、博物馆、美术馆等为陈列或者保存版本的需要,复制本馆收藏的作品",本质上也不应适用于信息网络传输权,否则对权利人的影响太大。

对于图书馆、档案馆等机构的数字化复制和馆内的网络传输,《信息网络传播权保护条例》第7条有专门的规定。依据该条,"图书馆、档案馆、纪念馆、博物馆、美术馆等可以不经著作权人许可,通过信息网络向本馆馆舍内服务对象提供本馆收藏的合法出版的数字作品和依法为陈列或者保存版本的需要以数字化形式复制的作品,不向其支付报酬,但不得直接或者间接获得经济利益。当事人另有约定的除外。"①这里所说的作品,"应当是已经损毁或者濒临损毁、丢失或者失窃,或者其存储格式已经过时,并且在市场上无法购买或者只能以明显高于标定的价格购买的作品。"②这似乎意味着,图书馆单纯为方便读者浏览而通过内部网络在馆内提供普通作品数字化复制件(比如数字图书、视听作品等)的网络浏览服务,并不属于合理使用。这里所谓"提供"复制件的行为,应该仅仅限于供读者在馆内浏览,而不是让用户获得永久性的数字复制件。即便如此,这也多少已经突破了《著作权法》上的规定,因为在馆内网络中传输复制件,可能已经超出了保存版本的需要。

在《信息网络传播权保护条例》制定过程中,有人建议许可图书馆向馆外的读者提供数字化的借阅机会,即许可网络用户通过网络借阅图书的数字化复制件。这一建议对著作权人的利益影响很大,最终并没有被《信息网络传播权保护条例》制定者所接受。

关于上述合理使用的具体情形的讨论,参考后文"权利限制"一章"合理使用"一节,这里不再赘述。

广东中凯文化发展有限公司 v. 华中师范大学

湖北省武汉市中院(2010)武知初字第159号

[本案争议焦点之一是华中师范大学在校园局域网内传播《无极》的行为,是否因网站的公益属性而构成合理使用。]

被告审理中,认为被控侵权网站为局域网性质的网站,且学校开办该网站的目的在于丰富该校教职员工和在校学生的业余文化生活,具有公益性质,且未传播该片获利,因而其行为构成合理使用。原告对此予以否认。

根据侵权公证附录的截屏打印件显示,被控侵权网站影视中心网页设置的栏目有

---

① 《信息网络传播权保护条例》(2013)第7条第1款。
② 《信息网络传播权保护条例》(2013)第7条第2款。

华师视频、科教片、综艺片、动漫片、国产片、电视剧及最近更新、点播排行等,而无招商、广告等涉及经营、促销信息的栏目,原告对此也予确认。被控侵权网站为局域网,服务对象为该校在校学生和教职员工;网站隶属于被告互联网,并与互联网主页链接,作为该被告网站的影视频道,而且被告网站主页显示的栏目设置也表明该网站主要功能是为教学、教育服务,所以,合议庭有理由相信:被控侵权网站及与之链接的校园网在网站功能、性质上具有公益性质。

但是,合议庭认为,《著作权法》意义上的合理使用是一个特定的法律概念,合理使用制度的设置在于平衡作品的权利人、作品传播者与社会公众之间的利益。基于这一目的,从《伯尔尼公约》到《TRIPs 协议》,再到世界版权组织管理的 WCT、WPPT 等多项国际公约均规定了作品的合理使用制度,并允许各国在内国法中对"合理使用情形"予以限定。判断某种情形是否属于合理使用,《TRIPs 协议》还给出了"三步检验法"的标准,而这一标准中,第一步就是判断是否是合理使用的"例外情形"。某一行为只有符合"例外情形",才有可能对该行为是否属于合理使用进行判断。我国《著作权法》也采取国际通行做法,规定了作品的合理使用制度,而且,法律采用列明的方式,对构成合理使用的"例外情形"予以规定。只有符合法律规定的"例外情形"时,才会考虑该情形是否属于合理使用,故例外情形具有法定性。《著作权法》第 22 条列明了十二项合理使用的情形,《信息网络传播权保护条例》第 6 条根据网络环境下作品使用的特点,将八种传播行为规定为"例外情形",这些都是区分被控行为是否属于合理使用的法律规定。

本案中,如前所述,被控侵权网站开办的功能、目的虽然具有公益性质,但其使用涉案电影作品《无极》的行为不能因该网站具有公益目的即当然认定为该使用行为为合理使用。因为,《著作权法》《信息网络传播权保护条例》所规定的例外情形中均并未将网站的公益目的作为合理使用的"例外情形"来规定;同理,上述合理使用情形中也未将网站是否盈利作为合理使用构成的要件。所以,被告提出的合理使用并不是《著作权法》意义上的合理使用,更不符合合理使用的构成条件。

(许继学、陈峰、杨元新法官)

3.1.1 网络缓存

网络服务提供者在网络传输过程中对网络用户所访问的网站内容进行缓存,可以提高网络传输的效率,减少重复的网络流量,节省网络带宽资源。比如,网络服务提供者众多客户在短时间内访问同一站点,如果网络服务提供商将该站点的内容暂时存储在自己的服务器上,每次接收到重复的访问请求,直接从该服务器上向用户传输该内容就可以满足用户的访问需求,从而避免了该服务器和被访问站点服务器之间重复的数据流量,也提高网络传输速度。这一缓存行为通常是自动进行的,一般的网络用户难以察觉,因为这一访问体验和用户直接访问目标站点的体验基本一致。网络缓存的结果是服务器上保留有目标站点版权内容的复制件,是著作权法上的复制行为。在大多数情况下,此类复制行为符合著作权人的利益,因为它减少了该目标站点直接的访问请求,减轻了该服务器的负担。

不过,在特殊情况下,网络服务商的缓存行为也可能损害目标站点的利益。比如,有些站点可能要实时收集用户的反馈信息,而网络服务商在缓存的过程中,可能妨碍目标站点获得反馈信息;网络服务上在缓存的过程中,如果改动缓存的内容,可能会损害目标站点控制站点内容的努力;缓存复制件的更新周期太长,也可能影响用户心目中,目标站点的实效性。

《信息网络传播权保护条例》第 21 条规定了网络服务商的网络缓存行为可能构成合理使用的前提条件。该条具体内容如下:

> 网络服务提供者为提高网络传输效率,自动存储从其他网络服务提供者获得的作品、表演、录音录像制品,根据技术安排自动向服务对象提供,并具备下列条件的,不承担赔偿责任:
> （一）未改变自动存储的作品、表演、录音录像制品;
> （二）不影响提供作品、表演、录音录像制品的原网络服务提供者掌握服务对象获取该作品、表演、录音录像制品的情况;
> （三）在原网络服务提供者修改、删除或者屏蔽该作品、表演、录音录像制品时,根据技术安排自动予以修改、删除或者屏蔽。

从上述规定可以看出,网络缓存行为的目的应当是提高网络传输效率。网络服务提供商不能干预其所传输的内容,也不得阻碍网络用户和目标站点之间反馈行为,同时,要及时更新缓存的内容,保证目标站点的时效性。

上述规定没有直接明确网络缓存行为的法律性质,只是说服务商"不承担赔偿责任"。这是否意味着著作权人还是有可能要求网路服务商停止网络缓存行为呢？本书认为,答案通常是否定的,即网络服务商不能要求他人停止合理的网络缓存行为。

3.1.2 网络快照

网页快照是搜索引擎技术逐步发展出来的新的服务内容。早期搜索引擎仅仅提供被搜索网页上的简短摘要、URL 地址和索引时间等基本信息。由于互联网本身的不稳定性,原始网页由于各种各样的原因临时不能访问或者访问速度太慢,影响用户对搜索引擎服务的信任。试想一下,如果你通过搜索引擎得到 100 项条目,结果却发现其中 90 条都访问不了,其中的挫折感可想而知。为了避免这一结果,搜索引擎服务商开始提供所谓的网页快照服务。简要地说,服务商在自己的服务器中临时存储被搜索网页的全部或部分内容,用户点击搜索结果中的"网页快照"按钮,就能够获得该网页快照的复制件。关于网页快照的进一步介绍,可以参考下面的王路 v. 雅虎公司案。

网页快照服务使得用户无须直接访问原始网页,就能够了解该网页中的部分或全部内容。在搜索引擎的更新周期内,即便原始的网页地址由于某种原因无法访问,用户依然能够通过网页快照了解相关网页的内容。

显然,网页快照服务触动了版权法上最敏感的神经——复制。网络快照在一定程度上降低了网络用户对于原始网页的依赖。同时,由于网络快照对网页内容实际上有选择,并非简单的复制,这导致用户访问快照和访问原始网页的内容有一定出入。最后,如果网络快照的更新不够及时,很可能会出现原始页面已被删除,而快照服务继续存在的局面。

《著作权法》和《信息网络传播权保护条例》上没有关于网络快照的直接规定,因此对这一行为的定性,并不十分明确。最高人民法院的最新司法解释指出:

> 网络服务提供者以提供网页快照、缩略图等方式实质替代其他网络服务提供者向公众提供相关作品的,人民法院应当认定其构成提供行为。前款规定的提供行为不影响相关作品的正常使用,且未不合理损害权利人对该作品的合法权益,网络服务提供者主张其未侵害信息网络传播权的,人民法院应予支持。①

最高人民法院这里所说的提供行为,与北京高院的《指导意见》应该是一致的,即通过网络提供网络快照构成信息网络传播行为。②在最高人民法院看来,这一行为既可能侵权,也可能是合理使用。个案中,只能由法院依据合理使用的一般要件去判断。北京高院的《指导意见》第13条规定得稍稍具体:"网络服务提供者以提供网页'快照'的形式使用他人网站上传播的作品、表演、录音录像制品,未影响他人网站对作品、表演、录音录像制品的正常使用,亦未不合理地损害他人网站对于作品、表演、录音录像制品的合法权益,从而未实质性代替用户对他人网站的访问,并符合法律规定的其他条件的,可以认定构成合理使用。"法院关注的焦点是该网络快照是否代替了用户对他人网站的访问。

王路 v. 雅虎公司

北京市高院(2007)高民终字第1729号

[王路对《弗雷格和维特根斯坦:一个常常被忽略的问题》《论我国的逻辑教学》《从〈小逻辑〉到〈逻辑学〉》三篇文章享有著作权。王路出具的证据]显示:在http://www.yahoo.com 网站 "Search the web"一栏中键入"王路 逻辑"进行搜索,该搜索结果中包含有上述三篇文章的网页快照。

* * *

[王路出具的公证书中记载的]主要操作步骤及显示内容如下:

1. 打开计算机,启动 IE 浏览器,键入网址 http://www.yahoo.com 打开该网页,该页面下部注明:"Copyright 2005 Yahoo! Inc. All rights reserved. Copyright/IP Policy."。

---

① 最高人民法院《关于审理侵害信息网络传播权民事纠纷案件适用法律若干问题的规定》(2012)第5条。

② 北京市高级人民法院《关于审理涉及网络环境下著作权纠纷案件若干问题的指导意见(一)(试行)》(2010)第11条:网络服务提供者在提供搜索服务时以"快照"形式在其服务器上生成作品、表演、录音录像制品的复制件并通过信息网络向公众提供,使得公众能够在选定的时间和地点获得作品的,构成信息网络传播行为。

2. 在"Search the web"一栏中键入"王路 逻辑",点击"Yahoo！Search"按钮,进入标题为"YAHOO！SEARCH 王路 逻辑"的搜索结果页面。

3. 点击搜索结果页面中的第一项"论我国的逻辑教学(王路)"的"Cached"链接,显示该搜索结果的网页快照。该网页快照顶端显示有以下信息:"back to results for '王路 逻辑' Below is a cache of http：//www. luoji. net/logic/Article_Show. asp？ArticleID=87. It's a snapshot of the page taken as our search engine crawled the Web. We've highlighted the words：王路 逻辑 The web site itself may have changed. You can check the current page(without highlighting). Yahoo! is not affiliated with the authors of this page or responsible for its content. "。网页快照的主要内容为一刊载有《论我国的逻辑教学》一文的网页,该网页顶部显示有"logic. 中南财经政法大学"字样,网页底端显示有"版权所有 Copyright 2003 中南财经政法大学逻辑学教研室"字样。该网页中显示《论我国的逻辑教学》一文的署名作者为王路,并注明原文出处：西南师范大学学报：哲学版……

对于涉案网页快照中的英文提示,王路、雅虎公司均认可翻译成中文为"以下是网址为 http：//……网页的页面缓存,是搜索引擎在网页抓取过程中产生的快照。我们对'王路''逻辑'提供了高亮服务。"……

* * *

北京市第一中级人民法院认为：

网页快照是搜索引擎提供的一种专项技术服务,搜索引擎在收录网页过程中,根据技术安排自动将被索引网站网页的 HTML 编码备份到缓存中。当用户点击搜索结果的"网页快照"或"快照"链接进行访问时,实际上访问的就是缓存页面。网页快照中通常有标题信息说明其存档时间,并提示用户这只是原网站网页页面的存档资料,是搜索引擎自动从原网站上抓取的快照。搜索引擎将根据原网站的更新速度设置网页快照更新周期,定期对网页快照进行更新。搜索引擎能否向用户提供某一网页的快照,取决于原网站是否上载有该网页及该网页是否被禁止快照这两个主要因素；网页快照的内容来源于上载网页的原网站,并受控于原网站,搜索引擎对网页快照的内容是否具有合法性并无预见性和识别性；搜索引擎根据技术安排自动对互联网中所有未被禁止快照的网页设置快照,对搜索引擎而言,其并不知晓为哪些网站的哪些网页设置了快照。

王路提起诉讼之前雅虎公司并不知晓其为载有涉案作品的网页设置了快照,亦不知晓涉案网页快照的内容。且雅虎公司在其提供的载有涉案作品的网页快照上明确提示用户这只是原网站网页页面的存档资料,是搜索引擎自动从原网站上抓取的快照,尽到了告知义务。在王路提起本案诉讼后,雅虎公司已经在其网站上屏蔽了涉案作品的网页快照链接。因此,雅虎公司提供网页快照服务并没有侵犯王路著作权的主观过错。

由于互联网中的网页不计其数,网页快照和与之对应的原网页的内容因技术原因无法达到绝对同步,但两者间的刷新延时应在一个合理期限内。如果原网站中的某网页已被修改、删除或屏蔽多时,而搜索引擎怠于保持与原网站的同步,仍在提供该网页的快照,则网页快照已失去了其合理存在的基础,网页快照服务已经从一种技术服务转化成一种信息提供服务,网页快照提供者应当承担相应的法律责任。本案中,王路提交的证据仅显示雅虎公司提供了载有涉案作品网页的快照,但未反映出原网页此时的状况,无法证明雅虎公司提供涉案网页快照时原网站经营者已经修改了原网页的内容或删除、屏蔽了原网页,亦无法进一步从时间上证明雅虎公司提供网页快照已经超过了合理期限。故王路所提交的证据不足以证明雅虎公司在原网站已经修改、删除或屏蔽载有涉案作品网页的情况下,仍长期提供针对原网页的网页快照。

对于搜索引擎而言,在收到著作权人或原网站的通知后,有义务删除或屏蔽网页快照链接。本案中,中国青年报网站在刊载《从〈小逻辑〉到〈逻辑学〉》一文时虽在网页中声明网站内容未经书面授权不得转载与镜像,但该声明并非是阻止雅虎公司对该网页设置快照的有效技术措施。此外,王路在提起本案诉讼前未向雅虎公司发送通知要求其删除、屏蔽涉案网页快照,而雅虎公司在王路起诉后已经屏蔽了涉案网页快照链接,履行了作为搜索引擎应尽的义务。

[王路不服,提起上诉。二审法院维持了一审判决,理由大同小异,从略。]

(张雪松、莎日娜、焦彦法官)

浙江泛亚电子商务有限公司 v. 北京百度网讯科技有限公司等(续)

北京市高院(2007)高民初字第1201号

[本案相关事实参见后面"网络间接侵权"一章同名案例。被告通过百度 MP3 搜索服务向用户提供第三方站点的 MP3 音乐文件的地址信息。百度网站音乐盒协助用户访问这些第三方站点的 MP3 文件,实现所谓的在线播放功能。同时,该音乐盒还向用户提供第三方站点存储的歌词文本——LRC 文件。法院认为,百度提供 MP3 文件搜索服务本身不侵害第三方著作权。这里仅仅截取法院关于"被告以点击 MP3 搜索框的'歌词'按钮提供歌词的行为是否构成侵犯信息网络传播权"部分的判决意见。]

……

(二)被告向用户提供音乐盒服务以及利用音乐盒服务向用户提供歌词的行为是否构成侵犯信息网络传播权

百度网站音乐盒是一个多功能音乐服务平台,包括向用户提供用以记录和管理搜索指令的收藏夹、进行 MP3 搜索服务以及随机提供歌词 LRC 文件等服务。百度网站音乐盒中提供的搜索收藏夹功能类似浏览器的收藏夹功能;音乐盒提供的 MP3 搜索服务系基于关键词的搜索服务,这种服务不构成信息网络传播行为。百度网站在音乐盒中随机提供歌词 LRC 文件,是根据用户的指令、按照用户键入的关键词对互联网上存在的 LRC 文件进行搜索。第1209号《公证书》载明的关于百度网站将音乐盒中所提供的歌词对应的第三方网站上 LRC 文件的网络地址明确予以显示的事实可以进一步印证在音乐盒中提供的歌词系对 LRC 文件进行搜索的结果。因此,被告所提供的歌词并非来源于百度网站的服务器。虽然百度网站在音乐盒中显示歌词内容时未载明歌词来源，容易使用户误以为歌词来自百度网站，被告行为有不妥之处，但在原告没有其他相反证据足以推翻前述公证证明的事实情况下，应当认定百度网站音乐盒显现的歌词系对 LRC 文件进行搜索的结果。原告关于音乐盒中的歌词来自于百度网站服务器的主张缺乏事实依据，本院不予支持。基于与上述关于提供自动搜索、链接功能的网络服务提供者难以知道相关信息是否侵权的相同的理由，被告无法预先判定出现在搜索结果中的 LRC 文件是否构成侵权。

本案中，被告已经及时删除原告提交的相关《公证书》涉及的音乐盒中被控侵权歌词的链接地址，其所为符合《信息网络传播权保护条例》第二十三条规定的要求。故被告向用户提供音乐盒服务以及利用音乐盒服务向用户提供歌词的行为不构成侵犯信息网络传播权。

（三）被告以点击 MP3 搜索框的"歌词"按钮提供歌词的行为是否构成侵犯信息网络传播权

被告主张，通过 MP3 搜索结果列表中的"歌词"按钮进行的歌词搜索是第三方网站上存在的 LRC 文本文件的歌词"快照"，属于搜索引擎服务。根据查明的事实，百度网站提供的歌词"快照"系通过搜索引擎从第三方网站搜索出来并存储在百度网站服务器中的，如果第三方网站上没有相应的歌词文本文件，百度网站的搜索引擎就无法搜索到相关歌词文件，无法以"快照"形式显示歌词。因此，被告提供的歌词"快照"服务与搜索引擎服务是有密切联系的。但这并不能说明此种服务仅仅就是搜索引擎服务。根据原告提交的相关《公证书》载明的事实，可以看出，通过 MP3 搜索框在百度网站页面上点击"歌词"按钮，可以直接显示有关涉案歌词，页面底端标明的"http://mp3.baidu.com/m？tn..."显然系百度网站服务器地址；被告明确认可"快照"形式的有关歌词储存于百度网站服务器上。因此，可以认定，被告将歌词放置在其服务器上、由用户通过点击百度网站 MP3 搜索框的"歌词"按钮的方式向用户提供歌词的行为属于"复制"和"上载"作品的行为，其提供的歌词"快照"服务并非仅仅是搜索引擎服务，已构成在网络上传播作品的行为。

被告还主张其提供的歌词"快照"功能是对搜索结果文本信息的"自动缓存"，类似于对网页 html 文件的快照，属于《信息网络传播权保护条例》第 21 条所称的"自动存储"，因此应当免责。《信息网络传播权保护条例》第 21 条规定，网络服务提供者为提高传输效率，自动存储从其他网络服务提供者获得的作品、表演、录音录像制品，根据技术安排自动向服务对象提供，并具备下列条件的，不承担赔偿责任：（一）未改变自动存储的作品、表演、录音录像制品；（二）不影响提供作品、表演、录音录像制品的原网络服务提供者掌握服务对象获取该作品、表演、录音录像制品的情况；（三）在原网络服务提供者修改、删除或者屏蔽该作品、表演、录音录像制品时，根据技术安排自动予以修改、删除或者屏蔽。在本案中，一方面，从成因上来看，被告所称的"缓存"是其事先决定把某些歌词内容存储在其网络服务器的高速缓冲存储器中供用户访问，而不是被动地、应先前访问服务器的用户的访问要求自动形成的。另一方面，从表现形式来看，被告的页面上并未以最初提供歌词的第三方网站显示歌词文本文件的原始形式显示,在百度网站页面上只提供了一个歌词文本文件的"快照",且未显示歌词"快照"对应的最初提供歌词的第三方网站上 LRC 文本文件的网络地址,没有给用户以点击访问该网站的机会。即使被告后来更改百度网站页面使其显示了全部的歌词"快照"文本文件及其对应的最初提供歌词的第三方网站的网络地址,但是,由于被告将歌词全文置于歌词出处之前,大多数用户在一般情况下仍然会首先选择在百度网站页面上而不是点击最初提供歌词的第三方网站的网址去获得歌词。因此,歌词"快照"显示方式上的变化,并没有改变用户直接从百度网站页面获取歌词的方式,其完全起到了替代第三方网站提供歌词的作用。虽然被告主张其"快照"类似于对网页 html 文件的快照,但是,二者的技术含义是否相同对于本案并不重要,关键在于,被告所提供的"快照"或"缓存"服务,客观上起到了让用户直接从其服务器上获取歌词的作用,足以影响提供歌词的第三方的市场利益。另外,被告亦没有提供证据证明其符合《信息网络传播权保护条例》第 21 条规定的免责条件。

基于上述理由,本院认定被告以涉案"快照"方式提供歌词的行为侵犯了原告对《坐在马桶抽烟喝茶》等 26 首涉案歌词享有的信息网络传播权。

(刘辉、张冬梅、岑宏宇法官)

思考问题:

(1)对比上述两个案例,你认为法院的分析可以相互协调吗?

(2)由于歌词简短,提供快照几乎不可避免地会导致原站点页面被取代。这意味着只要提供歌词快照,就会侵害信息网络传播权吗?

(3)快照是事先由服务商保存在服务器上,还是先被动应用户访问然后留存,在法律后果上有差别吗?

在中国音乐著作权协会 v. 百度公司(北京市一中院(2010)一中民终字第 10275号)案中,北京市一中院再次确认百度的歌词快照侵害信息网络传播权:

> 百度网的上述操作方式(以快照方式提供歌词)已实际起到了取代来源网站,而由百度网提供歌词的作用,这种提供并未得到歌词作者的有效许可,显系违背了著作权法未经著作权人许可,不得以营利为目的使用其作品的相关规定。百度公司的搜索已失去了其提供信息索引和来源的基本特征,客观上起到了让用户直接从其服务器上获取歌词的作用,因此,百度公司所谓以快照方式提供歌词的行为已不属于为提供搜索引擎服务而合理使用服务内容的性质,不属于法律规定的免责条款所规定的情形,其提供在线浏览歌词服务,并提供 lrc 歌词与歌曲同步显示服务的两种方式使用了作者的歌词作品,侵犯了歌词作者对 50 首歌曲依法享有的复制权及信息网络传播权。

3.1.3 缩略图

闻晓阳 v. 北京阿里巴巴信息技术有限公司

北京市二中院(2009)二中民终字第 00010 号

原审法院经审理查明:闻晓阳为许晴拍摄了照片。在诉讼中,闻晓阳向法庭提交了涉案照片的胶卷底片。

雅虎中国网站(网址为"www.yahoo.com.cn")的经营者为阿里巴巴公司。2006年5月11日,闻晓阳登录该网站。从该网站首页开始,依次点击"照片""魅力女星""大陆女星""许晴",得到载有许晴照片缩略图的结果页面,在该页面最上方显示有"雅虎照片搜索——许晴"字样。在显示该结果页面的同时,在该页面上方的搜索栏中自动添加了"许晴"二字。在该结果页面中,点击下方写有"许晴写真"(点击查看原图 730 * 929-318K[添加到相册]www.pcnow.com.cn)文字的缩略图,得到与该缩略图对应大图的详情页面,其中有"http://www.pcnow.com.cn/photoAlbum/2814/128207.shtml"的来源网址以及大小 318K、尺寸 730 * 929pixels 等内容……

涉案照片的原图存储在网址为"www.pcnow.com.cn"的第三方网站上。在接到起诉状后,阿里巴巴公司即断开了与第三方网站上的涉案照片的链接……

原审法院认为:……

对于在搜索照片过程中,所形成的涉案照片的缩略图,原审法院认为,阿里巴巴公司网站上产生缩略图的目的不在于复制、编辑照片,而在于向网络用户提供搜索。涉案反映的缩略图的方式符合照片搜索目的,也最方便网络用户选择搜索结果。故照片搜索所形成的涉案缩略图仅仅是搜索结果的一种表现方式,并未改变其是搜索引擎搜索技术的本质。

我国《信息网络传播权保护条例》规定,网络服务提供者为服务对象提供搜索或者链接服务,在接到权利人的通知后,依法断开与侵权作品、表演、录音录像制品的链接的,不承担赔偿责任。本案中,闻晓阳并未举证证明其事先按照《信息网络传播权保护条例》的要求向阿里巴巴公司发出了通知。闻晓阳也未举证证明涉案第三方网站上的照片是否侵权,且未举证证明阿里巴巴公司明知或者应知涉案第三方网站上的照片侵权。在阿里巴巴公司接到通知后,断开了与涉案照片的链接。综上,阿里巴巴公司提供的搜索服务并未侵犯闻晓阳对涉案照片享有的著作权,对闻晓阳的诉讼请求原审法院不予支持……

本院认为:

……

阿里巴巴公司作为搜索链接服务提供商,仅应在收到权利人合乎法律要求的通知后不断链或者明知、应知被链内容侵权的情况下才应当承担相应的法律后果。本案中,闻晓阳并未举证证明其向阿里巴巴公司发出了符合相关法律要求的通知,亦未举出充分证据证明阿里巴巴公司明知或者应知涉案被链第三方网站上的照片侵权。故,本院认为,在阿里巴巴公司接到通知后,断开了与涉案照片的链接的情况下,闻晓阳关于阿里巴巴公司应当赔偿其损失的主张,本院不予支持。

在雅虎中文网站照片搜索网页上,无论通过在搜索框中输入关键字的方式或者通过该网页提供的分类信息的方式对涉案照片进行搜索,得到的搜索结果均仅为涉案照片不同 URL 地址的链接。用户点击相关缩略图得到的大图,是通过将客户端链接到第三方网站,在第三方网站实现的。闻晓阳亦认可涉案照片的大图实际存储在第三方网站上,并不存储在雅虎中国网站上。因此,阿里巴巴公司提供的服务性质是搜索链接服务。

虽然阿里巴巴公司网站在提供搜索链接服务的过程中,提供了不同的分类信息,出现了缩略图,并采用了直接显示被链内容的链接技术,且其提供上述服务具有一定的盈利目的。但是,分类信息仅是为方便用户选择搜索结果的便捷方法,闻晓阳目前证据无法证明分类信息系对搜索结果经过了人工整理;在搜索照片过程中所形成的涉案照片的缩略图,是为实现照片搜索的特定目的,方便网络用户选择搜索结果的具体方式,不是对涉案照片的复制,闻晓阳目前证据也不能证明阿里巴巴公司网站上存储有缩略图库;涉案照片的缩略图和大图页面中也显示了涉案照片的来源,不会使网络用户产生涉案照片来源于阿里巴巴公司网站的误认。因此,阿里巴巴公司的上述行为不能改变其提供的服务属于搜索链接服务的性质,亦不能证明其对涉案照片的搜索结果是否侵权属于"应知",故闻晓阳提出阿里巴巴公司提供搜索服务的过程中,对相关照片信息经过了搜集整理分类,按照不同标准制作了相应的分类信息,制作了缩略图库,提供了照片的深层链接,使用户可以直接在其网页上得到相应的大图,并取得广告收益;这种搜索链接服务的模式决定阿里巴巴公司对其被链内容是否侵权负有更大的审查义务,对其被链内容侵权属于"应知";阿里巴巴公司缩略图的行为侵犯了闻晓阳的复制权、缩略图及点击缩略图得到大图的行为侵犯了闻晓阳的信息网络传播权的主张,依据不足,本院不予支持。

(冯刚、葛红、张剑法官)

思考问题:

如果搜索引擎服务商的确存有缩略图的图库,是否构成对著作权人图片的复制和信息网络传输?是否属于合理使用?

Perfect 10, Inc. v. Amazon.com, Inc.

508 F. 3d 1146 (9th Cir. 2007).

Ikuta 法官

……

背景

Google 的搜索引擎提供文本、图片和视频的搜索服务,其中提供图片搜索的服务叫做"Google 图片搜索"("Google Image Search")。Google 在提供搜索结果的网页上呈现很小的缩略图("thumbnail")。这些缩略图存储在 Google 的服务器上,相对于存储在第三方能够计算机中的完整的图片而言,缩略图的像素很低,尺寸很小。

当用户点击缩略图时,用户的浏览器屏幕上就会出现一个方形区域(一个"窗口")。该窗口有两个分开的信息区域。浏览器将上部区域填上 Google 页面的信息,包括缩略图和文本,以及存储完整图片的网络地址。浏览器的下部区域则呈现来自第三方网站的完整图片,这是用户浏览器根据 Google 提供的链接地址下载并呈现的。Google 并不存储屏幕下部区域呈现的完整图片,也没有向用户提供该图片。Google 只是提供了 HTML 指令,指引用户的浏览器从第三方站点获取上述图片。

不过,窗口上部区域(含有来自 Google 的网页信息)看起来是下部区域的框架,并对下部区域进行评论。因此,用户的窗口看上去像是一个整体,在完整地呈现完整尺寸的图片。实际上,它是来自第三方的图片,被加上了 Google 的网页框架。指引用户浏览器从不同计算机中获取内容组成单一窗口的方法,被称作"深层链接"(in-line linking)。

Perfect 10 对外出售裸体模特的图片。它通过互联网对外提供订阅服务。用户支付月费后可以浏览会员区的图片。用户必须使用密码才能登录会员区。Google 并没有将这些密码保护的会员区图片包含在 Google 的检索目录或数据库中。Perfect 10 还授权 Fonestarz Media 公司对外出售供手机下载的较小尺寸的图片。

有些站点未经 Perfect 10 的同意,在互联网上提供它的图片。Google 因此自动对含有这些图片的网页进行索引,并提供缩略图供用户查询。当用户点击 Google 的搜索引擎提供的缩略图,用户的浏览器通过深度链接直接获取第三方站点的侵权图片。这些图片出现在上述用户浏览器窗口的下部区域。

......

C. 合理使用抗辩

因为 Perfect 10 已经初步证明 Google 的缩略图侵害了 Perfect 10 的展示权(display right),所以接下来由 Google 证明它可能有积极的抗辩理由(affirmative defense,相对于那些不承认使用过作品的抗辩理由而言)。Google 认为,自己使用缩略图的行为是合理使用。

合理使用抗辩使得他人在某些情况下不经版权人的同意使用版权作品。该抗辩鼓励和许可利用在先的思想发展出新的思想,从而对版权法保护作者作品的目标起到一定反向平衡作用。从版权法保护初期,对版权材料进行合理使用的机会就被认为对于实现版权法的目的是必要的。合理使用规则使得法院能够避免僵化地适用版权法以至于损害法律原本要鼓励的创新活动。

国会在 17 U.S.C. § 107 中将普通法的合理使用规则成文化。该条规定:

虽然有第 106 条和第 106A 条的规定,对于版权作品的合理使用,包括为批评、评论、新闻报道、教学(包括课堂上的多份复制件)、学术、研究等目的制作作品复制件和录音制品的复制行为或本条规定的其他使用行为,不属于版权侵权行为。在判断具体案件中一项作品使用行为是否为合理使用时,应当考虑下列因素:

(1) 该使用的目的与特点,包括这一使用是否为商业性质或非盈利教育目的;
(2) 版权作品的性质;
(3) 所使用部分相对整个版权作品而言所占的数量和实质程度(substantiality);
(4) 使用行为对版权作品潜在市场和价值的影响。

作品未发表这一事实本身并不妨碍认定合理使用,前提是该认定是在考虑上述各项要素之后作出的。

在进行合理使用分析时,我们必须保持弹性。这里并没有简单而界限分明的规则,就像这一规则所确认的那样,版权法要求进行个案分析。不能相互孤立地看待上述四个要素。在明确版权保护目的的前提下,考虑所有的要素,进行综合权衡。版权法的目的是促进科学和有用艺术的进步,促进公众福利。

(1) 使用的目的和特点

第一项要素(17 U.S.C. § 107(1))要求法院考虑使用的目的和特点,包括是否为商业性质或非营利教育目的。这一考察的中心目的是判断新作品是否或者在多大程度上是转换性的(transformative)。当新作品并不仅仅是要取代原始的创作目标,而是增加了一些新的内容,用新的表达、含义或信息(expression, meaning, or message)替换原作内容,以实现更进一步的目的或具有不同特点时,该作品就是转换性的。相反,如果新作品替代了原始作品的用途,则该使用可能不是合理使用。

如 Campbell 案所述,"转换性作品"是指以"新的表达、含义或信息"替代原作内容的作品。只有被告改变了原告的版权作品或者将原告的版权用在不同的背景下,以至于原告的作品被转换成一种新的创造时,该使用才被认为是转换性的。

Google 对于缩略图的使用是高度转换性的。在 Kelly 案中,我们指出 Arriba 对于缩略图的使用是转换性的,因为 Arriba 对图片的使用是为了实现不同的功能,即改善对网络信息的获取,而不是利用作品的艺术表达。虽然图片一开始是为了实现娱乐、美学或信息功能而创作的,搜索引擎将图片转换成指针,将用户指向信息的源头。就像"戏仿"(parody)能够带来社会利益,在介绍在先作品的过程中创作了新的作品,因而明显具有转换性价值一样,搜索引擎将原作植入新作品中,也带来社会利益,即提供一种电子检索工具。实际上,搜索引擎可能比戏仿更具有所谓的转换性,因为搜索引擎提供了一种全新的使用原作的方式,而典型的戏仿还是具有与原作相同娱乐目的。换句话说,搜索引擎将图片放到不同的背景下,转换成一种新的创造(new creation)。

Google 将 Perfect 10 的完整图片植入搜索引擎的搜索结果中,这一事实并不削弱 Google 使用行为的转换性质。在 Kelly 案中,我们认为即使精确地拷贝一份作品,该使用依然可能是转换性的,只要该拷贝实现与原作不同的功能。比如,联邦第一巡回法院指出,在报纸上重新出版一些为模特图片库拍摄的照片是转换性使用,因为该照片具有信息告知(inform)功能,当然也具有[原有]的娱乐功能。相反,复制教堂的宗教书籍用于另外一个教堂,并非转换性使用。在本案中,Google 将 Perfect 10 的照片用于新的背景以实现不同的目的。

区法院认为 Goole 对缩略图的使用比 Arriba 在 Kelly 案中对缩略图的使用的转换

性更小,是因为 Google 使用缩略图影响了 Perfect 10 出售用于手机的缩小图片的权利。区法院指出,手机用户可以用手机下载和保存 Google 所展示的缩略图,这样可能选择下载免费的图片而不是去购买 Perfect 提供的缩小的图片,因此 Google 的使用替代了 Perfect 10 的使用。

另外,区法院认为 Google 使用的商业性质也不利于认定其转换属性。Kelly 案认为,Arriba 搜索引擎对于摄影师图片的商业使用比典型的商业使用的掠夺性(exploitative)要低,因此对于认定合理使用稍稍有负面影响。但是,区法院认为本案与 Kelly 案不同,因为一些参与 Google 的 AdSense 项目的网站在其网站上侵害 Perfect 10 的图片。Google 的缩略图将用户导向那些对 Google 营收有贡献的站点。AdSense 项目增加了 Google 使用 Perfect 10 图片行为的商业性质。

在分析个案的合理使用时,结合版权法的立法目的,我们必须权衡 Google 的替代性商业使用与 Google 的转换性使用,还要考虑 Google 搜索引擎在实现版权目的和公共利益方面的作用。虽然区法院承认,Google 图片搜索对公众而言有重要价值,但是区法院没有明确这一价值是否超过了 Google 替代性使用或商业性使用的重要性。最高法院指引我们注意一项使用行为在促进版权立法目的和服务公共利益方面的作用。

我们认为,本案中的替代性使用不是十分重要:区法院没有发现任何手机用户的下载行为实际发生过。而且,虽然 Google 利用缩略图引导用户去访问参与 AdSense 项目的伙伴网站(含有侵权图片内容)增加了使用行为的商业性质,而这一事实在 Kelly 案中并不存在,但是区法院并没有认定这一商业因素很重要。区法院指出,Google 的 AdSense 项目整体上贡献了大概 6 亿 3 千万美元的收入,占 Google 总收入的 46%。但是,这一数据并没有被进一步细分以确定含有侵权内容的伙伴站点所贡献的要小得多的份额。

我们的结论是,本案中,Google 搜索引擎的显著的转换性属性和公共利益因素比 Google 的替代性商业使用更为重要。在得出这一结论时,我们注意到在新情势下保持合理使用分析的弹性非常重要。我们也注意到最高法院的指引——新作品的转换性越大,合理使用分析中可能妨碍认定合理使用的其他因素(比如商业性质)的重要性就更低。

因此,我们不同意区法院所谓"Google 的使用可以替代 Perfect 10 的手机下载使用、这一使用被 Arriba 案的使用更商业化,因而这一合理使用因素分析稍微对 Perfect 10 有利"的结论。相反,我们认为 Google 使用的转换性比附带的替代性或商业性更重要。因此,这一因素的分析对 Google 有利。

(2) 版权作品的性质

关于第 2 项因素,"版权作品的性质",我们在 Kelly 案中的裁决直接相关。在该案中,我们指出摄影师的图片具有创造性,比事实类作品更接近版权法意图保护的核心对象。但是,由于在 Arriba 在搜索引擎结果中使用缩略图之前,该图片就出现在互联网上,因此这一因素只是稍稍对摄影师有利。

这里,区法院发现,Perfect 10 的图片具有创造性,但是也是事先发表过。首次发表权(the right of first publication)是作者控制首次公开其表达的权利。这一权利包含选择何时、何地、以何种形式首次发表一个作品。作者一旦行使这一一次性权利,在任何媒介上,这一权利都会穷竭。一旦 Perfect 10 行使这一具有商业价值的首次发表权,将图片放在互联网上供付费用户下载,Perfect 10 就不再享有对未发表作品的更强的保护。因此,区法院认定这一因素稍稍对 Perfect 10 稍稍有利,并无错误。

(3) 使用部分的数量和实质性

第3个要素是从复制的目的看,使用的部分相对整个版权作品的数量和实质性是否合理。在 Kelly 案中,考虑到搜索引擎的目的,我们认定 Arriba 使用整个图片的行为是合理的。我们特别指出,为了使得用户识别出图片并决定是否进一步查询原始图片或网站的更多信息,Arriba 需要拷贝整个图片。如果 Arriba 只拷贝了部分图片,则很难识别该图片,从而降低了图片搜索引擎的用途。因此,我们认为这一因素并不偏向任何一方。区法院在这一问题上也没有错误。

(4) 使用对于市场的影响

第四项因素是使用行为对版权作品的潜在市场或价值的影响。在 Kelly 案中,我们认为 Arriba 对于缩略图的使用并不损害摄影师对于完整图片的市场的影响。我们的理由是,缩略图并不是完整图片的替代物,不会损害摄影师销售或许可完整图片的能力。区法院接受 Kelly 的推理,认为 Google 对缩略图的使用,并不损害 Perfect 10 的完整图片的市场。我们同意。

Perfect 10 争辩说,区法院是错误的,因为如果使用是为了获得商业利益,则可以推定存在市场损害。但是,如果作品是转变性的,则并不存在这一假定,因为这是市场替代更加不确定,并不能很容易推定存在市场损害。如前所述,Google 为搜索引擎目的对缩略图的使用是高度转变性的,所以不能推定存在市场损害。

Perfect 10 对缩小的图片有一个市场,这一问题在 Kelly 案中没有考虑。区法院认为,Google 对于缩略图的使用可能会损害手机用户对于缩小图片的下载这一潜在市场。区法院认为,可以从 Google 那里获得免费缩略图的用户,付费下载 Perfect 缩小图片的可能性变小,因此 Google 提供缩略图会损害 Perfect 10 图片的手机下载市场。如上所述,区法院并没有发现,Google 的用户为手机使用下载过缩略图片。对于 Perfect 10 的市场的损害,依然停在假想层面。我们的结论是,这一因素不偏向任何一方。

对所有四个要素进行个案分析之后,我们结合版权立法的目的,综合权衡这些要素。在本案中,Google 将 Perfect 10 的缩略图(和其他人的数百万的缩略图一起)用于一个完全不同于 Perfect 10 所期待的目的。这么做,Google 向公众提供了一项重要的利益。将这一重要的转换性使用与未经证实的 Google 缩略图的手机下载用途比较,结合合理使用的其他因素,在考虑到版权法的立法目的,我们认为 Google 的使用是合理使用。

思考问题:

法院提到被告的缩略图对于原告收益的贡献比例很低,甚至可以忽略。这是否意味着,像搜索引擎缩略图之类的网络服务,利用作品的数量越多,个案中被认定为合理使用的可能性更大? 这符合逻辑吗?

3.1.4 作品片段(Google 图书馆)

为了介绍图书的目的,通过信息网络传输他人的作品片段,是否构成合理使用,在中国法上并没有直接的规定。在世界范围内引发广泛关注的 Google 图书馆项目,就与此相关。中国法院在下面 Google 图书馆案中,就利用合理使用的一般原理对这一行为的合法性作出了初步的判断。

王莘 v. 北京谷翔信息技术有限公司等(I)

北京市一中院(2011)一中民初字第1321号

[原告王莘利用笔名"棉棉"出版了《盐酸情人》一书。原告登录 Google 网站(www.google.cn)进入其中的图书搜索栏目,检索出《盐酸情人》条目,点击该搜索结果,即显示该图书概述、作品片段、常用术语和短语、作品版权信息等内容。这些页面均在 Google.cn 网站页面下,未显示有其他网站地址。]在该页面下,选择前一页面中常用术语和短语中所列明的相应关键词进行搜索,可以看到相关的作品片段,但整个过程仍均在 Google.cn 网站页面下,未显示其他网站网址。

庭审中,原告指出,因上述过程中始终处于涉案网站 Google.cn 页面下,并未跳转到其他网站页面,故应认定涉案作品系由涉案网站所提供,该网站经营者(即第一被告北京谷翔公司)实施的是信息网络传播行为。第一被告北京谷翔公司对此不予认可,认为上述行为并非信息网络传播行为,而系搜索行为……

原告用以证明涉案扫描行为的证据为第二被告谷歌公司所出具的《情况说明》。在该《情况说明》中,被告谷歌公司针对涉案作品的相关扫描行为作了如下陈述,"涉案图书《盐酸情人》由 Google Inc. 于 2008 年 3 月 14 日在美国进行了扫描。GoogleInc. 根据与位于美国的斯坦福大学的协议获得了涉案图书的纸件版本,并根据美国法律对该图书合法地进行了数字化扫描,涉案图书的数字化扫描的电子版本仅保存于 Google.cn 在美国的服务器中"。但其同时指出"北京谷翔信息技术有限公司、谷歌信息技术(中国)有限公司从未获得、持有该书的扫描后的复制品,其服务器中未以任何形式保存该书的扫描后的版本……亦未以任何形式参与扫描事务。"

对于涉案作品向社会公众以何种形式提供,第二被告谷歌公司称"Google Inc. 通过其图书搜索计划将所扫描的图书的很少部分内容(亦即'片段')开放给 Google.cn 搜索引擎,从而使其搜索结果中出现少量的'片段'……用户可以通过搜索结果中出现的'片段'来判断该书是否是自己正在找的书,并可决定是否购买该书等事项。用户在没有购买或未得到授权的情况下,无法通过 www.google.cn 图书搜索下载或阅读受著作权保护的整部作品。"

庭审中,对于第二被告谷歌公司称其扫描行为发生在美国这一主张,原告不予认可。此外,第二被告谷歌公司明确认可其对涉案作品进行的是"全文扫描",但认为这一扫描行为在美国具有合法性。对于为何该行为在美国具有合法性,第二被告谷歌公司并未给出具体的美国法律依据,亦未提交相关证据。

[法院认为中国法院对于第一被告的信息传播行为和第二被告的复制行为有管辖权,同时对这两类行为适用中国法。这一议题与本节无关,从略。]

四、两被告是否侵犯了原告的信息网络传播权

……

(一)第一被告北京谷翔公司是否实施了对涉案作品的信息网络传播行为

本案中,原告主张第一被告经营的涉案网站向公众提供涉案作品的行为属于信息网络传播行为,但第一被告对此不予认可,其主张该行为仅系搜索、链接服务行为。

对此,本院认为,判断某一主体实施的行为是否属于信息网络传播行为,关键因素在于该主体是否实施了将作品、表演、录音录像制品上传至或以其他方式将其置于向公众开放的网络服务器中的行为。也就是说,信息网络传播行为的构成系以该主体向公众开放的网络服务器中存储了相关内容为前提。如网络服务器中并无相关内容,则通常无法认定该主体的行为构成信息网络传播行为。

当然,这一事实的确认需以各方当事人的举证为基础。通常情况下,如果原告可以证明公众在被告网站的页面下即可以获得相关内容,则可推定该内容存储于被告网站的服务器中。之所以作此推定,是因为被告网站服务器处于被告的控制下,原告通常只能固定该网站网页中所显示的内容,而对于相关内容的具体存储位置客观上很难取证证明。如果在相关内容处于被告网站页面中的情况下,仍不能推定被告网络服务器中存有该内容,则将意味着除非被告自认,否则原告客观上将无法举证证明任一网站实施了信息网络传播行为,这显然有悖公平,也对原告苛以过高的举证责任。据此,在结合考虑原被告双方举证可能性的情况下,依据网页中显示内容而作出上述推定具有合理性。当然,这一推定并非不能被推翻,只是这一举证责任应由被告承担,即如果被告对此不予认可,则其应提交相关反证。

将上述分析适用于本案,本院认为,鉴于原告提交的公证书中显示,涉案网站提供涉案图书的整个过程均在涉案网站页面下,既未跳转到其他网站的页面中,其地址栏中的网址亦未变更为其他网站的地址。故上述情形可以初步推定涉案图书系存储于第一被告所经营的涉案网站的服务器中。

第一被告虽主张其提供的系搜索链接服务,涉案图书并不存储于其服务器中,但其并未提交相应证据佐证……

综上,在第一被告既未提交反证,亦未进行合理解释的情况下,考虑到整个涉案传播过程均处于第一被告网站页面中,本院合理认定涉案图书存储于第一被告的服务器中,第一被告实施了对涉案作品的信息网络传播行为。第一被告认为其提供的系搜索、链接服务行为的主张不能成立,本院不予支持。

(二)第一被告北京谷翔公司是否侵犯了原告的信息网络传播权

判断他人实施的行为是否构成对著作权的侵犯,通常应考虑以下要件:是否实施了著作权人控制的行为;是否经过著作权人许可;是否构成合理作用。

之所以需经过著作权人许可,是因为著作权的本质为专有权利,只有著作权人和经著作权许可的人才能行使这些权利,实施受这些权利控制和限制的行为。但与此同时,著作权法规定这些专有权利的目的并不是使创作者对作品的传播和使用进行绝对垄断,也不是单纯地为了对创作者加以鼓励,而是通过赋予创作者有限的垄断权保障其从作品中获得合理的经济收入,从而一方面鼓励和刺激更多的人投入于原创性劳动中,另一方面促使更多的高质量的作品得以产生和传播。因此,在一定程度上,著作权对权利人个体利益的保护应最终服务于更高的社会利益。也正是考虑这一因素,在特定情况下,如果他人未经著作权人许可而实施的著作权所控制的行为并未与作品的正常利用相冲突,也没有不合理地损害著作权人的合法利益,则通常可以认定此种使用行为构成对著作权的合理使用,不属于侵犯著作权的行为。

具体到本案,鉴于涉案网站中提供涉案图书的行为构成信息网络传播行为,且第一被告明确认可该行为并未取得著作权人的授权,故判断该行为是否构成侵权的关键在于其是否属于对原告作品的合理使用。

在综合考虑如下因素的情况下,本院对于这一合理使用问题持肯定态度:

(1) 涉案信息网络传播行为并不属于对原告作品的实质性利用行为,尚不足以对原告作品的市场价值造成实质性影响,亦难以影响原告作品的市场销路。

本案中,原告作品为文字作品,原告创作涉案作品的根本目的在于通过文字表述向读者传递其思想感情,因此,对于无法使读者相对完整地获知作者思想感情的使用行为,较难认定其属于对原告作品的实质性使用行为。本案中,第一被告对原告作品的使用系片段化的使用,其所提供给网络用户的既不是"连续"的作品章节,亦不是作品的"整个"段落,而仅是作品中的片段,每一片段一般为两三行或三四行,且各个片段之间并不连贯,这一使用方式使得网络用户在看到上述作品片段后,较难相对完整地知晓作者所欲表达的思想感情。鉴于此,本院认为,这一行为尚未构成对原告作品的实质性利用行为。同时,涉案网站的这一片段化提供行为客观上亦较难满足网络用户对此类作品的基本需求。用户如欲阅读该作品,通常会依据网页中所提供的涉案网页中已载明的原告作品名称、作者名称以及相关出版信息等信息采用购买的方式获得这一作品。鉴于此,本院认为,第一被告实施的涉案行为客观上尚未对原告作品的市场销售起到替代作用,不足以对原告作品的市场价值造成实质性影响,亦难以影响原告作品的市场销路。

(2) 涉案信息网络传播行为所采取的片段式的提供方式,及其具有的为网络用户提供方便快捷的图书信息检索服务的功能及目的,使得该行为构成对原告作品的转换性使用行为,不会不合理地损害原告的合法利益。

本案中,由涉案网站所采取的片段式的提供方式可以看出,其对于原告作品的传播行为并非为了单纯地再现原作本身的文学艺术价值或者实现其内在的表意功能,而在于为网络用户提供更多种类、更为全面的图书检索信息,从而在更大范围内满足网络用户对更多图书相关信息的需求。鉴于保护著作权人利益以及促进作品的传播一直以来均是著作权法两个并行不悖的基本原则,著作权法为著作权人所提供的保护其范围及程度不应影响公众对作品以及作品信息的合理需求,故在涉案片段式使用行为并未实质性地再现原告作品表意功能,且又在较大程度上实现了相应图书信息检索功能的情况下,这一行为已构成对原告作品的转换性使用,不会对原告对其作品的正常使用造成影响,亦不会不合理地损害原告的合法利益。

综上,第一被告实施的涉案信息网络传播行为虽然未经原告许可,但鉴于其并未与作品的正常利用相冲突,也没有不合理地损害著作权人的合法利益,因此,该行为属于对原告作品的合理使用,并未构成对原告信息网络传播权的侵犯。原告认为涉案行为侵犯了其信息网络传播权的主张不能成立,本院不予支持。

……

五、两被告是否侵犯了原告的复制权

《著作权法》第10条第1款第(五)项规定,"复制权,即以印刷、复印、拓印、录音、录像、翻译、翻拍等方式将作品制作一份或者多份的权利"。

(一)第二被告谷歌公司是否侵犯了原告的复制权

对于原告认为第二被告的全文扫描行为侵犯了其复制权的主张,本院认为,鉴于第二被告明确认可其对涉案图书实施了全文电子化扫描的行为,该行为属于《著作权法》所规定的复制行为,且该行为并未取得著作权人的许可,故基于与涉案信息网络传播行为相同的理由,判断这一全文复制行为是否侵犯原告复制权的关键亦在于该行为是否构成合理使用行为。

在结合考虑如下因素的情况下,本院对此持否定态度。

(1)就行为方式而言,这一"全文复制"行为已与原告对作品的正常利用方式相冲突。

著作权人对于作品的正常利用方式以《著作权法》第11条中规定的具体利用方式为限,其中最为基本亦最为重要的一种方式即为复制行为。依据《著作权法》的规定,如果他人希望复制著作权人的作品,则其有义务向著作权人支付"许可费",该许可费即为复制权为著作权人所带来的经济利益,而发放许可亦即属于对作品的正常利用方式。当然,并非"任何程度"的复制行为均会与著作权人对作品的正常利用方式相冲突,否则将不会存在针对复制行为的合理使用情形。但无论如何,复制程度最高的"全文复制"行为,显然应属于此种情形。如果全文复制行为亦不被认定与著作权人对作品的正常利用方式相冲突,则必将使得著作权人对于复制行为的控制缺乏实质意义,亦使得著作权法中对于复制行为的规定形同虚设。鉴于此,本院认为,在第二被告所实施的是全文复制行为,而该行为必然影响到原告对作品的复制行为收取许可费的情况下,该行为已与原告对作品的正常利用相冲突。

(2)就行为后果而言,这一全文复制行为已对原告作品的市场利益造成潜在危险,将不合理地损害原告的合法利益。

本案中,原告虽无证据证明第二被告除全文复制行为外,亦同时实施了其他后续传播行为,但这一全文复制行为却会在以下两方面对原告的市场利益造成潜在危险:

其一,这一全文复制行为会为"第二被告"未经许可对原告作品进行后续利用提供很大程度的便利。本案中,由查明事实可知,第二被告之所以对作品进行全文复制行为,其目的并不仅仅在于复制行为本身,而在于为用户提供相应作品,也就是说,其复制的目的在于对作品的"后续利用"。虽然原告主张后续的利用行为系以与权利人合作为前提,但很显然,原告对于第二被告是否会在后续利用作品之前取得其许可并无控制能力,考虑到在全文复制的情况下,第二被告对原告作品的后续使用行为显然更加容易,本院合理认为,第二被告这一全文复制行为会为原告利益带来很大潜在风险。

其二,这一全文复制行为亦会为"他人"未经许可使用原告作品带来较大便利。虽然第二被告所复制的原告作品系保存于第二被告的服务器中,但就现有技术而言,他人通过破坏技术措施等方法获得第二被告存储在其服务器中的原告作品,并非不具有可操作性,因此,第二被告这一全文复制行为不仅有利于其本身对原告作品的后续利用,亦会对他人未经许可利用原告作品带来便利。

基于上述考虑,本院认为,第二被告对原告作品进行全文复制的行为已与原告作品的正常利用相冲突,亦会不合理地损害著作权人的合法利益,这一复制行为并未构成合理使用行为,已构成对原告著作权的侵犯。

此外,本院要着重强调以下两点:

(1) 第一被告的信息网络传播行为是否构成合理使用,与第二被告的全文复制行为是否构成合理使用,并无必然联系。

虽然本院已认定第一被告实施的涉案信息网络传播行为构成对原告作品的合理使用,而该行为系以对原告作品的复制为前提,但因该信息网络传播行为系片段式提供行为,其目的在于使网络用户对原告作品具有一定程度的了解,而为这一目的而进行复制行为仅需涉及原告作品的一部分即可,并不以全文复制为前提,且本案现有证据中亦无法看出涉案网站已全文复制原告作品,故该信息网络传播行为构成合理使用仅意味着为该行为而进行的"部分"复制行为构成合理使用行为,与涉案第二被告实施的"全文"复制行为的是否构成合理使用并无必然联系。

(2) 是否存在对复制件的后续使用或传播行为,原则上不影响对与复制行为本身是否构成合理使用的认定。

鉴于本案现有证据仅可以证明第二被告进行了全文复制行为,却无法看出其对原告作品实施了任何后续的使用或传播行为,故复制件的后续使用或传播行为是否会影响复制行为合理使用的认定是值得考虑的问题。

对此,本院认为,鉴于依据《著作权法》的相关规定,"单独"的复制行为即应向著作权人征得许可并交纳许可费,因此,即便并无后续的使用或传播行为,单独的复制行为如未经著作权人许可,亦原则上应认定构成侵权行为,而非必然构成合理使用。至于其是否构成合理使用,仍应依据《著作权法》中有关合理使用的相关规定以及原则予以判定。

《著作权法》之所以规定"单独"的复制行为亦原则上构成侵权行为,其根本原因在于单独的复制行为亦会对著作权人的经济利益造成损害,这一损害主要体现为以下两方面：

其一，单独的复制行为可能会对著作权人的经济利益造成"现实"损害。这一"现实"损害通常来源于他人以"使用"为目的而对作品进行复制的行为。此类复制行为虽然并不会使公众获得这一复制件，但因该行为使复制者在无需购买合法复制件的情况下即可使用这一作品，故这一复制行为必然会影响到合法复制件的销售，相应地，其亦必然对著作权人的现实利益造成实际损害。

其二，单独的复制行为可能会对著作权人的经济利益造成"潜在"危险，这一"潜在"危险通常来源于他人以"传播作品"（如发行、户播、信息网络传播等）为目的而进行的复制行为。此种情况下，虽然实际的传播行为尚未发生，但这一复制行为所具的传播目的使得其对著作权人经济利益所存在的潜在危险是显而易见的，如不及时对其予以制止，将必然会导致实际损害的发生。因此，这一潜在危险亦属于著作权法所禁止的损害情形之一。

基于上述考虑，包括中国在内的各国著作权法均将单独的复制行为规定为著作权人控制的行为，也就是说，即便不存在后续的使用及传播行为，单独的复制行为本身亦属于对作品的正常使用方式。

（芮松艳、殷悦、王东勇法官）

附件：

王莘 v. 北京谷翔信息技术有限公司等（Ⅱ）

北京市高院(2013)高民终字第 1221 号

……

2001 年修正的《著作权法》第 47 条规定，未经著作权人许可，复制其作品的，应当根据情况，承担停止侵害、赔偿损失等民事责任，本法另有规定的除外。复制，即以印刷、复印、拓印、录音、录像、翻录、翻拍等方式将作品制作一份或者多份的行为。将涉案作品进行电子化扫描，构成对涉案作品的复制。谷歌公司未经王莘许可，复制涉案作品，构成对王莘对涉案作品复制权的侵害，应当依法承担停止侵害、赔偿损失等民事责任。

谷歌公司上诉主张涉案复制行为构成合理使用，但复制权属于著作权人享有的权利，而且涉案复制行为并不属于《著作权法》第 22 条规定的合理使用行为，因此应当初步推定涉案复制行为构成侵权。考虑到人民法院已经在司法实践中认定《著作权法》第 22 条规定之外的特殊情形也可以构成合理使用，因此在谷歌公司主张并证明涉案复制行为属于合理使用的特殊情形时，该行为也可以被认定合理使用。在判断涉案复制行为是否构成《著作权法》第 22 条规定之外的合理使用特殊情形时，应当严格掌握认定标准，综合考虑各种相关因素。判断是否构成合理使用的考量因素包括使用作品的目的和性质、受著作权保护作品的性质、所使用部分的性质及其在整个作品中的比例、使用行为是否影响了作品正常使用、使用行为是否不合理地损害著作权人的合法利益等。而且，使用人应当对上述考量因素中涉及的事实问题承担举证责任。在本案中。谷歌公司虽然主张涉案侵权行为构成合理使用，但并未针对上述相关因素涉及的事实问题提交证据。因此，谷歌公司主张涉案复制行为构成合理使用，证据不足，本院不予支持。

《著作权法》并未规定复制行为要对作品的市场利益造成现实或者潜在损害才构成侵权，只要不属于法律另有规定的情形，一旦未经著作权人许可复制其作品，就应当认定其构成侵权。《著作权法》之所以规定未经许可的复制构成侵权，并非因为单纯的复制行为会直接损害著作权人的经济利益，而是因为使用作品在多数情况下需以复制为前提，禁止他人未经许可复制作品，能够有效地禁止他人未经许可实际使用作品。一审判决认为，《著作权法》之所以规定复制行为原则上构成侵权，根本原因在于单独的复制行为会对著作权人的经济利益造成损害，无法律依据，应当予以指正。

虽然未经许可的复制原则上构成侵权，但在法律规定的合理使用的情形中，有些合理使用行为的实施需要以复制为前提。在这种情况下，专门为了合理使用行为而进行的复制，应当与后续使用行为结合起来作为一个整体看待，不应当与后续的合理使用行为割裂开来看。换言之，如果是专门为了后续的合理使用行为而未经许可复制他人作品，应当认定为合理使用行为的一个部分，同样构成合理使用。例如，为了个人学习、研究或者欣赏而复制已经发表的作品，或者国家机关为执行公务在合理范围内复制已经发表的作品，应当认定为合理使用行为的一个环节，并不构成侵权。在本案中，为了实现对谷歌中国网站对涉案作品的使用目的，需要同时对涉案作品全部文本内容和涉案图书全部页面进行复制，如果涉案信息网络传播行为构成合理使用，专为实现该行为而进行复制也可能构成合理使用。一审判决认为，谷翔公司的信息网络传播行为是否构成合理作用，与涉案复制行为无关，即使后续的信息网络传播行为构成合理使用，前面专门为其复制涉案作品的行为也不构成合理使用，无法律依据，应当予以指正。

王莘在二审诉讼中还对一审法院认定涉案信息网络传播行为构成合理使用提出异议，但王莘并没有对此提出上诉，故其该项主张，本院不予审理……驳回上诉，维持原判。

（刘辉、石必胜、陶钧法官）

思考问题：

（1）本案一审法院认为，复制行为的合法性与信息网络传输行为的合法性没有必然联系，因此，法院认定复制行为非法，而网络传输行为属于合理使用。如果制作作品的数字复制件是信息网络传输的前提，那是否意味着该合理使用实际上要以作者许可为前提？

（2）对比一审、二审法院关于合理使用中复制行为与网络传播行为之间的关系的讨论，何者更有道理？

（3）一审法院认定通过信息网络传输作品部分片段的行为不会损害作品的正常利用。这是一种全新的利用方式，为什么我们要相信它不属于作品的一种正常利用方式呢？

3.2 法定许可
3.2.1 义务教育

《著作权法》(2010)第23条第1款规定,"为实施九年制义务教育和国家教育规划而编写出版教科书,除作者事先声明不许使用的外,可以不经著作权人许可,在教科书中汇编已经发表的作品片段或者短小的文字作品、音乐作品或者单幅的美术作品、摄影作品,但应当按照规定支付报酬,指明作者姓名、作品名称,并且不得侵犯著作权人依照本法享有的其他权利。"《信息网络传播权保护条例》第8条将这一法定许可延伸到信息网络传播权。该条许可远程教育机构通过信息网络向注册学生提供含有已发表作品的课件。当然,该条同样也对教育的范围有限制,即"九年制义务教育和国家教育规划"。

严格说来,远程教育机构通过信息网络向注册学生提供课件,是否是信息网络传播行为,还存在疑问。如前所述,如果注册学生的范围有限,可能并非对公众开放的信息网络。

3.2.2 扶助贫困

《信息网络传播权保护条例》第9条:

> 为扶助贫困,通过信息网络向农村地区的公众免费提供中国公民、法人或者其他组织已经发表的种植养殖、防病治病、防灾减灾等与扶助贫困有关的作品和适应基本文化需求的作品,网络服务提供者应当在提供前公告拟提供的作品及其作者、拟支付报酬的标准。自公告之日起30日内,著作权人不同意提供的,网络服务提供者不得提供其作品;自公告之日起满30日,著作权人没有异议的,网络服务提供者可以提供其作品,并按照公告的标准向著作权人支付报酬。网络服务提供者提供著作权人的作品后,著作权人不同意提供的,网络服务提供者应当立即删除著作权人的作品,并按照公告的标准向著作权人支付提供作品期间的报酬。
>
> 依照前款规定提供作品的,不得直接或者间接获得经济利益。

《信息网络传播权保护条例》创设了一种新型的用于扶助农村贫困群体的法定许可,许可网络服务提供者向农村地区公众免费提供与扶贫助困和满足基本文化需求的作品。这一条是在文化部文化下乡政策的影响下出台的。当初,有较大的争议。有意见认为,这一条的适用范围不够明确,可能被滥用,从而不合理地限制了权利人的利益。不过,实践中由此条引发的著作权争议非常罕见。各级政府可能并没有实质性地利用这一法定许可条款。

第9章
邻接权

1 著作邻接权概述

邻接权(neighboring rights, related rights)或相关权[①],是一种学理上的概括。有人努力区分邻接权与相关权的概念,认为范围不完全一样。[②] 本书无意陷入单纯的概念之争,因此不刻意区分这两个术语。邻接权是著作权法为鼓励某些不具著作权法上独创性但是依然需要鼓励的创作或投资行为而特别创设的权利。比如,表演者在表演他人作品的过程中,不可避免地会融入个人的因素,使得表演本身具备了不同于原作的表现效果。类似地,录音录像制作者在制作录音录像制品、广播组织在制作广播节目、出版者在设计出版物的版式设计过程中,也都会作出自己的智力或投资贡献。如果这些贡献具备了著作权法上的独创性,则它们所制作的成果将被视为原作(如果有的话)的演绎作品,而获得著作权保护。如果这些贡献尚不满足著作权法的独创性要求,则只能由著作权法额外创设一种权利加以保护,即所谓的表演者权、录音录像制品邻接权、广播组织邻接权和出版者权等。

借助于此类邻接权,表演者、录音录像制作者、广播组织或出版社等权利人无需著作权人的协助,就可以独立地控制他人未经许可复制、发行、传播其智力成果或投资结果,从而获得回报。当然,默认的前提是表演者、录制者、广播组织或出版者的确需要此种邻接权的产权保护。这是立法者作出政策性选择的前提。不同国家,对于邻接权保护的迫切性的理解不尽相同,因此立法实际保护的邻接权类型和内容都不尽相同。[③]

邻接权这一概念暗示它与作品或作者权"邻接"或者"相关"。在大多数情况下,

---

① 《著作权法实施条例》(2013)第 26 条:著作权法和本条例所称与著作权有关的权益,是指出版者对其出版的图书和期刊的版式设计享有的权利,表演者对其表演享有的权利,录音录像制作者对其制作的录音录像制品享有的权利,广播电台、电视台对其播放的广播、电视节目享有的权利。

② 胡康生主编:《中华人民共和国著作权法释义》,法律出版社 2002 年版,第 129 页。该意见强调邻接权仅限于所谓作品传播者对其传播作品过程中所创造的劳动成果所享有的权利,包括表演者的权利、录音制作者的权利和广播组织的权利。相关权的概念要稍稍广一些,包含图书报刊出版者、表演者、录音录像制作者、广播电台和电视台因传播族谱而产生的权利。

③ 郑成思:《版权法(修订版)》,中国人民大学出版社 1997 年第 2 版,第 51—56 页。

邻接权的确都是在邻接权人再现或传播现有作品(原作)的过程中产生的,与原作有密切联系。有部分学者甚至认为,邻接权更准确的提法应该是"作品传播者权",因为邻接权人的创造性劳动和投资都是在传播作品的过程作出的。①

不过,过分强调邻接权与作品之间的联系,可能会让人误以为邻接权一定是建立在已有"作品"的基础之上。实际上并非如此。比如,录音录像制品可能是对一段原本就不受著作权法保护的内容(比如自然界的鸟鸣)的录制,依然可能获得邻接权甚至是独立的著作权保护。广播组织对节目信号所享有的邻接权,也与节目中所播送内容是否为作品,没有直接关系。广播组织本身是否在传播中作出智力性的贡献,并非立法者考虑的因素。即便广播组织单纯播放他人提供的节目,没有丝毫智力上的贡献,它依然对其节目信号享有控制权。

1.1 邻接权与著作权的区别

著作权法同时提供著作权(作者权)和邻接权的保护,在逻辑上隐含一定的冲突。著作权法一方面强调作品只有具备了独创性,才应该获得保护。因此,很多邻接权人的贡献被排除出著作权的保护范围。另一方面,著作权法又承认,邻接权人的不具备独创性的贡献,但依然有保护的必要。这实际上表明著作权法对待独创性的态度在一定程度上是相互矛盾的。

大陆法系的主流意见强调著作权保护与邻接权保护内容的差异,从而否认邻接权是传统意义上的著作权。的确,在保护内容与保护期限上,著作权与邻接权有较大的差异。比如,表演者享有的权利是《著作权法》第37条第1款所规定的六项权利(参见下文),而不是普通著作权人依据第10条所享有的17项权利。表演保护期限从表演发生之日起计算,50年;而普通作品的保护期更长,是作者有生之年加死后50年。不过,这一区别仅仅是人为设定的量上差异,不具有实质意义。实际上,不同作品之间在保护期、权利内容等方面,也可能存在很大的差异。公众并不会因为这一差异而否认某一类型的保护是著作权保护。主流意见对于著作权与邻接权的区分,更多是一种人为贴标签的结果。这一策略保持了著作权法所谓正统理论内部的延续性和一致性,同时也满足了现实的实际需要。

本书无意全面否定传统理论区分著作权与邻接权的正当性。这里只是努力揭示,这一区分更多的是理论上的权宜之计,而非必然选择。很多时候,著作权人的独创性与邻接权人的"独创性"并没有质的差别。如我们所知,一个优秀的演员所赋予表演(作品)的内涵有时候远远超出一个蹩脚的作者所创作的简短诗歌。这大概也是很多演员能够成为万众瞩目的明星,而绝大部分著作权法上的作者却湮没无闻的原因所在。著作权法僵化的理论在社会现实中常常显得苍白无力。

1.2 邻接权与合同机制的对比

如果没有单独的邻接权保护,大部分表演者、录制者、出版者等(为方便起见,以下

---

① 李明德、许超:《著作权法》,法律出版社2003年版,第188页。

仍称作"邻接权人")可以与著作权人合作来保护自己的利益。他人在复制和传播邻接权人的劳动成果时,通常也是在复制和传播原始著作权人的作品。这时候,邻接权人要么通过合同要求著作权人协助制止他人未经授权的复制和传播行为,要么基于所谓的独占性授权制止这一行为。不过,如果邻接权人所利用的作品已经进入公共领域,则依赖著作权人获得附带保护的合同机制不再有效。

邻接权人与著作权人之间的合同期限或者独占性授权的期限常常较短,并且可能意外提前终止。合作或授权期限届满或提前终止之后,著作权人选择拒绝合作的可能性很大。著作权人自己甚至会继续利用邻接权人的劳动成果,比如继续复制发行表演者的表演、录制者制作的唱片、出版者设计的书籍等等。这一结果在立法者看来,可能是不公正的,因此立法干预,创设独立的邻接权,使得邻接权人对自己的劳动成果有独立的控制权。

立法者创设邻接权的负面后果是,控制最终作品流通的权利主体增加。这在一定程度上增加了不同权利主体之间的协调成本。比如,原本出版发行已有唱片,只需要经过著作权人的同意,现在还要经过录制者和版式设计者的同意。著作权法在其他场合(比如电影作品与法人作品的归属问题)尽力简化权利人结构,避免过多的人控制最终的作品,以降低作品商业化时的协调成本。而在邻接权方面,则增加了这一成本。立法者显然认为,与邻接权保护所起到的激励作用相比,付出这一成本是值得的。

1.3 美国法对邻接权的处理

美国版权法上并不刻意区分所谓的著作权与邻接权,而是采用统一的独创性标准,来衡量一项作品是否应该获得版权保护。在面对类似大陆法系的邻接权问题时,法院关心的是这些表演者、录制者等"邻接权人"是否作出了独创性的贡献。如果答案是肯定的,则表演者等同样被视为作者,对含有自己独创性贡献的作品享有版权。如果表演或录音是基于原始作品,表演者和录制者等可以被视为版权法上的"演绎者"。不过,针对录音客体的特殊性,美国版权法对录制者所享有的权利做了一些特别的规定,导致录制者比普通作者所享有的权利要窄一些。比如,录制者不享有所谓的公开表演权(to perform the copyrighted work publicly)和公开展示权(to display the copyrighted work publicly)。①

美国法上的做法不一定比大陆法系的更好。不过,"美国法上存在替代方案"这一事实告诉我们,在处理著作权与邻接权的关系问题时,我们实际上有很多种选择,而不是只有一种。

1.4 增加新的邻接权类型

现有的著作权法仅仅保护表演者、录制者、广播组织和出版社等享有的四类邻接权。有限的客体目录可能并不能够满足现实的需要。有些独创性不够的但耗费人力或物力的"作品"并不能落入这四类目录中,比如,不具备独创性的法律法规信息数据

---

① 17 U.S.C. §114 "Scope of Exclusive Rights in Sound Recordings".

库、网络用户信息数据库、照片等。将来,在著作权法上增加新的邻接权类型来保护新的客体,是可能的选择。

在著作权法作出这一选择之前,相关的权利人通常依据《反不正当竞争法》第2条的原则条款寻求替代保护——将竞争对手的抄袭行为描述成违反商业道德的不正当竞争行为。本书第一章已经讨论过,这里从略。

2 表演者

2.1 表演者的权利

著作权法对于表演者的保护,是在无线传输和录音录像技术成熟之后,他人利用演员表演在技术上成为可能时,才变得有必要。我们从表演者权利内容中的诸多技术术语中也能看出这一点。在复制或传输技术出现之前,表演者控制自身的表演行为就足以保护自己的权益,而无须借助于额外的邻接权保护。这里所说的表演,是指"表演活动本身,即演员的形象、动作、声音等的组合。在这里,受保护的是活的表演,而不是死的剧目"①。

《著作权法》(2010)第38条第1款的规定如下:

> 表演者对其表演享有下列权利:
> (一)表明表演者身份;
> (二)保护表演形象不受歪曲;
> (三)许可他人从现场直播和公开传送其现场表演,并获得报酬;
> (四)许可他人录音录像,并获得报酬;
> (五)许可他人复制、发行录有其表演的录音录像制品,并获得报酬;
> (六)许可他人通过信息网络向公众传播其表演,并获得报酬。

表演者所享有的前两项人身权利与作者所享有的署名权和保护作品完整权大致类似。表演者有权利要求相关主体在表演现场或节目单、影片、录音带等载体上表明自己的表演者身份。表演者可以阻止他人对表演形象的篡改、歪曲或其他不当方式使用。合理的界限应该也是不得损害表演者声誉。

表演者的第一项财产权利是对于现场表演的直播和公开传送的控制。著作权法没有进一步定义何谓"直播"和"公开传送"。在1991年《著作权法》上,本条只是采用了"直播"的说法②,2001年修改成现在的文字。一般认为,这里的"直播或公开传送"的表述与TRIPs协议第14条相互对应。③也就是说,《著作权法》上的"直播"大致是

---

① 郑成思:《版权法(修订版)》,中国人民大学出版社1997年第2版,第61页。
② 《著作权法》(1991)第36条。
③ TRIPs Art. 14(1):... Performers shall also have the possibility of preventing the following acts when undertaken without their authorization: the broadcasting by wireless means and the communication to the public of their live performance.

"以无线方式向公众广播现场表演"。"公开传送"则是一个补漏条款,指无线广播之外的其他任何方式向公众播送现场表演。①《送审稿》(2013)中对此进行了简化,将上述权利表述为"许可他人以无线或有线方式公开播放其现场表演"。②值得肯定。

除了对现场表演的控制之外,表演者还有对表演进行二次利用的控制权,即所谓的录制、复制和发行的权利。表演者许可录制的权利与许可复制、发行录制品的权利分开,使得表演者分别控制第一次的录制或固定其表演的行为,以及录制品的后续利用行为。获得表演者许可录制表演,并不意味着一定获得后续的复制和发行的权利。

在1991年《著作权法》中,关于表演者录制权的规定是,"许可他人为营利目的录音录像,并获得报酬"。《著作权法》修改时,"为营利目的"被删除。这并不意味着任何私人目的复制就一定会被禁止。在特殊情况下,公众依然有可能利用合理使用来为自己的录制或其他行为抗辩。当然,很多演出场所直接通过合同禁止公众携带录制设备,使得公众无从录制。这时候,《著作权法》上的合理使用一般不能对抗合同义务。

《著作权法》关于表演者"信息网络传播权"的规定,没有采用作者相应权利的表述,在实践中可能会引发争议,即这里的"通过信息网络向公众传播"是否与"信息网络传播权"意义上的传播含义一致?《送审稿》(2013)第34条中,立法者明确它与信息网络传播权含义一致,即"以无线或者有线方式向公众提供其表演,使公众可以在其个人选定的时间和地点获得该表演"。在下文所附的陈少华 v. 中国音乐著作权协会(湖北省武汉中院(2007)武知初字第179号)中,法院也确认了这一点。这里的表演显然是录制后的表演。

在《送审稿》(2013)中,立法者扩充了表演者的权利,增加了出租权,即许可他人"出租其表演的录制品及复制件"的权利。③中国于2006年加入了所谓的《世界知识产权组织表演和录音制品条约》。依据该条约,表演者享有出租权。④ 不过,将来需要对出租权进行定义,以明确类似卡拉OK营业场所的出租点歌系统之类的行为是否受到出租权的控制。

在《征求意见稿》第2稿中,立法者甚至还增加了"机械表演"权,即通过技术设备向公众传播以前述方式提供的表演的权利。⑤这一项新增权利使得表演者能够阻止他人向社会公众播放其表演的录制品,影响重大。比如,过去歌手并不能阻止他人公开播放他参与表演的并经过其许可录制的唱片或MTV作品。这一问题涉及所谓的表演

---

① 《世界知识产权组织表演和录音制品条约》(WPPT)第2条。
② 《著作权法修改草案送审稿》(2013)第34条第1款。
③ 《著作权法修改草案送审稿》(2013)第34条第1款。
④ 《世界知识产权组织表演和录音制品条约》(WPPT)第9条出租权:

    (1)表演者应按缔约各方国内法中的规定享有授权将其以录音制品录制的表演的原件和复制品向公众进行商业性出租的专有权,即使该原件或复制品已由表演者发行或根据表演者的授权发行。

    (2)尽管有本条第(1)款的规定,任何缔约方如在1994年4月15日已有且现仍实行表演者出租其以录音制品录制的表演的复制品获得公平报酬的制度,只要录音制品的商业性出租没有引起对表演者复制专有权的严重损害,即可保留这一制度。

⑤ 《征求意见稿》第2稿第33条第1款。

者的"机械表演"权,在过去的立法过程中也被反复讨论,但未获得通过。在《送审稿》(2013)中,这一权利再次被删除,看来这一争议依然存在。

《罗马公约》第 12 条规定了表演者因录音制品的机械表演获得报酬的权利(并非一项绝对禁止权),但是各国可以选择保留。《征求意见稿》中关于机械表演权的建议,显然比公约的获得报酬权走得更远一些。

《送审稿》(2013)中还删除了各类权利后面的"获得报酬"的规定。① 这完全是立法技术上的改动,没有实际的法律后果。因为只要表演者有权禁止或许可他人从事某项活动,自然就有机会"获得报酬",无须法律将其确认为一种独立的权利。

整体而言,表演者比一般作者所享有的权利清单要短很多。前者不享有所谓的发表权、改编权、机械表演权等。立法者将表演者有限的权利区分为两部分,即人身权(前两项)和财产权(后四项)。依据《著作权法》(2010)第 39 条,表演者的人身权的保护期限不受时间限制;财产权保护期为 50 年,截止于表演发生后第 50 年的 12 月 31 日。在《送审稿》(2013)中,期限的计算方法被修改为"自该表演发生后次年 1 月 1 日起算"②。

陈少华 v. 中国音乐著作权协会

湖北省武汉中院 (2007) 武知初字第 179 号

庭审中,被告音著协认可其网址为 http://www.mcsc.com.cn 的网站上提供过陈少华演唱的歌曲《九月九的酒》片断在线试听行为,片断时长 23 秒。经当庭核实被告音著协提交的证据 3 中记载的网址为 www.mcsc.com.cn/……的网页,有歌曲《九月九的酒》声音片断在线播放,页面与上述公证书记载的歌曲播放网页相同,播放器属性显示:片断时长为 23 秒,位置为 http://www.mcsc.com.cn/……dejiu.mp3,数据可以下载。经本院核实,23 秒片断播放的歌词为"走走走走走啊走,走到九月九,他乡没有烈酒,没有问候;走走走走走啊走,走到九月九,家中才有自由,才有九月酒"。

另查明,陈少华演唱的歌曲专辑《全世界最伤心的人》中,收录了歌曲《九月九的酒》(DVD 版),全曲时长 4 分 30 秒……

本院认为:

本案属侵犯表演者表演作品信息网络传播权纠纷。表演者享有许可他人通过信息网络向公众传播其表演,并获得报酬的权利。他人未经表演者许可,擅自通过信息网络向公众传播表演者的表演作品的,应当承担侵权民事责任。

根据查明的事实,原告陈少华是被告音著协网站上播放的涉案歌曲《九月九的酒》的表演者,依法享有表演者的相关权利。被告音著协未经原告许可,在其所属网站上向公众播出原告陈少华享有表演者权的歌曲作品《九月九的酒》片断,其行为构成

---

① 《著作权法修改草案送审稿》(2013)第 34 条第 1 款。
② 《著作权法修改草案送审稿》(2013)第 34 条第 2 款。

了对原告陈少华作为表演者享有的信息网络传播权的侵犯,应当承担相应的侵权责任。

……

关于被告音著协辩称其网站上播放《九月九的酒》歌曲片断试听是符合法律规定的合理使用行为的问题。对此,本院认为,著作权侵权的构成不以侵权人是否获利为要件;且法律没有规定必须将播放歌曲的时间长短作为判断是否属于合理使用的必要条件。被告音著协虽然得到歌曲词曲作者的委托,其网站上播放歌曲的片断试听有介绍词曲作品的目的,但其播放歌曲《九月九的酒》时涉及演唱者陈少华的表演行为部分,仍须得到演唱者的许可。故被告行为不符合《信息网络传播权保护条例》第六条规定的通过信息网络提供他人作品,可以不经著作权人许可,不向其支付报酬的情形,其行为构成对原告表演作品著作权的侵害,被告该项辩称理由,本院不予支持……

(许继学、傅剑清、陈峰法官)

思考问题:

本案中,法院没有探究音著协是否获得录音制作者的授权。假若已经获得授权,则音著协因此能够对抗演唱者吗?还有必要进一步考虑录制者是否获得演唱者授权吗?

2.2 表演文学艺术作品

著作权法本身没有定义何谓"表演者"。《著作权法实施条例》(2013)第5条第(六)项指出,"表演者,是指演员、演出单位或者其他表演文学、艺术作品的人。"这一定义的划线部分似乎限定了表演者的范围,即只有"表演文学、艺术作品"的表演者才能是著作权法意义上的表演者。"田径和球类运动员是在从事竞技活动,没有表演文学艺术作品,所以都不能称之为'表演者'。"[1]不过,在巴西,表演者则被扩大解释,涵盖足球和田径运动员。这导致巴西版权法像保护演员表演一样,对与运动员的比赛活动进行的保护。[2]

在下面的案例中,争议的焦点问题之一就是,模特并非按照传统意义上的剧本进行表演,是否属于表演者。

洪钰婷 v. 如皋市旅游局等

江苏省南通市中院(2007)通中民三初字第0326号

原告洪钰婷诉称,2007年9月,我参加了由旅游局和广电局共同主办的"如皋市旅游形象大使电视选拔赛"决赛。在此期间,由选拔赛组委会安排,电视台为我和另两位进入决赛的选手一道录制了一段外景资料。同年10月20日左右,我发现该录像资

---

[1] 李明德、许超:《著作权法》,法律出版社2003年版,第184页。
[2] 郑成思:《版权法(修订版)》,中国人民大学出版社1997年第2版,第57页。

料被电视台制作成用于推销博爱医院美容整形光子技术产品的商业广告,在如皋电视台"生活娱乐"频道的"卫生与健康"栏目中多次播放,其中有关我的镜头出现了四次之多,还有我脸部的特写。由于该电视广告介绍的是色斑、皱纹、胎记、文身、黄褐斑等令人忌讳的皮肤疾患的治疗及效果,广告播放后我不断受到亲友的非议,指责我不负责任、贪图小利,参与拍摄此类低俗广告。我为此受到极大精神压力。

我认为,旅游局和广电局举办选拔赛是一项公益活动,其将赛事中有关我及其他参赛选手的录像资料提供给电视台制作商业广告没有得到我的许可。四被告对该录像资料的使用也不属于合理使用,四被告的行为共同侵犯了我的表演者权……

诉讼中,本院向原告释明其主张的被侵犯的权利有可能是表演者权以外的权利,询问其是否变更诉讼请求。原告明确表示不变更、坚持请求本院判令四被告承担侵犯其表演者权的责任。

……

被告电视台答辩称……原告等人在该录像中没有语言、没有特定的动作行为、表情平常,没有表现或再现、演绎任何作品,其行为不能构成著作权法所称的"表演",故不存在表演者权。其以表演者权被侵犯为由要求赔偿的诉讼请求不能成立……

经审理查明,2007年8月29日,原告报名参加了被告旅游局、电视局共同主办的如皋市旅游形象大使电视选拔赛,选拔赛于同年9月21日落幕。在此期间,原告和其他两名进入选拔赛决赛的选手经广电局办公室主任的通知来到电视台,由电视台经济频道"卫生与健康"栏目主持人带领、电视台摄像师拍摄,以如皋市安定广场、健康桥等处为背景,录制了一段录像资料。为拍摄该录像,原告等三人在电视台主持人的指导和要求下以放松、自然的神态作出三人或两人并肩行走、两人坐着交谈、一人站立目视前方、举手遮阳、坐在车中、落下车窗露出全脸等动作。整个拍摄过程持续2至3个小时,但当时拍摄的原录像资料各方当事人均没有提供。

该录像资料中的若干片断后在电视台2007年10月播出的"卫生与健康"栏目中播放。该次"卫生与健康"节目播出的内容是介绍博爱医院美容整形业务。节目形式是主持人与博爱医院医生一问一答。其中博爱医院医生身着白大褂、佩带医生胸卡,每次出现在镜头中时都会有醒目字体标注"如皋市博爱医院美容整形科丁晓东"。在问答中丁晓东多次介绍博爱医院的光子美容技术及产品,特别强调该医院的设备来自激光技术强国以色列、其中的"飞顿一号"是飞顿公司的新产品等等,节目中还展示了该激光设备。在主持人与医生的问答过程中穿插播出美貌模特图片、光子美容过程演示以及前述录像的片断。该次节目总长4分零6秒,其中关于本案原告的镜头出现了四次,分别是:一人站立在桥边、背靠桥栏、面向镜头(节目第38至40秒);侧面头像(节目第1分53秒至1分55秒);与其他两人并排行走、与另一人坐在花坛边交谈(节目第3分41秒至3分45秒)。所有镜头中的人物都没有语言,动作、表情自然放松。

该节目播出后,原告认为旅游局、广电局未经其同意将其在旅游形象大使选拔赛参赛过程中拍摄的录像资料提供给电视台使用、电视台将该录像用于博爱医院治疗皮肤疾患的医疗美容广告宣传,使观众误认为原告接受过这样的美容整形手术、损害了其形象。原告曾向旅游局、广电局、电视台和博爱医院发函，要求其停止播放有原告形象的"卫生与健康"节目，并作出赔偿，但四被告均未予理会。后原告认为四被告共同侵犯了其表演者权，诉至本院，要求判如所请……

本院认为：

……

二、关于有原告参与拍摄的外景资料的性质和原告所具有的权利。

虽然本案中录像资料的原始版本双方当事人均不能提供，但通过在被控侵权的"卫生与健康"栏目中播出的片段和双方庭审中陈述的录像形成过程，可以看出这段录像是选拔赛组织者广电局的相关人员通知原告在内的三名决赛选手作为录像中的人物，并选择相应的场所为背景而特意拍摄的，并不是对客观生活事件的机械记录。拍摄中，原告等三人在拍摄者的指导和要求下分别或一起有目的的作出沿小路行走、坐在花坛边谈话、在阳光下举手遮阳眺望等动作，以自然的动作、放松的表情体现摄制者表现"美"和"自然"的意图。原告等三人在这一过程中付出了劳动，其行为和组织者、拍摄者的工作一起构成了以类似摄制电影的方法创作的作品。原告是其中的表演者，依法享有相应的表演者权。

三、电视台侵犯了原告的表演者权。

……

本案中，电视台制作的"卫生与健康"有关美容整形节目虽然没有注明"广告"字样，但节目中反复表明谈话医生的所在医院及科室、具体介绍博爱医院的美容设备型号、来源、服务内容、产品效果等等内容，已经远远超出了一般科普介绍的范围，具有极强的针对性，明确指向博爱医院的整形美容服务，具有明显的广告性。该节目制作中，电视台未经许可剪辑使用了形象大使选拔赛外景片中原告的表演片断，并将原告的脸部表情以特写方式表述。而且电视台将面容较好的原告的表演片断用于医疗美容广告，也容易引起观众关于原告等人接受过医疗美容服务的误解，歪曲了原告的表演形象。所以，电视台在"卫生与健康"栏目中使用原告的参赛外景资料片作为其节目制作的内容，侵犯了原告表演者权，应当承担相应的民事责任。

（马晓春、陶新琴、金玮法官）

思考问题：

（1）本案中，法院将该外景片解释为类似电影的作品。模特于是变成电影作品中的演员，应该享有表演者权。假如上述录像不构成作品，而只是单纯的"录像制品"，原告还能主张权利吗？

（2）前面提到运动员不是表演者。假若体育赛事被制作成录像，运动员能够沿着本案的逻辑主张自己是类似电影的作品的表演者吗？

（3）本案中，法院指出原告"被侵犯的权利有可能是表演者权以外的权利"。你觉得会是哪些权利？

耿子涵 v. 北京摇太阳文化艺术传播有限公司

北京市高院(2004)高民终字第153号

耿子涵应摇太阳文化艺术公司邀请作为主持人,于2002年12月24日、25日、27日为摇太阳文化艺术公司制作的《健康伴你行》栏目录制了《2002我们一同走过》(上、下集)、《预防艾滋病从我做起》(上、下集)、《居室扫雷》(上、下集)、《〈医疗事故处理条例〉实施百日谈》(上、下集)等节目。参加录制节目的还有部分社会各界的嘉宾或专家。在节目中,耿子涵作为主持人与参加节目的嘉宾或专家就节目所涉及的话题进行座谈。

在《2002我们一同走过》《预防艾滋病从我做起》《居室扫雷》《〈医疗事故处理条例〉实施百日谈》每一集节目开始时,耿子涵首先作自我介绍:"观众朋友们,大家好,欢迎收看《健康伴你行》节目,我是子涵。"在《居室扫雷》《〈医疗事故处理条例〉实施百日谈》中,耿子涵还特别声明《健康伴你行》是旅游卫视的节目。在《2002我们一同走过》上集的片头,字幕显示为"主持人子涵(实习)",其他各集节目没有上述字幕。在各集节目片尾部分,字幕均显示为"本栏目广告由摇太阳广告公司独家代理"、"摇太阳文化艺术公司制作"。

2003年1月2日、3日,上述节目在海南旅游卫视节目中播出,并重播一次。2003年春节期间,海南旅游卫视对上述节目又进行了重播。

* * *

北京市第二中级人民法院认为:涉案争议的《健康伴你行》节目属于以类似摄制电影的方法创作的作品。耿子涵作为涉案节目的主持人,其作为表演者的相关权利受法律保护。

虽然耿子涵与摇太阳文化艺术公司未就拍摄涉案节目事宜签订书面合同,但是从涉案节目的录制过程、各节目内容的连贯性和完整性、节目中其他人员的参与情况等因素综合判断,可以认定耿子涵同意摇太阳文化艺术公司将其表演录音录像。

涉案节目仅在《2002我们一同走过》上集的片头字幕中列明了耿子涵的名字,表明了原告作为表演者的身份,其他各集节目均未表明耿子涵作为表演者的身份。摇太阳文化艺术公司侵犯了耿子涵作为表演者享有的表明身份的权利,应承担相应的法律责任。

摇太阳文化艺术公司未向耿子涵支付报酬,亦未取得公开传送其表演的许可,侵犯了耿子涵享有的许可他人公开传送表演并获得报酬的权利,应承担相应的法律责任。

耿子涵为涉案节目的著作邻接权人,不享有该作品的表演权、广播权和保护作品完整权。因此,其就上述权项提出的诉讼请求,缺乏依据,不予支持。

* * *

本院认为:以类似摄制电影的方法创作的作品应当是以类似摄制电影的方法制

作,通常是在编剧的基础上,经过导演、演员、摄影、剪辑、服装、灯光、特技、合成等独创性活动产生的。涉案节目是对景象、形象、声音进行机械录制产生的,它只是忠实地录制现存的音像,并不具有创作的成分,没有体现出制作者应有的创作性劳动,不构成著作权法保护的作品。原审判决认定涉案《健康伴你行》节目属于以类似摄制电影的方法创作的作品是错误的。

耿子涵作为涉案节目的主持人,其作为表演者的相关权利受法律保护。

表演者对其表演享有表明表演者身份的权利。表明表演者身份的目的在于使表演者与其表演之间建立起联系,使他人知悉实施表演行为的表演者的身份。因此,只要以他人能够得知的适当形式让他人知悉实施表演的表演者为谁即达到了表明表演者身份的要求。在摇太阳文化艺术公司制作的涉案每一集节目开头,耿子涵对自己身份向听众、观众所作的介绍,是一种表明其主持人身份的形式。因此,应认为摇太阳文化艺术公司已经以适当形式表明了耿子涵的身份,耿子涵的表明表演者身份的权利已得到实现。原审判决认定摇太阳文化艺术公司侵犯了耿子涵享有的表明表演者身份的权利不符合法律规定。

表演者依法享有许可他人对其表演录音录像,并获得报酬的权利。从涉案节目的性质、内容、录制过程、涉案各节目内容的连贯性和完整性、节目中其他人员的参与情况等因素综合判断,耿子涵是知道其所录制的节目是以播出为目的的;其参与录制该节目,表明其同意摇太阳文化艺术公司将其表演录音录像并公开传送。摇太阳文化艺术公司播出涉案节目不须再经过耿子涵的许可。原审判决认定耿子涵同意摇太阳文化艺术公司将其表演录音录像是正确的,但认为摇太阳文化艺术公司传送该节目应另行取得耿子涵同意而摇太阳文化艺术公司没有取得耿子涵许可、构成侵权是错误的。

表演者对其表演享有许可他人使用并获得报酬的权利。摇太阳文化艺术公司应向耿子涵支付其作为表演者参与录制节目应获得的报酬。

(陈锦川、魏湘玲、张冬梅法官)

思考问题:

(1) 原告作为表演者,表演的作品是什么?是电影作品吗?

(2) 本案电视台播放录音制品或视听作品的行为,侵害表演者权吗?表演者有所谓的限制"公开传送表演"的权利吗?

表演者定义中的"文学、艺术"作品应该做比较宽泛的理解,比如文学作品应该涵盖大部分文字作品,而不仅仅限于狭义的小说、诗歌之类的文学作品。在国际公约中,"literary works"通常都采用上述广义解释。没有特别的政策理由认为,国内著作权法在定义表演者时,需要做特别限制解释"文学作品"的范围,将部分科技论文类作品的表演者(比如朗读者)等排除在外。

现有的《罗马公约》和《北京公约》都没有强制要求成员国将受保护的表演者的表

演内容延伸到文学艺术作品之外。其中,《罗马公约》(1961)①像中国《著作权法》一样,将表演的内容限制在文学艺术作品。不过,《罗马公约》第9条许可"任何缔约国均可根据国内法律和规章,将本公约提供的保护扩大到不表演文学或艺术作品的艺人。"

《北京条约》(2012)中,关于表演者的定义也要求表演者是在表演文学艺术作品或民间文艺表达(literary or artistic works or expressions of folklore)。②该公约的附注3指出,各方同意,在表演过程中创作或首次被固定的文学艺术作品,也属于前述定义中的作品。③

2.3 表演者:自然人 v. 单位

依据《著作权法》(2010)第37条,表演者包括演员和演出单位。④《著作权法实施条例》(2013)第5条,表演者包括"演员、演出单位或者其他表演文学、艺术作品的人"。也就是说,表演者既可能是自然人,也可能是法人或非法人组织。权威的解释是,"我国《著作权法》承认法人作者地位的合法性,自然在承认表演者的主体包括自然人及其他阻止的问题上不存在障碍——表演者包括自然人的表演者及演出单位,即剧团、歌舞团等表演法人及其他组织。"⑤这与《罗马公约》或《北京公约》中关于表演者的定义,旨趣相去甚远。

陈锦川对著作权法几项具体制度的修改建议

http://www.chinaiprlaw.cn/file/2011112421941.html

表演即"把情节或技艺表现出来",或者"做示范性的动作"。表演作品,需要表演者对作品进行理解和阐释,需要通过表演活动将表演者对作品内在的理解外化出来,只能由自然人进行,法人不可能具有这样的判断、理解和表达能力。因此,如同创作作品的只能是自然人一样,表演作品的也只能是自然人。《罗马公约》《世界知识产权组织表演和录音制品条约》及绝大多数国家的著作权法都规定表演者是自然人。

在由单位组织演出或者团体演出的情况下,一方面,有演员个人的表演,演员个人的利益,另一方面,由于存在众多的演员,又需要有团体的投入、组织、安排,因而团体也有其自身的利益,各国著作权法对在团体演出的情况下表演者权如何享有、如何行

---

① 《保护表演者、唱片制作者和广播组织的国际公约》(1961,罗马公约)第3条(甲):"表演者"是指演员、歌唱家、音乐家、舞蹈家和表演、歌唱、演说、朗诵、演奏或以别的方式表演文学或艺术作品的其他人员。

② Beijing Treaty on Audiovisual Performances, Art. 2 (a): "Performers" are actors, singers, musicians, dancers, and other persons who act, sing, deliver, declaim, play in, interpret, or otherwise perform literary or artistic works or expressions of folklore.

③ Beijing Treaty on Audiovisual Performances, Art. 2 (a), Footnote 3: Agreed statement concerning Article 2 (a): It is understood that the definition of "performers" includes those who perform a literary or artistic work that is created or first fixed in the course of a performance.

④ 《著作权法》(2010)第37条第1款:使用他人作品演出,表演者(演员、演出单位)应当取得著作权人许可,并支付报酬。演出组织者组织演出,由该组织者取得著作权人许可,并支付报酬。

⑤ 胡康生主编:《中华人民共和国著作权法释义》,法律出版社2002年版,第153页。

使的问题从不同角度提供了各自的解决方案。

对于我国著作权法为何将表演者规定为演员、演出单位,学者理解各异。一种观点认为,将法人或其他非自然人纳入表演者的范围,其含义是说法人或单位是法律上认可的表演者权的享有者,而不是具体表演文学艺术作品的人。文学艺术作品必须由演出单位中的自然人表演,而有关权利则可以归属于演出单位享有。这种制度是为了解决团体性表演的权利归属与行使。另一种观点认为,这个问题类似于法人能否成为作品作者的争论。我国著作权法承认法人作者地位的合法性,自然在承认表演者的主体包括法人及其他组织的问题上不存在障碍——表演者包括自然人的表演者及演出单位,即剧团、歌舞团等表演法人及其他非法人组织。

但不管上述哪种观点,我国著作权法的规定都存在以下问题:

1. 仅仅规定演出单位为表演者,等于表明著作权法赋予表演者的所有权利均由演出单位享有,表演者不享有任何权利,这种绝对地排除了演员个人的利益的做法忽视了表演者个人的贡献和应享有的收益。

2. 与著作权法对职务作品、单位作品、视听作品的保护不相协调、不相平衡。在我国著作权法中,单位作品属于较少的情况。但对表演而言,只要是属于单位组织的演出,演出单位都会被认定为表演者,而不论这种演出的形式、内容、性质,是歌舞、话剧,还是京剧、豫剧等戏曲。在职务作品的情况下,著作权在单位和作者之间进行分配。对于视听作品,导演、编剧、摄影等作者享有署名权;其中可以单独使用的部分的作者可以单独行使权利。与之相比,同为雇佣、团体下的演员个人却没有享有与职务作品、视听作品中创作者同样的待遇,因为按照现行著作权法关于表演者的简单的规定,演出单位既然是表演者,则作为演出单位职员的演员个人对其表演创作不享有任何的著作权法意义上的权利。因此,著作权法有必要在演员个人及其单位之间的权利分配作出明确规定。

立法者并没有明确,演员和演出单位是同时被视为表演者,还是二者只能选择其一。这直接关系到权利主体的数量,很重要。最高人民法院在下面的案例中指出,如果单位组织演员演出,则只有单位才是著作权法意义上的表演者。

广东唱金影音有限公司 v. 中国文联音像出版社等

最高人民法院(2008)民三终字第5号
最高人民法院公报案例(2009年第3期)

……

[从2000年9月至2006年12月期间,唱金公司分别与河北省梆子剧院和石家庄市河北梆子剧团签订的多份合同取得了出版、发行该院演出的《双错遗恨》《打金砖》《三打陶三春》《蝴蝶杯》(上、下部)、《陈三两》《清风亭》《血染双梅》等剧目音像制品的专有使用权。]

[被告文联音像出版社、天宝光碟公司及天宝文化公司出版、复制并发行了《双错

遗恨》《清风亭》《蝴蝶杯》(上、下部)、《陈三两》《血染双梅》等五个演出剧目音像制品。被告分别取得这些剧目中主要演员的授权。]

[2007年6月15日,唱金公司原审起诉称被告们复制发行上述音像制品,侵犯了唱金公司的合法权益。]

原审法院认为……唱金公司发行的涉案音像制品中的演出剧目,所需投入均由演出单位提供,演出的组织、排练等均由演出单位主持,参与演出的演职员均属于履行职务的行为,演出剧目体现的是演出单位的意志,对外责任亦由演出单位承担,因此对整台戏剧的表演,许可他人现场直播和公开传送、制作音像制品并复制、发行,及通过信息网络向公众传播并获得报酬的权利,理应由演出单位享有,任何演员个人对整台戏剧都不享有上述权利,也不得影响演出单位对上述权利的行使。河北省梆子剧院与河北电视台总编室的协议,确认了河北省梆子剧院有权使用河北电视台录制的河北省梆子剧院演出的所有戏剧的音像制品,包括授权他人独自复制、出版、发行涉案音像制品。河北省梆子剧院在庭审中称唱金公司发行涉案音像制品合法,表明其已将河北电视台的授权转授予唱金公司行使。

……

文联音像出版社、天宝光碟公司及天宝文化公司出版、复制、发行的《蝴蝶杯》(上、下部)、《陈三两》《双错遗恨》和《清风亭》四个音像制品,因未获得演出单位的许可,属于授权不完整;其出版、复制及发行的《血染双梅》音像制品,未取得演出单位的授权,虽然该剧目属于对舞台场景的录制,与对电影实景录制比较有差异,但因演员阵容和表演内容相同,两者构成实质相同,文联音像出版社、天宝光碟公司及天宝文化公司侵犯了唱金公司对《蝴蝶杯》(上、下部)、《陈三两》《双错遗恨》《清风亭》和《血染双梅》五个演出剧目音像制品的专有发行权,应依法承担停止侵害、赔偿损失的民事责任……

上诉人文联音像出版社及天宝文化公司不服原审判决,[提出上诉。]

[本院认为:]戏剧类作品演出的筹备、组织、排练等均由剧院或剧团等演出单位主持,演出所需投入亦由演出单位承担,演出体现的是演出单位的意志,故对于整台戏剧的演出,**演出单位是著作权法意义上的表演者**,有权许可他人从现场直播或录音录像、复制发行录音录像制品等,在没有特别约定的情况下,演员个人不享有上述权利。

(于晓白、殷少平、夏君丽法官)

思考问题:

法院显然在套用法人作品的规则。法院这么做的法律依据何在?

《送审稿》(2013)第33条将单位排除出表演者范围,明确指出"本法所称的表演者,是指以朗诵、歌唱、演奏以及其他方式表演文学艺术作品或者民间文学艺术表达的自然人。"这回到了与《北京公约》基本一致的立场,也与主流学者的意见一致①,值得肯定。

---

① 郑成思:《版权法(修订版)》,中国人民大学出版社1997年第2版,第58页。

在诉讼实务中,表演者身份的确定,也有类似于作者身份推定的规则。最高人民法院在孙楠与北京金视光盘有限公司等侵犯表演者权纠纷提审案(最高法院(2008)民提字第55号)中,指出:"关于表演者身份的确定,本案涉案光盘彩封及盘芯均标有'孙楠 对视''sun nan:最新专辑'字样,印有孙楠的多幅照片,且孙楠对其中相关曲目为其表演的事实予以认可,在没有相反证据推翻该事实的情况下,可以据此认定孙楠为相关曲目的表演者。"①

2.4 "职务表演"

《送审稿》(2013)将表演者限为自然人之后,组织演出的单位的利益自然会受到影响。为此,《送审稿》(2013)的立法者引入了所谓"职务表演"制度,在第36条规定:

> 表演者在职期间为完成工作任务进行的表演为职务表演,其权利归属由当事人约定。
>
> 当事人没有约定或者约定不明的,职务表演的权利由表演者享有,但集体性职务表演的权利由演出单位享有,表演者享有署名权。
>
> 依本条第二款规定,职务表演的权利由表演者享有的,演出单位可以在其业务范围内免费使用该表演。
>
> 依本条第二款规定,职务表演的权利由演出单位享有的,单位应当根据表演的数量和质量对表演者予以奖励。

2.5 视听作品中的表演

除了职务表演之外,影视作品中的表演也是一个问题。在处理著作权归属问题时,立法者将更多的权利赋予电影制片者。在处理表演问题时,立法者大致遵从类似的原则。《送审稿》(2013)第37条规定:

> 制片者聘用表演者摄制视听作品,应当签订书面合同并支付报酬。
>
> 视听作品中的表演者根据第三十四条第(五)项和第(六)项规定的财产权及利益分享由制片者和主要表演者约定。如无约定或者约定不明的,前述权利由制片者享有,但主要表演者享有署名权和分享收益的权利。

在上述草案中,在没有约定的情况下,立法者强制性地将视听作品中表演者原本可能享有的财产权归属于制片者,从而避免了可能的协调成本,值得肯定。不过,制片人原本就享有视听作品的著作权,继续享有表演者权,多少有叠床架屋之感。上述条款中的"主要表演者"的划分标准不够明确,操作中可能会出现意外:制片人认为某些演员并非主要表演者,因而没有约定收益分享事宜。如果事后法院判决其为主要表演者,则会出现出人意料的结果。

关于视听作品中表演者权利的进一步讨论,参考"著作权归属"一章。

---

① 参见最高人民法院知识产权案件年度报告(2008)。本案最终和解结案,当事人从最高人民法院撤诉。

2.6 表演者权的穷竭

表演者如果授权录制者复制并发行其表演,则录制者在制作完成复制件并投入市场之后,表演者将不再能够对该复制件的流通进行干预。此即所谓发行权的穷竭。如果复制件并非经过授权复制并投入市场,则表演者依然能够基于发行权阻止该复制件的流通。

权利穷竭仅限于有形复制件的发行,其他权利无所谓穷竭的问题。第三方通过信息网络传输该表演的行为,依然受到表演者的控制。

3 录制者

3.1 录音录像制品

著作权法上没有明确定义何为录音录像制品。《著作权法实施条例》(2013)则试图明确这一概念,可惜不能令人满意。该《条例》第 5 条规定,所谓录音制品是指"任何对表演的声音和其他声音的录制品";录像制品"是指电影作品和以类似摄制电影的方法创作的作品以外的任何有伴音或者无伴音的连续相关形象、图像的录制品"。录音制品的定义文法都不通,原本应该是指对声音进行固定的录制品。第二个定义则完全依赖于电影作品的定义。二者都不具有很强的操作性。尤其是,录像制品的定义并没有准确地说明它和电影作品之间的本质差别。

对于所谓"制品"的说法,有人提出异议,认为这是磁带、录像带时代的技术术语。在网络时代,音乐或录像被固定在 mp3 文件、电脑硬盘、光盘、U 盘或网路空间时,是否还能被称作制品,就存在疑问。不过,如果注定要将它和作品对应并区别开来,似乎没有比制品更好的说法了。

3.2 制品和作品的区分

著作权法对制品和作品所赋予的权利内容差别很大,因此正确区分录音录像制品与音乐作品和电影作品(视听作品),就显得非常重要。

录音制品与音乐作品的界限,在大部分场合是清楚的。因为音乐作品通常是指词、曲或者二者结合的具有独创性的作品。录音制品则是通过声音形式再现这些作品。如果录制者在录制过程中增加了新的表达元素,则可能使得录制者与改编者之间的角色发生重叠。这时候录制的结果究竟是录音制品还是改编后的作品(严格地说,可能是改编后的音乐作品 + 录音制品),可能存在争议。这在前文关于音乐作品一节已有讨论,这里从略。

录像制品和电影作品从表现形式看,并没有差别。二者都可能以影音形式呈现。学理上认为,关键的区别在于制作者是否有独创性贡献。如果制作行为不具有独创性,制作结果则被称为录像制品。如果有独创性,则被称为电影作品或类似电影的作品。在实际案例中,究竟是制品还是作品,取决于法院的自由裁量。在中国大量的 MTV 案例中,法院实际上就必须在制品和作品之间作出选择。从这些案例中可以看出,法院通常将诉争对象与经典的电影作品的创作过程类比,如果创作过程制作者需要付出类似电影导演式的智力贡献,则创作结果很可能被贴上作品的标签。

区分录音制品和录像制品,对权利归属可能也有重要影响。因为法律规定了电影作品的默认规则是权利归属于制片人。而对于录像制品,则没有此类强制性的规定。合理的推定应该是录制者为权利人。

值得一提的是,在《送审稿》(2013)中,立法者选择放弃了录像制品的概念,只剩下关于录音制品的规定。①

3.3 录制者享有的权利

《著作权法》(2010)第42条规定,录音录像制作者对其制作的录音录像制品,享有许可他人复制、发行、出租、通过信息网络向公众传播并获得报酬的权利。

显然,与作者相比,录制者只享有有限的四项权利。②此外,录像制品的录制者还有有限的广播权(详见后文关于第41条的讨论)。这里采用了封闭式列举的方式,没有所谓的"其他权利"之类的授权性规定。因此,法院很难在个案中为录制者创设新型权利。不仅如此,法院对于每一类明确列举出的权利的解释,也很难作出与《著作权法》第10条不同的解释。因为这里所采用的术语与第10条的术语相同,法院应当尽可能保证这里的每一项权利的内容与著作权的每一项具体内容一致。由于著作权的内容中有"其他权利"的弹性规定,因此法院通常并不需要过度解释具体权利(复制、信息网络传播等),就能够适应新技术发展的需要。这客观上加剧了录制者权的权利内容僵化的趋势。值得一提的是,如前所述,"通过信息网络向公众传播"与第10条所说的"信息网络传播权"可能可以作不同的解释。这是立法者用词不严谨所致,而不是立法者刻意为之。在《送审稿》(2013)中立法者已经将文字表述与信息网络传播权的表述保持一致。③

另外,还有所谓网播或网络定时播放的问题。如前所述,这一行为并不能被现行的"信息网络传播权"所覆盖。当网播的对象为作品时,法院将其解释为作者所享有的"其他权利",使得作者获得对网播行为的控制权。当网播的对象为录音录像制品时,法院不能采用类似的变通策略。这时候,录制者可能转而依靠所谓的复制权来阻止网播者播放之前的复制行为。如果网播者直接截取其他网站或广播组织的数据流或节目信号,而不永久复制该数据或信号,则录制者难以直接阻止该网播行为。当然,网站或广播组织是否有权阻止此类行为,是另外的问题。

依据现行《著作权法》,录音制作者并无所谓的播放权(广播权或机械表演权)。当时,立法者认为,国际公约(《罗马公约》)许可对表演者和录音制品制作者的权利进行限制,同时"我国著作权集体管理组织制度尚不健全,广播电台、电视台播放作品都需要取得著作权人许可尚有一定困难。同时广播电台经费比较紧张,使用录音制品要

---

① 《著作权法修改草案送审稿》(2013)第38—40条。
② 作者认为,获得报酬权并非独立意义的权利。
③ 《著作权法修改草案送审稿》(2013)第39条第1款。

对表演者、录音制作者付酬,对广播电台的压力比较大"①。录像制作者也没有所谓的机械表演权,但是,录像制作者有有限的广播权,即电视台播放录像制品时,应获得录制者的许可。以下是相关的法律条文:

> 第44条 广播电台、电视台播放已经出版的录音制品,可以不经著作权人许可,但应当支付报酬。当事人另有约定的除外。具体办法由国务院规定。
>
> 第45条 电视台播放他人的电影作品和以类似摄制电影的方法创作的作品、录像制品,应当取得制片者或者录像制作者许可,并支付报酬;播放他人的录像制品,还应当取得著作权人许可,并支付报酬。

《送审稿》(2013)扩充了录制者的权利,即广播或公开播放录音时录制者的获得报酬权(《送审稿》(2013)删除了录像制品,所以没有相应规定)。这并非是一种禁止权或许可权,所以没有直接列入前面的赋权条款中。《送审稿》(2013)第40条规定:

> 以下列方式使用录音制品的,其录音制作者享有获得合理报酬的权利:
>
> (一) 以无线或者有线方式公开播放录音制品或者转播该录音制品的播放,以及通过技术设备向公众传播该录音制品的播放;
>
> (二) 通过技术设备向公众传播录音制品。

《送审稿》(2013)中这一新增的规定与《罗马公约》第12条、1996年的WPPT中规定的内容大致相当。WPPT第15条(1)规定,在唱片商业性发行后,如果直接或者间接使用唱片进行播放或者其他方式向公众传播(Communication to the Public),则表演者和唱片制作者应该享有一次性获得报酬的权利。WPPT没有规定表演者对唱片播放的控制权(此播放并非网络传输),作为补偿,在共同条款中规定了表演者和唱片制作者应该就这种播放获得物质报酬权。成员国可以规定,这种一次性的报酬由表演者或唱片者或者二者共同向使用该唱片的用户索取。成员国可以规定,在表演者和唱片制作者无法就一次性报酬的分配达成协议的情况下,如何分配这一报酬。

《著作权法》将音乐作品限制在词曲的范围内,客观的结果是,录音制品制作者在编曲、混音、录制等方面的贡献被排除出著作权的客体范围。录制者的贡献可以通过邻接权加以保护。不过,录音制作者对自己录音制品所享有的权利,仅仅限于"许可他人复制、发行、出租、通过信息网络向公众传播并获得报酬的权利"②,与普通著作权有一定差异。著作权与邻接权的区分容易引发争议。比如,在下面的田峰 v. 北京乐海盛世国际音乐文化发展有限公司案中,音乐单曲的制作者就认为,自己从词曲到录音制品的过程中,有自己的贡献。本案中,法院认为被告授权使用版本不是原告录制的。如果该版本中采用了原告最初版本中的伴唱、混音等,同时被告也没有进行权利转让,则原告是否获得救济?

---

① 胡康生主编:《中华人民共和国著作权法释义》,法律出版社2002年版,第185页。
② 《著作权法》(2010)第42条。

田峰 v. 北京乐海盛世国际音乐文化发展有限公司

(2009)北京一中民终字第5897号

[2006年,张政创作完成了音乐作品《香烟爱上火柴》。2006年7月10日,田峰视听唱片工作室接受张政委托,甲方承担该曲的编曲、伴唱及混录音制作,并达到出版要求。田峰完成了《香烟爱上火柴》的音乐制作,并交付张政。后来,张政授权国内多家互联网站点使用《香烟爱上火柴》的录音版本。被告宣称该版本非原告录制。原告坚称该版本与自己录制的版本差别很小。原审法院认为:]

田峰主张享有《香烟爱上火柴》的"音乐版权",从其所诉事实及提供的相关证据看,其所谓"音乐版权"本意应是基于对涉案作品在录制过程中进行的编曲、混录音等享有的权利,即作为录音制作者享有的权利。《中华人民共和国著作权法》规定,录音制作者使用他人作品制作录音制品,应当取得著作权人许可,并支付报酬。故原审法院首先审查田峰是否为相关录音作品的制作人。

……

张政认可田峰从事了相应的制作工作,并制作出了相应的录音制品。但根据张政提交的《制作协议》及收条,张政作为词曲作者及表演者,为田峰承担的制作工作支付了报酬,田峰的工作需达到张政的要求,张政显然对相关录音制品的制作享有决定权并承担风险,且协议中并未约定田峰享有相应的录音制作者权……张政、乐海盛世公司主张其使用的录音制品并非田峰参与制作的版本,田峰亦予以认可。综上,田峰并不是被告使用的涉案音乐作品的录音制作者,故对田峰要求张政等被告赔礼道歉、赔偿损失等全部主张,原审法院均不予支持。

田峰不服原审判决,向本院提起上诉称:……被上诉人提供的版本与上诉人的版本,仅仅是被上诉人在音乐中加入一个击打的节拍,其他音乐内容完全一样,这是被上诉人伪造的证据。原审判决借口不是一个版本否认被上诉人侵权是错误的。另外,被上诉人提供的制作协议与上诉人提供的《香烟爱上火柴》的制作协议都明确指明上诉人是音乐制作人,原审判决对该事实没有确认。三、原审判决适用法律错误。音乐版权和词曲版权是两个著作权,原审法院将其混淆。上诉人和被上诉人都提交了一份《制作协议》,两份协议均明确约定:《香烟爱上火柴》的音乐是上诉人制作的,被上诉人在庭审中承认该事实。依据法律规定,上诉人田峰就是此作品的音乐著作权人。被上诉人张政享有《香烟爱上火柴》词曲的著作权,上诉人承认该事实,但是,《香烟爱上火柴》的词曲著作权和音乐著作权是两个著作权,最起码田峰享有署名权,原审法院将这两个权利混淆,是对法律的误解……

本院经审理查明:

田峰对原审判决查明的事实没有异议,田峰在二审过程中认为:……除张政演唱的声音之外,所有的声音都是田峰制作的,这也是一种音乐作品,田峰对此部分享有音乐作品的著作权,另外还享有录音制作者权。

本院认为：

《中华人民共和国著作权法实施条例》（简称著作权法实施条例）第四条第（三）项规定，音乐作品是指歌曲、交响乐等能够演唱或者演奏的带词或者不带词的作品。田峰主张其制作的《香烟爱上火柴》录音制品中除张政演唱的声音之外，其他的声音都是田峰制作的，属于一种音乐作品，由于这些声音不属于上述著作权法实施条例规定的音乐作品，田峰的主张缺乏法律依据，本院不予支持……

田峰实际上主张的是其对于涉案作品在录制过程中进行编曲、混录音等享有的权利，也就是其作为录音制作者享有的权利。虽然田峰制作了相应的录音制品，但根据张政提交的《制作协议》及田峰出具的收条，张政作为《香烟爱上火柴》的词曲作者和表演者，为田峰的制作工作支付了报酬，田峰的工作需要达到张政的要求，可见，田峰的制作工作系按照张政的要求进行的，张政对相关录音制品的制作享有决定权并承担风险，田峰具有获得报酬的权利，其对相应的录音制品不具有录音制作者权。另外，田峰亦认可张政、乐海盛世公司使用的录音制品并非田峰制作的，故涉案音乐作品的制作者并非田峰，其请求本院支持其诉讼请求缺乏事实及法律依据，本院不予支持。

（彭文毅、江建中、侯占恒法官）

在思考上述音乐作品与录音制品的二分做法的合理性时，请结合下列音乐专业人士对于乐谱与音乐文本关系的分析：

乐谱是作曲家音乐创作结果的记录，是作曲家将自己内心创造出的动人心魄的艺术声音形象，经过反复剪裁、筛选等理性化的创作过程后，"外化"成的一系列音乐符号……

作曲家本人都常常无法用乐谱准确地记下内心的音响，可见乐谱是无法同作曲家内心的音乐感觉完全吻合的。然而，乐谱的确体现着作曲家所要表现的主要乐思。一个作曲家在将自己内心那动人心魄的感受"物化"在乐谱上时，总是尽可能地使之清楚明白，当已有的音乐符号无法记录他那种感受时，作曲家会借助文图创造新的记谱法……

但是，由于音乐符号本身的局限性，乐谱不可避免地是以概括的形态展示作曲家创作构思的，这就给接受者留下了许多有待填补的"空白"。因此，乐谱不是音乐文本，而只是音乐"文本"的基础。这一点是确凿无疑的……

我们对音乐"文本"已经具有比较清楚的认识音乐"文本"——TEXT，是在乐谱基础上形成的、以作曲家情感态度为核心、体现着作品基本特征、蕴含着作曲家丰富审美体验的音乐审美意象的产物。①

3.4 保护期限

录音录像制品制作者的权利的保护期为50年，截止于该制品首次制作完成后第

---

① 冯效刚：《对音乐作品"文本"问题的思考》，载《淮北煤师院学报（社会科学版）》1997年第3期，第165—169页。

50年的12月31日。① 《送审稿》(2013)第39条将录音制品保护期的计算法方法修改为"自录音制品首次制作完成后次年1月1日起算"。这一修改,对于实际的保护期的长短并没有影响。

3.5 尊重作者或表演者权利

录音录像的制作者在制作录音录像时,需要尊重在先的著作权或邻接权,因此需要获得相关权利人的许可。具体地说,录制者要尊重在先的音乐作品、剧本等作品的著作权以及表演者权。以下是《著作权法》的具体规定:

> 第40条 录音录像制作者使用他人作品制作录音录像制品,应当取得著作权人许可,并支付报酬。
>
> 录音录像制作者使用改编、翻译、注释、整理已有作品而产生的作品,应当取得改编、翻译、注释、整理作品的著作权人和原作品著作权人许可,并支付报酬。
>
> 录音制作者使用他人已经合法录制为录音制品的音乐作品制作录音制品,可以不经著作权人许可,但应当按照规定支付报酬;著作权人声明不许使用的不得使用。
>
> 第41条 录音录像制作者制作录音录像制品,应当同表演者订立合同,并支付报酬。

显然,唯一的例外是上述划线部分所规定的音乐作品的法定许可。后文在"权利限制"一章对此有专门的讨论,这里不再赘述。

《著作权法》第42条第2款还规定:"被许可人复制、发行、通过信息网络向公众传播录音录像制品,还应当取得著作权人、表演者许可,并支付报酬。"这一规定在实践中可能会引发一些误解,因为它似乎意味着被许可使用录制品的人总是要额外获得录制者之外的在先权利人的授权,才能够利用该录制品。实际上并不总是如此。如果录制者已经获得授权,可以许可他人复制、发行、通过信息网络传输该录制品,则被许可人直接从录制者那里就能获得使用该录制品的授权,而无须寻求额外的许可,也无须支付报酬。如果复制件是录制者经过授权制作并发行的,则后续的使用者再次发行该复制件时,则基于所谓的权利穷竭原则,也无须获得二次授权。

刘耕源 v. 扬州扬子江音像有限公司

江苏省高院(2009)苏民三终字第0196号

[刘南薇改编了传统越剧剧目《梁山伯与祝英台》,并于1951年发表于《人民文学》第二期第五卷。] 2005年,扬子江音像公司出版发行了越剧《梁山伯与祝英台》VCD影碟……经比对,1951年《人民文学》第二期第五卷中刊登的《梁山伯与祝英台》越剧剧本与扬子江音像公司使用的剧本有70%以上的内容相同。[原告认为,扬子江

---

① 《著作权法》(2010)第42条第1款。

音像公司的行为不仅侵犯了刘南薇的署名权,也损害了其享有的复制、发行及获得报酬权。]

本院认为:……

扬子江音像公司上诉认为其已获得了上海越剧院的合法授权,系善意取得相关著作权利,不构成侵权。本院认为,录音录像制品的制作者使用他人作品制作录音录像制品,或者许可他人通过复制、发行、信息网络传播的方式使用该录音录像制品,均应依法取得著作权人及表演者许可,并支付报酬。扬子江音像公司作为一家专业录音、录像制品制作者,有义务查明所使用的作品的著作权人,并按法律规定履行署名、支付报酬等义务。在有资料可以查实《梁山伯与祝英台》越剧剧本最早改编者的情况下,扬子江音像公司未尽到合理的审查义务,在没有取得刘南薇的继承人刘耕源、刘朝晖同意的情况下,制作、出版了大部分内容使用刘南薇改编的涉案越剧剧本的VCD,且没有为刘南薇署名,侵犯了刘南薇的署名权,也侵犯了刘耕源、刘朝晖的著作财产权。扬子江音像公司关于其不构成侵权的上诉理由于法无据,本院不予采信。

(袁滔、王天红、张长琦法官)

4 广播组织

4.1 节目信号

广播组织为制作节目信号,作出了实质性的投资。这一投资包括必要的版权许可的购买、节目的制作、信号制作与传输方面的技术投入等等。因此,广播组织自然希望能够按照自己预期的方式控制这些节目信号的传输,以收回投资。

著作权法上,广播电台和电视台(以下合称广播组织)的节目信号的定性,不是十分清楚。节目信号作为持续的电磁信号或数据流,其中承载了一定的信息内容。这些信息内容可能是著作权法上的作品,也可能不是。节目信号原本非常接近作品碎片的临时复制件。但是,节目信号本身的实时性、瞬时性,使得公众很难将节目信号视为传统意义上的作品的复制件。

需要特别强调,这里所说的节目信号与广播组织自己创作的节目内容是两个完全不同的概念。广播组织所创作的具有独创性的节目内容,可能属于现有著作权法上的文字作品、音乐作品、戏剧作品、视听作品等等。这些内容完全可以获得独立于邻接权体系的著作权保护。邻接权体系下,立法者只关心节目信号,不关心节目内容。理解这一点很重要,否则会产生很多认识上的混乱。

理论上讲,在多数情况下广播组织节目信号中所体现的信息内容可以获得著作权保护。他人非法转播(以无线形式),会侵害著作权人的广播权。只要与著作权人合作,广播组织就能够阻止他人转播或复制其节目信号。不过,这增加了广播组织的协调成本。每次纠纷出现后,广播组织就必须找著作权人协调。广播组织有时候的确会播放一些不受版权保护的信息内容,比如过了保护期的电影等。这时候,就没有办法利用著作权来阻止他人利用其节目信号。

4.2 广播组织对节目信号享有的权利

《著作权法》赋予广播电台和电视台对于广播和电视节目信号一定的控制权。未经广播组织许可,他人不得**转播、录制或复制**其广播的节目信号。① 相比一般著作权人而言,立法者显然只是赋予广播组织非常有限的几项权利。

《著作权法》并没有具体定义何谓"转播"。依据《罗马公约》第 3 条(g)关于转播(rebroadcasting)的定义,它是指一个广播组织对另一广播组织的节目信号的同步广播。权威意见指出,立法者当初接受了广播电影电视总局的意见,考虑过无线和有线两种转播方式,二者均包含在"转播"之中。② 因此,电视台之间无论是通过有线还是无线电视网络进行的实时转播,都在控制之列。在《送审稿》(2013)中立法者已经明确了这一点。③ 不过,随着网络技术的进步,通过有线或无线的互联网络进行的实时传播电台的节目信号,是否属于传统意义上的"转播",存在争议。主流的意见似乎认为,通过网络进行的"转播",并非著作权法上的"广播"。因此,就会出现不合理的结果:广播组织可以制止他人通过传统的电视台或电台转播,却不能阻止受众范围更广的转播。这无疑是一大讽刺。

其实,日程生活中,公众实际上已经忽略了这种技术差异。在国内法上,如果缺乏明确的排外性规定,同时,扩充解释并不改变利益平衡关系,法院似乎没有必要人为地阻止"转播"一词的自然扩展。因此,本书作者主张,在技术进步导致"三网"或者多网融合的情况下,"网络转播"应该被解释为著作权法意义上的"转播"。

有一定时间差的录播或重播,从字面意思上看,并不属于上述"转播"。当初,立法者建议的条款是广播组织有权禁止他人未经许可"将其播放的广播电视以无线方式重播"。后来,立法者应广电总局的要求将"重播"改为"转播"。④ 广播组织不能利用所谓"转播权"对此类行为进行控制。不过,录播的前提是有录制或复制。如前所述,广播组织可以禁止他人录制其节目信号。因此,广播组织还是能够制止他人录播。

当然,这里需要特别强调,如果广播组织自己录制了用以播放的影音作品或制品,则广播作者可以基于《著作权法》上关于影音作品著作权或者影音制品录制者邻接权的规定而享有单独的著作权或邻接权。比如,中央电视台每年录制春节联欢晚会节目,作为录制者甚至是出品人,中央电视台对这些节目就享有著作权或邻接权。具体地说,可能包括署名权、保护作品完整权、发行权、信息网络传播权等一系列权利。这

---

① 《著作权法》(2010)第 45 条 广播电台、电视台有权禁止未经其许可的下列行为:
(一)将其播放的广播、电视转播;
(二)将其播放的广播、电视录制在音像载体上以及复制音像载体。
前款规定的权利的保护期为五十年,截止于该广播、电视首次播放后第五十年的 12 月 31 日。
② 胡康生主编:《中华人民共和国著作权法释义》,法律出版社 2002 年版,第 186 页。
③ 《著作权法修改草案送审稿》(2013)第 42 条第 1 款:"许可他人以无线或者有线方式转播其广播电视节目"。
④ 全国人大法律委员会主任委员王维澄:《关于修改著作权法的决定等五个法律草案修改意见的报告》,2001 年 10 月 27 日。报告节选载胡康生主编:《中华人民共和国著作权法释义》,法律出版社 2002 年版,第 277—279 页。

些权利与广播组织对其单纯的广播节目信号所享有的专属权利,没有直接关系。换句话说,即便中央电视台没有播出该晚会,它依然对其录制的节目享有上述著作权。

4.3 网络广播组织

网络电台或网络电视台是否是著作权法上的广播组织不无疑问。如果网络广播组织将其自己享有著作权的节目制作成数字化文件,由用户在其选定的时间自由下载或点播,则著作权法可以在信息网络传播权的框架下为网络广播组织提供保护。无需将数字化文件本身视为节目信号而寻求邻接权的特殊保护。

如果网络电台或网络电视台对其播放的节目内容并不享有著作权,则无法依据所谓的信息网络传播权或其他著作权权能来寻求保护。另外,如果网络广播组织没有将其传播的文件形成永久的数字化文件,而是以数据流的形式(流媒体)实时传播,则更接近传统的广播组织。如果有人截取其传输的数据流,则可能损害该网播组织的利益,但是依据信息网络传播权并不能阻止该行为。在上述两种情形下,邻接权式的保护似乎又变得非常必要。在著作权法不能提供有效保护的情况下,当事人可能寻求《反不正当竞争法》第2条原则条款的保护。

5 出版者

《著作权法》(2010)第36条:

> 出版者有权许可或者禁止他人使用其出版的图书、期刊的版式设计。
>
> 前款规定的权利的保护期为十年,截止于使用该版式设计的图书、期刊首次出版后第十年的12月31日。

5.1 版式设计的含义

对于版式设计,著作权法没有提供定义。法院所广泛接受的定义是:"所谓版式设计,是对印刷品的版面格式的设计,包括对版心、排式、用字、行距、标点等版面布局因素的安排。版式设计是出版者在编辑加工作品时完成的劳动成果。"[1]"被出版的作品是否受到著作权保护并不影响版式设计的成立。即便是影印古籍,只要出版者投入了智力劳动,如寻求善本、配书、补页、文字润色、版面修饰等,他仍然创造出来了受保护的版式。"[2]

在《中国学术期刊(光盘版)》电子杂志社 v. 赵萍萍案(上海市一中院(2006)沪一中民五(知)终第字16号)中,有一个很有意思的问题,即电子文档格式是否是版式设计的一部分。法院给出了否定的答案:

> 上诉人认为,数据格式亦属于版式设计的一种,故上诉人在本案中针对被上诉人出售CAJ格式论文的行为从版式设计专用权角度主张保护。本院认为……从上诉人

---

[1] 胡康生主编:《中华人民共和国著作权法释义》,法律出版社2002年版,第149页。
[2] 同上。

所陈述的使用 CAJ 格式的目的来看,应当属于一项为防止恶意复制而加设的技术措施,故将数据格式归入版式设计并主张与之相关的行为构成侵权缺乏法律依据,上诉人的该上诉理由不能成立。

5.2　版式设计专有权的内容

出版社针对自己出版的图书或期刊的版式设计享有专有权。不过,《著作权法》上只有一条对此作出非常简要的规定,即第 36 条:

> 出版者有权许可或者禁止他人使用其出版的图书、期刊的版式设计。
>
> 前款规定的权利的保护期为十年,截止于使用该版式设计的图书、期刊首次出版后第十年的 12 月 31 日。

这里立法者采用非常模糊的"使用"一词来定义出版者的专有权利的内容。从这权利设置的目的看,主要是防止出版者的竞争对手利用相同的版式设计出版图书。因此,这里的使用至少包含所谓的"复制、发行"等。除此之外,是否还包含更多的内容,则存在很大的不确定性。比如,在下面的北京大学出版社 v. 深圳市腾讯计算机系统有限公司案中,法院就认为就认为出版者对于版式设计不享有所谓的控制信息网络传播的权利。权威意见认为"版式设计权的保护范围是很狭小的,一般仅仅表现为专有复制权。另外,通常它也不包含人身权利的因素"①。

北京大学出版社 v. 深圳市腾讯计算机系统有限公司

北京海淀区法院(2010)海民初字第 21154 号

[本案中,北大出版社 2008 年出版了诉争的图书。该书封面署名:"主编:姜丹、万春旭、张飏;副主编:孙文力、高倩、王欣惠、刘丽霞"。封底署名:"封面设计:李亮。"依据图书出版合同对该图书享有专有出版权,但没有信息网络传播权。北大出版社指控盛世创富公司制作了电子版涉案图书、腾讯公司假借搜索链接为名将电子版涉案图书存储在自己服务器上供用户下载。庭审过程中,北大出版社表示其主张保护的对象是版式设计,包括"封面、封底、文字内容、编排格式、布局排列等",主张保护的权利是信息网络传播权。]

本院认为:

……

版式设计是对印刷品的版面格式的设计,包括对版心、排式、用字、行距、标点等版面布局因素的安排。版式设计是出版者在编辑加工作品时完成的劳动成果,属于邻接权保护范围。《中华人民共和国著作权法》第 36 条规定:出版者有权许可或者禁止他人使用其出版的图书、期刊的版式设计。由此可见,出版者对其版式设计享有专有使用权,即除出版者自己使用其版式设计外,他人未经许可不得擅自按原样复制。结合

---

① 胡康生主编:《中华人民共和国著作权法释义》,法律出版社 2002 年版,第 148 页。

版式设计的含义、用途和出版行业惯例等因素综合考虑,版式设计权的保护范围比较狭小,一般仅以专有复制权为限。

装帧设计是对开本、装订形式、插图、封面、书脊、护封和扉页等印刷物外观的装饰。有独创性的装帧设计可以成为著作权法保护的作品,但其权利归设计者享有。

庭审过程中,北大出版社表示其主张保护的对象是版式设计,包括"封面、封底、文字内容、编排格式、布局排列等"。可见其主张的内容实际包括版式设计、装帧设计、图书内容三部分。原告称其主张的权利为信息网络传播权,故本案应当适用《信息网络传播权保护条例》。根据《信息网络传播权保护条例》第 2 条的规定,《信息网络传播权保护条例》的保护对象仅限于作品、表演、录音录像制品。版式设计本身不属于作品、表演、录音录像制品,并非《信息网络传播权保护条例》的保护对象。装帧设计和图书内容可以构成作品,但现有证据不能证明原告享有相应权利。

(蒋强、刁云芸、曹晓颖法官)

思考问题:

(1)《信息网络传播权保护条例》不适用,就意味着版式设计不享有信息网络传播权吗?

(2)为什么不能将本案的诉争行为解释为著作权法意义上的"使用"版式设计的行为?比如"复制行为"?

在下面的案例中,法院甚至提到"署名权"和"保护作品完整权"等,这应该属于出版者邻接权的内容吗?为什么?

朱高登 v. 国防工业出版社

北京市海淀区法院(2008)海民初字第 1685 号

原告朱高登诉称:

2005 年 12 月,由泠风撰写的《游北京逛西城》由中国文联出版社出版。原告作为封面及版式设计者,在全书版式及图片修改和色彩运用方面有独特的表现形式,使得该书出版后在版式方面获得一致好评。在该书封底中,原告作为装帧设计,其名字被列于明显地位,由此确认了原告在这套丛书中独创性劳动。原告作为版式设计的原创作者,享有这些作品的著作权人身权,即署名的权利。

2007 年 3 月,原告见到由新时代出版社出版的英文版《游北京逛西城》,该书的装帧署名为彭建华、刘静琪、李珊。该书不仅完全使用了此前原告加工的摄影图片或者添加的图片素材,且其版式更与原告图书极为相似。经统计,英文版图书两部书除版式页外共计 334 页,其中有 330 页同中文版图书的版式完全相同或极为相似(相似页仅是因为中英文文字的差异而对图片进行缩小、移位或者页码的扩展),比率达到 98.8%。经了解,《游北京逛西城》中文版的出版方中国文联出版社并未许可被告使用该书的版式设计。而被告在私自使用他人享有权利的图书版式时故意删掉原告的名字换上并未付出劳动的他人名字,严重侵权原告的署名权。同时被告在使用原告设计的版式时,于《STROLLING》卷的第 140—141 页对原告创造性设计的版式进行了原则性的破坏,严重歪曲了新华门的形象,这一行为侵犯了原告的保护作品完整权……

被告国防出版社(国防出版社的第二社名为新时代出版社)辩称:版式设计的使用权、署名权 10 年是归出版社,故原告诉我方没有依据,版式设计没有特殊性,不存在侵权事实。请求法院驳回原告的诉讼请求。

……

庭审中,原告朱高登认为,装帧设计包括封面和版式设计。英文版图书的版式,除了 Strolling 卷的第 140—141 页新华门作了破坏外,其他的版式都是基本相同或相似的。被告国防出版社则认为,版式设计不同于装帧设计,不能包括在装帧设计中,版式设计的权利归出版社所有,且二者版式设计并不相同。

比较中,英文版的《游北京逛西城》,后者和前者的封面设计上并不相同,版式设计上整体给人的印象是相同或相似,如整体图文的搭配布局、正文部分切口书眉位置的色块等,不同之处除了因为英文字数较中文多等而有一些页进行了缩图、扩图、删图、加图、随文图片的移位、换位、色块的增加、页码的拓展等,后者也增加了一些设计,如英文字体和字号的设计,对目录的页码进行了夸张的大页码设计,正文部分切口书眉的位置的色块颜色虽与中文版一致,但左边书眉部分将扇子变成了华表,右边页码下的书眉采用毛笔"飞白"的效果,每一个"Discovery"进行了单独的标志化设计,"Must-sees"增加了狮子图片元素的运用和色框的变化,"Traveling Strategies"和"Tips"栏目增加了不同的设计元素等。但整体而言,应认为后者的版式是在前者的基础上,套用前者并进行进一步修改、设计而来的。另外,《STROLLING》卷的第 140—141 页因中英文标题摆放的不同,对新华门照片进行了剪切,造成新华门形象的破坏。

……

本院认为,从法律意义上看,版式设计是指印刷品的版面格式的设计,包括对版心、排式、用字、行距、标题、引文、标点、图表安排以及其他版面因素的安排。装帧设计,是指对报纸杂志和图书的装潢设计,包括封面、开本、书脊、封里和扉页等印刷物外观的设计。但在出版行业,有时并不做非常严格的区分,有人亦从广义上理解装帧设计,将版式设计理解为装帧设计的组成部分。特别是在四色彩印图书中,由于需要将文字、色彩、插图等组合成的版面进行特定设计,每一页的版面文字、色彩、插图摆放等可能都需要运用专门的美术软件加以设计制作,行业惯例中,如果彩色版面的设计与封面设计为一人,常统称为"装帧设计",如封面设计另有其人,则分别署"封面设计"、"版式设计"。原告朱高登提供的图书上载明"装帧设计朱高登",考虑本案的图书实际情况确实需要每页进行单独设计制作,特别是作为原告代理人的刘云萍同时是皮特曼中心的主要负责人,参与了本书的制作过程,其表示该书版式设计是朱高登进行的,而被告又不能提供相关证据证明《游北京逛西城》中文版一书的版式设计另有其人,故本院依据证据规则,认定朱高登为《游北京逛西城》中文版一书中装帧设计包括版式设计的设计人,其对其装帧设计、版式设计享有署名权。被告辩称,版式设计归出版社,但按照法律规定,出版社享有的是对其出版的图书版式设计的专有使用权,版式设计、装帧设计的署名权仍应属于实际设计者。

通过前面对于英文本图书和中文版图书的对比可知,英文版图书的版式设计是在中文版的基础上,套用中文版的相关图文设计格式和搭配,同时考虑英文和中文的字数差别等因素,进一步修改、设计而来的,二者具有很大的相同、相似性,故本院对被告辩称二者的版式设计并不相同的辩称不予采信。国防出版社在出版英文版图书时,应看到、接触了之前已出版的中文版图书,而中文版图书中已明确标明装帧设计为朱高登,其在出版英文版时以中文版的版式设计为基础进行进一步修改、设计,却在装帧设计中将原告的署名去掉,仅署了后来设计者的名字,其行为具有过错,侵犯了原告的署名权,应承担相应侵权责任。原告并主张被告在《Strolling》卷第140—141页对新华门的照片进行了剪切,从而使其版式设计遭到了原则性的破坏,侵犯其保护作品完整权,但本院认为,保护作品完整权是指作者有权禁止他人歪曲、篡改和割裂其作品,并且此种歪曲、篡改和割裂会有损于作者的声誉。对于本案来说,被告进行照片的剪切和版式的重新安排是出于英文标题的排版问题而进行的修改,且这种修改并不会造成对版式设计者声誉的损害,故对原告有关被告侵犯保护作品完整权的主张,本院不予支持。

(卢正新、李颖法官,韩玉魁人民陪审员)

5.3 "出版者"才有的权利?

从著作权法的条文看,似乎只有出版者才享有所谓的版式设计专有权。不过,立法者并没有定义"出版者"。如果严格限制出版者为传统意义上的出版社,在版面设计与实际设计者分离的情况下,就会引发争议。下面就是一例。

汽车杂志社 v. 中国汽车工业经济技术信息研究所

四川省成都市中院(2002)成民初字第938号

原告杂志社诉称,杂志社出版的《汽车杂志》(以下简称《汽》),自2000年第1期起即使用委托北京德润文化发展中心(以下德润中心)设计的版式设计,并一直沿用至今……2000年11月杂志社与北京德润时代图文制作有限公司(以下简称德润公司)签订了委托制作合同,但德润公司实际上使用了原德润中心的版式设计而作出了相应的版式设计。2002年出版的《汽》与2000年的《汽》在版式设计的风格上略有改动,但总体仍然相似。被告[中国汽车工业经济技术信息](以下称研究所研究所)未经杂志社许可,在其出版的2002年第9期《中国汽车画报》(以下简称《中》)在刊标等版式设计上抄袭了杂志社出版的《汽》,侵犯了杂志社在《汽》上拥有的版式设计专用权……

本院根据上述有效证据认定以下事实:

……

二、2000年1月3日,杂志社与德润中心签订《汽车杂志委托制作合同》,约定:由德润中心为杂志社出版的《汽》进行图文制作和印务咨询服务,包括图版的拍摄和加工、版式设计、出片打样等印前准备工作。合同有效期为8年。签约后,德润中心依照合同约定为《汽》进行了包括刊标在内的整个设计。刊标为矩形红底白字"汽车杂志"及"AUTO MAGAZINE"组成,"汽车"与"杂志"分列两行,"汽车"在左上,"杂志"在右下,英文字体相对较小,位于"汽车"二字正下方。自签约当月至2001年11月出版的《汽》均使用了该刊标;德润中心为杂志社进行的封面版式设计为:"封面故事"中车型,要求:有冲击力,突出主题;标题文字,汉仪中等线简,文字大小根据图片来定;副标题,本期重点介绍,汉仪中黑简;标志固定位置左上角,尺寸为140 mm×50 mm。

2000年11月9日,杂志社与德润公司签订《汽车杂志委托制作合同》,约定:杂志社拥有《汽》的所有权与经营权。德润公司受杂志社委托为《汽》提供独家图文制作及制版和印刷服务。有效期至2007年12月31日。2001年12月1日出版的《汽》开始使用德润公司制作的刊标及其他版式设计。德润公司设计的刊标与德润中心设计的刊标相比有所改动,即"杂志"二字向左移动约半个字的位置,英文变为斜体并移至"杂志"二字的下行偏右位置,其他则维持不变。德润公司为杂志社的封面版式设计为:封面中车型,要求:有冲击力,突出主题;主题文字,字体汉仪中等线简和汉仪大黑简,文字大小根据图片来定;标题下的装饰英文为厂家和车名,字体为Arial Black;次标题,为本期中重点介绍,标题文字同上,图片则根据版式要求灵活掌握;标志固定位置为距左边6.5 mm,距上边15 mm,尺寸108.5 mm×51.5 mm;本期出现的重点车型,字体汉仪中黑简+Arial,字号:14pt;本期出现的测试与驾驶,字体汉仪中等线简和汉仪大黑简,颜色随版式而变。

……

三、中国版权协会鉴定委员会受本院委托,对《汽》与2002年第9期《中》版式设计是否相同,进行了比对鉴定……鉴定结论:《汽》第7、8期与《中》8、9期的版式设计实质上相同,属同一设计(创作)人员的版式设计为两刊使用。

本院认为:

(一)杂志社主张的内容是否属于版式设计的范畴

版式设计是指图书、报纸、杂志的排版格式,如版心、字体、字号、行距、花边、页眉、插图、报头等版面布局造型的设计。杂志社在庭审中主张的版式设计内容包含:1. 刊标的设计;2. 期刊号的字体,包括期刊月号的突出使用;3. 条形码的位置;4. 内文在封面提示的字体、字号;5. 封面车辆与背景的安排与布局;6. 内页页眉的安排;7. 栏目的设置的字体、字号、颜色;8. 内页插图的位置、大小;9. 封面页眉与页脚的设计;10. 版权页的设计;11. 页码标注的方式。针对杂志社的上述主张,研究所认为刊标及封面属于美术作品,应获得著作权的保护,而非以杂志社主张的版式设计专用权进行保护。

本院认为,其一,封面中的刊标应为美术作品。[法院认为,由于没有合同约定,上述刊标著作权授予受托人,因此杂志社不享有著作权。]

其二,杂志社主张的封面应为版式设计。杂志社主张的封面包括期刊号字体、条形码的位置、内文在封面的提示的字体、字号,封面车辆与背景的安排与布局、封面页眉与页脚的设计等,上述主张均是针对封面的排版格式及版面布局造型的设计,封面车辆应系单独的摄影作品,但杂志社并未对此主张著作权,而是针对该摄影作品的安排与布局主张版式设计专用权。杂志社主张系封面的排版格式及布局,而非以线条、色彩或其他方法构成的艺术作品封面,本案的审理也围绕杂志社的主张而展开,杂志社主张的上述内容均应属于版式设计内容,体现出版者在排版格式上的编排,故本院认为杂志社主张的除刊标外的2—11项的内容均属于版式设计的范畴。对研究所称杂志社主张的系设计风格并非法律所保护内容的主张,本院认为,期刊的版式设计一旦形成,则具有相对的稳定性,其设计元素是相对固定的,杂志社所主张的内容并非指其设计风格,而是其一直使用的版式设计,故本院对研究所的此项主张不予支持。

(二)杂志社是否享有2000年第1期到2000年第8期的版式设计专用权

根据《中华人民共和国著作权法》第35条之规定,出版者有权许可或者禁止他人使用其出版的图书、期刊的版式设计。依据上述法律规定,版式设计专用权的权利主体为出版者。法律对版式设计专用权仅指明由出版者享有,未规定可由其他人包括设计者享有版式设计专用权,故本院认为,出版者进行了期刊的出版活动,则依法享有对所出版期刊版式设计的专用权,且此专用权表现为"有权许可或者禁止他人使用其版式设计"。在本案中,德润中心、德润公司在与杂志社签订的合同中,均未对本案诉争版式设计的专用权进行特别约定,故依照法律规定,杂志社依法出版《汽车杂志》,则作为出版者享有对《汽车杂志》版式设计的专用权。对本案研究所称杂志社的版式设计由德润中心设计《汽车杂志》的版式设计,故应享有该版式设计的著作权的意见,本院认为,《中华人民共和国著作权法》对版式设计的规定为第35条,并未赋予设计者对版式设计享有著作权的规定,该条款位于有关出版者权利义务的第四章,故设计者对版式设计不享有著作权,因而也不能适用《中华人民共和国著作权法》第17条关于委托作品的规定。设计者只能享有与出版者签订合同中所载明的权利及义务……对研究所称设计者享有著作权的主张本院不予支持;对杂志社称享有《汽车杂志》版式设计专用权的主张本院予以支持。

(三)研究所行为的性质

研究所主张的2002年第9期《中》在组成形式、颜色、与图文的搭配上与《汽车杂志》存在差异,并未达到复制使用《汽车杂志》版式设计的程度,故不构成侵权。依照《中华人民共和国著作权法》第46条第1款第(九)项关于未经出版者许可,使用其出版的图书、期刊的版式设计的系侵权行为之规定,通常版式设计专用使用权仅仅表现为专有复制权。权利人有权禁止他人未经许可擅自按原样复制或进行少量改动后复制使用其版式设计。研究所出版的2002年第9期《中》的版式设计与杂志社之前使用

2002年第7、8期《汽车杂志》的版式设计实质相同,故对研究所"存在差异、未达到复制使用程度"的主张不予支持。本案系研究所未经杂志社的许可,使用其出版的期刊的版式设计的行为已侵犯了杂志社的版式设计专用权。研究所称其使用的版式设计系由设计者即德润公司许可,故未侵犯杂志社版式专用权的意见,本院认为,首先因版式设计专用权法律规定只有出版者享有,研究所称可由设计者享有的主张于法无据;其次,德润中心、德润公司与杂志社签订的合同未特别约定所设计的《汽车杂志》的版式设计专用权的归属,而本案杂志社所主张的内容2—11均属于版式设计而非著作权,故不能适用《中华人民共和国著作权法》第17条关于委托作品的规定,德润公司从而也不享有其设计的版式设计的著作权而有权许可他人使用,故研究所称获得德润公司许可而属合法使用的主张不能成立,本院不予支持。对杂志社主张研究所侵犯其版式设计专用权的主张理由充分,本院予以支持。

(李源、钟晞鲲法官,黄煜人民陪审员)

思考问题:

(1) 版式设计究竟是一种受保护的表达还是一种抽象的设计风格?如何排除其中不受保护的思想内容?

(2) 限制设计者享有版式设计专用权,正当性何在?

(3) 委托进行版式设计,为什么不参照委托作品权属的规定?

5.4 装帧设计

装帧设计是对"开本、装订形式、超图、封面、书脊、护封和扉页等印刷物外观的装饰"。① 1991年《著作权法》对于出版社的邻接权没有规定,立法者在《著作权法实施条例》(1991)第38条将装帧设计与版式设计放在一起作为出版者的邻接权客体加以保护——"出版者对其出版的图书、报纸、杂志的版式、装帧设计,享有专有使用权。" 2001年修改《著作权法》时,版式设计的保护被写入《著作权法》,而装帧设计部分则被删除。

当时,有意见认为,封面设计大多数是美术作品,其权利人是封面设计者而不是出版社,因而反对将其列为邻接权保护对象。②其实,封面设计如果具有独创性,自然可以作为美术作品加以保护。这其中的道理就像出版社也可以对图书中自己添加的插图作品主张著作权保护而不影响其主张版式设计保护一样。如果不具有独创性,则很难理解,为什么要从法律上区别对待装帧设计与版式设计,毕竟装帧设计中的很多考虑与版式设计没有太大差别。

---

① 胡康生主编:《中华人民共和国著作权法释义》,法律出版社2002年版,第150页。
② 同上书,第150—151页。

第 10 章
著作权集体管理

1 著作权集体管理概述

1.1 著作权集体管理的概念

著作权的集体管理有多种含义。在最广泛意义上，多个著作权人通过适当的机制，将自己的著作权集中起来行使，就可以说是著作权的集体管理。著作权人集中著作权的法律机制非常多，包括著作权转让、许可、普通代理、信托、投资入股等等。现在市场上各类版权代理公司、出版社、杂志社、唱片公司甚至某些数字图书馆等，经过原始的著作权人的授权或许可，控制着相当数量的作品的版权，可以对外发放许可。这些机构实际上就是广泛意义上的"著作权集体管理机构"。

在中国《著作权法》上，著作权集体管理则被赋予了很窄的含义。它是指"著作权集体管理组织经权利人授权，集中行使权利人的有关权利并以**自己的名义**"进行著作权许可的相关活动，比如订立著作权许可合同、收取许可费、分配许可费以及相关维权活动（诉讼或仲裁）等。①《著作权集体管理条例》（2005）的制定者当时显然希望，只有那些经过版权局批准确认为"著作权集体管理组织"的机构，才能够被称作著作权集体管理组织。同时，该条例要求集体管理组织对外必须以"自己的名义"而不是著作权人的名义活动。这一规定虽然不能阻止很多机构实质上从事广义的著作权集体管理活动，但是的确可以阻止它们自称"著作权集体管理组织"。②这大概类似很多企业组织没有依据公司法注册，因此不能对外自称公司一样。

值得一提的是，著作权法《送审稿》（2013）拓宽了集体管理组织的授权来源，不仅涵盖著作权人和相关权人的授权，也包含法律的规定。③这为集体管理组织依据法律直接规定而不是依权利人授权而管理部分著作权或相关权铺平道路。

对著作权人而言，著作权集体管理的最主要目的是产生规模效应，降低著作权许可的交易成本和著作权维权的管理成本。音乐、电影等作品的应用范围很广，单个的著作权人如果不借助集体管理组织的力量，根本不可能——与潜在的作品使用者谈判

---

① 《著作权集体管理条例》（2005）。
② 崔国斌：《著作权集体管理组织的反垄断控制》，载《清华法学》2005年第6辑，第110—138页。
③ 《著作权法修改草案送审稿》（2013）第61条第1款。

并签署许可协议,同时也不可能有效地监督分散在全国各地的著作权使用或侵权行为(具体包括舞台表演、机械表演、广播等)。成千上万的著作权人走到一起,通过著作权集体管理组织才能够分担这样的成本,产生规模效应。

对于潜在的被许可人而言,集体管理组织也会给它们带来好处——降低它们与著作权人进行许可协议谈判的交易成本。典型的被许可人是电台、电视台、商业演唱会的组织者、网络服务商等等。它们可以和著作权集体管理组织签署一揽子许可协议,从而避免事先和无数著作权人进行单独的著作权许可谈判。

1.2 中国主要集体管理组织

现在,版权局已经批准设立或筹建的著作权集体管理组织有以下五家:中国音乐著作权协会、中国音像集体管理协会、中国文字著作权协会、中国摄影著作权协会和中国电影著作权协会等。以下对前三个集体管理组织做简要介绍。

中国音乐著作权协会(简称"音著协")是由国家版权局和中国音乐家协会于1992年共同发起成立的"中国大陆唯一的音乐著作权集体管理组织,是专门维护作曲者、作词者和其他音乐著作权人合法权益的非营利性机构"。[①] 它负责集中行使音乐词曲作品的复制、表演、广播和信息网络传输等著作权,为音乐作品使用者提供许可服务。以下是该协会自己描述的业务范围:"对音乐作品的机械复制,如出版音像制品、制作电脑卡拉OK机等,举办现场演出活动,在餐厅、酒吧、宾馆、歌厅、飞机客舱、火车车厢等公共场所播放背景音乐,广播电台、电视台演播音乐作品以及通过网络使用音乐作品等使用行为,均在协会提供许可发放的范围之内。"[②]音著协是国内历史最久也相对规范的集体管理组织,在国内有大量的维权案例,在本教科书中也有体现。

中国音像著作权集体管理协会(简称"音集协")2008年正式成立。[③] 音集协对音像节目的表演、放映、广播、出租、信息网络传播、复制、发行等权利进行集体管理。[④]这里的音像节目是指"受著作权法保护的录音、录像制品和以类似摄制电影的方法创作的作品(不包括电影、电视剧等)。"[⑤]显然,该组织管理的客体分两类:其一,《著作权法》意义上的录音录像制品。其二,非电影或电视剧但与之类似的影像作品。《著作权法》赋予上述两类客体的权利内容并不相同。对于录音录像制品,著作权人享有的权利有限,即"复制、发行、出租、通过信息网络向公众传播并获得报酬的权利"。[⑥]对于

[①] 中国音乐著作权协会,关于协会参见 http://www.mcsc.com.cn/mcscInforList.php? partid = 5,最后访问2014年8月1日。

[②] 同上。

[③] 中国音像著作权集体管理协会,中国音像著作权集体管理协会在京成立,http://www.cavca.org/news_show.php? un = xhxw&id = 268&tn = %D0%AD%BB%E1%D0%C2%CE%C5,最后访问2014年8月1日。

[④] 中国音像著作权集体管理协会《协会章程》第7条。http://www.cavca.org/xhzc.php,最后访问2014年8月1日。

[⑤] 中国音像著作权集体管理协会《协会章程》第2条。http://www.cavca.org/xhzc.php,最后访问2014年8月1日。

[⑥] 《著作权法》(2010)第42条。

后一类作品,著作权人享有《著作权法》(2010)第 9 条所罗列的绝大部分权利。音集协将电影和电视剧排除在外,应该是为了和中国电影著作权协会的管理权限划分界限。

中国文字著作权协会(简称"文著协"),由中国作家协会、国务院发展研究中心等 12 家著作权人比较集中的单位和陈建功等五百多位我国各领域著名的著作权人共同发起,并于 2008 年在北京成立。①协会负责集中管理会员的文字作品的著作权。除此之外,经国家版权局确认,文著协负责报刊转载和教材编写两项法定许可的稿酬收转工作。

1.3　集体管理组织的设立

广义上的著作权集体管理组织,可以自由设立,并不需要经过版权局的批准。对此,本书作者在若干年前就有分析:

> 中国市场上各种著作权权利中心已经广泛存在,比如版权代理公司、出版社、唱片公司等等。它们的设立和运行虽然要接受行业主管部门的管理和约束,但是基本上还是比较自由的。版权局不能通过设置实质性的障碍的方式对这些权利中心的数量进行有效控制,也不能对这些权利中心的市场行为进行过多的干预。道理很简单:著作权是一种私权,权利中心与著作权人之间的合同通常不涉及公益,行政机关干涉双方的合同自由缺乏法律依据。即使那些普通的权利中心非法经营,损害了版权用户和著作权人的利益,受害者依据著作权法等民事法律或者市场管理法规就能够获得有效救济。在这种背景下,以行政许可的方式为此类权利中心的设立设置实质性的障碍,不仅没有上位法律依据,也没有什么现实意义。②

国家版权局关于对著作权经营许可问题的意见

(国权办[2003]22 号)

……

一、著作权买卖实际上是一种将著作权进行转让的法律行为。根据著作权法第十条规定,著作权人可以全部或者部分转让本条第一款第(五)项至第(十七)项规定的权利。因此,从事著作权买卖经营不需要经版权行政管理部门的批准。但经营者应遵守有关国家从事经营活动的法律法规。

二、如果受他人委托办理涉外著作权转让或许可使用,则是一种著作权涉外代理行为。根据国家版权局和国家工商行政管理局 1996 年 4 月 15 日联合发布的《著作权涉外代理机构管理暂行办法》,成立著作权涉外代理机构或开办著作权涉外代理须经国家版权局批准,并到工商行政管理部门登记注册。

如果要设立狭义的《著作权集体管理条例》意义上的著作权集体管理组织,则需

---

① 中国文字作品著作权协会,协会简介 http://www.prccopyright.org.cn/staticnews/2010-01-28/100128145635437/1.html,最后访问 2014 年 8 月 1 日。
② 崔国斌:《著作权集体管理组织的反垄断控制》,载《清华法学》2005 年第 6 辑,第 110—138 页。

要满足该条例所规定的条件,并经过版权局的核准。相关条文如下:

第七条　依法享有著作权或者与著作权有关的权利的中国公民、法人或者其他组织,可以发起设立著作权集体管理组织。

设立著作权集体管理组织,应当具备下列条件:

(一) 发起设立著作权集体管理组织的权利人不少于50人;

(二) 不与已经依法登记的著作权集体管理组织的业务范围交叉、重合;

(三) 能在全国范围代表相关权利人的利益;

(四) 有著作权集体管理组织的章程草案、使用费收取标准草案和向权利人转付使用费的办法(以下简称使用费转付办法)草案。

第九条　申请设立著作权集体管理组织,应当向国务院著作权管理部门提交证明符合本条例第七条规定的条件的材料。国务院著作权管理部门应当自收到材料之日起60日内,作出批准或者不予批准的决定。批准的,发给著作权集体管理许可证;不予批准的,应当说明理由。

第十条　申请人应当自国务院著作权管理部门发给著作权集体管理许可证之日起30日内,依照有关社会团体登记管理的行政法规到国务院民政部门办理登记手续。

《著作权集体管理条例》要求申请设立的集体管理组织"不与已经依法登记的集体管理组织的业务范围交叉、重合",同时又要求它"能在全国范围代表相关权利人的利益",这显然是要保证著作权集体管理组织在各自的领域享有垄断地位。

1.4　集体管理组织的管理结构

对于狭义的著作权集体管理组织,《著作权集体管理条例》按照社会团体模式设定了管理结构:

首先,著作权集体管理组织设立会员大会,作为该组织的权力机构。这里的会员,是指"与著作权集体管理组织订立著作权集体管理合同并按照章程规定履行相应手续"的任何著作权人。①会员大会负责制定和修改章程、使用费标准、使用费转付方法,选举和罢免理事,审议和批准理事会工作报告和财务报告、制定内部管理制度、决定使用费支付方案和集体管理组织的管理费比例等重大事项。②"会员大会每年召开一次;经10%以上会员或者理事会提议,可以召开临时会员大会。会员大会作出决定,应当经出席会议的会员过半数表决通过。"③

其次,著作权集体管理组织设立理事会。理事会对会员大会负责,执行会员大会的决定。"理事会成员不得少于9人。理事会任期为4年,任期届满应当进行换届选

---

①　《著作权集体管理条例》(2005)第19条第2款。
②　《著作权集体管理条例》(2005)第17条。
③　同上。

举。因特殊情况可以提前或者延期换届,但是换届延期不得超过 1 年。"①

1.5 著作权许可费的分配

著作权集体管理组织的许可费的分配方法同样由会员大会决定,并报版权局备案和公告。②《著作权集体管理条例》仅仅为著作权许可费的分配方案提供了指导性的原则,即"著作权集体管理组织应当根据权利人的作品或者录音录像制品等使用情况制定使用费转付办法。"③除此之外,《著作权集体管理条例》并没有更具体的要求。

在操作层面,集体管理组织应该有一套切实可行的方法来确定会员作品的使用频率和使用价值,然后在这一基础上分配许可费。否则,控制著作权集体管理组织的重要会员很可能人为影响许可费分配的结果,从而损害其他会员的利益。政府作为监管机关,可能无法保证该分配方法符合实质正义,但是至少应该从程序上保证该分配方案的公正性。政府应该要求集体管理组织对全社会公开其分配方法,让所有潜在的会员了解该分配方案,而不是等到成为会员之后才了解具体的分配方案。当然,具体会员的所得许可费收入的公开,可能涉及个人隐私,要慎重考虑。

2 著作权人的授权性质

对于狭义的著作权集体管理组织,《著作权集体管理条例》将它和著作权人之间的合同称作"著作权集体管理合同",即"权利人可以与著作权集体管理组织以书面形式订立著作权集体管理合同,授权该组织对其依法享有的著作权或者与著作权有关的权利进行管理。权利人符合章程规定加入条件的,著作权集体管理组织应当与其订立著作权集体管理合同,不得拒绝"④。但是,《著作权集体管理条例》和《著作权法》都没有明确所谓"授权"的法律属性。比如,究竟是著作权的转让、信托还是其他,就不清楚。

《著作权集体管理条例》第 20 条进一步规定,著作权人在授权集体管理组织行使相关著作权后,就不得自行对外行使相关权利。这实际上要求,著作权集体管理组织所获得的授权必须是一种独占性的授权。这一要求有严重的竞争法后果。在集体管理组织收集大量的著作权之后,将获得相当的市场影响力。这时候,著作权的使用者除了从集体管理组织那里获得授权外,可能别无选择。因为它无法自行从著作权人那里获得替代性的授权。

在《著作权集体管理条例》出台之前,本书作者对著作权人与狭义的集体管理组织之间的授权关系的性质有所讨论,现在看来依然是可靠的:

《著作权法》第 8 条授权行政机关对集体管理组织的管理进行立法,却没有明确集体管理组织与著作权人之间的授权关系的性质。本文对法律条文的前后

---

① 《著作权集体管理条例》(2005)第 18 条。
② 《著作权集体管理条例》(2005)第 11 条。
③ 《著作权集体管理条例》(2005)第 14 条。
④ 《著作权集体管理条例》(2005)第 19 条第 1 款。

逻辑、司法实践、国内学者的共识进行分析后，认为第 8 条确定的著作权人与集体管理组织之间的授权应该是所谓"信托式"的授权（充其量包括独占许可类授权）。也就是说，《著作权法》第 8 条不认为采用代理、普通许可、转让等方式积聚著作权的组织是著作权法意义上的著作权集体管理组织。理由如下：

首先，从该条规定可以看出，集体管理组织应该是接受著作权人授权，以自己的名义为著作权人主张该著作权（包括作为当事人进行诉讼、仲裁活动）的非营利性组织。显然，此类授权关系不包括代理、权利转让、普通许可等。如我们所知，代理是以被代理人的名义行使权利，也无法作为当事人参加诉讼；著作权转让导致所有权发生转移，转让之后著作权组织是为自己主张著作权，而不是第 8 条所谓的"以自己的名义为著作权人主张权利"；在中国法下普通许可（非独占许可）的被许可人无法作为诉讼的当事人自行主张权利。至于该授权是否包含独占许可式的授权则难以从字面上确定。该条关于集体管理组织的非营利性的要求，反过来也起到了限制人们对集体管理组织的概念进行扩充解释的作用。比如，版权代理公司可能就因为营利性而被当然地排除出集体管理组织的范围。综合起来，本文认为依据该条的逻辑，《著作权法》第 8 条意义上的集体管理组织所获取的授权不包括代理、转让、普通许可式的授权，应该是很明确的。

其次，在一系列的案例及司法解释中法院都支持集体管理组织的授权为信托模式。1993 年《最高人民法院民事庭关于中国音乐著作权协会与音乐著作权人之间的几个法律问题的复函》中认为，在关于集体管理组织的权利性质的批复中认为属于信托性质的权利。中国音乐著作权协会在其公开的会员合同中也的确要求其会员将相关的著作权权益信托给该协会。在后来的一系列案件中，法院都明确指出集体组织与会员之间存在的信托关系。

最后，国内学者中代表性的研究结论都认为中国集体管理组织与会员之间的关系应该定性为信托关系。甚至有学者明确指出该信托授权的具体法律依据——《信托法》第 7 条、第 20—23 条。①

在广义的集体管理组织中，著作权人与该组织之间的授权属性，则具有更大的灵活性。这种授权关系大体上可以是权利转让、普通许可、普通代理，也可以是信托。当然，在每一种授权模式下，广义的集体管理组织和权利人之间的关系，会因为该授权关系的性质而有一定的差别。

2.1 信托财产的所有权归属

《信托法》(2001) 第 2 条规定："本法所称信托，是指委托人基于对受托人的信任，将其财产权委托给受托人，由受托人按委托人的意愿以自己的名义，为受益人的利益或者特定目的，进行管理或者处分的行为。"从条文中并不能看出信托设立之后，财产所有权的归属。理论界对于所有权究竟属于委托人、受托人或受益人，存在很大的争

---

① 崔国斌：《著作权集体管理组织的反垄断控制》，载《清华法学》2005 年第 6 辑，第 110—138 页。

论。存在争论毫不奇怪,因为信托制度实际上切割了财产所有权的诸多权能,结果导致每个相关主体手中权利内容都不再是典型意义上的所有权,而立法者也没有直接明确究竟是哪一方保有传统意义上的所有权。

一部分意见认为,上述定义立法者采用所谓"将其财产权委托给受托人"的说法,而没有说财产权被转让给受托人,因此所有权并没有转让,依然保留在委托人那里。

相反的意见则认为:"自益信托中,信托财产归受益人(即委托人)所有;受益人资不抵债、死亡、破产或解散的,债权人有权选择以信托财产本身或信托受益权受偿。他益信托中,委托人对财产所有权归属另外指定他人的,依其指定。没有指定或者指定的人先于受益人死亡且无继承人的、破产或解散的,信托财产归受益人所有;受益人死亡、破产或解散的,债权人有权选择以属于受益人的信托财产或信托受益权受偿。"[1]

在《信托法》关于信托财产所有权归属不够明确的情况下,著作权集体管理组织依据信托模式取得授权时,著作权的所有权归属自然也就变得很模糊。这是中国司法或立法者应当尽快明确的问题。

2.2 著作权人空白授权的效力

在会员将其现有和将来的作品一揽子授权给集体管理组织的情况下,如果会员并没有直接就协议签署之后产生的作品进行确认登记,则社会公众可能并不了解集体管理组织所管理的作品的确切范围。在这种情况下,该授权是否能够使得集体管理组织取得诉讼主体资格,存在一定的争议。在下面的案例中,法院肯定了此类将来作品的集体管理授权的效力。

中国音乐著作权协会 v. 河南电子音像出版社

北京市海淀区法院(2003)海民初字第 19102 号

音乐著作权协会作为国家批准成立的音乐作品著作权集体管理机构,与其会员分别签订了音乐著作权格式合同,另一方面与发行人百代公司订立了书面合同。在与会员订立的格式合同中,著作权人为甲方,音乐著作权协会为乙方。根据合同双方约定:"一、甲方(著作权人)同其音乐作品的公开表演权、广播权和录制发行权授权乙方(音乐著作权协会)以信托的方式管理"。"五、本合同第一条所称的音乐作品,指甲方现有和今后将有的作品"。"六、甲方应将授权乙方管理的音乐作品向乙方登记,并为此填写由乙方提供的作品登记表"。针对该合同条款,二被告提出涉案作品不应包括会员未登记的作品,而原告认为会员未将作品登记不是其本身的过错,依据合同约定,原告有权提起诉讼。[被告的另外一项由是"根据法律规定信托合同所涉及托管的标的物必须是双方明确约定的,如果约定的托管标的物不明确,信托合同关系就

---

[1] 温世扬、冯兴俊:《论信托财产所有权——兼论我国相关立法的完善》,载《武汉大学学报(哲学社会科学版)》2005 年第 2 期,第 208 页。

不成立"。]

　　本院认为,音乐著作权协会与其会员签订了以自己的名义为会员著作权主张权利的授权委托书,尽管会员未将其作品依据合同约定全部在音乐著作权协会登记备案,但不应影响音乐著作权协会为其积极主张权利:第一,合同是当事人意思自治的具体体现及音乐著作权协会主张权利的目的是为了保护著作权人的利益,对著作权人并无损害;没有证据表明会员提出异议,在当事人双方无异议的情况下,合同对双方具有拘束力。第二,二被告并未向著作权人积极履行义务,河南音像出版社和正普公司作为涉案作品的使用人,在长期使用中并未向著作权人本人积极给付使用费,故应作出对权利人而不是义务人的有利解释。第三,河南音像出版社在其信函中认可音乐著作权协会为其会员主张权利,双方仅是因为在费用的给付标准上有分歧没有自行解决纠纷。故对二被告提出的音乐著作权协会对会员的部分作品不具备主张权利的诉讼主体资格的辩称理由不予以采纳。　　　　(宋鱼水、宋莹法官,金维克人民陪审员)

　　许可集体管理组织基于所谓的未来作品的集体管理协议获得授权,给集体管理组织公示其作品的方式提出挑战。原本集体管理组织只需要公布其管理的作品清单就可以告知公众它所管理的作品范围。由于未来作品授权协议的存在,实际上导致集体管理组织所管理的作品范围随时在发生变化。同时,集体管理组织积极登记并公示作品的意愿也因此降低,因为公布作品目录不再是集体管理组织运作的前提。另外,空白授权的存在,会大大强化现有集体管理组织的优势地位,妨碍潜在的竞争性组织(如果不叫集体管理组织的话)与该集体管理组织竞争。

2.3　会员所保留的权利

　　最高人民法院《关于中国音乐著作权协会与音乐著作权人之间几个法律问题的复函》(1993)第2条:

　　　　根据民法通则、著作权法、民事诉讼法以及双方订立的合同,音乐著作权人将其音乐作品的部分著作权委托音乐著作权协会管理后,音乐著作权协会可以自己的名义对音乐著作权人委托的权利进行管理。发生纠纷时,根据合同在委托权限范围内有权以自己的名义提起诉讼。但音乐著作权人在其著作权受到侵害而音乐著作权协会未提起诉讼或者权利人认为有必要等情况下,依法仍有权提起诉讼。

　　从上述规定看,最高人民法院似乎认为著作权人在信托其音乐作品之后,依然保留有所有权,所以必要时可以针对第三方自行提起侵权诉讼。在下面的案件中,最高人民法院再次明确这一点。

广东大圣文化传播有限公司 v. 洪如丁等

最高人民法院(2008)民提字第51号

　　[《打起手鼓唱起歌》系由施光南作曲、韩伟作词的音乐作品。原告洪如丁是施光南的继承人。洪如丁和韩伟将上述歌曲的公开表演权、广播权和录制发行权分别授权

中国音乐著作权协会管理。2004年12月24日,广州音像出版社向音著协申请使用《打起手鼓唱起歌》等三首音乐作品制作、发行20万张《喀什噶尔胡杨》专辑录音制品,并向音著协支付使用费21900元。但是,被告实际发行超过90万张。于是,原告提出版权侵权诉讼。]

原一审法院九江市中级人民法院认为:

1. 根据最高人民法院民事审判庭1993年9月14日给音著协的"关于中国音乐著作权协会与音乐著作权人之间几个法律问题"的复函,音乐著作权人在其著作权受到侵害而音著协未提起诉讼或者权利人认为有必要的情况下,依法仍有权提起诉讼。洪如丁、韩伟虽将《打起手鼓唱起歌》的词曲著作权中的表演权、广播权和录制发行权委托给音著协管理,但在其权利受到侵害时仍有权起诉。

[原二审法院江西省高级人民法院也确认被告侵权。]

大圣公司申请再审称:1. 洪如丁、韩伟已将著作财产权委托音著协信托管理,其作为音著协的会员已无权行使已信托的著作财产权,并提起侵权之诉。最高人民法院民事审判庭的复函,不具有法律效力,不能直接援引作为审判依据……

本院认为……《著作权集体管理条例》第20条规定:"权利人与著作权集体管理组织订立著作权集体管理合同后,不得在合同约定的期限内自己行使或者许可他人行使合同约定的由著作权集体管理组织行使的权利。"根据该规定,音乐作品的著作权人将著作权中的财产权利授权音著协管理之后,其诉讼主体资格是否受到限制,取决于其与音著协订立的著作权集体管理合同是否对诉权的行使作出明确的约定。因本案洪如丁、韩伟在其与音著协的合同中未对诉权问题作出约定,故其行使诉权不应受到限制。原审法院认定洪如丁、韩伟具有诉讼主体资格并无不当。

(于晓白、殷少平、夏君丽法官)

思考问题:

许可权利人和集体管理组织分别行使权利,是否会导致权利人的搭便车行为——借助于集体管理组织的维权活动所产生的压力,单独收取版权许可费而无需负担集体管理组织的管理成本?或者说,这属于需要限制的搭便车行为吗?

2.4 集体管理组织间的授权

《著作权集体管理条例》第22条第1款规定:"外国人、无国籍人可以通过与中国的著作权集体管理组织订立相互代表协议的境外同类组织,授权中国的著作权集体管理组织管理其依法在中国境内享有的著作权或者与著作权有关的权利。"该条第2款进一步明确,所谓相互代表协议,"是指中国的著作权集体管理组织与境外的同类组织相互授权对方在其所在国家或者地区进行集体管理活动的协议"。该条第3款还要求,"著作权集体管理组织与境外同类组织订立的相互代表协议应当报国务院著作权管理部门备案,由国务院著作权管理部门予以公告"。

从音著协的实践看,与外国集体管理组织签署相互代表协议,是非常普遍的做法:

"音著协于1994年5月加入了国际作者、作曲者协会联合会(CISAC)。在CISAC的框架下,协会已与36个国家和地区的同类组织签订了相互代表协议。根据相互代表协议,音著协获得了对海外音乐作品在中国境内进行管理的权利,有权以自己的名义向侵权者提起诉讼。"①

《著作权集体管理条例》并没有对相互代表协议的法律属性作出明确的定义,为中国集体管理组织代表对方在国内提起诉讼的资格带来不确定性。如果外国的集体管理组织所取得的授权(比如,外国集体管理组织从其成员那里获得的授权仅仅是一般性的非独占的授权)在中国法上不能保证该外国集体管理组织在中国取得独立的诉讼主体资格,则所谓的相互代表协议似乎并不能够保证中国的集体管理组织获得独立的诉讼主体资格。《著作权集体管理条例》的制定者究竟是没有仔细考虑过这一问题,还是刻意保持模糊以便让中国集体管理组织能够在司法程序中"蒙混过关",并不清楚。

最高人民法院曾经就外国集体管理组织的诉讼主体资格问题,征求过版权局的意见。版权局倾向于认为,外国集体管理组织不能直接在国内获得诉讼主体资格,而要通过与之有相互代表协议的国内集体管理组织提起诉讼。

国家版权局关于对境外著作权集体管理组织诉讼主体资格问题的复函

(权司[2004]26号)

最高法院民三庭:

关于境外著作权集体管理组织诉讼主体资格问题的函(法民三[2004]3号)收悉,经研究答复如下:

一、迄今,在我国经国家版权局批准并经民政部登记的著作权集体管理组织只有"中国音乐著作权协会"一家。有关境外的著作权集体管理组织无须我政府机构认可。

二、关于境外著作权集体管理组织能否以自己的名义在我国起诉问题,虽然我国有关著作权法律未明确禁止,但我们应持慎重态度。其理由是:

第一,按照国际惯例,一国的著作权集体管理组织在另一国主张权利,是通过其与另一国集体管理组织签订相互代表协议,由另一国的著作权集体管理组织代为行使(请参见附件1《国际作曲者作词者协会联合会公共表演权集体管理相互代表示范合同》第一、二条),根据这一原则,一个国家的著作权集体管理组织要想在本国之外主张权利,必须通过与国外的著作权集体管理组织签订相互代表协议来实现。

第二,迄今为止我们未了解到境外著作权集体管理组织以自己的名义进行跨国诉讼的案例。

第三,我国对境外法律中介服务组织在华设立机构和开展业务活动设立了市场准入门槛。著作权集体管理组织属于法律中介服务组织,境外著作权集体管理组织在我国开

---

① 相关案例可以参考百度百科"音著协"词条 http://baike.baidu.com/view/2690810.htm,最后访问2014年8月1日。

展业务活动(包括进行诉讼)必须符合我国的市场准入条件。目前,我国政府未向任何国家和地区作出开放著作权集体管理组织来华开展业务活动(包括法律诉讼)的承诺。

第四,目前,中国音乐著作权协会已经与境外的42个相关协会(参见附件2)签订了相互代表协议(参见附件3),这些协议所涉及的境外音乐作品基本覆盖了我国使用境外音乐作品的绝大部分。如果境外著作权集体管理组织可以在我国以其名义开展业务活动和进行诉讼,中国音乐著作权协会与境外的42个著作权集体管理组织签订的相互代表协议将失去意义……

国家版权局版权管理司

思考问题:

你觉得版权局的上述意见有法律依据吗?与下一段提到的司法解释的精神一致吗?

参照最高人民法院《关于审理商标民事纠纷案件适用法律若干问题的解释》(2002)第4条第2款的原则精神[①],知识产权被许可人通常只有获得独占性授权时,才能以自己的名义起诉第三方侵权者。类似地,外国的著作权集体管理组织只有取得了独占性的授权或者所有权转让之后,才能够在中国取得独立的诉讼主体资格,否则需要权利人的特别授权。这些集体管理组织与中国集体管理组织签署所谓的相互代表协议,应该在协议中明确权利授予的性质为独占性授权或权利转让(包含信托),然后才可能保证国内的集体管理组织取得诉讼主体资格。

中国音乐著作权协会 v. 天津市滚石文化发展有限公司

(2003)津高民三终字第32号

2002年6月1日,"张学友2002世界巡回音乐之旅歌神乡情天津超级演唱会"在天津市举行。演唱会上张学友共计演唱歌曲27首,其中《吻别》等23首歌曲的词曲作者为案外人香港作曲家与作词家协会有限公司(以下简称香港协会)会员。后被上诉人[中国音乐著作权协会]根据其与香港协会于1993年1月签订的《相互代表合同》,要求上诉人向上述23首歌曲的词曲作者支付使用费,诉至原审法院。

另查,被上诉人与香港协会签订的《相互代表合同》主要约定:香港协会授予被上诉人在后者管辖地域内,依据国家法、双边协定和多边国际公约有关作者权(著作权。知识产权等)的规定受保护的带词或者不带词的音乐作品进行所有公开表演的专有权利,该项专有权利包括目前已经存在或者在本合同期限内将产生并生效者。同时约定:以自己的名义或者以有利益关系的作者的名义,许可或者禁止公开表演对方协会

---

① 参照最高人民法院《关于审理商标民事纠纷案件适用法律若干问题的解释》(2002)第4条第2款:"在发生注册商标专用权被侵害时,独占使用许可合同的被许可人可以向人民法院提起诉讼;排他使用许可合同的被许可人可以和商标注册人共同起诉,也可以在商标注册人不起诉的情况下,自行提起诉讼;普通使用许可合同的被许可人经商标注册人明确授权,可以提起诉讼。"

作品库中的作品。并给予这些表演必要的授权,根据这些授权收取所有规定的费用;以自己的名义或者以有利益关系的作者的名义,向应对有关作品的非法表演负责的所有自然人或法人和所有行政的或其他的当局提出法律交涉。同时合同还约定了对被上诉人收取的费用的分享事宜……

原审判决认为,被上诉人为音乐著作权人的集体管理组织,依照《中华人民共和国著作权法》第8条的规定,其可以通过合同接受著作权人和与著作权人有关的权利人的授权,以自己的名义为著作权人和与著作权有关的权利人主张权利,包括作为当事人提起诉讼。我国已加入《成立世界知识产权组织公约》,该组织的宗旨之一就是通过国家之间的合作促进全世界知识产权的保护。据此认为上述第八条规定中的著作权人和与著作权相关的权利人应包括中华人民共和国领域外依照国际公约或双边协定等著作权在我国受到保护的外国公民或组织,当然也包括我国香港地区。确认被上诉人有权在其管辖区域内(即中华人民共和国领域内除港、澳、台之外的地区),依据被上诉人与香港协会签订的《相互代表合同》,对香港协会会员作品向上诉人主张权利,并有权对上诉人未经其许可使用香港协会会员作品进行营业性演出的行为以自己的名义提起诉讼。"张学友天津演唱会"中表演曲目《吻别》的出版人为香港会员。故被上诉人根据合同享有许可或禁止他人进行公开表演和获得报酬的权利。

……

上诉请求及理由:被上诉人主张权利所依据的《相互代表合同》法律条件不具备,被上诉人没有有效授权,无权出庭代理诉讼活动及被上诉人索赔依据不足等。被上诉人答辩,坚持主张依据其与香港协会签订《相互代表合同》,有权起诉主张权利。同时主张该协议具有信托性质。

本院认为,本案是因组织营业性演出使用他人已发表的作品,未向著作权人支付报酬而提起的诉讼。本案当事人主要争议之一是被上诉人作为本案原告是否适格。对此应适用《中华人民共和国民事诉讼法》第108条规定,予以审查认定。本案被上诉人以自己的名义起诉的依据是其与香港协会签订的《相互代表合同》,主张依据该合同获得授权,因而享有《中华人民共和国著作权法》第8条规定的著作权集体管理组织可以以自己名义起诉的权利。被上诉人对本案纠纷是否有起诉权,并不能依被上诉人与他人合同约定产生,而是取决于被上诉人与上诉人之间是否有实体上的直接的利害关系或法律有特别规定。我国《著作权法》第8条规定:"著作权人和与著作权有关的权利人可以授权著作权集体管理组织行使著作权或与著作权有关的权利。著作权集体管理组织被授权后,可以以自己的名义为著作权人和与著作权有关的权利人主张权利,并可以作为当事人进行涉及著作权和与著作权有关的权利的诉讼、仲裁活动"。《著作权法》第8条规定的著作权人和与著作权相关的权利人是指加入同一著作权集体管理组织的成员,而本案被上诉人与案外人香港协会是两个各自独立的著作权管理组织,它们之间的关系不应适用著作权法第八条的规定。

被上诉人与案外人香港协会签订的《相互代表协议》是以相互代表处理著作权许可等事宜为目的的协议。根据合同目的及约定的内容,应认定"相互代表"是该合同的主要意思表示。故被上诉人依该合同在我国大陆地区的代表活动,应适用《中华人民共和国民法通则》关于代理的规定,其主张香港协会的权利,应当以被代理人香港协会的名义起诉。被上诉人主张该合同具有信托性质,其可以以自己的名义起诉,法律依据不足。且即使该合同具有信托性质,依我国信托法之规定,合同中约定的专为讨债或诉讼的信托条款亦应认定无效。综上,原审法院适用并提出依国际公约或双边协定解释《中华人民共和国著作权法》第8条规定,判决支持被上访人的诉讼请求,显系适用法律不当。上诉人有关被上诉人无起诉资格的上诉理由成立,本院予以支持。被上诉人作为本案原告不适格,其起诉应予驳回。

(黄跃建、李砚芬、王兵法官)

中国音乐著作权协会 v. 上海市演出公司

上海市二中院(1996)沪二中民初(知)字第58号

原告诉称:1994年12月17日至22日,演出公司、交流公司和浩岛集团的下属公司威方置业联名在上海体育馆连续主办五场'94张学友上海演唱会,承办单位为威方(上海)公司和广告公司,演出票房销售额约人民币1400万元。该演唱会演唱的31首歌曲中有30首系香港词曲作者协会和台湾著作权人协会全部或部分享有表演权的作品。基于原告与香港词曲作者协会的协议,以及法律、法规和规章等的规定,作为演出组织者的诸被告应按7%的版税率,向原告支付使用上述音乐作品的著作权使用费。因交涉未果,原告遂诉至法院……

经审理查明:

原告中国音乐著作权协会系以集体管理的方式代表音乐著作权人行使权利的非营利机构,从事音乐著作权集体管理活动。1993年1月原告与香港词曲作者协会签订的《相互代表合同》生效,该合同第一条约定:根据本合同,香港词曲作者协会授予原告在后者管辖地域内,依据国家法、双边协定和多边国际公约有关作者权(著作权、知识产权等)的规定,享有对受保护的带词或者不带词的音乐作品进行所有公开表演的专有权利,该项专有权利包括目前已经存在或者在本合同期限内将产生并生效者。上述权利包括使用作品而收取所有规定的费用,或收取因未经授权表演有关作品而应予补偿或作出损害赔偿的所有费用……

本院认为:原告音乐著作权协会为音乐著作权人的集体管理组织,其通过合同的约定和法律的规定,对本案系争的30首已发表的港台音乐作品被用于营业性演出,享有获取报酬的权利,原告的该项权利受到法律保护。演出组织者采用组织演出的方式,通过表演者使用已发表的作品进行的表演,从事营业性演出活动,直接获取演出活动的门票收入,为营业性演出的直接受益者,应当向著作权人或音乐著作权协会支付著作权使用费,这是演出组织者应尽的法定义务……原告中国音乐著作权协会代表音乐著作权人行使权利,故上述被告应共同向原告支付报酬。原告对上述被告的诉讼请求,具有事实根据,且符合我国法律的有关规定,本院应予支持。

(杨钧、谢晨、薛春荣法官)

思考问题：

（1）上海法院在本案中似乎没有怀疑过音著协的诉讼主体资格，与前面天津法院的意见似乎不一致。何者更合理？

（2）法院认为音乐著作权协会有所谓的获取报酬的权利。这是什么性质的权利？音著协获得授权有独占性吗？

［本案二审过程中，2001年7月，原告中国音乐著作权协会与诸被告分别达成和解协议。诸被告承诺共同支付原告著作权使用费55万元，后实际支付10万元。各上诉人相继请求撤回上诉。2001年7月13日，上海市高级人民法院裁定准予各上诉人撤回上诉。①］

在中国音乐著作权协会 v. 北京中欧阶梯文化艺术交流有限公司等（北京市二中院（2006）二中民初字第550号）中，法院也指出："涉案音乐族谱的词曲作者与香港作曲家及作词家协会签订的有关《让与契约》已明确约定该协会取得了涉案音乐作品的著作权（包括表演权），而原告与该协会签订的《相互代表合同》又明确约定原告及该协会可以对对方会员的音乐作品的著作权享有独占权。因此，原告有权就涉案音乐提起本案诉讼。"持类似意见的还有，中国音乐著作权协会 v. 北京鸿翔风采国际文化有限公司（北京市一中院（2008）一中民终字第10036号）案。

3 许可费标准、收取与争议解决

3.1 著作权许可的收费标准

狭义的著作权集体管理组织的许可费标准，按照《著作权集体管理条例》的规定，由会员大会制定②，然后报版权局备案和公告。③《著作权集体管理条例》只是要求集体管理组织在制定使用费收取标准时，应当考虑："（一）使用作品、录音录像制品等的时间、方式和地域范围；（二）权利的种类；（三）订立许可使用合同和收取使用费工作的繁简程度。"④

《著作权集体管理条例》并没有直接赋予版权局审查使用费收取标准合理性的权力。在操作层面，版权局大概可以通过拒绝备案或公告的方式来影响集体管理组织的使用费收取标准。因为《著作权集体管理条例》要求，"除著作权法第二十三条、第三十二条第二款、第三十九条第三款、第四十二条第二款和第四十三条规定应当支付的使用费外，著作权集体管理组织应当根据国务院著作权管理部门公告的使用费收取标

---

① 案例材料来源于 news.sina.com.cn/s/2004-06-24/08312892979s.shtml，最后访问2014年8月18日。
② 《著作权集体管理条例》(2005) 第17条。
③ 《著作权集体管理条例》(2005) 第11条。
④ 《著作权集体管理条例》(2005) 第13条。

准,与使用者约定收取使用费的具体数额"①。如果版权局拒绝备案和公告该使用费收取标准,会事实上导致集体管理组织无法收取许可费。

当然,《著作权集体管理条例》要求集体管理组织按照公告的标准收费,客观上可能阻碍集体管理组织在收费标准公告后和被许可人进行单独的谈判以达成更优惠的许可费条款的可能性。这实际上起到人为固定价格的效果,未必符合社会的公共利益。

中国音乐著作权协会公布的复制、表演等收费标准

http://www.mcsc.com.cn/musicUserArea.php? partid =40

复制收费标准

一、录音制品:

1. 使用我会管理的音乐作品首次制作 CD、盒带等录音制品,采用版税的方式付酬。按照批发单价×版税率6%×录音制品制作数量计算。非首次制作录音制品的,按照法定许可收费标准即批发单价×版税率3.5%×录音制品制作数量计算。批发价不确定的,比照市场同类制品的批发价计算。

……

[录像制品、图书、影视标准从略]
表演收费标准

……

现场表演收费标准

音乐会、演唱会等现场表演的收费,按以下公式计算:

音乐著作权使用费 = 座位数 × 平均票价 × 4%

按此公式计算,分摊至每首音乐作品时,最低使用费为:

座位数在1000(含)以下时,每首音乐作品收费低于100元的,按100元计;

……

机械表演收费标准

收费标准一 本标准适用于夜总会、歌舞厅(不含卡拉OK歌厅)、迪斯科舞厅等。

此类场所按营业面积收费,则:1)营业面积不足100平方米的,每平方米每天收费0.15元……

收费标准三 本标准适用于宾馆。

此类场所按客房数收费,其中:五星级宾馆,每年每间客房45元……一星级宾馆,每年每间客房10元。

[收费标准四到标准十五分别适用于各类卖场,"话剧、戏剧","银行、电信等行业的营业厅",展厅,"短期展览(车展、时装展等)",公园,嘉年华等。]

---

① 《著作权集体管理条例》(2005)第25条。

收费标准十六　本标准适用于各类交通工具及其等候场所。

1. 客运汽车：客车数量在 50 辆车（含）以内的，每辆车每年收费为 400 元；客车数量超过 50 辆的，超过部分每辆车每年收费为 300 元。

2. 航空　国际运营线：每运载 1000 名乘客每公里 0.10 元；但每班次最低收费不得低于 30 元……

3. 铁路　高铁线路：每车次运行每公里收费 0.02 元。

……

3.2　许可费标准争议

《著作权集体管理条例》没有为可能的许可费标准争议提供纠纷解决机制。在现有的机制下，如果用户对集体管理组织的许可费标准不满，无法达成许可协议，则只能停止使用作品，或者冒着将被集体管理组织起诉的风险继续进行侵权性使用。如果集体管理组织胜诉，法院通常会判停止侵害，而不是直接判决一个合理的许可费标准，允许使用者继续使用相关作品。于是，谈判又回到原点。当然，不排除在某些特殊情况下，比如，被告已经出于善意作出大量投入，如果停止侵害将蒙受巨大损失，法院可以拒绝提供禁令救济，而代之以合理的使用费。

《送审稿》（2013）第 62 条作出的新的尝试，为许可费标准争议规定了纠纷解决程序：

> 著作权集体管理组织应当根据管理的权利提供使用费标准，该标准在国务院著作权行政管理部门指定的媒体上公告实施，有异议的，由国务院著作权行政管理部门组织专门委员会裁定，裁定为最终结果，裁定期间使用费标准不停止执行。
>
> 前款所述专门委员会由法官、著作权集体管理组织和监管部门公务员、律师等组成。

许可对著作权使用费标准提出异议，并规定明确的争议处理程序，是一大进步。但是，这里规定委员会的裁定为最终结果，让人觉得意外。在争议双方没有特别约定的情况下，没有特别的理由让该裁决结果免于司法审查。国际上，早就有法院对此类争议进行裁决先例。此前，国内学者也建议将来设立此类委员会时，应该保证该委员会的裁决接受司法审查。①

3.3　集体管理组织委托第三方代收许可费

中国音像著作权集体管理协会和中国音乐著作权集体管理组织和中文发数字科技有限公司②达成协议，使用后者的"全国娱乐场所阳光工程卡拉 OK 内容管理服务系统监管平台"，从许可使用费收入中提取 8% 作为该平台的使用费。同时，两集体管理组织还将实际收取卡拉 OK 许可费的业务委托给北京天合文化有限公司，三方一道分

---

① 曹世华：《著作权集体管理组织版权使用费标准争议解决机制探讨》，载《电子知识产权》2009 年第 1 期，第 57 页。

② 据有关报道，中文发公司由文化部的下属机关直接参股 40%。

享 50% 左右的许可费收入（扣除前面的 8% 的平台使用费之后）。这一收费机制中将两个纯商业公司引入到非营利的集体管理组织的收费活动,管理成本超过 50%（国际上主流集体管理组织的成本在 20% 上下）,引发很大的争议。

思考问题:

集体管理组织和商业公司之间在收费方面的合作,有法律上的障碍吗？如何避免集体管理组织和商业机构之间的利益输送行为？

3.4 重叠收费

由于不同集体管理组织之间管理的权利内容不同,导致同一项作品利用行为可能会牵涉两个集体管理组织管理的权利。比如,卡拉 OK 场所播放 MTV 的行为,既涉及中国音乐著作权协会管理的音乐作品著作权,也涉及中国音像著作权集体管理协会管理的录像制品的著作权。这两个集体管理组织同时对卡拉 OK 的经营者收取著作权许可使用费时,很容易引发双重收费的争议,备受媒体关注。

《送审稿》(2013) 第 65 条规定:"两个以上著作权集体管理组织就同一使用方式向同一使用者收取使用费的,应当共同制定统一的使用费标准,并且协商确定由一个著作权集体管理组织统一收取使用费。收取的使用费应当在相应的著作权集体管理组织之间合理分配。"

立法者显然是在回应过去一段时间来中国社会发生的两个集体管理组织对卡拉 OK "重复收费"的争议,以降低卡拉 OK 经营者应付多家集体管理组织的交易成本。集体管理组织相互整合之后,能够降低自己收取许可费的成本,对各方都有利。

不过,不同的集体管理组织管理的权利内容不同,两个同样具有市场支配力的机构联合,会进一步削弱版权使用者的谈判能力,貌似"联合定价"行为。这是否可能引发反垄断法上的关切？当两个集体管理组织覆盖的作品内容不完全一一对应时,这一问题是不是更明显？比如,音著协控制了 A、B、C 的音乐作品,而音集协控制了音乐作品 E、F、G 的 MTV。如果二者联合收取统一的使用费,则事实上导致 ABC-EFG 被一揽子定价。是否有反垄断法上的问题？

4 集体管理组织的延伸管理

如前所述,现行《著作权法》只许可集体管理组织依据权利人的授权管理著作权和相关权。在没有权利人授权的情况下,集体管理组织不得以自己的名义行使权利人的权利。在实践中,一方面,有很多权利人并不十分在意自己的著作权,不愿意负担加入集体管理组织的交易成本,或者根本就不知道集体管理组织的存在,因而一直游离在集体管理组织之外。这导致集体管理组织管理的作品数量有限,不能满足很多使用者的要求。另一方面,社会公众可能很愿意使用权利人的作品,但是又不愿意负担与权利人私下谈判的交易成本。这时候,社会公众可能冒着侵权风险使用作品,或者干脆避免使用。

为了克服上述困难，《送审稿》（2013）引入所谓的延伸管理制度，或者说强制授权制度，规定：在某些情况下，即便未经授权，集体管理组织也可以代表权利人行使某些权利。具体条文如下：

《送审稿》第 63 条第 1 款：著作权集体管理组织取得权利人授权并能在全国范围内代表权利人利益的，可以就自主点歌系统向公众传播已经发表的音乐或者视听作品以及其他方式使用作品，代表全体权利人行使著作权或者相关权，权利人书面声明不得集体管理的除外。

《送审稿》第 64 条：著作权和相关权权利人依据本法第十四条①和第四十条②享有的获酬权，应当通过相应的著作权集体管理组织行使。

《送审稿》（2013）第 63 条第 1 款将延伸管理限制在有限的范围内，即仅限于所谓的"自主点歌系统"。其实，在此之前立法者所建议的初稿并没有如此限制。最初的《征求意见稿》（2012.03）第 60 条规定："著作权集体管理组织取得权利人授权并能在全国范围代表权利人利益的，可以向国务院著作权行政管理部门申请代表全体权利人行使著作权或者相关权，权利人书面声明不得集体管理的除外"。这一雄心勃勃的规定在中国引发轩然大波，很多著作权人在媒体上公开斥责自己"被代表"。立法者最终将延伸管理的范围压缩到仅限于"自主点歌系统"。可以想见，这一规则的受益者将主要是音著协和音集协。对于此类延伸管理，立法者许可权利人通过书面声明加以拒绝。这实际上将退出管理的成本加到著作权人头上，与普通集体管理组织将加入成本加到著作权人头上的做法刚好相反。这是一种"选择退出"而不是一种"选择进入"的机制。

《送审稿》（2013）第 64 条与前述条款不同，追续权和录音制作者就广播或公开播放所享有的获得报酬权必须接受集体管理，而不能自行主张，也不许可权利人声明退出。

广播或公开播放录音制品的电台或营业机构等通常要从集体管理组织那里获得一揽子许可。设置延伸管理，可以保证这些机构在获得集体管理组织授权后获得完全的行动自由，有积极意义。对于追续权，规定强制集体管理，可以在一定程度上降低拍卖机构的运作成本。

延伸管理在带来效率的同时，也会在一定程度上增加社会的负担。在现实世界里，很多作品的利用人并没有因为无法得到授权而停止使用作品，而是选择直接侵权使用。在遇到实际的侵权诉讼时，直接支付侵权损害赔偿。这实际上是将侵权责任当做商业经营的正常成本。显然，如果权利人对自己的权利不在乎，实际上会保持沉默，容忍侵权行为。这也算是著作权人对商业机构的一种变相的补贴，整个大众从中受益。如果权利人真正在乎自己的权利，可以选择自主加入集体管理组织。传统的集体

---

① 《送审稿》（2013）第 14 条规定了美术、摄影作品的原件和文字、音乐作品的手稿的追续权。

② 《送审稿》（2013）第 40 条：以下列方式使用录音制品的，其录音制作者享有获得合理报酬的权利：（一）以无线或者有线方式公开播放录音制品或者转播该录音制品的播放，以及通过技术设备向公众传播该录音制品的播放；（二）通过技术设备向公众传播录音制品。

管理制度实际上对不同的权利人起到筛选作用。

在延伸管理模式下,集体管理组织有其自身的利益驱动,能够更有效地追究侵权者的责任。这样,经营者侵权被诉的风险增加,因此更有可能选择支付许可费。集体管理组织在延伸管理的名义下是否能够将所收取的费用分配到合适的作者手里,是一个很大的疑问。即便可以,收取和分配的过程中需要耗费大量的成本。如果被延伸管理的权利人中,大多数自己原本就不在乎这一权利,则让社会负担这一维权成本,似乎没有特别的正当性。当然,对权利漠视的人群的比例在不同行业可能差别很大。在学术界,可能绝大多数人都与本书第一章所描述的经济学家斯蒂格利茨的想法一致,对自己作品的著作权比较漠视。在这一行业实行延伸管理,除了增加社会成本外,收益有限。

5 集体管理组织的反垄断控制

著作权集体管理组织的反垄断控制是一个极富争议性的话题。当初中国的立法者相信,"多数国家对同一类作品设立的集体管理组织往往只有一个,使其对该类作品的集体管理形成垄断性。如果对同一类作品设立几个机构(如美国对音乐作品设立三个集体管理组织),就会使力量分散,重复管理,效率低下。对于作品的使用者来说,多头联系,无所适从,增加工作量,十分不便。"①

本书作者曾经对此进行专门研究,对于主流意见持质疑态度。以下各节就是当初的研究论文的摘录。时过境迁,其中的有些观察未必符合中国现在的实践,但是相关论述依然有一定的启发意义。

5.1 促进集体管理组织间的竞争

促进集体管理组织间的竞争

崔国斌:《著作权集体管理组织的反垄断控制》,
载《清华法学》2005 年第 1 期,第 113—119 页

在集体管理组织之间引入竞争,是防止其滥用市场优势的重要策略之一。但是,时下中国主导性的意见对集体管理组织之间自由竞争的必要性却持否定态度。在版权局的《条例》送审稿中,我明显看到这样的立法思路:对集体管理组织的设立采用核准制,由政府选定现存或者筹备中的集体管理组织作为某一方面权利的法定集体管理者,赋予该候选人以名义上的垄断地位或者为竞争者的进入设置明显的制度或者政策障碍。中国版权局显然倾向于欧洲一些国家的治理策略:从法律上或者事实上维护集体管理组织的垄断地位,然后对其行为进行限制。国内的很多学者也在不同程度上支持这一做法。

本文认为,决定是否鼓励集体管理组织之间的竞争时,除了要参考国际经验外,更

---

① 胡康生主编:《中华人民共和国著作权法释义》,法律出版社 2002 年版,第 36 页。

应该考虑到中国的法律现实、知识产权保护的立法政策、政府机构与垄断组织的互动关系等因素。正是基于这些考虑,本文认为我国没有理由在著作权垄断组织的治理方面预先排除竞争,相反,我国应当从制度上保证著作权组织设立的自由,保持集体管理市场的自由和开放。

(一)国际社会并无维持垄断的通例

中国立法向来强调参考国际通例、与国际社会接轨。但是,在集体管理组织的治理模式上,国际社会并没有证据显示垄断模式与自由竞争模式之间何者更加优越。美国、英国、加拿大、澳大利亚等对集体管理组织的治理采取自由竞争模式。来自这些国家的一些关于集体管理组织的重要的研究报告显示,并没有改变竞争模式的必要性。不仅如此,国际上还有先前对著作权组织成立采取严格限制策略,后来又转向竞争策略的例子。比如,日本已经废除过去著作权中介业务法对著作权管理团体之设立采严格许可之制度,在新法中采较宽松之登记制度。因此,本文认为在是否应该鼓励集体管理组织之间的竞争的问题上,中国并不能从所谓的国际经验中得出什么明确的结论。

在某些国家集体管理组织之间的自由竞争最终导致少数的集体管理机构处于事实上的垄断地位。但是这一事实并不能证明我国从一开始就应该合上竞争的大门,人为地制造垄断。其实,成长过程中的竞争活动会在集体管理组织身上留下烙印,使其市场行为逐步趋向规范化。比如,确立公开、可信的许可费分派机制等。在集体管理组织取得垄断地位后,保持潜在竞争对手的市场准入自由,也可以有效制约那些处于垄断地位的集体组织。美国第二大集体管理组织 BMI 的成立过程就说明了这一机制重要性。当初,ASCAP 作为唯一的垄断组织向广播组织索要高额的许可费,导致这些广播组织自行成立了 BMI,并将其发展成为与 ASCAP 分庭抗礼的集体管理组织。学者们事后分析认为 ASCAP 当时错误估计了形势,不然它会在 BMI 成立之前将许可费降下来。这也就说明,在没有误判的情况下,市场准入的自由能够有效遏制垄断组织索要高额许可费。

(二)全面限制集体管理组织的设立于法无据

中国现有的法律框架下,著作权人将自己的著作权以适当的方式交付给特定的组织或者个人行使,并不存在法律障碍。也就是说,只要遵守中国市场的普通法律规范,市场主体可以在适当的名义下自由从事著作权管理业务。以下,在某些场合为了避免误解,本文把这些从事著作权"管理"业务有关的市场主体称作"权利中心",以便与在中国著作权法上具有特殊含义的"集体管理组织"相区别开来。中国市场上各种著作权权利中心已经广泛存在,比如版权代理公司、出版社、唱片公司等等。它们的设立和运行虽然要接受行业主管部门的管理和约束,但是基本上还是比较自由的。版权局不能通过设置实质性的障碍的方式对这些权利中心的数量进行有效控制,也不能对这些权利中心的市场行为进行过多的干预。道理很简单:著作权是一种私权,权利中心与著作权人之间的合同通常不涉及公益,行政机关干涉双方的合同自由缺乏法律依据。即使那些普通的权利中心非法经营,损害了版权用户和著作权人的利益,受害者依据著作权法等民事法律或者市场管理法规就能够获得有效救济。在这种背景下,以行政许可的方式为此类权利中心的设立设置实质性的障碍,不仅没有上位法律依据,也没有什么现实意义。

在实际经营过程中,从著作权权利中心到垄断组织的演变过程中并不存在所谓的突变的环节。如果权利中心的设立和经营没有实质性的行政审批障碍,那么权利中心向"著作权垄断组织"的"和平演变"也无需的行政核准。这也就意味着政府批准设立著作权集体管理组织的做法,在中国现实的法律框架下并没有实际的意义——著作权法第 8 条只不过能够起到限制著作权权利中心宣称自己是"集体管理组织"的作用。各种各样的权利中心可以在其他名义下轻松地从事集体管理组织的全部业务。

(三)维护垄断违背我国的知识产权政策

……

集体管理组织自身的私人属性决定中国立法者在规制集体管理组织的过程中进行鲜明的政策性权衡是正当的。"集体管理组织所提供的并不是一种经公共权力机构授权行使的普遍的社会公益服务。著作权集体管理组织所管理的仅仅是私有的、个体的财产。"著作权集体管理组织所谓为全体会员谋利益的功能通常被集体管理组织有意识地夸大。集体管理组织远未像想象的那样有效地促进了作者共同体的整体利益。相反,集体管理组织很容易陷入官僚主义的泥潭,成为少数人牟取利益的工具。在这种现实背景下,立法者以牺牲社会公众的利益为代价维护集体管理组织的垄断地位,其正当性就值得怀疑。集体管理组织之间的竞争的确可能造成一定程度的"浪费"。但是,著作权人或者版权用户为了维护自己的一己之私,自愿展开竞争,即使造成浪费,那也是保持著作权集体管理制度效率和公正的正常成本。更重要的是,现有的统计数据显示自由竞争国家的集体管理组织并不会承担更高的管理成本。欧洲和北美的集体管理组织统计数据说明,美国处于竞争状态的 BMI 和 ASCAP 的管理成本与总收入的比例为 18%—19%、管理成本与国内收入的比例为 26%。美国这两个集体管理组织的成本水平低于或者等于国际集体管理组织的平均管理成本水平(平均数据分别为 20% 和 26%)。如果考虑到欧洲、日本等国的集体管理组织以较低的成本管理机械复制权这一要素,则上述数据对美国集体管理组织更加有利。从用户的角度看,著作权垄断组织之间的竞争,并不一定会导致重复授权而增加许可费的绝对数额。统计数据显示,采用竞争模式的美国和加拿大的集体管理组织的许可费收入占 GDP 的比例、许可费收入等在统计表中同处在最低的位置上。也就是说,在存在两个或者更多的管理组织的情况下,版权用户为了避免侵权,可能需要从每一个管理组织那里获取许可,但是,用户并不因为集体管理组织数目的增多而支付更多的许可费,相反,在竞争环境下用户倒可能支付更少的许可费。

……

(四)政府治理垄断的糟糕记录

一国法律刻意维持集体管理组织的垄断地位,则必须保证政府主管部门能够对集体管理组织进行非常有效的监管。也许,这在欧洲诸国还不是太大的难题,但是在时下的中国则绝对是。长期以来受计划经济管理模式影响的中国政府在治理垄断组织方面有着非常糟糕的历史记录。经济学家指出,"中国反垄断的首要任务是反政府部门的垄断行为"。"对中国这个处于转轨中的国家来说,最为严重的反竞争行为似乎不来自企业本身,而是来自政府部门的政策,或政府与国有企业之间的合谋。……一方面,政府在对一些仍然处于垄断地位(自然垄断或法定垄断)的企业没有按照市场经济的规则加以管制,而是听任政企不分的垄断者自行其是,损害消费者的利益;另一方面,各级政府部门常常以行业管理和维护市场秩序为名,通过法令、政策、行政手段从事各种各样的反竞争活动。"研究反垄断法的学者也同样认为"制止行政垄断是中国反垄断法一个极其重要而且非常迫切的任务"。

中国市场上现存的垄断企业与各自政府主管部门之间的交往现实证明:特定的垄断组织和主管部门建立起直接的联系,主管部门常常成为垄断企业滥用市场优势行为的保护伞。典型的例子是过去邮电部参与电信业的行业垄断活动。在中国这样的市场环境下,单独依靠主管部门对垄断行业进行行之有效的监管以维护公众利益的想法是不切实际的。现在,我还不能断言版权行政管理部门在与集体管理组织的交往过程中将步其他公用事业主管部门的后尘。但是,在行政垄断横行的现有体制下,中国版权行政管理机构能够摆脱垄断组织的院外影响,成为例外的可能性应该很小。实际上,国内已经有人尖锐地指出著作权行政主管部门与集体管理组织之间已经非同寻常的"业务联系"。

5.2 禁止获得独占性授权

维持集体管理组织与著作权人的竞争:禁止独占性授权

崔国斌:《著作权集体管理组织的反垄断控制》,
载《清华法学》2005 年第 1 期,第 119—124 页

(一) 独占与非独占的分歧

著作权集体管理组织与著作权人的授权关系,是著作权集体管理组织反垄断控制的另外一个复杂议题。各国在这一方面也存在很大的分歧。"欧洲绝大多数集体管理组织都是在著作权人独占性授权的基础上运作的"。比如德国,"会员通常必须将相同类别的全部权利移转给集体管理组织。自己不能保留某些易于实现的高回报的权利,而将一些维权成本较高的权利交给集体管理组织。"

支持独占授权模式的人认为独占性的授权对于集体管理本身有着明显的好处:集体管理组织无需反复与会员协商就可以为受益人的最大利益采取措施。在发动执法程序过程,更是如此。如果没有独占性授权,那么集体管理组织的作品库就变得非常的不确定。这意味着许可、维权活动就更加困难,最终增加运营成本,损害全体会员的利益。另外,没有独占权的基础,跨国的集体组织之间的协作将非常困难。国内学者也大多基于类似的理由强调独占性授权的重要性。

与欧洲的经验相反,美国司法部与 ASCAP 和 BMI 达成的同意判决(Consent Decree)中则要求垄断性的集体管理组织只能获取非独占许可,禁止集体管理组织谋求独占性授权。支持非独占授权的观点认为,独占授权消除了著作权人和集体管理组织在授权市场上的竞争关系,强化了垄断组织的谈判地位,使其更容易索要高额的许可费,打压潜在的竞争对手。而非独占授权,则使得集体管理组织和著作权人之间直接的竞争关系得以保存。

从上面的分析中可以看出,在国际范围内集体管理组织与会员之间的授权关系有时候是独占的,有时候又是非独占的,似乎没有一种机制从本质上优于另外一种机制。不过,本文认为独占性的授权模式对中国社会而言并非最佳的选择。独占授权模式的辩护者强调非独占授权将导致集体管理的维权难度变大、管理成本增加、集体管理的绩效降低。这类说法并不真正令人信服。垄断规模本身对垄断组织就意味着效率,任何垄断组织都会以效率降低这一借口为维持自己的垄断地位进行辩护。接下来,本文具体说明中国应该禁止垄断性的集体管理组织获取独占性授权的理由。需要强调的是,本文仅仅认为需要禁止垄断性的集体管理组织而不是所有的集体管理组织获取独占性授权。

(二)独占性授权并非集体管理的必要条件

著作权集体管理组织实现其设立目的,并不当然要求独占性授权。成立集体管理组织的主要目的是替会员维护那些会员自身无法有效维护的权利。如果会员自身能够与版权用户直接谈判,从而比集体管理组织更有效地维护其权利,则没有理由相信集体管理组织的介入是绝对必要的。在这些情况下,会员还可能获得更好的授权条件:比如更早、更多的许可费等等。英国的研究报告就介绍了自行管理与集体管理存在巨大差别的个案:英国演唱小组 U2 将自己的音乐作品的权利独占性地交给英国的集体管理组织 PRS。结果,U2 进行现场表演时,不能自行直接管理授权的问题,而是被迫通过 PRS 进行。而 PRS 的管理过于低效、拖延,而开销过高。在有些国家收到的许可费只有该收许可费的 50%,而且花费三年才能到 U2 手中。

随着数字技术的发展,集体管理组织代为独占管理的正当性逐步被否定。著作权人和用户对于音乐的使用情况进行有效监控的技术正迅速成熟,著作权人自我管理著作权越来越容易。最终,监督某一作品被使用或者获取某一作品授权许可等事项,都能以较低的成本逐步实现。集体管理组织仅仅获取非独占性授权,可以顺应新技术的发展趋势,保证个人在集体管理和个人管理之间进行自由选择。

国际上很多集体管理组织采用非独占性授权进行运营并取得成功的事实本身也说明独占性并非集体管理的必需基础。"ASCAP、MCPS 等不是以独占性为基础,没有迹象表明它们经营中存在现实的困难……在英国集体管理组织 PRS 的实际运行过程中,已经出现了绝对独占原则的例外情形。"即使随着技术的进步,保留自我管理权的做法变得很普遍,也不会严重损害集体管理组织的整体利益。相反,这将使得集体管理组织感受到来自会员的竞争,从而提高集体管理的服务质量。现实的统计数据表明,非独占性模式下集体管理组织并不必然需要承担过分高昂的管理成本。美国采用非独占性模式的 ASCAP、BMI 等并不比独占性的集体管理组织的运行成本显著增多。

虽然在垄断组织获取的是非独占授权的情况下,部分著作权人在一定程度上可以搭垄断组织的便车:垄断组织对市场进行有效监督,导致部分用户主动向著作权人谋求授权,而不是垄断组织。但是,这种搭便车行为并不像个别学者想象的那样"导致用户对著作权人实施各个击破从而降低其支付的许可费,从而最终导致集体组织的解体。"

著作权垄断组织只获取非独占性的权利,在现有的法律框架下可能妨碍其作为当事人参与仲裁或者诉讼的程序。依据中国相关的法律规定,只有独占性的著作权人才有可能对潜在的侵权者发动侵权诉讼以维护自身利益。集体管理组织不能直接以自己的名义发起诉讼,多少会增加集体管理组织的维权成本——它被迫向著作权人通报有关侵权情况,并游说著作权人发起诉讼。不过,非独占授权并不实质上影响集体管理组织成为诉讼程序背后的主导者。集体管理组织可以为侵权证据收集、诉讼指导等活动提供物力支持。肩负着向每一个著作权人支付许可费任务的集体管理组织,理应同著作权人保持正常联系。同时,集体管理组织每年发起的诉讼数量相对有限。法律要求集体管理组织发起诉讼前必须和著作权人协商,并不会给集体管理组织的经营带来毁灭性的打击。当然,本文并不因此认为法律必须限制集体管理组织的诉讼主体资格,相反国内学者也可以研究集体管理组织作为社团在某些情况下代表其会员进行诉讼的可能性。这里限于篇幅,不再赘述。

(三) 许可费公共监督并不可靠

防止集体管理组织滥用市场优势索要高额许可费,是各国集体管理组织监管制度的最重要目标之一。在缺乏市场竞争的情况下,著作权垄断组织几乎可以随意设立许可费标准。版权用户与集体管理组织就许可费标准发生的争议是不可避免的。这时,很多人就寄希望于行政或司法的公共监督。

行政或者司法机关的公共监督能够在一定程度上限制集体管理组织索要高额许可费,但是这一监督是有限的、事后的,需要花费相当的资源,而且具有很大的不确定性。政府机构通常并不能迅速介入。即使行政监督程序真的能够及时启动,该监督程序本身的高昂成本也常常令版权用户望而却步,忍受或者转嫁高昂的许可费成本。

另外,行政或者司法机构不熟悉具体的版权许可业务,常常不能有效监管。比如,美国 ASCAP 过去的管理规则修改了 30 多次,司法部虽然履行了审查程序,但是批准了绝大部分修改。到后来,有用户对规则提出异议,ASCAP 却反过来将美国司法部的批准作为反驳的理由。美国司法部解决不了这一世界性的难题,中国的版权行政部门在短期内也不会有彻底的解决方法。

既然在垄断局面下,这一难题无法解决,那么合理的选择自然是尽量避免绝对垄断,从而避免问题本身的出现。保持集体管理组织之间的自由竞争显然是正确的选择。除此之外,禁止独占性授权也是另外一个合理的补充措施。本文认为,在公共监督并不能完全遏制集体管理组织索要过高许可费价格的情况下,保持集体管理组织之间、以及集体管理组织和著作权人之间的自由竞争就具有非常现实的意义。

(四) 独占许可妨碍竞争对手进入市场

独占性授权不仅妨碍用户在集体管理组织和著作权人之间进行选择,而且还会妨碍竞争性集体管理组织的产生。当一个独占性的集体管理组织完全占据市场垄断地位以后,市场上规模越大的用户受到的制约可能越大——因为其需求的作品数量庞大,要绕开集体管理组织几乎是不可能。即使该用户愿意自行同著作权人一一协商解决授权问题,也没有机会。如果集体管理组织的授权是非独占性的,则大规模用户在极端情况下可以抵制集体管理组织索要高价的行为,直接从用户那里获取授权。到一定规模以后,大规模用户甚至可以自行成立新的替代性的集体管理组织。前面提到的美国 BMI 的诞生就是很好的例子。欧洲市场上绝大多数集体管理组织能够长期保持垄断状态,没有竞争对手的出现,除了和政府审批限制有关外,还应该与这些组织长期以来坚持所谓的独占性授权原则有关。

在垄断组织和著作权人之间存在竞争关系的情况下,即使绝大多数用户依然选择从垄断组织那里获取许可,也不意味着这种竞争关系就不必要。保持这种竞争关系可以在垄断组织坚持苛刻的授权条件时,为用户提供另辟蹊径的机会。这种机会本身就起到限制垄断组织滥用市场优势地位的作用。

本文反对集体管理组织谋求独占性授权,并不意味着本文支持著作权人同时就同一作品进行对两个或者更多的互相竞争的著作权集体管理组织同时授权。此类授权将导致不同的集体管理组织的管理权利内容的重复,进而给各个集体管理组织的维权活动带来麻烦,也可能导致用户重复支付许可费用。因此,法律应当限制著作权人对多个存在直接竞争关系的集体管理组织重复授权。当然,著作权人可以通过非集体管理组织以外的代理人对外授权,就像美国 AFJ2① 规定集体管理组织不得限制会员通过中介组织、代理人发放许可。不过,此类中介组织和代理人如何与传统的集体管理组织相区别也是值得进一步研究的问题。

5.3 滥用垄断优势的具体行为及其控制

滥用垄断优势的具体行为及其控制

崔国斌:《著作权集体管理组织的反垄断控制》,
载《清华法学》2005 年第 1 期,第 124—133 页

防止集体管理组织的滥用垄断优势,仅仅依赖于集体管理组织之间的竞争以及它和著作权人的竞争是远远不够的。特定市场上的偶然性因素会导致个别集体管理组织优先取得支配地位。这些取得市场支配地位的集体管理组织会利用各种手段为后来的竞争者设置实质性的市场进入障碍。同时,它们为了维护自身的市场优势,也可能通过各种不合理的合同条款损害著作权人和版权用户的合法利益。这时候,法律就需要进一步的介入,对具有垄断地位的集体管理组织的市场行为进行多方面的直接限制,以维护正常的市场秩序。接下来,本文针对集体管理组织的几类代表性的滥用市场优势的行为展开具体的论述,揭示相应的法律对策。

---

① 这里所说的 AFJ 或 AFJ2,均为美国司法部与集体管理组织就反垄断调查达成的和解决定。

（一）限制会员退出

集体管理组织为了保证自己管理作品数目的最大化，强化自己的谈判能力，常常为会员的退出设置各种各样的障碍。要求集体管理组织对会员的退出不作任何限制是不现实的——至少集体管理组织需要保证其管理作品目录的相对稳定性，从而使得版权用户对授权期限有一个正常的预期。正因为如此，大多数国家都许可集体管理组织对会员的授权设置一定的期限限制（比如一到三年）的做法。但是，法律对此类限制措施的容忍是有限度的。如果集体管理组织要求会员签署长期的许可协议、设置很长的退会通知期限、限制向即将退会的会员发放许可费、要求退会后一段时间里继续授权、对转会会员实施财产上的惩罚等，法律的干预就不可避免了。因为集体管理组织对会员退出进行过度限制，不仅损害会员的利益，也给对手的自由竞争制造障碍。

欧洲委员会在 GEMA I 和 II 中，认为德国 GEMA 要求会员转让全部的著作权，同时谋求最短 3 年的授权期限加一年的退出等待期的做法，违背了《罗马条约》的第 86 条，属于滥用市场优势的行为。欧洲委员会在 GEMA II 中要求 GEMA 进行选择：1）要求会员转让其所有作品在所有国家的七类权利，但是必须许可会员随时退出；2）许可会员转让部分国家的部分权利，但是只能在每三年一期的期限届满后才能够退出，而且要在期满前提前 6 个月通知。最终，GEMA 选择了第二种方案。欧洲的很多集体管理组织也仿效 GEMA 的这一做法。在 GEMA 系列案之后，集体管理组织会员可以自由转会的概念在欧洲大部分国家深入人心。

在欧洲另外的一些案件中，法院也多次表达了对集体管理组织设置过长授权期限的做法的否定态度。比如，在 BRT v. SABAM 案中，欧洲法院（ECJ）认为在会员退出后保留授权长达五年，是不公平的。同时，法院认为"要求会员强制转让所有的版权——无论是现在的还是将来的，也不考虑不同的利用类型，可能是不公平的。尤其是要求在会员退出后依然将授权延续一段时间。"在 Greenwich Films v. SACEM 案中，法院认为，要求过长的转让期限、转让将来的作品、会员退出后要求延长转让期限的条款等不公平地妨碍了会员转会的权利，损害了会员处理自身权利的自由。

美国要求 ASCAP 不得限制会员在每个日历年底退出该组织。特别是，ASCAP 必须向该即将退出的会员正常支付许可费。ASCAP 不能因为自己和用户之间存在许可协议，禁止会员将作品转移到其他集体管理组织，也不得在会员转会时对其进行财产惩罚。

（二）歧视会员

集体管理组织内部不同会员的许可费收入存在很大的差别，各自对集体管理组织管理成本的负担也并不与该许可费收入相称。有学者指出，"在德国集体管理组织内部，大的成员实际上在补贴整个系统。为小的会员设置账户、收集并分配小额的许可费要花费相当的成本。"在这种情况下，集体管理组织很容易受到会员不平等的社会地位的影响，在会员之间实行歧视性的许可费分配政策。

为了保证集体管理组织在会员之间公平地分配许可费，美国 AFJ2 要求集体管理组织"ASCAP 必须进行客观的调查或者测试，了解会员作品的表演情况，主要依据表演的情况来决定许可费的分配。"但是,由于用户或者社会公众对不同的作品给予不同评价,完全依据表演的次数来确定许可费也可能是不公平的。因此,美国司法部同意ASCAP在一定范围内对作品进行区别对待。许可ASCAP在没有司法部监督的情况下,对不同的音乐作品的价值作主观的评估,许可对某些著名的音乐作品或者对ASCAP的曲目有重要贡献的作品给予较高的许可费奖励。

大的或者著名的会员对于集体管理组织的许可费收入有着重大的影响,在集体管理组织内部自然容易受到优待。如何保证集体管理组织在作出所谓的许可费调整的过程中,不过分倾向于那些有着强大影响力的会员,就成了集体管理组织许可费分配环节的重要难题。显然,实践中并不存在判断不同表演时间相对价值的可行的经济标准。现在可行的监督措施可能就是AFJ2中的做法:"要求集体管理组织在调整许可费分配标准时,必须公开、前后一致。AFJ2要求ASCAP公开其发放许可费的规则和计算公式。ASCAP在修改这些规则时,需要提请司法部或者法院批准。这些措施旨在揭示ASCAP是否优待某些会员,保证会员能够理解自己所获得的报酬是如何计算出来的。让会员自己有充分的信息决定是否加入或者离开ASCAP"。也就是说,现在法律能做到的仅仅是向会员提供一个公开了解分配方案的机会,至于修正方案本身是否合理,只能由会员自己评估。

集体管理组织对于会员的歧视还可能源于会员的国籍。有些著作权垄断组织对外国的著作权人持排斥态度。比如,在1971年的GEMA I 案中,欧洲委员会(The European Commission)就认为GEMA要求成员必须属于德国国民或者至少在德国存在"租税住所(Tax Domicile)"违背了了《罗马条约》第86条。同样,在GVL案中德国集体管理组织以其他成员国内权利的二次利用难以实施为由,拒绝接受非德国国民或者德国居民集体管理业务,也被认定为滥用优势地位。从这些判例可以看出,在统一的欧洲音乐和娱乐市场上,对于不同国际会员的歧视是《罗马条约》严厉禁止的行为。现在,大多数著作权集体管理组织都承认所谓的国民待遇原则,依据合作协议在本国维护外国著作权人的利益。

(三)强迫接受一揽子许可

集体管理组织常常要求用户接受一揽子许可,拒绝发放单个许可。比如,ASCAP过去只对用户发放一揽子许可(Blanket License)。在集体管理组织看来,个性化的许可需要很大的谈判成本,同时许可后的监督成本也很高。集体管理组织需要核实不同用户的具体使用情况,必要时还要对这一使用过程进行监督。而采用一揽子许可,集体管理组织可以将许可费与用户的某些标志性的收支数字(比如年度毛收入等)挂钩,这样只需要核实那些比较容易查证的数据就可以收回许可费,无需监督用户的具体使用情况。

从用户的角度看,一揽子许可也有可取之处。一揽子许可使集体管理组织避免了就单个交易发放特定作品许可的成本,从而使得用户能够以较低的许可费获得授权。对于某些超级用户而言,依据该许可他获得了按照自己的意愿利用全部作品的自由,无需担心自己无意之中超出特定的授权范围而承担侵权责任。这一自由对于某些行业来说,甚至是至关重要的。比如分布在全国各地娱乐性版权用户,随时可能受到突发的流行潮流的影响,必须随时获得使用集体管理组织的上百万的音乐作品中某些作品的许可。这时,一揽子许可是避免娱乐业滞后的重要工具。

正因为一揽子许可自身存在合理性,美国最高法院强调对一揽子许可的反托拉斯审查,并不适用所谓的当然违法规则(per se rule),而要根据合理性规则(rule of reason)。在欧洲的某些案子中,法院也并不认为拒绝发放部分作品的许可当然违法。比如,在Tournier案中,法院认为SACEM拒绝向第三方就来自英美的音乐作品发放单独许可的行为,是保护作者权利所必需的,因此该行为没有违反《罗马条约》第86条。法院指出除非发放部分许可,能够完全保证作者、作曲家和出版商的利益,同时又没有增加合同管理和使用监督的成本,法律才有必要强迫集体管理组织提供此类许可。

在某些情况下,集体管理组织强迫用户接受一揽子许可,会损害某些用户的利益,尤其是中小用户的利益。欧洲学者指出,一揽子许可意味着用户在接受自己需要的作品许可的同时,也不得不为不需要的作品支付许可费用。这应该是一种搭售活动,可能为《罗马条约》第81或82条所禁止。在某些情况下,对于中小用户而言拒绝发放部分许可,强调一揽子许可,将使得这些中小用户与大规模用户相比,在市场竞争中处于明显的劣势地位。这种情况下拒绝发放部分许可,等于完全拒绝发放许可。

一揽子许可还可能被用来损害集体管理组织竞争对手的利益。一揽子许可降低了版权用户从集体管理组织与著作权人的竞争中获利的能力和动机。在一揽子许可的安排下,版权用户利用其他集体管理组织的音乐部分替代当前集体管理组织的音乐,也不会减少花费,降低了版权用户从其他集体管理组织获得新的作品授权的积极性,从而损害了其他集体管理组织的利益。

为了限制集体管理组织对于一揽子许可的利用,法律通常要求集体管理组织必须提供其他替代性的许可方式。对此,我们以美国的实际例子加以说明。美国司法部在AFJ中要求ASCAP向广播组织在一揽子许可之外提供所谓的单个节目许可(Per-program License),从而保证音乐用户有动机为其部分节目谋求直接的单独授权——即使其依然需要从集体组织那里获取其他音乐授权。但是,实践中ASCAP为"单个节目许可"设置的很多障碍:繁琐的汇报程序、较高的许可费标准、仅仅对AFJ上列名的机构给予"单个节目许可"等等。结果,大多数有支付能力的版权用户依然选择一揽子许可,即使其不需要一揽子许可所提供的全部曲目的使用许可。

最近的AFJ2要求ASCAP在一定情形下,应背景音乐或者在线音乐用户请求必须提供一种新型的许可——"单元许可"(Per-segment License)。AFJ2没有明确定义所谓的"单元"(Segment),从而许可ASCAP、用户和法院在实践中能够在一定的弹性范围内确立一个合理的许可方案。AFJ2要求提供"单元许可"的具体的情形是:(1)用户对音乐的表演可以比较准确的追踪;(2)表演能够以通常音乐产业公认的单元(segment)进行许可费估价;(3)对于此类许可的管理不会给ASCAP带来不合理的负担。"单元许可"旨在保证那些不是从事传统意义上的节目(program)传输的用户不必接受一揽子许可,从而也能够从许可中获得各自的竞争优势。

除了要求集体管理组织提供更多的许可类型外,限制集体管理组织滥用支配地位的另外一个策略就是限制集体管理组织的收取许可费的方式。如前所述,如果一揽子许可按照所谓的营业总收入的方式计算,则集体管理组织完全不在意用户究竟利用了多少自己管理的作品。对用户而言,无论是是否利用该作品,均需要支付相同的费用。在美国法上,这种总括式的收费方式如果不是出于许可费核算方便,为被许可人所同意,则通常被认定为权利滥用。因此,AFJ2 禁止 ASCAP 在未经用户请求的情况下,按照所谓的 总收入的百分比的方式向广播组织收费。

（四）索要高额许可费

集体管理组织一旦处于垄断地位,仅仅依靠集体管理组织之间以及集体管理组织与著作权人之间的非常有限的竞争,并不能有效保证集体管理组织不滥用垄断优势地位索要不合理的许可费。因此,很多国家通过多种途径限制集体管理组织索要高额的许可费,比如个案的司法或者行政监督、控制许可费标准的制定过程、制定强制费率等。

目前,大部分国家和地区都通过各种途径使得司法或者行政当局能够依法直接介入许可费争议,确立合理的许可费标准。比如,欧洲法院就认为集体管理"基于垄断地位的组织索要过分高昂的许可费,应当受到《罗马条约》第 86 条的制约"。代表性的案例是 SACEM 案：SACEM 对于当地迪厅的收费比德国 GEMA 对于迪厅的收费高出 15 倍,比英国、意大利等的类似许可费也高出数倍。法院认为如果没有证据证明法国运营成本的确高于其他地区,则收取如此高昂的许可费属于滥用垄断优势地位,适用《罗马条约》第 86 条。本案中,法院虽然最终支持了集体管理组织的许可费标准,但是依然为此类许可费争议确立了重要的原则：首先过高许可费受到第 86 条制约；其次,证明许可费合理的义务在集体管理组织一方。

很多国家都指定或者设立专门机构监督集体管理组织的许可费标准。比如瑞士的联邦仲裁委员会（Federal Arbitral Commission）、英国的版权裁判庭（The Copyright Tribunal）、德国的专利局、法国的文化部等。参照这些做法,国内也学者大多主张行政主管机关应当依法监督许可费条款,必要时可以强制修订许可费标准。用户对许可费价格不满时,可以提请特定的法院裁决。

在某些国家,这些机构只有在双方发生争议的情况下才制定许可费标准,而在另外一些国家这些机构仅仅决定某一建议的许可费是否合理,其自身并不确立许可费标准。美国没有行政机构监督集体管理组织的许可费标准,但是,司法部在"同意判决"中要求 ASCAP 设定合理的许可费标准。发生争议时,纽约南区区法院负责处理该许可费标准争议。许可费争议的解决机制中最核心的问题是如何保证程序的效率。如果程序效率低下、成本高昂,那些对许可费心怀不满的用户挑战集体管理组织的积极性将受到压制,它们更有可能忍受高额许可费。正因为如此,美国的 AFJ2 修改了 AFJ 中关于许可费争议的程序,试图降低成本,提高程序效率,让更多的人选择司法监督程序。

对于集体管理组织许可费标准的最严厉限制来自于法律的直接规定强制性的许

可费标准——立法也许并不仅仅针对集体管理组织,但是的确限制了集体管理组织按照自己的意愿索要许可费的能力。代表性的立法有:英国1911年版权法设置了机械表演权,同时规定了商业录音版权的法定许可费——零售价的5.0%,后来增加到6.25%。由于这一固定费率,集体管理组织就没有必要居中为作者和用户协商许可费了。美国过去在音乐作品的机械复制权的许可费方面也有类似的立法。强制许可费制度缺乏弹性,一经设立,常常在很长的期限内难以调整,从而难以适应社会经济形势的变化。比如,前面提到的美国机械复制权许可费标准美国1908年版权法规定音乐作品的机械复制权的许可费标准持续了70年。中国也有类似的例子:中国文化部1984年颁布的《图书、期刊版权保护试行条例》中确立的稿酬标准直到1999年才被版权局的《出版文字作品报酬规定》所取代。正因为如此,强制许可费标准的适用范围有限,并不能成为抑制集体管理组织索要高额许可费的常规武器。

(五)其他行为

除了上述各项不正当行为外,集体管理组织还可能进行其他各种形态滥用市场优势的行为。比如,要求用户签署长期许可协议、对不同用户采取歧视性的许可费政策、无正当理由拒绝发放许可、不公开曲目信息、进行横向或者纵向市场联合限制用户的选择自由、利用杠杆优势获取其他相邻市场的支配地位、进行人为的分割许可、自动转让未来作品、低价倾销等等。这些行为在不同的法律传统下受到的评价也不完全相同。

……

Broadcast Music, Inc. v. Columbia Broadcasting System, Inc.

441 U. S. 1(1979)

I

ASCAP(American Society of Composers, Authors and Publishers)和BMI(Broadcast Music, Inc.)是美国最大的两家音乐著作权集体管理组织。它们的成员是成千上万家的唱片公司和词曲作者。它们管理了差不多美国所有的版权曲目。

这两个组织主要靠发放一揽子许可(blanket licenses)运作。被许可人获得授权后,能够在一定时间内使用它们所管理的全部曲目。许可费通常是被许可人总收入的一定比例或者固定数额的金钱。许可费与被许可人使用的音乐的数量和类型没有直接关系。电台和电视台是音乐作品的最大使用者,它们绝大多数都获得了ASCAP和BMI的一揽子许可。在本次诉讼之前,CBS也是持有一揽子许可。[CBS请求按照实际使用作品的情况计算许可费,ASCAP和BMI均拒绝了这一请求。]

在本案中,CBS指控ASCAP和BMI的一揽子许可的做法构成非法的价格固定、搭售、联合抵制和版权滥用。区法院拒绝确认该行为当然违法。上诉法院则认为,该一揽子许可是一种价格固定行为,当然违法。ASCAP和BMI提出上诉,最高法院受理此案。最高法院推翻了上诉法院的结论,认为该一揽子许可并不当然违法。

II

在上诉法院看来,词曲作者和出版社共同加入一个组织,然后由该组织设定一揽子许可的价格。这就是所谓的价格固定(price fixing)行为。但是,反垄断法所说的当然违法的价格固定行为,通常是指那些明显损害竞争而没有积极价值的行为。本案的诉争行为比较特别,不应被宣布当然违法。

在本案之前,ASCAP 和 BMI 已经经历过多起反垄断诉讼。1941 年,ASCAP、BMI 和司法部达成同意判决,ASCAP 和 BMI 接受严格的行为限制。后来,该同意判决在 1950 年经过多次修改,至今依然有效约束着 ASCAP 和 BMI。依据该判决,会员只能以普通许可(非独占)的方式将他们作品的公开表演权许可给 ASCAP 和 BMI。成员自己依然保留着单独对外发放许可的权利。ASCAP 自己不得就 ASCAP 曲目中的一个或更多的具体曲目发放许可,除非用户和权利人书面请求 ASCAP 这么做。该同意判决要求 ASCAP 对任何提出书面请求的使用者发放使用 ASCAP 全部曲目的非独占许可,该许可要么以一定时间为依据,要么以单个节目为基础。对于以节目为基础的许可,以节目实际收益为基础许可或者一揽子许可。如果 ASCAP 和潜在的被许可人无法在 60 天内就许可费达成一致,潜在的被许可人可以请求区法院确定一个合理的许可费。ASCAP 有义务证明其收费主张的合理性。

依据美国法,同意判决并不能免除 ASCAP 和 BMI 对第三方的法律责任。如果第三方觉得同意判决所许可的行为损害其合法权利,依然可以提出告诉。不过,存在同意判决的事实,会让法院相信,诉争的行为在竞争法上可能存在一定的正面价值。在同意判决之后,一些电台挑战过一揽子许可的合法性。不过,第 9 巡回庭依据 1950 年的同意判决,拒绝接受一揽子许可属于违法的价格固定行为的主张。

最高法院援引了美国司法部在上述案件中支持一揽子搭售合法的意见:在全国范围内有大量的音乐作品的使用者,需要使用大量的作品,不可能对每个曲目签署单独的许可协议。在这种情况下,许可竞争对手在反垄断法的监督下成立联合的机构,是合理的选择。ASCAP 对于单个的电台发放一揽子许可,既不是当然违法,也不是对商业的不合理限制。

III

接下来,法院具体分析本案中的问题。

版权音乐作品的表演权是版权法授予的法定权利,国会并无意愿限制或削弱此权利人对公共表演行为的控制。虽然版权法没有授权版权人相互联合固定价格,但是我们也不能认为,任何使得这一权利的行使成为可能的合理而必要的市场安排,当然违法谢尔曼法。否则,版权法所预期和谢尔曼法禁止限制的商业(许可)活动就不复存在或者达不到国会的期待。

在分析一揽子许可是否应该被视为当然违法的行为时,需要考虑的问题是:一揽子许可行为是否是表面上看来总是或者几乎总是限制竞争和减少产出,在什么市场范围内有这样的影响?或者相反,一揽子许可实际上是用来提高经济效率从而促进竞争?

一揽子许可,在我们看来,不是除了限制竞争就没有其他目的的赤裸裸的商业限制行为,相反,一揽子许可伴随着版权人在销售、监督和阻止版权授权等方面整合。ASCAP 这一机构和一揽子许可机制是顺应市场的实际需求(成千上万的使用者、版权人和数百万的作品)而出现的。大部分用户希望获得无须事先计划就可以快捷而可靠地获取任何曲目使用权,而权利人希望有可靠的方法收取其版权许可费。版权人单独的交易、监督和维权在这一行业是非常昂贵的。如果考虑到单个作曲者的有限资源,更是如此。上诉法院和 CBS 都意识到,单独与电台、夜店、餐馆等签署许可,成本极其高昂。正是在这一背景下,一揽子许可应运而生。

如果成千上万的单独谈判是不可能的,则一个可以发放一揽子许可的中间人显然是必要的。如果为每一曲目的每一使用支付单独费用,则会使得收费机制变得非常复杂;同时,用户的回报和版权人监督也变得非常困难。过去,公共表演权市场大多选择了一次付费的一揽子许可,这使得用户获得的不受限制的使用权,而不用担心侵权风险。当 BMI 作为 ASCAP 的竞争对手出现后,它也同样选择了一揽子许可机制。

随着电台和电视网络(radio and television networks)的出现,对这些用户而言,一揽子许可的必要性和好处,可能不再像它对单个的电视台、广播站(radio stations)或单个的公开表演版权作品的个人或组织那样,显而易见。不过,ASCAP 的电视网络领域的一揽子许可,依然降低了交易成本,虽然此类许可发放的次数有限,而不是像其他许可那样发放成百上千次。该许可使得 ASCAP 无须监督该电视网络,看是否存在超出支付范围使用作品的情况。ASCAP 还提供必要的资源,用于监督一揽子许可的执行。这是绝大多数词曲作者和出版社所做不到的。另外,大量的同类协议必然要通过整合以提高效率。整合了协议,必然要为该协议确定价格。

实质性地降低了交易成本,对于出售者和购买者都是潜在有利的。这是一揽子许可与单个使用许可的区别所在。一揽子许可由多个单个许可加整体服务组成。这里,该一揽子许可整体上已经超出各部分的总和。在一定程度上,它是一个新的产品。一揽子许可有某些独特之处:它使得被许可人立即就可以使用曲目,而无需事先进行单独的谈判,在选择曲目上有很大的弹性。很多用户明显喜欢这一许可的特点和它所带来的好处。一些较小的表演权集体管理组织在和 ASCAP 和 BMI 竞争时,也会提供一揽子许可。因此,在一定范围内,一揽子许可是一种不同的产品,ASCAP 实际上并非为众多销售者出售商品的联合销售代理(joint sales agency),而是一个独立的销售商,提供自己的一揽子许可。单个作品的许可不过是这一一揽子许可的原材料。总之,ASCAP 创造了一个市场,在这一市场上单个的词曲作者本质上是不能与之进行充分竞争的。

最后,法院反驳了此类交易威胁到"经济的神经中枢系统"的说法。在反垄断法上,通常认为竞争性定价是自由市场分配资源的有效手段。[如果市场联合行为触及价格,就有所谓威胁市场中枢神经系统的说法。]不是竞争对手之间的所有对价格有影响的安排都是当然违反谢尔曼法。竞争对手之间的合并,就消除了竞争(包括价格竞争),但并不当然违法。这些合并有很多可以经受住反垄断审查。设立合资企业或其他合作性安排，不可避免地要就产品出售价格达成一致，但这一安排通常不会被视为价格固定行为而违法。这里，一揽子许可的许可费不是由单个版权人通过相互之间的竞争确定的。它是使用许可所覆盖的全部作品所应付出的价格。一揽子许可不能完全等同于竞争对手之间简单的横向安排。ASCAP 的确制定该一揽子许可的价格，但是该许可不同于任何一个版权人所能发放的许可。单个的版权人并没有约定不在其他市场上单独发放许可，也没有使用一揽子许可来掩盖他们在其他市场上的价格固定行为。而且，我们不能忽略先前的同意判决对 ASCAP 和其成员的限制。CBS 依然可以自由地寻求单个的许可方面（从单个版权人那里），而没有受到任何法律、操作、或他人共谋方面的限制。

在上述背景下，考虑到存在替代性的选择，法院认为一揽子许可提供了一种可以接受的机制，至少在音乐作品表演权市场上大致如此。法院拒绝宣布此类许可当然违法。此类许可在受到指控时，应当按照合理性规则进行审查。

异议意见：Stevens 法官

依据所谓的合理性规则分析，ASCAP 与 BMI 坚持一揽子许可的做法违法。

依据我们的在先案例，如果 ASCAP 和 BMI 是所有类型许可的唯一来源，而它们坚持只发放一揽子许可，则毫无疑问是违法的。版权与专利权一样，是一种法定的垄断特权。法律禁止专利权人将购买非专利产品作为发放许可的条件，或者将购买某一专利许可作为获取其他专利许可的条件。同样的法律规则也适用于版权。

不过，权利人同时对数个专利发放一揽子许可，仅仅这一事实本身并不违法。ASCAP 发放涵盖其整个曲目的一揽子许可这一行为本身，并不自动违法。在 Automatic Radio Mfg. Co. v. Hazeltine Research, Inc., 339 U.S. 827 案和 Zenith Radio Corp. v. Hazeltine Research, Inc., 395 U.S. 100, 137—138 案中，法院指出，只有专利权人坚持只发放一揽子许可，才违法。

由于 ASCAP 只提供一揽子许可，因此它的许可实践违反上述 Hazeltine 案所确立的规则。但是，本案与 Hazeltine 案有一个重要区别，ASCAP 并不对其曲库中作品享有独占性权利。因此，法律上，音乐作品的用户完全可以直接和作曲者和出版者谈判以获得他们所希望得到的许可。存在一个可行的替代方案，改变了一揽子许可政策的竞争效果。因此，ASCAP 坚持一揽子许可不能被视为一定违法的行为，这是对的。虽然这些案例有启发意义，但是它们并没有直接回答 ASCAP 的做法是否违法的问题。

这一问题的答案取决于 ASCAP 的做法对于相关市场竞争的影响。众所周知，在没有强制的情况下，一个很小的厂商的销售做法被许可，并不意味着一个有市场支配地位的厂商的同样做法也是合理的。我们必须考虑市场上的竞争属性。

音乐市场完全被 ASCAP 所发放的一揽子许可所独占。几乎每一个版权曲谱都在 ASCAP 或 BMI 的曲库之中。几乎毫无例外，获取表演这些作品的授权的唯一途径是一揽子许可。

"要么一揽子许可要么不许可"的做法明显带有歧视性。用户即便只要非常有限的使用授权，也要购买整个曲目的授权许可。他所支付的许可费与他实际使用的音乐作品的数量或质量没有关系,也与他使用竞争者的系统中作品的情况没有关系。在这一一揽子许可系统中,许可价格是用户广告收入的一定比例。广告收入反映了用户的支付能力,与音乐作品的成本、质量或数量等因素(在竞争性市场上这些因素决定许可价格)并不关系。ASCAP 的系统要求用户购买超出他们需求的音乐,虽然没有超出他们的支付能力,甚至也没有超出他们所获得的接触权(access)的合理价格,但是可能明显高于他们在竞争性系统中要支付的价格。这是一种典型的经济性歧视(economic discrimination)。

记录表明,单个音乐作品之间没有价格竞争。在一揽子许可下,对于广播网络而言,在黄金时段播放最流行的热门歌曲与在肥皂剧中播放不知名的作品作为背景音乐,成本是一样的。这导致用户不再需要少使用原本比较昂贵的作品而多使用比较便宜的作品以减低成本。因此,一揽子许可倾向于鼓励使用更多的音乐,而其中更多的是在竞争性系统中单独许可时原本更有价值的音乐。由于许可费收入是根据音乐使用的频率和性质分配的,这导致那些功成名就的作曲者的回报增加,而那些不怎么有名的作曲者的利益受损。一揽子许可导致新来的作曲者没有机会利用不同寻常的低价来打入音乐市场。

现有的市场状况并不能说明它不能按照更有竞争性的方式运作。ASCAP 发放更有限的许可(一揽子许可之外的其他许可)并非不可行。区法院并没有说明为什么音乐表演权许可不能按照曲目或使用的量与作曲者、出版者或 ASCAP 谈判。实际上,ASCAP 现在补偿作曲者和出版者的方式正是按照曲目或使用的量。如果许可费的分配可以曲目使用量为基础,则很难理解为什么许可费的收取不能按照相同的方式。记录表明,在 ASCAP 的一揽子许可所不覆盖的领域,竞争性市场在起作用。在电影业停止一揽子许可的做法后,所谓的电影配音权(synch rights)市场就迅速发展起来。总之,记录表明诉争的音乐市场原本可以具有高度的竞争性,但是现在却根本没有竞争。

现在的市场被两家坚持一揽子许可的公司(ASCAP 和 BMI)垄断,自然的结论是商业交易受到了不合理的限制。ASCAP 争辩说,至少对 CBS 而言,并没有限制,因为它依然可以自由地与版权人直接交易。

区法院认定,CBS 并没有证明它被迫接受 ASCAP 的一揽子许可协议。虽然 CBS 证明相当数量的作曲者和出版社对他们和 ASCAP 的合作比较满意,不愿意直接与 CBS 交易,但是法院认为此类证据不够有说服力,因为 CBS 在音乐行业有实质性的市场支配力,对于希望获得曝光机会的版权人而言非常重要。不仅如此,CBS 还可以走得更远,与其他电视网络一道利用他们的经济资源促进音乐提供商之间的竞争,从而降低表演权许可费的价格。但是,这些都没有证明 ASCAP 的做法是合法的,ASCAP 不应受到禁令制裁。

CBS 具有实质性的市场支配力,并不妨碍它对限制商业交易的行为提出指控。无论是大的买家还是小的买家,都受到反垄断法的保护。实际上,即便共谋行为的受害者自己也有错,它依然受反垄断法保护。有些时候,过度竞争在某一方面会导致更多的损害而不是好处,这可能成为立法者在反垄断法上赦免某些行为的依据,但是这并不能成为违反谢尔曼法（the Sherman Act）的抗辩理由。虽然 CBS 被视为寡头这一事实在法院确定救济方式时是一个相关因素，虽然自由竞争可能影响很多作曲者或出版社的收入，这些考虑都不能影响 ASCAP 行为的合法性。

ASCAP 所谓 CBS 在决定是否选择一揽子许可方面有完全的自由的说法，无法从区法院的发现中得到支持。区法院并没有发现，CBS 可以明天就取消一揽子许可，然后继续在其节目中使用音乐作品与其他电视网络竞争。区法院也没有发现，这一过程没有风险或成本。相反，区法院发现，在一年内，继续支付数百万美元的一揽子许可使用费，CBS 将可以获得所需要的许可合同。换句话说，阻止 CBS 直接从版权人那里寻求授权的障碍是真实而显著的，虽然它们并非不可逾越。

在我看来，区法院的发现并没有证明 ASCAP 无须承担责任，相反，它证明 ASCAP 的行为违法。无论是 CBS 还是其他用户，都不愿意承担成本和风险去从竞争性市场上购买音乐。CBS 打破 ASCAP 垄断地位的努力很有可能取得成功，并不影响其他更小的买家被完全排除出竞争性市场。其实，尽管 CBS 规模很大，从竞争性市场上购买音乐，可能并不会产生过于高昂的成本或风险，但是对于后续的不可预见的后果的担心，加上改变音乐采购方式引发的可预见的成本或延误，毫无疑问会阻止 CBS 管理层作出转向竞争性市场的决定。即使 ASCAP 向 CBS 提供特别的优惠，以阻止此类转向努力，这也不能解决一揽子许可对整个市场的限制。

不论 CBS 的管理层决定是什么，有一点是非常清楚的，任何单个公司的管理层无权决定整个市场上的竞争是否收到不合理的限制。在很多案件中，竞争者之间的安排并不是要永久地消除竞争，而只是延缓竞争者的出现或增加新来者的进入成本。这也是本案的市场上的状况。即便没有司法干预，ASCAP 的垄断权可能也最终被 CBS 打破，如果直接寻求授权的好处超过其成本和风险的话。但是，这并不意味着本案的一揽子许可政策是合法的。如果一项安排导致整个市场范围的价格歧视并成为重要的进入障碍，则构成对商业交易的不合理限制，即使该歧视和障碍存续的时间有限。其实，历史已经表明，此类限制常常会持续很长时间。

反垄断政策要求仔细审查那些大范围积聚经济支配力的行为。当积聚的对象是法定的垄断特权时，这一审查显得尤其重要。我们的判例法反复强调限制专利和版权所赋予的特权，将它们严格限制在法定的范围内。本案的记录表明，上述法定的限制已经被超越，ASCAP 和 BMI 所行使的垄断权已经远远超过单个版权人所享有的特权的总和。ASCAP 争辩说，一揽子许可是一种明显不同于单个组件总和的产品。我同意这一前提，但是我认为这一聚合行为构成谢尔曼法所禁止的限制商业交易的垄断行为。

思考问题：

（1）知名与非知名作曲者的利益冲突是因为 ASCAP 的限制竞争的行为所致吗？按照异议法官的意见，是不是 ASCAP 需要为不同的作品制定不同的价格，并按照使用作品具体曲目和数量收费，才能避免这一利益冲突？这是不是一种不可能的任务？

(2）按照异议法官的意见,是否意味着一旦 ASCAP 具备了支配地位,它所销售的产品(一揽子许可)的类型就应当直接受到法律的干预?所有的垄断者都面临相同的处境吗?

除了上述几类引发反垄断关切的行为外,还有集体管理组织与一些垄断企业之间的联合维权行为。比如,十年前,中国移动与中国音乐著作权协会就曾进行市场联合以保护音乐著作权。以下是当时的新闻报道:

新浪科技：中移动携手音乐著作权协会加强版权保护

http://tech.sina.com.cn/it/t/2002-12-17/0854156228.shtml

2002 年 12 月 16 日,中国移动通信集团公司与中国音乐著作权协会共同发起了一次前所未有的维护音乐著作权版权的行动,双方就规范移动梦网音乐著作权使用授权一事正式签署了合作备忘录,并出台了针对涉及音乐著作权相关移动业务的管理办法。这一重大举措是中国入世以来,中国知识产权保护事业发展的又一个里程碑,预示着一个更加规范化、权属明晰的网络音乐市场即将诞生,一个崭新的音乐产业著作权保护操作模式即将出现,其广泛的代表性和权威性得到了业界的一致认可。

"铃声下载"作为各大内容提供商的拳头产品,一直是梦网业务的重要内容,此项服务在移动用户群体中颇受欢迎。但是,少数内容提供商在未取得音乐著作权授权的情况下开展了相关业务,引起了一系列侵犯版权的法律纠纷,给行业规范操作带来了负面影响。为此,中国移动通信集团公司与中国音乐著作权协会以及众多移动梦网内容提供商沟通协调,终于在近日达成了共识,签署了合作备忘录。三方共同约定:移动梦网内容提供商在申请开展音乐类服务前必须出示合法的音乐著作权使用授权;基于此,中国音乐著作权协会将提供必要的帮助;移动梦网内容提供商取得授权后,将按照既定规则履行保护音乐著作权的义务。

思考问题：

(1) 中国音乐著作权协会与中国移动的联合,要求所有的移动梦网内容提供商一定要接受中国音乐著作权协会的许可。这是否构成反垄断法意义上的"搭售"行为?

(2) 这一行为是否导致非音著协会员的作品获得移动梦网青睐的可能性大大降低?

第11章
著作权限制

著作权法上的合理使用、法定许可、强制许可和保护期限等制度分别从不同的角度对著作权人的权利内容、权利行使方式和权利期限等进行限制,从而使得著作权法能够在权利人和社会各种群体之间维持一种精细的利益平衡关系。本质上,这些规则是定义著作权权利内容或边界的制度的一部分,给它们贴上"著作权限制"的标签,单纯是为了方便分类和理解,并不排除它们被列入其他类别(比如侵权抗辩)的可能性。

1 合理使用

1.1 合理使用概述

"合理使用",从权利人的角度看,是一系列权利限制规则;而从被控侵权者的角度看,则是重要的侵权抗辩制度。深究下去,合理使用究竟是权利限制还是侵权抗辩规则,还有很大的理论争议。支持权利限制的意见,可能会强调合理使用行为本身就在著作权的内容之外,不受权利人控制。而支持侵权抗辩的意见,则可能会强调合理使用行为原本落入了著作权范围之内,只是因为特殊原因行为人才无须承担侵权责任。这一理论上的争议对具体案件处理程序和结果的影响不是十分明显。在实际操作中,著作权人指控他人侵权时,只需证明该行为落入了著作权授权条款的字面范围(无须考虑合理使用的限制),因而不必主动证明被控侵权的行为不构成"合理使用"。举证证明"合理使用"是被告的责任。更具体地说,原告通常要证明被告接触并使用了受保护的作品内容、被控侵权作品与版权作品相应部分"实质相似",然后被告才需要引用这一抗辩对抗原告的著作权侵权指控。如果原告无法证明侵权规则所要求的"接触"和"实质相似",则原告并没有完成举证责任,因而应该承担败诉后果。当然,在具体案件中,如果法院不愿意追究被告侵权责任,可以直接适用合理使用例外,而不用确定原告是否证明了"接触"和"实质相似"两项内容。尽管这一法律适用可能违反合理使用规则自身的理论逻辑,但并不会导致不合理的结果。在本书中,未经特别说明,不刻意区分权利限制与侵权抗辩。

1.1.1 合理使用限制的正当性

著作权法之所以要排除权利人对某些作品利用行为的控制,即将之视为合理使用,原因可能是多方面的,学术界并没有达成完全一致的见解。以下从多个方面简要介绍合理使用制度的正当性或者说必要性。这些方面并非完全相互独立;相反,甚至出现交叉重叠。

其一,降低交易成本,避免市场失败。 有权威学者认为,这是版权法设立合理使用制度的最主要原因。[①] 很多合理使用行为对于被使用者有一定的价值,但是如果著作权法要求使用者在使用之前与著作权人达成许可协议,则使用者可能放弃使用作品,因为对使用者而言,使用该作品的价值可能低于获取著作权授权的交易成本(确定并联系到权利人、进行许可谈判、完成许可费支付手续等等),费力去获取著作权许可,还不如放弃利用该作品。比如,一些课堂教学目的的复制、合理引用、新闻报道、免费表演等等。而对社会而言,鼓励使用者更广泛地利用该作品的行为,可以促进更多的新作品产生,有积极意义,也符合著作权法的立法目的。因此,立法者可能选择对著作权进行限制,将该使用行为视为合理使用或法定许可,免除使用者事先获得许可的法律义务,从而消除了使用者寻求许可的交易成本。一项行为究竟应该被视为合理使用还是法定许可,是一个政策性的选择。立法者要考虑该使用行为对于使用者的价值、对于著作权人市场利益的影响、支付许可费用的可行性等因素。

其二,避免过度增加后续创作的成本。 著作权法赋予著作权人独占权的目的是为了促进新作品的创作。然而,大多数创作者在创作过程中不可避免要以某种形式利用在先的作品,如果赋予过强的著作权保护,又会增加后来者创作作品的成本,从而损害后来者创作作品的自由或积极性。这反过来会损害著作权法鼓励创作的立法目标。[②] 著作权法上的"思想与表达的二分"、单纯事实不受保护、保护期限制等制度,已经起到降低后续创作成本的作用,但是还不足够,因此需要进一步引入合理使用的限制,比如,许可他人合理引用版权作品等。

其三,避免损害言论自由或市场竞争等其他重要的法律价值。 言论自由和市场竞争也可能是决策者引入合理使用制度时考虑的因素。比如,著作权法许可对作品进行新闻报道、许可滑稽模仿、许可为实现产品兼容性而利用作品等。在美国法上,很多学者认为应该在合理使用之外,创设独立的言论自由例外,对著作权进行限制。[③]

究竟是应该在著作权法上还是应该在著作权法之外(比如宪法、政治权利立法或反垄断法等)考虑言论或竞争自由等价值,可能存在争议。在那些将著作权法看做单纯激励作品创作的学者看来,可能没有必要在著作权法上考虑这些价值,而应将它们留给其他法律。否则,可能会在同一法律中引入太多的立法目标,引发认识上的混乱。比如,反垄断本身构成对财产权和知识产权的一项重要限制,但立法者并不一定要在著作权法上直接规定关于实现产品兼容性例外。类似地,也有意见认为,在进行合理

[①] Wendy J. Gordon, Fair Use as Market Failure: A Structural and Economic Analysis of the Betamax Case and Its Predecessors, 82 Colum. L. Rev. 1600(1982).

[②] William M. Landes & Richard A. Posner, An Economic Analysis of Copyright Law, 18 J Legal Stud 325, 360(1989).

[③] Yochai Benkler, Free as the Air to Common Use: First Amendment Constraints on Enclosure of the Public Domain, 74 NYU L. Rev. 354 (1999).

使用限制的法律分析时,不应考虑保护隐私之类的法律价值,因为著作权法本质上考虑的是激励作品创作之类的目标,而没有考虑隐私保护问题。[①]作为一种原则,上述意见可以接受。不过,绝对坚持单一法律实现单一立法目标的思路,在实践中并不容易。在著作权保护与反垄断或言论自由保护之类的目标发生冲突时,立法者终究要在一个法律中回应另一个法律提出的挑战。

其四,将权利人的默示许可具体化。在很多情境下,合理使用行为对著作权人的实际利益的影响很小,甚至有可能产生积极正面的影响。因此,可以合理推断,著作权人会以默示方式许可这些使用行为,因此立法者通过立法加以明确。比如,在网络空间中的作品缓存行为、对于公共集会上演讲内容的传播等。当然,像前面各种关于合理使用例外使用合理性的理由一样,默示许可理论也不能完全解释所有的合理使用例外。它能够解释部分对作者无害或者说有益的使用行为,却不能解释那些明显对作者有害的合理使用行为,比如滑稽模仿、负面评论中的引用等。也正因为如此,很多人对于权利人通过合同或技术措施限制他人某些合理使用行为持批评态度。在他们看来,合理使用并非著作权人默示许可的法定化,而是与著作权人意愿无关的法定限制,不得通过合同或技术措施排除。

1.1.2 合理使用限制的一般条款

国内学者大多认为著作权法上应该有合理使用的一般条款,使得法官能够在个案中创设新的合理使用例外。典型的合理使用一般条款是美国《版权法》上的第107条:

> §107 独占权的限制:合理使用
>
> 虽然有第106条和第106A条的规定,对于版权作品的合理使用,包括为批评、评论、新闻报道、教学(包括课堂上的多份复制件)、学术、研究等目的制作作品复制件和录音制品的复制行为或本条规定的其他使用行为,不属于版权侵权行为。在判断具体案件中一项作品使用行为是否为合理使用时,应当考虑下列因素:
>
> (1)该使用的目的与特点,包括这一使用是否为商业性质或非盈利教育目的;
>
> (2)版权作品的性质;
>
> (3)所使用部分相对整个版权作品而言所占的数量和实质程度(substantiality);
>
> (4)使用行为对版权作品潜在市场和价值的影响。
>
> 作品未发表这一事实本身并不妨碍认定合理使用,如果该认定是在考虑上述各项要素之后作出的。

中国《著作权法》上并没有合理使用的一般性条款。《著作权法实施条例》(2002)第21条规定:"依照著作权法有关规定,使用可以不经著作权人许可的已经发表的作

[①] Pierre N. Leval, Toward a Fair Use Standard, 103 Harv. L. Rev. 1105, 1130 (1990).

品的,不得影响该作品的正常使用,也不得不合理地损害著作权人的合法利益。"这一条的后半段比较接近合理使用的一般条款。不过,法院利用本条创设新的合理使用例外依然有障碍。从字面看,上述规定并非一般合理使用例外的授权性条款,更像是对著作权法已有合理使用和法定许可的一种限制。换句话说,只有落入了《著作权法》明确的合理使用或法定许可的目录之后,法院才会依据《著作权法实施条例》第21条进一步考虑是否影响作品的正常使用或是否不合理地损害著作权的合法利益。

国内很多学者主张参考 TRIPs 协议第 13 条所谓"限制与例外"的规定,在中国法上确立合理使用的一般条款。TRIPs 该条规定:"全体成员均应将专有权的限制或例外局限于一定特例中,该特例应不与作品的正常利用冲突,也不应不合理地损害权利持有人的合法利益。"学理上,这一规定所体现的判断方法被称作所谓的"三步检验法"(或"三步法")。在法律没有明确规定的情况下,法院要接受一种新的合理使用抗辩,可以从三个方面来考察该例外的合理性,即该合理使用抗辩是否只是一种特例,是否与作品的正常利用冲突,是否不合理地损害权利人合法利益。

"三步法"中最核心的一项是是否不合理地的损害权利人的合法利益。这是一个政策性的决定。稍不留意,就会进入循环论证的怪圈:人们很容易先给某些利用行为贴上标签,即不属于著作权人关心的核心市场,然后进一步推理,认定该行为为合理使用并不对著作权人的市场利益构成损害。为了避免陷入循环逻辑,美国有些法院要求合理使用的作品市场分析中的市场应该限于"传统的、合理的或版权人可能进入的市场"①,或所谓常规市场②。

TRIPs 所规定的"三步检验法",并非各国法院必须严格遵守的分析步骤。各国有充分的自由发展自己的合理使用判断方法,只要借由此类判断方法所得出的结论不违反 TRIPs 第 13 条所确立的原则精神,就不会违反该协议。比如,如后文所述,美国法上关于合理使用的分析,就不严格遵守所谓的"三步检验法"。中国部分学者将"三步检验法"上升到规则层面,将之教条化,没有必要。

关于合理使用一般条款的适用,请重点参考下文美国最高法院在 Campbell 和 Sony 案的判决意见。该判决的分析非常的深入、透彻,值得仔细研读。

1.1.3 合理使用行为的具体列举

理论上,立法者只需要制定合理使用的一般条款,而无须列举合理使用的具体类型。比如,美国版权法上就没有穷举各类合理使用的类型。不过,合理使用的一般条款相当于法律上的原则条款,适用起来具有很大的不确定性。法院如果不当适用该原则条款,很容易打破立法者所确立的利益平衡关系。因此,立法者对常见的合理使用行为进行明确列举,可以大大消除合理使用例外的不确定性。中国《著作权法》(2010)第22条列举了12类合理使用行为,正是为了实现这一立法目的。

---

① American Geophysical Union v. Texaco Inc., 60 F.3d 913,930(1983).
② Harper & Row, Publishers, Inc. v. Nation Enters., 471 U.S. 539, 568(1985).

《著作权法》(2010) 第 22 条

在下列情况下使用作品,可以不经著作权人许可,不向其支付报酬,但应当指明作者姓名、作品名称,并且不得侵犯著作权人依照本法享有的其他权利:

(一) 为个人学习、研究或者欣赏,使用他人已经发表的作品;

(二) 为介绍、评论某一作品或者说明某一问题,在作品中适当引用他人已经发表的作品;

(三) 为报道时事新闻,在报纸、期刊、广播电台、电视台等媒体中不可避免地再现或者引用已经发表的作品;

(四) 报纸、期刊、广播电台、电视台等媒体刊登或者播放其他报纸、期刊、广播电台、电视台等媒体已经发表的关于政治、经济、宗教问题的时事性文章,但作者声明不许刊登、播放的除外;

(五) 报纸、期刊、广播电台、电视台等媒体刊登或者播放在公众集会上发表的讲话,但作者声明不许刊登、播放的除外;

(六) 为学校课堂教学或者科学研究,翻译或者少量复制已经发表的作品,供教学或者科研人员使用,但不得出版发行;

(七) 国家机关为执行公务在合理范围内使用已经发表的作品;

(八) 图书馆、档案馆、纪念馆、博物馆、美术馆等为陈列或者保存版本的需要,复制本馆收藏的作品;

(九) 免费表演已经发表的作品,该表演未向公众收取费用,也未向表演者支付报酬;

(十) 对设置或者陈列在室外公共场所的艺术作品进行临摹、绘画、摄影、录像;

(十一) 将中国公民、法人或者其他组织已经发表的以汉语言文字创作的作品翻译成少数民族语言文字作品在国内出版发行;

(十二) 将已经发表的作品改成盲文出版。

前款规定适用于对出版者、表演者、录音录像制作者、广播电台、电视台的权利的限制。

当然,《著作权法》第 22 条所列举的每一类具体的合理使用行为的边界,依然有相当大的模糊性,因为立法者采用了很多宽泛的术语。比如,"个人学习、研究和欣赏""介绍""评论""课堂教学""科学研究"等,都可能会被认为边界不清楚。因此,在个案中,法院依然需要考察合理使用制度的立法目的和一般原则来解释这些已被明确列举的合理使用行为的确切内涵。因此,《著作权法实施条例》(2013) 第 21 条的原则性规定,在指导法院解释合理使用条款中的具体术语方面,有重要意义。

1.1.4 邻接权客体的合理使用

《著作权法》第 22 条第 1 款罗列了针对作品的各类合理使用行为,然后在该条第 2 款笼统地规定"前款规定适用于对出版者、表演者、录音录像制作者、广播电台、电视台的权利的限制"。也就是说,适用于作品的各种合理使用,原则上也适用于邻接权客体。比如,为个人学习目的录制表演、为课堂教学目的复制录音录像制品、为个人欣赏目的固定(复制保存)电台节目等,通常无须征得邻接权人同意,也无须支付报酬。

1.2 个人使用

1.2.1 个人使用概述

所谓个人使用,是指"为个人学习、研究或者欣赏,使用他人已经发表的作品"。这里的使用显然是指著作权法意义上的复制、播放、改编、翻译等行为,而非对作品的单纯的功能性利用(比如阅读合法复制件、使用运行中的正版程序(忽略安装和运行过程中的复制行为)等)。后者原本就没有落入著作权的控制范围,因而无所谓合理使用的问题。

个人使用必须是为个人的学习、研究或欣赏目的,而不能是为第三方目的而使用。比如,个人在网络上传输或在公共场所播放他人作品,则不属于为个人"学习、研究或欣赏之目的"使用,而是为他人提供服务。也正是这一限制将个人的营利性使用作品的行为排除。同时,这里的个人应该仅仅限于自然人,而不包括法人或其他社会组织。法人或组织无所谓"个人学习、研究或欣赏"。比如,有判决指出,公司利用他人照片制作公司宣传画册,"是为公司经营需要,画册中涉案照片的使用显然不属著作权法规定的合理使用情形"①。当然,公司内部的零星使用,可能依据其他合理使用条款而避免侵权责任。

个人使用例外引发的最大争议在于,现有的条文表述可能过于宽泛,过度限制了著作权人的权利。如我们所知,文学艺术领域的任何作品,都可以说是为了满足个人学习、研究或欣赏之目的。这可能意味着任何为个人非营利目的使用他人已发表作品的行为,都有可能被解释为合理使用。这类行为普遍存在,可能严重损害著作权人的市场利益。比如,公众对教科书、流行音乐 MP3 音乐文件、计算机程序的私人复制等都可能大大降低版权作品的销售量。因此,国内有很多学者认为,应该按照合理使用原则条款的指引,对个人使用进行限制解释。比如,个人使用仅仅限于单个作品中部分或者少量内容的复制,而非整个作品的复制。这样,整本复制教科书、完整下载计算机程序或 MP3 文件的行为,都不再构成合理使用。

对照发达国家的著作权法实践,对个人使用做如此限制性的解释,符合著作权法上的理论逻辑。不过,这一解释是否符合中国立法目的,存在真实的疑问。立法者在制定《著作权法》时,对于中国社会个人基于学习、研究和欣赏目的而普遍从事的复制行为有非常清楚地了解,但是依然采用上述宽泛的立法语言给予个人很大的自由。这很可能意味着,立法者出于公共政策的考虑,刻意放松对私人复制的控制。如果司法机构简单套用外国经验来解释中国法律,可能违背立法本意。当然,如果人人都可以

---

① 程昌福 v. 丽水市隆泰担保投资有限公司,浙江省高院(2010)浙知终字第 1 号。

复制教科书、软件和 MP3 文件,不再需要去购买正版作品,的确有可能威胁到了立法者有效保护这些作品著作权的目的。但是,如果立法者是在两害相权的基础上作出了明确的选择,则法院不应过度偏离立法条文的字面意思来解释个人使用的适用范围。毕竟,法院不是在改写法律,而是在解释立法者制定的法律。

殷志强 v. 金陵图书馆

江苏省高院(2005)苏民三终字第 0096 号

[殷志强是发表在《南京政治学院学报》上《人口生态探析》一文的作者。金陵图书馆购买了清华同方公司制作的《CNKI 期刊全文数据库》,并通过单位内部网络向本地区的读者提供检索咨询服务。应读者的要求,图书馆可以打印输出相关论文,并收取打印费。]

2004 年 7 月 6 日,殷志强在电子阅览室,向工作人员要求调阅并打印《人口生态探析》一文。该工作人员打开电脑,输入相关名称,调出《人口生态探析》一文,即时打印一份,共 3 页。殷志强支付资料打印费 3.00 元。

[一审法院认为:]

金陵图书馆向读者提供馆藏《中国学术期刊(光盘版)》及其数据库中有关文章的查询、打印,在性质上是一种文化和信息的传播方式,符合我国著作权法促进文化、科学和艺术作品传播的立法宗旨,不能将其雷同于著作权法意义上的发行行为。根据金陵图书馆与清华同方公司签订的《CNKI 数据库定制合同》内容看,金陵图书馆使用该数据库的范围、权限和方式都是受到严格限制的,这也是防止图书馆滥用法律豁免,侵害著作权人利益所必需的。从殷志强提交的证据看,并不存在大量复制、出售或赠予涉案作品复制品,而使著作权人的利益受到损害的事实。金陵图书馆应殷志强的要求,检索并打印 1 份涉案作品,是为读者摘录相关信息所提供的一种便利,并不违反我国著作权法的规定。

金陵图书馆向读者收取打印费并不能证明其有利用作者作品营利的目的。其一,该费用是打印费,而不是出售复制品的费用;其二,图书馆提供打印服务必然有设备损耗、纸张和劳务支出,有偿服务未必不可;其三,打印服务的目的是满足读者个人学习、研究或欣赏需要,与公开兜售复制品有明显区别;其四,打印费用收取标准是否合理,应当由国家物价管理部门监督检查,与本案无涉。因此,殷志强认为金陵图书馆向读者提供涉案作品的查询、打印,侵犯其对该作品的发行权和获取报酬权的主张,没有事实和法律根据,不能支持。

综上,殷志强请求确认金陵图书馆相关行为侵犯其涉案作品复制权、发行权、获得报酬权的事实依法不能成立,其在此基础上提出的所有诉讼请求均应当予以驳回。

据此,一审法院根据《中华人民共和国著作权法》第 1 条、第 10 条第 1 款第(五)、(六)项、第 2 款、第 22 条第 1 款第(一)项、第 32 条第 2 款的规定,判决:驳回殷志强的诉讼请求……

殷志强不服一审判决,向本院提起上诉称:

……

2. 一审判决认定金陵图书馆没有侵犯殷志强的发行权是错误的。根据我国著作权法关于发行权的规定,金陵图书馆向读者提供侵权作品的行为就是一种发行行为,而不是一审判决中认定的"不能将其雷同于著作权法意义上的发行行为";金陵图书馆与第三人清华同方公司之间签订的任何协议都不能约束殷志强,亦不能证明金陵图书馆行为的合法性;金陵图书馆向读者提供打印服务也不属于我国著作权法规定的"为个人学习、研究或者欣赏,使用他人已经发表的作品"的行为,一审判决认为金陵图书馆打印的目的是满足读者个人学习、研究或欣赏需要,但金陵图书馆从未出示过任何证据证明此点。

3. 一审判决认定金陵图书馆没有营利的事实错误。金陵图书馆虽是非营利性单位,但并不意味着其向读者提供的服务就一定是非营利性的。金陵图书馆没有提供证据证明其收费的合法性,其提供的收据既不是行政事业费收据,也不是国税或地税的正规营业发票,这部分收费既逃避了国家的税收,也逃避了国家物价部门的监督;打印行为和打印对象密不可分,对于读者来讲,其购买的不是金陵图书馆的打印行为,而是打印件及打印的内容,故金陵图书馆收取的费用不是所谓的打印费;金陵图书馆取得的是一种纯收入,尽管打印消耗的费用必然会产生,但金陵图书馆没有提供证据证明该收费全部用于补偿消耗。

……

金陵图书馆庭审中辩称:金陵图书馆是面向社会公众提供文化传播的公益性单位,其主要职能就是收藏尽可能多而全面的文献资料并向社会公众提供借阅服务。在这一过程中,图书馆所应尽的义务就是审查其购买的是否为合法出版物,而本案中,金陵图书馆所订购的《中国学术期刊(光盘版)》及其数据库是依法公开发行的合法电子刊物,其合理的审查义务已经尽到;金陵图书馆并未侵犯殷志强的复制权和发行权,因殷志强前往金陵图书馆调阅并打印涉案作品,虽然打印是由金陵图书馆的工作人员完成的,但此复制行为是应殷志强的要求而为,实质上复制人是殷志强而非金陵图书馆,且金陵图书馆应读者要求提供的打印服务也不属于"发行",因金陵图书馆作为公益性的图书馆,其向社会公众提供的是馆藏资料的借阅服务,与出售或赠与是完全不同性质的行为;金陵图书馆亦未侵犯殷志强的获得报酬的权利,因金陵图书馆未侵犯殷志强的发行权,也就谈不上对其获得报酬权的侵犯。综上,一审法院认定事实和适用法律正确,请求依法驳回殷志强的上诉,维持原判。

[本院认为:]

……

(三)金陵图书馆应读者要求,向读者提供《人口生态探析》一文的查询、打印服务并未侵犯殷志强就该文享有的发行权和获取报酬权。理由是:根据我国著作权法的规定,发行是指以出售或者赠予的方式向公众提供作品的原件或复制件的行为。本案中,虽然从形式上看,打印行为是由金陵图书馆的工作人员进行操作的,但因该打印行为是应读者殷志强的要求进行的,且金陵图书馆收取的只是打印费,因此该行为实质上是金陵图书馆为读者借阅活动提供便利服务,并收取相应服务费的行为,不属于著作权法意义上的发行行为,亦不构成对殷志强对该文享有的发行权的侵犯。金陵图书馆的行为既然不侵犯殷志强的发行权,亦谈不上对其获取报酬权的侵犯。

(四)金陵图书馆对其订购和收藏的涉案电子数据库产品中含有侵犯他人著作权的作品虽然没有过错,但是其在获知该电子数据库产品中收录的《人口生态探析》一文侵犯殷志强的著作权,且殷志强要求停止该文的复制和传播时,金陵图书馆应当停止向读者提供《人口生态探析》一文的查询和打印服务。但是鉴于金陵图书馆原收藏的含有该文的数据库光盘已被收回并销毁,其客观上已不可能再通过数据库光盘向读者提供《人口生态探析》一文的查询、打印服务。故本案中再判决金陵图书馆停止向读者提供该文的查询、打印服务已无必要,一审法院判决驳回殷志强要求金陵图书馆停止复制、传播《人口生态探析》一文的诉讼请求并无不当。驳回上诉,维持原判。

(汤小夫、吕娜、王天红法官)

思考问题:

(1)一审法院在判决时引用了个人使用条款,二审回避了该问题,而是说图书馆没有构成复制或发行。传统的图书馆业务在《著作权法》下需要依靠合理使用抗辩吗?这里的图书馆业务同样可以吗?

(2)就本案而言,到底是图书馆还是研究人员自己在复制?

(3)假定研究人员自己的复制行为构成合理使用,图书馆对其提供必要的帮助,有法律风险吗?为什么?

1.2.2 《送审稿》(2013)的最新修改

在《送审稿》(2013)中,这一合理使用条款有重要修改,文字表述变成:"为个人学习、研究,复制他人已经发表的作品的片段"。立法者删除了个人"欣赏"这一目的;将"使用"修改为"复制";将使用对象由"作品"改为"作品的片段"。

如果这一修改获得通过,此项合理使用的范围被大大压缩。立法者将"使用"改为"复制",可能过度限制了个人使用的方式,不能满足社会的现实需要。比如,个人为学习目的可能以改编、翻译、摄制等非复制的方式使用作品片段。同样,使用可能并不仅仅限于作品的片段。比如,完整翻译一篇新闻报道等。如果这些使用完全控制在个人范围内,似乎没有必要仅仅限于作品的片段。

1.2.3 软件终端用户的使用

侵权复制件的购买者中有相当多数是普通的终端用户。是否应追究这些终端用户的责任,过去在中国曾引发激烈的争论。争论的焦点是,终端用户使用盗版软件是否应承担版权侵权责任。[①] 当初引发这场争论的是中国首起针对终端用户的软件侵

---

① 终端用户安装或运行软件,可能涉及临时复制的问题,可以参考"著作财产权"一章关于复制权的讨论。

权诉讼,即 1999 年的微软公司 v. 北京亚都科技集团案件案。在该案中,微软指控亚都公司使用盗版的 MS-DOS 和 Windows 95 光盘。当时,法院以程序问题驳回微软起诉,没有正面回答终端用户是否侵权问题。

当初主张追究用户责任的意见,主要依据《计算机软件保护条例》(1991)第 32 条:

> 软件持有者不知道或者没有合理的依据知道该软件是侵权物品,其侵权责任由该侵权软件的提供者承担。但若所持有的侵权软件不销毁不足以保护软件著作权人的权益时,持有者有义务销毁所持有的侵权软件,为此遭受的损失可以向侵权软件的提供者追偿。
>
> 前款所称侵权软件的提供者包括明知是侵权软件又向他人提供该侵权软件者。

依据上述规定,软件持有者在不知道或者没有合理的依据知道软件是侵权产品的情况下,不承担责任。由此反推,如果软件持有者知道或者应当知道软件是侵权产品,自然要承担侵权责任。不过,《计算机软件保护条例》的制定者没有明确软件持有人究竟是因为直接侵权还是间接侵权而要承担责任。时过境迁,有学者认为"持有软件侵权复制品并没有直接侵犯任何一项版权人的专有权利,因此从逻辑上看,这种侵权行为只能被归于'间接侵权'。"①

反对追究终端用户责任的代表性意见(寿步教授)认为:

> 对于受著作权法保护的传统作品来说,通常不存在追究其最终用户法律责任的问题。例如,如果有人购买了盗版的小说去阅读,小说作者是否有权利去追究"购买盗版小说阅读者"的责任呢?如果有人自行复制了他人购买的正版小说之后,阅读其复制的小说,小说作者是否有权利去追究"自行复制小说阅读者"的责任呢?
>
> 这里的"购买盗版小说阅读者"和"自行复制小说阅读者"都是小说的"最终用户"。按照著作权法的规定,他们没有侵权责任。而且,"自行复制阅读小说"甚至就是著作权法明确规定的"为个人学习、研究或者欣赏,使用他人已经发表的作品"的情形,属于"合理使用",即既不必经过授权,也不必支付报酬。
>
> 那么,同样的道理对计算机软件的"最终用户"是否适用?如果有人购买了盗版的软件去运行,软件作者是否有权利去追究"购买盗版软件运行者"的责任呢?如果有人自行复制了他人购买的正版软件之后,运行其复制的软件,软件作者是否有权利去追究"自行复制软件运行者"的责任呢?②

对于《计算机软件保护条例》(1991)第 32 条的解释,寿步教授认为,"软件持有

---

① 王迁:《论版权"间接侵权"及其规则的法定化》,载《法学》2005 年第 12 期,第 66 页。
② 寿步:《软件侵权如何界定——从微软诉亚都案说起(下)》,载《计算机世界》1999 年 8 月 9 日,http://tech.sina.com.cn/news/computer/1999-8-12/4036.shtml,最后访问 2014 年 8 月 18 日。

者"应考虑立法史,仅限于"为出售出租的目的而持有他人制作的软件"或"为提供他人出售出租的目的而持有他人制作的软件",而普通终端用户(即便是企业用户)则应被排除在外。否则,"就会使中国千千万万的计算机最终用户因其持有侵权软件而承担侵权责任,就会使中国的软件保护水平达到'超世界水平'!因为中国的经济实力或综合国力肯定不是'超世界水平'的,所以这种'超世界水平'对中国的国家利益肯定不会是有利的"①。

2001 年《计算机软件保护条例》修改,上述第 32 条被修改,变成现在的第 30 条:

> 软件的复制品持有人不知道也没有合理理由应当知道该软件是侵权复制品的,不承担赔偿责任;但是,应当停止使用、销毁该侵权复制品。如果停止使用并销毁该侵权复制品将给复制品使用人造成重大损失的,复制品使用人可以在向软件著作权人支付合理费用后继续使用。

有意思的是,在经历微软诉亚都案引发的激烈争论之后,立法者并没有对软件持有人作出限制性的解释。这应该表明,"持有人"应该按照其字面意思解释,包括所有的终端用户。这一结果显然无法为当初的反对者所接受。于是,论战再起。②结果,最高人民法院在 2002 年颁布的《关于审理著作权民事纠纷案件具体适用法律若干问题的解释》第 21 条指出:"计算机软件用户未经许可或者超过许可范围**商业使用**计算机软件的,依据著作权法第四十七条第(一)项、《计算机软件保护条例》第二十四条第(一)项的规定承担民事责任。"这一解释并没有直接回答终端用户非商业使用盗版是否侵权。大多数人认为,这实际上排除了个人用户非商业使用盗版软件侵权的可能性。但是,对于绝大多数营利性企业而言,只要在经营中使用计算机程序,就很可能被认定为商业使用。以下的 Autodesk 案是这一方面的代表性案例。

Autodesk 公司 v. 龙发公司

最高人民法院公报案例(2005 年第 7 期)

被告龙发公司是一家专业从事住宅及公用建筑装饰设计与施工的企业。

2002 年 4 月 23 日和 2003 年 10 月 11 日,北京市版权局执法人员在检查计算机软件的版权状况时,两次发现被告龙发公司在北京市的九个经营网点未经著作权人许可,擅自安装并使用了 3ds Max 系列和 AutoCAD 系列软件共 61 套。此外,经原告 Autodesk 公司申请,法院于 2003 年 6 月 17 日对龙发公司在北京市的另外四个经营网点进行诉前证据保全时,发现这四个经营网点未经著作权人许可,擅自安装并使用了 3ds Max 系列和 AutoCAD 系列软件共 33 套。龙发公司擅自安装并使用的软件分别为:3ds

---

① 寿步:《软件侵权如何界定——从微软诉亚都案说起(下)》,载《计算机世界》1999 年 8 月 9 日,http://tech.sina.com.cn/news/computer/1999-8-12/4036.shtml,最后访问 2014 年 8 月 18 日。

② 当时争议的介绍,可以参考寿步:《中国计算机软件著作权保护的回顾与展望》,载《暨南学报(哲学社会科学版)》2010 年第 6 期,第 4—5 页。

Max 3.0 版软件 2 套、3ds Max 4.0 版软件 17 套、3ds Max 5.0 版软件 8 套、AutoCAD 14.0 版软件 40 套、Auto-CAD 2000 版软件 27 套,总计 94 套……

北京市第二中级人民法院认为:

最高人民法院《关于审理著作权民事纠纷案件具体适用法律若干问题的解释》第 21 条规定:"计算机软件用户未经许可或者超过许可范围商业使用计算机软件的,依据著作权法第 47 条第(一)项、《计算机软件保护条例》第 24 条第(一)项的规定承担民事责任。"《中华人民共和国著作权法》第 47 条第(一)项和《计算机软件保护条例》第 24 条第(一)项都规定,未经著作权人许可,复制或者部分复制著作权人的软件作品的,应当承担停止侵害、消除影响、赔礼道歉、赔偿损失等民事责任。被告龙发公司是一家专业从事住宅及公用建筑装饰设计与施工的企业,其未经著作权人许可而擅自复制、安装涉案五种建筑模型制图和设计工具软件,用于经营并获取利益,属于商业使用。龙发公司的上述行为,侵犯了原告 Autodesk 公司依法享有的计算机软件著作权。该公司曾因侵权使用涉案软件被北京市版权局给予过行政处罚,后仍继续其侵权行为,侵权故意十分明显,应当承担相应的民事责任。因此,对 Autodesk 公司关于龙发公司立即停止侵权行为、登报赔礼道歉的诉讼请求,应予支持。

1.3 合理引用(介绍评论)

依据《著作权法》第 22 条第 1 款第 2 项,"为介绍、评论某一作品或者说明某一问题,在作品中适当引用他人已经发表的作品",属于合理使用。如前所述,合理引用之所以成为侵权例外,可能有多方面的原因。其一,可能是交易成本上的考虑。创作者——为引用行为获取版权许可的成本可能大大超过引用本身的价值。其二,也可能有言论或表达自由的考虑。很多作者并不欢迎他人对其作品进行客观或负面的介绍和评论,因此很可能拒绝对此类评论的作者发放许可。而对于一个社会而言,此类评论对于维持一个健康而开放的思想市场是非常必要的。为了使得这种健康的介绍和评论成为可能,合理引用例外就变得不可或缺。

覃绍殷 v. 荣宝拍卖有限公司

北京市一中院(2003)一中民初字第 12064 号

[2002 年,荣宝公司为其秋季拍卖会]印制了《中国书画(一)》拍卖图录,图录中收录了编号为 549 号,标题为《红旗一举山河变》的国画,并标示作者为黄秋园,创作时间为 1972 年。画右侧题有"红旗一举山河变,通途劈上彩云间"的诗句,并注有"1972 年 2 月画于桂林"字样。2002 年 12 月 5 日至 7 日,荣宝公司对该画进行了预展。2002 年 12 月 8 日,荣宝公司在北京昆仑饭店拍卖了标示为黄秋园所作的国画《红旗一举山河变》,并在拍卖的过程中以幻灯的方式放映了该画。经比较,国画《红旗一举山河变》与年画《通途劈上彩云间》除在色彩上略有不同之外,其他表现形式完全一致。

[上述国画作品实际上为原告覃绍殷所作,并与 1972 年公开发表。原告认为被告

的行为侵犯了原告对该画享有的署名权、保护作品完整权、复制权、发行权、展览权、汇编权、放映权。]

[法院确认被告行为侵害署名权,但是认为被告在拍卖过程中对国画《通途劈上彩云间》进行展览、以幻灯的方式放映该画和在拍卖图录中收录该画等行为并未侵犯原告的其他著作权。法院认为:]

按照《拍卖法》的相关规定,拍卖人应当在拍卖前展示拍卖标的,并提供查看拍卖标的的条件及有关资料。被告作为拍卖公司,其复制国画《通途劈上彩云间》并向特定客户发行,以及在拍卖过程中以幻灯的方式放映该画的行为,均系按照拍卖法的规定,为了便于客户了解拍卖标的而提供的便利手段,原告没有证据证明被告的上述使用行为系出于其他目的,并且被告的行为既没有影响作品的正常使用,也没有不合理地损害原告的合法权益,因此,被告的上述行为并不构成对原告复制权、发行权和放映权的侵犯。

(赵静、姜颖、张晓霞法官)

思考问题:

(1) 法院判决时并没有明确上述合理使用结论的法律依据。你觉得它有可能是本节所说为介绍作品目的的合理引用吗?

(2)《拍卖法》要求拍卖公司公告或预展相关展品,这能成为著作权法上的理由?

1.3.1 "适当引用"

合理引用例外的关键在于引用的度——"适当引用"。在判断引用是否适当时,毫无疑问应该接受合理使用的一般规则的指导,重点关注引用的目的,引用的量,作品的性质以及它对原作市场的影响。显然,这里没有更具体的规则,对法院的自由裁量权的依赖是不可避免的。

杨洛书 v. 中国画报出版社

山东省高院(2007)鲁民三终字第 94 号

杨洛书出生于山东潍坊杨家埠木板年画世家,是杨家埠"同顺德"画店的第十九代传人,并享有"同顺德"注册商标权。杨洛书的主要作品有《水浒全集木版年画集》《西游记木版年画集》《红楼梦木版年画集》等。2006 年 10 月 11 日由山东省版权局对上述作品进行了登记。中国画报出版社于 2006 年 1 月出版《杨家埠年画之旅》一书,在该书第七章"年画神话杨洛书"一章中,未经杨洛书许可使用了署名"杨洛书"的年画共计八幅,署名"同顺德"画店的年画共计八幅。本案涉及的四大名著中的 16 幅年画作品分别为:第一幅八戒智激美猴王;第二幅龙宫借宝;第三幅大闹阎罗殿;第四幅流沙河边收沙僧;第五幅悟空学道;第六幅白日鼠白胜;第七幅豹子头林冲;第八幅双鞭呼延灼;第九幅林黛玉;第十幅贾宝玉;第十一幅薛宝钗;第十二幅贾元春;第十三幅贾探春;第十四幅贾迎春;第十五幅史湘云;第十六幅妙玉。中国画报出版社出版的《杨家埠年画之旅》(寻找逝去的年画)一书,作者沈泓;2006 年 1 月第 1 版第 1 次印刷,[16开],书号为ISBN7-80220-000-8,印数4000册,定价:39.80元……

[一审法院认为中国画报出版社侵犯了杨洛书著作权。]

一审判决后,中国画报出版社不服该判决,向本院提起上诉称:1.原审法院适用法律错误。《杨家埠年画之旅》一书的作者在书籍中引用涉案作品,属于"为介绍、评论"以及宣传、推广杨洛书作品而"适当引用",依法"可以不经著作权许可,不向其支付报酬"……

本院根据《杨家埠年画之旅》一书另查明,《杨家埠年画之旅》一书中使用上述16幅作品时,每幅年画作品下方均分别标有出自"杨洛书年画《水浒全集》第×页,或杨洛书年画《西游记》第×页,或杨洛书年画《红楼梦》"……

关于中国画报出版社使用杨洛书作品是否构成著作权法中的合理使用问题。本院认为,《著作权法》第22条第1款第(二)项是关于因对他人作品合理使用而不构成著作权侵权的规定。根据该规定,为介绍、评论某一作品或者说明某一问题,在作品中适当引用他人已经发表的作品,可以不经著作权人许可,不向其支付报酬。本案中,中国画报出版社在其出版发行的《杨家埠年画之旅》一书第七章中使用杨洛书的16幅年画是否构成合理使用,本院认为应从以下几个方面进行判断:

第一,从《杨家埠年画之旅》一书的整体内容分析,该书通篇内容并非对年画本身的具体介绍或评论,其中"年画'神话'杨洛书"一章,虽然涉及了对杨洛书年画作品的简单介绍,但篇幅极少,更多篇幅文字与具体作品的评价、介绍相去甚远,整体体现为对杨家埠年画制作人物、事件及作者游历的叙述、介绍。因此,从内容分析本案中对涉案作品的使用并非对年画作品本身的评价、介绍。

第二,从作品使用的章节及数量看,该16篇作品所具体出现的位置,与该章节中对杨洛书年画作品的简单介绍联系性不强,同时选用作品的数量也超出了简单介绍的幅度。因此,从作品使用的章节及数量分析本案中对涉案作品的使用也超出了对年画作品本身的评价、介绍。

第三,从上述16幅作品的使用效果看,上述年画作品的使用增强了《杨家埠年画之旅》一书的欣赏性、收藏性。从使用效果分析本案中上述作品的使用客观上阻碍了年画作品作者独立行使上述作品复制权并获得报酬的权利。

综合本案中《杨家埠年画之旅》一书对他人作品的使用情节,该书使用上述16篇涉案作品不属于对某一作品具体介绍或评价,超出了著作权法规定的对作品的合理使用范畴。

(徐清霜、岳淑华、刘晓梅法官)

思考问题:

(1)法院强调,"涉案作品的使用并非对年画作品本身的评价、介绍"。问题是,合理引用例外要求对作品本身进行介绍和评论吗?

(2)本案中,年画和图书作品的市场还是有相当的差别,这一因素是否应该更有利于认定合理使用?考虑本书为16开本这一事实。

1.3.2 指明来源

合理引用需要遵守合理使用的一般要求,即"指明作者姓名、作品名称"。这一要求对于合理引用的影响非常大,因为有些作品要引用大量在先文献,一一指明来源,并非易事。比如,一篇规范的学术论文,每页内容可能就要有三五个甚至十来个脚注。当然,很多引注并非为了满足著作权法合理引用的要求,而是满足学术上言之有据的基本要求。此类引注引用的常常是不受保护的事实或思想,而不是受保护的表达,因此依据著作权法无须提供来源。

有时候,作品本身性质特殊,过度繁琐的引注可能影响读者的阅读兴趣。比如,一些通俗或流行的读物,读者并不乐见那些让人望而却步的注释。而这些读物对他人作品受保护内容的引用和借用非常普遍。这些读物的作者应当如何满足著作权法的引注要求,则是一个非常棘手的问题。中国至今没有更具体的法律规范。

刘元举 v. 张建伟

北京市高院(2003)高民终字第 985 号

刘元举创作了散文集《西部生命》,并于 1996 年 1 月由春风文艺出版社出版。该书共 11.8 万字,售价 10 元。1999 年 4 月,张建伟受中共中央宣传部、团中央、中国青年出版社等单位指派,赴柴达木油田采访青海石油管理局某青年高级钻井工程师,并根据该工程师的先进事迹创作了《蝉蜕的翅膀》一书。1999 年 5 月,该书由中国青年出版社出版发行。全书共 17 万字,印数 2 万册,定价 14 元。2001 年 3 月,《青海石油报》连载了《蝉蜕的翅膀》一书。

在创作《蝉蜕的翅膀》一书时,张建伟使用、参考了一些作品,如《青海史志——石油工业志》(青海人民出版社)、《生命是一面旗帜》(朱向峰、祝贺)、《他与骆驼同在》(晓月)等。《西部生命》一书亦被引用和参考。《蝉蜕的翅膀》一书多处使用了与《西部生命》相同或相似的文字,内容包括刘元举通过采访获知的故事、刘元举对中国西部景象的描绘、刘元举对中国西部的独特的感悟和思索等,并且《蝉蜕的翅膀》一书有多处把刘元举对中国西部的感受和思索移植到了《蝉蜕的翅膀》一书主人公某工程师的身上。所使用内容共计 4000 余字。《蝉蜕的翅膀》一书还在第 36 页、37 页、43 页和 119 页引用了《西部生命》中的 5 段文字,共计 1000 余字。在引用该 5 段文字时,《蝉蜕的翅膀》一书说明该段文字的内容是一位作家"描述"或者"说"的,并改变了所引用文字的字型和字号。在《蝉蜕的翅膀》书后所附"引用参考文献"中列举了包括刘元举所著《西部生命》在内的作品。其中,对《西部生命》的列举情况是:《西部生命》,刘元举著,春风文艺出版社 1996 年 1 月版。《从渤海到瀚海》,载刘元举著《西部生命》第 3—9 页。《河西大走廊》,载刘元举著《西部生命》第 10—20 页。《西部生命》,载刘元举著《西部生命》第 21—34 页。《一种生命现象的诠释》,载刘元举著《西部生命》第 35—44 页。《悟沙》,载刘元举著《西部生命》第 45—55 页。《冷湖纪念碑》,载刘元举著《西部生命》第 56—60 页。《花土沟》,载刘元举著《西部生命》第 61—74 页。《永远的会堂》,载刘元举著《西部生命》第 75—87 页。《沙棘》,载刘元举著《西部生命》第 88—102 页。

……

本院认为:著作权法规定的抄袭是指将他人创作的作品当做自己的作品加以使用的行为。因此,抄袭的主要特征在于将他人创作当做抄袭者自己创作,它的结果会使读者对所使用内容的创作者身份产生误解,误以为所使用部分是使用者独立创作完成的。在《蝉蜕的翅膀》一书中,张建伟虽然列举了包括刘元举及其作品《西部生命》等在内的所引用参考的文献,但其《蝉蜕的翅膀》一书的写作,采用的是将所使用《西部生命》内容当成自己创作内容的写作手法,引用参考文献的方式亦不能将他人创作与张建伟的创作区别开来,因此符合抄袭的构成要件。一审法院认定张建伟使用《西部生命》4000 余字内容构成对刘元举著作权的侵犯是正确的。

指明作者姓名、作品名称是构成著作权法规定的合理使用的前提条件之一。要求注明出处,目的在于使读者了解所引用作品的创作者和作品的名称,尊重所引用作品著作权人的精神劳动。张建伟在《蝉蜕的翅膀》一书中引用《西部生命》部分内容时,虽然说明该部分内容的作者是"一位作家",对引用部分使用特殊字体和字型,并在引用参考文献中注明了所引用参考的书目,但所采用的方式难以让读者明了所引用内容的出处和作者的身份。故一审法院认定张建伟在《蝉蜕的翅膀》一书中对《西部生命》内容 1000 余字的引用构成侵权是符合法律规定的,张建伟关于《蝉蜕的翅膀》所引用内容构成合理使用的主张不能成立。驳回上诉,维持原判。

(陈锦川、胡平、张冬梅法官)

思考问题:

(1) 本案的被告享有盛誉,是所谓的"中国第一记者"、范长江文学奖及鲁迅文学奖双奖获得者。最高人民法院指定再审本案,足见诉争法律争议很大。这里法院所采用的引用标准非常接近学术论文的引用标准。你觉得需要考虑诉争作品本身的特点吗?

(2) 仔细分析本案,你觉得法院更多的是认为注明来源的方式不当,还是引用过量? 这两项互相有联系吗?

1.3.3 戏仿评论(parody)

戏仿评论或者滑稽评论,并非标准的著作权法术语。它大致是一种艺术评论的形式,利用现有作品的部分要素,并添加评论者的个性化内容,对现有作品的内容或艺术风格进行评论,呈现出滑稽、幽默或反讽的批评效果。学理上,戏仿评论作品被视为一种特殊的艺术评论形式。法院在判断戏仿作品作者对于在先作品的使用是否属于合理使用时,适用所谓的合理引用规则,并无特别的争议。

在 2006 年之前,中国学术界对戏仿问题并不十分关注。2006 年,网络电影的业余爱好者胡戈制作的搞笑视频《一个馒头引发的血案》,在网络上爆红,引发了全民对戏仿问题的讨论。该短剧有独立而搞笑的故事情节，对著名电影导演陈凯歌当时的新作《无极》进行了辛辣而肆无忌惮的讽刺，批评该电影情节和主题俗套。该短剧采用了该电影中的大量画面，因而引发陈凯歌的不满。陈一度宣称要提起版权侵权诉讼，后不了了之。当时参与这一案件的讨论的学者大多认为这种戏仿形式属于著作权法意义上介绍或评论目的合理使用。

与作为艺术评论形式的戏仿作品很接近的是一类单纯追求幽默或搞笑效果，没有艺术评论目的的滑稽作品。比如，单纯借用知名电影的画面，配上搞笑的台词以揭示或讽刺现代社会的某些不合理现象。下面的"我不想说我是鸡"案就是代表性的例子。这些滑稽作品对于在先作品的利用，通常无法被认定为合理使用。实质性利用在先作品创作滑稽作品，通常要经过在先作品作者的同意，尽管该作者实际上可能并不愿意发放此类许可。

李海鹰 v. 北京空中信使信息技术有限公司

北京市海淀区法院（2006）海民初字第 27178 号民事调解书

词曲作家李海鹰是歌曲《我不想说》的词曲作者（歌词的合作者为陈小奇）。2005年年底，署名"K铃制造"的FLASH音乐动画《我不想说我是鸡》通过互联网发表，该音乐动画使用了《我不想说》的曲调，在原歌词的基础上进行了部分修改，以一只小鸡的拟人化演唱，表达了禽类动物因发生禽流感被人类绞杀的无奈心情。该音乐动画通过互联网、无线增值服务等多种方式传播，形成较大影响，并获取利益。该音乐动画侵犯了李海鹰对于上述歌曲的著作权，给李海鹰造成精神上的损害。"K铃制造"系北京空中信使信息技术有限公司旗下的无线影音制作团队。李海鹰起诉空中信使公司，要求该公司停止侵权、赔礼道歉，赔偿损失。在本案中，陈小奇将其对歌词著作权的追偿权利授予李海鹰。

本案在审理过程中，双方协商解决纠纷，空中信使公司对于其侵权行为给李海鹰造成的不利影响，表示了诚恳的歉意，同意支付了相应的经济补偿。李海鹰认为上述结果基本实现了自己维护版权人权益、推动国内音乐版权市场改善进程的初衷，并同意空中信使公司继续使用上述作品。双方均希望通过共同合作，对规范和改善国内音乐版权市场的环境，为无线音乐互联网络产业的规范发展创造良好的条件。

（王宏丞、杨德嘉法官，韩玉魁人民陪审员）

思考问题：

（1）本案中双方达成了和解协议，原告许可被告继续使用。这一结果是不是印证了法院拒绝承认此类行为为合理使用的合理性？

（2）如果有证据表明，大多数严肃的文艺作品的作者都不希望自己的作品被用来创作搞笑目的作品，而社会大众却十分欢迎此类搞笑作品，著作权法有必要调整合理使用制度以促进此类作品的创作吗？

如何区分以评论为目的的戏仿评论作品和那些主要以搞笑为目的的滑稽作品,绝非易事。有意见认为,美国法院可能会考虑诉争作品是否对原作所要实现的需求产生替代作用。如果会,则是侵权的演绎作品,而不是合理使用性质的戏仿。① 在实践中,真正容易引发争议的是,特定的作品究竟是不是针对特定作品的艺术评论。下面的美国 Campbell 案有非常细致的描述。最复杂的是那些滑稽作品中融入部分批评或反讽原作的意思的案件。这时,法院必须进行艰难的权衡,究竟是否有必要为了一点点反讽或批评,而牺牲原作对自己作品的控制权?

北京奥运会会徽遭人恶搞　中国印变成厕所标志

思考问题:

假定会徽享有著作权,上述恶搞应当被视为合理使用吗?从中你能读出对原作的挖苦或讽刺之意吗?

Campbell v. Acuff-Rose Music, Inc.

510 U.S. 569(1994)

Souter 法官:

I

1964 年,Roy Orbison 和 William Dees 写了一首摇滚民谣,叫做"Oh, Pretty Woman"。他们将版权转让给被请求人 Acuff-Rose Music, Inc.。

请求人 Luther R. Campbell, Christopher Wongwon, Mark Ross,和 David Hobbs 是流行音乐乐队"2 Live Crew"的成员。1989 年,Campell 写了一首歌曲,叫做"Pretty Woman"。他后来作证说,他在这首歌中通过滑稽的歌词讽刺(satirize)原作。1989 年 7 月 5 日,"2 Live Crew"的经理写信给 Acuff-Rose,告知他们创作的一首关于"Oh, Pretty Woman"的戏仿作品(parody),他们尊重原作的版权,愿意为自己的使用行为支付使

---

① William M. Landes & Richard A. Posner, An Economic Analysis of Copyright Law, 18 J Legal Stud 325, 360 (1989).

用费。他们随信附上了歌词和歌曲录音。Acuff-Rose 的代理拒绝许可。1989 年 6 月或 7 月,"2 Live Crew"对外发行带有该歌曲"Pretty Woman"的专辑。在该专辑中,"Pretty Woman"的作者被标示为"Orbison 和 Dees",出版者为 Acuff-Rose。

一年后,将近 25 万张唱片售出。Acuff-Rose 对"2 Live Crew"和唱片公司提起版权侵权诉讼。区法院认定该行为是合理使用。上诉法院发回重审。我们授予调卷令以决定该"2 Live Crew"的商业性戏仿是否为合理使用。

II

在 1976 年版权法之前,合理使用一直是案例法确定的规则。1976 年版权法第 107 条对合理使用作出规定:

"§107. 独占权的限制:合理使用

虽然有第 106 条和第 106A 条的规定,对于版权作品的合理使用,包括为批评、评论、新闻报道、教学(包括课堂上的多份复制件)、学术、研究等目的制作作品复制件和录音制品的复制行为或本条规定的其他使用行为,不属于版权侵权行为。在判断具体案件中一项作品使用行为是否为合理使用时,应当考虑下列因素:

(1) 该使用的目的与特点,包括这一使用是否为商业性质或非盈利教育目的;

(2) 版权作品的性质;

(3) 所使用部分相对整个版权作品而言所占的数量和实质程度(substantiality);

(4) 使用行为对版权作品潜在市场和价值的影响。

作品未发表这一事实本身并不妨碍认定合理使用,如果该认定是在考虑上述各项要素之后作出的。"

国会通过第 107 条重述司法确定的合理使用规则,而不是要以任何方式改变、限缩或扩大它。国会意图让法院继续合理使用的普通法传统。在版权法有可能损害法律原本要鼓励的创新活动时,合理使用规则许可并要求法院避免僵化地适用版权法。

这一任务并不能通过界限分明的规则得到简化。就像这一规则所确认的那样,版权法要求进行个案分析。上述条文第一段中采用了列举式的表述方式,没有穷尽合理使用的类别,只是对于法院和国会认定的最常见的合理使用类型提供原则性的指引。我们也不能相互孤立地看待上述四个要素。在明确版权保护目的的前提下,考虑所有的要素,进行综合权衡。

A

合理使用分析的第一因素是"该使用的目的与特点,包括这一使用是否为商业性质或非盈利教育目的"。第 107 条序言中提到的例子可以用来指导这一分析,可以考虑该使用是否属于批评、评论、新闻报道之类。这一分析的中心目的是看新作品是否仅仅是为了替代(supersede)原作的创作目的,或者相反,增加了一些新的内容,用新的表达、含义或信息(expression, meaning, or message)替换原作内容,以实现更进一步的目的或具有不同特点。换句话说,这里关心的是新作品是否或在多大程度上是转换性的(transformative)。虽然此类转换性使用对于认定合理使用并非绝对必需,但是此类转换性作品的创作通常应促进版权法的目标——促进技术和艺术进步。合理使用规则在版权范围内开辟的一片自由呼吸的空间,而此类作品就处在该空间的中心地带。新作品的转换性越大,合理使用分析中可能妨碍认定合理使用的其他因素(比如可能妨碍认定合理使用的商业性质)的重要性就更低。

在此之前,本院仅仅在一个案子中考虑过 Parody 是否为合理使用,但并没有作出判决,因为法庭正反意见旗鼓相当。现在,可以说 pardoy 明显可以主张转换性价值,Acuff-Rose 自己也不否认。像表面上不怎么幽默的批评,戏仿也可以产生社会利益,在显现在先作品的过程中创作了新的作品。因此,我们支持那些认定戏仿像其他形式的评论或批评一样可能构成合理使用的法院。

"Parody"起源于希腊的"parodeia",是指和其他歌曲一道唱的歌曲。现代字典将"parody"定义为"为了喜剧或滑稽效果而模仿某一作者或作品风格的文学艺术作品",或者"模仿一个或数个作者思想和表达的典型特征,看起来很可笑的散文或诗歌"。在版权法意义上,上述定义的核心和戏仿者主张的关键是,利用在先作者的作品中的部分要素创作新的作品,至少部分是为了评论作者的作品。相反,如果在后的评论没有针对原作的内容或风格作出评论,被控侵权者的使用只是为了吸引关注或者避免创作新鲜内容的辛劳,则借用他人作品的合理性就会降低(如果不是完全消失的话),其他因素(像商业化程度等)就变大。戏仿必须模仿原作才能达到目的,所以需要使用体现"被侵害作者"想象力的成果,而戏仿作品能够独立存在,因此作者的借用行为需要有正当性。

戏仿的某些借用具有合法性,这一事实并没有告诉戏仿者或法官界线在哪里。就像书评引用被批评的作品的版权材料一样,戏仿可能是合理使用,也可能不是。请求人建议,任何戏仿都应推定为合理使用。这一建议并不比"任何新闻报道都应推定为是合理使用"这一主张更具正当性。版权法在举证责任上并没有暗示戏仿者比受害者要受到优待。推定戏仿为合理使用有违下列事实:当新作品对社会进行讽刺(lampooned)时,戏仿常常会演变成 Satire;或者戏仿和非戏仿因素并存。因此,在判断戏仿是否为合理使用时,应当对待像其他类型的使用行为一样,通过个案对各项要素进行综合权衡,并考虑版权法的立法目的。

本案中,不论"2 Live Crew"的"Pretty Woman"要对社会传达什么内容,区法院和上诉法院都假定,它含有戏仿内容,对原作进行评论和批评。如区法院所述,"2 Live Crew"的歌词拷贝了原作的第一行,然后很快就堕落成文字游戏,用一些令人吃惊的词语替代预期的歌词,嘲弄原作在他们看来是多么的乏味和老套。异议法官 Nelson 得出相同的结论,即"'2 Live Crew'的歌曲显然是为了嘲笑原作,提醒我们与无名的站街女性交并不浪漫,并不一定没有后果。歌手们与那个带有鼻音的孤独男人脑子里的想法是一样的,这里并没有红酒和玫瑰的暗示。"虽然上诉法院的多数法官难以识别出"2 Live Crew"歌曲对原作的任何批评,他们在自己的意见还是假定有一些戏仿。

在认定 2 Live Crew 的歌曲中的批评要素方面,我们不像上诉法院那么困难。不过,我们并不进一步去评估该批评的质量。在戏仿作为合理使用抗辩被提出时,最基础的问题是戏仿属性(parodic character)能否被合理感知。除此之外,戏仿的品位是好还是坏,并不应该影响合理使用的认定。就像霍姆斯(Holmes)法官所解释的那样,"除了在一些极其简单明了的情况下,由仅仅受过法律训练的法官最终判定作品的价值,是非常危险的事情。在极端情况下,这将导致很多天才式的作品无法获得版权保护。这些作品非常新颖超前,公众只有在理解了这些新的艺术语言后才不会排斥这些作品。"Bleistein v. Donaldson Lithographing Co., 188 U.S. 239, 251 (1903).

虽然我们并不认为这里的戏仿要素非常明显(具有很高等级),不过,客观地讲,2 Live Crew 的歌曲在一定程度上还是能被看做是对原作的评论或批评。2 Live Crew 将一个男人幻想成真的浪漫心思、低俗的嘲弄、下流的性欲与摆脱责任后的轻松混在一起。后面这些语言可以被当做对原作所表现的幼稚(naivete)的评论,否定原作在忽略站街生活(street life)的丑陋和堕落之后所表达的情感。作者选择了戏仿这种评论模式,将援引原作和嘲弄相结合,与构成合理使用的其他传统类型的评论或批评有所不同。

上诉法院强调 2 Live Crew 使用行为的商业性质,认为所有的对版权材料的商业使用都应推定是不合理的(unfair)。上诉法院赋予戏仿使用的商业属性以决定性的作用,是错误的。

版权法的文字清楚地指出,商业性或非营利教育目的只是分析使用行为的目的或属性时要考虑的一个因素。第 107 条(1)在提及商业性使用的从句中使用了"包括"(including)一词,而在主句中说明要在更广的范围内分析作品使用目的。国会拒绝采用推定某些类别的行为为合理使用以压缩传统的合理使用分析范围。它要求法院坚持传统的充分考虑各方面证据的做法。因此,使用行为出于教育和非营利目的,仅仅这一事实并不能确保不被认定侵权,就像商业性使用不妨碍认定合理使用一样。如果商业性具有排除合理使用的推定效力,则该推定几乎涵盖第 107 条第一项开头所列举的所有使用行为,包括新闻报道、评论、批评、教学、学术和研究等,因为在美国这些活动通常都是以营利为目的(conducted for profit)。国会不可能意图制定这样的规则,它也没有普通法判例基础。

Sony 案也没有要求采用很强的证据推定(hard evidentiary presumption)。在该案中,我们强调精确平衡各方利益,避免严格的明确划线式的认定合理使用的方法。我们指出,商业或非营利教育属性并非决定性的(conclusive),而是一项需要和其他因素一并考虑的事实。上诉法院将 Sony 案的一句话上升为当然规则(per se rule),违背了 Sony 案,也违背了历史悠久的合理使用分析的普通法传统。就像我们在 Harper & Row

案中所说的那样,Sony 案所代表的规则是,出版行为出于商业目的而不是非营利目的,这一事实是一项单独的因素,不利于认定合理使用。仅此而已。事实上,商业性不利认定合理使用的程度,在不同的背景下也是不同的。这也是反对过度提升商业性的推定效力的原因所在。比如,在合理使用第一项要素分析中,利用他人版权作品推销产品,即便是戏仿使用,也比单纯出售戏仿作品的行为的可容忍程度要低,更别说相对于学生在学校偶然表演一次的行为了。

B

第二项法定的要求是"版权作品的性质",关注的是使用材料的价值。某些作品比另外一些作品更接近版权法所要保护的核心对象,因而对于前者的使用(copied)更不容易被认定为是合理使用。我们同意区法院和上诉法院的意见,即 Orbison 的原创表达落入了版权法意图保护的核心范围。不过,这一事实对于本案的判决帮助不大,或者说对于区分合理的戏仿和侵权使用的帮助不大,因为戏仿几乎总是要复制那些广为人知的表达。

C

第三项要素是要看"所使用部分相对整个版权作品而言所占的数量和实质程度(substantiality)"(或者说,所使用材料的数量和价值)相对于使用目的而言,是否是合理的。这里,注意力转向戏仿者具体复制行为的正当性理由的说服力。这一分析会回到第一个要素上,因为我们认识到,许可复制的程度会随着使用的目的和性质发生变化。与这一因素相关的事实也会涉及第四项要素,即揭示戏仿作品在多大程度上成为原作或潜在的获得许可的演绎作品的市场替代物。

区法院考虑了该歌曲的戏仿目的,认为 2 Live Crew 并没有过度使用。上诉法院不同意,认为"虽然可能不能说使用超出了必要的范围,但是该复制本质上是实质性的……我们认为,取出原作的核心,将它变成新作品的核心(heart),是在盗用原作精华的实质性部分"。

上诉法院认为,这一因素不仅要求考虑所用材料的数量,而且要考虑其质量和重要性。这无疑是正确的。比如,在 Harper & Row 案中,Nation 杂志仅仅利用了福特总统的回忆录中大约 300 个单词,但是我们指出所引用部分的重要性,认为它们是该书的核心。该部分很可能具有新闻价值,对于许可连载很重要。我们同样同意上诉法院下列意见:侵权作品的实质性部分是否逐字逐句拷贝了版权作品是一个相关的问题,因为这可能表明缺乏第一项要素所关注的转换性使用,或者存在第四项要素所述的较大的市场损害。如果一个作品主要由原作,尤其是原作的核心组成,增加或改变的内容有限,则它更有可能只是一种替代性的使用(superseding use),满足人们对原作的需求。

我们与上诉法院的分歧在于如何将上述指引应用于戏仿,特别是本案中该歌曲的戏仿。戏仿属于困难案例。戏仿的幽默或评论,必然源于扭曲模仿原作所产生可识别的隐射。它的艺术性就体现在已知原作和孪生的戏仿作品之间的紧张关系。针对特定原作的戏仿,必须能够呈现原作中足够的内容以便让其中的批评目的能够被人识别出来。能够让人识别的部分是原创作品中最著和最容易记住的内容,戏仿者引用这部分内容能够确保受众知道戏仿作品与原作的关系。一旦采用了足够识别的内容之后,继续采用更多的内容是否合理,取决于在多大程度上该歌曲的主要目的是为了对原作进行戏仿,或者相反,在多大程度上是在替代原作。但是有一定是肯定的,即对于原作一些特征的利用是不可避免的。

我们认为,上诉法院在认定 2 Live Crew 的使用为不合理使用时,没有充分认识到戏仿对可识别的场景或声音(sight or sound)的需求。的确,2 Live Crew 复制了原作特征性的开场低音伴奏(bass riff or music phrase),并且复制了原作歌词的第一行。如果说这一引用指向原作的核心(heart),该核心也是最容易引起对该歌曲的戏仿联想的内容,因而也是戏仿所针对的核心内容。为戏仿目的而复制,并不仅仅因为复制部分是原作的核心,就是过度复制。如果 2 Live Crew 复制了原作中相当一部分不那么容易记住的内容,则很难理解如何能够具有戏仿属性。

当然,这并不是说任何人只要宣称自己是戏仿者就可以占原作的便宜并逍遥法外。对于戏仿而言,就像新闻报道,使用背景很重要。是否合理要看戏仿者在使用原作的核心内容后,还做了什么。很重要的一点是,2 Live Crew 虽然复制了原作的第一行,但是为了自身的目的显著偏离了原作的歌词;2 Live Crew 虽然拷贝了原作的低音伴奏并重复使用,但是也增加了其他具有显著性的声音,比如增加了刮擦的噪声,叠加不同声调的独唱,改变鼓点等。因此,本案并非戏仿作品中的实质性部分(a substantial portion)是对原作进行逐字逐句(verbatim)复制的案子,也不是那种相对复制而言,戏仿是如此的微不足道的案子。如果属于上述两种情形,则合理使用分析中的第三项要素对戏仿者不利。

对于歌词,我们认为上诉法院正确地指出,使用者没有超出必要的范围;同样的,即使被复制的是原作的核心部分,我们也不认为该复制对于戏仿目的而言超出合理限度(be excessive)。对于乐曲,重复原作的低音伴奏(bass riff)是否为过度复制,我们发回重申,许可下级法院根据使用的量、歌曲的戏仿目的和性质、转换性要素以及下文进一步讨论的对于潜在市场的替代等因素进行权衡。

D

合理使用分析的第四项因素是"使用行为对版权作品潜在市场和价值的影响"。它要求法院不仅要考虑被控侵权者特定行为的市场损害(market harm)程度,而且要考虑被告的行为不加控制而大量发生后,是否会对原作的潜在市场(potential market)造成实质性的负面影响。这一分析不仅要考虑对原作市场的损害,而且要考虑对演绎作品市场的损害。

既然合理使用是一项积极抗辩(affirmative defense),合理使用的主张者如果没有相关市场（relevant markets）的有利证据，将难以完成举证责任。在请求即决判决时，2 Live Crew 只是坚持自己的行为对原作的市场没有影响，而没有说明他们的使用行为对演绎作品市场的影响，因此处在不利地位。在评估显著的市场损害（significant market harm）的可能性时，上诉法院引述 Sony 案的意见，即"如果期待的使用是为了商业营利（commercial gain），则可以推定存在该可能性；如果使用是非商业目的，则应当证明存在该可能性"。上诉法院的推理是：因为 2 Live Crew 对于版权材料的使用完全是商业性的，所以我们推定将来损害 Acuff-Rose 的可能性存在。于是，法院认为第四项要素对 2 Live Crew 不利。我们认为这一推定是错误的。

推定存在市场损害的规则或许能够在 Sony 案中找到依据，但是，在那些为商业目的但并非单纯复制的案子中，这一推定规则并不适用。Sony 案在讨论推定规则时，将那些为了商业目的而逐字逐句完整地复制原作的行为与那些为非商业目的在家里录制电视节目的行为向对比。对于前一情形，Sony 案的意见有道理：当商业性的使用等于单纯复制原作的全部时，它显然要取代原作，是原作的市场替代物。这可能对原作造成可识别的市场损害。相反，后一情形下的使用是转换性的，市场替代至少是较不确定的，市场损害并不如此容易推断。对于单纯的戏仿，新作品更有可能不对原作的市场产生可识别的影响。也就是说，不太可能成为原作的替代物。之所以如此，是因为戏仿作品和原作通常具有不同的市场功能。

当然，我们并不是说戏仿根本就不会损害原作市场。实际上，致命的戏仿与尖刻的影评一样，会降低对原作的需求，不过这并非著作权法意义上的损害。这是因为戏仿可能为原作套上绞索，从商业上和艺术上破坏它。法院的角色是区分那些降低需求的尖锐批评与盗用作品的版权侵权行为。

潜在的可以禁止的替代（displacement）行为与不可禁止的诋毁（disparagement）行为之间的区别体现在下面的规则中："批评目的的演绎作品市场不受保护"。潜在的演绎用途市场仅仅包括那些原作者通常自行开发或授权他人开发的市场。原作作者不太可能会许可他人对其作品进行批评或讽刺，这使得这一用途被排除出该作品潜在的许可市场（potential licensing market）。"人们请求批评，但他们实际上只想得到表扬"。因此，上诉法院关于"Oh, Pretty Woman"的戏仿作品的市场所受损害的意见，是错误的。

在解释为什么法律不承认批评类作品（包括戏仿）有演绎市场时，我们当然是指那些除了批评（critical aspect）就没有其他目的的作品，比如单纯的戏仿作品（parody pure and simple）。但是，有时候戏仿作品的属性比较复杂，可能既处在批评领域，又落入受保护的演绎作品市场。在这种情况下，法律要关注批评之外的其他因素。在本案中，2 Live Crew 的歌曲不仅含有戏仿，而且含有 RAP 音乐。RAP 音乐演绎作品市场是合适的关注焦点。对此市场的实质性损害的证据将不利于认定合理使用，因为对于演绎作品的许可是作者创作原作的重要经济动机之一。当然，如上所述，我们需要关注的唯一的对演绎市场的损害，是市场替代损害（the harm of market substitution）。戏仿的有效批评可能损害对演绎使用的市场需求，与有效批评对原作市场的威胁，在版权法下的意义大致相当。［也就是说，这种损害并不妨碍认定该使用为合理使用。］

虽然 2 Live Crew 就原作所受的市场损害提供了无可辩驳的证词，但是他们和 Acuff-Rose 并没有就 2 Live Crew 的戏仿性 RAP 歌曲对于非戏仿性的 RAP 版本的"Oh, Pretty Woman"的市场的影响提供证据或证词。在 2 Live Crew 录制"Oh, Pretty Woman"的 RAP 戏仿作品后，另一 RAP 乐队试图从 Acuff-Rose 那里获得许可录制 RAP 演绎作品的许可。Acuff-Rose 利用这一事实证明存在 RAP 版本的市场。不过，并没有证据表明 2 Live Crew 的戏仿性 RAP 版本对于潜在的 RAP 市场有任何损害。2 Live Crew 的戏仿作品作为 RAP 歌曲专辑的一部分对外出售，这一事实并没有说明该戏仿作品对原作的 RAP 版本市场（乐曲本身或者乐曲加歌词）的影响。区法院实质上认为没有损害，因为 Acuff-Rose 可以自由录制原作的任何版本。而上诉法院则基于错误的假设（营利性使用推定存在损害），走向另一极端。与上述两种意见不同，［我们认为］，在没有证据记录的情况下，在即决判决中对第四项要素进行判断是不可能的，因此需要发回重审以填补证据漏洞。

III

上诉法院错误地认为，2 Live Crew 对于"Oh, Pretty Woman"的戏仿的商业性质使得该使用应被推定为不合理。在分析戏仿之类的转换性使用是否为合理使用时，对第一项（使用的特点和目的）和第四项（市场损害）并没有上述证据上的推定。上诉法院还错误地认为，2 Live Crew 为戏仿目的使用，过度复制了原作的内容。我们因此撤销上诉法院的判决，发回本案进一步审理。

APPENDIX A	APPENDIX B
"Oh, Pretty Woman" by Roy Orbison and William Dees	"Pretty Woman" as Recorded by 2 Live Crew
Pretty Woman, walking down the street,	Pretty woman walkin' down the street
Pretty Woman, the kind I like to meet,	Pretty woman girl you look so sweet
Pretty Woman, I don't believe you, you're not the truth,	Pretty woman you bring me down to that knee
No one could look as good as you	Pretty woman you make me wanna beg please
Mercy	"Oh, pretty woman"
Pretty Woman, won't you pardon me,	Big hairy woman you need to shave that stuff
Pretty Woman, I couldn't help but see,	Big hairy woman you know I bet it's tough
Pretty Woman, that you look lovely as can be	Big hairy woman all that hair it ain't legit
Are you lonely just like me?	"Cause you look like" Cousin It'
Pretty Woman, stop a while,	Big hairy woman
Pretty Woman, talk a while,	Bald headed woman girl your hair won't grow
	Bald headed woman you got a teeny weeny afro

(续表)

APPENDIX A	APPENDIX B
Pretty Woman give your smile to me	Bald headed woman you know your hair could look nice
Pretty Woman, yeah, yeah, yeah	Bald headed woman first you got to roll it with rice
Pretty Woman, look my way,	"Bald headed woman here, let me get this hunk of biz for ya"
Pretty Woman, say you'll stay with me	Ya know what I'm saying you look better than rice a roni
Cause I need you, I'll treat you right	Oh bald headed woman
Come to me baby, Be mine tonight	Big hairy woman come on in
Pretty Woman, don't walk on by,	And don't forget your bald headed friend
Pretty Woman, don't make me cry,	Hey pretty woman let the boys
Pretty Woman, don't walk away,	Jump in
Hey, O. K.	Two timin' woman girl you know you ain't right
If that's the way it must be, O. K.	Two timin' woman you's out with my boy last night
I guess I'll go on home, it's late	Two timin' woman that takes a load off my mind
There'll be tomorrow night, but wait!	Two timin' woman now I know the baby ain't mine
What do I see	Oh, two timin' woman
Is she walking back to me?	Oh pretty woman
Yeah, she's walking back to me!	
Oh, Pretty Woman.	

思考问题：

（1）因为戏仿评论，所以可比一般的评论引用更多的受保护内容吗？我们能说，问题不在于是否有戏仿，而在于是否有评论？

（2）构成合理使用的戏仿作品与单纯搞笑的滑稽作品相比，对著作权人作品的市场损害有差别吗？

（3）考虑如何将美国最高法院对于戏仿合理使用的分析应用到中国法下合理引用的分析。

1.4 新闻报道

"为报道时事新闻，在报纸、期刊、广播电台、电视台等媒体中不可避免地再现或者引用已经发表的作品"，构成合理使用。这一例外与前文所述的以介绍和评论为目的的合理引用非常接近。很多时候，新闻报道不过是一种特殊类型的以介绍、评论为目的的作品而已。设置这一例外大致也是为了降低新闻报道的成本，保证表达自由，方便公众及时获得时事消息。

要援引新闻报道例外,被告需要证明自己是为了报道时事新闻的目的而在媒体上使用相关作品。著作权法上所谓时事新闻的范围比较宽泛,可能涵盖大众关心的任何事实消息。如果被告使用作品的目的不是为了报道时事新闻,而是为了叙述文学故事、介绍和评论社会问题、普及科学知识等,则不能引用这一合理使用例外,但是可以援引普通的合理使用例外。如前所述,二者并没有本质差别。

上海弓禾文化传播有限公司 v. 何作欢

湖北省武汉市中院(2010)武知初字第 349 号

作品《巨星浪漫代言系列 1-55》是原告弓禾公司以范冰冰、黄少祺为对象拍摄的一系列婚纱照。从其形成方式上看,该组照片符合《中华人民共和国著作权法实施条例》第 4 条第(十)项规定的摄影作品的特征,应认定为摄影作品。

……

照片来源:http://www.xfwed.com/News/201001/2010014227_2.html。

根据 09-2010-G-004 号作品登记证书所附的 55 幅图片,本案原告主张权利的编号为 FH-39 的摄影作品包含于其中。因此,原告弓禾公司有权对摄影作品《巨星浪漫代言系列 1-55》之 FH-39 的著作财产权主张权利。

幸福婚嫁网刊登的"范冰冰黄少祺最新婚纱写真唯美动人"一文,该文文字部分内容为"范冰冰最新纯美婚纱写真,演绎爱情正果姻缘甜蜜。这次范冰冰是牵手其电视剧《金大班》的男演员台湾艺人黄少祺,两人共同演绎精致婚纱,戏里演兄妹,戏外成夫妻!"[(这差不过是所谓报道的全部文字。)]从该文表述内容看,文章是对范冰冰和黄少祺拍摄婚纱照事实进行报道。故该文为新闻事实报道。

该文所附的 5 幅婚纱照片是以范冰冰、黄少祺为拍摄对象的婚纱礼服照片,结合文字部分记载的内容,照片是新闻事实的再现与引证。作者为了报道范冰冰、黄少祺代言婚纱照这一新闻事实时,采用附加婚纱照片的方式加以说明、评介,并将婚纱照片作为评论的依据,该文的文字部分与引证部融为一体,共同构成"范冰冰黄少祺最新婚纱写真唯美动人"这一新闻。该文表达的重点不是展示上述婚纱礼服的照片,而是对范冰冰和黄少祺拍摄婚纱艺术照这一事实的介绍、报道。在报道中,作者附加了其中 5 幅婚纱照片,其目的是为了让公众对"范冰冰黄少祺最新婚纱写真唯美动人"这个事实报道有更为直观的认识。通过附加照片,既能增强新闻真实性,又能增强宣传效应。而且,通过图片直接传递信息,也符合网络新闻的特点。如果没有附加该婚纱照片,新闻报道很难达到宣传的效果,且附加的照片数量与原告弓禾公司拍摄的全部婚纱礼服照片相比,只占一小部分,并未对权利人的利益造成不当损害。因此,依据《中华人民共和国著作权法》第 22 条第 1 款第(三)项的规定,本案所涉 5 幅婚纱照片是该新闻报道不可缺少的部分。据此,本院认定幸福婚嫁网刊登的"范冰冰黄少祺最新婚纱写真唯美动人"一文,是由一段文字和 5 幅照片共同组成的新闻报道。

(许继学、陈峰、熊艳红法官)

在报道中引用他人作品,还有一个度的要求,即所谓的"不可避免"要求。这与合理引用例外中的"适当引用"要求一致。超出这一范围,可能就是搭便车行为,而不是合理使用了。经常被举的例子是记者在报道艺术展览时,不能超出常规在报道中公布太多的艺术品的照片,否则可能会损害展览主办方或著作权人的利益。

华熔 v. 天府早报社

四川省高院(2008)川民终字第 735 号

2007 年 4 月 27 日,华熔在成都杜甫草堂拍摄了数张骑师骑马表演跨栏的照片,其中编号为_MG_7853.CR2 的数码照片即为本案诉争照片。天府早报社在其 2007 年 9 月 30 日出版的《天府早报》第 21 版刊登了《骑纯血马悠游草堂》一文,该文以"早报讯"的形式介绍了成都杜甫草堂将在国庆节黄金周期间推出的系列活动,并在介绍盆景艺术展和马球对抗赛的同时,作为配图使用了本案诉争照片。天府早报社刊登该照片未署名,也未向华熔支付报酬。为此,华熔以天府早报社未经其许可,刊登其照片的行为,侵犯其对该照片享有的著作权为由,向法院提起诉讼……

原审法院认为……天府早报社还辩称,其使用诉争照片系为报道时事新闻之用,且不可避免的问题。该院认为,从涉案文章《骑纯血马悠游草堂》来看,不属于"时事新闻"的报导,且其对诉争照片的使用并非"不可避免",故对其辩称不予采纳。天府早报社还辩称,根据《中华人民共和国著作权法》第 32 条的规定,天府早报社只要向著作权人支付了报酬,可以转载或刊登其他报纸、期刊已经刊登的作品的问题。该院认为,天府早报社不能提供诉争照片已被其他报纸、期刊刊登的证据材料,故对此辩称理由不予采纳。

[本院认为:]

天府早报社提出其使用诉争摄影作品系为报道时事新闻之用,且不可避免,其行为不构成侵权的问题。《中华人民共和国著作权法》第 22 条规定,为报道时事新闻,在报纸、期刊、广播电台、电视台等媒体中不可避免地再现或者引用已经发表的作品,可以不经著作权人许可,不向其支付报酬,但应当指明作者姓名、作品名称,并且不得侵犯著作权人依照本法享有的其他权利。《中华人民共和国著作权法实施条例》第6条第1款第（一）项规定，时事新闻，指通过报纸、期刊、电台、电视台等传播媒介报道的单纯事实消息。本案中，天府早报社刊登的涉案文章《骑纯血马悠游草堂》，从内容看，意在向读者介绍成都杜甫草堂预备在国庆节黄金周推出的系列活动，其中既有关于细节的描述，也加入了作者的评论性语言，并非报道的"单纯事实消息"，不属于"时事新闻"。另外，该报道的内容是对未来活动的介绍，相关事件也未实际发生，不使用任何照片也能如实反映其报道内容，不属于"不可避免地再现"。故天府早报社提出其使用诉争摄影作品属于报导时事新闻之用，且不可避免的理由不能成立，本院不予支持。

天府早报社提出其使用诉争摄影作品来源于骏马汇网站，作者为马语喃喃，其行为属于合法转载的问题。《中华人民共和国著作权法》第32条第2款规定，作品刊登后，除著作权人声明不得转载、摘编的外，其他报刊可以转载或者作为文摘、资料刊登，但应当按照规定向著作权人支付报酬。本案中，天府早报社为证明其使用的诉争摄影作品来源于互联网，向原审法院提交两份分别记载为"在百度图片搜索中输入'草堂骑马'搜索出来的图片网址"的打印件，以及记载有"骏马论坛、骏马汇四川马友专区、在成都杜甫草堂骑马照片"网址及网页的复印件，因华熔对该证据的真实性持异议，且该证据既未进行公证，也没有其他证据印证其真实性，故天府早报社主张其使用诉争摄影作品来源于骏马汇网站的理由不能成立，本院不予支持。退一步讲，即使天府早报社所使用诉争摄影作品来源于其他报刊已发表的作品，但其使用该作品时既未注明转载作品的作者，也未记载最初登载的报刊出处，则也应当承担侵权的民事责任。

（颜桂芝、刘巧英、陈洪法官）

思考问题：

本案提出一个很有意思的问题，为了引用新闻报道的例外条款，被告的新闻报道一定要是著作权法意义上的"时事新闻"或"单纯事实消息"吗？如果是这样，岂不连原告的作品也无法获得版权保护？被告也就无须主张合理使用抗辩了？

1.5 课堂教学与科研

《著作权法》上的"课堂教学与科研例外"是指"为学校课堂教学或者科学研究，翻译或者少量复制已经发表的作品，供教学或科研人员使用"。立法者在制定这一条款时，主要关注的还是典型的课堂教学的场景，教师、研究人员或学生为课堂教学或研究之目的，复制或翻译他人作品。

由于立法者没有限定上述例外行为的主体（教师、研究人员或学生），因此这一条可能与"个人使用例外"发生重叠。毕竟，个人学习、研究和欣赏，也可能是课堂教学与科研的目的。

1.5.1 "学校"

《著作权法》没有明确"学校"的范围，而现实生活中"学校"的类型众多。以教育阶段为标准,有学前教育机构、义务教育机构、普通高等教育机构,成人教育及继续教育机构;以教育机构的财政来源来划分,又有公办学校、民办学校以及所谓公办民助或民办公助学校;以是否营利为标准来看,有营利性学校与非营利性学校之分;以教育技术分,有广播电视学校、网络学校,等等。每个标准之下的划分已经有许多困难,比如招收高中毕业生提供学历教育的成人学校与普通高等教育机构之间的界限,有时不好确定;各个标准的交叉使得对学校性质的判断更加复杂,比如普通高等教育学校设立的培训机构,其性质已经发生变化,既是公办又是营利性的。①

并非所有的学校都可以引用本合理使用例外。一般认为,营利性教育机构被排除出此项合理使用的范围;同时,非营利性教育机构如果从事营利行为,也会被排除在外。比较权威的意见认为,"本项中所讲的'课堂教学'一词是有严格限制的,考研辅导班、托福、GRE培训班等以营利为目的的教学不属于'课堂教学'"②。在外语教学与研究出版社 v. 南京朝日教育信息咨询有限公司案中,江苏高院指出,营利性的外语培训公司是以营利为目的的商业性培训机构,并非著作权法意义上的教学科研机构。该机构未经许可复制外语教学材料并对学员提供,不构成合理使用。③

在北京北大方正电子有限公司诉廊坊焕世纪电脑培训学校计算机软件著作权侵权纠纷案(河北省廊坊中院(2007)廊民三初字第36号)中,原告是方正飞腾4.0集成排版软件的著作权人。被告系经廊坊市广阳区教育局批准成立的民办学校。被告对外招收学员,开设方正飞腾排版等计算机多种培训课程,并根据不同课程及培训时间收取费用,培训结束后颁发结业证书。被告未经许可,在自己用于培训的电脑上安装了方正飞腾4.0版本软件12套。法院指出:"我国《著作权法》规定为学校课堂教学或者科学研究、翻译或者少量复制已发表的作品,供教学或者科研人员使用,但仅限于教学或科研人员使用。而被告作为民办营利性组织,进行专门培训,与其他社会营利性商事组织并无本质区别,其购买侵权软件,且复制该软件12套,数量较大,并从事培训营利活动,也并非研究软件内含的设计思想与原理,故被告的上述辩称,没有事实和法律依据。"

教育考试服务中心 v. 北京海淀区新东方学校

北京市高院(2003)高民终字第1393号

ETS成立于1948年,TOEFL考试由其主持开发……1989年至1999年,ETS将其开发的53套TOEFL考试题在美国版权局进行了著作权登记。

新东方学校成立于1993年10月5日,系民办非企业单位,主要从事外语类教学服务。[从1996年1月到2001年1月期间,ETS发现新东方多次复制TOEFL试题和

---

① 罗向阳:《课堂教学中的著作权合理使用问题检视》,载《福建广播电视大学学报》2010年第2期,第58页。
② 胡康生主编:《中华人民共和国著作权法释义》,法律出版社2002年版,第107页。
③ 江苏省高院(2010)苏知民终字第0052号。

听力录音材料,向学员提供并收取资料费用。2001 年,法院委托第三方机构对新东方学校的财务进行审计,结果表明新东方学校的收入主要为培训收入和资料收入。比如,2000 年资料收入为 6,983,357 元,培训收入为 19,795,214 元。北京市第一中级人民法院判决认定……新东方学校未经 ETS 许可,擅自复制 ETS 享有著作权的 TOEFL 考试题,并将试题以出版物的形式通过互联网渠道公开销售,其行为侵害了 ETS 的著作权。新东方学校不服一审判决,向北京高院提起上诉。北京高院认为:]

根据本案查明的事实,新东方学校未经著作权人 ETS 许可,以商业经营为目的,以公开销售的方式复制发行了 TOEFL 试题,其使用作品的方式已超出了课堂教学合理使用的范围,故对新东方学校关于其相关行为系合理使用 TOEFL 试题的抗辩理由不予采信。

新东方学校又主张,其系社会力量办学,根据《民办教育促进法》的规定,属于非营利机构。本院认为,新东方学校成立的目的与是否侵犯 ETS 著作权并无必然联系,只要新东方学校实施的行为具有营利性,则必然对 ETS 的著作权构成侵害,新东方学校的这一抗辩理由亦不能成立。另外,1997 年新东方学校法定代表人俞敏洪向北京市工商行政管理局出具的不再发生侵权行为的保证书以及与中原信达知识产权代理有限责任公司签订的作品使用许可协议也表明,新东方学校承认 ETS 对 TOEFL 试题享有著作权,并且明知其相关行为已侵犯了 ETS 的著作权。

综上,新东方学校复制并且对外公开销售 TOEFL 试题的行为已侵犯了 ETS 的著作权,理应承担相应的法律责任。但本院同时应当指出,鉴于 TOEFL 试题的特殊性质以及新东方学校利用这一作品的特别形式及目的,新东方学校在不使用侵权资料的情况下在课堂教学中讲解 TOEFL 试题应属于《著作权法》第 22 条规定的合理使用相关作品的行为,并不构成对他人著作权的侵犯。**(刘继祥、魏湘玲、孙苏理法官)**

思考问题:

(1) 本案中法院确认,新东方学校在法律意义上是非营利机构,但成立目的与是否侵害著作权无必然联系,有道理吗?

(2) 假设新东方学校形式上免费提供课堂教学材料,这会影响法院的判决结果吗?

1.5.2 "翻译或少量复制"

表面上看,课堂教学或科研的使用行为仅限于所谓的"翻译或少量复制"。对于典型的课堂教学或科研而言,这通常就足够了。不过,这一规定没有考虑到一些特殊院校的需求。比如,电影学院、戏剧学院对于他人作品的使用就不仅仅限于翻译或少量复制,还包括改编、表演、摄制、播放、信息网络传播等。司法实践中已经突破了法律条文的字面含义。《信息网络传播权保护条例》第 6 条对于课堂教学或科研目的的信息网络传播行为有明确的例外规定,参见前文"信息网络传播权"一章。

北影录音录像公司 v. 北京电影学院

北京市一中院(1995)知终字第 19 号
《最高人民法院案例公报》1996 年第 1 期

海淀区人民法院经审理查明,原告北影录音录像公司(乙方)于 1992 年 5 月 5 日与汪曾祺(甲方)签订合同[,获得将甲方作品《受戒》摄制成电影的专有使用权]。

1992 年 10 月,北京电影学院文学系学生吴琼为完成改编课程作业,将汪曾祺的小说《受戒》改编成电影剧本。北京电影学院对在校学生上交的改编作业进行审核后,选定将吴琼改编的剧本《受戒》用于学生毕业作品的拍摄。吴琼与北京电影学院教师赵凤玺通过电话与汪曾祺取得联系。汪曾祺表示小说《受戒》的改编、拍摄权已转让给北影录音录像公司。赵凤玺与北影录音录像公司协商,该公司未明确表示同意北京电影学院拍摄《受戒》一片。1993 年 4 月,北京电影学院投资人民币 5 万元,并组织该院八九级学生联合摄制电影《受戒》。1993 年 5 月拍摄完成。影片全长为 30 分钟,用 16 毫米胶片拍摄,片头字幕为:"根据汪曾祺同名小说改编",片尾字目为"北京电影学院出品"。影片摄制完成后,曾在北京电影学院小剧场内放映一次,用于教学观摩,观看者系该院教师和学生。

1994 年 11 月,北京电影学院经广播电影电视部批准,组团携《受戒》等片参加法国朗格鲁瓦国际学生电影节。在该电影节上放映过《受戒》影片,观众系参加电影节的各国学生及教师,也有当地公民。放映该片时,电影节组委会对外公开出售少量门票。北京电影学院未参加法国克雷芒电影节。北京电影学院共制作《受戒》电影拷贝两个,其中一个拷贝封存于本院,另一个拷贝尚在由朗格鲁瓦电影节组委会寄往北京电影学院途中。北京电影学院有制作的《受戒》一片录像带一盒,也已封存本院。

[原告北影录音录像公司诉称:北京电影学院公然侵犯原告依法享有的作品改编专用使用权,并将其侵权行为由校内扩展到校外,由国内扩展到国外,给原告带来无法弥补的精神及财产损失,故要求法院判令北京电影学院停止侵权,销毁侵权影片拷贝;公开向原告赔礼道歉并赔偿经济损失。]

海淀区人民法院认为,原告北影录音录像公司通过合同,依法取得的以摄制电视剧、电影方式改编小说《受戒》的专有使用权受法律保护。未经该专有使用权人的许可,其他任何人均不得以同样的方式改编、使用该作品,否则即构成对该专有使用权的侵犯。

《中华人民共和国著作权法》第 22 条第 1 款(六)项规定,"为学校课堂教学或者科学研究,翻译或者少量复制已经发表的作品,供教学或者科研人员使用,但不得出版发行。"上述行为,"可以不经著作权人许可,不向其支付报酬,但应当指明作者姓名、作品名称,并且不得侵犯著作权人依照本法享有的其他权利"。被告北京电影学院从教学实际需要出发,挑选在校学生吴琼的课堂练习作品,即根据汪曾祺的同名小学《受戒》改编的电影剧本组织应届毕业生摄制毕业电影作品,用于评定学生学习成果。虽然该电影剧本的改编与电影的摄制未取得小说《受戒》的专有使用权人——原告北影录音录像公司的许可,但该作品摄制完成后,在国内使用方式仅限于在北京电影学院内进行教学观摩和教学评定,作品未进入社会公知的领域发行放映。因此,在此阶段,北京电影学院摄制该部电影的行为,应属合理使用他人作品,不构成对北影录音录像公司依法取得的小说《受戒》的专有使用权的侵犯。

但是,1994年11月,北京电影学院将电影《受戒》送往法国参加朗格鲁瓦国际学生电影节,电影节放映该片时,观众除特定的学生、教师外,还有当地公民,且组委会还出售了少量门票,这已超出在本校内课堂教学使用的范畴,违反了著作权法的规定,构成了对北影录音录像公司依法取得的小说《受戒》专有使用权的侵犯。北京电影学院对其侵权行为应向北影录音录像公司赔礼道歉。北京电影学院的侵权行为虽然对北影录音录像公司以后将以同样方式使用同名作品可能造成潜在的市场影响,但侵权情节轻微,应酌情予以赔偿。

[一审判决后,被告提出上诉。北京市第一中级人民法院维持原判。]

思考问题:

仔细分析被告改编小说、摄制电影的行为是否落入了第22条第1款第(六)项的字面范围?如果没有,应如何处理?

"少量复制"中的"少量",也存在理解上的分歧。在课堂人数有限(比如20—30人)、作品篇幅有限(比如3—5页)的情况下,人手一份、全文复制,应该是可以的。在课堂人数很大、作品篇幅很长的情况下,这一复制可能有一定的不确定性。比如,在法学院的200多人的课堂上,是否可以全文复制300页以上的专著,则存在很大的疑问。这在前文"个人使用"部分已有类似讨论。

在具体案件中,法院在适用"课堂教学与科研"例外时,应该接受合理使用一般规则的指导,考虑使用行为的目的、作品的性质、使用的量以及对作品市场价值的影响等因素。课堂上对于教科书类作品的复制,应该比非教科书类的论文、案例摘要、专著之类的复制要受到更多的限制。

1.5.3 "不得出版发行"

在"课堂教学与科研"例外中,要求"不得出版发行"是不言而喻的。在《送审稿》(2013)中,立法者删除了"发行"一词,即使用者"不得出版"。这大概是因为向学生提供复制件的行为本质上是发行行为。禁止发行将使得这一例外失去意义。

现实中,为教学或科研目的正式出版他人作品的案件,并不多见。可能的做法是一些教学机构内部翻印制作了大量的复制件,不仅在校内分班分批地向学生配发,还公开对外出售此类材料。这实际上与正式出版相差无几,应该明显超出法律许可的范围。

学校在内部网上复制他人作品,如果仅仅供校内特定班级学生浏览,或许属于合理使用。不过,如果对普通公众开放,则侵害著作权。比如,在毕淑敏诉淮北市实验高级中学案（安徽省高院（2009）皖民三终字第 0014 号）中，被告中学网站刊载了作家毕淑敏的小说《红处方》。普通公众可以浏览。被告辩称其行为出于教学目的，构成合理使用。法院指出：

> 课堂教学应限定于教师与学生在教室、实验室等处所进行现场教学，并且是为上述目的少量复制，这样的复制不应超过课堂教学的需要，也不应对作者作品的市场传播带来损失。本案中，实验中学将毕淑敏的涉案作品登载在网络上，不构成用于课堂教学的合理使用行为。

类似地，在周维海 v. 盐城市经济管理学校案（江苏省高院（2009）苏民三终字第 0212 号）中，法院同样指出："本案中经济管理学校、素质教育中心的网站面向广大互联网用户，系不特定的公众，所有互联网用户均可以访问该网站，观看涉案图片，其范围并不限于供该校教师和学生使用，也未有证据证明其是课堂教学的目的，因此，经济管理学校、素质教育中心未经许可在其网站上使用涉案图片且未署名，侵犯了周维海所享有的著作权。"

当然，上述两个案件中被告的行为并非简单的复制，同时是一种信息网络传播行为。依据《信息网络传播权保护条例》第 6 条所设置的限制，为学校课堂教学或者科学研究目的，通过信息网络提供他人作品，仅限于"向少数教学、科研人员提供少量已经发表的作品"。上述两案被告的行为显然已经超出合理的限度。

1.6 陈列或保存版本

保存版本例外是指"图书馆、档案馆、纪念馆、博物馆、美术馆等为陈列或者保存版本的需要，复制本馆收藏的作品"。这是专门针对图书馆等主体为特定目的而实施的特定行为而设置的例外，不能做扩大解释，否则很容易损害著作权人的利益。依据这一例外条款，图书馆等只能为陈列或保存版本需要而复制，不能将复制件用于出借、转让或其他无关之目的，也只能复制本馆已经收藏的作品。这些限制条件可以最低限度地保护作者利益——至少每个图书馆购买一个拷贝之后才可能进行合理使用意义上的"复制"。当然，图书馆在提供借阅服务过程中，应读者要求少量复制，可以依据其他条款被认定为合理使用，但不是这里的例外情形。

另外，更重要的是，这里所许可的复制行为不应被扩大解释为涵盖信息网络传播，否则将大大冲击著作权人的市场利益。比如，在下面的著名案例中，法院就明确图书馆的数字化传输行为不构成合理使用。

陈兴良 v. 中国数字图书馆

最高人民法院公报案例（2003 年第 2 期）

[在该案中，被告中国数字图书馆将原告陈兴良教授的三本著作权数字化，并通过信息网络向注册用户提供浏览服务。法院认为：]

图书馆是搜集、整理、收藏图书资料供人阅览参考的机构，其功能在于保存作品并向社会公众提供接触作品的机会。图书馆向社会公众提供作品,对传播知识和促进社会文明进步,具有非常重要的意义。只有特定的社会公众(有阅览资格的读者),在特定的时间以特定的方式(借阅),才能接触到图书馆向社会公众提供的作品。因此,这种接触对作者行使著作权的影响是有限的,不构成侵权。

被告数字图书馆作为企业法人,将原告陈兴良的作品上载到国际互联网上。对作品使用的这种方式,扩大了作品传播的时间和空间,扩大了接触作品的人数,超出了作者允许社会公众接触其作品的范围。数字图书馆未经许可在网上使用陈兴良的作品,并且没有采取有效的手段保证陈兴良获得合理的报酬。这种行为妨碍了陈兴良依法对自己的作品行使著作权,是侵权行为。数字图书馆否认侵权的辩解理由,不能成立。[法院判决被告停止损害,并赔偿原告经济损失8万元人民币。]

(李东涛、戴国、贾冬梅法官)

思考问题:

(1)数字化借阅与传统图书馆的借阅方式在技术上有一定差异,为什么这一技术差异会导致《著作权法》的态度发生变化?

(2)有必要为数字图书馆设置新的例外,以方便公众进行数字化借阅吗?比如,限定时间对外出借有限的数字化的版本,就像对纸本书的借阅一样?

对于图书馆、档案馆等机构的数字化复制和馆内的网络传输,《信息网络传播权保护条例》第7规定,图书馆等在一定条件可以通过信息网络在馆内提供作品复制件。这多少已经突破了所谓的保存或陈列版本的目的,只是传播的范围有限,所以被准许。进一步的讨论可以参见"信息网络传播权"一章的权利限制一节。

1.7 免费表演

著作权法意义上的免费表演要求表演的组织者未向公众收取费用,也未向表演者支付报酬。当初,立法者将这类表演限制在所谓的"为公益事业"的范围内。后来,有人大常委会委员认为"这样的修改不能适应农村、城市社区群众性自娱自乐文化生活使用作品的需要"。立法者最终删除了"为公益事业"的限制。[①] 这类表演通常规模有限,对于商业演出市场的冲击有限。同时,演出的组织者通常也无力额外负担版权许可费。

《著作权法》没有明确定义上述免费表演行为中"表演"的含义。如我们所知,著作权法上"表演权"中的表演,包括公开表演作品,以及用各种手段公开播送作品的表演。[②]这是否意味着免费表演包含现场表演和机械表演两种类型?从第22条第1款第(九)项的条文看,立法者强调表演的组织者未向免费表演的"表演者"支付报酬。这

---

① 全国人大法律委员会《关于〈中华人民共和国著作权法修正案(草案)〉修改情况的汇报》,2001年4月18日。

② 《著作权法》(2010)第9条。

似乎意图将免费表演行为局限在现场表演,不包括机械表演。① 制作电台公益广告(免费)行为,是否能够依据这一"免费表演"例外,就存在疑问。

成都市人人乐商业有限公司与中国音乐著作权协会

四川省高院(2010)川民终字第 104 号

原审法院认为:人人乐公司未经音著协许可,在其经营场所将涉案音乐作品《拯救》作为背景音乐播放的行为虽然不能直接利用音乐作品获利,但可以起到营造氛围,提高消费者在购物过程中的愉悦程度,进而对商家的销售起到促进作用,是一种间接获利的商业性使用行为。因此,人人乐公司在营业性场所播放背景音乐的行为,侵犯了著作权人的表演权……

《中华人民共和国著作权法》第 22 条第 1 款第(九)项规定,免费表演已经发表的作品,该表演未向公众收取费用,也未向表演者支付报酬,可以不经著作权人的许可,不向其支付报酬……但如前所述,人人乐公司在其经营场所将涉案音乐作品作为背景音乐,是一种间接获利的商业性使用行为,理应支付费用。人人乐公司的使用行为不属于《中华人民共和国著作权法》第 22 条第 1 款第(九)项规定的情形,对人人乐公司以此提出其可以免费使用涉案作品的辩称,原审法院不予采纳。[人人乐公司不服,向本院提起上诉。四川高院驳回上诉,维持原判。]　　　　　　　(林涛、陈洪、周静法官)

思考问题:

这里法院似乎默认营业场所播放背景音乐的行为落入了"免费表演"例外所说的"表演"的范围,而只是对是否"免费"提出质疑。有道理吗?

1.8 室外艺术品

室外艺术品是指"设置或者陈列在室外公共场所的艺术作品"。依据最高人民法院的司法解释,上述室外公共场所的艺术品具体是指"设置或者陈列在室外社会公众活动处所的雕塑、绘画、书法等艺术作品。"②从道理上讲,还应该包括建筑作品、摄影作品等。

公众对这些作品进行"临摹、绘画、摄影和录像"的现象比较普遍。甚至可以说,与公共场所陈列的艺术作品(雕塑、建筑或绘画等)合影甚至已经成为公众的日常习惯。公众的上述行为大致落入著作权法上复制权的控制范围。但是,很难想象,每次拍照留念之前,公众需要先征得著作权人同意。这将大大增加公众的负担,损害公共场所的行动自由。因此,立法者将针对室外艺术品的临摹、绘画、摄影和录像行为视为合理使用。

对公共场所的艺术作品的临摹、绘画、摄影或录像本身(以下简称复制),很少会

---

① 冯晓青:《著作权法》,法律出版社 2010 年版,第 167 页。
② 《最高人民法院关于审理著作权民事纠纷案件适用法律若干问题的解释》(2002)第 18 条第 1 款

引发严肃的争议。真正的问题是,复制之后,公众是否可以对外传播或商业化利用该复制结果?《著作权法》没有明确规定。最高人民法院 2002 年的司法解释指出,"临摹、绘画、摄影、录像人,可以对其成果以合理的方式和范围再行使用,不构成侵权"①。最高人民法院在"关于《关于山东天笠广告有限责任公司与青岛海信通信有限公司侵犯著作权纠纷一案的请示报告》的复函((2004)民三他字第 5 号)"中进一步指出,"《最高人民法院〈关于审理著作权民事纠纷案件适用法律若干问题的解释〉》第十八条,针对著作权法第二十二条第(十)项的规定作了司法解释,即对设置或者陈列在室外社会公众活动处所的雕塑、绘画、书法等艺术作品的临摹、绘画、摄影、录像人,可以对其成果以合理的方式和范围再行使用,不构成侵权。在此,对于'合理的方式和范围',应包括以营利为目的的'再行使用',这是制定该司法解释的本意。司法解释的这一规定既符合伯尔尼公约规定的合理使用的基本精神,也与世界大多数国家的立法例相吻合。"在中国,有大量的司法案例是依据最高人民法院的上述解释的精神处理的。后文所附的就是三个典型案例。

城市公共场所的艺术品在使用过程中可能会逐步成为一个城市的象征。这一过程可能离不开政府、公众和媒体共同参与。如果在作品成为城市象征之后,让著作权人完全控制该标志的商业化利用权,可能是不公平的。因此,限制著作权人对于该作品的临摹、绘画、摄影或录像结果的后续商业化利用的控制,有一定的合理性。后文的杨林 v. 孙建国、湖北省孝商股份有限公司案中,实际上就说明了这一点。类似地,王则坚 v. 厦门卷烟厂案中也有这一问题。王则坚受石狮市政府委托,创作了"东方醒狮"的城市雕塑。厦门卷烟厂则在其生产的石狮牌香烟上使用该城市雕塑照片。王则坚则指控卷烟厂侵犯其著作权。从新闻报道看,双方最终达成和解。如果许可著作权人对该石狮雕塑照片的商业性使用控制,则明显会带来不公平的结果。

杨林 v. 孙建国、湖北省孝商股份有限公司

湖北省武汉中院(2006)武知初字第 120 号

1984 年,原告杨林受湖北省孝感市有关部门的委托,创作、完成了名称为"董永与七仙女"的雕塑作品。该雕塑作品置放于湖北省孝感市董永公园孝子祠内……被告孙建国系个体经营孝感市国光麻糖米酒厂业主。从 2001 年开始,被告孙建国生产、销售"国光麻糖"食品。包装规格为 400 克金色包装,其包装盒及外包装的背面印有"董永与七仙女"的雕塑作品图片……

[法院引用了最高人民法院的上述司法解释,认为被告在"国光麻糖"包装上使用"董永与七仙女"雕塑作品图片的行为,构成合理使用。]至于在合理使用作品中指明作者姓名和作品名称的问题,根据法律规定应当注明作品出处。但是,因原告杨林雕塑作品本身没有注明作品出处,拍摄出来的图片也不可能有反映。而麻糖包装上受包

---

① 《最高人民法院关于审理著作权民事纠纷案件适用法律若干问题的解释》(2002)第 18 条第 2 款。

装设计条件和包装内容的限制,无法注明雕塑作品的作者姓名和作品名称。《著作权法实施条例》第19条规定:"使用他人作品的,应当指明作者姓名、作品名称;但是,当事人另有约定或者由于作品使用方式的特性无法指明的除外。"本案被告对作品的使用方式应当属于法律规定的除外情形,符合《著作权法》中关于合理使用的规定。

(许继学、傅剑清、陈峰法官)

深圳市联想空间艺术有限公司 v. 深圳市艺丰园艺术有限公司

广东省高级院(2004)粤高法民三终字第88号

[2003年4月初,原告发现被告宣传画册上,擅自使用原告雕塑作品16幅及美术作品《结》1幅,用于被告向客户广告宣传并表明其设计业务能力之用。]

本院认为……他人对处于公众场所的雕塑作品,可以不经著作权人的同意进行摄影,并对该摄影成果可以在合理的范围内,以合理的方式再行使用,在使用时,可以不向著作权人支付报酬,但应指明作者姓名、作品名称。依据上述规定,被上诉人深圳市艺丰园艺术有限公司可以不经上诉人同意,对其创作的上述雕塑作品进行摄影,对该摄影成果可以在合理的范围内再行使用,但在使用时须指明作者姓名、作品名称。被上诉人出于对外招揽业务的商业目的,在其宣传画册上,故意不标明雕塑作品的作者,违反了《中华人民共和国著作权法》第22条第1款"应当指明作者姓名"之规定,应当承担停止侵权、指明作者以消除影响的民事责任。

(林广海、黄伟民、邱永清法官)

段起来等 v. 吉通网络通信股份有限公司广东分公司

广东省高院(2004)粤高法民三终字第74号

本案"天坛大佛"系陈列在室外公共场所的艺术作品,吉通广东公司将天坛大佛摄影照片复制到IP电话卡上发行的行为,不影响段起来、侯瑾辉对雕塑作品的使用,没有损害段起来、侯瑾辉的合法权益,故这种使用方式,符合我国《著作权法》第22条关于合理使用的规定,属于司法解释规定的在"合理的方式和范围"内使用,不构成侵权。不论吉通广东公司是不是天坛大佛雕塑照片的摄影者,其将天坛大佛摄影照片复制到IP电话卡上发行的行为,均不构成对段起来、侯瑾辉著作权的侵犯。如果有其他权利主体就吉通广东公司使用本案系争的摄影照片向法院主张权利,应另行解决,与本案无关。

(欧修平、高静、黄伟明法官)

思考问题:

上述孝感和深圳的两个案例中,法院对于后续利用者是否应该表明被拍摄作品的作者,似乎意见不一致。二者可以相互协调吗?

对公共场所的艺术作品进行临摹、绘画、摄影或录像之后形成的新作品,则一般不再受所谓的"室外艺术品"例外的限制,除非该新作品又重新被陈列在公共场所。比如,在周维海 v. 盐城市经济管理学校案(江苏省高级人民法院(2009)苏民三终字第0212号)中,法院指出:"周维海对相关的人文景观进行摄像创作后形成涉案照片,不属于[公共场所陈列]的作品。故,经济管理学校、素质教育中心主张根据该规定其构成合理使用,于法无据。"

1.9 执行公务

"国家机关为执行公务在合理范围内使用已经发表的作品",属于合理使用。与这一例外有关的著作权侵权案件,在中国居然很常见。这与国家机关知识产权意识淡薄应该有一定关系。

1.9.1 国家机关

国家机关是指行使国家权力和从事国家管理的机关,包括国家元首、立法、司法、行政、军事等机关,并无疑义。比较特别的是一些公共事业单位。它们只有在直接接受法律或行政机关的授权履行公共管理职能时,才应被视为执行公务的国家机关。从现有的案例看,法院已经确认过地方史志办公室[①]、土地交易储备中心[②]、公立大学[③]、中国教育电视台等[④]事业单位均非著作权法意义上的国家机关。

何平 v. 教育部考试中心

北京市海淀区(2007)海民初字第26273号

原告何平诉称:原告于2005年初创作了漫画《摔了一跤》,先后发表在《讽刺与幽默》报、《漫画大王》杂志上,并获得2005年"漫王杯"漫画比赛优秀奖。被告2007年高考全国语文 I 卷命题作文《摔了一跤》的漫画,除文字内容和部分细节有所改动外,在漫画构思、结构、很多细节上与漫画《摔了一跤》完全一样,系利用了原告的漫画作品,该试卷在河南、陕西、广西等省使用。被告修改并利用原告的漫画作品,没有征得原告同意,也没有署名和支付报酬。原告发现后,即和被告联系,要求被告给个说法,但被告不理不睬,故诉至法院……

被告考试中心辩称:

……

被告没有侵犯原告的著作财产权,在试题中使用他人作品是合理使用。如果在出高考试题之前征得作者同意就会泄密试题,事先获得许可是不可能的,而且考试有特殊需要,修改是必然的。考试本身有着严格的要求,不得允许多余信息,否则将给考生带来不必要的干扰,影响考试的严肃性、规范性和精准性,因此未署名不构成侵犯署名权。考试必然会根据需要对被引用作品作出修改,或者要求考生对作品进行批判。在

---

① 峰城区史志办公室 v. 陈玉中等,山东省高级人民法院(2009)鲁民三终字第66号。
② 蒙超 v. 柳州市土地交易储备中心,广西柳州市中院(2004)柳市民初(三)字第2号。
③ 郑从礼 v. 浙江工商大学等,浙江省杭州市中院(2004)杭民三初字第248号。
④ 国家广电总局电影卫星频道节目制作中心 v. 中国教育电视台,北京市一中院(2006)一中民终字第13332号。

这种情况下,对作者署名反而会给作者带来消极影响。最后,试题中不标明作者姓名是国际通行惯例。综上,请求法院充分考虑高考的特殊性,驳回原告的诉讼请求。

经审理查明:

2005年3月5日,何平的漫画作品《摔跤之后》刊登在《讽刺与幽默》报第617期上。漫画的主要内容为:一个拄拐杖的老头踩了块西瓜皮摔倒了,两女一男分别举着"补脑""补钙""补血"的牌子围上来,说:"大爷,您该补补啦!"2005年,何平对该漫画进行了某些细部的修改,改名《摔了一跤》,发表在《漫画大王》杂志上,并获得2005年"漫王杯"幽默漫画大赛优秀奖。

2007年高考全国卷I高考语文试题(河南、陕西等)第七大题是一篇看图作文,漫画题目为《摔了一跤》,主要内容为:一个小孩踩了块西瓜皮摔倒了,两女一男分别举着"家庭""学校""社会"的牌子围上来,说:"出事了吧!"将该漫画与何平漫画进行比对,二者在漫画故事构思上相同,都是有人踩西瓜皮摔倒,两女一男分别从各自所举文字的角度表示关切,三人头顶有共同的文字,代表不同的身份进行推销或评说;在画面的整体布局,包括三个举牌者、老头或小孩的画面布局上基本相同,人物的形态、体态、神情相似;在某些细节,如摔倒的地方都用四条横线、四条竖线表示,摔倒的人都用右手搔头表示不解等方面,存在相似之处。但二者在所要讽刺或者揭露的社会现象即漫画的寓意上明显不同,在人物画法、老头还是小孩的具体人物选择、人物的衣着、发型、人物是否有阴影、是否有拐棍、老头或小孩、西瓜皮的具体位置、是否有室外背景的描画等方面亦存在较明显的不同。

庭审中,被告考试中心承认在高考命题过程中,曾接触过何平的《摔了一跤》漫画,但认为高考中使用的漫画与原告何平的漫画存在明显不同,整体上不具有相似性。

另查,1987年经国务院审核,同意设立国家教育考试管理中心,作为国家教委的直属事业单位。1991年,经人事部批准,原国家教委考试管理中心改称国家教委考试中心,是国家教委实施、管理、指导国家教育考试的直属事业单位。其主要职责包括实施、管理、指导国家教委决定实行的教育考试等,近期任务包括实施、管理全国普通高校招生统一考试的考试大纲或说明的编制、命题、考试实施、评卷、成绩统计分析及报告、评价等。1994年,全国高等教育自学考试指导委员会办公室与国家教委考试中心合并,合并后的机构定名为国家教育委员会考试中心,是国家教委指定承担高校入学考试和高教自学考试等专项任务并有部分行政管理职能的直属事业单位。其职能任务包括:受国家教委委托,负责全国普通高校、成人高校的本、专科招生中全国统考的命题、试卷、成绩统计分析与评价工作等。现该中心在国家事业单位登记管理局登记的名称为教育部考试中心,宗旨和业务范围包括高等学校招生全国统一考试命题组织及考务监督检查等,经费来源:事业、经营、附属单位上缴、捐赠收入。

……

本院认为,本案涉及两个问题:一是被告在高考作文中使用的漫画与原告何平享有著作权的漫画的关系,是修改而来还是演绎而来,二是被告的使用行为是否构成侵权。

[法院认定,被告在高考作文中使用的漫画,系受原告漫画启发演绎创作而来的。]

依据我国著作权法的规定,判断考试中心的行为是否构成侵权需要分析对于原告主张的著作权是否存在权利的限制,被告的行为是否包含在合理使用的范畴内?我国《著作权法》第22条规定了十二种情形下著作权的合理使用,其中包括国家机关为执行公务在合理范围内使用已经发表的作品,可以不经著作权人许可,不向其支付报酬。对此,考试中心辩称其行为为国家机关执行公务期间的合理使用行为,但何平否认考试中心为国家机关。

本院认为,考试中心虽不是国家机关,但其组织高考出题的行为属于执行国家公务行为。在我国,国家机关执行公务存在两种形式,一种是国家机关自行执行公务,另一种是国家机关授权或委托其他单位执行公务。考试中心不属于国家机关,其组织高考出题的行为属于后一种情形。《中华人民共和国教育法》第20条规定,"国家实行国家教育考试制度。国家教育考试由国务院教育行政部门确定种类,并由国家批准的实施教育考试的机构承办。"依据该条规定,考试中心接受国家教委指定承担高校入学考试和高教自学考试等专项任务,执行高考试卷命题等相应公务。同时,高考是政府为了国家的未来发展,以在全国范围内选拔优秀人才为目的而进行。我国政府历来将高考作为一项全国瞩目的大事,人民群众亦将高考命题、组织及保密工作等视为由政府严密组织的、关乎社会公平、民众命运和国家兴衰的大事。考试中心在组织高考试卷出题过程中演绎使用原告作品的行为,无论从考试中心高考出题的行为性质来讲,还是从高考出题使用作品的目的以及范围考虑,都应属于为执行公务在合理范围内使用已发表作品的范畴,应适用我国《著作权法》第22条第(七)项有关的规定,可以不经许可,不支付报酬。

本案最关键的焦点在于《著作权法》第22条所规定的著作权的合理使用仅限于著作财产权,该条但书中规定,使用作品应当指明作者姓名、作品名称,并且不得侵犯著作权人依照本法享有的其他权利。对此,本院认为,著作权制度是一项非常复杂的法律制度,我国《著作权法》虽以保护作者利益为立法目的之一,但亦将公共利益作为非常重要的考量因素,从而在公共利益较著作权人利益明显重要时,有条件地限制著作权人的相关权利,以取得公共利益与私人利益之间的平衡。合理使用制度即是在著作权人利益原则上受保护的基础上,对作者的一种例外限制,其目的在于平衡著作权人、作品传播者以及社会公众利益之间的关系。我国《著作权法》虽然规定了合理使用的限制条件,但其应为一般的原则性规定,实践中在某些情况下,基于条件限制、现实需要或者行业惯例,亦容许特殊情况下的例外存在。如《中华人民共和国著作权法实施条例》第19条规定,"使用他人作品的,应当指明作者姓名、作品名称,但是,当事人另有约定或者由于作品使用方式的特性无法指明的除外"。

本院认为,考试中心在高考作文中未将相关漫画予以署名即属于特殊的例外情况。《中华人民共和国教育法》第4条规定,"教育是社会主义现代化建设的基础,国家保障教育事业优先发展。全社会应当关心和支持教育事业的发展"。高考命题者在考虑高考所涉文章或漫画材料是否署名时，必然要充分考虑考生的利益。考试中心对于使用的漫画不署名的做法有其合理性，理由如下：一、高考过程中，考试时间对考生而言是非常紧张和宝贵的，考生的注意力亦极为有限，如对试题的来源均进行署名会增加考生对信息量的阅读，浪费考生的宝贵时间，影响考试的严肃性、规范性和精准性。二、看图作文的漫画署名给考生提供的是无用信息，出题者出于避免考生浪费不必要的时间注意无用信息等考虑，采取不署名的方式亦是适当的。三、在国内及国外的相关语言考试中，看图作文使用的漫画亦有不标明作者姓名的情况。另外，就本案而言，考试中心使用的并非是何平的原漫画，而是寓意已有极大不同、凝聚了新创意的新漫画作品，该漫画作品的著作权属于改编人所有，故即使署名也不能署原告何平的姓名。故考试中心未在高考作文中使用的漫画上为原告署名，不构成侵权。

合理使用的目的和核心在于，为了公共利益的需求，在必要时限制著作权人的利益，以便非营利性的基于公共利益而使用。本案中何平主张考试中心侵犯其作品的修改权，本院认为，考试中心使用的是由原告作品改编演绎而来的新作品，涉及的是作者的改编权并非修改权。本案中，因高考保密的严格要求，事先征询相关作者的修改、改编意见变得不具有可行性，为确保通过高考可以选拔出高素质人才的公共利益的实现，高考出题者确实需要考虑高考试题的难度要求、篇幅要求和背景要求等特点，对相关作者的作品进行一定的修改或改编，以适应考试对象的知识背景特点以及考试难度、出题技巧等的要求，因此有对相关作品进行修改、改编并合理使用的必要性，其使用的目的亦是满足我国考试制度施行以来一直遵循的公益要求，不存在恶意和营利问题，亦不会给作者带来多大的伤害。故本院确认考试中心的行为并不构成对原告修改权的侵害。当然，考试中心毕竟使用了在何平漫画基础上演绎而来的新漫画，出于对著作权人的尊重和感谢，今后可考虑能否在高考结束后，以发函或致电形式对作者进行相应感谢。

（宋鱼水、李颖法官，韩玉魁人民陪审员）

在后来的胡浩波 v. 教育部考试中心（北京市一中院（2008）一中民终字第4505号）案中，北京市一中院按照大致相同了思路判决了类似的争议，即教育部考试中心高考出题是执行公务的行为，并根据试题内容的不同的使用要求：

> 高考是我国具有重大影响的一项选拔考试，关系众多考生。高考试题的命题和设计应当服从于考试选拔的需要，服务于考生利益。在考虑是否指明所使用作品的作者姓名时，同样要考虑具体试题考核测试的需要和考生利益。比如对于文学鉴赏类文章，指明作者姓名会给考生提供一些有用信息，有助于考生对文章的理解和判断，而这也是高考试题命题者所欲实现的考试目的之一，因此指明作者姓名是目前惯常的做法。但与文学鉴赏类文章不同，语用性文章主要考察考生对文章本身信息的理解和应用能力，从满足上述目的出发，仅给出文章内容就已经足够，作者姓名与试题所要实现的考核测试目的无关，这也正是国内外很多考试试题对于语用性文章不指明作品作者的习惯性做法的原因。可见，高考试题中使用语用性文章不指明作者姓名的做法正是考虑了高考的特性、试题的考核测试目

的、署名对考生的价值及考试中语用性文章署名的一般惯例后选择的一种操作方式,有其合理性。

不过,原告在上诉意见中对于为什么试题中不署名的理由提出有力的反驳:

> 原审判决将"在高考试卷中不给语用性文章作者署名"认定是一种"习惯性做法"或"惯例",但上诉人认为该种做法不能作为教育部考试中心在命题行为中没有侵犯作者著作权的理由,因为任何惯例都不能凌驾于法律之上,在习惯性做法与法律相左时,应该以法律为准绳,即使是行政行为,也应当遵守我国《著作权法》第22条的规定,即可以不经著作权人许可,不向其支付报酬,但应当指明作者姓名、作品名称,并且不得侵犯著作权人依照本法享有的其他权利。
>
> 原审判决提到"高考过程中,考试时间对考生而言是非常紧张而宝贵的,考生的注意力也极为有限,如对试题的来源均进行署名会增加考生对信息量的阅读,浪费考生的宝贵时间"。上诉人认为,这段话纯属混淆视听,对试题的来源均进行署名和对试卷中阅读文进行署名有着本质的区别,一份高考语文试卷中有许多填空题、判断题、选择题,却只有两道现代文阅读大题,高考试卷给这两篇阅读文章的作者署名并不会影响到考生的利益,更并非如该判决书所说如果署上短短几个字的作者姓名或者作品名称就会影响到考生答题的宝贵时间,会增加考生对信息量的阅读,影响到考生的注意力。

上述理由并没有得到二审法院的正面响应。你觉得原告对于语文考试中现代文阅读题与非阅读题的区分,有道理吗?

1.9.2 合理范围

政府机关应当在合理的范围内使用他人的作品。所谓合理的范围应该以执行公务所必需或者无可替代为限度。实践中,经常发生的案件是政府部门在政府的手册或网站上宣传政府职能过程中利用他人作品。政府的确是在履行公务,但是它对他人作品的使用,并没有达到习惯上认为的"必要"的程度。相反,政府职员自行创作或委托他人创作才符合社会正常的预期。因此,在下面的一些案件中,拒绝适用"执行公务"例外并不让人意外。

原昌 v. 桐乡市监察局

浙江省高院(2009)浙知终字第118号

原昌系芒种杂志社编辑。《忠诚卫士:一腔热血写忠诚——记辽宁省沈阳市新城子区委副书记、纪委书记王健英》(以下简称"忠诚卫士")一文系中共沈阳市纪律检查委员会在2005年组织开展的"做党的忠诚卫士,当群众中的贴心人"主题教育活动中,由中共沈阳市纪律检查委员会提供素材,约请沈阳市文学艺术界联合会,交由原昌完成写作,全文约4000字……2006年10月11日,该文在中国廉政网上发表,署名作者为原昌。同年10月26日左右,桐乡市监察局在其举办的桐乡廉政网上刊登了该文

(注明"来源:中国廉政网")。原昌遂于2008年12月26日以桐乡市监察局侵犯其著作权为由,向原审法院提起诉讼……

本院认为……桐乡市监察局作为桐乡市政府行使监察职能的机关,虽然根据相关规定,负有宣传反腐倡廉的工作任务,但其使用原昌的涉案作品,并非完成该项任务所必需;同时,从使用方式和范围来看,其系通过互联网传播涉案作品,互联网的开放性使该作品能为不特定公众获得,传播范围十分广泛;此外,从所使用部分的数量和内容来看,桐乡市监察局使用了"忠诚卫士"一文的全部内容,而非对少量、非实质性内容的摘编引用。故本院认为,桐乡市监察局在其主办的网站上使用涉案作品的行为不属于合理使用。[不过,法院认为依据当时生效的最高法院的司法解释,桐乡市监察局转载原昌涉案作品属于法定许可的情形,虽无需经原昌同意,但应当支付报酬并注明出处。]

(周平、高毅龙、陈宇法官)

在李传金v.溧水县对外贸易经济合作局(江苏省南京中院(2005)宁民三初字第414号)案中,被告未经许可,在其编印的《溧水投资指南2004》上使用了原告的摄影作品,未署作者姓名,也未支付相应报酬。法院认为,被告编制《溧水投资指南2004》招商引资,具有商业用途,而非从事制定政策,行政管理活动,因此不属《著作权法》规定的合理使用范围。

在丁守志v.徐州市人民防空办公室(江苏省徐州市中院(2006)徐民三初字第10号)案中,被告将原告的摄影作品印制在用于宣传人防工程重要性的一次性纸杯上。纸杯数量为1万只,除部分留作自用,其余均赠送给了市政府机关使用。另外,被告还在办公院墙的宣传画上喷绘了原告的摄影作品,同样是为了宣传人防。法院认为:执行公务对作品的使用,是指公共管理活动中的必然需要,一般仅限于司法机关为审批案件而复制与案件有关的作品、立法机关为立法的研究而少量复制有关作品,或者行政机关为了制定有关法规及大型项目的开发研究而使用某些作品。本案只因原告作品所体现的含义与被告所宣传的"和平繁荣、温馨祥和"主题较贴切,被告便将《广场秀色》印制在一次性纸杯上,做成大型喷绘,配以宣传文字和口号来使用,显然,这种使用不属于公共管理活动中的必然需要。

1.10 时事性文章与公众集会讲话

"报纸、期刊、广播电台、电视台等媒体刊登或者播放其他报纸、期刊、广播电台、电视台等媒体已经发表的关于政治、经济、宗教问题的时事性文章"或者"在公众集会上发表的讲话",属于合理使用。不过,作者声明不许刊登、播放的除外。《送审稿》(2013)中将媒体的范围延伸到了网络。合理使用的主体仅仅限于报纸、期刊、广播电台、电视台和网络。一般的自然人、法人、组织(甚至出版社),都不能主张这一例外。

这里的"时事性文章"并非普通的新闻报道类的作品,而应当做严格的限制性解释。1990年的《著作权法》将适用的作品限制在"社论、评论员文章"这一非常窄的范围内。2001年修改《著作权法》时,将作品的范围延伸到"关于政治、经济、宗教问题的时事性文章"。之所以作出这一修改,很大程度上是受到《伯尔尼公约》的影响。① 《伯尔尼公约》第 10 条之二第一项许可成员国立法规定,可以以报刊复制(the reproduction by the press)、广播或有线传输等方式传播"已在报纸或期刊上发表的关于现在经济、政治或宗教问题的文章"(articles published in newspapers or periodicals on current economic, political or religious toics)。为了与之保持一致(尽管理论上并不需要),立法者拓宽了《著作权法》上的作品范围,但是并没有对这些"时事性文章"的确切范围作出明确界定。

"在公众集会上发表的讲话"则与《伯尔尼公约》第 2 条之二的规定呼应。公约该条不仅许可对公开集会上的讲话设置合理使用例外,还许可成员国将政治演讲或法律程序中的演讲部分或完全排除出版权的保护客体范围(第 1 款)。不过,作者还是享有将这些讲话结集的独占性权利(第 3 款)。

在司法实践中,被认定为时事评论作品的案例,非常罕见。北京三面向版权代理有限公司 v. 湖南省常德市农民教育办公室等案属于为数不多的一例。该案中,廖星成创作了《从三农问题的新变化看农民增收的问题和对策》一文。法院认为,"廖星成将其所著的《对策》一文,免费公开发表在《中国农村研究网》上,农教办在所开办的《农民教育在线》上进行了转载,因该文的内容涉及现国家的工作重点'三农'问题,属政治时事性文章"。② 相同作者的另外一篇关于"三农"问题的文章,在江西的法院受到了不同的待遇——一审法院认为:《2004 年农业增收背后的隐忧》一文是对 2004 年农业增收这一特定社会现象发表的社会性评论文章,属于媒体已经发表的关于政治、经济、宗教问题的时事性文章范畴。而二审法院(江西高院)则认为该文属对未来农业形势的预测、分析的探讨性文章,有作者的观点和创造性劳动,不是对某一单一新闻事件的分析、评论,不应作为时事性文章看待而无偿使用。③

1.11 少数民族语言与盲文

"将中国公民、法人或者其他组织已经发表的以汉语言文字创作的作品翻译成少数民族语言文字作品在国内出版发行",无须征得著作权人的同意,也无须支付报酬。这是中国为了繁荣少数民族文化加强民族团结而作出的政策性选择。④ 这里将作品限制在中国人的汉语作品,一方面是为了避免不必要的国际纠纷——这一限制是否符合国际公约意义上的合理使用并不十分明确,因为《伯尔尼公约》对此并无明确规定;另一方面也是为了落实中国国内的少数民族保护政策,使得少数民族的著作权人能够获得一些优待。事实上,少数民族语言文字作品的市场有限,对汉语语言文字作品的市场价值的影响微乎其微。

---

① 汤宗舜:《著作权法原理》,知识产权出版社 2005 年版,第 97 页。
② 北京三面向版权代理有限公司 v. 湖南省常德市农民教育办公室等,湖南省常德市中院(2007)常民三初字第 16 号。
③ 北京三面向版权代理有限公司 v. 萍乡市农业局,江西省高院(2008)赣民三终字第 4 号。
④ 江平:《著作权立法的意义》,载司法部和国家版权局:《中华人民共和国著作权法讲析》,中国国际广播出版社 1991 年版,第 31 页。

另外,"将已经发表的作品改成盲文出版"也是一种合理使用。这里,作品并不局限于中国人的作品。因为这是国际公约的明确授权内容,不存在争议,因此无需区别对待国内外的作品。

1.12 其他可能的合理使用行为

在现实生活中,使用作品的行为千变万化,指望立法者穷尽所有形态的合理使用行为是不切实际的。在中国立法者罗列的十二类合理使用行为之外,还有很多可能也会被视为合理使用的行为。比如,为了实现技术兼容而复制、因时间转换目的而复制作品、为真实再现历史而使用他人作品、偶然或琐碎的使用、在试题中使用他人作品、试听作品片段、搜索引擎的网络快照与作品片段展示等等。

1.12.1 实现兼容目的

Lexmark Int'l, Inc. v. Static Control Components, Inc.

387 F.3d 522 (6th Cir. 2004)

Sutton 法官:

在本案中,Lexmark 在自己制造的打印机墨盒的芯片中存储了所谓的"Toner Loading Program"程序。该程序依靠8个程序命令——"add,""sub"(an abbreviation for subtract),"mul"(multiply),"pct"(take a percent),"jump,""if,""load," and "exit"——来执行一个方程式以计算墨盒内的油墨的量。该程序的代码很少,不同型号的打印机稍有差别。诉争的两类打印机的对应程序代码分别只有33个程序命令组成,有37个字节;45个程序命令,55个字节。为了说明这一程序代码的概念,法院举例说,ASCII 码编码的短语"Lexmark International, Inc. vs. Static Control Components, Inc."都比上述 Toner Loading Program 占用的字节多。

Lexmark 出售两种墨盒,一种有打折优惠,一种没有。优惠的条件是消费者同意该墨盒只能使用一次,用完后必须返还给 Lexmark。不打折的墨盒则没有此类限制,消费者可以重新填充墨盒。为了确保用户遵守优惠协议,Lexmark 对打印机墨盒芯片上存储的信息进行程序认证。只有墨盒芯片上返回得信息正确时,才能够继续打印操作。

SCC 向第三方出售自己的墨盒芯片("SMARTEK"),它能够通过 Lexmark 打印程序的认证。第三方利用这一芯片替代 Lexmark 墨盒上的芯片后,就可以重新往 Lexmark 墨盒中添加油墨打印。每个 SMARTEK 芯片中含有 Lexmark 的 Toner Loading Program 的复制件,这是为了实现与 Lexmark 打印机兼容所必需的。Lexmark 的打印机在打印时要从墨盒的芯片中下载 Toner Loading Program 的复制件,用以检测油墨的量。如果检测所得信息数据与墨盒上芯片上某个地方预存的信息不同,则打印机将停止工作。

本案涉及上述程序是否可以获得版权保护、SCC 是否破坏技术保护措施、SCC 的复制行为是否构成合理使用等行为。上诉法院认为,上述程序不应受到版权保护。不过,法院依然对合理使用问题进行了简单的讨论(假定该程序能够获得版权保护)。

上诉法院认为,区法院正确地指出判断 SCC 使用 Toner Loading Program 是否构成合理使用的四个考虑因素:(1) 使用的目的和性质,包括它是商业性质还是非营利的教育目的;(2) 版权作品的属性;(3) 相对版权作品而言,使用部分的数量与实质程度;(4) 对于版权作品价值或潜在市场的影响等。区法院认为,除了第 2 项因素外,其他因素都不利于确认合理使用的成立。第 2 项因素只是稍稍对 SCC 有利。结果,区法院认为,本案不适用合理使用例外。

对于第 1 项因素,即使用的目的,法院认为,如果以营利为目的,则通常会不利于认定合理使用。但是,并非非营利目的都不能认定合理使用。是否这一使用行为的唯一动机是营利,并非这一因素的关键。真正的问题是,使用者是否从版权材料的利用(exploitation)中获利,却没有支付惯常的价格。将 Toner Loading Program 复制到所有的 SMARTEK 芯片中,SCC 并不是要从 Lexmark 为编写程序代码所付出的创造性劳动中获取不当利益。SCC 的芯片为不同的目的而使用 Toner Loading Program,而这一目的与版权保护无关。SMARTEK 芯片并没有利用这一程序来计算油墨的量,而是利用该程序本身的数据信息通过 Lexmark 的验证程序从而能够利用翻新的墨盒打印。在这种情况下,SCC 是否是因为该程序作为版权作品的商业价值而复制该程序,并不清楚。至少现有的临时禁令程序卷宗中没有清楚的证据说明这一点。

对于第 4 项因素,即使用行为对版权材料价值的影响,相关的问题是使用行为是否对版权材料自身的市场有影响。在本案中,区法院关注了错误的市场,它不是关注 Toner Loading Program 本身的价值或市场化的能力(marketability),而是关注了墨盒本身的市场。Lexmark 的墨盒市场与它的优惠计划的获利能力可能会被 SMARTTEK 芯片的削弱,但是这并非版权法要保护市场或价值。Lexmark 并没有提供任何证据证明,象 Toner Loading Program 一样初级(elementary)的程序有独立的市场。我们怀疑 SMARTEK 芯片在这一市场上有任何替代价值。

思考问题:

法院没有对被告的行为是否构成合理使用做明确表态,不过法院显然暗示版权所保护的诉争程序的价值在于其创作本身的难度或智力投入,而不在于它本身的功能性价值。被告并非因为要避免独立编写的投入而拷贝该程序,而是为了实现功能性兼容而拷贝。有道理吗?

1.12.2 时间转换(Time-shifting)

Sony Corp. of America v. Universal City Studios, Inc.

464 U.S. 417(1984)

Stevens 法官:

……

B. 未经授权的时间转换（Time-Shifting）

……

版权法第107条明确了法院在适用合理使用规则时要考虑的因素。

第一项因素要求考虑"使用行为的商业或非营利属性"。如果出于商业或营利目的，将Betamax用于制作复制件，这一使用会被推定为不合理（presumptively be unfair）。不过，这里做相反的推定是合适的，因为区法院认定的事实已经表明，私人在家庭内用于时间转换目的的使用是一种非商业非营利的行为。考虑到电视播放的影音作品的属性，"时间转换"只是使得观众能够观看他已经获得免费观看机会的作品，因此作品被完整复制的事实（通常会不利于认定合理使用），在本案并不会妨碍认定合理使用。

不过，合理使用分析并不因此终止，国会还要求我们考虑"使用行为对版权作品潜在市场和价值的影响"。版权保护的目的是为了激励创作。即使是为非商业目的复制，也可能损害版权所有人获得国会所意图给予的回报的能力。但是，如果使用行为对于版权作品的潜在市场和价值没有可被证实的影响（demonstrable effect），则无需为保护作者的创作动力而禁止该行为。禁止此类非商业性使用只会阻碍人们获取思想而没有产生任何好处。

虽然对于版权作品的任何商业性使用都被推定为对版权人的独占权的不合理利用，非商业性使用则与此不同。挑战非商业性使用版权作品的行为，挑战者（版权人）需要有证据证明该特定使用是有害的，或者证明如果它普遍出现后会对版权作品的潜在市场有负面影响。版权人无须证明现实存在的损害，否则他将无法对抗可预见的损害（即将来出现的损害）。他只需要建立起证据优势，证明将来的损害很有可能发生（meaningful likelihood）。如果诉争的使用是为了获得商业利益，则可以推定（may be presumed）存在这种可能性。但是，如果是非商业目的，则必须证明存在这种可能性。

在本案中，被请求人（一审原告）并没有完成对家庭内的时间转换行为的举证责任。区法院对被请求人的证据有如下描述：

"原告的专家在诉讼中多次承认，时间转换性使用，而不收藏该复制件，不会造成很大的损害。原告对于时间转换性使用的最大顾虑是观念性的，超越了商业判断。他们担心对Betamax的使用会越过那些看不见的界限，导致版权人对他们的节目失去控制。"

在判决意见的后面，区法院注意到："原告所预言的大多数损害都是建立在对观众收视模式和收视率的揣测之上，而相关的计算方法并不准确。"

区法院并不需要讨论已经发生的损害。原告承认，到目前为止，没有对他们的版权作品造成实际损害。关于时间转换性使用的潜在损害，区法院对相关证据作了详细的分析。被请求人担心观看原始广播节目的人数下降，导致节目的排名和收入下降。区法院拒绝接受这一意见，认为依据现有的统计方法就可以将Betamax观众计算在内。它拒绝接受被请求人的预言——"实时的电视或电影的观众会减少，因为更多人选择观看Betamax录像带这一替代方式"，认为这一预言没有事实基础。区法院认为，基于目前的市场现实，Betamax使用会帮助原告，而不是损害原告。被请求人所谓影院或电影出租业会因为时间转换性的录制而受损的说法,没有道理。

区法院认为,Betamax 使得更多的人能够看到他们的广播。审理过程中,原告没有证据证明有实际损害,也没有证明有损害的可能性。有证人证言表明,Betamax 可能要求广播组织调整营销策略,但这不因此证明存在损害的可能性。区法院认为,原告们今天提供电视节目比过去任何时候都更加有利可图。在长达五周的审理过程中,没有可靠证据证明,Betamax 会改变原告们的财务状况。

因此,区法院的结论得到下列事实的支持:时间转换性使用,使得更多的公众能够接触广播电视节目,产生社会效益。在 Community Television of Southern California v. Gottfried, 459 U. S. 498(1983) 案中,我们承认,电视广播的更广泛传播促进公共利益。当然,这一利益不是无限制的。但是,公共利益支持对"合理使用"概念作如下解释:版权人在谴责私人的时间转换行为违反联邦法律之前,应证明损害的可能性。

综合权衡所有这些因素后,我们认为,现有记录充分支持区法院的结论,即时间转换性使用是合理使用。

思考问题:

(1) 如果版权人有意控制电视的收视人群,而不是收视人群的最大化,被告的技术妨碍这种策略,这是否是一种市场损害?

(2) 针对上述判决,Tim WU 教授指出:"法院在 Sony 案中作出判决时,是否应该关注将来消费者对特定技术的使用?换句话说,如果一项新技术今天的社会价值是 10,但是在将来的社会价值是 1000,则即便今天它造成 100 的损害也是值得的吗?美国最高法院在 Sony 案中没有回答这一问题。"①你觉得这一评论有道理吗?

1.12.3 再现历史

某些经典艺术作品有鲜明的时代烙印,已经成为公众历史记忆的一部分。后人在再现这段历史时,不可避免地要使用这些艺术作品。在这种情况下,该使用行为更有可能被认定为合理使用。在下面的案例中,法院在认定合理使用时,并没有强调再现历史这一需要,有些遗憾。

中国音乐著作权协会 v. 西安长安影视制作有限责任公司等

北京市高院(2004)高民终字第 627 号

[2001 年出版发行的《激情燃烧的岁月》电视剧使用了原告管理的数个音乐作品的片段。]在该剧第一集中出现了长度为 2 分 22 秒的器乐演奏的《解放区的天》,长度为 1 分 30 秒的演员演唱的《北风吹》,长度为 56 秒的演员演唱的《保卫黄河》,长度为 1 分 30 秒的演员演唱的《延安颂》……第七集中出现了长度为 25 秒的演员演唱的《中国人民解放军进行曲》……第二十集中出现了长度为 10 秒的演员演唱的《洪湖水,浪

---

① Tim Wu, The Copyright Paradox, 2005 Sup. Ct. Rev. 229,234—235(2005).

打浪》……第二十二集中出现了长度为 28 秒的演员演唱的《中国人民解放军进行曲》……

由于长安影视公司在制作《激》剧中均未完整使用该五首音乐作品,因此,本案的关键问题在于如何认定长安影视公司在剧中使用上述作品的性质。对于此问题,应当结合具体使用情况进行判断,既要保护著作权人的合法权利,激发其继续创作的热情,又要维护社会公众对作品正当合理的使用,鼓励优秀作品的创作和传播。

首先,对于比较完整的使用作品的一段歌词或乐曲,尽管时间较短,但是所使用的歌词部分已经完整地表现了作者希望通过作品表达出的思想内容,所使用的乐曲部分体现了作者在音乐作品中具有艺术个性的旋律、节奏、和声、复调的安排和设计,而且被使用部分在整个作品中所占比例较大,应属于实质性地使用了音乐作品。在《激》剧中音乐作品《保卫黄河》的使用是将完整的歌词演唱两遍共 56 秒,该作品的使用方式属于实质性地使用了作品。具体而言,长安影视公司将该音乐作品制作并固定在载体上的行为构成复制,广州俏佳人公司和贵州东方出版社制作发行《激》剧 VCD 光盘的行为是对该音乐作品的复制和发行,北京图书大厦销售《激》剧 VCD 光盘的行为构成对该音乐作品的发行。这些行为在未得到音著协许可的情况下,侵犯了音著协管理的音乐作品《保卫黄河》的复制权和发行权,应当承担相应的民事责任。

其次,对于使用音乐作品仅涉及作品的几个小节或几句歌词,未完整地使用整段歌词或乐谱的情况,考虑到被使用部分在整个音乐作品所占比例较小,没有实质性地再现作品的完整表达方式和作者表达出的思想内容及作者在乐曲方面的独特构思;使用的形式和内容非常有限,没有对音乐作品的市场价值造成不利的影响,也不会对音乐作品的发行传播构成威胁,即未对著作权人的利益构成实质损害,因此,这种方式的使用应当是合理使用他人作品,可以不经著作权人许可,不向其支付报酬,但应当指明作者姓名、作品名称。长安影视公司在制作《激》剧中使用《北风吹》、《洪湖水,浪打浪》、《学习雷锋好榜样》和《敖包相会》四首音乐作品中,仅涉及该作品的几个小节或几句歌词,尽管个别音乐作品使用时间较长,但均未完整地使用整段歌词或乐谱,应当属于合理使用。虽然长安影视公司均未给相关音乐作品的著作权人合理署名,存在过失,但此项权利并非音著协管理范围,故不属本案审理范围。

(张鲁民、张雪松、焦彦法官)

1.12.4 试题中使用

在考试试题中使用已经发表的作品,是一个很有争议的问题。在前文提到的一些案例中,由于出题者身份特殊,考试类型(高考)也很特别,法院将出考题的行为视为一种执行公务的行为,从而适用已有的合理使用条款。不过,很多考试的出题者就是普通的学校教师或私人机构,无法依据上述高考的模式处理。在立法者没有将试题中的使用规定为法定许可之前,法院可能的选择就是利用合理使用的一般条款,将之解释为合理使用行为。

1.12.5 偶然或琐碎的使用

在实践中,常常有某些偶然或琐碎的使用行为,表面上构成对版权材料的临时或永久复制,却未必会损害著作权人的市场利益。比如,软件公司需要测试自己的软件对特定的内容(文字或图片等)的处理或数据挖掘能力,因此要录制电视或下载文件,存储在自己的电脑上供该软件测试。这时候软件公司并非出于对特定作品的市场价值认可而复制该作品,而是单纯作为信息素材来处理。这种复制行为一般不会影响相关作品的市场价值,有可能属于合理使用。

再比如,有人录制视频教人如何画素描或漫画,使用了知名作品作为描摹对象,并在视频中完整再现。这一偶然使用就有可能被视为合理使用。

苏州市地图应用开发中心 v. 汉庭星空(上海)酒店管理有限公司

江苏省苏州中院(2008)苏中知民初字第 0057 号

[原告地图中心创作完成并出版《苏州交通旅游图》。]2008 年 6 月,地图中心发现汉庭星空养育巷店大堂内悬挂的《汉庭连锁酒店苏州分布图》抄袭了 2008 版《苏州交通旅游图》,遂向法院起诉汉庭星空及其汉庭星空养育巷店。7 月 18 日,本院依地图中心申请,至汉庭星空养育巷店对其悬挂于酒店大堂内的《汉庭连锁酒店苏州分布图》进行了证据保全,自现场摄得照片四张。

经将《汉庭连锁酒店苏州分布图》与 2008 版《苏州交通旅游图》比对,两者所示地理信息、绘制方式完全相同。区别仅在于前者省略了后者四周的地图名称、广告信息及特定区域示图,仅显示了后者地图的中心部分,并按一定比例放大后在地图中特定位置标注汉庭连锁观前店、汉庭连锁观前二店、汉庭连锁新观前店、汉庭连锁饮马桥店、汉庭连锁竹辉路店、汉庭连锁三香店、汉庭连锁桐泾路店、汉庭连锁新区店等字样及图标,在地图顶端标注"汉庭连锁酒店苏州分布图"及"汉庭快捷""汉庭酒店""汉庭客栈"字样。

诉讼中,汉庭星空确认《汉庭连锁酒店苏州分布图》系由其市场部统一制作,并悬挂于汉庭连锁在苏州的七家酒店大堂。同时其主张该分布图来源于苏州城区交通旅游图。但经将两者比对,两者在文字排列位置、大小、内容,以及道路、湖泊、河流、绿地、新村、交通线路等标示方式的细节处均不一致。

……

关于争议焦点二,被告汉庭星空未经著作权人许可,擅自放大复制该地图中心部分,在地图中标示汉庭连锁酒店在苏州的连锁门店并标注"汉庭快捷""汉庭酒店""汉庭客栈"字样,将该图命名为"汉庭连锁酒店苏州分布图"后在被告汉庭星空养育巷店等七家酒店大堂内悬挂,两被告的上述行为共同侵犯了地图中心对涉案地图享有的署名权、作品完整权、复制权、发行权等著作权利,依法应承担相应的停止侵权、赔礼道歉、赔偿损失的民事责任。

(管祖彦、庄敬重、韩军法官)

思考问题:

你觉得上述对地图作品的使用,有可能构成合理使用吗?为什么?

2 法定许可

版权法上的法定许可,是指社会公众无须经过版权人的同意,在支付合理报酬的情况下,依据版权法直接获得的作品使用许可。法定许可与合理使用的差别在于,前者要求使用人要支付报酬,而后者是无偿使用。当然,这一差别背后可能隐含着一些理论上的争议。有人可能会认为所谓合理使用,本质上是否定了版权本身的存在;而法定许可是以承认版权为前提,然后对版权进行限制。否定权利存在与权利限制之间的差别,可能只是在一些极端的案例中才会显现出来。这里不做深入讨论。

采用法经济学上的术语,承认完整的著作权和完全不承认著作权的合理使用,算是标准的"财产规则"(property rule,未经权利人许可不得使用的产权规则),而法定许可和后文将要讨论的拒绝提供禁令救济(只判决合理许可费)规则算是处于这两类财产规则之间的"责任规则"(liability rule,无须获得权利人许可就可以使用但需要支付合理对价的产权规则)。这四类规则共存于著作权法内,使得立法者在应对不同作品的不同利用时,有了更多的选择。

在法定许可案件中,权利人不再享有许可的定价权,转而依靠政府确定的稿酬标准。《著作权法》(2010)第28条规定:"使用作品的付酬标准可以由当事人约定,也可以按照国务院著作权行政管理部门会同有关部门制定的付酬标准支付报酬。当事人约定不明确的,按照国务院著作权行政管理部门会同有关部门制定的付酬标准支付报酬。"这里的使用,显然包括法定许可的使用。版权局和有关部门已经制定了部分类型的作品法定使用的付酬标准。① 比如,适用于"以纸介质出版的文字作品"的《出版文字作品报酬规定》(1999)第18条第1款规定:"报刊转载、摘编其他报刊已发表的产品,应按每千字50元的付酬标准向著作权人付酬。社会科学、自然科学纯理论学术性专业报刊,经国家版权局特别批准可适当下调付酬标准。"除了版权局制定的付酬标准外,法院制定的各类作品侵权损害赔偿标准、著作权集体管理组织制定的许可费标准等,也可能起到参考作用。

依据法定许可使用他人作品,除了需要依法支付报酬之外,通常还要尊重权利人的其他未受限制的权利,比如署名权、修改权、保护作品完整权等精神权利,著作权人的权利管理信息,等等。

中国现有的法定许可制度中并没有对使用人不按规定主动支付报酬的行为规定严厉的惩罚措施。最高人民法院在个案中甚至确认:"作品使用人在不损害著作权人获得报酬权的前提下,'先使用后付款'不违反法律规定。"②这导致相当一部分使用人抱有侥幸心理,等待权利人主动上门索要报酬时,才决定是否支付。而权利人常常并

---

① 其他部门制定的标准,比如先前的广播电影电视部《关于新闻纪录影片各类稿酬的规定》(1991年2月26日广发影字(1991)138号)、《故事影片各类稿酬的暂行规定》(1990年9月20日广发影字(1990)670号)等。

② 广东大圣文化传播有限公司 v. 洪如丁等,最高人民法院(2008)民提字第51号。

不知道使用人的使用情况。将来修改著作权法时,立法者应当增加行为人的违法成本,以减少这类现象的发生。

2.1 报刊与网络转载

依据《著作权法》(2010)第33条第2款,**报社或期刊**刊登作品之后,"除著作权人声明不得转载、摘编的外,其他报刊可以转载或者作为文摘、资料刊登,但应当按照规定向著作权人支付报酬"。这一规定仅仅适用于报纸和期刊之间的转载和摘编,并不适用于其他媒介,比如出版社出版的书籍、影音作品等。立法者之所以区别对待书籍和报刊,是因为转载对于二者利益的影响有着重大差别:

> 我们知道转载报纸多为日报,期刊多为半月刊、月刊、双月刊。报刊社同图书出版者相比有许多不同之处,第一,报刊出版周期短。日报为24小时,多数期刊为半月、一个月或两个月。而一般图书的一版和二版的间隔要以年为单位计算,畅销书也要几个月。第二,报刊在短周期后再投入市场的是内容不同的报刊,而图书在长周期后重版或再版的是同一图书。因为周期长,盗版复制品可从容进入市场,影响已出版图书的销售和妨碍其重版、再版,所以图书出版者需要专有出版权保护其利益。报刊的周期短,且再问世的是另一内容的报刊,所以转载其他报刊已发表的作品,既不能对这些报刊的销售有多大影响,也不会妨碍下一期报刊的发行。所以,对图书出版者是至关重要的专有出版权,却不是报刊所必需。[①]

《著作权法实施条例》(2013)第30条规定:"著作权人依照著作权法第32条第二款声明不得转载、摘编其作品的,应当在报纸、期刊刊登该作品时附带声明。"也就是说,禁止转载或摘编声明应该在报刊刊登作品时一并发出,而不能事前或事后发出。部分报刊为了阻止其他报刊的转载,可能会在报刊上笼统地声明禁止其他报刊转载。权威意见认为,"这类声明若非经著作权人授权应当是无效的。"[②]不过,法院还是有可能确认,著作权人在投稿时已经看到报刊禁止转载的声明,因而授权或接受报刊的安排。

在网络时代,报社和期刊纷纷有了网络版。同时,报社和期刊之外的网络媒体也迅速发展。但是,报刊转载的法定许可应该仅仅限于纸介质的载体之间的转载和摘编。最高人民法院过去在司法解释——《关于审理涉及计算机网络著作权纠纷案件适用法律若干问题的解释》(2000)中曾经一度将它延伸到网络服务商。[③] 2006年,最高

[①] 胡康生主编:《中华人民共和国著作权法释义》,法律出版社2002年版,第143页。
[②] 同上书,第145页。
[③] 最高人民法院《关于审理涉及计算机网络著作权纠纷案件适用法律若干问题的解释》(2000)第3条规定:"已在报刊上刊登或者网络上传播的作品,除著作权人声明或者上载该作品的网络服务提供者受著作权人的委托声明不得转载、摘编的以外,网站予以转载、摘编并按有关规定支付报酬、注明出处的,不构成侵权。但网站转载、摘编作品超过有关报刊转载作品范围的,应当认定为侵权。"在2004年公布的修订稿中,这一条进一步被修改为:"已在报刊上刊登或者网络上传播的作品,除著作权人声明或者报社、期刊社、网络服务提供者受著作权人委托声明不得转载、摘编的以外,在网络进行转载、摘编并按有关规定支付报酬、注明出处的,不构成侵权。但转载、摘编作品超过有关报刊转载作品范围的,应当认定为侵权。"

人民法院在该解释的第 2 次修订稿中删除了这一条。在网络盗版泛滥的情况下,作品一旦进入网络,权利人很快就失去控制。以法定许可的名义许可网络服务服务商自由转载报刊、网络上的作品,进一步降低了版权侵权责任的吓阻效果,更加方便了网络盗版。这大概是最高人民法院放弃尝试、回归著作权法的原因。不过,那些经过政府特殊程序批准成立的电子期刊,依然被视为著作权法意义上的"期刊",而不是普通网站。

樊元武 v. 清华同方光盘股份有限公司等

上海高院(2006)沪高民三(知)终字第 53 号

[2005 年 7—8 月间,原告樊元武发现"中国知网"(中国期刊网)与《中国学术期刊(光盘版)》收录转载原告未经其许可,收录了他在《油气储运》1982 年第 2 期等期刊杂志上发表论文 21 篇。原告与诸被告协商未果,提起本诉讼。]

1997 年 9 月 4 日,国家新闻出版署同意清华大学创办《中国学术期刊(光盘版)》电子杂志。《中国学术期刊(光盘版)》分为理工辑、农业辑、文史哲辑等各专辑,为月刊,该出版物的封套上记载:清华大学主办,电子期刊杂志社编辑出版,清华同方公司与光盘国家工程研究中心制作,知网公司发行。1999 年 8 月 2 日,国务院新闻办公室出具批复,同意清华大学集成《中国学术期刊(光盘版)》收入的 3,500 种期刊和另外 3,100 种公开出版的期刊上网,开设"中国期刊网"网站。

1999 年 10 月至 2005 年 10 月间,电子期刊杂志社与油气储运杂志社[等诸多杂志社或编辑部]签订了收录协议书,协议约定由各编辑部、杂志社等向电子期刊杂志社提供各期刊自创刊至入编 CNKI 系列数据库之前的全部期刊的样刊或电子文件,并授权电子期刊杂志社制作各编辑部的精品光盘数据,并编入《中国知识资源总库》CNKI 系列数据库,向社会提供知识检索服务等。

在上述协议中,电子期刊杂志社与节能杂志社、《供用电》编辑部、北京《都市快轨交通》杂志社有限公司编辑部、上海市电机技术研究所等签订的部分协议,另行约定了由各编辑部取得授权,电子期刊杂志社将编辑部与作者的著作权使用费交编辑部分配;编辑部在其刊物显著位置上(如期刊版权页)连续三期刊登如下声明:"为适应我国信息化建设需要,扩大作者学术交流渠道,本刊已加入《中国学术期刊(光盘版)》和'中国期刊网',作者著作权使用费与本刊稿酬一次性给付。如作者不同意将文章编入该数据库,请在来稿时声明,本刊将作适当处理。"在 2000 年第 6 期的《供用电》、2000 年第 2 期的《节能》刊物上刊登了如上声明。就本案系争的文章,电子期刊杂志社已向各编辑部支付了部分年度的网络版和光盘版的提成与稿酬。

2002 年 6 月,上海图书馆作为定制用户,与清华同方公司签订了《CNKI 数据库定制合同》《补充及售后服务条款》《合同备忘录》,与清华同方公司、电子期刊杂志社签订了《CNKI 数据库版权协议》。[在上海图书馆内登陆中国期刊网全文数据库,可全文浏览该数据库内容。]

[原审法院认为]:

原告在《供用电》等期刊上发表文章时并无不得转载、摘编的特别声明,故被告电子期刊杂志社等将《电车触线网的事故》等9篇文章编入《中国学术期刊(光盘版)》的行为,属于法定许可转载的行为,并未侵犯原告的复制权与发行权。同理,被告电子期刊杂志社等将《电车触线网的事故》等18篇文章收入"中国知网"的行为,也属于法定许可转载的行为,并未侵犯原告的信息网络传播权。

……

因原告的《城市轨道交通的牵引变电所》《美国轻轨供电系统》《美国轻轨系统新型牵引变电所》等3篇文章发表于改刊前[的图书上],这3篇文章不能适用法定许可转载的规定。

鉴于被告上海图书馆并非"中国知网"的分站而是CNKI数据库的用户,且其使用属于公益性使用,故上海图书馆未侵犯原告的著作权,也不承担任何民事责任。

[双方均不服,提出上诉。]

本院认为,根据各方当事人提出的上诉主张与理由以及答辩意见,本案二审阶段的主要争议焦点为:一、清华同方公司、电子期刊杂志社、知网公司、清华大学未经樊元武的许可,将樊元武享有著作权的已发表在各期刊上的21篇文章编入中国期刊全文数据库,并将该些数字化信息上传至中国知网网站和复制到光盘版数据库中,供公众检索和有偿阅览下载的行为,是否属于著作权法规定的报刊转载法定许可……

关于第一个焦点问题,本院认为清华同方公司、电子期刊杂志社、知网公司、清华大学未经作者许可,将樊元武已发表在各期刊上的《电车触线网的事故》等18篇文章收编入中国知网和光盘版数据库中使用,符合报刊转载法定许可的规定,未侵犯樊元武的复制权、发行权和信息网络传播权。

理由为:报刊转载的法定许可是指,当某一作品在报纸、期刊上发表以后,其他报纸、期刊可以不经著作权人许可而转载和摘编,但应当按照有关规定支付报酬。根据新闻出版署新出音[1997]775号《关于同意创办〈中国学术期刊(光盘版)〉的批复》,《中国学术期刊(光盘版)》按其学科分为不同专辑,每辑均有各自的国内统一刊号,故《中国学术期刊(光盘版)》等的性质应为电子期刊。电子期刊与传统纸质期刊相比虽然介质、载体不同,但其本质上仍属于期刊,故可以适用报刊转载法定许可的规定。最高人民法院《关于审理涉及计算机网络著作权纠纷案件适用法律若干问题的解释》第三条也规定,已在报刊上刊登的作品,除著作权人声明不得转载、摘编以外,网站予以转载、摘编并按有关规定支付报酬、注明出处的,不构成侵权。由于樊元武在各期刊上刊登上述18篇文章时,并没有附带不可转载、摘编的特别声明,故电子期刊杂志社等在中国知网和光盘版数据库中使用樊元武作品的行为属于著作权法中的报刊转载法定许可,可以不经作者的许可,原审法院对此所作的认定并无不当,应予维持。上诉人樊元武提出的电子期刊杂志社等制作的是数据库,不应当适用期刊的法定许可的上诉理由缺乏相应法律依据,不能成立。需要指出的是,由于《城市轨道交通的牵引变电所》等3篇文章系原刊登于图书而非报刊上,不能适用上述报刊转载法定许可的规定,故仅对该3篇文章而言,电子期刊杂志社等的行为构成对樊元武著作权中的复制权、发行权、信息网络传播权的侵犯,依法应承担相应的民事责任。

……

上诉人清华同方公司、电子期刊杂志社、知网公司还上诉提出,《地铁与轻轨》属于连续出版物即期刊,故原发表在该期刊上的《城市轨道交通的牵引变电所》等3篇文章也属于法定许可的范围。本院认为,根据当事人提供的《地铁与轻轨》实物,以刊载《城市轨道交通的牵引变电所》一文的《地铁与轻轨》为例,其版权页上这样载明"书名:地铁与轻轨。1;出版发行:中国铁道出版社;版本:2002年3月第1版,2002年3月第1次印刷;书号:ISBN 7-113-04547-2/U.1270;定价:32:00元(共4册)",故原审法院据此得出《地铁与轻轨》是图书而非期刊,樊元武发表在该书中的《城市轨道交通的牵引变电所》等3篇文章不能适用报刊转载法定许可的认定,并无不当。电子期刊杂志社等的此上诉理由缺乏事实依据,本院不予支持。(张晓都、李澜、马剑峰法官)

思考问题:

(1) 杂志社和同方之间的合同约定以及杂志社的声明内容,对于本案认定法定许可,有帮助吗? 为什么?

(2) 如果网站转载的司法解释被放弃,那么电子期刊转载的法定许可是否也应该被限制?

(3) 为什么《著作权法》在法定许可上要区别对待期刊和图书?

2.2 制作录音制品

《著作权法》(2010)第40条第3款:"录音制作者使用他人已经合法录制为录音制品的音乐作品制作录音制品,可以不经著作权人许可,但应当按照规定支付报酬;著作权人声明不许使用的不得使用。"

中国为什么引入音乐作品的法定许可制度,并没有十分可靠的答案。可能的解释包括:其一,《伯尔尼公约》的确许可成员国规定此类法定许可①,中国因此参考了该规定。②其二,"一般说来,著作权人公开发表其作品,表明他愿意让作品在社会上传播,所以规定一定条件下,可以不经著作权人许可使用其作品,不违背著作权人意愿。"③其三,"录音制作者取得所有著作权人授权确实有一定的困难,为了不妨碍作品的传播,满足广大群众对精神产品的需求",有必要规定法定许可。④另外,也有意见认为,这是为了避免业务领先的唱片公司利用独占性协议维持对流行音乐作品的垄断。这实际上是美国当初设定类似制度的原因。

在《著作权法》立法之时,音乐行业翻唱或翻录做法非常普遍。现在,音乐行业对

---

① 《伯尔尼公约》第13条。
② 汤宗舜:《著作权法原理》,知识产权出版社2005年版,第103页。
③ 胡康生主编:《中华人民共和国著作权法释义》,法律出版社2002年版,第169页。
④ 同上书,第167页。

待法定许可的态度也在发生改变,质疑其合理性的人越来越多。在最新的著作权法修改的《送审稿》(2013)中,音乐作品录音的法定许可被建议删除。

2.2.1 适用范围

音乐作品法定许可适用的作品对象是"他人已经合法录制为录音制品的音乐作品"。更准确地说,这里应该是指已经合法录制为录音制品并公开发表。如果仅仅为他人私下录制为录音制品,该音乐作品的著作权似乎不应受到限制。在版权局公开的《著作权法修改征求意见稿》(第1稿)中就采用了所谓"录音制品首次出版3个月后"这样的说法。① 在2001年《著作权法》修改之前,这一法定许可的适用对象更广,包括所有公开发表的音乐作品。② 2001年修改时,为了符合《伯尔尼公约》的要求,而限制此类法定许可的适用范围。③ 该公约条款也采用的是已经授权录制的说法,而没有要求明确录音制品已经公开发表。

许可的行为也仅仅限于制作录音制品。这意味着录制者如果制作录像制品、电影作品等,则不能获得法定许可。④ 下面的两个案例就说明了这一点。

宁勇 v. 中国电影合作制片公司等

广东省高院(2006)粤高法民三终字第244号

宁勇系广州市华南师范大学音乐系副教授,《丝路驼铃》阮曲音乐是宁勇1982年在中国音乐学院毕业时创作的作品,该曲完整演奏时间约8分钟。1985年陕西音像出版社首次出版的盒带《中国民族乐曲精选》收录了由宁勇作曲的《丝路驼铃》,署名为"宁勇作曲",该曲由当时在西安音乐学院民乐系任教的宁勇演奏,演奏时长为8分11秒……

2000年5月6日,国家广播电影电视总局批准影片《卧虎藏龙》在国内外公映……影片中玉娇龙与罗小虎沙漠打斗追抢梳子一段使用了著作权人为宁勇的《丝路驼铃》阮曲音乐,时长2分18秒。国内版VCD片尾字幕无注明"《丝路驼铃》"、"作曲:宁勇"、"演奏:刘波"等字样……

[《卧虎藏龙》剧组从2000年4月13日开始洽谈《丝路驼铃》的许可使用问题。后来,因为剧组提供的稿酬汇票意外过期等因素,导致沟通失败。宁勇于2002年10月8日加入中国音乐著作权协会。]

[原审法院认为:]

---

① 《著作权法修改征求意见稿》(2012.3第1稿)第46条。只是,这一条后来被版权局删除。
② 《著作权法》(1991)第37条:
  录音制作者使用他人未发表的作品制作录音制品,应当取得著作权人的许可,并支付报酬。使用他人已发表的作品制作录音制品,可以不经著作权人许可,但应当按照规定支付报酬;著作权人声明不许使用的不得使用。
③ 《伯尔尼公约》(1979)第13条第1款。
④ 汤宗舜:《著作权法原理》,知识产权出版社2005年版,第104页。

本案涉及的行为均发生在 2001 年 10 月 27 日之前，故本案涉及问题均适用修改前的著作权法和修改前的其他法律法规。

一、《卧虎藏龙》三电影著作权人的行为是否构成对宁勇《丝路驼铃》著作权的侵犯。

（一）《卧虎藏龙》三电影著作权人未经宁勇同意使用《丝路驼铃》的行为是否构成侵权。

首先，宁勇认为本案三电影著作权人使用《丝路驼铃》属于 1990 年著作权法第四十五条第五款的规定的以"摄制电影的方式使用作品"的情形，故仍然应当获得著作权人的许可并向原曲作者支付报酬方可使用。

法院认为，根据 1991 年《著作权法实施条例》第五条第七款，摄制电影是指以拍摄电影的方式首次将作品固定在一定载体上。本案三电影著作权人使用《丝路驼铃》虽然是用在电影作品之中，但根据著作权实施条例的规定，该种使用方式不是著作权法意义上的"摄制电影"。本案《卧虎藏龙》三电影著作权人就《丝路驼铃》录音制品获得了中国唱片上海公司的许可并向录音制作者支付了报酬，根据 1990 年《著作权法》第 37 条规定，录音制作者使用他人已发表的作品制作录音制品，可以不经著作权人许可，但应当按照规定支付报酬；根据该法第 39 条规定，录音制作者对其制作的录音制品享有许可他人复制发行并获得报酬的权利；被许可复制发行的录音制作者还应当按照规定向著作权人和表演者支付报酬。本案三电影著作权人在电影中使用《丝路驼铃》录音制品，虽然不是简单地将《丝路驼铃》录音制品加以复制、发行，但是仍然可以视为系在该范畴内使用该录音制品，被许可使用方就该曲无须再次获得该曲原作者的许可。

……

本院认为……

一、关于《卧虎藏龙》使用《丝路驼铃》是否属于以摄制电影的方式使用他人作品的问题。

1991 年《中华人民共和国著作权法实施条例》第 5 条第（七）项规定，摄制电影使用作品是指以拍摄电影方式首次将作品固定在一定的载体上。该"首次"是强调把作品第一次用于摄制电影的方式使用，用以区别以后的复制、发行行为。影片《卧虎藏龙》使用讼争音乐作品的状况是：节选宁勇已经发表并制作成音乐制品的《丝路驼铃》中 2 分 55 秒的内容，缩节为 2 分 18 秒作为影片背景音乐，把宁勇表现沙漠驼队坚韧不拔精神的《丝路驼铃》，用于影片女主人公玉娇龙愤然与匪首罗小虎激烈打斗的场景，烘托了玉娇龙倔强坚韧的性格。被节选的《丝路驼铃》经过具有创造性的技术处理，被赋予了适合剧情的新内涵，成为影片一个有机的组成部分。这种使用音乐作品的方式不是对已制作的音乐制品进行简单的复制，符合以拍摄电影方式首次将作品固定在一定载体上的特征，属于以摄制电影方式使用作品，根据 1990 年《中华人民共和国著作权法》第 10 条之规定，应当征得著作权人许可，并支付报酬。《卧虎藏龙》制片者未取得《丝路驼铃》著作权人许可即使用作品，依据上述《著作权法》第 45 条第（五）项之规定，侵犯了宁勇的音乐作品著作权，应当依法承担民事责任。

原审法院认定《卧虎藏龙》将《丝路驼铃》使用在电影作品中,却根据上述《著作权法》第 39 条的规定认为这种使用是被许可复制发行的录音制作者使用已制作的录音制品的行为,无须经过原作者的同意,只需支付报酬,混淆了被许可复制发行的录音制作者与电影制片者使用音乐作品在载体、表现形式上的区别,免除了电影制片者应履行的征得著作权人许可的法律义务,这不符合著作权法的规定,本院不予认可。根据国家广播电影电视总局电影事业管理局的批复,在影片中使用少量音乐作品,应征得原作者的同意,并支付相应的报酬,也印证了《卧虎藏龙》对《丝路驼铃》的使用不属于被许可复制发行的录音制作者使用已制作的录音制品的情形,否则无须征得原作者的同意。

（林广海、邱永清、岳利浩法官）

思考问题：

从《著作权法》立法目的看,有无必要在音乐作品的法定许可上区别对待录音制品和电影作品？电影对作品的使用,能够说是先制作录音制品,然后再用于电影作品吗？

中国音乐著作权协会 v. 北京市新华书店王府井书店等

北京市东城区法院(2010)东民初字第 04400 号

原告中国音乐著作权协会诉称:原告是依法成立的音乐著作权集体管理机构。按照法律规定和原告与音乐作品著作权人的合同约定,原告有权对王立平享有著作权的音乐作品《大海啊,故乡》进行著作权的授权,并对侵犯著作权的行为以原告自己的名义起诉。三被告在未征得作者及原告许可的情况下,擅自将上述音乐作品制作成 DVD《爱国歌曲大家唱》进行销售,未向作者及原告支付使用费。三被告的行为侵犯了著作权人对涉案音乐作品词、曲的著作权,应承担相应法律责任……

被告广东大圣公司辩称:……被告深圳音像公司发行的涉案出版物是录音制品,不是录像制品。基于法定许可,被告深圳音像公司、广东大圣公司可以使用他人已经合法录制为录音制品的音乐作品制作录音制品,该行为可以不经著作权人的许可,不构成侵权。涉案出版物的用途是为演奏者伴奏,消费者购买该出版物的目的并不是为了欣赏其中的录像画面。现涉案音乐作品的作者未发表声明表示不允许使用音乐作品,故被告深圳音像公司、广东大圣公司使用涉案音乐作品的行为符合法定许可的要求,不构成侵权……

[法院认为:]

本案中,原告与被告广东大圣公司的争议焦点在于涉案出版物属于录音制品还是录像制品。涉案出版物系 DVD 专辑,收录的不仅仅是歌曲的声音,还包括影像。而消费者购买涉案出版物,既可以欣赏伴有音乐的画面,也可以进行卡拉 OK 的演唱。故涉案出版物属于录像制品,被告的抗辩意见不能成立。

录音录像制作者使用他人作品制作录音录像制品,应当取得著作权人许可,并支付报酬。被告深圳音像公司未经原告许可,使用原告管理的涉案音乐作品制作出版物,未支付报酬,侵犯了著作权人就该作品享有的相关权利,应承担停止侵权并赔偿损失的责任。被告广东大圣公司作为涉案出版物的总经销方,已经参与到涉案光盘的发行过程中,应与被告深圳音像公司承担共同侵权责任。**(樊静馨、樊雪、邓旭明法官)**

  关于法定许可的行为主体,立法者使用了"录音制作者"这一术语。它是否是指所有有意愿制作录音的社会公众还是仅限于依法设立的音像出版社,并没有明确的答案。不过,对于那些非以出版、发行或公开播放为目的的录制者,可能依据合理使用规则而获得行动自由,无须利用本法定许可规则。

2.2.2 声明禁止录制

  音乐作品法定许可的另一重要的适用条件是著作权人没有声明禁止录制。这比《伯尔尼公约》对权利人要更友好一些——公约并没有强制要求规定权利人可以声明禁止。如果法律没有明确权利人在何时、何地作出禁止录制的声明,则会导致公众很难准确地知道音乐作品的权利状态。国内有学者对声明保留条款持批评意见,认为"那些希望垄断市场的唱片公司必然会在音乐著作权人签订独家许可协议时,要求其作出保留声明,以排斥竞争对手根据'法定许可'使用同样的音乐作品制作录音制品。这样,防止市场垄断的立法目的就难以实现了"①。

  过去,《著作权法实施条例》(1991)第 48 条规定:"著作权人依照著作权法第三十五条第二款、第三十七条第一款和第四十条第二款声明不得对其作品表演、录音或者制作广播、电视节目的,应当在发表该作品时声明,或者在国家版权局的著作权公报上刊登声明。"

  《著作权法实施条例》(2013)第 31 条规定,"著作权人依照著作权法第四十条第三款声明不得对其作品制作录音制品的,应当在该作品合法录制为录音制品时声明。"这一条文依然不够明确,从中看不出来首次发行录音制品时没有声明,事后是否可以弥补。国内有意见认为:"按照现有法律理解,该声明应当在首次制作录音制品时作出,其后再作的任何声明都不符合法律规定,是无效的。"②该意见还认为,"这个声明需要在录音制品上作出",否则无法确定声明的时间是否与录音制品面世的时间相同,也无法使他人在接触录音制品时同时看到该排除声明。③

广东飞乐影视制品有限公司 v. 北京鸟人艺术推广有限责任公司

北京市二中院(2006)二中民终字第 4513 号

  我国《著作权法》规定,录音制作者使用他人已经合法录制为录音制品的音乐作品制作录音制品,可以不经著作权人许可,但应当按照规定支付报酬;但著作权人声明不许使用的不得使用。鸟人公司 2004 年首次使用歌曲《两只蝴蝶》录制《庞龙 两只蝴

---

① 王迁:《著作权法学》,北京大学出版社 2007 年版,第 226 页。
② 中国音乐著作权协会法律部编著:《为了音乐有价值——中国音乐著作权协会二十年维权案例汇编》,法律出版社 2012 年版,第 77 页。
③ 同上。

蝶》CD音乐专辑时,作出明确声明,禁止他人未经许可使用包括《两只蝴蝶》在内的全部音乐作品。在权利人作出明确声明的条件下,如需要使用音乐作品《两只蝴蝶》录制录音制品,应依法取得鸟人公司的许可,并支付报酬。九洲公司和飞乐公司未取得鸟人公司的许可,在其出版发行的《我是超级女声》CD光盘中使用音乐作品《两只蝴蝶》录制歌曲及伴奏,侵害了鸟人公司对该作品享有的专有使用权,应承担停止侵权行为、赔偿损失的法律责任。

(刘薇、梁立君、宋光法官)

不过,也有权威意见认为,音乐作品的著作权人可以事后声明不得制作录音制品:

> 实践中也可能出现一些作者在其作品被录制为音乐作品后,不愿意再传播其作品的情况,比如,某作曲家认为他在20世纪60年代发表的一些歌曲质量不高,不能代表其创作水平,录制播放后有损他的声誉,所以声明不许他人使用。为了尊重作者的意愿,保护其著作权,该条在规定法定许可的同时,规定"著作权人声明不许使用的不得使用"。①

2.2.3 录音制品的复制和发行

《著作权法》(2010)第40条第3款只是规定,"录音制作者使用他人已经合法录制为录音制品的音乐作品制作录音制品,可以不经著作权人许可",而没有明确录制者后续复制、发行或通过信息网路传输该录音制品等行为,是否也在法定许可的范围内。最高人民法院在下面的案例中,给出了肯定的答案。道理很简单:如果只是单纯的制作录音制品,而不含其他行为许可,则此类法定许可几乎没有实际意义。

广东大圣文化传播有限公司 v. 洪如丁等

最高人民法院(2008)民提字第51号

["著作权集体管理"一章有相同案例。]

[《打起手鼓唱起歌》系由施光南作曲、韩伟作词的音乐作品。原告洪如丁是施光南的继承人。洪如丁和韩伟将上述歌曲的公开表演权、广播权和录制发行权分别授权中国音乐著作权协会管理。2004年12月24日,广州音像出版社向音著协申请使用《打起手鼓唱起歌》等三首音乐作品制作、发行20万张《喀什噶尔胡杨》专辑录音制品,并向音著协支付使用费21900元。但是,被告实际发行超过90万张。于是,原告提出版权侵权诉讼。]

本院认为……本案主要涉及以下问题:

(一)大圣公司、广州音像出版社、三峡公司及联盛公司分别制作、出版、复制及销售《喀什噶尔胡杨》专辑录音制品的行为,是否侵犯洪如丁、韩伟著作权的问题。

……

《著作权法》第39条第3款设定了限制音乐作品著作权人权利的法定许可制度,

---

① 胡康生主编:《中华人民共和国著作权法释义》,法律出版社2002年版,第169页。

即"录音制作者使用他人已经合法录制为录音制品的音乐作品制作录音制品,可以不经著作权人许可,但应当按照规定支付报酬;著作权人声明不许使用的不得使用"。该规定虽然只是规定使用他人已合法录制为录音制品的音乐作品制作录音制品可以不经著作权人许可,但该规定的立法本意是为了便于和促进音乐作品的传播,对使用此类音乐作品制作的录音制品进行复制、发行,同样应适用《著作权法》第39条第3款法定许可的规定,而不应适用第41条第2款的规定。因此,经著作权人许可制作的音乐作品的录音制品一经公开,其他人再使用该音乐作品另行制作录音制品并复制、发行,不需要经过音乐作品的著作权人许可,但应依法向著作权人支付报酬。

……

鉴于《喀什噶尔胡杨》专辑录音制品中使用的音乐作品《打起手鼓唱起歌》,已经在该专辑发行前被他人多次制作成录音制品广泛传播,且著作权人没有声明不许使用,故大圣公司、广州音像出版社、三峡公司联盛公司使用该音乐作品制作并复制、发行《喀什噶尔胡杨》专辑录音制品,符合《著作权法》第39条第3款法定许可的规定,不构成侵权。洪如丁、韩伟认为法定许可只限于录音制作者制作录音制品,复制、发行录音制品应当取得著作权人许可不符合著作权法的有关规定,本院不予支持。

原审法院根据《著作权法》第41条第2款,认定大圣公司、广州音像出版社、三峡公司没有取得著作权人洪如丁、韩伟许可,复制、发行涉案音乐作品《打起手鼓唱起歌》构成侵权,属于适用法律不当,应予纠正。

(二)关于付酬问题

《著作权法》第27条规定,"使用作品的付酬标准可以由当事人约定,也可以按照国务院著作权行政管理部门会同有关部门制定的付酬标准支付报酬。当事人约定不明确的,按照国务院著作权行政管理部门会同有关部门制定的付酬标准支付报酬"。鉴于1993年8月国家版权局发布的《录音法定许可付酬标准暂行规定》目前仍为各有关单位及著作权集体管理组织参照执行的依据,故审理此类案件,在当事人没有约定的情况下,可以按照该规定确定付酬标准。洪如丁、韩伟辩称该暂行规定不能继续适用的理由没有依据,本院不予支持。

如前所述,大圣公司、广州音像出版社、三峡公司不构成侵犯涉案音乐作品著作权人洪如丁、韩伟的复制、发行权,但应依法向其支付报酬。本案因涉及多个音乐作品使用人,以谁的名义向著作权人支付报酬应遵从当事人之间的约定或行业惯例。因法律没有规定支付报酬必须在使用作品之前,因而作品使用人在不损害著作权人获得报酬权的前提下,"先使用后付款"不违反法律规定。　　(于晓白、殷少平、夏君丽法官)

思考问题:

(1)法院认为,"先使用后付款"不违反法律规定。相对"先付款后使用"规则,何者更好?

(2)法院只是说复制、发行也获得了法定许可,那其他行为,比如信息网络传输、广播、机械表演等,是否需要经过许可?

（3）与录制者无关的第三方，是否可以未经许可复制、发行或以其他方式利用该录音制品？

2.2.4 《著作权法》修改引发的争议

2012年，国家版权局在《著作权法修改征求意见稿》（2012.3第1稿）第46条中试图对音乐作品的法定许可制度进行改革。该第46条规定："录音制品首次出版3个月后，其他录音制作者可以依照本法第48条规定的条件，不经著作权人许可，使用其音乐作品制作录音制品。"第48条具体规定了使用者向政府部门备案并向集体管理组织缴费的程序。这一建议条文删除了音乐作品作者声明保留的权利，并明确首次出版3个月后就可以再次录制。

这一建议条文在音乐唱片界引发激烈争议，很多音乐人公开反对这一修改。最终，国家版权局在《著作权法法修改征求意见稿》第2稿中删除了这一条款。如果这一最新的修改获得通过，则意味着**立法者彻底放弃了音乐作品的法定许可制度**。

1909年美国立法者在制定现在美国《版权法》第115条（规定类似的法定许可制度）时，担心当时居于垄断地位的唱片公司（the Aeolian Company）买断所有的流行歌曲的版权以维护自己的垄断地位，所以规定音乐作品被首次录制发行后，其他人可以自由录制替代产品。① 中国音乐市场盗版泛滥，公众并没有机会体会少数唱片公司垄断流行音乐作品的负面后果，短期内也看不到有这样的现实风险，因此对于保留音乐作品的法定许可制度没有表达出强烈意愿。

音乐作品的法定许可制度其实有明显的负面作用，即鼓励后来的录制者跟风搭便车。在先的唱片公司花费巨资打造歌手、推广歌曲才使得某一首歌曲录音流行起来，后来者则无须负担这些市场成本。②

2.3 电台与电视台播放

《著作权法》（2010）第43条第2款和第44条，广播电台、电视台播放他人已发表的作品或录音制品，可以不经著作权人许可，但应当支付报酬。这里强调一下，对于录音制品，享有报酬请求权的是所录制作品的著作权人，而非录制者（邻接权人）。《著作权法》第46条将电影作品和录像制品排除在外。

对于中国著作权人而言，这一条来之不易。依据1991年的《著作权法》第43条的规定，"广播电台、电视台非营业性播放已经出版的录音制品，可以不经著作权人、表演者、录音制作者许可，不向其支付报酬。"当时，电台和电视台被视为政府宣传、教育工具，不是商业机构。它们普遍未经许可使用他人的录音制品，不能一下子适应很强的著作权保护。而这些机构在中国社会具有巨大的影响力，因此立法者为它们开绿灯。

2001年《著作权法》修改时，电视台和电台的营利属性已经很明显，同时著作权人的努力争取也发挥了作用。立法者确认了电台有支付报酬的义务，并授权国务院制定

---

① Jane C. Ginsburg & Robert A. Gorman, Copyright Law, Foundation Press, 2012, at 141.
② 孙秋宁：《论音乐作品法定许可录音——以新著作权法第39条第三款为中心》，载《北大法律评论》2002年第5卷第1辑，第207页。

报酬标准。这无疑是一项艰苦的工作,直到 2009 年《广播电台电视台播放录音制品支付报酬暂行办法》才出台,2010 年 1 月 1 日开始施行。

《广播电台电视台播放录音制品支付报酬暂行办法》(2009)

......

第四条 广播电台、电视台播放录音制品,可以与管理相关权利的著作权集体管理组织约定每年向著作权人支付固定数额的报酬;没有就固定数额进行约定或者约定不成的,广播电台、电视台与管理相关权利的著作权集体管理组织可以以下列方式之一为基础,协商向著作权人支付报酬:

(一)以本台或者本台各频道(频率)本年度广告收入扣除 15% 成本费用后的余额,乘以本办法第五条或者第六条规定的付酬标准,计算支付报酬的数额;

(二)以本台本年度播放录音制品的时间总量,乘以本办法第七条规定的单位时间付酬标准,计算支付报酬的数额。

第五条 以本办法第四条第(一)项规定方式确定向著作权人支付报酬的数额的,自本办法施行之日起 5 年内,按照下列付酬标准协商支付报酬的数额:

(一)播放录音制品的时间占本台或者本频道(频率)播放节目总时间的比例(以下称播放时间比例)不足 1% 的,付酬标准为 0.01%;

(二)播放时间比例为 1% 以上不足 3% 的,付酬标准为 0.02%;

......

(八)播放时间比例为 80% 以上的,付酬标准为 0.8%。

第六条 以本办法第四条第(一)项规定方式确定向著作权人支付报酬的数额的,自本办法施行届满 5 年之日起,按照下列付酬标准协商支付报酬的数额:

(一)播放时间比例不足 1% 的,付酬标准为 0.02%;

(二)播放时间比例为 1% 以上不足 3% 的,付酬标准为 0.03%;

......

(八)播放时间比例为 80% 以上的,付酬标准为 0.9%。

第七条 以本办法第四条第(二)项规定的方式确定向著作权人支付报酬的数额的,按照下列付酬标准协商支付报酬的数额:

(一)广播电台的单位时间付酬标准为每分钟 0.30 元;

(二)电视台的单位时间付酬标准自本办法施行之日起 5 年内为每分钟 1.50 元,自本办法施行届满 5 年之日起为每分钟 2 元。

......

第十条 中部地区的广播电台、电视台依照本办法规定方式向著作权人支付报酬的数额,自本办法施行之日起 5 年内,按照依据本办法规定计算出的数额的 50% 计算。

西部地区的广播电台、电视台以及全国专门对少年儿童、少数民族和农村地区等播出的专业频道(频率),依照本办法规定方式向著作权人支付报酬的数额,自本办法施行之日起 5 年内,按照依据本办法规定计算出的数额的 10% 计算;自本办法施行届满 5 年之日起,按照依据本办法规定计算出的数额的 50% 计算。

......

2.4 编写出版教科书

《著作权法》(2010)第 23 条规定：

> 为实施九年制义务教育和国家教育规划而编写出版教科书,除作者事先声明不许使用的外,可以不经著作权人许可,在教科书中汇编已经发表的作品片段或者短小的文字作品、音乐作品或者单幅的美术作品、摄影作品,但应当按照规定支付报酬,指明作者姓名、作品名称,并且不得侵犯著作权人依照本法享有的其他权利。
>
> 前款规定适用于对出版者、表演者、录音录像制作者、广播电台、电视台的权利的限制。

对"实施九年制义务教育"的教科书的范围,最高人民法院公报公布的司法案例作了非常严格的限制。这应体现了最高人民法院的一般意见。

丁晓春 v. 南通市教育局、江苏美术出版社

江苏省南通市中级人民法院,2002
最高人民法院公报案例(2006 年第 9 期)

我国《著作权法》第 23 条第 1 款关于法定许可使用的规定,旨在平衡著作权保护与公共利益需要,但该规定仅是对著作权的一种适度限制,适用该规定的教科书也并非泛指中小学使用的所有教材。根据《中华人民共和国义务教育法》的规定,义务教育的教学制度、教学内容、课程设置和教科书审订,应当由国务院教育主管部门确定。国家教委在《全国中小学教材审定委员会章程》中规定,教科书的编写必须经中央或省级教育行政部门批准,经学科审查委员会通过,并报送审定委员会批准后,由国家教育委员会列入全国普通中小学教学用书目录。因此,《著作权法》第 23 条第 1 款规定的教科书,应当界定为经省级以上教育行政部门批准编写、经国家专门设立的学科审查委员会通过,并报送审定委员会批准后,由国家教育委员会列入全国普通中小学教学用书目录的中小学课堂正式用书。

在被告江苏美术出版社出版发行《乡土教材》前,该教材的编写者未按规定向江苏省教育厅补办编写地方性教材的立项申请核准手续,该教材也未经江苏省中小学教材审定委员会审查,更未经江苏省教育厅批准并列入南通市辖区范围内的《中小学教学用书目录》。因此,该教材不属于《著作权法》第 23 条第 1 款规定的教科书,江苏美术出版社关于在该教材中使用原告丁晓春的摄影作品"街上红灯闹"属于法定许可使用答辩理由亦不能成立。

对于"为实施国家教育规划而编写"的教科书的范围,《著作权法》也没有明确解释。在立法当初,就有委员提出:"为实施国家教育规划而编写出版的教材界限不十分清楚,现在社会上出版的作为教材的辅导丛书、辅导材料很多,有的比较滥,如果全都列入强制许可,范围过宽"。因此,立法者将初稿的中"教材"修改为"教科书"。① 也就是说,教科书之外的教辅材料被立法者排除在外。在上述最高人民法院案例中,法院似乎认为,只有国家教育部的"全国教育科学规划领导小组办公室"编写的类似"全国教育科学研究'十一五'规划纲要"②之类的教育规划文件中确定的教科书才能适用这里的合理使用例外。

2.5 信息网络传播权法定许可的特殊规定

《信息网络传播权保护条例》(2013)对于信息网络传播权的法定许可(或准法定许可)有一些具体的规定,比如制作课件并通过信息网络发布、农村网络扶贫等。具体条文如下:

  第八条 为通过信息网络实施九年制义务教育或者国家教育规划,可以不经著作权人许可,使用其已经发表作品的片断或者短小的文字作品、音乐作品或者单幅的美术作品、摄影作品制作课件,由制作课件或者依法取得课件的远程教育机构通过信息网络向注册学生提供,但应当向著作权人支付报酬。

  第九条 为扶助贫困,通过信息网络向农村地区的公众免费提供中国公民、法人或者其他组织已经发表的种植养殖、防病治病、防灾减灾等与扶助贫困有关的作品和适应基本文化需求的作品,网络服务提供者应当在提供前公告拟提供的作品及其作者、拟支付报酬的标准。自公告之日起 30 日内,著作权人不同意提供的,网络服务提供者不得提供其作品;自公告之日起满 30 日,著作权人没有异议的,网络服务提供者可以提供其作品,并按照公告的标准向著作权人支付报酬。网络服务提供者提供著作权人的作品后,著作权人不同意提供的,网络服务提供者应当立即删除著作权人的作品,并按照公告的标准向著作权人支付提供作品期间的报酬。

  依照前款规定提供作品的,不得直接或者间接获得经济利益。

为了避免重复,本章不再进一步讨论信息网络传播权的合理使用问题。相关内容请参考"信息网络传播权"一章。

2.6 孤儿作品

2.6.1 孤儿作品概述

所谓孤儿作品,并无统一的定义。它大致是指潜在的使用者无法联系到权利人以获得使用许可的那些作品。这些作品依然在保护期内,否则,在不侵害精神权的情况下,无所谓许可使用的问题。一项作品成为孤儿作品,并非该作品没有权利人,而是该

---

  ① 全国人大法律委员会《关于〈中华人民共和国著作权法修正案(草案)〉修改情况的汇报》,2001 年 4 月 18 日。
  ② 该文件参见 http://onsgep.moe.edu.cn/edoas2/website7/level2list2.jsp? infoid = 1335361775186559&firstId = 1335254425530175,最后访问 2014 年 8 月 18 日。

作品的权利人的身份不明,或者身份清楚却没有办法联系到。如果作品的权利人死亡,而又没有人继承的,则并非这里所说的孤儿作品。依据《著作权法》(2010)第19条第2款,这类作品的最终的权利人可能是国家。关于无主作品的权利归属,参见著作权归属一章的讨论。

美国版权局关于孤儿作品的研究报告,比较全面地介绍了产生孤儿作品的原因:

首先,作品上常常没有作者或著作权人的有关信息。这一问题在照片作品上最为普遍。常见的情形是,老照片的持有人不知道照片的著作权归属,而不能复制该照片。另外,图书馆或档案管常常遇到类似问题,尤其是在接受捐赠的场合。在无法确定著作权人的情况下,大部分潜在的使用者选择不使用该作品。

其次,著作权的转让或者权利人自身信息的变化导致作品上的信息不再符合实际情况。常见的情形是商业机构拥有著作权,而经历了多次转让后,归属不明。对于个人作品,作者的死亡可能导致著作权的归属变得异常复杂。

再次,版权局或第三方所维护的作品版权信息虽然已经很发达,但是依然无法消除孤儿作品问题。一方面,这些信息本身可能不够准确甚至互相矛盾;另一方面,有些信息并不能很方便地获得,使用者可能不能支付接触该信息所需要的成本。

最后,信息检索不一定能够得到可靠的结果,而且检索本身的成本可能很高。在很多情况下,这一成本本身足以打消使用者使用作品的积极性。①

中国现行的版权法并没有有效地解决孤儿作品问题。一项作品成为孤儿作品之后,除非使用者符合合理使用、法定许可等例外情形,使用者通常需要经过权利人的许可才能够使用相关作品。潜在使用者经过合理的努力无法联系到孤儿作品的权利人,要么冒着侵权的风险使用该作品,要么放弃使用该作品。显然,善意的行为人通常会选择放弃。这无疑是一种社会福利损失。

理论上,社会可以从多个方向努力减少孤儿作品导致的社会福利损失。比如,强化作品权利管理信息的保护,尽量避免作品进入权利人身份不明的状态;建立统一的作品权利信息数据库,方便公众检索,等等。但是,这些机制不仅依赖于作品流通环节的合作,而且最终都离不开版权人的积极参与。如果版权人不主动更新联系信息,公众很快就会和权利人失去联系。很多作品对版权人而言,商业价值有限。权利人并没有足够的动力去更新其联系信息,即便有我们有统一信息平台。

2.6.2 法律上的应对方案

孤儿作品的利用具有很高的交易成本,在现有的版权法框架下,注定会有一些有价值的作品利用行为会因为交易成本过高而不会发生。为了减少这一负面后果,法律的适当干预是可能的。比如,传统的合理使用制度之所以要豁免部分作品使用行为,很大程度上是因为获得权利人许可需要很大的交易成本,造成不必要的浪费。既然在权利人可以联系得到的情况下,版权法可以采纳合理使用的限制,在权利人无法联系、

---

① The US Copyright Office, Report on Orphan Works, at 23—33, available at http://www.copyright.gov/orphan/orphan-report-full.pdf. 最后访问2014年8月18日。

交易成本进一步增加的情况下,适度地增加对版权的限制,也是可能选择。

在版权法上设置所谓孤儿作品例外是一个选项。当潜在的使用者经过合理的努力,依然没有办法联系到作品的权利人时,可以直接使用该作品,而无须承担版权侵权责任。具体制度设计过程中,要考虑一系列问题:

首先,如何准确定义"合理的努力"标准?立法者要避免这一例外被滥用而威胁普通作品著作权的保护。

其次,是否需要事先由特定的机构(比如版权局或者法院)来审查该核准这一使用。

再次,是否需要事先支付使用费?如果需要事先支付,如何确定使用费标准?向什么机构提存该使用费?

最后,权利人重新出现之后,如何处理依然继续的使用行为?

美国的 Lessig 教授曾经代表 Creative Commons 和 Save the Music 组织,就孤儿作品提出相对激进的彻底解决方案("Categorical proposals")——版权人必须在一定期限内注册,未注册的就视为孤儿作品:

> 已经发表作品的权利人如果希望保留版权法上的所有的救济权利,则必须在作品发表后 25 年内注册其作品。注册者需要及时更新联系信息。在这一机制下,对注册内容进行检索就足以确定该作品是否处于孤儿状态。任何作品在第一个 25 年内享受完整的版权保护,无须注册(计算机程序除外,需要在 5 年内注册)。如果在发表后 25 年(计算机程序为 5 年)内没有注册,则作品进入所谓的孤儿状态(orphan status)。作品进入孤儿状态后,使用就无须经过许可,而是按照默认的许可协议支付象征性的使用费(nominal fee)。该使用费支付给孤儿基金(Orphan Fund)。权利人重新出现之后,可以要求该基金支付其作品使用费。在默认许可下,禁令救济不再适用。
>
> 对于未发表作品,则采用一种通知系统(notice system)。如果作者的继承人在作者死后 3 年内注册该作品(公司作品采用创作完成后 10 年的期限),则享有完整的版权权利。如果没有注册,则在作者死亡 3 年(公司作品则是上述 10 年期限)以后,潜在的使用者可以在一个集中管理的"主张你的孤儿"网站("Claim Your Orphan"website)上发布使用意图通知,公示 6 个月。公示期满后可以未经许可适用该作品。①

美国 2008 年的一份孤儿作品法案(H. R. 5889 Orphan Works Act of 2008)则建议一种相对温和的"合理努力"方案("reasonable efforts" proposal),在针对孤儿作品的侵权诉讼中,对侵权救济措施进行适当限制:

> 如果被控侵权人本着善意,为寻找版权人进行了合格的检索,依然没有发现权利人;在使用作品前按照要求向版权机构发布了使用通知,保留了署名权(经合

---

① Save the Music & Creative Commons, Orphan Works Reply Comments (2005), at 14—15, http://www.copyright.gov/orphan/comments/reply/OWR0114-STM-CreativeCommons.pdf. 最后访问 2014 年 8 月 18 日。

格检索而确定的具有合理可信度的所有人);而且符合其他形式或程序性要件,则针对该侵权人的金钱赔偿和禁令救济都受到一定的限制。金钱赔偿仅限于合理的赔偿(reasonable compensation)。对于非营利的教育机构、图书馆、档案馆和公共广播组织等甚至连合理的赔偿都不适用。禁令救济虽然依然适用,但不能阻止被控侵权者使用那些含有侵权者自己的原创性贡献的演绎作品。

法院在判断被控侵权人进行检索时是否勤勉时要考虑:检索时所采取的措施是否合理和适当;侵权者是否采用了版权登记机构所主张的最佳方法;侵权者是否在使用作品之前合理的时间内进行检索;等等。①

除了上述两种方案之外,还有人建议个案解决的方案,由政府部门事先接受孤儿作品使用的个案申请,审查后决定是否发放使用许可。②

对于孤儿作品的解决方案的选择,在很大程度上取决于孤儿作品问题的严重性。Lessig 报告认为,这样的问题普遍存在,而且随着技术的发展,越来越严重。因此,确权的成本越来越高,因此需要革命性的做法。如果这一事实前提属实,则本书倾向于支持 Lessig 的主张,它的确定性比较高,社会成本可能更低。

2.6.3 与国际公约的协调

孤儿作品的国内立法如果仅仅适用于中国国内的作品,则无须考虑与国际公约协调的问题。但是,如美国的研究报告所言,这样做可能使得这一立法的意义大打折扣:1)排除外国作品,就使得一大块无法或难以确认权利人的作品被排除在外。2)区分外国或本国作品,会给版权法带来新的复杂问题,应当努力避免。③

美国版权局的研究报告认为,孤儿作品即便涵盖外国作品,也符合《伯尔尼公约》和 TRIPs 的要求。④在《伯尔尼公约》第 9 条(2)中,对于复制权的例外应该符合下列三步检验法(three-step test),即其一,该例外仅仅限于一些特别情形(special cases);其二,该例外并不与作品的正常开发利用(normal exploitation)相冲突;其三,该例外并不会对作者的合法利益造成不合理的伤害。⑤同样的规则也适用于 TRIPs 下的版权例外和限制。⑥

当然,严格定义的孤儿作品例外可能符合国际公约要求,并不意味着在操作层面可以随意定义外国作品处于孤儿状态。如果认定标准过于宽松,则可能导致大量的外国作品事实上无法得到有效保护,依然有可能违反版权国际公约的实质精神。

---

① H. R. 5889 Orphan Works Act of 2008, Sec. 514. Limitation on remedies in cases involving orphan works.

② Save the Music & Creative Commons, Orphan Works Reply Comments (2005), at 18—19, http://www.copyright.gov/orphan/comments/reply/OWR0114-STM-CreativeCommons.pdf. 最后访问 2014 年 8 月 18 日。

③ The US Copyright Office, Report on Orphan Works (2006), at 59, available at http://www.copyright.gov/orphan/orphan-report-full.pdf. 最后访问 2014 年 8 月 18 日。

④ Ibid.

⑤ Standing Committee on Copyright and Related Rights, WIPO Study on Limitations and Exceptions of Copyright and Related Rights in the Digital Environment 20—27 (2003) (WIPO Doc. No. SCCR/9/7).

⑥ TRIPs Art. 13.

3 强制许可

与专利法不同,中国《著作权法》上并没有规定狭义的强制许可制度。如果不符合合理使用或法定许可的要件,公众一般不能使用特定的版权作品。公众不能向政府提出申请要求政府颁发强制许可以使用特定作品。著作权法立法之初,的确有人主张参考专利法引入强制许可制度。不过,多数人反对这一做法。① 典型的意见认为,一项专利发明被无理搁置会阻碍社会生产力发展;但是一项文学艺术作品被搁置,似乎不会。

不过,依据反垄断法,如果著作权人滥用自己的著作权,对市场竞争造成实质性损害时,竞争对手可能获得反垄断法上的救济。强制许可是可能的选择方案之一。在文学艺术领域,这类案件几乎没有,因为大多数文学艺术作品都具有很强的替代性,也没有很高的兼容性要求。可能的强制许可案例似乎应发生在计算机软件领域。计算机软件具有明显的功能性和网络效应,兼容性的要求常常使得竞争对手的选择变得非常有限,因此在极端情况下反垄断法的干预变得有必要。

中国在加入《伯尔尼公约》和《世界版权公约》时,还是声明享有依据该公约发放强制许可的权利。②依据《伯尔尼公约》附件第 2—3 条的规定,发展中国家为系统教学和科学研究的目的,可以强制许可翻译和复制外国作品。因此,法律上讲,中国保留有对外国作品发放强制许可的权利。在实践中,中国并没有实际行使过这一权利。

4 保护期限

著作权法上之所以要对著作财产权设置保护期,大约是两方面的考虑:其一,限制著作权人能够获得的潜在收益,从而维持著作权法上的利益平衡关系,避免过度寻租和资源的不合理配置;其二,降低时间流逝导致的权利状态与归属的追踪成本。③与《著作权法》形成鲜明对比的是,在《物权法》上所有权并没有被设定期限。这可能是因为有形财产进入公共领域后,常常会产生所谓的"公地悲剧",导致过度使用从而减损其使用效用。而作品进入共有领域,则没有此类问题。④

4.1 一般规定

中国《著作权法》根据权利类型、作品类型、权利人身份的不同为作品设置不同的保护期限。

---

① 江平:《著作权立法的意义》,载司法部和国家版权局:《中华人民共和国著作权法讲析》,中国国际广播出版社 1991 年版,第 18 页。

② 《全国人民代表大会常务委员会关于我国加入〈伯尔尼保护文学和艺术作品公约〉的决定》(1992 年 7 月 1 日);《全国人民代表大会常务委员会关于我国加入〈世界版权公约〉的决定》(1992 年 7 月 1 日)。

③ William M. Landes & Richard A. Posner, An Economic Analysis of Copyright Law, The Journal of Legal Studies, Vol. 18, at 360(1989).

④ Ibid., at 362(1989).

作为一般原则,作者的精神权利,即署名权、修改权和保护作品完整权不受时间期限限制。① 有点例外的是发表权。发表权被视为精神权,但是对于自然人的发表权的保护期限与后面所说的著作财产权一致,即作者终生及死后50年,止于作者死亡后第50年的12月31日。如果有合作作者,则以最后死亡的作者为准计算。②

法人作品、法人享有著作权(署名权除外)的职务作品以及电影作品,发表权的保护期限为作品创作完成后50年。换句话说,此类作品超过50年未发表的,将不再享有发表权的保护。③法人作品的保护期限的计算法方法与自然人有明显差别,这是因为法人不像自然人那样有相对一致的存世时间。法人可能数百年持续下去,而自然人无法克服生老病死的自然规律。

对于著作财产权,自然人的作品的保护期是作者终生及其死后50年,止于作者死亡后第50年的12月31日。如果有合作作者,则以最后死亡的作者为准计算。④ 法人作品、法人享有著作权的职务作品以及电影作品,财产权为作品首次发表后50年。超过50年未发表的,不再保护。⑤

对于邻接权,著作权法有特殊规定。图书、期刊的版式设计,保护期为10年,截止于使用该版式设计的图书、期刊首次出版后第10年的12月31日。⑥表演者对其表演所享有的精神权利(表明表演者身份和保护形象不受歪曲的权利)不受期限限制,其他权利则为50年,截止于该表演发生后第50年的12月31日。⑦录音录像制作者不享有精神权利,财产性权利(许可他人复制、发行、出租、通过信息网络向公众传播并获得报酬的权利)的保护期限为50年,截止于该制品**首次制作完成后**第50年的12月31日。⑧广播组织对其广播的保护期限也是50年,截止于该广播、电视**首次播放后**第50年的12月31日。

著作权法上的各项权利的保护期都终止于相关年份的12月31日。换句话说,这些权利保护期限实际上都是从关键事件(比如作者死亡、作品发表、作品创作完成)发生后,第1年的1月1日开始计算。比如,普通的个人作品的保护期的截止日为作者死后第50年的12月31日,该保护期的起算日期是作者死亡后第一年的1月1日,即便该作者实际上并非是1月1日死亡。这也导致该作者实际上有可能获得超过50年期限数个月甚至接近一年的保护。

4.2 演绎作品保护期满后的利用

演绎作品与原作之间存在依附关系。各种原因(作者身份、寿命等不同)可能导

---

① 《著作权法》(2010)第20条。
② 《著作权法》(2010)第21条。
③ 同上。
④ 同上。
⑤ 同上。
⑥ 《著作权法》(2010)第31条。
⑦ 《著作权法》(2010)第39条。
⑧ 《著作权法》(2010)第42条。

致二者的保护期并不一致。在原作进入公共领域时,演绎作品的保护就几乎等同于独立作品了。但是,倒过来,如果演绎作品保护期届满,而原作保护期未满,则演绎作品的利用就存在一定的不确定性。在下面两个案子中,中国和美国法院所考虑的几乎是同一个问题,结论也类似。

在演绎作品进入公共领域后,如果演绎作品演绎者的创新部分无法和原作受保护的内容有效区分,将导致该演绎作品根本无法被自由利用——必须经过原作权利人的许可,那么从法律上宣称其进入公共领域有什么意义呢?

朱心、袁牧女等 v. 北京东方影视乐园

北京市一中院(1997)一中知初字第 47 号

[本案中,原告是电影《马路天使》的剧本作者的继受人。剧本依然受到著作权法保护。电影《马路天使》保护期已经届满。被告将根据电影演绎创作新的剧本《天涯歌女》。本案的争议焦点是这一改编行为是否侵害《马路天使》剧本的著作权。]

相对于剧本而言,电影《马路天使》是部演绎作品。该电影作品的著作权人在行使该演绎作品著作权,及他人在使用该作品不得侵害原作品(即剧本)著作权人的利益。依据我国著作权法之规定,电影《马路天使》的发表权、使用权和获得报酬权的保护期截止于该作品首次发表后第 50 年的 12 月 31 日,即 1987 年 12 月 31 日;《马路天使》剧本发表权、使用权和获得报酬权的保护期截止其作者去世后第 50 年的 12 月 31 日,即 2028 年 12 月 31 日。1995 年 4 月,在《马路天使》剧本著作权的保护期内,被告华而实未经原告许可,接受刘国权委托,将《马路天使》改编成《天涯歌女》剧本。不论华而实是根据《马路天使》电影,还是剧本进行的改编,其行为均侵害了袁牧之对《马路天使》剧本享有的保护作品完整权及原告享有的改编权和获得报酬权,依法应承担相应的法律责任。

(孙建、娄宇红、张广良法官)

思考问题:

在本案中,如果第三方未经许可播放已过保护期的《马路天使》电影,会侵害原剧本的著作权吗?为什么?

播放该电影的行为与改编该电影的行为,应该从法律上区别对待吗?为什么?

Russell v. Price

612 F.2d 1123(9th Cir. 1979)

Goodwin 法官:

1913 年,萧伯纳(George Bernard Shaw)完成舞台剧"Pygmalion"的版权注册。1941 年续展了该版权,原本要在 1969 年到期,后来因为国会修改法律而延期到 1988 年才会过期。萧伯纳在 1950 年去世,原告成为该舞台剧的版权人。Janus Films 是被许

可人。

1938 年，依据版权许可协议，上述剧本被改编，并拍成电影"Pygmalion"。电影的版权由 Loew's 享有，于 1966 年到期。

1971 年，剧本的版权人授权 Janus Films 作为电影"Pygmalion"的独家发行人。1972 年，它发现 Budget Films 对外出租 1938 年的电影拷贝，Janus 于是提起诉讼。

被告的一个主要抗辩理由是电影"Pygmalion"的版权已经过期，该电影进入公共领域，所以该电影拷贝可以被任何人自由使用。因此，对外出租电影并不侵害萧伯纳剧本的版权。

法院认为，演绎作品的版权仅仅保护演绎作品中新增加的内容，而不保护源自原作的内容。因此，虽然演绎作品可能进入公共领域，但是其中源自原作的内容依然受到原有版权的保护，没有进入公共领域。只要原作的版权没有过期，则版权人可以阻止他人未经许可复制或以其他侵权方式使用原作或演绎作品中原作的内容。因为播放电影"Pymalion"必然要播放萧伯纳剧本的部分内容，而剧本还受到版权保护，因此原告可以阻止该电影的播放。

被告主要依赖 Rohauer v. Killiam Shows, Inc., 551 F.2d 484（1977）案，但是法院认为被告没有意识到该案与本案的差异。

在 Rohauer 案中，小说的著作权人于 1925 年将拍摄电影的独家权利转让给了 Moskowitz，并保证转让将来版权续展后的相应权利。Moskowitz 成功拍摄了电影，并于 1926 年登记版权。不幸的是，小说的作者在续展版权前就死了，她女儿继承了续展后的版权，却无须受到她妈妈颁发的许可协议的约束。该女儿将电影和电视的独占权授予 Rohauer。1926 年电影版权的继受者 Killiam Shows Inc. 未经 Rohauer 或该女儿的授权，许可他人在教育电视台播放该电影。于是，引发版权侵权诉讼。第 2 巡回法院认为，作为演绎作品的电影享有独立的版权，被告有权继续播放该电影，而不侵害剧本的续展版权。

本案的被告因此认为，演绎作品的版权除了覆盖演绎者增加的内容外，还可以涵盖更多的内容。当演绎作品的版权过期后，整个作品进入公共领域，不在原作版权的约束。

法院认为本案与 Rohauer 有重要不同。首先，在 Rohauer 案中，法院强调死去的作者意图有偿转让小说的续展版权，这是一开始转让版权时谈判后该作者作出的承诺。而在本案中，被告并没有要求萧伯纳或者其继承人作出任何承诺。

其次，Rohauer 案中，被告 Killiam 对诉争电影依然享有有效版权。由于这一版权的存在，Killiam 被判定对那些源自小说原作的内容有充分的权利，因而可以继续将该内容作为电影的一部分去播放。在该案中优待演绎作品所有人的理由是，这可以鼓励那些经过原作者同意的创作演绎作品的演绎者作出贡献。然而，无论 1909 年版权法是如何地同情那些演绎作品的作者，本案的被告也不能从中得到好处，因为它没有对电影"Pygmalion"的制作作出任何贡献。另外，依据 Rohauer 案规则，当演绎作品的版权过期后，对于演绎者的同情是否继续存在，并不清楚。因为此后不再有两个版权互相冲突——这两个版权各自赋予两个权利人互相重叠的使用演绎作品中原作内容的权利。

思考问题：

（1）了解美国法的版权续展制度，这一因素的存在对于上述案件的结果有影响吗？

（2）如果授权他人演绎，而没有对演绎作品的使用期限作出明确规定，能否可以说在原作上就永远地设置了一种准物权性的负担，而这种负担对原作著作权的任何受让人都具有约束力？这一安排与美国法院的做法相比，何者更可取？

（3）为什么演绎作品版权有效，就可以自由使用该作品，而一旦演绎作品版权过期，则结果可能不同？这符合逻辑吗？

4.3 美国法上保护期的延长

1998年，美国国会修改《版权法》，将公司作品和依据1909年法案尚未进入共有领域的作品的保护期从75年延长到95年；其他作品的保护期从"终生加死后50年"延长到"终生加死后70年"。这一延长法案（the Sonny Bono Copyright Term Extension Act）是美国大公司出于自身利益游说国会的结果，在美国引发广泛的争议。在Eldred v. Ashcroft, 537 U.S. 186 (2003)案中，原告认为国会通过的上述法案违背美国宪法，提出挑战。这一案件的司法判决充分地展现了延长版权保护期限过程中，不同利益方的不同观点。美国最高法院主流意见维持了这一延长法案，认为版权期限长短的适当性审查超出法院的职权。在判决中，最高法院技术性地回避了反对意见提出的一些问题，比如版权保护期限是公共协商的结果，一经授权确定就不能更改、延长保护期限主要的受益者是现有的版权人，并不能对将来的版权创作起到实质性的激励作用（不到2%的版权在现有的期限届满后依然有价值）等。

第 12 章
著作权侵权

1 著作权侵权概述

1.1 直接侵权与间接侵权的二分

理论上,著作权侵权行为分为直接侵权和间接侵权。所谓直接侵权,是指行为人未经许可,直接实施了著作权法所禁止的使用作品的行为。比如,未经著作权人许可,复制、发行、演绎、表演、广播、通过网络传播作品的行为等,都是典型的直接侵权行为。

所谓间接侵权,相对直接侵权而言,是指那些本身并没有直接侵害著作权,但是为直接侵权行为提供诱因或帮助的行为。比如,行为人自己没有复制或发行作品,但是却为复制或发行人提供复印设备、用于拷贝的作品原件等物质帮助;行为人自己没有在网络空间复制或传播侵权作品,但是向网络用户提供网络服务,积极促成该用户直接复制或传播作品的行为。中国法上没有间接侵权的概念。实践中,法院通常利用共同侵权来解决间接侵权的问题。这在后文"间接侵权"一章有深入介绍。

本章和下一章分别对直接侵权和间接侵权进行讨论。在没有特别说明的情况下,本章所说的侵权都是指直接侵权。

1.2 侵权规则的立法模式

理想的著作权侵权规则的立法模式应该是"**具体权利内容加一般侵权规则**"。

所谓具体权利内容,是指《著作权法》(2010)第10条具体规定的著作权人所享有的权利内容,比如复制权、发行权、改编权、信息网络传播权等等。从侵权法的角度看,这些权利界定了侵权法上受保护权利或利益的范围,定义了著作权人有权禁止的行为类型。如果公众的某一行为落入这一分类类别,并且符合一般侵权要件,则通常属于著作权侵权行为。如果一项行为没有落入这一具体的分类类别,则自然没有直接侵权的问题。

所谓一般侵权规则,是指《侵权责任法》和著作权法所提供的不针对特定著作权利内容的侵权责任规范。一般侵权规范应明确侵权行为人是否应当有主观过错、作品抄袭的认定、侵权责任的类型与责任承担的方式等等。

在"具体权利内容加一般侵权规则"的模式下,立法者明确著作权的权利内容之后,并不需要逐项罗列具体的侵权行为类型。结合一般性的侵权规则,公众可以直接从权利内容条款中推导出侵权行为的具体类型。这类立法模式的最大优点是法律条文简洁,逻辑严密,避免了权利内容条款与具体侵权规则之间的冲突。

不过,中国的立法者并没有完全接受上述"具体权利内容＋一般侵权规则"模式。一方面,立法者在《侵权责任法》(2010)第2条宣布,著作权属于该法保护的民事权益。这意味着侵权法上的一般规则也适用于著作权侵权。另一方面,在中国《著作权法》上仔细罗列了权利内容和各种具体的著作权侵权行为。具体的条文是《著作权法》(2010)第47条和第48条:

第47条 有下列侵权行为的,应当根据情况,承担停止侵害、消除影响、赔礼道歉、赔偿损失等民事责任:

（一）未经著作权人许可,发表其作品的;

（二）未经合作作者许可,将与他人合作创作的作品当作自己单独创作的作品发表的;

（三）没有参加创作,为谋取个人名利,在他人作品上署名的;

（四）歪曲、篡改他人作品的;

（五）剽窃他人作品的;

（六）未经著作权人许可,以展览、摄制电影和以类似摄制电影的方法使用作品,或者以改编、翻译、注释等方式使用作品的,本法另有规定的除外;

（七）使用他人作品,应当支付报酬而未支付的;

（八）未经电影作品和以类似摄制电影的方法创作的作品、计算机软件、录音录像制品的著作权人或者与著作权有关的权利人许可,出租其作品或者录音录像制品的,本法另有规定的除外;

（九）未经出版者许可,使用其出版的图书、期刊的版式设计的;

（十）未经表演者许可,从现场直播或者公开传送其现场表演,或者录制其表演的;

（十一）其他侵犯著作权以及与著作权有关的权益的行为。

第48条 有下列侵权行为的,应当根据情况,承担停止侵害、消除影响、赔礼道歉、赔偿损失等民事责任;同时损害公共利益的,可以由著作权行政管理部门责令停止侵权行为,没收违法所得,没收、销毁侵权复制品,并可处以罚款;情节严重的,著作权行政管理部门还可以没收主要用于制作侵权复制品的材料、工具、设备等;构成犯罪的,依法追究刑事责任:

（一）未经著作权人许可,复制、发行、表演、放映、广播、汇编、通过信息网络向公众传播其作品的,本法另有规定的除外;

（二）出版他人享有专有出版权的图书的;

（三）未经表演者许可,复制、发行录有其表演的录音录像制品,或者通过信息网络向公众传播其表演的,本法另有规定的除外;

（四）未经录音录像制作者许可,复制、发行、通过信息网络向公众传播其制

作的录音录像制品的,本法另有规定的除外;

（五）未经许可,播放或者复制广播、电视的,本法另有规定的除外;

（六）未经著作权人或者与著作权有关的权利人许可,故意避开或者破坏权利人为其作品、录音录像制品等采取的保护著作权或者与著作权有关的权利的技术措施的,法律、行政法规另有规定的除外;

（七）未经著作权人或者与著作权有关的权利人许可,故意删除或者改变作品、录音录像制品等的权利管理电子信息的,法律、行政法规另有规定的除外;

（八）制作、出售假冒他人署名的作品的。

第47条和第48条所列举侵权行为加起来有19项之多,与第10条中的17项权利不相上下。从民事侵权的角度看,一项行为出现在第47条,还是在第48条并没有差别。因为这两条给这些著作权侵权行为所设定的侵权责任的承担形式是一样的,都是"停止侵害、消除影响、赔礼道歉、赔偿损失等"。第47条和第48条分立的法律意义在于,第48条的侵权行为有可能要承担更多的法律责任,即行政责任和刑事责任。承担行政责任的前提是该行为"同时损害公共利益"。不过,如后文所述,政府对公共利益做宽泛解释,从而几乎使得政府能够对第48条所列举的所有侵权行为追究行政责任。也正是因为立法者要让部分侵权行为承担额外的行政责任,这使得第48条单独列举部分侵权行为的做法变得不可避免了。

《著作权法》第47条和第48条对具体侵权行为的列举,对于公众而言,算是进一步明确了侵权行为的范围,有一定的积极意义。不过,这一列举也不是没有代价。它至少存在三个方面的问题:

其一,条文前后重复。在第10条明确著作权的内容之后,这里所列举的很多著作侵权行为都是不言而喻的。比如,"未经著作权人许可,发表其作品的"（第47条第（一）项）、"歪曲、篡改他人作品的"（第47条第（四）项）、"未经著作权人许可,复制、发行、表演、放映、广播、汇编、通过信息网络向公众传播其作品的"（第48条第（一）项）等等。这些条文所具备的新的规范意义非常有限。

其二,增加权利内容条款与侵权规则之间的协调问题。立法者在列举具体的侵权行为时,如果采用不同与第10条定义权利内容所采用的术语,则可能增加解释的难度。比如,第47条第5项采用了"剽窃他人作品"的概念。而何谓剽窃,在《著作权法》第10条的权利内容中并不能找到合理的答案。对剽窃的宽泛解释,可能导致《著作权法》第10条限制性规定失去意义。在司法实践中,典型的意见是:"著作权法所称的抄袭、剽窃是指将他人的作品或者作品的一部分据为己有,抄袭、剽窃包含着对作者署名权等**人身权利**的侵害。"[①]不过,这依然没有清楚地界定抄袭或剽窃的界限。其实,抄袭或剽窃差不多是部分复制加部分改编的行为。

再比如,第48条第（五）项规定"未经许可,播放或者复制广播、电视的"行为构成

---

① 王文喜 v. 何建明,北京高院（1999）高知终字第64号。

侵权。这里的"播放"就无法和前面关于广播组织邻接权的赋权条款第45条对应。依据第45条,广播组织有权禁止"将其播放的广播、电视转播"。其中,并没有所谓"播放"其广播或电视的内容。除非法院将第48条的"播放"限制于"转播",则可能出现前后不一致的局面。

其三,误导法院和公众,以为认定著作权侵权一定要从第47条或第48条中找到合适的条文依据。如果诉争行为无法为该条款所直接覆盖,则可能引发争议。

在中国现有的立法模式下,法院在解释第47条和第48条的侵权规则时,应该严格受到第10条和其他赋权条款(比如那些规定邻接权的条款)的约束。如果没有授权条款作为基础,第47条和第48条没有单独的适用价值。这么做的唯一困难是,制作和出售假冒他人署名的作品行为,没有合适的授权条款基础(如果不勉强并入署名权的话)。

将来,立法者没有必要列举出所有的具体侵权行为类型。如果一项行为落入了著作权的范围,法院应该可以直接基于一般的侵权规则确认侵权。当然,如果一定要找到更具体的法律依据,法院可以引用第47条第11项的兜底条款:"其他侵犯著作权以及与著作权有关的权益的行为"。

中国《著作权法》第3次修改时,立法者在《送审稿》(2013)中放弃了——列举民事侵权行为的做法,删除了第47条,替之以非常原则性的规定:"侵犯著作权或者相关权,违反本法规定的技术保护措施或者权利管理信息有关义务的,应当依法承担停止侵害、消除影响、赔礼道歉、赔偿损失等民事责任。"①这一进步值得肯定。

1.3 侵权主体的确定

当一项侵权行为涉及多个行为人时,确定谁是著作权法上的侵权行为人,尤其是谁是直接侵权行为人,是一个非常重要的问题。以侵害署名权或发表权为例。假若A未经许可将B的作品当做自己的作品,并在上面署上A的名字交付出版社C出版。出版社没有审查出其中的问题,将作品正式出版。这时候,B的署名权和发表权都受到侵害。侵害署名权、复制权和发行权的直接侵权行为人是A还是C?抑或,A和C是共同的行为人?

再以复印行为为例。A希望复印一本书,走进复印店,将书本交给复印店员工B,由B操作复印机完成复印,在A付费后,B将复印件交给A。这一过程中,谁是著作权法意义上的复制行为的行为人?备选的答案至少有五种:1)A是复制行为的主体,B可能是帮助人;2)B是行为的主体,A可能是教唆或引诱者;3)A和B是共同的行为主体;4)A是行为主体,B是无关者;5)B是行为人,A是无关者。如果我们假想存在一个中间商C,从A那里接受委托,然后再将复印任务外包给B,则上述问题的答案将更加复杂。

在判断一项侵权行为的主体时,法院并非简单地看谁从形式上完整地实施了该侵

---

① 《著作权法修改送审稿》(2013)第72条。

权行为的外在步骤。实际上,即便行为人没有完整地实施一项侵权行为的所有外在步骤,他依然可能被视为直接侵权人。比如,行为人可能与他人共谋分工完成直接侵权行为,也可能在没有共谋的情况下假他人之手完成全部的侵权步骤。在后一情形下,他人可能只是直接侵权人的手足的延伸而已。同样的,有时候行为人即便表面上完整地实施了直接侵权的所有外在步骤(比如印刷厂、复印店的被动复制行为),依然不是著作权法意义上的直接侵权行为人。

在判断谁是直接侵权行为人时,关键因素是看谁在主观上产生利用特定作品的具体意愿,并在客观上自行或通过他人付诸实施。参照这一标准,如果侵权行为的参与者原本并无侵害特定作品著作权的具体意愿,而单纯接受他人指使、委托而提供复制、制作、递送等服务,则通常并非直接侵权行为人。当然,这一标准背后其实有一定的政策性的权衡——更有效地预防侵权、确保著作权人获得赔偿等目标会左右决策者的选择。比如,作者和出版社之间的角色划分,就体现了这一点。究竟将作者视为出版社的手足,还是倒过来,理论上都是可能的选择。立法者可能自觉或不自觉地认为,相对作者而言,出版社在财力上处于相对优势地位,承担责任的能力更强,从而应该更多地承担复制、发行方面的直接侵权责任。而在网络环境下,立法者出于鼓励网络行业发展的考虑,又可能拒绝套用类似的逻辑将某些网络服务商视为出版者。

2 侵权作品的认定

著作权的权利内容众多,侵权行为的表现也各异。"未经作者或其他版权人许可而以任何方式复制、出版、发行、改编、翻译、广播、表演、展出、摄制影片等等,均构成对版权的直接侵犯。"[①]不过,所有这些侵权行为都有一项共同的基础,即利用了侵权作品(内容)。

一项作品要构成侵权作品,通常要符合三项要件:其一,侵权作品**抄袭**了版权作品中的内容,或者说,侵权作品含有源自版权作品的内容。其二,侵权作品的诉争部分与版权作品的相关部分实质性相似。其三,抄袭的内容为著作权法所保护。第三项条件是不言而喻的,因此很多时候法院会强调前两项条件,而忽略第三项条件的讨论。

当然,这里是在广义上使用"抄袭"的概念,包含部分抄袭或演绎,也包括100%的复制。因此,即便一模一样的复制品,也属于这里所说的抄袭产生的"侵权作品"。

2.1 存在抄袭:接触的可能性

著作权法上的基本原则是"没有抄袭就没有侵权"。所谓"抄袭",相对独立创作而言,是指侵权作品中的相关内容来源于受保护的作品,并非行为人的独立创作。独立创作的作品,即便与他人作品雷同,也不侵害他人著作权。这一原则使得著作权法在认定侵权方面与专利法有本质差异。后者只需认定被控侵权的方案是否与专利方

---

① 郑成思:《版权法(修订版)》,中国人民大学出版社1997年第2版,第207页。

案相同或等同,而无须关心是否存在抄袭行为。

著作权法对于抄袭的强调,可以降低社会公众避免侵权的信息成本——公众只要保证自己独立创作完成自己的作品,就无需担心侵害第三方的在先权利。也就是说,公众无须像专利法上的发明人那样去检索在先文献以确保自己不侵害第三方权利。显然,如果著作权法降低抄袭的认定标准,就可能威胁到公众在公共领域的独立创作的行动自由。

在绝大多数情况下,原告要直接证明被告的抄袭行为都是不可能的。因此,法律许可原告通过一些间接证据证明被告存在抄袭行为。比如,被告有接触原告作品的合理机会;原被告作品之间的实质相似;等等。

在很多情况下,只要版权作品发表在先,侵权作品出现在后,作品之间的惊人相似就足以让人确信二者之间存在抄袭,比如作品之间存在相同的错误、长篇文本之间毫厘不爽等。如果实质性相似没有达到完全排除独立创作或者共同参考公共领域及第三方作品进行创作并发生偶合的可能性时,法院可能要求原告提供进一步的证据,证明被告有合理的接触版权作品的可能性。比如在下面的 Selle v. Gibb 案中,法院就对实质相似本身是否足够直接推定存在抄袭持限制态度。

在美国版权法下,原告证明存在抄袭时,无须证明被告的抄袭行为是有意为之(intentional)。① 在一些极端情形下,抄袭者主观上无意抄袭,但是潜意识留存的一些记忆,使他不知不觉地走上抄袭的道路。这依然是著作权法意义上的抄袭。

Three Boys Music Corp. v. Bolton

212 F.3d 477(9th Cir., 2000)

Nelson 法官:

I. 背景

1964 年,Isley Brothers 为 United Artists 创作并录制了"Love is a Wonderful Thing"单曲。1966 年 United Artists 对外发行该单曲。1966 年 9 月,Billboard 将该歌曲列入排行榜,为第 110 名。该歌曲从未进入其他 Top 100 排行榜。1991 年,这一歌曲被制成光盘发行。

Michael Bolton 是一名歌手兼歌曲作者,通过翻唱 1960 年代灵魂歌曲于 1980 年代末、1990 年代初成名。1990 年初,Bolton 和 Goldmark 写了一首歌,叫做"Love Is a Wonderful Thing",并作为单曲于 1991 年 4 月发行。1991 年,该歌曲进入 Billboard 榜单,列第 49 位。

1992 年,Three Boys Music Corporation 提起版权侵权诉讼。

---

① Paul Goldstein, Copyright, Patent, Trademark and Related State Doctrines, Cases and Materials on the Law of Intellectual Property Law, (4th Edition), the Foundation Press, Inc. 1987, at 761.

II. 讨论

版权侵权的证据常常是非常间接的(highly circumstantial),特别是在音乐作品侵权案件中。作为原告,版权人必须证明(1)版权所有权;(2)侵权成立,即被告复制了原告作品中受保护的因素。在缺乏抄袭的直接证据时,证明侵权需要提供证据证明被告有接触原告作品的渠道(had access to),同时两个作品实质相似。

A. 接触渠道(Access)

接触渠道的证据要求证明"有机会看到或复制原告的作品"。这通常意味着被告有合理机会或合理可能性看到原告作品。我们已经指出,合理的接触渠道(reasonable access)要求应比"很小的可能性"(a bare possibility)要高。就 Nimmer 所说的那样,这里的合理机会,并非"任何事情都有可能"这一意义上的"很小的可能性"。不能仅仅通过臆测或猜想推断存在接触渠道。被告必须有合理可能性看到原告作品,而不仅仅是很小的可能性。很多时候,区分合理的可能性和很小的可能性,是一个很难的问题。

依靠间接证据证明合理接触渠道,可以采用下列两种方式之一:(1)在原告的作品和被告对作品的接触之间确立一系列的事件链条(比如和特定的出版社或产品公司发生交易);或者(2)原告的作品已经被广泛传播。

广泛传播的证明常常与"侵害流行歌曲是下意识的行为(subconscious)"的理论相伴。从 Learned Hand 法官在 1924 年的一个音乐侵权的案件中接受"下意识的复制"(subconscious copying)开始,这一理论就一直被采用。在 Fred Fisher, Inc. v. Dillingham, 298 F. 145(1924)中,Hand 法官指出:"每一件事情都存储在我们的记忆中某个地方。没有人知道什么东西可以唤醒它。一旦从表面上看,他人实际上使用了版权作品作为自己创作的来源,他就侵害了作者的权利。受记忆捉弄才犯这一错误,并不能成为侵权的借口。"在 Fred Fisher 案中,Hand 法官发现,两歌曲之间的对应之处相同,侵权很可能是在下意识的情况下发生的,所抄袭的内容是他在很短时间以前常常听到的内容。

不过,在现代案例中,下意识抄袭理论被用于认定时间间隔较长的歌曲抄袭上。ABKCO Music, Inc. v. Harrisongs Music, Ltd., 722 F. 2d 988 (2d Cir. 1983)是最著名的例子。在该案中,第 2 巡回法院支持陪审团的结论,认为 George Harrison 在创作歌曲"My Sweet Lord"时,下意识地抄袭了 Chiffons 的"He's So Fine",后者在 6 年前公开发行。Harrison 承认在 1963 年听过"He's So Fine",当时它在美国排行榜上五周排名第一,在英国七周位居前 30 名。法院指出:"仅仅证据本身并不一定能够得出有接触的结论,但也不能排除接触的可能性。不过,法院发现二者的相似性达到如此惊人的程度,在认定有接触之后,'该接触发生在很久以前'这一事实,并不成为否认接触存在的基础。"从接触到被告创作作品,有相当的时间间隔,并不妨碍抄袭认定。

本案中,Isley Brothers 的接触途径主张的基础是作品的广泛传播和下意识的抄袭。他们提交的证据表明,Bolton 和 Goldmark 可能有四种主要的途径接触 Isley Brothers 的"Love is a Wonderful Thing":

(1) Bolton 是听 Isley Brothers 等乐队的作品长大的,并且也唱他们的歌曲。1966

年，Bolton 和 Goldmark 分别 13 岁和 15 岁。Bolton 作证说，他从 10 岁或 11 岁开始，就一直听黑人歌手的节奏和布鲁斯音乐，对很多黑人歌手很欣赏。青年时代，他就作为乐队的主唱，表演黑人歌手们的流行歌曲。Bolton 还作证，他的哥哥有相当好的唱片库。

（2）三个音乐 DJ 作证指出，在 Bolton 和 Goldmark 成长过程中，Isley Brothers 的歌曲在电台和电视台广泛播放。[具体事实细节从略。]

（3）Bolton 承认，他是 Isley Brothers 的超级歌迷，收藏他们的音乐。Ronald Isley 作证，1988 年 Bolton 见到 Isley 时，Bolton 说，"我认识这家伙……我有他的全部东西。"

（4）Bolton 曾经怀疑他和 Goldmark 抄袭了其他有名的灵魂歌手的歌曲。Bolton 制作了一个工作磁带，试图证明他和 Goldmark 独立创作了"Love Is a Wonderful Thing"。在该磁带中，Bolton 问 Goldmark，他们正在创造的歌曲是否是 Marvin Gaye 的"Some Kind of Wonderful"。区法院认为，这一事实表明 Bolton 实际上在考虑他们创作的作品或者该作品的局部来源于他人作品的可能性，尽管 Bolton 并不确信它属于谁。一个正常的陪审团可以推断，Bolton 错误地将该作品归属于 Marvin Gaye，而实际上 Bolton 是在下意识地利用原告的歌曲。

上诉人质疑，Isley Brothers 的接触理论相当于一种"在时隔 25 年后的下意识抄袭主张"。[言下之意，太不可靠因而不能接受。]的确，这是比 ABKCO 案更薄弱的关于合理接触渠道和下意识抄袭的案例。本案中，上诉人从未承认听过 Isley Brothers 的"Love Is a Wonderful Thing"歌曲。这一歌曲也从未进入排行榜前 100 名。在 1991 年之前，这一歌曲从未被收录在专辑或唱片中发行。1991 年已经是 Bolton 和 Goldmark 创作他们的歌曲后的一年。Isley Brothers 也从未主张说，Bolton 和 Goldmark 的歌曲是如此的相似以至于对于 Isley Brothers 的歌曲的接触途径直接推定而无需证明。

尽管 Isley Brothers 的合理接触渠道理论比较弱，上诉人还是充分利用机会向陪审团陈述案情。三个节奏和布鲁斯音乐专家作证，他们从未听过 Isley Brothers 的"Love Is a Wonderful Thing"。而且，Bolton 提供的 1966 年的电视指南表明，上述歌曲从未在他们生活的康州（Connecticut）的电视中播放。Bolton 同时指出，在版权局登记的叫做"Love Is a Wonderful Thing"的歌曲有 129 个，而在 1964 年之前，就有 85 个。

Isley Brothers 的合理接触意见并非没有道理。青少年通常是热心的音乐爱好者。完全有可能，康州的两个热爱节奏和布鲁斯音乐的少年记住了 Isley Brothers 的一首通过电台和电视台播放了数周的歌曲，然后在二十年以后下意识地抄袭它。而且，Ronald Isley 作证，当他们见面时，Bolton 说"我有他的全部东西"。最后，就像区法院所指出的那样，Bolton 关于 Marvin Gaye 和"Some Kind of Wonderful"的陈述表明，Bolton 相信他可能抄袭了其他人的歌曲。

最后，关于接触途径，我们很小心地接受 Frank 法官在 Arnstein v. Porter 案中的警示："[原审]法官认为原告的故事很荒诞；从他对被告的证据开示内容的援引，法官显然接受了被告否认存在接触和抄袭的意见……但是，原告的可信度（即使涉及不大可能的事物）应该交由陪审团决定。"

在本案中，Baird 法官注意到 Frank 法官的警示，指出："本法庭并没有认定，一个合理的陪审团所能得出的唯一结论是，被告没有接触过原告的歌曲。我们需要记住的是，本院要解决的问题不是原告是否通过证据优势(by a preponderance of evidence)证明接触(access)存在，而是正常合理人(reasonable minds)是否能认为，被告在创作自己的歌曲之前有合理机会(reasonable opportunity)听到过原告的歌曲。"

虽然我们可能得出与陪审团不同的结论，但是我们还是认为陪审团关于接触的结论得到实质性证据的支持。我们不是要在版权案件中确立新的"接触"标准；我们只是说我们不干扰陪审团在这一问题上对事实和可信度(factual and credibility)作出判断。

B. 实质相似

依据我们的判例法，实质性相似与接触是密不可分的两个问题。根据所谓的"反比规则"(inverse ratio rule)，当证明接触的可能性很大时，我们对实质性相似的证据要求相对较低。而且，在没有关于接触的任何证据的情况下，版权人依然能够通过证明歌曲惊人的相似来证明存在侵权。

实质相似通过两项测试(a two-part test)来证明，即外在相似性和内在相似性(extrinsic similarity and intrinsic similarity)。首先，外在测试(extrinsic test)要求原告利用客观标准确定具体因素(concrete elements)。这通常要求对作品进行切割分析以及专家证言。在外在测试通过后，事实的认定者将适用内在测试(intrinsic test)。内在测试是主观的，要回答的问题是"正常合理人是否会发现作品的整体概念和感觉(total concept and feel)实质性相似"①。

我们并不事后武断怀疑(second-guess)陪审团的内在测试的结论。See Krofft 562 F. 2d at 1166（因为表达层面的内在测试适宜由事实的判断者来决定，本法院不愿意推翻它。）不仅如此，在缺乏明显的法律适用错误的情况下，我们不会推翻外在测试所得出的事实性结论。在外在测试法下，陪审团可以在作品整体的印象和效果显示有实质性盗用(substantial appropriation)的情况下，认定一些不受保护的要素组合在一起获得保护。

1. 实质相似的证据

Bolton 和 Goldmark 争辩说，并没有充分证据证明实质相似，因为 Isley Brothers 的专家证人并没有能够证明他们抄袭了由不受保护要素组成的组合(a *combination* of unprotectible elements)。②相反，Eskelin 作证，该两首歌含有一个由五个不受保护要素加起来的组合(a combination)：(1) 主题片段(title hook phrase)（包括歌词、节奏和音调）；(2) 变化的终止(shifted cadence)；(3) 乐器特征(instrumental figures)；(4) verse/

---

① 本书作者注：在 Dawson v. Hinshaw Music Inc. ,905 F. 2d 731,732—733(4th Cir. , 1990)案中，法院对于内在测试和外在测试有明显不同的理解，认为内在测试是要判断两作品所表达的思想是否相似，而外在测试是看作品对该思想的表达是否相似。

② 本书作者注：这里的潜台词似乎应该是没有直接抄袭受保护的单个要素。

chorus 关系；以及(5)淡出式的结尾(fade ending)等。上诉人的专家证人 Anthony Ricigliano 承认，两个歌曲之间有相似之处，他并没有发现其他作品中含有 Isley Brothers 歌曲中所谓的由不受保护的要素的组合。陪审团听取了双方专家的证词，然后基于上述要素的独特汇编(unique compilation)而认定侵权。我们拒绝干预陪审团的关于[事实]可信度的判断，也没有发现陪审团关于实质相似的结论有明显错误。

2. 独立创作(independent creation)

……

3. 反比规则

虽然本案可能是一个"接触"方面证据较弱，同时，实质相似的证据也比较间接的案子，但是，二者都不能推翻陪审团的裁定。代表唱片业和电影行业的意见反对降低音乐版权侵权的认定标准。本案并没有这样的风险。第9巡回法院的反比规则要求，在"接触"方面有较强证据时，实质相似的证据可以弱一些。本案中，证明"接触"的证据较弱。但是，我们从未指出，在"接触"方面证据较弱时，反比规则要求更强的实质相似的证据。这里，我们无意重新定义实质相似测试标准。我们只是认为，本案中有实质性证据；利用这些证据陪审团可以认定本案存在"接触"和"实质相似"。

思考问题：

(1) 如果法院只是基于现有证据考虑正常合理人是否相信被告抄袭，为什么还要考虑无意识的抄袭和故意的抄袭呢？能否说，只要相信有抄袭就足够了，无须考虑有意或无意？

(2) 这里，法院提到的一项事实是，"在版权局登记的叫做'Love Is a Wonderful Thing'的歌曲有 129 个，而在 1964 年之前，就有 85 个"。这一事实与被告是否抄袭有关吗？

(3) 第9巡回法院的反比规则，有合理性吗？本案的法官如何看待这一规则？

Selle v. Gibb

741 F. 2d 896(7th Cir. ,1984)

Cudahy 法官：

1975 年秋天，Selle 创作了一首歌，"Let It End"。他在芝加哥地区演唱该歌曲 2—3 次。他还向 11 家唱片公司邮寄该歌曲的磁带，其中 8 家退回他的材料，3 家没有反应。这就是他的歌曲公开的情况。1978 年五月，Selle 第一次得知 Bee Gees 的歌曲"How Deep Is Your Love"，认为该歌曲采用了自己的音乐，尽管歌词不同。不过，Bee Gees 坚称自己的团队独立创作了该歌曲。

根据专家证人 Parsons 博士的证词，在每首歌的第一个八小节(first eight bars)(主旋律 A)中，原告的作品有 34 个音符，被告有 40 个音符，其中 24 个音符的音高和 symmetrical position 相同。在原告作品的 35 个和被告的 40 个节奏韵律(rhythmic impulses)中,30个是相同的。在两首歌最后的四小节中(主旋律),14个音符的音高相同,14个节奏韵律中的11个相同。主旋律A和主旋律在两首歌中出现在相同的位置上,但是伴奏内容(intervening material)不同。

Parsons指出,在他看来,这两首歌有如此惊人的相似之处,不可能是相互独立创作的结果。他还说,他没有见过不同作曲者的两首歌如此相似。不过,在多个场合,他不愿意说这一相似性是抄袭所致。

陪审团作出对原告有利的裁决,可是一审法官忽略了陪审团的裁决,同意重新审理本案。他认为,原告没有能够证明被告接触过原告的歌曲。没有接触,则无论两个音乐作品是何等的相似,也不能认定侵权。同时,原告也没有能够反驳被告所谓独立创作的主张。一审法官拒绝接受基于实质性相似或惊人相似(striking similarity)这一事实来推论被告接触过原告作品。

……

III

Selle的主要理由是,既是缺少关于接触的直接证据,从诉争作品之间的惊人相似这一事实可以推论存在接触或抄袭。

要证明版权侵权成立,原告必须证明:(1)原告对诉争作品的版权;(2)该作品的独创性;(3)被告抄袭了该作品;(4)两个作品之间实质性相似。本案中诉争的焦点是抄袭的证据。

抄袭的证据对于任何版权侵权指控都至关重要,因为如果被告没有抄袭诉争作品,则即便两个作品非常相似甚至完全一致,也不侵权。但是,由于抄袭的直接证据很少能够得到,原告可以利用一些间接的证据来证明这一点。证明抄袭的关键因素之一是证明接触的证据。原告可以提供关于接触的直接证据,比如作品被直接送给被告或与被告关系密切者。原告也可以证明诉争作品已经被广泛传播,从而证明被告由接触作品的合理可能性。

如果原告没有证明接触的直接证据,依然可以利用"作品的惊人相似不可能由独立创作、巧合或共同来源等因素导致"这一事实推论接触的存在。如果原告提供的关于惊人相似的证据足以推论接触存在,则推定满足了抄袭的证明要求,尽管认定侵权的第4项要素(实质性相似)依然要求原告证明被告拷贝了诉争作品的实质性内容。

原告理论的问题在于,无论两个作品是多么的相似,该相似性本身(similarity per se)并不能够当然地确立"接触"的事实。相反,相似性这一事实与作品的性质、诉争音乐作品的类型和其他间接证据一道,倾向于证明"接触"的事实。换句话说,惊人相似只是倾向于证明接触的一类间接证据,不能孤立的考虑。它必须和其他与证明接触有关的间接证据一道考虑。

作为最低限度的要求,原告至少有其他一些证据证明被控侵权者有接触诉争作品的合理可能性。如前所述,两个作品可能所有的细节都一致,但是如果被控侵权者独立创作了该作品或者源于公共领域的共同来源,则没有侵权。因此,如果原告承认自己一直对自己的作品保密,则从逻辑上没有办法从惊人相似推论接触存在。因此,尽管人们经常说惊人相似本身能够确立接触的事实,在判决的案件中这一情形非常罕见。被告总是要提交充分证据证明有接触的合理可能性,陪审团不能仅仅依据猜测和臆想来推断存在接触。

最困难的情形是,原告不能证明自己的作品和被告之间有任何直接联系,但是自己的作品被广泛传播,这时候推定被告接触过作品并非不合理。在 Cholvin v. B. & F. Music Co., 253 F.2d 102 (7th Cir. 1958)案中,原告对外提供了 2000 多份乐谱和 20 多万张磁带,并且在全国范围的电台广播诉争作品。法院认为,结合这些间接证据和二者作品之间的相似性,可以合理推论侵权成立。在 Abkco Music, Inc. v. Harrisongs Music, Ltd., 722 F.2d 988, 997—99 (2d Cir. 1983)案中,法院根据所谓的无意识的抄袭理论(a theory of subconscious copying)认定存在版权侵权。在该案中,诉争的作品,"He's So Fine",当年曾经是美国持续四周的最为流行的歌曲,在英国持续七周进入前 30 名排行榜。被告创作作品的时间也是在当年。被告也承认两首歌曲惊人相似。结合这些证据,法院认为侵权成立。在 Jewel Music Publishing Co. v. Leo Feist, Inc., 62 F. Supp. 596, 598 (S.D.N.Y. 1945)案中,诉争的歌曲发行了一万多个拷贝,也在全国范围内广播。法院依然认为这不足以证明被告对该作品有合理的接触。

本案中,已有的证据表明,Selle 歌曲的可接触程度很低,几乎可以忽略不计。一审法官认为,除了猜测(speculation),原告的证据并没有能够证明被告接触过他的歌曲。被告有大量的证据证明其独立创作的过程,并无可疑之处。因此,原告没有满足证明存在接触可能性的最低证据要求。一审法院的这一结论是正确的。

IV

法院进一步分析,认为两个作品之间所谓的"惊人相似",并没有达到可以合理推论存在接触的程度。

对于"惊人相似"提供准确的定义,并非易事,人们常常陷入武断结论或循环定义的怪圈。Sherman 教授定义的"惊人相似"是指作品之间的相似达到了"即便没有接触方面的证据依然可以推论存在抄袭"的程度。Nimmer 教授说,在缺乏接触证据的情况下,作品之间的相似比如达到如此惊人的程度,以至于排除了被告独立创作达到相同结果的程度。

"惊人相似"并非仅仅是两个乐谱中相同音符的数量函数。分析二者相似程度的一个重要的考虑因素是相近似部分自身的独特性。如果诉争作品中有脱离常规的模式因素或明显的错误,而被控侵权的作品重复了这些因素或错误,则很有可能两个作品之间有联系。如果相似的地方尤其复杂,则两个作品更有可能是相关联的。最后,有些不同点可能尤其可疑。它可能是被告为故意制造不同的假象而设置的。这些方法源于文学作品的侵权分析,也同样适用于音乐作品。

司法确立的"惊人相似"的定义要求,原告必须证明此类相似性只能是抄袭所致,不可能是巧合、独立创作或共同的在先来源所致。"惊人相似"的判断是一个很难的技术性问题,适宜由专家来判断。

在本案中,原告几乎完全依赖 Parsons 博士的专家证词。被告并没有提供任何专家证词,显然是因为他们并不认为需要反驳 Parsons 的证词。被告在一定程度上是正确的:尽管 Parsons 博士在古典音乐理论领域很有名,但是并不一定适合分析流行英语的曲调。更重要的是,尽管 Parsons 使用了"惊人相似"这一魔力词汇,他只是排除了独立创作的可能性,他并没有说相似性只可能是抄袭的结果。要使得惊人相似的证据能够合理推论出"接触"的结论,尤其是在证明接触的直接证据非常少的本案中,原告必须排除相似性由抄袭之外的原因导致的可能性。

另外,要支持独立创作不可能的专家结论,应该有关于两个乐谱的复杂性或独特性的证词或其他证据。Parsons 的证据并没有提到这一点。在流行音乐领域,所有的歌曲都相对较短,倾向于重复相同的基本主题,此类证词就显得非常有必要。我们认为,专家关于惊人相似的武断结论能够弥补缺乏直接证明接触的证据缺陷。

原告的专家证词并没有提到两首歌曲源于公共的在先源头的可能性。在庭审中,原告的律师认为,证明公共源头的责任在被告一方。但是,证明"惊人相似"的责任在原告一方,这一证明责任本质上要求采取措施降低相似源于公共源头的可能性。尽管在非法律意义上这一相似性可能是惊人的,但是原告没有能够证明,专家证人所指出的相似性达到了能够排除偶合、独立创作或共同来源的程度。

思考问题:

这一法院的标准比美国其他法院的标准可能要严厉一些。在这一法院看来,在任何时候都无法利用"惊人相似"作为唯一证据来推论抄袭存在? 这符合证据法的内在逻辑吗? 相似程度达到非抄袭否则无法解释的情形,应该比比皆是吧? 比如,文字作品中无数相同的错误、一模一样的画作等等。这时,除了相似本身以外,还要其他证据吗?

薛华克 v. 燕娅娅

北京市二中院(2011)二中民终字第 21796 号

上诉人薛华克在原审中起诉称:薛华克长期从事摄影创作,系中国摄影家协会会员、英国皇家摄影学会终身会士。长期以来,薛华克深入新疆创作了"塔吉克人"系列摄影作品,并多次结集出版、展览,还曾获多个国际奖项。2005 年,薛华克与燕娅娅相识,燕娅娅以欣赏为由索要作品。薛华克遂将一些作品的洗印件或书籍赠与燕娅娅。但近来,薛华克发现燕娅娅擅自将薛华克创作的摄影作品《无名(特征为戴戒指的老人)》(以下简称《老人》)演绎为油画作品《奶奶》并展览、出版。燕娅娅将上述油画作品均收录在其所著的《山上山下:燕娅娅油画作品》一书中。薛华克认为,燕娅娅未经许可对薛华克所创作的摄影作品进行演绎,并进行展览、出版,侵犯了薛华克对该作品享有的改编权。故诉至法院,请求判令燕娅娅停止侵权、销毁侵权作品,在《中国摄影报》及一家全国性美术报刊上公开赔礼道歉,赔偿经济损失 1.5 万元。

被上诉人燕娅娅在原审中答辩称:第一,涉案被控侵权的油画作品是燕娅娅独立

图片来源：http://news.artxun.com/youhua-1591-7952305.shtml。

创作完成的,不存在侵犯薛华克著作权的行为。燕娅娅多次进入帕米尔高原进行写生、创作,由于双方曾一起进行创作,针对同一人物,在燕娅娅绘画的时候,薛华克进行拍照,双方作品属于同时完成,因此,必然会存在一定的相似性。第二,燕娅娅的油画作品发表时间在先,客观上不存在抄袭薛华克摄影作品的可能性。第三,燕娅娅的油画作品市场售价达到几十万元一幅,而薛华克的作品价格只有几十元,完全没有必要去临摹其作品。第四,薛华克主张摄影作品的改编权缺乏法律依据,著作权规定的改编权主要限于文字作品……

原审法院查明以下事实：

薛华克为摄影家,系中国摄影家协会会员;燕娅娅系油画专业创作者,所创作的油画曾多次入选全国性美术展览。2005年,薛华克和燕娅娅分别前往帕米尔高原,以当地居民为对象进行创作,并在当地相遇。

诉讼中,薛华克称《老人》即在当时拍摄完成,并提交了该作品的胶片底片。此后,薛华克在其所著的《摄影名家大讲堂》一书第9页刊登了一张与上述作品相近的作品,该书由浙江摄影出版社于2009年1月出版。但薛华克未就涉案摄影作品的发表情况提供证据。

2006年12月,天津人民艺术出版社主办的《中国油画》杂志2006年第6期上收录了燕娅娅的油画作品《奶奶》(注明尺寸:125cm×170cm)。2007年5月,燕娅娅油画作品集《娅娅山上的故事》一书由香港基亚印刷有限公司出版,该书亦收录了油画《奶奶》(注明:170×125cm 2005),燕娅娅称此处注明的"2005"即为油画的创作年份。

将《老人》与《奶奶》进行比对，两幅作品均以手戴戒指的老人脸部特写为画面主要内容，二者在人物的五官特征、姿态、眼神以及头巾的特征等方面相似，但前者为黑白照片，后者为彩色油画，且画面清晰度及手指上戒指的位置不同。

诉讼中，燕娅娅称薛华克是由其带到居民家中，在人物摆好姿势后，其进行绘画的同时，薛华克进行了拍照。薛华克则提出是其先行拍摄的照片，燕娅娅看到照片后，向其索要并据此绘制油画，但双方均未就此提供相应证据。此外，燕娅娅还提出其与薛华克于20世纪90年代在西藏从事创作时相识，薛华克则表示二人于2005年在帕米尔高原遇到时才认识。

燕娅娅为证明涉案油画系其自行创作提交了一张草图（草图上附有画中老人家属的证言，称画中形象系燕娅娅于2005年绘制）、画中老人的照片、燕娅娅与老人家属签订的肖像权使用合同等。

诉讼中，燕娅娅还提交了一张录像光盘，该光盘显示薛华克参加了其于2006年4月举办的个人画展，该画展上展出了涉案油画《奶奶》。燕娅娅表示上述事实表明薛华克在参加画展时已经知道上述油画的存在，且该油画刊载于2006年12月的《中国油画》杂志上，薛华克作为美术学院教师应知道该情况，故薛华克的起诉超过了诉讼时效。薛华克则提出其在燕娅娅的画展上发现涉案油画后，即要求燕娅娅停止侵权，燕娅娅当时已口头同意；而刊载涉案油画的出版物均是此后陆续发现的，且燕娅娅的侵权行为仍在持续，故起诉并未超过诉讼时效……

原审法院认为：当事人提供的涉及著作权的底稿可以作为证明著作权属的初步证据。现薛华克提供了摄影作品《老人》的底片，在无相反证据的情况下，可以认定其为该作品的拍摄者，依法享有著作权。

本案中，薛华克主张权利的作品为摄影作品，其指称燕娅娅的涉案油画《奶奶》系对其上述作品进行改编而来。判断燕娅娅是否侵犯薛华克的著作权，关键在于确定油画《奶奶》是经燕娅娅独立创作产生，还是使用薛华克摄影作品中的内容进行的改编。

根据现有事实，首先，薛华克没有证据证明其向燕娅娅提供了涉案照片的底片或冲洗件，也没有举证证明该作品已经对外发表，现有证据无法证明燕娅娅在创作涉案油画时有机会接触到其摄影作品。并且，燕娅娅本人确与薛华克在同一时间前往帕米尔高原进行创作，并提交了其当时创作的草图印证其创作的事实。因此，现有证据不足以证明燕娅娅创作涉案油画时使用了薛华克的摄影作品。其次，《著作权法》允许不同作者对同一思想、题材进行各自的独立创作，只是创作过程中不得使用他人作品具有独创性的表达方式。《最高人民法院关于审理著作权民事纠纷案件适用法律若干问题的解释》第15条规定，不同作者就同一题材创作的作品，作品的表达系独立完成且有独创性的，各自享有独立的著作权。就本案而言，薛华克的摄影作品《老人》和燕娅娅的油画《奶奶》是以相同人物为特定创作对象的写实作品。通过比对，二者存在的相同之处主要属于人物本身固有的形象、姿势和神态，既非燕娅娅臆想产生，也非薛华克在拍摄过程中创造产生。作为不同类型的作品，油画《奶奶》与摄影作品《老人》的创作手法、使用的介质材料均不相同，且油画《奶奶》的尺寸、颜色以及局部细节等表现方式与摄影作品《老人》也存在差异。综上所述,不能认定燕娅娅在油画《奶奶》中使用了薛华克摄影作品《老人》的内容,燕娅娅并未侵犯薛华克的著作权。因此,对薛华克的诉讼请求,原审法院不予支持。

......

上诉人薛华克不服原审判决,向本院提出上诉,请求撤销原审判决,依法改判支持薛华克原审全部诉讼请求。上诉人薛华克的上诉理由是:1. 薛华克在一起案件中主张了八幅摄影作品的著作权,燕娅娅的八起侵权行为是一个整体和连续的行为,可以相互印证,而原审法院仅就其中一幅摄影作品单独先行判决,程序违法。2. 原审法院认定事实错误:(1) 原审法院认可燕娅娅提交的草图和所谓的证言,这是错误的;(2) 原审法院认为现有证据不能证明燕娅娅创作的涉案油画系改编自薛华克的摄影作品,这是违反客观事实和艺术作品的特性的。3. 原审法院适用法律错误:(1) 涉案油画不是燕娅娅独立完成的,其表达也没有独创性;(2) 作为瞬间艺术的摄影与绘画创作记录方式不同,即使对于同一人物,也不可能在形象、姿势和神态上丝毫不差,不同的作者会通过不同角度加以艺术再现,作品肯定是不同的;(3) 涉案油画与摄影作品的差异并非独创性的认定标准,更不能因此认为燕娅娅没有侵权。

......

另查,薛华克向原审法院提起诉讼,在一案中主张燕娅娅根据其创作的《次仁卓玛》《初为人母的美丽》《无名》(特征为手托脸庞的男孩)、《窗边的塔吉克女孩》《无名》(特征为头披橘黄布的孩子)、《塔合(禾)曼少女》《无名》(特征为红脸的女孩)、《无名》(特征为戴戒指的老人)等八幅摄影作品演绎为油画,侵犯了薛华克对上述八幅摄影作品享有的改编权……原审法院进行了分案处理。

本院认为:薛华克主张的八幅摄影作品分别独立享有著作权,薛华克主张燕娅娅的侵权行为亦是八个独立的诉讼主张,即使有相互关联的证据也可分别提出。在薛华克明确针对每幅摄影作品的索赔金额及其他诉讼请求的情况下,原审法院分案处理,并无不当。因此,薛华克关于原审法院程序违法的上诉主张,缺乏依据,本院不予支持。

根据相关规定,当事人提供的涉及著作权的底稿、原件、合法出版物、著作权登记证书、认证机构出具的证明、取得权利的合同等,可以作为证据。在本案中,薛华克提交了涉案摄影作品《老人》的底片,在没有相反证据的情况下,本院认定薛华克是涉案摄影作品的拍摄者,依法享有著作权。

本案的争议焦点问题为燕娅娅是否改编了薛华克拍摄的涉案摄影作品。

首先,关于燕娅娅在创作涉案油画之前是否曾接触过薛华克的涉案摄影作品的问题。对于该问题,应由薛华克负担举证责任。但薛华克并未举证证明其曾向燕娅娅提供过涉案摄影作品,亦未举证证明涉案摄影作品在燕娅娅创作涉案油画之前曾发表。而且,燕娅娅已举证证明其曾为涉案油画中的模特作画,薛华克虽提出原审法院错误认可燕娅娅提交的草图和所谓证言的主张,但未能提出反证予以证明,故薛华克的该项上诉理由,缺乏依据,本院不予采信。

其次,关于涉案油画与涉案摄影作品在内容方面的关系问题。摄影作品的独创性在于拍摄内容、拍摄时间及地点、镜头、位置与角度、光圈、速度、曝光时长等因素的选择,内容为真实人物的摄影作品的独创性还应包括对于模特的选择、模特姿态的安排及情绪的调动等。油画作品的独创性则在于绘画内容与绘画用品的选择、绘画技法的表现等方面,内容为真实人物的油画作品的独创性还应包括对于模特的选择、模特姿态的安排及情绪的调动等。对比涉案油画与涉案摄影作品,二者的内容为同一真实人物,表现的部位均为戴白色头巾人物的头部正面,均为戴戒指的左手托腮。

根据相关规定,不同作者就同一题材创作的作品,作品的表达系独立完成且有独创性的,各自享有独立的著作权。在本案中,薛华克未能举证证明燕娅娅在创作涉案油画之前曾接触过涉案摄影作品,由于涉案油画与涉案摄影作品的内容为同一真实人物,该人物本身的形象不是上述两作品的著作权保护要素。因此,薛华克关于原审法院认为现有证据不能证明燕娅娅创作的涉案油画系改编自薛华克的摄影作品,这是违反客观事实和艺术作品的特性的以及原审法院适用法律错误的上述主张,缺乏依据,本院均不予采信。

(冯刚、韩羽枫、杨静法官)

思考问题:

(1)本案中,在法院看来,原告还要证明哪些内容才能完成证明被告存在抄袭行为的证据?合理吗?

(2)假定存在接触,本案中作品是否达到了惊人相似的程度?相同部分受到著作权法保护吗?

2.2 实质相似

被控侵权作品与版权作品之间的实质相似,有双重意义:首先,如前所述,它是后续作品抄袭在先作品的证据。尤其是两个作品之间惊人相似的时候。其次,实质相似本身是侵权构成的要件。[1]

理论上,证明"存在抄袭"的"实质相似"与证明作品侵权的"实质相似"有不同的认定标准。前者可以由**本领域的专家**,对作品进行分割后来确认抄袭的存在。比如,在先作品中出现的错误,如果同样出现在在后的作品中,则构成明显的抄袭的证据。

后者,即证明侵权的"实质相似"则有本领域的普通观察者(Average Lay Observer)来判断。[2]在比较过程中,要对抄袭部分进行整体比较,而不是人为分割逐点进行对比。[3]普通观察者的范围也会因为作品的不同而有着很大的差异。当然,原告所指控的被侵权作品的范围的界定,非常重要。如果划定得过宽,涵盖太多的被告并未抄袭

---

[1] Donald S. Chisum, Michael A. Jacobs, Understanding Intellectual Property Law, Mattew Bender, 1992, at §4F[1][d] 4—157.

[2] Ideal Toy Corp. v. Fab-Lu Ltd., 360 F. 2d 1021, 1022, 149 U.S.P.Q. 800 (2d Cir. 1966).

[3] Donald S. Chisum, Michael A. Jacobs, Understanding Intellectual Property Law, Mattew Bender, 1992, at §4F[2][a] 4—160.

的内容,则可能导致被控侵权的作品与原告作品并不实质性相似。如果划定得太窄,则可能导致被控抄袭的部分不具备著作权法意义上的独创性,也无法认定侵权成立。

2.2.1 判断侵权的比对方法

在判断侵权时,对比的范围是涉嫌抄袭的部分,而不是对包含非侵权部分的两个作品进行整体上的对比。在 Sheldon 案中,著名的 Hand 法官指出:"剽窃者并不能通过证明自己作品中存在多少非抄袭内容的方式来摆脱抄袭责任。"[1]这已经成为后来侵权诉讼中比较作品的指导原则。[2]该案也是 Hand 法官继 Nichols 案后另外一个最为著名的案例。

在中国司法实践中,的确有法院采用诉争作品整体比对的例子。比如,在深圳市帝慧科技实业有限公司 v. 连樟文等一案中[3],法院需要判断两个软件是否实质相似。两个鉴定机构得出相反的结论。关于本案的评论透露了软件比较的珍贵细节,从中我们可以看出,他们从整体上比较两个软件,而不是先选定在先作品中的相关部分(也是受保护的部分),然后看在后作品是否抄袭了这些部分并与之实质性相似。[4] 这一方法可能是错误的。

2.2.2 判断侵权的主体

在侵权判断中认定实质性相似的主体是相同领域的普通观察者(ordinary observer)或普通读者(消费者)[5],而不是该领域的专家。之所以采用普通读者而不是专家作为判断主体,是因为普通读者的选择决定着作品的实际市场价值。侵权作品之所以被视为侵权,是因为它会从市场上替代版权作品。普通读者如果认为侵权作品构成市场替代,才真正说明在先作品的市场价值受到在后侵权作品的威胁。在这一点上,普通读者的判断力比相同领域的专家更可靠。当然,不同作品针对的市场群体不同,因此侵权判断的主体会因为作品的不同而有所不同。

理论上,存在这样的可能性:普通读者认为两个作品实质性相似,而本领域的专家作者则认为作品之间相差甚远。比如,普通读者看两根印第安风格的图腾柱,很容易得出大致相似的结论,而对图腾柱有过深入研究的雕塑家则很容易看出两个图腾柱之间的细微差异。《著作权法》采用普通消费者标准,在一定程度上迫使创作者考虑普通消费者的感受,主动与在先作品保持距离。

---

[1] Sheldon v. Metro-Goldwyn Pictures Corp., 81 F.2d 49, 56 (2d. Cir.), cert. denied, 298 U.S. 669 (1936).

[2] Crag Joyce, William Patry, Marshall Leaffer, Peter Jazi, Copyright law (3rd Ed.) Matthew Bender & Co. Inc. 1997, at 729.

[3] 深圳市中级人民法院(1997)深中法知初字第 007 号,广东省高级人民法院(1997)粤知终字第 55 号,审监案号:最高人民法院(1999)知监字第 18 号。

[4] 最高人民法院民事审判第三庭:《最高人民法院知识产权判例评解》,知识产权出版社 2001 年版,第 490 页。

[5] Peter Pan Fabrics, Inc. v. Martin Weiner Corp.,274 F.2d 487,489 (1960).

Dawson v. Hinsaw Music Inc.

905 F. 2d 731, *cert. denied*, 111 S. Ct. 511(1990)

Murnaghan 法官：

［本案涉及的问题是两个音乐作品的相似性判断。区法院在判断被控侵权作品与版权作品相应部分是否实质性相似时，采用了所谓的"普通观察者测试法"（the ordinary observer test，有时候也被称作内在或主观测试法（intrinsic or subjective test）），在没有专家证词的情况下，判断作品的"整体概念和感觉"（the total concept and feel）是否相似。更具体地说，区法院将"普通观察者测试"解释为"普通的外行观察者测试"（ordinary lay observer test），要求版权人 Dawson 证明对于外行观察者而言，作品的表达实质相似。除了提供专家证词评估了两项作品的外在相似性外，原告所提供的关于作品实质相似的证据就是两项音乐编排的活页乐谱。Dawson 并没有提供音乐作品的演唱录音。区法院认为，对于普通的外行观察者而言，仅仅面对活页乐谱，他并不能判断两个作品是否实质相似。上诉法院对这一判断实质相似的方法（实质相似判断的第 2 步）进行审查。］

……

II

依据版权法的基本原则和普通观察者测试背后的政策，我们发现将"普通观察者测试"概括为"普通外行观察者测试"存在缺陷。版权法的基本原则要求将普通观察者朝着作品的目标受众（the work's intended audience）的方向解释，只有在外行的公众基本上代表着作品的目标受众时，才许可将其概括为普通的外行观察者。

A

Arnstein v. Porter, 154 F. 2d 464（2d Cir. 1946）是普通观察者测试的现代理论渊源。该案涉及一项流行音乐作品的侵权指控。在该案中，Jerome Frank 法官第一次指出，原告的受法律保护的利益不是他作为音乐家的声誉，而是他的作品因外行公众（lay public）认可而产生的经济收入。当初这一意见加强了下面的认识：版权法的目的在于为创作者创作符合公众最终利益的作品提供经济激励。

与它的"经济激励"的版权观一致，Arnstein 案法院认为，"这里的问题是，被告是否从原告的作品中获取了如此之多的用以取悦外行听众耳朵的内容，从而错误地盗用了一些属于原告的东西。这里的外行听众是此类流行音乐创作时的目标听众。"因此，依据 Arnstein 案规则，法院应当看外行听众的反应，因为他们组成了原告作品的听众。外行听众的反应之所以相关，是因为它反映了被告作品对原告市场影响。

不过，依据 Arnstein 的合理逻辑，只有外行听众构成相关听众时，它才是相关的主体。虽然 Arnstein 没有直接说明这一问题，我们认为依据该案的逻辑，当作品的目标听众是更专业的听众而非外行听众时，目标听众的反应将是相关的考虑因素。考虑到版权法的目的在于保护创作者的市场，我们认为按照作品目标听众（intended audience)标准对诉争作品进行最终比对是合理的。

我们对 Arnstein 案的理解与另一里程碑式的案例 Sid & Marty Krofft Television v. McDonald's Corp., 562 F. 2d 1157 (9th Cir. 1977) 中的结论一致。Krofft 案宣称,判断两个作品的思想表达是否实质相似的主体是普通合理人(the ordinary reasonable person),即作品指向的特定听众。

第七巡回法院在 Atari, 672 F. 2d at 619 案中,持类似立场,认为在判断产品是否相同时,应该从产品的目标对象即儿童受众的角度判断。随着计算机程序侵权诉讼的出现,法院认识到没有兴趣或不知情的外行观察者缺乏判断产品是否相似的必要知识。因此,在 Whelan Associates v. Jaslow Dental Laboratory, 797 F. 2d 1222 (3d Cir. 1986) 案中,第三巡回法院指出,对于复杂的计算机程序版权案件,普通观察者的实质相似测试并不合适。在该案中,法院认为外在测试和内在测试(the extrinsic and intrinsic tests)的事实判断者是相同的,[都是该领域技术专家]。我们认为,Whelan 案的分析进一步支持我们的结论。只有完全忽略常识,人们才会让法院将版权案件交给那些不知道两个作品之间有何种相似性或差异的人来判断。相反,应该有由那些熟悉诉争媒介(media)的人来判断。

[接下来,法院引述了大量学者的支持性意见,从略。]

B

依据上述逻辑,我们接下来说明现在的法律规则。在进行实质相似的第二步判断时,区法院必须考虑原告作品的目标受众(intended audience)。如果外行公众大致代表目标受众(在大多数案件中如此),则法院应该使用外行观察者标准进行所谓的普通观察者测试。但是,如果目标受众范围更窄,作出购买决定时需要专门技能,而外行公众不具备这些技能,则法院应该看作品的目标受众是否认为两个作品实质相似。毫无疑问,在此类案件中,法院可以接受目标受众的成员所提供的证词,或者对目标受众的口味和认知有特别了解的专家的证词。

我们认识到盲目坚持将普通观察者测试概括为外行观察者测试的好处(即便在目标受众拥有特殊知识而且在理论上这一坚持也是不合适的)——它使得法院无须考虑个案中作品的目标受众范围。如果我们在每一版权案件中,都让诉讼当事人提出"产品的受众是否特殊群体从而要求偏离普通外行观察者测试"这一难以回答的问题,这会成为实质性的负担。尽管适用某一测试法存在困难本身并不是不适用该测试法的充分理由,但是"版权诉讼成本变得异常高昂"之类的关切是合理的。

因此,我们认为在任何案件中,法院应该慎重认定外行公众不代表作品的目标受众。在我们看来,只有目标受众拥有专门技能(specialized expertise)时,才能偏离所谓的外行公众测试。所谓的"专门技能"必须超出仅仅是鉴赏品味差异的程度,相反必须达到外行公众缺乏此类知识的程度。

III

依据上述关于法律的阐述,我们认为有必要发回重审此案,因为区法院没有调查 Dawson 的作品的受众是否拥有外行公众所不具备的专业技能,因此不清楚是否通常的不加区别的外行公众代表了 Dawson 作品的目标受众。的确，在涉及音乐作品的案件中，法院通常会正确地适用普通外行观察者测试法。但是，Dawson 所指控的是对所谓 spiritual arrangement 的侵权，而不是流行音乐录音作品（popular recording）。我们怀疑，这一区别可能对认定 Dawson 作品的目标受众范围有影响。流行音乐录音作品比 spiritual arrangement 的受众范围宽得多。很有可能，SA 的购买者主要是拥有专业技能的合唱指挥。一个外行的反应可能是判断流行音乐作品市场上两个流行音乐录音是否实质相似的指标，但是外行的反应对于判断专业的合唱指挥如何比较两个 SA 并非准确的指标。

虽然需要依据目标受众的反应来判断实质相似性，Dawson 没有提供作品的表演录音证据并非致命缺陷。在原告向公众出售录音唱片的情况下，使用录音显然是合适的。不过，Dawson 并不出售录音唱片。他显然是在向那些基于活页乐谱（sheet music）作出购买决定的人出售活页乐谱。区法院严重依赖 Dawson 没有提供录音的事实，在普通外行观察者测试下是合理的，但是，如果 Dawson 的 SA 的目标受众具有专门技能（作出购买决定时所需的技能），则区法院的结论不再合理。如果外行听众的反应不能反映那些基于活页乐谱作出购买决定的合唱指挥的反应，则没有理由要求 Dawson 提交录音唱片去说服外行听众诉争的作品实质相似。

另外，表演录音可能不仅仅与相似性判断不相关，甚至可能妨碍相似性判断。因为表演录音不仅仅体现了作品本身，而且可能已经融入了合唱指挥自己的阐释。因此，表演录音之间的差异与相似性，与音乐作品自身的差异与相似性可能是不同的。不仅如此，比较表演录音，将无法考虑购买者自身赋予诉争作品的不同阐释，从而使得此类比较的结果更具误导性。当然，如果诉争的作品是录音本身，则上述问题不会出现。

区法院并没有明确作品的目标受众范围以及受众是否有专门技能。我们提出怀疑，只是为了解释为什么发回重审是必要的，并不对事实调查的结果作出预测。

思考问题：

法院说："法院应该慎重认定外行公众不代表作品的目标受众。在我们看来，只有目标受众拥有专门技能（specialized expertise）时，才能偏离所谓的外行公众测试。"为什么要强调着一点？这是不是意味着在所有案件中法院其实都要看目标受众是否拥有专门技能，因而不可避免地引发"版权诉讼成本变得异常高昂"之类的关切？

普通读者并不了解作品创作的过程和创作者所拥有的自由度，也可能不了解所谓的思想和表达的区分。因此，那些不受版权保护的因素可能导致普通读者得出作品实质相似的结论。著作权法在采用普通读者标准时，如何防止它威胁到本领域专家的创作自由？

2.2.3 侵权内容所占比例

原则上，侵权作品中侵权内容所占的比例，或者侵权内容占原告作品的比例，并不影响侵权认定的结果。道理很简单，如果被告抄袭的内容本身具有独创性，应该获得保护，则无论原告或被告再额外创作多少内容，也不应该影响该抄袭部分的侵权属性。

不过,在实践中,法院实际上很容易受到这一比例的影响,作出一些政策性的决定。比如,如果被告创作了很长的作品,其中只有很少的抄袭内容,则法院可能会倾向于忽略该抄袭内容的重要性,判定侵权不成立。这样就避免了一点点的瑕疵导致被告遭受过于严厉的惩罚。而在另外一些案例中,原告的作品原本就是短语,被告抄袭也不过十来个字,甚至更少。① 这时候,法院依然可能认定侵权成立,因为抄袭内容占在先作品或侵权作品的内容比重很大。如果不从政策的角度看,会觉得这些案例的判决结果很难协调——有时候抄袭数十字或数百字(前提当然是具有独创性)都不侵权,有时候抄袭七八个字居然会被判侵权。

王天成 v. 周叶中、戴激涛等

最高人民法院(2009)民申字第 161 号

就本案而言,王天成主张周叶中、戴激涛撰写的《解读》有 37 处约 3264 字剽窃其《论》与《再论》两文,其是否构成侵犯著作权的行为,应根据著作权法的立法宗旨、著作权法关于剽窃行为的规定及本案被诉行为的特征进行分析认定。首先,经比对,王天成主张周叶中、戴激涛剽窃《论》文的内容的第 9 处,因语句较短,且结构不同,在表达上不属于相同或基本相同;另有 10 处与案外人杨君佐的作品内容更为接近,王天成关于杨君佐系其授权之作的说法,因未获证实,不予采信。对于王天成提出的周叶中、戴激涛剽窃《论》文相同内容部分,分别载于收录了《论》文的《宪政主义与现代国家》一书第 191 页至第 194 页、第 195 页、第 197 页和第 200 页、第 213 页、第 207 页、第 217 页、第 220 页,占《论》全文字数 9.4%;载于《解读》第 11 页至第 261 页之间,占《解读》全书字数的 1.1%,上述相同部分均未构成《论》文的主要部分或《解读》的主要部分。其次,王天成主张周叶中、戴激涛剽窃《再论》的有 9 处约 1266 字,经比对,该 9 处的内容分别载于《再论》第一部分 13 个问题的 5 个问题中和第二部分 15 个问题的第 1 个问题中,占全文字数的 5.6%;载于《解读》的第 9 页、第 17 页、第 25 页、第 26 页、第 175 页、第 187 页、第 199 页、第 209 页、第 215 页,占全书 22 万余字的 0.55%,上述相同部分无论是文字数量还是在篇章结构中的重要性,均未构成《再论》文的主要部分,亦未构成《解读》的主要部分。再次,根据原审查明的事实,《解读》已将杨君佐论文列入参考文献,亦曾将收入《论》文的《宪政主义与现代国家》一书作为参考文献,《解读》原稿中曾有注释。著作权法规定引用他人作品应当注明出处,本案周叶中、戴激涛以注释及参考文献的方式注明了出处,可视为尽到了著作权法规定的义务。据此可以认定,《解读》使用与《论》及《再论》相同或基本相同的文字部分,尚未构成著作权法上的剽窃行为。至于该相同或基本相同的文字部分的使用,是否构成学术规范意义的剽窃,以及仅以参考文献的方式使用他人思想表达是否符合学术引注规范,不属于著作权法调整的范畴,因此不属于本案的审理范围,本院不予评价。

(于晓白、殷少平、马秀荣法官)

---

① 比如第一章提到的诸多短语作品案例。

刘伯奎 v. 徐卫卫

浙江省高院(2009)浙知终字第 112 号

至于第二处文字(关于四种气质类型)介绍中,两者存在 150 字左右的相同之处。本院认为,要判断作品是否对原作品构成侵权,主要考量的因素为:1. 使用作品的目的和性质。徐本被出版社分类为高等院校教材,具有一定的教育目的。2. 使用作品的程度。使用作品的程度可以从"使用的数量"和"实质性使用"两方面进行判断。徐本对刘本的引用数量是 150 字,占整个作品的 0.436‰,比例极小,且该部分亦非徐本中的主要部分。从被引用部分的性质看,首先该四种气质类型的划分并非刘伯奎首创,而且该部分也非刘本的核心和实质性部分,因此涉案作品的使用行为在定量上应属于适量使用,定性上应属于非实质性使用。3. 对原作品的影响。本案中徐本在参考书目中注明了引用材料的来源和明确了被引用作者的信息,并不会影响读者对相关资料的查阅,对被使用作品的声誉影响也是甚微的。因此,本案中徐卫卫的行为是一种对作品的适量摘用,属于正常引用范围,而非简单的复制行为。

(王亦非、陈定良、陈宇法官)

北京九歌泰来影视文化有限公司 v. 中国人民解放军总政治部话剧团等

北京高院(2004)高民终字第 221 号

下面具体分析九歌泰来公司指控《激情燃烧的岁月》抄袭《我是太阳》的 97 处内容是否构成独创性的表达以及是否构成《我是太阳》的基本内容。97 处中的第 1 处为故事背景,第 2 处为故事整体框架,第 4 处两部作品男主人公的性格,其余 94 处基本上属于情节、细节及对白范畴。

关于涉及作品总的方面的 1、2、4 处。从本案中两部作品反映的故事背景、故事整体框架、主人公性格等总的方面来看,虽然均是反映革命军人在战争及和平年代的婚姻、家庭生活及工作的故事,均描写了男、女主人公在战争年代相识、结婚的过程,婚后均因性格及生活习惯问题产生冲突、摩擦和彼此的不适应,男主人公的性格均是特定年代的解放军高级将领的典型性格,女主人公的性格也是那种特定年代的比较典型的性格,但两部作品男、女主人公及子女的实际故事内容及经历完全不同,两部作品描写的侧重点也完全不同。故事背景、故事整体框架、主人公性格等总的方面的相似之处,主要是由两部作品题材相同造成的,这些内容不属于著作权法所保护的具有独创性的表达或表达方式。

关于情节、细节及对白方面的 94 处。一审判决曾经将这 94 处划分为三种情况。第一种情况涉及的 44 处经对比,《激情燃烧的岁月》的有关表达与《我是太阳》基本相同或相似,因《我是太阳》一书创作及公开发表在先,在对方当事人没有举出相反证据证明其独创的情况下,应认定《激情燃烧的岁月》使用了《我是太阳》的 44 处内容。经查,这 44 处主要涉及有关情节,包括男主人公的身份,男、女主人公均系经组织介绍而成亲，男、女主人公夫妻关系上存在争执至吵闹等，其他多为细节方面的。第二种情况涉及的 19 处经对比，也基本上属于相同或相似之处。虽然其中所描述的或为众所周知的历史事件，或为生活中常见的情节或语言，但作为体现在整部作品之中的诸多表达或表达形式的总和，无疑具备著作权法意义上的独创性。因而应当认定《激情燃烧的岁月》亦使用了《我是太阳》的上述 19 处内容。经查，上述 19 处内容所涉及的也是情节和细节方面的。第三种情况涉及的 31 处经对比，具体的表达完全不同。但是，综合考虑上述第一和第二种情况所涉及的 63 处相同或相似之处，应当认定《激情燃烧的岁月》所使用的《我是太阳》的有关内容，不能构成《我是太阳》的基本内容，因而《激情燃烧的岁月》不构成对《我是太阳》的改编，不构成对九歌泰来公司所享有的改编权的侵犯。

（刘继祥、魏湘玲、张冬梅法官）

思考问题：

对比上述案例，是否可以说法院实际上并没有明确的比例控制标准？如何防止法院滥用裁量权？

Ringgold v. Black Entertainment Televison, Inc.

126 F.3d 70(2nd Cir., 1997)

NEWMAN 法官：

［本案中，原告 Faith Ringgold 创作的一幅招贴画（"Church Picnic"）的复制件被挂在墙上，用作电视节目的背景。在该节目中，该招贴画或其局部总共出现过 9 次，每次显示的时间从 1.86 秒到 4.16 秒不等，总计 26.75 秒。其中，有几次出现在屏幕的中心。Ringgold 对电影制作者 **Black Entertainment Televison, Inc.** 等提起诉讼，指控他

http://www.faithringgold.com/ringgold/d05.htm。

们侵害版权。区法院拒绝发放临时禁令,认为被告的行为构成合理使用,驳回了 Ringgold 的诉讼请求。原告因此提出上诉。]

Faith Ringgold,"*Church Picnic*",1988, Acrylic on canvas, fabric border 74 ×69 "

讨论

HBO 和 BET 提出两项独立但相关联的抗辩理由:(a)他们的使用是"微不足道"(de minimis)的(b)合理使用。

I. 微不足道

A. 版权法上"微不足道"的概念

"法律不关注微不足道的事情"(de minimis non curate lex, the law does not concerns itself with trifles)这一法律格言让那些不严重的侵权行为的行为人的无需承担责任。在版权法的背景下,"微不足道"的概念在三个互相关联的方面有重要意义,以下分别讨论。

首先,在版权法背景下,"微不足道"与在大多数法律背景下具有相同的含义:非常琐碎的技术性的侵权行为不会招致法律后果。可以想象,诉讼中这类的使用情形并不多见,因为这里情形所牵涉的问题通常无需[法院来]回答。

其次,"微不足道"可能意味着复制是如此的无足轻重,以至于不满足实质相似的量的要求。后者是对可诉的抄袭行为的要求。在这一意义上适用这一格言时,我们必须意识到"实质相似"这一概念不幸被用来指代两种不同的事情。一方面,在"接触"条件满足后,它被当做足以证明抄袭存在的间接证据使用;另一方面,"实质相似"被作为认定侵权行为得到可诉程度的标准,这是对这一概念的更为合理的使用。Latman 教授建议,将用来证明事实上存在抄袭行为的"实质相似"(substantial similarity)称作"probative similarity"(证明性相似);而 Substantial similarity 仅仅作为认定抄袭行为可诉的标准(the threshold for actionable copying)。Nimmer 教授的专著支持这一思路。

在本案中,抄袭(copying 复制)的事实并无争议——因为是原告的招贴画本身而不是其他类似的作品在节目中被展示。被告宣称自己的使用行为微不足道,实际上是在质疑该抄袭行为是否达到了侵害版权(可诉)的程度。那是在"抄袭达到可诉程度"意义上使用"实质相似"的概念。也正是在这一意义上,"微不足道"的概念具有相关性。

乍一看,在抄袭作为事实(as a factual matter)被确认之后,还调查"实质相似",显得很奇怪。不过,这一表面的异常只是表明人们没有区分事实上的抄袭(factual copying)与可诉的抄袭(actionable copying)。前者(probative similarity)仅仅要求侵权作品事实上抄袭了版权作品的一些内容;后者(substantial similarity)则要求抄袭满足量和质上的要求,足以支持侵权成立的结论。质上的要求关注的是表达而不是思想层面的抄袭。区分表达和思想常常取决于在多抽象的层面上比较两个作品。

量上的要求通常关注的是复制版权作品内容的量,在精确抄袭情形下尤其如此。在与本案类似的涉及视觉作品案子中,"实质相似"的量上的要求也关注被控抄袭的作品的可见度(observability)——在被控侵权作品中抄袭部分可见的时间长度,以及关注焦点、灯光、镜头角度和突出程度等。因此,就像本案一样,版权作品可能事实上被抄袭,到那时对于抄袭是否达到可诉的程度,则可能存在严重的争议。既然准确地说,"实质相似"含有量上的要求,那么"微不足道"的概念就显然与被告所谓"抄袭但不侵权"的主张是相关的。

最后,"微不足道"可能被认为与合理使用抗辩有关。合理使用分析中需要评估的一项法定因素就是"被使用的部分相对版权作品整体而言,所占的数量和实质程度"。被告可能会认为,就像区法院在本案所做的结论那样,被使用的部分很少,该使用行为是如此的简短和不突出,从而使得合理使用分析的第三项考虑因素对原告不利。

尽管"微不足道"的概念在避免因琐碎的抄袭(copying)行为而承担责任方面,或者在界定可诉的抄袭行为的量化标准方面很有用,但是它并不是合理使用分析中的一项合适的考虑因素。合理使用的第三项考虑因素关注的是量上的持续变化(a quantitative continuum)。像合理使用分析的全部要素一样,它并没有具有决定意义的准确的下限。如果相对作品整体而言,复制的部分仅仅占很小的数量,第三项要素可能对被控侵权者非常有利,但是并不总是一定如此。参见 Iowa State University Research Foundation, Inc. v. American Broadcasting Companies, Inc., 621 F. 2d 57, 59, 61—62 (2d Cir. 1980)(电视节目抄袭了版权电影,含有一个 8 秒的片段)。更重要的是,合理使用抗辩涉及多项要素的仔细审查,对法院而言,这常常是一项复杂的任务。如果被控侵权的作品对版权作品的利用在量上微不足道(insubstantial use),以至于没有达到可以起诉的最低门槛,则更合理的做法是以此为由驳回原告的侵权主张,而不是进行精细的合理使用分析以支持此项抗辩。

B. 将"微不足道"概念应用于被告的抄袭行为

被告们辩称,他们的电视节目对于该招贴画的 9 处使用,无论是每处单独看,还是放在一起看,都是微不足道的,抄袭的量都在可诉的抄袭行为的标准之下。招贴画的可视片段时长在 1.85 秒到 4.16 秒之间。所有 9 段的时长不过 26.75 秒。

诉讼双方对于被复制作品的可见度(observability)存在争议。通过查看电视节目的录像带,我们发现关于可见度的某些方面,并无太大争议。在时间最长的片段(4 到 5 秒)中,差不多该招贴画的全部内容(至少 80%)是可见的。[关于电视画面的细节描述从略……]由于镜头关注的是观众,挂在观众左边墙上的招贴画并不处在完美的焦点位置(perfect focus),但是该招贴画离观众很近,即便不刚好处在焦点,也很容易就被看到。观察者能够看到墙上悬挂的是某种形式的艺术作品,描绘了一组非洲裔美国人的大人和小孩,背景中有一个池塘。画面持续时间很短,同时缺乏聚焦,这导致作品的细节无法识别。但是,二维的人物形象和大胆的色彩能够被清楚地看到,表明这是一种"Grandma Moses"(著名民俗画艺术家)风格的作品。招贴画中只有绘画部分可见,画中文字材料和镶边无法识别。

其他画面片段的持续时间更短,同时,部分画面所包含的招贴画内容更少更不清晰。不过,它们的重复出现,在一定程度上强化了上述 4—5 秒的较长画面的视觉效果。

在判断作品片段的使用目的和时长是否微不足道时,可以参考国会图书馆馆长签发的关于公共广播组织使用已发表的图片和视觉作品的规章制度。See 37 C. F. R. § 253. 8。该图书馆馆长任命美国版权局局长。图书馆长签发的规章区分专门展示和背景展示,为前者设定较高的版权许可费。显然,图书馆长认为,在电视节目中使用视觉版权作品当背景,通常需要支付许可费。而且,该规章定义的专门展示("featured" display)是全屏幕或实质性的全屏展示时间超过 3 秒,而背景展示是任何比全屏展示或实质性全屏展示要小的展示,或者全屏展示 3 秒或以下。如果被告的电视节目通过公开电视播放,原告似乎有权收取非全屏展示("less than full-screen")的背景展示的许可费。

通过对画面片段的量化评估,法院认为该 4—5 秒的片段与其他更短片段一起,不是版权法意义上的"微不足道的"抄袭(复制)(copying)。

被告们还争辩说,在所展示的招贴画的内容中,不能识别出原告的受保护的表达,因此从质的角度看,展示上述片段的行为是微不足道的。在被告看来,电视观众只是看到了一些模糊的含有黑人的带有一定风格的绘画,不能分辨出 Ringgold 的主题的具体表达。这就好比说,记录"蒙娜丽莎"的录像带只是展示了一幅带有怪异笑容的女人的画作。实际上,被告的争辩看起来是不诚实的:HBO 的制作人员显然认为该招贴画很适合作为非洲裔美国人的教堂的布景;而现在,被告又说不能分辨出该招贴画中具有视觉重要性的要素。在有些场合,制作人员认为某一视觉作品与主题相关,或者至少具有装饰价值,因而选择该作品作为布景,但是,在最终拍摄时该作品可能距离镜头较远并处在普通观众的视线焦点之外,以至于观众不能识别出该作品的任何装饰效果。但是,本案并非此类情形。普通外行观察者(average lay observer)就能够识别出该招贴画的足够细节的绘画内容,识别出 Ringgold 的艳丽的二维画面中的非洲裔美国人形象。被告的行为跨越了可诉的复制受保护表达的"微不足道"门槛(在脚注 7 中,法院指出,一审法院在认定合理使用的事实基础是被告超越了"微不足道"门槛,否则不会进行合理使用分析)。

[接下来,法院进行了合理使用抗辩的分析,认为一审法院认定合理使用的分析存在缺陷,最终发回重审。]

思考问题:

在侵权环节要判断有实质相似,通常也涉及量上的比较。如果这一关过了,是否意味着合理使用环节对使用量的要求,是一种重复的分析呢?为什么?

2.3 抄袭的内容受保护

仅满足抄袭和实质性相似要件,并不当然构成侵权作品。还要看第三项条件,即"抄袭"的内容是否受到版权保护。如果抄袭的是作品中不受保护的抽象思想(基本概念与技术方案等)或者抄袭的内容来自公共领域,则并不会侵权。只有抄袭的内容本身构成著作权法上具有独创性的表达时,才可能侵害著作权。

原告只需要证明被告抄袭的内容在法律上受保护就可以,而无需证明被告在主观上明知该内容受保护。实际上,在受保护内容是否具有独创性的模糊地带,被告可能并不能够有效判断意识到自己的行为是法律所不允许的抄袭行为。

实质性相似,要求的是表达部分的实质性相似,而不能是思想等非表达因素的实质性相似。正如 Nimmer 指出的那样,人们可以通过替换已有作品中的表述来避免侵权,而两部作品之间依然有可能是实质上相似的。①表达和思想的区分,是一个复杂的问题,对于普通的观众和读者而言更是如此。因此,在司法实践中保证实质性相似环节的审查符合《著作权法》的立法精神,需要法官和普通观众之间进行对话合作。到目前为止,国内对这一问题还缺乏系统的研究。实践中,法院通常一股脑地将认定抄袭的任务交给没有经过知识产权法训练的鉴定专家。

北京首饰厂 v. 曾一兵②

北京市高院(1993)高经终字第 68 号

1985 年,北京市首饰厂以北京故宫太和殿内皇帝宝座、台基、屏风等为原型制作了银花丝镶嵌的《金銮殿》工艺美术品,曾一兵等设计人员获得了奖励证书。曾一兵任北京市首饰厂厂长后,于1991 年立意创作金花丝镶嵌的《金銮殿》工艺美术品,这一构思得到北京市工艺美术品总公司(简称工美总公司)认可,北京市首饰厂遂将金花丝镶嵌《金銮殿》列为92 年开发项目。曾一兵开始在家设计图纸,其妻张明娟(时任北京市首饰厂副总工程师)也参与设计……

1992 年 1 月至 3 月,北京市首饰厂成立由设计人员和制作人员组成的《金銮殿》创作组,为《金銮殿》前期制作花费9 万余元,用于购买资料、文具、涂料、油漆、打印机、翻拍、放大照片、维修场地等费用,并列明"由金銮殿专项款支出"……1992 年 3 月 2 日,工美总公司召开市属企业1992 年工艺珍品设计图纸审定会,邀请有关专家参加,

---

① Nimmer On Copyright §13.03[B], at 13—51(1993).
② 最高人民法院民事审判第三庭:《最高人民法院知识产权判例评解》,知识产权出版社2001 年版。

审定会的目的是由专家认定待开发的项目是否为珍品,曾一兵、张明娟代表北京市首饰厂带着他们绘制的一张《金銮殿》外观设计草图及曾一兵写的《〈金銮殿〉设计构思》(下称《设计构思》)一文参加。该《金銮殿》外观设计草图以北京故宫太和殿(也称"金銮殿")内皇帝宝座及周围器物为原型绘制,仅显示出大体外轮廓,大部分器物及细部尚未勾描,所显示之轮廓大部分用铅笔线定位,宝座的上半部分及右侧香薰以重线勾定,其前景的4座香炉以淡线勾成,台座、屏风及屏风上中间、右二的龙以极淡的线勾画。《构思》一文包括以下几个部分:抒发作者对故宫太和殿的感情,简述故宫太和殿的历史,简单介绍北京市首饰厂对《金銮殿》题材的创作经历,简述《金銮殿》题材所采用的材料和工艺。该文的写作带有散文性质和文学色彩。在审定会上,专家确认了金花丝镶嵌《金銮殿》为开发珍品项目。根据专家意见,《金銮殿》更名为《金銮宝座》。

同年3月,曾一兵离开了北京市首饰厂,带走了《金銮宝座》外观设计草图。4月,曾一兵开始为珠海首饰公司制作《金銮宝座》工艺美术品,珠海首饰公司为此项目共投资1800万美元,准备使用36公斤黄金,在国内花丝镶嵌工艺的基础上兼收并蓄国外加工手段和工艺。其间,曾一兵绘制了《金銮宝座》外观图和制作图共10张,该外观图与其在北京首饰厂绘制的《金銮宝座》外观设计草图相比较为完整,大小不一,但与《金銮宝座》外观设计草图已画出部分相比基本相似。

珠海首饰公司制作了《金銮宝座》模型并开始制作《金銮宝座》工艺美术品。同年9月,珠海首饰公司召开《金銮宝座》新闻发布会,展示了《金銮宝座》模型,散发了宣传手册……

另查,"金銮宝座"为人们对故宫太和殿内安放的明代金漆雕龙皇帝御座的俗称。曾一兵称其已将在北京首饰厂绘制的《金銮宝座》外观设计草图撕毁,仅提供出载有该外观设计草图的照片,经查,该照片所载确为其带到图纸审定会上审定的外观设计草图……

本院认为,著作权自作品完成创作之日起产生,并受著作权法保护,所谓"作品创作完成"包括全部完成和部分完成,只要作者的某一思想或某一构思已经完整地以某种形式表达出来了,即使这只是他全部构思的一个组成部分(甚至是非主要的组成部分)也应视为作品在一定阶段上的完成,上诉人曾一兵在北京首饰厂期间绘制的《金銮宝座》外观设计图纸虽然只是全套设计图纸中的一张,且仅是一张草图,但作者的某些设计构思已经以图样的形式反映出来了,因此,就已画出部分,依法应认为已经创作完成,其次,图纸是在做某项工作之前为解决某个问题而预先制订的方案、图样,因此,工艺美术品与该工艺美术品的设计图纸本身是不同的,不能以工艺美术品的造型无独创性为由否认设计图纸的独创性。一审判决认定该外观设计图的著作权已经产生,应受著作权法保护是正确的,上诉人曾一兵以全套设计图纸尚未绘制完成、《金銮宝座》工艺美术品的造型无独创性为由认为该外观设计图不是著作权法保护的作品,其著作权尚未产生的主张不能成立。

北京首饰厂制作《金銮宝座》工艺美术品是由工美总公司认可并确定的北京首饰

厂1992年的开发珍品项目,为完成该项目,北京首饰厂分别与有关单位就《金銮宝座》的制作、宣传签订或草签了合同,设立了"金銮殿专项款"成立了专门的创作组。作为北京首饰厂厂长、设计人员的曾一兵正是以此为依托绘制《金銮宝座》外观设计图的,其绘制的外观设计草图是全套设计图纸的一部分,也是整个《金銮宝座》项目的一部分。因此,不能以该外观设计草图的绘制耗资多少来作为判断该外观设计草图是否主要利用单位物质技术条件创作的标准,该外观设计草图的绘制虽未花费多少钱,但仍然符合《著作权法》第16条第2款第(1)项规定的构成单位享有署名权以外著作权的职务作品的条件。一审判决认定曾一兵在北京首饰厂期间绘制的《金銮宝座》外观设计草图是职务作品,该图纸除署名权外的著作权属北京首饰厂所有是正确的,但一审判决引用《著作权法》第11条第3款有误,应予纠正。

……

曾一兵在北京首饰厂期间对《金銮宝座》这一题材作了深入的研究,并已开始设计金花丝镶嵌《金銮宝座》,其到珠海首饰公司后又为珠海首饰公司制作与北京首饰厂属同一项目的金花丝镶嵌《金銮宝座》,为珠海首饰公司绘制的《金銮宝座》外观图与在北京首饰厂绘制的《金銮宝座》外观设计草图有不少相同之处,故可以认定曾一兵所为对北京首饰厂《金銮宝座》外观设计草图著作权构成侵权。珠海首饰公司使用曾一兵绘制的侵权图纸制作《金銮宝座》工艺美术品也构成对北京首饰厂《金銮宝座》外观设计草图著作权的侵权,故一审判决认定曾一兵、珠海首饰公司所为侵害了北京首饰厂《金銮宝座》外观草图的著作权是正确的。

最高人民法院通过审判监督程序对本案再审(最高人民法院(1996)知监字第6号),认为上述北京高院的终审判决"认定事实不清、适用法律错误"。① 了解内情的张辉法官撰文指出:

> 最高人民法院经审查申请再审人的申请理由和原审判决后认为:
>
> 关于曾一兵、珠海首饰公司是否构成著作权侵权问题。二审判决认定曾一兵构成侵犯争议图纸著作权的依据是曾一兵绘制的第二份图纸与其绘制的第一份图纸有"不少相同之处"。但是,上述两份图纸均以北京故宫金銮殿为原型,客观上即存在相同之处。在认定曾一兵绘制的第二份图纸是否侵权时,应当认定其绘制的第一份图纸是否具有和具有哪些受著作权法保护的独创性,同时应当认定曾一兵在绘制第二份图纸时,是否具有抄袭、剽窃,未经许可复制等非法使用第一份图纸的行为。然而,北京市首饰厂对此均未能提供证据证明。因此,二审判决认定曾一兵侵犯北京市首饰厂著作权的事实依据不足。
>
> 根据《中华人民共和国著作权法》第52条第2款的规定,按照平面设计图纸制作立体工业品的行为不构成侵犯著作权,而二审判决以珠海首饰公司使用曾一兵绘制的第二份图纸制作工艺美术品为由,认定珠海首饰公司构成侵犯著作权,

---

① http://www.chinaiprlaw.cn/file/19991019773.html. 最后访问2014年8月18日。

法律依据亦不足。曾一兵因其主观过错未交回第一份图纸,给北京市首饰厂造成了一定的损失,因而构成侵犯北京市首饰厂关于该图纸的财产权,根据《中华人民共和国民法通则》的规定,应当承担民事责任。

北京高院再审本案的过程中,双方和解结案(原告承认不侵权)。①

思考问题:

(1)同一作者事后的再次创作相同题材的作品,如何认定抄袭?本案可以和前文"普通作品"一章的"摄影作品"一节的 Gross v. Seligman 案对比,应该很有意思。

(2)题材本身很特别,以故宫的已有建筑为模板,如何看待前后作品之间的相似之处?与已有建筑相同之处一定是公共领域的特征,在侵权比对中无需考虑吗?

(3)对于公有领域特征的选择,是否也构成创作者的独创性贡献?

(4)本案含有从平面到立体的复制这一因素,这属于著作权法意义上的复制吗?

黄自修 v. 南宁市艺术剧院

广西高院(2008)桂民三终字第 15 号

黄自修虽对《妈勒带子访太阳》享有著作权,但该作品属于利用民间文学艺术再创作作品。利用民间文学艺术再创作作品和一般意义上的作品不一样,对于纯粹由作者个人创作而成的作品,作者对作品的全部享有完整的著作权,但是对于利用民间文学艺术进行再创作的作品,作者的著作权不能当然地覆盖至其中原属于民间文学艺术领域中公有的部分。对民间文学艺术作品的著作权保护,既要保护作者对作品的创造性劳动,保护作品的独创性,但又不能不恰当地把原来处于民间流传中的公有领域部分的内容纳入到作者作品的保护范围,阻碍民间文学艺术的传承以及他人利用该民间文学艺术进行正常的再创作。

本案中,黄自修没有证据证明南宁市艺术剧院接触过其作品《妈勒带子访太阳》;从南宁市艺术剧院的舞剧与黄自修的作品比较来看,南宁市艺术剧院的作品没有利用黄自修作品中的独创性部分,即没有利用黄自修特有的语言表达,没有采用黄自修独创的把"妈勒"作为母亲的独特的称谓方式,没有把在第一百年终于找到太阳作为舞剧的结局;虽然南宁市艺术剧院舞剧的剧名为《妈勒访天边》,但内容不是找天边而是找太阳,其人物有孕妇、母亲、儿子、老人、年轻人、小孩,其内容有众人摆条件争取寻找的任务、一名孕妇所提出的理由获得大家认同,孕妇在寻找途中生下儿子,母子一起寻找的情节,这些人物设置与故事情节与黄自修、僮族文学史编辑室、农冠品前述作品中相同或相似,但对于这些人物设置以及故事情节,黄自修并没有举出充分的证据证明

---

① www.chinaiprlaw.cn/show_News.asp?id=1135&key=%C9%E8%BC%C6. 最后访问 2014 年 8 月 18 日。

是其独创,因此,舞剧《妈勒访天边》对这些人物设置以及故事情节的使用不构成侵权。至于"找天边"或者"找太阳"这一主题或题材以及其蕴含的主题思想或者精神价值则不属于著作权法保护的范畴,任何人都可以就该题材进行创作。

(刘拥建、廖冰冰、韦晓云法官)

思考问题:

法院认为"黄自修并没有举出充分的证据证明是其独创"。本案的举证责任分配合理吗?原告应如何证明自己的作品有独创性?

在进行实质相似判断时,法院要先排除作品中非作者个人原创性的东西,然后进行比对。不过,在操作中,这一方法很容易走调。在剔除那些不受保护的内容的同时,判断者很容易忽略这些不受保护的内容的选择或编排本身所体现的创作者的独创性。在下面的案例中,一审法院所采用的方法就明显存在这一问题。

黄天源 v. 内蒙古大学出版社等

广西高院(2009)桂民三终字第48号

[2002年11月,黄天源通过上海外语教育出版社出版《法语交际口语手册》一书。]该书分功能表达法与情景表达法两部分,收录的是基本的言语功能和生活场景的表达方法,全书全部以句型的形式出现。

内蒙古大学出版社出版的刘国生所编《实用法语会话900句》一书,第一版时间为2007年11月。该书分四篇,第一篇"奥运精神";第二篇"日常交际用语";第三篇"社会交际用语";第四篇"公共场合用语"。

与《法语交际口语手册》一书相比较,《实用法语会话900句》中有200句句子完全一致,完全一致的句子在《法语交际口语手册》的第一、二部分均有分布。如在黄天源的《法语交际口语手册》第199页"A la cantine"(中文:在食堂吃饭)中"Tu déjeunes avec moi à la cantine?你和我一起在食堂吃中饭好吗?"在内蒙古大学出版社出版的《实用法语会话900句》第83页第三篇"社会交际用语""八、在食堂"部分中的第一句话完全一致。

经一审法院抽取两部作品中均有的"乘飞机"一部分。《法语交际口语手册》第二部分"情景表达法"中"交通运输"有"乘飞机"场景,分别以"乘客""职员""喇叭广播"和"空中小姐"身份进行陈述的句子。而《实用法语会话900句》第四篇"公共场合用语"中"二、飞机"则是以"登机前""登机""宣布注意事项""晕机""中途停降""赠送纪念品""乘客问询"和"抵达终点"等场景中常用语句作为内容。

一审法院认为:《中华人民共和国著作权法》所保护的是作者思想的表达方式,而不是思想本身。侵权的对比也应当贯彻这个原则,审理著作权侵权案件时,应当以原、被告作品的表达方式进行对比,就是看被控侵权作品与原告的作品在表达方式上是否相同。

从本案所涉及的两部出版物看,不是对已有法语作品的翻译,不属于演绎作品。黄天源起诉依据的作品《法语交际口语手册》内容以句型的形式出现,均是中文对照法语日常用语,并无具体人物、对话问答背景的设置,也没有创作人员个人情感的表达,黄天源的作品应视为中文对照法语日常用语的汇编,为汇编作品。

汇编作品的独创性体现在按照特定要求对内容进行选择或者对内容进行编排上。因日常用语的特性是人们在语言交际中长期使用所形成的最基本和最常用的口语,具有固定性和稳定性,其并不具有独创性,故黄天源作品的独创性应体现在对作品编排上,即黄天源只能对作品的编排方式享有著作权,而对其内容则不享有著作权。

经对比,涉案两部作品在体系结构方面,黄天源作品是以人们日常生活中表达自身的情绪或者对事物的主观看法作为第一部分的,是自身内在情感的表现方式;而第二部分则是以人们身处客观环境的不同而与他人交际所需使用的表达方式,是外在生活环境的交流方式。黄天源作品的两部分是以主观意见的表达和客观需求的表示作为区分标准的。刘国生的作品结构上,则以奥运精神作为第一部分,而第二、三、四部分作为刘国生作品的主要组成部分,均是不同场合使用的交际用语,在内容的编排上均是以不同场合作为分类标志的,总体上看,刘国生作品在体例编排上与黄天源作品不相同。至于黄天源提出的刘国生作品与其作品中有200句句子完全一致的问题,考虑到两部作品均是对日常用语的收录,因此不可避免在论述过程中存在相同的、相对固定的表述方式,从而出现基本相同或者相似的一些内容,故黄天源提出以相同的句子作为刘国生抄袭的主张,不予支持……

上诉人黄天源不服一审判决,向本院提起上诉……事实与理由是:一、上诉人的作品是上诉人原创作品,创作过程中,在题材的选择和编排、场景的设置、文字的组织和运用、具体语句的翻译方面上诉人均投入了大量的智力劳动,并形成了相应的智力成果,上诉人的作品具有符合著作权法所要求的独创性,上诉人对其作品享有完整的著作权;二、被上诉人内蒙古大学出版社出版的《实用法语会话900句》对上诉人作品的抄袭非常明显,抄袭内容多达整部作品的四分之一,且几乎是一字不变的完全照抄,甚至错漏部分都照抄。一审认定被上诉人内蒙古大学出版社出版的作品没有抄袭上诉人作品,没有侵犯上诉人作品的著作权,没有事实依据……

被上诉人内蒙古大学出版社辩称:上诉人的作品是一个汇编作品,其独创性体现在编排体例上,经过对比,内蒙古大学出版社出版的作品的编排体例与上诉人作品有明显的区别,而上诉人作品的内容都是日常口语,不具有独创性,上诉人对其作品的具体内容不享有著作权……

二审庭审中,上诉人黄天源除主张两部作品在数量上有200句句子完全相同,包括细节的表述、特殊的表达、中文翻译等完全一致外,还主张内蒙古大学出版社出版的《实用法语900句》与上诉人黄天源的《法语交际口语手册》中的错漏表达也完全一致。如 Je vais prendre un demi(我要一杯啤酒),上诉人认为该翻译有点问题,但被上诉人出版的作品也完全照抄;又如 Gardez la monnaie(留着这零钱作小费吧)!上诉人认为该句子直译只是留下零钱的意思,并无小费的意思,上诉人为了使读者好理解,翻译成"留着这零钱作小费吧"等,但被上诉人出版的作品也完全照抄。被上诉人内蒙古大学出版社未提供证据对上诉人的该主张予以反驳……

本院认为,(一)关于黄天源对其编著的《法语交际口语手册》是否享有著作权,内蒙古大学出版社出版的《实用法语会话900句》是否侵犯了黄天源的著作权的问题。

我国《著作权法实施条例》第2条规定:"著作权法所称作品,指文学、艺术和科学领域内,具有独创性并能以某种有形形式复制的智力创作成果。"本案黄天源的《法语交际口语手册》,是上诉人黄天源编著的用于传授法语语法及常用口语的教学用书,黄天源根据自己多年的法语学习、教学和生活的经历以及自己对法语的理解,按照"功能表达"和"情景表达"两种不同的表达方法,有意识地选择和设置了多个主题,并围绕相应主题设计了大量的句子,用法语和中文表达出来,无论是在题材的选择和编排、还是主题内容的设置、文字的组织和运用,包括具体语句的翻译等方面,都投入了大量的智力劳动,形成了具有独创性的汇编作品。根据《中华人民共和国著作权法》第14条规定:"汇编若干作品、作品的片段或者不构成作品的数据或者其他材料,对其内容的选择或者编排体现独创性的作品,为汇编作品,其著作权由汇编人享有"。上诉人黄天源对其编著的作品《法语交际口语手册》享有完整的著作权。

根据《中华人民共和国著作权法》第46条第(五)项的规定,剽窃他人作品的,属侵权行为,而剽窃,包括以抄袭方式把别人的作品或语句抄来当做自己的。抄袭可能是对他人作品全部内容的抄袭,也可能是对他人作品部分内容的抄袭。本案中,将被上诉人内蒙古大学出版社出版的《实用法语会话900句》与上诉人黄天源编著的《法语交际口语手册》对比,除了部分主题内容和场景的选择完全一致外,所使用的句子有200句完全相同,在量上占被上诉人出版的作品的近1/4,不仅法语相同,中文翻译也相同;在相同的句子中,除了一些日常用语的表达外,反映作者精心设计的句子的细节如钱物的数字、球队的名称、比赛的比分、电影和歌星的名字等也完全相同、甚至上诉人作品的错漏与特殊表达也完全一致。因上诉人的作品早于被上诉人的作品公开出版,且抄袭侵权行为的认定,不在于所抄袭的部分是否可构成一个独立的作品,而在于抄袭的部分是否属于他人享有著作权的作品中的内容。因此,《实用法语会话900句》抄袭的内容中虽然既有日常用语的一般表达,也有作者精心设计的主题和句子,但都是属于黄天源享有著作权的《法语交际口语手册》的部分内容,可以认定被上诉人内蒙古大学出版社出版的《实用法语会话900句》对上诉人黄天源编著的《法语交际口语手册》的部分内容进行了抄袭。一审法院以两部作品均是对日常用语的收录,因此不可避免地在论述过程中存在相同的、相对固定的表述方式,从而出现基本相同或者相似的一些内容,不认定被上诉人内蒙古大学出版社出版的作品对上诉人作品构成抄袭,与本案事实不符,本院依法予以纠正。

(刘拥建、周冕、李成渝法官)

思考问题:

(1)法院说,"抄袭侵权行为的认定,不在于所抄袭的部分是否可构成一个独立的作品,而在于抄袭的部分是否属于他人享有著作权的作品中的内容"。这究竟是什么意思?

(2) 假如每一句话都不构成单独的作品,那竞争对手究竟要抄袭到什么程度才会侵害著作权?

3 主观过错:以典型侵权行为为例

著作权侵权的归责原则是侵权制度中基本问题。本节首先大致介绍中国法下的理论研究和司法实践的现状;然后以几类典型的著作权侵权行为为切入点,深入介绍侵权行为人的主观过错认定问题。

3.1 关于主观过错的争论

著作权侵权者是否需要有主观过错,中国《著作权法》下并没有原则性的规定,因而引发激烈的争论。国内学者的意见互有分歧。[①]在本书作者看来,支持过错责任的意见似乎略占上风,主要理由是著作权属于侵权责任法意义上的民事权利,在《著作权法》没有特殊规定的情况下,依据《民法通则》和《侵权责任法》,默认的侵权规则应该过错责任。受传统民法理论影响的学者,通常会支持这一观点。

关于出版社出版抄袭制品应承担何种责任的答复

国家版权局 权办[1996]73 号,1996 年 8 月 28 日

我国民法通则和著作权法未规定侵害著作权适用无过错责任原则,因此,出版社应仅在有过错并造成损害后果的情况下,才就出版抄袭制品一事与抄袭者共同承担损害赔偿责任。如果出版社没有过错,应由抄袭者独自承担损害赔偿责任,但出版社应停止出版发行抄袭作品,并依法返还不当得利。不论由谁承担损害赔偿责,这种责任都是分别对著作权人和享有专有出版权的出版社承担的。在任何情况下,著作权人或者享有专有出版权的出版社都可以以出版抄袭制品的出版社或发行单位为被告提起诉讼。

所谓有过错,是指出版社出版抄袭制品时处于一种故意或过失的主观状态。例如,出版社在接受抄袭品时处于一种故意或过失的主观状态。例如,出版社在接受抄袭品时因疏忽或者轻信而未查询权利状况,或者出版社在接到著作权人或者享有专有出版权的出版社的投诉后,仍继续出版社发行抄袭制品(不论投诉人是否提供担保),等等,都可以认为出版社有过错。

除了过错责任之外,还有学者主张过错推定或严格责任。以下是吴汉东教授和郑成思教授的代表性意见。

[①] 韦之教授认为过错是前提。参见韦之:《著作权法原理》,北京大学出版社 1998 年版,第 141 页。而郑成思教授就反对全面的过错原则。参见郑成思:《版权法(修订版)》,中国人民大学出版社 1997 年第 2 版,第 220—222 页。

吴汉东:《试论知识产权的"物上请求权"与侵权赔偿请求权——兼论〈知识产权协议〉第45条规定之实质精神》

载《法商研究》2001年第5期,第3—11页。

……

笔者多次撰文反对将无过错责任原则作为知识产权侵权赔偿的归责原则,并对主张者所引证的国际公约规定与国外立法例持有疑虑:

关于无过错责任原则之本旨。无过错责任原则是随着工业革命的完成应运而生的,其重要使命在于处理现代社会化大生产中诸如高度危险作业、环境污染等致人损害的赔偿责任问题。从大陆法系国家关于这一归责原则的立法与实践来看,无过错责任是指当损害发生以后,既不考虑加害人的过错,也不考虑受害人过错的一种法定责任形式。

其基本特征是:第一,无过错责任的基本思想"不在于对具有反社会性行为之制裁","乃是在于对不幸损害之合理分配"。一般认为,企业的经营,交通工具的使用,商品的产销以及原子能装置的持有,盖为现代社会必要的经济活动,其本身不具有"反社会性"。但是由于人类自然力控制能力与技术发展水平的限制,因而导致不幸损害的发生。无过错责任制度的价值目标是实现"分配正义",即是将这一制度与保险制度(主要是责任保险制度)联系在一起,实现危险和危险造成的损害在侵权人、保险人之间的分散、转移。

第二,无过错责任的性质不具有一般法律责任的含义,而只具有"恢复权利的性质"。以过错为基础的法律责任形式,体现了对侵权人行为的非难,因而对不法行为具有制裁和教育作用。而无过错责任的着力点主要是补偿受害人,而不是惩治侵权人,因此这一责任形式"不具有对不法行为进行制裁、预防的作用,已经失去法律责任所固有的含义"。

第三,无过错责任只考虑行为与结果之间的因果关系,而不必考虑当事人有无过错的举证。无过错责任不考虑过错,但要以因果关系的存在为前提,这一构成要件表明,损害结果与加害行为之间必须有因果关系,结果由行为所致,则侵权人应承担责任。因此,在侵权诉讼中,适用无过错责任与当事人有无过错无关,法官无须对过错问题要求举证,进行质证,故此种责任"缺乏弹性和适应性"。

笔者认为,就侵犯知识产权行为而言,本质上应为"反社会性"行为,不能归类于"社会必要的经济活动";侵犯知识产权的民事责任的出发点应在于制裁与惩戒不法行为人,而不存在着"不幸损害的合理分配";此外,知识产权法中多有"权利的限制""不视为侵犯专有权的行为"等条款,概为针对侵权诉讼的法定抗辩事由,法官势必要考量当事人的过错,而不仅是分析损害结果与不法行为之间的因果关系。综上所述,在侵犯知识产权领域适用无过错责任原则,与这一法律制度的本旨多有不符。

……

基于上述分析，笔者的主张是：对于知识产权侵权损害赔偿的归责原则，不宜采取无过错责任原则，而可以适用过错推定责任原则。过错推定责任是介于过错责任与无过错责任之间的侵权归责形式。过错推定责任原则能够纠正过错责任原则对权利人举证要求过苛而对侵权人失之过宽与无过错责任原则对权利人保护比较充分而对知识产品使用人失之过严这两者的偏差。当侵权损害结果发生时，法律推定行为人有过错并要求其提出无过错抗辩，若无反驳事由，或反驳事由不成立，即确认侵权人有过错并应承担赔偿责任。

应该指出的是，知识产权侵权赔偿的过错推定责任，是一种特殊过错推定，即法律规定侵权人不能仅证明自己已尽到注意义务，而要证明有法定抗辩事由的存在，方能表明自己主观上无过错，从而对损害不承担赔偿责任。关于法定抗辩事由，一般在相关具体法律制度中应有明确规定。适用过错推定责任原则的意义在于：法律责令侵权人承担举证责任，可以免除作为原告的权利人的举证困难（优于过错责任原则），同时也使得侵权人有抗辩的机会，不至于仅因损害结果而负赔偿责任（不同于无过错责任原则）。

在知识产权实务中，让当事人对他不能预见，或并不希望发生的损害事实承担赔偿责任，在大多数情况下是有失公正的，也是违背自然法则的。当然，法律上的过错推定"实为保护被害人之技术运用，旨在保护被害人之利益"。总之，实行这一归责原则，可以使知识产权所有人免除举证责任而处于有利地位，有利于制裁那些虽无过错但缺乏反驳事由的侵权行为。

思考问题：

（1）版权侵权行为一定具有反社会性质吗？比如，出版社的侵权行为？在侵犯版权的案例中，一定不存在"不行损害的合理分配"的需求吗？

（2）产品的制造缺陷引发的侵权责任为严格责任。本书关于无过错责任的理论如何解释此类产品责任的合理性？

（3）在现行法下，坚持"过错推定"的版权侵权归责原则，法律依据何在？

受美国法影响的学者则倾向于认为著作权侵权责任为严格责任，即无论侵权行为人是否有过错，只要实施了著作权法禁止的使用和传播作品的行为，就应当承担损害赔偿责任。这一主张的法律基础是《著作权法》（2010）第47条和第48条在列举各类侵权行为时，大量使用"未经许可"这样的术语，而未对主观过错提出要求，表明立法者并不在意立法者是否有过错。实际上，在《侵权责任法》上，立法者在规定典型的严格责任条款时（比如产品质量责任），并没有采用所谓的"无论有无过错均承担责任"之类的明确表述。因此，没有理由说，立法者一定要在著作权法上采用类似的术语才能认定是严格责任。

郑成思:《侵害知识产权的无过错责任》

载《中国法学》1998年第1期,第81—90页。

知识产权(特别是其中无须行政登记即可依法产生的版权),由于其无形并具有地域性、受法定时间限制等特点,所以,其权利人的专有权范围被他人无意及无过失阑入的机会和可能性,比物权等权利大得多、普遍得多。这就是说,无过错而使他人知识产权受损害,在某些情况下具有"普遍性"。而侵害物权则不然。他人的院墙你不应翻过去,他人的财物你绝不该占为己有,这道理是明明白白的。

于是,无过错给他人知识产权造成损害的"普遍性",就成了知识产权领域归责原则的特殊性。同时,在知识产权侵权纠纷中,原告要证明被告"有过错"往往很困难。而被告要证明自己"无过错"却很容易,这也是带普遍性的。

……

与此相近似的图书出版中,强调"过错责任"的弊病就更明显了。在许多情况下,被侵权人虽然能见到充斥于市场的侵权制品,但根本无法确认谁是抄袭者或是其他侵权人,乃至难以断定是否存在出版者之外的侵权人。他只能到执法机关起诉出版者。在出版者不承担侵权责任(也不负连带责任、不成为"诉讼中第三人")的情况下,它没有义务向被侵权人指明侵权作品提供者的真实姓名、住址等等。而且,即使出版者提供了有过错之责任人(抄袭者或其他人)的姓名、地址,被侵权人在很多情况下也难以、甚至不可能主张权利……

有人认为被侵权人从抄袭者(或其他侵权作品提供者)那里获得的赔偿不足,可以以"不当得利"为由要求无过错出版者返还"不当得利",并且是"原则上均依受害人所受损害程度确定赔偿责任"。

这里有几个问题将在受害人请求赔偿的诉讼中难以解决。第一,按照"过错责任"原则,受害人所受之"害"并非来自无过错的出版者,他有何依据向出版者求偿?第二,出版者已被定为非侵权人,其"赔偿责任"从何而来?所以,在这种场合中,被侵害人真正获得补偿的可能性,是微乎其微的。君不见,即使在被认定是侵权人或负连带责任人或第三人的情况下,知识产权权利人都未必能从出版社那里得到实际赔偿。更不消说已把他们排除在"侵权"之外了。

至于说"无过错"的出版者的行为未必不违法,故可以以"违法"为由,阻止其进一步印制(及发行)有关权利人的作品,这在实践中也往往做不到。即使做到了,也往往是滞后的,也要在相关作品已经进入流通渠道难以收回之后……

所以,我总感到,主张在知识产权领域全面适用"过错责任"原则的看法,是为未经许可的使用人(先不言其为"侵权人")着想过多,而为权利人着想太少。如真正实行知识产权领域内全面的"过错责任"原则,那么现行的知识产权保护制度在很大程度上就丧失了实际意义。

当然,并不是说"过错责任"原则在知识产权领域就完全不适用。在这点上,我很赞成不宜"不适当地扩大责任人的范围"……在直接出版印制侵权出版物的人之外，发行者以及为侵权物品或侵权活动提供仓储、运输、场地、机器等等的人，亦即我们常说的间接侵权人或"共同侵权人"（Contributory Infringer），在确认其侵权责任成立时，则真的应考虑"过错责任"原则了。这就是为什么本文开始时讲，只是在"某些情况下"，而不是在一切情况下，应适用"无过错责任"原则……

思考问题：

除了严格责任之外，有无其他替代性的方案来解决郑教授所担心的问题吗？

在司法实践中，中国的法院在归责原则上也分歧严重。不同的法院在严格责任和过错责任之间摇摆不定。整体上，更多的法院表面上坚持"政治风险"（或职业风险）较小的过错责任原则。比如，《北京市高级人民法院关于确定著作权侵权损害赔偿责任的指导意见》（京高法发[2005]12号）有下列规定：

第一条　被告因过错侵犯著作权人或者与著作权有关的权利人的合法权利且造成损害的，应当承担赔偿损失的民事责任。

原告应当提交被告侵权的相关证据。被告主张自己没有过错的，应当承担举证责任，否则须承担不利的法律后果。

第二条　被告具有下列情形之一的，可以认定其具有过错：

（一）经权利人提出确有证据的警告，被告没有合理理由仍未停止其行为的；

（二）未尽到法律法规、行政规章规定的审查义务的；

（三）未尽到与公民年龄、文化程度、职业、社会经验和法人经营范围、行业要求等相适应的合理注意义务的；

（四）合同履行过程中或合同终止后侵犯合同相对人著作权或者与著作权有关的权利的；

（五）其他可以认定具有过错的情形。

第三条　被告虽无过错但侵犯著作权人或者与著作权有关的权利人的合法权利且造成损害的，不承担损害赔偿责任，但可判令其返还侵权所得利润。如果被告因其行为获利较大，或者给原告造成较大损失的，可以依据公平原则，酌情判令被告给予原告适当补偿。

不过，很多时候法院所宣称的过错责任并非真正的过错责任。法院可能强加给被告极高的注意义务（版权审查义务），导致被告几乎不可能满足该注意义务的要求，从而使得该过错责任事实上与严格责任无异。在立法者明确介入之前，这一混乱状态还将继续下去。

在这一问题上，郑成思教授的意见值得称道："较可取的做法是，在修订现有知识产权法时，全面考虑知识产权侵权的特点、平衡各方的利益和执法实践中的可能性，参考国外已有的成例,分别直接侵权、共同侵权、间接侵权不同情况,规定无过错责任及过错责任原则的适用场合,而不是'一刀切'地否认前者或后者。"① 按照这一思路,美国版权法上对直接侵权和间接侵权(包括帮助侵权(Contributory Infringement)和替代责任(Vicarious Liability))的区分做法,应该是不错的参考对象。

另外,学术界对于民事侵权的责任形式的理解差异,也使得过错责任或严格责任的争议变得更加复杂。部分民法学者强调停止侵害、消除危险之类的救济措施实际上并非侵权者所承担的民事责任,而是权利人行使所谓的"物上请求权"的自然结果,是一种物权法上的救济,而非侵权责任。权利人寻求停止侵害之类救济时,无须证明侵害者有所谓的过错。换句话说,法院并不是按照侵权法的逻辑在处理问题。在这些学者看来,只有损害赔偿才是真正的侵权责任。寻求损害赔偿时,权利人需要证明侵权者有所谓的过错。这一民法理论上的区分,并没有为中国的立法者所接受。无论是《民法通则》还是《侵权责任法》都笼统地将停止侵害、消除危险、赔偿损失等作为民事侵权责任的形式加以规定。因此,部分学者以停止侵害实际上并不要求过错为由,来说明著作权侵权无须过错。这实际上人为地制造了很多混乱。本书不严格区赔偿损失与其他救济方式,但是在讨论过错责任或严格责任时,通常仅仅限于赔偿损失这一责任形式。

最后,需要说明的是,著作权侵权行为有多种类型。可能有些行为适宜追究过错责任,有些适宜追究严格责任。笼统地讨论著作权侵权的归责原则,可能会引发不必要的争议。比如,在侵害他人署名权的行为中,行为人差不多总是有过错。这时候,立法者无论选择过错责任还是严格责任,对于权利人与社会公众的利益没有实质性影响(这时立法者选择严格责任可以降低诉讼成本)。而在出版社出版侵权作品的行为中,出版社则未必有过错。这时候立法者对于过错责任或严格责任的选择,则对权利人和公众的利益平衡关系有重大影响。

实行严格责任,在有些情况下对于善意的侵权者比如出版者,可能过于严厉。在下面的 De Acosta 案中,异议法官 Hand 对此进行了充分的说明。因此,美国《版权法》在第504(c)(2)条降低了出版社在无过错的情况下的赔偿额度。在某些情况下甚至完全免除赔偿责任,比如侵权者相信其使用是美国《版权法》第107条的合理使用。但是,法律并没有因为不存在过错而拒绝确认侵权。实际上,在直接侵权上如果强调过错,将导致很多间接侵权的认定存在理论上的障碍。因为间接侵权要以直接侵权为前提,加入直接"侵权者"因为没有过错而不被认定侵权,那么积极引诱该直接"侵权者"从事侵权行为的人可能就无法被认定为"间接侵权人"了。

---

① 郑成思:《版权法(修订版)》,中国人民大学出版社1997年第2版,第233页。

De Acosta v. Brown

146 F. 2d 408(2nd Cir., 1945)

Clark 法官:

原告创作了一个关于美国红十字会创建者 Clara Barton 的电影剧本。作者在好莱坞的剧作家协会办公室登记了该剧本,但是没有办理版权登记,也没有出版该剧本。被告也创作了相同主题剧本,并且在杂志上发表了该剧本的摘要。法院认定该剧本侵犯在先剧本的著作权,同时抄袭者和杂志社应当停止侵害并返还侵权利润(accounting of profits)。这一点并无争议。案件真正的争议焦点是善意(或无辜)的杂志出版社是否应当承担损害赔偿责任。

依据版权法,善意的复制者需要承担赔偿责任并无疑问。版权法上的推理最为直接:版权法在某些场合刻意区分善意或故意侵权,但是在关于返还利润和损害赔偿一般条款中并没有作出此类区分。因此,最高法院在 Buck v. Jewell-La Salle Realty Co., 283 U.S. 191 案中指出,在版权法下,侵权的意图(intention to infringe)并不是必需的。最高法院在 Douglas v. Cunningham 294 U.S. 207 案中,指出上诉法院因为被告报社的善意而将损害赔偿从 5000 美元减到 250 美元的做法是错误的。

无数的下级法院也遵守相同的原则,通常会判决善意的出版社要承担侵权责任。比如,在 American Press Ass'n v. Daily Story Pub. Co., 120 F. 766 案中,法院将出版社无辜侵权与盗贼偷卖马匹的例子类比,认为权利人对于作品所享有的权利并不会因为偷窃或盗版而丧失。诸多案例在这一问题上所表现出来的一致性,让人印象深刻。这一领域的学者的意见也非常一致。这一结果并不让人意外,就像 Drone 教授在很多年前就指出的那样,如果对于文学作品的保护不能对抗第三方,或者,出版社刻意避免查询作品侵权的可能性就可以不承担损害赔偿责任,则该作品几乎没有价值。

有意见认为,侵权责任和损害赔偿应该仅仅限于可以预见和可以避免的范围。实际上,侵权法(torts)的范围很广,上述规则可能适用于过错侵权(negligence),但是并不适用于侵占行为(conversion or appropriation)。如前面 American Press 案所述,此类案例通常被视为是侵占文学财产(the conversion of literary property)的案例。在这一类别下,要求无辜的复制者承担赔偿责任(recovery)是合适的。法院认为,这一规则同样适用于没有版权登记的文学作品。

本案很好地说明,如果采用不同的规则将给作者带来风险。这里认定出版社善意的因素只有两点,即侵权作者向出版社的编辑保证她自己创作了该作品;同时,该作者的声誉为编辑所知晓。如果对出版社而言,没有其他更有效的查询方法来避免侵权,则[在我们看来],这倒是不能如此轻易剥夺作者劳动成果的附加理由。

Hand 法官的异议:

没有理由认为普通的侵权规则不能适用于作品的复制行为。我接受多数意见提到的所谓的"侵占财产"的类比,的确,我没有理由将别人的手表放在我的书包里然后说手表是我的。但是,如果我不知道书包里有手表,则无论我如何控制该书包,也没有侵占(convert)该手表,尽管我的行为可能同样影响了所有者的权利。

如果出版社要无条件地承担责任,会给出版自由带来沉重负担。在我看来,这并非杞人忧天。如果多数意见是对的,则只要作者证明出版社出版的书籍中含有作者作品的任何内容,无论是多么的无辜,出版社都要承担责任。如果这一风险笼罩着所有的出版物,它将成为知识传播的不可忽视的抑制剂。

异议法官也同意,返还利润和停止侵害(禁令救济)明显不同。只要出版社知道它出版的作品实际上拷贝自他人,它当然应该被制止。先前出版物所带来的利润应当返还给作者。无论出版社是否侵害作者的独占权,让无辜的出版者保留作者劳动成果所带来的利润,都会使得出版者不当得利(unjustly enrich),牺牲作者的利益。

思考问题:

(1) 将未经许可的复制作品的行为类比为有形物的侵占,有道理吗?

(2) 异议法官说严格责任会增加出版社的风险,阻碍知识的传播。这样的后果真的出现了吗?严格的产品责任导致产品的供给出现问题了吗?

(3) 多数意见的法官似乎暗示,出版社比版权人更容易采取措施预防侵权?比如,出版社可以进行版权检索、买保险或合同约定等降低侵权风险,而版权人不能?

3.2　出版(复制)侵权

出版社未经许可出版他人作品,通常会侵害著作权人的一系列权利,可能包括署名权、复制权、发行权等。《著作权法》(2010)第 48 条第 1 项也明确规定"未经著作权人许可,复制、发行"作品,"应当根据情况"承担民事责任。《著作权法》(2010)第 53 条进一步规定:"复制品的出版者、制作者不能证明其出版、制作有合法授权的……应当承担法律责任。"从字面意思看,这一规则没有提及过错的问题,有可能被解释为严格责任。即,只要出版者或复制者没有经过授权或者授权不合法,就应承担责任。不过,有意见认为,这里隐含的是"过错推定"。① 这么多条文中涉及出版发行问题,居然这一问题还没有说清楚,让人感叹。

究竟是严格责任还是过错责任(过错推定),实际上取决于对"合法授权"的解释。如果合法授权只是形式上的要求,在出版者没有合理理由怀疑该授权的真实性和合法性的情况下,出版者就无需承担责任②,则出版者所承担的责任实际上是过错责任。

---

① 胡康生主编:《中华人民共和国著作权法释义》,法律出版社 2002 年版,第 210 页。该书在解释这一条时,有下面一段评论:"为了充分、有效保护著作权人的权益,此次修改著作权法,参照《与贸易有关的知识产权协议》的规定,增加规定了过错推定的制度。《与贸易有关的知识产权协议》第 45 条第(二)项规定:'在适当场合即使侵权人不知、或无充分理由应知自己从事之活动系侵权,成员仍可以授权司法当局责令其返还所得利润或令其支付法定赔偿额,或二者并处。'"

② 比如,在张开明 v. 青岛出版社(山东高院(1995)鲁民终字第 17 号)案中,对于编者侵权的作品,出版社是否承担责任,法院指出,如果侵犯书中原作品著作权人的合法权益,由编者承担责任。"青岛出版社作为国家批准的图书出版单位,根据合同并依据法律获得了《海上名山第一——崂山》一书的专有出版权,其出版该书是合法行为,青岛出版社未参与汇编该书,对该书中彩色摄影作品也未以青岛出版社的名义署名,因此不构成对该书中原作品著作权人署名权及经济权利的侵犯。"

如果"合法授权"是指该授权必须符合实体法（著作权法）的要求，不能存在瑕疵，则实际上会导致出版社承担严格责任。因为在很多情况下，出版社即使尽到合理的审查义务，依然无法保证自己所出版的作品不侵害第三方的著作权。① 这一解释多少与第53条的字面含义有些不协调。如果立法者意图设立严格责任，应该不会采用现在这种拐弯抹角的表述，而会直接宣布出版者出版侵权作品应承担责任。

在上述背景下，《最高人民法院关于审理著作权民事纠纷案件适用法律若干问题的解释》(2002)对出版者的侵权责任做了进一步的解释：

> 第19条 出版者、制作者应当对其出版、制作有合法授权承担举证责任，发行者、出租者应当对其发行或者出租的复制品有合法来源承担举证责任。举证不能的，依据著作权法第四十六条、第四十七条的相应规定承担法律责任。②
>
> 第20条 出版物侵犯他人著作权的，出版者应当根据其过错、侵权程度及损害后果等承担民事赔偿责任。
>
> 出版者对其出版行为的授权、稿件来源和署名、所编辑出版物的内容等未尽到合理注意义务的，依据著作权法第四十八条的规定，承担赔偿责任。
>
> 出版者尽了合理注意义务，著作权人也无证据证明出版者应当知道其出版涉及侵权的，依据民法通则第一百一十七条第一款的规定，出版者承担停止侵权、返还其侵权所得利润的民事责任。③
>
> 出版者所尽合理注意义务情况，由出版者承担举证责任。

上述司法解释，并没有进一步明确"合法授权"的含义，依然是一大缺憾。依据司法解释第20条，出版者即便能够提供形式上的"合法授权"的证据，并不能保证避免版权侵权责任。它依然要"根据其过错、侵权程度及损害后果等承担民事赔偿责任"。这一表述同时提及了民事侵权的数个构成要件，似乎暗示出版社承担的是过错责任。不过，第20条第3款又规定，"出版者尽了合理注意义务"，还是要"承担停止侵权、返还其侵权所得利润的民事责任。"这与损害赔偿的侵权责任有明显的区别，似乎是一种不当得利的返还。该司法解释舍近求远，没有引用《著作权法》（比如第47条或48条），而是引用看似空泛的《民法通则》第117条第1款作为法律依据，出人意料。

下面的王东升 v. 叶永烈案是中国著作权法历史上比较有名的案例，曾经在中国引发了关于版权侵权的归责原则的激烈争论。当时法院基本上是按照过错侵权的思

---

① 重庆南方景象图片有限公司 v. 成都成达房地产发展有限公司，四川成都中院（2001）成知初字第14号。本案中，被告在地产广告中使用了原告拍摄的模特照片，成都商报社作为广告的刊载媒体，也成为共同被告。法院认为："被告商标社作为该广告的发布者，其对广告内容的审查责任，并不仅限于对广告内容的客观性、真实性方面，还应对广告内容所涉及的著作权问题亦负有必要的审查义务。而商报社未履行必要的审查注意义务，发布了博瑞公司制作的具有侵权内容的广告摄影作品，具有主观上的过错，对侵权结果的发生负有一定的过失责任。"法院最终认为三被告共同侵权，承担连带责任。

② 现在是《著作权法》(2010)的第47条和第48条。

③ 《民法通则》第117条第1款："侵占国家的、集体的财产或者他人财产的，应当返还财产，不能返还财产的，应当折价赔偿。"

路来处理此案,因此判决连带责任。在胡公石 v. 文化艺术出版社、李传周案(北京市一中院(1996)一中知初字第9号)、庄羽 v. 郭敬明(北京市高院(2005)高民终字第539号)等案中,法院都判决出版社和侵权作品的作者共同侵权,承担连带责任。

王东升 v. 叶永烈

北京高院(1997)高知终字第6号

王东升为中国文联出版公司的专职摄影人员。1988年11月,王东升在陈伯达病房内拍摄了本案涉及的陈伯达肖像照。同年王东升将该肖像照照片一张送给陈伯达之子陈晓农。1989年初在陈伯达在场的情况下,陈晓农将该照片送与叶永烈。陈晓农未告诉叶永烈该照片作者是谁,叶永烈亦未加询问。1989年9月28日,王东升在陈伯达遗体告别仪式上拍摄了本案涉及的告别仪式现场照片,同年11月王东升将该照片一张送给了陈晓农,同年陈晓农又将该照片寄送给叶永烈。同前次一样,陈晓农未告诉叶永烈该照片的作者是谁,叶永烈亦未询问。

1993年2月28日,作家出版社与叶永烈在上海签订了《图书出版合同书》,合同约定:叶永烈将《叶永烈纪实文学自选集》(其中包括《陈伯达传》)交作家出版社出版,作家出版社按总码洋6%的版税支付给叶永烈稿酬。同日作家出版社副总编秦文玉在叶永烈家中从叶永烈收集的照片中选了100余张作为《叶永烈纪实文学自选集》中用,其中为《陈伯达传》一书挑选了10余张,包括本案涉及的两张照片。叶永烈未向秦文玉说明上述两张照片的作者是谁,秦文玉亦未询问。

1993年11月,作家出版社出版《陈伯达传》,该书定价为14.40元,印数为11000册,字数为452000字,该书标明"作者叶永烈"该书封面和封底后勒口使用了上述两张本案涉及的照片,其中封面肖像照被进行了剪裁,该书未标明上述两张照片的作者。

1994年5月10日和1994年5月29日叶永烈先后两次给王东升共汇去1000元,每次500元,叶永烈在给王东升的信中表示:"作为表示道歉之意。"

* * *

北京市第一中级人民法院判决认定,本案涉及的两张照片属于摄影作品由王东升所拍摄,王东升即为上述两张照片的作者,依法享有对上述照片的著作权。作家出版社未经著作权人许可,擅自发表并复制、发行该照片,已构成对王东升的发表权、署名权、使用权和获得报酬权的侵害,应依法承担侵权责任。叶永烈作为《陈伯达传》一书的文字作者,在向作家出版社副主编秦文玉提供照片时,未告诉秦文玉其不知本案涉及的两张照片的作者是谁,足以造成作家出版社误认为上述两张照片为叶永烈所摄。虽然叶永烈不知道作家出版社最后决定使用哪几张照片及如何使用,但其实际已知秦文玉挑选照片的目的是为在《陈伯达传》一书中使用。因此,叶永烈在明知上述两张照片有可能被作家出版社使用的情况下,提供包含有王东升作品的多张照片让作家出版社任选使用,为侵权行为的发生提供了条件。叶永烈提供照片的行为属于共同侵权。叶永烈因侵权行为应承担一定责任。王东升要求判令作家出版社、叶永烈赔偿损失、停止侵权、公开赔礼道歉的主张,于法有据,应予支持,对于赔偿损失,王东升要求的数额过高,没有根据,该院予以酌情确定。此外,王东升为诉讼支出的合理费用,作家出版社、叶永烈也应予以赔偿。北京市第一中级人民法院依据《中华人民共和国著作权法》第45条第(一)项、第46条第(二)项之规定,判决:一、作家出版社立即停止侵权行为,删除《陈伯达传》一书中封面和封底后勒口的侵权内容;二、作家出版社在《北京日报》上刊登赔礼道歉的声明,其内容须经该院审核。三、作家出版社赔偿王东升损失2700元,叶永烈赔偿王东升1000元;四、驳回王东升其他诉讼请求。

叶永烈不服一审判决,提出上诉。理由是:一审法院认定"叶永烈提供照片的行为属于共同侵权"的前提是:"在向作家出版社提供照片时,未告诉其不知本案涉及的两张照片的作者是谁,足以造成作家出版社误认为上述两张照片为叶永烈所摄。"实际上,这种"误认"是不存在的。叶永烈在提供照片时,将自己拍摄的照片与不是自己拍摄的照片作了明确区分,凡是其本人拍摄的均在照片下方注明"叶永烈摄",不足以造成作家出版社的误认。从法律的角度讲,著作权法适用民法通则中的"过错"责任原则,共同侵权的前提必须是具有共同过错,而共同过错又是以共同义务为前提的,按照权利义务对等原则,叶永烈并未享受这两张照片的稿酬,也不存在过错,既无法定义务,又无合同约定的义务,告知摄影作品作者的姓名,因此不构成侵权。请求二审法院依法改判。王东升与作家出版社服从原审判决。

* * *

本院认为,本案涉及的两张照片系王东升所拍摄,该照片属于摄影作品。王东升作为照片的作者,对上述两张照片依法享有著作权。作家出版社作为出版部门疏于审查叶永烈提交的摄影作品的版权状态,即将该摄影作品附于文字作品予以出版发行,应属未经著作权人许可,擅自发表、复制、发行他人摄影作品的行为,已构成对王东升对该摄影作品所享有的发表权、署名权、使用权和获得报酬权的侵害。叶永烈作为《陈伯达传》一书的文字作者,在向作家出版社提供照片时,只对其中部分摄影作品做了作者标记,从而使作家出版社在未经严格审查的情况下即将上述两张照片作为叶永烈的摄影作品一并出版、发行,造成了侵害他人著作权的法律后果。鉴于作家出版社与叶永烈在《陈伯达传》一书的出版、发行过程中,均有过错,故应确认二者共同承担民事赔偿责任。叶永烈的上诉理由缺乏法律依据,不能成立。

(魏湘玲、孙苏理、刘继祥法官)

思考问题:

(1)陈钧法官事后在评论此案时认为本案叶永烈存在主观过错:"在本案中,作家出版社由于未查询照片的作者及是否获得许可,对照片的著作权问题未持一种负责人的态度,主观上应存在过错,但作为照片的提供者叶永烈叶未加以说明和澄清,有使出版社产生误认的可能。故实际上本案的损害事实是由叶永烈和作家出版社双方的不作为而共同造成的。"①按照这一标准,是否意味着出版社对所有出版物都需要进行合理查询?何谓合理呢?如何才能被法院认为"无过错"呢?

(2) 如果叶永烈的确告知出版社该照片的权属状况,则谁侵害了照片作者的著作权?按照直接与间接侵权的二分,如何定性本案中作者与出版社各自的角色?

下面的蒲涛 v. 管燕等案发生在最高人民法院 2002 年的司法解释出台之后,差不多代表着法院在现有法律下的基本态度。本案中,法院并没有接受原告所谓共同侵权的主张,因而结论与王东升案似乎有些差别。你觉得何者更有道理?另外,仔细考虑,在出版侵权作品时,究竟是谁在侵害什么权利?

蒲涛 v. 管燕等

四川省高院(2005)川民终字第 287 号

2001 年 4 月,蒲涛拍摄的"红叶迎秋"照片刊登于四川民族出版社出版的《中华大熊猫园——卧龙国家级自然保护区》画册,该画册的第 24、25 页刊有"红叶迎秋"照片,画册封底有蒲涛的署名。管燕从四川卧龙投资有限公司(下称卧龙公司)获得"红叶迎秋"照片,并撰写了《红叶黄花自一川,赏"枫"行乐正当时》(下称《红》文)。2004 年 10 月 15 日成都晚报社(下称晚报社)出版的《成都晚报》第 28 版刊登了《红》文,"红叶迎秋"照片配发在《红》文上方,《红》文占据了第 28 版的半版位置,"红叶迎秋"照片占据该文三分之一位置,在照片处的署名为"实习生 张淼 记者 管燕 摄影"。

一审法院认为,(一)蒲涛提交了照片"红叶迎秋"的反转片,且在《中华大熊猫园——卧龙国家级自然保护区》画册中有蒲涛署名的"红叶迎秋"照片,故蒲涛是"红叶迎秋"的著作权人,蒲涛享有的著作权,应受法律保护。

(二)管燕民事行为的性质。管燕当庭未陈述由晚报社何人在"红叶迎秋"照片中将摄影者署名为管燕。而蒲涛为证实是管燕在照片上署名,举出了 2004 年 10 月 15 日出版的《成都晚报》上,"红叶迎秋"照片有管燕的署名并加有"摄影"二字。根据最高人民法院《关于民事诉讼证据的若干规定》第 2 条第 2 款之规定,没有证据或者证据不足以证明当事人的事实主张,由负有举证责任的当事人承担不利后果。一审法院对管燕认为其未在"红叶迎秋"照片上署名的主张不予支持。配图"红叶迎秋"的《红》文左下方署名"实习生张淼 记者 管燕 摄影",此署名方式让读者认为该照片的作者为管燕。依照《中华人民共和国著作权法》第 46 条第 1 款第(三)项之规定,没有参加创作,为谋取个人名利,在他人作品上署名的,是侵权行为。故管燕的上述行为侵犯了蒲涛对"红叶迎秋"照片的署名权、获取报酬权,应承担侵权的民事责任。

(三)晚报社民事行为的性质。晚报社未经著作权人蒲涛的许可,未举证证实其刊登"红叶迎秋"照片已尽到作为出版者应尽的合理注意义务,且未付酬,因此晚报社主观上有过错,其行为侵犯了蒲涛的对摄影作品享有的著作权,对此,晚报社应承担侵

---

① 孙建、罗东川:《知识产权名案评析(2)》,中国法制出版社 1998 年版,第 110 页。

权的民事责任。对蒲涛主张晚报社侵犯其复制权、发行权、获取报酬权的主张予以支持……

（四）民事责任的承担。蒲涛主张管燕与晚报社应承担连带侵权赔偿责任的主张，一审法院未予支持。其理由为：依照《中华人民共和国民法通则》第130条之规定，二人以上共同侵权造成他人损害的，应当承担连带责任。本案中，管燕在照片上署名系其个人行为，与晚报社在主观上无侵权的共同故意，故并非法律规定的共同侵权行为，管燕与晚报社应承担各自的侵权责任。本案只有管燕侵犯了蒲涛作品著作权中的人身权，故对蒲涛请求管燕赔礼道歉的主张予以支持；晚报社侵犯的是蒲涛作品著作权中的财产权，而非人身权，故对蒲涛要求晚报社承担赔礼道歉民事责任的主张不予支持……

宣判后，蒲涛不服一审上述判决，向本院提起上诉……事实和理由主要有：……

4. 一审法院对被上诉人晚报社行为性质的认定有误。根据最高人民法院《关于审理著作权民事纠纷案件具体适用法律若干问题的解释》规定，出版者对其出版行为的授权、稿件来源和署名，所编辑出版物的内容等未尽到合理注意义务的，依据《著作权法》第48条的规定承担赔偿责任。因此，被上诉人晚报社依法应当对其出版行为中涉及的稿件来源和署名等尽到合理注意义务，否则即侵犯他人作品的署名权等人身权利，而非仅涉及财产权利。

5. 连带承担侵权赔偿责任问题。二人以上共同故意或者共同过失侵权，或者虽无共同故意、共同过失，但其侵害行为直接结合发生同一侵权后果的，构成共同侵权，本案应当依照《民法通则》第130条规定承担连带责任。

……

被上诉人管燕辩称：1. 被上诉人管燕没有侵害上诉人的著作权。被上诉人作为一名记者，受晚报社指派，撰稿《红》文刊发于2004年10月15日的《成都晚报》上。此文是纯文字性的报道，本文的配发图片由晚报社工作人员编排，至于署名之误，也是由于晚报社的工作人员之失误，这在一审中晚报社已当庭承认。故被上诉人并没有侵害上诉人的著作权。

2. 被上诉人不是本案的适格被告。被上诉人作为晚报社的工作人员，因执行工作任务产生的后果均应由晚报社承担。

3. 即使被上诉人侵权性质成立，上诉人的上诉请求及理由也缺乏法律依据。具体如下：……被上诉人与晚报社无共同故意，不符合共同侵权必须的法律特征，被上诉人与成都晚报社不应承担连带责任。

……

本院认为……依照《中华人民共和国民法通则》第130条之规定，二人以上共同侵权造成他人损害的，应当承担连带责任。本案中，管燕对涉案摄影作品的侵权是其个人行为，与晚报社在主观上无侵权的共同故意，并非法律规定的共同侵权行为，管燕与晚报社应承担各自的侵权责任。故本院对蒲涛上诉称管燕与晚报社应承担连带侵权赔偿责任的主张，不予以支持。驳回上诉，维持原判。

（张冰、刘巧英、陈洪法官）

在广东唱金影音有限公司 v. 中国文联音像出版社等（最高人民法院（2008）民三终字第 5 号）一案中，最高人民法院也考虑了出版社与其他侵权人之间的责任分担问题，结果最高人民法院也选择了连带责任。本案中，原告唱金公司拥有诉争剧目的独占发行权。2004 年末，唱金公司发现由文联音像出版社出版、天宝光碟公司复制、天宝文化公司发行及音像人公司销售的上述音像制品，于是提起诉讼。进一步的事实，可以参考"邻接权"一章同名案例。最高人民法院认为：

> 《音像制品管理条例》第 23 条规定，音像复制单位接受委托复制音像制品的，应当按照国家有关规定，验证音像制品复制委托书及著作权人的授权书。据此，如果音像复制单位未能充分履行上述行政法规规定的验证义务，复制了侵犯他人合法权利的音像制品，应当与侵权音像制品的制作者、出版者等承担共同侵权责任。本案中，天宝光碟公司仅验证了涉案剧目主要演员的授权，显然未满足上述条例规定的注意义务，故一审法院判令其与文联音像出版社、天宝文化公司共同承担侵权责任并无不当。其与文联音像出版社签订的《录音录像制品复制委托书》虽有关于责任承担的约定，但该约定仅对双方当事人有效，不能以此对抗权利受侵犯的第三人。天宝光碟公司关于《音像制品管理条例》中规定的注意义务过高、《复制委托书》不仅仅是当事人之间的合同等上诉理由缺乏法律依据，本院不予支持。
>
> （于晓白、殷少平、夏君丽法官）

在实际的案例中，出版社要证明自己尽到合理的注意义务是非常困难的。本书作者检索了相当多的案例，但几乎没有看到任何出版社做到这一点。出版社即便和作者签署了出版合同，要求作者对版权可靠性作出保证，也不能因此避免侵权风险。在华龄出版社与廖福彬等著作权侵权纠纷案（上海市高院（2005）沪高民三（知）终字第 19 号），法院指出即便对版权合同进行登记，也无济于事："虽然上诉人称涉讼图书的相关合同经过了北京市版权局的著作权合同登记，但是版权行政管理机构对著作权合同的登记只是对有关手续进行形式审查，并不是代替著作权合同当事人审查确认合同的真实性、有效性，故获得著作权合同登记的事实并不能证明相关合同的真实性，也不能证明上诉人已经对涉讼图书的出版尽到了合理注意义务的事实。"

大多数法院实际上相信，出版社没有能够避免侵权发生这一事实，就证明出版社存在过错。即便出版社能证明其作出了审查努力，法院仍然可以简单地认为做得还不够，不然怎么会发生侵权呢？在最新的孙勇进等诉中国电影出版社侵犯著作权纠纷案（北京市朝阳区法院（2010）朝民初字第 23541、27078 号）案中，法院的下列意见就很有代表性：

> 《著作权法》规定，图书的出版者对其出版行为的授权、稿件来源和署名、所编辑出版物的内容等未尽到合理注意义务的，应当依法承担相应的法律责任。尽管电影出版社与作者签订有《图书出版合同》，但《大嘴话水浒》一书中存在 31 处抄袭，且大多都是整段整段的抄袭，字数达 34 000 字，抄袭情况非常明显，而电影出版社作为专业出版机构对此应当能够审查出来，但电影出版社并未向法庭举证

证明其是如何审查的,故电影出版社并未尽到其应尽的合理注意义务,侵犯了陈洪、孙勇进对涉案《漫说水浒》一书享有的著作权。

从上述司法案例看,最高人民法院的上述司法解释在实践中的效果,与直接规定严格责任已经差别很小了。这似乎说明,即便法院直接将《著作权法》第 53 条的"合法授权"解释为实体法上合法,让出版者承担严格责任,可能也不会实质性地改变《著作权法》上的利益平衡关系。这么做的好处是,可以降低司法成本,法院在个案中无需再具体审查出版者是否存在所谓的过错。当然,是否应该将严格责任延伸到传统出版社之外的更大范围,则需要进一步研究。

理论上讲,《著作权法》(2010)第 53 条所谓"复制品的出版者、制作者不能证明其出版、制作有合法授权的……应当承担法律责任"的规定也适用于印刷厂,因为印刷厂属于所谓的"复制品的制作者"。不过,在绝大部分涉及出版社的案件中,出版社而不是印刷厂被视为复制件的制作者和销售者。接受出版社委托的印刷厂,通常不会承担版权侵权责任。当然,前提是,正规出版社向印刷厂提供了正常的委印文件,印刷厂没有过错。从这一意义上讲,著作权法对于印刷厂取得"合法授权"的要求,要低于对出版社取得"合法授权"的要求。

如果出版社没有提供正常的委印文件,则即便有出版社存在,印刷厂还是要和出版社承担共同侵权责任。在德国汽车摩托新闻国际出版社 v. 中国国际广播出版社案中,法院的结论就是如此。在评论印刷厂的注意义务性质时,当时的张广良法官(现为教授)指出:

"这种注意义务,不是要求印刷单位一定要对其印刷的出版物或者印刷品是否侵犯他人著作权作出一个严格、准确的判定,而是要求其应健全印刷规章制度,签约或开印前履行一定的审查手续。规章之一便为实行印刷合同制度,即针对每一个印刷品种,委印单位和承接单位应签订印刷合同的制度。对于印制合同,印刷单位应予妥善保存。所谓的审查手续是指签订印刷合同之前,必须验证委印单位的准印证,对委印单位的名称、书号或者版号、出版日期等进行审查,要求委印单位提供证明著作权合法的文件。"[①]

如果印刷厂明知或应知印制复制件的行为损害他人著作权,印刷厂甚至要承担主要责任。在下面的辞海案即是一例:

辞海编辑委员会等 v. 陕西省汉中印刷厂等

上海市二中院(2002)沪二中民五(知)初字第 207 号

1999 年秋,被告李渭渭、哈翎共谋并出资非法复制、发行《辞海》一书,李渭渭负责联系非法复制《辞海》的具体事宜,哈翎负责提供样书。同年 12 月,李渭渭与汉中印刷

---

① 张广良:《知识产权实务及案例探析》,法律出版社 1999 年版,第 205 页。

厂达成了复制《辞海》5,000套,每套加工费人民币120元的协议。在李渭渭向汉中印刷厂提供了《辞海》菲林片,并预付加工费人民币30万元后,汉中印刷厂即开始复制……

本院认为:……被告汉中印刷厂作为国家定点书刊印刷单位,应严格遵守有关法律法规及公认的行业惯例,但汉中印刷厂无视国家法律和行业惯例,直接参与非法复制、发行《辞海》一书,应承担主要侵权责任。被告李渭渭、哈翎共谋并共同出资非法复制、发行《辞海》,其中李渭渭提供菲林片、联系印刷单位、洽谈印刷数量,哈翎提供样书,两被告还共同检查印刷质量、联系发行事宜等。两被告对其实施的侵权行为也应依法承担相应的侵权责任。三被告对上述非法复制、发行的行为具有共同侵权故意,构成共同侵权,应承担连带赔偿责任。

(吕国强、陈默、费晔法官)

3.3 发行(销售)侵权

《著作权法》(2010)第48条第1项中规定发行作品,发行者"应当根据情况"承担民事责任。这里的发行者应该涵盖出版社和各类书店。由于出版社作为侵权复制件的制作者承担更严厉的责任,权利人通常不需要依据本条追究出版社作为复制件的销售者应该承担的责任。上一节已经有比较深入的讨论,这里不再赘述。

在第48条的基础上,《著作权法》(2010)第53条限制了发行人的责任范围:"复制品的发行者……不能证明其发行……的复制品有合法来源的,应当承担法律责任。"这也就是说,如果发行者能够提供复制件的合法来源,且没有其他过错,则无需为已经发生的发行行为承担责任。不过,发行者应当停止侵权。① 换句话说,发行者仅仅承担过错责任。如果发行人不能提供合法来源,这一事实可能导致法院推定发行人存在过错。如果还有其他相关证据印证,则更是如此。

上海世纪出版集团译文出版社 v. 上海莫杰图书有限公司

上海二中院(2003)沪二中民五(知)初字第152号

[原告指控被告上海莫杰图书有限公司出售图书《挪威的森林》的行为侵害原告享有专有出版权。法院指出:]被告应当对其销售的图书具有合法来源承担举证责任,本案被告无法提供合法来源,因此其行为侵犯了原告的著作权,应当承担相应的法律责任。虽然被告辩称,其是从正规的文化市场购得本案系争图书的,且购买时并不知道是盗版书籍,并提供了销货日报表,但该销货日报表仅是被告单方的购书记录,并没有向被告销售本案系争图书的单位的签字、盖章,不能证明该图书具有合法来源。另外,被告实际购买该书的价格仅为人民币5元,与图书标明的定价人民币18.8元相比,相差悬殊,因此被告理应对该图书的合法性产生怀疑。因此,被告的上述辩解缺乏

---

① 在中国音乐著作权协会 v. 北京市新华书店王府井书店等(北京市东城区法院(2010)东民初字第04400号)一案中,法院指出:"被告王府井书店作为商品零售主体,有合法进货渠道,但依法应当承担停止侵权的责任。"

相应的证据佐证,本院不予采信。

(陆卫民、杨煜、周庆余法官)

在下面的岳德宇诉郑州大学出版社案中,原告同时起诉出版社和发行人(书店),法院区别对待二者的责任,有一定代表性:

岳德宇诉郑州大学出版社

北京市西城区法院(2008)西民初字第 1650 号
(案件事实参见前文"著作权保护客体"一章同名案例)

郑州大学出版社出版的《随身记》书所收录的"branch""judge""newspaper"等 193 个英语单词的汉字记法与《奇思妙想》《三三速记英语词汇》系列丛书及《速记王》对应英语单词的汉字记法完全相同或者基本相同。其此举并未经此部分英语单词的汉字记法的著作权人岳德宇许可,亦未为岳德宇署名。郑州大学出版社作为专业出版者,在出版《随身记》书过程中未尽合理注意和审查义务,侵犯了岳德宇对此部分英语单词的汉字记法所享有的署名权、复制权以及获得报酬的权利。

……

北京图书大厦应立即停止销售收录"branch""judge""newspaper"等英语单词的汉字记法的《随身记》书。但本院认为要求北京图书大厦审查《随身记》书所收录的"branch""judge""newspaper"等英语单词的汉字记法是否侵犯他人著作权未免过苛,北京图书大厦能够提供合法的进货渠道,其已尽合理的注意义务,本院对岳德宇要求北京图书大厦在其网站首页上发表声明向岳德宇公开致歉和消除影响的诉讼请求不予支持。(武彧、郭亚军法官、赵凤玲人民陪审员)

在销售者明知或应知复制件侵权的情况下,即便销售者能够提供该复制件的合法来源,也应承担责任。这在很早以前的案例中就已经确立。比如,在美国二十世纪福克斯电影公司等 v. 北京先科激光商场(北京一中院(1996)一中知字 62—77 号)案中,法院引用国家版权局《关于为特定目的使用外国作品特定复制本的通知》(1993)的规定①,认为销售者应该注意到该通知等法规的存在,依旧销售盗版的音像产品,因此主观上有过错。即使销售的光盘为第三方提供的正式出版物,也不能成为免责的理由。

认定销售者存在主观过错的常见证据是销售者不接受停止销售的通知继续销售。比如,在韩寒与苏州市古吴轩出版社等侵犯著作权纠纷上诉案(北京市二中院(2005)二中民终字第 15285 号)中,法院指出:"浩瀚九洲公司和鹏飞一力公司销售涉案图书有合法的进货来源,不应承担对韩寒赔礼道歉的责任。但由于浩瀚九洲公司和鹏飞一力公司在 2005 年 5 月 11 日收到古吴轩出版社要求停止销售《纸上的青春》一书的通知后,仍继续销售涉案侵权图书,故应认定其存在主观过错,应就其各自的行为承担停止侵权、赔偿损失的责任。"另外,盗版图书与正版图书之间明显的质量、进货价格差

---

① 该通知要求,中国公民或者法人为特定目的使用外国作品的特定复制本,在 1993 年 10 月 15 日后均应取得原著作权人的授权才能销售,否则按侵权处理。

异,也有利于证明发行人存在过错。

微软公司 v. 上海昶沣信息科技有限公司诉等

[本案中,微软指控被告臣越公司在计算机上安装盗版的 Windows 软件,然后将计算机提供给被告昶沣公司,由后者对外销售。]

关于上诉人认为其对涉案计算机中安装有盗版 XP 软件是不明知的,对销售的计算机中安装软件也不负有合理审查义务的上诉意见。本院认为,昶沣公司作为一家经营计算机软硬件的专业公司应当对其销售的计算机商品中是否装有侵犯他人著作权的软件负有审查义务,在上诉人所售的四台涉案计算机中均装有盗版软件,根据日常经验,原审法院认定上诉人明知或应知涉案计算机中安装有盗版 XP 软件,并无不当。

关于上诉人认为其和臣越公司不构成共同侵权,两公司之间并没有共同的意思联络的上诉意见。本院认为,臣越公司在计算机上安装涉案盗版软件和昶沣公司销售上述计算机的行为,具有连贯性和分工性,虽没有直接证据表明两公司具有共同侵权的意思联络,但根据两公司存在着固定的业务关系以及由此形成的交易习惯,再结合该行业的实际情况,原审法院认定两公司对于由其中一家公司安装盗版软件,由另一家公司予以销售的运营模式应当是明知的,两公司构成共同侵权并无不当。

（钱光文、李澜、马剑峰法官）

3.4 网络传播侵权

互联网站点刊载作品的行为与传统意义上的出版行为比较接近,不过立法者没有利用发行权来规制这一行为,而是创设了新的信息网络传播权。本书在前文"信息网络传播权"一章已经对信息网络传播权的基本内容做了详细的讨论。这里只关注信息网络传播权**直接侵权**的归责原则问题,即行为人(网络内容提供商或网站)的主观要件。

如果网站未经任何形式的授权直接上传受版权保护的作品,则通常都存在过错,此类行为构成侵权,并不存在太大的争议。如果网站形式上经过第三方的授权,刊载受保护作品,而事后法院认定第三方授权没有著作权基础,网站是否应当承担责任,则存在不确定性。这一问题与出版社出版侵权作品的情形大致相当。著作权法上对于信息网络传播权直接侵权的行为人的主观过错问题,没有规定。最高法院的关于信息网络传播权的司法解释,也没有涉及这一问题。

北京市高级人民法院《关于审理涉及网络环境下著作权纠纷案件若干问题的指导意见（一）（试行）》(2010)的第 1 条则出人意料地明确规定行为人应当有过错:"网络服务提供者构成对信息网络传播权的侵犯、承担侵权的民事责任,应具备违法行为、损害后果、违法行为与损害后果具有因果关系和**过错**四个要件。"这应该是再明确不过的过错责任的宣示了。

不过,就像前文关于出版者侵权归责原则的讨论所揭示的那样,中国法院要求行为人有过错,并不一定意味着该侵权责任就是真正的过错责任。在实践中,这还取决于法院究竟如何把握"过错"的认定标准。如果法院继续坚持,网站(像出版社一样)没有审查出作品中的侵权问题,就视为有过错,则这样的过错责任与严格责任实际上并没有太大的差别。下面吴筑清 v. 南方日报社等案即是一例。

吴筑清 v. 南方日报社、新浪网

北京市海淀区法院(2007)海民初字第 5891 号

2001 年 6 月 29 日,南方日报社主办的《南方日报》登载《毛泽东与女儿李讷珍贵照片首现珠海》一文,主要内容为居住在珠海市的杨蓓女士珍藏有一幅毛泽东与李讷 20 世纪 40 年代初摄于延安的合影以及该幅照片系由杨蓓女士的已故亲属知名木刻家金肇野所拍摄等,同时将摄影作品"毛泽东与李讷"作为配图予以使用,并注明"文/世理 郭军"……其后新浪公司在其经营的新浪网转载《南方日报》登载的《毛泽东与女儿李讷珍贵照片首现珠海》一文,并注明出处和记者姓名,同时新浪公司将摄影作品"毛泽东与李讷"作为配图予以使用。另查,2001 年 7 月 3 日《羊城晚报》登载《又见珍贵老照片》一文,主要内容为居住在长春市的高先生向媒体展示其父母保存多年的摄影作品"毛泽东与李讷"等,同时将摄影作品"毛泽东与李讷"作为配图予以使用。

* * * *

原告吴筑清诉称……南方日报社未经我许可即在其主办的《南方日报》登载摄影作品"毛泽东与李讷",并错误报道该摄影作品的作者系知名木刻家金肇野;其后新浪公司在其经营的新浪网转载《南方日报》的错误报道;南方日报社、新浪公司之行为侵犯了我对该摄影作品享有的著作财产权以及吴印咸对该摄影作品享有的署名权……

被告新浪公司辩称,我公司根据与南方日报社之间的合作协议自《南方日报》转载有关摄影作品"毛泽东与李讷"的报道,并无任何过错,亦未侵犯吴印咸或吴筑清的任何权利。我公司已将涉案报道自新浪网删除,如该摄影作品确系吴印咸所创作,我公司同意在新浪网刊登声明以表明吴印咸之作者身份,但我公司不同意吴筑清其他诉讼请求。

* * * *

本院认为……

本院依据现有证据确认吴印咸系摄影作品"毛泽东与李讷"之作者,其对该摄影作品依法享有著作权。

根据著作权法的相关规定,摄影作品的发表权、使用权和获得报酬权的保护期为 50 年,截止于作品首次发表后第 50 年的 12 月 31 日,但作品自创作完成后 50 年内未发表的,著作权法不再保护。摄影作品"毛泽东与李讷"登载于 1993 年 10 月出版发行的《毛泽东在延安》一书之时,注明拍摄时间为 1943 年,该摄影作品显已于创作完成后 50 年内即 1993 年 12 月 1 日之前发表,故本院认为该摄影作品仍处于著作权法所规定的权利保护期内……

南方日报社作为专业报社,在其主办的《南方日报》中将摄影作品"毛泽东与李

讷"作为《毛泽东与女儿李讷珍贵照片首现珠海》一文配图使用之时,并未对此前公开出版的《毛泽东在延安》一书和《翻开我家老影集——我心中的外公毛泽东》一书中所使用的摄影作品"毛泽东与李讷"之署名情况予以合理审查,错误报道该摄影作品系由知名木刻家金肇野所拍摄;《毛泽东与女儿李讷珍贵照片首现珠海》一文内容系对摄影作品"毛泽东与李讷"作者身份之说明,已涉及该摄影作品作者署名权之行使,故南方日报社此举已侵犯了吴印咸对该摄影作品享有的署名权以及吴筑清对该摄影作品享有的复制权、发行权、获得报酬权等著作财产权……

《南方日报》登载《毛泽东与女儿李讷珍贵照片首现珠海》一文之后,新浪公司在其经营的新浪网转载该文。虽著作权法并未克以新浪公司等网络经营者转载、摘编其他报纸已刊登的作品之时对该作品予以审查之义务,但因《毛泽东与女儿李讷珍贵照片首现珠海》一文及配图已侵犯了吴印咸对摄影作品"毛泽东与李讷"享有的署名权以及吴筑清对该摄影作品享有的复制权等著作财产权,故新浪公司之转载行为已丧失合法基础而同样构成侵权。

[法院判决南方日报社承担停止侵权、赔礼道歉、赔偿损失等民事责任。]因新浪公司所为之转载来源于正式的新闻出版单位,新浪公司有理由相信文章内容的真实性,故新浪公司承担责任的方式应与作为文章采编单位的南方日报社有所区别,本院认为新浪公司承担停止侵权、赔礼道歉之民事责任即可,吴筑清要求新浪公司赔偿经济损失和精神损失,本院不予支持。 (陈坚、华静、闫洪法官)

本书作者查阅大量的互联网侵权的案例,发现网站经作者授权刊载作品而侵害第三方著作权的案例并不多见。这或许是因为大部分权利人看待网站和出版社的态度有很大差别。由于案例不多,现在还难以确定全国法院在信息网络传播权直接侵权的归责原则上的基本立场。北京高院的意见是否能够成为主流意见,还有待观察。

3.5 广播侵权

广播电台广播侵权作品时,要承担过错责任。在李焕之 v. 娃哈哈集团公司(北京高院(1997)高知终字第38号)一案中,原告对李焕之为《春节序曲》的曲作者,被告在广告中侵害该作品著作权。北京高院认为:"有线电视台作为广告发布者,不仅应审查广告内容的真实性及其是否符合有关食品广告的法规,还应审查涉及有关著作权等相关权益的必要内容。有线电视台未要求广告提供者提供保证不侵犯他人著作权的约定,可认定其未履行必要的审查义务,亦构成侵权。"这里法院的表述表明,电视台应当承担过错责任。显然,如前所述,只要注意义务足够严厉,这一责任就会转化为严格责任。

值得一提的是,也有个别法院走得非常远,直接否认电视台的侵权主体地位。比如,在吴刚 v. 中央电视台等(北京市一中院(1997)一中知初字第36号)一案中,侵害原告著作权的广告在中央台广告播出。原告吴刚指控被告中央电视台、中央气象台、北京市八达岭旅游公司侵犯著作权。但法院认为:"中央电视台并不是为广告主或广告主委托的广告经营者发布广告,故不是该广告的发布者,不对广告内容承担责任。"

4 侵权抗辩

著作权法上的侵权抗辩理由，在本书的诸多章节（比如，保护客体、权利内容、合理使用、法定许可等）都有专门的讨论。为了避免重复这些内容，这里只是简要地说明一下常见的抗辩理由的类型，让读者有一个框架式的印象。关于各类抗辩理由的深入讨论，参考本书相关章节。

在面对侵权指控时，被告通常会从以下几个方面组织自己的抗辩理由：

其一，否认权利基础。原告指控被告侵害著作权的前提是原告有可靠的著作权基础。被告要抗辩，合理选择之一就是否认原告的权利基础，具体理由可能包括：作品本身不符合法定的客体要件（没有独创性、不是一种表达等）；原告不对诉争作品享有著作权等。否认一项作品的独创性抗辩，与下面的否认存在抄袭抗辩，有一定的关联性。作品的独创性较弱，常常意味着原告证明抄袭的难度增大。

其二，否认存在抄袭。原告不仅要证明自己对作品享有著作权，还要证明存在抄袭行为。因此，被告如果能够证明自己的作品系独立创作或者来源于公共领域第三方的作品（与原告作品无关），则构成对原告抄袭指控的有效反驳。当然，在原告证明存在抄袭的可能性之前，被告并没有义务举证反驳。

如果被告主张被控侵权部分源于公共领域，通常要证明对该公共领域材料的选取和利用没有独创性，否则可能无法有效否定原告的侵权指控。因为原告的贡献可能就在于对公共领域的诸多材料的选取和编排。如果被告的选择或编排结果与原告相同，依然有可能被认为是抄袭，而不是独立创作。

其三，主张法定抗辩事由。在原告证明被告的确使用或传播了原告受保护的作品内容之后，被告依然可以通过证明自己的行为构成著作权法上的合理使用、法定许可、诉讼时效等例外，避免版权侵权责任。

其四，主张默示许可。著作权人默示许可的情形千差万别，不可能一一罗列。最常见的可能被认为存在默示许可的情形大致有如下几类（前提是没有明确合同约定）：

（1）委托创作关系中，委托方获得按照委托目的使用作品的默示许可。

（2）著作权人主动投稿时，接收人可能获得按投稿目的使用作品的默示许可。

（3）著作权人将作品放在网络空间中，使得网络服务商或终端用户获得传输或复制作品的默示许可；

（4）购买硬件产品而获得与该硬件配套使用的软件的著作权默示许可。

当然，即便在上述情形下，依然要根据双方交易的目的、习惯、背景等因素来判断，是否存在某些默示许可的交易内容。

5 侵权诉讼

5.1 诉讼管辖

5.1.1 级别管辖

著作权民事纠纷案件,原则上由中级以上人民法院管辖。不过,"各高级人民法院根据本辖区的实际情况,可以确定若干基层人民法院管辖第一审著作权民事纠纷案件"①。比如,北京的海淀区和朝阳区法院,上海的浦东新区和黄浦区法院等,就受理一审著作权民事案件。

5.1.2 地域管辖

依据侵权管辖的一般原则,著作权侵权民事案件由侵权行为地或被告住所地法院管辖。侵权行为地包括"侵权行为的实施地、侵权复制品储藏地或者查封扣押地"②。其中,"侵权复制品储藏地,是指大量或者经常性储存、隐匿侵权复制品所在地;查封扣押地,是指海关、版权、工商等行政机关依法查封、扣押侵权复制品所在地"③。

网络环境下的侵权行为地的认定,最高人民法院的司法解释有特别的规定:"侵权行为地包括实施被诉侵权行为的网络服务器、计算机终端等设备所在地。侵权行为地和被告住所地均难以确定或者在境外的,原告发现侵权内容的计算机终端等设备所在地可以视为侵权行为地。"④这一规定明确限制了原告利用发现侵权内容的计算机终端所在地来随意选择管辖法院的做法,使得案件管辖有一定的可预见性。只有在原告经过合理的努力,依然无法确定实施侵权行为的服务器和计算机终端的所在地(或确定在境外),才能适用上述例外。

> 对涉及不同侵权行为实施地的多个被告提起的共同诉讼,原告可以选择其中一个被告的侵权行为实施地人民法院管辖;仅对其中某一被告提起的诉讼,该被告侵权行为实施地的人民法院有管辖权。⑤

上述规定并没有明确要求多个被告之间已经构成著作权法意义上的共同侵权行为。在实践中,这一规定容易被著作权人滥用,用来随意选择管辖法院。比如,原告的诉讼对象主要是出版社,但却不愿意在出版社所在地起诉,于是原告选择自己认为合适的地点的一家书店作为共同被告,从而迫使出版社接受该书店所在地的法院的管辖。这一书店可能与出版社并没有任何直接的业务联系,而是从第三方获得侵权复制件然后对外出售。

---

① 《最高人民法院关于审理著作权民事纠纷案件适用法律若干问题的解释》(2002)第2条。
② 《最高人民法院关于审理著作权民事纠纷案件适用法律若干问题的解释》(2002)第4条第1款。
③ 《最高人民法院关于审理著作权民事纠纷案件适用法律若干问题的解释》(2002)第4条第2款。
④ 《最高人民法院关于审理侵害信息网络传播权民事纠纷案件适用法律若干问题的规定》(2012)第15条。
⑤ 《最高人民法院关于审理著作权民事纠纷案件具体适用法律若干问题的解释》(2002)第5条。

北京北大方正电子有限公司 v. 上海第九城市信息技术有限公司等

最高法院(2008)民三终字第 1 号

一审法院认为:因侵权行为提起的诉讼,由侵权行为地或者被告所在地人民法院管辖。同一诉讼的几个被告住所地在两个以上人民法院辖区的,各该人民法院都有管辖权。对涉及不同侵权行为实施地的多个被告提起的共同诉讼,原告可以选择其中某一被告的侵权行为实施地人民法院管辖。

北大方正电子公司指控暴雪公司、九城互动公司、第九城市公司、情文图书公司实施了侵犯其享有著作权的方正兰亭字库中的方正北魏楷书、方正剪纸等五款字体的行为。其中,情文图书公司在北京销售了涉嫌侵权的《魔兽世界》中文版网络游戏客户端安装光盘,故北京是实施被控侵权行为的地点之一,且情文图书公司的住所地在北京,故北京市高级人民法院对本案具有管辖权。依据《中华人民共和国民事诉讼法》第 38 条的规定,裁定驳回第九城市公司、暴雪公司对本案管辖权提出的异议。

第九城市公司、暴雪公司上诉称:第九城市公司、九城互动公司住所地均在上海,暴雪公司在上海设有办事机构,《魔兽世界》网络游戏在中国的运营地也在上海,故本案被控的主要侵权行为地在上海。情文图书公司在本案中仅是北大方正电子公司取证的一个工具,北大方正电子公司诉请的对象不是情文图书公司。北大方正电子公司故意选择法院、明显规避法律。第九城市公司在全国各地都有销售《魔兽世界》中文版客户端安装光盘,但并不是中国大陆地区的任何一个地方法院对本案都有管辖权。对存在多个侵权行为地的多个被告提出的共同诉讼,应当综合考虑多个侵权行为地之间的主次之分和多个被告住所地因素。请求撤销原审裁定,裁定将本案移送上海市有管辖权的法院管辖。

北大方正电子公司答辩称:第九城市公司以授权情文图书公司销售《魔兽世界》中文版网络游戏客户端安装光盘方式向用户提供该游戏客户端,用户在北京可以通过情文图书公司购买该游戏中文版安装光盘,并在电脑上安装运行该游戏,因此北京是侵权行为实施地。情文图书公司与其余被告构成共同侵权。原审法院的裁定适用法律正确,第九城市公司、暴雪公司提出的管辖权异议上诉没有事实和法律依据,请求驳回上诉。

本院经审查认为:北大方正电子公司指控第九城市公司、暴雪公司、九城互动公司、情文图书公司共同侵犯其著作权,因情文图书公司住所地及其被控侵权行为实施地均在北京,北大方正电子公司选择北京市高级人民法院管辖,不违反法律规定,北京市高级人民法院对本案有管辖权。

(于晓白、殷少平、夏君丽法官)

思考问题:

被告指出:"情文图书公司在本案中仅是北大方正电子公司取证的一个工具。"法院应该如何回应被告这一合理关切?

王莘 v. 北京谷翔信息技术有限公司等(II)

北京市高院(2013)高民终字第1221号

[案件事实参见"信息网络传播权"一章同名案例。]

《中华人民共和国民事诉讼法》第243条规定,因合同纠纷或者其他财产权益纠纷,对在中国领域内没有住所的被告提起的诉讼,如果被告在中国领域内有可供扣押的财产,或者被告在中华人民共和国领域内设有代表机构,可以由侵权行为地、合同履行地、诉讼标的物所在地、可供扣押财产所在地人民法院管辖。《最高人民法院关于适用〈中华人民共和国民事诉讼法〉若干问题的意见》第28条规定,侵权行为地既包括侵权行为"实施地",亦包括侵权行为"结果发生地"。

本案中,王莘主张的主要侵权行为包括:谷歌公司将涉案作品进行电子化扫描;谷翔公司将涉案作品向公众进行信息网络传播。谷翔公司的涉案侵权行为实施地和结果发生地均在中国,因此中国法院依法对本案有管辖权。即使本案中的被告只有谷歌公司,因涉案作品在中国通过谷歌中国网站进行传播,谷歌公司很有可能在中国对涉案作品进行了电子化扫描,王莘对谷歌公司声称涉案扫描行为在中国的主张不予认可,谷歌公司也未证明扫描行为确实在美国实施,故本院依证据规则对谷歌公司的主张不予采信。而且,涉案电子化扫描行为的侵权结果发生地在中国。因此,中国法院依法对本案享有管辖权。谷歌公司上诉主张本案不应由中国法院管辖,无事实和法律依据,本院不予支持。

……

谷歌公司上诉主张,涉案侵权行为发生在美国,因此应当适用美国的法律审理。但是,中国法院审理案件应当适用中国法律,而且,涉案侵权行为地在中国,因此一审法院适用中国法律审理本案,并无不当。谷歌公司的上诉主张,无事实依据,本院不予支持。

(刘辉、石必胜、陶钧法官)

思考问题:

为了支持中国法院的管辖权,本案中原告需要证明被告在扫描图书之时,就计划向中国公众提供相关内容吗?

5.2 诉讼时效

与一般侵权类似,著作权侵权的诉讼时效为两年,自著作权人知道或者应当知道侵权行为之日起计算。权利人超过二年起诉的,如果侵权行为在起诉时仍在持续,在该著作权保护期内,人民法院应当判决被告停止侵权行为。侵权损害赔偿数额应当自权利人向人民法院起诉之日起向前推算二年计算。①

---

① 《最高人民法院关于审理著作权民事纠纷案件适用法律若干问题的解释》(2002)第28条。

5.3 举证责任分配

在著作权侵权诉讼中,原告需要证明:(1) 自己对作品享有著作权,(2) 被告抄袭了自己的作品,(3) 侵权作品与自己的作品相关部分实质性相似。在大多数案件中,原告能够获得被告的侵权作品复制件并直接对比该作品与原告的作品,从而比较容易完成上述第 2 项和第 3 项举证责任。但是,有些时候,原告可能无法有效地获得侵权作品的复制件,或者说无法获得可供比对的复制件。这时候,原告要完成上述两项举证人就变得非常困难。在计算机软件侵权案件中,这一类问题比较常见。

昆明拓高新技术有限责任公司 v. 昆明锐点科技有限公司等

云南省昆明市中院(2004)昆民六初字第 124 号

原告昆明拓高新技术有限责任公司开发了好医信系统软件标准版 4.0,并于 2001 年 10 月 19 日在国家版权局登记。原告于 2002 年 3 月 21 日与第三被告盘龙区中医院签订了医院信息系统技术服务合同,合同约定的软件为好医信标准版 5.0,其后双方又签订了一份好医信系统软件维护协议书作为合同的附件,约定的维护期间从 2003 年 7 月 1 日至 2004 年 7 月 1 日止。第二被告洪猛曾在原告公司工作,承担技术方面的工作,后该被告从原告处辞职成立了第一被告昆明锐点科技有限公司。

2004 年 6 月第一被告与第三被告签订医保软件开发合同,约定开发完成后于 2004 年 12 月 31 日对中医院的原有系统进行更换,于 2005 年 1 月 1 日正式使用锐康系统软件。并约定开发费人民币 18000 元,维护费每年人民币 12000 元。后第一被告提供了一个锐康系统软件试用版供第三被告试用,并于 2005 年 1 月 1 日实现了对原系统的更换。

原告认为其于 2004 年 10 月发现第一被告提供给第三被告使用的一套名称为锐康医院信息系统的软件系剽窃、复制原告的好医信系统软件的源程序代码、可执行程序、数据库等实质内容而形成的。第一、第二被告系该侵权软件的制作者,第三被告明知该侵权软件的内容与原告曾许可其使用的好医信系统软件的内容相同而购买、使用亦构成对原告的侵权为由诉至法院,请求法院判令三被告承担共同侵权责任。

本院认为:根据《计算机软件保护条例》第 2 条的规定:本条例所称计算机软件,是指计算机程序和相关文档。第 3 条第(一)项规定:计算机程序,是指为了得到某种结果而可以由计算机等具有信息处理能力的装置执行的代码化指令序列,或者可以被自动转换成代码化指令序列的符号化指令序列或者符号化语句序列。同一计算机程序的源程序和目标程序为同一作品。因此,本院认为,源程序系计算机程序这一作品中能够具有独创性的部分,可以得到著作权法的保护,所以源程序应作为比对不同计算机程序是否相同或相似的依据。本案中,原告据以证明三被告侵犯其著作权的证据主要是证据 11 和 12。但是,如本判决认证部分所述,本院对这两份证据的真实性不予认可。[这两份证据分别记录了据称取自被告电脑系统的程序可执行文件和程序运行界面的照片。不过,法院拒绝确认该可执行文件源自被告、该照片记录了被告的程序运行界面。]即使这两份证据的真实性能够得到证实,仅凭对可执行文件进行操作而生成的界面并不能证明第一被告的锐康系统软件系剽窃、复制原告的好医信系统软件而形成的。评判不同计算机程序之间是否相同或相似必须经过源程序代码的比对。而根据谁主张谁举证的举证原则,原告必须证明被控侵权计算机程序的源程序代码与自己的计算机程序的源程序代码相同或相似,因此,原告负有提供被控侵权计算机程序的源程序代码与自己的计算机程序的源程序代码以供比对的责任。而本案中,原告并未提供被控的锐康系统软件的源程序代码,对法院保全到的锐康系统软件的源程序代码原告又明确不予以认可,原告甚至没有在举证期限内提供自己的好医信系统软件的源程序代码,因此,原告应当承担举证不能的法律后果。故本院认为,原告不能举证证明三被告实施了侵犯其计算机软件著作权的行为,因此,对原告的所有诉讼请求均予以驳回。

(蔺以丹、蔡涛、李伟法官)

思考问题:

本案可以考虑举证责任倒置吗?对照下面的案例。

石鸿林 v. 泰州市华仁电子资讯有限公司

江苏省高院(2007)苏民三终字第0018号
最高人民法院公报案例,2009年第3期

本案的核心问题在于比对涉案 HR-Z 型控制器计算机软件是否侵犯上诉人石鸿林享有著作权的 S 系列软件著作权。鉴于被上诉人华仁公司无正当理由拒绝提供软件源程序以供直接比对,因此石鸿林有关比对双方软件是否存在共同缺陷及运行特征的请求应予采纳。根据本案二审查明的事实,上诉人提供的 HX-Z 软件属于其对 S 系列软件的改版,而根据中国版权保护中心版权鉴定委员会作出的 HX-Z 软件源程序与 S 系列软件源程序实质性相同的鉴定结论,可以证明这两个系统软件本身也构成实质性相同,故 HX-Z 软件源程序可以作为石鸿林主张著作权的依据与被控侵权的 HR-Z 软件进行比对。

最高人民法院《关于民事诉讼证据的若干规定》第2条第1款规定:"当事人对自己提出的诉讼请求所依据的事实或者反驳对方诉讼请求所依据的事实有责任提供证据加以证明。"上诉人石鸿林主张被上诉人华仁公司侵犯其"S 型线切割机床单片机控制器系统软件 V1.0"著作权,应当举证证明双方计算机软件之间构成相同或实质性相同。要证明这一点,需要比对双方计算机软件的源程序或目标程序之间构成相同或实质性相同。根据本案查明的事实,HR-Z 软件的目标程序系加载于 HR-Z 型控制器中的内置芯片上,由于该芯片属于加密芯片,因此也无法从芯片中读出 HR-Z 软件的目标程序,并进而反向编译出源程序。因此,依靠现有技术手段无法从 HR-Z 型控制器中获得 HR-Z 软件源程序或目标程序。而由于被控侵权的 HR-Z 软件的源程序及目标程序由华仁公司持有并一直拒绝向法院提供,因此石鸿林实际无法提供 HR-Z 软件的源程序或目标程序以供直接对比。

根据本案查明的事实,运行安装 HX-Z 软件的 HX-Z 型控制器和安装 HR-Z 软件的 HR-Z 型控制器,即可发现二者存在如下相同的系统软件缺陷情况:(1) 二控制器连续加工程序段超过 2048 条后,均出现无法正常执行的情况;(2) 在加工完整的一段程序后只让自动报警两声以下即按任意键关闭报警时,在下一次加工过程中加工回复线之前自动暂停后,二控制器均有偶然出现蜂鸣器响声 2 声的现象。运行安装 HX-Z 软件的 HX-Z 型控制器和安装 HR-Z 软件的 HR-Z 型控制器,二者在加电运行时存在相同的特征性情况。HX-Z 和 HR-Z 型控制器的使用说明书基本相同。两者对控制器功能的描述及技术指标基本相同;两者对使用操作的说明基本相同;两者在段落编排方式和多数语句的使用上基本相同。HX-Z 和 HR-Z 型控制器的整体外观和布局基本相同,主要包括面板、键盘的总体布局基本相同等。

根据计算机软件设计的一般性原理,在独立完成设计的情况下,不同软件之间出现相同的软件缺陷几率极小,而如果软件之间存在共同的软件缺陷,则软件之间的源程序相同的概率较大。同时结合 HX-Z 和 HR-Z 型控制器两者在加电运行时存在相同的特征性情况、HX-Z 和 HR-Z 型控制器的使用说明书基本相同、HX-Z 和 HR-Z 型控制器的整体外观和布局基本相同等相关事实,上诉人石鸿林提供的现有证据能够初步证明 HX-Z 和 HR-Z 软件构成实质相同。同时,由于 HX-Z 软件是石鸿林对其 S 系列软件的改版,且 HX-Z 软件与 S 系列软件实质相同。因此,石鸿林提供的现有证据亦能够初步证明被控侵权的 HR-Z 软件与石鸿林的 S 系列软件亦构成实质相同。

最高人民法院《关于民事诉讼证据的若干规定》第 75 条规定:"有证据证明一方当事人持有证据无正当理由拒不提供,如果对方当事人主张该证据的内容不利于证据持有人,可以推定该主张成立。"在上诉人石鸿林提供了初步证据证明其诉讼主张的情形下,完全可以证明被上诉人华仁公司持有但拒不提供的源程序的内容不利于华仁公司,经法院反复释明,华仁公司最终仍不提供被控侵权的 HR-Z 软件源程序以供比对,故依法应当承担举证不能的不利后果。

综上,在被上诉人华仁公司持有被控侵权的 HR-Z 软件源程序且无正当理由拒不提供的情形下,根据现有证据,可以认定被控侵权的 HR-Z 软件与上诉人石鸿林的 S 系列软件构成实质相同,华仁公司侵犯了石鸿林 S 系列软件著作权。

(宋健、顾韬、吕娜法官)

翁正文 v. 福州外星电脑科技有限公司

最高人民法院(2000)知终字第 4 号

从技术角度看,计算机游戏软件符合计算机软件的一切技术特性。从应用角度看,游戏软件确有其不同于一般计算机软件的特点。游戏软件的主要用途是供人们娱乐,其外观感受主要通过游戏中的场景、人物、音响、音效变化等来实现。这些随着游戏进程而不断变化的场景、人物、音响是游戏软件程序设计的主要目的,是通过计算机程序代码具体实现的。因此，游戏软件的计算机程序代码是否相同，可以通过其外观感受较明显、直观地体现出来。虽然从技术上讲相同功能的游戏软件包括外观感受可以通过不同的计算机程序实现，但是鉴于游戏软件的特点，两个各自独立开发的计算机游戏软件，其场景、人物、音响等恰巧完全相同的可能性几乎是不存在的，若是刻意模仿，要实现外观感受的完全相同，从技术上讲亦是有难度的。

鉴于本案上诉人在二审中明确表示不申请对双方程序代码进行对比鉴定，亦未提供被控侵权软件的源程序，故根据本案事实，通过被控侵权软件与被上诉人所开发游戏软件在场景、人物、音响等外观感受方面的异同，结合本案其他相关证据，可以认定游戏软件程序代码是否相同。根据原审法院委托福建省版权局所作的鉴定结论、本院对双方游戏软件的现场勘验结果以及对双方游戏软件说明书的对比结果，可以认定：双方游戏软件所体现的场景、人物、音响等外观与感受完全相同；从运行游戏软件后所显示的中英文游戏名称、制作者名称、有关人员姓氏等对比结果看，上诉人的游戏软件留有修改的痕迹；双方游戏软件的说明书等文档也基本相同。上诉人提供的软件技术参数对比结果，本身亦说明至少5个游戏软件的目标程序相同率达50%以上。同时，重新开发一个与他人游戏软件的场景、人物、音响等完全相同的游戏软件，并不符合上诉人作为游戏软件经营者的经营目的，而且上诉人不能对双方游戏软件外观感受、说明书、目标程序等方面的种种相同或相似作出合理解释。因此，综合本案事实和证据，足以认定被控侵权软件是对被上诉人游戏软件的复制，上诉人侵犯了被上诉人《三国争霸》等十种游戏软件的著作权。上诉人关于其不构成侵权的上诉理由，无证据支持，不能成立。

（罗东川、王永昌、张辉法官）

5.4 陷阱取证

陷阱取证是指权利人引诱被告实施侵权行为从而获得被告侵害著作权的证据的取证行为。在刑事诉讼法领域，对陷阱取证问题的讨论比较充分，值得借鉴。在该领域，陷阱取证行为被分为犯意诱发型和机会提供型两种类型。前者是指犯罪嫌疑人原本并无犯意，只是在取证人员的引诱下才临时产生犯意；后者是指犯罪嫌疑人自发产生犯意，与取证人员无关，取证人员只是向他提供了一个犯罪的机会。大多数国家接受机会提供型"陷阱取证"而否定犯意诱发型"陷阱取证"行为。后者可能导致原本并无犯意的嫌疑人产生犯意并实施犯罪。鼓励这种取证行为对社会并无好处。

下面的北大方正案是知识产权领域陷阱取证的经典案例。

北大方正集团有限公司等 v. 北京高术科技公司

最高人民法院(2006)民三提字第1号

一审法院查明，北大方正公司、红楼研究所是方正世纪RIP软件（以下简称方正RIP软件）、北大方正PostScript中文字库（以下简称方正字库）、方正文合软件V1.1版（以下简称方正文合软件）的著作权人。方正RIP软件和方正字库软件系捆绑在一起销售，合称方正RIP软件。上述软件安装在独立的计算机上，与激光照排机联机后，即可实现软件的功能。

北大方正公司系日本网屏(香港)有限公司(以下简称网屏公司)激光照排机在中国的销售商,高术天力公司、高术公司曾为北大方正公司代理销售激光照排机业务,销售的激光照排机使用的是方正 RIP 软件和方正文合软件。1999 年 5 月间,由于双方发生分歧,导致代理关系终止。高术公司于 2000 年 4 月 17 日与网屏公司签订了销售激光照排机的协议,约定高术公司销售 KATANA5055 激光照排机必须配网屏公司的正版 RIP 软件或北大方正公司的正版 RIP 软件,若配方正 RIP 软件,高术公司必须通过网屏公司订购北大方正公司正版 RIP 软件。

2001 年 7 月 20 日,北大方正公司的员工以个人名义(化名),与高术天力公司签订了《电子出版系统订货合同》,约定的供货内容为 KATANAFT5055A 激光照排机(不含 RIP),单价为 415,000 元。合同签订后,北大方正公司分别于 2001 年 7 月 20 日和 8 月 23 日,向高术天力公司支付货款共 394,250 元,尚欠货款 20,750 元。高术公司分别于 2001 年 7 月 23 日和 8 月 23 日,向北大方正公司的员工出具了收取上述款项的收据。

2001 年 8 月 22 日,高术天力公司的员工在北京市石景山区永乐小区 84 号楼 503 室北大方正公司的员工临时租用的房间内,安装了激光照排机,并在北大方正公司自备的两台计算机内安装了盗版方正 RIP 软件和方正文合软件,并提供了刻录有上述软件的光盘。北大方正公司支付了房租 3,000 元。

应北大方正公司的申请,北京市国信公证处先后于 2001 年 7 月 16 日、7 月 20 日、7 月 23 日和 8 月 22 日,分别在北京市石景山区永乐小区 84 号楼 503 室、北京市海淀区花园路 6 号北楼 120 室及南楼 418 室北京后浪时空图文技术有限责任公司(原为北京中唐彩印中心,以下简称"后浪公司"),对北大方正公司的员工以普通消费者的身份,与高术天力公司联系购买 KATANAFT5055A 激光照排机设备及高术天力公司在该激光照排机配套使用的北大方正公司自备计算机上安装方正 RIP 软件、方正文合软件的过程进行了现场公证,并对安装了盗版方正 RIP 软件、方正文合软件的北大方正公司自备的两台计算机及盗版软件进行了公证证据保全,制作了公证笔录五份。北大方正公司支付公证费 10,000 元。

2001 年 9 月 3 日,北大方正公司、红楼研究所以高术天力公司、高术公司非法复制、安装、销售行为,侵犯了其享有的计算机软件著作权为由诉至北京市第一中级人民法院,请求判令高术天力公司、高术公司:一、停止侵权、消除影响、公开赔礼道歉;二、赔偿经济损失 3,000,000 元;三、承担诉讼费、保全费、取证费及审计费等。

……

2001 年 11 月 29 日,在一审法院主持下,双方当事人参加了对公证证据保全的两台北大方正公司自备计算机及相关软件进行的勘验。勘验结果表明,在被保全的计算机中安装了盗版方正文合软件,被保全的软件中包括盗版方正 RIP 软件及方正文合软件。双方当事人对勘验结果均不持异议。方正 RIP 软件及方正文合软件的正常市场售价分别为 100,000 元和 30,000 元。

一审法院认为,1. 北大方正公司为了获得高术天力公司、高术公司侵权的证据,投入较为可观的成本,其中包括购买激光照排机、租赁房屋等,采取的是"陷阱取证"的方式,该方式并未被法律所禁止,应予认可。公证书亦证明了高术天力公司、高术公司实施安装盗版方正软件的过程,同时对安装有盗版方正软件的计算机和盗版软件进行了证据保全,上述公证过程和公证保全的内容已经法庭确认,高术天力公司、高术公司未提供足以推翻公证书内容的相反证据。2. 高术天力公司、高术公司作为计算机设备及相关软件的销售商,对他人的计算机软件著作权负有注意义务,拒绝盗版是其应尽的义务,否则,应当承担相应的法律责任。高术天力公司、高术公司的员工在本案中所从事的工作是一种职务行为,履行合同的一方当事人是高术天力公司、高术公司,因此,高术天力公司、高术公司应承担相应的法律责任。3. 根据现有证据,尚不能认定高术天力公司、高术公司在全国范围内大规模非法制售上述软件。北大方正公司、红楼研究所的方正 RIP、方正文合软件开发周期长、投资大,高术天力公司、高术公司侵犯了北大方正公司、红楼研究所计算机软件著作权,应承担相应的法律责任。鉴于高术天力公司、高术公司销售盗版软件的实际数量和所获利润均难以查清,故赔偿数额由法院根据北大方正公司、红楼研究所软件的开发成本、市场销售价格及高术天力公司、高术公司实施侵权行为的主观过错程度等因素,综合予以确定。北大方正公司为调查取证所支付的购买激光照排机、房租、公证等费用,系北大方正公司为本案调查取证所必不可少的,因此,上述费用应由高术天力公司、高术公司承担。鉴于激光照排机必须与计算机主机联机后方能进行工作,激光照排机并非盗版软件的直接载体,而安装盗版软件的计算机主机系北大方正公司自备的。鉴于上述情况,以高术天力公司、高术公司返还北大方正公司购机款,北大方正公司退还高术天力公司、高术公司激光照排机为宜。北大方正公司、红楼研究所在本案中支付的审计费、证据及财产保全费亦应由高术天力公司、高术公司承担。

……

高术天力公司、高术公司不服一审判决,向北京市高级人民法院提起上诉。其上诉理由是:一审法院已查明北大方正公司伪装身份、编造谎言、利诱高术天力公司的员工,要求将激光照排机捆绑销售的正版软件换成方正盗版软件,但未予认定;高术天力公司、高术公司除被利诱陷害安装了涉案的一套盗版方正软件外,没有其他复制销售盗版方正软件的行为,但一审法院却认定高术天力公司、高术公司安装方正软件数量难以查清;公证员未亮明身份,未当场记录,记录的事实不完整,公证的是违法的事实,故公证书不合法;北大方正公司的做法是违法的,一审法院认定这种做法为"陷阱取证",并予以支持是错误的;方正文合软件和激光照排机没有直接或间接关系,方正 RIP 软件也不是激光照排机的必然之选。一审判决缺乏事实和法律依据,是不公正的。请求撤销一审判决,诉讼费用由北大方正公司、红楼研究所负担。

北大方正公司、红楼研究所服从一审判决。

二审法院认定了一审法院查明的大部分事实。同时另查明,从 2001 年 7 月、8 月间北京市国信公证处作出的现场公证记录可看出,北大方正公司的员工化名与高术天力公司联系购买激光照排机,主动提出要买盗版方正 RIP 软件和方正文合软件,高术天力公司的员工称该项不能写入合同,但承诺卖给北大方正公司盗版软件。

二审法院认为:北京市国信公证处出具的公证书,高术天力公司、高术公司没有举出足够的相反证据推翻该公证书记载内容,故该公证书是合法有效的民事证据,对该公证书所记载的内容予以认定。但结合本案其他证据,对于北大方正公司长达一个月的购买激光照排机的过程来说,该公证记录仅对五处场景作了记录,对整个的购买过程的记载缺乏连贯性和完整性。北大方正公司在未取得其他能够证明高术天力公司、高术公司侵犯其软件著作权证据的情况下,派其员工在外租用民房,化名购买高术天力公司、高术公司代理销售的激光照排机,并主动提出购买盗版方正软件的要求,由此可以看出,北大方正公司购买激光照排机是假,欲获取高术天力公司、高术公司销售盗版方正软件的证据是真。北大方正公司的此种取证方式并非获取高术天力公司、高术公司侵权证据的唯一方式,此种取证方式有违公平原则,一旦被广泛利用,将对正常的市场秩序造成破坏,故对该取证方式不予认可。鉴于高术天力公司、高术公司并未否认其在本案中售卖盗版方正软件的行为,公证书中对此事实的记载得到了印证,故可对高术天力公司、高术公司在本案中销售一套盗版方正 RIP 软件、方正文合软件的事实予以确认。一审法院认为高术天力公司、高术公司销售盗版软件的数量难以查清,从而对高术天力公司、高术公司应予赔偿的数额予以酌定是错误的。鉴于对北大方正公司、红楼研究所的取证方式不予认可,及高术天力公司、高术公司销售涉案的一套盗版软件的事实,对于北大方正公司为本案支出的调查取证费,包括购机款、房租,以及审计费用,应由北大方正公司、红楼研究所自行负担;公证费、证据及财产保全费由高术天力公司、高术公司负担。一审法院认定事实不清,但适用法律正确。高术天力公司、高术公司的上诉请求部分合理,对其合理部分予以支持。

……

北大方正公司、红楼研究所不服二审判决,向二审法院提出再审申请。北京市高级人民法院经审查,于 2003 年 8 月 20 日驳回北大方正公司、红楼研究所再审申请。

北大方正公司、红楼研究所不服北京市高级人民法院二审判决及驳回再审申请通知,向本院申请再审。其主要理由是,相关证据已经证实高术天力公司、高术公司侵权行为属多次的、大范围的实施,二审法院判令高术天力公司、高术公司仅赔偿北大方正公司、红楼研究所一套正版方正软件的损失 130,000 元是错误的。一审、二审法院均确认北京市国信公证处出具的公证书合法有效,从该公证书所附若干份现场记录可以看出,高术天力公司、高术公司销售的盗版方正软件绝非仅限于销售给北大方正公司员工的一套。二审法院改判由北大方正公司、红楼研究所承担调查取证费用错误。北大方正公司采取的取证方式不违反法律、法规的禁止性规定。如果不采取这样的取证方式,不但不能获得直接的、有效的证据,也不可能发现高术天力公司、高术公司进行侵权行为的其他线索。北大方正公司不存在违背公平及扰乱市场秩序的问题,其没有大量购买激光照排机,提高赔偿额。北大方正公司进行调查取证并提起诉讼的目的,是为了打击盗版,维护自身合法权益。二审法院认定事实和适用法律错误,起不到纠正侵权行为的作用,无形中为著作权人维护自身合法权益制造了困难和障碍,不利于对知识产权的保护。

高术天力公司、高术公司答辩称,北京市国信公证处出具的公证书是在公证员明知北大方正公司员工假扮买主、欲用诱骗手段取得我公司"侵权"证据的情况下完成的,且记录的内容不完整,不是现场监督记录的结果,仅凭公证员的主观回忆作出的记录是不客观的,缺乏公正性,与我公司了解的情况有很大的出入。北大方正公司采用的"陷阱取证"方式是对法律秩序、社会公德和正常商业秩序的破坏。北大方正公司编造理由,多次要求我公司员工给他们安装一套盗版的方正的软件,这种诱骗的做法是"陷害",违背公序良俗。

本院查明,一审法院认定的事实基本属实,二审法院认定高术天力公司、高术公司只销售一套盗版方正 RIP 软件、方正文合软件的事实有误。

……

(一)关于本案涉及的取证方式是否合法问题

根据《民事诉讼法》第 67 条的规定,经过公证程序证明的法律事实,除有相反证据足以推翻的外,人民法院应当作为认定事实的根据。高术天力公司安装盗版方正软件是本案公证证明的事实,因高术公司、高术天力公司无相反证据足以推翻,对于该事实的真实性应予认定。以何种方式获取的公证证明的事实,涉及取证方式本身是否违法,如果采取的取证方式本身违法,即使其为公证方式所证明,所获取的证据亦不能作为认定案件事实的依据。因为,如果非法证据因其为公证所证明而取得合法性,那就既不符合公证机关需审查公证事项合法性的公证规则,也不利于制止违法取证行为和保护他人合法权益。二审法院在否定北大方正公司取证方式合法性的同时,又以该方式获取的法律事实经过公证证明而作为认定案件事实的依据,是不妥当的。

在民事诉讼中,尽管法律对于违法行为作出了较多的明文规定,但由于社会关系的广泛性和利益关系的复杂性,除另有明文规定外,法律对于违法行为不采取穷尽式的列举规定,而存在较多的空间根据利益衡量、价值取向来解决,故对于法律没有明文禁止的行为,主要根据该行为实质上的正当性进行判断。就本案而言,北大方正公司通过公证取证方式,不仅取得了高术天力公司现场安装盗版方正软件的证据,而且获取了其向其他客户销售盗版软件,实施同类侵权行为的证据和证据线索,其目的并无不正当性,其行为并未损害社会公共利益和他人合法权益。加之计算机软件著作权侵权行为具有隐蔽性较强、取证难度大等特点,采取该取证方式,有利于解决此类案件取证难问题,起到威慑和遏制侵权行为的作用,也符合依法加强知识产权保护的法律精神。此外,北大方正公司采取的取证方式亦未侵犯高术公司、高术天力公司的合法权益。北大方正公司、红楼研究所申请再审的理由正当,应予支持。

据此,本案涉及的取证方式合法有效,对其获取证据所证明的事实应作为定案根据。二审法院关于"此种取证方式并非获取侵权证据的唯一方式,且有违公平原则,一旦被广泛利用,将对正常的市场秩序造成破坏"的认定不当。

(孔祥俊、于晓白、夏君丽法官)

思考问题：

在本案中，哪些证据对于区分"犯意诱发型"和"机会提供型"陷阱取证是必不可少的？

陷阱取证后要求被告对该侵权行为进行赔偿，是否存在逻辑上的冲突？

5.5 侵权与违约竞合

在著作权侵权与著作权许可合同违约竞合的情况下，权利人可以选择对自己有利的诉讼主张。有时候约定明显严厉的违约责任，当事人可能更愿意直接追究违约责任，而不是追究侵权责任。比如，在广州国际华侨投资公司 v. 江苏长江影业有限责任公司（最高人民法院（2001）民三终字第 3 号）案中，电影著作权人投资公司和放映方长江公司约定，"长江公司须检查各市、县电影公司和影院上报《下》片票房收入的真实性，如经投资公司查出发行放映《下》片的影院或公司有漏、瞒报票房收入，由长江公司按漏、瞒报票款的 10 倍对投资公司承担经济赔偿责任。"事后查证存在漏报票房收入的情况。这时候，著作权人通常就选择追究违约责任。该案中法院最终将 10 倍惩罚调整为 5 倍。

6 不当得利

不当得利并非版权侵权的一种特殊类型。本书将它放在"著作权侵权"一章下面，多少显得有些怪异。不过，在没有将它独立成章之前，放在这里依然是最好的选择。因为不当得利与版权侵权一道，是著作权人在利益受损后寻求救济的两种主要的途径。在这一意义上，二者具有同一性。

在中国，不当得利请求权的法律依据是《民法通则》（1986）第 92 条的规定："没有合法根据，取得不当利益，造成他人损失的，应当将取得的不当利益返还受损失的人。"构成不当得利的关键是，获得不当利益、没有法律上原因、造成他人损失。理论上，如果第三方侵害版权使得出版社或网络服务商等获得了不当利益，版权人可以主张不当得利返还请求权，并无太大疑问。①

6.1 是否获得不当利益的争议

这里主要以提供内容存储和发布服务的网络服务商来说明适用不当得利规则中的核心争议，即服务商是否获得不当利益。在 Youtube v. Viacom 案中，美国法院在替代责任的框架下分析网络服务商是否从用户上传的侵权视频中直接获利，法院认为 Youtube 并没有从盗版视频的播放中直接获益。② 这一意见在版权界有深远影响，可能打消很多人对不当得利学说的支持。本书认为，从不当得利的角度看，这一说法难以令人信服。Youtube 在为用户提供服务的时候，并非从所谓的网络服务中收取服务

---

① 王泽鉴：《不当得利》，北京大学出版社 2009 年版，第 140 页。
② Viacom Intern., Inc. v. You Tube, Inc., 676 F.3d 19(2012).

费。Youtube 实际上依赖公众对视频的播放次数的多少来获得利益（插播广告）。不同的视频意味着不同的价值。这从中国视频网站动辄数十万、数百万地购买正版视频的事实中可以看得一清二楚。视频的质量直接影响到 Youtube 的访问量和盈利的可能性。因此，第三方用户上传视频供公众自由浏览时，网络服务提供商所获得的利益，并非仅仅是寻常的服务费收益，而更多地视频本身所吸引来得流量。因此，视频网站实际上直接从盗版视频中获益。这一获益应当符合民法框架下的不当得利的定义。

6.2 不当得利的计算

侵害版权的不当得利的计算，王泽鉴教授指出：

> 德国目前通说扬弃了所谓的"费用节省得利"（Erspanisbereicherung）的传统见解，不再认其因侵害他人著作权所获得的利益，系相当于应支付的授权费用，而强调因其侵害依法应当归属权利人（被害人）的利用权能（Benutzungsbefugnis）。此项利益依其性质不能返还，应偿还其交易上客观价额。①

的确，如果一味地按照许可费标准来计算不当得利，可能远远背离网络服务商实际获利的程度。在实际操作中，应考虑视频本身给网络服务商带来的商誉增值、广告收益、视频播放的次数等，并参考同等情况下市场上的许可费价格。在确定不当得利的数额时，法院应当尽可能地避免系统性地偏低，否则网络服务商依然没有足够动力采取措施预防用户的侵权行为。它完全可能采取投机策略，将支付不当得利作为商业的正常成本。有人主张时就返还不当得利，没有主张时就占便宜。

6.3 司法实践

尽管理论上版权人的不当得利主张并没有法律障碍，但是在司法实务中，第三方版权侵权导致不当得利返还责任的案例，并不多见。在中国法律信息网所收录的数千个著作权案例中，涉及不当得利的案件不过 10 个。比如，在张敏耀 v. 长江日报社、武汉鹦鹉花园开发置业有限公司等中，报社的过错导致鹦鹉花园公司未经原告同意使用原告作品做地产广告。一审法院认为"鹦鹉花园公司未经原审原告的同意使用该作品用于商业目的，没有根据获得巨大商业利润，与被上诉人的经济损失具有法律上的因果关系，同样是对被上诉人著作权中财产权的侵害，致使被上诉人的合法权益受到经济损失，返还不当得利同样是对被上诉人经济损失的一种赔偿。"②在黄蔚翔 v. 广州日报社、广州市东壹广告有限公司等案中，广告设计公司未经许可使用原告作品为地产公司制作广告，在广州日报上发布。法院认为，"根据《中华人民共和国民法通则》第 92 条，广州日报社无权使用黄蔚翔作品，其因使用黄蔚翔作品所获得的利润为不当得利。"③

---

① 王泽鉴：《不当得利》，北京大学出版社 2009 年版，第 140 页。
② 张敏耀 v. 长江日报社、武汉鹦鹉花园开发置业有限公司等，武汉市中院（1999）武知初字第 7 号。在（1999）鄂民终字第 183 号中，二审法院认为，原告没有提出不当得利请求，法院不应对该问题进行审理。
③ 黄蔚翔 v. 广州日报社、广州市东壹广告有限公司等，广东省高院（2003）粤高法民三终字第 221 号。

北京腾图电子出版社有限公司诉华纳唱片有限公司案中,法院认为:"正普公司依据与恒磁公司的协议从事销售行为,且所售光盘系经国家批准成立的正式出版单位出版的产品,其已履行了作为销售商的一般注意义务,因此可不承担侵权责任。但由于其销售的产品已构成侵犯他人的权利,故其应承担停止销售侵权产品的责任,同时亦应将销售所得的不当得利返还权利人。"(法院引述了《民法通则》第92条)①

类似的支持返还不当得利请求的法院判决意见,摘录如下:

尽管北京电信公司在使用《盛开的伞花》的过程中尽到了合理的注意义务,但其未经合法授权使用作品获利已成事实。就责任的承担而言,鉴于该公司对损害事实和后果的发生并无过错,应当免除损害赔偿之责任,但其使用《盛开的伞花》所获利润缺乏法律依据,系属不当得利,应向著作权人王宁承担返还义务。②

里仁公司、国际出版社非法使用汇智公司的翻译作品时,获得了汇智公司因创造性劳动而产生的那部分价值,而汇智公司基于应受法律保护而受有损失,由于一方获利与一方受损之间存在因果关系,故里仁公司、国际出版社应按照民法上不当得利的相关规定向汇智公司返还其因此获得的利益。③

鸿联九五自2006年11月20日至2008年2月26日将歌曲《不想让你哭》提供给天津移动作为网站彩铃供移动通讯用户有偿下载之行为并无过错,其在此阶段已尽合理注意义务,但其未经歌曲《不想让你哭》之录音制作者权人合法授权即将该歌曲提供给天津移动作为网站彩铃使用并获取利益已成事实,鸿联九五应立即停止将歌曲《不想让你哭》提供给天津移动作为网站彩铃使用。鉴于鸿联九五对损害事实和后果的发生并无过错,故应当免除其损害赔偿之责任,但其将歌曲《不想让你哭》提供给天津移动作为网站彩铃使用所获利润缺乏法律依据,系属不当得利,其应向歌曲《不想让你哭》之录音制作者权人金信子中心承担返还义务。④

---

① 北京腾图电子出版社有限公司 v. 华纳唱片有限公司,北京高院(2003)高民终字第815号。
② 王宁 v 中国电信集团北京市电信有限公司等,北京市海淀区法院(2006)海民初字第19149号。
③ 北京汇智时代科技发展有限公司 v. 北京国际广播音像出版社等,北京市海淀区法院(2007)海民初字第22050号。
④ 北京金信子文化艺术发展中心 v. 北京鸿联九五信息产业有限公司,北京市海淀区法院(2008)海民初字第8822号。

第13章
间接侵权

1 间接侵权概述

所谓间接侵权是相对直接侵权而言,指那些本身并没有直接侵害著作权,但是却为直接侵权行为提供帮助或诱因的行为。这一概念并非中国著作权法上的法定术语,是中国学术界从英美版权法理论中的"indirect infringement""contributory infringement"或"secondary infringement"翻译而来。在英国,有学者将著作权侵权分为 primary infringement 与 secondary infringement。① 前者大致对应的是直接侵权行为,后者大致对应下面所说的帮助侵权。

美国学者将间接侵权大致分成帮助侵权(contributory infringement)和引诱侵权(inducement infringement)两种类型。所谓帮助侵权是指行为人明知或应知直接侵权存在,依然为该侵权活动提供实质性的帮助;而引诱侵权则是指唆使或引诱他人从事直接侵权活动。在美国法上,还有一类很特别的侵权责任——替代责任(vicarious liability):如果一个人有权利和能力监督侵权活动,并从侵权活动中获得明显而直接的经济利益,则即使不知道直接侵权行为的发生,他也要承担责任。②部分学者将转承责任也列入间接侵权责任类别加以讨论。无论是帮助侵权还是替代责任,均要求直接侵权行为事实上发生。③

本书在一般意义上使用间接侵权这一概念,涵盖帮助侵权、引诱侵权(教唆侵权)。未经特别说明,它并不包含所谓的替代责任。不过,为讨论方便,本章也将一并介绍美国法上的替代责任规则。

间接侵权制度在著作权法上的重要性和受关注程度可能远超过间接侵权在专利法、共同侵权在普通侵权法上的重要性和受关注程度。背后的原因可能是,现代技术进步导致作品的扩散和复制行为日益平民化、分散化和全球化——"过去,直至1960年代,要违反版权法并不容易。一个人需要有印刷机、电台或者录制设备才能侵权,而

---

① Laddie,Prescott,Vitoria,The Modern Law of Copyright and Designs(Second Edition) Vol. 1,Butterworth 1995,at 523—543.
② Paul Goldstein,Copyright,2nd Ed. Aspen Law & Business,1999,at § 6.0, 6:2.
③ Sony Corp. of Am. v. Universal City Studios, Inc. , 464 U.S. 417, 440—442(1984).

很多人并没有这些设备。今天,每个个人、公司和孩子都有能力复制和传输,因而能够以有害或无害的方式侵害版权。"①这导致权利人追究这些传统意义上的直接侵权责任,越来越困难。权利人转而将目光投向那些打破技术壁垒,使得公众侵权变得更容易、更隐蔽的外围主体。它们通常相对集中,更有能力承担责任,也更有能力转嫁侵权责任成本。权利人这一策略的转变,自然促进了著作权法上间接侵权制度的发展。

本书有两章(本章和下一章"网络间接侵权")专门讨论著作权间接侵权问题,而且网络间接侵权差不多是本书页数最多的一章。这样的章节安排也大体上反映了间接侵权制度在著作权法领域的重要性日益增加的趋势。

1.1 间接侵权的法律依据

在民事侵权法框架下,中国《著作权法》和相关司法解释中并没有间接侵权的概念。如前所述,法院通常利用共同侵权的相关规则来处理间接侵权问题。关于间接侵权与共同侵权这两个概念与理论体系之间的关系,本书作者在《专利法:原理与案例》一书中有比较简要的描述,这里直接拷贝过来,只是将其中的部分关键词做适当变通:

> 间接侵权的直接理论来源是传统的共同侵权理论。②后来,逐步演化,在侵权构成要件上逐步形成一些细化或变通的规则,从而自成体系。在很多人看来这大有与共同侵权理论分道扬镳的趋势。不过,民法学界对于共同侵权的构成要件还有很大的争论。③ 在这一背景下,强调间接侵权的特殊性,认为间接侵权无法纳入共同侵权的理论体系的观点,并不可靠。
>
> 在中国著作权法在这一问题上作出明确表态之前,本书认同现有司法实践的做法——按照广义的共同侵权规则来处理间接侵权。④ 这里所说的广义的共同侵权,至少包含有意思联络的共同加害行为(即狭义的共同侵权行为)、无意思联络但行为结合(直接或间接)的数人侵权行为、帮助侵权行为、引诱教唆行为、甚至包含共同危险行为(数人共同作出危险行为,但不知道何者为真正侵权人)等。具体的著作权间接侵权行为,形态各异,可能分属于共同侵权行为类型中不同亚种。比如,有直接的意思联络的共同复制或发行的著作权侵权行为可能属于狭义的共同侵权行为,而帮助或引诱第三方侵害著作权的行为则很容易被归入引诱侵

---

① Tim Wu Tolerated Use, 31 Colum. J. L. & Arts 617, 618 (2008).
② 邓宏光:《专利间接侵权与共同侵权关系探析》,载《电子知识产权》2006 年第 4 期,第 22—23 页。这一点在美国也不例外——间接侵权(Contributory Infringement)理论来源于普通法上的共同侵权理论(the doctrine of joint tort feasors)。Giles S. Rich, Infringement under Section 271 of the Patent Act of 1952,21 Geo. Wash. L. Rev. 521,525(1952—1953);Metro-Goldwyn-Mayer Studios Inc. v. Grokster, Ltd., 125 S. Ct. 2764, 2776 (2005) ("[The] doctrines of secondary liability emerged from common law principles and are well established in the law").
③ 参考程啸:《论意思联络作为共同侵权行为构成要件的意义》,载《法学家》2003 年第 4 期,第 94—102 页。
④ 当然,完全地实现民法和知识产权两个领域的理论对接,还需时日。理论上,本书并不排除将来利用变通后的共同侵权及相关理论完全取代间接侵权规则的可能性。在统一法治的背景下,统一适用共同侵权的概念可能更有利于学术共同体的形成,方便跨学科的学术对话。

权的类型。

到目前为止,似乎还没有证据表明,广义的共同侵权理论框架下的各种行为类别不能完全涵盖各类典型的间接侵权行为。即便真的不能涵盖,合理的选择也是在广义共同侵权理论的框架下,创设新的补充性亚种,而不是在广义的共同侵权理论之外,重新创设一套覆盖各类间接侵权行为的新理论。共同侵权理论方面的争论已经表明,这么做不会有什么出路,徒增困扰。

理论上,共同侵权所涵盖的范围要比间接侵权要宽泛。比如,在多个侵权者达成一致,共同从事直接侵权行为时,这些侵权者均承担直接侵权责任。本节所说的间接侵权通常不包含此类共同或者说分工合作的直接侵权行为。

在《侵权责任法》(2009)出台之前,中国关于共同侵权的最主要的法律依据是《民法通则》(1986)第130条:"二人以上共同侵权造成他人损害的,应当承担连带责任。"最高人民法院《关于贯彻执行〈民法通则〉若干问题的意见》(1988)第148条第1款进一步明确:"教唆、帮助他人实施侵权行为的人,为共同侵权人,应当承担连带民事责任。"

2009年,《侵权责任法》颁布。它已经吸收了《民法通则》和司法解释的条文,并进一步对无意思联络的数人侵权的侵权责任分担作出规定。这样,最宽泛意义上的共同侵权行为的各个类别大致有了法律依据:

第8条 二人以上共同实施侵权行为,造成他人损害的,应当承担连带责任。

第9条 教唆、帮助他人实施侵权行为的,应当与行为人承担连带责任。

第11条 二人以上分别实施侵权行为造成同一损害,每个人的侵权行为都足以造成全部损害的,行为人承担连带责任。

第12条 二人以上分别实施侵权行为造成同一损害,能够确定责任大小的,各自承担相应的责任;难以确定责任大小的,平均承担赔偿责任。

除此之外,《信息网络传播权保护条例》(2013)、最高人民法院《关于审理涉及计算机网络著作权纠纷案件适用法律若干问题的解释》(2006年修正,现已经被后面的2012年司法解释所替代)、最高人民法院《关于审理侵害信息网络传播权民事纠纷案件适用法律若干问题的规定》(2012年)等对于网络环境下的共同侵权问题有比较细致的规定。下一章"网络间接侵权"将有深入的讨论,这里从略。

1.2 间接侵权的常见类型

间接侵权行为的表现形式千变万化,不可能一一列举。不过,常见的间接侵权行为大致落入如下几个类别:

(1) 向直接侵权者提供用于侵权活动的作品复制件或侵权工具等;

(2) 为侵害著作权的复制、发行、表演、播放、展览等活动提供场所;

(3) 参与侵权作品复制件的储存、运输、销售、进出口等流通活动,或者为之提供帮助;

(4) 在商业活动中持有著作权侵权产品;

(5) 为直接侵害著作权的行为提供网络服务等。

以上只是从理论上对常见间接侵权行为的简单罗列。这些行为之间可能相互重叠。在中国法上,它们是否一定构成间接侵权(共同侵权),还要结合具体事实和相关法律规则,具体分析后才能得出结论。

本章将从上述可能的间接侵权行为中选择有代表性的类型进行更深入的讨论。由于网络环境下的间接侵权问题比较复杂,而且很重要,本书专辟"网络间接侵权"一章专门讨论。因此,本章将不涉及网络间接侵权问题。

1.3 间接侵权人的责任范围

间接侵权人如果和直接侵权行为人有意思联络,构成狭义的共同侵权。依据《侵权责任法》第 8 条,间接侵权人应当承担连带责任,并无疑义。对于被视为共同侵权的引诱或教唆侵权,依据《侵权责任法》第 9 条,也同样如此。

对于间接侵权中的帮助侵权,在有些情况下,帮助人与直接侵权人之间是否存在意思联络,存在疑问。比如,间接侵权的行为人通过公开市场出售某些可以用于复制版权作品的设备或提供网络服务使得用户能够利用该服务侵害著作权。在这种情况下,间接侵权者可能只是知道不特定的用户在侵权,主观上抱有一种消极放任的态度。这时,用户和间接侵权的行为人之间是否存在传统意义上的"意思联络"或"共同过错",并不十分确定。如果认定意思联络存在,则间接侵权人和直接侵权人要承担连带责任;相反,如果认为不存在意思联络,则可能需要按照数人侵权的规则处理,即依据《侵权责任法》(2009)第 12 条:"二人以上分别实施侵权行为造成同一损害,能够确定责任大小的,各自承担相应的责任;难以确定责任大小的,平均承担赔偿责任。"

在间接侵权人与直接侵权人承担连带责任的情况下,如果权利人只起诉其中一方,法院会判决被诉侵权人承担全部赔偿责任。如果被诉侵权人证明权利人在另案中已就同一侵权事实获得连带责任另一方赔偿的,则法院将审查另案中的赔偿额是否足以弥补权利人的损失,并判决本案被诉侵权人承担不足部分的赔偿责任。①

关于间接侵权的理论分析,可以参考 Reinier H. Kraakman, Gatekeepers: The Anatomy of a Third-party Enforcement Strategy, 2 J. L. Econ. & Org. 53 (1986); Jane C. Ginsburg, Copyright and Control Over New Technologies of Dissemination, 101 Colum. L. Rev. 1613 (2001); Lichtman & Landes, Indirect Liability for Copyright Infringement: An Economic Perspective, 16 Harv. J. L. & Tech. 395 (2003).

2 间接侵权构成要件

2.1 以直接侵权为前提

著作权间接侵权一般以直接侵权行为的发生为前提。因为只有这一前提存在,著

---

① 参见《重庆市高级人民法院关于确定知识产权侵权损害赔偿数额若干问题的指导意见》(2007)第 31 条。

作权人的市场利益才会受到负面影响,法律才有干预间接侵权的必要。如果潜在的"直接侵权"行为人有合理的侵权抗辩理由(最常见的是合理使用),为之提供帮助,则不构成间接侵权行为。

在"间接侵权是否以直接侵权存在为前提"这一问题上,著作权法似乎与专利法有一定的差别。专利法对于专利侵权有所谓的"生产经营为目的"的限制,使得消费者为个人目的实施专利的行为不受专利权控制。如果经营者为此类消费者实施专利提供帮助(比如提供用于实施专利的非通用部件),依然可能构成间接侵权。如果不认定此类行为构成间接侵权,则可能使得很大一类专利权被架空。因此,在专利法上,间接侵权以实际实施专利的行为会发生为前提,并不一定严格要求该行为在法律意义上被认定为直接侵权。

在著作权法上,公众也有合理使用抗辩。比如,公众为个人学习、研究和欣赏目的使用他人作品,并不构成版权侵权。一项行为直接为公众的合理使用直接提供帮助,通常不构成间接侵权。实际上,只要经营者不直接提供作品受保护的内容(直接侵权),即便对公众获取作品提供帮助,通常也不会对著作权人的利益造成直接的影响①,因而法律无须追究帮助者的责任。这与专利法上的间接侵权规则有明显差别。有人或许会想到网络环境下搜索引擎之类的服务商帮助用户获得侵权作品之类的反例。从公众角度看,公众下载侵权作品的行为可以引用上述合理使用抗辩,因此网络服务商为公众提供搜索服务的行为不构成间接侵权。但是,这并不意味着搜索服务提供商就可以自由提供此类服务。实际上,换一个角度,从侵权站点的角度看搜索服务提供商也是在帮助那些提供侵权内容的站点扩散侵权作品,是在为直接侵权人提供帮助。如果搜索服务提供商明知或应知此类直接侵权的存在,依然要承担间接侵权责任。下一章将进一步讨论。

2.2 间接侵权的主观过错

间接侵权行为人主观上必须存在过错,这一点并无太大争论。即,间接侵权的行为人明知或者应知他人行为构成著作权侵权,依然引诱他人从事直接侵权行为,或为之提供实质性帮助。实践中,在间接侵权人的过错认定方面,法院在共同侵权制度框架下要考虑一系列问题:其一,间接侵权人与直接侵权人之间的过错联系;其二,明知或应知的判断标准;其三,明知或应知的内容。

间接侵权人与直接侵权人之间的过错联系,是一个非常复杂的问题。如前所述,中国法院利用共同侵权来解决间接侵权的问题。民法上的共同侵权是指两个或两个以上的行为人,基于共同的故意和过失致使他人损害。这里的核心问题是对共同过错(即共同故意或共同过失)的理解。这在中国历来有争论,有所谓的主观说与客观说。前者要求行为人主观上有共同的过错,后者则认为只要有共同的加害结果,不论行为

---

① 导致这一区别的最重要原因可能是,作品不像专利存在所谓的不侵权的"非通用的核心部件"的生产和销售问题。

人主观上有无过错。现在主导的观点似乎赞同前者,即共同过错说。①很典型的意见认为共同过错必须是加害人主观上有意思联络的过错。②

版权间接侵权并不总是能够满足这一主观上意思联络的要求。比如,间接侵权包括直接侵权结果发生以后的参与侵权结果扩散的行为,直接侵权人在侵权时可能根本就没有意识到间接侵权人的存在,也就无所谓意思联络了。另外,中国在直接侵权人承担的究竟是过错责任还是严格责任问题上存在巨大争议,法律也不是很明确。如果法律确认直接侵权人承担严格责任,则讨论它与间接侵权人之间的过错联系,就显得很奇怪。本书倾向于认为,间接侵权人与直接侵权人之间无须意思联络,也无须共同的过错,但是间接侵权人明知或者应知直接侵权行为的已经存在或将要发生。至于这一理解与传统的共同侵权理论的衔接和协调问题,有待进一步研究。

间接侵权人"明知"或"应知"的判断应采用普通侵权法上的"正常合理人"或"善良管理者"标准。即,在相同情景下,相关领域的正常合理人履行合理的注意义务之后,能否意识到直接侵权行为的存在。显然,个案中行为人是否履行合理的注意义务,需要法官结合公共政策进行裁量。这在后文的诸多案例中有详细的讨论。

间接侵权人明知或应知的内容包含两个层次:直接侵权人的行为以及该行为的违法性。有学者认为,间接侵权人只需要知道直接侵权人的行为存在,而无须知道该行为在法律上侵犯版权。③本书作者对此持谨慎保留态度。如果被控侵权人仅仅知道直接侵权人的行为存在,而对该行为的违法性(侵权属性)缺乏认知,则并不能认定间接侵权。如果被控侵权人没有理由知道他人的行为构成直接侵权,就很难说他主观上存在过错。另外,间接侵权人在履行合理注意义务后还应当能够对特定直接侵权行为有具体的认知,而不是仅仅知道直接侵权行为有存在的可能性。

关于间接侵权者主观过错的认定,可以参考后文网络间接侵权的相关内容。后者是间接侵权的特殊情形,背后的行为人过错认定的基本原理与间接侵权的一般规则一致。

2.3 实质性的帮助或诱因

间接侵权人对直接侵权行为的引诱或帮助,应当达到实质程度。这实际上是一种因果关系上的判断。具体地说,除了证明存在直接侵权(损害结果)和间接侵权行为人的主观过错外,还应当证明行为人的引诱或帮助,对于直接侵权的结果而言,具有相当因果关系。

就引诱侵权而言,在直接侵权人不知著作权存在的情况下,引诱或教唆可能是导致其侵权的很重要的原因。但是,如果直接侵权人自己在侵害著作权之前,已经知道著作权存在的事实,这时认定引诱和直接侵权结果之间的因果关系可能需要更小心谨

---

① 杨立新:《侵权责任法》,法律出版社 2010 年版,第 92 页。
② 程啸:《论意思联络作为共同侵权行为构成要件的意义》,载《法学家》2003 年第 4 期,第 94—102 页。
③ Paul Goldstein, Copyright, 2nd Ed. Aspen Law & Business, 1999, at §8.1, at 8:9 n.1.

慎一些。因为著作权侵权的法律责任本身对于直接侵权人来说,已经是一种法律上的威慑。单纯的引诱或教唆,并不一定会降低这一法律责任的威慑力。在这种情况下,如果没有提供所谓的侵权责任担保等措施降低上述法律威慑力,则教唆或引诱与直接侵权之间可能没有相当因果关系。这时候,追究引诱者的侵权责任,没有现实意义。不过,实际案例中鲜见这样的讨论,因此上述结论并没有得到司法实践验证。

对于帮助侵权,"实质性"要求,具有重要的意义。现实生活中,很多人都在以各种各样的形式为直接侵权人提供帮助。从厨师、房东、快递公司、电话公司、网络服务商到银行,都可能对直接侵权人提供帮助。法律不可能无限制延伸间接侵权的因果链条,追究所有帮助者的责任。这里,"实质性帮助"的判断代表着重要的政策取舍。基本的原则是,强加给"帮助者"注意义务,不应给社会带来不合理的负担。

Perfect 10, Inc. v. Visa International Service Association

494 F.3d 788(2007)

Smith 法官:

Perfect 10 出版杂志"Perfect 10",同时通过网站 www.perfect10.com 向订阅用户提供世界上最漂亮的模特的照片。Perfect 10 宣称,在数个国家都有网站盗窃它们的版权作品并非法在线出售。本案中,Perfect 10 没有起诉直接侵权者,而是起诉为侵权网站提供网上信用卡支付的金融机构。Perfect 10 宣称自己不断给被告发通知,特别指出侵权的站点,告诉被告这些站点的顾客利用自己的支付卡购买侵权图片。被告承认收到过一些通知,但是收到后没有采取相应行动。区法院驳回原告的诉讼。

本案的法官们宣称,在评估 Perfect 10 的侵权指控时,他们意识到信用卡是电子商务的主要引擎。美国国会既定的政策是,促进互联网、其他计算机互动服务、互动媒体的持续发展,保护互联网和其他计算机互动服务领域的富有活力和竞争力的自由市场,使之免受联邦和各州的管制。①

1. 帮助版权侵权

法院认为,Perfect 10 没有引诱直接侵权人,也没有为侵权活动提供实质性帮助,因此无需考虑被告对于侵权活动的认知问题。接下来法院集中讨论"**实质性贡献、引诱或因果关系**"问题。

Perfect 10 认为,尽管被告知道侵权正在进行,依然持续地为侵权站点提供信用卡支付服务,被告与 Fonovisa,Napster 和 Grokster 案的被告一样,引诱(induce)、促成(enable)和帮助了侵权活动。

(1)实质性帮助(Material Contribution)

在本案中,我们不能说信用卡公司实质性地帮助了侵权活动,因为它们与侵权行

---

① 原注2,国会在制定 DMCA 时,也表达了类似的目的——"促进数字时代电子商务、电讯、技术研发和教育的蓬勃发展并向全球扩展"。

为没有直接联系（direct connection）。这里，侵权行为是通过互联网复制、修改、展示和传输 Perfect 10 的图片。Perfect 10 并没有指出，有任何侵权此案料通过被告的支付网络或支付系统被传输、修改或展示。在 Fonovisa 案中，侵权材料实际处在被告的市场上并在那里被交易。而本案中不是。在 Napster 和 Grokster 案中，被告许可用户利用其网络服务寻找并获取侵权材料。本案中，被告的系统也没有被用来寻找和传播侵权图片。虽然 Perfect 10 宣称被告使得网站更容易从其侵权活动中受益，可问题是，即便没有支付系统，本案的复制、修改、展示和传输行为依旧会发生。即便用户没有向侵权图片支付价款，依旧会有侵权（比如 Napster 案中网站就没有价款易手）。

我们的分析与我们最近判决的 Perfect 10 v. Amazon.com 完全一致。在该案中，我们指出，如果 Google 知道能够通过它的搜索引擎获得 Perfect 10 的图片，而它能够采取简单措施阻止对 Perfect 10 版权作品的进一步损害，但是它没有采取这些措施，则可以认定 Google 构成帮助侵权。本案的异议意见说，如果我们只要将所谓的"搜索引擎"换成"支付系统"，上述意见同样适用于本案被告。可是，二者有明显的区别：Google 的搜索引擎自身协助侵权内容的传播，而被告的支付系统并没有。被告没有以任何方式协助互联网用户寻找和传播侵权材料。被告的确使得侵权更有利可图，而人们更愿意从事有利可图的活动。但是，因果链条（casual chain）上有更进一步的要求：Google 使第三方寻找和传播侵权材料变得更快更容易，可能对侵权活动作出实质性的帮助；而本案被告只是使得侵权更容易有利可图，增加了侵权的经济动机，从而使得侵权更容易发生。[法院显然认为后者不满足因果关系的要求。]

异议意见认为我们只是在本案和先前案例之间进行了一些暂时经不住时间考验的区分。我们不同意。我们对相关法律和判例的解释，完全符合现有的联邦法，反映了商业与技术现实，也符合美国的公共政策。帮助用户寻找图片，可能实质性地帮助用户下载侵权图片，但是帮助处理支付业务不是。即便用户不能利用信用卡为图片付款，侵权依然可以大规模继续下去，因为其他的付款机制依然存在。比如，网站可以让用户免费下载某些图片而利用广告盈利；或者，它可以发展那些不依赖信用开公司的支付方式。在这些情形下，即便没有利用被告的支付方式，网站侵害 Perfect 10 图片版权的行为依旧发生。① 因此，被告的行为没有满足间接侵权的"实质性帮助"要求。②

我们的判决也和 Fonovisa 和 Napster 案也完全一致。

和 Fonovisa、Napster 类比，Perfect 10 指出，被告提供的服务使得侵权活动得以更大规模地发生，而原本是不可能的，因此被告对侵权提供了实质性的帮助。这一类比不成立。Fonovisa 案的集市经营者、Napster 和 Grokster 案的程序管理者增加侵权活动的

---

① 原注8，我们注意到，Google 并非用户所能获得的唯一的搜索引擎，同时用户并不必然需要利用 Google 来寻找侵权图片。但是，我们所做的区分并非特别针对 Google，而是要区别搜索定位服务与支付服务。我们认为搜索服务比支付服务更具有实质性。

② 原注9，在此脚注中，法院提到这样的担心：网站的竞争对手可能随时向信用卡公司发送侵权通知，破坏对手业务。信用卡公司也可能因此不愿意为那些有法律风险的行业提供支付服务。

方式是提供了一个实在的或虚拟的中央集合点(centralized place),在那里侵权作品可以被收集、分类、买卖或交换。Fonovisa案中,被告所提供的停车、供水等服务之所以重要,只是因为这是创造一个盗版录音带交易市场所需要的服务的一部分(言下之意,而不仅仅因为停车、供水之类的服务本身而被认为是实质性帮助)。在本案中,被告并没有做这样的事情(提供中央集合点)。

Perfect 10主张极其宽泛的"场所和设备"之类的概念,与Fonovisa和Napster案件的实际争议和判决没有关联。依据它的理论,如果交易中涉及侵权此案料的买卖,则该交易有关的任何有形或无形的部分(component)都被涵盖在内(即被视为有实质性贡献,从而有帮助侵权风险)。在本案中,侵权"场所"是实际展示、传播侵权图片的站点,而不是被告的支付网络。被告没有创设、运营、推广这些站点。被告只是提供了支付方法,不是侵权的场所或设备。

Perfect 10宣称,被告可以拒绝为侵权网站处理支付服务从而降低其商业活力,因此被告应当承担帮助侵权责任。被告有能力降低侵权活动,并不能证明被告对侵权活动有实质性帮助。如前所述,直接侵权行为是在互联网上复制、修改、展示和传输Perfect 10的图片。而被告并没有为这些行为提供帮助。

思考问题:

(1) 本案法院认为Google搜索引擎的帮助有可能是实质性的。Google可以争辩说,即使没有Google,用户可以通过直接访问侵权网站或者通过第三方搜索引擎发现侵权内容,因此它就像本案的支付系统服务一样,并没有提供实质性的帮助?

(2) 我们可以说,帮助行为必须与作品复制件的产生或流通环节有关,才是实质性的?为侵权活动提供互动场所,在什么情况下符合这一条件?

(3) 法院在判断间接侵权行为人是否实质性参与直接侵权活动时,要考虑什么样的公共政策?

3 帮助侵权

3.1 提供侵权工具或服务

帮助侵权的最常见情形就是向直接侵权人提供侵权工具。这里的工具包括用于侵权的产品和服务。比如,向直接侵权者提供用于制作侵权复制件的机器装置(比如下文Sony案中的录像机)、提供印刷服务或者提供方便侵权用户交换文件的软件或网络服务(比如下一章要深入讨论的搜索引擎、P2P网络服务等)。

佘国富 v. 翁金山

莆田市中院(2003)①

原告佘国富是讼争雕塑作品《琴女》又名《琵琶女》的著作权人。该雕塑系一套四件造型各异、手持琵琶的舞女。1994 年原告佘国富、被告佘珍英及案外人佘珍玉、佘国新四兄妹合伙创办华艺雕刻精品厂,黄杨木雕《琴女》是该厂生产的产品之一。1997 年底被告佘珍英退出华艺雕刻精品厂。

2002 年,被告佘珍英将一套四件的黄杨木雕《琴女》出售给被告翁金山,被告翁金山根据购得的《琴女》自行开模四副,用树脂和石膏混合制成《琴女》复制品。2003 年 1 月 28 日,涵江区工商局到被告翁金山的工艺加工厂进行检查,共查扣了《琴女》木雕原作一套四件、侵权复制品 208 尊、《琴女》模具四副,并对被告翁金山制作了询问笔录,后涵江区公安局对被告佘珍英、翁金山也进行询问并制作询问笔录。

莆田市中级人民法院经审理认为,被告翁金山向被告佘珍英购买原告享有著作权的雕塑作品《琴女》后,未经原告许可,自行开模复制生产,其行为侵犯了原告的著作权,应依法承担民事责任,被告佘珍英明知被告翁金山从事雕塑翻模工艺却擅自将原告享有著作权的《琴女》木雕高价出售给翁金山,并表示可供其仿造,构成共同侵权,应承担连带赔偿责任[(法院引用了《最高人民法院关于贯彻执行〈中华人民共和国民法通则〉若干问题的意见》第 148 条)]。

如果一项产品或服务,除了用于侵权目的之外,没有其他用途,则可以直接从提供者提供该产品或服务的行为本身推定,该提供者具有促成直接侵权的主观过错。对此,学术界并没有什么争议。

如果一项产品或服务同时具有侵权用途和实质性的非侵权用途,而提供者并不能有效控制购买者如何使用该产品或服务时,如何认定提供者具有直接侵权的主观过错,就存在很大的争议。强调新技术发展自由的意见认为,只要该产品或服务具有实质性的非侵权用途,提供该产品或服务就不构成间接侵权,而不论提供者的主观过错。而强调有效的版权保护的意见则认为,即便产品或服务具有实质性的非侵权用途,如果提供者明知或应知用户用于侵权目的,依然提供该产品或服务,则依然会构成间接侵权。在中国法上,立法者并没有作出明确的选择。

美国最高法院在下面的 Sony 案中,对上述问题进行了探讨。它借用专利法上间接侵权的原则②,认为可以被用户用来侵权的产品如果本身具有实质性的非侵权用途(比如本案中的时间转换(Time-shifing)),则该产品的销售者不承担间接侵权责任。

---

① 最高人民法院中国应用法学研究所编:《人民法院案例选(2004 年商事、知识产权专辑)》,人民法院出版社 2005 年版,第 552—557 页。

② 35 U.S.C. §271(c)(1984) 本条规定销售具有实质性非侵权用途的普通部件(Staple Article)或商品不构成间接侵权。

Sony Corporation of America v. Universal City Studios, Inc.

464 U. S. 417(1984)

Stevens 法官：

请求人 Sony 公司制造和销售家庭录像机(home video tape recorders)。被请求人对一些电视台播放的电视节目拥有著作权。公众中有些人利用请求人出售的录像机录制电视台播放的节目。本案的问题是，向公众出售此类复制设备，是否侵害了被请求人依据版权法所享有的权利。

本案一审始于 1976 年。区法院判决请求人胜诉。第九巡回上诉法院推翻一审判决，认定请求人帮助侵权，并责令区法院给予适当的救济措施。本院这里又推翻上诉法院的判决。

［法院确认，Sony 公司没有参与任何用户的使用行为，也没有诱导用户以侵权方式使用该录像机。］

最接近的类比来源于专利法。由于专利法和版权历史上的亲缘关系，在版权案件中参考专利法案例是合适的。

在专利法上，侵权和帮助侵权的概念都有明确的定义。帮助侵权仅仅限于故意出售专门用于实施特定专利的产品部件。专利法并没有指出，特定专利的专利权人可以因为一项产品可以用于实施其他专利（非前述特定专利）而反对出售该产品。而且，该法明确指出，出售可以用于实质性非侵权用途的通用产品不是帮助侵权(contributory infringement)。35 U. S. C. § 271(c)。

当一项帮助侵权指控完全基于销售一种商品后购买者用它侵害专利权这一事实时，公众获取该商品的公共利益就不可避免地受到影响。认定帮助侵权成立，当然不会导致该商品彻底退出市场。不过，这将该商品的有效控制权交给了专利权人。的确，认定帮助侵权通常与认定诉争产品落入专利权人的垄断权范围具有同等的功能。

正因为如此，在专利法下的帮助侵权案件中，法院总强调"不能许可专利权人将垄断权延伸到授权范围之外"的重要性。这些案例拒绝承认专利权人对非专利产品的销售享有任何控制权，除非该产品没有任何商业上的非侵权用途。除非一项商品除了用于实施专利方法没有其他用途，否则专利权人无权宣称销售该产品的行为构成帮助侵权。要构成帮助侵权，该产品必须几乎只能用于组成专利发明的一部分。如果一项产品既可以用于侵权目的，又可以用于非侵权目的，则销售这一产品的行为本身，并不足以使得销售者成为帮助侵权者。否则，帮助侵权规则会阻碍商业的发展。

我们认识到，专利法和版权法之间有实质性的差别。但是，在这两个领域，帮助侵权学说都植根于这样的认识：为了有效保护一项垄断权，法院需要在"实际复制一项装置或出版物"的范围之外，关注那些使得此类复制成为可能的产品或活动。通用商品学说(The staple article of commerce doctrine)必须在版权人的有效而不是象征性的法律保护和他人在不相关的商业领域的经营自由之间维持一种平衡。因此，如果复制设备被广泛用于合法的无可非议的目的，则销售该复制设备与销售其他商品一样，并不构成帮助侵权。的确，它只要能够有实质性非侵权用途（substantial noninfringing uses）。

IV

因此，这里的问题是 Betamax 录像机是否能够有商业上重要的非侵权用途。为了回答这一问题，我们不需要逐一考虑该设备的所有的不同用途是否侵权。相反，我们只需基于区法院发现的事实，考虑是否有重要数量（a significant number of）的用途是非侵权的。而且，我们也不需要准确回答一项用途达到什么程度（how much use）就具有商业上的重要性。Betamax 的一项潜在的用途（time-shifting，时间转换）就满足这一标准，尽管这一用途被认为是私人的、非商业的。之所以如此，是因为（A）被申请人无权阻止其他版权人授权以"时间转换"方式使用其节目；（B）区法院查证的事实表明即便是未经授权的家庭内的"时间转化"性使用也是合法的合理使用。

思考问题：

（1）Sony 案判决后引发广泛的争议，至今也未平复。在 P2P 等网络技术迅速发展导致侵权泛滥后，学术界对这一判决的反思又一次达到高峰。在后文的 Grokster 案中，美国最高法院对 Sony 案重新做了解释。请对比美国最高法院的意见，看看前后有什么不同。必要时，可以参考后文"网络间接侵权"一章的 In re Aimster 案。

（2）对于 Sony 案，美国有学者认为《专利法》第 271(c)条并不应该类推应用于版权侵权案件，而是应该参照《专利法》第 271(b)的规定："任何人积极引诱他人侵犯专利权应该承担侵权责任"。①这样，认定间接侵权的考虑因素就不是该产品是否有实质性的非侵权用途，而是看提供者明知直接侵权的存在以及是否响应该活动（concert of action）。② 也就是说，即使销售者提供的是通用的产品，但是如果其明知该产品将被用于直接侵权，依然有可能要承担间接侵权责任。按照这一标准，Sony 案的结论会有变化吗？

（3）帮助侵权理论关注的是被告是否对直接侵权行为人提供帮助。为什么法院推理的焦点却是诉争的产品或服务是否有实质性的非侵权用途？

有学者举例对所谓实质性非侵权用途抗辩的质疑：想象一种产品创作出价值 1000 万美元的非侵权用途，只产生 100 美元的侵权损害。这是一种非常好的产品。但是，如果我们再花 5 美元对其设计进行修改，就可以保证不损害其价值而消除侵权损害，则我们应该这么去做。③从一般侵权法的角度看，这一例子非常清楚地揭示了实质性非侵权抗辩的巨大缺陷。它使得产品或服务的提供者失去改进其产品或服务以降低侵权风险的积极性，即便这么做对社会是有益的。

---

① Paul Goldstein, Copyright, 2nd Ed. Aspen Law & Business, 1999, at §6.1.2, 6:13.
② Ibid., at §6.1.2, 6:14.
③ Randal C. Picker, Rewinding Sony: The Evolving Product, Phoning Home and the Duty of Ongoing Design, 55 Case W. Res. L. Rev. 749, 766 (2005).

本书认为,更为合理的做法应该是对诉争的产品或服务进行"风险—效用"分析,以判断该产品或服务是否是存在缺陷。如果采取合理措施就能有消除或降低侵权风险,而被控侵权者没有这么去做,则该产品或服务存在缺陷,被控侵权者应承担侵权责任。具体到 Sony 案,关键不是该录像设备是否有实质性非侵权用途,而是要看是否存在合理的消除侵权风险的替代设计。比如,可不可以通过替代设计保证用户只能复制经过授权的节目?有学者指出,在当时的技术条件下,并没有替代设计能够保证大众的合理使用不受实质损害的情况下消除侵权风险。因此,Sony 不应承担帮助侵权责任。美国最高法院的结论是正确的,但是推理有问题。①

在面对各类新型的复制设备时,各国的决策者选择了不同的应对策略。有时候,同一国家在不同时期也会作出不同的选择。比如,在德国,立法者在应对复印机、录音机之类的复制设备的挑战时,选择了著作权补偿金制度——通过著作权集体管理组织对复制设备征收版权使用费。② 而美国在录像机问题上,如 Sony 案所述,在合理使用的名义下许可消费者利用它录制版权节目。在录音设备上,美国采取了类似德国的立场,要求设备的制造者或进口者支付版权许可费用。③

有学者研究了澳大利亚和加拿大的法院在图书馆提供复印服务这一问题的不同立场,有如下观察:

> 在澳大利亚发生的"Moorhouse 诉新南威尔士大学案"中,版权人指称新南威尔士大学明知放置在图书馆的"自助复印机"有可能被用于版权侵权,却没有在复印机上张贴正确的版权警告,是"默许"读者侵权。新南威尔士最高法院判决版权人胜诉,认为向他人提供复印机等"可用于侵权的工具"的人,如果知道或有理由怀疑该工具有可能被用于实施侵权行为,却没有采取合理的措施加以预防,即构成对侵权行为的"许可"。而同样面对图书馆提供"自助复印机"是否构成"间接侵权"的问题,加拿大最高法院则作出了完全相反的判决,理由是"仅仅许可他人使用一种可以被用于版权侵权的设备本身并不等于许可他人进行版权侵权,法院应当假定许可者仅仅是在合乎法律的范围内进行许可的。④

华中科技大学出版社 v. 南方日报中外文化传播中心等

广州市中院(2003)穗中法民三初字第 246 号

1999 年 8 月,被告徐继东叫被告传播中心的工作人员刘某找非法刻章人伪造了 1 枚"南方日报中外文化传播中心"印章,并于同年 8 月 11 日用该章与被告印刷厂签订

---

① Peter S. Menell & David Nimmer, Legal Realism in Action: Indirect Copyright Liability's Continuing Tort Framework and Sony's De Facto Demise, 55 UCLA L. Rev. 143,155—156(2007).
② 〔德〕德利娅·利普希克:《著作权与邻接权》,联合国教科文组织译,中国对外翻译出版公司 2000 年版,第 363—364 页。
③ 17 U.S.C. §1003. 这是依据 the Audio Home Recording Act of 1992 添加到美国版权法上的条款。
④ 王迁:《论版权"间接侵权"及其规则的法定化》,载《法学》2005 年第 12 期,第 69 页。

《承印合同》，并从 1999 年 8 月至 2000 年 3 月共盗印了华中理工大学出版社享有专有出版权的《初中文言文评点译释》和《高中文言文评点译释》69770 册，定价总计人民币 798116 元（印刷费共约 16 万元）。被告徐继东以被告传播中心的名义将盗版的《初中文言文评点译释》和《高中文言文评点译释》销售给四川省新华书店发行有限责任公司 54879 册（其余的 14891 册在广州市等地销售，事发后已由广告公司销毁大部分书籍）。被告传播中心就上述书籍的销售支付了相关的运费和租仓费。2000 年 2 月 22 日，四川省新华书店发行有限责任公司依据被告传播中心出具的收款委托书，电汇 131287.60 元给被告印刷厂，与其印刷费相冲抵……

另查明，广东省新闻出版局于 2000 年 8 月 31 日对被告印刷厂发出编号为粤新出发行（2000）74 号的《关于对广东省教育厅教育印刷非法盗印出版物的处罚决定》，该决定认定被告印刷厂从 1999 年 8 月至 10 月和今年 3 月，在没有出版社印制委托书和没有办理跨省印刷准印手续的情况下，先后擅自承接南方日报中外文化传播中心委托的《文言文评点译释》一书印刷任务。经证实，该书是盗版、盗印华中理工大学出版社的非法出版物……上述行为，违反了国务院颁布的《印刷业管理条例》第 22、24、26 条的规定，已构成非法承印和盗用他人名义印制出版物的行为……决定作出如下处罚：二、没收印刷非法出版物的违法所得 10000 元。

……

本院认为……被告传播中心未经原告许可，擅自委托被告印刷厂复制原告享有专有出版权发行权的上述图书，并将上述图书在市场上进行发行，两被告的上述行为已构成共同侵权。被告广告传播公司是被告传播中心的实际承包经营者，应对被告传播中心的上述侵权行为共同承担责任。被告印刷厂抗辩称其收取了 131287.60 元印刷费后并未获利，在广东省新闻出版局发出的《处罚决定》中认定的违法所得 10000 元，是指在收足 16 万元印刷费后的利润，并非被告已实际获得的利润。因原告对此不予确认，被告亦无其他证据相印证，故本院认为该被告的上述抗辩证据不足，不予采信。因原、被告双方均无充分证据证明被告印刷厂的侵权获利的具体金额，本院参考上述《处罚决定》中所认定的金额认定被告印刷厂的侵权获利为 10000 元。本院考虑到被告印刷厂的侵权获利较少，且在侵权行为中处于较轻的地位，故确定其承担比被告传播中心、广告公司较轻的赔偿责任。

（黄雪梅、刘冬梅、龚麒天法官）

思考问题：

在上述案例中，法院引述了广东省新闻出版局的处罚决定，证明印刷存在过错。这应该是印刷厂承担共同侵权责任的原因所在。印刷厂究竟有什么过错？印刷厂所提供的印刷服务，相比运输或仓储，是更实质性的帮助吗？印刷厂在什么情况下应该承担直接侵权责任（侵害复制权）？

3.2 提供侵权场所

为直接侵权人提供侵权场所，是另外一类常见的被控间接侵权的情形。这里所说的侵权场所,是指侵权活动所直接发生的场所,比如印刷车间、非法复制品存储仓库、侵权产品销售场地等。侵权人与侵权活动无关的居住场所并不包括在内。有学者指出,加拿大和澳大利亚在认定公共娱乐场所或剧院经营者的帮助侵权时,均加入了一般侵权法并不要求的前提,即"以营利为目的"。① 在中国,并没有类似要求。

提供侵权场所与提供侵权工具在间接侵权的逻辑上是一致的,同样要强调提供者主观上存在过错。如果提供者并不明知也不应知直接侵权行为的发生,就不应承担间接责任。否则,会不合理地增加正常商业的交易成本。

教育部考试中心 v. 北京市施园印刷厂

北京市高院(2007)高民终字第 30 号

2000 年 4 月,外语教学与研究出版社出版《综合英语(二)下册》第 1 版……教育部考试中心拥有该书的著作权。

2003 年 2 月 22 日,施园印刷厂与案外人武树政签订协议书,为武树政进行印刷提供场地和印刷行业的相关证件及条件。后,武树政将印刷厂地转租给倪鹏飞进行印刷,营业执照及相关许可证仍由施园印刷厂提供,并约定每年由倪鹏飞交付施园印刷厂租金 4 万元。

2004 年 3 月至 4 月间,案外人王伟雇人排版制作用于印刷盗版书籍的硫酸纸版。后经王伟联系,倪鹏飞在施园印刷厂印刷盗版书籍 20 000 册,并交与王伟销售;2004 年 5 月 27 日,王伟等被公安机关抓获归案。

2004 年 5 月 28 日,根据教育部考试中心的举报线索,海文委、海淀分局中关村大街派出所与教育部考试中心进行联合检查,从王伟的存书地点查缴大批涉嫌盗版的出版物……海文委制作的第 000905 号《行政强制措施决定书》确定查缴的《综合英语(下)》为 760 册,总金额为 20 444 元。教育部考试中心主张……《综合英语(下)》实为其主张权利的涉案自考教材《综合英语(二)下册》……

2004 年 9 月 9 日倪鹏飞在海淀分局预审大队的讯问笔录中供认,其由与施园印刷厂签有租赁协议的武树政处转租了施园印刷厂的车间印刷盗版书,与施园印刷厂没有书面协议,但是营业执照和许可证都是施园印刷厂提供的,并且要向施园印刷厂每年缴纳租金 4 万元。2004 年 9 月 10 日,海淀分局预审大队在施园印刷厂办公室对施园印刷厂厂长马玉民进行询问,马玉民对上述事实予以认可。

海淀区人民法院于 2005 年 9 月 29 日作出(2005)海法刑初字第 1460 号刑事判决,判决王伟、倪鹏飞等人犯侵犯著作权罪。

[北京市第二中级人民法院认为施园印刷厂与倪鹏飞存在事实上的承租合同关系;施园印刷厂为无印刷资质的倪鹏飞从事印刷提供营业执照、许可证及其他条件,该行为本身即属违法,对倪鹏飞的涉案侵权行为理应承担连带侵权责任。]

---

① 王迁:《论版权"间接侵权"及其规则的法定化》,载《法学》2005 年第 12 期,第 74 页。

本院认为，本案争议的焦点在……施园印刷厂对倪鹏飞的行为是否应当承担连带责任。

任何单位和个人从事印刷经营活动均应根据我国相关法律规定取得印刷经营许可证后方能进行。施园印刷厂与武树政签订承租合同，租赁施园印刷厂的车间，并向武树政提供施园印刷厂的营业执照和许可证从事印刷经营活动，但是由于施园印刷厂对武树政的行为缺乏管理，致使武树政将施园印刷厂的场地转租给倪鹏飞从事盗印包括涉案图书在内的侵犯著作权的违法犯罪活动。施园印刷厂向涉案人员出租车间并收取租金、为他人提供营业执照和印刷许可证的行为，使倪鹏飞利用施园印刷厂的场地、设备非法复制涉案图书，主观上存在过错，应当与倪鹏飞承担连带责任。原审判决根据涉案侵权行为的具体情节、施园印刷厂与倪鹏飞的主观过错程度等因素确定的赔偿数额亦无不当。

（刘辉、岑宏宇、张冬梅法官）

思考问题：

在上述案例中，印刷场地（实际还包括印刷设备）的提供者，可能违反了印刷行业的法律，但是否具有著作权法意义上的过错？为什么？

在下面的案例中，被告为销售盗版书籍的书店提供营业场所。法院认为，被告无须承担著作权侵权责任。

张抗抗 v. 北京东方广场有限公司

北京市高院（2003）高民终字第 103 号

经审理查明：张抗抗为小说《作女》一书的作者，2002 年 5 月 20 日，该书由华艺出版社出版发行。

2002 年 9 月 6 日，案外人李剑在东方广场东方新天地 BB86 号中图公司市场销售部特卖场购买了张抗抗指控为盗版的图书《作女》两本，取得中图公司连锁店出具的购书小票一张，该购书小票上盖有东方广场公司"RECEIVED 收讫"印章，并标明两本图书的售价为 28.5 元。上述事实由北京市公证处进行了现场公证。

2002 年 8 月 6 日，东方广场公司与中图公司签订了《北京"东方广场"场地租用协议》，协议约定：东方广场公司同意将位于东方广场新天地商场地铁层的 BB86 号场地交付中图公司作销售国内、进口图书及音像制品之用；租期为 40 天，自 2002 年 8 月 7 日至 2002 年 9 月 15 日止；场地租金费采取扣率租金方式，按中图公司在租用场地的销售总额的 10%计取，由东方广场公司在中图公司销售款中扣除。

图书特卖会所售图书的购书小票均加盖有东方广场公司的收银章。

证人宋宏光的证言证明，在租用东方广场新天地 BB86 号场地期间，中图公司举办了进出口图书特卖会，在特卖场门口有中图公司的招牌。当时，中图公司招租了北京紫香苑书刊经营部等三家国内版书商参加了该图书特卖会。北京紫香苑书刊经营部个体经营户庞秋月出具的书面说明材料、图书批发单及庞秋阳出具的证言，证明北京紫香苑书刊经营部在特卖会期间销售了被控盗版图书《作女》，被控盗版图书《作女》的正式购书发票应由北京紫香苑书刊经营部出具。

* * *

北京市第二中级人民法院认为……根据本案查明的事实，并不能认定东方广场公司是被控盗版图书的销售者。因为，首先，东方广场公司是以出租、物业管理等为其经营主业，其不具有批发、零售商品的经营范围，对于一般消费者来说，其也不具有公示意义上的销售者的身份。其次，被控盗版图书的销售行为发生于中图公司举办的图书特卖会，直接销售行为人为北京紫香苑书刊经营部，东方广场公司作为中图公司举办图书特卖会场地的出租者，按照场地租用协议约定从中图公司的销售额中扣除10%作为租金，特卖会购书小票加盖东方广场公司收银章目的是为了实际计算特卖会的销售额，该特卖会的正式购书发票系由直接销售行为人出具，而非东方广场公司出具。再则，东方广场公司对该场地租用者所销售的商品是否含有侵权内容，除法律规定及合同约定之外，不具有进行审查的权利义务。因此，不能认定东方广场公司实施了销售被控盗版图书的行为，亦不能认定其应当承担被控盗版图书销售者的法律责任。

* * *

本院认为，本案的焦点是东方广场公司是否参与了被控盗版图书的销售，是否应承担著作权侵权责任。

虽然从一般意义上讲，购书小票可以作为买卖关系成立的凭证，在购书小票上盖章的单位应视为销售者，但本案查明的东方广场公司与中图公司存在着场地租赁关系、涉案图书系在挂有醒目招牌的中图公司图书销售特卖场购得、购书小票系由中图公司连锁店出具、正式购书发票应由直接销售者北京紫香苑书刊经营部出具等一系列事实充分表明，涉案图书的销售者是显而易见的，东方广场公司仅仅在购书小票上加盖"收讫"印章的行为不能使之成为涉案图书的销售者；而且东方广场公司在购书小票上盖章仅仅是为了依据租赁协议计算中图公司特卖会的销售额以收取场地租金，其出租场地、在他人购书小票上盖章的行为亦不构成参与图书销售的行为。张抗抗关于东方广场公司是涉案图书的销售者的主张不能成立。

东方广场公司与中图公司仅具有场地租赁关系，东方广场公司作为场地出租方没有权利和义务审查场地承租方在所承租场地销售图书的著作权问题，在本案中，东方广场公司不应承担著作权法意义上的侵权责任。（陈锦川、张冬梅、何马根法官）

思考问题：

在上述案件中，一审法院认为"东方广场公司对该场地租用者所销售的商品是否含有侵权内容，除法律规定及合同约定之外，不具有进行审查的权利义务"。这一说法有道理吗？在什么情况下，东方广场公司可能要为书店的出售盗版书籍的行为承担责任？

3.3 购买侵权复制件

制作和出售侵权复制件侵害著作权人的复制权和发行权，但是，作为直接侵权人的交易对象,侵权复制件的购买者,却并不直接侵害著作权。为了追究侵权复制件购买者的责任,可能可以从共同侵权或间接侵权的角度切入:销售复制件属于直接侵权,购买者的出现使得销售行为得以完成。因此,购买者实际上是销售行为的帮助者,构成帮助侵权。按照间接侵权的思路,购买者必须明知或者应知直接侵权存在,即明知或应知他购买的复制件系非法复制件。不过,这一思路并未受到司法实践的检验,不是十分可靠。

相反的意见可能认为,销售复制件直接侵害发行权。即便没人购买,也已经构成发行权侵权"既遂"。换言之,无须卖方介入,销售者就可以完成侵犯发行权的直接侵权行为。因此,买方的行为不构成帮助侵权。其中的道理大约和网络用户浏览侵权网页一般不被视为帮助网站侵害信息网络传播权一样。不过,发行行为的完成,应伴随着物理复制件所有权的移转。这与信息网络传播权有显著的不同。不能将面向公众的"许诺销售"行为等同于销售行为本身。因此,公众在发行过程中作为买方,还是有可能被视为发行人的帮助者。

南京现代雕塑中心 v. 南京时代雕塑艺术有限公司等

江苏省南京市中院(2003)宁民三初字第 30 号

1999 年 5 月 1 日原告南京现代雕塑中心,在《中国花卉报》上刊登了一组雕塑作品的电脑效果图,其中有名称为"希望之光"(编号 M5)的雕塑作品。

2001 年 7 月 29 日被告南京时代雕塑公司与昆山市周庄建设管理所签订了一份《雕塑购销协议》,协议涉及有编号 F-074 的不锈钢雕塑,购销价格为 6 万元,现该合同已实际履行完毕,雕塑被安装在昆山高科技产业园内。被告南京时代雕塑公司称之为"科技之光"。[法院认定,被告南京时代雕塑公司制作的"科技之光"雕塑作品,侵犯了原告"希望之光"雕塑电脑效果图的著作权。]

被告昆山高科技产业园管委会是否应与被告南京时代雕塑公司共同承担侵权赔偿责任。本院认为,原告要求被告昆山高科技产业园管委会,对被告南京时代雕塑公司的侵权行为共同承担赔偿责任的诉讼请求,实质是认为被告昆山高科技产业园应对其购买涉案雕塑作品的行为,承担民事赔偿责任。对原告的此项诉讼请求,本院不予支持。因为根据本案查明的事实,被告昆山高科技产业园管委会只实施了购买侵权产品的行为,原告并没有证据表明昆山高科技产业园管委会明知涉案雕塑是侵权产品而故意购买。虽然公民和法人都有义务制止侵权、打击盗版,但这并不能排除消费者在不知情的情况下购买侵权产品的可能,作为消费者并没有义务在购物时须查明所购商品是否为侵权商品。如果给昆山高科技产业园管委会附加此项审查义务,则明显过重和不合理。本案中原告与被告南京时代雕塑公司都是制作和销售雕塑作品的企业,被告昆山高科技产业园管委会作为消费者,有权在购买雕塑作品时进行自由选择。因此,被告昆山高科技产业园管委会不应该对被告南京时代雕塑公司的侵权行为承担连带赔偿和公开赔礼道歉的侵权责任。

(刘红兵、程堂发、卢山法官)

思考问题：

如果本案被告明知雕塑作品为侵权作品，依然决定购买，他应当承担责任吗？这与被告主动定制侵权作品复制件的行为，有差别吗？

侵权复制件的购买者中有相当多数是普通的终端消费者。追究这些终端消费者的责任，过去在中国引发激烈的争论。当初争论的焦点是终端消费者持有盗版软件的行为是否也能够承担版权侵权责任。终端用户的行为实际上分成数个阶段，分别是购买、持有、安装和使用软件。用户只要安装和使用软件，就会产生临时或永久的复制件。这一行为是否侵权，属于直接侵权或侵权抗辩（合理使用）环节要考虑的问题。具体讨论参见前文"权利限制"一章，这里从略。这里只关注侵权复制件的购买和持有行为。

《计算机软件保护条例》(2013)第30条：

> 软件的复制品持有人不知道也没有合理理由应当知道该软件是侵权复制品的，不承担赔偿责任；但是，应当停止使用、销毁该侵权复制品。如果停止使用并销毁该侵权复制品将给复制品使用人造成重大损失的，复制品使用人可以在向软件著作权人支付合理费用后继续使用。

最高人民法院《关于审理著作权民事纠纷案件具体适用法律若干问题的解释》(2002)第21条："计算机软件用户未经许可或者超过许可范围商业使用计算机软件的，依据著作权法第四十七条第（一）项、《计算机软件保护条例》第二十四条第（一）项的规定承担民事责任。"

《计算机软件保护条例》的制定者没有明确软件持有人究竟是因为直接侵权还是间接侵权而要承担责任，也没有涉及"购买"行为。最高人民法院的司法解释实际上关注的是"商业使用"，而非"购买"和"持有"。国内有学者认为："持有软件侵权复制品并没有直接侵犯任何一项版权人的专有权利，因此从逻辑上看，这种侵权行为只能被归于'间接侵权'。"①但是，该学者没有具体解释这一间接侵权所对应的直接侵权是什么。购买和持有盗版软件，与持有前述案例中的侵权雕塑不同，既是过去的直接侵权的终点（他人发行），又是新的直接侵权的起点（他人的复制）。因此，逻辑上用户可能因为这两项直接侵权而被认定间接侵权。

当然，这里只是指出，追究软件终端用户的间接侵权责任不存在法律逻辑上的障碍。在实践中，是否应该追究用户的间接侵权责任，同样涉及重大的产业政策，需要慎重对待。这在"权利限制"一章"软件终端用户复制"一节已经有了充分的讨论，这里不再赘述。

3.4 组织演出

未经许可演出他人的作品，侵害著作权人的表演权，并无疑义。但是，究竟是演

---

① 王迁：《论版权"间接侵权"及其规则的法定化》，载《法学》2005年第12期，第66页。

员、演出单位还是演出组织者属于直接侵权者,在中国法上似乎没有明确的答案。《著作权法》(2010)第37条第1款规定:"使用他人作品演出,表演者(演员、演出单位)应当取得著作权人许可,并支付报酬。演出组织者组织演出,由该组织者取得著作权人许可,并支付报酬。"从这一规定看,未经授权演出侵权时,如果演出有组织者,则演出组织者似乎是侵权人;如果没有演出组织者,则演员或演出单位是侵权人。当演员受雇于演出单位时,演员的表演属于职务行为,侵权后果由演出单位承担。

将演出的组织者视为直接侵权人,比较有利于保障著作权人的利益。因为演出的组织者通常是相对有经济实力的机构,直接从演出中获益,不能轻易逃避侵权责任。从公众的角度看,演出的组织者更像是"内容提供者",而演员或演出单位只是组织者手中的"工具"。在众多演员或演出单位受组织共同演出时,这一感觉就更加的明显。

当然,将演出的组织者视为直接侵权人,并非完全没有问题。在有些情况下,演员和演出单位可能有独立意志,可以自由决定表演的作品内容,并直接从表演活动中获益。而演出的组织者或举办单位,可能只是基于合同关系,为演员或演出单位的演出提供场地、设备和必要组织协助。在这种情况下,组织者按照间接侵权的规则来承担责任似乎顺理成章。将演员和演出单位视为间接侵权者,或者不将他们视为侵权者,多少有悖间接侵权与直接侵权二分的标准。

中国音乐著作权协会 v. 上海市演出公司

上海市二中院(1996)沪二中民初(知)字第58号

1994年11月10日,威方(上海)公司(甲方)与广告公司(乙方)签订了《张学友国内(上海)演唱会协议书》,双方约定:甲方提供艺人张学友作为上海演唱会之唯一表演者,协助乙方申请所有和演唱会有关之批文及签证,甲方负责该演唱会之整个制作包括舞台、灯光及音响;等等。乙方同意在表演期间于上海体育馆主办五场演唱会……该演唱会除去一切必要开支及税款外,将所获利润按甲方五成、乙方五成比例分成;如演唱会亏损,则由甲方负责……

1994年11月20日的《文汇报》和29日的《新民晚报》分别刊登了'94张学友上海演唱会的广告,载明:主办单位上海市演出公司、上海市对外文化交流公司、威方置业有限公司,承办单位上海演出广告公司,于1994年12月17日、18日、19日、20日、22日晚在上海体育馆分别举行五场上述演唱会。

1994年12月15日,浩岛集团(甲方)与广告公司(乙方)签订《补充协议书》一份,甲、乙双方为使'94张学友上海演唱会圆满成功,经协商就音乐版权所涉及的问题达成补充协议:甲方保证本演唱会演出所使用之音乐作品的著作权,已得到相关著作权所有人的许可,且有关音乐作品的著作权使用费均由甲方与艺宝公司交涉,如有任何问题,与乙方无涉……

1994年12月17日至22日上述五场演唱会如期举行……因原告获悉演出公司、交流公司等被告举办上述演唱会后,就有关著作权使用费事宜,向上述被告交涉未果,遂向本院提起诉讼。

[本院认为:]

演出组织者采用组织演出的方式,通过表演者使用已发表的作品进行的表演,从事营业性演出活动,直接获取演出活动的门票收入,为营业性演出的直接受益者,应当向著作权人或音乐著作权协会支付著作权使用费,这是演出组织者应尽的法定义务。

本案被告演出公司、交流公司、浩岛集团、威方(上海)公司和广告公司系'94张学友上海演唱会的演出组织者,演出公司、交流公司从事举办演唱会批文、许可证,领衔主办演唱会等工作;被告浩岛集团联系演唱会表演者,落实演唱会有关事宜等;威方(上海)公司提供演唱会表演者,负责演唱会的舞台、灯光及音响制作,参与经管演唱会演出收入,以及从事演出安排等职能工作;被告广告公司参与经管演唱会演出收入,以及从事演出安排等职能工作,上述被告从事演唱会组织活动,为营业性演出活动的权利义务主体,负有共同向著作权人支付报酬的法定义务,但未履行义务,是对著作权人获得报酬权的侵害,应当承担连带民事责任。依照有关规定,演出组织者应按每场演出门票收入的7%,向著作权人支付使用其音乐作品的报酬。原告中国音乐著作权协会代表音乐著作权人行使权利,故上述被告应共同向原告支付报酬。原告对上述被告的诉讼请求,具有事实根据,且符合我国法律的有关规定,本院应予支持。

被告威方置业虽在演出广告中被载明为系争演唱会的主办单位,但未实际参与演唱会组织活动,其不是演唱会的权利义务主体,故不应承担相应民事责任。原告对该被告的诉讼请求,仅凭有关广告认定其为演出组织者,证据不够确凿、充分,本院不予采信。

被告演出公司、交流公司辩称,虽申请办理了上述演唱会批文等手续,但未参与门票销售及从中获益,两公司从事的是只尽义务不享受权益的公益性行为。本院认为,两被告实际办理的是举办营业性演出的有关手续,并领衔主办演唱会,从而使整个演唱会得以进行,并获取门票收入。两被告虽未主张权利和获取收益,只表明两被告自己放弃该权益,这与著作权人无关,此举不可对抗被使用音乐作品的著作权人这一善意第三人,也不能就此免除两被告向有关著作权人支付报酬的义务。为此,两被告的上述辩称,本院不予支持。同理,虽未有证据证明浩岛集团获取演唱会收益,但同样不能免除该集团承担支付著作权使用费的义务,因而其仍应承担相应的民事责任。

演出公司和交流公司辩称,演唱会的门票收入应扣除实际发生的额外赠票款,从而著作权使用费也应随之减少。鉴于门票收入与著作权使用费的计算直接相关,有关审计报告记载系争演唱会的门票收入已按惯例将通常赠票款数额扣除,就此如再将额外赠票费用抵扣门票部分收入,必然减少支付著作权使用费的数额,这显然是对著作权人不公。由于额外赠票系演出组织者自行处置的行为,该费用理应由其自行承担。为此,该被告的辩称本院难以支持。

被告威方(上海)公司辩称……应由表演者支付使用他人音乐作品的著作权使用费,且案外人已作承诺由其支付该费用,故不应由演出组织者承担付酬义务。鉴于演出活动中演出组织者的行为与被使用音乐作品的著作权人具有直接的利害关系,以及演出组织者是营业性演出的直接受益者的实际情况,并考虑国际通行的行业惯例,从权利义务平等的原则出发,演出组织者应当承担向著作权人支付著作权使用费的义务。此外,案外人并未支付上述使用费。案外人的承诺不能免除作为演出组织者之一的被告所应履行的义务,因而被告的上述辩称,本院亦难以采信和支持。

被告广告公司辩称,根据有关协议,相对方已承诺支付著作权使用费,因而本公司无付酬义务。本院认为作为演出组织者自身所负的义务在未取得著作权人同意的情况下,不能因与他人签订有关协议而可转移或免除,有关协议对抗著作权人之条款无效。因此,被告的该辩称,本院不予支持。(杨钧、谢晨、薛春荣法官)

说明:本案二审案号为上海高院(1998)沪高知终字第33号。二审过程中,原告中国音乐著作权协会与诸被告分别达成和解协议。《著作权法》(1991)第35条第2款规定:"表演者使用他人已发表的作品进行营业性演出,可以不经著作权人许可,但应当按照规定支付报酬;著作权人声明不许使用的不得使用。"2001年《著作权法》修改成现在的样子。

思考问题:

结合上述案例,考虑究竟应如何在演员、演出单位、演出组织者、演出场所提供者等诸多主体之间来分配演出侵权导致的法律责任?

3.5 提供书号

中国政府对出版行业进行管制,只有经过政府批准设立的出版机构才能够获得所谓的书号。新闻出版总署控制着全国书号的供给和分配。[①] 有管制,就有寻租。政府将原本无穷无尽的数字编号变成稀缺资源后,自然留下很大的寻租空间。不仅如此,现有的出版社也顺势成为这一管制制度的获益者——将真正的出版业务交给那些没有出版资格但是有能力从事出版业务的书商去做,自己只需提供书号和出版社的名义就坐收渔利了。这种合作出版的模式,最通俗的说法就是"买卖书号"。

在出版社提供书号和出版社名称的使用许可、出版物侵权的情况下,书商和出版社的责任分担没有明确的法律依据。理论上,版权侵权责任分担具有多种可能性:

其一,书商只是出版社外包出版业务的合作伙伴或外包对象,出版依然以出版社的名义进行。因此,版权直接侵权责任由出版社而不是书商承担。如果书商明知或应知侵权存在,而继续从事选题、编辑、校对等业务,并向出版社隐瞒真相,则书商有可能要承担帮助侵权责任。

其二,书商实际上从事出版发行业务,负责选题、编辑、校对、印刷等业务,出版社只是提供了必要的帮助(提供书号和出版社名义)。因此,书商应承担直接侵权责任,而出版社承担帮助侵权责任。

[①] 关于书号管制的系统讨论,可以参见何皓:《书号:作为出版宏观调控的手段》,载《出版科学》2009年第1期。参见http://www.cbkx.com/2009-1/1224.shtml,2012年1月21日访问。

其三，书商和出版社可能存在相同的过错，属于狭义的共同侵权。

李长福 v. 中国文史出版社

最高人民法院(2010)民提字第 117 号

[2001 年 4 月 13 日，李长福将其著作《邓小平理论辞典》的专有出版权授予文史出版社。合同约定，任何一方不得交由第三方使用。后来，李长福发现，文史出版社未经其许可，将正版图书 787×960 开本(以下简称 960 版)的未定稿交给书商姚智瑞，并卖书号给书商，由书商出版发行了 787×1092 开本(含电子版光盘，以下简称 1092 版)的侵权图书。于是，李长福起诉文史出版社未经许可擅自出版的 1092 版及其光盘侵犯其著作权。]

一审法院经审理认为……文史出版社根据合同取得了在中国大陆以图书形式出版发行《邓小平理论辞典》作品汉字简体字文本的专有使用权。文史出版社只要在约定的范围内出版、发行该书即是合法的，版本的决定权在文史出版社，因此其出版 1092 版并未超出合同约定范围……

[李长福不服一审判决，向北京市高级人民法院提起上诉。二审法院……维持原判。李长福向最高人民法院提出再审申请。]

本院认为，李长福作为涉案的《邓小平理论辞典》这一汇编作品的主编，其对该作品享有的著作权应受到法律的保护。按照文史出版社与李长福签订的图书出版合同的规定，文史出版社并无许可他人复制发行涉案作品的权利。《出版管理条例》第 22 条规定，出版单位不得向任何单位或者个人出售或者以其他形式转让本单位的名称、书号。1997 年 1 月新闻出版署《关于严格禁止买卖书号、刊号、版号等问题的若干规定》(新出图〔1997〕53 号)第 1 条规定："严禁出版单位买卖书号、刊号、版号。凡是以管理费、书号费、刊号费、版号费或其他名义收取费用，出让国家出版行政部门赋予的权力，给外单位或个人提供书号、刊号、版号和办理有关手续，放弃编辑、校对、印刷、复制、发行等任何一个环节的职责，使其以出版单位的名义牟利，均按买卖书号、刊号、版号查处。"第 2 条规定："严禁任何单位和个人以任何名义直接或间接地购买书号、刊号、版号，并参与出版、印刷、复制、发行等活动。凡购买书号、刊号、版号从事的出版活动均属非法出版活动，坚决予以取缔。"

根据查明的事实，可以认定 1092 版《邓小平理论辞典》是文史出版社以合作出版为名，向书商姚智瑞收取管理费，给书商办理有关手续，由书商自行排版、印刷、发行的。文史出版社放弃了编辑、校对、印刷、复制、发行等职责，致使书商以文史出版社的名义从事非法出版活动牟利，构成买卖书号行为。1092 版图书是书商姚智瑞从事非法出版活动出版的出版物，其复制发行的主体实质上已经不是文史出版社，而是书商姚智瑞。虽然文史出版社主张 1092 版图书为该社的合法出版物，并愿意对该版图书出现错误、未付酬等问题承担责任，但是因其主张与事实不符，本院不予采信。文史出版社未经许可将李长福的书稿交给书商复制发行的行为，构成侵权行为。

本案中李长福指控文史出版社侵权的1092版《邓小平理论辞典》版权页标有"含光盘1张"字样，所附光盘为赠品，光盘没有电子出版物书号，也没有单独定价发行，因此应该认定该光盘是被控侵权的1092版图书的组成部分，而李长福与文史出版社签订的出版合同明确约定出版电子版应该经过作者书面授权。据此，也应该认定1092版的出版发行侵犯了李长福的著作权。文史出版社提交的证据不能证明李长福授权其将《邓小平理论辞典》书稿许可他人复制发行，因此，应当认定文史出版社将960版未定稿交给书商复制发行1092版的行为，既是违反出版合同的违约行为，也是违反著作权法规定的侵权行为。李长福有权选择提起侵犯著作权的诉讼。

综上所述，文史出版社卖书号给书商出版侵权图书、将960版未定稿交给书商复制发行、出版电子版的行为，均侵犯了李长福对其作品的复制发行权。文史出版社应当依法承担停止侵权、赔偿损失的民事责任。原审判决认定1092版图书出版未超出合同约定、未侵犯李长福的著作权，认定事实和适用法律均有错误。李长福关于文史出版社侵犯其复制权、发行权的再审理由成立，本院予以支持。

（于晓白、夏君丽、殷少平法官）

思考问题：

（1）在上面的案例中，最高人民法院分析了书商侵权时出版社和书商各自所应承担的责任。法院认为，"复制发行的主体实质上已经不是文史出版社，而是书商姚智瑞"。这是指侵害复制或发行权的直接侵权人是书商，而不是出版社吗？

（2）法院同时又指出："文史出版社卖书号给书商出版侵权图书、将960版未定稿交给书商复制发行、出版电子版的行为，均侵犯了李长福对其作品的复制发行权。"究竟是什么原因要认定出版社侵犯了复制发行权呢？你觉得本案体现的是书商与出版社之间责任分配的一般原则，还是个案的特殊规则？

上述案例中，出版社除了提供书号和出版社名义外，还可能让书商相信其出版行为符合著作权人的授权，是合法的。而实际上，该出版行为已经超出著作权人的许可的范围。在这种情况下，出版社可能还单独构成所谓的引用或教唆侵权。进一步的讨论，参见下一节。

4 教唆或引诱侵权

教唆或引诱他人实施侵权行为，为共同侵权人，承担连带民事责任。如前所述，这一规则已经被最高人民法院的司法解释①、《侵权责任法》（2009）第9条②明确确认。不过，在司法实践中，单独以教唆或引诱著作权直接侵权的名义认定行为人承担民事

---

① 最高人民法院《关于贯彻执行〈民法通则〉若干问题的意见》（1988）第148条第1款："教唆、帮助他人实施侵权行为的人，为共同侵权人，应当承担连带民事责任。"最高人民法院《关于审理侵害信息网络传播权民事纠纷案件适用法律若干问题的规定》（2012）第7条。

② 《侵权责任法》（2009）第9条："教唆、帮助他人实施侵权行为的，应当与行为人承担连带责任"。

责任的案件比较罕见。因此,中国在这一领域的法律发展,还有待进一步的观察。中国更多的案子是行为人为直接侵权人提供实质性帮助的同时,也掺杂了教唆和引诱的因素。法院在判决中,通常不会刻意区分"帮助""教唆"行为。这在后文的网络服务商间接侵权案件中有充分的体现。

最为典型的引诱侵权的情形可能是行为人冒充著作权人或者超出自己的权利范围对外发放许可,导致第三方直接侵权。比如,在美国沃尔特·迪斯尼公司 v. 北京出版社案中①,麦克斯威尔公司明知自己不能转让著作权许可,依旧签署合同对外虚假授权,导致出版社直接侵权。本案中,麦克斯威尔公司可能构成引诱侵权。不过,由于该公司破产,法院没有追究它的责任。

中国有相当多的作者抄袭他人作品,导致出版社被诉侵权的案件。在某种意义上,这也是作者引诱出版社侵权导致的。不过,很少有案件是按照引诱侵权来处理此类案件。

5 美国版权法上的替代责任

在美国法上,替代责任虽然最初来源于雇主责任(respondeat superior)学说,要求雇主对其雇员或代理人的行为承担责任,但是,时至今日,它已经被大大拓展。在版权法领域,被告与直接侵权人并无雇佣关系,也可能要承担替代责任。

> "替代责任是美国版权法上与引诱侵权和帮助侵权并列的一种责任形式。当被告有权利和能力控制他人的直接侵权行为,同时与直接侵权行为有明显而直接的经济利益联系时,被告要为他人的直接侵权行为承担替代责任。这是一种比帮助侵权更严厉的严格责任,因为法院无须考虑经营者本身的过错。替代责任的正当性基础是所谓的风险分担理论:经营者的经营活动增加了他人的财产风险,让经营者而不是无辜受害者为该风险承担责任,能够促使经营者采取有效措施避免不必要的损失;同时,经营者也能有效地转嫁侵权成本,让它承担责任显得公平合理。显然,这一责任有分配正义与侵权预防效率上的双重考虑。"②

下面的 Shapiro 案和 Fonovisa 案是美国在替代责任方面的最具代表性的经典案例。而 Perfect 10 则属于新近的代表性案例。在 Shapiro 案中,法院实际上认为替代责任接近一种严格责任,因为它不关心行为人的过错。这一责任的合理性在于行为人从侵权行为中获益,同时又能够比版权人更有效地防范侵权。仔细阅读这些案例,思考一个宏观一点的问题:在中国法上有对应的制度吗?如果没有,有必要引入类似的制度吗?关于替代责任的法经济学分析,可以参考 Alan O. Sykes, *The Economics of Vicarious Liability*, 93 Yale L. J. 1231 (1984)。

---

① 北京市一中院(1994)中经知初字第 141 号;北京高院(1999)高知终第 23 号。
② 崔国斌:《网络服务商共同侵权责任之重塑》,载《法学研究》2013 年第 4 期,第 147—148 页。

5.1 传统的替代责任案例

Shapiro, Bernstein & Co., Inc. v. H. L. Green Company, Inc.

316 F.2d 304(1963)

Kaufman 法官：

原告是一些流行音乐曲谱和录音唱片的著作权人。Jalen 在被告 H. L. Green Co., Inc. 经营的 23 家商场中开设了唱片店。原告认为被告应该为 Jalen 制作和出售产品的行为承担责任，因为被告销售、帮助或积极参与销售该盗版唱片。区法院认定 Jalen 是盗版唱片的制作者，要求 Jalen 按照法定标准支付法定许可费和损害赔偿金。但是，区法院认为 Green 并没有出售任何唱片，不对 Jalen 的出售行为负责。原告提出上诉。

依据 Jalen 和 Green 之间的协议，Jalen 和他的雇员要遵守 Green 公司所制定的所有规章制度。Green 有权自行决定开除任何行为不端的雇员。对应地，Jalen 同意避免 Green 因其唱片业务而承担任何责任。协议约定，Green 从 Jalen 的唱片销售收入中收取 10% 或 12% 作为回报。

在日常经营中，Jalen 采购所有的唱片，Jalen 自己付钱。所有的销售行为都由 Jalen 所控制和监督的雇员完成。日常的销售款先由 Green 的财务代收，然后由该财务转出。通常，Green 会扣除 10% 或 12% 的报酬和 Jalen 雇员的工资。该工资由 Green 的财务交给 Jalen 的一个雇员，再由该雇员分发给其他雇员。雇员的社会福利和税收扣除款由 Green 从雇员的工资中扣除，然后交给 Jalen。顾客购买唱片后收到的收据上打印有"H. L. Green Company, Inc."。Jalen 的名字并没有在营业场所出现。区法院认定，Green 并没有积极参与唱片的销售，对出售盗版唱片的行为并不知情。

《版权法》第 101 条 e 款规定，未经授权制造、使用和销售唱片的行为非法。由于上述条文术语宽泛，法院不得不通过个案判断在何种商业关系下一个人需要为他人的侵权行为负责。有一点很清楚，普通的雇主责任(respondeat superior)规则适用于雇员在雇佣范围内的版权侵权行为。事实上，法院没有在严格的代理、独立合同、许可(license)和租赁协议之间明确划线。导致雇主责任学说适用的很多因素，在真正的雇员—雇主关系(technical employer-employee relationship)之外，也明显存在。当有权利也有能力监督利用版权材料的行为，同时从中获得明显且直接的经济利益(an obvious and direct financial interest)时，即便没有实际知道(actual knowledge)版权侵权，追究侵权活动的受益人的责任，可能是实现版权法的立法目的的最佳方式。

有两类先例与本案最为相关：其一是房东出租房屋、收取固定租金，而租户在出租屋内从事版权侵权活动的案例；其二是舞厅的所有人或管理者向乐队出场地或雇佣乐队，而乐队通过非法表演版权音乐为所有人带来观众和收益的案例。如果房东出租房屋时并不知道租户在从事侵权活动，没有对租户进行监督，收取固定的房租，没有从侵权活动中获得其他利益，也没有以其他方式对侵权作出贡献，则房东并不为租户的行为承担责任。

但是,判决舞厅所有人为乐队非法表演音乐的行为承担责任的案件很多。乐队的行为给舞厅的所有人带来顾客并提高舞厅收入。无论乐队的领队是舞厅的雇员还是独立签约者,也不论所有人是否知道表演的曲目或者是否对曲目的选择有控制,舞厅的所有人都要承担责任。

我们认为舞厅案例中所体现的原则是合理的,适用于本案。舞厅案例和本案更靠近"雇主—雇员"模式,离"房东—租户"模式更远。Green 将众多业务中的一项许可(license)给 Jalen 公司长达 13 年。Green 保留了对唱片店和它的雇员的最终监督权。Green 并从 Jalen 的销售收入中提取一定比例的报酬,因此它对于 Jalen 唱片店的成功有最为确定的经济利益。Jalen 所销售每一份合法或非法的唱片后,都有 10% 或 12% 的售价流向 Green 公司的金库。因此,我们认为,Green 和侵权者 Jalen 之间的关系,以及它对唱片店业绩的强烈关注,使得它要为侵权行为承担责任。

在缺乏侵权意图或侵权认知时,追究 Green 责任,并不奇怪。虽然版权侵权常被称作盗版(海盗的"盗"也),实际上只有很少侵权者实际上举着海盗旗。尽管不断有人抱怨版权侵权的严格责任过于严厉,法院总是拒绝接受缺乏侵权认知或侵权意图之类的抗辩。其中的道理已经被反复阐述:如果行为人避免探究(侵权活动)就可以避免损害赔偿责任,则艺术财产所受的保护就没有什么价值。无辜的侵权者之所以要承担责任,是因为他要么有机会防范侵权(通过合理探究),要么至少可以通过追偿条款和(或)保险来防范侵权。

基于同样的原因,在本案中追究替代责任,并不显得过于严厉或不公平。Green 有权仔细监控 Jalen 的行为。我们的判决将鼓励它这么做。Green 的负担与版权材料的出版者、印刷者和销售者所承担的责任并没有差别。的确,在本案中盗版唱片表面上看比较明显,与正版唱片不同,它们的标签上没有制造者的名称,也没有唱片封套。而且,原告的律师曾经写信给 Green,请求提供某些盗版唱片的信息。最终,并没有收到 Green 的回复。虽然这些事实对于认定 Green 侵权并不是不可或缺的,但是它们还是增强了下列结论的可靠性:在很多案件中,承担严格责任的一方处在能够监督直接侵权者的位置上。如果我们作出其他判决,我们将预见到这样的前景:大型商店会建立名义上的独立店,从侵权活动中获利,却避免承担版权责任。

即使持续的监控过于繁重,Green 还是有其他更为省力的方式防范其商场内店铺侵权所致的侵权责任。事实上,它正是这么做的——在许可协议中增加 Jalen 确保 Green 不受损害的条款。让 Green 而不是版权人承担 Jalen 破产的风险,更能实现版权法的目的。

思考问题:

(1) 为什么版权法没有将替代责任的逻辑应用到帮助侵权的制度设计上?这两种制度的内在逻辑是不是相互矛盾的?

(2) 假如 Green 根据以往 Jalen 的业绩,确定一个相对固定但与 Jalen 利润有关的租金标准,而不是根据销售额提取比例。这会影响法院认定 Green 案属于舞厅模式还是房东模式吗?

(3)法院认为,"无辜的侵权者之所以要承担责任,是因为他要么有机会防范侵权(通过合理探究),要么至少可以通过追偿条款和(或)保险来防范侵权。"问题是,这一逻辑可以套用到无数的间接侵权人身上,为什么法院实际上没有这么做?

Fonovisa, Inc. v. Cherry Auction, Inc.

76 F. 3d 259(1995)

Schroeder 法官:

背景

原告 Fonovisa, Inc. 拥有一些拉丁和西班牙音乐录音带的版权。被告 Cherry Auction, Inc. 经营一个集市(swap meet)。在集市上,顾客从单个摊贩那里购买各种各样的商品。摊贩按日向集市的经营者支付租金以换取摊位空间。Cherry Auction 提供停车、广告服务,并保留随时因任何原因赶走任何摊贩的权利。因此,Cherry Auction 可以因为专利或商标侵权而赶走摊贩。另外,Cherry Auction 对每一个赶集的顾客收取进场费。

有一点没有争议:Cherry Auction 和它的经营者知道集市中的摊贩在出售侵害 Fonovisa 商标和版权的盗版录音带。1991 年 Fresno 县的地方执法部门搜查了 Cherry Auction 的集市,查获 38,000 盒盗版录音带。第二年,在再次发现该集市出售盗版录音带后,执法部门给 Cherry Auction 写信,告知有侵权的材料在出售,提醒 Cherry Auction 曾经答应向执法部门提供每个摊贩的识别信息。另外,1993 年,Fonovisa 自己向该集市派驻一名调查员,观察盗版录音带的销售情况。

[Fonovisa 提起诉讼,指控 Cherry Auction 侵害著作权。]

替代版权侵权(Vicarious Copyright Infringement)

区法院认为,本案中 Fonovisa 并没有证明替代责任的"控制"或"经济利益"这两个要件中的任一要件。Cherry Auction 既没有监督摊贩的销售也没有从中获利。在区法院看来,在"控制"和"经济利益"方面,Cherry Auction 与完全放弃房屋控制权的房东(absentee landlord)角色相同。

我们认为区法院对房东(absentee landlord)的类比不符合本案的事实。本案中,摊贩占有集市中的小摊位,而集市由 Cherry Auction 控制和巡逻。Cherry Auction 有权以任何理由中止摊贩的经营,正因为如此,它有权并且有能力控制摊贩在集市里的活动。另外,Cherry Auction 推广其集市,控制了顾客所能接触的集市区域。在"控制"方面,Cherry Auction 的行为与 Shapiro 案和 Gershwin 案中的被控行为惊人相似。

在 Shapiro 案中,法院关注被告与直接侵权者之间的许可协议。协议要求唱片店遵守 Green 公司制定的各项规章,同时 Green 有赶走唱片店雇员的自由裁量权。实际上,Green 公司并没有积极地参与唱片的销售,唱片店自己控制和监督其雇员。但是,

Green 能够监督唱片店,就相当于 Cherry Auction 依据协议能够监督它的摊贩一样。这一监督能力足以满足"控制"要件。

在 Gershwin 案中,被告没有正式的合同权利去控制直接侵权者。但是,由于被告广泛参与了直接侵权人的组织和指导,包括为直接侵权人宣传推广(即吸引了观众),因此法院认定被告处在监督直接侵权者的位置上,符合了"控制"要件。作为集市的组织者和推广者,Cherry Auction 与 Gershwin 案被告一样,对直接侵权者具有同等的控制。

接下来,考虑"经济利益"要件。原告指控 Cherry Auction 从侵权销售中获得多项实质性的利益,具体包括:侵权摊贩支付的租金,每个顾客支付的进场费,寻找盗版录音带的顾客所支付的停车、餐饮等服务费用。

Cherry Auction 辩称,这些利益并不满足替代责任的"经济利益"要件,因为它要求行为人从特定侵权产品的销售中获得直接的佣金。Cherry Auction 要求我们将"经济利益"要件限制在 Shapiro 案的事实范围内。在该案中,Green 公司从直接侵权者的销售收入中收取 10% 或 12% 的佣金。Cherry Auction 强调每个摊贩支付很低的日租金,并排除它从集市中获得其他利益,请求我们认定该集市与单纯的房东实质相似。可是,Fonovisa 所宣称的事实表明,被告从门票、摊位销售、停车费中获得实质性的经济利益,而这些收益都直接来自那些想买盗版录音带的顾客所支付的价款。原告已经充分证明有直接的经济利益。

我们的结论得到舞厅类案件的支持。在这些案子中,当侵权表演增加了营业场所对于潜在顾客的吸引力时,经营者被追究替代责任。比如,在 Polygram 案中,展会的参展者利用侵权音乐吸引参会者,培养他们对自己产品的兴趣。法院认为,展会参展者从参会者对侵权音乐的注意中获得了重要的经济利益。在本案中,集市中盗版录音带的销售,就像在舞厅类案件中盗版音乐表演一样,是吸引顾客的因素。

帮助版权侵权(**Contributory Copyright Infringement**)

[法院认为,Cherry Auction 具备了帮助侵权的主观要件(知道直接侵权存在),并为直接侵权提供实质性帮助,因此帮助侵权成立。]

思考问题:

(1) 本案中被告除了出租摊位外,还出售门票、收取停车费、提供餐饮服务等,从而获益。这些真的是让被告更直接地从侵权活动中获益吗? 其实,即便被告仅仅收摊位租金一项,原告也可能说租金的高低和往来顾客的数量有直接关系,而这又直接与侵权活动有关联啊。在法律上区分收益的直接或间接,有意义吗?

(2) 被告再少做什么,就可以导致本案更接近房东模式?

5.2 网络安全港规则与替代责任

Perfect 10, Inc. v. Visa International Service Association

494 F. 3d 788(2007)

Smith 法官：

［案件事实参见本章第1.2节的同名案例。］

……

2. 替代版权侵权

（1）有权利和能力去监督侵权活动

在与本案接近的 Amazon.com 案中，法院指出，Google 并不为它的搜索引擎所帮助的第三方侵权活动承担替代责任。法院认定，Google 有能力控制自己的检索结果，并不使得 Google 有权控制第三方的侵权活动，即使 Google 在一定程度上有能力去影响这些侵权活动。更重要的是，在 Amazon.com 案中，Google 在广告政策中规定，如果广告对象侵害他人版权，Google 有权监督和终止合作关系。在这种情况下，法院依然拒绝让 Google 承担替代责任。法院认为，Google 有权终止合作关系，并不导致 Google 有权阻止第三方网站的直接侵权。侵权的第三方可以继续复制、展示和传播 Perfect 10 的图片，即便它与 Google 之间的广告合作关系终止。

这一推理同样适用于本案的被告。像 Google 一样，被告可以采取某些措施，在一定程度上减少互联网上的侵权活动。但是，Google 和被告都没有能力直接控制这些活动。仅仅具有收回经济"胡萝卜"的能力，并不使得被告获得替代责任所要求的"大棒"——控制直接侵权行为的权利和能力。

Perfect 10 辩称，本院在 Napster 中判决会导致不同的结论。在 Napster 案中，法院认为 Napster 很可能要承担替代责任，因为 Napster 有权利和能力控制它的系统，但是没有行使这一权利去阻止版权材料的交换。Napster 的程序搭建了一个数字音乐文件的交换平台，程序管理员有能力阻止某些用户上传或下载文件。Perfect 10 认为，被告也有能力拒绝部分用户接触其支付系统。

这一说法没有道理。相对被告的支付系统，Napster 的程序与侵权行为更密切、更相互关联。Napster 向用户提供的工具使得复制和传输侵权内容变得更容易。被告的支付系统则没有。Napster 能够阻止用户接触它的程序，从而阻止该用户利用这一寻找和传输工具。被告能够阻止用户利用其支付系统，但是他们不能阻止用户接触互联网、特定站点或搜索引擎。被告并不能拿走侵权站点用以复制、修改和传输侵权图片的工具。它只能拿走这些站点销售图片的工具。①

---

① 原注15，法院在脚注中提及先前的 Metro-Goldwyn-Mayer Studios, Inc. v. Grokster Ltd., 380 F. 3d 1154 (9th Cir. 2004)案中结论。这一案件后来被最高法院推翻，但是理由是引诱侵权，与替代责任无关。在该案中，巡回上诉法院认为 Grokster 不承担替代责任，因为侵权材料并不存储在 Grokster 的服务器上，它不能完全阻止用户利用互联网传输侵权材料。本书作者说明：其实，这一理由让 Napster 案关于替代侵权的结论都产生疑问。

Perfect 10 提出两点反驳理由。首先，Perfect 10 认为，被告的服务合同条款许可它将用户停止非法活动（包括版权侵权）作为提供支付服务的条件。这一合同约定可以让被告获得对用户站点内容的控制，而这一合同控制足以满足替代责任所要求的"有权和能力去控制"。经济上的考虑的确能够影响侵权网站的行为。但是，有能力发挥经济压力并没有使得被告有权或有能力控制本案诉争的实际侵权活动。被告并没有绝对的权利去制止该活动，它不能阻止那些站点从事复制和传输侵权材料的活动。相反，信用卡公司与 Google 类似，不能阻止任何第三方站点复制和传输未经授权的图片。Perfect 10 的经济威胁对直接侵权活动只能有一些间接影响。

Perfect 10 利用 Fonovisa 和 Napster 案的推理来支持上述意见，同样没有道理。Fonovisa 案的集市经营者和 Napster 的软件运营者，都有权将单个的侵权者从侵权发生地点移除。被告则没有此类权利。

其次，Perfect 10 认为，如果禁止侵权站点使用信用卡服务，在线销售成人图片的站点就不可能参与市场竞争并营利。即使真的如此，这不过是混淆了有能力制止谋利行为与有权利和能力去控制侵权行为。Perfect 10 并没有证明，被告有权利去阻止盗窃或修改版权图片，有权从网站上移除侵权材料，或者有权阻止网络传输行为。相反，它只是说，没有被告的信用卡系统，侵权活动将无利可图。侵权活动并不依赖支付行为，而是依赖复制、修改和传输图片的行为。而后者发生在被告并不控制的网络中。

（2）对侵权活动有明显和直接的经济利益

法院说这一问题在本案中无须考虑，因为原告没有证明被告具有权利和能力去控制直接侵权行为。

Viacom Intern., Inc. v. YouTube, Inc.

676 F.3d 19 (2012)

[相关案情介绍，参见下一章同名案例。]

B. 控制和获益（Control and Benefit）：§ 512(c)(1)(B)

除了上述"知道条款"，§ 512(c) 安全港规则还要求：如果服务商有权利并且有能力控制此类侵权活动，该服务商不得直接从侵权活动中获得经济利益。区法院认为，只有服务商知道具体的侵权行为时，才满足所谓"有权利且有能力控制"该行为的要求。§ 512(c)(1)(B)。我们认为，区法院错误地在"控制和获益"条款中引入了对侵权行为具体认知的要求。

1. "有权和能力去控制"侵权活动

上诉过程中，双方对"有权利且有能力控制"条款提出两种不同的解释。我们认为这两种解释都有致命的缺陷。

第一种解释是被告提出的解释，也是区法院接受的解释，即服务商在能够控制侵权行为之前，应该知道特定行为。这一解释的问题在于，它向 § 512(c)(1)(B) 条款中引入了具体认知要求，这导致控制条款与 §512(c)(1)(A) 条款重复。任何对侵权行为有具体认知并直接获得经济利益的服务提供商,都已经被§512(c)(1)(A)从安全港中排除,因为它已经知道具体的侵权行为而没有迅速移除。这样,就没有其他服务商需要利用§512(c)(1)(B)条款来排除了。因为上述法律解释使得该条款变成多余的,因此我们不能接受区法院的这一解释。

第二种解释是原告提出的,即控制条款是对普通法下的替代责任(vicarious liability)的法典化。如果行为人有权利且有能力监管,同时从直接侵害版权的行为中获得明显而直接的经济利益,则普通法会将替代责任强加给行为人,即便行为人对于侵权行为缺乏实际认知(actual knowledge)。为了支持所谓的法典化论点,原告依靠国会关于DMCA初稿的报告:"'有权利且有能力控制'的说法是对替代责任的第2项要素的法典化,(B)款意图保留现有的关于直接侵权和间接侵权之间关系的判例法。"YouTube回应说,报告中的上述文字最终没有出现在描述最终立法的报告中,国会最终放弃从整体上澄清替代责任的努力,而是选择为网络服务商的某些普通行为创设安全港规则。

让人高兴的是,数字版权法的未来并不依赖控制条款的令人困惑的立法历史。关于普通法法典化的一般规则是,如果国会使用了在普通法下已经具有固定含义的术语,则法院应当推定国会接受该含义,除非国会有相反的规定。依据普通法下的替代责任标准,不论出于什么原因,有能力去阻止侵权者接触特定环境,都是"有权利且有能力监管"的证据。但是,如果在DMCA的背景下接受这一标准,则会导致该法律内部相互矛盾。§512(c)实际上假定网络服务商有能力阻止[用户]接触侵权材料。① 法律要求网络服务商在知道侵权材料存在或者收到版权人发出的"删除"通知后,移除或阻止接触侵权材料,以获得安全港的保护。如果接受原告的分析逻辑,在采取这一行动过程中,网络服务商将被认为"有权利且有能力控制"侵权材料。于是,依据§512(c)(1)(A)(iii) & (C)获得安全港保护的前提条件,依据 §512(c)(1)(B)则变成排除条件。

如果国会认为§512(c)(1)(B)与普通法下的替代责任范围一致,法律可以以更直接的方式实现这一结果。如果国会的真实意图是,从侵权活动中直接获得经济利益的服务提供商在任何情况下,都不能获得§512(c)安全港的保护,国会应该会以更简单且更直接的方式作出规定。

上述条款之间的紧张关系足以表明,控制条款要求偏离普通法下的替代责任标准。因此,我们认为,依据 §512(c)(1)(B),"有权利且有能力控制"侵权活动比"有能力移除或阻止接触服务商网站上粘贴的内容"要多一些(something more)。剩下的,也是更困难的问题是,如何定义所谓的"多一些"。

到目前为止,只有一个法院依据§512(c)(1)(B)认定服务商有权利和能力控制侵权活动。在In Perfect 10, Inc. v. Cybernet Ventures, Inc., 213 F. Supp. 2d 1146(C.

---

① 本书作者注:法院显然认为"有能力阻止[用户]接触侵权材料",并不意味着就是"接触控制条款"意义上的"有权利且有能力控制"。

D. Cal. 2002)案中,服务商安装了监控软件,通过它用户网站接收到关于网页设计、外观和内容的详细指令。法院认为服务商有控制。该服务商还禁止某些类型的内容,并且拒绝那些不遵守指令的用户接触网络内容。另外,在认定引诱侵权的 Metro-Goldwyn-Mayer Studios Inc. v. Grokster, Ltd., 545 U.S. 913(2005)案中,网站的行为可能也达到了§512(c)(1)(B)条款所述的"控制"程度。在这些案例中,服务商不需要知道具体的侵权行为存在,就对用户的行为发挥了实质性的影响。

鉴于我们认为§512(c)(1)(B)并不要求对侵权行为有具体认知,我们认为谨慎的做法是,先由区法院来考虑原告是否提供足够证据让理性的陪审团得出 YouTube 有权利且有能力控制侵权活动并直接从中获得经济利益的结论。

思考问题:

Youtube 案法院说,"'有权利且有能力控制'侵权活动比'有能力移除或阻止接触服务商网站上粘贴的内容'要多一些(something more)。剩下的,也是更困难的问题是,如何定义所谓的'多一些'"。问题是,上述两个案例都没有能够定义何为"多一些"。你觉得如何定义才合适?

第 14 章

网络间接侵权

1 网络间接侵权概述

1.1 网络服务商间接侵权的行为类型

知识产权学术界最初习惯将网络服务商分成两类,即所谓网络内容提供商(ICP)和网络服务提供商(ISP)。前者是指那些自行采集和上传作品内容的服务商;后者是指那些不直接上传内容,对网络用户提供网络接入、传输、存储、搜索等网络服务的服务商。网络内容提供商直接上传版权内容,如果侵害著作权,通常都构成直接侵权;而网络服务提供商只是为直接上传版权内容的用户或网站提供服务,如果侵权,通常是间接侵害著作权(如下文所述,分教唆侵权和帮助侵权两种)。不过,如果网络服务商与用户或第三方网站存在合意(分工合作),则网络服务商的行为将构成狭义的共同侵权行为——"有证据证明网络服务提供者与他人以分工合作等方式共同提供作品、表演、录音录像制品,构成共同侵权行为的,人民法院应当判令其承担连带责任……"[①]这时,网络服务商直接侵权。

现在,随着网络技术的迅速发展,网络服务商从事的业务内容多样化。就特定的服务商而言,法院常常不能简单地给它贴上"内容"或"服务"的标签了。比如,搜索引擎服务商在提供搜索链接时,还提供搜索结果的摘要、网络快照等,并不能被简单地列入"内容"或"服务"提供商的类别。在具体案件中,需要对网络服务商的行为进行仔细分析,才能确定其行为适用直接侵权还是间接侵权规则。

从著作权法的角度看,网络服务提供商所提供的服务大致可以分成如下几个类别:(1)网络通讯服务,比如中国电信、中国移动等所提供的网络接入服务,互联网域名解析服务等。(2)网络存储与发布服务,即提供网络存储空间,使得用户能够通过网络上传、存储和发布信息。比如,各类许用户自行上传信息的 BBS、FTP、博客、视频网站、文件分享站点所提供的服务。(3)信息搜索与链接服务。比如,网络搜索引擎、网络链接导引等服务。在提供此类服务时,服务商通常并不存储该作品,只是通过链接告知用户存储该作品的第三方站点的地址信息。

[①] 《关于审理侵害信息网络传播权民事纠纷案件适用法律若干问题的规定》(2012)第 4 条。

上述网络服务商在提供这些服务的行为,如果构成著作权间接侵权,通常都可以归入前文所说的"帮助侵权"类别,即明知或应知网络用户或第三方网站直接侵害著作权,依然提供帮助。或者,用最高人民法院司法解释的表述,"网络服务提供者明知或者应知网络用户利用网络服务侵害信息网络传播权,未采取删除、屏蔽、断开链接等必要措施,或者提供技术支持等帮助行为的,人民法院应当认定其构成帮助侵权行为。"① 这时,网络用户或第三方网站直接侵权所侵害的权利通常是复制权或信息网络传播权。

如果网络服务提供商在提供上述服务时,还"以言语、推介技术支持、奖励积分等方式诱导、鼓励网络用户实施侵害信息网络传播权行为",则也可能构成教唆侵权。② 比如,一些 P2P 软件和服务的提供商就可能引诱其用户利用该软件和服务分享他人作品而构成教唆或引诱侵权。

另外,如前所述,本书将美国法上的"替代责任"视为一项与帮助侵权、教唆侵权并列的间接侵权责任形态。依据美国法,在网络服务商对用户或第三方网站的行为有控制权,并且从第三方的行为中获利的情况下,网络服务商有可能要为用户或第三方的侵权行为承担替代责任。本书在"间接侵权"一章,已经有专门介绍,这里不再重述。

1.2 网络环境下直接与间接侵权的区分

直接侵权、帮助侵权(contributory infringement)界线不是很清楚。③ 区分难点不在于该行为是否为著作权法所明确禁止的行为,而是谁为该项行为负责。在网络环境下,网络服务商和网络用户之间的直接侵权与间接侵权行为的区分有时候变得很微妙。我们并不容易判断究竟谁是直接的复制者,谁是间接的帮助者。以最为简单的用户在 BBS 上张贴侵权作品为例。用户 A 登录 BBS 系统,张贴第三方文章。用户 B 同样登录该 BBS 获得该文章的复制件。这一过程中,第三方对其作品所享有的复制权和信息网络传播权受到侵害。在上述过程中,服务商的 BBS 系统响应用户 A 的指令,在系统中生成文章的复制件,然后响应用户 B 的指令,向 B 提供侵权作品的复制件。谁是 BBS 系统中复制件的直接复制者呢? 又是谁通过网络向 B 传播作品? 如前一章所述,版权法确定谁是直接行为人的决定因素是特定行为所体现的主观意志。谁独立而主动地发动特定侵权行为,谁就被视为该行为的直接实施者。依据这一标准,用户 A 就被视为 BBS 系统中的复制件的制作者,同时也是 A 通过网络向 B 传播作品。上述复制和传输行为并非服务商主动发起的,没有体现服务商的主观意志。

在美国的 Religious Technology Center v. Netcom On-line Communication Services, Inc. 案中,美国法院阐述了上述区分标准的合理性。该案中,用户利用服务商 Netcom 维持的新闻组服务系统,向其他用户传输侵权作品。法院认为, Netcom 的系统临时复

---

① 《关于审理侵害信息网络传播权民事纠纷案件适用法律若干问题的规定》(2012)第 7 条第 3 款。
② 《关于审理侵害信息网络传播权民事纠纷案件适用法律若干问题的规定》(2012)第 7 条第 2 款。
③ Sony Corporation of America v. Universal City Studios, Inc. 464 U.S. 417, n17(1984)。

制了原告的作品,并不意味着是 Netcom 导致这一复制:

> Netcom 的系统(新闻组服务)偶尔生成原告作品的临时复制件,并不意味着 Netcom 导致复制。Netcom 所设计和实施的系统,能够自动而统一地生成所有经过该系统发送的数据的临时复制件。法院相信,Netcom 的行为与复印机所有人许可公众利用它进行复制的行为没有什么差别。虽然使用该复印机的人可能直接侵权,但是法院依据所谓的间接侵权分析复印机所有人的责任。
>
> 原告的理论(认为 Netcom 是复制者)会产生很多独立的侵权行为,在极端情况下会导致不合理的责任⋯⋯依据原告理论,任何参与传输用户 Erlich 的信息的服务器(的所有人)都可能遭受版权责任。这些人不过是运行了一个能够广泛传播用户信息的系统设备。没有必要如此解释法律以至于所有这些人都是侵权者。虽然版权(直接)侵权承担严格责任,行为人的意志(volition)或因果联系(causation)依然是考虑的因素。被告 Netcom 的系统仅仅被第三方用于制作复制件,(Netcom 本身缺乏具体的行为意志)。①

强调复制由机器系统自动或被动进行,似乎忽略了机器会自动接受复制指令背后的原因。机器自动运行是否可以理解为架设机器系统的人的意志的体现呢? 比如自动售货机,在合同法上的解释就是如此。版权法上对于直接侵权行为与间接侵权行为的区分,为什么会与合同法有思路上的差异?

如前一章所述,间接侵权的前提通常是存在直接侵权。在诉讼中,原告是否要证明直接侵权,直接关系到诉讼双方的诉讼利益。在网络环境下,法院如何认定原被告双方可能都无法获知真实身份的第三方的行为构成直接侵权,并非易事。

中国曾经有法院要求原告证明第三方使用作品的行为构成侵权。比如,在后文提到的叶延滨 v. 北京四通利方信息技术有限公司案中,原告指控搜索引擎服务商提供侵权的第三方网站的作品链接的行为侵害著作权。法院指出:"在原告未能明确其他网站上载其作品的行为的法律性质的情况下,原告以被告的行为构成侵权为由要求被告承担责任,证据不足,本院不予支持。"

但是,从中国现有的大量的网络间接侵权案例看,只要原告方宣称第三方传播作品的行为未经授权,大部分法院就推定为该主张成立,然后让被告去反驳。在绝大多数情况下,被告是无法提供有力证据推翻这一推定。因此,理论上存在这样的可能性:权利人自己冒充第三方,通过被告的平台发布作品,让后再去起诉被告,间接侵害著作权。现有的诉讼程序规则并不能完全避免这种不合理的结果发生。

1.3 网络服务商严格责任的争议

在 Netcom 案之前,美国法院在早期的网络侵权件中认为用户的行为会导致 BBS

---

① Religious Technology Center v. Netcom On-line Communication Services, Inc. 907 F. Supp. 1361 (N. D. Cal. 1995).

网络服务商直接侵权。比如，Sega Enters. Ltd. v. Maphia① 和 Playboy Enters. Inc. v. Frena② 等。NII 的白皮书也主张将许可用户上传材料的网络服务商当做电子出版者对待，追究直接侵权的严格责任。以下是当年很有影响的 NII 白皮书的摘要翻译。至今读来，依然很有道理。

NII 白皮书中的在线服务提供者责任
NII White Paper at 114—124

有人主张应该免除在线服务商（比如 BBS 运营者）的严格责任，只有在服务商故意或重复侵权的场合或者服务商实际知道侵权行为并有能力制止的场合，才追究服务商的责任。这是将间接侵权标准和替代责任结合起来，适用于所有的服务商侵权（包括直接侵权）。这一主张显著背离了现在的版权法原则，损害版权人的权益……

支持豁免或降低服务商责任的理由包括：服务商网络系统中的材料太多，无法监控和审查；即便服务商愿意而且能够审查网络系统中的材料，它通常没有办法识别侵权材料；不减免服务商责任，会损害信息的交流和自由获取；让服务商承担责任会导致服务商歇业，导致国家信息基础设施失败；只有在服务商（确认）为用户的活动负责时，才让服务商承担版权责任。

［报告对上述理由一一进行驳斥，主张按照出版者设计网络服务商的责任。］

没有能力审查并不能成为服务商免责的理由。在现有的版权法下，照片冲洗店（photo finisher）、书店、唱片销售店、报摊、软件零售商都要承担严格责任，尽管他们也没有能力审查出售的材料是否侵权。

在线服务商在国家信息技术设施建设和促进信息自由交流方面的确扮演整合的角色，但是这并非减免其版权责任的理由。扮演上述角色，并不需要侵害他人的版权。

网络服务商与它们的用户有业务关系，它们甚至只有它们才知道用户的身份和活动，因而能够制止非法活动。虽然向用户追偿可能并不足以弥补它们因承担责任而遭受的损失或者因此而增加的商业成本，相对版权人，它们在避免侵权方面依然处在更有利的位置上。在两个相对无辜的主体之间，选择服务商承担责任，是最好的政策。

网络服务商向用户提供上传服务，是为了吸引用户。服务商从用户的侵权活动中获益，很难争辩说它们不应承担责任。我们没有见过服务商经过成本效益分析决定中断服务的例子。侵权责任是服务商从事此类业务的正常风险。

过去几年来，网络服务行业迅猛发展。没有迹象表明，现有的严格责任阻碍这一行业的发展。其他行业同样要承受类似的责任风险，它们通过追偿协议、保险等最小化责任风险。

……

---

① Sega Enters. Ltd. v. MAPHIA, 857 F. Supp. 679 (N. D. Cal. 1994).
② Playboy Enters. Inc. v. Frena, 839 F. Supp. 1552(M. D. Fla. 1993).

工作组认为,现在减免任何服务商的责任都还为时尚早。在线服务商现在提供一系列服务。服务商许可用户上传材料,它们本质上相当于电子出版者。在其他场合,服务商提供其他服务。没有单一的规则适合所有人。如果一个企业仅仅提供电线和管道(比如电话公司),的确像一个公共承运人(common carrier),不能控制使用自己系统的主体和传输的内容,则有充分的理由豁免它的责任。如果服务商无意识地传输了加密的侵权材料,也可以免除责任。

许可某一类的发行者(distributors)自主决定其责任,是不公平的。这也将创下危险的先例。这将鼓励行为人故意忽视侵权行为(intentional and willful ignorance)。无论它们是否保留控制它们的网络系统的权利,它们实际上都有此类权利。服务提供商期待用户为使用系统和其中作品的行为支付报酬。如果用户不付费,它们有能力切断服务。对于那些违法的用户,它们也可以采取类似措施。

过早地减免服务商的责任,会阻碍市场本身发展出用来降低侵权风险的工具,比如针对用户侵权的保险、与用户签署追偿协议、获得许可(包括集体组织发放的许可)、教育用户避免侵权、使用技术保护措施(比如追踪侵权的技术)等。

不同的服务商扮演不同的角色。这些角色每天还在不断演变。现在,很难先验地确定在哪些情形下应该减免责任。不过,可以合理假设服务商、版权人和政府将来可以讨论和谈判,以确定何种情形下可以减免责任。我们强烈建议各方采取此类行动以增加这一领域的商业确定性。

应当鼓励服务商采取预防措施,遵守法律,开发阻止侵权的技术措施。(法律)应当让服务商有动力促使用户更多地了解版权法,积极而妥当地处理版权人的关于侵权内容的通知。服务商应该明确宣示不容忍系统中的侵权活动,保留移除侵权材料或切断侵权用户服务的权利。

思考问题:

白皮书预言,减免网络服务商责任将导致服务商无意预防直接侵权。在中国,这样的预言是否已经成为现实?

白皮书关于网络服务商责任的论述,在全世界范围内引发激烈争论。在网络服务商利益集团的竭力游说下,美国 1998 年的 DMCA 第 512 条并没有采用白皮书的建议——将许可用户上传内容的网络服务商纳入出版者的行列,而是设置了一系列关于网络服务商的安全港(Safe Harbors),几乎消除了此类网络服务商直接侵权的风险。世界各国纷纷仿效美国的做法。

1.4 网络服务商间接侵权责任的法律依据

1.4.1 《信息网络传播权保护条例》

在 2000 年以前,中国并没有关于网络服务商间接侵权责任的具体规定。当时,法院能够适用的是《民法通则》(1986)第 130 条关于教唆和帮助侵权的一般性规定:"二人以上共同侵权造成他人损害的,应当承担连带责任。"《最高人民法院关于贯彻执行

《中华人民共和国民法通则〉若干问题的意见(试行)》(1988)第148条第1款进一步明确:"教唆、帮助他人实施侵权行为的人,为共同侵权人,应当承担连带民事责任。"

2006年5月10日,如上所述,国务院通过了《信息网络传播权保护条例》(以下称《条例》)。该《条例》第20—23条分别对三类网络服务商—**网络接入与传输服务、网络缓存服务、网络宿主(存储与发布)服务和网络搜索与链接服务的提供商**的间接侵权问题作出规定。学者们将这些条款中的侵权例外规则称作"安全港"规则(沿用了美国学者对DMCA中网络服务商侵权例外规则的称呼)。言下之意,只要符合这些规则,网络服务提供者就避免了著作权侵权的法律风险。

第20条 网络服务提供者根据服务对象的指令提供网络自动接入服务,或者对服务对象提供的作品、表演、录音录像制品提供自动传输服务,并具备下列条件的,不承担赔偿责任:

(一)未选择并且未改变所传输的作品、表演、录音录像制品;

(二)向指定的服务对象提供该作品、表演、录音录像制品,并防止指定的服务对象以外的其他人获得。

第21条 网络服务提供者为提高网络传输效率,自动存储从其他网络服务提供者获得的作品、表演、录音录像制品,根据技术安排自动向服务对象提供,并具备下列条件的,不承担赔偿责任:

(一)未改变自动存储的作品、表演、录音录像制品;

(二)不影响提供作品、表演、录音录像制品的原网络服务提供者掌握服务对象获取该作品、表演、录音录像制品的情况;

(三)在原网络服务提供者修改、删除或者屏蔽该作品、表演、录音录像制品时,根据技术安排自动予以修改、删除或者屏蔽。

第22条 网络服务提供者为服务对象提供信息存储空间,供服务对象通过信息网络向公众提供作品、表演、录音录像制品,并具备下列条件的,不承担赔偿责任:

(一)明确标示该信息存储空间是为服务对象所提供,并公开网络服务提供者的名称、联系人、网络地址;

(二)未改变服务对象所提供的作品、表演、录音录像制品;

(三)不知道也没有合理的理由应当知道服务对象提供的作品、表演、录音录像制品侵权;

(四)未从服务对象提供作品、表演、录音录像制品中直接获得经济利益;

(五)在接到权利人的通知书后,根据本条例规定删除权利人认为侵权的作品、表演、录音录像制品。

第23条 网络服务提供者为服务对象提供搜索或者链接服务,在接到权利人的通知书后,根据本条例规定断开与侵权的作品、表演、录音录像制品的链接的,不承担赔偿责任;但是,明知或者应知所链接的作品、表演、录音录像制品侵权的,应当承担共同侵权责任。

1.4.2 最高人民法院司法解释

最高人民法院关于网络著作权纠纷的最新司法解释是 2012 年出台的《关于审理侵害信息网络传播权民事纠纷案件适用法律若干问题的规定》。这一司法解释的前身是 2000 年最高人民法院出台《关于审理涉及计算机网络著作权纠纷案件适用法律若干问题的解释》。在《信息网络传播权保护条例》(2006)出台前,《解释》是网络服务商责任方面的最重要的法律规则。当时,该《解释》总共有 10 条,其中,第 4 条和第 5 条规定了网络服务商的间接侵权责任。2001 年,《著作权法》修订,增加了信息网络传播权的有关规定。2006 年 5 月 10 日国务院通过《信息网络传播权保护条例》。为因应这一变化,最高人民法院于 2006 年 11 月 20 日修订了上述《解释》,全文从 10 条变成 8 条。其中,关于网络服务商间接侵权责任的条文变成第 3 条和第 4 条,但条文内容没有变化。①

最高人民法院 2012 年的司法解释,在现有法律的基础上,全面细化了网络服务商的间接侵权责任规则:

首先,它清楚地勾勒出网络服务商侵权的类型,区分狭义的共同侵权(有分工合作)、教唆侵权和帮助侵权行为。对于狭义的共同侵权行为,参见本书"直接侵权"和"信息网络传播权"两章。本章主要关注教唆侵权和帮助侵权这两类典型的网络间接侵权行为。

其次,它比较详细地列举了认定网络服务商过错("应知"直接侵权行为存在)的标准,然后分层次作出规定:先是列举了法院认定网络服务商的"应知"侵权事实时的通常要考虑因素。②然后,对几类特殊情形下,网络服务商的过错认定作出规定。③

最后,它规定了"通知—删除"程序的一些补充性规则,弥补了《信息网络传播权保护条例》所设定规则的不足。④

最高人民法院最新的司法解释在一定程度上远离了"安全港规则",与《信息网络传播权保护条例》对于网络服务商的主观过错的立场有一些出入。作为特别的单独授权立法的《条例》的具体条款与最高人民法院在后的司法解释不一致时,何者优先,是个费思量的问题。司法解释作为对法律的解释,可能优于《条例》。在将来的司法实践中,各级法院应该会更愿意适用更细致的司法解释条款。

---

① 《关于审理涉及计算机网络著作权纠纷案件适用法律若干问题的解释》(2006 年修正,2012 年废止)第 3 条 网络服务提供者通过网络参与他人侵犯著作权行为,或者通过网络教唆、帮助他人实施侵犯著作权行为的,人民法院应当根据民法通则第一百三十条的规定,追究其与其他行为人或者直接实施侵权行为人的共同侵权责任。
第 4 条 提供内容服务的网络服务提供者,明知网络用户通过网络实施侵犯他人著作权的行为,或者经著作权人提出确有证据的警告,但仍不采取移除侵权内容等措施以消除侵权后果的,人民法院应当根据民法通则第一百三十条的规定,追究其与该网络用户的共同侵权责任。
② 《关于审理侵害信息网络传播权民事纠纷案件适用法律若干问题的规定》(2012)第 9 条。
③ 《关于审理侵害信息网络传播权民事纠纷案件适用法律若干问题的规定》(2012)第 10—12 条。
④ 《关于审理侵害信息网络传播权民事纠纷案件适用法律若干问题的规定》(2012)第 13—14 条。

1.4.3 《侵权责任法》第36条

2009年12月26日《侵权责任法》出台。人们一度认为,这一法律会给网络服务商间接侵权责任带来新的不确定性。一方面,该法的第8—12条确定了共同侵权、教唆或帮助侵权、共同危险行为等一般性规则。理论上,这些规则也适用于网络服务商间接侵权行为。

> 第8条　二人以上共同实施侵权行为,造成他人损害的,应当承担连带责任。
>
> 第9条第1款　教唆、帮助他人实施侵权行为的,应当与行为人承担连带责任。
>
> 第10条　二人以上实施危及他人人身、财产安全的行为,其中一人或者数人的行为造成他人损害,能够确定具体侵权人的,由侵权人承担责任;不能确定具体侵权人的,行为人承担连带责任。

另一方面,《侵权责任法》又有具体的网络服务商责任条款,即第36条。这一条款中笼统地使用了"网络服务提供者""知道"等术语,覆盖范围宽泛。它如何与《条例》或司法解释相协调,还是一个问题。

> 第36条　网络用户、网络服务提供者利用网络侵害他人民事权益的,应当承担侵权责任。
>
> 网络用户利用网络服务实施侵权行为的,被侵权人有权通知网络服务提供者采取删除、屏蔽、断开链接等必要措施。网络服务提供者接到通知后未及时采取必要措施的,对损害的扩大部分与该网络用户承担连带责任。
>
> 网络服务提供者知道网络用户利用其网络服务侵害他人民事权益,未采取必要措施的,与该网络用户承担连带责任。

在司法实践中,法院似乎更愿意选择以《条例》和司法解释所确立的服务商责任规则为中心规则。①在《侵权责任法》立法过程中,立法者也没有明确表达过对《条例》所确立的规则的不满。只有迫不得已时,法院才可能利用更原则性的《侵权责任法》条款来补充《条例》或司法解释的不足。因此,《条例》和司法解释目前在网络服务商间接侵权责任方面的重要性超过《侵权责任法》。

2　网络服务商的过错认定

2.1　网络服务商"明知或应知"

作为一项原则,认定间接侵权的前提是行为人有主观过错,即明知或者应当知道会发生直接侵权,依然引诱直接侵权人或提供帮助。间接侵权的行为人的主观状态包括"知道或应当知道"两种,在学术界有高度共识。然而,与网络服务商间接侵权有关的《条例》和《侵权责任法》,却都没有能够明白无误地重申这一标准。

---

① 杨明:《〈侵权责任法〉第36条释义及其展开》,载《华东政法大学学报》2010年第3期,第128页。

《条例》中没有统一的服务商间接侵权的归责条款,而是分门别类地为各类服务商规定了免责或归责规则。对于提供存储服务的服务商,没有归责条款,而是规定了免责的主观要件(第22条),即服务商"不知道也没有合理的理由应当知道"用户侵权。对于提供搜索或链接服务的服务商,有归责条款(第23条),即服务商在"明知或者应知"所链接内容侵权的情况下,应承担间接侵权责任。立法者并没有明示或暗示"不知道也没有合理理由应当知道"的反面,是否就是所谓的"明知或者应知"。这给理论界和司法实践带来无数的争议。争议的焦点是,提供存储服务的服务商承担间接侵权责任的主观要件是否是所谓的"明知或者应知"。那些受美国版权法红旗规则(参见下文)影响的学者和法官倾向于认为,中国立法者也引入了"红旗规则",限制了服务商"应知"的范围。即,只有直接侵权行为像鲜红的红旗在服务商面前飘扬时,才能说服务商"应知"该侵权行为。这实际上排除了一部分服务商履行合理注意义务(审查义务)之后能够发现直接侵权的情形。

《侵权责任法》(2009)出台时,原本有机会对这一问题进行澄清。遗憾的是,立法者不仅没有澄清,还制造了新的问题。第36条第3款在描述网络服务提供者的主观状态时,使用了"知道"一词,既非上述最高人民法院司法解释中所使用的"明知",也非上述《条例》中的"明知或应知"。立法者选择这一术语,应该并非偶然,而是利益集团游说的结果。因为在立法过程中,学术界已经对一问题展开过讨论,主张"明知或应知"的观点占多数。但是,立法者并没有因此改变立场。不过,意外的是,现在来自人大法工委的意见认为,第36条中的"知道"包含"明知"和"应知"。①之所以说意外,不是解释本身,而是这场争执的收场方式。早知今日,何必当初! 其实,法院在解释所谓的"知道"时,不可避免地要接受原告利用客观证据来推断被告主观心理状态的举证思路。毕竟,"法院相信被告知道"与"被告事实上是否知道"是两个问题。在司法程序中,原告只要举证到"法院相信被告知道",就能够实现自己的诉讼目标了。这与法律直接承认"明知或应知",差距其实很小。

在2012年最高人民法院的司法解释出台之前,最高人民法院在2001年和2006年的司法解释中,对于一般的网络服务商的主观过错,没有明确表述;而对于提供内容的服务商,则要求其"明知"用户侵权。在2012年的司法解释中,最高人民法院终于明确地指出:"人民法院应当根据网络服务提供者的过错,确定其是否承担教唆、帮助侵权责任。网络服务提供者的过错包括对于网络用户侵害信息网络传播权行为的明知或者应知。"②接着,最高人民法院具体规定了认定"应知"的考虑因素:

人民法院应当根据网络用户侵害信息网络传播权的具体事实是否明显,综合考虑以下因素,认定网络服务提供者是否构成应知:

(一)基于网络服务提供者提供服务的性质、方式及其引发侵权的可能性大小,应当具备的管理信息的能力;

---

① 全国人大法工委:《中华人民共和国侵权责任法释义》,法律出版社2010年版,第194—195页。
② 《关于审理侵害信息网络传播权民事纠纷案件适用法律若干问题的规定》(2012)第8条第1款。

（二）传播的作品、表演、录音录像制品的类型、知名度及侵权信息的明显程度；

（三）网络服务提供者是否主动对作品、表演、录音录像制品进行了选择、编辑、修改、推荐等；

（四）网络服务提供者是否积极采取了预防侵权的合理措施；

（五）网络服务提供者是否设置便捷程序接收侵权通知并及时对侵权通知作出合理的反应；

（六）网络服务提供者是否针对同一网络用户的重复侵权行为采取了相应的合理措施；

（七）其他相关因素。①

中国理论界和实务界对于网络服务商间接侵权时的主观过错标准，大多接受所谓"明知或应知"标准，但是对于"应知"的理解，有很大出入。有些法院实际上认为服务商有一定的主动进行版权审查义务，"应知"标准很容易达到；而另外一些法院可能认为服务商没有主动审查义务，"应知"标准相对严格。这在后文的具体案例中有清楚的体现。如前所述，最高人民法院在最新的司法解释中，向一般侵权法意义上的"应知"标准靠拢，远离所谓的安全港规则下红旗标准。不过，最高人民法院还是念念不忘美国安全港规则中与红旗标准搭配的一项核心规则："网络服务提供者未对网络用户侵害信息网络传播权的行为主动进行审查的，人民法院不应据此认定其具有过错。"②

网络服务商的过错认定

崔国斌：《网络服务商共同侵权制度之重塑》，载《法学研究》2013年第4期第140页。

……

在网络环境下，最常见的版权侵权情形是第三方利用网络上载、传输或下载他人的版权作品，而网络服务商为该第三方提供帮助或诱使第三方从事上述行为。依据版权共同侵权的一般规则，只有网络服务商存在过错，即知道或应当知道第三方的行为侵害他人版权，网络服务商才可能承担教唆或帮助侵权责任。

在大多数案件中，证明网络服务商实际知道第三方侵权行为很困难，因此法院通常依赖"应当知道"这一标准来认定服务商的过错。所谓"应当知道"，本质上是一种客观化的过错认定标准。法院要探究的并非网络服务商事实上的主观心理状态，而是网络服务商在履行了所谓"正常合理人"在相同情况下的注意义务之后，是否"应当知道"第三方侵权行为的存在。正因为如此，"正常合理人"的注意义务范围成为过错认定的核心要素。依据侵权法的一般规则，在法律明确行为人注意义务的情况下，法院认定行为人过错可能变得很简单——行为人违反法定的注意义务时，法院常常无须考

---

① 《关于审理侵害信息网络传播权民事纠纷案件适用法律若干问题的规定》（2012）第9条。

② 《关于审理侵害信息网络传播权民事纠纷案件适用法律若干问题的规定》（2012）第8条第2款。

察行为人的主观状态就判定行为人当然存在过失(negligence per se)。在法律没有明确规定的情况下,行为人违反了"正常合理人"的注意义务,仍有可能具有过错。

在具体的网络服务商共同侵权(间接侵权)案件中,如果版权法没有明确规定网络服务商的注意义务的具体内容,法院在适用"正常合理人"标准时,有很大的裁量空间。法院不仅要考虑各方预防侵权的成本,还要考虑很多非经济的社会价值。具体地说,法院可能要综合考虑下列因素:第三方侵权的严重程度、各方阻止侵权的难易程度、主动预防措施所引发的社会成本的大小、侵权预防成本负担的公平性、侵权行为的社会意义等等。

显然,如果有必要,法院在综合权衡之后,可以让网络服务商承担起一定的版权审查义务,以减少或避免第三方侵权。如果服务商怠于履行这一义务从而主观上没有能够知道第三方侵权行为的存在,则法院可能依据网络服务商没有履行法定注意义务这一事实认定网络服务商"应当知道"具体侵权行为的存在,尽管它事实上不知道。相反,如果法院认为有必要免除网络服务商的版权审查义务,则网络服务商知道第三方侵权行为的可能性就会降低。这时候,法院很容易认定网络服务商主观"不知道也不应当知道"的第三方侵权行为,从而没有过错。

网络技术纷繁复杂,演进迅速。在很多侵权纠纷出现之时,网络行业可能还没有明确的行为标准。立法者也很难事先为各种类型的网络服务商设定具体的注意义务内容。这注定法院在个案中具体决定网络环境下"正常合理人"标准时应当享有相当的弹性空间。正因为如此,法院才能通过阐述侵权法上的一般规则,来塑造行业行为规范,在个案中不断适应网络环境下的各种新挑战。

2.2 "红旗标准":比"应知"更窄?

讨论红旗标准之前,需要先回顾一下美国 DMCA 在网络服务商间接侵权责任方面的立法背景。DMCA 为网络服务商规定了有限而具体的注意义务。同时,在过错认定方面采用了前述"红旗标准"。这些具体化的间接侵权规则在一定程度上背离了一般侵权法的原则,使得网络服务商处在优势地位。

安全港规则与红旗标准

崔国斌:《网络服务商共同侵权制度之重塑》,
载《法学研究》2013 年第 4 期第 140—141 页。

美国式的安全港规则与间接侵权一般规则的差异,可以从两方面进行解读:

一方面,安全港规则不再单纯依赖抽象的"正常合理人"标准,而是非常具体地规定了网络服务商的有限的注意义务。以提供存储服务的服务商为例,DMCA 要求它履行下列具体的注意义务:

(1) 指定代理人负责接收侵权通知,并通过网络公布代理人的联系信息;
(2) 建立有效的通知—删除制度,及时对侵权通知作出合理应对;
(3) 建立、执行并告知用户"重复侵权在适当情形下会招致服务或账号被终止"

的服务政策;

（4）容纳并且不得妨碍(accommodates and does not interfere with)版权人所采取的用以识别和保护版权作品的标准技术措施。

另一方面,作为网络服务商履行上述义务的回报,安全港规则限制了网络服务商间接侵权责任的主观过错的范围。在履行上述各项义务之后,如果网络服务商主观上并"不实际知道(in the absence of such actual knowledge)网络系统内的侵权材料或利用该材料的侵权行为,也不知道(not aware of)任何能够显示侵权活动很明显的事实",并满足其他一些附带条件,则无需为用户的侵权行为承担损害赔偿责任。

依据侵权法上的一般规则,共同侵权(间接侵权)行为人的主观状态是"知道"或"应当知道"第三方侵权行为存在。安全港规则保留了"知道"(实际知道)的情形,但压缩了"应当知道"的情形——只有行为人"知道任何能够显示侵权活动很明显的事实"时,法院才能推定网络服务商知道该侵权行为。

所谓"知道任何能够显示侵权活动很明显的事实"的说法,显得有些别扭,实际上是在表述一种比"应当知道"范围更窄的主观认知标准。在美国法上,这一标准被形象地称作"红旗标准"(red flag test)——只有用户的侵权行为像鲜艳的红旗一样在网络服务商面前飘扬时,才能说网络服务商应当知道该侵权事实。

在具体适用时,"红旗标准"包含主观和客观两方面的因素。首先,判断网络服务商**主观上是否**知道(subjective awareness)相关事实(即反映第三方侵权的事实)存在;其次,判断相关事实**客观上是否**像"红旗"一样存在,即在相同或类似情景下,该侵权活动对于正常合理人而言是否很明显。换句话说,依据红旗标准,版权人首先要证明用户的侵权行为像"红旗"一样存在,即,对于一个正常合理人而言,有事实表明用户的侵权行为是很明显的;然后,要证明服务商主观上知道该事实(或者说红旗)的存在。

......

尽管立法者将网络服务商主观过错标准从"应当知道"压缩到"红旗标准"意义上的知道,真正将这一"压缩"落到实处的是安全港规则对网络服务商主动审查义务的免除。DMCA规定,安全港规则的适用不以网络服务商监视用户行为、主动查找侵权事实为前提。这事实上免除了网络服务商主动进行版权审查的义务。

主动审查义务免除条款与红旗标准结合,有效压缩了网络服务商原本"应当知道"的第三方侵权行为的范围。如前所述,依据间接侵权一般规则,法院原本可以比较自由地解释"正常合理人"(或"应当知道")标准来要求网络服务商进行适度的版权审查以避免或减少第三方侵权。可是,在安全港规则下,法律明确排除网络服务商的版权审查或网络监督义务,法官的上述自由裁量权不复存在。

安全港规则免除网络服务商版权审查或监督用户义务的最直接后果是,网络服务商在履行完有限的法定义务后,不再有积极性发现和预防第三方的版权侵权行为。在适用安全港规则时,美国大多数法院要求版权人证明网络服务商知道或者应当知道第三方具体的侵权行为,而不是仅仅知道不特定的侵权行为存在。在最近的YouTube案和 UMG 案中,法院进一步明确了这一点。网络服务商在确知具体侵权行为之前,即便对用户的直接侵权有一般认知(网络服务商知道直接侵权行为大量存在,但是并不确切知道哪一行为具体侵权),也没有义务采取措施降低用户侵权的风险。甚至,在明知用户的侵权行为比比皆是时,网络服务商也不必承担监督网络的义务。也就是说,在日常经营活动中,只有第三方侵权活动像"红旗"一样明显摆在不履行主动审查义务的网络服务商眼前,以至于网络服务商不可能对之"视而不见"时,网络服务商才有义务避免为该侵权活动提供帮助。

在 YouTube 案中,美国法院补充解释了上述结论的法律依据:DMCA §512(c)中明确规定,在"实际知道"或者依据红旗标准知道侵权行为存在时,网络服务商需要立即移除侵权材料。能够移除的前提是网络服务商知道具体侵权行为。因此,立法者显然要求网络服务商对侵权行为有具体认知,而不是对不特定侵权行为的一般认知。

美国法院要求网络服务商有具体认知,除了上述法律条文依据外,也有安全港规则内在的逻辑依据。安全港规则免除了网络服务商一般性的审查用户行为的义务,即网络服务商在获知不特定的侵权行为存在的情况下,并没有义务采取具体措施以识别出具体的侵权行为。如果网络服务商对不特定侵权的一般认知就满足了安全港规则的主观过错标准,则服务商实际上又有主动审查用户行为以确定具体侵权行为的法律义务。这就会与安全港规则下的审查义务免除条款相互矛盾。

中国的《信息网络传播权条例》借鉴了 DMCA 的安全港规则,因此,很多学者就**当然地**认为,中国网络服务提供商的注意义务与美国 DMCA 上的网络服务商的注意义务相当。由此,进一步的推论是,在判断网络服务商的主观过错(尤其是提供存储服务的服务商的过错)时,中国也应采用美国法上的"红旗标准"。

问题是,中国的《条例》并没有像美国 DMCA 那样,在引入红旗规则时,系统地为网络服务商设定的最低限度的注意义务。在这一背景下,学者们片面地主张红旗规则,实际上使得网络服务提供商无须采取任何积极措施避免第三方侵权。美国网络服务提供商依据安全港规则可能要容纳技术保护措施、惩罚反复侵权者,而中国网络服务提供者依据中国法,却并不需要这么做。相对美国的安全港规则,中国的做法实际上使得利益的天平更加的偏向网络服务商,过度损害了著作权人的利益。

2.3 具体认知(specific knowledge)

在认定服务商明知或应知直接侵权活动时,另一个核心问题是,是否必须知道具体的网络用户的侵权行为,即服务商是否必须具备所谓的具体认知(Specific Knowledge)?

在美国法上,依据红旗规则主张网络服务商存在过错时,著作权人必须证明网络服务商对侵权行为有具体认知。也就是说,著作权人必须证明,在网络服务商的经营中,特定的侵权行为像红旗一样在网络服务商面前招展。如果网络服务商只是知道或者应当知道自己的用户中很多人在从事侵权活动,而不确定具体是谁在从事侵权活动,则网络服务商不具备所谓的具体认知,只是有所谓的一般认知(general knowledge)。

在中国法上,这一问题的答案不是十分明确。如果我们完全接受所谓的"红旗标准",则可能自然的选择就是美国上的"具体认知"要求。如果我们采用更一般的"应知"标准,则答案就有可能涵盖一部分"一般认知"。

Viacom Intern., Inc. v. YouTube, Inc.

676 F.3d 19 (2012)

JOS A. CABRANES 法官:

原告指控被告在 2005—2008 期间,在 YouTube 网站上公开表演、播放和复制大约 79,000 个视频片段,直接和间接侵害原告的版权。2010 年 6 月 23 日,区法院认定被告受到 DMCA 安全港的保护,主要是因为被告并没有足够理由知道诉争的具体侵权行为。区法院认为,只有网络服务商知道具体和可辨别的侵权行为时,才失去 § 512(c)(1)(A)所规定的安全港保护。同时,法院指出,只有网络服务商知道具体的侵权行为时,它才符合 § 512(c)(1)(B)所说的"有权利和能力控制"侵权行为。

我们认为,区法院所谓"§ 512(c)安全港规则要求网络服务商知道具体侵权行为"的结论是正确的。但是,我们撤销区法院授予即决判决的意见,因为理性的陪审团可以认定 YouTube 实际知道自己网站上的具体侵权行为。我们还认为区法院所谓"有权利和能力控制"条款要求具体认知("item-specific" knowledge)的结论是错误的。

A. 实际知道与"红旗标准"意义上的知道(Actual and "Red Flag" Knowledge):§ 512(c)(1)(A)

第一个也是最重要的问题是,DMCA 安全港是否要求实际知道"具体和可识别的侵权行为"("specific and identifiable infringements")。我们首先考虑法律条文的范围,然后将它应用于本案。

1. 具体性的要求(The Specificity Requirement)

在所有法律解释的案子中,我们都从法律条文的语言开始。依据 § 512(c)(1)(A),网络服务商获得安全港保护的前提是:

(i) 不实际知道网络或系统中的内容或使用内容的行为正在侵权,

(ii) 缺乏上述实际认知,也不知道(not aware of)任何能够显示侵权活动很明显的事实或情境(facts or circumstances);或

(iii) 在获得上述认知(knowledge or awareness)后,迅速移除或阻止接触该内容……

如上所述,区法院认为,上述法律条文中知道是指对具体和可识别的侵权行为的认知。我们支持这一结论,理由如下:

我们认为,法律条文的文本迫使我们得出上述结论。依据 § 512(c)(1)(A),网络服务提供商获知侵权行为本身并不导致其丧失安全港保护,相反,如果它及时移除或阻止接触该侵权内容,则依然能够获得安全港保护。移除义务条款本身表明所谓认

知应该是对具体侵权内容的认知,因为只有网络服务商知道具体需要移除的内容之后才有可能迅速移除。的确,在缺乏具体认知的情况下,要求迅速移除将强迫网络服务商在获得关于侵权行为的一般认知(a generalized awareness)后就履行"采取商业上合理的措施"的模糊义务。如此解释,难以和条文文本相协调,因为该条要求[网络服务商在获知后]迅速采取措施移除或阻止接触侵权内容。

上诉过程中,原告提醒我们注意所谓的"红旗标准"意义上的认知条款,即§512(c)(1)(A)(ii)。在他们看来,国会使用所谓"事实或情景"这一术语表明,国会并不试图将红旗标准限制在特定类型的认知上。如果只有知道具体的侵权行为,才是"知道(not aware of)任何能够显示侵权活动很明显的事实或情景",则导致红旗标准条款变成多余的。因为这实际上等于要求只有符合实际认知(actual knowledge)条款时,红旗标准条款才得到满足。基于这一理由,原告要求我们确认红旗标准条款比实际知道条款§512(c)(1)(A)(i)要求更少的具体认知(requires less specificity)。

上述争辩错误地解释了实际知道与红旗标准意义上的知道之间的关系。的确,我们在解释法律条文时不能使得它变成多余条款。要求有具体认知,并不会使得红旗标准变成多余条款。§512(c)(1)(A)(i)中的"实际知道"通常是指[被告的]主观认识(subjective belief)。而§512(c)(1)(A)(ii)中的"事实和情景"是指一种客观合理性标准(an objective reasonableness standard)。

实际知道与红旗标准知道之间的区别不在于具体和一般认知之间的差别,而在于主观与客观标准之间的差别。换句话说,实际知道条款是指网络服务商是否实际或主观上知道具体的侵权行为,而红旗标准条款则是指网络服务商是否主观上知道(subjectively aware)那些"会让正常合理人客观上觉得具体侵权行为很明显"的"事实或情景"。依据我们对§512(c)安全港规则的解释,红旗标准条款中植入了一个客观标准,因此并没有被实际知道条款所吸收。这两个条款各自独立工作,都只适用于具体侵权的情形。

[接下来,法院引述 UMG Recordings, Inc. v. Shelter Capital Partners LLC, 667 F.3d 1022 (9th Cir. 2011)案,指出该法院得出了相同结论。没有法院认为,红旗标准要求更少的具体认知。]

2. 即决判决的授予

上诉的附带问题是,依据前述§512(c)(1)(A)的解释,区法院是否错误地授予了即决判决。我们认为,虽然区法院正确地解释了§512(c)(1)(A),但是即决判决还是不合时宜的(premature)。

i. 具体认知(Specific Knowledge or Awareness)

原告指出,即使依据区法院解释的安全港规则,记录也表明 YouTube 实际知道或者在红旗标准意义上知道具体的侵权行为。为了得出这一结论,原告提请我们注意各种各样的关于 YouTube 网站上侵权内容比例的估计数字。比如,Viacom 援引证据说,YouTube 的雇员进行网站调查,估计75%—80%的 YouTube 数据流含有版权材料。其他原告还引述 Google 财务顾问 Credit Suisse 的估计结果,即超过60%的 YouTube 内容为版权材料,只有10%经过授权。原告认为,这些估计数字表明,被告知道YouTube网站上相当数量的内容是侵权内容。但是,仅仅这些估计数字本身并不足以判断YouTube是否实际知道特定侵权行为存在,或知道足以表明特定侵权行为存在的"事实或情景"。

除了上述调查结果,原告们还依靠YouTube内部的通讯记录,其中的确提到特定的视频片段或数组视频片段。集团诉讼的原告认为,YouTube曾经试图检索网站上具体的"Premier League"(集团诉讼原告组成的联盟)的视频以评估视频利用的价值,因此它知道具体的侵权材料。特别是,原告提到Google与YouTube视频联盟主任(director of video partnerships)Patrick Walker在2007年2月7日写的邮件。该邮件请求他的同事们计算一下每天搜索"soccer""football"和"Premier League"等词条的数量,以准备争取Premier League全球版权授权。在另一场合,Walker要求在会见数个主要的俱乐部的领导人之前,将一些明显侵害Premier League俱乐部成员的官方转播内容版权的视频材料删除。YouTube最终决定不谋求版权授权,但是被控侵权的内容依然保留在该网站上。

案卷中还有其他事例。比如,YouTube的创始人Jawed Karim在2006年3月准备了一份报告,指出:"到今天为止,以下一些有名的影视剧的片段依然能够在YouTube上找到,比如Family Guy, South Park, MTV Cribs……"。Karim进一步指出,"虽然法律并不要求YouTube监控内容,遵守DMCA删除要求,事先删除明显违法并可能招致批评的内容,会让我们受益。"他还指出,需要对这一问题进行更彻底的分析。Karim所提到的一些电视剧归Viacom所有。一个理性的陪审员可能可以从2006年3月份的报告中得出结论,即Karim知道YouTube上有Viacom的版权材料,因为他在宣称YouTube网站上有具体影视剧内容之前,应该已经确定了具体的视频片段。一个理性的陪审员同样可以认为Karim相信他所发现的具体的视频片段侵害版权。在进行更彻底的分析之前,YouTube并没有移除这些内容,这导致该公司承担责任。

此外,在2005年7月4日,YouTube的创始人Chad Hurley给其他共同创始人发送邮件,标题行是"budlight commercials",指出"我们要拒绝这些内容"。Steve Chen回复说,"我们能将这些内容保留更久一些吗?额外一周或两周不会有什么损害。"Karim也回复说,他恢复了全部的28段视频(bud videos)。类似地,2005年8月9日,Hurley催促同事要积极拒绝版权内容或不适当内容,指出"今天网站上有一段CNN关于太空飞船的视频,如果Turner的人访问这一站点,他们可能会很生气?"Chen再一次拒绝这一建议,说:"我们应该保留这些内容。我的确不觉得什么事情会发生。什么?CNN的人看到它?他刚好是CNN内有权势的人吗?他刚好想立即移除该内容,他会和CNN的法律部联系。两周后我们会收到一封停止侵害的通知信函。然后我们将视频拿下。"Karim也表示同意,说:"CNN的太空飞船视频,我很喜欢。在我们更大更有名之后,我们可以将它移除,但是现在该视频没有问题。"

看过这些记录,我们认为原告可能已经提出一个关于YouTube对具体侵权行为的认知的重要事实问题。前述Premier League的邮件要求确定和移除明显侵权的官方广播节目内容。2006 年 3 月的报告表明 Karim 知道具体视频明显违法(在他看来)。类似的,Bud Light 和太空飞船视频的电子邮件都指向具体的视频,并讨论是否应该删除侵权内容。基于这些事实,一个理性的陪审员可以得出 YouTube 实际知道具体侵权行为的结论,或者至少知道某些表明具体侵权活动很明显的事实或情形。因此,我们认为,在没有对现有记录作出详细解释的情况下作出即决判决是不成熟的。

不过,虽然上述邮件已经被附在即决判决中,我们并不清楚上述邮件涉及的视频是否属于诉争的视频。因此,我们撤销授予即决判决的决定,要求区法院重新审查 YouTube 是否知道诉争的视频。

ii. 故意装作不知("Willful Blindness")

原告还指出,有证据表明 YouTube 对于具体侵权行为故意装作不知,但是区法院依然作出对被告有利的即决判决。这是我们第一次遇到此类问题,我们在 DMCA 的背景下适用普通法的"故意装作不知"学说。

故意装作不知(willful blindness)等于知道,这一原则并不新鲜。一个人故意装作不知或有意识回避,等于知道某一事实的高度概然性而有意识地避免证实该事实。在商标侵权案件中,我们指出,服务提供商不能故意装作不知道。当它有理由怀疑用户在侵害某一商标时,它选择朝其他方向看,这并不能使得它免于知道该特定的侵权行为。Tiffany (NJ) Inc. v. eBay, Inc., 600 F. 3d 93,109(2010)。

DMCA 没有提到故意装作不知道。原则上,只有成文法直接对普通法所涉及的问题作出规定时,我们才会认为成文法放弃了普通法原则。因此,相关的问题变成,DMCA 是否直接对故意装作不知道这一原则作出规定。与此最为相关的是 DMCA 的 § 512(m),该条规定,除了容纳版权人的技术保护措施外,安全港保护不应以服务商监控其服务或主动寻找侵权行为为前提。§ 512(m)很明确:DMCA 的安全港保护不能以网络服务商主动监控为前提。因此,§ 512(m)与普通法原则并不一致。在普通法下,对"侵权行为可能发生"的一般认知(general awareness)可能导致监控或主动寻找侵权行为的宽泛义务。不过,我们的分析不能就此结束。如前所述,"故意装作不知道"规则并不能被定义为"主动监控义务"。因为成文法并没有直接提及故意装作不知道规则,因此 § 512(m)限制但是并没有放弃这一规则。因此,我们认为,在适当情形下,故意装作不知道规则可以适用,用以证明网络服务商在 DMCA 意义上知道具体的侵权行为。

区法院没有明确故意装作不知道规则与 DMCA 安全港规则的关系。因此,被告是否故意避免侵权认知这一事实问题并不清楚,应由区法院重审。

思考问题:

(1)在具体案件中,大概极少有原告能够像本案原告那样获得被告内部的通讯邮件的内容,因而很难证明被告的主观认知状态。这是否意味着,安全港规则是否对于著作权人过于严厉?

(2)在"故意装作不知道"规则下,被告在获得侵权的一般认知之后,有义务了解具体的侵权行为吗?

网络服务商责任的改革方向

崔国斌:《网络服务商共同侵权制度之重塑》,
载《法学研究》2013年第4期,第154—156页。

　　网络技术迅猛发展导致网络盗版泛滥,中国立法者进一步向安全港规则靠拢,是错误的选择。这将导致中国法院像美国法院一样,为克服安全港规则的局限性,限制适用安全港规则或变通适用引诱侵权规则等替代性规则。这么做的代价是扭曲了这些替代性侵权规则,却没有得到安全港规则原本要强调的确定性。本文认为,正确的选择应该是告别网络存储服务和网络信息定位服务的安全港规则,许可法院依据共同侵权的一般规则重新塑造网络服务商共同侵权责任规则。

　　重新塑造网络服务商的共同侵权责任规则的基本指导思想是许可法官依据"正常合理人"(善良管理者)的一般标准,结合个案的实际需要,确认网络服务商注意义务的具体内容。当网络服务商作为善良管理人,对网络服务中的直接侵权行为获得一般认知——即意识到用户有可能利用网络从事侵权活动——之后,如果可能,它应当采取合理措施将直接侵权的后果控制在合理的范围内。换句话说,对直接侵权行为的一般认知可能触发网络服务商的注意义务。过去学术界或司法部门所普遍接受的共同侵权(间接侵权)的特殊规则,比如帮助侵权中的"实质性非侵权用途抗辩""网络服务商主动审查义务豁免""红旗标准"等,或多或少违背了间接侵权的一般规则,均应该被放弃或修正。

　　"实质性非侵权用途抗辩",如前所述,是美国最高法院在Sony案中确立的帮助侵权抗辩规则。这是明显偏向新技术而不是版权行业的一项裁决。虽然,它在美国并没有像很多人想象的那样得到彻底贯彻,这并不妨碍它在中国学术界有很多响应者。这一规则片面强调技术方案所具有的实质性非侵权用途,而没有考虑技术提供方采取合理措施避免侵权的成本和可能性。在网络环境下适用这一规则很容易导致利益的天平过度偏向技术提供方,损害版权人的利益。美国最高法院在Grokster案件中拒绝接受Sony案的指引,而是选择以引诱侵权救急,实际上也说明了这一点。在将来的司法实践中,中国法院也应该认识到:产品或服务具有实质性非侵权用途,仅仅意味着法院不能因为服务商提供该产品或服务这一行为本身而直接推定服务商存在过错,而并不意味着法院不能根据其他情节认定服务商存在过错。当然,由于主观过错证明有相当的难度,同时救济措施也受到限制,引诱侵权制度实际上并不能从根本上应对P2P网络技术所引发的挑战。美国最高法院在Grokster案中的判决只不过是权宜之计而已。也正因为如此,有学者认为,本案中法院着迷于网络服务商的主观状态,而不是网络服务本身的整体效果,有失偏颇。

　　"网络服务商主动审查义务豁免"与"红旗标准"相结合是安全港规则走向僵化的主要原因,这在前文已经有了充分的讨论。依据这些规则,网络服务商在一般情况下没有主动审查义务,只有在对具体的侵权行为有具体认知时,才有义务采取措施阻止侵权行为。而依据间接侵权的一般规则,网络服务商作为善良管理人在获得直接侵权的一般认知之后,就可能承担相应的避免侵权的注意义务,而不是一定要等到对具体侵权行为有具体认知时才有此类注意义务。

在获得关于直接侵权的一般认知后,如果网络服务商采取了合理措施,将侵权行为的发生频率控制在合理范围,则不能依据所谓的一般认知来追究网络服务商的侵权责任,即不能认定网络"应当知道"具体侵权行为的存在。这时候,只有网络服务商实际上具体知道第三方侵权行为时,才承担侵权责任。侵权法对于相当因果关系的强调,大致可以避免网络服务商对那些即便采取合理预防措施也不能避免的后果承担损害赔偿责任。

如果网络服务商采取了合理措施,依然无法将侵权行为的发生频率降低到合理的范围,则需要进一步依据下一节的"风险—效用"分析来判断,网络服务商提供此类网络服务是否存在法律意义上的"缺陷",从而决定是否应承担责任。

在中国现有的法律框架下,可以从以下几个方面落实上述建议的方案。首先,在《著作权法》作出具体规定之前,法院在适用《民法通则》和《侵权责任法》第36条(尤其是后者)所确立起来的网络间接侵权的制度原则时,应将一般侵权法意义上的"知道"或"应当知道"作为认定行为人主观过错的判断标准。其次,修改《信息网络传播权保护条例》,放弃第22条的免责条款;或者,参考该《条例》第23条,将第22条从免责条款变成正面的"归责条款",引入上述一般侵权规则下的"知道或应当知道"标准。再次,形式上维持"通知—删除"制度,但改造该制度功能。"通知—删除"程序不应该被视为网络服务商履行其他可能的注意义务(包括主动进行版权审查)的前置程序。在一般侵权规则下,"通知—删除"程序起到帮助版权人证明网络服务商存在过错的作用;同时,也为网络服务商应对侵权通知提供指导,避免网络服务商在版权人和网络用户的对立中无所适从。网络服务商按照"通知—删除"规则行事,并不能够避免其他注意义务。最后,决策者应当避免在《著作权法》及最高人民法院的司法解释中泛泛地规定网络服务商没有版权审查等注意义务。如前所述,这是安全港规则僵化的主要原因。现有《著作权法》修改建议稿或司法解释笼统地宣称网络服务商原则上没有版权审查义务,是不可取的。

3 "通知—删除"规则

《信息网络传播权保护条例》引入了美国版权法创造的"通知—删除"规则。依据这一规则,如果著作权人认为第三方正通过网络服务提供商所提供的网络服务侵害其著作权,著作权人可以向网络服务提供商发送书面的侵权通知。网络服务提供商在接到符合要求的侵权通知之后,必须立即删除侵权内容或侵权链接,并同时将侵权通知转交第三方。第三方在接到侵权通知后,可以提出书面说明(即所谓的反通知),证明自己行为的合法性。网络服务提供商在收到反通知后,则应当恢复网络服务。这一规则概括起来就是"通知—删除—反通知—恢复",简称"通知—删除"规则。

3.1 "通知—删除"规则的意义

"通知—删除"规则的引入,有力地消除了侵权规则在实务层面的不确定性给各方带来的困扰。在很多情况下,权利人和服务商都无法准确预知,第三方使用作品的行为是否直接侵权、服务商对直接侵权行为的认知是否算是"明知或应知"。如果权利人一发现第三方侵权,就直接起诉服务商(起诉第三方不是合理选择时),则很难证明服务商"明知或应知",有很高的败诉风险。因此,即便没有"通知—删除"规则,权利人合理的选择依然是先给网络服务商发通知,告知第三方的侵权性质,使得服务商无法再以无过错作为抗辩理由拒绝删除侵权内容。如果没有明确的"通知—删除"规则,权利人并不能确定地知道自己的通知是否能够产生期待的法律效力——将服务商从"一无所知"状态变成"明知或应知"状态。

如果没有法定的"通知—删除"规则,服务商在收到上述侵权通知后,需要在权利人和第三方之间作出艰难的选择。服务商如果错误地选择支持权利人,可能要向第三方承担违约责任(或者损害表达自由等基本权利);如果错误地选择了支持第三方,则可能要承担间接侵权责任。因此,在没有"通知—删除"规则的情况下,权利人和服务商都要为法律上的不确定性而承担风险。当然,对于那些单方面提供链接的服务商而言,此类问题可能不是很严重。因为在市场上不具有支配地位的服务商通常并不对被链接的第三方附有合同或者法律义务。在收到侵权通知后,服务商径直删除链接,并不会引发第三方诉讼。当服务商(比如搜索引擎)具有支配地位之后,它可能受到竞争法的限制,不能随意删除指向第三方的链接。这时,服务商在面对侵权通知时,可能也要面临两难选择。

经过立法确认的"通知—删除"规则的出现,使得权利人能够更清楚了解侵权通知的形式要件,从而增强了权利人对侵权通知法律效力的预期。对服务商而言,这一规则彻底消除了它在接到侵权通知后进退两难的问题。依据这一规则,服务商删除或恢复相关内容,都无须担心自己要承担法律责任。如果经过"通知—删除"程序,权利人和第三方无法解决自己的著作权侵权纠纷,则只能通过司法程序解决。服务商可以置身事外,静等法院的裁决,然后遵照执行。

3.2 "通知—删除"规则的具体要求

《信息网络传播权保护条例》(2013)第14—17条对"通知—删除"规则的具体要求,有详细规定,具体如下:

第十四条 对提供信息存储空间或者提供搜索、链接服务的网络服务提供者,权利人认为其服务所涉及的作品、表演、录音录像制品,侵犯自己的信息网络传播权或者被删除、改变了自己的权利管理电子信息的,可以向该网络服务提供者提交书面通知,要求网络服务提供者删除该作品、表演、录音录像制品,或者断开与该作品、表演、录音录像制品的链接。通知书应当包含下列内容:

(一)权利人的姓名(名称)、联系方式和地址;

(二)要求删除或者断开链接的侵权作品、表演、录音录像制品的名称和网络地址;

(三)构成侵权的初步证明材料。

权利人应当对通知书的真实性负责。

第十五条 网络服务提供者接到权利人的通知书后,应当立即删除涉嫌侵权的作品、表演、录音录像制品,或者断开与涉嫌侵权的作品、表演、录音录像制品的链接,并同时将通知书转送提供作品、表演、录音录像制品的服务对象;服务对象网络地址不明、无法转送的,应当将通知书的内容同时在信息网络上公告。

第十六条 服务对象接到网络服务提供者转送的通知书后,认为其提供的作品、表演、录音录像制品未侵犯他人权利的,可以向网络服务提供者提交书面说明,要求恢复被删除的作品、表演、录音录像制品,或者恢复与被断开的作品、表演、录音录像制品的链接。书面说明应当包含下列内容:

(一)服务对象的姓名(名称)、联系方式和地址;

(二)要求恢复的作品、表演、录音录像制品的名称和网络地址;

(三)不构成侵权的初步证明材料。

服务对象应当对书面说明的真实性负责。

第十七条 网络服务提供者接到服务对象的书面说明后,应当立即恢复被删除的作品、表演、录音录像制品,或者可以恢复与被断开的作品、表演、录音录像制品的链接,同时将服务对象的书面说明转送权利人。权利人不得再通知网络服务提供者删除该作品、表演、录音录像制品,或者断开与该作品、表演、录音录像制品的链接。

3.2.1 适用对象

《条例》中"通知—删除"规则仅仅适用于"提供信息存储空间或者提供搜索、链接服务的网络服务提供者",因此对于提供网络自动接入、自动传输和自动缓存服务的服务商,这一规则并不适用。立法者显然不希望过度的延伸间接侵权的因果链条。同时,后一类服务商通常无法从内容上审查用户所上传的作品,甚至无法准确地删除侵权内容或者切断与侵权内容有关的网络服务。对于那些自行上传内容的网络服务提供商,"通知—删除"规则也不适用。此类服务商适用更严厉的直接侵权规则(接近严格责任)。

3.2.2 通知的内容要求

权利人的"侵权通知"和第三方(服务对象)的"反通知",都要符合法定的形式要求,提供的内容足够详细,让服务商能够判断侵权指控或合法辩解的合理性。实践中,最容易出问题的环节是,通知对于侵权内容所在的网络地址的描述不够详细,让服务商无法准确得知侵权内容所处位置;通知中权属证明不够可靠,无法让服务商相信通知者拥有合法权利基础。这样的通知无法实现权利人预期的法律效果。

通知删除程序中的另一重要问题是,不符合避风港的侵权通知会产生怎样的法律后果。版权界对此至少有三种理解:(1)侵权通知如果不合格,就视为从来没有发出过,即使在判断网络服务商是否构成帮助侵权的"知悉"状态时也不得考虑在内。这种观点似乎对于网络服务商要求过于宽松,纵容本身已经不符合避风港的网络服务商,却能够以版权人的通知不符合避风港为借口来逃避法律责任。(2)侵权通知即使不合格,但是在判断避风港其他免责要件(例如"红旗标准"的"不知道也没有理由知道"要件)时,仍然可以考虑其对网络服务商主观状态的影响。这种观点似乎又对网络服务商过于苛求。符合避风港的网络服务商在收到不合格侵权通知时仍然不能高枕无忧,而必须仔细审查其内容是否会导致"明知"或"有理由知道",以免因不合格通知而丧失避风港资格。这无疑会加重网络服务商的负担,抵消避风港带来的附加保护。(3)不合格的侵权通知在判断避风港的免责要件时不得予以考虑,但对于本身不符合避风港的网络服务商,在判断帮助侵权时仍然可以考虑其对"知悉"状态的影响。这种折中观点似乎最为合理:一方面,不合格的侵权通知不会导致合格的网络服务商无法享受避风港;另一方面,不合格的网络服务商也不能以侵权通知的瑕疵来间接获得避风港保护,逃避帮助侵权责任。①

过去,最高人民法院的司法解释《关于审理涉及计算机网络著作权纠纷案件适用法律若干问题的解释》(2006)第7条第1款明确:"著作权人发现侵权信息向网络服务提供者提出警告或者索要侵权行为人网络注册资料时,不能出示身份证明、著作权权属证明及侵权情况证明的,视为未提出警告或者未提出索要请求。"

上述解释在有些情况下可能显得过于严厉。比如,侵权作品很特别,是热播的电影,即便侵权通知存在明显的缺陷,收到该通知的服务商依然能够轻松判断出用户行为是侵权行为。这时候,强调侵权通知存在缺陷而视为"未提出",对著作权人可能不够公平。合理的选择是,没有必要严格强调侵权通知的形式,而应该适用一般的侵权法上的过错标准来判断服务商收到有缺陷的侵权通知之后,是否谨慎行事。司法实践中,的确有法院容忍侵权通知中的一些瑕疵。② 在最新的司法解释《关于审理侵害网络信息传播权民事纠纷案件适用法律若干问题的规定》(2012)中,上述第7条要求没有出现。这应该也表明了最高人民法院的态度变化。

《条例》对侵权通知的严格要求,给很多著作权人带来不便。在笔者参加的一次研讨会上,美国NBA的代表就指出,在给侵权网站发布侵权通知时,按照规定需要提供权利证明,通常要求提供版权登记证书。这使得那些具有高度时效性的体育节目很难依据"通知—删除"规则得到有效保护。另外,对于那些每天产生大量版权作品的权利人而言,《条例》的要求也很难满足。

依据2006年最高人民法院的司法解释,服务商在接到侵权通知后,如果拒绝采取措施,则著作权人可以"在诉前申请人民法院作出停止有关行为和财产保全、证据保全

---

① 刘家瑞:《论我国网络服务商的避风港规则——兼评"十一大唱片公司诉雅虎案"》,载《知识产权》2009年第2期,第20页。
② 华纳唱片有限公司 v. 阿里巴巴信息技术有限公司,北京市二中院(2007)二中民初字第02630号。

的裁定,也可以在提起诉讼时申请人民法院先行裁定停止侵害、排除妨碍、消除影响"[1]。在 2012 年的司法解释中,上述规定不复出现。最高人民法院应该认为这是理所当然的,没有必要在司法解释中规定。

《条例》中的第三方的"反通知"功能使得权利人和第三方之间的地位趋于平衡,可以避免权利人或服务商滥用侵权通知,损害第三方的言论自由和合法的商业利益。不过,如前所述,对于普通的搜索引擎或普通链接,服务商与被链接的第三方通常没有业务联系,通常也没有合同或法律义务。《条例》所设置的"反通知"制度可能派不上用场。

3.2.3 错误删除的责任

《信息网络传播权保护条例》第 24 条规定:"因权利人的通知导致网络服务提供者错误删除作品、表演、录音录像制品,或者错误断开与作品、表演、录音录像制品的链接,给服务对象造成损失的,权利人应当承担赔偿责任。"

最高人民法院的司法解释(2006 年修正)第 8 条也明确了不当移除造成损害的责任分配:

> 网络服务提供者经著作权人提出确有证据的警告而采取移除被控侵权内容等措施,被控侵权人要求网络服务提供者承担违约责任的,人民法院不予支持。
>
> 著作权人指控侵权不实,被控侵权人因网络服务提供者采取措施遭受损失而请求赔偿的,人民法院应当判令由提出警告的人承担赔偿责任。

不过,最新的 2012 年司法解释中并没有出现上述类似条款,让人诧异。

3.3 《侵权责任法》上的"通知—删除"规则

《侵权责任法》(2009)第 36 条第 2 款将上述《条例》中的"通知—删除"规则延伸到一般的网络侵权领域:"网络用户利用网络服务实施侵权行为的,被侵权人有权通知网络服务提供者采取删除、屏蔽、断开链接等必要措施。网络服务提供者接到通知后未及时采取必要措施的,对损害的扩大部分与该网络用户承担连带责任。"

理论上讲,上述规则适用于网络环境下侵害各类民事权利的行为,比如姓名权、名誉权、隐私权、著作权、商标权等。在缺乏具体的操作性规则的情况下,这一规则的实用性与合理性存在很大疑问。

就著作权侵权而言,《条例》上的"通知—删除"规则仅仅适用于网络存储和网络搜索和链接服务的提供者,并不适用于网络接入服务提供者或其他服务商。而《侵权责任法》的宽泛规定中显然无法看到这样的限制,必然引发公众对其适用范围的担心。

《侵权责任法》也没有设置所谓的"反通知"规则,这至少产生两方面的问题。其一,这一程序很可能被权利人或网络服务提供者滥用,损害网络用户的言论自由和合法商业利益。其二,网络服务提供者接到通知之后,依然必须在用户和权利人之间作

---

[1] 最高人民法院《关于审理涉及计算机网络著作权纠纷案件适用法律若干问题的解释》(2006 年修正,2012 年废止)第 7 条第 2 款。

出选择,而无法置身事外。立法者在引入"通知—删除"规则的时候,显然忘记了这一规则本来的目的。

《侵权责任法》上"通知—删除"规则涉及的权利众多,权利人发布通知的具体形式要求却一片空白。在实践中,可能被迫依靠法官的自由裁量,有很大的不确定性。

3.4 "通知—删除"规则与服务商间接侵权责任

"通知—删除"规则并没有改变网络服务提供商的间接侵权责任的范围。如前所述,只要网络服务提供者在明知或应知的情况下,为直接侵权的第三方提供服务,就应当承担间接侵权(共同侵权)责任。至于权利人是否提出侵权通知,并不影响此类间接侵权的认定。换句话说,"提供信息存储空间或者提供搜索、链接服务的网络服务提供者"在收到权利人的侵权通知之前,依然应当谨慎从事。如果它们在明知或应知的情况下为直接侵权行为提供帮助,依然要承担间接侵权责任。从这一意义上讲,"通知—删除"规则只是在权利人愿意发出侵权通知的情况下,才具有规范意义。

理论上存在这样的可能性:网络服务商的行为构成间接侵权,但是权利人并没有直接起诉,而是先发出侵权通知。这时候,网络服务商即便按照"通知—删除"规则行事,也不能免除其在接到侵权通知之前的间接侵权责任。如果网络服务商依据形式上合法的"反通知"拒绝删除侵权内容,是否要为后续直接侵权行为承担间接侵权责任,则存在疑问。不过这种可能性微乎其微,因为网络服务商存在过错,通常也就意味着它能够识别出这种形式上合法的"反通知"实际上并不可靠。如果它假装没有识别出,拒绝删除侵权内容,应该还是要承担侵权责任。

4 帮助侵权之一:网络接入、自动传输与自动缓存

4.1 网络接入与自动传输

网络自动接入服务是指通过通讯设施硬件以有线或无线方式向用户提供互联网连接(接入)服务。常见的网络接入方式有拨号接入、ADSL(Asymmetric Digital Subscriber Line,非对称数字用户线路)接入、局域网宽带接入、无线网络接入、等等。在中国,提供此类接入服务的服务商很多,比如中国联通、中国网通、中国电信、中国移动等。网络自动传输服务则更容易理解,是指网络中的数据信息传输。提供自动接入服务的服务商通常也会参与网络信息传输。

提供网络接入和传输服务的服务商并不关心网络系统中信息的具体内容,单纯因接入服务而收费。一般情况下,接入服务提供商并没有动机去从事侵害特定作品著作权的活动。著作权法无须特别考虑如何阻止这些机构在提供接入服务从事侵权活动。

《信息网络传播权保护条例》(2013)第 20 条:

> 网络服务提供者根据服务对象的指令提供网络自动接入服务,或者对服务对象提供的作品、表演、录音录像制品提供自动传输服务,并具备下列条件的,不承担赔偿责任:

（一）未选择并且未改变所传输的作品、表演、录音录像制品；

（二）向指定的服务对象提供该作品、表演、录音录像制品，并防止指定的服务对象以外的其他人获得。

《条例》第 20 条直接免除了网络接入服务提供商的直接和间接侵权责任。立法者并没有关注服务商的主观状态，而是彻底免除了自动接入服务商的侵权赔偿责任。即便接入服务提供商明知或者应当知道直接侵权存在，或者接到权利人的侵权通知，它们也不承担赔偿责任。《条例》中第 14—17 条所规定的"通知—删除"规则仅仅适用于网络存储服务和网络搜索与链接服务提供者，也说明了这一点。

《条例》第 20 条所列举的两项要求——未选择并改变传输内容，也未改变传输对象，实际上只是保证网络服务商所从事的的确是法律意义上的自动接入或自动传输服务。如果网络服务商改变了传输的内容，或者改变了接收对象，实际上是按照自己的意愿在提供作品，其行为的法律定性不可避免地发生变化。中国的立法显然参考了美国 DMCA Section 512(a) 的规定。DMCA 还要求接入或传输行为应当是应服务对象要求完成的；同时，传输过程中所生成的临时复制件不应被第三方获取，也不应不合理地长时间保留。

提供自动接入服务或提供自动网络传输服务的服务商，在提供服务的过程中，不可避免地要依据服务对象的指令，对第三方的作品进行复制、传输。如前所述，这些复制或传输行为是应服务对象的指令实施，因此法律意义上的行为人应该是服务对象，而不是提供接入服务或传输服务的网络服务商。比如，在"信息网络传播权"一章提到的"中国音乐著作权协会 v. 广州网易计算机系统有限公司（北京市二中院（2002）二中民初字第 03119 号）"案。网易公司未经著作权人许可，将歌曲《血染的风采》收录进其在网上开办的栏目中，供不特定的移动电话用户下载作为手机铃声使用。用户通过网易公司的网站确认下载之后，该歌曲由网易公司的服务器将该歌曲编辑成为二进制编码，通过公众互联网发送至移动短信网关，最后由移动通信部门通过其掌握的移动电话网—GSM 网络发送至移动电话用户。网易公司的收费标准为：普通质量的铃声为 1 元，高保真质量的铃声为 2 元。北京移动公司向网易公司收取 15% 的服务费。法院指出："在实施信息的接收和发送行为过程中，北京移动公司在主观接受程度上始终是被动的，仅利用自身的行业特点和经营优势提供设备，对信息的接收和传送提供了连接平台，北京移动公司因其向公众和网络公司提供基础设备服务并因此而收取费用的行为不能成为其承担侵权责任的依据。"

《条例》并没有准确定义网络接入与传输服务的确切内容，在实务中可能会引发争议。比如，在"信息网络传播权"一章提到的北京三面向版权代理有限公司 v. 中国电信股份有限公司江西分公司等案。在该案中，九江电信向亿恩科技公司出租机架，许可亿恩科技公司将其服务器放在九江电信的机架上，并分配给该公司 IP 地址（IP 218.95.37.143）。该公司利用该服务器架设网站 www.bookdown.com.cn。该网站未经授权，传播了原告享有著作权的作品《狞皇武霸》。这里争议的一个焦点是，电信服务商是否是著作权法意义上的网络服务提供者。法院认为:"九江电信既未向www. bookdown.com.cn网站出租或免费提供磁盘空间或利用磁盘空间开辟信息交流平台,也未向[上述]网站有偿或免费提供存储服务、存储服务对象的作品等具有存储形式的服务,因此九江电信不是《信息网络传播权保护条例》所指的为服务对象提供信息存储空间的网络服务提供者,未在[上述]网站标示为网络服务提供者不成为九江电信担责或免责的法律要件。"①

如果网络服务商只是提供单纯的主机托管服务,电信公司可能只负责服务器所在机房的供电、空调、安全保障,以及服务器与委托方的通讯联系等。在这种情况下,将间接侵权责任延伸到电信公司,正当性不足。不过,如果电信公司在提供主机托管业务时,附带提供网络传输或网络存储服务,则网络服务商可能要根据具体情况承担间接侵权责任。

青岛捷能汽轮机股份有限公司 v. 山东青能热动设备有限公司等
上海市高院(2006)沪高民三(知)终字第27号

最高人民法院《关于审理涉及计算机网络著作权纠纷案件适用法律若干问题的解释》第6条的规定是:"提供内容服务的网络服务提供者,对著作权人要求其提供侵权行为人在其网络的注册资料以追究行为人的侵权责任,无正当理由拒绝提供的,人民法院应当根据《民法通则》第106条的规定,追究其相应的侵权责任"。该条规定所指的应当承担侵权责任的主体是"提供内容服务的网络服务提供者",而有关证据反映,被上诉人上海世纪公司被经营许可的业务种类仅为:第二类增值电信业务中的因特网接入服务业务。因特网接入服务业务内容是指利用接入服务器和相应的软硬件资源建立业务节点,并利用公用电信基础设施将业务节点与因特网骨干网相连接,为各类用户提供接入因特网的服务。因此,被上诉人上海世纪公司并不是提供内容服务的网络服务商,也不是为被上诉人山东青能公司网站服务的直接提供网络服务者。

4.2 网络缓存

《信息网络传播权保护条例》第21条为网络缓存服务设置了安全港:

> 网络服务提供者为提高网络传输效率,自动存储从其他网络服务提供者获得的作品、表演、录音录像制品,根据技术安排自动向服务对象提供,并具备下列条件的,不承担赔偿责任:
>
> (一)未改变自动存储的作品、表演、录音录像制品;
>
> (二)不影响提供作品、表演、录音录像制品的原网络服务提供者掌握服务对象获取该作品、表演、录音录像制品的情况;

---

① 北京三面向版权代理有限公司 v. 中国电信股份有限公司江西分公司等,江西省高院(2009)赣民三终字第38号。

（三）在原网络服务提供者修改、删除或者屏蔽该作品、表演、录音录像制品时，根据技术安排自动予以修改、删除或者屏蔽。

由于网络缓存主要涉及的是信息网络传播权或复制权方面的直接侵权问题，本书将它放在"信息网络传播权"一章。为了让读者获得安全港规则体系的完整感，这里简单设置一节，并提示读者参阅前文。如果作品内容被缓存的网络服务商侵害著作权，网络服务商在明知或应知的情况下提供缓存和传输服务，可能会面临间接侵权的指控——帮助侵权网站侵害信息网络传播权。不过，上述规定并未涉及这一问题。法院处理此类案件时，可能只能接受一般间接侵权规则的指引。

4.3 禁令救济

《条例》第20条只是规定服务商不承担损害赔偿责任，在禁令救济方面，保持沉默。这可能产生下列疑问：在服务对象（用户）侵害著作权的情况下，著作权人是否可以请求法院责令服务商停止为侵权用户提供网络接入或传输服务。在法律没有明确规定的情况下，法院可能要依据一般的侵权规则来判断，网络接入服务提供商在明知用户侵权的情况下，是否有义务采取措施阻止用户的直接侵权行为。目前，法院的立场并不明确。

作为对照，美国DMCA Section 512(j)(1)(B)规定，在用户利用网络系统从事侵权活动时，法院可以向此类网络服务商发放禁令，要求服务商停止用户的账户或接入服务，或者采取合理措施屏蔽美国境外的侵权站点。

5 帮助侵权之二：网络存储与发布服务

网络存储与发布服务形态各异，其最核心的特征是网络服务商维持相对开放的网络平台，许可用户自行上传材料并对外发布，而网络服务商并不对用户上传的内容进行审查或实质改动。最常见网络存储与发布服务包括电子布告栏（BBS）、FTP、网络相册、博客、微博、网络硬盘、网络百科、网页寄存（宿主）等等。

《信息网络传播权保护条例》（2013）第22条：

> 网络服务提供者为服务对象提供信息存储空间，供服务对象通过信息网络向公众提供作品、表演、录音录像制品，并具备下列条件的，不承担赔偿责任：
> （一）明确标示该信息存储空间是为服务对象所提供，并公开网络服务提供者的名称、联系人、网络地址；
> （二）未改变服务对象所提供的作品、表演、录音录像制品；
> （三）不知道也没有合理的理由应当知道服务对象提供的作品、表演、录音录像制品侵权；
> （四）未从服务对象提供作品、表演、录音录像制品中直接获得经济利益；
> （五）在接到权利人的通知书后，根据本条例规定删除权利人认为侵权的作品、表演、录音录像制品。

上述第 22 条并非归责条款,而是一种免责条款。理论上,法律适用的逻辑顺序是:先依据一般的侵权规则,判断网络服务商的行为是否可能构成侵权。如果答案是肯定的,再看是否符合本免责条款。也就是说,只有在原告证明,依据一般侵权法规则提供网络存储与发布服务的网络服务商的行为构成侵权时,被告才有必要援引第 22 条例外"不承担赔偿责任"。如果依据一般侵权规则,不构成著作权侵权,则调查就结束了,无须援引第 22 条。不过,在实践中,被告无须严格遵守这一法律适用的思路,他可以直接证明自己符合第 22 条的例外规定,无需讨论其是否可能依据一般侵权规则构成侵权。

在司法实践中,最常碰到的案例是用户上传完整的影视作品或者其片段到视频网站,著作权人因此起诉视频网站的运营者。在此类案件中,《条例》第 22 条所规定的免责条件在以下几个方面最容易引发争议:网站是否公开网络服务性质、是否改变用户上传作品、是否存在过错、是否直接获利等。以下分别加以介绍。

5.1 网络服务商的披露义务

按照《条例》第 22 条的要求,服务商主张安全港规则时,应当"明确标示该信息存储空间是为服务对象所提供,并公开网络服务提供者的名称、联系人、网络地址"。要求网站事先披露自己的服务性质以及联系方法,使得著作权人和社会公众可以事先查证网站所披露的服务性质是否属实。这可以起到限制服务商假冒用户上传版权材料的作用。当然,对于真正的无良网站,这一限制的作用有限。有些站点许可用户上传作品,同时也自行采编作品,却没有明确标识这两类作品的不同来源。在这种情况下,网站要援引第 22 条的免责规则,就会遇到障碍。法院可能倾向于拒绝承认侵权作品为用户上传。

有意见认为:"在'信息存储空间'服务提供者没有进行明确标示的情况下,只能认为其不能根据《条例》第 22 条免责,但这并不妨碍其提出其他合理抗辩,从而不承担责任。具体而言,由于缺乏明确标示,法院无法直接认定涉案侵权作品的上传者为用户,因此,可以推定涉案侵权作品为服务提供者自行上传。此时服务提供者必须举出相反证据证明涉案侵权作品是由用户上传的。如果这一证据足以推翻上述推定,那么法院应当认定视频分享网站并未上传涉案侵权视频,即没有实施直接侵权行为。"[①]

在网络服务商一开始未明确标示自己的服务提供者角色的情况下,许可网络服务商通过事后的证据证明自己未上传版权内容,对网络服务商可能过于友好,在一定程度上降低了网络服务商事先公示相关信息的积极性。

北京仙掌软件科技有限公司 v. 北京空中信使信息技术有限公司等

北京市海淀区法院(2010)海民初字第 18821 号

[原告仙掌公司系一家从事手机游戏研发及销售的企业。被告经营的空中网(www.kong.net、www.ko.cn 等)上,有用户上传了原告的游戏软件《仙掌江湖双龙传手

---

① 王迁:《视频分享网站著作权侵权问题再研究》,载《法商研究》2010 年第 1 期,第 87 页。

机游戏软件》的破解版,供其他用户免费下载。具体地说,在用户安装了被告提供的 opera 浏览器之后,用户]在地址栏内输入"kong. net",进入空中网首页,点击"ko 游戏城"进入"ko. cn 手机游戏城"页面。在"搜游戏"栏中输入"江湖双龙传"进行搜索,搜索结果页面显示有江湖双龙传游戏缩略图标。图标下方显示"资费:完全免费""类型:角色""人气:17439""简介:破解游戏:发短信不扣费…"字样。点击"中屏版"后的"176*208"标识,即可下载该游戏……

空中信使公司辩称该公司仅提供存储空间服务,并以此为由主张免责,本院不予支持,理由如下:

第一,空中信使公司提交的公证书表明,空中网的个人家园栏目确实提供了信息存储空间服务。但是,仙掌公司公证日为 2010 年 4 月 23 日,而空中信使公司公证日为同年 8 月 12 日。考虑到空中信使公司控制公司网站服务器,存在技术上更改网站程序的便利条件,在原告不予认可的情况下,空中信使公司不能证明该公司在仙掌公司公证日前属于信息存储空间服务提供者。

第二,根据《信息网络传播权保护条例》的规定,网络服务提供者如欲免除赔偿责任,必须"明确标示该信息存储空间是为服务对象所提供,并公开网络服务提供者的名称、联系人、网络地址"。从空中网个人家园栏目的设置来看,只有在用户登录后才能见到关于信息存储空间的外观标识和声明。未注册用户及已注册用户在未登录状态均不能看到信息存储空间的外观标识,无从知晓空中信使公司的网络服务提供者性质,难以根据《信息网络传播权保护条例》行使通知权利。因此,即使空中信使公司自始属于信息存储空间服务提供者,该公司未按照《信息网络传播权保护条例》的规定公开标示身份,仍然不能免除赔偿责任。

第三,手机游戏属于计算机软件作品,受著作权法保护。根据网络行业、游戏行业的惯例和日常生活经验法则,"破解"即破坏著作权人为游戏设定的保护性计费程序,使游戏玩家在未经许可、不付报酬的条件下使用著作权人拥有合法控制权的游戏软件作品。"破解版"游戏即为同名游戏的侵权版本,空中信使公司对此应属明知。即使空中信使公司自始即为信息存储空间服务提供者,该公司明知用户上传的软件侵权而未尽合理审查义务,仍然构成侵权。

因此,空中信使公司侵犯了仙掌公司的信息网络传播权,应当承担停止侵权、赔偿损失的法律责任。

(蒋强、曹丽萍法官,刘卫星人民陪审员)

思考问题:

被告通常是在应诉之后才举证证明自己的服务模式。按照本案法院对证据时间的要求,被告是不是永远也满足不了要求?在没有事先标示的情况下,被告如果事后证明自己未上传,而是用户上传,被告是否应该免责?

最高人民法院 2006 年的《关于审理侵害信息网络传播权民事纠纷案件适用法律若干问题的规定》第 6 条还为提供内容服务的网络服务商提供设定了额外的披露义

务——应著作权人的要求，提供内容服务的网络服务商有义务向著作权人提供侵权用户的注册资料。这一披露义务仅仅适用于提供内容的服务商，而不能适用于网络接入服务的服务商。在最新的2012年司法解释中，第6条内容没有出现。

5.2 未改变用户上传作品

《条例》要求服务商不得改变用户上传的作品，这是要保证网络服务商在整个存储和网络传输过程中处于被动、次要的位置上，类似于一种管道，而不是积极主动地参与作品的存储和传播，甚至主导整个过程。如果是后者，相当于网络服务商独立于用户，重新进行一次发布行为。网络服务商很可能变成主动的直接侵权行为人，不应该获得第22条的庇护。未改变作品这一事实，只是帮助证明网络服务商处于被动或扮演类似于管道的角色。如果网络服务商并不针对特定作品而采取"改变"措施，通常不会导致其被动的角色受到质疑。

实践中，很多网站自动调整用户上传的视频的文件格式，在视频中加入网站的特征水印、网站标志，插入广告字幕或其他广告内容等。对此，北京高院的《关于审理涉及网络环境下著作权纠纷案件若干问题的指导意见（一）（试行）》（2010）第24条指出：

《信息网络传播权保护条例》第二十二条规定所称"改变"，是指对服务对象提供的作品、表演、录音录像制品的内容进行了改变。

下列行为不应视为对服务对象提供的作品、表演、录音录像制品进行了"改变"：

（1）仅对作品、表演、录音录像制品的存储格式进行了改变；

（2）对作品、表演、录音录像加注数字水印等网站标识；

（3）在作品、表演、录音录像之前或结尾处投放广告以及在作品、表演、录音录像中插播广告。

以下是司法实践中，法院的代表性意见：

搜狐公司认为，全土豆公司在播放该影片过程中添加了土豆网的名称、网址与广告等内容，改变了原始视频的内容，应视为涉案侵权视频的共同制作者……搜狐公司在土豆网上作公证保全的证据显示，涉案影片"麦兜故事"系由播客"wanme夏日"上传，该网络用户实施了侵犯搜狐公司对涉案影片享有的信息网络传播权的网络传播行为……就双方当事人在二审期间争议的网址与广告等影片播放过程中显示的添加内容来看，其中土豆网的名称与网址系直接显示在影片播放过程中的水印，广告则出现在视频播放框外的两侧以及视频播放框右下角，上述添加未使涉案影片的播放及其内容受到任何影响，故该行为既不能视为全土豆公司对涉案侵权影片进行了编辑或改变，亦不会导致全土豆公司作为信息存储空间服务商的类型随之发生变化。因此，搜狐公司认为全土豆公司的地位等同于在线播放视频网站的理由缺乏事实依据,本院不予采纳。①

5.3 服务商的主观过错

网站的主观过错,即网站是否"不知道也没有合理的理由应当知道"直接侵权行为存在。对于明知,通常没有什么争议,尽管实际上很难证明。而对于所谓的"没有合理的理由知道",中国国内很多学者认为,这并非一般间接侵权意义上的"应知"或"应当知道",而是主张采用美国法上的"红旗标准"来判断网站的主观过错。即,网站本身没有积极发现侵权的义务,只有侵权行为像红旗一样在网站管理人员眼前飘扬导致网站不可避免地意识到侵权存在的情形下,网站主观上才属于"有合理的理由知道"。

接下来,我们根据服务商所存储和发布的作品类型的不同,分别讨论服务商过错的认定问题。

5.3.1 电子布告栏(BBS)

依据《条例》第 22 条的安全港规则,电子布告栏的经营者通常并不对用户未经许可张贴第三方版权作品的侵权行为承担责任。BBS 服务商通常没有事先审查的义务;在获知版权人的侵权通知之前,通常被认为不知道也没有理由应当知道用户的侵权行为。下面的"杨建 v. 北京千龙新闻网"案基本上反映了目前这一领域的主流意见:

> 网络基本常识告诉我们,在网络上设置电子公告栏服务,是网络服务商向网络用户提供的一种最常见的技术性服务。网民在这一技术的支撑下,可以自由的在电子公告栏中发表意见、提供各种信息。这一行为在一般正常情况下,并不受提供这一技术服务的网络服务商约束。就如同我们利用电信部门提供的通讯设备进行通话,在一般正常情况下,电信部门无法得知和控制通话的内容。因此网络服务商仅是提供网络设备或技术服务,在无证据证明电子公告栏中的信息提供与网络服务商有关的情况下,网络服务商对信息内容存在的权利瑕疵不承担责任。②

在上述案例中,法院将 BBS 运营者和电话运营商类比,走得有些远。BBS 运营者与单纯提供网络接入服务的运营商还是有些距离,前者承担版权侵权责任的可能性比后者要大很多。前文已有论述,这里不再重复。

不过,中国也有 BBS 运营商被判侵权的案例。在李景英 v. 北京新浪互联信息服务有限公司案中③,著作权人未就 BBS 论坛栏目的侵权发送侵权通知,但之前李锦英以新浪公司的文化栏目(新浪读书栏目的前身)登载《湖南出版工作会议:抵制低俗庸俗媚俗出版物》一文对《养鬼日记》作出了负面评价为由,起诉新浪公司等单位侵犯其著作权及名誉权。北京市海淀法院、一中院分别驳回了其诉讼请求,但在判决中确认

---

① 北京搜狐新媒体信息技术有限公司 v. 上海全土豆网络科技有限公司,上海市一中院(2010)沪一中民五(知)终字第 130 号。
② 杨建 v. 北京千龙新闻网,北京市二中院(2001)二中知初字第 96 号。
③ 李景英 v. 北京新浪互联信息服务有限公司,北京市海淀区法院(2007)海民初字第 3355 号。

李锦英享有《养鬼日记》的著作权。为此，法院认为：

> 新浪公司虽不必对提供的网络空间中的海量信息进行实质性审查，但也应负有必要的注意义务。作为大型成熟的网络服务提供商，新浪公司对于著作权法以及相关法律法规应有基本的认识，亦应随时处理可能引起纠纷的争议作品，在发现所提供的存储空间中登载了涉嫌侵权的作品，应及时进行核实并采取相关的措施，避免侵权后果扩大。就本案来说，李锦英于2005年二次将新浪公司作为被告提起诉讼……[当时]经北京市海淀区人民法院和北京市第一中级人民法院审理，认定李锦英系《养鬼日记》的作者，发表时署名为"北京金鹰"。故新浪公司应知该公司网站中BBS论坛栏目中已登载了可能侵犯李锦英著作权的作品，且该公司知晓李锦英的联络方式，完全有条件对相关事实进行核实，以避免侵权后果的扩大。但新浪公司既未与李锦英或其主张的上传者进行核实，又未采取必要的措施避免损失扩大，只是在2007年2月10日才将《养鬼日记》从网站删除，显然怠于履行义务，本院认定新浪公司应承担相应的赔偿责任。

在崔亚斌 v. 广东南方网络信息科技有限公司案中，法院认为，在作品署名与网络用户身份明显不一致的情况下，BBS的运营商负有所谓的合理注意义务避免用户侵权。① 这显然走得太远，不合理地增加了网络服务商的义务。

5.3.2 视频分享网站

视频分享网站是指那些许可用户上传视频并对外发布的网络服务商。在中国比较有名的视频网站有优酷网（youku.com）、土豆网（tudou.com）、酷6网（ku6.com）等；在国际上则有著名的Youtube.com等。如果一个网站自行采编视频，而不开放用户上传，则并非这里所说的视频分享网站。这一类网站通常要为自己上传版权作品的侵权行为承担直接侵权责任，而不是这里要讨论的间接侵权责任。

在部分学者看来，下面的新传在线案是所谓的国内使用"红旗标准"判断网络服务商主观过错的第一案。不过，仔细阅读该案的侵权分析思路，似乎与一般侵权法意义上的"应知"标准或"一般注意义务"标准并无实质差别。

新传在线（北京）信息技术有限公司 v 上海全土豆网络科技有限公司

上海市一中院（2007）沪一中民五（知）初字第129号

[原告新传在线（北京）信息技术有限公司享有电影作品《疯狂的石头》的部分著作权。2006年12月22日，原告发现在土豆网］首页右上角的搜索栏中输入"疯狂的石头"后点击"土豆搜索"进入"搜索结果"页面的第1页，该页面右上方显示"101个节目中的1—18个"，页面中所列节目右侧均载有节目名称、时长、播客、发布时间、频道、标签、播放次数、评论次数和收藏次数等，周涛分别点击节目名称为"疯狂的石头A"（时长25:13）、"疯狂的石头B"（时长25:13）、"疯狂的石头C"（时长25:13）、"疯

---

① 崔亚斌 v. 广东南方网络信息科技有限公司等，广州市中院（2008）穗中法民三终字第123号。

狂的石头 D"(时长 25:10)进行了在线播放,播放框左上角显示"tudou.com"或"土豆网"字样,"相关信息"表明,上述 4 个节目均发布于 2006 年 12 月 5 日、标签为"卫星小BB"、播放次数均为 2,000 余次、节目网址(URL)为 http://www.tudou.com/programs/view ……

被告向本院提供了"土豆网"注册流程以及注册协议、"土豆网"用户发布节目流程以及版权声明、涉嫌上传侵权作品的网络页面及用户信息、"土豆网"对涉嫌侵权作品进行删除处理页面、"土豆网"部分注册用户资料等,用以证明其是一个免费为用户提供信息存储空间的网络服务提供者且未从用户向公众发布的网络信息内容中直接获得经济利益,其收到起诉状后及时删除了涉嫌侵权的作品,由于有些官方用户以个人名义注册,而有些个人用户会使用官方名称的账号,故其无法从用户的注册信息中判断出用户的真实身份……

本院认为……

本案中,将电影《疯狂的石头》上传至"土豆网"供公众在线播放的直接实施者是该网站的注册用户,被告为用户提供的是信息存储空间。对于此类网络服务提供者侵权责任承担与否的认定,应当根据《信息网络传播权保护条例》的相关规定并结合具体案情进行综合判断。

首先,从常理上来分析,一部影片的拍摄往往要倾注制片者大量的人力和财力,这就决定了电影作品的著作权人一般不会在互联网上发布其作品供公众无偿在线播放或下载,也不会许可他人免费提供作品的网络视频。而作为一家专业网站,被告理应对其所经营之网站中的哪些内容可能涉嫌侵权有一个最基本的认知,如对前述之电影作品特别是较热门的影片,被告应该意识到必然存在版权问题,即在被告应当知晓电影《疯狂的石头》系网络用户擅自发布仍不作删除处理的情况下,可以认定其存在主观过错。在此,需要指出的是,被告不能以其已在网站"使用协议"中声称"不具备充分地监控能力"以及"对他人在网站上实施的此类侵权行为不承担法律责任"而对网站上显而易见的侵权行为听之任之。

其次,从"土豆网"的后台页面来分析,被告在对网站进行日常维护和管理过程中,会对网络用户上传的节目进行审批和推荐,这说明其有权利和能力去掌握和控制侵权活动的发生。本院还注意到,被告网站的"土豆精彩频道"中设有"原创""音乐""影视""广告"等,这种分频道设置无疑为网络用户传播和搜索同类内容提供了方便,而从另一角度来讲被告也可以针对"影视"等存有极大侵权嫌疑之频道内的节目进行有重点地审核,以避免网站上存在明显的侵权信息。然而,从不同用户先后多次在"土豆网"上发布《疯狂的石头》之事实来看,被告应尽的审查和删除义务显属能为而怠为之。

至于被告所提出的未收到过通知书之抗辩,本院认为,只有在网络服务提供者不知道也没有合理理由应当知道服务对象提供的作品侵权时,才牵涉权利人提交书面通知以达到警告网络服务提供商并请求其移除相关侵权内容的目的,反之则不适用"通知与移除"规则。

综上所述，被告明知会有盗版和非法转载作品被上传至"土豆网"的可能，却疏于管理和监控，导致一度热播之影片《疯狂的石头》被网络用户多次传播而未能得到及时删除，故被告主观上具有纵容和帮助他人实施侵犯原告所享有的信息网络传播权的过错，不完全具备《信息网络传播权保护条例》第22条所规定的可不承担赔偿责任之条件。

（刘军华、沈强、刘静法官）

思考问题：

仔细分析本案标准与所谓的"红旗标准"之间的差异。从网络所获商业利益的角度看，用户上传与网络自行上传的效果几乎没有差别。为何《著作权法》要区别对待这两类侵权行为？

上述案例所确立的视频网站过错认定的基调，为大多数法院所接受。比如，在北京华谊兄弟娱乐投资有限公司 v. 北京我乐信息科技有限公司等[1]、北京鸟人艺术推广有限责任公司诉上海全土豆网络科技有限公司案[2]、北京搜狐新媒体信息技术有限公司 v. 上海全土豆网络科技有限公司等[3]。现在，对于一些热门的电影，只要出现在视频分享网站，即便没有被网站主动推荐、分类，法院就很有可能认定网络服务商"应当知道"该侵权内容的存在，从而要视频分享网站程度帮助侵权的责任。

5.3.3 个人空间与网络文库

提供网络存储与发布服务的服务商的法律地位与BBS运营商、视频分享网站并无本质差别。在大多数案例中，比如下面的"《大学生》杂志社"案，法院对网络服务商比较友好，坚持认为它没有积极预防侵权的义务。不过，如果网站盗版泛滥，涉及知名度较高的作品，则法院可能改变立场。下面的韩寒案即是一例。

《大学生》杂志社 v. 北京京讯公众技术信息有限公司等

北京市二中院（2000）二中知初字第18号

［首都在线网站系被告京讯公司开办，该网站向公众提供免费个人空间。1999年

---

[1] 北京市朝阳区法院（2010）朝民初字第21603号。

[2] 上海市一中院（2010）沪一中民五（知）终字第188号。从本案的情况来看，被上诉人在原审提交的公证文书显示，《当》剧上传者Shewinta在被上诉人的网站上的用户排行榜中，名列所谓"种豆大户"的第4位，上传的视频中共有434个节目被"挖到首页"，Shewinta作为"豆单创建者"共创建了24963个视频，而从网页上列举的视频名称来看，显然还包括其他影视剧。但是，上诉人对于这样的上传影视作品的"种豆大户"仍然是辩称不知情、不能注意到，且没有做过任何事前防范侵权行为发生的努力，其漠视著作权的保护，放任和鼓励侵权行为发生的主观状态较为明显。

[3] 上海市一中院（2010）沪一中民五（知）终字第130号。全土豆公司应当对土豆网上存在的影视作品的著作权侵权风险承担与其行为相适应的注意义务。但是，全土豆公司不仅未采取有效措施来防止侵权结果的发生，而且还设立了不同的频道，尤其是单设了"影视"频道，一方面方便网络用户根据作品的不同类别进行上传，另一方面也便于其他网络用户通过频道分类进行浏览与在线观看，因此全土豆公司对其网站频道分类的设置实际上更便于侵权影视作品的网络传播。本院认为，全土豆公司未能尽到其应负的注意义务导致涉案电影被非法传播，对此全土豆公司具有主观过错，应当承担侵权赔偿责任。

7月，李翔以"kaoyan"的名义在该网站的263免费空间个人网站栏目里注册了个人网站，网址为"kaoyan.topcool.net"。该网站的主要内容是介绍全国考研招生状况、考研经验、考研试题库、考研复习指导等信息。1999年8月，李翔未经《大学生》杂志社的许可，将《大学生》杂志特刊《考研胜经》中137篇文章上载至"kaoyan"个人网站"复习指导"栏目内，李翔在上载上述内容时，未指明所载内容的出处，也未向相关作者支付报酬。]

　　1999年12月8日，京讯公司收到原告《大学生》杂志社的律师函，被告知该网站kaoyan.topcool.net个人网站上未经许可上载了《考研胜经》的大部分内容。京讯公司随即采取技术措施，对该个人网站"复习指导"栏目进行了遮挡，关闭了有关程序，使该个人网站无法继续上载，并分别于1999年12月13日、2000年1月3日、1月5日给《大学生》杂志社的律师回函，表示将尽力查找"kaoyan.topcool.net"的所有人。京讯公司还在该个人网站上放置声明，要求该个人网站的所有人出面与网站联络，否则将关闭该个人网站。1月10日，"kaoyan"个人网站所有者李翔自行删除了该网站中所上载《考研胜经》的内容……

　　本院认为，将他人作品上载的行为亦属于对他人作品的复制，对这种使用形式仍应依据《著作权法》规定的权利保护原则加以限制和规范。李翔未经《大学生》杂志社许可，在个人网站上载《考研胜经》主要内容的行为，构成了对《大学生》杂志社著作权的侵害。

　　本案争议的第三个焦点问题是被告京讯公司应否对李翔的侵权行为承担法律责任。

　　京讯公司作为首都在线网站的开办者，以向社会提供计算网络服务和信息服务为其主要经营内容。京讯公司在首都在线网站设置免费个人空间，向网络用户提供服务器空间，其功能在于给网络用户提供一种能够及时地传输或接受信息的通道。事实证明，京讯公司本身并未向这个免费的个人空间提供任何信息，该个人网站中的内容完全由该网站所有人李翔制作。

　　根据互联网技术的特点及应由行为人对自己的行为后果承担责任的法律原则，仅提供网络技术和设施的网络服务商，一般不应对网络使用者的侵权行为承担法律责任。京讯公司作为网络服务商，其设置免费个人空间向公众提供的仅是网络的物质设备条件，属向公众提供网络技术和物质设备条件，除对法律法规明令禁止传播的信息进行必要的过滤外，对所传输的其他信息并无义务进行组织和筛选，且计算机系统对所传输的信息内容的复制和传播是被动的和无选择的，而网络传输信息又具有高速快捷、信息量巨大、客观上难以控制的特点，因此，要求仅提供物质设备的网络服务商对所传输的信息内容是否存在权利瑕疵作出判断，是极为困难和不客观的。

　　但是，当网络上所传播的信息存在侵权内容时，由于网络服务商对网络上信息传递最具技术上的控制力，如其不采取某种技术措施，制止侵权结果的扩大，则对权利人是极为不公平的。因此提供物质设备的网络服务商有责任及时对出现在网络上的侵权内容采取技术措施，以制止侵权内容的存在和传播，也即其在权利人提出合理请求时，应当及时采取技术措施消除侵权信息，否则，将因此承担相应的侵权赔偿责任。

本案中，京讯公司在接到《大学生》杂志社的律师函后，立即对被告知的侵权事实进行了核实，并采取了相应的技术措施，遮盖了"kaoyan"个人网站部分目录，查找个人网站所有人删除了所上载的侵权内容，故京讯公司对于李翔在个人网站上载他人作品的侵害著作权利行为，不应承担责任。《大学生》杂志社坚持认为，京讯公司在收到制止侵权行为的通知后，未积极采取措施，致使该侵权行为得以持续，对此过错其应承担相应责任。本院认为，该主张缺乏合理的依据，对《大学生》杂志社要求京讯公司承担著作权侵权责任，进行赔礼道歉并赔偿经济损失的请求，不予支持。

（邵明艳、何暄、宋光法官）

韩寒 v. 北京百度网讯科技有限公司

北京市海淀区法院（2012）海民初字第 5558 号

[原告韩寒是当代著名作家，是《像少年啦飞驰》（以下简称《像》书）的作者。原告诉称，]百度公司经营的百度文库是供网友上传、在线阅读、下载小说等各类文档的网络平台，该平台自 2009 年 11 月上线以来，至 2011 年 5 月，其中的文档已经增长至 1907 多万份，但百度公司对上传作品不作著作权审查。2011 年，[原告]发现多个网友将《像》书上传至百度文库，供用户免费在线浏览和下载。为此，[原告]多次致函百度公司，要求立即停止侵权、采取措施防止侵权行为再次发生，但百度公司消极处理。故[原告]诉至法院……

被告百度公司辩称：1. 我公司合法经营百度文库，百度文库具有实质性非侵权用途，属于信息存储空间，其中的文档由网友贡献，并得到网民欢迎。2. 百度文库通过多种方式向网民公示了法律法规要求的保护权利人的措施和步骤，我公司尽到了充分提醒的义务。3. 我公司收到韩寒投诉后，及时删除了投诉链接和相关作品，完全履行了信息存储空间服务商的法定义务，并将投诉作品纳入文库的文档 DNA 识别反盗版系统（以下简称反盗版系统）正版资源库，在现有技术条件下尽了最大努力采取措施制止侵权。我公司不存在过错，不应承担侵权责任。

经审理查明如下事实：

……

二、百度文库情况

百度文库由百度公司经营……在这里，用户可以在线阅读和下载，涉及课件、习题、论文报告、专业资料、各类公文模板、法律文件、文学小说等多个领域的资料。平台上所累积的文档，均来自热心用户的积极上传。百度自身不编辑或修改用户上传的文档内容。

用户通过上传文档，可以获得平台虚拟的积分奖励，用于下载自己需要的文档。下载文档需要登录，免费文档可以登录后下载，对于上传用户已标价的文档，下载时需要付出虚拟积分。当前平台支持主流的 doc（docx）、ppt、txt 等格式。韩寒认可百度文库为信息存储空间。

本案第二次庭审中,百度公司表示,百度文库中的文学作品和生活娱乐栏目已于2011年9月删除;百度文库当前已有4000多万份文档。

……

五、韩寒主张百度公司侵权的情况

诉讼中,韩寒提出百度公司在百度文库推荐、编辑加工《像》书,向用户提供免费浏览、下载服务,并从中获利。推荐行为体现在文档页右侧显示的"相关推荐文档"栏;编辑行为体现为百度公司改变了涉案文档格式;获利行为体现为百度文库有很多合作伙伴,有合作就会有经济利益存在。

百度公司解释,"相关推荐文档"是百度文库针对网民的搜索意图,根据文档关键词、题目和内容自动识别、匹配出与网民搜索需求类似的文档,这与百度公司主动推荐是不同的,百度公司在百度文库设有"热门推荐"栏目,其中的作品系百度公司的合作权利人提供,《像》书并不在"热门推荐"栏目中,也未在其他显著位置上;百度公司对文库中上传的作品不做编辑加工;百度文库中文档的浏览和下载均是免费的,合作伙伴自愿将相关文档放在百度文库中给网民共享,百度公司未从中获利;百度文库设置的财富值只是其吸引和鼓励网民分享文档的方式,下载文档所需的财富值由上传者自己设定,财富值归属于网民,对百度公司没有任何商业价值。

本案第一次庭审中,韩寒要求百度公司采取有效措施防止侵权行为再次发生,对于何为有效措施,韩寒表示其不了解,百度公司应该清楚。韩寒代理人还代表韩寒表达了要求百度公司关闭百度文库的主张,理由为关闭百度文库可以消除盗版工具,如不关闭,盗版情况将更加猖獗……

六、百度公司就百度文库预防侵权的措施

诉讼中,百度公司表示,百度文库预防侵权的措施主要有反盗版系统、百度文库网页中网民不得上传侵权作品的提示及百度文库设置的投诉举报通道。

1. 关于百度公司的反盗版系统

百度公司表示,从2011年4月中旬开始建设该系统,经过研发完善,一期于2011年5月正式上线,首先比对文档标题,如果标题相似度达到要求,再进行文档内容的比对;如果标题相似度未达到要求,系统会认为该文档不是侵权的。二期于2012年1月正式上线,可实现句子级别的比对,对300字以上的文档都会进行审查,长度差在10%,句子重复90%以上,长度1000字节以上的文档都会被阻止上传或反查删除。百度公司同时解释其反盗版系统需要有用于比对的正版资源库,百度公司表示希望权利人能提供正版作品,但很少有权利人愿意提供,所以目前主要有两种方式获得:一是通过与文著协、中国作协、盛大文学等权利人进行合作,由权利人提供正版作品;二是将百度文库中被投诉的作品作为正版作品。目前正版资源库中已有300多万份正版作品,百度公司同时提交了部分网页打印件,显示搜狐、新浪科技、腾讯科技等网站于2012年2月6日刊载的新闻,其中提及百度文库完成了反盗版技术的重大升级工作。至于反盗版系统"一期""二期"这样的名称,仅是百度公司的内部称呼,并没有公开宣传过。韩寒表示对百度公司所使用的反盗版系统并不清楚。

为展示反盗版系统运行情况,百度公司还于 2011 年 11 月 10 日以公证保全方式将公证处电脑中题为《〈从百草园到三味书屋〉的节选》的 txt 文档上传到正版资源库,后通过注册为百度会员,登录百度文库上传文档界面试图上传《〈从百草园到三味书屋〉的节选》的 txt 文档,在页面中提示成功提交该文后,查询用户"我的文档",显示"你目前还没有已上传并成功提交的文档",未通过的原因为"可能侵犯他人版权"。上述公证中,用户"上传文档须知"提示"每次最多上传 10 份文档,每份文档不超过 20M"以及百度支持 doc、docx、pdf、txt 等格式的文档上传。

韩寒认可百度公司所作上述公证内容的真实性,但提出这些仅能证明百度公司采取了相应技术措施,不能证明这些技术措施是有效的,因为百度公司称其反盗版系统于 2011 年 5 月开始正式运行,而韩寒于 2011 年 7、8 月还可搜索到涉案侵权文档,百度公司不能因此免除法律上的责任。

百度公司解释关于 2011 年 7 月 1 日公证保全到百度文库中的《像》书,原因是韩寒未向百度公司提供过正版作品,正版资源库中不存在《像》书正版作品,所以反盗版系统无法对该文档起作用。百度公司接到韩寒投诉通知后即于 2011 年 7 月 22 日将韩寒提供的侵权链接所对应文档作为正版作品放入资源库中。对于 2011 年 8 月 25 日还能在百度文库中保全到《像》书,百度公司表示这实际体现了反盗版系统起作用的情况,因为相关文档的名称使用了"韩寒最新作品—第六部",与《像》书名称完全不同,反盗版系统无法识别。对此,韩寒除了不认可百度公司的反盗版系统有效外,还不赞同百度公司将第一次公证保全的侵权文档作为正版作品纳入其反盗版系统正版资源库。

本案第二次庭审中,法院组织对百度公司反盗版系统当前的运行情况进行勘验。勘验文档由合议庭事先选取并修改好:原文文档为《浅谈民商事案件均衡结案的价值及建议》,修改文档有两篇,一是将原文文档修改标题并打乱正文内容生成为《民商事案件均衡结案》,二是将《民商事案件均衡结案》修改标题生成为《结案》。连接互联网进入百度文库,由百度公司技术人员操作将原文文档上传至百度文库的反盗版系统正版资源库,待生效后,使用注册用户账号、密码登录百度文库,点击"上传我的文档",将《民商事案件均衡结案》进行上传,显示提交成功;点击"继续上传",将《结案》进行上传,点击提交后,提示"上传失败该文档与民商事案件均衡结案文档重复";新建 WORD 文档,将《结案》修改题目为《均衡》,再次进行上传,显示上传成功;等待审核 20 分钟后,《民商事案件均衡结案》和《均衡》二文显示上传失败,仅上传人可在其"私有文档"中查看该二文。为检查文档是否实际上传,登录百度文库首页,在搜索栏中分别输入"民商事案件均衡结案""均衡",搜索结果显示无相关文档;登录反盗版系统后台,在搜索框中输入"浅谈民商事案件均衡结案的价值及建议"进行搜索,显示该文已于 2012 年 7 月 24 日添加成功。韩寒对上述庭审勘验过程及内容不持异议。

2. 关于百度公司设置的侵权诉讼提示

第 16298 号公证书还对百度文库页面底端的"文库协议"内容进行保全。"文库协议"的"权利提示"要求"请勿在未经授权的情况下,上传任何可能涉及侵权的文档,除非您是该文档的合法权利人或该文档不侵犯任何第三方的合法权益……百度文库的用户不能侵犯包括他人著作权在内的知识产权以及其他权利。一旦由于用户上传的文档发生权利纠纷或侵犯了任何第三方的合法权益，其责任由用户本人承担，因此给百度或任何第三方造成损失的，用户应负责全额赔偿……如因百度文库用户上传的内容侵犯了第三方的合法权利，第三方向百度提出异议，百度文库有权删除相关的内容"。

百度网站首页底端"使用百度前必读"中列有"权利保护声明"，其中"权利通知"中称"权利人发现网络用户利用网络服务侵害其合法权益……务必以书面的通讯方式向百度提交权利通知。"同时留有百度公司联系方式。百度网站首页"关于百度"所链接页面的"用户联系"设有"投诉中心"，其中有"投诉规则"，告知百度公司受理投诉的范围、投诉方式、了解投诉处理结果等内容，同时还展示有包括文库在内百度产品的投诉方式及步骤介绍。百度文库首页左侧栏设有公告区，其中"产品投诉及意见反馈"所显示内容以及百度文库搜索结果页面设置的"百度文库投诉吧"与此前"投诉中心"所设文库投诉方式及步骤介绍内容一致。"文库投诉帮助"中列举了发起投诉的方式：可使用文库首页及浏览每一篇文档页面时点击"文库投诉中心"进入发起投诉页面，或点击"文库投诉"模块中的"我要投诉"进行投诉，发起投诉后需要按类别、项目等要求填写投诉帖，完成提交投诉，等待处理结果。百度公司表示百度网站及百度文库通过多种方式向网民公示了保护权利人权利的措施和步骤，详细告知了文库投诉规则，为权利人提供方便、快捷的投诉、举报通道。韩寒认可上述公证书显示内容的真实性，但表示这不能证明百度公司没有过错，并认为百度公司的投诉机制并没有发挥实质性作用，只是形式。

……

七、百度公司针对《像》书所采用的制止侵权的措施

百度公司表示，除了使用百度文库一般的预防侵权措施以及于2011年7月20日、2011年11月收到韩寒侵权通知及时删除涉案文档外，百度公司专门针对《像》书使用的制止侵权的措施有：[1. 将《像》书文档作为正版作品纳入反盗版系统正版资源库。]2. 使用作者名加作品名称作为标题关键词进行文档屏蔽。在百度文库搜索栏中输入关键词"韩寒像少年啦飞驰"进行搜索，无法找到对应文档。百度公司还对屏蔽"儒林外史""老残游记"等关键词即无法搜索到"《儒林外史》的思想内容""老残游记第二田之我见"等文档的情况进行公证保全，以证明如果将作品名称作为关键词进行屏蔽，将导致大量无关的合法文档被删除，影响网民自由分享与获取信息，故百度公司无法采取以作品名为关键词的屏蔽措施。诉讼中，百度公司强调，其也不能将作者名作为关键词进行文档屏蔽，为此当庭演示将"韩寒"作为关键词对百度文库进行搜索，结果中有"韩寒经典"等文档，百度公司解释如果使用作者名为关键词进行屏蔽，也将造成极大的误删。

[本院认为:]

二、百度公司是否侵权并应承担侵权责任

……

百度公司是否存在主观过错是双方争议的焦点。我国《侵权责任法》第36条规定了"网络用户利用网络服务实施侵权行为的，被侵权人有权通知网络服务提供者采取删除、屏蔽、断开链接等必要措施。网络服务提供者接到通知后未及时采取必要措施的，对损害的扩大部分与该网络用户承担连带责任。网络服务提供者知道网络用户利用其网络服务侵害他人民事权益，未采取必要措施的，与该网络用户承担连带责任"。可见，网络服务提供者存在主观过错的情形包括接到被侵权人通知后未及时采取必要措施、网络服务提供者知道网络用户利用其网络服务侵害他人权益而未采取必要措施等。

百度公司作为经营百度文库这个信息存储空间的网络服务提供者，一般不负有对网络用户上传的作品进行事先审查、监控的义务，如本案提及的人工审核清理侵权文档的行为属于百度公司在特殊时期自愿采用的措施，并非法律要求其作为信息存储空间服务提供者为制止侵权应惯常采用的措施。当然，这不意味着百度公司对百度文库中的侵权行为可以不加任何干预和限制。

本案中，韩寒两次公证保全了百度文库中存在的《像》书文档，百度公司在接到含有涉案侵权文档链接的通知后及时删除了相关文档，韩寒对此予以认可。本院认为，作为信息存储空间网络服务提供者，在不知道其存储空间中的作品侵权的情况下，一般应采用被侵权人通知，再由网络服务提供者及时删除侵权作品的方式来制止侵权，并可予免责。当然，上述情形中需要强调的适用条件，是网络服务提供者不存在主观过错，也就是不知道或没有合理的理由应当知道网络用户利用其网络服务侵害他人权益。具体到本案，本院认为，百度公司若明知或应知百度文库中的文档侵权，而未采取其预见水平和控制能力范围内制止侵权的必要措施，应认定百度公司存在主观过错。

首先，本院分析百度公司对百度文库中的涉案侵权文档是否明知。韩寒主张百度公司明知百度文库中的《像》书文档侵权，理由是百度公司对该文进行了编辑、推荐，并从中获得经济利益。本院认为，第一，编辑系对作品内容的修改，韩寒所称的"改变"仅指文档格式转化，并非对作品内容的改变。第二，通常意义上理解"推荐"，应为通过主动行为以引人注意的方式向他人介绍，希望他人接受，因此，所推荐的内容通常会处于突出、显著的位置从而最大程度地吸引他人注意力。本案中，韩寒提出其两次公证百度文库中的《像》书文档页面右侧出现了"相关推荐文档"栏目，继而主张百度公司对《像》书进行了推荐。百度公司对"相关推荐文档"栏目的解释为百度文库的搜索系统根据网民的搜索意图自动匹配出与网民搜索需求类似的文档，并非百度公司主动推荐，其主动推荐的栏目为百度文库首页的"热门推荐"，而《像》书未出现在该栏目中。本院注意到，韩寒提交的证据无法显示"相关推荐文档"栏目列举的"像少年啦飞驰、韩寒、韩寒现象"等标题所对应的文档是否真实存在或与题目相关，同时也没有其他证据证明《像》书被推荐至突出、显著的位置。第三，除非有证据证明百度文库存在专门利用《像》书获取经济利益的情形,韩寒所称的百度公司从合作伙伴处获得经济利益不能当然地推断百度公司知道百度文库中的《像》书文档侵权。故此,本院根据现有证据无法认定百度公司明知百度文库中的《像》书文档侵权。

其次,百度公司是否有合理的理由应当知道百度文库中的《像》书侵权。对此,本院需要结合百度文库的客观现状、韩寒及《像》书的知名度、韩寒与百度公司就百度文库引发纠纷及百度公司对侵权行为的预见水平和实际控制能力等因素综合考虑。

第一,百度文库群集了极大数量的各类文档,由于存在格式、大小、文字排版等方面的限制,其中某一文档本身能因作者、作品知名度或者文档所含标题与作品内容的完整性等原因而与其他文档存在明显的外观区别的可能性不大。某一侵权文档若是未被推荐至首页或其他显著位置,在众多文档中就并非显而易见。在这种情况下,百度公司是否没有合理的理由应当知道其百度文库中的某文档侵权,而只能消极被动地等待权利人通知后再采取屏蔽、删除等措施制止侵权,本院认为不能一概而论,需要具体分析。

第二,韩寒为当代有影响力的知名作家,《像》书为其小说代表作,销量甚大,百度公司对此不持异议。韩寒曾于2011年3月作为作家代表之一就百度文库侵权一事与百度公司协商谈判,百度公司积极回应并处理此次纠纷,此事件受到社会各方的广泛关注。百度公司理应知道韩寒不同意百度文库传播其作品,也应知道百度文库中存在侵犯韩寒著作权的文档,因此,百度公司对百度文库中侵犯韩寒著作权的文档应有比其他侵权文档更高的注意义务。

第三,本院结合韩寒两次公证保全的《像》书文档进行分析认为,百度公司应有合理的理由知道涉案文档侵权。

1. 关于第5755号公证书中的《像》书文档。该文档于2011年4月20日上传至百度文库,韩寒于2011年7月1日公证保全时,该文档仍在百度文库中。鉴于韩寒及《像》书的知名度以及此前曾与百度公司就百度文库侵权事宜协商谈判的广泛影响力,百度公司对百度文库中的涉案作品就负有较高的注意义务,应采取其预见水平和能力范围内的措施制止侵权。

既然百度公司提出在人工审核之后采用反盗版系统来制止侵权,故其应对该系统正常运行的需求进行必要的准备。百度公司提出只有将正版作品纳入正版资源库中才能使反盗版系统对侵权文档起作用。可见,是否有正版作品作为比对基础是百度公司反盗版系统得以有效运行的前提。百度公司表明其目前取得正版作品主要有两项来源,一是由百度公司的合作方提供,二是百度文库中被投诉的作品。但本院注意到,百度公司至少在2011年3月就已经明确认识到其正版资源库中正版作品的来源问题,百度公司副总裁朱光当时公开表示,"百度也会自行采购一些热销、常见的文学作品制作特征点,以避免在没有版权方配合的情况下发生侵权"。但本案中,百度公司强调希望权利人能主动向其提供正版作品用于反盗版系统,正因为韩寒未向其提供《像》书正版作品,才导致反盗版系统未对涉案文档起作用。本院认为,百度公司对其反盗版系统的正常运行所做之准备应主要由其发挥主动性实现,而不能依赖权利人主动提供。著作权人是否将自己的作品交给百度公司用于百度文库的经营活动,应完全出于自愿,即对于著作权人而言是一项自主决定如何行使著作权的权利,而非著作权人必须履行的义务。

第5755号公证书中的《像》书文档使用了原作标题,基本使用原作全文,按照百度公司陈述的一期反盗版系统功能,若有该文正版作品,就能通过标题比对进而进行正文内容比对,发现并删除百度文库中的该侵权文档。对于负有较高注意义务的《像》书侵权文档,百度公司消极等待权利人提供正版作品或通知,未能确保其反盗版系统正常运行之功能,也未能采取其他必要措施制止该侵权文档在百度文库传播,使其有合理理由应当知道的百度文库中的《像》书侵权文档未被删除或屏蔽,故本院认为百度公司存在主观过错。

2. 关于第15035号公证书中的《像》书文档。该文档上传时间为2011年3月10日,早于作家与百度公司就百度文库发生纠纷以及百度公司采用人工审核清理侵权文档的时间。百度公司副总裁朱光曾公开表示,自2011年3月26日开始,百度调集公司各部门的技术力量,加速对文库中可能侵犯他人著作权的文档进行清理。即日起,百度文库用户如果上传1000字以上的文档,将由百度员工人工审核内容,确定没有侵权内容后才予放行……百度现在集中精力先清理文学类的侵权作品。对于非文学类文档,也在采用人工审核的方式清理……人工审核方式将持续到4月中旬。既然百度公司承诺自2011年3月26日起至4月中旬采用人工审核方式清理文库中的侵权作品,考虑到上文提及的关于韩寒的特殊因素,百度公司在人工审核时理应对韩寒的《像》书文档负有比一般文档更高的注意义务。2011年3月10日上传的《像》书文档基本全文使用原作,字数达到99千字,因此,本院认为百度公司应有合理的理由知道该文档侵权,该文档未被删除,百度公司存在过错。

在作家与百度公司因文库侵权纠纷广受关注的时候,百度公司既然为了展现其制止侵权的决心和能力,并赢得公众的理解和支持,向包括维权作家在内的公众作出短时间内清理侵权文档的承诺并为此广泛宣传,就应当以诚实信用的负责任态度切实兑现承诺。因此,对于百度公司提出的《像》书侵权文档名称被冠以"韩寒最新作品——第六部"、公证保全者使用"韩寒最新作品"为关键词进行搜索,以及百度公司无法使用作者名或作品名进行标题关键词屏蔽等辩称,并非其否认存在过错的恰当理由。

作为依靠数以千万计的他人作品实现自身商业经营的百度公司,应当对维护他人著作权抱有善意,对因显而易见的因素并有合理理由而需负较高注意义务的侵权文档,百度公司未采取相应措施,则应认定其存在过错。因此,百度公司的行为满足侵权责任构成要件,应为此承担相应的法律责任。

三、关于百度公司所采取的制止侵权的措施

本案中,百度公司强调其为了制止百度文库中的侵权文档传播,采取了多项措施,包括在多个网页提示用户不得上传侵权作品、设置侵权投诉举报通道、人工审核清理侵权文档、启用反盗版系统以及专门针对本案纠纷的及时删除侵权文档、采取作者名加作品名为标题关键词进行文档屏蔽等措施。韩寒认可百度公司采取的上述措施,但认为这些措施并未发挥有效作用。

本院认为，百度文库拥有数千万份分享文档且文档数量时刻增加，不仅关系这些文档著作权人的切身利益，而且影响社会公众对文化资源的获取和使用。作为百度文库的经营者，百度公司要实现百度文库的持续健康发展，在最大程度创造自身商业利益的同时，不可回避其在文化资源传播、著作权人权利保护与社会公众利益维护中的社会责任。上述措施在一定程度上体现了百度公司为制止百度文库侵犯著作权问题所付出的努力。其中，侵权提示、投诉举报通道等单方声明完全靠网络用户自觉自愿地配合，是倡导式的，没有强制约束力。人工审核则无法持久。这些措施虽然能在一定程度上、一段时间内起到制止侵权的作用，但效果显然是有限的。

百度公司在诉讼中一再坚持其无法采用作者名、作品名为标题关键词进行文档屏蔽的措施，否则会造成相关合法文档被误删。本院认为，对于文字作品而言，含有作者名与作品名的标题无法唯一对应某一作品，采用这种方式有可能使相当多与该作者及该作品有关的他人作品亦同时被屏蔽，容易造成百度公司所称的误删情况，故本院不认为采用作者名加作品名为标题关键词进行文档屏蔽的方式是制止百度文库侵权的合理方式。

本案中，百度公司专门强调其采用反盗版系统来制止百度文库中侵权文档传播。百度公司表示，该系统目前可以实现句子级别侵权文档的识别。就当庭演示情况看，反盗版系统确实能在相当程度上实现百度公司所宣称的功能，是目前百度文库制止侵权的比较有效的措施，但单凭技术措施来制止侵权会存在限制性因素。一是技术措施的发展完善并非一蹴而就，这个过程往往会持续一段不确定的时间，正如百度公司称反盗版系统于2011年5月上线，直至2012年1月才能达到目前的功能。

二是技术措施功能的充分实现还需要相关辅助配合工作的实施，正如反盗版系统得以有效发挥作用的重要基础就是正版资源库中收录有相应的正版作品。现实中，侵权方式和类型是多样的且不断发生变化，制止侵权的技术措施需要针对层出不穷的侵权行为不断完善发展，因技术措施本身的缺陷而造成一些侵权行为无法及时被发现并被制止的情形是客观的，难以避免。本院结合相关因素认定百度公司采取相关措施却未能制止涉案文档侵权存在过错，并不意味着对采取了一定反盗版措施的百度公司课以法定义务及其能力范围以外的义务。若是有证据显示百度公司充分尊重权利人的合法权益而采取相应措施，即使该措施在某阶段存在不完善之处，也可认定百度公司尽到了注意义务，不存在过错，因而无须承担责任。

综合百度公司所采取的上述措施，本院认为，作为经营现有规模的百度文库的百度公司，一方面在多页面鼓励用户上传文档，并对所上传文档的格式、大小、数量等作相当宽松之要求；另一方面强调应适用法律规定的"接到通知后删除""避风港"规则，并将反盗版工作主要寄托于网民自觉性和尚不完善的技术措施，一定程度上造成百度文库"文学分类"等栏目一度成为侵权"重灾区"，未能实现在文库资源丰富程度与制止侵权方面基本同步，确实存在经营中尚待发展完善之处。对因显而易见的因素应当知道的侵权文档，百度公司除了履行针对一般侵权文档的注意义务外，还需充分发挥主动性履行更高的注意义务。相比百度公司采取的纠纷爆发时的应急措施及尚不完善的技术措施,这种更高的注意义务要求百度公司应更加注重百度文库经营管理规范化的问题,从而切实保护著作权人权利。

四、韩寒的诉讼请求能否得到支持

鉴于双方均认可百度公司已经删除百度文库中的《像》书,本院再行判令百度公司停止本案侵权行为并无必要。关于韩寒提出的要求百度公司采取有效措施制止侵犯韩寒著作权的行为再次发生的主张,至于何为有效措施,韩寒未给予说明并提交证据,且有效措施会随着认识的提高和技术的发展不断完善,具有不确定性,故本院对韩寒的此项请求不予支持。

关于韩寒授权的委托代理人代表韩寒当庭提出的关闭百度文库的主张,本院认为,百度文库属于百度公司商业经营模式之一,一定程度上具有文化传播等方面的进步意义,具有实质性非侵权用途。百度公司作为经营百度文库的信息存储空间服务提供者,在对百度文库的经营管理中,有自己法定的权利和义务,也会为自己的违法行为承担相应的法律责任,故要求关闭百度文库的主张并无法律依据,本院对此不予支持。

(闫肃、李颖、曹丽萍法官)

思考问题:

(1)依据《信息网络传播权保护条例》所设立的安全港规则,百度有主动审查以减少盗版的法律义务吗?

(2)依据本案判决,是否意味着任何人只要给百度发出侵权通知,百度就有义务采取措施防止该作品再次在该文库中出现?在没有发通知前,有可能也有这类义务吗?

(3)如果有证据证明,百度文库的文件一半甚至更多都是盗版,这能成为原告要求百度关闭百度文库的理由吗?法院认为原告要求关闭文库的主张没有法律依据,你同意吗?

(4)对于每个权利人而言,侵权内容只占百度网站内容的极小的部分。这是权利人寻求关闭网站的最大障碍吗?如果的确如此,对于权利人而言有替代性的救济方案吗?

5.4 直接获得经济利益

《条例》第22条将是否直接获得经济利益作为网站是否能够援引安全港规则的考虑要件,有些匪夷所思。单从间接侵权或共同侵权的角度看,网站本身是否从侵权中获得经济利益,原本并非考虑的因素,因为侵权法关注的是行为人是否给著作权人带来损害,而不是自身是否获利。换句话说,网站没有直接获利,并不能成为网站免责的理由。《条例》中出现这一考虑要件,应该是过度移植美国DMCA规则的结果。在美国,立法者为避免完全免除服务商的替代责任,所以要强调只有服务商没有直接获得经济利益时,才能免除赔偿责任。在中国并没有类似的替代责任的安排,引入这一条件就显得很怪异。当然,本人认为这一限制条件倒是为著作权人主张不当得利返还留下机会。这应该是当初立法者所没有想到的戏剧性后果。

北京高院的《关于审理涉及网络环境下著作权纠纷案件若干问题的指导意见(一)(试行)》(2010)第 25 条:

> 网络服务提供者因提供信息存储空间服务,按照时间、流量等向用户收取标准费用的,不属于《信息网络传播权保护条例》第二十二条第(四)项所称的"从服务对象提供作品、表演、录音录像制品中直接获得经济利益"。

> 网络服务提供者因提供信息存储空间服务而收取的广告费,一般不应认定为直接获得的经济利益;网络服务提供者针对特定作品、表演、录音录像制品而投放的广告,可以根据案件的具体情况,在认定网络服务提供者是否存在过错时酌情予以综合考虑。

6 帮助侵权之三:网络链接

6.1 链接的一般规则

《信息网络传播权保护条例》第 23 条对网络链接服务提供商的间接侵权责任作出了明确的规定:

> 网络服务提供者为服务对象提供搜索或者链接服务,在接到权利人的通知书后,根据本条例规定断开与侵权的作品、表演、录音录像制品的链接的,不承担赔偿责任;但是,明知或者应知所链接的作品、表演、录音录像制品侵权的,应当承担共同侵权责任。

最高人民法院在 2012 年《关于审理侵害信息网络传播权民事纠纷案件适用法律若干问题的规定》中也明确"网络服务提供者明知或者应知网络用户利用网络服务侵害信息网络传播权,未采取删除、屏蔽、断开链接等必要措施,或者提供技术支持等帮助行为的,人民法院应当认定其构成帮助侵权行为"[①]。这与《条例》的立场基本一致。

关于链接行为的性质、侵权规则的合理性,在下面的案例中,法院有比较清楚的说明:

博库股份有限公司 v. 北京讯能网络有限公司等

北京市二中院(2001)二中知初字第 13 号
最高人民法院公报案例(2001 年第 5 期)

根据查明的事实,可以确认被告汤姆公司经营的网站对今日作家网上登载的原告[博库公司]主张享有专有使用权的作品设置了链接。在此前提下,本案双方争议的

---

① 《关于审理侵害信息网络传播权民事纠纷案件适用法律若干问题的规定》(2012)第 7 条第 3 款。

焦点表现为:如果被链接的内容属于侵犯他人著作权时,设置链接者是否也应当承担法律责任。

链接作为一种便利访问者获取网上信息的技术手段,目前已被互联网站经营者广泛应用。从技术的角度看,链接的功能在于引导访问者的浏览器去访问登载被链接内容的网站,设置链接只是为访问者提供了一种浏览网上既存内容的便捷手段。从使用作品的方式看,在网站间设置链接的情况下,被链接的内容并不是由设链者"复制"上载于网络,网上的访问者虽然可以通过设链网站看到在网上传播的内容,但事实上直接实施传播的行为人并不是设链者,而是登载被链接内容的网站本身。设置链接行为本身并不同于直接传播,其客观表现更近于帮助传播,将侵权内容上载于网络传播的行为人才是引起网络上侵权纠纷的真正的"肇事者"。根据目前互联网上传播的各种信息和作品量巨大,以及网站之间普遍存在互设链接这一现实情况,如果要求设链网站在设置链接时必须承担无限的事先主动审查义务,无疑将会使网络服务提供者负担过重的义务,这对于促进互联网业的发展是不利的。

同时也应看到,由于设置链接往往出于增加网站访问量的需要,而增加网站访问量又与网站经营者力图获取经济利益的目的密切相关,按照权利与义务应相适应原则,要求网络服务提供者设置链接时履行适当的注意义务,承担相应的经营风险,对于保护权利人的合法权利,规范网络传播行为,也是十分必要的。虽然目前在法律上对于如何调整网络环境中链接行为引起的权利义务关系尚无具体规定,但根据著作权法的立法精神,处理此类纠纷时,也同样应当遵循合理地平衡作品权利人与网络服务提供者双方权利义务的原则。

基于以上理由,本院认为,除网络服务提供者应当对明知被链接的内容属于侵权而仍然以设置链接的方式提供传播条件、或者在得知权利人提出警告后仍拒不采取积极措施加以控制所产生的后果承担法律责任外,不宜责令设置链接的网络服务提供者承担更多的民事义务。

(靳起、邵明艳、宋光法官)

思考问题:

(1) 这一案例发生在《条例》出台之前,强调被告只有在"明知"时设置链接,才承担责任。而《条例》规定的是"明知或应知"。两相对比,何者更有道理?

(2) 在"最高人民法院对《山东省高级人民法院关于济宁之窗信息有限公司网络链接行为是否侵犯录音制品制作者权、信息网络传播权及赔偿数额如何计算问题的请示》的答复"([2005]民三他字第2号)中,最高法院指出,"网络服务提供者明知有侵犯著作权的行为,或者经著作权人提出确有证据的侵权警告,仍然提供链接服务的,可以根据案件的具体情况,依据《最高人民法院关于审理涉及计算机网络著作权纠纷案件适用法律若干问题的解释》第四条的规定(即2006年修订后的第3条),追究其相应的民事责任。"这一解释与最高人民法院2012年的司法解释立场是否还能协调一致?

认定链接服务提供商间接侵权的关键要素至少包括:(1) 被链接的为侵权作品

（直接侵权）；（2）链接服务提供者"明知或者应知"直接侵权存在。接下来，分别对这两项要素作简要讨论。

6.2 直接链接到侵权作品

被控侵权的链接应指向侵权作品，是不言而喻的。不过，链接是否应直接指向侵权作品，不是十分明确。有时候，链接服务提供者的链接指向第三方的页面（中间页面），第三方在该页面上再次提供链接（或者检索服务），将浏览者导向最终侵权的页面。理论上讲，链接服务提供者所提供的链接并没有直接指向侵权作品，而是指向并不直接侵权的"中间页面"。这时候，链接行为是否是《条例》上所说的侵权链接？

现有的案例表明，部分法院认为，网络服务商所提供的链接是否直接链接了侵权页面，在判断是否构成间接侵权方面，有重要影响。比如，在下面的北京三面向版权代理有限公司 v. 广西壮族自治区桂平市江口中学案中，最高人民法院就强调，被告所提供的链接指向第三方网站的页面，但是该页面并不包涵直接侵权的内容，而要进一步点击才能得到侵权内容。[1]在下面的迪志文化出版有限公司等 v. 北京百度网讯科技有限公司案[2]和福建天晴数码有限公司 v. 北京百度网讯科技有限公司案中（虽然都是搜索引擎链接的案例，但在是否应直接链接侵权作品这一问题上，与普通链接并无差别），法院同样强调，原告只能要求被告断开与直接侵权页面有关的链接，而不能要求被告断开与该网站的全部链接。

福建天晴数码有限公司 v. 北京百度网讯科技有限公司

北京市一中院（2010）一中民终字第 12889 号

依据上述规定[（《条例》第 23 条）]可知，搜索、链接服务提供者承担的是断开"与侵权的作品、表演、录音录像制品的链接"的法定义务，这一断开链接的义务显然应理解为"仅"断开与具体的作品、表演、录音录像制品的链接。如果权利人的通知中列明的链接地址并非被链接网站中直接提供侵权作品、表演或录音录像制品的网络地址，则搜索、链接服务提供者如依据该链接地址断开链接，必然会导致被链接页面中其他未侵权内容的链接亦被断开，这一后果显然有悖《信息网络传播权保护条例》第 23 条的规定。

具体到本案，由查明事实可知，被上诉人主张上诉人接到通知后未删除的链接地址均系网站首页的链接地址。因通常而言，网站首页仅系对网站全部内容的目录或索引，原则上该页面中不会直接提供作品、表演、录音录像制品，因此，被上诉人有义务举证证明涉案被链接网站的首页中直接提供了其享有著作权的游戏软件的私服和外挂。鉴于被上诉人并未提交相应证据，因此，本院合理认定，被上诉人通知中列明的链接地

---

[1] 北京三面向版权代理有限公司 v. 广西壮族自治区桂平市江口中学，最高法院（2009）民申字第 1605 号。

[2] 迪志文化出版有限公司等 v. 北京百度网讯科技有限公司，北京市高院（2006）高民终字第 1483 号。

址并非被链接网站中直接提供侵权作品、表演或录音录像制品的网络地址,上诉人根据该链接地址无法断开相应的侵权链接。据此,上诉人接到被上诉人通知后未断开链接的行为未违反《信息网络传播权保护条例》的规定,其行为不构成共同侵权,不应承担赔偿责任。

(芮松艳、殷悦、王东勇法官)

思考问题:

从帮助侵权的立法目的看,法院要求"首页中直接提供"侵权内容,有道理吗?能不能说,即便没有直接链接到侵权页面,公众依然能够轻而易举的顺着该链接的指引找到侵权页面,所以法院考虑具体的技术细节,是不必要的?

6.3 链接者的主观过错

链接服务提供商在设置链接时,如果存在过错,即明知或者应知被链接的第三方在直接侵权,则即便没有收到权利人的通知,依然有可能要承担责任。法院在认定链接服务商的主观状态时,可能要考虑链接服务提供商本身的专业背景、作品的属性、第三方网站的性质等等。

在作品所属领域具有专业知识的网站,提供链接时可能需要有更高的注意义务,而对于普通的外行,则可能注意义务较低。在下面的案例中,我们大致能够看出这一因素对于法院态度的影响。

链接所涉及的作品性质对认定链接服务提供者的主观过错有明显影响。音像作品或制品的著作权人很少会授权普通网站或个人免费下载其作品或制品(比如MP3音乐作品或电影视频),因此对此类作品提供链接,被认定存在过错的可能性就会大增。与此形成对比的是,网络上文字作品是否侵权,就不是很容易判断。在实际诉讼中,很少见到认定对文字作品的链接导致侵权的案例。

链接可以是手工逐个设置,也可以通过搜索引擎自动提供。《条例》第23条和司法解释都没有刻意区分搜索引擎自动提供的链接和普通手工设置的链接。实际上,如果是手工设置,法院有可能认为链接提供者有机会逐一审查被链接作品的法律状态,因而有更大的机会被认定存在主观过错。如果链接是搜索引擎自动提供,通常意味着没有人为的干预,这时候链接提供者被认定过错的可能性就降低。

刘京胜 v. 搜狐爱特信信息技术(北京)有限公司案,是中国法院确认网络链接行为构成间接侵权的经典案例。法院认为,提供链接服务者,在接获侵权通知后不采取措施,要承担侵权责任。当时,《著作权法》还没有信息网络传播权的概念。法院适用了1991年《著作权法》的第45条第8款所谓其他侵权行为的规定。在这一案例之后,普通链接服务提供商在接到合格的侵权通知后,就被推定知道或应当知道第三方的侵权行为存在。

刘京胜 v. 搜狐爱特信信息技术(北京)有限公司

北京市二中院(2000)二中知初字第128号

原告刘京胜在1995年发表了其译著《唐吉诃德》。2000年10月,刘京胜在上网访问搜狐网站时发现,通过点击该网站首页上"文学"栏目下的"小说"并继续点击"外国小说@(5064)""经典作品(86)""唐吉诃德——〔西班牙〕塞万提斯""译本序言"后,可在页面上看到其翻译的作品《唐吉诃德》。

10月18日,经原告申请,北京市公证处对以上操作过程和路径,以及终端监视器上显示的页面内容进行了公证。11月6日,被告亦在北京市公证处申请按照原告上网的过程和路径的操作过程进行公证。15日被告再次向北京市公证处申请在该处对上www.cj888.com、www.chenqinmyrice.com、www.yifan.net网站访问《唐吉诃德》中文版的过程和路径进行公证以证明:1. 该作品不是被告上载,亦不在被告网站的网页上;2. 直接访问www.cj888.com、www.chenqinmyrice.com、www.yifan.net网站即可看见以原告作品为内容的页面。以上两个证据可以说明,因搜狐网站与上述三个网站有链接关系,所以通过搜狐网站,能够访问这三个网站上以原告作品为内容的网页。在法庭上,被告再次按原告所提交的公证书中载明的过程和路径上网进行了演示,当屏幕出现"《唐言词德》〔西班牙〕塞万提斯刘京胜译"页面时,该页面的地址栏中不是搜狐网站的地址,而是其他网站的网址。

……

本院认为:本案争议的焦点是搜狐网站对其上述链接行为所产生的结果是否应当承担法律责任。

首先,被告这种链接行为本身是否构成侵权。链接是在互联网上实现快捷的传递和获取各种信息的一种技术手段,是互联网的重要功能。网站的经营者利用这个技术,将网站甚至是各网站的信息内容连接在一起,以实现信息资源共享的目的,极大地方便了上网用户。本案被告开办的网站是以提供信息内容为主的网站,他通过设置搜索引擎,建立与其他网站的连接,使上到其网站的用户可以快捷的搜索并进入到其他网站获取信息。本案双方当事人提交的公证文件载明,当显示器上出现"《唐吉诃德》〔西班牙〕塞万提斯刘京胜译"页面时,该页面的地址栏中并不是搜狐网站的地址,而是其他网站的地址,这一事实证明,被告提供的只是分类搜索引擎链接服务,被告网站仅是利用这种链接技术,将用户引导到提供信息内容服务的网站。

从直观的表象上看,访问者是通过被告网站上网,并浏览到信息,被告是信息提供者。但是从技术角度讲,被告网站仅是提供了搜索服务的工具,引导用户利用这个工具到其他网站或网页上去浏览相关的信息。此时这些信息并未存储在被告的服务器上,而是在上网用户自己的计算机内,临时生成被链接网站所载信息内容的临时复制件。因此,被告提供链接服务并不是将原告作品直接上载的复制的行为,也不是传播。此外,由于在互联网上网站之间具有互联性、开放性,网上的各类信息内容庞杂,数量巨大,要求网络服务商对所链接的全部信息和信息内容是否存在权利上的瑕疵先行作出判断和筛选是不客观的,网上的信息内容有权利上的瑕疵时,主要应由信息提供者或传播者承担法律责任,仅提供网络技术或设施的服务商,一般不应承担赔偿责任。因此,本案被告设置链接的行为不侵害原告人的著作权。

其次,原告人明确提出停止链接被侵权的作品后,出链者未积极作为,是否应承担侵权责任。本院认为:本案原告对1995年漓江出版社出版的译著《唐吉诃德》所享有的著作权,应当受到法律保护。未经著作权人许可使用其作品,是对其著作权的侵害。当得知侵权行为发生或可能发生时,任何与该侵权行为或结果发生关系的人,都有义务必须采取积极的措施,防止侵权行为结果扩大。

本案原告在发现自己的作品被网站上载后,于2000年10月24日向被告提出侵权指控,被告理应在向原告作出解释的同时,积极采取措施停止与非法上载原告作品的网站链接,但被告却以法律并未规定链接是一种侵权行为为由,继续与上载原告作品的网站维持链接,直到11月30日才停止了链接。应指出,被告虽难以对其网站链接的信息内容加以控制,但完全有技术能力控制其网站与其他网站或网页的链接。在原告人提出其链接的网页上有未经权利人许可上载的作品的指控时,被告有责任及时地采取技术措施,停止链接,抑止侵权。但被告在得知原告的权利被侵害后,仍未积极的采取措施,致使侵权状态得以延续,这种结果对权利人是不公平的,有悖于民事主体的合法权利不受侵害的法律原则,被告应对其过错承担相应的法律责任。

(王范武、邵明艳、何暄法官)

新力唱片(香港)有限公司 v. 北京世纪悦博科技有限公司

北京市一中院(2004)一中民初字第428号

[原告提供证据证明,被告网站以人工设链的方式提供了音乐MP3文件的下载链接。]公证书载明了对卢巧音演唱的歌曲《站站舞》的下载过程:输入www.chinamp3.com网址,显示"音乐极限"网站的主页,点击"港台专区"栏目,显示"港台专区",点击"女歌手",显示"港台专区——女歌手列表",点击"卢巧音",显示"卢巧音专辑列表",点击专辑列表中"Candy's Airline",显示"专辑名称、歌手/组合、语言、唱片公司(新力唱片)、发行日期、卢巧音个人档案、专辑简介、卢巧音《Candy's Airline》粤语专辑曲目"等信息。点击曲目列表中"站站舞""下载",显示"下载歌曲:下载1下载2""下载说明:本站只提供歌曲链接,不提供本站下载!下载1,下载2,下载3,……为下载站,请点击下载。""注意:1. 如下载的歌曲为ZIP格式,请用WINZIP软件解压缩;2. 如下载文件后缀不是.mp3(ZIP格式除外),建议下载方法为:……"。用右键点击所"下载1",进行下载。此时,在被告网页上覆盖了一下载小框,小框记载了:正在保存1052953565. mp3 来202.99.166.59,上面还有计时时间等信息。

……

本案是因被告链接行为引发的著作权纠纷,目前我国法律对网络链接行为是否构成著作权侵权尚无具体、明确的规定,但是从大量的网络链接的纠纷中,根据链接行为人的链接方式、主观过错及链接的客观后果等诸因素和权利义务相一致的原则,可以确定网络链接行为是否构成侵权,是否应当承担法律责任和应当承担何种法律责任。

1. 被告与他人网站的链接方式

分析被告的链接方式及行为性质,是解决本案纠纷的关键。被告为在更大范围内向用户提供服务,通过网络搜索的方式,收集到有关音乐网站的信息,并将其信息进行选择、编排、整理,如地区、歌手、歌单、歌词及网站等信息。并在其提供的歌单中,同时提供了下载的选项。再通过其网站页面设置的"下载1、下载2……"与其选定的网站建立了深度的对应关系,按其设定的步骤,一步一步地引导用户下载。用户可以通过被告的网站,就可以完成下载的操作。从被告链接的方式可以确认如下事实:第一,在被告网站的页面上,提供了下载服务;第二,被链接下载的网站也是被告事先选定并推荐给网络用户的;第三,下载的操作步骤是被告逐层递进引导的;第四,所下载作品是被告事先通过搜索选编、并整理的。由此可以认定,被告的链接行为,已经不是提供链路通道服务,而是直接参与了相关信息的加工处理,并对加工处理后的信息通过异站进行深层次的链接。

2. 被告行为的主观过错

第一,被告 www.chianmp3.com 网站标志为 CHINAMP3 音乐极限,其栏目为娱乐动态、劲爆排行、星星档案、大陆专区、港台专区、欧美专区……极限搜索等。该网站主要是向网络用户介绍不同地区的歌手、音乐专辑、娱乐动态等相关信息,向社会公众传播不同区域、不同时域、不同歌手、不同载体等音乐类别服务。由此可见,被告是一家专业性的音乐网站。从其商业角度看,该音乐网站涉及的区域越广、时域越宽、覆盖面越大、歌手越知名,对用户就越具有吸引力,该网站就越活跃,点击率越高,其经济效益就越明显。因此,被告网站商业目的是明显的。

第二,从被告网站和被链接网站资源之间的关系看,被告对被链接对象的资源做了进一步的加工处理,其加工结果以逐层递进的菜单形式引导用户选择,形成了与被链接网站系统资源的相互对应的深层次的链接关系。该链接关系如同前台与后台之间的服务关系,两者之间已经形成了一种深度链接和密切偶合的对应关系。

第三,从被告网站提供的服务看,用户下载时,界面仍显示为 www.chianmp3.com 网站标志,并以其页面为主要内容。虽然在下载时,在被告网页上覆盖了一下载小框,但是,歌曲下载的过程并未显示被链接网站的页面,而是通过被告的网站的页面实施并完成的。而且在被告网站的页面上,还提供了引导下载的可行的具体操作方法、步骤及在下载时可能遇到各种问题的处理方法。

第四,从被告网站的工作状态看,用户只需通过被告的网站,而无须通过被链接网站,即可满足其搜索和下载的需求,而被链接网站在该项服务中起到异站存储或外置存储器的作用。被告网站却始终处于信息传播的在线状态。

第五,被告以其网站的名义,帮助用户选定了下载的网站,并控制着被链接网站的资源。基于上述事实,被告作为专业性的大型音乐网站,理应对其选定网站歌曲下载服务的合法性负有注意义务,然而本案中,被告以其网站的名义,在其网站页面上向公众传播其搜索、选定并编排整理的网站,使用被链接网站的信息资源,却疏于对被链接网站资源的合法性进行合理审查,其主观上具有过错。

综上,被告未经原告许可,为其商业目的,对原告享有录音制作者权的音乐作品通过互联网的方式,向公众传播的行为,主观上具有过错,客观上给原告的权利造成了损害后果,构成了对原告权利的侵犯,应当承担停止侵权、赔偿损失等相应的民事责任。被告以其只是提供网络链接、没有与其服务器产生数据交换,且在其服务器中未产生复制作品为由,称其行为不构成侵权,不应当承担法律责任的抗辩理由,不能成立,本院不予支持。

(刘勇、张晓霞、仪军法官)

思考问题:

对比上述两个案例,你认为导致二者结论不同的关键因素是哪些?

7 帮助侵权之四:搜索引擎

搜索引擎所提供的搜索结果包含众多内容,常常包括相关页面的简短摘录、页面链接信息、网络快照等。除此之外,搜索引擎服务商还可能将自己的业务进一步延伸,提供所谓的在线试听、在线播放等功能。这实际上进一步模糊了搜索引擎服务与其他网络服务商之间的界限。搜索引擎的简短摘录、网络快照、缩略图以及其他一些拓展性的服务,涉及直接复制和传输作品的行为,与直接侵权有关,在前文的"信息网络传播权"一章有专门讨论,这里从略。本节仅仅讨论搜索引擎服务商的作品搜索链接服务。

搜索引擎所提供的链接服务,与前文所述的普通链接服务在法律上的定位相同。正因为如此,《信息网络传播权条例》第 23 条就没有区别这两类链接。不过,由于搜索引擎所提供的链接是自动生成的,在认定主观过错方面,与普通链接有些差异。首先,搜索引擎的链接通常是在用户输入关键词查询之后临时生成,用户访问结束后,该查询结果并不永久保存。用户在这一过程中,处在相对积极的位置。其次,服务商通常无法事先对所有检索结果逐一审查。最后,搜索引擎服务提供者通常并不关心哪些搜索内容是否能够通过网络获得,因为它所提供的更多的是检索服务,而不是内容下载服务。这一点与普通的链接服务有明显差别。如果是人工选择设置链接,通常设链者都希望内容能够稳定获得,希望访问者能够按照自己链接所提供的建议,去获取相关作品内容。综合上述因素,搜索引擎服务商相对普通链接提供者,更不容易被认定为存在主观过错或从作品中获利。

下面的叶延滨 v. 北京四通利方信息技术有限公司案(本书作者当初是被告的代理律师),应该是中国第一件搜索引擎间接侵权案件。法院强调搜索引擎所提供的信息并非对作品本身的使用,不构成侵权。

叶延滨 v. 北京四通利方信息技术有限公司

北京市海淀区法院(2001)海知初字第 16 号

原告叶延滨诉称,原告系《路上的感觉》一书的著作权人,2001年1月2日,原告发现多来米黄金书屋网站未经原告许可,擅自刊登了该书,被告进行了链接。原告为此致函被告,要求被告停止侵权,但被告却置之不理。2001年1月16日,原告通过互联网在中国新世纪读书网网站上仍能全文查阅《路上的感觉》一书,被告仍未断开链接,其行为侵犯了原告的著作权,故请求法院判令被告停止侵权,在其网站显著位置刊登致歉声明以消除影响,赔礼道歉,赔偿原告经济损失4万元并承担公证费、调查取证费等。

被告北京四通利方信息技术有限公司辩称,原告的著作权侵权通知因其自身缺陷不具备法律效力,原告在通知书中表达的意思是"要求被告停止将原告的作品直接上载到被告自己的网站上",实际上,被告从未将原告作品直接上载,也就无从停止;另外,搜索引擎的工具性、公共性决定了法律不应该对其提供的链接承担责任。原告的诉讼请求没有事实和法律依据,请求法院依法驳回。

经审理查明:2000年1月,天津新蕾出版社出版发行了《路上的感觉》一书,作者署名为叶延滨。2001年1月3日,原告致函新浪网站,以该网站未经其同意上载了其作品《路上的感觉》为由要求该网站停止此行为,随函附有作品的版权页和相关的网页,说明通过该网站(网址为 www.sina.com.cn)的搜索引擎输入关键词"路上的感觉叶延滨",可在国际互联网上的他人网站(网址为 www.shulu.net/novel/lsdg/lsdg.htm)上检索到该作品。同年1月16、17日,通过相同的检索方法,原告亦检索到位于中国新世纪读书网站(网址为 http://read.cnread.net/cnreadl/sgsw/y/yeyanbin/lsdg/index.html)上的该作品。

2000年8月16日,被告与案外人百度在线网络技术(北京)有限公司(以下简称百度公司)订立合同,约定百度公司向被告提供相关的搜索引擎技术服务。涉及本案的是该搜索引擎中的网页全文检索系统部分,其技术特征为:通过一个从互联网上自动收集网页的数据搜集系统得到大量的网页数据,交分析系统进行分析,从中提取和用户检索相关的网页信息(包括页面包含的关键词、编码类型、大小、被其他网页链接的次数等),然后由索引系统对分析好的抽象数据建立索引,并通过检索数据库保存相关的数据信息;检索数据库并不保存网页内容本身,其中的信息也不能通过点击链接进行网页浏览的方式访问,只有当用户提交了对关键词的检索请求后,与该关键词有关的检索数据信息才会被组织起来,生成临时链接提交给用户。所有过程均由系统软件自动完成,临时链接并不在数据库中作永久保存。

另查:在"搜狐"网站上通过使用搜索引擎输入关键词"路上的感觉叶延滨",用户不仅可在国际互联网上检索到位于其他网站上的原告的该作品,亦可检索到包含此关键词的其他网站上的网页,网页内容不仅限于原告的作品。原告认可该搜索引擎与被告的搜索引擎是同一技术……

本院认为：著作权是作者享有的专有权利，作者有权限制他人未经其许可以营利为目的使用其作品，但作者必须证明使用事实的真实存在。使用被告的搜索引擎，输入关键词"路上的感觉叶延滨"，检索原告的作品，是通过网页全文检索系统检索到其他网站编排的页面的相关信息后与该页面生成临时链接实现的。这种相关信息，仅限于关键词"路上的感觉叶延滨"等特定的信息，而不包括作品本身；这种相关的网页，并不排除其他含有类似的相关信息的网站的网页，而且网页的内容也不限于原告的作品；这种临时链接，并不在数据库中作永久保存。因此，这种检索服务，并不等同于作品的使用。在原告未能明确其他网站上载其作品的行为的法律性质的情况下，原告以被告的行为构成侵权为由要求被告承担责任，证据不足，本院不予支持。据此，判决如下：驳回原告叶延滨的全部诉讼请求。**（李东涛、王宏丞、张晓霞法官）**

思考问题：

（1）本案中的链接是由搜索引擎应用户请求自动生成的链接。法院确认此类链接并非对作品的使用，不构成著作权侵权。你觉得本案与前一节中的刘京胜案的区别在哪里？是这些区别导致法院得出不同结论吗？

（2）在本案中，搜索引擎服务商曾经试图说服法官接受这样的观点：即使被告接到原告的侵权通知，也没有义务采取技术措施中断某些间接指向侵权页面的链接。所谓的间接指向，是指搜索引擎链接指向第三方的一个包含侵权作品基本信息（作品名称、作者等）但不含作品具体内容的目录页，而该目录页继续链接第三方提供的另外的包含侵权作品内容的页面。你如何看待这一观点？

浙江泛亚电子商务有限公司 v. 北京百度网讯科技有限公司等

北京市高院（2007）高民初字第1201号

……

（一）关于被告通过网站的 MP3 搜索框向用户提供 MP3 搜索服务的事实

[原告享有诉争音乐作品的相关著作权。原告认为百度网站通过 MP3 搜索框向用户提供 MP3 搜索服务的行为构成侵权。为证明侵权行为，原告于 2007 年 4 月 26 日至 2007 年 6 月 15 日、2007 年 9 月至 10 月分别制作了 14 份《公证书》。其中，第 1069 号《公证书》记载的过程如下：进入 www.baidu.com 后，点击 MP3，在"百度搜索"栏中输入"你的选择"后，搜索结果列表中显示 180 个搜索结果，并设歌曲名、歌手名、专辑名、试听、歌词、铃声、大小、格式、链接速度等显示项目及相关内容。点击"歌曲名"下方的"2 你的选择"，跳出一个对话框，光标选中"请点击此链接："后面的链接地址"http://pic3.lxyes.com/hhhlx/bbs_wap/myphoto/act3/20070331/13/23824552.mp3"，点击下拉菜单中的"目标另存为 A"，跳出文件下载对话框，显示"获取文件信息：23824552.mp3 来自 pic3.lxyes.com"。其余公证书载明的操作过程均与第 1069 号《公证书》基本

相同。就公证内容而言,除下载歌曲的来源显示来自不同的网站外,页面提示的内容基本相同。

原告于 2006 年 12 月至 2007 年 1 月期间陆续向被告发出 9 份公函。在上述公函中,原告对输入歌曲名后的搜索结果进行了甄别和选择,将其认为属于侵权的链接用星号标出,并将具体链接地址填写在后附表格中。以公函 7 为例,原告将"真心真意段千寻"作为关键词进行搜索……MP3 搜索结果有 750 个,原告挑出 2 个搜索结果,要求删除。其他 8 份公函与公函 7 的形式基本一致。上述 9 份公函共涉及 351 首歌曲中的 103 首歌曲,原告以链接列表的方式共提供了 7007 条网页搜索链接、1848 条 MP3 搜索链接,要求被告对原告提供了著作权证书及词曲内容的音乐作品断开侵权网页及 MP3 地址的链接。每一份公函列明的侵权链接地址均不相同。

2007 年 3 月 19 日,原告向被告发出律师公函,内容为:"泛亚公司系本函所附的音乐作品的词曲著作权人,也系其录音制品的制作人。附件中已详细列明泛亚公司作品的词曲内容及演唱者,并附演唱录音。泛亚公司在自己经营的 www.5fad.com(娱乐基地中国)网站中为登录用户提供以上歌曲的试听及收费下载服务。泛亚公司尚未授权他人在互联网上提供类似服务。……贵司对泛亚公司在附件中列明的所有音乐作品的搜索服务仅限于提供作品名称、著作权人及告知用户作品的合法出处,贵司无权以任何方式直接向用户提供音乐作品。"该律师公函所附的《歌曲清单》中列明了歌曲名、词曲内容及作者、版权登记号,并附有演唱录音的光盘,但没有列明任何链接地址。原告主张,其在此前的"公函"中曾经列明了查找侵权作品网址的办法,故被告以此方法即可确定侵权作品的网址。被告对该主张不予认可,理由是原告的公函中提供的链接地址链接到的第三方网页中有些根本不含有侵权的内容,原告在公函中亦未准确地确定侵权作品的网址。

2007 年 10 月 10 日,被告百度网讯公司对相关网页内容进行了公证证据保全。相关公证书证明,被告百度网讯公司已经全部断开原告在上述 9 份公函中所提出的涉及被控侵权的 103 首歌曲的网页搜索和 MP3 搜索中含有涉嫌侵权作品的第三方网站的具体链接地址。

被告百度网讯公司提交的相关公证书证明,其在 2007 年 9 月 29 日之前已经删除了原告提交的 14 份公证书中显示的 223 首被控侵权歌曲所在第三方网址的搜索链接,在 2007 年 10 月 25 日之前已经删除了原告提交的 5 份公证书中显示的 128 首被控侵权歌曲所在第三方网址的搜索链接。

(二)关于百度网站向用户提供音乐盒服务以及利用音乐盒服务向用户提供歌词的事实

原告主张百度网站提供的音乐盒服务可以帮助用户对原告歌曲进行搜索、试听、下载,并在音乐盒中主动向用户提供歌词,能够直接为用户提供在线音乐服务,其功能超出了搜索引擎服务的范围,构成侵犯著作权。原告提供了……12 份《公证书》及所附光盘。其中……第 2914 号《公证书》证明:进入 www.baidu.com 后,点击 MP3 频道,进入百度 MP3"音乐盒",默认的音乐盒为 5fad7,顺序播放音乐盒里已有的歌曲,播放的第一首歌为蓝雨演唱的"泪雨",音乐盒右半部分的上方显示歌曲"泪雨"的出处,下方显示"泪雨"的歌词内容,未载明歌词来源。有时在点击音乐盒中的歌曲后,音乐盒右上方的"歌曲出处"出现的链接地址显示无法链接成功,音乐盒同时提示:抱歉,系统未找到对应歌词。在上述 12 份公证书中,180 余个 MP3 搜索指令发出后,其中 160 余个搜索结果均显示:抱歉,系统未找到对应歌词……

百度网站通过音乐盒向用户提供音乐服务平台。在页面左边是音乐管理的按钮,包括顺序播放、添加、删除、TOP100、TOP500、设置彩铃;歌曲播放、歌词浏览、歌词与音乐顺序播放。百度音乐盒是一个 MP3 搜索收藏夹,用以记录和管理搜索指令,其功能类似浏览器的收藏夹。音乐盒中的关键词不对应任何一个固定链接,而是执行一次针对这个关键词的完整搜索。音乐盒中的搜索指令能否成功完成,取决于所链接的第三方网站是否可以访问。百度网站音乐盒服务中出现的歌词是百度网站根据用户进行 MP3 搜索时设定的关键词,同时对互联网上存在的 LRC 文件进行搜索,并随机向用户显示其中之一的结果。如果第三方网站没有这个 LRC 文件,百度网站就无法抓取到。在音乐盒中进行的 LRC 文件搜索是网络服务器自动完成的。

……

在本院第一次开庭审理过程中,原告陈述:其曾将主张权利的 351 首歌曲许可给其他网站或者机构在互联网上传播,但均是非专有许可,不能转授权给第三方,且是有期限的。

[本院认为:]

(一)被告以搜索框输入关键词的搜索方式向网络用户提供 MP3 搜索服务的行为是否构成侵犯信息网络传播权。

根据我国《著作权法》的规定,信息网络传播行为是指将作品上传至或以其他方式将作品置于向公众开放的网络服务器中,使公众可以在选定的时间和地点获得作品的行为。

本案中,被告提供的是 MP3 搜索引擎服务。在该服务下,用户点击页面显示的相关选项,"试听"和"下载"涉案歌曲,是通过将用户端链接到第三方网站,在第三方网站上进行的,一旦被链接的第三方网站删除其中任何文件或关闭服务器,用户将无法在百度网站页面上通过点击链接来获得第三方网站中的文件,百度网站的服务器上并未上载或储存被链接的涉案歌曲。因此,被告所提供的是定位和链接服务,并非信息网络传播行为。被告不构成对原告相关信息网络传播权的直接侵犯。

[依据《信息网络传播权保护条例》第 23 条],网络服务提供者免责的前提应当是对其搜索或者链接的作品、表演、录音录像制品是否侵犯他人著作权或者相关权利既不明知也不应知。如果有证据证明网络服务提供者明知或者应知所链接的作品、表演、录音录像制品侵权仍链接的,则应当承担共同侵权责任。

那些根据用户指令,通过互联网提供自动搜索、链接服务,且对搜索、链接的信息不进行组织、筛选的网络服务提供者,对通过其系统或者网络的信息的监控能力有限;网络上信息数量庞大,且在不断变化、更新,故要求其逐条甄别信息、注意到信息的合法性是不可能的。通常情况下，提供自动搜索、链接功能的网络服务提供者不知道相关信息是否侵权。

原告指控被告实施的侵权行为是，被告提供了通过在百度网站搜索框内输入歌曲名称的方式向用户提供 MP3 搜索引擎服务，通过这种服务，用户可从百度网站上试听和下载涉案歌曲。根据查明的事实，在这种服务中，百度网站为用户提供了多种可选择的服务，用户可以自行选择其所要求的服务。用户是通过键入关键词的形式向服务提供者发出指令从而获得信息。被告接到用户的指令后根据用户的要求进行搜索，建立临时链接。所搜索、链接的内容既可能是侵权的，也可以是公有领域的信息，或者是经权利人许可传播的不侵权的内容。显然，被告事先无法判断用户将键入什么关键词、要求提供什么服务。基于这种服务的技术、自动和被动等性质，即使被告施予与其能力所及的注意，也难以知道其所提供服务涉及的信息是否侵权。

根据《信息网络传播权保护条例》第 23 条的规定，提供搜索或者链接服务的网络服务提供者虽然不明知或者不应知所提供的信息侵权，但在接到权利人的通知后，不按照该条例规定断开与侵权信息的链接的，需承担赔偿责任。《信息网络传播权保护条例》第 14 条对权利人的通知应具备的内容作了明确的规定。权利人所发通知，应符合该条规定的要求。根据该条规定，权利人还应当对通知的真实性负责。

本案中，原告向被告发出了两种内容不同的通知。第一种通知即 9 份公函除了列明了歌曲名、词曲内容、作者名称外，还列出了原告查找到的具体链接地址。第二种通知即律师公函则没有列出具体链接地址。

被告接到原告第一种通知后，已将通知中明确列明的针对涉案 351 首歌曲所在的第三方网站的具体 MP3 链接地址全部删除。对此双方均不持异议。原告还主张被告存在迟延断开明确列明的侵权链接地址的情况、被告一直持续侵权，但根据查明的事实，原告在 2006 年 12 月至 2007 年 1 月期间向被告发出的 9 份公函以及在 2007 年 4 月至 2007 年 6 月和 2007 年 9 月至 2007 年 10 月期间进行的两次公证保全的证据中列明的被控侵权歌曲以及侵权链接地址并不相同；被告在 2007 年 9 月、2007 年 10 月所作的多次公证证据保全能够证明其在公证日之前已经将原告明确通知的链接予以删除；原告亦未明确被告迟延断开所指向的具体歌曲及其具体链接的内容、地址并提供相关证据。故应认定，被告对于原告通知中明确列明的侵权链接地址已经及时断开，其所为符合《信息网络传播权保护条例》第 23 条规定的免责条件。

原告主张其并非仅要求被告删除通知中列明的具体链接，而是要求删除或屏蔽与其主张权利的歌曲有关的所有侵权链接，因此被告应按照第一种通知中提示的查找侵权歌曲网址的办法确定第二种通知中涉及的侵权歌曲的网址，被告负有查找侵权作品的义务。但是，原告已经许可其他网站或者机构在互联网上传播涉案歌曲；就 MP3 搜索而言，搜索引擎的现有技术尚无法实现根据音频文件内容来进行搜索，只能基于关键词进行搜索。在此情况下，如果将原告主张权利的涉案 351 首歌曲按照歌曲名称进行屏蔽，可能会损害其他被许可人的合法权利；如果将歌曲名称作为关键词进行屏蔽或删除，亦可能损害他人的合法权利，出现删除或屏蔽错误的情形。更重要的是，该种通知不符合《信息网络传播权保护条例》第14条关于通知要件的要求。因此,原告的相关主张于法无据,本院不予支持。

(二)被告向用户提供音乐盒服务以及利用音乐盒服务向用户提供歌词的行为是否构成侵犯信息网络传播权

百度网站音乐盒是一个多功能音乐服务平台,包括向用户提供用以记录和管理搜索指令的收藏夹、进行MP3搜索服务以及随机提供歌词LRC文件等服务。百度网站音乐盒中提供的搜索收藏夹功能类似浏览器的收藏夹功能;音乐盒提供的MP3搜索服务系基于关键词的搜索服务,这种服务不构成信息网络传播行为。百度网站在音乐盒中随机提供歌词LRC文件,是根据用户的指令、按照用户键入的关键词对互联网上存在的LRC文件进行搜索。第1209号《公证书》载明的关于百度网站将音乐盒中所提供的歌词对应的第三方网站上LRC文件的网络地址明确予以显示的事实可以进一步印证在音乐盒中提供的歌词系对LRC文件进行搜索的结果。因此,被告所提供的歌词并非来源于百度网站的服务器。

虽然百度网站在音乐盒中显示歌词内容时未载明歌词来源,容易使用户误以为歌词来自百度网站,被告行为有不妥之处,但在原告没有其他相反证据足以推翻前述公证证明的事实的情况下,应当认定百度网站音乐盒显现的歌词系对LRC文件进行搜索的结果。原告关于音乐盒中的歌词来自于百度网站服务器的主张缺乏事实依据,本院不予支持。基于与上述关于提供自动搜索、链接功能的网络服务提供者难以知道相关信息是否侵权的相同理由,被告无法预先判定出现在搜索结果中的LRC文件是否构成侵权。

本案中,被告已经及时删除原告提交的相关《公证书》涉及的音乐盒中被控侵权歌词的链接地址,其所为符合《信息网络传播权保护条例》第23条规定的要求。故被告向用户提供音乐盒服务以及利用音乐盒服务向用户提供歌词的行为不构成侵犯信息网络传播权。

(刘辉、张冬梅、岑宏宇法官)

思考问题:

本案中,用户通过百度获取MP3文件和相关歌词,用户并不关心该文件的真实来源,相反,只是记住了百度音乐网站。这导致百度从音乐作品中获取商业利益,却无须承担相应的法律责任。这一结果是合理的吗?

搜索引擎的服务商在提供链接时,常常会走得更远。它可能在一定程度上干预搜索的结果。比如,它可能会在搜索界面上对搜索的结果进行选择和编排,从而推广某些作品的链接。这实际上使得搜索引擎服务商与普通链接提供者的角色差异几乎消失。这时候,法院更倾向于认定其提供特别推广的链接时存在主观过错。下面的环球国际唱片案就是一例。

环球国际唱片股份有限公司 v. 北京阿里巴巴信息技术有限公司

北京市高院(2007)高民终字第1190号

[环球国际唱片公司是诉争的"Beautiful Day"等9首涉案歌曲的录音制品的权利人。阿里巴巴公司是网址为："http://www.yahoo.com.cn"、名称为"雅虎中国"网站的所有者。]

2006年4月26日和5月26日,国际唱片业协会北京代表处的代理人使用计算机登录网址为："http://www.yahoo.com.cn"的雅虎中国网站,就雅虎中国网站对涉案9首歌曲提供音乐搜索、歌曲试听、下载等服务的过程进行证据保全。其主要操作过程如下:进入雅虎中国网站音乐搜索页面,在搜索框中输入特定歌曲名称后,点击后面的"搜歌曲"栏,出现歌曲名称均为该歌曲的歌曲列表,表中显示"歌曲名称、歌手、所属专辑、歌词、试听、铃声、音乐盒、格式、大小、连通速度"等项目;点击其中的"试听"栏,出现对话框形式的试听页面,点击该试听页面上的"下载歌曲"栏,出现对话框形式的下载页面,完成下载。搜索涉案歌曲通过点击"雅虎音乐搜索"页面上的"全部男歌手""全部女歌手"等栏目亦可实现……

在登录雅虎中国网站后,点击涉案歌曲进行试听时,试听页面最上方地址栏分别显示"http://61.182.161.124—音乐试听-Microsoft internet explorer;http://61.182.160.205-音乐试听-Microsoft internet explorer 和 http://61.182.160.206-音乐试听-Microsoft internet explorer"。地址栏下方是一个长方形的广告栏,显示相关网站的广告类信息,其下显示:"歌曲试听:歌曲名歌手名>>下载歌曲"、播放器及歌词。登录雅虎中国网站后,点击涉案歌曲进行时,下载页面中以下"u22k108.mp3 from sjweb.hhit.edu.cn"的形式显示歌曲来源。在试听页面地址栏中出现的上述三个地址均属于中国网通集团河北省网络。

阿里巴巴公司主张,其租用上述服务器,用于设置试听页面上的广告栏、歌词等相关信息;设置试听页面的目的在于明确试听歌曲的来源网址,便于相关权利人主张权利,与歌曲的链接无关;歌曲的链接仍然直接发生在客户端与第三方网页之间,设置试听页面没有对歌曲的链接实施控制;试听页面广告栏中确有部分内容是广告信息,但系河北省网络所设置,雅虎中国网站仅在广告栏部分采取了"重新定向"技术。

环球国际唱片公司对阿里巴巴公司的上述主张不予认可,环球国际唱片公司主张:通常的搜索引擎服务方式是用户在搜索网站输入关键词后,在搜索网站的页面会把搜索结果逐条排列显示;当用户点击特定搜索结果后,将自动弹出独立的第三方网站的页面,提供搜索引擎服务的网站不介入用户从第三方网站获取信息的过程;而阿里巴巴公司提供的搜索引擎服务通过设置试听页面,对相关歌曲的试听和下载实施控制,使网络用户无须离开其网络环境,即可实现相关歌曲的试听和下载,从而谋取经济利益。

2006年4月28日,国际唱片业协会北京代表处的代理人使用计算机,登录网址为

"http://www.yahoo.com.cn"的雅虎中国网站,对雅虎中国网站对涉案歌曲《Elevation》和《Walk On》提供音乐盒服务的相关情况进行证据保全。其主要操作过程如下:进入相关歌曲列表,点击其中的"音乐盒"栏,通过输入"yahoo ID"及"密码"登录后,"歌手、歌名、专辑、网址"等相关音乐信息即可存入音乐盒。在"雅虎音乐搜索—音乐盒"页面上,有由"序号、歌曲名称、歌手、专辑、试听顺序、收藏时间"等项目组成的歌曲列表,选中其中的歌曲名称,可以进行试听和下载;该列表左侧有纵向排列的菜单,含有"我的音乐盒""音乐排行榜""我的音乐专辑""邀请好友""雅虎音乐搜索""控制面板""意见反馈"等栏目,点击"我的音乐专辑"栏,可以在其中创建新专辑;点击"控制面板"栏,可以将"音乐盒"设置为"公开",以便其他用户也能看到音乐盒中的信息……

2006年4月30日,国际唱片业协会北京代表处的代理人使用计算机,登录网址为"http://www.yahoo.com.cn"的雅虎中国网站,就雅虎中国网站对歌曲、音乐信息进行搜集、整理、分类,按歌曲风格、流行程度、歌手性别等标准制作不同的分类信息的情况进行证据保全。其主要操作过程如下:进入雅虎音乐搜索页面,该页面显示"搜歌曲""搜歌词"搜索框、"全部男歌手""全部女歌手""新歌飙升""影视金典""欧美经典"等18个分类栏目以及"新歌飙升榜""热搜歌曲排行榜"等具体板块,点击上述栏目和板块中的相关歌曲,进行试听和下载,其中包括涉案歌曲《Peace On Earth》……

2006年4月10日,国际唱片业协会代表环球国际唱片公司等公司致函北京雅虎网咨询服务有限公司,要求北京雅虎网咨询服务有限公司收到该函后7日内删除与其会员录音制品有关的全部侵权链接,并提供了该协会会员名单以及可以查询会员录音制品信息的官方网站地址。阿里巴巴公司于2006年4月28日复函称,有望在同年5月中旬左右设置技术措施以阻止中国大陆以外拥有可检测IP地址的用户使用其MP3搜索服务、在5月底前从MP3搜索结果中过滤非汉语歌曲。

2006年7月4日,北京市路盛律师事务所的相关律师以包括环球国际唱片公司在内的多家公司的名义,向阿里巴巴公司、北京雅虎网咨询服务有限公司发出函件(下称律师函),要求上述两个公司于收到该函之日起7日内,删除与函件中所列举的演唱者和专辑有关的所有侵权链接。该函件中列举了34名演唱者(包括涉案演唱者)以及48张专辑(包括涉案专辑)的名单,提供了包括《Beautiful Day》等7首涉案歌曲在内的136首歌曲的具体侵权URL地址各一个作为示例,以及相关被控侵权链接的屏幕截图。2006年7月13日,阿里巴巴公司致函北京市路盛律师事务所的相关律师,要求其提供环球国际唱片公司等公司的授权委托书。2006年7月14日,北京市路盛律师事务所的相关律师向阿里巴巴公司提供了环球国际唱片公司等公司的授权委托书。2006年7月18日,阿里巴巴公司收到上述授权委托书复印件。2006年7月20日、2006年7月28日阿里巴巴公司分别致电、致函环球国际唱片公司等公司的代理律师,希望提供相关URL地址的电子版,并称该公司已经开始手工删除提供了具体URL地址的链接。

2006年7月26日,国际唱片业协会北京代表处的代理人使用自己的计算机,对雅虎中国网站并未删除环球国际唱片公司主张权利的与涉案 9 首歌曲有关的所有侵权链接的相关情况进行了证据保全，其中律师函中 URL 地址相同的包括《Beautiful Day》等 6 首歌曲，并下载了《Peace On Earth》等 4 首歌曲。

2006 年 8 月 2 日，阿里巴巴公司致函环球国际唱片公司等公司的代理律师，称只能删除律师函中提供了具体 URL 地址的相关链接。2006 年 8 月 3 日、2006 年 8 月 10 日，环球国际唱片公司等公司的代理律师两次向阿里巴巴公司发函，强调雅虎中国网站上与涉案歌曲有关的所有链接均为侵权链接，要求不仅删除律师函中提供了具体 URL 地址的链接，而是删除与律师函中所提及的全部作品有关的所有搜索结果。

阿里巴巴公司主张，其自 2006 年 7 月 28 日开始，通过手工录入的方式，陆续删除律师函中提供了具体 URL 地址的链接，2006 年 8 月 3 日完成全部删除工作。环球国际唱片公司认可现在雅虎中国网站上已经没有上述地址的链接，但是对阿里巴巴公司完成删除链接的时间不予认可。

环球国际唱片公司授权网址"cn.aigomusic.com"等 8 家网站许可我国国内的第三方通过信息网络"上下载、同步或/和下载并播放"涉案歌曲。环球国际唱片公司主张经其授权的网站提供歌曲的在线试听和下载服务均需注册或者付费。阿里巴巴公司主张如果上述合法授权网站在线试听和下载确需注册或者付费，则雅虎音乐搜索系统中的蜘蛛程序无法抓取来自上述合法授权网站的音乐信息，也无法设置相关链接。环球国际唱片公司对阿里巴巴公司的上述主张予以认可……

本院认为……

雅虎中国网站提供的音乐搜索、歌曲试听、下载服务的结果均是通过该网站得到涉案歌曲不同 URL 地址的链接。在用户点击这些链接后，将用户所使用的计算机客户端链接到使用该 URL 地址的第三方网站，点击下载或通过试听页面点击下载涉案歌曲时，涉案歌曲的下载页面显示的是涉案歌曲的来源。因此，尽管雅虎中国网站上显示的音乐搜索结果是经过阿里巴巴公司进行整理、分类后形成的显示形式，但阿里巴巴公司并不能对所链接的第三方网站上的涉案 9 首歌曲录音制品进行控制，用户试听或下载的涉案歌曲均是由第三方网站上载并由该第三方网站提供试听和下载的。雅虎中国网站上提供的音乐盒服务，是一种将雅虎中国网站搜索到的相关 URL 地址进行存储的服务，而不是将涉案歌曲存储到雅虎中国网站本身。据此，阿里巴巴公司提供的音乐搜索服务，是为用户试听和下载第三方网站上载的歌曲提供设施和便利，而音乐盒服务，亦仅为存储相关网络链接地址提供便利。故阿里巴巴公司的上述服务本质上仍然属于搜索、链接服务，在其服务器上没有复制、向公众传播被控侵权的录音制品，其服务方式也不会使网络用户产生涉案录音制品来源于雅虎中文网站的误认。阿里巴巴公司的行为不构成对环球国际唱片公司所享有的涉案 9 首歌曲录音制品的录音制作者权的侵犯。

环球国际唱片公司除授权网址"cn.aigomusic.com"等 8 家网站许可我国国内的第三方通过信息网络"上下载、同步或/和下载并播放"涉案歌曲外，并未授权其他网站。用户均需注册或付费才能享受上述经环球国际唱片公司授权的 8 家网站提供的服务。

涉案第三方网站均不属于上述被授权的网站，故第三方网站上存在的录音制品均属未经许可使用的录音制品。阿里巴巴公司为上述侵权录音制品提供搜索链接，为侵权录音制品的传播提供了渠道和便利，客观上参与、帮助第三方网站传播侵权录音制品。

《信息网络传播权保护条例》第 23 条规定："网络服务提供者为服务对象提供搜索或者链接服务，在接到权利人的通知书后，根据本条例规定断开与侵权的作品、表演、录音录像制品的链接的，不承担赔偿责任；但是，明知或者应知所链接的作品、表演、录音录像制品侵权的，应当承担共同侵权责任。"据此，即使在权利人没有向网络服务提供者提交《信息网络传播权保护条例》第 14 条所规定的通知的情况下，提供搜索、链接服务的网络服务提供者明知或者应知所链接的录音制品侵权而仍然提供搜索、链接的，应当承担侵权责任。其次，具有过错是网络服务提供者承担侵权责任的条件。判断行为人有无过错，要看行为人对其行为的不良后果是否能够和应当预见，要以行为人的预见能力和预见范围为基础，又要区别通常预见水平和专业预见水平等情况。上述判断有无过错的标准同样适用于提供搜索、链接服务的网络服务提供者。

在雅虎中国网站搜索录音制品，是按照"歌曲名称、歌手、所属专辑、歌词、试听、铃声、音乐盒、格式、大小、连通速度"等内容显示出来的。此外，阿里巴巴公司对搜集的歌曲、音乐信息进行整理、分类，按歌曲风格、流行程度、歌手性别等标准制作不同的分类信息并将这些分类信息以"搜歌曲""搜歌词"搜索框、"全部男歌手""全部女歌手""新歌飙升""影视金典""欧美经典"等 18 个分类栏目以及"新歌飙升榜""热搜歌曲排行榜"等具体板块提供给用户，显然，阿里巴巴公司是按照自己的意志，在搜集、整理、分类的基础上，对相关的音乐信息按不同标准制作了相应的分类信息。阿里巴巴公司作为搜索引擎服务商，经营包括音乐搜索服务在内的业务，向用户提供专业的音乐搜索服务并从中营利，属于专业性音乐网站。

综合上述因素，依照过错的判断标准，阿里巴巴公司应当知道也能够知道其搜索、链接的录音制品的合法性。尤其是在环球国际唱片公司几次书面告知阿里巴巴公司，其雅虎中国网站上提供的各种形式音乐搜索服务得到的涉案歌曲录音制品均为侵权，并要求阿里巴巴公司予以删除后，阿里巴巴公司更应注意到涉案 9 首歌曲录音制品的合法性并采取相应的措施，但阿里巴巴公司仅将环球国际唱片公司提供了具体 URL 地址的 7 个搜索链接予以删除，而未删除与涉案歌曲录音制品有关的其他搜索链接，阿里巴巴公司怠于尽到注意义务、放任涉案侵权结果的发生的状态是显而易见的。应当认定阿里巴巴公司主观上具有过错。

综上，阿里巴巴公司客观上参与、帮助了被链接的第三方网站实施侵权行为，主观过错明显，构成对环球国际唱片公司录音制作者权中的信息网络传播权和获得报酬权的侵犯，应当承担侵权的法律责任。

（刘辉、岑宏宇、张冬梅法官）

思考问题：

搜索引擎服务提供商实际上可以选择自动提供还是人工提供链接。法院区别对待这两类链接,可能迫使更多的服务商选择自动提供链接。这对于社会有什么益处呢?

8 帮助侵权之五:P2P 文件分享服务

8.1 P2P 文件分享技术

P2P(peer to peer)文件分享技术是所谓的计算机网络用户之间的点对点的在线文件传输技术。P2P 模式下,网络服务商不再利用中央服务器对用户文件进行存储和传输,甚至不利用中央服务器进行检索服务。网络服务商更多的是帮助有分享意愿的用户建立起网络连接,分享的文件的数量、内容由用户自行决定。P2P 服务商中央服务器对于用户的控制,常常仅仅限于用户名注册与认证、客户端软件的更新、广告的发送等。当然,这只是一个极其粗略的描述。实践中,P2P 技术具体的实现方式差别很大。早期,就有 P2P 网络服务商利用中央服务器编目、整理用户的文件目录,提供中央的文件检索服务。比如后文提到的 Napster 案中服务商所采用的技术。后来,版权侵权责任的威胁导致这一技术产生明显的去中心化趋势,中央服务器的功能被逐步削弱。比如,In re Aimster 案中,P2P 技术已经与 Napster 案有明显的不同,不再利用中央服务器提供文件索引和检索功能。现在,网络文件分享工具 BT 技术迅速发展起来。这种下载工具软件和各种发布种子文件的 BBS 或网站结合起来,大大降低了用户寻找和共享网络文件的难度,也大大提高了网络下载的速度。

从著作权法的角度看,P2P 网络服务商自身并不直接复制和传输用户分享的版权作品,只是帮助无数素不相识的用户建立起网络联系,获知各自分享作品的意愿,使得用户间的文件分享成为可能。实际上,P2P 服务与传统的搜索引擎服务有些接近,都是帮助用户找到需要的目标文件。在下面的"果子电影有限公司 v. 北京风行在线技术有限公司"案中,被告就主张自己提供的是网络搜索和链接服务。只是二者技术上的实现方式有所不同。传统的搜索引擎是利用中央服务器收集、整理、分析互联网上的文件信息,形成中央的数据库,供千千万用户实时检索。而 P2P 服务是利用用户的电脑(超级节点)或服务商中央服务器(较少)实时检索用户愿意共享的文件,并将检索结果提供给发出检索请求的用户。

在 P2P 网络中,一般是网络用户而不是 P2P 服务商直接侵害著作权。P2P 服务商是否需要为用户的侵权行为承担间接侵权责任,是实际案例中的焦点问题。

8.2 P2P 服务商的角色定位:《条例》第 23 条的适用

中国的《信息网络传播权保护条例》第 20 条、第 22 条和第 23 条明确规定了网络接入服务、网络存储服务和网络搜索与链接服务三类服务商的版权责任问题。与 P2P 可能有关的第 23 条的规定:"网络服务提供者为服务对象提供搜索或者链接服务,在接到权利人的通知书后,根据本条例规定断开与侵权的作品、表演、录音录像制品的链接的,不承担赔偿责任;但是,明知或者应知所链接的作品、表演、录音录像制品侵权的,应当承担共同侵权责任。"

传统意义上的"搜索和链接"服务,在前文已经有仔细的讨论。立法者在制定《条例》时,大概没有考虑过 P2P 技术带来的新问题。如果 P2P 服务商通过中央服务器向用户提供搜索和链接服务,与传统的搜索引擎所提供的服务差异很小,似乎没有理由不适用第 23 条。不过,如果 P2P 网络中的搜索和链接服务不是通过中央服务器,而是通过所谓的用户超级节点,同时,服务商无法了解和控制这一检索和链接的过程,则上述第 23 条的适用就存在疑问。因为从条文的逻辑看,立法者服务商所认定的搜索或链接服务商具有断开侵权链接的能力,而实际上此类 P2P 服务商一般没有此类能力。换句话说,立法者当初可能没有考虑到这一类 P2P 服务商,第 23 条不是在为它们制定规则。

如果《条例》第 23 条不适用于某些类型的 P2P 服务商,法院会转而依赖一般性的共同侵权规则。具体地说,法院可以依据最高人民法院《关于审理侵害信息网络传播权民事纠纷案件适用法律若干问题的规定》(2012)第 7 条[①]、《侵权责任法》第 36 条、甚至是《民法通则》第 130 条、《最高人民法院关于贯彻执行〈中华人民共和国民法通则〉若干问题的意见》第 148 条等关于帮助和教唆侵权的一般规则。在下面的"果子电影有限公司 v. 北京风行在线技术有限公司"案中,法院实际上就没有适用《条例》第 23 条,转而采用《民法通则》的一般性规则。

适用一般性的共同侵权规则与适用《条例》第 23 条,在认定 P2P 网络服务商过错方面,实际上并不存在本质的差异。二者都是采用所谓的"明知或应知"标准。当然,有人可能认为,第 23 条上的"应知"应当采用所谓的"红旗标准",从而比一般侵权法上的"应知"要求更严格,对 P2P 服务商更有利。关于红旗标准,前文已有讨论,这里从略。

如果 P2P 服务商将 P2P 检索与传输技术深度整合到用户的客户端软件中,让用户难以区分自己获取的内容来源于其他用户还是服务商,则可能会引发更多的争议。法院可能要求服务商证明文件来源。在无法证明存在上传用户的情况下,直接推定服务商自行上传了相关文件。这时候,P2P 服务商实际上承担的是直接侵害版权的责任。《条例》第 23 条即便适用于 P2P 服务商,也无法为此类 P2P 服务商提供保护了。

8.3 P2P 服务商的过错

中国的法院在服务商过错认定方面,对 P2P 服务商的态度明显比对搜索引擎服务商严厉。在 P2P 服务商维持甚至编辑中央的文件目录或者提供热门下载榜单的情况下,法院倾向于认定服务商知道或应知用户分享的作品侵权。在诉争作品为热门音乐

---

① 《关于审理侵害信息网络传播权民事纠纷案件适用法律若干问题的规定》(2012)第 7 条:

网络服务提供者在提供网络服务时教唆或者帮助网络用户实施侵害信息网络传播权行为的,人民法院应当判令其承担侵权责任。

网络服务提供者以言语、推介技术支持、奖励积分等方式诱导、鼓励网络用户实施侵害信息网络传播权行为的,人民法院应当认定其构成教唆侵权行为。

网络服务提供者明知或者应知网络用户利用网络服务侵害信息网络传播权,未采取删除、屏蔽、断开链接等必要措施,或者提供技术支持等帮助行为的,人民法院应当认定其构成帮助侵权行为。

或电影的情况下,更是如此。

果子电影有限公司 v. 北京风行在线技术有限公司

北京一中院(2010)一中民初字第11821号

[原告果子电影公司为涉案电影《海角七号》的著作权人。原告指控被告经营的风行网(http://www.funshion.com)未经原告许可擅自提供涉案电影的在线播放,该行为构成对原告信息网络传播权的侵犯。被告风行在线公司辩称,它提供的是涉案电影的P2P文件的搜索链接服务。涉案电影并非由被告自行上传并存储。被告的行为属于《信息网络传播权保护条例》第23条规定的搜索、链接服务,因被告主观上并不存在过错,且风行网亦已删除了涉案电影的链接。故被告公司不应承担停止侵权及赔偿损失的民事责任。]

本院经审理查明:

2010年1月21日,果子电影公司的委托代理人在风行在线公司经营的风行网上对涉案电影进行了在线观看,其采用的具体步骤为:

1. 进入风行网首页,点击其中的"华语"栏目,进入该栏目主页;

2. 在该栏目"华语"主页的搜索框中输入"海角七号"进行搜索得到相应搜索列表(见附图1);

3. 点击该搜索结果中的"海角七号",可见"海角七号"的介绍页面(见附图2)。该页面中显示有剧照、导演、主演、类型、首映时间、剧情等内容。

4. 点击第3步页面中右上方的"立即观看"标识,可在线观看涉案电影(见附图3)。在该播放页面上显示有"下载 停止 删除""大小 进度 下载速度 需时 连接数"等信息,有播放器下端显示文件时长为"01:03:38"。

庭审中,果子电影公司认可风行网中已搜索不到涉案电影,因此撤回停止侵权这一诉讼请求,此外,其亦认可风行在线公司实施的被控侵权行为系提供的P2P文件的搜索服务。

本院认为:

……

《中华人民共和国民法通则》(简称《民法通则》)第130条规定,二人以上共同侵权造成他人损害的,应当承担连带责任。《最高人民法院关于贯彻执行〈中华人民共和国民法通则〉若干问题的意见》第148条规定,教唆、帮助他人实施侵权行为的人,为共同侵权人,应当承担连带民事责任。

由上述规定可知,虽然被告并未实施信息网络传播行为,但如果其为P2P用户实施的信息网络传播行为提供了帮助或进行了教唆,则其行为与该直接侵权行为构成共同侵权,被告应与P2P用户承担连带责任。

本案被告作为网络服务提供者,在符合如下要件的情况下其行为构成共同侵权:首先,P2P用户提供的作品、表演、录音录像制品未取得权利人许可,其实施的提供行为属于直接侵权行为;其次,被告"明知"或"应知"P2P用户提供的作品、表演、录音录像制品系未经权利人许可,却仍提供P2P文件的搜索、下载及在线播放服务。

本案中,鉴于原告并未授权P2P用户对涉案电影进行传播,且被告并无证据证明P2P用户的传播行为具有合法授权,因此,就本案现有证据而言,P2P用户传播涉案电影的行为构成对于原告信息网络传播权的直接侵犯。

对于被告是否对于P2P用户的传播行为系直接侵权行为主观上为"明知",本院认为,"明知"系指被告明确知晓P2P用户提供的内容为侵权内容。本案中,原告并未举证证明被告明确知晓其提供搜索及在线播放的P2P文件系侵权内容,故依据现有证据无法认定被告主观为"明知"。

对于被告是否对于P2P用户的传播行为系直接侵权行为主观上为"应知",本院认为,"应知"系指虽无证据证明被告明确知晓P2P用户提供的内容为侵权内容,但依据被告所应具有的认知能力及所负有的注意义务,其应当意识到P2P用户提供的内容构成侵权。

判断被告主观是否为"应知",应考虑如下因素:

首先,被告客观上是否有义务知晓涉案P2P用户提供了涉案影片的全片。因只有被告客观上知晓P2P用户提供了涉案影片,其才可能对这一内容是否构成侵权具有认知,因此,这一要件系认定其主观应知的前提条件。

其次,基于被告所应具有的认知能力及所负有的注意义务,其能够认识到P2P用户提供的涉案影片并未获得权利人许可,即其对P2P用户传播涉案影片的行为构成侵权具有认知能力。

本案中,由查明事实可知,被告网页中显示有涉案影片的介绍,包括剧照、导演、主演、类型、首映时间、剧情等内容。鉴于上述内容出现于被告网站中,且被告并无证据证明上述介绍系由P2P用户制作,故本院合理认定上述内容由被告制作而成。在上述影片介绍系由被告制作的情况下,本院合理认定被告当然应当知晓涉案网站中搜索、下载及在线观看的P2P文件会涉及涉案影片或与之相关的信息。

虽然上述影片介绍既可以适用于提供涉案影片全片的P2P文件,亦可以适用于提供涉案影片片断或片花的P2P文件,但鉴于上述不同类型P2P文件的大小并不相同,且其播放过程中所显示的片长亦不相同(本案中被告网站中显示涉案影片的播放时长为01:03:38),而在现有技术下,被告完全可以较为容易地通过技术手段使得其搜索的P2P文件不包括涉案影片的全片,从而使得上述影片介绍并不适用于涉案影片的全片,但本案被告却未尽到这一合理注意义务。鉴于此,在网页中的影片介绍系由被告制作的情况下,本院合理认定被告当然应当意识到其所搜索并提供下载及在线播放的P2P文件中会包含涉案影响的全片。

在此基础上,鉴于电影作品均需要较大投入成本,具有专业的制作单位,电影作品的权利人目前虽然会采用网络方式传播其作品,但基于经济利益的考虑,其基本不可能授权个人P2P用户免费将其作品通过P2P软件予以传播,被告作为此类网站的经营者对此亦应知晓,因此,其在应当知晓其所搜索的P2P文件中可能会涉及涉案影片全片,且客观上亦能避免这一侵权行为发生的情况下,却仍提供涉案影片 P2P 文件的搜索、下载及在线播放服务,本院合理认定其对于 P2P 用户的传播行为构成直接侵权行为主观上为应知。

综上,本院认为,被告提供涉案影片 P2P 文件的搜索、下载及在线播放的行为构成侵权,应承担相应的民事责任。[(法院最终引用的法律依据是《中华人民共和国著作权法》第 10 条、第 15 条、《中华人民共和国民法通则》第 130 条、《最高人民法院关于贯彻执行中华人民共和国民法通则若干问题的意见》第 148 条之规定。)]

(芮松艳、殷悦、王东勇法官)

思考问题:

(1)在上述案例中,法院认为在现有技术下 P2P 服务商有义务采取措施保证"其搜索的 P2P 文件不包括涉案影片的全片",并认为这是 P2P 服务商的"一种合理注意义务"。法院是指通过控制用户分享的视频的时长吗?时长超过 1 小时的,都应推定为侵权视频?如果不是时长控制,那又如何做到履行"合理注意义务"?

(2)P2P 服务商如何注意到分享的视频为电影作品呢?人工审查吗?

(3)留意法院判决的法律依据,思考为什么没有引用《信息网络传播权保护条例》的条款?

北京慈文影视制作有限公司 v. 广州数联软件技术有限公司

福建高院(2006)粤高法民三终字第 355 号

[慈文公司享有电影作品《七剑》在中国大陆地区的著作权。数联公司免费提供 POCO 软件供用户通过 P2P 网络分享文件。该公司称该 P2P 网络是无中心服务器的第三代 P2P 资源交换平台。POCO 软件的用户登录后,]可见以下内容:你现在看到的是 POCO 资源推荐中心页面带你进入百万网友齐共享的世界,你能下载电影、音乐、动漫、游戏、摄影、美食等精彩资源!

进入数联公司网站的页面 http://www.poco.cn 后,输入 POCO 号码、密码进行登陆,便可进入 http://search.poco.cn 网页。在该页面的"资源搜索"栏中输入"七剑"点击"search",便可进入 http://movie.poco.cn/result.php 网页,在该页可见搜索结果列表:"共计 2 部含有'七剑'字符的电影:《七剑》和《七剑下天山》"。点击《七剑》后,便可进入由数联公司制作的对《七剑》进行介绍的页面。页面记录了电影《七剑》的宣传图片、文件大小,上映时间、搜索次数、IMDB 的评分、推荐等级、影片介绍等内容,以及"搜索碟 1"和"搜索碟 2"等指引下载的标志。页面中还有"1 下载""2 播放""3 共享"的标识。该页面显示共有 195 位会员收藏了《七剑》影片。依次点击"搜索碟 1""搜索碟 2",可以完成对电影《七剑》的下载,下载过程在同一页面中实现。下载的内容与慈文公司主张著作权的电影作品《七剑》内容一致。

2005 年 12 月 8 日,慈文公司[提起诉讼]。

[法院还查明,关于 POCO 的工作原理和版权政策,该网站有下列说明:]

POCO 多媒体分享平台提醒您:根据用户指令,POCO 的多媒体信息搜索系统会以非人工的 P2P 方式自动生成到多媒体信息资源第三方存放处的链接。"POCO 多媒体分享平台及软件"自身不存储、控制、编辑或修改被链接的第三方多媒体的信息。数联软件 POCO 高度重视知识产权保护,并制定了旨在保护权利人合法权益的措施和步骤,当权利人发现在 POCO 生成的搜索多媒体链接所指向的第三方资源信息的内容侵犯其著作权时,请权利人向数联 POCO 发出"权利通知",数联 POCO 将依法采取措施移除相关内容或屏蔽相关链接。

POCO 著作权保护声明:……数联公司尊重版权和国家规定的其他法律法规,并要求 POCO 的用户遵守这些版权和法律法规,严禁任何用户共享受版权保护或其他任何侵害第三方权益的文件,一经发现,屏蔽该第三方个体相关分享行为,并永久删除其 ID,由此造成的一切后果由用户自行承担。

2006 年 1 月 10 日,数联公司网站显示收藏影片《七剑》的 POCO 用户为 216 人。数联公司于 2006 年 1 月 10 日使用 COMMVIEW 软件截取和分析了提供电影《七剑》下载的用户的 IP 地址。

[本院认为:]

从二审查明的事实来看,数联公司提供了 POCO 点对点(P2P)软件供用户下载运行。从该软件的功能来看,点对点(Peer to Peer),意为对等联网,其直接联系各电脑终端,而无须经由传统的客户机/服务器模式。网络用户无须登录中央服务器浏览和下载,而是进行个人电脑与个人电脑之间的直接通信,每台个人电脑同时扮演服务器与客户机的角色,直接从其他用户的电脑而非从中央服务器获取数据资源。其次,权利人慈文公司及数联公司双方提供的公证内容均显示,下载并安装了 POCO 点对点(P2P)软件的用户在 POCO 网站注册登录之后,POCO 软件便会在其计算机终端存储器的硬盘上划定"共享区(共享文件夹)"……只要该网民在"共享文件夹"内上传作品,再利用网站分配的账号和密码登陆,将作品的目录索引资料,例如文件大小、名称、储存的 IP 位置等上传到中央服务器,中央服务器就可借此建立索引数据库,来提供其他所有使用者检索查询。同时,网站还提供"电影交流区""音乐交流区"等 BBS 服务,网民发布包括电影简介、电影海报图片、文件大小、上映时间等内容的帖子,并通过 P2P 软件获取电影的 URL,加入到该帖子中,便可自动生成对电影进行宣传、介绍的页面。该页面同样亦储存在 POCO 网站的中央服务器上。其他也安装了 POCO 软件的网民,上线启动软件,利用账号和密码登陆,输入查询关键词,便可搜索到中央服务器中由相匹配的字符串组成的目录清单,并通过目录清单后埋藏的网址,链接到前述对电影进行宣传、介绍的页面。再通过该页面上指引下载的标记后面埋藏的地址,链接到上传作品的个人用户计算机的地址,下载到自己所需要的作品。

从数联公司提供的 2006 年 1 月 10 日公证事实来看,在信息网络上提供电影作品《七剑》供公证处下载的用户的 IP 地址为网络用户所有。由此可以认定数联公司并非本案电影作品的内容提供者,其没有从事在自己的服务器上存储本案电影作品供公众在自己选定的时间和地点下载的信息网络传播行为……

关于数联公司是否存在帮助直接侵权人实施侵权行为的共同侵权行为的问题。根据《最高人民法院关于审理涉及计算机网络著作权纠纷案件适用法律若干问题的解释》第3条关于"网络服务提供者通过网络参与他人侵犯著作权行为,或者通过网络教唆、帮助他人实施侵犯著作权行为的,人民法院应当根据《民法通则》第130条的规定,追究其与其他行为人或者直接实施侵权行为人的共同侵权责任"的规定及国务院《信息网络传播权保护条例》第23条关于"网络服务提供者为服务对象提供搜索或者链接服务,在接到权利人的通知书后,根据本条例规定断开与侵权的作品、表演、录音录像制品的链接的,不承担赔偿责任;但是,明知或者应知所链接的作品、表演、录音录像制品侵权的,应当承担共同侵权责任"的规定,要构成帮助直接侵权人实施侵权,需要满足下列要件:1. 直接侵权人从事了直接侵权行为;2. 存在通过网络提供相关服务帮助他人完成侵权的行为;3. 主观上存在过错,即明知或者应知他人正在实施侵权行为仍然予以帮助。其中,"应知"的判断标准,是一个理性的、谨慎的、具有网络专业知识的网络服务商应该知道的内容,而非一个不具备网络专业知识的普通人应该知道的内容。

从本案事实来看,确有网络用户未经慈文公司许可,将《七剑》作品存储到自己电脑终端的"共享区"中,使其他网络用户得以通过POCO网站直接连接到存储人的电脑上进行下载,上述网络用户擅自提供他人电影作品供其他公众获取的行为构成直接侵权。

从数联公司的行为内容和作用来看:POCO网站提供点对点(P2P)软件供用户下载,为下载了软件的各网络用户提供注册登录到POCO网站的服务、为用户提供在网站的BBS上发布与上传作品的信息相关的帖子的服务、建立中央目录索引库供公众搜索作品的服务,以及链接到作品下载位置——即网络个人用户电脑的服务等等。这一整套综合服务行为,客观上帮助网络用户完成了对《七剑》作品的数据交换,使网络用户得以在自己选定的时间和地点下载到《七剑》作品。

关于数联公司是否存在明知的主观过错问题。由于P2P软件可以进行多点对多点的传输,提高了传输效率和对带宽的利用率,故该软件及网络服务商所提供的相关网络服务,除了常常被用以下载大容量的电影等文件外,还可用于用户之间通过信息网络直接进行分布计算、协同作业、即时通讯等。同时,用户亦可以用该软件及POCO网站所提供的网络服务,来共享已经进入了公有领域的作品。因此,数联公司提供的软件及其相关网络服务具有除帮助网络用户传输被控侵权作品《七剑》之外的其他实质性非侵权功能。其次,从二审诉讼中数联公司提供的公证事实来看,原审所谓"数联公司制作了对《七剑》进行介绍的页面"的事实认定有误。网络用户在POCO网站BBS的"电影交流区"发布含有相关电影作品的介绍文字及电影海报图片的帖子,并通过POCO软件获取电影的URL,加入到该帖子中,便可自动生成电影作品的宣传页。数联公司对该页面没有进行选择、编辑及修改,更没有制作。再次,数联公司在收到慈文公司的起诉状后,即刻删除了对《七剑》作品进行宣传的网页和"搜索结果"网页,屏蔽了对《七剑》作品进行下载的链接。综上,现有证据不能证明数联公司存在明知他人实施侵权仍然给予帮助的主观过错。

关于数联公司是否存在应当知道的主观过错的问题。从本案事实来看,首先,对《七剑》进行宣传的相关网页和《七剑》"搜索结果"网页,均存在于数联公司网页和网络服务器中,数联公司用人工方法就可以浏览到这些内容。其次,《七剑》于2005年7月29日在中国首次公映,被控侵权行为发生于2005年11月14日,距该电影公映仅仅三个多月时间。数联公司作为一个"致力于美食、摄影、电影、音乐、交友、网志等横向的互动内容扩展"经营的专业网站、凭借通常的理性,应当知道此时《七剑》的版权人不会许可任何网站或者个人免费提供其投入巨资摄制的电影供网络用户下载。第三,数联公司明确知道自己所提供的点对点(P2P)软件在用以下载大容量的电影等文件方面的便捷、快速和高效。其在POCO网站宣传"POCO资源推荐中心页面带你进入百万网友齐共享的世界,你能下载电影、音乐、动漫、游戏、摄影、美食等精彩资源","我们的服务,永远免费","以上资源,一律免费"。同时,大部分网络用户在信息网络上交换电影等作品数据时,往往最希望获取的是那些投入市场不久的所谓"热门电影"作品,而这些作品往往是处于著作权保护期内的、未经许可传播的作品,而非已经进入了公有领域的作品。因此,作为一个理性、专业、谨慎的网络服务提供商,数联公司应当知道点对点(P2P)软件的效用、其上述宣传用语以及网络用户对作品类型、时间的需求三者相结合,很容易引发大量未经许可传播他人作品的行为发生。因此,数联公司存在"应当知道"的主观过错。

数联公司上诉称,其网站上的作品有上万部,网站同时在线人数高达50余万人,庞大的用户群通过网站交换随时变化的海量信息,数联公司没有能力对这些内容的版权合法性进行"事先"审查。网络服务商的"事先"审查监控义务应与其能力相匹配。著作权人应当"事先"及时通知数联公司以避免侵权发生。本院认为,首先,对《七剑》进行宣传的相关网页和《七剑》"搜索结果"网页,均存在于数联公司网络系统的主服务器中,从慈文公司起诉之后数联公司移除相关内容,断开链接的行为来看,数联公司处于可以尽量避免,或者及时制止直接侵权行为发生的地位。其次,POCO网站为网络用户提供免费服务,换取用户量的增加和点击率的提高。而用户量的增加和点击率的提高,必然使网站的广告收入增加。虽然POCO网站上的作品有上万部,网站同时在线人数高达54万余人,庞大的用户群通过网站交换随时变化的海量信息,使数联公司的"注意"变得异常困难确属事实。但作为著作权人,同样也要面对这一现状。依靠经营POCO软件及其相关网络服务获得收益,同时又具有能力避免或者制止直接侵权行为的网络服务商,与著作权人相比,显然前者更有能力控制和减少"事先"侵权行为的发生。两者相权衡,从权利和义务,能力和责任相一致出发,将对网络用户的传输内容"事先"进行注意的义务赋予数联公司,显得更为公平。因此,数联公司不计后果地为网络用户提供点对点(P2P)软件及BBS、搜索及链接等一整套服务,又没有采取任何技术措施防止或减少他人利用其服务进行侵权的行为发生,不符合一个理性、谨慎的专业网络服务提供商的行为准则,主观上存在过错,与直接侵权人构成共同侵权,应承担侵害他人财产的赔偿责任。

（王静、欧修平、张学军法官）

思考问题：

（1）上述《七剑》案中，法院走得更远。法院承认数联公司的"注意"变得异常困难确属事实，但是，网站依然比著作权人更有能力避免或制止直接侵权的发生。因此，P2P网络服务商有事先审查的义务。有道理吗？网络服务商比著作权人更容易知道一项作品是否为侵权作品吗？

（2）设想一下，如果中国的P2P服务商采用类似美国Aimster案的加密技术，使得服务商实际上无法监控用户的行为，法院还会认为服务商比著作权人更有能力避免或制止直接侵权行为吗？

上海高院在另一起关于广州数联侵权的案件中，也同样认为数联公司有注意避免侵权的义务，耐人寻味：

> 在考量上诉人是否应对POCO网络用户擅自上传行为承担共同侵权责任时，需要依据上诉人的主观状态、外部行为的表现形式进行综合认定，而不是局部地、片面地去看待评判某一个单独行为。虽然仅仅开发、提供非实质性侵权用途的软件或者技术，并不构成侵权，但如前所述，上诉人并不纯粹是一个共享软件的提供者，还是一个提供搜索链接的网络服务提供者。本院认为，网络服务提供者就防止侵权行为应承担的注意义务，应当与其具体服务可能带来的侵权风险相对应。上诉人在网站专门设立"影视交互区"项目，通过对影视作品的多层次、体系化的事先分类、设置、编辑，供用户上传电影《杀破狼》的下载地址、电影海报和剧情简介，在网站中设置指向个人计算机"共享区"中《杀破狼》的链接等，使得公众可以较容易地在上述电影分类栏目中或通过"站内搜索"找到该部电影，并在安装了上诉人提供的POCO软件后，就可以通过点击链接从个人用户计算机中完成下载，从而也大大方便侵权电影作品在网络的传播。上诉人明知或应知这一风险的存在，而仅作一些针对用户的提示，远远不能防止侵权行为的发生。如果依靠权利人在网络搜索发现侵权作品而后通知上诉人移除，则对权利人既不经济，也不公平。因此，上诉人不能以其采用通常商业模式而推定其尽到了法律上与具体商业行为对应的注意义务。相反，正是由于上诉人所谓商业模式存在很大的帮助侵权风险，上诉人才应承担更大的注意义务，而上诉人在本案中显然未尽到适当注意义务，未采取适当措施以防止其链接的侵权作品的传播。①

8.4 "实质性非侵权用途"的意义：美国法上案例

产品或服务具有实质性非侵权用途，是否就意味着提供者无须承担间接侵权责任，在中国的上述P2P案例中没有得到深入讨论。法院关心的是服务提供者是否明知

---

① 广东中凯文化发展有限公司 v. 广州数联软件技术有限公司，上海市高院（2008）沪高民三（知）终字第7号。

或应知直接侵权行为的存在,而不关心该服务是否存在实质性非侵权用途。

与中国法不同,在美国法上,P2P 服务商的责任深受美国美国最高法院在 Sony 案所谓"实质性非侵权用途"规则本身的模糊性影响。这一点在下面的 Napster 和 Aimster 案中均有涉及。典型的两派极端意见是:支持新技术自由发展的极端意见可能认为,只要技术或服务具有实质性非侵权用途,该技术提供者就无须承担间接侵权责任;强调版权保护的极端意见则可能认为,只要产品或服务实际上被主要用作侵权用途,提供者就应当承担责任。仔细阅读下面的两个案例,考虑法院是如何在这两种极端意见之间寻求到更合适的解决方案。

A & M Records, Inc. v. Napster, Inc.

239 F. 3d 1004(2001)

Beezer 法官:

本案中,Napster 提供 P2P 文件共享服务,被控帮助侵权。区法院发放临时禁令,禁止 Napster 自己或帮助他人复制、下载、上传、传输或发行原告的版权音乐作品。Napster 提出上诉。

Napster 许可它的用户从事下列活动:(1) 使得其他 Napster 用户能够获取该用户存储在个人计算机硬盘上的 MP3 文件;(2) 搜索其他用户的电脑以获取 MP3 文件;(3) 通过互联网从一个用户的电脑向另一用户的电脑传输 MP3 文件的复制件。这些功能通过 Napster 免费提供的 MusicShare 软件、Napster 的网络服务器以及服务器端的软件实现。Napster 提供 MP3 文件的编目和检索服务,同时还提供所谓的聊天室,用户之间可以讨论音乐。

为了复制 MP3 文件,用户先要从 Napster 的网站下载并安装 MusicShare 软件,然后通过该软件登陆 Napster 的系统。首次登陆者需要注册用户名并获取密码。如果注册用户希望他人获取自己硬盘上的文件,他首先得在自己的硬盘上创建一个"用户文库"目录(user library directory),然后将自己的 MP3 文件存储在该目录中。他通过 MusicShare 登陆 Napster 系统之后,上述目录中的 MP3 文件名(不是文件本身)会被上传到 Napster 的服务器。MP3 文件依然留在用户的电脑中。该用户的文件名一旦上传之后,就会成为"集体目录"(collective directory)的一部分。这一集体目录实时更新,仅仅展示那些能够立即获取的文件名。

Napster 许可一个用户通过两种渠道获取其他用户的 MP3 文件:通过 Napster 的检索功能或者通过它的热门名单(Hotlist)。在用户通过检索界面输入所要的文件名后,Napster 会自动检索服务器端的 MP3 文件名称目录,然后向用户提供检索的结果——用户所要的 MP3 文件清单。除此之外,Napster 还向用户提供一个热门用户名单,上面记录着过去向该用户提供过 MP3 文件的其他热门用户的名字。在用户登录后,如果热门名单上的其他用户也在线,则 Napster 向该用户发出提醒,并提供该热门用户所拥有的 MP3 文件清单。热门用户的 MP3 文件并不在 Napster 的系统上存储。

Napster 服务器帮助用户之间建立连接,然后用户可以通过 Napster 的 MusicShare 软件或其他软件直接交换 MP3 文件。

……

IV

我们首先分析原告关于 Napster 间接侵权的指控。传统上,一个人如果知道侵权活动,依然引诱、促成(causes)或实质性帮助该侵权活动,它可能要被认定为间接侵权人。换句话说,如果被告的个人行为鼓励或帮助直接侵权活动,则被告要承担责任。Napster 故意(knowingly)鼓励并帮助他人侵害原告的版权。

A. 主观认知(Knowledge)

间接侵权(Contributory liability)要求间接侵权人"知道或有理由知道"(know or have reason to know)直接侵权行为。区法院认为 Napster 不仅实际知道而且也可以推定知道它的用户在交换受版权保护的音乐。Napster 宣称它无法区分侵权文件和非侵权文件,因此它不知道直接侵权行为。区法院认为,法律并不要求间接侵权人知道具体的侵权行为,因而拒绝接受 Napster 的理由。

记录表明,Napster 不仅实际知道而且也可以推定知道直接侵权行为。① Napster 认为,依据 Sony Corp. v. Universal City Studios, Inc., 464 U. S. 417(1984)案的结论,自己不应承担间接侵权责任。我们不同意。我们注意到,Napster 实际并且具体地知道直接侵权行为,这使得 Sony 案对 Napster 的帮助非常有限。我们有必要明确区分 Napster 的系统结构以及 Napster 在运行这一系统时的具体行为。

Sony 案法院拒绝了录像设备的制造者和零售者的间接侵权责任,尽管有证据证明该设备能够被用作而且已经被用作侵害原告享有版权的电视剧。在 Sony 案中,法院指出,"如果本案的制造者要承担责任,那一定是因为它们被推定知道(constructive knowledge)它们的顾客可以利用该设备制作版权材料的未经授权的复制件。"Sony 案法院拒绝从被告所制造和销售的设备同时具有侵权用途和实质性非侵权用途这一事实推定(impute)被告具有法律所要求主观认知(the requisite level of knowledge)。

我们必须接受 Sony 案的约束,因而不会仅仅因为 P2P 文件分享技术可以被用来侵害原告的著作权就推定 Napster 具有法律所要求的主观认知。我们不接受区法院所谓 Napster 没能证明它的系统具有重要的商业性非侵权用途的结论。区法院不适当地将用途分析限制在当前用途上,而忽略了该系统的应用可能性(capabilities)。于是,区法院过分强调了现在的侵权用途与现有和将来的非侵权用途之间的比例。不过,我

---

① 原注5,区法院认定 Napster"实际上知道",是因为:(1) Napster 的共同创建者 Sean Parker 在一份文件中提到要避免知道用户的真实姓名和 IP 地址,因为他们在交换盗版音乐;(2) 美国唱片业者协会(the Recording Industry Association of America, RIAA)向 Napster 披露了 12,000 多个侵权文件,有些文件现在依然能够获取。

区法院认定可以推定知道(constructive knowledge),是因为:(a) Napster 的管理层有唱片业从业经验;(b) 他们在其他场合保护过知识产权;(c) Napster 的管理层从该系统中下载过版权音乐;(d) 他们推广该站点是所用的屏幕截图中列举了侵权文件。

们是否会得出不同的结论,并非本案要处理的问题。不论 Napster 的侵权用户和非侵权用途的数量究竟是多少,现有的证据已经证明 Napster 知道或者有理由知道它的用户在侵害原告的版权。

这里的分析与 Religious Technology Center v. Netcom On-Line Communication Services, Inc. 类似。在该案中法院认为,在网络环境下,计算系统的运营者只有在实际知道具体侵权行为的情况时才承担间接侵权责任。该案涉及的是 BBS 运营者对用户粘贴侵权内容所应承担的责任。法院认为,为了证明运营者对于侵权行为有充分认知(sufficient knowledge),版权人必须提供必要的证据证明很有可能(likely)存在侵权行为。

我们同意,如果计算机系统的运营者得知它的系统上有具体的侵权材料,而没有删除该侵权材料,则该运营者知道直接侵权的存在并为之提供了帮助。反之,如果缺乏确认侵权活动所需的具体信息,计算机系统的运营者不能仅仅因为它的系统许可交换版权材料就应承担间接侵权责任。在我们看来,仅仅因为计算网络许可侵权用途就加以禁止,违背了 Sony 案,并可能会限制那些与侵权用途无关的活动。

不过,我们认为 Napster 对于侵权用途已经有足够的认知,因而可以追究间接侵权责任。记录表明,Napster 实际知道具体侵权材料在其系统中处于可获取状态,它原本可以阻止侵权材料的提供者登录该系统,它也没能删除该材料。①

B. 实质性帮助(Material Contribution)

区法院认为,如果不是被告的服务,Napster 的用户无法发现并下载他们所需要的音乐。因此,Napster 为直接侵权作出了实质性地帮助。我们同意一审意见。

思考问题:

(1) 在 Napster 案中,P2P 系统存在中央编目和检索系统。版权人也向服务商发送过侵权通知。法院相信,Napster 实际知道侵权行为存在。退一步,即便不实际知道,也可以"推定知道"。这里 Napster 所知道或推定知道的侵权行为,是具体的侵权行为(即侵害原告特定作品版权的侵权行为)吗? 按照法院的逻辑,在未收到版权人通知之前,Napster 有义务监控其网络系统以预防侵权吗?

(2) 关于本案,有评论指出:"当可以分离合法用途与非法用途时,仅仅因为有合法用途就豁免整个系统的侵权责任,是不合理的。也就是说,Sony 案和 Napster 案的规则不同,Sony 案法院所做的是一个 'All—or-Nothing' 的选择,侵权发生后,要么许可使用,要么禁止使用。而 Napster 案要求服务商对列明的文件进行屏蔽,以阻止具体的侵权行为。"②你同意吗?

---

① 原注 6,如区法院所述:原告证明被告对直接侵权实际知晓(actual notice),因为 RIAA 向它披露了 12,000 多个侵权文件。尽管 Napster 根据建议,停止向提供这些文件的用户提供服务。不过,这些文件依然能够通过 Napster 服务获取。原告在诉状中所罗列的 A 和 B 类版权作品也同样可以获取。

② Jane C. Ginsburg, Separating the Sony Sheep from the Grokster Goats: Recokoning the Future Business Plans of Copyright-Dependent Technology Entrepreneurs, 50 Ariz. L. Rev. 577,582(2008).

(3) 本案中，法院显然不关心"Napster 的侵权用户和非侵权用途的数量究竟是多少"，为什么？

In re Aimster Copyright Litigation

334 F. 3d 643(2003)

Posner 法官：

Aimster 提供免费的 P2P 分享软件。用户之间的通讯信息被加密。用户提供他们计算机中用来共享的文件的清单。用户需要某一文件时，在搜索界面提交文件名称，Aimster 的服务器搜索在线的愿意参与文件共享的用户中的文件清单，然后将搜索结果传输给提出搜索请求的用户。随后，用户之间实现文件共享。

在 Sony 案中，最高法院明确指出，具有实质性非侵权用途的产品的制造者，并不仅仅因为部分人将该产品用户侵权目的，就承担间接侵权责任。在这一基础之上，最高法院是否有更具体的规则，本案的当事人意见不一。我们现在试图解决这一问题。

Sony 案的录像机有三项主要用途：时间转换(time-shifting)、家庭节目库制作(library building)、录制节目以便观看时跳过广告。第一项被法院认定为合理使用。第二项相当于从图书馆借书然后复制一份留存，第三项则相当于未经授权制作演绎作品(derivative work)。这后两项都侵害著作权。因此，录像机同时具有合法用途和非法用途。Sony 一旦出售录像机，就对它的使用失去控制，因此无法避免非法用途。最高法院认为，关键是看录像机是否能够被用作商业上有重要意义的非侵权用途。回答这一问题时，无需探究录像机的所有用途侵权或不侵权，而只是要看是否有重要数量(a significant number of)的用途，为非侵权用途。而且，无需考虑该非侵权用途在商业上有多大意义。录像机的一个潜在的用途(私人在家的非商业的时间转换)就能满足这一标准。

在本案中，唱片业认为，Sony 案的标准不适用，法院只需判断提供者是否知道它的服务被用于侵害版权。另外，服务提供者与 Sony 案的提供者不同，前者与用户之间有持续的联系，有能力监控它们的服务以预防或者说限制侵权活动。不过，本案法院认为，在 Sony 案中，Sony 实际上也可以通过一些技术设计来降低侵权(比如消除快进功能、许可电台增加扰码阻止录制节目等)，但是该案多数意见并没有讨论这一问题。本案法院支持唱片业的意见，即服务提供者在预防顾客侵权方面的能力，在认定提供者间接侵权时是一个考虑因素。国会在制定 DMCA 时，也是如此考虑的。

不过，这并不必然是一个控制性的因素。在一项服务同时促进侵权和非侵权用途，识别和预防侵权用途会很困难。唱片业所主张的规则可能导致此类服务被关闭或者为版权人所控制。在 Sony 案中，最高法院并不希望版权人在防止新技术引发的版权侵权的同时，使得消费者被剥夺了从该技术的非侵权用途中获益的机会。因此，我们同意 Goldstein 教授的意见，第 9 巡回法院在 A & M Records, Inc. v. Napster, Inc.，239 F. 3d 1004, 1020 (9th Cir. 2001)案中的意见是错误的。该法院认为实际知道具体侵权行为时认定帮助侵权的充分条件。2 Paul Goldstein, Copyright § 6.1.2, p. 6:12-1 (2d ed. 2003)。

考虑到互联网造成的音乐版权侵权的严重程度，唱片业对于 Sony 案结论的反感是可以理解的。但是，唱片业向错误的部门提出自己的主张（言下之意，应该去国会而不是法院）。

然而，我们同样否定 Aimster 所谓唱片业要证明其实际蒙受损失的说法。版权人证明侵权时，无需证明自己有经济损失。如果没有证明此类损失，版权人只是不能得到损害赔偿，但是依然可以获得法定赔偿或禁令救济，就像有形财产的所有者无需证明损失就能够获得禁令救济一样。

当诉争的产品有侵权和非侵权双重用途时，在认定间接侵权时，需要评估这些用途各自的比重（respective magnitudes）。在 Sony 案中，法院进行成本—效益平衡后，作出对 Sony 有利的结论。当然，只有在证明有现实的或潜在的实质性非侵权用途之后，才需要进行成本和收益的平衡分析。

Amister 认为用户之间的通讯信息被加密，因此它无法知道什么歌曲被用户复制，因此它没有间接侵权所需要的主观认知。我们不同意。故意闭上眼睛（Willful blindness）也是版权法上的知道（knowledge）。一个人知道或强烈怀疑自己卷入可疑交易之后，采取措施避免获知该交易的确切性质，在刑法上被认定为存在犯罪意图（criminal intent）。当然，不能仅仅因为加密措施促成非法交易，就认为提供加密即时通讯服务或加密软件本身在认定间接侵权时是一个 ispo factor。加密促进隐私，而隐私是一样社会福利，尽管也会增加社会成本。我们的观点是，如果一个人原本是间接侵权者，并不因为采用加密措施而避免实际知道该服务被用于侵权用途，而因此被免除间接侵权责任。

Aimster 争辩说，它只要证明它的文件分享系统能够被用于非侵权用途，就能避免间接侵权责任。我们同样不同意。如果这是法律，则会出现这样的结果：即便一项产品或服务仅仅被用于版权侵权，只要原则上可以用于非侵权用途，则该提供者就可以避免间接侵权责任。这是 Sony 案多数意见所没有预见的极端结果。

在刑法上有类似的帮助和教唆犯罪的案例。紧身衣服（slinky dresses，更准确的说法应该是有性暗示的衣服，或性感衣服）的零售商并不会被认为在帮助或教唆卖淫，即便他知道有些顾客是妓女。他的行为对于卖淫的促进很轻微，而将卖淫的责任延伸到他身上则会带来更大的社会成本。按摩店则是不同的例子。按摩店店主雇佣妇女从事按摩服务，但是他知道，妇女们事实上仅仅提供性服务，而不提供按摩服务。这时，按摩店主是卖淫行为的帮助者和教唆者。Sony 案对应的是紧身衣零售商，而不是按摩店主的例子。对于唱片业者来说，单独一项已知的侵权用途就给提供者贴上帮助侵权的标签；对 Amister 来说，单独一项非侵权用途就使之完全免责。二者都不正确。

在给 Amister 定性之前，需要再回顾一下它的行为。Amister 实际上在其用户手册中提供了分享版权音乐的例子，包括唱片业通知 Amister 其用户侵权的作品。在 Sony 案中并不存在这一邀请用户侵权的情节。另外，Amister 建立了所谓的 Club Amister，每月向用户收取 4.95 美元使用费,这样用户就可以一键获取用户最常分享的音乐,而这些是原告的版权作品。Club Amister 仅仅提供 40 首当前最受用户欢迎的歌曲,这些不可避免地是版权作品。

  Amister 的系统在下列方面可能有实质性非侵权用途:(1)传播不受版权保护的音乐材料;(2)软件的分享音乐功能可能导致用户购买更多的音乐用于分享,从而增加唱片本身的价值;(3)与音乐分享无关的信息交流功能;(4)用户自己进行空间转换(有正版 CD 的用户想在不同地点听取相同音乐)等。不过,这些只是一种可能性。这还不够。Aimster 并没有提供任何证据证明,它的服务已经被用作非侵权用途,更别说这些用途的实际频率。这里,我们只能假定没有此类证据。在此基础上,再结合唱片业提供的证据,我们认为区法院的结论是正确的,即唱片业很可能在间接侵权问题上胜诉。因为 Amister 没能证明它的服务已被用作任何其他目的(除了侵害原告版权外),Napster 之类的网络服务对于音乐行业净收入的影响的判断,就成了无关的问题。如果服务的唯一效果就是帮助侵权,则它所造成的损害的幅度或者说是否有净损失,就与认定是否侵权无关了。

  即使网络文件共享服务有实质性的非侵权用途,服务提供者也应证明让它消除或实质性减少侵权用途会让它承担不合理的成本(disproportionately costly)。Aimster 没有证明,让用户采用加密技术对服务商保密,为服务增加了重要的价值或节省了重要的社会成本。Amister 蒙上自己的眼睛,只是希望它能够落入 Sony 规则的范围。

  [接下来,法院讨论了替代责任的问题,从略。]

  我们接着考虑 DMCA 安全港规则的适用(17 U. S. C. § 512)。Amister 符合该法网络服务商的一般定义。但是,Aimster 不能在该法所设计的任何一个安全港停靠。DMCA 并没有放弃间接侵权规则。安全港规则的共同要素是服务提供商必须采取合理措施防止它的服务被重复性侵权者使用。在这一方面,Aimster 不但没有做任何事情,而且邀请用户这么做,告诉用户如何对非法传输版权材料加密,使得自己不能为阻止侵权做任何事情。

思考问题:

  (1)在 Aimster 案中,P2P 服务商实际上受 Napster 规则影响,于是自废武功,让用户采用加密技术,使得服务商无法监控传输内容。法院认为,服务商故意闭上眼睛(Willful blindness)依然具有版权法意义上的过错。问题是,如何能够证明服务商是故意闭上眼睛呢? 是依据事先的证据评估还是要依据事后的侵权证据评估? 为什么?

  (2)法院认为,"当诉争的产品有侵权和非侵权双重用途时,在认定间接侵权时,需要评估这些用途各自的比重(respective magnitudes)"。这种成本—效益评估法是 Sony 案确立的规则吗? 具体到 P2P 服务商,能够说,无论 P2P 服务商是否有主观过错,只要用户实际上只要将 P2P 服务用于侵权目的,"成本—效益"的评估就对 P2P 服务商不利吗? 或者说,不考虑 P2P 的主观心理状态,单纯看成本—效率评估的客观结果来决定服务商是否有过错?

9 教唆侵权

关于网络服务商通过网络教唆他人实施侵犯著作权的问题,**最高人民法院《关于审理侵害信息网络传播权民事纠纷案件适用法律若干问题的规定》(2012)第 7 条第 2 款规定**:"网络服务提供者以言语、推介技术支持、奖励积分等方式诱导、鼓励网络用户实施侵害信息网络传播权行为的,人民法院应当认定其构成教唆侵权行为。"这一解释更上位的法律依据是《民法通则》第 130 条关于共同侵权责任的规定。

不过,单独因为网络服务商引诱或教唆他人侵权而判决网络服务商承担共同侵权责任的案例并不多见。更多的是,网络服务商在帮助侵权的同时,也存在一定的主观引诱或教唆的成分。这在 P2P 侵权的案件中比较常见。法院在判决中常常将"帮助"和"教唆"并用。①

下面的 Grokster 案是美国法上很有名的 P2P 服务商引诱侵权的案例。法院认定,服务商在提供具有合法和非法双重用户的软件服务时,如果主观上旨在引诱或推广其非法用途,应当承担引诱侵权责任。

Metro-Goldwyn-Mayer Studios Inc. v. Grokster

美国联邦最高法院
545 U.S. 913(2005)

SOUTER 法官:

诉争的问题是,在什么情形下,同时具有合法和非法用途的产品的提供者要为第三方利用该产品所为的版权侵权行为承担责任?我们认为,如果明确的表达(clear expression)或其他积极促成侵权的行动表明,行为人提供一项装置的目的在于推广它的版权侵权用途,则他要为第三方的侵权结果负责。

I

A

Grokster 和 StreamCast 公司分别提供免费软件,许可计算机用户通过 P2P 网络分享电子文件。用户的计算机相互之间直接连接,而不是通过中央服务器。尽管用户可以分享任何形式的文件,用户实际上主要分享受版权保护的音乐和视频文件。MGM 等版权人因此起诉 Grokster 和 StreamCast 侵害版权,因为它们故意提供软件使得用户能够复制和传播版权作品。

用户安装 Grokster 软件后,能够自动和其他适用该软件的用户建立起网络连接,其中部分用户的电脑被指定为超级节点(supernode)。用户的文件请求被传递给这些超级节。超级节点能够检索周围用户电脑中的共享文件,生成临时文件索引供检索。

---

① 广东中凯文化发展有限公司 v. 广州数联软件技术有限公司 上海市高院(2008)沪高民三(知)终字第 7 号。

超级节点还可以将该文件索引提交给其他临近的超级节点。如果系统中有用户请求的文件,则该文件的位置被提供给提出请求的用户。该用户直接可以从存储该文件的用户电脑中下载该文件。

StreamCast 公司的软件与之 Grokster 的软件大致相当,只是其中没有超级节点。在这一系统下,用户提出文件请求后,该请求直接被递交给其他用户,逐步对外传递。文件被发现后,提出请求的用户直接从存储该文件的用户电脑中下载。

在提供服务的过程中,Grokster 和 StreamCast 并不拦截用户提交的检索请求,也不介入用户之间的文件传输。整个系统中不存在一个中央控制点。

虽然 Grokster 和 StreamCast 并不知道什么时候会有人复制特定的文件,但是利用它们的软件做一些检索,它们就能知道系统中能够获得什么样的文件。MGM 委托一个统计员进行系统检索,结果发现系统中可供下载的文件中 90% 都是版权作品。[①] Grokster 和 StreamCast 对数字的准确性提出异议,认为统计方法有问题,同时有些版权作品的下载可能已经获得许可。Grokster 和 StreamCast 认为,它们软件的潜在的非侵权用途很重要,即便在实践中并不多见。比如,有些音乐表演者就通过这一系统免费传播他们的版权作品以获得新的听众;有些人通过它传播不受保护的内容,比如莎士比亚的作品。StreamCast 还许可用户通过它的系统下载本案的案件材料,尽管下载量不得而知。

双方的证据都不能准确地揭示什么文件实际上被用户下载,也无法知道用户是否经常利用该软件获取不受版权保护的作品。但是,MGM 的证明让人有理由相信,大部分用户的下载行为均为侵权行为。由于有超过 1 亿多份软件被下载,每个月有数十亿的文件被分享,版权侵权的严重程度可能超出想象(staggering)。

Grokster 和 StreamCast 承认,大部分下载侵害版权。它们知道用户利用它的软件主要是下载版权文件,即使软件没有揭示什么文件何时被拷贝。MGM 告诉过 Grokster,利用它们的软件可以获得 8 百万版权材料。

Grokster 和 StreamCast 并非仅仅是消极地得知其软件被用于侵权用途。记录表明,从一开始它就明确表达了用户利用软件下载版权作品的目标。它采取积极措施鼓励侵权。

在臭名昭著的 Napster 被起诉之后,StreamCast 开始分发一种名叫"OpenNap"的软件。该软件与 Napster 的软件兼容,许可用户从 Napster 和 OpenNap 软件用户那里下载文件。显然,OpenNap 是要吸引 Napster 的 5 千万用户。

StreamCast 监控 OpenNap 软件的用户数量以及它们下载的音乐文件数量。公司内部文件显示,StreamCast 希望,如果 Napster 被法庭责令关闭,StreamCast 能成为下一个 Napster。StreamCast 对于潜在的广告客户宣称,自己与 Napster 比较相似。StreamCast 制作了宣传材料,将自己描述成 Napster 的最佳替代。

---

① 与此相对照,A & M Records, Inc. v. Napster, Inc., 239 F.3d 1004(CA9 2001)案中,原告提供的证据证明 Napster 文件分享系统中 85% 的文件受版权保护。

相对 StreamCast 而言,关于 Grokster 寻求 Napster 用户的证据较弱,但是依然很明显。Grokster 也提供类似 OpenNap 的软件,叫做 Swaptor。它在自己的网页中插入了数字代码,用户利用所有引擎索索"Napster"或免费文件分享(free filesharing)时,就被被指引到 Grokster 的网站。通过该网站,可以下载 Grokster 软件。Grokster 的名字明显是从 Napster 衍生而来。

StreamCast 的管理层监控系统中特定商业艺术家的个数的数量。内部的交流文件显示,它们希望自己的系统中版权歌曲的数量比其他文件分享网络要多。它的软件许可用户检索所谓的"TOP 40"的歌曲,这些不可避免地是版权作品。类似的,Grokster 给用户发送邮件,宣称它的系统能够提供特定流行的版权作品。

除了上述推广和营销方面的证据,Grokster 和 StreamCast 所采用的商业模式表明,它们的主要目的就是利用它们的软件下载版权作品。它们并没有从用户那里收取费用,而是从广告中获益。它们向自己软件用户发送广告。用户增加,它们的广告机会就更有价值。虽然免费的莎士比亚作品肯定有需求,但是证据表明,更多用途是免费获取版权作品。比如,寻求 TOP 40 歌曲或最新版的 Modest Mouse 的用户肯定比寻求免费的 Decameron 的人要多得多。Grokster 和 StreamCast 将这一需求变成金钱。

最后,没有证据表明,任何一家公司试图过滤用户下载的版权材料或者阻止分享版权文件。虽然 Grokster 在收到版权人的警告通知后,给用户发送过邮件,对用户的侵权行为提出警告,但是它从来没有阻止任何用户继续使用它的软件分享版权文件。StreamCast 不仅拒绝一家公司帮助监控侵权行为的邀约,并且阻止一些机构登陆其系统,因为它相信这些机构试图监控它的网络中的侵权行为。

B

区法院认为,Grokster 和 StreamCast 的软件用户分享版权作品,侵害版权。但是,拒绝认定 Grokster 和 StreamCast 承担间接侵权责任,因为它们并不实际知道具体的侵权行为。上诉法院维持了这一判决。第九巡回上诉法院认为,依据 Sony Corp. of America v. Universal City Studios, Inc., 464 U. S. 417(1984)案,提供具有实质性非侵权用途的商业产品,并不会导致间接侵权,除非提供者实际知道具体的侵权行为并且没有采取行动。法院认为本案的软件能够被用作实质性非侵权目的,同时,由于该系统没有中心结构,提供者并不实际知道具体侵权行为,因此 Grokster 和 StreamCast 不承担责任。

上诉法院还拒绝让 Grokster 和 StreamCast 承担替代责任。因为被告并不监控和控制软件的使用,没有监督用户使用的合同权利或实际能力(current ability),也没有监控侵权的独立义务。

II

A

MGM 和很多法庭之友意见质疑上诉法院打破了版权保护与促进技术创新之间平衡关系。给予艺术创作的保护越多,对于技术创新就更加不利。版权法要在这两者之间进行权衡。本案就体现了这两种价值之间的紧张关系。

考虑到每天利用 StreamCast 和 Grokster 的侵权下载的数量，本案中的间接侵权主张显得很有力量。当一项广泛应用的服务和产品被用于侵权时，著作权人或许不可能追究直接侵权者以有效保护他们的作品。唯一可行的替代方案就是依据间接侵权或替代责任理论追究复制装置提供者的责任。

B

法院的分析从 Sony 案开始。在 Sony 案中，录像机（VCR）的首要用途（principal use）是用于时间转换（time-shifting），即录制电视节目等到更方便的时间再看。该案中，法院认为这是一项合理使用，不侵害著作权。没有证据证明，Sony 表达过这样的目标：促使（bring about）用户将该设备用户侵权录制或者采取积极措施从非法录制中获取更多利润。虽然 Sony 在广告中鼓励消费者购买 VCR 去录制喜欢的节目或者建立自己的录制节目库，但是这些用途并不必然侵权。

基于上述事实，同时没有证据证明 Sony 意图促进侵权用途，如果要追究间接侵权责任，则唯一能够想象得到的责任基础就是，Sony 在销售 VCRs 时，知道部分消费者会用它来侵害版权。但是，由于 VCR 具有商业上有重要意义的非侵权用途，本院认为不能仅仅因为销售行为本身而认定制造者有过错。

这一分析体现了专利法上的传统的商业通用产品学说（staple article of commerce doctrine）。现在，这一学说已经被专利法固定下来，即提供专利产品的部件并不侵害专利权，如果它具有其他用途（实质性非侵权用途）。35 U.S.C.§271（c）。这一学说被用来确定，在何种情形下，可以从提供商品这一行为本身推定提供者意图让他人将该产品用作侵权目的，从而提供者应当为该直接侵权行为负责。行为人制造和出售仅仅能够被用于组装专利产品的部件，将被推定为意图促成该自然结果（侵权）。

如果一项产品除了用于侵权没有别的用途，则让它处于可以自由获取的状态并不符合任何合法的公共利益的要求。推定提供者具有侵权意图，并不会出现不公平的结果。反之，这一学说赦免了那些销售具有实质性合法用途又具有非法用途的产品的行为，仅仅追究那些具有更严重过错（more acute fault）的行为。仅仅知道某些人会滥用该产品，并不属于这里所说的"严重过错"。这一学说给技术和商业领域的创新留下空间。

双方当事人认为，本案的核心问题是 Sony 规则的适用。MGM 指出，网络上分享的 90% 的作品都是版权作品，假定剩下的 10% 为非侵权用途，这并非实质性的非侵权用途。MGM 认为，法院应当将 Sony 规则量化为：一项产品主要（principally）被用作侵权目的则不适用 Sony 意义上的"实质性非侵权产品"。如前所述，Grokster 和 StreamCast 争辩说，它们的软件可以被用户用来复制公共领域的材料，而且有些著作权人实际上鼓励复制。即便今天主要用途是侵权用途，它们的非侵权用途很重要，而且会不断增长。

我们同意 MGM 的意见，上诉法院错误地适用了 Sony 规则。Sony 案禁止在产品具有实质性合法用途的情况下仅仅因为提供者知道该产品事实上被用作侵权用途这一事实，推定提供者具有侵权的意图。上诉法院将 Sony 案解释为，只要产品具有实质性合法用途,该产品提供者就不会为第三方的侵权使用承担间接侵权责任(secondary liability)。这一解释是如此宽泛,以至于有证据证明提供者具有促成侵权的实际意图时,也不承担责任。依据这一解释,只有在提供者具体知道侵权行为(had specific knowledge of infringement)而没有采取相应行动时,才承担责任。上诉法院确认StreamCast和Grokster软件有实质性合法用途,同时,由于系统中并不存在中央服务器,它们并不知道具体的侵权行为。因此,它们无须承担间接侵权责任。

上述关于Sony案的观点是错误的,这将该案从一个通过意图推定(imputed intent)认定间接侵权的案子变成一个间接侵权一般规则的案例。因为Sony案并没有替代其他间接侵权责任的理论,同时,我们在下面依据引诱侵权理论否定了上诉法院的结论,因此,我们这里不再进一步讨论Sony案,尽管MGM请求法院进一步明确在知道非法用途会发生的情况下提供产品这一行为本身是否导致间接侵权。这一问题留待将来解决。

C

Sony规则作为一项法律规则,限制了从产品的特点或用途上推定恶意(culpable intent)。但是,Sony并不要求法院忽略关于行为意图的其他证据。该案并不排除普通法上过错责任(fault-based liability)的适用。因此,除了"产品特征或者提供者知道产品可以被用作侵权用途这一事实"之外,还有其他证据表明提供者有促成侵权的言论或行为(statements or actions),Sony案所谓的通用产品规则就不再排除侵权责任。

行为人引诱侵权或者通过广告怂恿或说服他人侵权,是行为人具有非法目的经典案例。因此,依据普通法,如果版权或专利案件的被告不仅期待而且通过广告号召侵权,则依据任何法律原则都应当承担责任。

引诱侵权的规则从过去到现在并没有什么不同。积极鼓励直接侵权的行为包括:通过广告宣传侵权用途,提示如何从事侵权活动,表明了将产品用于侵权目的的积极意图(affirmative intent)等。法律原本不愿仅仅因为销售具有合法用途的产品这一行为而追究销售者的责任,但是当有证据证明销售者鼓励侵权时,法律则不再犹豫。

Sony案将专利法上的通用产品规则作为版权法上安全港规则的样板。基于同样的原因,引诱侵权规则对于版权法而言也是合理的选择。我们在这里接受这一规则。如果明确的表达(clear expression)或其他积极促成侵权的行动表明,行为人在销售一项装置时,意图推广它的版权侵权用途(promoting its use to infringe copyright),则他要为第三方的侵权结果负责。我们当然知道要避免妨碍那些同时具有合法和非法用途的正常商业和技术的发展。因此,就像Sony案不会仅仅因为VCR的制造者知道该装置可以被用于侵权目的就认定制造者有意引诱侵权一样,仅仅知道产品具有侵权的可能性或实际上被用作侵权用途①,并不足以让提供者承担责任。另外,与产品销售有关的日常行为本身,比如向客户提供技术支持或产品更新,也不足以招致侵权责任。相反,引诱侵权的责任前提是存在故意的应受谴责的表达或行为,因此不会妨碍合法

---

① 本书作者注:这里应该不是指知道具体侵权行为。

的商业,也不会打消有合法目的的创新活动。

III

A

依据引诱侵权规则,本案剩下的问题是,MGM 的证据是否证明 StreamCast 和 Grokster 向其软件用户传递了引诱信息(inducing message)。引诱的经典情形是,以广告或者游说等方式传播一项信息鼓励他人从事违法活动。StreamCast 向那些使用与 Napster 兼容的程序的用户屏幕发送广告信息,敦促用户采用它的 OpenNap 程序。OpenNap 程序就像其名称所显示的那样,就是为了吸引当时因大规模侵权而卷入诉讼程序的 Napster 的用户。Grokster 向用户发送了电子信函,其中含有一些广告文章的链接。在这些文章中,Grokster 宣扬其软件获取流行版权音乐作品的能力。Grokster 和 StreamCast 的用户也知道它们所使用的软件与 Napster 的功能类似。

在 StreamCast 的案子中,还有一些补充性的证据,即公司内部的通讯和广告设计。比如,有广告含有这样的提问:当 Napster 的灯熄灭了,用户将去哪里?这些信息是否已经传播出去,并不重要。在引诱侵权规则下,这些信息的用途是证明行为人具有非法目的,因此不能得到保护。证明行为人已经发出这些信息,是证明行为人以促成侵权为目的积极行动、用户利用该产品侵权的理想方法,但并非必需的方法。在本案记录中,充满着证明 Grokster 和 StreamCast 有意促成用户版权侵权的其他证据。在这一点上,它们与 Sony 案中的制造者和销售者角色并不相同。

关于主观意图方面的证据有三个特征特别值得一提。其一,Grokster 和 StreamCast 都表明希望满足已知市场上 Napster 用户对版权侵权的需求。已有的证据表明,它们提供软件和服务的目的主要(如果不是完全的话)意图就是要促成侵权活动。其二,MGM 证明,没有一家公司试图研发过滤工具或采取其他措施以减少侵权活动。这使得它们的非法目的更显著。上诉法院认为,被告没有采取过滤措施这一事实与本案无关,因为它们没有监控用户活动的单独义务。不过,我们认为这方面的证据协助证明(underscore) Grokster 和 StreamCast 有促成用户侵权的主观意图。①其三,Grokster 和 StreamCast 采用广告盈利的商业模式决定着用户的基数越大越有价值,而证据又表明,大量用户侵权。虽然仅仅从这些事实本身并不能推断出二者有非法意图,但是放在整体背景下,结论就很明显了。

B

依据引诱侵权理论,除了证明有促成侵权的意图、出售具有侵权用途的装置之外,还要证明该装置(本案中是软件)的接受者实际侵权。MGM 有证据表明直接侵权大量存在。在这一点上,不存在大的问题。

* * *

---

① 当然,如果缺乏关于意图方面的其他证据,而诉争装置有实质性非侵权用途,则法院不能仅仅因为行为人没有能够采取积极措施预防侵权而认定间接侵权。如此判决将离 Sony 安全港规则太近(言下之意应该是架空 Sony 案规则)。

总之，本案与 Sony 案显著不同。Sony 案所处理的侵权责任的事实基础仅仅是：行为人在提供同时具有合法和非法用途的产品时，知道有些用户将该产品用户非法目的。该案在版权保护和技术创新之间维持了一种平衡，认定该产品具有实质性合法用途，因此不能从中推定提供者存在过错进而让提供者为他人的侵权行为承担间接侵权责任。

本案显然是在处理不同的问题。这里提供者的言行已经超出单纯提供（distribution as such）的范围，表明提供者有意促成并从第三方版权侵权中获益。如果最终认定引诱侵权，那也不是因为提供者被推定有过错，而是提供者自己的言行表明它有明显的非法目的。

Ginsburg 法官的附和意见（首席法官和 Kennedy 法官加入）：

上诉法院主要依赖 Grokster 和 StreamCast 的陈述认定它们的软件有实质性非侵权用途。比如，它们宣称一些版权人授权传输他们的作品；一些公共领域的材料可以通过它们的 P2P 网络传输。这些证据不够可靠，不足以支持法院作出即决判决（summary judgment）。

即便利用非侵权用途的用户的绝对数量很大，并不意味着该产品实际上被用作非侵权用途，该提供者因此被免责。区法院和上诉法院没有明确区分 Grokster 和 StreamCast 软件产品的利用（这是本案所涉及的问题）和 P2P 技术的一般性利用（这是与本案无关的问题）。

Breyer 法官的附和意见（Stevens 法官和 O'CONNOR 法官加入）：

Breyer 法官首先说明了他所理解的 Sony 案的测试法，即诉争的产品是否能够有实质性的或商业上有重要意义的非侵权使用。Grokster 的软件能够通过这一测试。MGM 的专家证词指出，Grokster 系统中 75% 的作品为侵权作品，15% 很可能侵权。这意味大概 10% 左右的为非侵权作品。这与 Sony 案中获得授权进行时间转换的用途（authorized time-shifting uses）比例 9% 左右大致相当。

重要的是，Sony 案使用了"能够"（有实质性非侵权用途）这一词语。Sony 案的语言和分析表明，10% 这样的比例如果一直保持不变，可能是不够的。但是，如果有合理的理由相信随着时间的推移，合法用途逐渐增加，则这一比例数据（10%）足以证明该产品能够具有实质性非侵权用途。也就是说，在分析产品的用途时，考虑将来潜在的用途是合理的。

现有的记录表明，Grokster 的 P2P 软件的非侵权用途有重要的潜在市场。这一软件许可交换任何形式的数字文件，不论该文件是否含有版权材料。因为越来越多的非版权材料以数字形式存储，可以合理推知，合法的 P2P 软件分享市场会迅速增加。

本案真正的问题是，是否要修正 Sony 案确立的标准。更具体地说，要回答下列问题：（1）Sony 案的标准是否保护了新技术的发展？（2）如果是，需要修改该标准以弱化此类保护吗？（3）如果是，强化版权保护带来的利益超过弱化技术保护所带来的负面后果吗？

对于第一问题，答案是肯定的。Sony 规则保证企业在提供有价值的新技术的时候,不受版权侵权责任的威胁。Sony 规则很明确。只要新产品能够有实质性非侵权用途,提供者就能事先知道不会招致巨额赔偿责任。Sony 规则使得录像机、打字机、录音机、复印机、计算机、磁带播放机、光盘刻录机、数字录像机、MP3 播放机、搜索引擎、P2P 软件等免于版权侵权责任。

Sony 规则考虑到了法官在判断技术问题时的局限性。在技术专家或职业投资者存在巨大分歧的情况下,法官无法判断现有技术或将来技术上的可行性或商业上的价值。比如,本案中 MGM 认为在 Grokster 的软件中增加过滤功能就可以阻止侵权,而 Grokster 认为这并非有效的方法。法官应该相信哪一方? Sony 规则说,法官并不需要回答这一问题。

对于第二个问题,Breyer 法官认为更难回答。他认为,Ginsburg 法官的方法实际上要求被告提供更多的实在证据(证明实质性非侵权用途)才能获得 Sony 规则的保护。要求法官进行个案判断,会增加法律的不确定性,对版权人有利,但对于技术提供者则意味着风险增加。最终的结果企业从事技术创新的积极性受损。

第三个问题是三个问题中最难回答的。修正后的 Sony 规则会给版权人带来利益,但是很难知道这一收益会超过技术停滞不前所带来的损失。在没有重复证据证明需要修正的情况下,不应修正。目前并没有证据证明,Sony 规则导致作品的供给在数量或质量上有明显减少。更重要的是,版权人至少还有其他手段降低盗版。另外,版权人总是可以针对直接侵权者提起侵权诉讼。版权人自己也可以研发技术措施,保护自己的版权……

思考问题:

(1) 美国最高法院在 Grokster 案试图解决 P2P 软件导致的盗版泛滥问题。在以 Sony 案为代表的帮助侵权规则下,如果产品有实质性非侵权用途,则版权人必须证明服务商对直接侵权行为有具体认知。而在引诱侵权规则下,法院似乎绕过了所谓的具体认知的问题。你觉得这是合理的选择吗?

(2) 如果 Grokster 在本案判决后停止一切广告或引诱活动,但不幸的是,用户侵权活动依旧。这时候,著作权人能够继续追究 Grokster 的责任吗?

(3) 在分析引诱侵权时,法院需要区分引诱人主观上的意图与客观上的行为吗?何者是决定性的? 如果网络服务商主观上的确希望用户侵权性使用,但是客观上仅仅是提供了文件分享软件服务,而用户自愿选择侵权性使用,网络服务商的行为构成引诱侵权吗?

除了认定网络服务商"故意装作不知道"外,美国法院还可能强调网络服务商没有实施有效的应对"重复侵权"的用户政策,从而限制安全港规则的适用。比如,在前述 In re Amister 案中,二审法院就认为,安全港规则的适用前提是网络服务商采取合理措施阻止重复侵权者使用其服务。Aimster 虽然公开宣称,它会终止重复侵权者的网络服务,但是并没有采取任何措施落实"重复侵权"惩处政策;相反,它还提示用户如何对其传输的内容加密,使得 Amister 不能采取措施阻止侵权。因此,它不能获得安全港的庇护。① 这里,"重复侵权"行为的认定,对安全港规则的适用范围有重要影响。DMCA 并没有明确在什么情况下才能认定存在"重复侵权"。美国学术界对此也众说纷纭。② 最保守的意见认为,应当将"重复侵权"限定在司法认定的重复侵权的范围内。③ 这意味着,网络服务商几乎不用采取任何审查措施以识别出重复侵权者,只需静等法院的判决。如此解释,"重复侵权"政策将完全失去意义,因为版权人能够起诉的侵权用户数量非常有限。在此基础上,要求网络服务商惩罚这些重复侵权用户,无法有效预防用户侵权。

在 Grokster 案中,依据上述规则证明行为人主观过错没有遇到真正的挑战。因为被告有一系列行为表明它从一开始就有引诱用户从事侵权活动的意愿,而原告刚好掌握了含有这些内容的电子邮件证据。④ 如果网络服务本身既有合法用途又有侵权用途,而网络服务商没有号召用户实施侵权行为,但用户自己主动选择侵权,则版权人很难证明网络服务商存在所谓的引诱侵权的主观故意。因为,从单纯提供可用于侵权目的的装置的行为,并不能推定提供者具有引诱侵权的故意。⑤ 在这种情况下,能否或者如何适用最高法院的上述推断存在引诱意图的规则?美国最高法院的判决并没有回答这一问题,而是交给网络服务商去猜测。

---

① In re Aimster Copyright Litigation, 334 F. 3d 643, 655 (7th Cir. 2003).
② Andres Sawicki, Repeat Infringement in the Digital. Millennium Copyright Act, 73 U. CHI. L. REV. 1455 (2006)(该作者认为应该是版权人和网络服务商共同认定侵权,次数超过一次。)
③ David Nimmer, Repeat Infringers, 52 J. COPYRIGHT SOC'Y 167 (2005).
④ 比如,"Grokster 向用户发送了电子信函,其中含有一些广告文章的链接。在这些文章中,Grokster 宣扬其软件获取流行版权音乐作品的能力。Grokster 和 StreamCast 的用户也知道它们所使用的软件与 Napster 的功能类似"。Metro-Goldwyn-Mayer Studios Inc. v. Grokster, 545 U. S. 913, 937(2005).
⑤ "仅仅知道产品具有侵权的可能性或实际上被用作侵权用途,并不足以让提供者承担责任。另外,与产品销售有关的日常行为本身,比如向客户提供技术支持或产品更新,也不足以招致侵权责任。相反,引诱侵权的责任前提是存在故意的应受谴责的表达或行为,因此不会妨碍合法的商业,也不会打消有合法目的的创新活动。"Metro-Goldwyn-Mayer Studios Inc. v. Grokster, 545 U. S. 913, 919(2005).

第 15 章
技术措施与权利管理信息

1 技术措施

1.1 技术措施概述

依据《著作权法》(2010)第48条第(六)项,"未经著作权人或者与著作权有关的权利人许可,故意避开或者破坏权利人为其作品、录音录像制品等采取的保护著作权或者与著作权有关的权利的技术措施的"行为,属于"侵权行为"。这一立法将权利人为保护著作权或邻接权而采取的技术措施作为一种独立的客体加以保护。当然,更准确地说,立法者明确禁止了一类行为,即未经权利人许可,他人不得避开或破坏该技术措施。这里的技术措施可能是有形的物理装置(比如电子狗),也可能是数字化加密技术等(比如禁止复制的文件加密技术、数据库访问口令等)。

最常见的技术措施是所谓的数字加密技术。比如,PDF格式的文件可能通过访问口令加密,使得他人没有密码就不能打开浏览,或者虽然能够浏览,但不能复制其中局部内容等。再比如,正版的DVD光盘普遍采用所谓的内容干扰系统(CSS, Content Scramble System)的数据加密技术,防止他人接触或复制DVD光盘上的数据。DVD播放机在播放正版的文件之前,需要根据既定的解密算法对数据解密,然后才能正确读取DVD光盘。[①] 通过这一加密和解密技术,著作权人能够限制公众通过DVD播放机播放盗版的DVD光盘,从而在一定程度上限制盗版盘的传播。

中国著作权法对技术措施的范围作出限制,即它必须是权利人为保护"作品或录音录像制品等"著作权或邻接权而采取的技术措施。从立法逻辑上看,这是理所当然的。如果技术措施与保护著作权或邻接权无关,则很难理解为什么要在著作权法里作出规定。如果技术措施试图控制他人对那些不具备版权法意义的客体(比如机器设备等)的接触或使用,则不应被视为这里所说的技术措施。行为人对于这些技术措施的破坏,是否应承担责任,应当依据合同法、物权法、信息安全法、不正当竞争法之类的其他法律来判断,与版权法无关。

---

① Universal City Studios v. Reimerdes, 111 F. Supp. 2d 294 (S. D. N. Y. 2000) 案对于 DVD 和 CSS 技术的发展过程有非常详细的介绍。

立法者在这里仅仅明确列举了"作品或录音录像制品"这两种客体,然后以"等"字结尾,而没有列举更多的邻接权客体(比如表演、广播节目信号)。这难免留下疑问,权利人针对后面这些客体所采取的技术措施,是否为"等"字所覆盖,因而也在保护之列。《信息网络传播权保护条例》第26条在一定程度上消除了上述不确定性,明确将技术措施的保护对象延伸到"表演"。该条指出:"技术措施,是指用于防止、限制未经权利人许可浏览、欣赏作品、表演、录音录像制品的或者通过信息网络向公众提供作品、表演、录音录像制品的有效技术、装置或者部件。"既然《著作权法》上的"等"字可以被解释为涵盖"表演",似乎没有理由不延伸到"广播节目信号"。因此,并不奇怪,在《著作权法》修改的《送审稿》(2013)第68条,技术措施所保护的客体被延伸到"广播电视节目"。

中国《著作权法》将规避技术措施的行为分成"避开"和"破坏"两种。比较权威的意见认为:"避开是指绕过技术措施,使得技术措施对自己失去效用,但是对他人仍然能够发生效用;破坏是指毁损技术措施,使得技术措施对任何人都失去效用。"[①]美国DMCA第1201条(a)(3)(A)对规避技术措施的定义可供参考:"规避技术措施是指去除作品中已加入的干扰因素、对加密作品进行解密、或者其他未经著作权人授权避免、绕过、移除、停止、损害技术措施的行为。"[②]

1.1.1 技术措施的属性

对于习惯了讨论各种财产权的权利基础的学者而言,技术措施保护的权利基础或者说法律性质究竟是什么,是一个费思量的问题:

> 我国有学者认为,有关国际条约和国内立法中所禁止的规避或破解技术措施的行为不是直接侵犯著作权的行为,更不是一种侵犯著作财产权的行为。技术措施权利人在这里所享有的权利也不是著作权。有关国际条约和国内立法中规定这种侵权行为仅仅因为这种行为与著作权有着非常密切的关系。技术措施除非属于计算机软件,其本身并不是著作权法保护的对象,仅是作为保护著作权的方式之一。条例规定保护技术措施,主要是为了有效地保护信息网络传播权。在网络环境下,如果不保护技术措施,权利人的信息网络传播权就可能无法有效实现。[③]

著作权法将禁止规避技术措施作为著作权人的一项单独权利加以规定,使得规避技术措施的行为与著作权侵权行为被分别对待。在著作权法保护控制接触的技术措施的情况下,规避者即便没有侵害著作权,依然有可能要为其规避技术措施的行为承担法律责任。当然,如果著作权法仅仅禁止规避那些为保护著作权不被侵害而采取的

---

① 张建华主编:《信息网络传播权保护条例释义》,中国法制出版社2006年版,第16页。
② DMCA §1201 (a)(3)(A): to "circumvent a technological measure" means to descramble a scrambled work, to decrypt an encrypted work, or otherwise to avoid, bypass, remove, deactivate, or impair a technological measure, without the authority of the copyright owner.
③ 张建华主编:《信息网络传播权保护条例释义》,中国法制出版社2006年版,第14页。

技术措施,则规避行为通常与版权侵权行为相伴而生。这时候,追究版权侵权行为与追究规避技术措施的行为,后果差别不大。美国版法(DMCA)甚至没有规定直接规避保护权利的技术措施者,要在版权侵权之外单独承担责任。如后文 MDY 案所述,立法者认为规避者在规避此类技术措施后必然侵害版权,承担版权责任就可以了。因而,法律只规定限制此类规避技术的交易行为。

破坏"权利保护"类技术保护措施的行为,实际上可以归入间接侵权行为一类。英国学者就有如此分类的。① 在这一意义上,国内有学者认为技术保护措施的保护不属于版权法传统的范围的观点并不完全可信。但是,随着各国立法中专门条款的出现,在有关技术保护措施或权利管理信息的保护上,可能不再会按照间接侵权的框架去讨论这些问题,而是直接视为一种独立的侵权行为。不仅如此,规避技术措施本身被视为一种侵权行为后,那些为规避行为提供帮助的人,也会被追究责任。这非常像著作权法上传统的帮助侵权规则,只不过这时候技术措施本身而不是著作权本身变成受保护的对象。

1.1.2 直接规避(anti-circumvention)与间接规避(anti-trafficking)

参照版权侵权领域对直接侵权和间接侵权区分,大致可以将规避技术措施的行为分成直接规避和间接规避。所谓直接规避,是指行为人规避著作权人设置的技术措施,以接触或传播版权内容。而间接规避则是指行为人为他人直接规避技术措施的行为提供帮助,主要是制造、进口或提供用于破坏技术措施的装置、部件,或者向他人提供规避技术措施的技术服务。中国《信息网络传播权条例》第 4 条第 2 款分别禁止这两类规避行为:

> 任何组织或者个人不得故意避开或者破坏技术措施,不得故意制造、进口或者向公众提供主要用于避开或者破坏技术措施的装置或者部件,不得故意为他人避开或者破坏技术措施提供技术服务。但是,法律、行政法规规定可以避开的除外。

在后文所述的 Universal City Studios, Inc. v. Reimerdes 案中,法院认为被告向第三方站点存储的用于破坏技术措施 DeCSS 软件的链接行为,属于 DMCA §1201(a)(2)意义上的提供用户破坏技术措施的侵权工具的行为。② 法院的分析思路实际上与版权侵权领域的链接行为导致的间接侵权的分析思路基本一致。这是一个很有意思的现象。当版权法将一项行为确定为侵权(直接侵权)时,为此类行为提供帮助,就可能构成间接侵权或共同侵权。当提供用于规避技术措施的专门装置被视为侵权行为时,为这一行为提供帮助的行为,也就被禁止。

1.1.3 技术措施保护的立法史

在国外,技术保护措施的立法很早就在版权法或者专门的法律上出现,比如下面

---

① Lionel Bently & Brad Sherman, Intellectual Property Law, Oxford University Press, 2001, pp. 188—191.
② Universal City Studios v. Reimerdes, 111 F. Supp. 2d 294 (S.D.N.Y. 2000).

NII 白皮书中提到的英国 1988 年的版权法以及美国的一些专门的法律。在互联网时代,这一问题重新成为社会关注的焦点问题。

美国 1995 年的 NII 白皮书就数字技术对版权法的冲击进行了专门的研究之后,提出诸多立法建议,其中包括技术保护措施和版权管理信息两项立法建议。① 在美国国内,关于技术保护措施的立法建议一开始受到诸多利益团体的反对。反对者包括教育机构、图书馆、科学家、计算机软件公司、网络服务商、家庭录制设备制造商等等。很多人担心权利人会利用技术措施限制版权法提供的合理使用,限制人们接触公共领域的材料等等。很多设备制造商则担心承担难以预料的侵权责任。②经过反复的争论和妥协,美国 1998 年在 DMCA 植入的反对规避技术措施的条款得以通过。③ 关于美国技术措施的立法史,可以参考 Nimmer, A Riff on Fair Use, 148 U. Pa. L. Rev. 673, 702—38(2000)。

美国政府向世界知识产权组织(WIPO)提出上述立法建议,最终被《世界版权条约》(WCT)所接受。④ 中国 2001 年修订《著作权法》时,也加入了技术保护措施的保护规定,即前文提到的现行著作权法(2010)第 48 条第(六)项。不过,该条还保留了一点例外——"法律、行政法规另有规定的除外。"

NII 白皮书中对当初围绕技术保护措施的立法所产生的争议,有比较清楚的说明,具体如下:

技术保护(Technological Protection)

侵权很容易而发现和阻止侵权很难,这导致版权人转而利用技术保护他们的作品。但是,很明显,技术所能提供的所有保护也都能被技术所打败。工作组发现,仅仅法律保护本身不足使得作者有足够的积极性从事作品的创作和传播。同样的,技术保护也不会有效,除非法律能够对这些阻止或限制非授权使用作品的技术方法或系统提供某种保护。

工作组发现,禁止那些用于破坏阻止非授权使用的技术措施的装置、产品、组件和服务,符合公共利益,可以促进版权法的立法目的。版权作品的消费者为侵权者的行为付出代价——由于侵权损失的存在,版权人给合法拷贝确定更高的价格。如果技术保护措施不容易被破坏,则公共将能得到更多的版权作品。

因此,工作组建议修改版权法,增加新的第 12 章,禁止进口、制造或分发首要目的是为了在未经授权的情况下规避或破坏技术措施的装置、产品或组件。这里的技术措

---

① U. S. Dep't of Commerce, Information Infrastructure Task Force, Intellectual Property and the National Information Infrastructure: The Report of the Working Group on Intellectual Property Rights (1995)["NII White Paper"], available at http://www.uspto.gov/web/offices/com/doc/ipnii/.

② Julie E. Cohen etc., Copyright in a Global Information Economy(《全球信息化经济中的著作权法》),中信出版社 2003 年版,第 578 页。

③ DMCA, §1201.

④ WCT, Art. 11.

施是指那些用于阻止侵害第 106 条独占权的侵权行为的技术措施。这类条款不会完全消除技术措施被破坏的风险,但是能降低它。

有意见认为,保护技术措施可能与合理使用制度相互冲突。首先,合理使用学说并不要求版权人许可或促进对作品的未经授权的接触和使用。否则,版权人不能控制作品的出版,电影院不能对观众收费或阻止他人录音或录像;博物馆不能收取门票或禁止拍照。的确,如果版权法要求版权人向公众提供接触和合理使用版权作品的机会(或者将此视为公众的一种积极权利, an affirmative right of the public),那么对计算机数据库设置密码的行为都会被认为是非法的。其次,如果规避装置的主要用于合法目的,比如,合理使用,则该装置不会违反上述立法,因为具有这一目的的装置将落入法律授权的例外情形。

还有人担心,公众没有能力规避那些保护不受版权保护的作品(比如过了保护期或因其他原因落入公共领域的作品)的技术措施。但是,首要目的是用于破坏此类技术措施的装置,并不违反上述立法。建议中的立法方案排除了那些主要目的合法的装置、产品和服务,包括复制和分发公共领域作品复制件的行为。而且,为公共领域作品提供保护的技术措施并不属于所谓"阻止侵害第 106 条独占权的侵权行为的技术措施"。公共领域的作品并不受版权保护,因此版权人并不对之享有独占权。最后,虽然技术措施或许可以用于保护公共领域作品的复制件,但此类保护仅仅限于该特定复制件,并不保护该作品本身。

有人认为,建议的立法会不合理地增加制造者的负担。建议的立法并不要求制造者容纳任何技术措施。它只是禁止制造者制造规避装置。①

思考问题:

(1)上述报告在讨论技术措施与合理使用制度的关系时,举了电影院、博物馆之类的例子。言下之意,这些机构可以对公众接触作品的机会进行限制,导致公众无法实现所谓的"合理使用",而这并无法律疑义。同理,版权人也应该能通过技术措施来限制公众对其作品的接触,即便公众没有办法"合理使用"该作品。这一类比有合理性吗?其限度在哪里?

(2)"虽然技术措施或许可以用于保护公共领域作品的复制件,但此类保护仅仅限于该特定复制件,并不保护该作品本身"。是不是可以说,所有技术措施都只是保护权利人对某个作品复制件的控制,而不是对作品本身的保护,所以它不会导致版权法上权利人与公众利益失衡?问题有这么简单吗?

---

① U.S. Dep't of Commerce, Information Infrastructure Task Force, Intellectual Property and the National Information Infrastructure: The Report of the Working Group on Intellectual Property Rights (1995) ["NII White Paper"], available at http://www.uspto.gov/web/offices/com/doc/ipnii/.

1.2 技术措施的范围：控制接触 v. 保护权利

1.2.1 技术措施的学理分类

在学理上，技术措施大致可以分成两类，"控制接触"的技术措施和"保护权利"的技术措施。

所谓"控制接触"（access controls）是指限制他人接触作品或其他受保护客体（比如录音制品）。比较常见的接触控制措施如密码保护、加密措施等。没有密码或密钥的人就不能接触该作品。这只是简单的例子。在实践中，接触控制可以以更精细的方式实现。比如，接触控制措施可以只许可在一定时间内或有限的情形下接触作品。此类复杂的接触控制措施对于权利人按照自己的商业模式实现对数字作品的传播的有非常重要的作用。在很多情形下，接触作品的人对于作品的使用并不必然会牵涉到版权人的独占权，也不必然侵害此类权利。比如，有人获取了密钥接触了他人已经加密的电影，在自己的电脑上播放该电影（streamed），也即是说在私人环境下观看该电影，但没有制作电影的复制件也没有向公众传输该电影。[①]

另外，前文提到的禁止用户利用未经授权的播放器播放 DVD 文件的加密技术措施，就属于所谓的控制接触的技术措施。用户接触该作品后私下播放和观看该电影，并不侵害权利人的受保护的独占权。

当然，上述关于"接触控制"的学理解释依然没有完全消除"接触"一词本身的模糊性。常见的接触控制措施是为了阻止他人感知（浏览、观看或欣赏）作品内容。比如前面所说的网站浏览控制的密码、DVD 的加密措施等。但是，也有一类接触控制措施并不以控制他人感知作品内容为目的，而是单纯控制他人的技术性或物理性的使用与接触。比如，权利人为了限制他人制造的产品或程序与自己产品兼容而采取的技术措施，就不是以控制他人感知作品目的。这里技术措施是否应该属于版权法上的"接触控制"措施，学术界有很大争议。

"保护权利"的技术措施是指那些不限制用户以某种方式接触作品，但是限制公众以侵权方式使用受保护作品或其他客体的技术措施。这里的权利是指著作权或邻接权。比如，著作权人通过技术措施禁止公众复制公众能够接触到的作品，则该技术旨在保护著作权中的复制权。此类技术措施就是所谓的保护权利的技术措施。此类技术措施被很多视频网站所采用，用以防止用户在线浏览视频后在用户端生成视频文件的复制件。

有些国家在立法上区别对待"接触控制"和"权利保护"两类型的技术措施，给予不同的保护。比如，美国直接立法禁止规避"接触控制"的技术措施，但并没有立法禁

[①] Mihály Ficsor, Legends and Reality about the 1996 WIPO Treaties in the Light of Certain Comments on Bill C-32, http://www.barrysookman.com/2010/06/17/legends-and-reality-about-the-1996-wipo-treaties-in-the-light-of-certain-comments-on-bill-c-32.

止规避"权利保护"的技术措施,而是禁止帮助他人规避此类技术措施。具体理由在后文 MDY 案中有明确说明,即立法者认为无需禁止后者,因为行为人规避该技术措施后通常要侵害著作权,所以无须重复规定责任。

思考问题:

如果权利人对 PDF 文件进行加密,普通公众可以复制或浏览该文件,但不能从中提取可编辑的文字内容。有人破坏这一加密措施,使得任何人都可以从该文件中提取可编辑文字。这一技术措施是著作权法意义上的"保护权利"类型的技术措施吗?该破坏行为违反著作权法吗?联系后文的 Lexmark 案,思考这一问题。

1.2.2 中国法上的不确定性

中国《著作权法》并没有明确区分"接触控制"和"权利保护"这两类技术措施,也就不存在为两类技术措施设置不同保护的问题。不过,《信息网络传播权保护条例》的立场与《著作权法》似乎有出入,导致法律存在较大的不确定性。

依据《著作权法》(2010)第 48 条第(六)项的规定,未经权利人许可,"故意避开或者破坏权利人为其作品、录音录像制品等采取的保护著作权或者与著作权有关的权利的技术措施的",构成侵权,但是"法律、行政法规另有规定的除外"。《著作权法》对于技术措施并没有更明确的定义。《计算机软件保护条例》(2013)第 24 条也明确禁止"故意避开或者破坏著作权人为保护其软件著作权而采取的技术措施"。

从字面上看,中国《著作权法》和《计算机软件保护条例》的立法者对技术措施的范围有一定的限制,即必须是与保护作品、录音制品著作权或邻接权有关的技术措施。严格说来,如果技术措施是用来保护不具备独创性的数据库,则规避此类技术措施的行为,可能就无法适用本条。同样的,如果技术措施的目的并非为了保护著作权或邻接权,单纯是要控制文件或软件的兼容(比如特定数据格式的加密措施)或用户对作品内容的接触(假定接触本身不侵害著作权),则也未必是中国《著作权法》上技术措施。即,中国《著作权法》并不保护单纯的"接触控制"类的技术措施,更不用说不以控制主观感知作品内容为目的的"接触控制"类技术措施了。

2006 年《信息网络传播权保护条例》对技术措施的保护做了更具体的规定。由于《信息网络传播权保护条例》关心的是信息网络传播权,对于技术措施保护作出系统的规定,多少显得有些"名不正言不顺"。很多技术措施所要保护的是复制权、改编权等,并非信息网络传播权。因此,有权威意见认为:"条例规定的技术措施,是指与保护作品信息网络传播权有关的技术措施,并不覆盖所有保护作品的技术措施,比如在 DVD 上设置的防止他人复制的技术措施,这类技术措施的保护应当适用著作权法的有关规定。"[①]

不过,《信息网络传播权保护条例》第 26 条在定义技术措施时,并非仅仅限于保护

[①] 张建华主编:《信息网络传播权保护条例释义》,中国法制出版社 2006 年版,第 13 页。

信息网络传播权的技术措施。从字面上看，立法者显然是要提供一个具有普遍意义的技术措施定义："技术措施，是指用于防止、限制未经权利人许可浏览、欣赏作品、表演、录音录像制品的或者通过信息网络向公众提供作品、表演、录音录像制品的有效技术、装置或者部件。"

《信息网络传播权保护条例》的技术措施的定义是否与著作权法上的定义一致，在国内存在很大的争议。在通常情况下，"浏览、欣赏"之类的行为并不侵害著作权。权利人为制止此类行为而采用技术措施，可能就不是为保护著作权或邻接权而采取的措施。因此，《信息网络传播权保护条例》保护此类技术措施，实际上超出的著作权法圈定的技术措施的范围，延伸到控制接触权的技术措施。权威意见也印证了这一点："美国《数字千年版权法》把技术措施区分为控制访问作品和控制使用作品的两类措施，条例没有进行这种区分，应当认为已经笼统地包含了这两类技术措施。"①

如前所述，从《著作权法》(2010)第 48 条的条文看，技术措施似乎仅仅限于"保护权利"的技术措施，而不包括单纯的"控制接触"的技术措施。因此，《信息网络传播权保护条例》应该是明显超出了《著作权法》的规定，将保护延伸到一部分单纯的"接触控制"类技术措施。严格说来，《条例》超出《著作权法》授权部分的规定，效力存在疑问。

不过，即便许可《信息网络传播权保护条例》将保护延伸到接触控制类技术措施，"浏览、欣赏"本身依然会对此类以控制接触权为目的的技术措施的范围进行限制。对于那些控制接触，但并不控制"浏览或欣赏"的技术措施（非以控制"主观感知"为目的），似乎连《信息网络传播权保护条例》也不提供保护。比如，单纯控制含有软件的设备之间通讯的技术措施，就不是《信息网络传播权保护条例》意义上的技术措施。比如，在美国的 Chamberlain 案中，被告向购买原告遥控门的客户提供一种遥控器。原告在自己出售的遥控门中采用了一种技术措施，使之不能和第三方的遥控器兼容。被告采用一种特殊信号规避了原告的技术措施，实现自己出售的遥控器可以与原告的遥控门兼容。② 这里，原告技术措施就并非以控制用户"浏览、欣赏"软件内容为目的，而属于单纯的技术兼容控制，应该没有落入中国法意义上的技术措施的范围。

沿着上述思路，北京市高院对于技术措施的范围作了限制性的解释（下划线为本书作者添加）：

《信息网络传播权保护条例》第二十六条规定的技术措施是指为保护权利人在著作权法上的正当利益而采取的控制浏览、欣赏或者控制使用作品、表演、录音录像制品的技术措施。

下列情形中的技术措施不应认定为应受著作权法保护的技术措施。

（1）用于实现作品、表演、录音录像制品与产品或者服务的捆绑销售的；

---

① 张建华主编：《信息网络传播权保护条例释义》，中国法制出版社 2006 年版，第 13 页。
② Chamberlain Group, Inc. v. Skylink Techs., Inc., 292 F. Supp. 2d 1023 (N. D. Ill. 2003), aff'd, 381 F. 3d 1178 (Fed. Cir. 2004)。

（2）用于实现作品、表演、录音录像制品价格区域划分的；

（3）用于破坏未经许可使用作品、表演、录音录像制品的用户的计算机系统的；

（4）其他妨害公共利益保护、与权利人在著作权法上的正当利益无关的技术措施。①

北京高院在上述条款中明确了"为保护权利人在著作权法上的正当利益"的限制，并在此基础上列举了几项具体的例外。不过，前两项例外的合理性，还是值得商榷。有些技术措施保护措施可能同时实现保护著作权人的正当利益和捆绑销售（或价格歧视）两项目的。比如，网站对不同区域的用户收取不同的服务费并通过 IP 地址与密码结合的控制接触或复制的技术措施。这种技术措施似乎并不能因为它附带实现价格区域划分而不受保护。

北京精雕科技有限公司 v. 上海奈凯电子科技有限公司

上海市高院（2006）沪高民三（知）终字第 110 号

最高人民法院公报案例（2007 年第 12 期）

原审查明：[精雕公司对"JDPaint 精雕雕刻软件"V4.0 和 V5.0 版本（简称：JDPaint）享有著作权。奈凯公司则对奈凯数控系统 V5.0（简称：Ncstudio）享有著作权。2005 年 12 月，奈凯公司推出 NC-1000 雕铣机控制系统，该数控系统全面支持精雕各种版本 Eng 文件、该功能是针对用户对精雕 JDPaintV5.19 这一排版软件的酷爱而研发的。]原审另查明，奈凯公司的 Ncstudio 软件能够读取精雕公司 JDPaint 软件输出的 Eng 文件，即 Ncstudio 软件与 JDPaint 软件所输出的 Eng 文件兼容。

精雕公司在原审中指控奈凯公司 Ncstudio 软件因能读取精雕公司 JDPaint 软件输出的 Eng 文件而侵犯精雕公司对 JDPaint 软件的著作权，精雕公司所生产精雕雕刻机的销量由此减少，诉请判令奈凯公司[停止侵权、赔礼道歉并赔偿损失]。

原审认为：根据《中华人民共和国著作权法》及《计算机软件保护条例》的规定，现行法律对于计算机软件只保护程序和其文档的著作权。本案中，精雕公司现主张奈凯公司的 Ncstudio 软件读取 JDPaint 软件所输出的 Eng 文件之行为侵犯其软件著作权，因此 Eng 文件是否属于法律保护的 JDPaint 软件的组成部分是本案应审查的重点。JDPaint 软件所输出的 Eng 文件是数据文件，其所使用的输出格式即 Eng 格式是计算机 JDPaint 软件的目标程序经计算机执行产生的结果，该格式数据文件本身不是代码化指令序列或者符号化指令序列或者符号化语句序列，也无法通过计算机运行和执行。此外，根据精雕公司的陈述，Eng 文件是 JDPaint 软件在加工编程计算机上运行所生成的数据文件。可见，该文件所记录的数据并非精雕公司的 JDPaint 软件所固有，而

---

① 北京市高级人民法院《关于审理涉及网络环境下著作权纠纷案件若干问题的指导意见（一）（试行）》（2010）第 32 条。

是软件使用者输入的雕刻加工信息而生成的。因此,Eng 格式数据文件中包含的数据和文件格式并不属于 JDPaint 软件的程序,不属于计算机软件的保护范围,不应受到法律保护。据此,精雕公司主张奈凯公司的 Ncstudio 软件能够读取 Eng 文件的行为实质上是软件与数据文件的兼容。精雕公司关于奈凯公司的软件接收 Eng 文件构成软件著作权侵权的主张,缺乏法律依据,应不予支持……

上诉人精雕公司上诉称:一、原审判决错误认定奈凯公司 Ncstudio 软件能够读取精雕公司 JDPaint 软件输出的 Eng 文件实质是软件与数据文件的兼容而非对 JDPaint 软件著作权的侵犯。JDPaint 软件不作为一个通用商业软件在市场销售,而是作为上诉人所销售"精雕 CNC 雕刻系统"的一部分而存在。JDPaint 软件输出的 Eng 格式文件是"精雕 CNC 雕刻系统"中解决不同程序间通讯问题的数据交换文件,JDPaint 软件输出没有采用标准的 NC 格式,而采用自定义的 Eng 格式,并且不断提高这种文件格式的加密强度,目的在于防止 JDPaint 软件能在普通数控系统中使用。而被上诉人针对上诉人 JDPaint 软件破解 JDPaint5.19 所输出的 Eng 格式,避开和破坏了上诉人为保护 JDPaint 软件权利而采取的技术措施。因此,被上诉人破解 Eng 格式文件的行为已构成对 JDPaint 软件著作权的侵犯……

被上诉人认为,上诉人 JDPaint 软件输出的 Eng 格式文件不属于《计算机软件保护条例》保护的软件,被上诉人破解 Eng 格式文件的行为不属于侵权行为,原审认定事实清楚,适用法律正确……

本院认为,首先,上诉人所主张被上诉人破解 JDPaint 软件输出的 Eng 格式文件的行为构成《计算机软件保护条例》第 24 条第(三)项规定"故意避开或者破坏著作权人为保护其软件著作权而采取的技术措施的"行为,缺乏依据。上诉人在上诉状中以黑体字作了这样一段表述:

"为使上诉人拥有全部权利的 JDPaint 软件得到有效的保护,上诉人通过对 JDPaint 输出的 Eng 格式文件进行加密的方式来保护 JDPaint 软件的权利不被非法使用,从而使 JDPaint 只能在上诉人自己的系统中使用。但是被上诉人对 JDPaint 软件输出的 Eng 文件进行了破解,避开和破坏上诉人为保护 JDPaint 软件的权利而采取的技术措施,并将其破解后的结果作为自己产品的一项功能来促进被上诉人产品的销售。"

上诉人的上述陈述以及上诉人在本案一、二审中的其他陈述表明:从功能上讲,JDPaint 输出的 Eng 格式文件是在上诉人"精雕 CNC 雕刻系统"中两个计算机程序间完成数据交换的文件;从设计目的而言,之所以采用 Eng 格式而没有采用通用格式是希望只有"精雕 CNC 雕刻系统"能接收此种格式,换言之,只有"精雕 CNC 雕刻系统"中的雕刻机床才可以使用该软件。

因此,本院认为:

(一)从技术上讲,上诉人 JDPaint 输出采用 Eng 格式不属于对 JDPaint 软件采取的技术保护措施。上诉人 JDPaint 输出的 Eng 格式文件功能在于完成数据交换,假使不采用 Eng 格式也要采用其他格式来完成数据交换,故其基本功能并不在于对 JD-

Paint 软件进行加密保护,对 Eng 格式文件的破解行为本身也不会直接造成对 JDPaint 软件的非法复制。另外,上诉人所谓对 Eng 格式文件进行加密则也只是对运行 JDPaint 软件而输出的文件加密,而不是直接对 JDPaint 软件采用的加密措施。

(二)从设计目的而言,上诉人采取的技术措施不属于《计算机软件保护条例》所规定"著作权人为保护其软件著作权而采取的技术措施"。上诉人对 JDPaint 输出采用 Eng 格式旨在限定 JDPaint 软件只能在"精雕 CNC 雕刻系统"中使用,旨在建立和巩固上诉人 JDPaint 软件与其雕刻机床之间的捆绑关系,这种限定排除了 JDPaint 软件合法取得者在其他数控系统中使用 JDPaint 软件的机会,已超出我国著作权法对计算机软件的保护范围,不属于"为保护软件著作权"目的设计的技术保护措施。因此,支持上诉人诉请将不适当地将软件著作权利益的保护扩展到上诉人利用"技术措施"与其软件捆绑在一起的产品上,这不符合著作权法对于软件著作权保护仅限于著作权人基于软件著作权应当享有经济利益的法律精神。所以,被上诉人开发数控系统通过破解 JDPaint 软件输出 Eng 格式文件而可以接收 JDPaint 软件输出的数据,并不构成故意避开或者破坏著作权人为保护软件著作权而采取技术措施的行为……

驳回上诉,维持原判。　　　　　　　　　　（丁文联、李澜、马剑峰法官）

思考问题:

(1)本案中,法院甚至当事人都没有能够非常清楚地表达诉争行为的确切内容。诉争的行为究竟是被告为获取 Eng 格式信息而对 JDPaint 所设置的技术保护措施进行破解的破解行为,还是指被告采用与 Eng 格式兼容的文件格式这一行为?

(2)假如被告在获取 Eng 格式信息之前,必须先破解 JDPaint 软件的加密措施,并获得该破解版的复制件,也就是说,被告必然完成一个未经许可的复制行为,而原告加密措施正是要阻止这一复制行为,则法院依然能够说该加密措施不是"为保护软件著作权"目的而设计的吗? 为什么?

上海地创网络技术有限公司等 v. 北京万户名媒科技有限公司上海分公司等

上海浦东新区法院(2008)浦民三(知)初字第 453 号

[在本案中,被告先是获得软件使用许可。到期后,破解了该软件对使用期限的控制措施。法院认为:]系争软件系通过使用序列号来控制用户的使用期限,用户获得许可的期限到期后,软件会要求用户购买新的序列号才能继续使用。但本案中,两被告在系争软件被许可期限届满后仍能使用,对此,两原告认为,系两被告采用技术手段破解了系争软件的序列号所致。两被告予以否认,表示许可期限到期后,系统并未出现提示信息,两被告并未破解密码,其系正常使用软件。本院认为,两被告的辩称有违合肥万户公司与第一原告在许可协议中关于序列号使用情况的约定,也不符合常理。现两被告未能举证证明其在使用过程中系统出错导致其在到期后仍能正常使用软件,本院采纳原告的意见,即两被告在许可期限到期后,为了能继续使用软件,采用技术手

段破解了软件的序列号。两被告的行为,侵犯了两原告对系争软件享有的著作权,理应立即停止侵权行为并依法承担赔偿责任。

（倪红霞、孙国瑛、杜灵燕法官）

思考问题:

(1) 在本案中,法院显然认为原告的技术措施是为保护版权而设置的。它与北京精雕案中的技术措施的目的有差异吗？

(2) 本案中,许可期限的约定与技术措施的保护有重叠。有了技术措施,是不是许可期限的约定已经没有实际意义了？

北京指云时代科技有限公司 v. 赵洪波

北京市朝阳区法院(2007)朝民初字第09311号

指云时代公司诉称,赵洪波曾在我公司任彩信部技术经理,2006年4月辞职。赵洪波离开公司后至2006年9月期间,擅自复制我公司的"彩信客户订购退订程序",并破解该程序本身和数据库设置的保密措施,对该程序中的客户进行退订操作,给我公司造成巨大经济损失。赵洪波的行为构成非法复制、故意避开和破坏权利人采取的技术措施,及删除权利管理电子信息的计算机软件侵权行为……

本院认为：……涉案的"彩信客户订购退订程序"是指云时代公司开展电信增值信息服务业务使用的软件……赵洪波未经指云时代公司许可,在其电脑中复制该软件,侵犯了指云时代公司对该软件享有的复制权。同时,指云时代公司为该软件设置了客户退订接口密码,该密码是指云时代公司为保护该软件而采取的技术措施。赵洪波在使用该软件进行客户退订时,利用其参与开发该软件的便利条件,绕开该密码对客户实施了退订指令,构成了故意避开技术措施的侵权行为。

（谢甄珂审判长,王杰、田惠来人民陪审员）

思考问题:

在本案中,法院没有仔细描述所谓的技术措施的性质。如果所谓"客户退订接口密码"实际上是为拥有管理权限的用户的登录密码。在这种情况下,此类密码控制是著作权法意义上的技术措施吗？为什么

1.2.3 美国法对两类技术措施的区分

以接触控制和权利保护二分作为基础的典型立法是美国DMCA关于技术措施的规定。该法在第1201条(a)(1)(A)、(2)和第1201条(b)(1)分别规定了接触控制和权利保护两类技术措施。对于前者,规定禁止直接和间接的规避；而对于后者,只是规定禁止间接的规避,而没有规定禁止直接规避。

第1201条(a)(1)(A)：

任何人不得规避对本法所保护的作品的接触进行有效控制的技术措施

第 1201 条(a)(2):

任何人不得制造、进口、向公众推销或者以其他方式非法出售(traffic in)任何技术、产品、服务、装置、组件或它们的组成部分,如果:

(A) 它们首要的设计或制造目的是规避对本法所保护的作品的接触进行有效控制的技术措施;

(B) 除了用于规避对本法所保护的作品的接触进行有效控制的技术措施外,它们只有有限的重要商业目的或用途(limited commercially significant purpose or use);或者,

(C) 在上述行为人自己或与他人共同对它们进行商业化时,该行为人知道它们被用于规避对本法所保护的作品的接触进行有效控制的技术措施。

第 1201 条(b)(1):

任何人不得制造、进口、向公众推销或者以其他方式非法出售(traffic in)任何技术、产品、服务、装置、组件或它们的组成部分,如果:

(A) 它们首要的设计或制造目的是规避对版权人依本法就其作品整体或部分所享有的权利进行有效保护的技术措施;

(B) 除了用于规避对版权人依本法对其作品整体或部分所享有的权利进行有效保护的技术措施外,它们只有有限的重要商业目的或用途(limited commercially significant purpose or use);或者,

(C) 在上述行为人自己或与他人共同对它们进行商业化时,该行为人知道它们被用于规避对版权人依本法就其作品整体或部分所享有的权利进行有效保护的技术措施。

MDY Industries, LLC v. Blizzard Entertainment, Inc.,

629 F.3d 928 (2010)

Callahan 法官:

Blizzard Entertainment, Inc. ("Blizzard")是非常流行的在线角色扮演游戏"魔兽世界"(World of Warcraft, "WoW")的开发者。在游戏中,玩家被分成70个等级,在虚拟世界中互动。MDY Industries, LLC 和它的唯一成员 Michael Donnelly("Donnelly"或"MDY")研发并出售 Glider 软件,帮助 WoW 玩家自动完成游戏初级阶段的升级任务。

MDY 提起确认之诉以确认它销售 Gilder 的行为不侵害 Blizzard 的版权和其他权利。Blizzard 则提出反诉,指控 MDY 违反 DMCA(17 U.S.C. § 1201),同时违反亚利桑那州法律侵害合同权利(tortious interference with contract)。区法院认定 MDY 间接侵权,违反 DMCA § 1201(a)(2) 和 (b)(1),并侵害合同权利。

[上诉法院确认 MDY 违反 DMCA § 1201(a)(2),但否认 MDY 间接侵权。对于侵害合同权利的主张,则发回重审。法院认为软件许可协议中规定用户不得使用外挂程序的条款并非用户获得许可的前提条件,而是版权人与用户之间的合同性质的承诺

(Covenant)。用户违反该承诺,并不侵害著软件版权。因此,MDY 向用户提供外挂软件(bot)的行为,并不构成间接侵权。]

在 MDY 开始出售 Glider 后,Blizzard 发布了 Warden 技术,阻止使用外挂的玩家连接 WoW 服务器。2005 年,Blizzard 使用 Warden 阻止了大多数 Glider 用户。Blizzard 指控 MDY 通过 Glider 程序规避 Warden 的侦测,因而违反了 DMCA § 1201(a)(2) 和 (b)(1)。

A. Warden 技术

Warden 有两部分组成。第一部分是所谓的"scan.dll"软件模块。它在许可用户连接 WoW 服务器之前对用户计算机的随机存储器(RAM)进行扫描。如果它侦测到 Glider 之类的外挂软件在运行,它不许用户连接和运行 WoW 软件。Blizzard 发布 Warden 之后,MDY 重新设置了 Glider 以规避 scan.dll。规避的方法是等到 scan.dll 完成扫描之后,才运行 Glider 软件。Warden 第二部分是一个"内存驻留"程序,在用户连接了 WoW 服务器后,不定期运行。它要求计算机报告随机存储器中运行的 WoW 的部分代码,从中查找是否有已知外挂或欺骗行为。如果它侦测到外挂或欺骗行为,就阻止计算机将版权代码读入随机存储器,从而将用户踢出游戏。

B. DMCA(略)
C. 区法院的判决

区法院分别从 WoW 的三个组成部分出发,分析 MDY 是否违反了 § 1201(a)(2) 和(b)(1)。首先,区法院考虑了游戏客户端软件的文字内容(literal elements):存储在玩家硬盘中的源代码。其次,区法院考虑了游戏客户端软件的单独的非文字内容:游戏中使用的超过 40 万份的图像和音频组件,比如怪物的图像或咆哮声等。最后,法院考虑了游戏的动态非文字内容:即[用户]穿越不同世界、听到它们的声音、看到它们的构造、遇到它们里面的居民和怪兽、遇到其他玩家之类的实时体验。

对于 Blizzard 在 WoW 的文字内容和非文字内容方面的主张,区法院接受了 MDY 的意见。法院认为 Warden 并没有有效控制他人接触该文字内容和非文字内容,因为 WoW 的玩家无需连接到游戏服务器运行 Warden 就能够接触到该文字内容和非文字内容。他们只需要在自己的电脑上安装游戏的客户端软件。不过,对于动态非文字内容,或玩 WoW 的实时体验,区法院支持了 Blizzard 的主张。法院认为 Warden 有效地控制了他人对这些内容的接触。不连接到 Blizzard 的服务器,就不能获得这种体验。Glider 许可其用户规避 Warden。

我们接下来考虑 Glider 是否因许可用户规避 Warden 对于 WoW 诸多内容的接触控制而违反 DMCA §1201(a)(2)和(b)(1)。MDY 认为,Warden 的 scan.dll 和内存驻存组件是相互分离的,只有 scan.dll 能被视为 § 1201(a)(2) 意义上的接触控制措施。但是,在我们看来,接触控制措施可以(1)试图阻止一开始的接触,(2)也可以在事后发现接触未经授权的情况下中断已有的接触。我们将 Warden 的 scan.dll 和内存驻存组件放在一起考虑,因为它们有着相同的目的:阻止玩家私用外挂持续接触 WoW 的软件。

D. §1201 的解释

上诉的问题之一是，在接触[作品的行为]不构成版权侵权时，§1201 的相关条款是否禁止规避该接触控制。

1. 相关条款的文本（略）

2. DMCA 相关条款的协调

基于下面的理由，我们相信对§1201 的最合理解读是它创设了两种不同类型的权利主张。其一，§1201(a)禁止规避任何有效控制接触受保护作品的技术措施，授予版权人执行此类禁止的权利。其二，§1201(b)(1)禁止交易对有效保护版权的技术措施进行规避的技术手段。§1201(b)(1)针对的是那些规避保护版权（复制权、发行权、公开播放权、公开展示权和制作演绎作品权）本身的技术措施的行为。从历史的角度看，阻止接触受保护作品本身，并没有成为版权法下版权人的一种权利。

我们对§1201 的解释可以从§1201(a)和(b)之间的四处重要文本差异中得到支持：

第一，§1201(a)(2) 和 §1201(b)(1)分别使用了"有效控制接触本法保护的作品"和"有效保护本法所保护版权人依据本法对作品的全部或部分所享有的权利"的表述。我们认为§1201(b)(1)授予版权人一项额外的权利主张，阻止人们交易那些促进侵权的规避装置，以强化版权人依据§106 所享有的传统的独占性权利。而§1201(a)(1)和(a)(2)使用"依本法受保护的作品"这一术语。这两款均没有提及§106 下的传统的版权侵权。因此，我们认为这一术语增加了一种新型的保护，即阻止规避对版权作品进行接触控制的技术措施的权利。

第二，17 U.S.C. §1201(a)(3)(A)指出，"规避技术措施"是指去除作品中已加入的干扰因素、对加密作品进行解密、或者其他未经著作权人授权避免、绕过、移除、停止、损害技术措施的行为。前两个非法规避的具体例子——"去除作品中已加入的干扰因素、对加密作品进行解密"——并不是必然侵害或帮助侵害版权的行为。① 去除干扰或解密仅仅使得他人未经授权就能够看到或听到作品，这并不必然损害版权人依据§106 所享有的传统独占权。

第三，§1201(a)(1)(A) 和 §1201(b)之间的一项显著区别是，前者禁止规避有效的接触控制措施，而后者在禁止交易规避装置时，并没有禁止规避行为本身。这是因为此类行为已经作为版权侵权行为被禁止。[国会]司法委员会过去就解释说，§1201(a)(1)中的禁止规避是必要的，因为在本法之前，该规避行为从未被宣布违法。§1201(a)(2)限制交易规避装置是在执行对上述规避行为的禁止。之所以没有禁止规避 §1201(b)中的技术措施，是因为版权法早就禁止版权侵权，因此没有必要增加新的禁止性规定。S. Rep. No. 105—90, at 11 (1998). 上述区分强化了我们的解读：§1201(b)强化版权人对抗侵权的传统权利，而 §1201(a)授予版权人一种新的

---

① 原注 6. Perhaps for this reason, Congress did not list descrambling and decrypting as circumventing acts that would violate §1201(b)(1). See 17 U.S.C. §1201(b)(2)(A).

禁止规避权利。

第四，在§1201(a)(1)(B)—(D)中,国会指令国会图书馆确定那些非侵权使用受到技术措施负面影响的作品类别并在接下来三年里排除§1201(a)(1)(A)禁止规避规则对此类用户的适用。在§1201(b)中并没有类似条款。从这一不对称的条款对比中,我们推知国会需要平衡版权人新的禁止规避权与公众的接触作品的权利。§1201(a)(1)(B)—(D)许可国会图书馆在认定公众的接触权比权利人限制接触的利益重要时,创设特定的例外以促进公众的接触权。在限制权利人的接触控制权时,国会图书馆并没有也无权许可侵害版权人的传统独占权的侵权行为。相反,国会图书馆仅仅被授权去缓和DMCA§1201(a)(1)所创设的新的禁止规避权。

我们对§1201(a)和(b)的解读确保任何一款都不是多余的。§1201(a)禁止规避行为本身。违反它,并不违反§1201(b),因为后者并不禁止规避行为本身。§1201(a)(2)禁止交易那些用来规避接触控制措施的装置。违反它,并不总是会违反§1201(b)(1),后者禁止交易那些用来规避阻止版权侵权的技术措施的装置。当然,如果版权人采取有效措施同时控制接触并阻止版权侵权,则交易规避这一技术措施的装置,会同时违反§1201(a)和(b)。

3. 我们对DMCA的解释与立法史一致

我们对于立法史的回顾支持下面的观点:国会在§1201(a)(2)中创设了一种独立于传统版权侵权的新的禁止规避权,同时在§1201(b)(1)中授予版权人一种对抗版权侵权的新武器。比如,参议院司法委员会的报告解释说,§1201(a)(2)和(b)(1)不可替换;它们用来保护两种不同的权利,针对两种不同类别的规避装置。因此,参议院司法委员会知道§1201创设了这样的一种机制:

如果有效的技术保护措施并不阻止对作品文本的接触,而是阻止对作品的复制,则针对上述技术措施的规避装置的制造者的诉讼基础,是§1201(b)(1)而不是§1201(a)(2)。相反,如果有效的技术保护措施只许可获得授权者接触作品文本,并没有阻止复制、展示、表演或发行作品的行为,则针对上述技术措施的规避装置的制造者的诉讼基础,是§1201(a)(2)而不是§1201(b)(1)。S. Rep. No. 105—190, at 12 (1998).

对于§1201(a)(2),参议院司法委员会指出,"规避版权人设置的控制接触版权作品的技术保护措施的行为,与强行进入上锁房间以获取一本书的复制件(a copy of a book)的行为相当。"See H. R. Rep. No. 105—551, pt. 1, at 17 (1998)。我们注意到,为阅读或观看版权作品而规避密码和进入上锁的房间的行为不会侵害著作权人依据§106所享有的任何独占权。

在§1201(a)中,国会所特别关注的是鼓励版权人通过"按需提供"(on-demand)或者"按观看次数收费"("pay-per-view")等数字方式向公众提供他们的作品。这使得消费者能够有效地借入("borrow")作品的复制件,并持有限时间或使用有限的次数。就像众议院商务委员会(the House Commerce Committee)解释的那样:在这一背景下,内容提供者既需要使得新的利用方式成为可能的技术,又需要保护它们作品免受盗版的法律制度框架。

4. 联邦巡回上诉法院的判决（The Federal Circuit's decisions）

联邦巡回上诉法院（The Federal Circuit，设在 DC）对于 DMCA 的解释有不同的方法。它要求原告证明，规避技术措施的行为侵害或者帮助侵害原告的版权（即"侵权关联要求"（"infringement nexus requirement"））。See Chamberlain Group, Inc. v. Skylink Techs., Inc., 381 F.3d 1178, 1203（Fed. Cir. 2004）; Storage Tech. Corp. v. Custom Hardware Eng'g & Consulting, Inc., 421 F.3d 1307（Fed. Cir. 2005）。①

在这一领域的有重要影响的案例是 Chamberlain, 381 F.3d 1178（Fed. Cir. 2004）。在该案中，原告出售车库门的开关装置（garage door openers（"GDOs"））。该开关装置带有滚动码（rolling code）的安全系统，经常改变开门所需的发射信号（transmitter signal）以降低犯罪风险。顾客利用 GDOs 的发射器发射不断改变的信号，该信号控制车库门的开关。

被告出售所谓的万能（universal）GDO 发射器，可以用于原告的 GDOs。原告依据 § 1201(a)(2) 提出诉讼。原告宣称，它的 GDOs 和发射器都含有受版权法保护的计算机程序，而它的滚动码安全系统是控制接触这些程序的技术措施。被告出售兼容的 GDO 发射器，是在提供主要用于规避有效控制接触版权作品的技术措施的装置，违反了 § 1201(a)(2)。

联邦巡回上诉法院拒绝原告的主张，认为被告没有违反 § 1201(a)(2)，因为被告的万能 GDO 发射器并没有侵害或帮助侵害原告的计算机程序版权。该法院分析的关键是 DMCA 的适用仅仅限于版权法 § 106 所设定的权利范围内。因此，§ 1201(a) 并没有赋予版权人一种新的反规避权，相反，是在被告未经授权接触版权作品的行为导致版权人依据 § 106 所享有的权利受侵害时，授予版权人一项新的诉由。因此，依据 § 1201(a)(2) 提起诉讼，原告应证明[被告行为]与侵权有关联，即被告提供规避技术的行为与版权法对版权人的保护有合理联系（reasonable relationship）。

Chamberlain 案法院认为，§ 1201(a) 创设了一种与版权侵权有关的新的诉由，而不是一种新的独立于版权侵权的禁止规避权。具体的理由有六点：

其一，国会制定 DMCA 来平衡版权人和信息使用者的利益，而"侵权关联"要求对于禁止规避权实现这一平衡是必要的。

其二，法院担心版权人可以利用接触控制权禁止合理使用，即便该合理使用没有侵权风险。

其三，法院担心 § 1201(a) 许可企业[利用接触控制权]作为杠杆垄断配件市场（aftermarket），可能违反反垄断法或构成版权滥用。

---

① 原注 11. The Fifth Circuit in its subsequently withdrawn opinion in MGE UPS Systems, Inc. v. GE Consumer and Industrial, Inc., 95 U.S.P.Q. 2d 1632, 1635 (5th Cir. 2010), embraced the Federal Circuit's approach in Chamberlain. However, its revised opinion, 622 F.3d 361 (5th Cir. 2010), avoids the issue by determining that MGE had not shown circumvention of its software protections. Notably, the revised opinion does not cite Chamberlain.

其四,"侵权关联"的要求对于避免一些荒谬或灾难性的后果是必要的,否则破坏防盗报警装置进入装有版权材料的房间会导致 DMCA 责任等。

其五,"侵权关联"要求,对于保证国会合理行使宪法版权条款所赋予的职权而言,可能是必要的。版权条款为了使得公众能够合理接触作者的作品,授权国会定义作者所获得的有限垄断权的范围。没有"侵权关联"要求,国会实际上是许可版权人利用§ 1201(a)项下的有效的接触控制措施阻止公众对作品的所有接触,因为公众不得规避此类措施。

其六,法院认为"侵权关联"要求对于版权法内部保持协调一致也是必要的。DMCA § 1201(c)(1)规定,本节的任何规定不得影响本法所规定的权利、救济、权利限制、包括侵权抗辩在内的侵权抗辩等。Chamberlain 案法院认为,如果§ 1201(a)无视版权法的其他条款,创设了一种接触责任,很明显会影响到权利和限制,即便不影响侵权救济和抗辩。

5. 我们不接受"侵权关联"要求

虽然我们很欣赏联邦巡回上诉法院所表达的政策性关切,但是我们不能接受它的方法,因为这与法律的字面意思相反。另外,联邦巡回上诉法院并没有认识到我们所主张的法律解释方法的合理性。联邦巡回上诉法院方法背后的政策性的关切最好先由国会来考虑。

i. 法律条文不一致

如果我们接受 Chamberlain 案所谓"侵权关联"要求,则意味着我们要抛弃法律的字面意思。而如前所述,有重要的文本证据证明,国会意图创设一种新的禁止规避权。Chamberlain 法院认为,如果§ 1201(a)不考虑版权法的其他规定单独创设了接触责任,明显会影响到版权权利和限制。不过,§ 1201(a)创设的是一种区别于传统版权独占权的新的禁止规避权。它并没有限制§ 106 所创设的传统的独占权框架,也没限制合理使用抗辩对这些权利的适用。①

ii. 法律解释的额外考虑因素

Chamberlain 案法院担心,§ 1201(a)许可企业[利用接触控制权]作为杠杆垄断配件市场(aftermarket),与反垄断法或版权滥用学说发生冲突。本案中,我们注意到并没有明显的不正当竞争行为,因为 Blizzard 并不试图赶走一个提供角色扮演游戏的竞争者。如果将来原告以违反反垄断法的方式执行§ 1201(a)(2),我们到时候再考虑新的禁止规避权与反垄断法之间的关系。

Chamberlain 案法院认为,"侵权关联"要求对于避免一些荒谬或灾难性的后果是必要的,否则破坏防盗报警装置进入装有版权材料的房间会导致 DMCA 责任等。法院

---

① 原注 12. Like the Chamberlain court, we need not and do not reach the relationship between fair use under § 107 of the Copyright Act and violations of § 1201. MDY has not claimed that Glider use is a "fair use" of WoW's dynamic non-literal elements. Accordingly, we too leave open the question whether fair use might serve as an affirmative defense to a prima facie violation of § 1201.

还担心版权人会阻止公众对作品的所有接触。这些担心被夸大了,即便真的有这些后果,也不能因此要求存在"侵权关联"。§1201(a)创设了一种独立的权利,它并不影响版权人的传统权利与公众权利之间的平衡。而且,§1201(a)(1)(B)—(D)许可国会图书馆基于公共利益为§1201(a)设置例外。如果公众接触作品的能力需要得到更好的保护,则国会可以通过修改法律实现这一点。[总之,法院强调法律文本本身的意思很清楚,没有政策性解释的空间。]

E. Blizzard 的 §1201(a)(2) 诉求

1. WoW 的文字内容和单独的非文字内容

我们同意区法院的意见:在 WoW 的文字内容和单独的非文字内容方面,MDY 的 Glider 并没有违反 DMCA §1201(a)(2),因为 Warden 并没有有效控制对这些内容的接触。首先,Warden 并没有控制对 WoW 文字内容的接触,因为这些内容——游戏的客户端软件代码——就存储在玩家的硬盘上。其次,没有登录服务器的用户就可以接触 WoW 的单独的非文字组件(nonliteral components)。游戏客户端软件的持有人利用其他程序可以调用其中的图片或录音文件。既然玩家无需遇到 Warden 就能够接触 WoW 的单独的非文字内容,因此 Warden 并没有有效地控制对这些因素的接触。

[接着,法院引述了 Lexmark International v. Static Control Components, 387 F. 3d 522 (6th Cir. 2004),支持该案的结论,并将它与本案类比。]

在本案中,玩家购买 WoW 游戏客户端程序后就可以接触游戏的文字内容和单独的非文字内容。Warden 阻止用户以下面这种方式接触这些内容:在连接 WoW 服务器时,接触这些内容。但是,Warden 许可用户直接接触用户电脑中存储的这些内容。因此,我们认为 Warden 并非有效控制这些内容的技术措施。

2. WoW 的动态非文字内容

对于 WoW 的动态非文字内容,我们认为 MDY 符合违反 §1201(a)(2) 所需的 6 项要素。①[第 1—4 要素的讨论从略。接下来讨论"(5)有效控制接触"和"(6)版权作品"两项要素。]之所以满足第 6 项要素,是因为 WoW 的动态非文字内容构成版权作品。See, e. g. , Atari Games Corp. v. Oman, 888 F. 2d 878, 884—85 (D. C. Cir. 1989)(计算机程序产生的影像展示(the audiovisual display)本身独立于程序代码是可以获得版权保护的,即便该展示结果部分依赖于用户的输入。)

第 5 个要素之所以符合,是因为 Warden 是一项有效的接触控制措施。要有效控制对作品的接触,一项技术措施必须在通常的操作过程中,要求提供信息(application of information)或者通过某种程序或处理(treatment)[以确认]获得版权人的授权才能接触到作品。17 U. S. C. §1201(a)(3)(B). Warden 的两个组件都要求提供信息或

---

① 本书作者注:翻译成中文将面目全非。这里附上原文。That is, MDY (1) traffics in (2) a technology or part thereof (3) that is primarily designed, produced, or marketed for, or has limited commercially significant use other than (4) circumventing a technological measure (5) that effectively controls access (6) to a copyrighted work. See 17 U. S. C. §1201(a)(2).

经过某种程序或处理,才许可用户接触作品。在玩家连接到 Blizzard 的服务器以接触 WoW 的动态非文字内容之前,scan.dll 必须扫描玩家的计算机 RAM,以确认没有外挂或其他欺骗行为。内存驻存组件也通过一定程序确保只有授权用户能持续地接触该作品。

F. Blizzard 的 § 1201(b)(1) 诉求

除非 Warden 有效保护了一项版权,Blizzard 才可能胜诉。Blizzard 宣称,Warden 保护它的复制权,阻止未经授权的复制。我们不同意。

首先,虽然 WoW 的玩家在玩游戏时将软件代码复制进入 RAM,但是 Blizzard 的 EULA(终端用户许可协议)和 ToU(使用条款)授权所有的授权用户这么做。在前文已经解释过,ToU 中禁止使用外挂的条款是许可承诺(license covenant),而不是发放许可的前提条件(condition)。因此,Glider 用户违反该承诺继续将代码复制进 RAM,并不侵权。因此,MDY 帮助 Glider 用户规避 Warden 对用户向 RAM 复制代码行为的控制,并不侵害 § 1201(b)(1)。

其次,虽然理论上 WoW 玩家能够以截屏(screen shots)录制游戏过程,但是并没有证据表明 Warden 侦测或阻止此类侵权复制行为。这合乎逻辑:因为 Warden 是用来减少欺骗和外挂,而不是防止对 WoW 的动态非文字内容进行拷贝。因此,我们认为 Warden 并没有有效保护 Blizzard 的任何版权,MDY 并不依据 § 1201(b)(1) 承担责任。

思考问题:

(1) 对比本案法院和联邦巡回上诉法院在 Chamberlain 案中的意见,你觉得如果不考虑立法历史或条文字面意思的束缚,何者代表一种更理想的法律政策?

(2) 依据现在 DMCA 的规定,"破坏防盗报警装置进入装有版权材料的房间"的行为到底有没有违反版权法?依据中国《著作权法》,答案是一样的吗?

(3) 有没有可能,在立法层面不区分"接触控制"与"权利保护"类的技术措施?这会使得问题更简单,还是更复杂?

(4) 假如本案的"动态非文字内容"不向用户呈现,仅供用户电脑与服务器之间交换数据,那法院的结论还可靠吗?为什么?

1.2.4 WCT 与 WPPT 的技术措施范围的争议

WCT 和 WPPT 在 1996 年获得通过,早于美国 DMCA(1998)。WIPO 这两个公约与技术措施有关的条文内容如下:

WCT 第 11 条:关于技术措施的义务

缔约方应当提供充分的(adequate)法律保护和有效的法律救济,以制止规避由作者(authors)为行使本条约或《伯尔尼公约》所规定权利而采用的、对未经相关作者授权或未经法律许可的[利用]作品的行为进行限制的有效技术措施。①

WPPT 第 18 条：

缔约方应当提供充分的法律保护和有效的法律救济，以制止规避由表演者或录音制品（phonograms）制作者为行使本条约所规定权利而采用的、对未经相关表演者或录音制品制作者授权或未经法律许可的[利用]表演或录音制品的行为进行限制的有效技术措施。②

这两个公约对技术措施的规定远比 DMCA 的模糊，引发了广泛的争议：

首先，公约是否仅仅禁止规避"保护权利"的技术措施，而不要求保护单纯的"接触控制"的技术措施。WCT 第 11 条中划线部分含有一个顿号"、"，对应的英文句式为"technogical measures that… and that…"。从字面上看，顿号前后（或者说英文"and"前后）应该为并列关系。也就是说，一项技术措施只有满足前后两个条件（行使权利 + 限制使用行为）时，缔约方才有义务保护。换句话说，只有那些为限制原本需要经过作者授权或法律许可的行为而采取的技术措施（即保护权利的技术措施）才受保护。③不过，有意见认为，公约的谈判历史和字面意思都表明，技术措施并没有被限制在"保护权利"的技术措施的范围内。④

其次，公约是否仅仅禁止直接规避行为，而不禁止为直接规避行为提供帮助的间接规避行为（参加下文"直接规避与间接规避"一节）。从字面上看，公约似乎仅仅规定了直接规避行为。不过，更主流的意见认为，所谓"提供充分的法律保护和有效的法律救济"，自然要求对间接规避行为进行限制，否则就很难有效制止直接规避行为。因此，公约实际上禁止间接规避行为，即缔约方的国内法应当禁止生产、销售用来规避技术措施的设备、产品、元件或服务。⑤

理论上，上述有关国际公约保护范围的争议对于中国国内法的解释可能有一定影

---

① WCT-Art. 11：Obligations concerning Technological Measures

Each Party Contracting Parties shall provide adequate legal protection and effective legal remedies against the circumvention of effective technological measures that are used by authors in connection with the exercise of their rights under this Treaty or the Berne Convention and that restrict acts, in respect of their works, which are not authorized by the authors concerned or permitted by law.

② WPPT Art. 18：Obligations concerning Technological Measures

Contracting Parties shall provide adequate legal protection and effective legal remedies against the circumvention of effective technological measures that are used by performers or producers of phonograms in connection with the exercise of their rights under this Treaty and that restrict acts, in respect of their performances or phonograms, which are not authorized by the performers or the producers of phonograms concerned or permitted by law.

③〔德〕约格·莱因伯特、西尔克·冯·莱温斯基：《WIPO 因特网条约评注》，万勇、相靖译，中国人民大学出版社 2008 年版，第 191 页。

④ Mihály Ficsor, Legends and Reality about the 1996 WIPO Treaties in the Light of Certain Comments on Bill C-32, http://www.barrysookman.com/2010/06/17/legends-and-reality-about-the-1996-wipo-treaties-in-the-light-of-certain-comments-on-bill-c-32.

⑤〔德〕约格·莱因伯特、西尔克·冯·莱温斯基：《WIPO 因特网条约评注》，万勇、相靖译，中国人民大学出版社 2008 年版，第 189 页。

响。因为中国已经加入 WCT 和 WPPT(2007 年 6 月),需要与这两个公约保持一致。如果公约要求对单纯的接触控制类的技术措施提供保护,而中国《著作权法》可能并没有达到公约的最低要求。

1.3 技术措施的有效性

一些国际公约①和外国法②都要求技术措施应当是所谓"有效(effective)技术措施"。

中国的《著作权法》和《著作权法实施条例》对技术措施本身的有效性并没有作出明确的要求。不过,权威意见认为:"国外立法中很多直接规定,禁止规避的技术措施必须是能够有效防止他人未经许可访问或者使用作品,本条(第4条)虽然没有从字面上明确规定,但从本条的立法精神看,应当认为条例保护的技术措施必须是合法有效的。"③北京高院明确指出:"受著作权法保护的技术措施应为有效的技术措施。技术措施是否有效,应以一般用户掌握的通常方法是否能够避开或者破解为标准。技术专家能够通过某种方式避开或者破解技术措施的,不影响技术措施的有效性。"④这里采用的是所谓的一般用户标准。

我国在司法实践中,不能仅因为已经存在对技术措施的破解手段,就否定该技术措施的"有效性",因为这会导致大多数技术措施无法受到法律保护,使保护技术措施的立法目的完全落空。同时,也不能仅因为权利人设置了技术措施,意图控制对作品进行未经许可的接触和使用,就承认该技术措施的"有效性"。因为这会导致"有效性"的要求形同虚设。对"有效性"的判断应当以一个普通计算机用户为标准,该名用户应当仅具有非计算机专业人员常规的计算机操作常识、经验和能力,仅会使用大众化的合法通用工具;他并不掌握各种专业解密技术和手段,也没有获得由专业人员所设计并提供的专业破解工具。如果对于一种技术措施,这名假想的计算机用户能够避开,则说明该技术措施缺乏"有效性"。⑤

美国 DMCA 分别对何谓有效的接触控制的技术措施和权利保护的技术措施,作出了定义。"如果技术措施在通常的操作过程中,要求提供信息(application of information)或者通过某种程序或处理(treatment)[以确认]获得版权人的授权才能接触到作品,则该技术措施有效控制了对作品的接触。"⑥"如果技术措施在通常操作过程中,防

---

① 比如,《世界知识产权组织版权条约》(WCT 1996)第 11 条:缔约各方应规定适当的法律保护和有效的法律补救办法,制止规避由作者为行使本条约所规定的权利而使用的、对就其作品进行未经该有关作者许可或未由法律准许的行为加以约束的有效技术措施。
② 比如 DMCA 17 U. S. C. § 1201。
③ 张建华主编:《信息网络传播权保护条例释义》,中国法制出版社 2006 年版,第 13 页。
④ 北京市高级人民法院《关于审理涉及网络环境下著作权纠纷案件若干问题的指导意见(一)(试行)》(2010)第 33 条。
⑤ 王迁、朱健:《技术措施的"有效性"标准——评芬兰 DVD—CSS 技术措施保护案》,载《电子知识产权》2007 年第 09 期,第 47—48 页。
⑥ DMCA §1201(a)(3)(B)。

止、限制或以其他方式限制[他人]行使版权人依本法所享有的权利,则该技术措施有效保护了版权人依本法所享有的权利。"①

从字面意思看,DMCA 对接触控制或权利保护的"有效性"要求并不是很高。在 Universal City Studios v. Reimerdes 案中,被告对 DVD 的 CSS 加密技术的有效性提出质疑。被告认为 CSS 采用的是 40 字节的密钥,属于比较弱的加密方法,不能有效地控制他人对作品的解除。法院不同意这一抗辩,指出:

> 个人不使用软件所要求的三个密钥无法接触 DVD 上受 CSS 保护的作品。他只有经过版权人的授权或者购买经过授权含有密钥的 DVD 播放器或光驱才能够获得此类密钥。于是,依据第 1201 条(a)(2)(A)的明确规定,CSS 对 DVD 上的受版权保护的电影作品进行了有效的接触控制。
>
> 被告对于"有效控制接触"的解释——法律只保护那些成功地或有效地控制接触的技术措施——如果被接受,将架空法律。一旦控制接触的技术措施被规避,在一般意义上就是无效的。按照被告的解释,法律将只保护那些无法规避的技术措施,而不保护那些能够被规避的技术措施。换句话说,被告要求法院保护那些原本无需保护的技术措施,而拒绝保护那些正好特别需要保护的技术措施。②

在芬兰,也发生过一起非常有名的关于技术保护措施有效性的刑事案件。Mikko Rauhala 是非常有名的电脑黑客。为抗议芬兰版权法在 2006 年接受欧盟版权指令中的技术措施保护规则,他组织了一个论坛,公开讨论如何破解 DVD 的防止播放的技术措施。在一周之内,就有十个以上的人张贴了破解程序的源代码或提供破解信息存储的网络地址。Rauhala 主动到警察局投案,请求调查他们的行为是否违法。他们一开始以为警察会置之不理。没想到,后来真的刑事立案并起诉了。③ 赫尔辛基区法院一审认为 DVD 技术措施不够有效,因而规避该技术措施不违法。

芬兰关于规避 DVD 技术保护措施的刑事案

芬兰赫尔辛基区法院第 07/4535 号(2007)④

在本案中,被告人 Rauhala 和 X 共同侵害了 DVD 光盘上用以防止直接拷贝的 CSS 技术措施。X 利用 Haskell 语言编写了一个计算机程序。这一程序可以规避 DVD 的 CSS 技术措施。被告人通过互联网对外发布该程序。

有两位 IT 专家作证说,自从 1999 年 CSS 技术措施被一个挪威计算机黑客成功破解以来,类似的规避软件(circumvention software)能够从很多网站免费获得。有些计算机操作系统中甚至预装了这一程序。从著作权人的角度看,与现状相比,被告人的上

---

① DMCA §1201(b)(2)(B).
② Universal City Studios v. Reimerdes, 111 F. Supp. 2d 294(S. D. N. Y. 2000).
③ http://www.valimaki.com/org/docs/css/, last visit on Feb. 20, 2012.
④ http://www.valimaki.com/org/docs/css/css_helsinki_district_court.pdf, last visit on Feb. 20, 2012.

述行为并没有给 CSS 保护制造一丁点额外的漏洞(any slightest gap)。CSS 保护不应再被视为法律意义上的有效技术措施。因此,被告人的行为没有满足规避技术措施行为的要件。

上述判决在全世界范围内掀起轩然大波。2008 年,上诉法院推翻了一审判决。[①] 芬兰最高法院拒绝再审此案,因此上诉法院的判决成终审判决。[②] 本书作者并没有看到英文版的判决书,因此只能根据二手的报导描述上诉法院的判决思路:

>上诉法院认为,通过 CSS 技术措施,著作权人意图阻止未经授权拷贝和发行 DVD 的行为。对该技术措施进行规避,需要编程技巧或者需要使用单独的规避程序。因此,法院认为 CSS 保护是版权法上的有效技术措施。因此,应当依法禁止为规避此类技术措施提供服务的行为。不过,法院并没有对被告人进行惩罚,原因是相关软件在网络上广泛传播,被告人自己主动投案,而且被告人的行为影响很小。[③]

学理上,技术措施最低限度的有效性之所以必要,是因为只有这样才能够让社会公众意识到技术措施的存在,从而避免一不小心就"规避"了权利人设置的技术措施。实践中,如果技术措施不够有效,很可能意味着公众轻易可以找到替代渠道接触相关作品。至于该替代渠道是否合法,则有一定的不确定性。如果技术措施相对有效,则意味着替代渠道所具备的"规避"色彩就更加明显。比如,如果权利人采用了个性化的加密方法对文件进行加密,使得一般人无法访问。相反,如果权利人只是采用了一种相对不常见的文件格式,使得主流软件的用户无法阅读该文件。但是,相当数量的非主流软件能够阅读该文件。这时候,权利人采用不常见文件格式的行为,不应该被视为采取技术措施保护作品的行为。从这一意义上讲,与其说技术措施是否有效,还不如说权利人通过技术措施所传达的保护意图是否有可辨识性。这大概与商业秘密保护法要求权利人采取保密措施的道理大致相当。

在下面 Lexmark 案中,法院认为权利人所谓的技术措施并没有控制对作品的接触,尽管用户使用非授权墨盒时,认证程序会阻止用户使用打印机程序打印。这实际上涉及一个问题:在不阻止用户复制、传输程序的情况下,阻止用户运营该程序,是否属于著作权法意义上的控制接触的技术措施? 法院的回答让人心存疑问。

[①] 芬兰语的二审判决书参见 http://www.valimaki.com/org/docs/css/hovi_tuomio_web.pdf, last visit on Feb. 20, 2012。

[②] Turre Legal, Supreme court denied leave of appeal in the CSS case, http://www.turre.com/2008/12/supreme-court-denied-leave-of-appeal-in-the-css-case/, last visit on Feb. 20, 2012.

[③] Internataional Law Office, Appeal Court Decides on Circumvention of Technological Measures, http://www.internationallawoffice.com/newsletters/detail.aspx? g = 1f2f46b0-fd81-4c3c-8775-101df94a8886, last vist on Feb. 22, 2012.

Lexmark Int'l, Inc. v. Static Control Components, Inc.

387 F. 3d 522 (6th Cir. 2004)

Sutton 法官：

在本案中，Lexmark 在自己制造的打印机墨盒的芯片中存储了所谓的"墨盒装载程序"(Toner Loading Program)程序。该程序依靠 8 个程序命令——"add,""sub"(an abbreviation for subtract), "mul"(multiply), "pct"(take a percent), "jump," "if," "load," and "exit"——来执行一个方程式以计算墨盒内的油墨的量。该程序的代码很少，不同型号的打印机稍有差别。诉争的两类打印机的对应程序代码分别只有 33 个程序命令组成，有 37 个字节；45 个程序命令，55 个字节。为了说明这一程序代码的概念，法院举例说，ASCII 码编码的短语"Lexmark International, Inc. vs. Static Control Components, Inc."都比上述"墨盒装载程序"占用的字节多。

本案涉及的第 2 个程序是 Lexmark 的"打印驱动程序"("Printer Engine Program")。这一程序比上述"Toner Loading Program"程序要大很多，程序命令打印超过 20 页纸。这一程序控制了打印机的诸多功能，比如纸张的喂送或移动，打印马达的控制等。这一程序存储在 Lexmark 的打印机内部。

Lexmark 对这两个程序都进行了版权登记。这两个程序都没有加密，可以直接从各自的存储芯片中复制并阅读。

Lexmark 出售两种墨盒，一种有打折优惠，一种没有。优惠的条件是消费者同意该墨盒只能使用一次，用完后必须返还给 Lexmark。不打折的墨盒则没有此类限制，消费者可以重新填充墨盒。为了确保用户遵守优惠协议，Lexmark 对打印机墨盒芯片上存储的信息进行程序认证。打印机和芯片采用一种从公开渠道就可获得的加密算法(被称作"Secure Hash Algorigthm-1"或"SHA-1")对基于芯片中存储的数据产生的信息验证码进行核对。只有墨盒芯片上返回的信息正确时，才能够继续打印操作。如果信息不匹配，打印机返回错误信息，用户将无法使用该墨盒打印。

SCC 向第三方出售自己的墨盒芯片("SMARTEK")，它能够通过 Lexmark 打印程序的认证。第三方利用这一芯片替代 Lexmark 墨盒上的芯片后，就可以重新往 Lexmark 墨盒中添加油墨打印。每个 SMARTEK 芯片中含有 Lexmark 的"墨盒装载程序"的复制件，这是为了实现与 Lexmark 打印机兼容所必需的。Lexmark 的打印机在打印时"打印机驱动程序"("Printer Engine Program")要从墨盒的芯片中下载"墨盒装载程序"的复制件，用以检测油墨的量。如果检测所得信息数据与墨盒上芯片上某个地方预存的信息不同，则打印机将停止工作。

本案涉及的问题之一是，SCC 是否破坏控制"打印机驱动程序"的技术保护措施……

IV

A.

Lexmark 认为,SCC 的 SMARTEK 芯片是一种用来规避 Lexmark 的技术措施(SHA-1 认证过程)。该技术措施原本有效控制对其版权作品("墨盒装载程序"和"打印机驱动程序")的接触。Lexmark 认为,SMARTEK 芯片符合§1201(a)(2)规定的责任要件:(1) 设计或制造芯片的主要目的是规避 Lexmark 的验证过程;(2) 除了用来规避验证过程外,该芯片只有有限的商业用途;(3) SCC 销售该用于规避验证过程的芯片。区法院认为 Lexmark 在这三方面要件都可能成立。

B.

我们首先考虑 Lexmark 关于"打印机驱动程序"的主张。双方对于该程序受版权保护并无争议。在认定 Lexmark 的验证过程"有效控制接触受版权保护的作品"时,区法院主要依靠 DMCA 上的定义——"如果在正常的操作过程中,技术措施要求[用户]经过版权人的授权采用一定的信息、方法或处理措施以获准接触该作品,则该技术有效控制对作品的接触。"17 U.S.C. § 1201(a)(3). 由于国会并没有解释什么意味着"获准接触该作品"(gain access to the work),区法院采用"接触"一词的通常和习惯含义,即"进入、获得或使用的能力"。区法院认为,Lexmark 的认证过程有效地控制了对打印机驱动程序的接触,因为它控制了用户使用该程序的行为。

我们不同意。Lexmark 的认证程序并没有控制对打印机驱动程序的接触。购买打印机的行为使得用户接触该打印机驱动程序。任何人只要购买了 Lexmark 的打印机,就可以直接阅读打印机的内存中打印机驱动程序的代码,这并不需要经过认证过程。这些程序数据经过翻译转化后,就可以变成可读的源代码。换句话说,并没有安全装置保护对打印机驱动程序代码的接触,因而没有安全装置被规避。

认证过程的确阻止了一种形式的接触,即对该打印机驱动程序的使用。但是,它并没有阻止另外一种相关的接触形式,即获取该作品的复制件或利用该程序的文字内容(它的代码)。版权法所说的"控制接触受保护作品",并不自然适用于那些可以以其他方式接触的作品。就像一个房子的后门上锁前面却没有锁时,我们不会说后门的锁控制了对该房子的接触一样;购买者只要购买就能拿到钥匙,我们就不会说该锁依然有效控制了购买者对房子的接触。同样,将 DMCA 关于技术措施保护的条款应用于那些能够通过其他方式接触的版权作品,明显没有道理。DMCA 不仅要求技术措施控制接触,而且要求该措施应该"有效"控制接触。显然,这一条款不能延伸到那些只控制一种形式的接触,但是却开放其他路径的技术措施。

我们并没有见过任何案例将这一 DMCA 条款应用于那些许可自由阅读计算机程序代码或数据的接触控制措施。适用这一条款的数个案例所涉及的都是最自然不过的技术措施。比如,321 Studios v. Metro Goldwyn Mayer Studios, Inc., 307 F. Supp. 2d 1085, 1095 (N.D. Cal. 2004)(认定 CSS 加密程序阻止观看和复制 DVD 电影文件,有效地控制了对版权电影的接触);Sony Computer Entm't Am. Inc. v. Gamemasters, 87 F. Supp. 2d 976, 987 (N.D. Cal. 1999)(认定游戏控制台的技术措施阻止未经授权玩游戏,有效控制了对 CD-ROM 上版权材料的接触。该案没有描述内容是否加密)等。

Lexmark 指出,有数个案例支持 DMCA 条款中的"接触"包含[对作品的]"使用"。法院认为,这一意见部分正确,但是并不能说明本案对于打印机驱动程序的接触被涵盖在内。

在 DMCA 规则适用的典型情景下,版权保护包含两个层次,作品的文字代码和执行代码后产生的视频或音频内容。比如,CD 上的代码被转化成音乐,DVD 上的代码被转化成影像,而电脑游戏软件的程序指令被转化成其他的视频或音频内容。在 Lexmark 所援引的案例中,对限制作品的"使用"(use)意味着限制消费者利用作品中受版权保护的表达。比如,321 Studios, 307 F. Supp. 2d at 1095(DVD 中的电影受加密算法保护,只有通过含有接触秘钥的播放器才能播放);Gamemasters, 87 F. Supp. 2d at 981(Sony 的游戏平台阻止运行未经授权的游戏)。在这些案例中,产品的制造者阻止对版权材料的各种接触途径,而被控侵权者规避这些阻止接触版权材料的技术措施。

本案的打印机驱动程序中的版权表达仅仅表现在程序文字代码(源代码和目标码)这一层面。与游戏或 DVD 背后的代码不同,使用或执行打印机驱动程序并不产生任何受保护的表达。相反,该程序的输出是单纯功能性的:该程序控制 Lexmark 打印机的运行,比如喂送或移动纸张等。同时,与游戏或 DVD 背后的代码不同,这里没有加密或其他技术措施阻止对打印机驱动程序的接触。也正是由于打印机驱动程序并非通向受保护表达的通道,因此 Lexmark(或其他打印机厂商)并不禁止接触该计算机程序。因为 Lexmark 的认证过程并不限制对文字代码的接触,所以 DMCA 不适用。

Lexmark 的另一理由是,即使高明的终端用户可以规避,它依然可以是 DMCA 意义上的"有效控制接触"版权作品的接触控制措施。毫无疑问,Lexmark 是对的,追究 DMCA 责任的前提并不是制造不可破解的技术措施。否则,DMCA 只有在并不需要它的时候才适用。

我们的推理并不建立在技术措施控制作品的程度上,而是建立在法律要求诉争的规避装置必须的确规避了某些东西这一基础上。而这并没有发生在打印机驱动程序上。因为 Lexmark 的认证过程并没有采取任何安全措施以确保它的版权材料(打印机驱动程序)不被阅读或复制,因此它不能宣称采取了技术措施有效地控制了对版权作品的接触。

Lexmark 认为我们对于法律的解读违背国会的立法目的,这同样没有道理。国会制定 DMCA 是为了落实《世界知识产权组织版权条约》,应对数字作品的大规模盗版威胁。在国会看来,"在消费者支付接触作品的价款后,版权作品最有可能以加密形式传送该消费者。人们为了从他人作品中谋利,会破坏保护版权作品的加密代码,或者提供能够让别人破坏加密代码的装置"。在法律的支持下,版权人可以通过加密代码或密码控制等措施建立数字防护墙使自己作品免于盗版,这会鼓励版权所有人更愿意提供数字作品。

在考虑 DMCA 时,国会并没有展现出这样的兴趣:为规避那些只阻止用户使用消费产品但不保护版权内容的技术措施设定法律责任。事实上,国会在 DMCA 中增加了兼容性条款,在部分程度上保证 DMCA 不会减少电子环境下兼容性设备给消费者带来的利益(Jane Ginsburg 教授在国会作证说,§1201(a)并不覆盖规避"控制接触不受版权保护的作品的技术措施"的行为)。

C.

对于 Lexmark 关于"墨盒装载程序"的主张,我们简单回应。SCC 的芯片并不提供对 Toner Loading Program 的接触,而是替代了该程序。同样,Lexmark 也遇到与打印机驱动程序相同的问题,即不是 SCC 芯片许可接触计算机打印程序,而是消费者购买打印机就可以接触该程序。另外,法院还认为"墨盒装载程序"不受版权保护,所以技术措施条款不适用。

思考问题:

(1) 那些只控制复制但是不限制浏览的技术措施,是有效控制接触的技术措施吗?是有效的保护权利的技术措施吗?

(2) 我们可以说,本案要求技术措施所控制的对作品的接触,实际上是用户对作品内容的阅读、欣赏之类的接触,而不包括技术性的使用?

1.4 技术措施保护的例外

技术措施对于作品的有效控制可能会对公众合理利用作品的行为带来不便,从而打破版权法已经确立起来的版权人和社会公众之间的利益平衡关系。为此,版权法需要为因合法目而规避技术措施的行为开绿灯。

1.4.1 中国法上的技术措施例外

对于直接规避行为,《信息网络传播条例》第 12 条则规定了一些例外情形:

> 属于下列情形的,可以避开技术措施,但不得向他人提供避开技术措施的技术、装置或者部件,不得侵犯权利人依法享有的其他权利:
>
> (一) 为学校课堂教学或者科学研究,通过信息网络向少数教学、科研人员提供已经发表的作品、表演、录音录像制品,而该作品、表演、录音录像制品只能通过信息网络获取;
>
> (二) 不以营利为目的,通过信息网络以盲人能够感知的独特方式向盲人提供已经发表的文字作品,而该作品只能通过信息网络获取;
>
> (三) 国家机关依照行政、司法程序执行公务;
>
> (四) 在信息网络上对计算机及其系统或者网络的安全性能进行测试。

第 12 条仅仅选择对有限的合理使用情形给予豁免,而没有笼统地说所有为合理使用目的都可以直接规避技术措施。留下的疑问是,这是否意味着在某些情况下,即使为了合理使用之目的,也不能直接规避技术措施?中国立法者显然没有考虑到技术保护措施可能对公众合理使用作品的机会的影响,所以没有对该条设置更多的具体的限制条件。在中国法的背景下,你如何看待前文摘录的美国 NII 白皮书中提到的反对意见?

对于间接规避行为,《条例》没有规定侵权例外。换句话说,可能在任何情况下,行为人都不得向第三方提供用于破坏技术措施的装置或提供此类技术服务。这一规则可能引发技术措施滥用方面的担心。因为很多有权直接规避技术措施的人,可能并没有能力规避技术措施,他们需要第三方的帮助。而依据这一规则,第三方又不能向前者提供帮助。这样,著作权人通过技术措施可以在很大程度上限制那些没有技术能力的公众对作品的合理使用行为。

1.4.2 美国 DMCA 创设的法定例外

美国的 DMCA 在技术措施例外方面,也没有规定一般性的合理使用抗辩条款①,而是规定了一些具体的法定例外条款,同时许可国会图书馆馆长每隔 3 年根据实际需要豁免新的规避行为。②

DMCA 所创设的法定例外包括:(1) 非营利的图书馆、档案馆和教育机构为决定是否应获取作品复制件而接触该作品;(2) 执法活动;(3) 为开发兼容的计算机程序而对获得合法使用权的计算机程序进行反向工程;(4) 加密技术研究;(5) 计算机和网络的安全测试等。③

Universal City Studios v. Reimerdes

111 F. Supp. 2d 294 (S.D.N.Y. 2000)

Kaplan 法官:

[原告指责被告的侵权行为主要有两项,即发布用于规避 CSS 加密技术的 DeCSS 软件以及链接其他发布 DeCSS 软件的站点。法院认为被告提供规避技术的行为违反 DMCA §1201(a)(2)(A),并无疑问。接下来,法院主要考虑被告是否有合适的抗辩理由。]

2. 法定例外

a. 反向工程

被告认为,依据§1201(f),在不侵害他人的著作权的情况下,为了与其他计算机程序兼容,可以规避接触控制或者研发用于规避该接触控制的技术手段。另外,规避者可以将这一过程中获得的信息披露给其他人,前提是提供此类信息的唯一目的是使得一个独立开发的计算机程序与他人的程序兼容,而且这么做不侵害版权。他们认为,要实现运行 Linux 系统的计算机与 DVD 光盘之间的兼容,DeCSS 是必要的。因此,提供 DeCSS 的行为符合这一例外。法院认为这一主张没有道理。

---

① Alfred C. Yen, Joseph P. Liu, Copyright Law: Essential Cases and Materials, Thomson/West, 2008, at 511.
② 17 U.S.C. §1201 (a)(1)(C).
③ 17 U.S.C. §1201 (d),(e),(f),(g),(j).

首先，§1201(f)(3)仅仅许可通过反向工程获得信息的人对外提供信息。而本案被告并没有从事任何反向工程。他们只是从别人的网站获得 DeCSS 软件然后贴到自己的网站上。

[其次，]即便被告自己编写了 DeCSS，他们的理由也并不因此变得更强有力。法律所明确的向他人提供信息的权利仅仅限于"唯一目的"是实现兼容的情形。它并不适用于向公众提供规避工具的情形。被告张贴 DeCSS 并非为了实现与 Linux 兼容这一唯一目的。

最后，很重要的一点是，即便是 DeCSS 的开发者也不能证明 DeCSS 的唯一目的就是要开发 Linux 系统下的 DVD 播放器。DeCSS 实际上是在 Windows 系统下开发和运行的。因此，DeCSS 的开发者知道在 Windows 和 Linux 系统下 DeCSS 可以解密和播放 DVD 上电影。他们也知道解密后的文件能够像那些未受保护的文件一样被复制。而且，法院并不相信 Johansen 先生所谓"他开发 DeCSS 的唯一目的是开发 Linux 系统下的播放器"的证词。Johansen 是一个非常聪明的年轻人，是一个著名的以破解 CSS 为目标并以此证明自己才能的黑客组织的成员。他完全知道 DeCSS 的用途并不仅仅限于 Linux 系统。因此，法院认为 Johansen 和其他开发 DeCSS 的人并不仅仅是为了开发 Linux 系统下的 DVD 播放器。

因此，DMCA 的反向工程例外，在这里并不适用。

b. 加密研究（略）

c. 安全测试（略）

d. 合理使用

[被告的最后一项抗辩是合理使用。]

利用技术措施控制接触版权作品，会影响对作品的合理使用。具体到本案，权利人利用 CSS 对版权电影进行加密，要求用户使用符合标准的 DVD 播放器来观看该电影。它阻止对电影中视频或音频的全部或部分进行精确拷贝。这意味着某些可能构成合理使用的使用行为也会被阻止。比如从事电影研究的教授在准备电影讲座时需要将不同电影中的部分场景放在同一张光盘中作对比（而不是分别播放两个 DVD 中的相关部分），如果不规避 CSS，则很难或者无法实现。被告因此争辩说，DMCA 的解释不能使得版权作品的任何合理使用变得困难或不可能。DeCSS 不过是使得用户能够对作品进行合理使用的技术手段，法律不应限制提供此类工具的活动。

被告的关注点很重要。CSS 之类的接触控制措施的确有同时阻止合法和非法利用版权材料的风险。但是，国会已经清楚地意识到这一点，并且在 DMCA 中已经作出选择。

法院从法律文本开始分析。《版权法》第 107 条规定了一些不视为侵权的作品使用行为（即合理使用）。然而，被告并没有被控侵害版权。他们被控推销和提供用于规避接触控制的技术工具，违反了 §1201(a)(2)。如果国会认为合理使用抗辩在此类案件中适用，它会说明这一点。实际上，立法历史表明，合理使用抗辩不适用于违反 §1201(a) 的侵权案件，是国会有意作出的选择。

在考虑 DMCA 时，国会非常清楚合理使用抗辩在协调版权人的独占权和非侵权用户的合法利益方面的传统角色。国会注意到很多群体提出的"版权作品的技术控制可能会损害合理使用"的意见。国会在竞争性利益之间维持了一种平衡。

平衡的第一个要点是仔细限制§1201(a)(1)的适用，使之仅仅适用于规避行为本身。一个人一旦经过授权接触到版权作品的复制件，§1201(a)(1)就不再适用于它的后续行为。这样，只要接触经过授权，传统的包括合理使用在内的版权侵权抗辩将完全适用。

第二点，国会将§1201(a)(1)的生效日期向后推迟了两年，以调查如何协调本条的禁止规避规则与合理使用。在特定类别的版权作品的使用者证明他们非侵权使用该作品的能力受到§1201(a)(1)的负面影响时，禁止规避规则将不对他们适用。[前提是该类使用者通过美国国会图书馆馆长创设例外的程序得到支持。参见§§1201(a)(1)(B)—(E).]

第三点，国会为那些被认为合理的使用行为创设了一系列例外，包括反向工程、安全测试、善意的加密研究和非营利的图书馆、档案馆及教育机构的某些使用行为。

被告还宣称，DeCSS 可以被用作接触作品以实现对作品的合理使用，这一可能性使得他们受到 Sony Corp. v. Universal City Studios, Inc. 案所确立规则的保护。他们错了。Sony 规则并不适用于本案被告所从事的活动。即便 Sony 规则适用，它也不影响本案结果。Sony 案对于版权法的解释，与后来制定的 DMCA 不一致的内容，已经被 DMCA 推翻。[Sony 案的具体内容，参见本书前文的合理使用和间接侵权部分。]

在 Sony 案判决时，唯一的问题是，在设备具有很多非侵权用途的情况下，设备的制造者是否应该为购买设备的用户的侵权行为负责。本案并非这一问题。本案的问题是，用户可能通过被告提供的规避技术接触版权作品，然后以非侵权方式合理使用作品，这一可能性是否可以让被告避免§1201 所规定的法律责任。§1201 并没有如此规定。DMCA 禁止提供规避技术，从本质上改变了版权法规则(the landscape)。一项装置或技术可能有实质性的非侵权用途，依据 Sony 规则可能免受攻击，但是它依然要受到§1201 的压制。实际上，国会清楚地指出，§1201 并没有引入 Sony 规则。

被告所提出的政策性关切已经过国会考虑。考虑之后，国会制定了§1201。因此，合理使用抗辩对于§1201 诉求的适用性就非常清楚了。在这种情况下，法院不能以解释法律的名义来否定国会已经作出的决定。国会选择让那些希望合理使用加密作品的技术外行得不到合理使用所需要的技术手段。这是国会可以决定的事情，除非这一决定违反宪法。因此，被告的合理使用抗辩完全没有道理。

思考问题：

（1）依据上述案例，那些受技术措施控制无法接触作品的公众，是否可以委托第三方破坏该技术措施以实现合理使用？那些已经接触到作品，但是受制于技术措施不能复制其中内容的公众，是否可以委托第三方破坏该技术措施以实现合理使用？

（2）将 Sony 案的实质性非侵权用途引入到技术措施的间接规避行为上，有什么明显的后果？用于规避技术措施的产品或服务,能够帮助他人实现合理使用,是实质性非侵权用途？

1.4.3 美国国会图书馆的豁免清单

美国国会在通过 DMCA 时,考虑到"控制接触"的技术措施对于公众接触作品的权利进行了史无前例的限制,可能过度损害公众的自由,为此,专门制定了所谓的行政干预条款,即 DMCA § 1201(a)(1)(C)。依据该条款,美国国会图书馆"控制接触"技术措施条款(DMCA § 1201(a)(1)(A))生效前的两年宽限期内以及此后每隔 3 年,根据版权局局长(the Register of Copyrights)的建议,对"控制接触"技术措施条款给他人为非侵权目的利用特定类别作品的能力所造成的负面影响进行评估,以决定是否豁免针对该接触控制措施的规避行为的法律责任。

国会图书馆在制定豁免清单时,需要考虑下列因素：

(i) 版权作品的可获得性(the availability for use of copyrighted works);

(ii) 将作品用于非营利的建立档案、保管和教育目的的可获得性;

(iii) 禁止规避用于版权作品的技术措施对于批评、评论、新闻报道、教学、学术或研究的冲击;

(iv) 规避技术措施对于版权作品的市场或价值的影响;

(v) 图书馆馆长认为合适的其他因素。①

国会图书馆公布的豁免规则仅仅适用于"控制接触"技术措施条款(DMCA § 1201(a)(1)(A)),而不得作为避免其他条款适用的抗辩理由。②

到目前为止,美国国会图书馆分别于 2000 年、2003 年、2006 年和 2010 年四次公布豁免清单。③ 每批清单的有效期 3 年,期满后会被新的清单所代替。有些早期清单上的内容可能不再出现在后来的清单上。2010 年的最新清单上罗列了六类作品的接触控制措施进入豁免范围：

(1) DVD 上的电影作品。DVD 系合法制作并采取内容加扰系统;规避技术措施的唯一目的是为批评和评论目的在新作品中使用电影作品的简短片段;**或者**规避者有合理理由相信规避对于实现使用下列目的是必要的:(i) 大学教授和大学电影和媒体专业学生为教育目的使用;(ii) 制作纪录片;(iii) 非商业视频。

(2) 无线电话终端中的计算机程序。让无线电话终端能够执行软件应用的计算机程序;规避的唯一目的是实现应用程序与电话终端的计算机程序兼容;该应用程序为合法获得。

(3) 软件或固件(firmware)形式存在的计算机程序。该程序能够让二手无线

---

① DMCA § 1201(a)(1)(C).
② DMCA § 1201(a)(1)(E).
③ US Copyright Office, Exemption to Prohibition on Circumvention of Copyright Protection Systems for Access Control Technologies, http://www.copyright.gov/1201/.

电话终端接入无线通讯网络;规避行为由计算机程序复制件的所有人发起(initiate),唯一目的是接入无线通讯网络;接入该网络经过网络运营者的许可。

(4)游戏程序。该游戏程序可以通过个人电脑接触,受接触控制类的技术措施保护;规避仅仅是为了善意测试、调查或弥补安全漏洞或弱点;安全测试所得信息主要用来提升计算机、计算机系统或网络所有人或操作者的安全;同时,安全测试所得信息的使用或维持不会促成版权侵权或违法相关法律。

(5)受加密狗(dongle)保护的计算机程序。防止系统失灵或破坏后接触的加密狗已过时。如果加密狗不再被制造,或者在市场上不再能通过更换或修理等合理方式获得,则该加密狗应当被视为已过时产品。

(6)电子书中的文字作品。该文字作品以电子书格式发行,现有版本的电子书中含有接触控制措施,阻止电子书的朗读功能(read-aloud function)或屏幕阅读器调整格式的功能。①

国内有学者建议,中国也应借鉴美国国会图书馆行政干预条款,"委托国家版权局定期调查、听证与公布部分技术措施例外条款,以调和社会经济发展与法律滞后性之间的矛盾"②。你觉得有必要吗?法院通过判决认定例外与行政机关认定例外有什么差别?何者更符合中国的现实需求?

1.5 规避行为的行政责任

依据《著作权法》(2010)第 48 条,规避技术措施的行为如果损害公共利益,要承担行政责任。《信息网络传播权保护条例》第 19 条对此有更具体的规定:对直接或间接规避技术措施的行为,著作权行政管理部门可以"予以警告,没收违法所得,没收主要用于避开、破坏技术措施的装置或者部件;情节严重的,可以没收主要用于提供网络服务的计算机等设备,并可处以 10 万元以下的罚款"。关于行政责任的进一步讨论,参见后文"侵权救济"一章。

2 权利管理信息

2.1 权利管理信息的概念

权利管理信息是指与作品一起使用,用以识别特定作品、权利人身份和许可条件等内容的信息。这一信息既可以是直接可读的文字信息,也可以是代表一定含义的图形、编码或代码等信息。举例说明:国际标准书号(International Standard Book Number,ISBN)和对应的条形码就是最为常见的用以识别特定作品的权利管理信息之一。作品上表明作者或其他权利人身份的姓名、公司名称、符号标志、数字水印也是常见的权利管理信息。许可条件方面的权利管理信息主要是指权利人在作品传播过程中附带

---

① US Copyright Office, Rulemaking on Exemptions from Prohibition on Circumvention of Technological Measures that Control Access to Copyrighted Works http://www.copyright.gov/1201/2010/.

② 熊琦:《论著作权技术措施的例外》,载《知识产权》2010 年第 6 期,第 70 页。

声明的许可使用条件,既可能是详细的版权声明与合同条款,也可能是代表复杂授权协议文本的符号标志。比如,采用 GPL 或 CC 方式许可的作品,通常会在作品上附上此类许可协议的标志和指向详细文本的网络连接。

权利管理信息与作品结合在一起,可以有效地起到公共通知的功能。公众在看到该信息之后,能够了解作品的归属及许可使用的条件,从而可以按照权利管理者的意愿去使用该作品,避免不必要的侵权活动。从这一意义上讲,阻止他人删除或改变权利管理信息,能够减少善意的第三方侵权的可能性。在权利人原本就希望公众自由利用其作品的情况下,保护权利管理信息,能够消除公众对侵权的担心。不仅如此,现在很多保护著作权的技术措施都是利用作品上附着的电子权利管理信息来识别有关作品并启动保护机制。如果作品和电子权利管理信息之间的联系被破坏,则相关的技术保护措施可能无法运作。

《著作权法》(2010)第 48 条规定,未经权利人许可,"故意删除或者改变作品、录音录像制品等的权利管理电子信息的",应承担民事侵权责任。必要时,甚至还要承担行政责任。《著作权法》并没有进一步定义"权利管理电子信息"。中国立法者为什么要加上"电子"的限制,并不十分清楚,可能是因为立法者当初所关心的权利管理信息大多为数字状态。理论上,权利管理信息并不一定局限于数字形式或电子形式。在后文所述的 DMCA 的定义中,权利管理信息就不局限于数字形式。①

《信息网络传播权保护条例》第 26 条第 3 款提供了"权利管理电子信息"的定义:"权利管理电子信息,是指说明作品及其作者、表演及其表演者、录音录像制品及其制作者的信息,作品、表演、录音录像制品权利人的信息和使用条件的信息,以及表示上述信息的数字或者代码。"单从立法技术上讲,上述定义不够清楚。比如,"说明作品及其作者……的信息",究竟是什么信息? 更准确的说法,应该是"用以识别作品与作者身份的信息"。另外,上述定义内容中并没有出现"电子"一词,这是否意味着非电子形式的权利管理信息也能够依据《条例》或者《著作权法》得到保护? 同样不是很清楚。

相比较而言,WCT(1996)的第 12 条和美国 DMCA § 1202(c)关于权利管理信息的定义要更具体一些。WCT 的定义是:"权利管理信息"系指识别作品、作品的作者、对作品拥有任何权利的权利人的信息,或有关作品使用条款和条件的信息,和代表上述信息的任何数字或代码;各该项信息均要附于作品的每件复制品上或要在作品向公众进行传播时出现。②

美国 DMCA § 1202(c)则是抽象的定义和具体的列举相互结合:

---

① DMCA § 1202(c).

② "Rights management information" means information which identifies the work, the author of the work, the owner of any right in the work, or information about the terms and conditions of use of the work, and any numbers or codes that represent such information, when any of these items of information is attached to a copy of a work or appears in connection with the communication of a work to the public.

本条所使用的"版权管理信息"是指下列与作品的复制件、录音制品、作品的表演或展示(display)一起传送(包含数字形式)的任何信息。但是,不包含任何作品复制件、录音制品、表演或播放的使用者的人格识别信息。[版权权利管理信息]具体包括:

(1)作品的名称和其他识别信息,包括版权标记所披露的信息。

(2)作品的作者的姓名和其他识别信息(identiying information)。

(3)版权人的名称和其他识别信息,包括版权标记所披露的信息。

(4)固定在作品(视听作品除外)中的表演的表演者的姓名和其他识别信息,但是电台(radio)和电视台对作品的公开播放(public performances of works)除外。

(5)如果是视听作品,则包含在视听作品中署名(is credited in the audiovisual work)的作者(writer)、表演者和导演的姓名和其他识别信息,但是电台(radio)和电视台对作品的公开播放(public performances of works)除外。

(6)使用作品的期限和条件。

(7)表明上述信息的识别数字或符号,或指向上述信息的链接。

(8)版权局长(the Register of Copyrights)通过行政法规界定的其他信息,但是版权局长不得要求提供与版权作品使用者有关的任何信息。

将 WCT 和 DMCA 条款与中国法对比,我们可以看出,中国关于权利管理信息的定义缺少了重要的一项——权利管理信息与作品载体之间的联系。这些信息只有出现在作品复制件或与作品一道传播时,才受到《著作权法》的保护。当然,实践中中国也应该有类似的要求。

为了避免成员国将使用权利管理信息解释为著作权人的义务,WCT 在第 12 条的脚注中增加了一段议定声明:

缔约各方依据本条来制定或实施权利管理制度时,不得强制要求采用那些伯尔尼公约或本公约所不许可的形式要求(formalities),从而阻止商品的自由流通或妨碍依本条约行使权利。

2.2 侵害权利管理信息的行为

数字时代各种作品在网络空间传播时,附带有各种各样的权利管理信息。比如,现在很多著作权人自愿按照各类公共许可协议(比如 GPL、Creative Commons 等)发放许可。代表许可条件(协议)的特殊符号(比如 CC 用 ⓒ)与特定作品之间的联系就显得非常重要。如果第三方随便篡改或删除这些权利管理信息,就会误导作品的后续利用者,从而引发混乱。再比如,很多著作权人在作品上添加个性化的数字水印,以此跟踪和识别自己的作品。如果第三方在传播过程中篡改或删除这些水印,就会使得著作权人的目的落空。

中国的著作权法明确行为人的主观状态为**故意**[①],即行为人故意删除或修改权利

[①]《著作权法》(2010)第 48 条第七项。

管理信息。不过，这里对行为人主观上是否认识到自己的删除或修改行为与版权侵权之间的事实联系，没有明确的规定。

在这一方面，WCT 第 12 条第 1 款有明确规定：侵权行为人在修改或删除权利管理信息时，明知或应当知道自己的行为会引诱、促成或掩盖版权侵权行为。这实际上是按照间接侵权的制度框架来设计权利管理信息的保护。单纯的删除或改变权利管理信息的行为并不一定侵权，还要考虑行为人的主观恶意。不过，"与 WCT 第 11 条对技术保护措施规定的方式一样，WCT 第 12 条也没有强制要求缔约方在其国内法中必须将权利管理信息的保护与侵犯著作权相联系。然而，如果缺乏这种联系，权利管理信息的保护可能就不再与著作权有任何关系。因此，如果以这种理解为基础进行系统考虑，我们会发现：权利管理信息的保护就不适于规定在版权法中。这样，我们就必须寻找其他理由，来证明保护权利管理信息具有正当性。"①

将权利管理信息的保护与版权侵权联系在一起，代表一种比较弱的最低限度的保护。中国著作权法究竟是要仅仅提供 WCT 的这一最低标准的保护，还是要提供更强的保护——不要求与版权侵权联系在一起，有待观察。

著作权法禁止的是删除和改变权利管理信息的行为。②《信息网络传播权保护条例》则有所拓展。侵权行为除了删除或改变权利管理信息的行为外，还包括提供权利管理信息被删除或改变的作品的行为。③ 这大致与 WCT 的第 12 条涵盖的范围相当。

司法实践中，权利管理信息的案件并不多见。在美国，权利信息保护条款也很少受关注。④ 这大概与权利管理信息的立法在很大程度上具有超前性而权利管理技术发展较慢有关。⑤ 在中国已有的案件中，法院认定下列行为侵害权利管理信息：著作权人在文章尾部声明"其他任何媒体未经授权一律不得转载"，被告删除这一信息的行为⑥；被告修改或删除著作权人在图片上添加的表明图片来源的数字水印的行为等⑦。

---

① 〔德〕约格·莱因伯特、西尔克·冯·莱温斯基著：《WIPO 因特网条约评注》，万勇、相靖译，中国人民大学出版社 2008 年版，第 199 页。
② 《著作权法》(2010) 第 48 条第七项。
③ 《信息网络传播权保护条例》(2013) 第 5 条：

未经权利人许可，任何组织或者个人不得进行下列行为：

(一) 故意删除或者改变通过信息网络向公众提供的作品、表演、录音录像制品的权利管理电子信息，但由于技术上的原因无法避免删除或者改变的除外；

(二) 通过信息网络向公众提供明知或者应知未经权利人许可被删除或者改变权利管理电子信息的作品、表演、录音录像制品。

④ Alfred C. Yen & Joseph Liu, Copyright Law: Essential Cases and Materials, West, 2011, at 575.
⑤ 〔德〕约格·莱因伯特、西尔克·冯·莱温斯基：《WIPO 因特网条约评注》，万勇、相靖译，中国人民大学出版社 2008 年版，第 197 页。
⑥ 阎世豪 v. 上海亿之唐信息服务有限公司著作权侵权纠纷案，海市一中院 (2002) 沪一中民五 (知) 初字第 52 号。
⑦ 搜狐公司通过技术手段删除原告图片中的"starhave. com"水印，改为"store. sohu. com"水印。北京融信合经济信息咨询有限公司 v. 北京搜狐互联网信息服务有限公司侵犯著作权纠纷案，北京市海淀区法院 (2006) 海民初字第 22874 号。

2.3 侵权例外

《条例》为权利管理信息保护设置了一个例外。即,"由于技术上的原因无法避免删除或者改变的除外"。① 比较权威的意见指出:

> 本条规定的删除或者改变权利管理电子信息豁免条件,即由于技术上的原因无法避免删除或者改变的除外,主要包括在播放广告或者其他节目时,使用作品、录音录像制品的片段,因时间短,无法在播放节目的同时表明权利管理电子信息;或者在实行数字/模拟信号转换时无法保存权利管理电子信息等情况。增加规定豁免条件,主要是参考了美国《数字千年版权法》的规定。②

美国 DMCA §1202(e)的责任限制条款也分别为模拟信号传输和数字传输设置了非常具体的豁免条件。具体如下:

(1)模拟信号传输(Analog transmissions)

在模拟信号传输的情况下,广播电台、有线电视网或者为上述机构提供节目的人,不因为违反[§1202](b)③而承担责任,前提是:

(A)避免违反上述规定在技术上不可行或者会导致行为人承担难以忍受的经济负担;

(B)该行为人无意通过此类活动引诱、促成、帮助或掩盖侵害版权侵权行为。

(2)数字传输

(A)如果关于设置(placement)某一类作品的版权管理信息的数字传输标准,由代表性的跨行业的广播电台或有线电视网与此类用于公共播放(public performance)的作品的版权人一起,遵循自愿和合意原则达成,对于上述标准所涉及的特定版权管理信息,在下列情形下,[§1202](b)第(1)项下的行为人④不因违反[§1202](b)而承担责任,

(i)该行为人之外的其他人放置上述[版权管理]信息的行为不符合上述标准;而且

---

① 《信息网络传播权保护条例》第5条第(一)项。
② 张建华主编:《信息网络传播权保护条例释义》,中国法制出版社2006年版,第24页。
③ 本书作者注:禁止移除或改变技术保护措施等行为的条款。
④ 本书作者注:指移除或改变技术保护措施的行为人。
DMCA §1202 (b) Removal or Alteration of Copyright Management Information.
No person shall, without the authority of the copyright owner or the law—
(1) intentionally remove or alter any copyright management information,
(2) distribute or import for distribution copyright management information knowing that the copyright management information has been removed or altered without authority of the copyright owner or the law, or
(3) distribute, import for distribution, or publicly perform works, copies of works, or phonorecords, knowing that copyright management information has been removed or altered without authority of the copyright owner or the law,
knowing, or, with respect to civil remedies under section 1203, having reasonable grounds to know, that it will induce, enable, facilitate, or conceal an infringement of any right under this title.

(ii) 上述违反[§1202](b)第(1)项的]行为无意引诱、促成、帮助或掩盖版权侵权行为。

(B) 在依据上述(A)小节,制定关于设置(placement)某一类作品的版权管理信息的数字传输标准之前,对于此类版权管理信息,[§1202](b)第(1)项下的行为人①如果无意引诱、促成、帮助或掩盖版权侵权行为,在下列情形下不因违反[§1202](b)而承担责任:

(i) 该行为人传输此类[版权管理]信息会导致数字信号出现可感知的视觉或听觉衰减(visual or aural degradation);或者

(ii) 该行为人传输此类[版权管理]信息会违反

(I) 政府关于数字信号传输的有关规定;

(II) 在本章生效之前由基于自愿和合意的标准组织(voluntary consensus standards body)制定的与数字信号传输有关的行业标准(industry-wide standard);或者

(III) 对具有代表性的跨行业的广播电台(或有线电视网)与用于公共播放(public performance)的作品的版权人开放的、基于自愿和合意原则的标准制定程序所制定的行业标准。

美国法上的例外规定看起来很复杂,大致可以做如下梳理:

对于模拟信号传输,如果避免侵害权利管理信息在技术上不可行或者会带来不合理的负担,则改变或删除权利管理信息的行为人无须承担责任。

对于数字传输,分两类情形。首先,如果他人设置的版权管理信息不符合数字传输的技术标准,则改变或删除权利管理信息的行为人无须承担责任。其次,如果没有技术标准,则要看是否会导致信号衰减或违反其他替代性的政府法令和行业标准。如果会,则改变或删除权利管理的行为人不承担责任。当然,所有这些例外的前提都是行为人主观上无恶意,即"无意引诱、促成、帮助或掩盖版权侵权行为"。

2.4 "通知—删除"规则的应用

《信息网络传播权条例》将"通知—删除"规则应用到权利管理信息的保护上:"对提供信息存储空间或者提供搜索、链接服务的网络服务提供者,权利人认为其服务所涉及的作品、表演、录音录像制品,侵犯自己的信息网络传播权或者被删除、改变了自己的权利管理电子信息的,可以向该网络服务提供者提交书面通知,要求网络服务提供者删除该作品、表演、录音录像制品,或者断开与该作品、表演、录音录像制品的链接。"

侵权通知的形式要求和法律意义在前文"网络间接侵权一章"已经有了充分的论述,这里从略。

---

① 本书作者注:指移除或改变技术保护措施的行为人。

第 16 章
侵权救济

1 侵权救济概述

1.1 民事救济

中国《著作权法》(2010)第47条和第48条在罗列出众多的侵权行为类型时,顺带指出侵权者"应当根据情况,承担停止侵害、消除影响、赔礼道歉、赔偿损失等民事责任"。这些关于民事责任类型的术语显然来自《民法通则》(1986)第118条和第134条。① 后来的《侵权责任法》(2009)的第15条等也基本沿袭了《民法通则》的用语。② 著作权法本身并没有表明它对民事责任形式的列举是穷尽式的,而《侵权责任法》《民法通则》等关于民事责任的规定同样适用于著作权侵权案件。因此,在著作权侵权案件中,法院选择救济措施时,有一定的选择余地。

为了表述方便,本书将著作权人能够获得的民事救济形式大致分成禁令救济、损害赔偿、赔礼道歉和其他救济措施等四类,并分别加以介绍。

所谓禁令救济,是指法院可以应著作权人的请求,责令侵权人停止特定的侵权行为。这大致对应的是《民法通则》或《侵权行为法》上的停止侵害、排除妨碍、消除危险等责任形式。在知识产权领域,我们习惯将此类救济称作"禁令救济",大致是受美国法和国际公约影响的结果。理论上,根据禁令在法院依法确认侵权之前还是之后发

---

① 《民法通则》(1986):

第118条:公民、法人的著作权(版权)、专利权、商标专用权、发现权、发明权和其他科技成果权受到剽窃、篡改、假冒等侵害的,有权要求停止侵害,消除影响,赔偿损失。

第134条:承担民事责任的方式主要有:(一)停止侵害;(二)排除妨碍;(三)消除危险;(四)返还财产;(五)恢复原状;(六)修理、重作、更换;(七)赔偿损失;(八)支付违约金;(九)消除影响、恢复名誉;(十)赔礼道歉。

以上承担民事责任的方式,可以单独适用,也可以合并适用。

人民法院审理民事案件,除适用上述规定外,还可以予以训诫、责令具结悔过、收缴进行非法活动的财物和非法所得,并可以依照法律规定处以罚款、拘留。

② 《侵权行为法》(2009)第15条:

承担侵权责任的方式主要有:(一)停止侵害;(二)排除妨碍;(三)消除危险;(四)返还财产;(五)恢复原状;(六)赔偿损失;(七)赔礼道歉;(八)消除影响、恢复名誉。

以上承担侵权责任的方式,可以单独适用,也可以合并适用。

布,可将禁令分为临时禁令和永久禁令。在依法确认侵权之前,责令停止侵害有一定的不确定性,可能会因原告的败诉而被撤销,因此称作临时禁令。在民事诉讼法领域,这类救济被称作行为保全措施。永久禁令则是在法院确认侵权成立之后,责令被告停止侵害的救济措施。

将禁令视为侵权人承担侵权责任的一种方式,在中国可能引发理论争议。依据传统的物上请求权理论,著作权(知识产权)作为一种类似物权(所有权)的绝对权,自身具有物权性的效力。在受到妨碍时,著作权人可以"请求排除妨害或者消除危险"。① 因此,禁令救济可能被视为著作权"请求权"的效力体现,而不是著作权侵权者承担侵权责任的一种形式。② 在立法者作出明确的澄清之前,本书无意卷入这一民法基础理论的争议,不刻意区分著作权侵权责任和"物上请求权"的效力,而是将禁令救济和损害赔偿并称为侵权救济措施。

所谓损害赔偿,是指法院确认著作权侵权成立后,判决侵权人对权利人的实际损失进行赔偿。依据《著作权法》(2010)第 49 条,"侵权人应当按照权利人的实际损失给予赔偿"。这也是民事领域侵权损害赔偿原则——"填平原则"的体现。"实际损失难以计算的,可以按照侵权人的违法所得给予赔偿。"在权利人的实际损失和侵权人的违法所得均不能确定时,由人民法院根据侵权行为的情节,判决给予 50 万元以下的赔偿。综合起来,著作权侵权损害赔偿标准有三种,即**实际损失、违法所得和法定赔偿**。与专利法所列举的赔偿标准相比,缺少所谓的合理许可费标准。不过,最高人民法院的司法解释指出,法院在计算赔偿额时,可以考虑合理使用费。③

"赔礼道歉"的救济措施在侵害著作人身权的案件中比较常见。如果著作权侵权案件中被侵害的利益只是著作财产权,法院通常会认为损害赔偿足以弥补权利人的损失,而无须赔礼道歉这一救济。

除了上述各项常见救济措施外,其他救济措施可能包括权利人制止侵权的合理支出、收缴侵权复制件等。

1.2 行政救济

依据《著作权法》(2010)第 48 条④,如果该条所罗列的著作权侵权行为同时损害

---

① 《物权法》(2007)第 35 条。
② 进一步的讨论,可以参考吴汉东:《试论知识产权的"物上请求权"与侵权赔偿请求权——兼论〈知识产权协议〉第 45 条规定之实质精神》,载《法商研究》2001 年第 5 期,第 3—11 页。
③ 《最高人民法院关于审理著作权民事纠纷案件具体适用法律若干问题的解释》(2002)第 25 条。
④ 《著作权法》(2010)第 48 条:"有下列侵权行为的,应当根据情况,承担停止侵害、消除影响、赔礼道歉、赔偿损失等民事责任;同时损害公共利益的,可以由著作权行政管理部门责令停止侵权行为,没收违法所得,没收、销毁侵权复制品,并可处以罚款;情节严重的,著作权行政管理部门还可以没收主要用于制作侵权复制品的材料、工具、设备等;构成犯罪的,依法追究刑事责任:
(一)未经著作权人许可,复制、发行、表演、放映、广播、汇编、通过信息网络向公众传播其作品的,本法另有规定的除外;
(二)出版他人享有专有出版权的图书的;
(三)未经表演者许可,复制、发行录有其表演的录音录像制品,或者通过信息网络向公众传播其表演的,本法另有规定的除外;

公共利益时,著作权行政管理部门可以"责令停止侵权行为,没收违法所得,没收、销毁侵权复制品,并可处以罚款;情节严重的,著作权行政管理部门还可以没收主要用于制作侵权复制品的材料、工具、设备等"。如果被控侵权行为没有落入第48条具体列举的一系列著作权侵权行为的范围,则权利人不能寻求行政救济。比如,侵害作者人身权的侵权行为(除了假冒他人署名制作作品外)、未经许可改编作品、出租计算机软件等就没有落入上述目录。

国家版权局著作权行政处罚决定书

国版字[2013]16号

北京百度网讯科技有限公司侵犯合一信息技术(北京)有限公司信息网络传播权一案,经我局调查,现已审查终结。

经查,你公司未经著作权人合一信息技术(北京)有限公司许可,通过你公司经营的百度影音播放器软件向公众传播其拥有著作权的《小爸爸》《新上海滩》《警花缘》《离爱》《神话》……多部影视作品,浏览量巨大,给著作权人造成了重大经济损失。

你公司经营的百度影音播放器软件页面针对不同类型影视作品作了详尽分类和推荐排行,该播放器搜索功能对《小爸爸》等上述影视作品的搜索结果页面进行了明显的修改、编辑、整理。现经现场勘验,通过百度影音播放器搜索《小爸爸》等影视作品的搜索结果中,排名前三位的多为使用百度影音点播系统建站的专门提供盗版影视作品的个人网站。由上述编辑、整理和定向搜索、链接行为可知,你公司应当知道百度影音播放软件的搜索行为所链接的作品侵权,具有明显主观过错。我局于2013年12月19日向你公司送达了著作权行政处罚事先告知书,告知你公司的违法事实和拟作出的处罚决定,并告知你公司有进行陈述、申辩和提出听证申请的权利。2013年12月16日,你公司提交了书面申辩意见。

……

综上,你公司在应当知道第三方网站存在侵犯合一信息技术(北京)有限公司《小爸爸》等影视作品信息网络传播权的情形下,仍通过你公司经营的百度影音播放器搜索进行设链,已构成侵权,且侵权行为持续时间长,社会影响大,损害了公共利益,依法

(四)未经录音录像制作者许可,复制、发行、通过信息网络向公众传播其制作的录音录像制品的,本法另有规定的除外;

(五)未经许可,播放或者复制广播、电视的,本法另有规定的除外;

(六)未经著作权人或者与著作权有关的权利人许可,故意避开或者破坏权利人为其作品、录音录像制品等采取的保护著作权或者与著作权有关的权利的技术措施的,法律、行政法规另有规定的除外;

(七)未经著作权人或者与著作权有关的权利人许可,故意删除或者改变作品、录音录像制品等的权利管理电子信息的,法律、行政法规另有规定的除外;

(八)制作、出售假冒他人署名的作品的。

应当予以处罚。

依据《中华人民共和国著作权法》第 48 条第 1 项、《中华人民共和国著作权法实施条例》第 36 条、第 37 条第 2 款及《中华人民共和国行政处罚法》有关规定,我局依法对你公司作如下行政处罚:

(一)责令停止侵权行为。责令你公司立即停止通过信息网络传播侵权作品。

(二)罚款人民币 25 万元。你公司应当自收到行政处罚决定之日起 15 日内缴纳罚款,并将缴纳罚款凭据复印件送我局。

如不服本处罚决定,你公司可以在接到本决定书之日起 60 日内向国家版权局申请行政复议;也可以在接到本决定书之日起 3 个月内依法提起行政诉讼。行政复议和行政诉讼期间,行政处罚不停止执行。

逾期不履行本处罚决定的,我局将依法申请人民法院强制执行。

国家版权局
2013 年 12 月 27 日

思考问题:

如果版权局所掌握的侵权认定标准与民事侵权认定标准不一致时,如何处理?必要时,可以参考"信息网络传播权"和"网络间接侵权"两章的相关民事侵权案例。

行政救济是利用有限的政府资源来维护著作权人的私人利益,只有在侵权行为足够严重而且民事责任或刑事责任不足以将侵权发生率降低到合理水平时,才有必要这么做。否则,利用政府资源追究版权侵权人的行政责任,是一种公共资源的浪费。韦之教授准确地介绍了当初中国引入著作权行政执法的历史原因:

> 著作权纠纷是平等民事主体之间发生的争端,原则上行政部门不宜过多地介入。但是,从我国的国情而言,由于长期缺乏著作权制度,作者和公众的知识产权意识还很薄弱。另一方面,在向市场经济转轨的时期,各种著作权侵权行为十分猖獗,它不仅危害了著作权人的个人利益,而且直接影响到我国的投资环境和对外贸易关系。在这种背景下,单靠著作权人的行动远不足以遏制侵权现象。因而,政府的干预显得有其必要性。过去几年的实践也已证明,行政处理程序简单、经济、迅速,收到了较好的效果。①

当初立法者在制定行政救济规则时,就曾经遭到很多学者的质疑。反对行政救济的论点主要包括:(1)著作权是私权,不应利用公权力来保护著作权人的一己私利。(2)行政机构容易滥用执法权力,损害公众权益。(3)公共利益的范围很难界定,增加法律的不确定性。正因为如此,支持行政执法的学者也强调:"为了与我国法制建设的终极目标相吻合,应该将行政处理限制在必要的范围之内,以避免行政代替司法的

---

① 韦之:《著作权法原理》,北京大学出版社 1998 年版,第 154 页。

倾向。"①

本书认为,是否可以利用公权力或公共资源为私权提供更有效的保护,是一项政策性的决定,本质上并不存在理论障碍。其中的道理就像我们已经利用刑法来保护私人有形财产一样。如果立法者发现,民事救济不能将侵权风险降低到可以接受的范围,同时,有效保护私人财产有利于实现重要的公共政策,则立法者就可能会利用行政救济或刑事救济来提高法律的威慑力。除此之外,立法者还有另外一种选择,就是在民事领域引入所谓的惩罚性赔偿制度,让侵权者付出更大的代价。行政机构介入必然会引发行政机构滥用职权的担忧,但是这并不足以成为否定行政执救济合理性的理由。公权力在追究侵害财产权的罪犯的刑事责任时,同样存在滥用权力的风险,但是并不能因此否定刑事救济的必要性。

本书虽然认为著作权行政保护不存在理论上的障碍,但并不肯定作为一种公共政策的选择,行政执法是真正有必要的。决策者原本要更仔细地考虑,强化版权保护的目标是否可以通过改革现有的民事救济制度来实现,比如改革临时禁令救济制度、改革民事诉讼程序、引入惩罚性赔偿、提高损害赔偿额度等。如果这些改革能够使得著作权侵权行为得到有效的遏制,则没有必要花费更多的公共资源来维持一套行政执法体系。毕竟,公共行政资源是非常有限的,应该用在更需要它的地方。

如前所述,《著作权法》第 48 条从两个方面对行政救济的适用进行限制,即限制侵权行为类型和要求损害公共利益。对于侵权行为类型的限制,对行政机构而言构成真切的约束;而所谓"损害公共利益"要求则没有起到太大作用。当初,立法者担心行政机构滥用职权,随意介入普通的著作权侵权案件,过度增加侵权者的负担,因此设置了"公共利益"的限制,希望行政机构仅仅介入那些比较严重的侵权案件。不过,在实践中,行政机构可以随意解释,几乎可以追究落入既定目录的任何侵权行为人的行政责任。这显然违背了当初的立法目的。将来,如果要将公共利益的限制落到实处②,可能需要设置更明确的门槛,比如侵权者的过错、侵权复制件的数量、侵权销售的数额等,并进一步压缩行政救济所针对的侵权行为的类型。

关于民事诉讼与行政救济之间的关系衔接问题,最高人民法院的司法解释作出明确的规定:"对著作权行政管理部门查处的侵犯著作权行为,当事人向人民法院提起诉讼追究该行为人民事责任的,人民法院应当受理。""人民法院审理已经过著作权行政管理部门处理的侵犯著作权行为的民事纠纷案件,应当对案件事实进行全面审查。"③这实际上意味着,法院并不当然接受行政部门对于侵权事实的认定,即便行政处罚决定已经生效。这在一定程度上降低了行政处罚决定的重要性。

2013 年国务院专门修改了《著作权法实施条例》第 36 条,强化了行政处罚的力

---

① 韦之:《著作权法原理》,北京大学出版社 1998 年版,第 154 页。
② 在"2002 年 WTO 过渡性审议"中,国家版权局也曾经明确答复"构成不正当竞争,危害经济秩序的行为即可认定为损害公共利益。"此答复得到了全国人大法工委、国务院法制办、最高人民法院的认可。
③ 《最高人民法院关于审理著作权民事纠纷案件具体适用法律若干问题的解释》(2002)第 3 条。

度:"有著作权法第四十八条所列侵权行为,同时损害社会公共利益,非法经营额5万元以上的,著作权行政管理部门可处非法经营额1倍以上5倍以下的罚款;没有非法经营额或者非法经营额5万元以下的,著作权行政管理部门根据情节轻重,可处25万元以下的罚款。"这一修改决定将行政机关的罚款权限从1—3倍与10万人民币提高到1—5倍与25万人民币。

1.3 刑事救济

中国《刑法》(1997)第217条规定:

"以营利为目的,有下列侵犯著作权情形之一,违法所得数额较大或者有其他严重情节的,处三年以下有期徒刑或者拘役,并处或者单处罚金;违法所得数额巨大或者有其他特别严重情节的,处三年以上七年以下有期徒刑,并处罚金:

(一) 未经著作权人许可,复制发行其文字作品、音乐、电影、电视、录像作品、计算机软件及其他作品的;

(二) 出版他人享有专有出版权的图书的;

(三) 未经录音录像制作者许可,复制发行其制作的录音录像的;

(四) 制作、出售假冒他人署名的美术作品的。"

显然,需要承担刑事责任的著作权侵权行为比承担行政责任的侵权行为的范围更窄,仅仅限于以营利为目的的复制发行作品或录音录像制品、制售假冒他人署名的美术作品这两类行为。

关于中国著作权刑事保护的立法历史,本书作者在以前发表过的论文中有简要介绍,摘录如下①:

中国大陆在著作权侵权的刑事立法方面保持相对谨慎的态度。虽然早在1987年就通过最高法院和最高检察院联合通知的形式②,明确依据所谓的"投机倒把罪"追究非法出版者的刑事责任,③但是,此类刑事责任的最主要目的在于打击反动、色情、封建迷信等政治不正确的非法出版物,并非为制止著作权侵权而追究刑事责任。

1991年中国大陆首次制定《著作权法》时,规定了民事责任和行政责任,但是

---

① 崔国斌:《P2P软件背后的版权责任认定——台湾飞行网案评析》,载《月旦民商法》(台湾)2006年第11期,第133—147页。

② 参见最高人民法院、最高人民检察院《关于依法严惩非法出版犯罪活动的通知》(1987年11月27日)。通知指出:"以牟取暴利为目的,从事非法出版物的出版、印刷、发行、销售活动,非法经营或者非法获利的数额较大,情节严重的,以《刑法》第117条投机倒把罪论处;数额巨大的,适用《刑法》第118条;情节特别严重的,适用《全国人民代表大会常务委员会关于严惩严重破坏经济的罪犯的决定》第1条第(一)项的规定。"

③ 《中华人民共和国刑法》(1979)"第一百一十七条 违反金融、外汇、金银、工商管理法规,投机倒把,情节严重的,处三年以下有期徒刑或者拘役,可以并处、单处罚金或者没收财产。""第一百一十八条 以走私、投机倒把为常业的,走私、投机倒把数额巨大的或者走私、投机倒把集团的首要分子,处三年以上十年以下有期徒刑,可以并处没收财产。"

没有刑事责任条款。当初的立法者担心:"对著作权侵权行为适用刑事制裁过于严厉,尤其是在著作权法实施之初,不宜采取严厉的刑事制裁措施。"①

自 1994 年人大常委会通过《关于惩治侵犯著作权的犯罪的决定》开始,著作权才被纳入刑事保护范围。1997 年《刑法》第 217 条正式规定了著作权侵权的刑事责任。依据该规定,受追究的行为主要限于复制发行和出版行为,而且必须是以营利为目的,违法所得数额较大或者有其他严重情节。1998 年最高人民法院司法解释称所谓"数额较大"个人所得须超过 5 万元人民币或单位所得超过 20 万人民币。② 2004 年最高法院和最高检察院出台新的司法解释,降低刑事责任门槛到违法所得数额 3 万元。③

2004 年的司法解释还将网络传输行为视为传统的复制发行行为,从而将刑法保护范围延伸到所谓的信息网络传播权……

中国人大常委会 1994 年的《关于惩治侵犯著作权的犯罪的决定》和 2004 年两高的司法解释的出台,都和美国等西方国家施加的贸易压力有很大的关系。中国社会内部对于此类刑事规范可能的后果,没有做好相应的心理准备。在人们的道德意识里此类个人行为与传统的盗窃行径有着天壤之别。计算机用户使用盗版软件、复制音乐的情况还相当普遍。④ 如果在这种背景下草草立法,让数以千万计的计算机用户发现自己一夜之间成为侵害著作权的罪犯,是不能接受的。因此,中国法院在刑事司法过程中对著作权犯罪持谦抑态度就不足为怪了。

2011 年,最高人民法院、最高人民检察院和公安部在《关于办理侵犯知识产权刑事案件适用法律若干问题的意见》中,再一次降低了著作权侵权刑事责任的门槛,并具体解释了关键构成要件(比如"以营利为目的""未经著作权人许可""发行"等)。以下是部分内容摘录:

  十、关于侵犯著作权犯罪案件"以营利为目的"的认定问题
  除销售外,具有下列情形之一的,可以认定为"以营利为目的":
  (一)以在他人作品中刊登收费广告、捆绑第三方作品等方式直接或者间接收取费用的;
  (二)通过信息网络传播他人作品,或者利用他人上传的侵权作品,在网站或者网页上提供刊登收费广告服务,直接或者间接收取费用的;

---

① 李明德、许超:《著作权法》,法律出版社 2003 年版,第 255 页。
② 最高人民法院《关于审理非法出版物刑事案件具体应用法律若干问题的解释》(1998)第 2 条。
③ 最高人民法院、最高人民检察院《关于办理侵犯知识产权刑事案件具体应用法律若干问题的解释》(2004)第 5 条。
④ 2005 年美国商业软件联盟公布的全球软件盗版第二次年度报告显示,中国内地 2004 年的盗版率为 90%,香港特区 52%,台湾地区 43%,美国 21%。BSA &IDC, The Second Annual BSA and IDC Global Software Piracy Study 2004, 2005.05, P. 8. http://www.bsa.org/globalstudy/upload/2005-Global-Study-English.pdf. 这一调查数据不一定可靠,但能提供一个大致印象。

（三）以会员制方式通过信息网络传播他人作品，收取会员注册费或者其他费用的；

（四）其他利用他人作品牟利的情形。

十一、关于侵犯著作权犯罪案件"未经著作权人许可"的认定问题

"未经著作权人许可"一般应当依据著作权人或者其授权的代理人、著作权集体管理组织、国家著作权行政管理部门指定的著作权认证机构出具的涉案作品版权认证文书，或者证明出版者、复制发行者伪造、涂改授权许可文件或者超出授权许可范围的证据，结合其他证据综合予以认定。

在涉案作品种类众多且权利人分散的案件中，上述证据确实难以一一取得，但有证据证明涉案复制品系非法出版、复制发行的，且出版者、复制发行者不能提供获得著作权人许可的相关证明材料的，可以认定为"未经著作权人许可"。但是，有证据证明权利人放弃权利、涉案作品的著作权不受我国著作权法保护，或者著作权保护期限已经届满的除外。

十二、关于刑法第二百一十七条规定的"发行"的认定及相关问题

"发行"，包括总发行、批发、零售、通过信息网络传播以及出租、展销等活动。

非法出版、复制、发行他人作品，侵犯著作权构成犯罪的，按照侵犯著作权罪定罪处罚，不认定为非法经营罪等其他犯罪。

十三、关于通过信息网络传播侵权作品行为的定罪处罚标准问题

以营利为目的，未经著作权人许可，通过信息网络向公众传播他人文字作品、音乐、电影、电视、美术、摄影、录像作品、录音录像制品、计算机软件及其他作品，具有下列情形之一的，属于刑法第二百一十七条规定的"其他严重情节"：

（一）非法经营数额在五万元以上的；

（二）传播他人作品的数量合计在五百件(部)以上的；

（三）传播他人作品的实际被点击数达到五万次以上的；

（四）以会员制方式传播他人作品，注册会员达到一千人以上的；

（五）数额或者数量虽未达到第（一）项至第（四）项规定标准，但分别达到其中两项以上标准一半以上的；

（六）其他严重情节的情形。

实施前款规定的行为，数额或者数量达到前款第（一）项至第（五）项规定标准五倍以上的，属于刑法第二百一十七条规定的"其他特别严重情节"。

十四、关于多次实施侵犯知识产权行为累计计算数额问题

依照《最高人民法院、最高人民检察院关于办理侵犯知识产权刑事案件具体应用法律若干问题的解释》第十二条第二款的规定，多次实施侵犯知识产权行为，未经行政处理或者刑事处罚的，非法经营数额、违法所得数额或者销售金额累计计算。

二年内多次实施侵犯知识产权违法行为，未经行政处理，累计数额构成犯罪的，应当依法定罪处罚。实施侵犯知识产权犯罪行为的追诉期限，适用刑法的有

关规定，不受前述二年的限制。

成都共软网络科技有限公司等侵犯著作权案（"番茄花园"案）

最高人民法院公报案例 2010 年第 9 期

2006 年 12 月至 2008 年 8 月期间，网联广告公司和被告单位共软公司出于营利目的，由被告人孙显忠指使，经被告人张天平与被告人洪磊、梁焯勇合作，在未经微软公司许可的情况下，复制微软 Windows XP 计算机软件后制作多款"番茄花园"版软件，并以修改浏览器主页、默认搜索页面、捆绑其他公司软件等形式，在"番茄花园"版软件中分别加载百度时代网络技术（北京）有限公司、北京阿里巴巴信息技术有限公司、北京搜狗科技发展有限公司、网际快车信息技术有限公司等多家单位的商业插件，通过互联网在"番茄花园"网站、"热度"网站发布供公众下载。其中，洪磊负责制作的[多种版本的"番茄花园"WINXP 软件]，版累计下载 117 308 次。共软公司从百度时代网络技术（北京）有限公司获取非法所得计人民币 935 665.53 元，从北京阿里巴巴信息技术有限公司获取非法所得计人民币 1611996.46 元，从北京搜狗科技发展有限公司获取非法所得计人民币 69 538.50 元，从网际快车信息技术有限公司获取非法所得计人民币 307 086.6 元。综上，共软公司涉案违法所得共计人民币 2 924 287.09 元。

……

本案的争议焦点是：被告单位共软公司及被告人孙显忠、张天平、洪磊、梁焯勇的行为是否构成侵犯著作权罪。

苏州市虎丘区人民法院经审理认为：

《刑法》第 217 条规定："以营利为目的，有下列侵犯著作权情形之一，违法所得数额较大或者有其他严重情节的，处 3 年以下有期徒刑或者拘役，并处或者单处罚金；违法所得数额巨大或者有其他特别严重情节的，处 3 年以上 7 年以下有期徒刑，并处罚金：（一）未经著作权人许可，复制发行其文字作品、音乐、电影、电视、录像作品、计算机软件及其他作品的……"该条就侵犯著作权罪作出了明确规定。判断本案被告单位共软公司及被告人孙显忠、张天平、洪磊、梁焯勇的行为是否构成侵犯著作权罪，应当根据该条规定。从行为人是否以营利为目的、是否在未经软件著作权人许可的情况下进行复制、是否实施了发行行为几个方面分别加以分析。

首先，关于被告单位共软公司及被告人孙显忠、张天平、洪磊、梁焯勇实施涉案行为是否以营利为目的问题。最高人民法院、最高人民检察院《关于办理侵犯知识产权刑事案件具体应用法律若干问题的解释》第 11 条第 1 款规定："以刊登收费广告等方式直接或者间接收取费用的情形，属于《刑法》第 217 条规定的'以营利为目的'。"本案中，虽然被告单位及各被告人通过互联网在"番茄花园"网站、"热度"网站发布涉案番茄花园版 Windows 系列软件时，是供公众免费下载的，没有直接从中营利，但在发布涉案"番茄花园"版 Windows 系列软件的同时，被告单位及各被告人通过修改浏览器主页、默认搜索页面、捆绑需推广的客户商业软件等手段，获得了广告费、推广费等巨额间接收入,共计人民币 2 924 287.09 元。因此,可以认定共软公司、孙显忠、张天平与洪磊、梁焯勇实施涉案行为的真实意图,正是在于追求巨额广告费、推广费收益,明显具有营利目的。

第二,关于被告单位共软公司及被告人孙显忠、张天平、洪磊、梁焯勇是否未经著作权人许可而复制涉案系列软件的问题。经查,微软公司是微软 Windows 软件的合法著作权人。根据苏州市公安局信息网络安全监察处制作的远程勘验工作记录,"番茄花园"版 Windows 系列软件在界面上显示该软件系微软公司授权"番茄花园"制作,而根据微软公司出具的证明,微软公司没有授权任何个人、公司制作其软件。根据中国版权保护中心版权鉴定委员会出具的[鉴定报告],涉案"番茄花园"版 Windows 系列软件与微软 Windows 软件相比对,二者的核心程序均集中在 Windows 目录下,且二者的目录结构和文件存在大量相同的内容。据此,可以认定涉案"番茄花园"版 Windows 系列软件是根据微软 Windows 软件核心程序进行复制的产物,被告单位及各被告人系在未经软件著作权人许可的情况下实施侵权复制行为。被告人孙显忠、张天平、洪磊、梁焯勇在供述中,亦承认涉案"番茄花园"版 Windows 系列软件系盗用微软 Windows 软件加以修改、美化而成。

第三,关于被告单位共软公司及被告人孙显忠、张天平、洪磊、梁焯勇是否实施了发行行为的问题。信息网络领域的"发行"存在一定的特殊性,与一般媒介的"发行"行为有区别。根据最高人民法院、最高人民检察院《关于办理侵犯知识产权刑事案件具体应用法律若干问题的解释》第 11 条第 3 款的规定,行为人通过信息网络向公众传播他人文字作品、音乐、电影、电视、录像作品、计算机软件及其他作品的行为,应当视为《刑法》第 217 条规定的"发行"行为。据此,本案被告单位及各被告人通过互联网发布涉案"番茄花园"版 Windows 系列软件供不特定社会公众下载,无论其是否收取下载费用,都应当视为《刑法》第 217 条规定的"发行"行为。

最高人民法院、最高人民检察院《关于办理侵犯知识产权刑事案件具体应用法律若干问题的解释》第 5 条第 2 款规定:"以营利为目的,实施《刑法》第 217 条所列侵犯著作权行为之一,违法所得数额在 15 万元以上的,属于'违法所得数额巨大'……"根据本案查明的事实,被告单位共软公司及被告人孙显忠、张天平、洪磊、梁焯勇通过实施涉案行为,收取广告费、推广费共计人民币 2 924 287.09 元,属于违法所得数额巨大。最高人民法院、最高人民检察院《关于办理侵犯知识产权刑事案件具体应用法律若干问题的解释(二)》第 1 条规定:"以营利为目的,未经著作权人许可,复制发行其文字作品、音乐、电影、电视、录像作品、计算机软件及其他作品,复制品数量合计在 500 张(份)以上的,属于《刑法》第 217 条规定的'有其他严重情节';复制品数量在 2500 张(份)以上的,属于《刑法》第 217 条规定的'有其他特别严重情节'。"根据苏州市公安局信息网络安全监察处对"番茄花园"网站和"热度"网站进行远程勘验的结果,洪磊负责制作的"番茄花园"WINXP[版本]侵权软件累计下载 71 583 次,梁焯勇负责制作的"番茄花园"WINXP 美化版等侵权软件累计下载 8018 次。据此,可以认定涉案复制品数量在 2500 张(份)以上,被告单位及各被告人实施涉案侵犯著作权犯罪行为具有《刑法》第217条规定的"其他特别严重情节"。

综上,被告单位共软公司及被告人孙显忠、张天平、洪磊、梁焯勇以营利为目的,未经著作权人许可复制发行其计算机软件,违法所得数额巨大,情节特别严重,均已构成侵犯著作权罪。孙显忠作为被告单位直接负责的主管人员,张天平作为被告单位的直接责任人员,应当依法承担刑事责任。在共同犯罪中,被告单位及孙显忠、张天平、洪磊均起主要作用,均系主犯,应按照其参与的全部犯罪处罚。梁焯勇受洪磊指使复制、发行他人计算机软件,在共同犯罪中起辅助作用,系从犯,应减轻处罚。张天平犯罪后自动投案,如实供述自己的罪行,构成自首,依法可减轻处罚。

据此,苏州市虎丘区人民法院依据《刑法》第217条第1款第1项,第220条,第25条第1款、第4款,第64条,第27条第1款、第2款,第67条第1款及最高人民法院、最高人民检察院《关于办理侵犯知识产权刑事案件具体应用法律若干问题的解释》第5条第2款、最高人民法院、最高人民检察院《关于办理侵犯知识产权刑事案件具体应用法律若干问题的解释(二)》第1条之规定,于2009年8月20日判决:一、被告单位成都共软网络科技有限公司犯侵犯著作权罪,判处罚金人民币八百七十七万二千八百六十一元二角七分,上缴国库。二、被告人孙显忠犯侵犯著作权罪,判处有期徒刑3年6个月,并处罚金人民币100万元,上缴国库。三、被告人张天平犯侵犯著作权罪,判处有期徒刑2年,并处罚金人民币10万元,上缴国库。四、被告人洪磊犯侵犯著作权罪,判处有期徒刑3年6个月,并处罚金人民币100万元,上缴国库。五、被告人梁焯勇犯侵犯著作权罪,判处有期徒刑2年,并处罚金人民币10万元,上缴国库。六、被告单位成都共软网络科技有限公司的违法所得计人民币二百九十二万四千二百八十七元零九分,予以没收,上缴国库。[一审宣判后,各方未上诉或抗诉。]

2 禁令救济

2.1 临时禁令

在很多情形下,对著作权人而言,及时制止侵权人继续进行侵权活动比赔偿损失更为重要。这是因为著作权侵权诉讼,从起诉到判决生效,短则半年,长则数年。在这一过程中,侵权人可能会采取一切措施拖延诉讼,或转移财产。如果著作权人一定要等到判决生效后再制止侵权,则可能会出现难以弥补的损害,比如侵权人逃之夭夭或权利人完全被挤出市场等等。为了更有效地保护著作权人的利益,《著作权法》设置了临时禁令这一救济措施——该法第50条第1款规定:

> 著作权人或者与著作权有关的权利人有证据证明他人正在实施或者即将实施侵犯其权利的行为,如不及时制止将会使其合法权益受到难以弥补的损害的,可以在起诉前向人民法院申请采取责令停止有关行为和财产保全的措施。

根据临时禁令申请提出的时间在诉讼前或诉讼中的不同,临时禁令可以分为诉前禁令和诉中禁令。① 从审查标准看，二者并无本质差别。只是由于提出时机的不同，在程序上存在一些非实质性的差异。② 比如，对于诉前禁令申请被批准之后，申请人要在 15 日内提起诉讼，否则会被解除，而诉中禁令就没有这一问题。③除非特别说明，本书并不刻意区分诉前与诉中禁令，而统称为临时禁令，或者临时禁令与诉前禁令互换使用。

依据最高人民法院 2002 年的司法解释，"人民法院采取诉前措施，参照《最高人民法院关于诉前停止侵犯注册商标专用权行为和保全证据适用法律问题的解释》的规定办理"④。这里参照《商标法》司法解释，对临时禁令救济的一些程序问题做简要介绍。

2.1.1 主体资格

依据该司法解释，只有著作权人或利害关系人才可以提出诉前禁令申请。所谓的利害关系人包括著作权使用许可合同的被许可人、著作权财产权利的合法继承人。其中，独占使用许可合同的被许可人可以单独向人民法院提出申请；排他使用许可合同的被许可人在著作权人不申请的情况下，可以提出申请。⑤ 普通许可（非独占也非排他许可）的被许可人，不能单独申请禁令救济。

2.1.2 审查内容

临时禁令的申请，应当向侵权行为地或者被申请人住所地对著作权侵权案件有管辖权的人民法院提出。⑥

法院在审查著作权人提出的临时禁令申请时，要考虑的因素应该主要有以下四点：

(1) 申请人所指控行为构成著作权侵权的可能性；
(2) 不及时制止该行为是否会给申请人带来难以弥补的损害；
(3) 申请人提供担保情况；
(4) 发放禁令是否损害公共利益。⑦

申请人（专利权人或利害关系人）要证明他人行为具有版权侵权的可能性，至少要证明两项内容：其一，该申请具有著作权权利基础；其二，被申请人的行为很可能构成著作权侵权。证明具有权利基础，无非是提供那些能够证明作品归属的真实有效的

---

① 张广良：《知识产权侵权民事救济》，法律出版社 2003 年版，第 41—72 页。
② 《最高人民法院关于诉前停止侵犯注册商标专用权行为和保全证据适用法律问题的解释》（2002）第 16 条。
③ 《最高人民法院关于诉前停止侵犯注册商标专用权行为和保全证据适用法律问题的解释》（2002）第 12 条。
④ 《最高人民法院关于审理著作权民事纠纷案件具体适用法律若干问题的解释》（2002）第 30 条第 2 款。
⑤ 参考《最高人民法院关于诉前停止侵犯注册商标专用权行为和保全证据适用法律问题的解释》（2002）第 1 条第 2 款。
⑥ 参考《最高人民法院关于诉前停止侵犯注册商标专用权行为和保全证据适用法律问题的解释》（2002）第 2 条。
⑦ 参考《最高人民法院关于诉前停止侵犯注册商标专用权行为和保全证据适用法律问题的解释》（2002）第 11 条。

法律文件,比如作品上的署名、作品的发表情况、申请人的身份文件等。证明侵权的可能性应该达到什么程度,在《著作权法》和相关的司法解释上,并没有明确的答案。理论上讲,将申请人的作品与被控侵权作品对比,应该足以让法官相信,基于普通侵权案件的侵权认定标准,足以认定存在侵权的程度。

法院应如何认定存在"难以弥补的损害",《著作权法》和司法解释中也没有明确的答案。侵权行为本身通常会导致损害,但并不一定是"难以弥补的"。这里所说的难以弥补,应该是指事后用损害赔偿(金钱)的方式难以弥补,而必须用事前发放临时禁令的方式加以制止。

从《著作权法》第50条第1款的字面意思看,法院不能因为构成侵权就认定一定会存在"难以弥补的损害"。接着往下,法院理论上可能的选择有两种:其一,具有侵权可能性之后,推定存在"难以弥补的损害",但许可被申请人提出反驳;其二,不接受推定,要求申请人在正面侵权可能性之外,额外提供证据证明存在"难以弥补的损害"。

本书认为,法院不应将直接将所有侵权损害都推定为难以弥补的损害。首先,推定存在"难以弥补的损害"似乎仍然不太符合《著作权法》第50条第1款的字面意思。该条要求申请人"有证据证明"存在"难以弥补的损害",言下之意,构成侵权本身并不是证据。其次,从最高人民法院司法解释设置的临时禁令申请审查程序看,法院可以在被申请人缺席的情况下,审查临时禁令申请。如果采用推定标准,在这一程序中,被申请人反驳的权利并无程序保障。因此,本书认为法院应当要求申请人提供证据证明不发放禁令会导致难以弥补的损害。

申请临时禁令时,申请人应提交抵押、保证等担保。如果不提供担保,法院将驳回申请。"人民法院确定担保的范围时,应当考虑责令停止有关行为所涉及的商品销售收益,以及合理的仓储、保管等费用,停止有关行为可能造成的合理损失等。"①"在执行停止有关行为裁定过程中,被申请人可能因采取该项措施造成更大损失的,人民法院可以责令申请人追加相应的担保。申请人不追加担保的,可以解除有关停止措施。"②被申请人即便提供反担保,也不能解除临时禁令,但申请人同意的除外。③

在大多数情况下,对于保护公共利益的考虑通常不会对临时禁令的发放产生负面影响。只有在重要的公共利益对侵权行为产生了某种依赖关系的情况下,才可能影响法院的判断。比如,责令侵权人停止侵权将导致海量用户的软件或网站等停止运行,给大量网络用户造成难以估量的损失等。这时候,法院可能选择损害赔偿的救济方式,而拒绝适用禁令救济。

---

① 参考《最高人民法院关于诉前停止侵犯注册商标专用权行为和保全证据适用法律问题的解释》(2002)第10条。
② 参考《最高人民法院关于诉前停止侵犯注册商标专用权行为和保全证据适用法律问题的解释》(2002)第7条。
③ 《最高人民法院关于诉前停止侵犯注册商标专用权行为和保全证据适用法律问题的解释》(2002)第8条。

2.1.3 复议申请

依据专利侵权临时禁令的司法解释,法院对临时禁令申请进行审查时,可以自行决定是否通知被申请人。①关于商标侵权临时禁令的司法解释,对这一问题保持沉默。因此,法院在审查著作权临时禁令申请时,可能也无需告知被申请人。不过,在法院作出临时禁令的裁定后,应当及时通知被申请人,至迟不得超过5日。"当事人对诉前责令停止侵犯注册商标专用权行为裁定不服的,可以在收到裁定之日起10日内申请复议一次。"②

如果法院在作出临时禁令裁定前没有通知被申请人,则可能没有机会听到被申请人就著作权效力以及是否侵权等问题所提出的抗辩主张。这时候,法院基于单方提供的信息作出裁定。受此影响的被申请人可以利用申请复议的机会提出自己的抗辩,让法院重新考虑已作出决定。不过,在法院作出相反的复议结果之前,临时禁令将继续执行。③

2.1.4 程序时限

法院接受著作权人或者利害关系人提出临时禁令申请后,经审查符合规定的,应当在48小时内作出书面裁定;裁定责令被申请人停止侵犯著作权行为的,应当立即开始执行。④在法院发放临时禁令后,著作权人或利害关系人需要在15日内对被申请人提起著作权侵权诉讼,否则法院会解除裁定采取的措施。⑤

临时禁令的效力一般应维持到终审法律文书生效时止。"人民法院也可以根据案情,确定停止有关行为的具体期限;期限届满时,根据当事人的请求及追加担保的情况,可以作出继续停止有关行为的裁定。"⑥

杨季康 v. 中贸圣佳国际拍卖有限公司

北京市二中院(2013)二中民保字第09727号

申请人杨季康称:钱钟书(已故)与杨季康(笔名杨绛)系夫妻,二人育有一女钱瑗(已故)。钱钟书、杨季康及钱瑗与李国强系朋友关系,三人曾先后致李国强私人书信百余封,该信件本由李国强收存,但是2013年5月间,中贸圣佳公司发布公告表

---

① 最高人民法院《关于对诉前停止侵犯专利权行为适用法律问题的若干规定》(2001)第9条第1、2款。
② 《最高人民法院关于诉前停止侵犯注册商标专用权行为和保全证据适用法律问题的解释》(2002)第9条第2款。
③ 《最高人民法院关于诉前停止侵犯注册商标专用权行为和保全证据适用法律问题的解释》(2002)第9条第2款。
④ 《最高人民法院关于诉前停止侵犯注册商标专用权行为和保全证据适用法律问题的解释》(2002)第9条第1款。
⑤ 《最高人民法院关于诉前停止侵犯注册商标专用权行为和保全证据适用法律问题的解释》(2002)第10条。
⑥ 《最高人民法院关于诉前停止侵犯注册商标专用权行为和保全证据适用法律问题的解释》(2002)第14条。

示其将于2013年6月21日下午13:00举行"也是集——钱钟书书信手稿"公开拍卖活动,公开拍卖上述私人信件。为进行该拍卖活动,中贸圣佳公司还将于2013年6月8日举行相关研讨会、于2013年6月18日至20日举行预展活动。杨季康认为,钱钟书、杨季康、钱瑗分别对各自创作的书信作品享有著作权。钱瑗、钱钟书先后于1997年3月4日、1998年12月19日病故,钱钟书去世后,其著作权中的财产权由杨季康继承,其著作权中的署名权、修改权和保护作品完整权由杨季康保护,发表权由杨季康行使;钱瑗去世后,其著作权中的财产权由杨季康与其配偶杨伟成共同继承,其著作权中的署名权、修改权和保护作品完整权由杨季康与杨伟成保护,发表权由杨季康与杨伟成共同行使;鉴于杨伟成明确表示在本案中不主张权利,故杨季康依法有权主张相关权利。杨季康主张,中贸圣佳公司及李国强即将实施的私人信件公开拍卖活动,以及其正在实施的公开展览、宣传等活动,将侵害杨季康所享有和继承的著作权,如不及时制止上述行为,将会使杨季康的合法权益受到难以弥补的损害,故向本院提出申请,请求法院责令中贸圣佳公司及李国强立即停止公开拍卖、公开展览、公开宣传杨季康享有著作权的私人信件。

被申请人中贸圣佳公司称:中贸圣佳公司确实计划举办"也是集——钱钟书书信手稿"公开拍卖及相关研讨会、预展等活动,计划拍卖的拍品中包括钱钟书、杨季康及钱瑗所撰写的书信手稿,中贸圣佳公司事先未对拍品的著作权权属情况进行审查,亦未取得著作权人许可。

……

申请人杨季康已为其上述请求,向本院提供了合法有效的担保。

经审查,本院认为:我国著作权法所称的作品,是指文学、艺术和科学领域内具有独创性并能以某种有形形式复制的智力创造成果。书信作为人类沟通感情、交流思想、洽谈事项的工具,通常是写信人独立构思并创作而成的文字作品,其内容或表现形式通常不是或不完全是对他人已发表的作品的引用、抄录,即不是单纯摹仿、抄袭、篡改他人的作品。因此,书信通常具有独创性和可复制性,符合著作权法关于作品的构成要件,可以成为著作权法保护的作品,其著作权应当由作者即发信人享有。根据我国著作权法的相关规定,钱钟书、杨季康、钱瑗分别对各自创作的书信作品享有著作权。钱钟书去世后,杨季康作为其唯一继承人,有权依法继承其著作权中的财产权,依法保护其著作权中的署名权、修改权和保护作品完整权,依法行使其著作权中的发表权。钱瑗去世后,杨季康、杨伟成作为其继承人,有权依法继承其著作权中的财产权,依法保护其著作权中的署名权、修改权和保护作品完整权,依法行使其著作权中的发表权。鉴于杨伟成明确表示在本案中不主张权利,故杨季康依法有权主张相关权利。任何人包括收信人及其他合法取得书信手稿的人,对于合法取得的书信手稿进行处分时均不得侵害著作权人的合法权益。

发表权是著作权中重要的人身权。根据我国著作权法的规定,如果作者未明确表示不发表,作者死亡后50年内,其发表权可由继承人或受遗赠人行使。杨季康作为著作权人或著作权人的继承人,享有涉案书信作品的发表权,即享有决定作品是否公之于众的权利。如果他人未经许可非法发表涉案书信手稿,将导致对申请人杨季康的发表权造成难以弥补的损害。此外,发表权是著作权人行使和保护其他权利的基础,一旦作品被非法发表,极易导致权利人对其他复制、发行等行为难以控制。在杨季康明确表示不同意将其享有权利的涉案作品公之于众的情况下,中贸圣佳公司即将公开预展、公开拍卖涉案书信手稿,及为拍卖而正在或即将通过报刊、光盘、宣传册、计算机网络等方式复制发行涉案书信手稿的行为构成对申请人杨季康发表权及复制权、发行权的侵犯,将导致申请人受到难以弥补的损害。

根据现有证据,可以确认被申请人中贸圣佳公司是涉案拍卖、预展等活动的实施主体,申请人杨季康提出的责令禁止中贸圣佳公司实施上述侵害著作权行为的申请,于法有据,理由充分,本院予以支持。虽然现有证据可以证明涉案书信手稿本应由李国强保存,但并无证据证明李国强与中贸圣佳公司正在或即将共同实施被请求禁止的侵权行为,故申请人杨季康提出的责令李国强停止实施杨季康所述侵权行为的申请,依据不足,本院对其该项申请不予支持。

综上,本院依据《中华人民共和国著作权法》第十条第一款第一项、第十九条第一款、第二十一条第一款、第五十条,《中华人民共和国著作权法实施条例》第十七条,《中华人民共和国继承法》第十条、第十一条,《中华人民共和国民事诉讼法》第一百条、第一百零一条、第一百零八条,《最高人民法院关于审理著作权民事纠纷案件适用法律若干问题的解释》第三十条第二款的规定,裁定如下:

中贸圣佳国际拍卖有限公司在拍卖、预展及宣传等活动中不得以公开发表、展览、复制、发行、信息网络传播等方式实施侵害钱钟书、杨季康、钱瑗写给李国强的涉案书信手稿著作权的行为。

案件受理费500元,由中贸圣佳国际拍卖有限公司负担(于本裁定生效后7日内交纳)。

本裁定送达后立即执行。

如不服本裁定,可在裁定书送达之日起十日内向本院申请复议一次。复议期间不停止裁定的执行。

(张剑、刘娟、杨静法官)

2.2 永久禁令

在绝大多数案件中,法院在判决著作权侵权成立后,都会责令被告停止侵害原告的著作权。但是,《著作权法》《民法通则》或《侵权责任法》等并没有强制要求法院在所有的案件中提供永久禁令救济。这使得法院在一些特殊的案件中可以综合权衡多方面的因素来决定是否发放永久禁令。

美国最高法院在著名的 eBay Inc. v. MercExchange, L. L. C.(547 U. S. 388 (2006))中指出,在确认专利侵权后,依据确立已久的衡平原则,原告在寻求永久禁令时,必须向提供该救济的法院证明其满足了四要素测试法。即原告必须证明:

(1)它遭受了不可弥补的损害;

(2)法律所给予的救济,比如金钱损害赔偿,不足以弥补该损害;

(3) 考虑到平衡原、被告双方的难处,有必要提供衡平救济(a remedy in equity);
(4) 永久禁令不会损害公共利益。决定是否授予永久禁令救济,是区法院行使衡平法上的裁量权的行为,上诉时[法院]可以审查是否存在裁量权滥用。

实际上,美国法院已明确指出,eBay案关于禁令救济的原则同样适用于版权侵权案件。① 在美国法下,专利权人或版权人在侵权成立之后并不当然地获得禁令救济,法院都要权衡各方的主张以决定是否给予禁令救济。②

依据中国《著作权法》及相关的民事法律,著作权被视为一种类似物权的绝对权(准物权)。在侵权行为被确认之后,责令侵权人停止侵害,是此类准物权效力的自然体现。侵权后给予永久禁令救济应当被视为一项基本原则。拒绝禁令救济,则是例外。权利人在寻求禁令救济时,只需要证明侵权成立,而无须更多证据。显然,中国法下禁令救济规则对著作权人有利,与美国法的规则有很大的差别。在侵权案件中,中国法院在认定侵权成立后,通常应自动发放禁令救济。侵权人如果要避免禁令救济,应当提供证据否定禁令救济的必要性,让法院相信判决支付合理许可费就能够对著作权人进行充分补偿。中国法并没有明确法院在权衡是否拒绝发放禁令时应该考虑的因素。不过,从司法实践看,中国法院很有可能参考美国eBay案所确定的考虑因素。因此,如果要避免禁令救济,被告大致要从以下几个方面举证:

(1) 不发放禁令救济是否给原告带来不可弥补的损害;
(2) 禁令救济是否对于被告而言过于严厉;
(3) 禁令救济是否损害公共利益;
(4) 被告陷入侵权状态是否有过错等。

上述各项因素中,没有一项是决定性的。即便被告存在过错也不一定要发放禁令,因为禁令救济的严厉程度可能远远超过被告所应受到的谴责程度。法院应当综合这些因素,然后决定是否拒绝禁令救济。如果拒绝禁令救济,则法院通常应判决被告支付合理的许可费,对原告进行合理补偿。

以下是数个法院应该慎重考虑是否发放禁令的典型案例。

裴立、刘蔷 v. 山东景阳岗酒厂

北京一中院(1997)一中知终字第14号

刘继卣于1954年创作了绘画作品《武松打虎》组画。1980年景阳岗酒厂将《武松打虎》组画中的第十一幅修改后,作为瓶贴和外包装装潢在其生产的景阳岗陈酿系列白酒酒瓶上使用。1989年景阳岗酒厂将其已修改使用的刘继卣的《武松打虎》组画中的第十一幅申请注册商标,并已取得注册。1990年,景阳岗酒厂参加了首届中国酒文化博览会,1995年6月9日该厂又在北京人民大会堂举行了"景阳岗陈酿品评会",两

---

① Salinger v. Colting, 607 F.3d 68,77(2010).
② Ibid., 607 F.3d 68,79(2010).

次活动裴立、刘蕾均未参加。上诉人称其使用刘继卣《武松打虎》组画时已经征得刘继卣的同意,主要依据的是诉讼后收集的证人证言,但未提供直接证明刘继卣意思表示的证据。

刘继卣于1983年去世,裴立系刘继卣之妻,刘蕾为刘继卣之女。

景阳岗酒厂向一审法院提交材料载明其在1982年后生产的景阳岗陈酿白酒4007.96吨,其中向北京销售单位销售景阳岗陈酿精装为每瓶11.76元,简装为每瓶5.96元。

* * *

北京市海淀区人民法院民事判决认定,景阳岗酒厂未经刘继卣许可,将刘继卣创作的《武松打虎》组画中的第十一幅修改后,作为瓶贴和外包装装潢在其生产的景阳岗陈酿系列白酒上使用,未为刘继卣署名。其行为破坏了该作品的完整性,侵害了刘继卣对其作品依法享有的署名权、使用权和获得报酬权。刘继卣去世后,其著作权中的作品使用权和获得报酬权由其继承人裴立、刘蕾享有。故判决:一、本判决生效后30日内,被告山东景阳岗酒厂停止在其生产的景阳岗陈酿系列白酒的瓶贴和外包装装潢上使用刘继卣的绘画作品《武松打虎》;二、判决生效后30日内,被告山东景阳岗酒厂向原告裴立、刘蕾书面赔礼道歉,消除影响(致歉内容需经本院核准);三、判决生效后30日内,被告山东景阳岗酒厂赔偿原告裴立、刘蕾经济损失20万元,支付原告裴立、刘蕾因诉讼而支出的合理费用1万元。

一审判决后,景阳岗酒厂不服,向本院提起上诉。其上诉理由是:一、其使用刘继卣的《武松打虎》图,征得了刘的同意,一审法院未考虑当时的时代背景,以征得刘继卣的同意没有证据为由,不支持被告的主张,这种认定过于简单,不应以现在的法律规范来约束当时的事件。二、根据我国法律规定,权利人应在知道或应当知道自己的权利被侵犯之日起2年内主张权利。本案原告诉被告的侵权行为始于1980年,根据《著作权法》规定,该法实施前发生的侵权行为,应按侵权行为发生时的有关规定处理。依据一九八五年中华人民共和国文化部发布的《图书、期刊版权保护试行条例实施细则》第二十条的规定:"应当得知侵权之日"为侵权行为在版权所有者所在地公开发布之日。被告早在1980年即以《武松打虎》图作为商标张贴在酒瓶上进行公开销售;1989年11月又将该商标图案予以注册,并予公告,具有公示作用。故原告于1996年起诉被告侵犯其著作权已经超过诉讼时效。因此要求二审法院撤销一审判决,驳回原告的诉讼请求。

* * *

本院认为:

……

关于许可的问题,景阳岗酒厂认为其使用《武松打虎》组画是合法使用,但其提供的证据大多是证明该厂在刘继卣生前曾与之有过接触,均不能证明刘继卣当时已经口头许可景阳岗酒厂使用其《武松打虎》组画作为瓶贴和装潢用于景阳岗陈酿酒瓶上。因此其使用经过刘继卣许可的事实依然无法确认。其次,尽管本案涉及一些历史背景,但在有关法律实施后,当事人应依法规范自己的行为。我国著作权法规定,使用他人作品应当同著作权人订立合同或者征得著作权人的许可。上诉人在我国著作权法实施后至 1996 年原审原告起诉时仍未与裴立、刘蕾就《武松打虎》组画在其产品上使用进行协商或订立协议,其主观上存在过错。故上诉人关于其合法使用的主张证据不足,本院不予支持……

虽然一审判决景阳岗酒厂停止使用刘继卣的作品《武松打虎》组画对其经营确有影响,但景阳岗酒厂仍然可以与著作权人协商取得该作品的使用权……

驳回上诉,维持原判。

（赵宪忠、刘海旗、任进法官）

思考问题：

"武松打虎"案是非常有名的商标权与版权发生"冲突"的案例。之所以给冲突加上引号,是因为这里是否存在冲突或者说是否叫做冲突,还是一个充满争议的问题。① 本书并不打算卷入这种概念之论。上述案例从版权侵权的角度看,是一个很简单的问题:景阳岗酒厂未经许可使用他人享有版权的作品,自然要承担停止侵权、赔偿损失等责任。但是,考虑到酒厂已经将该作品作为注册商标使用很长一段时间,并建立起一定的市场声誉,版权人很容易利用酒厂所处的不利境地,索要高昂的许可费。法院是否可以提供更个性化的救济方案:让酒厂继续使用该商标,而判决给付版权人合理的版权许可费?

类似的争议也出现在三毛漫画商标的著作权纠纷案件中。"赔了 10 万,对一个大企业来说也许微不足道。但败诉的后果,远非 10 万元所能衡量及弥补的。本诉讼的直接后果导致了'三毛'漫画形象商标的名存实亡,三毛集团对该商标所作的广告宣传也付之东流。"②

在陈晓艺 v. 新疆电视台等（新疆乌鲁木齐市中院（2010）乌中民三初字第 142 号）案中,原告指控被告拍摄的《梦牵达坂城》电影作品的编剧接触并抄袭了他创作的剧本情节。不过,法院认为并不构成侵权,并顺带指出:"被告新疆电视台已经拍摄完成的《梦牵达坂城》电影作品,其著作权归属出品人,但该作品中亦包含了导演、演员、服装、摄影、作词、作曲等人员创造性劳动成果,原告陈晓艺主张其剧本被侵权而要求被告新疆电视台停止影片的公映,无异于限制了上述人员著作权的行使,因此原告该项诉讼请求本身即缺乏适当性。"假设侵权成立,法院是否可以基于上述理由拒绝给予禁令救济?

---

① 比如,郝铁川教授认为,"被学界搞得沸沸扬扬的权利冲突,实际上是一场误会,是一个伪问题。产生该问题的原因是大家忽略了任何权利都有自己的特定边界（范围）,只要人们找到边界,不越雷池一步,根本就不会发生所谓的权利冲突。这种边界,有的被立法者明确标出;有的因为立法粗糙而被疏漏需要去解释;有的被法理统摄;有的被公序良俗昭示。守望权利边界,即可避免权利冲突。"郝铁川:《权利冲突:一个不成为问题的问题》,载《法学》2004 年第 9 期,第 3 页。

② 张广良:《知识产权实务及案例探析》,法律出版社 1999 年版,第 179 页。

武汉园林雕塑院等 v. 涂雅

河南省高院(2007)豫法民三终字第5号

涂雅向原审法院起诉称:2004年3月份,涂雅应政源公司要求,设计市政府对面中国茶都—信阳茶文化第一街墙上的浮雕壁画和施工。涂雅将图纸、设计说明交给政源公司后,在没有告知涂雅的情况下,政源公司将图纸交给武汉雕塑院进行施工并局部修改涂雅图纸。涂雅找到政源公司进行协商无果。政源公司在不通知涂雅情况下,随意将图纸提供给他人,泄露他人商业秘密,应赔偿涂雅各项损失5万元。武汉雕塑院未经他人同意,使用他人设计图纸,侵害了涂雅的署名权、修改权、美术作品的完整权,应赔偿涂雅各项损失7万元。请求法院判令政源公司和武汉雕塑院赔偿涂雅损失共12万元,并承担停止侵害、消除影响及赔礼道歉的民事责任。

……

[一审法院认为],由于涂雅创作的美术作品系吸取古代名人名画单元人物进行排列、组合,作者对作品本身没有相当的创作高度,影响较小,该壁画已雕塑墙壁,且鉴于政源公司和武汉雕塑院侵权给涂雅一定经济补偿已支持,涂雅要求政源公司和武汉雕塑院停止侵害,消除影响,不予支持……

关于侵权民事责任如何承担问题,原审法院在综合考虑涂雅在设计图中投入的创作高度及在整个雕塑作品中所占的地位,判令政源公司和武汉雕塑院赔偿经济损失3万元,鉴于该3万元赔偿款是对涂雅的经济补偿,原审酌定的该赔偿数额并无不当。

(王永伟、傅印杰、谷彩霞法官)

南京现代雕塑中心 v. 南京时代雕塑艺术有限公司等

江苏省南京市中院(2003)宁民三初字第30号

四、原告要求两被告销毁涉案雕塑是否应予支持。本院认为,被告昆山高科技产业园管委会以支付对价的形式,合法取得了涉案雕塑的所有权,是该雕塑的最终用户,被告南京时代雕塑公司对此雕塑已丧失了物权意义上的支配权。涉案雕塑既是艺术品,同时也是以现代工艺技术生产的产品,原告创作并在报纸上刊登涉案雕塑作品电脑效果图的目的是销售和创收。被告南京时代雕塑公司实施侵权的行为,主要的是对原告对涉案雕塑作品市场份额的侵占,原告主要损失的是从涉案雕塑作品中所获得的利益。由于原告已能够从被告南京时代雕塑公司因实施侵权行为所支付的赔偿金中获得补偿,其精神权利亦可以通过被告南京时代雕塑公司在媒体上公开向其赔礼道歉的形式得到救济。此时原告再要求两被告销毁涉案雕塑的诉请,是过度扩张其民事权利,将会导致与公众利益的失衡。另外,从保护正常交易和避免资源浪费的角度讲,销毁涉案侵权雕塑作品也不是明智的选择。

五、关于被告南京时代雕塑公司赔偿数额的确定。本院认为,两被告之间购销涉案雕塑的合同总价款是6万元,考虑到被告生产涉案雕塑的合理成本和为避免销毁涉案雕塑作品,被告应支付的使用费等因素,被告南京时代雕塑公司应为其侵权行为赔偿原告南京现代雕塑中心人民币 6 万元。**（刘红兵、程堂发、卢山法官）**

思考问题：

被告管委会继续使用该雕塑的行为,属于持续性的侵权行为吗?

在某些原告请求禁令救济的案件中,被告在法院确认侵权之前就已停止侵权,比如删除诉争的侵权内容,停止提供帮助服务等等。这时候,法院一般会认为责令停止侵权不再有必要,从而不在判决中列明。比如,最高人民法院在一公报案例中指出："因海南网通公司在慈文公司提起诉讼后,已经改变其网站'影视频道'栏目的内容,即已停止《七剑》的在线播放行为,故判令其停止侵权已无必要。"[1]

在吴筑清诉南方日报社等侵犯著作权纠纷案（北京市海淀区法院（2007）海民初字第 5891 号）中,法院指出:鉴于吴筑清认可南方日报社、新浪公司均已停止侵权,本院不再判令停止侵权,但依停止侵害所包含的排除今后可能之侵害的请求效力,南方日报社、新浪公司仍负有在未来任何时间不得侵害性使用摄影作品"毛泽东与李讷"或对该摄影作品错误署名之责任。在判决项中并未明确要求被告停止侵害或将来不得侵权。

在辞海编辑委员会 v. 王同亿（北京一中院（1995）一中知初字第 63 号）案中,法院认定被告编写的《语言大典》所附的《中国历史纪年表》和《中国少数民族分布简表》,系擅自影印由辞海编委会编辑、上海辞书出版社出版的《辞海》(1979 年版)中的两附表,构成侵权。法院判决："被告王同亿、海南出版社立即停止侵权,在删除侵权内容之前不得出版发行《语言大典》一书。"假若被告除了销毁已经出版的字典外,没有别的方法能够避免侵权,法院是否可以不发放禁令?

3 损害赔偿

《著作权法》(2010)第 49 条：

> 侵犯著作权或者与著作权有关的权利的,侵权人应当按照权利人的实际损失给予赔偿；实际损失难以计算的,可以按照侵权人的违法所得给予赔偿。赔偿数额还应当包括权利人为制止侵权行为所支付的合理开支。
>
> 权利人的实际损失或者侵权人的违法所得不能确定的,由人民法院根据侵权行为的情节,判决给予五十万元以下的赔偿。

《著作权法》明确损害赔偿方式包括实际损失、违法所得和法定赔偿。实践中,权利人可以根据自己掌握的证据情况,主张合适的损害赔偿方式。诉讼中损害赔偿方式

---

[1] 北京慈文影视制作有限公司与中国网络通信集团公司海南省分公司,最高法院（2009）民提字第 17 号,最高人民法院公报案例（2010 年第 5 期）。

主张的变化,并不算是变更或增加诉讼请求。①

与专利法不同,著作权的立法者并没有规定所谓的合理许可费倍数的赔偿方式。不过,依据最高人民法院的司法解释,法院在计算实际损失时,可以考虑合理的许可费标准。② 在重庆高院出台的《指导意见》中③,合理的许可费倍数被笼统地视为知识产权侵权损害赔偿的方法之一。这似乎表明在版权侵权案件中,直接采用合理许可费这一损害赔偿方式也是可以接受的。

除了上述赔偿方式之外,侵权者还要赔偿权利人因维权而支付的合理开支。以下对上述各类损害赔偿方式分别加以介绍。

3.1 实际损失

著作权法对实际损失并没有准确定义。本书倾向于对它作狭义解释,即侵权行为在相同市场上的竞争行为导致著作权人的利润损失。如果权利人本身没有实际商业化利用其作品,也没有此类计划,则著作权人没有利润损失。这时候,著作权人实际上只有合理许可费的损失。理论上讲,法院无论是按照侵权所得还是利润损失的思路赔偿著作权人,都有因果关系上的障碍,是不合适的。不过,著作权人很难证明自己的实际利润损失,因此实践中依据实际利润损失赔偿的案件极其罕见。

不过,中国司法实践并没有刻意区分著作权人的利润损失与侵权所得。比如,依据最高法院的司法解释,"权利人的实际损失,可以根据权利人因侵权所造成复制品发行减少量或者侵权复制品销售量与权利人发行该复制品单位利润乘积计算。发行减少量难以确定的,按照侵权复制品市场销售量确定"④。在著作权人和侵权人在同一市场上竞争,侵权作品与著作权人的作品充分相互替代时,以侵权所得代替"利润损失",有一定的合理性。如果前述条件不具备,则替代的计算方法就存在问题。

《北京市高级人民法院关于确定著作权侵权损害赔偿责任的指导意见》(京高法发[2005]12号)第7条规定,"权利人的实际损失"可以依据以下方法计算:

（一）被告侵权使原告利润减少的数额；

（二）被告以报刊、图书出版或类似方式侵权的,可参照国家有关稿酬的规定；

（三）原告合理的许可使用费；

（四）原告复制品销量减少的数量乘以该复制品每件利润之积；

（五）被告侵权复制品数量乘以原告每件复制品利润之积；

（六）因被告侵权导致原告许可使用合同不能履行或难以正常履行产生的预

---

① 参见《重庆市高级人民法院关于确定知识产权侵权损害赔偿数额若干问题的指导意见》(2007)第2条。
② 《最高人民法院关于审理著作权民事纠纷案件具体适用法律若干问题的解释》(2002)第24条。
③ 《重庆市高级人民法院关于确定知识产权侵权损害赔偿数额若干问题的指导意见》(2007)第1条。
④ 《最高人民法院关于审理著作权民事纠纷案件具体适用法律若干问题的解释》(2002)第25条第2款。

期利润损失;

(七)因被告侵权导致原告作品价值下降产生的损失;

(八)其他确定权利人实际损失的方法。

严格说来,上述计算方法中,只有第一项、第六项和第七项强调原告的实际损失,其他各项都是在采用替代性的计算方法,以合理许可费、侵权所得等替代原告的实际损失。

著作权侵权发生后,法院并不一定认为有实际损失。下面的软件抄袭案是很典型的案例。

珠海市飞梭电脑中心技术开发部 v. 中山市小霸王电子工业公司

北京市高法院(1995)高知终字第 28 号

1992 年,飞梭电脑部推出了 FS-800[等]三种电脑学习机产品,产品中配有 F-BASIC 软件,地址为 B000-FFFF,程序长度为 20K 字节。其中……地址为 B000-BFFF、长度为 4K 的程序是飞梭电脑部自己编写的引导程序,作用在于开机后,屏幕上显示"飞梭 computer copyright FEI SUO1992. 12"字样,并伴有循环运行的彩色星空画面和"雪绒花"音乐及等待键盘输入等功能。

小霸王公司的 SB286[等]电脑学习机的第 J 部分为 F-BASIC,程序地址为 8000-FFFF,其中……地址为 B000-FFFF 的程序复制了飞梭电脑部产品中的地址为 B000-FFFF 的程序……B000-BFFF 的程序,在通常情况下不执行,只有在 F-BASIC 提示符状态下键入 call 48386 命令才予执行,对这一方法,普通消费者并不知悉。

[一审法院认为,小霸王公司未经许可在其 SB286[等]电脑学习机上复制了该 4K 程序并随电脑学习机在市场销售,其行为显属不当,应停止使用该 4K 程序。但小霸王公司的行为没有给飞梭电脑部造成实际的经济损失和商业信誉上的损害,故对飞梭电脑部提出的赔偿损失、赔礼道歉、消除影响的诉讼请求不予支持。]

本院认为:飞梭电脑部产品中的 4K 引导程序的内容包括版权标记、彩色星空画面、音乐和等待键盘输入等,并非只是版权标记,具有独创性,符合作品的构成要件,应受著作权法保护;飞梭电脑部也为该 4K 程序是其开发的事实提供了充分的证据,故一审判决认定该 4K 程序是作品、著作权归飞梭电脑部是正确的。小霸王公司未经飞梭电脑部的许可,在其产品中复制了该 4K 引导程序,虽然在通常情况下这 4K 程序并不执行,但小霸王公司的行为仍然构成对飞梭电脑部著作权的侵犯,应承担相应的民事责任。但小霸王公司的行为并没有给飞梭电脑部造成实际的损失和损害,不存在令小霸王公司承担赔偿损失、赔礼道歉、消除影响的事实依据,故一审判决据此只是责令小霸王公司停止生产、销售该 4K 引导程序是正确的。   (张鲁民、陈锦川、刘继祥法官)

思考问题:

如果没有损害,为什么要停止侵权行为呢?对比下面的案例思考这一问题。

在覃绍殷 v. 荣宝拍卖有限公司(北京市一中院(2003)一中民初字第12064号)案中,法院指出:"由于被告荣宝公司在《通途劈上彩云间》上署名作者为黄秋园的行为侵犯了原告覃绍殷对该作品享有的署名权,因此,对于原告要求被告停止侵权、公开赔礼道歉和消除影响的诉讼请求,本院予以支持。由于原告未能证明因被告侵犯原告署名权的行为给原告造成了财产上的损害,故对其请求被告承担赔偿财产损失的诉讼请求不予支持。"

3.2 违法所得

在权利人利润损失不明情况下,著作权法许可人民法院利用被告的侵权所得来计算损害赔偿的数额。"侵权人的违法所得"包括三种类型,即"产品销售利润""营业利润"和"净利润"。"一般情况下,应当以被告营业利润作为赔偿数额。被告侵权情节或者后果严重的,可以产品销售利润作为赔偿数额。侵权情节轻微,且诉讼期间已经主动停止侵权的,可以净利润作为赔偿数额。""适用上述方法,应当由原告初步举证证明被告侵权所得,或者阐述合理理由后,由被告举证反驳;被告没有证据,或者证据不足以证明其事实主张的,可以支持原告的主张。"[①]

如前所述,将侵权所得视为权利人利润损失,需要满足法律上基本的因果关系方面的要求。法院不能简单地将侵权行为所产生的所有收益完全归功于诉争作品,这样容易产生不公平的结果。如果诉争作品只是侵权复制品的一部分而非全部,应当考虑诉争作品对于单位利润的贡献,排除一些无关因素的影响。比如,有人编著了一大本字典,其中只有部分条目抄袭了在先字典的内容。如果将侵权所得全部判给在先字典的著作权人,将出现非常不公的后果。下面的酒瓶包装盒案也说明这一点,最终法院选择了酌定赔偿,而不是参考被告的侵权利润。

叶明明 v. 陈亚才等

北京市一中院(2001)一中知初字第177号

[我国著名画家叶浅予创作了《天山舞》《乌鲁木齐晚会猎影》和《维吾尔族舞姿》等三幅人物绘画作品。被告伊犁酿酒总厂向被告澄港公司订购了含有叶浅予创作的上述三幅画的酒瓶包装盒。澄港公司实际供货168万只。]

[本院认为:]

关于本案的赔偿数额问题,原告主张由被告伊力特公司、伊犁酿酒总厂及澄港公司连带赔偿300万元,并称300万元赔偿额主要是基于被告伊力特公司、伊犁酿酒总厂销售酒品的利润提出的。对此,本院认为,原告将伊力特公司生产酒品所得的利润视为因使用涉案酒瓶包装盒而获得的利润,于理于法不合。因消费者购买伊力特公司的酒看重的是酒的质量,并非看重酒瓶包装盒。因此,原告计算赔偿额的方法不当,本

---

① 北京市高级人民法院《关于确定著作权侵权损害赔偿责任的指导意见》(京高法发[2005]12号)第8条。

院对原告要求的 300 万元的赔偿不予全额支持。由于本案原告因侵权所遭受的损失以及被告伊力特公司、澄港公司因侵权获得的利润均无法查明,本院在综合考虑被告澄港公司及伊力特公司侵权行为的情节以及原告在正常情况下许可他人在商业上使用涉案作品所可能获得的报酬的基础上,酌情决定本案的赔偿数额。[法院判决赔偿经济损失 30 万元人民币。]

(娄宇红、赵静、苏杭法官)

思考问题:

本案如果依据下文所说的合理许可费标准,是否能够得到更为合理的判决结果?

高志清 v. 李巍

重庆市高院(2007)渝高法民终字第 9 号

原告李巍诉称,其编著的《广告设计》由西南师范大学出版社出版发行,原告对该书享有著作权。原告发现由高志清主编,中国水利水电出版社出版的《photoshop 现代广告设计创意与表现》《photoshop6.0 广告创意设计范例精粹》《photoshop 现代广告设计技能特训》《photoshop 广告设计零点飞跃》四本丛书大量抄袭原告《广告设计》一书的相关内容……

[一审法院确认侵权成立。]

原告要求被告赔偿经济损失人民币 4 万元,其基于的主要理由:被告的侵权时间长,且有两本侵权丛书多次印刷。一审法院认为,原告未提供其损失 4 万元的证据,本案可按被告获利来确定赔偿金额。其计算公式为:被告获利 = 被告四本书的总价值(105 万元) × 被告抄袭原告丛书的内容占被告四本书的百分比(1.4%) = 1.5 万元。被告四本书的总价值 = 每一本书的单价 × 每一本书的发行册数。即:(32 元 × 5000 册) + (48 元 × 8000 册) + (36 元 × 10000 册) + (30 元 × 5000 册) = 105 万元。被告抄袭原告丛书的内容占被告四本丛书的百分比 = 被告抄袭原告丛书的总字数 ÷ 被告四本丛书的总字数。即:31426 字 ÷ (437000 字 + 572000 字 + 463000 字 + 700000 字) = 1.4%。再结合本案原告的出书时间、被告的侵权情节、行为后果以及原告因维权而支出的合理费用等综合因素,最终确定由被告赔偿原告经济损失人民币 25000 元。

[上诉人高志清不服一审判决,提出上诉。本院认为:]

根据已查明的事实,高志清与中国水利水电出版社约定的稿酬支付方式及标准是版税,即图书定价 × 图书实际销售数 × 版税率。但是,该计算标准中的图书销售数额却没有相关证据证明,也就是说图书销售数额是不确定的,按照该计算标准无法计算出被告获利。因此,一审法院在李巍的损失无法计算的情况下,以高志清四本书的总价值,高志清抄袭李巍丛书的内容占高志清四本书的百分比,再结合李巍的出书时间、侵权情节、行为后果以及因维权而支出的合理费用等综合因素,最终确定由高志清、中国水利水电出版社赔偿李巍经济损失人民 25000 元是正确的。驳回上诉,维持原判。

(张勤、周敏、黑小兵法官)

在确定违法所得方面，举证责任的分配非常重要。理论上，著作权人有义务证明侵权所得的数额。不过，如果相关的证据掌握在被告手中，法院可能要求被告提供该证据，否则应承担不利后果。比如，北京市高级人民法院《关于确定著作权侵权损害赔偿责任的指导意见》（2005）第 34 条规定：

> 图书、音像制品的出版商、复制商、发行商等侵犯著作权或者与著作权有关的权利的，其应当能够提供有关侵权复制品的具体数量却拒不举证，或所提证据不能采信的，可以按照以下数量确定侵权复制品数量：
> （一）图书不低于 3000 册；
> （二）音像制品不低于 2 万盘。

值得一提的是，北京市高院在同一份《指导意见》中指出："在原告诉讼请求数额的范围内，如有证据表明被告侵权所得高于原告实际损失的，可以将被告侵权所得作为赔偿数额。"①这一赔偿计算方法显然违背的民法上的填平原则，似乎也不符合著作权法上的立法本意。

3.3 合理许可费

在权利人不对外提供或发行作品复制件、在可预见的将来不会进入相关市场时，权利人并没有所谓的利润损失。比如，中国音乐著作权协议管理大量的音乐作品，但是它自身并不营业性使用这些作品；很多个人作者并不出版发行其作品。在这种情况下，如果这时被告的侵权所得也难以查明，则法院常常可以根据合理的许可费标准来确定被告应当赔偿的数额。②

在这种情况下，采用合理许可费标准常常比所谓的"违法所得"标准更合理。重庆高院的《指导意见》显然体现了这一思路："著作权侵权案件中，侵权人将权利人的作品用于广告或商业性使用，并且在侵权人的广告或商业行为以及所获利润中只起辅助作用的，一般不直接以侵权人因广告或商业行为所获利润作为赔偿额，而可以以该类作品的预期稿酬收入或行业内通常的使用费标准为基础，考虑作品在广告或商业中的具体使用情况和对广告或商业效果的影响大小，乘以合理的倍数。"③

在司法实践中，"国家版权局办公室对《关于如何确定摄影等美术作品侵权赔偿额的请示》答复的函"（1994 年 12 月 2 日权办字［1994］64 号）中，国家版权局认为，在

---

① 《北京市高级人民法院关于确定著作权侵权损害赔偿责任的指导意见》（京高法发［2005］12 号）第 5 条第 2 款。
② 《最高人民法院关于审理著作权民事纠纷案件具体适用法律若干问题的解释》（2002）第 25 条：
> 权利人的实际损失或者侵权人的违法所得无法确定的，人民法院根据当事人的请求或者依职权适用著作权法第四十八条第二款的规定确定赔偿数额。
> 人民法院在确定赔偿数额时，应当考虑作品类型、合理使用费、侵权行为性质、后果等情节综合确定。
> 当事人按照本条第一款的规定就赔偿数额达成协议的，应当准许。
③ 重庆高院《关于确定知识产权侵权损害赔偿数额若干问题的指导意见》（2007）第 10 条。

行政执法中参考许可费收入确定侵权赔偿额,"按著作权人合理预期收入的2—5倍计算"。"如图书可按国家颁布的稿酬标准的2—5倍计算赔偿额。"这一意见对法院并没有约束力,但是却明显影响了法院的实践。比如,重庆高院在《指导意见》中指出,"著作权侵权案件中,侵权人以报刊、图书出版或类似方式侵权的,可参照国家有关稿酬或版税的规定,在正常稿酬或税率的2—5倍以内确定赔偿数额。"① 北京高院在其《指导意见》中也有类似立场。②

之所以要按照稿酬的倍数,有多方面的原因。首先,年代久远的稿酬标准已经与社会现实严重脱节,不可能被直接参照执行。乘以若干倍数后,或许能够接近现实的稿酬标准。其次,侵权行为影响所及可能超出常见著作权许可的地域、时间或其他方面的授权范围,因而造成的损害要以许可费的倍数计算。

书籍稿酬暂行规定

(1990年6月15日国家版权局发布)

……

第三条 基本稿酬标准:

(一)著作稿:每千字10至30元。确有重要学术价值的科学著作,包括自然科学、社会科学及文艺理论的专著,必须从优付酬者,可以适当提高标准,但每千字不超过40元。

(2)翻译稿:每千字8至24元。特别难译而质量优秀的译稿,可以适当提高标准,但每千字不超过35元。

……

第四条 印数稿酬:

(一)一般书籍的印数稿酬,按基本稿酬总额的百分比支付:

(1)印数在一万册以内的,以一万册计算付基本稿酬的8%;

(2)印数超过一万册的,其超过部分以千册为计算单位(不足一千册的,按千册计算),每千册付基本稿酬的0.8%。

(二)对确有重要学术理论研究价值而印数较少的专著,印数在一万册以内的,以一万册计算,付基本稿酬的30%;印数超过一万册的,按本条第(一)款之(2)的规定支付。

(三)本条(一)(二)两款规定的印数稿酬,每次重印均应累计过去的印数。不论初版还是重印,出版社均应在版本记录页上如实注明印数。

……

---

① 重庆高院《关于确定知识产权侵权损害赔偿数额若干问题的指导意见》(2007)第4条。
② 北京市高级人民法院《关于确定著作权侵权损害赔偿责任的指导意见》(2005)第25条。

王露平等 v. 北京惠丰酒家

北京市一中院(2005)一中民初字第10244号

1999年2月,画家侯长春工笔重彩人物绘画作品集《旧京风情》一书由中国电影出版社出版发行,书中登载的北京风情工笔重彩画人物绘画包括13幅题为:"卖馄饨的、拾掇雨旱伞的、卖茶汤的、磨剪子磨刀的、倒水的、卖糖葫芦的、卖切糕者、卖锅底儿白薯的、卖油的、打鼓儿的、豆汁儿摊儿、送饭的小伙计、卖酸梅汤的"等作品,每幅作品上部均有说明绘画内容的书法题字和作者署名。

[被告经营的惠丰老北京涮肉馆在其店外大招牌、灯箱、店内墙面壁画等22处使用上述13幅北京风情工笔重彩绘画图片。]在开庭过程中,原告主张应当参照国家文字作品稿酬标准的增长幅度3倍,确定单幅绘画作品的稿酬基数,再以2至5倍予以计算。

本院认为:

……

关于损害赔偿数额的计算,因原告未能提交其实际损失以及被告违法所得的证据,故本院综合考虑绘画作品的作者具有一定的知名度,其作品反映了老北京风情,具有相当的艺术价值,并考虑被告侵权行为的后果,其使用涉案作品的场所经营规模等情节,以国家版权管理部门确定的现行绘画作品单幅稿酬标准和处罚倍数,确定主要赔偿数额,即:绘画作品单幅稿酬400元乘以13幅图片再以5倍计算。同时,本院亦一并酌情考虑原告为禁止侵权行为所支出的公证费等合理费用数额,确定被告应当承担的赔偿数额。因原告主张的赔偿数额过高,且缺乏法律依据,不能成立,本院不予全额支持。[法院判决赔偿经济损失2.7万元(含合理支出)。]

(刘勇、苏杭、刘晓军法官)

中国音乐著作权协会 v. 哈尔滨市金色时代娱乐有限公司

黑龙江省哈尔滨市中院(2011)哈知初字第7号

[原告中国音乐著作权协会诉称:]金色时代公司未经许可,在其经营场所内使用卡拉OK点歌播放系统,营业性播放中国音乐著作权协会管理的音乐作品达几万首,中国音乐著作权协会所属会员的音乐作品均被侵权。金色时代公司明知应当给付音乐作品许可使用费而拒不给付,长期故意侵权,后果严重,获利巨大。金色时代公司应当立即停止侵权,并按照应当支付的版权使用费,即包房数×8.3元/天/包房×365天/年×2年,赔偿中国音乐著作权协会的损失及为制止侵权支付的合理开支。请求:1.被告停止侵犯原告管理的音乐作品著作权的行为;2.被告赔偿原告经济损失363,540元;3.被告赔偿原告为制止侵权的合理支出共计5,555元;4.被告负担诉讼费用。

[法院认为:]

《中国音像著作权集体管理协会关于2009年卡拉OK著作权使用费收取标准的公告(2009年第1号)》确定:黑龙江:8.3元/天/终端。《黑龙江省文化市场经营者协会价格方案》确定:目前,黑龙江省文化市场经营者协会的会员只缴纳2009年全年版权使用费,并且缴纳天数从365天/年调整到300天/年;中国音像著作权集体管理协会2009第1号公告,黑龙江地区缴纳版权使用费的价格为8.3元/天/终端,黑龙江省文化市场经营者协会会员调整价为6元/天/终端。上述黑龙江地区使用费的价格均低于2006年第1号《中华人民共和国国家版权局公告》规定的12元/包房/天。

本案没有证据表明金色时代公司是黑龙江省文化市场经营者协会的会员,并且金色时代公司是侵权使用中国音乐著作权协会管理的音乐作品,没有缴纳许可使用费,故不应以调整价6元/天/终端作为确定赔偿数额的标准,应以8.3元/天/终端作为确定赔偿数额的标准。按照被告的包房数和2009、2010两个年度计算,金色时代公司应支付许可使用费363,540元。

考虑到金色时代公司以侵权使用中国音乐著作权协会管理的音乐作品为业、侵权使用音乐作品众多、侵权行为性质和后果严重、故意侵权主观过错大等具体情节,应判定金色时代公司承担较高的赔偿责任。中国音乐著作权协会请求金色时代公司赔偿经济损失363,540元,符合法律规定,应予支持。　　　　**(王丹、常榆德、杨宝鑫法官)**

美国沃尔特·迪斯尼公司 v. 北京出版社

北京市一中院(1994)中经知初字第141号

迪斯尼公司提损害赔偿的数额及其理由有不合理之处。迪斯尼公司提出的10万美元(合85万元人民币)保底版税,是根据其与中国的香港和台湾地区签订的版权贸易协议中的约定,然而,中国的经济状况与台、港两地区相比有较大差别,而且保底版税是当事人之间通过协议来确定的,对法院只具有参考的意义,并不能作为判决的依据。所以根据本案的情况,本院对迪斯尼公司所提保底版税及其数额的理由不予采纳……

北京出版社在诉讼中提出如令其承担侵权责任,请求法院按国际上通行的版税率,即发行总额的6%到8%之间来确定赔偿金额。法院认为,按版税率来计算赔偿金额并非不可考虑,但鉴于本案的情况,依此来确定赔偿金额不足以保护原告的利益,故不予采纳。

在审理中,经委托北京天正会计师事务所对北京出版社出版发行侵权作品的财务进行审计,结果是亏损。本院认为实际经营的赢利或亏损与法律意义上其所应获得的不法利益并不总是一致的,其法律意义上的赢利,应当以北京出版社出版发行侵权作品的总金额减去合理的成本(印刷成本和税金)所得出的数额为依据,同时加上其合理的银行利息及原告因本诉讼支出的合理费用来确定被告北京出版社的赔偿金额。

AUTODESK 公司 v. 龙发公司

最高人民法院公报案例(2005 年第 7 期)

[本案事实参考"权利限制"一章同名案例。北京市第二中级人民法院认为:]

被告龙发公司是一家专业从事住宅及公用建筑装饰设计与施工的企业,其未经著作权人许可而擅自复制、安装涉案五种建筑模型制图和设计工具软件,用于经营并获取利益,属于商业使用。龙发公司的上述行为,侵犯了原告 Autodesk 公司依法享有的计算机软件著作权……对 Autodesk 公司关于龙发公司立即停止侵权行为、登报赔礼道歉的诉讼请求,应予支持。

……

鉴于侵权使用软件复制品给计算机软件著作权人造成的损失,相当于著作权人正常许可使用或者销售该软件的市场价格,因此,应当以涉案五种软件的市场价格为基准,综合考虑侵权人使用涉案软件的商业目的、侵权的主观故意状态、实施侵权行为的方式及后果等因素,确定被告龙发公司的赔偿数额。原告 Autodesk 公司以其提交的证据试图证明 3ds Max 4.0 版的价格为 35800 元,但该证据与 Au-todesk 公司提交的其他价格证据不一致,且证明的 3ds Max 4.0 版软件价格与同为 3ds Max 系列的 3.0 版、5.0 版软件价格差距过大,故对 Autodesk 公司提交的这一证据不予确认。3ds Max 4.0 版的市场价格,根据软件价格一般规律,参照本案其他价格证据,应当确定为 21400 元。

……

据此,北京市第二中级人民法院于 2003 年 9 月 16 日判决:

一、自本判决生效之日起,被告龙发公司立即停止对原告 Autodesk 公司 3ds Max 3.0 版、3ds Max 4.0 版、3ds Max 5.0 版、Au-toCAD 14.0 版和 AutoCAD 2000 版计算机软件著作权的侵权行为;

二、自本判决生效之日起 30 日内,被告龙发公司就其侵权行为在《北京晚报》上向原告 Autodesk 公司赔礼道歉,以消除侵权不良影响(内容须经法院审核,逾期不执行,法院将在本市发行的一家报纸上公布判决主要内容,费用由龙发公司负担);

三、自本判决生效之日起 10 日内,被告龙发公司赔偿原告 Autodesk 公司的经济损失 149 万元,为诉讼支出的合理费用 32250 元;

四、驳回原告 Autodesk 公司的其他诉讼请求。

案件受理费 18968 元,由被告龙发公司负担。

一审宣判后,龙发公司不服判决,向北京市高级人民法院提出上诉。理由是:1. 有些涉案软件虽然安装了,但实际上并未使用,一审将这些软件也认定为侵权,是事实不清。2. 一审一律以正版软件市场单价乘以被诉侵权软件的数量来确定赔偿数额,没有法律依据,是适用法律错误。请求二审改判。

[二审期间,龙发公司与 Autodesk 公司达成和解协议,撤回上诉。北京市高级人民法院经审查,准许撤回上诉,裁定各方均按原审判决执行。]

思考问题：

法院判决侵权者按照合理许可费支付赔偿时，是否应当责令停止侵害？如果同时提供两项救济，是否为过度救济？

3.4 酌定赔偿

依据《著作权法》第49条第2款，权利人的实际损失或者侵权人的违法所得不能确定的，由人民法院根据侵权行为的情节，判决给予50万元以下的赔偿。学理上，将这一损害赔偿称作酌定赔偿或法定赔偿。由于赔偿的数额实际上并非法律直接规定，而是由法官根据实际情节具体酌定，因此更准确的说法应该是酌定赔偿。

依据最高人民法院的司法解释，法院可以应当事人的请求也可以依职权适用酌定赔偿。"人民法院在确定赔偿数额时，应当考虑作品类型、合理使用费、侵权行为性质、后果等情节综合确定。"① 北京市高级人民法院在《关于确定著作权侵权损害赔偿责任的指导意见》第9条中还提到更具体的因素，比如，"通常情况下原告可能的损失或被告可能的获利""作品的知名度和市场价值，权利人的知名度，作品的独创性程度等"等。

有意见认为，在适用法定赔偿时，可以按照侵权作品的件数分别适用50万元的上限。也就是说，"每件作品给予50万元以下的赔偿"②。北京高院则认为"适用法定赔偿方法应当以每件作品作为计算单位"③。诚如此，则著作权法侵权诉讼中，法院的裁量空间将大大增加。在笔者代理过的新浪诉搜狐案中，诉争的作品达到数百幅。理论上，法院可以将个案中法定赔偿的额度增加到一亿元人民币甚至更多！即便法院不能按照单个作品设置50万元人民币的上限，原告依然可以通过人为拆分案件的形式加以规避。极端的情况下，每一件作品都可以作为单独的侵权案件的标的。

司法实践中，重庆高院的《指导意见》提供了一个很有意思的解决方法："人民法院在适用法定赔偿方法确定赔偿数额时，一般应当在法定赔偿的最高限额50万元以内加以考虑。如果确有证据证明权利人的损失或侵权人的获利已经超过50万元，只是具体数额难以确定，人民法院可以在50万元以上确定合理的赔偿数额。"④

在国家体育场有限责任公司v.熊猫烟花集团股份有限公司((2009)一中民初字第4476号)案中，被告将原告享有著作权的北京奥运会主场馆"鸟巢"这一建筑作品进行微缩，用于制作烟花。法院认定侵权，在计算损害赔偿时，法院采用了所谓的酌定赔偿，判决赔偿经济损失10万元：

---

① 最高人民法院《关于审理著作权民事纠纷案件具体适用法律若干问题的解释》(2002)第25条第2款。
② 胡康生主编：《中华人民共和国著作权法释义》，法律出版社2002年版，第205页。
③ 北京市高级人民法院《关于确定著作权侵权损害赔偿责任的指导意见》(京高法发[2005]12号)第10条。
④ 重庆市高级人民法院《关于确定知识产权侵权损害赔偿数额若干问题的指导意见》(2007)第18条。

本案中，被告浏阳熊猫公司与被告北京熊猫公司签署的"采购订单"中约定北京熊猫公司以每箱 130 元的价格向浏阳熊猫公司订购"盛放鸟巢"烟花 2000 箱，本案审理过程中北京熊猫公司主张实际只发货 900 箱，但未提供相关证据予以证明，原告对此亦不予认可，因此，一方面不能排除在上述"采购订单"之外被告熊猫集团公司、被告浏阳熊猫公司实施了生产、销售涉案侵权产品的行为；另一方面，即使是上述涉及的"采购订单"，其实际发货数量也不能确定。因此，在双方当事人均未举出关于原告实际损失或者被告违法所得的确切证据的情况下，本院根据国家体育场建筑作品的独创性和知名度、上述两被告的行为性质、过错程度、损害后果等因素，对赔偿数额予以酌定，对原告关于赔偿数额的诉讼请求，不予全额支持。

中国音乐著作权协会 v. 陕西天星文化艺术传播有限公司

陕西省西安市中院(2006)西民四初字第 018 号

2004 年 11 月 19 日"大地飞歌—群星西安演唱会"在陕西省西安市北郊城运村体育馆举行，演唱会上宋祖英演唱了《长大后我就成了你》《爱我中华》《好日子》《辣妹子》《大地飞歌》，李玲玉演唱了《天竺少女》《美人吟》，艾尔肯演唱了《花儿为什么这样红》等歌曲……[这些音乐作品为中国音乐著作权协会管理的作品。]

音著协请求天星公司、演出公司赔偿损失及为制止侵权所支付的合理开支，符合法律规定，本院依法予以支持。但音著协请求天星公司、演出公司以演唱会所在体育馆座位数、演唱会不同档次票价的平均值、使用其管理作品在全场演唱歌数所占比例赔偿损失 119320 元，未能提供充分的证据，根据《中华人民共和国民事诉讼法》第 64 条"当事人对自己提出的主张，有责任提供证据"之规定，本院依法不予全额支持。

同时考虑到天星公司、演出公司侵权行为的性质、情节、持续期间、范围和侵权人的主观过错程度等因素，连同调查等合理费用支出，本院酌情确定赔偿数额为 40000 元人民币。另外，音著协请求中国演出家协会赔偿损失和合理支出费用，没有法律依据，本院依法不予支持。

（孙海龙、姚建军、张桂春法官）

3.5 合理开支

著作权侵权案件中，被告的赔偿的数额还应当包括权利人为制止侵权行为所支付的合理开支。①它具体包括"权利人或者委托代理人对侵权行为进行调查、取证的合理费用"。"人民法院根据当事人的诉讼请求和具体案情，可以将符合国家有关部门规定的律师费用计算在赔偿范围内。"②依据北京市高级人民法院《关于确定著作权侵权损害赔偿责任的指导意见》(京高法发[2005]12 号)，法院在确定损害赔偿数额时，应当将"原告为制止侵权所支付的合理开支列入赔偿范围，并与其他损失一并作为赔偿

---

① 《著作权法》(2010) 第 49 条第 1 款。
② 最高人民法院《关于审理著作权民事纠纷案件具体适用法律若干问题的解释》(2002) 第 26 条。

数额在判决主文中表述"。

这里的关键词是"合理"。法院在审查开支是否合理时,有一定的裁量权。在律师费方面更是如此。比如,在美国沃尔特·迪斯尼公司 v. 北京出版社(北京市一中院(1994)中经知初字第 141 号)中,法院就对律师费的合理性进行审查:"迪斯尼公司提出索赔的律师费 869564.80 元,这其中有 606958.15 元并非属于直接代理本诉讼的律师费用,故不予考虑。代理本诉讼的律师费用为 262606.65 元,依迪斯尼公司与律师之间的协议收费金额作为被告赔偿的依据,对被告有失公允,法院只能参照有关部门的规定确定被告应承担的原告律师费用。"

重庆高院《指导意见》第 25 条指出,"合理开支"一般包括:

(1) 律师合理的代理费;
(2) 权利人为购买侵权商品证据而支出的费用;
(3) 被判决采信的证据的保全、公证费用;
(4) 被判决采信的审计报告或鉴定报告的审计费、鉴定费;
(5) 被判决采纳的证人证言的证人出庭作证必要的交通食宿费;
(6) 当事人及其委托代理人为调查取证而产生的必要的交通食宿费;
(7) 为消除侵权影响而产生的费用,如必要的广告费用等;
(8) 其他正当费用。

北京高院在《关于确定著作权侵权损害赔偿责任的指导意见》(2005)第 13 条也有类似的罗列,并明确指出法院对于各项开支的合理性和必要性应当进行审查。

北京高院在《关于确定著作权侵权损害赔偿责任的指导意见》(2005)第 14 条指出,"律师费"可以按照以下原则确定予以支持的赔偿数额:

(一) 根据案件的专业性或复杂程度,确实有必要委托律师代理诉讼的;

(二) 被告侵权行为基本成立,且应当承担损害赔偿责任的,按照判决确定的赔偿数额与诉讼请求数额比例确定支持的律师费;同时判决支持其他诉讼请求的,应当适当提高赔偿数额;

(三) 被告不承担损害赔偿责任,但被判令承担停止侵权、赔礼道歉等民事责任的,按照原告诉讼请求被支持情况酌情确定支持的律师费,但一般不高于律师费的三分之一。

3.6 惩罚性赔偿

中国《著作权法》上并没有惩罚性赔偿制度。2013 年《著作权法》第三次修改程序启动,立法者考虑引入此项制度,提高著作权侵权责任的威慑力。在传统民法思维的影响下,社会对于引入惩罚性赔偿还是持谨慎态度。不过,《商标法》(2013)成功地引入了惩罚性赔偿制度——该法第 63 条第 1 款规定"对恶意侵犯商标专用权,情节严重的,可以在按照上述方法确定数额的一倍以上三倍以下确定赔偿数额"。因此,可以预见,类似的制度建议也很有可能被《著作权法》的立法者所接受。

《商标法》(2013)所引入的是以实际损失为基础的倍数赔偿规则。此类惩罚性赔偿制度发挥作用的前提是权利人能够有效地证明自己的实际损失或侵权人的违法所得。如果现有的民事诉讼制度不能帮助著作权人做到这一点，则即便引入惩罚性赔偿制度，也很难发挥作用——如果对于实际损失或侵权所得没有明确的概念，法院是不太可能适用惩罚性赔偿的。

惩罚性赔偿制度的核心问题

崔国斌 未刊稿（脚注删除）1997 年

……

二、惩罚性赔偿制度的功能

惩罚性赔偿扮演着普通民事责任向行政责任乃至刑事责任过渡的角色，具有惩罚、预防和兴讼等功能。

（1）惩罚功能。在适用惩罚性赔偿的案件中，绝大多数侵权人具有蓄意、强迫、欺诈等恶意。这种主观状态下的行为严重侵害或威胁到他人的人身、财产安全，理当受到道义的谴责、非难，于法律则应受到相应的制裁。这种制裁首先是要求侵权人赔偿损失，但这还不足平息社会对其的非难与谴责，进一步的惩罚赔偿自然迎合了这一需要。它使侵权人遭受额外财产损失的痛苦，实现其惩罚作用。这与刑罚中的财产刑非常相似。

（2）预防功能。预防侵权是惩罚性赔偿制度被广泛认同的功能之一。预防分特别预防与一般预防，分别针对个案中侵权人和社会中其他可能处于该侵权人同样位置的一般人。通过强加给侵权人的额外的经济负担，可以防止侵权人自己及他人在未来的社会活动中再次从事类似的加害行为。按照法经济学的分析，增加行为的成本将减少其发生的频率。一般性损害赔偿也增加加害行为的成本，但常常达不到阻止侵权人行为所需要的"额度"。实践中，有些财力上处于优势的侵权人根本不将损害赔偿的数额放在心上，因而肆意损害他人的合法权益甚至人格尊严。这时仅凭普通的损害赔偿责任并不足以防止此类行为的发生。比如，有些产品制造商明知其产品存在缺陷，威胁他人的人身、财产安全，仍不愿加以改进。在它看来，对个案中受害人的损害赔偿不过是"正常"商业成本，远比改进产品耗资要小，同时，也不是每一个受害人都会诉之公堂要求赔偿。在这种情况，增设惩罚性赔偿将打破先前的利益态势，大大提高侵权行为成本，减少其发生频率，从而起到有效的预防作用。

当然，这种预防作用并非任何场合都能显现出来。当侵权人的行为已构成犯罪，而相应的刑法对之有效调整时，刑罚便起到良好的预防作用，惩罚性赔偿就难以显现其预防作用了。

（3）兴讼功能。现实生活中，很多侵权行为的受害人常常因为诉讼行为本身繁琐，消耗的时间、精力和金钱甚多，加之无胜诉把握，常常放弃诉讼的努力。在一些标的不大的产品责任案件中，消费者大多自认倒霉，不愿兴讼。这使得缺陷产品的制造商可能借机大行其道，严重损害全体消费者利益。法律设置惩罚性赔偿制度，势必诱发受害人趋利动机,提高其起诉积极性。在超额的惩罚性赔偿金可弥补当事人为诉讼支出的费用,如律师诉讼代理费等。这可以刺激很多以"胜诉酬金"为报酬的律师代理行为——律师从胜诉后的惩罚性赔偿金中获取较大份额回报。

……

四、惩罚性赔偿额度的确定

损害赔偿以实际损失作为确定赔偿额度的依据,比较客观,而惩罚性赔偿缺少这一尺度,更多地依靠司法机关的裁量。在美国,成文法明确规定处罚倍数只是一种例外,更多地依赖陪审团的决定。很多学者指出,缺乏明确的判罚尺度加之没有严格的司法程序(指刑事程序)限制,这种裁量很容易变成陪审团的专断,损害被告的利益。为了避免产生过度的消极影响,保证判罚数额的合理性,陪审团常常参考以下因素:

(1)侵权人的主观过错程度。惩罚性赔偿的作用之一便是要对侵权人进行惩罚。侵权人主观的应受指责程度(Reprehensibility)直接关系到社会对他的评价。主观过错越大,性质越恶劣,越应加以预防,应受惩罚也就越严厉,相应的惩罚性赔偿额度越高。

(2)侵权人的财产总量。侵权人的财产状况直接影响到惩罚性赔偿措施的效用发挥,因为如果相应的金钱损失对侵权人而言,只是九牛一毛而无关痛痒时,那么惩罚性赔偿的惩罚、预防功能就非常有限。因此在确定惩罚性赔偿数额时,要参照侵权人的总资产、总收入,使惩罚性数额达到一定比例,对个人要使之有切肤之痛;对企业要足以影响其产品价格,降低其竞争力,从而达到惩戒的效果。当然,对于那些以实际损失为基数的倍数赔偿,与侵权人的财产总量无关。在知识产权领域,多为此类惩罚性赔偿。

(3)实际损失赔偿额。一般来说,法院要求惩罚性赔偿额同实际损失赔偿之间有合理的比例。实际损失额越小,所支付的惩罚性赔偿额也越小。当然,这也不是一成不变的原则。美国有些州就允许即便没有实际损失赔偿,也可以判处惩罚赔偿。

(4)其他一些因素。侵权行为人的获利程度、诉讼费用、特定数额的预防效果等也是决定惩罚性赔偿数额的一些参考因素。

五、惩罚性赔偿制度存在的问题

惩罚性赔偿制度虽已广泛确立,但理论上的认识尚未统一。实践中还有一些矛盾难以解决,难免引起一些争议。

惩罚性赔偿面临的第一个棘手的问题便是这种惩罚功能同刑罚中罚金惩罚功能的区别。在部分西方学者眼里,将赔偿和惩罚联合运用于私法中,是早期法律现象。那时候一个人声称他被另一人损害,他可以对加害人提起诉讼,而金钱的损害赔偿经常是既给付原告又给付国家。历经一段历史时期后,由国家提起的刑事诉讼开始从私人提起的诉讼中独立起来……刑法同侵权法的分水岭原本很清晰,但是惩罚性赔偿的出现使这一界线又一下子模糊起来。因为作为一种民事制度,它不仅关注个体间的利益平衡,更放眼于预防全社会范围的不法行为,从而带上明显的刑罚色彩。这种模糊必然导致两方面的问题:首先是刑罚同惩罚性赔偿可能在同一行为上被重复使用,使当事人遭受双重惩罚,从而加重其法律责任。这似乎要求法院在审判时要考虑到侵权人受到刑罚惩罚的可能性以确定惩罚性赔偿的数额,可实际操作起来并不那么容易。其次是程序的公正性问题。惩罚性赔偿具有类似于严厉性,但是其适用并没有严格的刑事程序约束。这相当于让法院依据民事程序适用"刑罚",这可能导致司法权滥用,侵害当事人的基本权利。

惩罚性赔偿制度存在的另一问题是它可能同国家的公共政策的目标相矛盾。惩罚性赔偿可能导致两个极端:一是企业受到严厉的惩罚性赔偿,将背上沉重的经济负担,甚至到达破产的边缘。企业转嫁危机,被迫提高产品价格,丧失竞争优势。这对整个社会经济生产是不利的,一般消费者也可能因此而蒙受损失。另一极端则是可能使得受偿者获得大笔意外财产——对受偿者而言,"惩罚性赔偿是以公共利益为代价的意外收获"。这种惩罚不像罚款、罚金充入国库供公共消费,因此很多人觉得原告获得的是一种不当的利益。比如,在著名的Grimshaw v. Ford案中,Grimshaw因车祸烧伤获得251.6万美元赔偿金后,又意外获得1.25亿美元的惩罚性赔偿金,转瞬间成为亿万富翁。

除了上述两方面的问题外,惩罚性赔偿制度在一些产品责任、灾害案件诉讼中也受到严峻的挑战。众所周知,一种有缺陷的产品,可能会给社会上成百甚至上千的顾客带来大致相近的伤害。如果这些人分别提起诉讼,是否都可以获得与第一起案件中相同的损害性赔偿额呢?如果简单地肯定,则任何庞大的企业都可能因此遭受毁灭性打击。比如前面的Grimshaw案,只要同样的案件超过十件,福特公司就可能陷入破产境地。如果拒绝给第一人以外的其他人以惩罚性赔偿,那又是公开地歧视当事人,违背平等原则。法律就这样陷入两难境地。有人建议,采用集团诉讼的方法来解决这一问题。可实践中的这些案件并不一道发生,有时甚至距几年、十几年,而且散布全国各地乃至全球!这时要集中起来诉讼谈何容易!有意见认为,法院在判罚第一起惩罚性赔偿时,应考虑类似案件再次发生的可能性,必要时预留一部分数额为以后的惩罚性赔偿留下空间。这在理论上似乎有道理,可实际操作性并不强。

著作权或知识产权领域所说的惩罚性赔偿相对美国一般侵权法下的惩罚性赔偿而言,相对温和。它通常以侵权行为的获利为计算基数,并且有明确的倍数限制。因此,尽管也存在争议,但争议比普通侵权引发惩罚性赔偿的争议要小很多。

4 赔礼道歉与精神损害赔偿

我国《著作权法》没有明确赔礼道歉这一责任形式的适用条件。在实践中,通常只有被告侵害著作人身权、损害了原告的人格利益时,法院才会判决被告赔礼道歉。如果被告侵害的仅仅是一般的著作财产权,法院通常拒绝适用赔礼道歉这一责任形式。可能的例外是,被告侵害著作财产权的行为出于恶意。比如,在北京慈文影视制作有限公司 v. 广州数联软件技术有限公司(福建高院(2006)粤高法民三终字第355号)案中,被告侵害原告的信息网络传播权。一审法院支持原告的赔礼道歉要求。法院指出:"由于数联公司的行为存在主观过错,慈文公司要求赔礼道歉的诉讼请求应予支持,但其范围应与数联公司侵权行为的范围相适应。"二审法院对此并无异议。

如果被告侵害了著作人身权,给作者的精神带来严重伤害,法院有可能判决被告支付精神损害赔偿。① 不过,只有在非常严重的场合,法院才有可能这么做。比如,在覃绍殷 v. 荣宝拍卖有限公司(北京市一中院(2003)一中民初字第12064号)案中,原告创作的画作被署上他人姓名并公开拍卖。法院确认被告损害作者的署名权,但拒绝给予精神损害赔偿。法院指出:

> 对于原告提出的精神损害赔偿的诉讼请求,按照最高人民法院法释(2001)7号《关于确定民事侵权精神损害赔偿责任若干问题的解释》第8条第2款的规定,只有在侵权行为给权利人的精神权利造成严重后果时,才适于适用精神损害赔偿,由于原告未举证证明被告的侵权行为给原告造成了严重的损害后果,同时,由于通过被告在公开媒体上刊登更正声明和公开致歉的方式在一定程度上能够弥补原告精神上的损害,故本院对原告的这一诉讼请求亦不予支持。

关于精神损害赔偿的额度,北京高院要求"一般不低于2000元,不高于5万元"②。而重庆高院则规定"精神损害赔偿数额一般不超过10万元"③。如前所述,对于"法人或者其他组织以著作人身权或者表演者人身权受到侵害为由,起诉请求赔偿精神损害的,不予受理"。④

5 民事制裁

我国《著作权法》(2010)第52条明确规定:"人民法院审理案件,对于侵犯著作权或者与著作权有关的权利的,可以没收违法所得、侵权复制品以及进行违法活动的财物。"严格说来,这些救济并非民事侵权救济的一部分,而属于民事制裁的范畴。⑤⑥民事制裁措施与民事侵权救济措施不同,前者强调的是国家公权力的介入,对侵权者

---

① 北京市高级人民法院《关于确定著作权侵权损害赔偿责任的指导意见》(京高法发[2005]12号)第22条:具有以下情形之一的,可以判令被告支付原告精神损害抚慰金:
(一)未经原告许可,严重违背其意愿发表其作品,并给原告的信誉、社会评价带来负面影响的;
(二)抄袭原告作品数量大、影响广,并使被告因此获得较大名誉的;
(三)严重歪曲、篡改他人作品的;
(四)未经许可,将原告主要参加创作的合作作品以个人名义发表,并使被告获得较大名誉的;
(五)没有参加创作,为谋取个人名利,在原告作品上署名的;
(六)严重歪曲表演形象,给原告的社会形象带来负面影响的;
(七)制作、出售假冒原告署名的作品,影响较大的;
(八)其他应当支付权利人精神损害抚慰金的情形。
② 北京市高级人民法院《关于确定著作权侵权损害赔偿责任的指导意见》(2005)第23条。
③ 重庆市高级人民法院《指导意见》(2007)第22条。
④ 北京市高级人民法院《关于确定著作权侵权损害赔偿责任的指导意见》(2005)第21条。
⑤ 关于民事制裁的更一般的法律依据是《民法通则》第134条第3款:"人民法院审理民事案件,除适用上述规定外,还可以予以训诫、责令具结悔过、收缴进行非法活动的财物和非法所得,并可以依照法律规定处以罚款、拘留。"
⑥ 胡康生主编:《中华人民共和国著作权法释义》,法律出版社2002年版,第209页。

进行惩戒,而不是对权利人的补偿。一般只有在"情节严重,并损害公共利益的"情形下,法院才适用民事制裁。①

对于没收侵权工具和产品,有学者认为这应该是民事责任中停止侵权的内在要求,应该被视为民事救济措施,而不是民事制裁措施。② 但是,北京高院在《指导意见》第19条中将"没收主要用于制作侵权复制品的材料、工具、设备等"列入民事制裁的目录下。

在著作权侵权诉讼中,常见的导致违法所得被没收的情形是诉争的作品利用行为违反其他法律,或者原告没有进入特定市场资格等(参见前文特殊作品一章)。在这种情形下,原告原本不能从作品利用行为中获利。如果判决被告支付损害赔偿,则导致原告事实上获利。于是,法院可能选择没收被告的违法所得。

在北京高院的《指导意见》中,还规定了"罚款"这一民事制裁措施。如果被告实施《著作权法》(2001)第47条(现行法第48条)规定的侵权行为,情节严重,并损害公共利益的,法院可以予以罚款,"其数额不高于判决确定的赔偿数额的3倍"。③

---

① 北京市高级人民法院《关于确定著作权侵权损害赔偿责任的指导意见》(2005)第19条。
② 吕娜:《知识产权侵权诉讼中的侵权物品的处置》,载《人民司法》2009年第9期,第87—88页。
③ 北京市高级人民法院《关于确定著作权侵权损害赔偿责任的指导意见》(京高法发[2005]12号)第19条。